지은이 **수징난** (束景南)

1945년 12월 생이며, 중국 강소성(江蘇省) 단양(丹陽) 사람이다. 1969... ...징대학(南京大學) 역사학과를 졸업하고, 1978년에 푸단대학(復旦大學)... ...을 전공하였다. 쑤저우대학(蘇州大學)에서 교수를 역임하... ...여서 저장대학 고적연구소, 중외문화교류센터, 송학연구... ...
문학, 역사, 철학, 과학 등 연구 분... ...에도 종사하여 문학작품을 발표하기도 하였다. 문학, 철... ...업적을 남겼다.
특히 주자학 연구에 헌신하여 주희의 문집에 수록되지 않은 여러 글을 수집해서 엮은 『주희일문집고(朱熹佚文輯考)』, 주희의 생애와 관련한 방대한 직접 자료와 방계 자료를 분석하고, 정리하여 주희의 생애를 엄밀하게 재구성한 『주희연보장편(朱熹年譜長編)』, 주희의 일생 학문과 사상, 문학 창작, 정치 활동을 수많은 문헌 자료를 입체적으로 분석하고 다차원적 사유와 시각에서 해석하여 재조명한 주희의 전기인 『주자대전(朱子大傳)』 3부작을 완성하였다. 이 3부작은 주희의 생애와 학문 사상에 관한 한 전무후무한 연구 성과물로, 중국의 성 단위, 국가 단위의 권위 있는 상을 수상하였다.
현재 수징난 교수는 양명학 연구에 부신했는데, 왕수인(王守仁)의 일문, 연보, 전기의 3부작 작업에 남은 정열을 쏟고 있다.

옮긴이 **김태완** (金泰完)

경북 봉화에서 태어나 유년기와 청소년기를 보냈다. 서울로 올라와 숭실대학교에서 철학을 공부했으며, 특히 퇴계와 율곡에 깊은 관심을 두었다. 공부할수록 조선 성리학의 심오한 매력에 빠져들어서 마침내 율곡 이이의 책문을 텍스트로 박사학위를 받았다. 이이의 책문을 통해 조선의 지식인들이 이론과 실천의 조화를 어떻게 추구하고 풀어나가려 했는지를 보면서 감탄하고, 이를 알리고자 하였던 노력이 『책문, 이 시대가 묻는다』와 『율곡문답』으로 결실을 맺었다.
그 밖에 지은 책으로는 『경연, 왕의 공부』, 『우화로 떠나는 고전산책』, 『살기 좋은 세상을 향한 꿈, 맹자』 등이 있으며, 옮긴 책으로는 『성학집요』, 『중국의 고대 축제와 가요』 등이 있다.

주자평전

下

주자평전

下

수징난 지음
김태완 옮김

역사비평사

주자평전, 下

차례

주자평전, 上

차례

【일러두기】

1 이 책 『주자평전』은 수징난束景南의 『주자대전朱子大傳』(福建教育出版社, 2000 ; 商務印書館, 2003)을 완역했다.

2 원서에는 길게 이어진 문장과 문단이 많은데, 번역할 때 읽기와 맥락을 고려하여서 문장이나 문단을 적절하게 나누었다.

3 이 책의 각주는 원서의 내용 그대로이며, 본문이나 각주 가운데 ' * '로 표시한 간략한 내주內註는 저자가 달았다. 그러나 인물(본이름), 관직, 어려운 개념어(용어 풀이 포함) 등과 관련하여 ' * ' 표시 없이 괄호 안에 넣은 내주는 모두 역자가 달았다. 그 밖에 역자가 교감한 내용 또는 원서에서 바로잡아야 할 내용은 '역자 주'로 따로 표시했다.

4 시대 또는 시기와 관련하여 원서에는 연호로만 표기되어 있지만, 독자의 이해를 돕기 위해 역자가 서력을 병기했다.
- 淳熙四年 → 순희 4년(1177)

5 본문에 나오는 인명이나 지명은 모두 우리식 한자 발음으로 표기하되, 동음은 괄호 없이 표기했고, 필요에 따라 보충한 한자는 괄호로 표시했다. 단, 서문, 후기와 후발後跋 등에 나오는 현대인과 지명은 국립국어원의 중국어 발음 표기법을 따랐다.
- 趙昚 → 조신趙昚(효종孝宗) ※ 남송 황제의 이름은 원서대로 하되, 처음 나올 때 괄호 안에 묘호를 밝혔다.
- 張帥 → 장 수사張帥司(장효상張孝祥)
- 劉丈 → 유 어른(劉丈, 유공劉珙)
- 배우는 사람들이 단서를 찾고(求端), 힘써 공부하고(用力), 스스로 처신하고(處己), ……
- 張岱年 → 장다이녠張岱年 / 復旦大學 → 푸단대학復旦大學

6 용어는 그대로 쓰고, 명제는 '번역문(원문)'의 형식으로 처리했다.
- 이기상즉理氣相卽 / 도기상즉道器相卽
- 하늘과 사람의 도는 둘이 아니고, 죽음과 삶의 이치도 둘이 아니다.(天人無二道, 幽明無二理)

7 인명은 성명에 자字를 함께 붙였든지 성과 자만 썼든지 간에 원문을 따랐다. 성씨만 나와 있으면 맥락을 고려하여서 이름까지 밝혔다. 특히 원서의 인명에서 자나 호號로만 표기된 것은 역자가 일일이 본이름을 괄호 안에 병기했다.
- 潘 → 반경헌 / 劉 → 유청지 / 陸氏 → 육구연
- 二程 → 정호와 정이
- 陸氏 兄弟 → 육구연 형제

- 張魏公 → 장위공張魏公(장준) / 韋齋 → 위재韋齋(주송) / 陸子靜 → 육자정陸子靜(육구연)
- 朱熹仲晦 → 주희 중회朱熹仲晦 / 張栻敬夫 → 장식 경부張栻敬夫
- 東萊呂祖謙 → 동래東萊 여조겸呂祖謙 / 草堂劉致中 → 초당草堂 유치중劉致中(유면지)

8 지명은 원문대로 표기했으나, 필요에 따라 괄호 안에 완칭을 표기했다.
- 婺 → 무주婺州 / 衢 → 구주衢州 / 閩 → 민閩(복건) / 贛 → 감贛(강서) / 湘 → 상湘(호남)
/ 浙 → 절浙(절강)

9 책 이름은 겹꺾쇠(『 』), 편이나 소책자, 시 제목 등은 홑꺾쇠(「 」)로 표기했다.

10 책이나 편지 등의 제목은 이 책 (하)권 말미의 '주요 참고도서' 목록에 따라 정식 명칭으로 표기했다. 단, 주희의 『문집』(『주문공문집』)과 『어류』(『주자어류』)는 제외했다.
- 《朱文公文集》,《朱集》→ 『문집文集』
- 《張南軒文集》,《張集》→ 『남헌선생문집南軒先生文集』
- 《呂集》,《東萊文集》→ 『여동래문집呂東萊文集』
- 《答朱》→ 「답주회암答朱晦庵」
- 萬曆《黃岩縣志》→ 『만력황암현지萬曆黃岩縣志』

11 편지나 상소문 종류의 어투는 높임말로 표기했지만 간접 인용이나 강조에는 적용하지 않았다. 다만, 확실하게 장유長幼가 정해진 친·인척의 형제간에는 평어체를 썼다.

12 관직은 약칭을 완칭 혹은 별칭으로 표기하고, 처음 나올 때 괄호 안에 완칭을 적었다.
- 帥 → 수사帥司(경략안무사)
- 漕臺 → 조사漕司(전운사)
- 潭州帥劉珙 → 담주潭州의 수사帥司 유공劉珙

13 이 책의 부록으로 제공한 '연보', '주희의 저술 목록', '주희와 관련 있는 사람들', '주희와 관련된 고적'은 원서에는 없으며, 역자가 따로 정리한 것이다. 각각의 참고도서는 다음과 같다.
- 연보 : 束景南(수징난), 『朱熹年譜長篇(주희연보장편)』, 華東師範大學出版社, 2001.
- 주희의 저술 목록 : 束景南, 「朱熹著述考略(주희저술고략)」, 『朱熹年譜長篇』.
- 주희와 관련 있는 사람들 : 黃宗羲(황종희), 『宋元學案』 ; 『朱子(주자)』(최석기 엮음, 술이, 2005) ; 『宋元時代 학맥과 학자들』(최석기 외, 보고사, 2007) ; http://baike.baidu.com
- 주희와 관련된 고적 : 張立文(장리원) 주편, 『朱熹大辭典(주희대사전)』, 上海辭書出版社, 2013.

朱子評傳

제14장
전방위적인 문화 논전

의리義理, 왕패王覇 논변
절학浙學과 육학陸學의 균형을 유지한 도학의 지주
도서상수圖書象數의 점학占學으로 통하다

의리義利, 왕패王霸 논변

　　무이정사武夷精舍에서 강학하던 시기는 주희의 이학 사상 체계에 대해 가
장 결정적인 의의를 지닌 추동을 일으켰으며, 또한 역시 그가 전면적인 논전
을 전개한 시기였다. 이 전면적인 논전은 여조겸呂祖謙이 죽은 뒤 각 파의 의
론이 벌 떼처럼 일어난 문화적 배경과 왕회王淮 당의 대대적인 반도학적 정치
의 배경 아래에서 일어나고 전개되었다. 따라서 일종의 다원적, 다층적인 전
방위적 문화 논전으로 표현되었다. 그가 이전에 종고宗杲 - 무구無垢의 선학禪
學, 호상파湖湘派, 육학陸學과 진행한 단선적 성격의 논전과 비교할 때 더욱 착
종변환錯綜變幻하고 만상을 망라하는 역사적 규모를 드러냈고, 그에 따라 거
의 모든 신구新舊, 정반正反의 문화적 역량이 이 논전에 얽혀들었다. 이 논전
은 직접적으로는 주희의 평생에 제2차 학문 저술의 총결을 촉진하는 전주곡
이 되었을 뿐만 아니라, 주학朱學이 일종의 문화적 신조류가 되어서 기타 각
학자, 각 학파의 사상을 압도하는 우세한 힘으로 사회를 향해 달려가기 시작
한 역사적 상징이 되었다.

　　이 전면적인 논전의 중심축이 된 것은 주희가 영강학파永康學派의 진량陳
亮과 전개한 의리義利(의리와 이익), 왕패王霸(왕도와 패도)의 논변이었다. 두 사람의
논변은 실상 두 가지 서로 다른 문화적 학파가 동일한 전통문화의 좌표 상에
서 각기 다른 문화적 가치를 지향한 사건이었다. '도道(*이理)'를 중심축으로 삼
은 양변兩邊이 대칭적으로 도덕道德과 공리功利의 두 갈래 문화적 함수의 곡선

을 그려냈다. 그리고 결국에는 그들 모두 전통문화의 역사적 연원에서부터 저마다 심리적 시공간에서 대립하는 지위를 찾을 수 있었다.

두 사람은 삼강오상三綱五常을 핵심으로 삼은 본체적 '도道' 자체에 대한 관점에서는 결코 두 갈래가 아니었다. 진량은 다만 도가 일상생활 사이에 있다는 사상을 제출하여, '도는 천하에 있으면서 일상생활 사이에서 공평하게 펼쳐진다(道之在天下平施於日用之間)', '하늘과 땅 사이에 어느 사물인들 도가 아니겠는가(天地之間, 何物非爲)', '도는 형기의 표면에서 나온 것은 아니지만 늘 사물 사이에서 작용한다(道非出於形氣之表, 而常行於事物之間)'고 인식하였다. 그러나 이 사상을 충분히 발휘한 사람은 공교롭게도 바로 주희였다.

바로 이런 사상이 주희가 초년에 이통李侗과 함께 주고받은 『연평답문延平答問』에 관철되어 있다. 그 사상은 그를 이끌어서 선에서 달아나 유학으로 돌아오는 길고 긴 고통스러운 심령의 역정歷程을 매듭짓게 하였으며, 또한 그가 도가와 불교(老佛)의 공허한 도(空道)에 반대하는 사상적 무기가 되었다. 그는 그 사상을 더욱 개괄하여서 이기상즉理氣相卽, 도기상즉道器相卽, 이일분수理一分殊의 저명한 철학적 명제로 만들었다. 이 때문에 두 사람의 논전은 그 초점이 '도' 자체에 있지 않고, 사람이 어떻게 해야 도를 체득하고 도를 행할 수 있는가 하는 문제에 있었다. ── 결국 이는 '나(我)'와 '도'의 문제였고, 두 사람은 도덕과 공리라는 상반된 두 가지 문화심리적 가치 지향에 따라 서로 대립되는 답을 내놓았다.

의리義利, 왕패王覇에 대한 논변은 순희 8년(1181)에 진량이 지은 「제여동래문祭呂東萊文」에서 처음 싹을 드러냈고, 순희 9년에 두 사람이 명초당明招堂에서 만나 토론함으로써 서막이 열렸다. 진량의 사상은 본래 불가사의한 모순을 지니고 있었다. 한편으로는 정주程朱의 도학을 날카롭게 꾸짖으면서, 다른 한편으로는 도리어 흥미진진하게 도를 즐기며 도학대사와 그 문하 제자의

저작을 편집하였다. 한편으로는 유학자들에 대해 손을 맞잡고 도덕성명道德
性命을 공담하면서 모두 '중풍으로 마비되어 고통과 가려움을 모르는 사람들
(風痺不知痛癢之人)'이라고 통렬하게 헐뜯고, 또 한편으로는 「서명西銘」이라는 글
과 이정二程(정호와 정이)의 설을 '해와 별처럼 빛난다(昭如日星)'고 소리 높여서 부
르짖었다. 한편으로는 자기는 '유학자(儒)'가 되려 하지 않고 '사람(人)'이 되려
한다고 선포하면서, 다른 한편으로는 유가의 성인을 경배하고 유학과 불교의
차이를 낱낱이 자질구레하게 변별하고, 삼강오상의 유교 도리를 널리 선양하
려고 하였다. 한편으로는 공리와 사공事功의 기치를 표방하면서, 또 한편으로
는 '털끝만 한 즈음에서도 의리와 이익을 엄격하게 변별하라(嚴義利之辨於毫釐
之際)'고 부르짖었다. 한편으로는 자기는 맹목적으로 도학을 따르지 않는다고
선언하면서, 다른 한편으로는 도통의 심전心傳을 큰 소리로 담론하였다.[1]

진량의 「이락정원서서伊洛正源書序」, 「삼선생논사록서三先生論事錄序」, 「양구
산중용해서楊龜山中庸解序」, 「서명설西銘說」, 「경서발제經書發題」 등의 글만 읽으면
그를 도학가라고 부르기에 전혀 손색이 없다. 그러나 만일 그의 『한론漢論』을
그가 주희와 논변한 글과 함께 비교해보면 그의 사상적 모순은 더욱 뚜렷이
눈에 띈다. 이런 모순은 그의 사상이 비록 비유적非儒的 성분을 지니고 있다
하더라도 끝내 유학 체계의 울타리를 벗어날 수 없었으며, 오히려 다만 유가
문화의 관성적 가치 체계 속에서 전통적 도덕 가치에 반하는 공리적 반성을
함으로써 무기력하여 생기가 없는 유가 문화에 세상을 위해 쓰이고 백성을

---

1 여기에서 그 중요한 것을 들어보면, 예컨대 공리에 반대한 사상은 「경서발제經書發題·주례周
禮」, 「경서발제·맹자孟子」, 「소조병위방두요송하이독명어한당蕭曹丙魏房杜姚宋何以獨名於漢唐」에
보인다. 반면, 유학의 도를 숭상한 사상은 「면강행대도유공勉强行大道有功」, 「여응중실與應仲實」,
「경서발제·논어論語」에 보인다. 도통의 심전을 근원적으로 탐색한 내용은 「전숙인묘갈명錢叔
因墓碣銘」, 「면강행대도유공」에 보인다.

구제하는 새로운 활력을 불어넣고자 했음을 분명히 드러낸다.

진량의 사상적 모순은 주희와 벌인 논전 가운데 반영되어 있으며, 이는 곧 그의 치명적인 약점이 되어서 왕왕 그가 자기 사상을 논술하는 중에 앞뒤가 일치하지 않는 혼란을 일으켰다. 명초당에서 만나 토론한 뒤 두 사람의 엇갈림은 우선 사학史學 상의 대립을 따라 전개되었다. 진량이 잇달아 주희에게 보내준 「논論」 열 편과 「책문」 두 편은 실제로 그가 수천 년 역사에 대해 진행한, 독특한 공리적 반성이었다.

그는 결코 유학의 도에 반대하지도 않았고, 더욱이 왕패병용王覇竝用을 주장하지도 않았다. 『한론漢論』·「평제조平帝朝」에서 그는 이런 태도를 매우 또렷하게 표현하였다.

> 서한西漢(전한)은 고조가 유생儒生을 욕하고, 문제文帝와 경제景帝가 황로黃老를 숭상하고, 무제武帝와 선제宣帝가 형명刑名을 좋아하면서 유학의 도가 떨치지 못하였다. 동한東漢(후한)은 광무제光武帝가 경술經術을 숭상하고, 효명제孝明帝가 학교를 늘리고, 효장제孝章帝가 학문이 깊은 학자들을 초빙하면서 유학의 도가 날마다 융성해졌다. 그러므로 서한의 쇠퇴기에는 아첨하고 간사한 사람이 많았지만 동한의 말년에는 절의를 지키는 자가 많았다. 이는 다름이 아니다. 유교 학술(儒術)은 교화와 풍속의 근본인데 군주가 혹 그 근본을 숭상하지 않았기 때문에 말단으로 흘러서 저절로 차이가 있게 된 것이다. …… 선제가 패도를 쓰면서부터 공론과 청의가 박탈되어서 상실됨이 이미 극도에 이르렀으므로 위아래가 수치심이 없어진 지 오래되었다. …… ——『용천수심이선생문수龍川水心二先生文粹』 후집 권12

진량은 유학의 도를 근본으로 여겨서 유학의 도를 주장하고 패도를 반대하였다. 그러나 그는 또한 유학의 도가 도덕 교화에서는 넉넉하나 사공事功에서는 부족하기 때문에 '세속적인 유학자(世儒)'와 '편협하고 고루한 유학자(拘儒)'가 바로 그 도덕 교화만 사수하고 사공은 업신여긴다고 인식하였다. 이 때문에 그는 유학의 도가 지닌 폐단을 변혁하자고 주장하고, 시대의 변화에 따라 유학의 도와 유학의 법을 손익損益한 뒤 '변하여서 통하게 하되(變而通之)' 사공의 방면에서 유학의 도를 구제하려고 하였다.

그가 주희에게 보내준 왕패를 논한 「책문」은 바로 이런 사상을 발휘한 글이다. 그가 볼 때 역사상에는 황도皇道·제도帝道·왕도·패도가 출현했는데, 한·당에서는 왕도와 패도의 혼합을 추진하였고, 송 대에는 유학의 도로써 천하를 다스렸다. 그는 그 이익과 폐단, 득과 실을 분석하여서 다음과 같이 말하였다.

> 본조本朝(송)에서는 오로지 유학으로 천하를 다스렸는데 왕도의 설이 비로소 일치하였다. 그러나 덕택은 넉넉한데 사공이 부족하기 때문에 비록 노성老成하고 신중한 선비라도 오히려 병폐가 됨을 알고 있다. 그래서 부국강병의 설이 이에 나타나 시대의 현실에 쓰여서 유학의 도가 미치지 못하는 바를 구제하였다. …… 왕도에서 시작하였으나 끝내 부국강병에 굴복하였으니, 어찌 장차 천하에 큰 근심을 끼치지 않겠는가?
>
> —『용천수심이선생문수』후집 권16 「문황제왕패지도問皇帝王覇之道」

부국강병에 굴복한 왕도는 진량이 취한 것이 아니었다. '유학자는 오로지 왕도를 말한다'는 말과 '사공으로 달려가는 자는 반드시 패도와 왕도를 섞을 것을 말한다'는 말은 모두 한쪽으로 치우친 문제가 있다. 그는 부국강병의 사공으로써 '유학의 도가 미치지 못하는 바를 구제할' 것을 주장하였으며, 역사상 '왕도와 패도가 섞이고, 사공이 모인' 사례의 연구를 통해 '왕도의 결점을 보완하고 부국강병의 바깥으로 초월할 수 있는' 경험의 커다란 법칙을 총결하려고 희망하였던 것이다.

분명, 마치 세속적인 유학을 반대하는 것이 유학의 도 그 자체를 반대하는 것과 다르듯이, 사공을 주장하는 것은 왕패를 섞을 것을 주장하는 것과 다르다. '의리쌍행義利雙行, 왕패병용王覇竝用'으로 그의 이 같은 사공의 학을 개괄한 주희의 말은 비방과 비난을 은연중에 내포한, 공격하고 헐뜯는 말로서 결코 진량의 참된 사상과는 부합하지 않는다. 진량은 전통적인 유가 문화의 타성적인 도덕 체계에 대해 공리적인 조절을 하고자 힘써 노력하였다. 그는 역사에 대해 공리적 반성을 함으로써 인의와 선악의 도덕적 가치로 역사를 판단하고 해석하는 유가의 심리적 정세定勢와 사유의 모식模式을 돌파하였고, 역사에 대한 임기응변적인 공리적 판단을 내렸다. 갖가지 역사적 사건의 치란, 흥망성쇠, 성패, 득실의 동인動因에 대해 그가 혹은 '세勢'에, 혹은 '천天'에, 혹은 '명命'에, 혹은 '이利'에 귀결시킴으로써 의리義理와 도덕은 다시는 영원한 지상至上의, 시비 판단의 궁극적 가치 표준으로서 의의를 갖지 못하였다.

「논」열 편과 「책문」두 편에서 진량은 주희를 향해 다음과 같은 기본 사상을 밝혔다. 도덕적 동기는 비도덕적 공리의 수단을 통해서 실현할 수 있으며, 공리적 방법은 비공리적인 도덕적 효과를 갖출 수 있다. 반대로 도덕적 수단도 비도덕적인 공리적 목적을 담고 있으며, 공리적 효과도 비공리적인 도덕적 방법을 통해 나올 수 있다. 손권孫權이 자립하여 황제가 된 일은 '의롭지 않은(非義)' 일이지만 그의 목적은 위씨魏氏가 정통으로써 천하를 차지하는 데 반대하고, '인도人道가 깡그리 폐기되는 데 이르지 않게' 하는 것이었다. 따라서 '비록 성인이라 하더라도 손권이 의롭지 않다고 분명히 말할 수는 없다.' 손권은 의롭지 않은 공리적 수단으로 의로운 도덕적 효과를 얻었던 것이다. 이세민李世民(당 태종)이 이건성李建成과 이원길李元吉을 주살한 일은 '천하에 의롭지 않다는 명분을 범하였지만,' 도리어 천명에 순응하여 행동함으로써 위태롭고 어지러운 상황을 안정시켰으니 의롭지 않은 수단으로 의로운 목적을 이루었다.

진량에게서는 의리와 이익, 도덕과 공리가 통일된 것일 뿐만 아니라 동일한 것이며, 도덕이 공리화하고 공리도 바로 도덕화하였음을 알 수 있다. 이때문에 그가 아무리 의리와 도덕을 크게 떠벌렸다 하더라도 사실상 이미 일체의 공리를 지귀指歸로 삼았기 때문에, 나중에 진부량陳傅良은 그의 사상을 가리켜서 '공이 이루어진 곳에 바로 덕이 있으며, 일이 이루어진 곳에 바로 이치가 있다'(『지재집』권36 「치진동보서致陳同甫書」)는 말로 개괄하여 진량의 영강 사공학의 진수를 드러냈다.

진량은 바로 이런 사공의 사상에 근거해서 '삼대三代는 오로지 천리天理로써 행하였고, 한·당은 오로지 인욕人欲으로써 행하였다'고 한 이학가의 역사 관점을 비판하였다. 그는 「논」 열 편 가운데서 다음과 같이 말하였다. "가령, 한·당의 의리가 삼대의 통서統緖를 잇기에는 충분하지 않다고 하더라도 300~400년의 기업基業을 지혜와 힘(智力)으로 부지할 수 있다고 하는 것은 모두 후세 유학자들의 이론이다. 세속 유학자의 이론이 논파되지 않으면 성인의 도가 드러날 때가 없고 천하의 혼란이 사라질 때가 없다."(『용천집龍川集』권3 「문답問答」) 이는 바로 그가 명초당에서 주희와 논변한 주제였다. 따라서 '세속 유학자'에는 주희도 싸잡아 들어가는 것이었다.

주희는 질질 끌면서 상세하게 변론하는 회답을 보내지 않았다. 순희 10년(1183) 8월에 이르러서야 비로소 답장을 보내 「논」 열 편과 「책문」 두 편에 대해 관점을 드러냈다. "「책문」의 전편前篇은 내 생각에 명초산明招山을 지키던 때의 설인 듯 하고, 후편後篇은 현실의 폐단을 바로잡는 것입니다. 다만 모름지기 또한 크게 경장更張을 해야 시행할 수 있을 것입니다. …… 작년에 「논」 열 편의 대지는 아마도 올바른 도리를 어겨서라도 현실의 폐단을 구제하려는(援溺) 의도가 너무 커서 올바른 도리를 지키려는(不親授) 방비가 없었습니다. 뒤에 태어난 사람들이 삼강오상의 올바른 도리를 알지 못한 상태에서 갑자기 이 설을 듣는다면 그 해로움은 장차 이루 구제할 수 없을 것입니다."(『문집』 권36 「답진동보」 서3)² 이는 이미 진량의 공리설을 삼강오상에 크게 해를 끼치는 이단의 설로 간주하여서 한마디로 논정한 것이었다.

논전의 첫 번째 회합에서 진량은 이미 맞서 싸울 진세陣勢를 펼쳤으나, 주희는 도리어 그와 정면으로 맞붙기를 회피하려고 하였다. 그 뒤 두 사람의 논전은 얼마간 잦아들었다. 그런데 이해(1183) 9월 15일에 진량이 주희에게 「수조가두水調歌頭」라는 축수의 사詞를 한 수 보냈다.

예로부터 인물은 적은데	人物從來少
울타리 밑 국화는 누구를 위해 누렇게 피었나?	籬菊爲誰黃
지난해 오늘은	去年今日
누각에 기대어 나가고 물러남을 생각했지	倚樓還是聽行藏
찬바람 믿을 수 없음을 깨닫기도 전에	未覺霜風無賴
때마침 달빛은 물처럼 흐르고	好在月華如水
심사는 초나라 하늘 아래 길고도 길다	心事楚天長
강론은 공자를 참조하였고	講論參洙泗

---

2 생각건대, 주희의 이 편지가 진량의 「우계묘추서又癸卯秋書」에 답한 것임은 분명하다. 이는 응당 순희 10년(1183) 8월에 쓴 것이다. 현재 중화서국본中華書局本 『진량집』의 주희가 쓴 이 편지 아래 "원래 편지는 『문집』에서 빠져 있다."고 한 말은 잘못이다.

술잔은 요순에 이르렀다	杯酒到虞唐
사람은 아직 취하지 않았는데	人未醉
노래는 길게 이어지고	歌宛轉
흥은 그윽이 일어난다	興悠揚
태평한 가슴	太平胸次
불평이 쌓여 미칠 듯한 그의 모습을 보며 웃는다	笑他磊魂欲狂
무이의 깊은 곳을 향하여	且向武夷深處
구름과 연기를 대하며 맺힌 것을 풀어내고	坐對雲烟開斂
속세를 떠나려는 생각은 흐릿해진다	逸思入微茫
내 그대를 위해 축수를 하니	我欲爲君壽
어디서 새로운 곡조를 얻을까?	何許得新腔

— 『용천집』 권17

한 사람은 태평한 가슴이고, 한 사람은 불평이 쌓여 미칠 듯하다. '강론은 공자를 참조하였고, 술잔은 요순에 이르렀다'고 한 두 구절로 보아, 두 사람이 모두 새로운 논전을 빚어내고 있었음을 알 수 있다.

논전이 다시 격화한 때는 순희 11년(1184) 가을이었다. 주희와 진량 두 사람의 학술 논변이 이 시기에 격화하여서 천하 선비들의 이목을 뒤흔든 '의리와 이익', '왕도와 패도'의 논전으로 폭발할 수 있었던 데는 저마다 직접적인 원인이 있었다.

주희의 측에서 말하자면, 그는 절동 사공학이 더욱 크게 전파되고 있다는 느낌을 받았다. 여조검呂祖儉은 이해에 공개적으로 진량과 같은 논조를 외쳤고, 섭적葉適의 의론도 주희와 갈수록 어긋났다. 섭적은 순희 10년 10월에 절서 제형 간판공사에 제수되어서 임지에 부임하기 전에 진부량과 한 차례 만났고, 영강을 지나갈 때 또 진량과 만나서 학문을 토론하였다. 진량은 '정칙正則(섭적)이 스스로 진보했다고 여기는' 정황을 주희에게 알려주어서, 그로 하여금 '후생가외後生可畏'의 서늘한 느낌을 갖게 하였다. 이런 상황은 여학呂學과 영강학, 영가학이 끊임없이 합류하는 추세를 뚜렷하게 보여주었다. 진량은 섭적과 만났을 때 전곽錢廓(*숙인叔困)이라는 제자를 그에게 소개해주었는데, 전곽은 섭적으로부터 귀한 그릇이라는 평가를 받았다. 그들은 만나서 주로 '근세 학문의 이합離合'을 토론하였고, 관점의 일치를 보았다. 그래서 진량은 거의 이 관점을 학파의 선언서로 삼아 신중하게 「전숙인묘갈명錢叔困墓碣銘」에 써넣었으며, 특별히 섭적에게 글씨를 써달라고 청하였다.

그러나 진량이 논한 '근세 학문의 이합'은 그의 「논」 열 편과 「책문」 두 편의 관점을 반복한 것에 지나지 않으며, 명백히 주희를 비평하려는 의도를 갖고 있었다. 그는 다음과 같이 말한다.

소흥 신사년(1161)과 임오년(1162) 사이에 나는 군사에 관한 일을 극력 논하여서 당시 명공거신明公巨臣의 인정을 받았으나, 반면 『대학』, 『중용』의 취지를 전수함에는 아는 바가 없었다. 그래서 당시의 추세와 달리 다시 고문古文으로 나아가서 도덕성명道德性命의 학문도 점차 열렸다. 4, 5년 뒤에는 광한廣漢의 장식 경부張栻敬夫와 동래의 여조겸 백공이 서로 그 이론을 가지고 우열을 다퉜으며 나란히 조정에 섰다. 신안의 주희 원회가 무이에서 강론을 하였는데, 강하게 서서 돌이키지 않았다. 그의 학설은 마침내 행해져서 저지할 수 없었다. 입이 닿는 곳마다 시든 것에 입김을 불어넣어 소생케 함으로, 천하의 학사, 대부, 현자, 불초자가 왕왕 의지의 향배에 이끌려서 마음속으로는 즐겁지 않아도 겉으로는 서로 반응하고 화답하였다.

나 같은 사람은 붙기를 원하지 않은 것은 아니나, 다만 품급이 높지 못하
였다. 나 또한 강론하지 않는 바가 있었음을 자책하여서 감히 원망하지 않
았다. 임진년(1172), 계사년(1173)에 가난이 날로 심해져서 강의에 의탁하여
몸을 꾸려갈 계책으로 삼으려 하였다. …… 아득한 옛날 태초(洪荒)에 성현
이 잇달아 일어나 도통이 날로 밝아져서 비록 시대에는 치란治亂이 있었으
나 도는 하루라도 천하에 있지 않음이 없었다. 그런데 전국戰國, 진, 한 이
래 1500년 사이에 이 도는 어디에 있었는가? 어느 한 사람도 그 용도를 아
는 이가 없었고, 성현도 다시 일어나지 않았다. 이에 천하는 사람의 지혜
와 힘(智力)에 의뢰하여 유지될 뿐이었고, 도는 마침내 전승되지 않는 묘한
물건이 되고 말았으니, 유학자가 또한 어디서부터 자기를 존귀하게서 여겨
천하에 홀로 설 수 있겠는가! …… 사람의 직분을 아는 것은 성현이 마음
쓰는 바이나 인심人心은 위태로워서 잠시라도 붙잡지 않아서는 안 된다.

　　　　　　　　　　　　　　　—『용천집』권28 「전숙인묘지명錢叔因墓誌銘」

　　진량은 여기서 그의 평생 사상 발전의 역정을 총결하였으나, 그의 사공
학을 간단히 개괄하면 역시 그와 전곽의 이른바 '대정지학大正志學'이다. 이는
그가 순희 5년(1178)에 「상효종황제제1서上孝宗皇帝第一書」에서 다음과 같이 자
기 사상의 역정을 총결한 것과 대체로 일치한다. "어려서부터 사방으로 치달
리는 뜻을 품고서 늘 천하의 호걸지사를 구하여 그들과 더불어 오늘날의 대
계를 논하려고 하였으나 …… 신묘년(1171), 임진년(1172) 사이에 비로소 물러
나 천지조화天地造化의 시초를 궁구하고, 고금연혁古今沿革의 변화를 고찰하여
서 황皇·제帝·왕王·패伯의 도리를 끝까지 탐구하고, 한漢·위魏·진晉·당唐의 장
단점이 생긴 연유를 납득하였으며, 천인 관계를 밝고도 밝게 살펴서 알게 되
었습니다. 마침내 오늘날 유학을 하는 선비들로서 스스로 정심성의正心誠意의

학을 터득했다고 하는 자들이 모두 마비되어서 아프고 가려움을 모르는 사람들임을 깨달았습니다. 온 세상의 군주와 부모의 원수를 편안히 여기고 바야흐로 고개를 숙여서 손을 맞잡고 성명性命을 담론하는 자들은 무엇을 성명이라고 하는지 모르는 것입니다!"(『용천집』 권1) 다른 점은, 다만 여기서는 주희와 논변할 것을 고려하여서 도학적 색채가 적지 않은, 완곡한 어구로 장식했다는 점이다.

그래서 진량이 전곽의 '대정지학'에 관한 말과 자기의 '대정지학' 시를 주희에게 보냈을 때 주희로부터 전례 없이 호된 비평을 받았다. 주희는 순희 11년(1184) 4월에 보낸 답장에서 진량이 '시대를 위해(爲時)' 시급히 공리를 추구한다고 지적하였다. "다만 안타깝게도 아직 전錢 군(*생각건대, 바로 전곽 숙인이다)을 알지 못하여서 이른바 '올바름(正)'과 '큼(大)'이 어떤 것인지 몰라 감히 쉽게 붓을 들지 못합니다. 보내온 시에 '대정지학'이란 말이 있는데 …… 다만 노형께서는 선성先聖의 법도와 준칙(規矩準繩)을 넘지 말고, 미묘한 사단四端에 힘을 써서 연공亢公(안연)이 즐긴 바를 추구하기 바랍니다."(『문집』 권36 「답진동보」 서12)³ 진량의 '대정지학'을 말한 시와 '근세 학문의 이합'을 논한 묘지명은 주

---

3 주희의 이 편지는 『문집』에 열두째 편지로 잘못 수록되었는데, 종래에는 정확히 언제 쓴 것인지 알 수 없어서 후세 사람이 결국 그 쓴 연대가 매우 늦을 것이라 여겼다. 심지어 편지 속의 '졸시拙詩'를 동보同甫(진량)를 위해 쓴 「포슬음抱膝吟」이라고 잘못 여겼다. 주희가 실제로 포슬抱膝의 시를 지은 적이 없다는 사실은 소희 4년(1193) 진동보에게 보낸 편지를 보면 확실히 알 수 있다. 이 편지에서 이른바 '졸시'는 바로 「무이정사잡영」과 「무이도가」를 가리키는데, 하나는 순희 10년(1183) 4월에, 다른 하나는 순희 11년 2월에 지었고, 동보에게 보낸 때는 순희 11년 봄이었다. 진량의 「우갑진추서又甲辰秋書」를 보면, 진동보(진량)가 그 무렵 감옥에 있다가 5월에 출옥하고 소흥을 지날 때 비로소 그 시를 보았다. 진량은 「우갑진추서」에서 "집에 이르러(*6월 2일) 비로소 반숙도潘叔度 형제가 전해준, 4월에 쓰신 편지를 보았습니다."라고 하였으니, 주희가 4월에 동보에게 보낸 편지는 이 열두째 편지임은 의심의 여지가 없다. 또 이 편지에는 섭적과 진량이 상견한 일을 다음과 같이 언급한다. "보내오신 편지에 정칙正則(섭적)은 스

희가 그와 계속 논전을 전개하기로 결의한 추동력이 되었다.

진량의 측에서 말하자면, 그는 순희 11년(1184) 봄과 여름 동안 감옥에 갇혀 죄수가 되는 뜻밖의 재난을 겪은 뒤 반도학에 대해서든 도학에 대해서든 모두 뼈에 사무치는 원한과 분노를 품고 있었다. 그는 반도학과 도학, 쌍방으로부터 극히 불신을 받는 진퇴양난의 곤경에 처해 있었다.

그러나 주희는 도리어 그가 출옥한 뒤 6월에 기어코 잇달아 편지 두 통을 보내, 서슴없이 그에게 순유醇儒로써 자기를 다스리라고 훈계하였다. "노형이 평소 법도 밖에 있다고 자처하였으며 유생儒生의 예법에 관한 논의를 즐겨 듣지 않으셨으니, 비록 백공(여조겸)과 같은 현명한 벗도 서로 법도의 밖에 처했다고 여겨서 감히 귀에 거슬리는 의견을 올리지 못하였습니다. …… 원컨대 제 말을 생각해보시고, 의리와 이익을 함께 시행하고(義利雙行), 왕도와 패도를 아울러 쓴다는(王覇竝用) 설을 물리쳐버리고, 분노를 억제하고 사욕을 막으며, 허물을 고쳐 선으로 옮기는(懲忿窒慾, 遷善改過) 일에 종사하여서 순수하게 깨끗한 유학의 도道로 자기를 다스린다면, 어찌 형벌을 받는 재앙(人道之禍)만 면하겠습니까? 그 본래의 뿌리를 북돋아 키우며, 바른 근본을 맑게 하는 까닭은 다른 때 사업에서 발휘하여 더욱 크게 빛나고 고명해지기 위한 것입니다."(동

스로 진보했다고 여기고 …… 만나 보면 깊은 요령을 얻을 것이라 생각했는데, 더불어 한두 가지 가르침을 듣지 못하는 것이 한입니다."(『문집』 권36 「답진동보」) 생각건대, 섭적은 순희 10년 전에 평강平江에서 관직을 맡았고, 순희 10년 이후에는 소흥紹興과 도성에서 관직에 복무하였으니 진량과 상견할 연분이 없었다. 오직 순희 10년 10월 28일에 절동 제형 간판공사에 고쳐 제수되어 부임하면서 영강을 지나는 길에 진량과 만나볼 수 있었다. 이 또한 주희의 열두째 편지가 순희 11년 4월에 쓴 것임을 확실하게 입증한다. 이전에 진량이 주희에게 보낸 편지와 시는 지금은 모두 없어졌다. 그러나 '대정지학'의 설은 오히려 같은 해에 지은 「전숙인 묘갈명」에서 그 대강의 내용을 알 수 있다. 진동보가 전확錢擴의 '확擴'을 '곽廓'으로 바꾼 것은, '곽廓'에 크고 바르다(大正는 뜻이 있기 때문이었다.

상, 「답진동보」 서4)[4]

후세 사람들은 모두 주희가 여기서 한 말에 근거하여 진량의 사공학설이 '의리쌍행義利雙行, 왕패병용王覇並用'을 주장한 것으로 여겼는데, 이는 천고의 일대 오판이다. 주희가 그에게 '의리쌍행, 왕패병용'의 악명을 씌웠기 때문에 진량이 주희에게 크게 불만을 가졌고 이에 비로소 두 사람의 논전이 격화하였다는 사실은 도무지 알지 못한 것이다. 진량은 자기의 관점이 '의리쌍행, 왕패병용'이라는 점을 단연코 부정하였다.[5] 두 사람의 직접적인 정면충돌은 불가피하였다.

순희 11년(1184) 9월에 진량은 주희의 생일에 맞춰 축수하는 사詞 두 수를

---

4 진동보의 출옥은 (순희 11년, 1184) 5월 말에 있었으며, 이 편지에서 '또 듣건대, 이미 사실을 변별하여서 밝히고 돌아갔다'고 했으니, 이 편지는 응당 6월에 쓴 것이다. 현재 중화서국본 『진량집』의 주에 '갑진 4월'이라고 한 것은 잘못이다.

5 이른바 '의리쌍행, 왕패병용'은 진량의 반대파가 진량에게 덧씌운 규정인데, 오늘날 사람들은 모두 이에 근거하여 이론을 세워서 마침내 대부분 진량의 글을 오해하고 있다. 예컨대, 「갑진추서甲辰秋書」에서 '잡패雜覇라고 하는 것은 그 도가 본래 왕도에 근본을 두고 있다'고 한 말은 바로 세속의 유학자들이 이를 '잡패'라고 여긴 것을 말한다. 진량은 (자기가) 도리어 왕도에 근본을 두고 있으며 결코 잡패가 아니라고 인식하였다. 또 「병오추서丙午秋書」에 "공변됨(公)이 있으면 사사로움(私)이 없으나 사사로움에는 다시 공변됨이 없지 않다. 왕도와 패도를 섞어 쓸 수 있다면 천리와 인욕도 병행할 수 있을 것이다."라고 한 말은 바로 공과 사, 천리와 인욕이 양립, 병존할 수 없음을 말하는 것으로서, 만일 왕도와 패도를 섞어 쓸 수 있다면 천리와 인욕이 병행할 수 있다고 말하는 것이나 다름 없다는 뜻이다. 곧 진량의 의도는 바로 왕도와 패도를 섞어서 쓰는 것을 부정하는 데 있다. 『문수文粹』 후집 권16 「문고금손익지도問古今損益之道」에서 이를 더욱 분명히 말하였다. 또 「문답·7」에 "공자가 『춘추』를 지은 까닭은 상벌을 공정하게 하여서 사람의 본성을 회복하려는 것일 뿐이었다. 후세에 상벌을 사용하는 것은 오로지 자기를 위해 천하 사람을 몰아대는 것일 뿐이다. …… 그러므로 기쁨(喜)과 노여움(怒)을 사사로이 쓰는 것은 망국의 상벌이다. 바람(欲)과 미워함(惡)을 공변되게 쓰는 것은 왕자王者의 상벌이다. …… 상벌을 장악하여서 천하를 몰아가는 것은 패자覇者의 방법이다."(『용천집』 권4) 이는 분명히 바람과 미워함, 상과 벌을 공변되게 쓰는 왕도와 상벌을 장악하여서 천하를 몰아가는 패술覇術을 엄격히 구분한 사상인데, 오늘날 사람은 이를 오해하여 하나로 섞어버렸다.

보냈는데, 편지에서 주희를 전면적으로 반박함으로써 논전이 점차 고조되었다. 진량은 자기에 대해 사공을 개척한 지혜롭고 용감한 영웅호걸로 귀결을 지음으로써 주희가 본받은, 곧 인의 도덕을 근실하게 지키는 유자와 서로 대립시켰다. 이로써 그는 자기가 결코 의리쌍행, 왕패병용을 주장하지 않았음을 증명하였다.

"정미한 의리를 연구하고, 고금의 같은 점과 다른 점을 분석하고, 작고 미묘한 것에서 마음을 탐구하고, 아주 짧은 시간에도 예를 따져서 점차 쌓아가는 것을 공으로 삼고, 간직하고 배양하는 것을 바름으로 삼아 얼굴에도 맑게 드러나고 등에도 넉넉하게 나타나는(晬面盎背) 점이라면, 제(진량)가 여러 유학자들에 대해 참으로 부끄러움이 있습니다. 당당한 진陣, 가지런한 깃발, 바람과 비와 구름과 우레가 서로 잇달아 일어나고, 용과 뱀, 범과 표범이 번갈아 출몰함에 이르러서는 한 시대의 지혜와 용기(智勇)를 압도하고, 만고의 심흉心胸을 개척하여서 마치 세속의 이른바 덩어리는 대충 자르고 저민 것은 두툼하여 먹기에는 넉넉하나 모양새는 부족한 것에 대해서는 스스로 조금이라도 나은 점이 있다고 여깁니다. 그러나 보내오신 편지에 '의리쌍행, 왕패병용'의 설을 언급하면서 앞뒤로 구구한 말씀을 하셨으나 의당 모두 다 제대로 살피지는 않았습니다."(『용천집』 권20 「우갑진답서又甲辰答書」)

그래서 진량은 진정으로 의리쌍행, 왕패병용의 이원론을 견지한 자는 도리어 '근세의 여러 유학자(近世儒者, *이락의 여러 학자들(伊洛諸公)'이며, 오히려 자기는 '위와 아래를 관철하는 두뇌(頭顱) 하나를 만들어냈을 뿐'이라고 여겼다. 위와 아래를 관철하는 '두뇌'란 바로 '도道' — 천리였다. 그가 보기에 이익(利)은 인욕人欲과 직접 등치되지도 않고, 사공도 패도와 직접 등치되는 것이 아니기 때문에 의리와 이익, 덕德과 공功은 본래 통일적이고 동일한 것이며, 모두 도에 근본을 두고 천리에 근본을 둔 것으로서 의리쌍행, 왕패병용과 같지 않았다. 세상의 유학자들은 하나같이 한 고조와 당 태종을 '잡패'라고 하지만, 진량이 보기에는 도리어 '그 도는 본래 왕도에 근본을 둔 것으로서' 곧 왕도를 행하는 것이었다.

천리와 인욕은 병행할 수 없으므로 왕도와 패도도 병용할 수 없다. 바로 여기서 진량은 주희의 두 가지 논점을 비판하였다. 하나는, '삼대는 도로써 천하를 다스렸고 한·당은 지혜와 힘(智力)으로써 천하를 장악하였다', '삼대는 오로지 천리로 행했으며 한·당은 오로지 인욕으로 행했다'는 주희의 인식이다. 진량은 그런 인식이야말로 순전히 천리와 인욕이 병행하고 왕도와 패도를 병용하는 것이라 여겼다. 그가 보기에, 도는 영구히 존재하며 한·당도 도로써 천하를 다스렸고 역시 천리를 행하였다. 이런 것이 바로 그가 말한, 위와 아래를 관철하는 '두뇌'였다. 그렇지 않고 만일 한·당이 지혜와 힘으로 천하를 장악하고 인욕이 횡행했다고 한다면, 곧 "이 말을 믿는다면 1500년 동안 천지는 새는 곳을 막아가면서 시간이 흘러갔고, 사람의 마음도 해진 곳을 대충 얼기설기 기워가면서 세월을 보냈을 텐데, 만물은 어떻게 번식을 하고 도는 어떻게 늘 존재했겠습니까?"(동상)

둘은, 순유醇儒로써 스스로를 다스리라고 한 주희의 주장이다. 이에 대해 진량은 도리어 '인격 완성의 도(成人之道)'를 제시하여, '배움으로써 인격을 완성할 것(學以成人)'을 주장하였다. 그리하여 '사람(人) 되기로써 '유학자(儒) 되기를 대체하였다. 그는 유학이란 다만 '도'를 배우는 한 문호라고 인식하였다. 기왕, 재능이 있고 지혜와 용기를 지닌 호걸과 덕이 있고 인과 의를 지닌 유학자가 모두 '도'라는 한 문호에 있으며 모두 '사람' 되기의 한 종류라면, 어느 한쪽을 중시하고 다른 쪽을 무시할 필요는 없다. 그래서 그는 '재능과 덕이 함께 행하고, 지혜와 용기, 인과 의가 번갈아 나타나고 번갈아 드러난다'고 주장하였다. 이로써 그가 결코 '유학'을 반대한 것이 아님을 알 수 있다.

심지어 그는 유학의 도에서 '사람들이 모름지기 공력(針綫)을 기울여야 한다'고 주장하였다. 그는 다만 유학자가 '도'를 유일한 문호로 삼은 채 지혜와 용기를 지닌 호걸 등 다른 방법으로 '사람' 되기를 배척하는 점에 대해 반대했을 뿐이다.

'배움으로써 인격을 완성한다'는 말은 나중에 사람들에 의해 추상적으로 해석되어서 반유학의 구호로 드높여졌다. 실제로 그가 말한 '사람'이란 '도'의 문호 가운데 있는 각 부류의 사람(•유학자를 포괄)을 가리키며, 도를 완성한 '사람'이지 근본적으로 유학의 도를 초월한 추상적인 '사람'이 아니다. 분명히 진량은 공리주의의 세속적 안목으로써 유가에 의해 신성해진 '도'를 인식하되, '도'는 공리적 내용을 구비한 것이었다. 세속 유학자들이 보기에 한·당의 제왕이 '이익'을 행하고 '패도'를 섞은 일은, 진량이 보기에는 도리어 모두 '의'와 '왕도'였다. 또한 세속 유학자가 보기에 '의리쌍행, 왕패병용'은, 진량이 보기에는 도리어 위와 아래를 관철하는 두뇌인 '도'였다. '배움으로써 인격을 완성한다'는 그의 말도 전통 유가 문화에 결핍된 실행과 실천의 사공 정신을 체현하였으며, 개인의 도덕을 본위로 삼는 유가의 공허하게 마음을 바로잡고 내적으로 추구하는 불치의 고질병을 건드렸다.

그러나 진량이 한·당도 삼대와 마찬가지로 천리와 인도가 통치한 세계였다고 선양한 것은 도리어 전체 봉건 제왕의 통치와 봉건제도에 대한 최대의 찬미가 되었고, '세속 유학자'에 견주어 더욱 멀리 나아가는 것이었다. 봉건 사회를 미화하는 이런 논조에 따르면 필연코 당시 남송의 제왕 통치를 긍정하는 방향으로 달려가게 되어 있으며, 이는 남송의 현실 사회를 맹렬히 규탄하는 주희의 도학의 비판 정신과 서로 용납할 수 없었다.

진량은 일종의 감성과 열정이 넘치는 세속의 호기로써 사공으로 세상에 쓰이고 공리로 도를 행할 것을 부르짖었으나, 주희는 도리어 기왕에 하던 그대로 도덕주의의 비판이성에 따라 냉철하고 준엄한 반성을 진행하였다. 또한 9월에 주희는 진량에게 답장을 보내, 한·당 이래 1500년간은 다만 인욕이 행해진 시대라는 주장을 견지하였다.

> (한) 고조라면 사사로운 의도의 정도가 그렇게 성하지는 않았지만, 그렇다고 전혀 없다고는 할 수 없습니다. (당) 태종의 마음이라면 나는 그의 한 생각조차 인욕에서 나오지 않은 것이 없었으리라고 생각합니다. 그들은 다만 인의仁義를 빌려서 사사로움을 행했지만 …… 1500년간 바로 이와 같이 가만히 있기만 했기 때문에 단지 새는 곳을 막고 해진 곳을 대충 얼기설기 기워가면서 시일을 보냈습니다. 그 사이에 비록 소강小康이 없지는 않았으나, 요·순·삼왕三王·주공·공자가 전한 도는 하루도 천지간에 시행된 적이 없었습니다.　　　　　　　　　　　　　　—『문집』 권36 「답진동보」 서6

　　주희는 1, 2천 년 동안의 크고 작은 봉건 군왕을 죄다 인의를 가장하여 사사로움을 행한 인욕의 황제로 보았는데, 이는 참으로 봉건 제왕의 통치에 대한 각골명심할 도덕 이성의 비판이다. 수천 수백 년 동안 배양된, 황제를 '천자天子'로 받들고 선량한 황제를 '구세주'로 떠받드는 무서운 민족적 심리 상태가 처음으로 주희에 의해 폭로되었고, 수천 수백 년 동안 축적된, '인민(民)'이 '임금(君)'의 일거일동, 일언반구를 모두 '하늘(天)'의 지고한 지시와 의지의 효력을 가진 것으로 간주하는 무서운 국민의 심리가 처음으로 주희에 의해 부정된 것이었다. 이는 황제와 군주에 대한 허망한 신성성의 환상을 타파한 것이나 다름없었으며, 주희에 대해 말하자면, 삼강오상 가운데 '군주는 군주다워야 함(君君)'의 의의는 바로 만인지상의 '임금' 역시 '인민'과 마찬가지로 마음을 바로잡고 뜻을 성실하게 하되, 독단적으로 함부로 행동해서는 안

되며, 그 밖에 어떠한 신성한 의의도 갖지 않아야 함을 요구하는 것에 지나지 않았다.

'삼대三代'를 천리가 행해진 시대로, '한·당'을 인욕이 행해진 시대로 규정한 것은 일종의 유심주의가 왜곡된 형식으로 원시 사회에서 노예제 사회와 봉건사회로 변화해간 사실을 도출해낸 것을 방불케 한다. 이를 간단히 복고적인 퇴행적 역사관이라 하는 것도 지나치게 천박하다. 주희의 이런 역사관은 바로 그의 시대와 사회에 입각하여 나온 것이다. 만약 한·당에도 천리가 행해졌다는 진량의 주장이 남송 당시 제왕의 통치를 긍정하는 방향으로 발전했다고 한다면, 한·당에는 인욕이 행해졌다는 주희의 주장은 바로 직접적으로 남송 당시 제왕의 통치를 부정하는 방향으로 발전하였다.

한·당에 인욕이 행해졌다는 주장과 천리가 행해졌다는 주장의 대립, 유학자 되기와 인격 완성의 대립은 실제로는 역시 '사람'과 '도'의 관계 문제였다. 따라서 주희는 편지에서 자기와 진량의 모순을 '사람'이 '도'에 참여할 수 있는가 없는가 하는 논쟁으로 귀결하였다. 그는 다음과 같이 인식하였다. "만약 도가 항상 존재하는 점으로 논하자면 처음부터 사람이 간여할 수 있는 바가 아닙니다. 다만 이것은 옛날부터 지금까지 항상 존재하여 없어지지 않는 것이니, 비록 1500년 동안 사람들에 의해 훼손을 당했어도 사람들은 끝내 그것을 다 없앨 수 없었습니다. 한·당의 이른바 현군賢君이 어찌 조금이라도 그것을 도울 힘이 있었겠습니까?"(동상) 그 뒤 두 사람의 논전은 곧 이러한 근본 문제를 둘러싸고 전개되었다. 그러나 두 사람 각각의 사상에 내재한 모순도 곧 폭로되었다.

순희 11년(1184)의 논변 가운데 일어난 작은 일화가 하나 있다. 진량이 주희에게 종이를 보내 사관寺觀에 편액할 글을 써달라고 청하였다. 주희는 굳이 '말을 신중하게 하고 음식을 절제하고 목숨을 다해서 뜻을 이루고 몸에 돌이 커서 덕을 닦는다(謹言語節飲食致命遂志, 反身修德)'('문집』 권95「장준행장」)는 장준張浚의 좌우명을 고쳐 써서 보냈다. 진량은 글을 경솔하게 다른 사람에게 보내고 말 았다. 이는 이미 두 사람이 서로 화합하기 어려움을 희극적으로 암시한다.

순희 12년(1185) 봄, 막 병에서 회복한 진량은 주희의 힐난에 편지를 보내 답하였다. 그는 날카롭게 맞서듯이 '사람'은 '도'에 참여할 수 있다는 사상을 제시하였다. "마음의 작용이 다하지 않음은 있으나 늘 사라져 없어짐은 없으며, 법의 조문이 갖춰지지 않음은 있으나 늘 폐기됨은 없습니다. 사람이 하늘과 땅과 더불어 병립하여서 셋이 되는 까닭은, 하늘과 땅은 늘 혼자 운행하고 사람은 쉼이 있다는 것이 아닙니다. 사람이 서지 않으면 하늘과 땅은 홀로 운행할 수 없으며, 하늘과 땅을 놓아 두면 도가 될 수 없습니다. '요임금을 위해 존재하는 것도 아니고 걸桀 때문에 없어지는 것도 아니라'는 말은 사람을 놓아 두고서 도가 됨을 말하는 것이 아닙니다. 도의 존망存亡에 사람이 관여할 수 없다고 한다면 사람을 놓아 두고서도 도가 될 수 있으며, 석가모니의 말도 속임이 아닙니다."('용천집』 권20「여주원회비서與朱元晦秘書」) 이는 사람을 버려 두고서는 도가 없다는 말이다. 이 때문에 그는 '인위人爲'의 사상을 제시하고, 사람이 마음의 작용을 다하여서 도를 행해야 한다고 주장하였다.

사람이 도에 참여할 수 있다는 적극적이고 진취적인 '인위'의 사상은 곧 진량 사공학의 진정한 정신을 이루었는데, 이는 한결같이 소극적이고 내향적인 유가의 도덕적 자아 수양에 대한 반발이었다. 그러나 그는 도리어 사람이 도에 참여할 수 있다는 사상을 극단에 이르기까지 발휘했지만, 또한 반대 방향으로도 향하였다. 곧 한편으로 그는 도가 사람에 의지하여서 비로소 존재할 수 있으며, 심지어 도의 존망은 영웅과 현군에 의해 결정된다고까지 강조하였다. "(한) 고조, (당) 태종 및 황가皇家의 태조太祖(송 황실의 시조)는, 천지가 그들에 의지하여서 늘 쉼 없이 운행할 수 있으며, 사람의 기강(人紀)이 그들에 의

지하여서 계속 이어지고 타락하지 않는 근거입니다. …… 도가 사람에 의지하여서 존재하는 것이 아니라면 석가모니의 이른바 천겁, 만겁이라는 것이 참으로 있을 것입니다."(동상) 이는 주관 유심주의로 향한 것이다.

또 한편으로 그는 도가 영원히 존재하며 마치 하늘에 붉은 해가 떠 있듯이 없는 곳이 없으므로 사람이 다만 실행하기만 하면 도가 아님이 없다고 강조하였다. 그리하여 '눈을 감은 사람이 눈을 뜨면 곧 해가 보이며', '머리를 들고 눈썹을 벌리기만 하면 어디나 광명이 아닌가!', '눈을 들어 둘러보면 어느 곳이나 붉은 해가 빛나지 않는 곳이 없다'고 하였다. 이는 절대 공리주의로 향한 것이다.

주희는 그의 편지를 읽은 뒤 '이리 보나 저리 보나 대단히 기이하고 온갖 이상한 내용이라 바로 볼 수 없다'고 느꼈다(『문집』 권36 「답진동보」). 주희는 진량의 사상 가운데 이런 모순을 포착한 뒤 봄에 답장을 보내서 사람은 도에 참여할 수 없다는 자기 사상을 논술하였다. 이른바 사람이 도에 참여할 수 없다는 말은, 사람을 버리고서도 도가 될 수 있다는 말이 결코 아니라 도는 객관 존재이며, 사람의 의지에 따라 전이되거나 사람의 주관적 자아에 따라 상실되고 소멸되는 것이 아니라는 말이다. '이 몸이 있으면 도가 저절로 존재하고, 반드시 이 몸이 없어진 뒤에야 도가 이에 없어진다는 말은 아니라'(동상)는 것이다. 한·당 천백 년 동안 도가 행해지지 않고 인욕이 성했던 것은, 사람이 도를 인식하고 실천하는 문제가 결부되어 있기 때문이다. '도는 없었던 적이 없으나 사람이 체득하는(體) 것에 지극함과 지극하지 않음이 있을 뿐이다.'(동상) 그래서 '도는 그친 적이 없으나 사람이 스스로 그칠 뿐'이다. 이는 도가 영원히 존재하면서 보편적으로 비춰준다면 사람은 반드시 도에 합치하여 행하며, 사람이 작용하기만 하면 반드시 그것이 도라고 한 진량의 말과 결코 같지 않다.

주희가 더욱 치중한 문제는 바로 사람이 도를 체득하는(體道) 공부였다. 그래서 진량의 '인위 본령人爲本領'을 겨냥하여 주희는 '근본 공부根本工夫'를 제시하였다. '인위 본령'은 공리적이고 '근본 공부'는 도덕적인 것으로서, 두 사람의 인격 완성과 유학자 되기의 대립도 '인위 본령'과 '근본 공부'의 대립으로 전화하였다. 확실히 이는 도의 운용(用道)과 도의 체득의 대립이라 하겠다.

주희가 말하는 '근본 공부'는 바로 정심正心, 성의誠意의 도덕 수양 공부이다. '인심유위人心惟危, 도심유미道心惟微, 유정유일惟精惟一, 윤집궐중允執厥中(인심은 위태롭고 도심은 은미하니, 정밀하고 한결같이 하여서 그 중심을 잡으라)'의 열여섯 자 비결을 통해 도심이 인심과 싸워서 이기고 천리가 인욕과 싸워서 이기며, 선을 향하는 인성으로 복귀하고 사람의 소외를 떨쳐버리며, 사람의 마음이 도를 체득하고 주관적 자아와 객관적 도가 합일함으로써 천리가 주재하고 인의가 통치하는 사회를 건립하는 것이다.

주희의 '근본 공부'와 진량의 '인위 본령'은 심리적 심층구조에서부터 두 사람의 사유 방식과 가치 지향의 차이를 드러낸다. 곧 '근본 공부'는 마음의 바름을 강조하여서 마음을 바로잡음으로부터 공부를 해 나가므로 '정밀하고 한결같을 것(惟精惟一)'을 추구하며, '인위 본령'은 마음의 작용을 강조하여서 도의 작용으로부터 본령을 사용하므로 '크고 넓게 열어젖힐 것(宏大開廓)'을 추구한다. '근본 공부'는 순서에 따라 '심心'의 본체에서 시작하여 정심성의를 거쳐 평국平國, 치천하治天下에까지 이를 것을 주장한다. 이는 마음에서부터 미루어 도에 미치고, 주관에서 객관에, 동기에서 효과에, 의리에서 이익에 이르는 것이다. '인위 본령'은 오히려 앞으로 나아가 '도'의 작용에서 시작하여 공의 성취와 사업의 완성으로 말미암아 사람 마음의 공과 사, 의리와 이익을 검증할 것을 주장한다. 이는 도에서 심을 관찰하는 데로 돌아오며, 객관에서 주관에, 효과에서 동기에, 이익에서 의에 이르는 것이다.

도덕을 주장한 주희와 공리를 주장한 진량의 문화적 성격의 대립은 순희 12년(1185) 봄에 진행된 논전 가운데에서 뚜렷이 드러나기 시작하였다. 진량은 자기가 '오로지 관중管仲, 소하蕭何 이하의 규모를 따르려는 것이 아니라, 바로 금·은·동·철을 섞어 녹여서 그릇 하나를 만든 뒤 용도에 적합하게 쓰는 것을 주로 할 뿐'이라고 명료하게 선언하였다(『용천집』 권20 「여주원회비서」). 주희는 답신에서 다음과 같이 직접적으로 까발렸다. "이른바 인격 완성을 배우되 반드시 유학자가 될 필요는 없다 하고, 금·은·동·철을 섞어서 그릇을 만들어 용도에 적합하게 쓰는 것을 주로 한다고 한 내용을 보면 마음을 세우는 근본이 공리에 있음을 알 수 있으니, 변설로 꾸밀 수 있는 바가 아닙니다."(『문집』 권36 「답진동보」 서8)

순희 12년 여름과 가을 사이에 두 사람의 논전은 이미 주로 공리와 도덕(*인의)의 대립을 둘러싸고 진행되었다. 진량은 더 이상 감추지 않겠다는 듯, 자기의 공리 사상을 선양하면서 관중管仲에 대해 주희에게 다음과 같이 말하였다. "비판하는 자(說者)는, 공씨의 문(孔氏之門)에서는 오척 동자라도 모두 오패五霸를 거론하기를 부끄러워하였다 하고, 맹자는 패자가 힘으로 인을 가장했다고 힘써 논하였으나 부자夫子(공자)는 이와 같은 일을 칭찬하면서 '그와 같은 인(如其仁)'이라고 하였는데, 대체로 비슷한 듯하나 다릅니다. 말의 맥락을 보면 결코 비판하는 자의 말과 같지 않습니다. 그러므로 이천伊川(정이)이 '그와 같은 인'이라 한 말은 인의 공용功用이 있음을 칭찬한 말입니다."(『용천집』 권20 「여주원회비서·우서又書」) 그러나 주희는 초여름에 그에게 보낸 답신에서 다음과 같이 말하였다. "또 관중의 공功과 같은 것은 이윤伊尹과 여상呂尙 이하 누가 미칠 수 있겠습니까? 그러나 그 마음은 바로 이욕利欲의 마음이고, 행적은 바로 이욕의 행적입니다. 그러므로 성인이 비록 그 공을 칭찬했지만, 맹자와 동자董子(동중서)는 모두 법도와 의리(法義)를 가지고 재단하면서 조금도 (그를) 구

실로 삼지 않았습니다."(『문집』 권36 「답진동보」 서9)

　여기서 또한 두 사람은 인의仁義와 이욕利欲, 왕도와 패도에 대한 이해의 대립을 드러냈다. 곧 진량은 효과를 표준으로 삼아 평가하여서 관중이 천하를 한번 바로잡았으니 인의 공용이 있으며, 따라서 이것은 인의이지 이욕이 아니며, 왕도이지 패도가 아니라고 여겼다. 반면 주희는 동기를 표준으로 삼아 평가하여서 관중의 공적이 이욕의 마음에서 나왔으니 비록 공은 있으나 인이라 할 수는 없으며, 따라서 이것은 이욕이지 인의가 아니며, 패도이지 왕도가 아니라고 여겼다. 주희의 관점에서 볼 때 진량처럼 공용功用으로 인의와 이욕을 판별하는 것은 '공리의 철을 다루어서 도의의 금을 만들어내는' 일이었다. 이리하여 문제는 다시 논전의 벽두에 제기되었던, 삼대와 한·당의 역사에 대한 관점으로 돌아왔다.

　주희는 '한·당의 군주가 혹 (*도에) 우연히 부합한(暗合) 때가 없을 수는 없겠지만 그 전체는 오히려 다만 이욕에 있었으며'(『문집』 권36 「답진동보」 서8), "옛 성현은 근본 상에서 바로 유정유일惟精惟一의 공부를 했기 때문에 중도를 잡을 수 있었으며, 철두철미 선을 다하지 않음이 없었습니다. 후대의 이른바 영웅은 이 공부를 한 적이 없었고 다만 이욕의 장場에서 출몰하였습니다. 그 자질이 아름다운 자는 바로 우연히 부합하는 바가 있었는데, 분수의 많고 적음에 따라 공적을 세운 것이 있었습니다. 그러나 혹 중도에 부합하든 그렇지 않든 간에 선을 다하지 못했던 점은 한결같았습니다."(『문집』 권36 「답진동보」 서9) 하는 인식을 견지하였다. 이는 바로 수천 년 전체 중국 역사에 대한 그의 부정적인 도덕적 가치판단이다.

　그러나 진량도 '본령이 크고 넓으며 공부가 지극한 경지에 이르면 삼대에 도달할 수 있다. 본령이 있으나 공부가 없으면 다만 한·당이 될 뿐이다. …… 하늘과 땅 사이에 도 아닌 물건이 없으며 붉은 해가 하늘에 걸려 있으니 곳곳에 밝게 빛난다. …… 2000년 사이에 눈은 있으나 모두 장님이라 할 수는 없다.'는 인식을 견지하였다. 이는 바로 수천 년 전체 중국 역사에 대해 그가 내린 긍정적인 공리적 가치판단이다. 주희와 확연히 대립되는 이런 판단은 또한 두 사람의 의리와 이익, 왕도와 패도에 관한 논전의 최후 결론을 이루었다.

끊어질 듯 끊어질 듯하면서도 4년간 이어진 논전은 어느 방면에서도 일치를 이루지 못하였다. 전체 논전 동안에 주희의 제자들은 모두 학파와 문호의 의기意氣를 품고서 냉담한 눈으로 방관하였고, 고제高弟 첨체인詹體仁과 같은 사람은 진량과 교제를 싹둑 잘라버렸다. 진량은 순희 13년(1186) 가을에 주희에게 보낸 편지에서 다음과 같이 말하였다. "전에 국자감록國子監錄 진일지陳一之를 만났더니 말하기를, 태상 박사 첨체인이 문하門下(주희)의 선비로서 늘 제가 문하에 보낸 편지를 읽을 때마다 머리카락이 곤두설 만큼 화를 내며 이설異說로 여겼다고 합니다. 그리하여 매번 제가 오는 것을 보면 괴상한 사람으로 여기고 번번이 자리를 떠나서 같이 앉지도 않았습니다."(『용천집』권20 「병오추서丙午秋書」) 진량에 대한 첨체인의 태도는 사회의 수많은 선비들의 심리를 대표하며, 적어도 표면적으로는 주희로 하여금 논전에서 우세를 차지한 것처럼 보이게 하였다.

일부 여학呂學의 제자를 제외한 절학浙學의 선비들은 뜻밖에도 주희와 진량의 논전에 대해 표면적으로는 중립적이고 조화를 지향하는 태도를 취하였다. 영가학파의 거두 진부량陳傅良은 진량에게 보낸 편지에서 주희와 진량이 벌인 논전의 득실을 평론하였는데, 시비를 가릴 수 없는 한바탕 자존심 싸움으로 여겼다. "주 어른(朱丈, 주희)은 형이 삼대를 폄하하였다 하고, 형은 주 어른이 1500년간을 텅 빈 시간으로 만들어버렸다고 하는데, 그 사이에서 보면 자못 분쟁에 가깝습니다. 평온하게 마음을 기름에 하필 이를 건드리겠습니

심지어 듣는 사람을 깜짝 놀라게 할 만큼 다음과 같이 말하였다. "(*진량은) 삼대의 성현이 쓸데없는 노력을 한 것으로 여겼으니, 이는 사람의 힘이 홀로 작용할 수 있다는 것입니다. (*주희는) 한 고조, 당 태종을 도적보다 별로 나을 것이 없다고 여겼으니, 이는 천명을 구차히 얻을 수 있다는 것입니다. 사람의 힘이 홀로 작용할 수 있다고 한다면, 위로 경건하고 삼가는 군주가 없게 되는 폐단이 생깁니다. 천명을 구차히 얻을 수 있다고 한다면, 아래로 야심을 품은 신하가 나오는 폐단이 생깁니다. 두 분 군자의 입론은 군주가 교만하고 신하가 난리를 일으키게 되는 처지를 면하지 못합니다."

이는 엄연히 '한 시대 유자의 거벽巨擘'이라는 자세로 공정하게 중재를 하였으나, 동시에 오히려 주희를 높이고 진량을 폄하한 말이었다. "주 어른은 점유한 지반이 평정平正하며 편안함으로써 수고로움에 대처하는 기세입니다. 노형은 펄쩍 뛰며 큰소리로 부르짖고 창을 들고 앞으로 돌진하는 기세이나 수사修辭의 공이 없어서, 비교하자면 그(주희)에게 한 수 지고 있습니다."(동상)

이런 태도에 진량은 아연실색하여 크게 실망하고서 진부량에게 보내는 편지에서 큰소리로 부르짖지 않을 수 없었다. "저의 이론은 바로 하늘과 땅, 해와 달과 함께 설원雪冤하려는 것인데 존형께서는 도리어 제가 펄쩍 뛰며 큰소리로 부르짖고 창을 들고 앞으로 돌진하는 기세라 하고, 원회의 이론은 다만 이정二程과 함께 문호를 주장하는 것인데 존형께서는 도리어 원회가 정대하다 하고 또 점유한 입지가 평정하며 편안함으로써 수고로움에 대처하는 기세가 있다고 하십니다. 아! 원통합니다."(『용천집』권21 「여진군거與陳君擧」)

사실 진부량의 유가적 면모 아래에는 또한 진량과 같은 사공의 영혼이 있었다. 진량에게 보내는 두 번째 편지에서 그는 솔직하게 자기의 사공학적 관점으로 주희의 '우연한 부합(暗合)'을 비평하였다.

또한 한·당의 사업을 만약 털끝만큼도 정도正道를 부축하여 도운 것이 없다고 한다면 (이 주장이) 누구를 기꺼이 설복시키겠습니까! …… '암합暗合'이라는 두 글자로 어떻게 남을 판단할 수 있겠습니까? 2, 3푼을 알면 2, 3푼의 공용이 있고 6, 7푼을 알면 6, 7푼의 공용이 있습니다. 전체를 알면서도 행하지 않고 한곳에 놓아 둘 수는 있지만, 전혀 알지 못하면서 이렇게 저렇게 하다가 우연히 들어맞을 리는 결코 없습니다. 이 또한 분명한 사실이니, 많은 말이 필요 없습니다. ─『지재집』 권36 「답진동보」 2

진량과 주희의 논전에 대한 진부량의 요지에는 역시 진량에게 기울어진 측면이 더 많았음을 알 수 있다.

나중에 탄재坦齋 섭실葉實은 『애일재총초愛日齋叢鈔』에서 한 가지 비밀을 폭로하였다.

문공(주희)이 진동보(진량)와 논변을 벌이면서 쓴 여러 편지에는, 대체로 한·당 군주의 경우에는 혹 (도와) 우연히 부합한 때가 없지 않았으나 전체로는 다만 (지향점이) 이욕에 있었다고 하였다. 동보는 힘써 다투기를 그만두지 않았다. 오봉五峰 호인중胡仁仲(호굉)의 「답번무실서答樊茂實書」를 보면 다음과 같이 말하였다. "천리가 순수하고 인욕이 소멸한 경우는 삼대의 부흥을 이룬 왕들이다. 천리를 가장하여서 인욕을 성취한 경우는 오패五霸이다. 인욕에 따라 행했지만 때로 천리와 우연히 부합한 경우는 양한 이래로 오대에 이르기까지 부흥을 이룬 왕과 융성했던 군주들이다. 한 푼의 천리를 보존하고서 평화로운 시대에 거하는 자는 반드시 망하지는 않으며, 열 푼의 인욕을 행하면서 난세에 맞닥뜨린 자는 반드시 존속할 수는 없다." 그 설이 오래되었으나 찬연하다. 다만 문공은 한 고조, 당 태종 외에 반드시 우연히 부합한 사례로서 인정한 경우는 없었다. 동보는 …… 어찌 본래 호씨의 설을 취하지 않음이 아닌가? 진군거陳君擧(진부량)는 또 평가하기를, "암합暗合이라는 두 글자로 어떻게 남을 판단할 수 있겠는가! 전혀 알지 못하면서 우연히 들어맞을 리는 결코 없다."고 하였다. 대개 주자와 진동보의 논쟁을 조정하려 한 것이나, 대체로 진동보의 설에 기울고 있다.

— 『애일재총초』 권2

이는 주희의 '암합暗合' 설이 오봉五峰 호굉胡宏에게서 비롯되었음을 지적할 뿐만 아니라, 또한 진부량이 겉으로는 중립에 서면서 속으로는 진량을 도운 사실을 폭로한 것이다.

진부량의 뒤를 따르는 영가의 후학 섭적도 진부량과 유사한 태도를 취하였다. 여호呂皓는 「수심선생애사水心先生哀辭」에서 섭적이 심지어 가정嘉定 7년(1214)에도 여전히 진량과 주희의 의리와 이익, 왕도와 패도 논변의 시비 득실을 정면으로 평가하기를 회피한다고 언급하면서 다음과 같은 경향성이 있는 평가를 내린다.

나는 오히려 동래東萊(여조겸), 회암晦庵(주희) 두 어른의 유풍流風에 접하였습니다. 공(섭적)은 이때 한창의 나이였는데 …… 나는, 일찍이 한가한 날 용천 진 공(진량)과 회암 주 공이 왕도와 패도의 순수함과 잡박함을 변설하고, 한·당의 중요한 역사를 왕복하여 논한 내용을 취하여 유추하여 분석하고 꼼꼼하게 따져본 뒤 그 항목을 정리하여 수만 글자로 편지를 써서 공에게 질정을 구하였습니다. 그런데 공은 답하는 편지에서 말씀하시기를, "토론이 이와 같이 정확하니, 내가 어찌 한마디 말로 판결을 돕지 못하겠습니까? 요컨대 이전 사람은 저마다 자기가 주장하는 이론을 확정하지 못하였기에, 다시 주석을 덧붙여서 공연히 번거롭고 시끄러운 일을 취하지 않으려 하였을 뿐입니다." 하였습니다. 　　　　　　　　　　—『운계고雲溪稿』

　영가학의 진부량과 섭적이 결코 진량의 영강 사공학에 반대하지는 않았던 것으로 보인다. 단지 그들이 불만을 느낀 부분은 진량 영강학의 거친 호기豪氣가 주학朱學과 충분히 서로 맞설 만한 엄밀한 이론 체계를 형성하지 못했다는 점이다.

　논전 중에 진량은 고립무원의 처지에 빠졌다. 순희 12년(1185) 가을 이후 그는 일촉즉발의 기세로 주희와 논전을 벌여 나갔는데, 주희는 도리어 이미 수습을 할 수 있으리라고 여겼다. 주희는 회신에서 간단히 다음과 같이 말하였다. "이왕의 시비是非는 깊이 따질 만한 문제가 아닙니다. 오늘날의 계획은 다만 마땅히 이치를 궁구하고 몸을 닦으며 성현의 사업事業을 취하여 배워서, 벼슬을 그만두면 자기 몸을 홀로 선하게 하고, 벼슬에 이르면 천하와 함께 선을 행한다면 거의 몸을 굽혀서 한 시대의 평범한 사람이 되지는 않을 것입니다."(『문집』 권36 「답진동보」 서10)

　주희는 심지어 자기를 위해 「포슬음抱膝吟」을 지어달라는 진량의 간청을 거듭 거절하였다. 주희가 볼 때 공리에 마음이 물든 진량은 밭이랑에서 몸소 밭을 갈며 무릎을 부여안고 길게 휘파람 부는 공명孔明(제갈량)과 같은 인물이 될 수 없었다. 결국 진량에게 시비를 따지고 싸우는 일을 그만두고 돌이켜서 유학의 도를 실천하도록 힘써 권유함으로써 이 논전을 끝내려고 하였다.

　진량도 자기 나름대로 매듭짓는 방식이 있었다. 11월에 그는 건도 9년(1173)에 지은 「유차문중자인類次文中子引」의 초고를 수정하여서 정식으로 발표하였는데, 그 가운데 특별히 다음의 한 단락을 보완하였다.

주실周室이 동쪽으로 옮기고 제후들이 흩어져서 통일이 되지 않아 평범한 일에도 지모智謀를 사용하고 털끝만 한 이익을 다투게 되었다. 그 일은 미천하기에 논할거리가 되지 못한다. 제 환공齊桓公이 천하를 한번 바로잡은 공은 크지만 공리의 습성은 군자가 일컫기를 부끄러워하였다. 주의 도가 이미 궁해진 결과 오吳·월越이 마침내 중국에서 패자를 일컬었다. 춘추春秋를 기록함은 천자天子의 일인데, 성인이 부득이해서 기록하였다. 전국戰國의 재앙이 참혹하였지만 백성을 보호하자는 이론, 근본으로 되돌아가자는 계책, 군주와 인민의 경중을 나눔, 인의仁義와 작록의 변별과 같은 사상은 어찌 그 (추구하는 궁극의) 즐거움이 성인과 다르겠는가? 이는 맹자가 『춘추』를 통틀어서 "그러므로 일은 옛사람의 반이지만 공은 반드시 배가 된다."고 적용한 까닭이다. …… 한 고제는 관대하고 대범했으므로 인민의 기강이 이에 힘입어서 다시 섰으며, 위무魏武(위 무제 조조)는 기교機巧가 있었으나 천지가 이 때문에 십 수 세대 동안 분열되었다. …… 그러므로 공용功用이 깊고 얕음, 삼재三才(하늘과 땅과 사람의 세 요소)의 거취, 변고가 서로 생겨남, 이치와 변수(理數)가 서로 영향을 미침은, 그 일을 싣지 않을 수 없고 그 변화는 구비하지 않을 수 없다. ……   ─『용천집』권14

여기서 논한 것은 바로 진량과 주희의 논전 가운데 중심이 되는 논제로, 진량이 아무리 공맹과 유학 경전을 가지고서 가리고 꾸민다 하더라도 그 중심을 관철하는 공리 사상은 일목요연하다. 이는 「유차문중자인」을 새로 수정하여서 주희의 사상과 결렬을 선포하려는 것일 뿐만 아니라 '문중자文中子'의 기치 아래 자기 영강학의 길을 굽히지 않고 달려가겠다는 결심을 드러낸 것이다. 「유차문중자인」을 수정하여 발표함으로써 진량과 주희의 의리義利, 왕패王覇 논변은 비로소 매듭이 지어졌다. 순희 12년(1185) 이후 두 사람이 주고

받은 편지는 이미 논전의 의의를 지니고 있지 않았다.

　주희와 진량의 의리, 왕패 논변은 '사람(人)'에 관한 한 차례 특수한 문화적 논전이었다. 그들은 모두 '사람'과 소외된 '대아大我'를 사회와 역사를 들여다보는 중심과 기점으로 삼았다. 두 사람의 다른 점은 다음과 같다. 주희는 인성의 회귀, 소외된 자아의 회복을 통해 쇠퇴한 세상을 건져낼 것을 주장하였는데, 이는 일종의 윤리적 인본주의로서 그 폐단은 또한 사람의 주체성 상실로 흘렀다. 진량은 반대로 사람의 주체성 발양, 대아의 도에 대한 순응을 통해 적극적으로 세상에 쓰일 것을 주장하였는데, 이는 일종의 공리적 인본주의로서 그 폐단은 또한 이욕에 의한 인성의 상해로 흘렀다.

　역사의 전진과 사회의 변천은 본래 무한히 복잡한 인과관계의 그물로 짠 공시적 계통과 통시적 과정으로서, 이들을 해석하려면 인식론상의 기점이 다원적(多維的)이지 않을 수 없다. 그러나 주희와 진량은 도리어 모두 일원적(單維的) 문화 비판의 관념을 취하였다. 곧 주희의 문화 비판은 도덕주의적인 것으로서, 이는 사람의 일체 사회적 행위를 모두 순수하게 내재적 가치관에 의존하는 것으로 본다. 그리고 진량의 문화 비판은 공리주의적인 것으로서, 이는 사람의 일체 사회적 행위를 모두 실제 공리적인 외재적 추구에 귀결시킨다.

　그러나 이런 일원적 비판 관념은 실제로는 또한 전통문화 내부에서 일종의 대립적이고 상호 보완적인 관계를 구성한다. 곧 주희는 동기적이고, 진량은 결과적이다. 주희는 도덕적이고, 진량은 공리적이다. 주희는 안으로 덕을 지키려 하고, 진량은 밖으로 공을 추구한다. 주희는 사람을 도에 복종시키고, 진량은 도를 사람에게 굴종시킨다. 주희는 이성적이고, 진량은 감성적이다. 주희는 역사의 진화와 현존 사회에 대해 소극적·부정적이고, 진량은 역사의 진화와 현존 사회에 대해 적극적·긍정적이다. 주희는 제왕에 대해 비판적이고, 진량은 제왕을 찬양한다. 주희는 유가의 정심성의의 측면을 윤리적으로 강화하고, 진량은 유가의 치국·평천하의 측면을 공리적으로 발전시켰다. 주희는 인성의 소외를 극복하는 데서부터 손을 써서 세상을 구제하고, 진량은 주체적 정신을 앙양하는 데서부터 손을 써서 세상에 쓰인다. 이는 유가 문화의 기묘한 의리와 이익, 덕과 공의 양면성(二相性)이다.

그러나 남송 통치자들이나 사대부들을 막론하고 모두 애초부터 주희와 진량이 그들을 위해 설계한 이러한 문화적 모형을 얌전하게 받아들이려고 하지는 않았다. 도리어 그들은 모두 주희와 진량의 이러한 일원적 문화 관념이 저마다 지닌 폐단을 극대로 발전시킴으로써 주희와 진량의 의리, 왕패의 논변에 대한 일종의 역사적 증험을 방불케 하였다. 논전이 매듭지어진 뒤 두 가닥의 기형적 문화 조류가 평행으로 범람하게 되었다. 한편으로, 집집마다 왕도와 패도를 담론하는 조류가 눈앞의 이익에만 급급하고 커다란 공적을 세우기를 좋아하는 후안무치한 선비들을 잉태하였다. 다른 한편으로, 사람마다 성명性命을 담론하는 기풍이 도덕을 큰소리로 떠들고 행동거지를 법도에 맞게 하려는, 겉만 번드르르한 유생을 만들어내면서 조정의 반도학과 대응하였다.

나중에 진부량은 주희에게 보낸 편지에서 이 논전의 영향을 총결하여서 다음과 같이 말하였다. "영강永康(진량)이 돌아간 뒤 수천 마디 말이 있었습니다. 서로 따지고 논하였으나 유익함을 보지 못했습니다. 학자들은 비굴하게 굽실거리는 데만 힘쓰고 본지를 잃어버렸으며, 그림을 그리되 지나치게 정교하게 하려다 자못 쉽고 간단함을 해쳤습니다. 긍지가 너무 심하여서 도리어 인색하고 교만해졌습니다."(『지재집』 권38 「여주원회與朱元晦」 서2) 이는 모두 주희와 진량이 당초에 예상하지 못했던 일이었다.

절학浙學과 육학陸學의 균형을 유지한 도학의 지주

주희와 진량의 의리, 왕패에 대한 논변은 역시 주희의 전면적 논전의 서 곡일 뿐이었다. 절동에서 돌아온 뒤 주희는 곧 일부러 왼편으로는 절학浙學 과 논전을, 오른편으로는 육학陸學과 논전을 벌이는, 양면으로 대적하는 처지 에 자기를 두고 전방위적 문화 비판을 탐색하기 시작하였다. 주희와 진량의 의리, 왕패 논변은 다만 그의 이러한 전면적 논전의 교향악에 일종의 기조를 제공하는 데 지나지 않았다. 육학, 절학과 동시에 양면 논전을 벌이는 가운데 그의 주요 비판 상대는 절학이었고, 절학과 벌인 논전의 목표는 심지어 진량 이 아니라 여학呂學의 제자였다. 이미 와해된 여학과 논전을 벌여서 승리를 쟁취함으로써 영가와 영강의 사공학 사조를 막고, 절학과 육학의 합류를 저 지하려는 것이었다.

여조겸呂祖謙이 죽은 뒤 사분오열하기 시작한 여학 학파의 제자들은 대체 로 세 가지 사상적 경향을 형성하였다. 일부는 영강학과 영가학의 사공의 궤 도로 어지러이 전환하였고, 일부는 도교와 불교의 사상으로 향하는 가운데 세상에 쓰일 만한 오묘한 진리와 참된 역량을 찾았으며, 또 일부는 육씨의 심학에서 돈오頓悟·돈공頓功의 지름길을 추구하였다. 이런 경향이 바로 여조 겸이 죽은 뒤 주희가 '논의가 벌 떼처럼 일어나고(議論蜂起)', '온갖 괴이한 일이 마구 나온다(百怪俱出)'고 거듭 놀라서 부르짖었던 상황이다. 그러나 서로 다른 이 세 가지 경향은 모두 동일한 공리적 목적에서 나온 것인데, 그 가운데 특히 첫째 부류가 주류를 이루었다.

주희는 순희 12년(1185)에 여조검呂祖儉에게 보낸 편지에서 들끓는 이 기형적 사조를 다음과 같이 언급하였다. "다만 저번에 보내신 논의가 한 차례 변한 것을 보니, 산이 무너지고 강물이 터진 것처럼 배우는 사람들로 하여금 동요하고 굴복하게 하였습니다. 그리하여 어리석거나 지혜롭거나를 불문하고 모든 사람이 때를 따르고 세를 좇으며, 공명을 추구하는 데로 내달리는 마음을 갖게 되었습니다. 이런 일들은 사람들을 근심하고 두렵게 합니다."(『문집』 권47 「답여자약答呂子約」 서26)

그처럼 제각기 제 길을 가게 된 여학 제자들의 심중에는 진량이 점점 여조겸의 지위를 대체하였고, 여조겸의 입을 빌려서 진량의 말을 하기를 좋아하였다. 이에 주희는 어쩔 수 없이 논전에서 비판의 화살을 먼저 그들에게로 돌렸다. 그는 절학의 근본 착오를, '육경과 어맹을 버리고 사마천(역사서)을 높이며(舍六經語孟而尊史遷), 궁리진성을 버리고 세상의 변화를 담론하며(舍窮理盡性而談世變), 치심수신을 버리고 사공을 좋아한다(舍治心修身而喜事功)'는 세 조항으로 개괄하였다(『민중이학연원고閩中理學淵源考』 권16). 그리고 절중의 학자들이 『맹자』의 '도성선道性善(본성이 선함을 말하다)', '구방심求放心(놓친 마음을 찾다)' 두 장을 근본으로 삼아서 수렴하고 응축하며, 극기하여 인을 추구하는 도덕 공부에 힘을 쏟아서 절학의 공리지심功利之心을 바로잡기를 바랐다(『연보』). 이미 논전은 주학과 절학이 이학理學, 경학經學, 사학史學에서 벌인 전면적 대립을 포함하여 주로 그와 여조겸 사이에 이 세 방면에서부터 전개되었다.

주희와 무중婺中 여학의 학자들 사이에 사상적 대립이 격화한 직접적인 원인은 주희가 순희 11년(1184)에 지은 「장남헌문집서張南軒文集序」와 「장경부화상찬張敬夫畵像贊」, 「여백공화상찬呂伯恭畵像贊」에서 은근히 장식張栻을 높이고 여조겸을 억누르는 깊은 뜻이 여학의 제자를 격분시킨 일이었다. 주희는 산이 무너지고 강물이 터진 듯한 괴이한 학설의 조류가 진동하면서 일어나게 된 데는 여조겸의 책임이 크며, 여학의 제자들이 세 가지 사상적 경향을 갖게 된 근원은 모두 여조겸에게로 통한다고 보았다. 그들이 왕도와 패도를 담론하고 공리를 좇은 까닭은 바로 여조겸이 '별일 없을 때 사학을 즐겨 말한(無恙時愛說史學)' 것 때문에 조성되었다. 그들이 불교의 교설을 좋아한 것도 여조겸이 생전에 『장경藏經』을 즐겨 읽고, 장구성張九成을 사사하고, 종고宗杲와 교유한 일이 빚어낸 결과였다. '음으로는 석씨釋氏의 뜻을 주로 삼았던' 것이다(『문집』 권47 「답여자약」 서18). 일체가 모두 '백공(여조겸)이 스스로 깔끔하지 않고 흐리멍덩하여 이런 결과에 이르렀던' 것이다(『문집』 권35 「답유자징答劉子澄」 서11).

순희 11년(1184)에 여학의 제자들은 적극적으로 여조겸의 유저遺著를 정리하고 편정한 뒤 출판하여서 그들이 선양하는 공리주의의 새로운 조류를 위한 경전적 근거로 확립하였다.

주희도 이해에 『장남헌문집』을 간행하였는데, 공들여 쓴 서문에서 장식을 과분하리 만큼 찬양하면서 그를 맹자, 동중서에서부터 정호程顥, 정이程頤, 호굉胡宏에 이르는, 의리와 이익을 엄격히 변별하는 도통성철道統聖哲의 반열에 넣었다. 견주어 보자면 역시 여조겸을 푸대접하고 폄하했던 셈이다.

주희는 서문에서 다음과 같이 말하였다. "저 근래의 고故 형주목荊州牧 장후 경부張侯敬夫(장식)는 …… 그 논설에서 보더라도 의리와 이익 사이의 털끝만 한 분별이 대개 이전 철인이 말하려 했으나 미처 밝혀내지 못한 점이 있었다. 사업을 조처함에는 모든 큰 강령과 쓰임, 크고 작은 것, 드러나고 은미한 것이 모두 마음에서 환하게 통하지 않음이 없고, 털끝만큼도 공리가 섞이지 않았다."(『문집』 권76 「장남헌문집서」)

주희는 스스로 반공리적인 장식을 빚어냈다. 이 서문은 거의 절학의 공리 사상에 반대하는 격문이었다. 같은 시기에 장식의 화상찬과 여조겸의 화상찬을 지었는데, 여조겸에 대한 그의 찬송은 표현이 애매하였으나 장식에 대해서는 크게 찬양하며 '인의의 단서를 확대시킴에는 육합六合에 가득 찰 수 있고(擴仁義之端, 至於可以彌六合), 선과 이익의 판단을 신중히 함에는 가을의 털끝도 쪼갤 수 있다(謹善利之判, 至於可以折秋毫)'고 하였다(『문집』 권85 「장경부화상찬張敬夫畵像贊」). 서문의 기조를 완전히 중복해서 말한 것이다. 여학의 제자들은 어지러이 일어나서 사도師道를 지켰다. 주희는 나중에 유청지劉淸之에게 다음과 같이 털어놓았다. "작년에 남의 강요로 장경부(장식)와 여동래(여조겸)의 「화상찬」 및 장경부 문집의 「서문」을 지었는데, 지금 함께 베껴서 보입니다. 무주의 학자들은 매우 좋아하지 않았습니다."(『문집』 권35 「답유자징」 서11)

여조겸이 죽은 뒤 여조검이 당연히 여학의 대표가 되었다. 그러나 여조검도 영강의 공리학과 강서江西의 육학 양면으로부터 충격을 받고 있었다. 순희 9년(1182) 겨울에 그는 미창米倉 감독의 임무를 띠고 사명四明에 부임하여서 절학의 학자들과 더욱 많이 왕래하였고, 순희 10년 4월에는 반단숙潘端叔, 강병도康炳道의 형제, 왕계화王季和·이숙윤李叔潤·방거경方居敬·사개숙史開叔·양희도楊希度·서원영舒元英·제갈생諸葛生 등 절중浙中의 명사 무리와 태백太白의 무산鄮山(절강 은현鄞縣 동쪽에 있는 산) 사이에서 모였는데, 실제로는 절학의 학문 강론을 위한 한 차례 성대한 모임이었다. 여조검은 이미 엄연한 여학의 영수로 자처하였다.

그러나 다른 한편으로 그는 또 용상甬上(영파寧波)의 네 선생(양간, 심환, 서린, 원섭)과 매우 친분을 두터이 하였다. 그는 사명에 부임한 기간 중 벽지碧沚에서 양간楊簡과, 죽주竹洲에서 심환沈煥과, 성남城南의 누씨정사樓氏精舍에서 원섭袁燮과 강학을 하였다. 네 사람이 서로 주고받으며 도를 논한 일이 사명을 떠들썩하게 하였으므로 사람들은 서린舒璘 대신 여조검을 넣어서 용상의 네 선생(甬上四先生)이라고 일컬었다. 공리학과 육학의 양면으로부터 충격은 그의 신상에 어떤 기이한 모순을 조성하였다. 한편으로는 진량을 좇아서 공리의 바람을 크게 일으키고, 다른 한편으로는 육학에 대해 비록 총체적으로는 격렬하게 부정하였으나 그 직각돈오直覺頓悟의 지름길을 즐겼던 것이다.

주희는 반단숙에게 보낸 편지에서 산을 옮기고 강물을 트는 괴이한 이론의 새로운 조류 가운데 일어난 여조겸의 악질적인 영수領袖의 행태를 비평하였다. "다만 그의 이론은 매우 괴이하여서 학자들로 하여금 서로 좇아 도의道義의 길을 버리고 공리의 영역으로 달려가게 합니다. 인의仁義를 막고 짐승을 몰아다가 사람을 먹게 하는 것과 같으니, 작은 문제가 아닙니다. 그러므로 힘을 다하여서 진술하지 않을 수 없습니다."(『문집』 권50 「답반단숙答潘端叔」 서2) 또 심환에게 보낸 편지에서도 같은 생각을 말하였다. "다만 그의 문정門庭에 근래 조금 이변異變이 있었는데, 이미 그 변화의 흐름이 멀어져서 배우는 사람들의 마음 씀씀이(心術)에 아주 해가 되는 까닭에 쓴소리를 하지 않을 수 없을 따름입니다."(『문집』 권53 「답심숙회答沈叔晦」 서3)

주희는 여조겸의 사학과 진량의 공리학에 대해 그것들이 실제로 사회 현실에서 일으키는 효과의 측면에서 고찰하였다. 사실상, 이 문화 사조는 반대로 공명功名과 이록利祿을 뒤쫓는 사대부들의 엽관獵官 심리를 강화하였고, 수단과 방법을 가리지 않고 명예와 지위(名位)를 차지하며 염치를 돌아보지 않고 부귀를 추구하는 관료와 선비들을 낳았다. 나중에 출현한, 공리를 추구하여서 가문을 일으키는 데 급급하고 권모술수에 기대서 조정을 장악한 반도학의 무리는 도리어 바로 이러한 공리학의 정신에 부합한 관료와 선비들의 전형이었으며, 공리학에 대한 역사적 아이러니가 아닐 수 없었다. 이는 바로 주희가 허둥지둥 놀란 눈으로 절동의 공리 사조를 홍수와 맹수처럼 보게 된 주요 원인이었다.

논변은 곧 육학에 대처하는 태도의 엇갈림에서 시작되었다. 여조겸은 공리를 근본으로 삼았으므로 자연히 육학의 존덕성尊德性, 수방심收放心의 준准도덕주의를 전반적으로 부정하였다. 반면, 주희는 육학의 존덕성의 심신수렴心身收斂이 바로 향외적 공리로 치달리는 절학의 병을 치료할 수 있는 양약이라고 여겼다. 그는 육학에 대해 '중요한 것은 저들의 장점을 취하여서 자기를 유익하게 함에 있을 뿐'이라고 주장하였다(『문집』 권47 「답여자약」 서21).

두 사람의 모순은 이렇듯 육학에 대처하는 차이에서 전면적으로 전개되었다. 절학은 줄곧 경사經史의 일관을 주장하였지만 실제로는 도리어 역사를 중시하고 경전經典을 가벼이 여기며, 역사로써 경전을 해설하는 경향을 보였기에 사마천을 공자의 지위에까지 높이고 『사기』 또한 그들의 성경으로 삼았다. 순희 11년(1184)은 바로 주희와 진량의 의리, 왕패 논전이 최고조에 이른 시기였는데, 여조검도 『사기』 「예서禮書」의 "아름다운 덕이 드넓게 펼쳐져서 만물을 다스린다. 군중을 부리는 일이 어찌 사람의 힘이겠는가?(洋洋美德乎, 宰制萬物, 役使群衆, 豈人力哉)" 하는 네 구절을 경전으로 삼아, 이에 의거하여서 '진·한이 천하를 장악함에 지혜와 힘(智力)으로 말미암지 않은 바가 있었다'는 기조를 내세우고 진량에게 호응하였다.

여조검은 심지어 공리의 정신을 가지고서 역사로 시를 해설하는 「모서毛序」의 전통적인 『시경』 해설의 원칙을 발전시켰다. 그는 「모서」에 붙인 자기의 「시설詩說」에서 절학의 사학적 관점을 관철함으로써 『시경』에서 '세상의 변화(世變)'를 탐구하려고 하였다. 주희는 편지로 그를 비평하면서, 이는 '성현의 경전의 가르침을 버리고 역사서(史傳)에서 진리를 탐구하는 것'이며, '향외적인 뜻이 많고 자기에게 절실한 뜻이 적은' 것이라고 하였다. 그리고 이는 다만 '세상의 길(世路)이 좁고 험난하여서 이미 말을 할 수 없는' 남송의 쇠퇴한 세상에서 살아가는 선비들을 재촉하여 '흘러서 변질되고 거짓된 공리의 습성에 들어가게 하니, 그 형세가 불과 한두 번 전해지는 사이에 천하가 반드시 그 재앙을 입을 것'이라 하였다(『문집』 권47 「답여자약」 서23). 그래서 여조검에게 역사에서부터 경전으로 돌아와 사서四書를 읽으며 마음을 바로잡고 자기에게 절실한 도덕적 자아 수양의 공부를 많이 하라고 권하였다.

여조검은 경전을 읽으라는 주희의 권고를 듣겠다는 의사를 표시하였으나, 정작 주희에게 보낸 『중용』, 「시송詩頌」, 「서명西銘」의 해설에서는 여전히 변함없이 자기 고집을 내세웠다. 주희는 그와의 엇갈림을 경내중외輕內重外와 주내보외主內輔外의 대립으로 귀결시켰다. 그리하여 여조검의 착오는 바로 향내적 존덕성, 구방심을 근본으로 삼지 못하고, 도리어 향외적 통고금通古今, 고세변考世變을 중시하는 데 있다고 보았다. 그 결과 절학과 육학이 모두 경전 읽기에 치중하지 않는다는 점에서 길은 다르나 귀결은 같았다. 곧 육학은 '깨달음(了悟)을 높이 여기고' 경전 읽기를 기꺼워하지 않으며, 절학은 '기억하여 외고 널리 보는 것을 중시하나' 경전 읽기에 상응하지 않는다는 것이다. 주희는, 적극적으로 사공으로써 세상을 구제하려는 여조검의 교설을 부정하였다. 그리하여 여조검이 『사기』의 「예서」에 의거하여 공리의 설을 세운 것은 그 관건이 잘못 '인욕을 가리켜서 천리로 삼는' 데 있으며, 이는 바로 '마음 씀씀이에 크게 해로운' 설로서 세상 구제에 아무런 보탬이 되지 않는 것이라 여겼다.

목하 '권력자들이 취한 듯, 꿈꾸는 듯하고' 또한 '온갖 괴이한 일이 다투어 일어나는'(•주로 반도학을 가리킨다) 시대에 살면서 주희는 오로지 한편으로는 스스로 '근본을 닦아서 이겨내고', 또 한편으로는 '평생 가르치고 설명한 문자'를 수습하여 책을 만들어서 '도를 전하는 원칙을 공변되게' 하는 길만 있을 뿐이라고 여겼다. 이는 바로 그의 소극적인 개인 본위의 도덕으로 세상을 구제하는 방식이었다. 도덕이 세상을 건진다는 비관적이고 감상적인 그의 사상과 사공으로 세상에 쓰인다는 낙관적이고 자신감 있는 절학의 사상은 선명한 대비를 이루었다.

　순희 12년(1185)에 이르러 진량과 주희의 의리, 왕패 논변이 이미 가라앉아 수습되기 시작했을 때, 주희는 다시 여조검과 논변을 확대시켜서 절학과 광범위한 논전을 벌였다. 앞뒤로 그와 논변을 전개하고 그에게 비평을 받은 절학의 학자로는 반경헌潘景憲·반경유潘景愈 형제와 반우문潘友文·반우단潘友端·반우공潘友恭 형제 및 심환沈煥·석천민石天民·손응시孫應時·노덕장路德章·제갈성지諸葛誠之(제갈천능)·시자운時子雲·진부중陳膚仲(진공석)·강병도康炳道·왕계화王季和·주숙근周叔謹 등과 아울러 진강陳剛·유청지劉清之·등린滕璘·황간黃榦·정정사程正思(정단몽)·경직지耿直之와 같은 민閩(복건)·휘徽(안휘)·감贛(강서)의 명사들이 있다.

　이성과 욕망(理欲), 의리와 이익(義利)에 관한 대대적인 논변은 이 1년 동안 그가 여러 사람들과 편지를 주고받으면서 강론한 내용의 거의 주된 기조를 이루었다. 그는 끊임없이 정위민鄭威愍·호전胡銓·송충가宋忠嘉와 같은 충의기절忠義氣節의 선비들에 대해 글을 쓰고 그들의 이름을 불러냈다. 한번은 그가 학자들에게 다음과 같이 말하였다. "맹자는 한평생 곤궁함을 참고 굶주림을 겪으면서 온 힘과 마음을 다하여 다만 '왕척직심枉尺直尋(한 자를 굽혀서 여덟 자를 편다. 조금 지조를 굽혀서 큰일을 도모한다)'이라는 네 글자를 타파하였습니다. 오늘날 여러 현인들은 마음을 조리고 힘을 써서 온갖 말을 남김없이 다 하되 다만 '왕척직심' 네 글자를 성취할 뿐입니다."(『문집』 권47 「답여자약答呂子約」) 그는 노덕장路德章에게 보낸 편지에서 다시 한 번 이런 논조를 발휘하였다. "옛날의 성현은 '한 자를 굽혀서 여덟 자를 펴는' 것을 큰 병폐로 삼았습니다. 오늘날의 의론은 바로 '한 자를 굽혀서 여덟 자를 펴는' 것을 근본으로 삼고 있습니다."(『문집』 권54 「답노덕장答路德章」)

　맹자는 한번 굽혀서 왕패에 이르는 것에 반대하였다. 왜냐하면 한 자를 굽혀서 여덟 자를 펴는 것은 이욕利欲의 마음으로부터 나왔기 때문이다. 주희는 『맹자집주』에서 "한번이라도 이익을 헤아리는 마음이 있으면, 비록 많이 굽히고 적게 펴더라도 유리하다면 또한 그렇게 할 것이다."라고 주석을 달아, 그의 반공리의 관점을 선명하게 표현하였다. 주희는 『맹자』 가운데 「등문공藤文公」 편을 절학과 벌인 논전의 경전적 근거로 삼았다. 이는 마치 진량, 여조겸이 『사기』 가운데 「예서」와 「육국연표六國年表」를 주학과 벌인 논전의 경전적 근거로 삼은 것과 같았다.

주희는 이해 가을에 여조겸에게 보내는 편지에서 날카롭게 '왕척직심' 네 글자로 두 학파의 논전의 근본 엇갈림을 개괄하고, 그가 천하 학자를 '공리의 소굴'에서 빠져나오도록 구원하지 못할뿐더러 도리어 자기마저 "그 가운데 깊이 빠져들어서 살길을 도모하지만 다른 사람을 구제하지 못할 뿐만 아니라 스스로도 그 가운데 함께 빠져서 나오지 못합니다."(『문집』 권47 「답여자약」 서 25) 하고 비평하였다.

여조겸은 산을 무너뜨리고 바다를 뒤집을 듯한 주희의 이와 같이 맹렬한 공격에 더 이상 맞붙어 싸우지 못하고 여조겸의 큰 깃발로 자기를 보호하였다. 주희는 7월 9일 유청지에게 보낸 편지에서 다음과 같이 말하였다. "자약子約(여조겸)은 자기의 근거를 세우지도 않고서 '우리 형이 일찍이 말한 것'이라고만 할 뿐입니다. 그 사이에 극력 배척하지 않을 수 없었는데 이제 다행히 조금 진정이 되었습니다. 그러나 억지로 따르게 할 수 없는 자는 아직도 기꺼이 항복하는 깃발을 들려고 하지 않습니다."(『문집』 권35 「답유자징」 서12)

여조겸은 주희에게 사서오경을 읽고 마음으로 깊이 터득한 내용을 쓴 논문 두 권을 보내서 스스로 자기에게 절실한 공부로 전향했음을 나타냈다. 그러나 줄곧 사공의 선명한 깃발을 기꺼이 내리려고 하지는 않았다. 반대로 순희 13년(1186)에 그는 주희와 논변하는 가운데 '보고 듣는 것을 살펴서 절도 있게 하라(省節視聽)'고 제기하였다. 또한 자기 사상의 깊은 곳에는 불교 학설을 좋아하고 육씨의 심학에 동조하여서 쏠리는 경향이 있음을 드러내 보였다. 주희는 다음과 같이 그를 비평하였다. "다만 '보고 듣는 것을 살펴서 절도 있게 한다'는 것과 '마음을 반 시간 정도 한가하게 한다면 이것이 바로 반 시간의 공부'라고 한 말은 도리어 미세하나마 고요함으로 향하는 치우침이 있는 듯합니다."(『문집』 권47 「답여자약」 서27)

이와 같이 '보고 듣는 것을 살펴서 절도 있게 하는' 것을 주희는 나중에 곧바로 불교(釋家)의 듣지도 않고 보지도 않고 생각하지도 않고 사려하지도 않는 좌선입정坐禪入定이라고 지적하면서 제자에게 다음과 같이 말하였다. "가련하게도 자약(여조검)은 한평생 온갖 고생을 하며 힘들여 독서를 하였지만 끝내 그와 학설이 합치하지 않았다! 오늘 막 그가 3월 사이에 보낸 편지를 받아 보니 '적연부동寂然不動'을 논하는 것 같았는데, 여전히 그의 옛 학설을 주장하는 내용이었다. 그는 '적연부동'을 귀로 듣지 않고 눈으로 보지 않고 마음으로 사려하지 않는 것이라 하고, 이에 이르러야 비로소 공부가 지극한 경지에 이른다고 고집스레 주장한다."(『어류』 권122) 이런 '옛 학설'은 바로 여조검이 주희와 논전하는 가운데 제기한 것으로서, 다만 당시에는 아직 충분히 토론을 전개하지 않고 있었다. 그러나 육씨의 심학과 유사한 이러한 직각돈오直覺頓悟에 대한 비평은 주희가 만년에 '아주 어리석은 늙은이'(大愚叟) 여조검과 다시 전개한 논전의 주요 내용을 이루었다.

한편으로는 열광적으로 입세간入世間의 공리의 속학俗學을 착실하게 수행하면서, 다른 한편으로는 경건하고 성실하게 초세간超世間의 직각돈오를 실천해 나가는 것은 거의 절동 학자의 유행이 되었다. 그들은 공리학과 선학의 결합을 통해 기이한 공효를 찾는 사공의 역량을 희망하였다. 여요餘姚에서 수심水心 섭적은, 이런 선비들이 저마다 취한 듯 얼빠진 듯 선정입오禪定入吾의 공부를 하고 있는데 머리를 밀고 출가한 승려들보다 더 미혹되었다고 언급하였다.

> 처음에 주원회(주희), 여백공呂伯恭(여조겸)이 도학으로 민閩, 절浙의 선비를 가르쳤지만, 나중에 육자정陸子靜(육구연)이 나와서 요령 있고 간결한 지름길을 내세우니 제생 가운데에는 학설을 듣자마자 감동하여서 깨달은 사람도 있었다. 그리하여 월越 사람 중에 그 학문을 배우는 자가 더욱 많아져서 비가 오면 삿갓을 쓰고 밤에는 등불을 들고 (＊호胡) 숭례崇禮(호준胡撙)의 집안에 모여들어 모두 맑은 마음으로 앉아서 내관內觀을 하였다. …… 명성을 이룬 선비로서 숭례를 중시하지 않는 이가 없었다. ……
>
> ──『수심문집』권17「호숭례묘지명胡崇禮墓誌銘」

주희는 여조겸과 논전을 벌이는 가운데, 동시에 특별히 이처럼 여학이기도 하고 육학이기도 하며, 유학이기도 하고 불교이기도 한 유형의 절학 명사들을 비판의 대상으로 삼았다. 그들 가운데 주요한 인물은 다음과 같다. 반경헌은 본래 여학을 배웠으나 불학으로 들어간 유형의 학자를 대표하며, 심환은 본래 육학을 배웠으나 절학을 취한 유형의 학자를 대표하며, 진강은 본래 육학을 배웠으나 진학陳學에 귀의한 유형의 학자를 대표한다.

반경헌·반경유 형제는 모두 여조겸의 가장 경건하고 성실한 제자였다. 반경헌은 여조겸보다 나이가 많았으나 기꺼이 여문呂門에 제자의 예를 갖추었다. 그리고 영강의 공리학을 빌려서 불학을 좋아하는 여조겸의 측면을 발전시켰다. 다만 유학에만 의지한다면 '실제 병을 제거하기 어렵고 실제 공을 이루기 어려우며(實病難除, 實功難進)', '불교에서 추구해야만' 비로소 '실제 공을 이루고 실제 병을 제거할 수(進實功, 除實病)' 있다고 여겼다(『문집』권47「답여자약」 서18).

주희는 순희 9년(1182)에 '아침에 도를 들으면 저녁에 죽어도 좋다'는 공자의 말에 의거하여서 반경헌의 연식재燕息齋를 위해 '가암可庵'이라는 이름을 지어주었으며, 순희 11년에는 다시 가암의 퇴로당退老堂을 위해 여조겸의 화상찬을 지어 주었는데, 이는 모두 불도를 좋아하는 그의 병폐를 은근히 호되게 질책하려는 속셈이었다. 주희는 그에게 천리와 인욕을 '반듯하게 쪼개어 갈라 놓으려(直截剖判)'면 명변明辨과 '지경持敬' 공부를 통해 '유교와 불교의 차이(儒釋之殊)'를 분명하게 나눠야 한다고 권고하였다(『문집』 권46 「답반숙도答潘叔度」 서3). 그러나 반경헌은 줄곧 주희의 비평을 받아들이지 않았다. 주희는 「반숙도묘지명潘叔度墓誌銘」에서 그가 만년에 더욱 불교 서적을 탐독하여서 '유유히 자득하였으나 유교와 불교에 간극이 있음을 알지 못하였다'고 하였다.

반경유는 이때 이미 진량과 여조겸의 발자취를 따라 완전히 전향하였다. 순희 11년(1184)에 주희가 진량, 여조겸과 함께 삼대, 한·당의 천리와 인욕에 관해 논변을 진행할 때 그도 진강과 함께 진량과 여조겸을 위해 기세를 올려서 힘을 보탰다. 그의 경전적 근거는 『사기』 「육국연표六國年表」에 나오는 다음과 같은 의론이다. "전국시대의 권변權變(상황에 따라 보편적 원칙을 따르지 않고 변화에 적응하여 비상한 방법을 적용함)에서도 채택할 만한 것이 자못 있는데 하필 상고시대를 따르겠는가! 진秦이 천하를 얻으면서 폭력을 너무 많이 사용하였다. 그러나 세상이 크게 변했고 공을 크게 이루었다. 『춘추』의 전傳에서 '뒤의 왕을 본받는다(法後王)'고 한 것은 무엇 때문인가? 자기와 가까우나 풍속이 변하고 형태가 유사하며, 논의는 비근하나 행하기 쉽기 때문이다."(『사기』 권15)

「육국연표」의 의론은 영강의 공리, 세변世變 사상의 역사적 원천이라고 할 만하다. 주희는 반경유에게 보낸 편지에서 비난을 섞어 다음과 같이 말하였다. "「육국표六國表」의 의론은 쇠미한 세상의 비루한 말입니다. …… 건주建州에 서남徐楠이라는 사람이 있는데, 늘 진의 시황이 탕왕이나 무왕보다 현명하고, 관중이 부자夫子(공자)보다 현명하다고 말합니다. 그래서 벗들에게 매양 그 말을 전하며 웃음거리로 삼습니다. 보내주신 말씀은 굳이 말하지 않더라도 또한 자못 비슷합니다."(『문집』 권46 「답반숙창答潘叔昌」 서5) 반경유에 대한 비평에 서는 그가 여조검과 함께 영강학으로 발걸음을 돌리는 것을 결코 저지하지 않았으나, 순희 16년(1189)에 이르러서 주희는 정정사程正思(정단몽程端蒙)에게 어쩔 수 없다는 듯이 다음과 같이 말하였다. "절학은 더욱 누추한데, 반숙창潘叔昌(반경유), 여자약(여조검)과 같은 무리가 모두 이미 그 가운데 깊이 빠졌습니다."(『문집』 권50 「답정정사答程正思」 서16)

용상의 네 선생 가운데 한 사람인 심환은 이미 육학과 절학 사이에 낀 학자였다. 전조망全祖望은 "심씨의 학문은 실로 명초明招(여조겸)의 일파를 겸하였다."(『길기정집외편鮚埼亭集外編』 권16 「죽주삼선생서원기竹洲三先生書院記」)고 말하였다. 처음에 그는 육학의 돈오설을 존신하고 책 보기를 좋아하지 않았으나, 순희 9년 (1182) 이후 사명四明에 거주하면서 돌이켜 '도를 듣고 글을 읽을 것을(聞道讀書)' 주장하였다. 절동 사공학의 영향을 받았던 것이다.

주희는 순희 13년(1186)에 편지를 보내 심환의 이런 사상적 변화를 전적으로 비평하였다. "전날 힘써 학문하면서도 책을 보지 않는다고 한 말은 진실로 한쪽으로 치우친 의논이었습니다. 그러나 요사이 또 일반 학문이 경전을 버리고 역사를 전공하거나, 왕도王道를 소홀히 여기고 패술覇術을 숭상하거나, 고금 흥망의 변화를 극도로 논하면서 이 마음이 보존되고 없어지는 단서는 살피지 않습니다. 만약 이와 같이 글을 읽는다면 다만 읽지 않는 것이 더 나음만 같지 못할 것입니다."(『문집』 권53 「답심숙회答沈叔晦」 서2)

그러나 주희와 진량, 주희와 여조겸의 논전은 도리어 심환을 절학에 가까이 다가가도록 부추긴 듯하다. 순희 15년(1188)에 주희는 도성에 들어가 상주할 때 절학에 대해 총괄적으로 고찰하였다. 그리고 제자들에게 절중의 여조겸, 진량, 육구연陸九淵 세 학자의 학문이 서로 융화하며 스며들고 있다고 하였다. "(*절중의 학자들 가운데) 왕왕 글의 뜻에 얽매이는 자는 글의 뜻만 지키고, 허정虛靜한 것에 빠진 자는 더 이상 글을 읽지 않으며, 또한 진동보陳同父(진량)의 무리가 있어서 또(又) 반드시 기이한 것을 추구할 것을 말한다.(다른 판본 상해고적출판사上海古籍出版社와 안휘교육출판사安徽教育出版社의 『주자전서朱子全書』에는 '또(又)' 자가 '불(不)' 자로 되어 있다. 따라서 번역도 또한 "진동보의 무리가 있어서 반드시 기이한 것을 추구할 필요는 없다고 말한다."이다. ─ 역자 주) 내가 근래 절중에 갔는데, 배우는 사람들이 특별히 글의 뜻에 막히는 자가 또한 적었다. 다만 심회숙沈晦叔(심환. 『송원학안宋元學案』 등에는 심환의 자가 숙회叔晦라 하였으나, 『어류』에서는 심회숙沈晦叔으로 기록되어 있다. ─ 역자 주) 등은 모두 묻는 것이 말도 되지 않았고, 말을 함에는 글의 뜻이 또한 괴이하였다."(『어류』 권122) 주희는 이미 심환을 육학이기도 하고 여학이기도 한, 이중적인 학자로 보았다.

육학에서 절학으로 향한 사상적 연장과 전환은 진강陳剛에게서 곧 기형적인 완성을 이루었다. 진강(*정기正己)은 육구연의 초기 제자로서 일찍이 무자戊子(*건도 4년, 1168) 연간에 이미 성현의 학문을 터득했다고 스스로 일컬었다. 순희 연간 중에는 전향하여서 여문呂門에 투신하였는데, 여조겸으로부터 '10년 동안 본 적이 없는' 기이한 선비로 일컬어졌다. 여조겸이 죽은 뒤 그는 불교의 학설에 귀의하는 한편, 다시 일변하여서 진량 공리학의 열광적인 숭배자가 되었다. 그래서 비록 그는 건창建昌 사람이었지만 주희는 그를 절학 학자로 분류하여서, 안으로는 공적空寂(불교)의 유혹을 받았고 밖으로는 공리를 탐하는 선비의 전형으로 보았다. 황간에게 보낸 편지에서 주희는 그가 "(하는 말이) 거의 전부 일반의 말이었다. 이른바 백공(여조겸)의 학문이 한 길로 전해져서 이에 이르렀으니 매우 두려울 따름이다."(『속집』 권1 「답황직경答黃直卿」 서33)라고 하였다.

순희 12년(1185) 가을에 진강도 진량과 여조검 편에 서서 주희와 누변을 벌였는데, 주희에게 보낸 편지에서 동중서를 '세속 유학자(世儒)'라 꾸짖고, 정호와 정이의 지경持敬 설을 헐뜯었으며, 허발許勃을 '불교에 의탁한(寄寂)' 마음이 있다고 칭송하고, 소자유蘇子由(소철)의 주소학注疏學을 추중하였다. 주희는 회답 편지에서 그의 근본 병통이 '도의와 공리의 중요한 관건을 깊이 통찰하지 못한' 데 있으며, '평범하고 실제의 일을 싫어하고 높고 오묘한 경지에 달려가며, 도의를 가벼이 여기고 공명을 좋아하는 마음'이 있다고 비평하였다. 또한 그렇게 된 원인은 바로 그가 한편으로는 '영명한 공견空見'의 육학에 사로잡히고, 한편으로는 '준걸한 호기豪氣'의 진학陳學에 이끌렸기 때문이라고 하였다(『문집』 권54 「답진정기答陳正己」 서1).

둘째 편지에서 주희는 그의 이런 병통을 "내외內外와 본말本末을 두 가지 일로 간주하며, 경중輕重과 완급緩急에서 또한 본말이 전도되고 거스르는 병통이 있습니다. 따져보고 살펴보니 아마도 다만 후세의 지력智力과 공명功名의 마음입니다."(동상)라고 귀결시켰다. 이익을 좋아하고 공명을 추구하는 그의 태도는 여조검의 윗길에 있는지라 주희는 특별히 그의 편지를 여조검에게 보내서 보게 하고 "진정기(진강)가 편지를 보냈는데, 말하는 품이 더욱 남을 두렵게 합니다!"(『문집』 권47 「답여자약」 서24)라고 하였다.

그러나 주희는 전체 논전 가운데 절학에 대해 왕왕 순수한 도덕적 의분에서 견책하는 태도를 취하였다. 남을 깜짝 놀라게 할 만큼 호통을 치는 듯한 그의 격렬한 비평에 절학 학자들은 진심으로 기뻐하고 성심으로 복종하기가 (心悅誠服) 어려웠다. 순희 13년(1186)에 이르러 그가 여조검을 영수로 한 절학과 벌인 논전은 이미 정돈 상태에 들어갔다. 이 논전의 전체 과정에서 영가 학파들은 모두 불참하는 태도를 취하였으나, 여학에서는 여조검 외에 대부분 주희와 진량의 논전이 종막에 가까워진 뒤에야 비로소 나와서 무력한 논변을 진행하였다. 그러므로 이 논전은 비록 광범위하게 파급되기는 하였지만, 끝내 주희와 진량의 의리, 왕패 논변에 '부용附庸'이 됨을 면하지 못하였다.

두 차례 논전은 모두 주학과 절학이 모두 저마다 도덕과 공리의 이율배반을 힘써 해결하려 하고 있음을 드러냈다. 곧 주학은 심리의 층차에서 의리와 이익을 대대對待의 관계로 확립하려고 하였고, 절학은 실증의 층차에서 의리와 이익의 이원적 분립을 녹여 없애려고 하였다.

주희는 세상을 구제하려면 먼저 마음을 건져야 한다는 생각을 고집스럽게 안고서 심층심리학을 통해 심층사회학의 문제를 해결하고자 꾀했으며, 심지어 사회문제를 윤리, 심미, 심리적으로 해결하자고 호소하였다. 따라서 사회 현실의 모순된 문제 해결을 직접 한 개인의 심리를 새롭게 재구성하는 인생철학의 문제로 귀결시켰다. 이는 실행과 실천(實做)에 직접 호소하는 절학의 공리적 해결과 양립할 수 없었다. 사실 주희도 '이익'을 결코 반대하지는 않았다. 그는 다만 인의와 도덕을 돌아보지 않는 '이익 추구(求利)'에 반대했을 뿐이다. 절학도 결코 '의'를 반대하지 않았다. 다만 실공과 실효를 돌아보지 않는 '의리 수호(守義)'에 반대했을 뿐이다.

그러나 쌍방은 논전 가운데 모두 합리적 요소를 지닌 자기의 사상을 불합리의 극단으로 이끌어갔던 것이다. 이러한 사상의 양 극단적 대립을 가장 잘 반영하는 예는 주희와 절중 학자 제갈성지(제갈천능)의 대화 한 토막이다.

> **제갈성지** '인仁한 사람은 그 마땅함을 바르게 하고 그 이익을 도모하지 않으며, 그 도를 밝히고 그 공을 헤아리지 않는다(正其誼不謀其利, 明其道不計其功)'고 한 동중서의 말은 옳지 않습니다. 의가 아닐까 걱정일 뿐, 의에는 반드시 이로움이 있습니다. 도가 아닐까 걱정일 뿐 도에는 반드시 공이 있습니다.

주희 이와 같다면 사람은 반드시 공리를 추구하여서 일을 할 것이니 교훈이 되는 까닭이 아닙니다. 본래 도의를 얻으면 공리는 저절로 이릅니다. 그러나 도의를 얻었다 하더라도 공리가 이르지 않는 수도 있습니다. 사람이 오로지 공리만 따른다면 도의를 돌아보지 않을 것입니다!

—『어류』 권137

주희는 의리와 이익이 모순된 측면을 포착하여서 이익을 도모하지 않고 공을 헤아리지 않는 방향으로 나아갔으나, 절학은 의리와 이익이 통일된 측면을 포착하여서 성패로 영웅을 논하는 방향으로 나아갔다. 그 결과 논전은 바라던 바와는 정반대로 저마다 편파적인 유폐의 소극적 작용을 극도로 심화하였다. 그 뒤 절동의 공리학은 순희 말에 이르러 아주 빠르게 동남을 석권하는 사회 사조로 발전하였다.

주희는 순희 13년(1186)에 여조검 등 절학 학자들과 벌이던 논전을 내려놓았다. 광란의 공리에 맞서서 혼자 힘으로 감당하기 어렵다는 점을 느꼈기 때문이기도 하지만, 한편으로 다른 특수한 원인이 있었다. 그 무렵 그와 육학의 대립이 또 첨예하게 일어났던 것이다. 주희는 절학과 육학의 양대 조류가 좌우에서 휘감고 요동치는 가운데에 처해 있어서 좌우 양쪽으로 악전고투를 벌이지 않을 수 없었다.

그가 절학과 벌인 논전이 양자가 도덕과 공리라는 두 가지 서로 다른 문화적 가치를 지향해서 대립한 것이라면, 육학과는 오히려 동일하게 도덕이라는 문화적 가치를 지향하는 일치된 상황에서 대립함으로써 모순을 일으켰다. 곧 주희는 격물치지의 '지知'를 통해 자아의 도덕을 완성하고 심리를 확립할 것을 주장하면서 도덕 수양과 인식 과정을 통일하였다. 육구연은 본심을 밝히는 '오悟'를 통해 자아의 도덕을 완성하고 심리를 확립할 것을 주장하면서 도덕 수양을 인식 과정에 녹여서 융화시켰다. 이는 주희와 육구연 두 사람의 학문이 '존덕성尊德性' 상에서는 일치하고 '도문학道問學' 상에서는 대립하게끔 결정하였다.

백록동白鹿洞에서 회합을 한 뒤 이러한 도덕 가치의 지향에서 일치하고, 게다가 정치적 견해와 반도학에 직면하여 서로 같은 처지에 있음으로 인해 두 사람의 학술상의 모순은 아직 주희와 절학 사이에서만큼 첨예하게 대립하는 정도에까지 이르지는 않았다. 그러나 논변은 역시 암암리에 점점 정도를 더해갔다. 당초 주희는 순희 10년(1183)에 천주泉州에서 돌아온 뒤 육구연에게 편지를 보내서 자기의 잡박한 독서의 병폐를 비평하며 말하였다. "돌아온 뒤 팔이 아파서 병중에 배움을 끊고 글 읽기를 줄여서 몸과 마음을 거둬들였으나, 진보는 조금밖에 없었다는 생각이 들었습니다. 종전에 책을 널리 많이 읽었지만 참으로 일을 해결하지는 못합니다."(『육구연연보』에서 인용)

당시 바야흐로 육문陸門에 귀의한 항안세項安世가 주희에게 편지를 보내 생각을 밝혔다. "이 마음은 원래 성현의 마음이나, 다만 아직 발하지 않았을 (未發) 때는 늘 인식을 해야 하고, 이미 발했을(己發) 때는 늘 의식을 해야 합니다." 이는 그가 막 육구연으로부터 들은 심학의 사설師說을 발휘한 말이다. 주희는 이것이 '다만 경敬 한 글자를 지니고 다시 집의集義 공부를 하지 않는 것'으로서, 한쪽으로 치우치는 실수가 있다고 지적하였다. 그는 항안세가 경과 의를 함께 지니고(敬義夾持) 함께 진보하는 공부를 하며, 독서와 강학을 폐하지 말기를 바랐다(『문집』 권54 「답항평보答項平父」 서1).

이는 분명히 주학의 장점으로 육학의 단점을 보완하려는 것이다. 그러나 주희는 또한 주학에도 단점이 있음을 인정하였다. 그래서 항안세가 주희에게는 잡다하고 널리 책을 읽는 병통이 있다고 비판한 육구연의 말을 주희에게 전달했을 때, 주희는 육구연의 이런 비평을 수긍하였고, 두 학문의 장점을 겸하여서 취할 수 있기를 희망하였다. 그는 항안세에게 회답하는 편지에서 주학과 육학의 장단점과 득실을 분석하여서 다음과 같이 말하였다.

> 지금 자정子靜(육구연)이 말한바는 오로지 존덕성尊德性의 일이고, 내가 평일 논한 바는 도리어 도문학道問學의 일이 많았습니다. 그러므로 저들 배우는 사람들에게는 대부분 지수持守에서 볼만한 것이 많지만 의리를 본 것이 전혀 자세하지 않고, 또 따로 일종의 그릇된 도리를 말하며 가리고 덮어서 기꺼이 내려놓으려 하지 않습니다. 나는 비록 의리상에서는 감히 어지럽게 말하지 못하고, 오히려 긴요한 위기爲己와 위인爲人에서도 대부분 힘을 얻지 못함을 자각하고 있습니다. 지금 마땅히 몸을 돌이키고 힘을 써서 단점을 제거하고 장점을 모으면 거의 한쪽 편으로 떨어지지는 않을 뿐입니다.
> ─『문집』 권54 「답항평보答項平父」 서2

이는 주희가 육구연을 사귄 이래 처음으로 주학과 육학에 대해 요점을 파악하고 공정하게 내린 논평이었다. 그러나 육구연은 뜻밖에도 두 학문의 장점을 모으고 단점을 버리자는 주희의 건의를 단연코 거절하고, 두 학자의 학문이 얼음과 숯처럼 서로 용납하지 못하는 것으로 보아 제자들에게 다음과 같이 말하였다. "주원회(주희)는 두 학문의 단점을 제거하고 장점을 합하고자 하는데, 나는 그렇게 할 수 없다고 생각한다. 이미 존덕성을 모르는데 어찌 이른바 도문학이 있겠는가!"(『육구연연보』) 두 사람의 새로운 논전도 결국 피할 수 없게 되었다.

주희와 육구연의 관계에 일어난 균열은 순희 10년(1183)에 주희가 지은 「조립지묘표曹立之墓表」에서 비롯하였다. 이 묘표로 인해 주희와 육구연의 제자들 사이에서는 학파적 대립의 정서가 격화하였다. 나중에 일어날 태극 논변에서 감정적 공격을 하게 된 토양이 여기에서 준비되고 마련되었던 것이다. 조건曹建은 본래 배움을 좋아하고 많이 물었으며 오로지 한 사람만 스승으로 삼지는 않았다. 처음에는 사수沙隨 정형程逈을 좇아서 배움을 물었고, 나중에는 육씨 형제의 문하에 제자의 예를 갖추었으며, 또 호상湖湘으로 가서 장식을 따라 배우려고 했으나 뜻을 이루지 못하였다. 아호鵝湖의 회합에서 육씨 형제가 그를 주희에게 추천한 뒤, 그는 곧 순희 6년(1179) 9월에 육구연의 추천서를 가지고 남강으로 와서 주희에게 배움을 물었다. 주희는 그를 보자마자 깊이 인정하였고, 이로부터 그는 스스로 '무망無妄'이라고 자호하였다.[6] 주희는 장식이 남긴 글을 전부 조건에게 보여주었으며, 이후 두 사람은 편지를 주고받으면서 끊이지 않고 학문을 논하였다. 조건은 이전에 배운 학문을 모두 버리고 주학의 제자가 되었다.

육구연은 조건이 스승의 학설을 어기고 떠난 점에 대해 비평을 하였지만, 당시 주희와 육구연의 제자들은 서로 왕래하며 배움을 묻고, 이리저리 오가면서 많은 스승을 섬겼다. 이는 본래 늘 있는 일이었다. 순희 7년(1180)에는 육학의 제자 만인걸萬人傑이 주희에게 와서 배움을 물었고, 순희 10년에는 육학의 고제 포양包揚이 와서 주희를 따라 3년간 배웠으며, 순희 11년에는 호상의 학자 호대시胡大時와 항안세가 모두 주희와 육구연의 문정門庭 사이를 오가며 배움을 물었다. 그렇기에 육구연은 조건의 행태에 대해 결코 사도를 배반했다고 여기지 않았으며, 심지어 순희 7년에 조건은 독서와 스승을 따르기를 좋아한다고 칭찬한 반면 포양은 독서와 강학을 하지 않는다고 비평하는 괴

---

6 『요주부지饒州府志』 권24 : "조건曹建은 …… 이백옥李伯玉이 기문記文을 지었다. 처음에 조건이 주희를 찾아갔더니 주희가 함께 밥을 먹자고 하였다. 조건은 밥을 먹었다면서 사양하였다. 주희는 그가 아직 밥을 먹지 않았음을 알고는 '무망無妄'의 가르침을 전수하였다. 후학들이 그를 무망 선생이라고 일컬었다."

이한 말을 하였다. 나중에 조건을 비평하는 편지에서는 또한 '도의를 말하는 자가 있다는 말을 들으면 반드시 자기를 굽혀서 교제를 하고, 마음을 낮추어서 조아려 물으며', 많은 스승을 바꾸어가면서 섬기는 그의 태도에는 조금도 잘못이 없다고 여겼다.

그러나 주희가 「조립지묘표」를 쓴 뒤 육구연의 태도는 크게 변하였다. 순희 10년(1183) 5월에 주희는 조건을 위해 지은 묘표에서 조건이 배움을 좋아하고 많은 스승을 섬긴 일을 특별히 상세하게 서술하고, 또한 그에 대해 '마음에 온당하지 않은 바가 있으면 비록 스승의 설이라도 굽혀 따르지 않았고, 반드시 반복한 뒤 옳은 결론을 얻어야만 그만두었다'고 칭찬하였다. 이는 사실상 조건이 육학을 배신하고 버린 일을 긍정한 것이다.

묘표는 화룡점정 격으로 조건의 말 한 단락을 인용하였다.

배움은 도를 아는 것을 귀중하게 여긴다. 그러나 도는 한마디를 듣고 깨닫거나 단번에 뛰어 들어갈 수 있는 것이 아니다. 아래에서부터 배워 나가면 이치를 궁구하는 공부를 더할 수 있고, 얕은 데서 깊은 데로, 가까운 데서 먼 데로 나아가면 거의 옳다. 이제 기필코 먼저 단번에 깨우치기를 기약하여서 마침내 온갖 일을 버리고 뛰어넘으려 한다면, 나는 깨닫기도 전에 이미 낭패가 심할까 두렵다. 또 하물며 갑자기 높은 데로 달려간다 해서 다행히 터득한 경우는 없음에랴?　　　　―『문집』 권90 「조립지묘표」

이러한 진짜배기 주학 제자의 말투는 기실 주희가 스스로 자기를 일컬은 말이었다. 육학의 반역자의 입을 빌려서 육구연의 돈오의 심학을 은미하게 비꼬는 취옹醉翁의 의도는 명약관화하였다.

육학의 제자 포양이 먼저 일어나서 비판하였다. 주희는 곧 순희 11년에 육구연에게 조건의 묘표를 보내고 물었다. "현도顯道(포양)는 매우 옳지 않다고 하는데, 선생님의 뜻(尊意)은 어떠하십니까?"(『육구연연보』에서 인용) 육구연의 태도는 결코 제자들의 그것만큼 격렬하지는 않았다. 심지어 육구연은 이때까지도 조건이 육문陸門의 반역도임을 알지 못하고 있었다. 3월 13일에 주희에게 보낸 회신에서 그저 다음과 같이 말하였다. "입지(조건)의 묘표도 좋습니다. 다만 이력의 서술에 사실과 다른 점이 있습니다. 저는 접때 입지에게 편지 하나를 보냈는데, 거기에서 입지의 평생을 매우 상세히 서술하였고, 스스로 진실을 기록한 것으로 여겼습니다. 알지 못하겠습니다만, 존형께서는 보신 적이 있는지요?"(『육구연문집』 권7 「여주원회與朱元晦」)

육구연은 단지 주희가 기록한 조건의 평생 이력에 사실과 다른 점이 있다고만 여겼던 것이다. 기실 조건이 육구연을 배반하고 주희를 따른 점은 부인할 수 없는 사실이었고, 주희는 사실에 의거하여서 글을 썼으니 또한 흠을 잡을 만한 문제가 없었다. '스스로 진실을 기록한 것으로 여겼다'는 육구연의 변명도 분명히 창백하고 무력함을 감추지 못하였다. 그러나 그의 제자들은 분노를 억누르지 못하였다. 사도師道와 스승을 지키는 데 열중한 두 학파의 제자들은 전에 없던 공격과 비방을 전개하였다. 주희는 제자 유엽劉爗에게 보낸 편지에서 당시의 정황을 다음과 같이 말하였다. "입지의 묘문을 지었는데, 육학의 학자들은 그것이 자기들에게 병통이 된다고 여겨서 자못 평온하지 못했습니다."(『속집』 권4 「답유회백答劉晦伯」 서7)

순희 16년(1189)에 이르러 주희는 제갈천능諸葛千能에게 여전히 가라앉지 않은 「조립지묘표」에 얽힌 분쟁을 다음과 같이 말하였다. "내 생각은 요즈음 깊이 동지들을 권면하고 두 학파의 장점을 겸하여 취해서 가벼이 서로 헐뜯지 말도록 하려는 것입니다. …… 뜻밖에도 「조립지묘표」로 인하여서 도리어 부딪힘이 있었습니다. …… 제현諸賢이 이따금 모두 자기가 옳다는 뜻을 세워

서 사나운 낯빛과 분노의 말투로 원수 대하듯이 하며 다시 어른과 어린이의
절도, 예의와 겸손의 모습이 없습니다. …… 제현의 기세가 바야흐로 왕성하
므로 몇 마디만 듣고서 대뜸 믿을 수는 없기에 지금까지 묵묵히 말하지 않았
으나, 늘 불만이었습니다."(『문집』 권54 「답제갈성지答諸葛誠之」 서1)

육구연은 멀리 임안臨安에서 관직에 복무하고 있었다. 그의 적잖은 제자
가운데 부몽천傅夢泉, 등문범鄧文范 등과 심지어 진강을 포함하여 모두 건창建昌
사람인지라 건창은 곧 육학의 제자가 모여든 대본영이 되었는데, 거기서부터
주학을 공격하고 매도하는 소리가 터져 나왔다. 육구연의 극단적인 문호적
門戶的 정서도 제자들의 공격에 따라 더욱 왕성하게 선동이 되었다. 그는 처
음으로 조건에 대해 주희의 유혹을 받은 육문의 반역도로 규정하고서 제자
들에게 다음과 같이 말하였다. "(*조건이) 처음 나를 보러 왔을 때 역시 황당한
말(閑言語)을 많이 하였다. 내가 그의 문제점을 해결해주었더니 마음속이 쾌활
하고 명백해졌으며 병폐도 따라서 줄어들었다. 그런데 남의 말을 한번 듣고
는 다시 가려져서 어둡게 되었다. …… 그 뒤 가을 시험(秋試)에서 남의 황당
한 말을 듣고 또다시 어리석게 미혹되었다. 마침 나를 불교의 학문이라고 평
하는 소리를 들었는데, 그는 평생 불교와 도가를 원수처럼 미워하였기에 마
침내 내 학설을 배반하고 원회의 학설에 보조를 맞췄다. 나중에 서로 만나지
못하고서 그가 죽었다."(『육구연집』 권35 「상산어록象山語錄」 3) '가을 시험'은 순희 7
년(1180)에 있었으며 바로 조건이 주희를 뵙고서 경건하고 지성껏 그를 따라
배우고 도를 물은 때이니, '황당한 말'을 한 사람은 자연 주희와 그 제자들을
가리킨다. 육구연의 이런 말은 육학 제자들의 감정적 공격에 대한 기조를 정
해주었다.

주희의 문호적 사건은 아직 육구연만큼 깊지 않았고, 심지어 자기 제자의
배타적 감정에 대해 비평을 하기까지 하였다. 그는 진공석陳孔碩에게 보낸 편

지에서 명확하게 말하였다. "육학은 본래 선학禪學과 유사한 부분이 있습니다. 그러나 제 생각에 근래 무주婺州의 벗들이 오로지 견문만 일삼고 자기 몸과 마음에서는 전혀 공부하지 않는다는 사실을 깨달았습니다.(*생각건대, 절학浙學을 가리킨다) 그리하여 매양 배우는 사람들에게 그 좋은 점을 겸하여서 취하라고 권하였는데 …… 우리 도가 쇠하는 것은, 바로 배우는 사람들이 저마다 자기 것만 지키고 여러 좋은 것들을 겸하여서 취하지 못하였기 때문입니다. 그러므로 끝내 밝히지 않고 행하지 않는 폐단이 생깁니다."("문집』 권49 「답진부중」 서1)

이는 실제로 주희가 절학, 육학과 함께 벌인 삼각 논전에 대한 주학의 '전략'을 규정하는 말이었다. 곧 여러 학파의 장점을 겸하여서 취하되, 절학에 대해서는 독서와 견문을 긍정하고 공리에 치닫는 점을 반대하며, 육학에 대해서는 심신 수렴을 긍정하고 올연한 사오死悟를 반대하는 것이었다. 그는 결코 「조립지묘표」에 눈길을 고정하지 않고 육학과 함께 제자 쟁탈에 힘을 쏟았다.

순희 11년(1184)에 호대시胡大時는 주희와 고별한 뒤 도성으로 들어가서 육구연을 따라 배우고는 마침내 육구연의 신속한 오입悟入의 심학에 크게 경도되었다. 주희는 도성에 있던 제자 첨원선詹元善(첨체인)으로부터 임안에서 육구연이 절학의 선비들과 강학을 하며 성세를 이룬 사실을 듣고는 즉각 호대시에게 편지를 써서 날카롭게 육학을 비평하였다. "이락伊洛(정호와 정이)에서 끄집어낸 경敬 자는 참으로 학문의 처음과 끝으로서 일상생활의 친숙하고 절실한 묘리(妙)임을 알았습니다. …… 모름지기 망령된 생각으로 갑자기 깨달아 툭 끊어진(頓悟懸絶) 곳을 상상해서, 한갓 사람들로 하여금 미치거나 거칠고 경솔하게 함으로써 일상생활을 하며 늘 살아가는 곳에서 도리어 편안한 곳을 얻지 못하게 해서는 안 됩니다."("문집』 권53 「답호계수答胡季隨」 서1)

이 말에는 호대시가 육구연에게 들려주기를 바라는 주희의 의도가 담겨 있었다. 주희는 이미 날로 끓어오르는 육학의 성세가 바싹 다가들고 있음을 강렬하게 느꼈다. 순희 12년(1185)에 이르러 그는 7월 9일에 유청지劉淸之에게 보낸 편지에서 문호의 분노를 담아 다음과 같이 말하지 않을 수 없었다. "근래 건창에는 세상을 뒤흔드는 말이 있어서 눈썹을 치뜨고 눈알을 부라리며 온갖 괴이한 일이 마구 일어났습니다."(『문집』 권35 「답유자징答劉子澄」 서12) 또 유맹용劉孟容에게 다음과 같이 알렸다. "건창의 선비로서 이곳을 지나는 자가 대부분 그 가운데의 도리를 추구하는데, 단적으로 이는 이단이며 사람을 그르치는 것이 적지 않습니다!"(『문집』 권53 「답유공도答劉公度」 서3)

제자들이 문호적 감정에 휩싸여서 공격을 하는 가운데 주희의 문호적인 감정도 상승하기 시작하였다. 주희는 육구연을 알게 된 이래 육학에 대해 줄곧 '선과 같다(似禪)'느니 '얼마간 선과 같은 의사가 있다(有些禪底意思)'고 일컬었는데, 이때에 아예 딱 잘라서 '단적으로 이단(端的是異端)'이라고 말한 데는 까닭이 있었다.

이해(1185)에 육구연의 제자 안자견顏子堅이 홀연 삭발을 하고 승복을 입고 출가하여서 승려가 되었다. 이 일은 주학의 제자들에게는 육학을 선학이며 이단이라고 공격을 할 가장 좋은 구실을 제공하였고, 육학에 대해서는 참선하고 부처를 믿는 유순수劉淳叟(유요부)나 진강보다 더 두렵고 놀라운 타격을 입혔다. 육구연은 서둘러 여름에 첨부민詹阜民에게 보내는 편지에 안자견을 육문에서 축출한다고 선포하였다. "안자견은 이미 머리카락을 밀고 오랑캐 복장(胡服)을 하였으니 우리 사람이 아니다. 이 사람은 자질과 품성이 본래 허망하므로 끝내 이렇게 되었다."(『육구연집』 권10 「여첨자남與詹子南」 서2)

주희도 이 사건을 기화로 육학의 제자들에게 반격을 가하고, 안자견에게 일부러 편지를 썼다.

들건대, 부모로부터 물려받은 내 몸과 털과 살갗의 중함과 하늘의 법도
와 질서(天敍天秩)의 높음을 생각하지 않고, 바야흐로 특히 관면冠冕을 찢어
버리고 오랑캐의 가르침을 따르려 하니, 또한 매우 어이가 없습니다. ……
현도(포양)는 충고하여서 말리지 못했으니 이미 벗의 직분을 잃었고, 절부
節夫(중준曾撙)는 게다가 돕기까지 하였으니 군자가 사람을 사랑하는 뜻이 더
더욱 아닙니다. 이미 사조첩祠曹牒(예조禮曹에서 발행한 도첩)을 받고 머리를 깎
기로 기약했다는 말을 듣고 급히 이 글을 써서 역마驛馬에 부쳐 알립니다.
바라건대, 그대는 이제 다시 생각하여서 혹시 이미 뜻을 정했다 하더라도
또다시 자정(육구연)과 더불어 도모하여서 반드시 이론異論이 없게 한 뒤에
하십시오. ……　　　　　　　　　　─『문집』 권55 「답안자견答顏子堅」[7]

이 사건 뒤 육학의 선학적 논조는 주학의 제자들에게 더욱 크게 울려 퍼
졌다.

심지어 순희 11년(1184) 육구연이 주차奏箚 다섯 통을 올렸는데, 넷째 차자
에서 '깨달으면 즉시 고칠 수 있다'는 설을 아뢰고, 다섯째 차자에서는 조신趙
眘(효종)에게 '상세함을 좋아하는(好詳)' 과실이 있으므로 '요약을 좋아하여(好要)'
쉽고 간단함을 추구할 수 없다고 비평하였기 때문에 주희도 그에게 선의 기
운(禪氣)이 충만하다고 여겼다. 주희는 순희 12년 여름에 육구연에게 편지를

---

7 이 편지에서 '포현도包顯道(포양)가 여기에 있는데, 자주 그대가 어짊을 칭송하였다' 했는데, 생
각건대, 포양이 주희를 따라 배운 때는 순희 10, 11, 12년이었다. 지금 기록된 어록을 통해 증
명할 수 있다. 또 첨부민 자남詹阜民子南이 육구연의 문하에 오르기 시작한 때는 순희 10년 12
월이었는데, 기록된 어록 및 『육구연보』에 보인다. 육구연의 「여첨자남與詹子南」을 통해 안
자견이 출가하여서 승려가 된 일이 봄 사이에 있었음을 알 수 있으나, 순희 11년 봄에 주희와
육구연이 편지를 주고받으면서는 이 일을 아직 언급하지 않은 것으로 보아, 안자견이 출가하
여 승려가 된 때는 응당 순희 12년 봄이다. 『육구연집』 권7 「여안자견與顏子堅」에도 보인다.

써서 그의 주차를 비평하며 "한결같이 형이상을 지향하는 길(向上一路)에는 일찍이 전환하는 곳이 없어서 의심을 하게 함을 면하지 못합니다. 이는 아마도 총령葱嶺(파미르 고원, 곤륜산, 천산의 서쪽. 서역)에서 가져온 것인 듯합니다."(『문집』 권36 「기육자정寄陸子靜」 서1)[8]라고 하였다.

그리고 동시에 유청지에게 보낸 편지에서는 더욱 노골적으로 말하였다. "자정子靜(육구연)이 경연에서 아뢴 내용을 부쳐 보냈는데 …… 그러나 선의 의사가 얼마간 있음은 면하지 못합니다. 지난 번 답서에서는 이 점을 희롱하여 '이 몇몇은 총령에서 가져온 것인 듯하다'고 하였습니다."(『문집』 권35 「답유자징」 서12) 이해 겨울에 이르러 육구연 괴당槐堂(육구연이 강학한 괴당서당)의 대제자 부몽천傅夢泉도 주희를 찾아와서 토론하였는데, 언론과 거동이 '대부분 오만 방자하여(類多狂肆)' 주희와 육구연 사이에 불화의 골을 더 깊게 만들었다.

순희 14년(1187)에 이르러 육구연은 임안에서 상산象山으로 돌아와 강학을 하면서 무이산과 함께 대치 관계를 형성하였다. 육학의 제자들도 뭇별이 달을 에워싸듯 그를 중심으로 (주희의) 문호를 공격하려는 의기를 더욱 불태웠다. 이해에 육학의 제자들이 직접 사단을 일으킨 세 가지 사건이 주희와 육구연의 모순을 전면적으로 격화시켰다.

그 한 사건은 바로 부몽천의 오만 방자함에서 비롯되었다. 주희는 먼저

---

8 주희의 이 편지는 종래 『육구연연보』에 근거하여서 순희 11년(1184)에 쓴 것으로 오인되었다. 살피건대, 이 편지에서 "다행히 사록祠祿의 직책을 받아 마침내 희이希夷의 직하제손直下諸孫이 되었다."고 하였는데, 이는 바로 순희 12년 4월에 화주華州 운대관雲臺觀을 주관하게 된 일을 가리킨다. 이 편지는 당연히 이 시기에 쓴 것이다. 또 『문집』 권35 「답유자징」 서12에도 또한 '자정(육구연)이 경연에서 아뢴 내용을 부쳐 보냈다' 운운하였는데, 살피건대, 이 편지에서 상향림向薌林 문집의 서문을 쓴 것을 언급하였다. 권76에 들어 있는 이 서문에 근거하면 서문은 순희 12년 2월에 썼다. 육구연의 주대奏對는 순희 11년에 있었고, 주희가 육구연에게 주차를 보여줄 것을 요구한 때는 순희 12년이었다.

순희 13년(1186)에 육구연에게 편지를 써서 부몽천이 전혀 도리를 이해하지 못한다고 비평을 하였다. "도리는 비록 극히 정밀하고 은미하지만 애초에 귀로 듣고 눈으로 보는 것 바깥에 있지 않으니, 시비是非와 흑백黑白은 바로 면전에 있습니다. 여기에서 살피지는 않고 따로 의식과 사려의 표면에서 현묘玄妙함을 구하려 하는 것은 또한 잘못입니다."(『문집』 권36 「답육자정答陸子靜」 서2)

주희의 이러한 육학에 대한 비평은 실제로 육학의 제자들의 분노를 샀다. 그들은 모두 부몽천을 두둔하였다. 육구연도 순희 14년에 주희에게 편지를 보내서 부몽천을 변호하였다. "그가 스스로 말하기를 '아무개가 돌아온다는 말을 듣고(*생각건대, 육구연이 임안에서 임기를 마치고 돌아온 일을 가리킨다) 이 병이 곧 나았다'고 하였습니다. 근래 여기에 온 뒤에 보니 또한 그다지 깊이 갈고닦지는 않았습니다. 그는 스스로 말하기를, (번쇄함을) 더욱 많이 잘라냈다 하였으며, 벗들이 이를 보고서 또한 그러하다 하였습니다."(『육구연집』 권13 「여주원회與朱元晦」 서1) 육구연의 가식적 태도는 주학 제자들의 분노를 더욱 키웠다.

두 번째 사건은 육학의 제자 이운李雲이 순희 14년 여름에 주희를 보러 와서 거창하게 현묘한 담론을 하였으나, 견해가 합치하지 않아 떠나간 일이었다. 주희는 5월 2일에 육구연에게 편지 한 통을 써서 이운을 지적하는 김에 육학 전체를 비평하였다. "이 선생은 쉽게 얻을 수 있는 사람이 아니며, 배움을 향할 줄도 압니다. 다만 또한 고원한 것을 좋아한다는 생각이 점점 듭니다. 제 생각으로는 착실히 목전의 도리와 사물을 분명하게 보려고 하고 …… 만약 이와 같이 현묘한 것만 담론한다면 아마도 양쪽 모두 이루는 바가 없을 터인데, 도리어 애석하게도 타고난 기질을 무너뜨려서 ……"(『문집』 권36 「답육자정」 서3)

육구연이 이해 봄에 주희에게 보낸 편지에서 이운에 대해 많이 칭찬하는 말을 했음을 고려할 때, 이운이 주희를 보러 온 것도 육구연이 편지에서 그를 추천했기 때문이다. 따라서 주희가 이 회답 편지에서 특별히 날카롭게 말을 했던 것이다. 그런데 뜻밖에도 평소와 달리 육구연이 편지에서 사공파를 '이욕이 깊은 고질로 되었다(利欲深痼)'고 비평한 것에 대해 주희는 다른 견해를 표시하였다.

> 보내오신 편지에서 이른바 '이욕이 심한 고질로 되었다' 하신 말씀은 이미 말할 나위도 없습니다. 제가 걱정하는 바는 오히려 경솔하게 고상한 담론만 하고, 망령되게 안팎(內外)과 정조(精粗)의 구별을 만들어내서 양심(良心)과 일상생활의 작용(日用)을 둘로 나누고, 성현(聖賢)의 말씀을 다 믿을 필요는 없으며, 용모와 말을 반드시 깊이 살필 필요가 없다고 말하는 일입니다. 이런 말들은 매우 사리에 어긋나기 때문에 장차 우리 도에 크게 해가 될 터이니 다른 때를 기다리지 않아도 흐름의 끝에서는 폐단이 될 것입니다.
>
> ─『문집』 권36 「답육자정」 서3

이는 태극 논변 이전에 주희가 편지로 육학을 가장 격렬하게 공격한 사례이다. 이는 그가 육학의 폐해에 대한 관점을 바꾸기 시작했으며, 육구연의 심학을 절동의 사공학보다 더욱 위험한 학파요, 적이라고 보는 신호이다.

세 번째 사건은 '기품이 방자한(氣稟恣睢)' 육구연의 제자 유정부(劉定夫)가 다시 직접 공격하는 글을 주희에게 보낸 일이다. 주희는 화가 나서 답신을 보내 반박하였다. "보내온 편지의 말투(詞)가 지난번보다 더욱 경솔합니다. 또한 마땅히 자기 본분에 의거하여서 독서하고 행동하되, 모름지기 이와 같이 헛소리를 하지 않는 것이 좋겠습니다"(『문집』 권55 「답유정부答劉定夫」)[9]

---

9 생각건대, 『육구연집』 권13 「여주원회與朱元晦」 서1에서 유정부의 일을 언급한 것은 바로 주희

주희는 5월 8일 육구연에게 보낸 편지에서 유정부가 함부로 헛소리를 지껄였다고 명확하게 말하였다.[10] 그래서 육구연은 초겨울에 주희에게 보낸 답신에서 유정부를 대신하여 백방으로 해명하는 한편, 주희가 법조문을 조작하여 사람을 죄에 빠뜨리게 함으로써 억지로 사람의 마음을 복종하게 만든다고 지적하였다. "대체로 학자의 병통은 모름지기 그 진실을 얻어야 함에도 한갓 억측을 하면서 선현의 가르침을 이끌어온다고 일컫고, 법조문을 조작하여 죄에 빠뜨리니, 이에 사람들이 반드시 마음으로 복종하지 않습니다. 가령 변론하여서 밝히지 못하고 세력이 맞먹지 못하여서 억지로 죄를 인정한다면 무슨 이로움이 있겠습니까? 어찌 무익할 뿐이겠습니까? 또한 해로움이 있을 것입니다."(『육구연집』권13 「여주원회與朱元晦」 서1)

육구연의 강경한 태도를 믿고서 육학의 제자들은 더욱 두려움이 없어졌다. 겨울에는 급기야 또 육학의 제자가 문을 두드리고 '오만 방자하고 사납게 굴며 손발을 다 드러내면서(狂妄凶狠, 手足盡露)' 소란을 피우기까지 하여, 완전히 두 학파의 문호가 서로 공격하는 진세陣勢가 펼쳐졌다. 순희 15년(1188) 1월 14일에 주희는 육구연에게 편지 한 통을 써서 조금도 서슴지 않고 유정부를 비호하는 육구연에게 반격을 퍼부었다. "배우는 사람의 병통은 실로 말씀하신 바와 같습니다. 다만 또한 모름지기 스스로 공평무사하고 깊고 정밀한 것을 보아내면 비로소 사람들의 병통을 치료할 수 있습니다. 만약 스스로 한

의 이 편지가 발단이 되었다. 『육구연연보』에 근거하면 육구연의 이 편지는 순희 14년(1187)에 썼다.

10 『육구연집』 권13 「여주원회」 서1에서 "겨울 초에 허씨의 아들이 와서 비로소 5월 8일 자 편지를 받았습니다. …… 지난달에 또 5월 2일자 편지를 받았습니다."라고 하였다. 5월 8일 자 편지는 오늘날 전하지 않으나, 주희에게 보내는 육구연의 이 편지는 필시 5월 2일과 8일의 두 편지에 함께 답한 것이다.

편에 치우침을 면하지 못한다면, 아마도 이리저리 치료하려 해도 도리어 그 병을 키울 것입니다."(『문집』 권36 「답육자정」 서4) 쌍웅쟁패의 태극 논변은 마침내 널리 퍼지고 치솟아 오르던 주희와 육구연 양 파의 이러한 사적 분노의 정서 가운데서 폭발했던 것이다.

도서상수圖書象數의 접학占學으로 통하다

주희는 동시에 또 경학 논변의 전선을 전개하였다. 그의 전면적인 논전은 광범위한 경학 논변에 의해 주학, 육학, 절학 삼대 학파 사이의 문호끼리 상호 투쟁하는 규모를 넘어서서 사회 전체의 갖가지 문제를 향한 크고 작은 학술 사조 및 유파와 함께 교전하고, 충돌하고, 분열하고, 결합하고, 합류하였다. 이런 논전도 주학의 문화적 신조류가 주희의 문화사적 공간을 개척하여서 넓혀가는 특수한 방식이 되었다. 그러나 그의 경학 논전은 역학易學 논전을 중심축으로 하여서 부채꼴로 전개되었고, 맨 마지막에 가서는 모두 기유년(1189) 그의 평생 학문과 저술에 대한 제2차 총결의 완성으로 통하였다.

정유년(1177)의 생애 제1차 학문·저술의 총결 이후 사실상 그의 경학 가운데 가장 성숙하지 않은 분야가 바로 역학이었고, 그를 가장 괴롭히고 힘들게 한 경학도 역학이었다. 『역』이라는 아득히 드넓고 신묘하고 기이한 현학玄學의 허공에 우뚝 솟은 이천伊川(정이) 의리학義理學의 거봉을 그는 이미 완전무결하다고 보아 넘을 수 없는 것으로 여겼다. 그는 오로지 시선을 소옹邵雍 상수학象數學의 거봉으로 향하여 거기서부터 자기의 역학 체계를 발전시켰다. 이 한길에는 바로 그가 깨끗이 정리해야 할, 역사가 남겨 놓은 산더미 같은 상수의 역설易說이라는 화석이 있었기에, 그는 죽었지만 살아 있는 상수역학의 대가들과 갖가지 논전을 전개하지 않을 수 없었다. 그래서 그의 역학 논전은 실질적으로는 도서상수학圖書象數學의 논전이었다.

그는 자기의 모습으로 주돈이周敦頤를 빚어낸 것과 마찬가지로 자기의 모습으로 소옹邵雍을 빚어냈다. 이 역학 논전의 의의는 소옹을 역학에서 이천(정이)과 대등한 역사적 지위로 올려놓았다는 것이고, 주희에게는 바로 의리역학에서 상수역학으로 향하는 과도기가 되었다. 그리하여 그는 정이程頤의 의리학과 소옹의 상수학의 정수를 하나로 꿴 역학 체계를 건립하기 위한 준비를 하였다.

역학 논전을 하는 가운데 주희는 완전히 『역』은 복서卜筮의 책'이라는 자기의 새로운 발견에서 출발하여 이理 – 수數 – 점占을 집대성한 역학 체계를 세웠다. 그는 정이, 소옹의 역학 사상과 자기의 역학 사상을 비교하였다. 그가 볼 때 정이는 '이理'에 대해 거시적 천석闡釋을 하였고, 소옹은 '수數'에 대해 미시적 탐구를 하였다. 곧 정이는 다만 '이理'를 추구하였고, 소옹은 '수數'를 추구하였던 것이다. 이 때문에 정이의 역학은 의리학이고 소옹의 역학은 상수학이다. 그러나 두 사람의 역학에는 '점占'의 연구가 없다는 공통의 결함이 있었다.

엄격히 말하여 소옹의 역학은 '수'학이므로 다만 『역』의 개념, 범주와 원리를 빌려서 자기의 '수'학을 발휘하여 세웠고, 역학을 수학(현대적 의미의 수학)·천문역학天文曆學과 역사학 방면으로 발전시켰으며, 결코 진정으로 『역』을 복서의 책으로 연구해서 그 본래 면모를 회복하지는 않았다. 그래서 그는 점복占卜의 차원에서 『역』을 해설하지는 못하였다. 심지어 그의 역학에는 설시법揲蓍法이 없기 때문에 황종희黃宗羲는 '강절康節(소옹)에게는 본래 시법蓍法이 없다'(『황극경세론皇極經世論』「시법蓍法」)고 하였다. 이런 의의에서 말하자면, 소옹의 역학은 다만 일종의 추보학推步學이었다. 주희는 제자들에게 거듭 다음과 같이 말하였다. "『역』은 복서이며, 『경세經世』(『황극경세』)는 추보이다.", "『역』은 복서의 책이며, 『황극경세皇極經世』는 추보의 책이다. …… 그 책(『황극경세』)은 『역』

과 서로 관련이 없다."(『어류』 권100) 이른바 '『역』과 서로 관련이 없다'는 말은 소옹이 직접 『역』을 주해한 것이 아니라 자기의 수학 체계를 유추하여서 전개했음을 말한다. 소옹의 상수학과 정이의 의리학은 모두 마찬가지로 점복의 학문을 결여하였다.

주희의 역사적 임무는 정이와 소옹이 버려두었던 점학占學을 회복하고 건립하는 일이었으며, 따라서 『역』을 진짜 점서占筮의 책으로 연구하는 일이었다. 그는 두 방면으로부터 출발하였기에 두 갈래로 자기의 점학을 건립하였다. 한 방면은, 총체적으로 설시撰蓍, 변점變占의 방법을 탐구하고 밝혀서 도서상수학의 방법론을 확립하는 것인데, 『역학계몽易學啓蒙』에서 이 목표를 실현하였다. 또 한 방면은, 각각의 괘卦, 효爻에서 점복의 본래 의미(本義)를 탐구하고 밝혀서 괘를 베풀고(設卦), 상象을 관찰하고(觀象), 점을 치고(玩占), 변화를 알아서(知變) 그 이치를 밝히는 점학의 원칙을 확립하는 것이다. 그리하여 '『역』은 복서의 책'이라는 정신을 『역』이라는 책의 처음부터 끝까지 관철시켰다. 그는 『주역본의周易本義』에서 이 임무를 완성하였다.

이러한 점학의 건립에 따라 『역』은 참으로 포함하지 않는 것이 없는 보편만능의 성질을 구비하게 되었다. 주희는 나중에 제자들에게 자기가 이러한 점학을 건립했다는 점에서 역학에 독특한 공헌을 했음을 특별히 강조하였다. "내가 『역』을 해설한 것이 선배들과 다른 점은 …… 선배들은 다만 점을 치는 것에 관해 말을 하지 않았기 때문에 이 『역』의 의미가 쓸 곳이 없다."(『어류』 권67) 요컨대 그가 집대성한 역학 체계는 바로 정이의 의리학, 소옹의 상수학과 자기의 점학을 결합한 삼위일체의 역학이다.

그러나 그의 점학은 소옹의 선천상수학先天象數學을 출발점으로 삼지 않을수 없어서 수학을 점학에 관철시켰다. 그래서 그는 또한 소옹을 드높이 추숭하여서 "내가 강절(소옹)의 『역』을 보니 모두 다른 사람들이 도달할 수 없는 곳을 보았다."(『어류』 권100)고 하였다. 단, 그는 소옹의 선천수학에 대해 반드시 뒤엎어서 개조를 해야만 하였다. 소옹은 수에서 설시를 유추함으로써 점을 떠나 수를 말하였으므로 그에게는 『역』이 점서占書가 아니라 수서數書였다. 그러나 주희는 도리어 설시에서 수를 구함으로써 점으로 말미암아 수를 유추하였으므로 그에게 『역』은 수서가 아니라 점서였다.

주희는 이와 같이 자기와 소옹의 다른 점을 명확하게 비교해서 말하였다.

> …… 『역』에는 다만 기수奇數와 우수偶數가 있는데 이는 자연의 수이고, '대연大衍의 수'는 설시를 사용하는 수이다. 강절(소옹)은 모든 것을 수에 귀결시켰기 때문에 이정二程(정호와 정이)이 그에게 기꺼이 배움을 물으려 하지 않았다. 만약 성인이 수를 사용하였다면 '대연의 수'와 같이 사용하는 데 지나지 않았을 것이다. 그는 모름지기 먼저 설시하여서 수를 구하고, 괘를 뽑아서 ……
>
> 『역』에는 다만 기수와 우수가 있다. 천일天一, 지이地二는 자연의 수이다. '대연의 수'는 설시의 수이다. 오직 이 두 종류만 있을 뿐이다. 강절은 오히려 모든 것을 수로 귀결시켰지만, 생각건대 아마도 성인은 반드시 그렇게 하지 않았을 것이다.
>
> ─『어류』 권67

이와 같이 주희의 역학 논전은 자연스레 먼저 설시를 초점으로 삼은 논전이 되었다.

논전은 상수 점학의 세 가지 기본 문제를 둘러싸고 진행되었다. 첫째, 하도河圖와 낙서洛書, 둘째, 후천後天과 선천先天, 셋째, 설시와 변점이다. 동시대 가장 유명한 역학의 대가 곽옹郭雍·정형程迥·정대창程大昌·조선예趙善譽·이춘李椿·원추袁樞·임률林栗 등이 주희가 가르침을 구하고 논변을 전개한 대상이었다.

사수沙隨 정형程迥이 정밀하게 연구한 설시 점법은 소옹에 근본을 둔 가일배법加一倍法이다. 그는 자기의 『고역점법古易占法』을 일컬어서 설시를 역학의 '대의大義'로 삼아 '『역』을 논하는' 것이라 했는데(「고역점법서古易占法序」), 이는 주희의 점학 사상과 흡사하였다. 다만 설시를 하는 구체적인 문제에서 많은 엇갈림이 나타났다. 그는 노자의 학설로 『역』을 설명하여, 노자의 "도가 하나를 낳는다.(道生一)"는 말로써 『역』의 "태극이 양의를 낳는다.(太極生兩儀)"는 말을 해설하였다. 태극(*이理)을 음양·만물 위에 초월하는 독립적 본체로 간주한 것이다. 팔괘의 생성에서 그는 비록 소옹의 가일배법을 사용했지만 소옹의 선천 팔괘생성설先天八卦生成說은 취하지 않았다. 설시와 변점에서는 각각의 해설에 차별이 있었다.

주희는 남강에 부임했을 때 정형과 함께 토론을 시작하였다. 주희가 먼저 정형의 『주역장구외편周易章句外編』[11]을 상세히 비평하였고, 남강과 절동의 직임에서 돌아온 뒤 두 사람의 역학 논변은 더욱 깊이 전개되었다. 주희는 정형에게 보낸 편지에서 그가 노자를 『역』에 끌어들인 점을 비평하면서, 『역』에서 말한 "태극이 양의를 낳는다."는 말은 도가 음양을 낳는다는 것을 가리키는 말이며, 노자의 "도가 하나를 낳고, 하나가 둘을 낳고, 둘이 셋을 낳는다."는 말과는 합치하지 않는다고 주장하였다. 또한 이기상즉理氣相卽, 도기상즉道器相卽 설에 근거하여 태극은 음양의 안, 만물의 가운데에 존재하는 것으로서 음양의 밖, 만물의 위에 독립하는 공적空寂한 본체로 간주할 수는 없다

---

11 『노재집魯齋集』 권11 「발사수역잡기증사문跋沙隨易雜記贈師文」에서 정형의 『잡편雜編』 1책'을 언급하였는데, 어떤 책인지 분명하지 않다. 생각건대, 정형의 책으로는 지금 『주역장구외편周易章句外編』이 있는데, 『역』에 관한 설과 고금의 점험占驗을 잡다하게 논하였다. 『직재서록해제直齋書錄解題』에도 『주역장구외편』 1권이 있다고 기록하면서 "점사占事를 잡다하게 기록하였는데 더욱 상세하다."고 하였다. 주희가 읽고 비평한 『잡편』 1책은 『주역장구외편』임이 틀림없다.

고 인식하였다.

　이런 내용은 모두 역시 역학 일반의 문제에 관한 논쟁이었다. 마침내 팔괘 생성의 순서에 관한 상수의 문제가 두 사람 논변의 초점을 이루었다. 정형은 태극이 낳은 '양의'를 건乾과 곤坤의 초효初爻로, '사상四象'을 '건과 곤의 초효, 이효二爻가 서로 섞여서' 이루어진 것으로 보았다. 이는 실제로 건·곤 두 괘의 독립과 선재先在를 인정한 것이다. 주희는 이런 관점을 비평하고서 자기가 생각하는 팔괘 생성의 차례를 제시하였다.

> 　양의는 다만 음양이라고 할 수 있으며 사상이라야 비로소 각각 태소太少로 구별할 수 있습니다. 그 순서는 마땅히 태양⚌, 소음⚎, 소양⚍, 태음⚏으로 차례를 삼습니다. …… 이 순서가 이미 정해지면 번갈아 올라가고 배가되어서 마침내 건1乾一·태2兌二·이3離三·진4震四·손5巽五·감6坎六·간7艮七·곤8坤八의 순서로 이루어져 소씨邵氏(소옹)의 선천도先天圖와 합치합니다. 이것이 바로 복희伏羲가 처음에 팔괘를 그린 자연스러운 차례로서, 사람이 사사로운 지혜로 안배할 수 있는 것이 아닙니다.
>
> 　　　　　　　　　　　　　　　　　　　　—『문집』 권37 「답정가구答程可久」 서3

　이는 바로 소옹의 선천팔괘설이다. 선천·후천학에 대한 주희의 해석에 따르면 팔괘 생성의 차례와 방위에는 두 가지가 있다. 하나는, 「계사繫辭」의 "『역』에 태극이 있으니 양의를 낳고, 양의가 사상을 낳고, 사상이 팔괘를 낳는다."는 사상에 근거한 것이다. 음양 양의에 각각 기奇와 우偶를 하나씩 더하여서 태양·소음·소양·태음의 사상이 되고, 다시 사상에 각각 기와 우를 하나씩 더하여서 건1·태2·이3·진4·손5·감6·간7·곤8의 차례로 팔괘가 생성된다. 이런 차례로 생성되는 팔괘를 두 줄로 나누어서 한 원으로 합하면 바로 일정한 팔괘의 방위가 되며, 「설괘說卦」의 "하늘과 땅이 자리를 잡고(天地定位), 산과 못이 기운을 통하고(山澤通氣), 우레와 바람이 서로 부딪치며(雷風相薄), 물과 불이 서로 닿지 않아서(水火不相射) 팔괘가 서로 뒤섞인다(八卦相錯)."고 한 말과 부합한다. 이는 복희의 『역』으로서 소옹이 전승한 선천학이다.

둘은 「설괘」의 "건은 하늘이다. 그러므로 아버지라고 일컫는다. 곤은 땅이다. 그러므로 어머니라고 일컫는다. 진은 한 번 구하여서(索) 아들이 된다. 그러므로 장남이라 한다. 손은 한 번 구하여서 딸이 된다. 그러므로 장녀라 한다. 감은 두 번 구하여서 아들이 된다. 그러므로 중남中男이라 한다. 이離는 두 번 구하여서 딸이 된다. 그러므로 중녀中女라 한다. 간은 세 번 구하여서 아들이 된다. 그러므로 소남少男이라 한다. 태는 세 번 구하여서 딸이 된다. 그러므로 소녀少女라 한다."고 한 말에 근거한 것이다. 건과 곤이 여섯 자식을 낳는다는 팔괘 생성의 차례를 이룬다. 「설괘」의 "임금이 진에서 나오고(帝出乎震), 손에서 다스리고(齊乎巽), 이에서 서로 보고(相見乎離), 곤에서 일을 하고(致役乎坤), 태에서 말을 하고(說言乎兌), 건에서 싸우고(戰乎乾), 감에서 수고하고(勞乎坎), 간에서 말을 이룬다(成言乎艮)."고 한 말에 근거한 것도 또한 팔괘의 방위를 형성한다. 이는 문왕文王의 『역』으로서, 후세 사람이 전승한 후천학이다.

주희가 보기에, 선천학은 자연스러운 천성天成의 오묘함을 갖추고 있고 후천학은 인공적인 안배의 흔적을 드러내고 있다. 이 때문에 선천학은 그가 복희역伏羲易의 철리哲理와 수리數理를 해석하는 데 기초가 되었으며, 『역경易經』의 '본의本義' 탐구에 근본적인 근거가 되었다. 후천학은 그가 문왕역文王易과 공자역孔子易의 철리와 수리를 해석하는 기초가 되었으며, 『역전易傳』의 사상 탐구에 근본적인 근거가 되었다.

사실상 선천학은 송 대 도사가 전승한 것으로서 선천도先天圖는 화산 도사 華山道士 진단陳摶에서 유래하여 종방種放, 목수穆修, 이지재李之才를 거쳐 4대에 전하여 소옹에 이르렀다. 이른바 후천 팔괘의 차례와 방위는 한 대漢代『역』의 상수의 대가가 보편적으로 채용한 학설이다. 이 때문에 선천학과 후천학의 서로 다른 연원의 배후에는 바로 도교의 영향을 받은 송 대 역학파(•소옹과 주희)와 한 대 역학의 역사적 대립이 반영되어 있다. 이를 근거로 주희는 한 대『역』의 상수학을 초월하여서 자기의 새로운 상수역학 체계를 건립하려는 강렬한 목적을 드러냈다. 소옹은 주희를 위해 가장 좋은 초석을 마련하였던 것이다.

정형은 처음부터 끝까지 주희의 이 사상을 받아들이지 않았다. 이로 말미암아 두 사람의 엇갈림은 설시와 괘변卦變으로 확대되었다. 순희 12년(1185)에 조여우趙汝愚의 초청을 받아 촉蜀에 들어가서『명신주의名臣奏議』의 편집에 참여한 정형은 일찍이 무이에 가서 주희를 만나 10여 일을 함께 토론하였다. 주희는 그의『주역장구周易章句』에 대해서는 긍정하였으나『고역점법』에 대해서는 긍정하지 않았기 때문에 이후 설시와 점법은 두 사람 논변의 중심을 이루었다(『별집』 권3 「답정가구」).

주요한 쟁점은 주희가 세 번 변화할 때 시초를 모두 건다고 본 것에 반해, 정형은 앞의 한 번 변화에만 시초를 걸고 뒤의 두 번 변화에는 시초를 걸지 않는다고 보았다는 점이다. 주희가 세 번 변화에 모두 시초를 건다고 주장한 까닭은, 이러한 점법이라야 괘륵掛扐의 수를 설揲의 수와 같게 하여서 하도, 낙서에 이르러 일종의 기묘한 대응을 형성할 수 있다고 보았기 때문이다. 그러므로 여기서도 두 사람의 하도, 낙서에 대한 관점이 같지 않음을 반영한다. 그는 나중에 일부러『역학계몽』을 정형에게 보냈는데, 그 가운데 "근세의 여러 학자들은 앞의 한 번 변화에만 걸고 뒤의 두 번 변화에는 걸지 않는다는 설을 말하는데, 경전으로 상고해보면 …… 대체로 잘못이다."(권3 「명시책제삼明蓍策第三」)라고 비평한 내용은 바로 정형의 학설을 겨냥한 것이다.

순희 13년(1186)에 왕사유王師愈가 민閩의 전운부사轉運副使로 부임하였는데, 주희는 그와 그의 아들 왕흡王洽, 그리고 정형과 함께 넷이서 역학의 모든 문제를 두고 오가면서 토론하였다.

주희는 한편으로, 왕사유에게 보낸 편지에서 정형의 『고역장구古易章句』를 긍정하며 다음과 같이 말하였다. "백례伯禮(*왕흡)가 물은 몇 조항은 하도의 의미로 답하였으나 또한 문제점을 정정해주십시오. …… 사수(정형)의 『고역장구』는 상세하고 해박한데, 선생님의 의견은 어떠신지 모르겠습니다."(『노재집魯齋集』권9 「주자첩제칠권朱子帖第七卷」)

또 한편으로, 동시에 왕흡에게 보낸 편지에서는 정형의 팔괘생성설을 비평하며 다음과 같이 말하였다. "태극, 양의, 사상, 팔괘는 복희가 괘를 그은 방법입니다. 「설괘」의 '하늘과 땅이 자리를 잡고(天地定位)'부터 '곤이 갈무리한다(坤以藏之)' 이전까지는 복희가 그은 팔괘의 자리입니다. '임금이 진에서 나온다(帝出乎震)' 이하는 복희가 완성한 괘에 대해 문왕이 그 의미와 종류를 유추해서 덧붙인 말입니다. …… 만약 복희가 괘를 그은 것을 논하면, 64괘는 동시에 갖추어진 것으로서 비록 건곤이라 하더라도 다른 여러 괘를 생성할 수 있는 이치가 없습니다. 문왕과 공자의 설명과 같다면 가로세로로, 직간접으로(縱橫曲直) 반복하고 서로 생성한다 하더라도 문제가 되지 않습니다.……"(『문집』권54 「답왕백례答王伯禮」) 이 편지는 실제로 주희와 정형의 역학 논변의 총결이 되었다.

주희와 논변한 정대창程大昌도 정형과 같은 유형의 역학 대가였다. 그의 『역로통언易老通言』은 노자와 『역』, 두 학문의 관통을 종지로 삼은 책으로서, 정형이 노자를 끌어들여서 『역』을 해설한 점과 유사하다. 그가 4년간 온갖 고심과 노력 끝에 쓴 『역원易原』은 여러 학자들을 절충하여서 한 대 『역』의 문제점을 힘써 바로잡은 책인데, 도서, 상수와 설시, 괘변의 문제를 전면적으로 탐구하여서 논하였다.

주희는 정대창과 논변을 하면서 역학 토론의 중심을 하도낙서로 돌렸다. 하도, 낙서는 사실 기묘한 두 종의 수진數陣으로서 사람들의 방方과 원圓에 관한 수학적 관념을 최초로 반영한 그림이다. 『주비周髀』에서는 "수의 법은 방과 원에서 나왔다." 하고, 『주비경해周髀經解』에서는 이를 풀이하여서 "하도는 방의 모양이고 낙서는 원의 모양이다."라고 하였다. 이리하여 하도와 낙서는 저절로 사람들이 천원지방天圓地方의 우주 구조를 해석하는 데 이용하는 일종의 수리적 모형이 되었고, 아울러 역학의 역수易數와 결합하면서 마침내 복희가 그린 괘의 시원적 도본圖本이 되었다. 이는 바로 「계사」의 "황하에서 그림이 나오고(河出圖), 낙수에서 글이 나와(洛出書), 성인이 이를 본떴다."고 한 말과 『대대례기大戴禮記』「명당편明堂篇」에서 말한, 천부지재天覆地載(하늘은 만물을 덮고 땅은 만물을 싣고 있다는 동아시아 고대의 우주 관념)를 상징한 "2·9·4, 7·5·3, 6·1·8"의 명당의 수적 체계이다. 그러나 한 대에 이르러 하도낙서는 도리어 참위讖緯의 역학에 의해 신비화하여서 하늘이 내린 신물神物이며 상서로운 부호가 되었다.

송 대 역학가는 도교 이론에 자극을 받아서 하도낙서를 전문적 역학의 분야로 삼아 연구하였다. 하도낙서에 대한 연구는 상수학에서부터 도서학圖書學으로 갈라져 나와 대립적인 두 학파를 형성하였다. 한 파는 진단과 종방으로부터 유목劉牧에게 전승되었다. 유목은 『역수구은도易數鉤隱圖』를 지어서 9를 하도, 10을 낙서라 하였는데, 이 설이 널리 유행하였다. 황려헌黃黎獻은 『약례은결略例隱訣』을, 오비吳秘는 『통신通神』을 지었는데, 모두 유목의 관점을 미루어서 넓힌 책들이다. 다른 한 파는 진단·종방·목수·이지재로부터 소옹에게 전해졌는데, 소옹은 10을 하도, 9를 낙서라 하였다. 두 파는 끊임없이 서로 공격하였다.

채원정蔡元定이 『하락변설河洛辨說』을 쓰고 여기에서 10을 하도, 9를 낙서라 한 소옹의 설을 위로 거슬러 올라가 공안국孔安國, 유향劉向 부자(유향·유흠), 반고班固, 관자명關子明에 결부시켰는데, 주희가 『역학계몽』에서 이를 채택하자 마침내 유목의 설은 점차 가라앉았다.

정대창의 『역원』은 9를 하도, 10을 낙서라 한 유목의 관점을 전문적으로 설명한 책이다. 주희는 그에게 보낸 편지에서 하도낙서의 설을 다음과 같이 논하였다. "대체로 반드시 55수를 체體로 한 뒤에 비로소 45수의 변화를 미루어 나갈 수 있다고 보았기 때문입니다. 하물며 『역전易傳』에도 분명히 55(五十有五)의 체가 있으며, 「홍범洪範」에도 또한 아홉 방위(九位)의 수가 있지 않습니까?"(『문집』 권37 「답정태지答程泰之」 서1) 55수와 45수의 관계는 본체(體)와 작용(用)의 관계인데, 이는 바로 주희가 10(하도)을 복희의 그림, 9(낙서)를 대우大禹의 글로 보려 한 주요 원인이 되었다. 그러나 이 문제의 토론은 곽옹郭雍과 논변을 하는 가운데 비로소 전개된다.

곽옹은 비로소 주희의 가장 주요한 논전 상대가 되었다. 충회 처사沖晦處士 곽옹의 역학 저작은 정호와 정이, 장재張載 등 명가의 저작과 함께 『대역수언大易粹言』에 편입되었기 때문에, 세상에서 그를 중히 여겼다. 그는 순희 13년 (1186)에 『전가역학傳家易學』을 조정에 진상하여서 중한 포상을 받았다. 게다가 그는 설시를 정밀하게 연구하여서 정이와 소옹의 결점을 잘 보완하였다. 이로써 당시에 그는 단숨에 가장 명성을 누린 역학의 대가가 되었다. 그도 복희가 '처음 그림을 그리고(始畵)', 문왕이 '글을 쓰고(爲文)', 공자가 '전을 지었다 (作傳)'는 세 성인의 『역』의 설을 제시하여서(「전가역설서傳家易說序」), 주희와 관점이 서로 가까웠다. 하지만 그는 의리상에서 정호와 정이를 근본으로 여겼으나 상수에서는 도리어 소옹을 멀리 벗어났고, 설시에서는 더욱 당 사람(唐人, 공영달孔穎達)의 설에서 피하려고 애썼기 때문에 결국 주희와 어긋났다.

주희는 심지어 그를 당 사람의 설시에 관한 설을 망친 최초의 사람으로 간주하였다. 나중에 제자들에게 곽옹과 역학의 논전을 진행하게 된 주요 원인을 주희는 다음과 같이 말하였다.

> 설시는 비록 작은 일이지만 공자로부터 1500년간 사람이 모두 이해하지 못하였다. 당 대 사람의 설이 비록 병통은 있지만 대체로 옳게 이해한 설이다. 근래의 설은 너무 어긋났는데, 이는 곽자화郭子和(곽옹)로부터 시작하였다.
>
> ─『어류』 권75

> 또 예컨대, 설시의 일은 자질구레하다고 할 만하지만 소견이 명확하지 않으면 곧 잘못되고 만다. 자화(곽옹)는『시괘변의蓍卦辨疑』에서 이전 사람의 설이 옳지 않다고 하였다. 그런데 그는『소疏』(*생각건대, 공영달의『주역주소周易注疏』를 가리킨다)에 학설이 가장 잘 구비되어 있고, 다만 한두 글자가 잘못되었음을 알지 못한다.
>
> ─『어류』 권67

이는 바로 주희가『시괘고오蓍卦考誤』에서 "소疏를 붙인 학자는 그 취지를 조금 잃어버렸으나 논변하는 자는 크게 잃어버렸다."고 한 것이다. 그는 당의 공영달·유우석劉禹錫과 송의 이구李覯·심괄沈括 등의 고전적 경전 해설에 근거하여서 소옹의 상수설과 자기의 도서설을 섞은 뒤, 설시법과 그 가운데 포함된 수리를 전면적으로 고정考定하여서 논술하였다.

역학상 그와 곽옹의 근본 모순은 역시 한 사람은 소옹의 선천학을 좋아하고, 한 사람은 좋아하지 않는다는 점에 있었다. 주요한 엇갈림은 세 방면으로 향하였다. 첫째는 팔괘의 생성이었다. 곽옹은 소옹의 선천생성설을 쓰지 않았고, 주희는 소옹의 '하나가 나뉘어 둘로 된다一分爲二'는 가일배법이 "태극은 양의를 낳고, 양의는 사상을 낳고, 사상은 팔괘를 낳는다."는 복희의 원시 자연原始自然의 획괘를 가장 절실하고 요령 있게 밝힌 것이라고 보았다. 그래서 괘획으로 말하자면, 가일배법은 태극, 양의, 사상, 팔괘에서 64괘에 이르기까지 하나하나 대응하며 자연스럽게 「설괘」의 건1에서 곤8에 이르는 팔괘 생성의 차례를 낳았다. 그리고 하도낙서로 말하자면, 하도의 허중虛中(텅 빈 가운데), 기우奇偶와 음양, 1·6과 2·7과 3·8과 4·9, 사정四正과 사우四隅와 하나하나 대응한다.

둘째는 하도낙서이다. 곽옹은 하도낙서를 위서략緯書略에 나타난 것으로 보아 논하지 않았으나, 주희는 하도낙서를 복희의 원시原始 팔괘가 나온 연원의 지위로 높였으며, 아울러 하도낙서를 빌려 수리상에서 팔괘, 음양설을 오행설과 결합함으로써 두 갈래로 나뉜 전통문화의 학술을 통일하였다. 그리하여 다음과 같이 인정하였다. "하도와 낙서는 대체로 모두 성인이 취하여서 팔괘를 만든 것입니다. 그리고 구주九疇도 함께 거기에서 나왔습니다. 지금 그 형상으로 보건대 가운데를 비운 것은 『역』이 되고, 가운데를 채운 것은 「홍범」이 됩니다."(『문집』 권37 「답곽충회答郭沖晦」 서2)

셋째는 설시법이다. 곽옹도 정형처럼 한 번 변함에 걸고 두 번, 세 번 변함에는 걸지 않으며, 과설수過揲數를 사용하고 괘륵수는 사용하지 않는다고 보았다. 주희는 세 번 변함에 모두 걸고, 7·8·9·6 음양 노소老少가 하도낙서에 근본을 두며, 많고 적은 수가 괘륵수 및 원의 위삼경일圍三徑一과 방의 위사경일圍四徑一에서 추출되었기 때문에 설시는 괘륵수를 쓰며 심지어 과설수보다 더 중요하다고 보았다. 주희는 수리를 통해 당 유학자의 구설과 소옹의 선천 신설을 교묘하게 통일하였던 것이다.

곽옹의 상수, 설시의 사상은 주로 『시괘변의』에 반영되어 있다. 그 가운데서 그는 소옹의 설시법, 장재의 대연설, 정이의 설시법, 곽충효郭忠孝의 시

수설著數說을 편집하여서 수록하고, 스스로 하나하나 변증을 한 뒤 총결하려는 의도를 가지고 있었다. 그리하여 이 책은 남쪽으로 옮겨온 이래 영향력을 지닌 설시의 전문 저술이 되었다.

대략 순희 13년(1186)에 주희는 『역학계몽』을 완성하고 얼마 뒤 곧 『시괘고오著卦考誤』를 지어서 곽옹의 『시괘변의』를 전면적으로 변박辨駁하고 고증을 하였는데, 이는 그와 곽옹의 설시 논전의 총결이 되었다. 이 책에서는 그가 어떻게 고금 여러 학자의 설을 널리 채택하여서 자기의 설시 점학의 체계를 형성하였는지, 그 정신을 『역학계몽』에서보다 더욱 분명하게 볼 수 있다.

그의 설시 점학은 곽옹과 다른 두 가지 특징을 선명하게 드러내고 있다. 하나는, 설시를 계산할 때 과설수와 괘륵수를 결합하였다. 곽옹은 괘륵수를 버리고 과설수만 쓰는데 이는 당 유학자의 구설에 반대한 겸산兼山(곽충효)의 가학을 이어받은 것이다. 주희가 보기에 과설수와 괘륵수 사이에는 일종의 자연적인 수리의 통일 관계가 형성되어 있는데, 이것이 바로 "괘륵의 수를 네 번 곱하면 반드시 과설의 책策을 얻는다. 과설의 책을 네 번 나누면 반드시 괘륵의 수를 얻는다."는 것이다.

과설수와 괘륵수를 겸하여서 쓰는 주희의 설법揲法은 당 유학자의 설을 계승한 것이지만 당의 유학자는 결코 수리상에서 양자를 통일하거나 결합하여서 해설을 하지는 못하였다. 그러나 주희는 방원方圓을 계산하는 방법을 써서 원만하게 해결하였다. "원은 하나가 셋을 두르고 있으면서 전체를 사용하고, 방은 하나가 넷을 두르고 있으면서 반을 사용한다."는 방법에 따라 계산하여 7·8·9·6 음양 노소의 수를 얻는데, 마치 과설의 책에서 넷을 한 번의 설揲로 삼는 설수와 같다.

둘은, 설시의 역수易數에서 하도, 낙서를 설시의 상수象數와 결합하고, 그리하여 선천학을 설법에 끌어들여서 도서와 상수를 통일한 것이다. 하도낙서는 일찌감치 역학가들의 흥미진진한 관심을 불러일으켰음에도, 심지어 소옹을 포함하여 아무도 하도낙서를 직접 설법에 사용하거나 역수상에서 하도낙서와 설법 사이의 통일을 찾아내어 합치시키지는 못하였다. 주희는 처음으로 하도낙서 중의 수리와 설시 중의 7·8·9·6 음양 노소의 수 사이의 일치를 발견하고는 흥분해서 이 새로운 발견을 채원정에게 알리며 경탄을 금하지 못하였다. "이는 말로 표현할 수 없는 자연의 오묘함입니다. 다만 가소롭기는 하나, 사람이 안배하여 그리된 것이 아닙니다."(『문집』권44 「답채계통答蔡季通」 서8의 5)

주희는 이 발견을 바탕으로 또한 낙서에서 하도로 유추하여 설시 도서와 설시 상수가 천연적으로 통일된 그림을 그려냈다. 낙서에서 보면, 허중虛中은 태극이며, 기수와 우수 각 20은 양의이다. 1·2·3·4가 9·8·7·6을 포함하여서 가로세로로 모두 15가 되며, 뒤집어서 7·8·9·6이 되는데, 설시의 7·8·9·6 음양 노소의 수를 합하면 사상이 된다. 그리고 사정四正과 사우四隅로 팔괘가 된다. 하도에서 보면, 허虛 10은 하도 45의 수가 되며 허 5는 대연 50의 수가 된다. 이에 5와 10을 서로 더하면 낙서 15의 수가 되고 5와 10을 서로 곱하면 대연의 수가 된다. 그리고 1·2·3·4와 6·7·8·9가 합하고, 또한 설시의 7·8·9·6 음양 노소의 수와 합한다. …… 이것이 바로 '『역』은 복서의 책'이라는 말과 함께 병렬되는 그의 역학의 양대 발견으로서, 이는 모두 수로 해석했기 때문에 '가로세로로 직간접으로(橫斜曲直) 통하지 않음이 없었다.' 주희는 분명 설시를 완전히 수리화數理化하여서 수리화한 도서상수의 점학을 건립하였다. 나중에 그는 제자들에게 자기 평생의 모든 경학, 이학의 저작 가운데 다만 『대학』과 『역』 두 경서에 대한 저작이 가장 투철하게 본 것이라고 하였는데, 『역』에 대해서는 바로 그가 『역학계몽』에서 이 기묘한 수리의 점학을 총결한 사실을 가리킨다.

주희의 점학의 이 두 가지 특징은, 실제로 그의 점학이 겸용하고 함께 취한, 당 유학자의 구설과 소옹의 선천 신설이라는 두 가지 서로 다른 원류를 대표한다. 이 때문에 그의 『시괘고오』와 『역학계몽』도 이전의 모든 상수, 설시학에 대한 그의 역사적 총결이 되었다. 나중에 관방의 통치의 지위를 획득한 도서상수의 수리 점학 체계는 이렇게 탄생하였다.

여하튼 주희가 하도와 낙서를 원고시대의 복희에 귀결시킨 역사적 오류는 실질적으로 하도낙서라는 두 수진數陣을 발굴하여서 구해낸 그의 역사적 공적을 결코 덮을 수는 없다. '『역』은 복서의 책'이라는 발견에 입각한 그의 『역』에 대한 수리적 인식도 선배와 동시대인을 초월하였다. 그러나 바로 이 때문에 그의 수리 점학의 출현도 동시대 역학가의 비판을 받지 않을 수 없었다. 순희 12년(1185) 이후 임률林栗과 원추袁樞라는 두 역학의 대가가 잇달아 나와서 주희의 수리 점학을 반대함으로써 역학 논전도 절정에 이르렀다.

순희 12년 3월, 임률은 조정에 『주역경전집해周易經傳集解』 32권, 『계사』 2권, 『문언설괘서잡본문文言說卦序雜本文』 1권, 『하도낙서팔괘구주대연총회도河圖洛書八卦九疇大衍總會圖』, 『육십사괘입성도六十四卦立成圖』, 『대연설시해大衍揲著解』 1권을 바쳤는데, 그 편질의 거대함은 남쪽으로 옮겨온 이래 다만 장행성張行成이 건도 연간에 올린 7종 99권의 『역』 관련 서적에나 견줄 수 있을 뿐이다. 조정에서는 특별히 칙서를 내려서 임률의 『역』 학설에 대해 "처음부터 끝까지 모두 연역해내고 겉과 속을 갖추어 포괄하였으며, 편과 그림을 풍부하게 다 모았으며, 상수의 전부를 포괄하고 망라하였다."고 크게 칭찬하였다. 당시 주희의 『역학계몽』은 아직 미완성이라, 임률은 곧 엄연히 당대 관방의 최대 역학의 권위자로 자처하였다.

임률은 진·한 이래 모든 『역』의 학설을 한꺼번에 매도하면서 한편으로는 정이의 의리역학을 통렬히 꾸짖으며, "근세의 여러 유학자들은 깊은 생각을 하지 못하고, 이치를 분명하게 밝히지 못하면서 복희와 문왕의 괘획을 버리고, 주공과 공자의 해설을 버리며, 「계사」, 「설괘」, 「서괘序卦」, 「잡괘雜卦」를 일체 취하지 않고 자기 뜻으로 『역』을 말하려 한다.”(「주역경전집해서周易經傳集解序」)고 하고, 다른 한편으로는 소옹의 상수역학을 크게 매도하여서 그가 '본래 『역』의 진리를 밝히려고 하였으나, 『역』에 대해 밝힌 바가 없다'고 하였다(『문집』 권37 「답임황중答林黃中」 서2). 임률은 왕회의 상당相黨의 측근이었으며 그의 『역』 학설의 창끝은 정이와 소옹을 겨냥하였다. 이는 왕회의 대대적인 반도학의 정치적 수요에 완전히 부응하는 것이어서 그의 오만한 큰소리는 왕회의 조정으로부터 넉넉하게 칭찬과 총애를 받았다.

기실 임률은 전형적인 도서상수파 역학가였다. 그의 역학 사상은 한 대의 역학에 연원을 둔 것으로서, 더욱이 전적으로 호체互體, 약상約象, 복괘覆卦로 설을 세우고 남달리 기발한 주장을 내세웠는데, 그 학문의 '거짓스러움(僞)'은 정이, 소옹, 주희에 견주어 지나치다면 지나쳤지 결코 미치지 못한 점은 없었다. 그는 조정에 『역』에 관한 서적을 올리고 나서 얼마 뒤, 먼저 『역도易圖』를 주희에게 보냈다. 팔괘를 중첩하여 64괘가 되었다는 설로써 소옹의 복復☷☷·구姤☰☴·비否☰☷·태泰☷☰·임臨☷☱·돈遯☰☶이 변하여 64괘가 되었다는 설을 비평함으로써 정치적 배경을 지닌 역학의 논전을 도발하였던 것이다.[12]

---

12 주희의 『문집』 권37에는 「답임황중」 편지가 세 통 있는데, 서1을 살펴보면, “또 보건대, 『역도易圖』에서 소씨(소옹)의 선천설을 심하게 꾸짖었습니다. 예전에 일찍이 그 책을 보았지만 그 설의 의도를 깨닫지 못하였습니다.”라고 하였다. '그 설의 의도를 깨닫지 못하였다'는 구절에 근거하면, 그때 주희의 『역학계몽』은 아직 미완성이었음을 알 수 있으니, 이 편지는 응당 순희 13년(1186) 이전에 쓴 것이다. 또한 '또 보건대, 『역도』에서'라고 한 구절에 근거하면, 주희가 그때 아직 임률의 『역해易解』를 보지 못했음을 알 수 있다. 대체로 임씨의 『역』가 비록 완성은 되었으나 아직 간행되지 못하였기 때문에 이런 말을 하였으니, 주희의 이 편지는 일단 순희 12년 사이에 쓴 것이다. 순희 15년에 이르러서 주희는 「기임황중변역서명記林黃中辨易西銘」을 썼는데, 임률에 대해 기록한 말에 '접때 『역해』를 보냈다'고 하였으니, 임률이 주희에게 『역해』를 보낸 때는 순희 14년이고 그때 『역해』는 이미 간행되었을 것이다.

주희는 채원정에게 보낸 편지에서 남을 억압하는 임률의 기세를 언급하였다. "근래에 임황중林黃中(임률)의 편지를 받았는데, 강절(소옹)의 수학數學과 횡거橫渠(장재)의 「서명」을 크게 매도하였습니다. 원기중袁機仲(*원추袁樞)도 소씨를 매우 다급하게 공격하였습니다. 가소로운 일입니다! 일찍이 공보共甫(*유공劉珙)가 한 말이 기억납니다. 이전에 어떤 이름이 알려지지 않은 대부가 『통감』의 판본을 헐어버리라고 청하는 일에 연루되어 적발되었다가, 복관이 된 뒤 사신詞臣(한림학사처럼 학술에 관한 일을 맡은 시종의 신하)으로서 제서制書를 초하였는데, 다음과 같은 한 연聯이 있었다고 합니다. '깊은 골짜기에서 나와 높은 나무로 옮겨가듯, 짐이 애오라지 너그러운 은혜를 보인다. 올빼미나 부엉이가 봉황을 비웃는 것이니 너는 미혹된 지식에 빠지지 말라.' 이 무리도 지금 또한 함께 죄를 적용하는 것이 옳습니다. 한번 웃습니다."(『문집』 권44 「답채계통答蔡季通」 서6의 3)

임률이 소옹을 공격한 일은 실제로는 주희를 공격한 것이었다. 주희도 똑같이 하도낙서를 좋아하였으므로 (두 사람의) 모순의 초점은 다만 소옹의 선천팔괘생성설先天八卦生成說을 대하는 방식에 있었다. 임률은 선천생성설을 취하지 않았고 후천생성설도 주로 삼지 않았으며, 호체설을 사용하는 것 외에 따로 자기만의 신기한 생성설을 제시하였다. 한 괘에서 보아, 전체 괘체卦體는 태극이고 내괘와 외괘는 양의이며, 내외 양괘에 호체의 양괘를 더하면 사상이고, 괘를 뒤집어서 다시 취하면 팔괘라 하였다. 그러나 만일 소씨의 선천팔괘생성설이 『주역』 가운데서 다소 이론을 세울 만한 흔적을 찾을 수 있다고 한다면, 임률의 호체팔괘생성설互體八卦生成說은 『주역』 가운데서 심지어 어떤 경전적인 근거도 찾을 수 없었다. 왕회의 조정에서, 임률을 옳다 하고 소옹을 비난하는 반도학의 정치적 속셈은 더 이상 분명할 나위가 없었다.

그래서 주희는 임률에게 보낸 편지에서 다음과 같이 비난하였다. "소씨(소용) 선천의 설은, 저의 안목으로 보기에는 우물 안의 개구리가 드넓은 바다를 논하는 것과 같습니다. 그런데 선생께서는 곧바로 (소옹이) '알지 못하고서 지었다'고 배척하였으니, 저와 선생의 도량은 크기가 다르다는 사실을 한자리에서 함께 논할 수 없는 점이 있습니다."(『문집』 권37 「답임황중答林黃中」 서2)

신랄하게 풍자를 당한 임률은 순희 14년(1187)에 자기의 『주역경전집해』를 주희에게 보냈는데, 이때는 왕회가 권력에서 물러나기 직전으로서, 반도학이 최고조에 이른 때였다. 임률은 개인적인 감정의 보복 심리를 뒤섞어서 역학 논전을 직접 반도학의 정치투쟁으로 이끌어갔다.

원추는 도학의 쟁신諍臣으로서 정치적으로는 주희와 뜻이 같고 길이 합치하였으며, 반도학의 임률과는 같은 조정에 선 적당敵黨이었다. 그는 도교 수련의 설을 좋아하였으나 역학에서는 소옹의 설을 힘써 공격하였으며, 후천학을 주로 하고 선천학을 반대하였다. 구양수歐陽修의 뒤를 이어서 하도낙서를 뒷사람의 위작이라고 배척하는 데 마지막 남은 힘을 아끼지 않았다.

순희 13년에 그는 주희의 『역학계몽』을 읽은 뒤 주희와 함께 격렬한 논변을 진행하였다.[13] 그러나 그는 끝내 자기의 역학 체계를 제시하지 못한 채 대

---

13 주희의 『문집』 권38에는 「답원기중答袁機仲」 편지가 열한 통 있다. 오늘날 몇몇 사람은 원추가 만년에 집에 거하면서 비로소 『역』 학설에 관한 책을 저술했으며, 주희와 『역』을 논한 때가 경원慶元 연간(1195~1200)이라고 하지만(•정학성鄭鶴聲의 『원추연보』에 보인다), 실은 잘못이다. 주희가 원추에게 답한 편지를 보면 모두 『역학계몽』을 '새 책'이라고 하였고, 두 사람의 논변은 바로 『역학계몽』으로 인하여 일어난 일이니, 논변은 응당 순희 13년(1186)에 주희가 『역학계몽』을 완성하고 나서 얼마 뒤의 일이다. 또 주희의 『문집』 권44 「답채계통答蔡季通」 서6의 3에 "근래에 임황중(임률)의 편지를 받았는데 강절(소옹)의 수학과 횡거(장재)의 「서명」을 크게 매도하였습니다. 원기중(원추)도 소씨를 매우 다급하게 공격하였습니다."라고 하였으니, 주희와 원추의 논변 및 주희와 임률의 논변은 모두 순희 13년 사이에 있었다. 그러나 주희가 원추에게 쓴 편지 열한 통은 실은 같은 시기에 쓴 것이 아니다. 넷째 편지의 아래에서 원추가 지은 '새로운 이론', 『역』 학설을 언급한 것은 응당 원추가 경원 연간에 지은 『역전해易傳解』, 『주역변

체로 정형·정대창·곽옹·임률 등의 주희에 대한 지적과 비평을 반복하였다. 다만 더욱 첨예하게 하도낙서가 위작이라고 단정하였으며, 하도낙서의 수로 대연·설시의 수를 해설하는 것에 반대하고 소옹의 선천팔괘생성설은 믿기에 부족하다고 여겼다.

주희는 논변 중에 뜻밖에도 자기 사상을 극단에까지 발휘하여 조금도 의심하지 않고 『역』은 하도에서, 「홍범洪範」은 낙서에서 나왔으며, 복희가 괘를 그은 것은 하도에서 취한 것이라고 인정하였다. 소옹의 선천팔괘생성설에 대해서 그는 '『역』의 핵심적인 정수精髓'이며 '공자 이후 천년 동안 전해지지 않다가 강절 선생康節先生(소옹)에 이르러 비로소 그 설을 터득했다'고 보았다(『문집』 권38 「답원기중答袁機仲」).

원추는 전적으로 "태극이 나뉘어서 양의가 확립되었다. 양은 위로 음과 사귀고 음은 아래로 양과 사귀어서 사상이 생겨난다. 양은 음과 사귀고 음은 양과 사귀어서 하늘의 사상四象을 낳는다. 군셈은 부드러움과 사귀고 부드러움은 군셈과 사귀어서 땅의 사상을 낳는다. 팔괘가 뒤섞인 뒤 만물이 거기서 생겨난다."고 한 소옹의 저명한 논술을 비평하면서, 『역』과 부합하지 않는다고 보았다. 주희는 도리어 이 단락의 말에 대해 교묘하게 해설을 함으로써 선천학의 경전적인 논술로 삼았다.

순희 14년에 두 사람의 마지막 서신 논변 가운데 주희는 자기 역학의 기본 관점을 다섯 가지 측면에서 총결하여 명백히 논술하였다. 첫째, 하도낙서는 '의리義理'에서는 물론 '증험證驗'에서도 위작임을 증명할 수 없다. 둘째, 선천학과 후천학은 저마다 『역』의 한 가지 의미로서 서로 방해가 되지 않으며,

---

이周易辨異』 등의 책을 가리킨다. 또 주희가 경원 연간에 지은 『참동계고이參同契考異』를 언급하였으니, 넷째 편지의 아래에서 전개된 두 사람의 역학 논변은 경원 연간 중에 이루어졌다.

서로 섞일 수도 없다. 셋째, 7·8·9·6의 수는 천지 만물의 '자연의 도리(自然道 理)'이므로 7·8·9·6은 사상四象이다. 넷째, 선천 64괘의 생성에서 팔괘 위에 잇달아 세 효를 더하여 생겨난 64괘는 연속적인 과정이니, 앞에 두 효를 더 하는 것은 의의가 없다고 할 수 없다. 다섯째, 『대전大傳』에서 말한바, 팔괘를 중첩하여 64괘가 된다는 설과 선천학설의 팔괘에 세 효를 더하여 64괘가 된 다는 설은 통일된다. 다만 '빠르고 늦은 차이가 있을' 뿐이다.

이 다섯 조항은 그의 도서상수 역학의 정수를 이룬다. 그는 스스로 조금 도 숨기지 않고 본원으로 소급하여 다음과 같이 말하였다.

> 이상의 다섯 조항은 …… 이것은 제 말이 아니라 바로 강절(소옹)의 말이
> 고, 강절의 말이 아니라 바로 희이希夷(진희이)의 말이고, 희이의 말이 아니
> 라 바로 공자의 말입니다. 다만 당시 여러 유학자들이 제대로 전승하지 못
> 하였기에 방외方外의 무리가 은밀히 서로 주고받으며 단조술丹竈術로 만들
> 었던 것입니다. 희이와 강절에 이르러서 마침내 『역』으로 되돌려 놓고 나
> 서야 그 설이 비로소 세상에 다시 밝혀지게 되었습니다.
>
> ─『문집』 권38 「답원기중」 서3

주희는 자기의 역학이 도교의 설과 일정한 관계에 있다고 조금도 거리낌 없이 말한다. 그러나 그는 도교의 무리가 유가의 『역』 학설을 표절하여 연단 술에 이용하였으므로 자기는 도교의 무리에서부터 다시 유가로 돌려줄 뿐이 라고 여겼다.

이 다섯 조항은 다중적 역사의 층을 포함한 그의 집대성된 역학의 체계를 그려냈다. 그는 복희, 문왕, 공자의 세 『역』 및 선천학, 후천학의 관계에 대해 명확하게 규정하였다.

'(소옹에 따르면) 선천이란 복희가 그린 『역』이고 후천이란 문왕이 부연한 『역』이다(라고 했습니다).' …… 문왕의 『역』은 곧 지금의 『주역』이니, 공자가 전傳을 지은 것이 이것입니다. …… 반드시 성인이 『역』을 지은 본뜻을 알고자 한다면 마땅히 복희가 그린 괘를 고찰해야 하고, 만일 지금 『역』이라는 책의 글과 뜻을 알고자 한다면 다만 문왕의 경經과 공자의 전傳을 보면 충분합니다. 양자는 애초에 서로 방해되지 않지만, 또한 서로 섞일 수도 없습니다.
　　　　　　　　　　　　　　　　　　　　　　　　　　　—동상

　그는 각 학자의 『역』을 모두 받아들이고 망라하여서 한 용광로에 녹여냈다. 만일 이에 더하여 그가 세 성인의 상수역과 정이의 의리역, 소옹의 선천도와 주돈이의 태극도 사이의 관계에 대해 규정을 했다고 한다면, 그의 역학 체계는 거의 온갖 세대를 종합 망라하고 고금을 총괄한 셈이다.
　세 성인의 『역』의 통일, 소씨(소옹)의 상수학과 정씨(정이)의 의리학의 통일, 선천도와 태극도의 통일은 주희의 이理 – 수數 – 점占의 역학 체계라는 거대한 내재적 논리 구조를 형성하였다. 이 때문에 이 다섯 조항에 대한 주희의 개괄도 그의 전체 역학 논전에 대한 총결이 되었다. 이 역학 논전은 비록 도서 상수의 문제를 둘러싸고 벌어진 논쟁이지만, 오히려 그 외에 심각한 방법론적 의의를 갖고 있다. 그것은 바로 『역』이 진행한 역사에 대한 분석적 연구의 원칙을 확립한 것이다. 그리하여 『역』은 더 이상 초역사적인 신비한 단일체가 아니라 다중적 역사의 층을 포함한 복합체가 되었다.
　이 방법론적 원칙의 완전한 확립은 그가 공자와 문왕을 경유하여서 직접 거슬러 올라가 복희의 원시 『역』의 '본의本義'를 탐구하기 위한 길을 말끔히 쓸어냈다. 그리하여 마치 한밤중에 한바탕 봄의 우레 소리가 수많은 집을 뒤흔들듯이 그에게 홀연 하나에 정통하면 온갖 것에 통달한다는 영감을 일으켰다. 그는 원추에게 『역』에 관한 시 한 수를 보내서 찬탄하였다.

홀연 한밤중에 우레가 울자	忽然半夜一聲雷
수많은 집 문을 차례로 열어젖히네	萬戶千門次第開
무심이 상을 머금음을 안다면	若識無心含有象
그대 친히 복희를 뵈었다 하겠네	許君親見伏羲來

——『문집』 권9 「원기중이 『계몽』을 논함에 답하다(答袁機仲論啓蒙)」

    이는 그가 원추와 벌인 논전을 잠시 중지했음을 알리는 것이며, 또한 그가 '친히 복희를 뵌'『주역본의周易本義』가 곧 탄생함을 알리는 것이었다.

    주희는 또다시 더욱 커다란 역학 풍파의 도래를 맞이하지 않을 수 없었다. 그와 임률이 『역』에 관한 토론에서 합치하지 않은 일은 반도학 당쟁의 갈등으로 확대되었을 뿐만 아니라, 또한 수많은 사람이 일어나 서로를 공격하는 태극 논변을 야기하였다. 그와 원추의 『역』에 관한 논전은 순희 15년(1188)에 두 사람이 공동의 정치적 타격을 받으면서 한 차례 중지되었다. 그러나 도교의 현론玄論을 좋아하는 원추는 『참동계』의 설을 겸용하여서 소옹의 선천학을 부정하였다. 하도낙서에 대한 원추의 부정은 어떤 점에서는 하도낙서를 긍정하는 주희보다 더욱 멀리 나아갔다. 따라서 두 사람의 잠재된 모순은 8년 뒤 『참동계』를 함께 연구함에 따라 다시 역학 논전을 초래하였다.

朱子評傳

제15장
무신 연화주사의 풍파

서책을 버리고 봄을 찾으러 가다

연화주사延和奏事

주희와 임률이 번갈아 올린 주차의 배후에서 벌어진 당쟁

서책을 버리고 봄을 찾으러 가다

경학, 이학에 관한 주희의 광범위한 논전은 왕회王淮의 반도학의 통치 아래서 진행되었는데, 이로써 그의 학문 논변은 영문도 모르게 조정의 당쟁에 뒤얽히게 되었다. 학술 논전이 정치투쟁에 휘말려 들어가면서 그는 현실 곳곳에서 벽에 부딪혔다.

순희 12년(1185)에 왕회가 한번은 이부 낭중吏部郎中 양만리楊萬里에게 "재상은 무슨 일을 가장 급선무로 해야 합니까?" 하고 물었다. 양만리가 "인재의 등용을 가장 급선무로 해야 합니다." 하고 대답하였다. 양만리는 천사록薦士錄을 써서 왕회에게 올려 명사 60명을 추천하였다.

그 가운데 주희를 천거하면서 다음과 같이 말하였다.

> 학문은 이정二程(정호와 정이)을 전수하였고 재주는 한 시대를 누릅니다. 비록 타고난 성품은 성급하고 개결함에 가까우며 일에 임하여서는 과단성과 날카로움이 지나치나, 유학儒學의 관직에 두어서 함양하고 성취하게 한다면 반드시 기이한 인재가 될 것입니다.
>
> ─『성재집誠齋集』권114「순희천사록淳熙薦士錄」

시인 양만리는 주희의 도학적 성격을 가장 정확하게 개괄하였다. 그러나 왕회는 이름을 해내외에 떨친 이 일대의 유종儒宗에게 고작 허울뿐인 유학의 작은 관직조차도 주려고 하지 않았다.

순희 12년 2월에 주희는 임기가 차서 사록祠祿을 청하여 다시 화주華州의 운대관雲臺觀을 주관하도록 차임되었다. 순희 14년(1187)에 사록의 임기가 다시 찬 뒤에는 남경南京의 홍경궁鴻慶宮을 주관하도록 차임되어서 그는 계속 궁벽한 산에 엎드려서 먼지 나는 책에 코를 박으며 적막한 생애를 이어갔다. 세월은 쏜살같이 흘러서 노경에 이르게 되자 강직하고 오연한 그도 마침내 곧잘 애수에 잠기고 감상에 젖는 성격으로 변하였다. 우무尤袤가 홍경궁에 임명하는 칙서를 그의 손에 들려주었을 때 그는 줄줄 흘러내리는 두 줄기 눈물을 금하지 못하였다.

더욱이 그가 주관하게 된 홍경궁 원묘原廟(정식의 종묘 대신 따로 세운 별묘別廟)는 본래 북방에서 전란으로 인해 무너졌고, 중원의 수복은 기약이 없었다. 이를 생각하니 더욱 울분이 속에서 치밀어 올라 유청지劉淸之에게 절구 한 수를 보냈다.

홍경궁을 배알하고 느끼는 바가 있어	拜鴻慶宮有感
옛 서울의 원묘는 오래전에 전란에 묻혔고	舊京原廟久煙塵
백발 제관은 감개가 새롭다	白髮祠官感慨新
북쪽으로 수많은 문을 바라보니 인적은 쓸데없고	北望千門空引籍
어느 날에나 아침에 진인을 배알할지?	不知何日去朝眞

—『문집』권9

그가 북쪽을 바라보며 마음속으로 '아침에 배알하려고 한 진인'은 실은 임안 궁중에 있는 조신趙眘(효종)이라는 올빼미(趙鵶)였다. 군주의 곁에는 간신만 있고 신하의 충성은 소통하기 어렵기에 그는 오직 멀리서 한숨을 쉬며 탄식할 뿐이었다. 그러나 그는 저술을 하는 여가에도 여전히 정사에 깊은 관심을 갖고 있으면서 복건의 조관漕官(전운사) 왕사유王師愈, 광서의 안무사(帥) 첨의지詹儀之, 사천의 제치사制置使 조여우趙汝愚를 위해 끊임없이 힘써서 사의事宜를 꾸미고 계획하였으며, 조정의 재보宰輔 주필대周必大와 계속 왕래하였다.

순희 14년(1187) 이래 조정에는 점점 주필대의 상당과 왕회의 상당이 대치하는 형세가 이루어지고 있어서 왕회의 반도학 통치가 야기하는 위기가 출현하고 있음을 예시하였다. 주필대가 의지하는 세력은 주로 도학파였다. 그가 2월에 재상의 지위에 오른 일은 왕회에게 심각한 위협이 되었다. 주필대는 관직을 그만두고 한가하게 지내는 주희를 불러들여서 자기의 성망聲望을 확장하려는 마음을 먹고 있었으며, 양만리도 다시 주희를 천거할 수 있는 가장 영향력 있는 조신朝臣이 되었다.

7월 13일에 양만리는 조신(효종)에게 올린 「한한응조상소旱暵應詔上疏」에서 조금도 거리낌 없이 솔직하게 말하였다.

신이 가만히 보건대, 절동 감사浙東監司 주희는 태주 수신台州守臣 당중우唐仲友를 탄핵한 일로 사록이 된 지 지금 6년입니다. 조정에서는 까마득하게 살피지 않고 버려둔 채 쓰지 않아서 온 세상이 억울하게 여기고 있습니다. 어떤 사람이 주희의 경학은 위로 공자와 맹자를 조술祖述하고 아래로 정호程顥와 정이程頤를 스승으로 삼았으니 들어서 쓴다면 반드시 볼만한 일을 할 것이라 하였는데, 신은 그에 대하여 논하지 않았습니다. 어떤 사람이 주희의 재기는 크게 쓰면 변혁을 일으키고 작게 쓰면 자질구레한 일을 다스릴 수 있는데 한산한 관직에 두었으니 매우 애석한 일이라 하였지만, 신은 역시 논하지 않았습니다. 신은 홀로 주희가 감사로서 군수를 탄핵한 일로 인하여 군수도 버리고 쓰지 않으며 감사도 버리고 쓰지 않음을 괴이하게 여깁니다. 군수를 옳다고 여기신다면 오히려 마땅히 감사를 격려하여서 그 곧음을 길러야지 감사를 폐해서는 안 되며, 감사가 옳다고 여기신다면 마땅히 군수를 폐해야 할 것입니다. 지금 주희와 당중우를 둘 다 폐하고 쓰지 않는데, 신은 이것이 상을 주기 위해서인지, 벌을 주기 위해서인지 모르겠습니다. 가령 당중우에게 죄가 없다면 당중우는 어째서 정위廷尉에게 나아가 변론을 청하지 않는 것입니까? 그리고 주희가 제기한 안건이 사실이 아니라면 조정에서는 어째서 주희의 죄를 성토하여 벌하지 않고 어찌 다만 이렇게 애매하게 처리하는 것입니까? ─『성재집』권62

주필대가 도학을 지지하는 것에 힘입어서 조신들은 거듭 주희를 천거하였다. 주필대는 본래 주희를 전운부사에 제수하려고 하였으나 전곡錢穀은 주희의 장기가 아니라는 말을 듣고는 강서 제형에 고쳐 제수하고 자리가 나기(待次)를 기다렸다. 주희는 한 차례 사직을 청한 뒤 곧 배명拜命하였다.

이는 분명 이번에 새로 제수한 일이 실제로는 주희의 당중우 탄핵을 옳은 일로 승인한 것이며, 양만리가 제기한 문제에 회답을 한 것임을 나타낸다. 조정에서 내린 포고문에서도 다음과 같이 말하였다. "너는 옛 도를 좋아하고 바름에 근거하여서 돌이키지 않았다. 남을 이롭게 하고 사람을 사랑하며, 뜻을 펼침에 더욱 독실하였다. 주휘州麾를 떠받들고 사절使節을 나눠서 덕을 앞세우며 형벌을 뒤로 하여서 백성이 교화를 따랐고, 구황의 정사를 펼쳐서 온전히 살린 사람이 더욱 많았다. 오랫동안 관직에 나아가지 않고 집에서 지냈으나, 생각하면서 잊어버리지 않았다." 주희와 당중우가 서로 상주한 안건의 시비는 마침내 결론을 얻었다. 당연히 주희는 산에서 나오기는 했지만 왕회의 당이 조정에 도사리고 있으므로 여전히 마음속에 거리낌을 안고 있었다.

그는 자리가 나기를 기다리는 김에 조정 정국政局의 전기轉機를 조용히 관망하였다.

주희가 집에서 대차待次하는 반년 동안, 조정에서는 과연 거대한 변화가 잇달아 일어났다. 2월에 주필대가 재상이 되고, 10월에 태상황 조구趙構(고종)가 죽기까지 일련의 사건이 조정 안팎의 혁신에 뜻을 둔 항금抗金 애국지사로 하여금 다시 희망을 불태우게 하였다. 이는 왕회가 집권한 이래 조정의 위아래를 둘러싸고 있던, 구차한 안정을 추구하는 분위기를 타파하는 새로운 전기로 간주되었다.

조정의 주전파와 주화파는 신속하게 고묘高廟의 배향을 두고 충돌을 일으켰다. 8월에 예부 낭중 정교鄭僑가 봉사封事를 올려서 재보 대신들 사이의 투쟁과 불화를 언급하였다. 조신은 이 때문에 부득불 친히 대신들을 면전에서 훈계하였다. 그는 왕회가 오랫동안 재상의 자리에 있었다는 점에 대해 염증을 드러냈다. 주필대 파는 조정에서 점점 득세하였고 도학의 세력도 고개를 들기 시작하였다. 주희는 무이정사武夷精舍의 책상 앞에 가만히 앉아 있을 수 없게 되었다.

주필대가 재상에 오른 일이 도학 선비들에게 복음이 되면서 2월 이후 배척된 도학 인물이 잇달아 천거를 받아 조정에 들어왔다고 한다면, 조구의 죽음은 또한 애국지사에게 복음이 되면서 오랫동안 억압을 받아 온 주전파가 이로부터 '중흥의 성군' 조신이 태상황의 견제를 조금도 받지 않고 북향北向의 의지를 실현할 수 있게 되었다고 여기게끔 만들었다. 이에 따라 일시에 고토 회복의 군사를 일으키자는 함성이 또 일어났다.

시인 양만리가 자잘한 조정 관리로서 고묘 배향을 직언하고, 진량陳亮이 애국의 포의布衣로서 궐 앞에 엎드려 상소하고, 도학의 우두머리 주희가 강서 제형으로서 도성에 들어와 상주한 일은 모두 조야朝野 사대부의 이와 같은 공통된 동향을 굴절시켰다. 세 사람 사이에 일종의 묵계黙契를 방불케 하는 세 사건이 교차하며 함께 교직되어서 생기가 전혀 없는 왕회의 조정에 강렬한 회오리바람을 일으켰다.

주희와 진량이 상주하고 글을 올리는 공동의 행동을 일으키기 전에 두 사람은 자계紫溪에서 만나자고 약속하였다. 그러나 서로 만나 의논하고 도성에 들어가려다 행동에 옮기지는 못하였는데, 이는 미리 불길한 그림자를 드리우는 것 같았다. 진량은 출옥한 뒤 바삐 뛰어다니며 중원 회복을 호소하는 일에 큰 활약을 하였다. 재보들과 신기질辛棄疾·주희·장진張栒·우무尤袤·장삼章森 등 중망을 받는 애국적 주전파 명사들 사이에서 고무하고 결집시키는 작업을 게을리하지 않고 수행하였던 것이다.

진량이 가장 통한으로 여긴 일은 왕회가 6년 동안 재상으로 있으면서 이전 것을 그대로 답습하고 지키기만 할 뿐, 경장更張하는 바가 없어서 위아래가 낡은 것을 답습하고 구차하게 안정만 추구하는 풍조가 형성되었다는 사실이다. 순희 13년(1186) 봄에 그는 왕회에게 글을 보내서 국사國事를 중시하고, 조정의 당쟁을 수습하고, 천하의 널리 쓸모 있는 인재를 거둬들이라고 권고하였다. 또한 왕회에게 섭적葉適·설숙사薛叔似·진겸陳謙·시매施邁와 같은 저명한 선비를 천거하였다. 그러나 왕회는 이런 일들에 대해 주필대를 의식하고 도학적 기질을 지닌 조정 관리들에 대해 마음속으로 의심을 하여서, 진량이 스스로를 대단히 여겨 올린 글과 천거를 거들떠보지도 않았다.

주필대는 재상이 된 초기에는 중원을 회복하고 폐정을 개혁하는 데 뜻을 둔 듯한 태도를 취하였기에 항금 주전파로부터 많은 호감을 얻었다. 진량은 방향을 바꾸어서 그에게 희망을 걸었다. 나중에 주필대가 세력을 잃고 재상에서 물러났을 때 진량은 주필대와 자기의 관계에 대해 말하기를 조금 꺼려하였으나, 실은 일찌감치 주필대의 문에 올라 서 있었다.

건도 8년(1172)에 응시하기 전 그는 당시 예부 시랑이던 주필대에게 청탁을 하러 찾아가서 함께 술을 마시며 얘기를 나누고 온밤을 샌 적이 있었다. 순희 9년(1182)에는 주필대가 참지정사參知政事가 되고 주희도 막 절동 제거로 부임하여서 진황賑荒을 펼치고 있었는데, 진량은 주필대에게 보낸 편지에서 '여러 현자들이 시들어서 거의 사라졌으나 오직 참정(주필대)과 원회(주희)만이 우뚝 서서 자리를 지키고 있다'고 높이 기렸다. 그리고 그는 주필대가 고토 회복을 정치의 급선무로 삼고서 근본에 힘쓰고 '말단을 다스리지(齊末)' 말도록 희망하였다.[1] 순희 14년(1187) 봄에는 주필대가 재상이 되었다는 소식을 듣자 그는 즉시 격정이 넘치는 축하 편지(賀信)를 써서 자기 평생의 포부를 다 털어놓으며 주필대에게 재상으로 있을 때 중원을 회복하려는 경륜과 대업을 잊지 말기를 바랐다. 그리고 동시에 이례적으로 의기意氣가 약동하는 축하 글(賀啓)을 썼다.

주필대에 대한 환상을 품고 진량은 10월 8일에 다시 북상하여 임안으로

---

1 『용천집』권21 「여주참정與周參政」에 보인다. 생각건대, 안허심顔虛心의 『진용천선생연보장편陳龍川先生年譜長編』은 이 편지를 순희 7년(1180)에 쓴 것으로 비정하는데, 이는 잘못이다. 이 편지에서 "순희淳熙 개원改元(1174) 때부터 농사가 조금 풍년이 들어서 많고 적은 곳을 헤아려 서로 보충하기를 모두 여섯 해 동안 하여서 위아래가 안정이 되었으니, 마치 하늘의 상서로움이 이른 것 같았습니다. 이 두 해를 살펴보면 기상에 대해 바야흐로 많은 염려를 할 뿐입니다."라고 하였다. 이는 분명 순희 원년부터 순희 6년까지 여섯 해 동안 풍년이 들었고, 순희 7년과 8년 두 해에는 흉년이 들었음을 말한다. 진량의 이 편지는 순희 9년(1182) 봄에 쓴 것이므로('6월에 주필대가 추밀원사에 제수되었다) 두 해라고만 말하였던 것이다. 또 편지 가운데 주필대에 대한 염려와 주희에 대해 '믿고 씀이 지나치고, 공급하여 흩어 줌에 절제가 없다'고 한 말은 주희가 순희 9년에 제거가 되어 절동에서 진황을 펼쳐 공급하여 흩어 준 일을 가리킨다. 또 편지에서 '제가 균표鈞表(존하, 상대방 극존칭)를 우러러 받들지 못한 지 지금 10여 년이 되었다'고 하였고, 「우여진군거서又與陳君擧書」의 '아직 시험을 보기 전에 자충子充(주필대) 시랑을 따라 함께 술을 마셨다'고 한 말에 근거할 때, 진량이 응시한 때는 건도 8년(1172)이다. 이해에서 순희 9년(1182)까지는 바로 10여 년이 된다. 순희 7년이라면 10여 년이라고 할 수 없다.

가서 주필대와 장삼 등을 만나 뵈었다. 진량이 도성에 들어간 날 마침 조구가 덕수궁德壽宮에서 죽었다는 사실은 극히 공교로운 일이었다. 일생 강화를 구걸하고 유약했던 조구는 퇴위한 뒤 태상황의 신분으로 조신에게 자기의 생전에는 고토 회복의 군사를 일으키는 일에 관해서 말할 수 없다는 가규家規를 내렸다. 섭소옹葉紹翁이 이 부자 두 사람의 대화를 다음과 같이 기록하였다. "상上(송 효종 조신)이 늘 광요光堯(송 고종 조구)를 모시고 회복의 대계大計를 취지로 삼아 힘써 주장하였다. 광요가 이 일에 대해 심지어 '주상(大哥)은 이 늙은이가 죽은 뒤에나 그것을 논의하시오'라고 하기까지 하였다. 상은 이로부터 다시는 감히 말하지 않았다."(『사조문견록』 을집 「효종회복孝宗恢復」)

　태상황의 가규는 곧 지고무상한 국법이었고, '성효聖孝'한 조신은 아버지의 명을 감히 어길 수 없었다. 위로 재집 대신으로부터 아래로 사대부에 이르기까지 역시 하나같이 고토 회복의 군사를 일으키는 일에 대해 말하기를 꺼렸다. 그런데 조구가 죽자마자 진량은 조정을 휩싸고 있던 거대한 가위눌림이 단숨에 사라져서 조신이 이로부터 평소의 의지를 스스로 실행할 수 있겠다고 여겼다. 그가 다시 한 번 대궐에 들어가서 글을 올릴 생각을 품도록 자극한 것은 바로 조구가 세상을 떠난 일이었다. 이 시기부터 그의 가슴속에는 이 생각이 맴돌면서 익어가고 있었다.

　그러나 진량이 도성에 들어가는 일은 시기의 문제가 아니었다. 조신은 최질衰絰로 집상을 하면서 조정에는 무관심하였고, 만조 대신들도 모두 조구에게 어떤 묘호廟號를 정해 올려야 하는가, 조신이 최복을 삼년 동안 입어야 하는가 아닌가 하는 끝없는 논쟁에 어지러이 말려들었다. 주필대의 관심은 자기의 재상 지위였다. 지위가 높아질수록 처신도 더욱 신중해져서, 당장 고토 회복의 군사를 일으키자는 진량의 큰 목소리에 대해 공을 쌓기를 좋아하는 것으로 혐의를 두고 줄곧 그와 미적지근한 관계를 유지하였다. 진량도 주필대에게 실망을 느낀 뒤 자기 혼자 힘으로 조신에게 글을 올려 다투어야겠다는 결심을 하고, 서둘러 10월 말에 도성을 떠나 무주婺州로 돌아왔다. 그리고 먼저 신기질과 주희를 초청하여 아호鵝湖와 자계紫溪에서 모여 함께 상의하자고 하였는데, 이는 자기에게는 대궐에 가서 글을 올리기 위한 준비를 하는 일이었다.

진량이 주희를 만나자고 초청한 까닭은, 일찍부터 일 처리에 강직하고 결단력 있는 주희가 강서의 임직에 부임함으로써 세상에 나와 쓰이기를 바랐기 때문이었다. 그래서 9월 15일 주희의 생일날 진량은 「동선가洞仙歌」라는 수사壽詞를 보냈는데, 그 가운데 '수리, 물수리는 공중을 맴돌고(雕鶚搏空)', '고래를 타고 드넓은 곳을 노닌다(騎鯨汗漫)'는 구절은 모두 주희에 대한 두루뭉술한 송축의 말이 아니라, 주희가 산을 나와 부임하여서 큰 공과 업적을 쌓고 큰일을 하기를 바라는 중망重望을 완곡하게 담아 보낸 것이었으며, 나아가 그와 주희가 전개했던 의리, 왕패 논변의 여운을 울리는 표현이었다. 그가 보기에 성현의 사업, 옛사람의 공명功名은 모두 뜬구름처럼 눈앞을 지나가는 것이며, 응당 이 세상과 이 시대에 관심을 두어야 했다. 깊이 은거하여 고상하게 사는 것도 본래 충분히 귀한 일이지만, '기이한 재화(奇貨)'라면 결국에는 세상에서 취하여 쓰임을 받아야 하는 것이다.

진량은 조정의 무위도식하는 고관대작들 가운데 마음을 알아주고 같은 길을 가는 사람을 찾지 못하였기에 자연히 글을 올리기 전, 봉사奉祠로 집에서 거처하는 신기질과 주희라는 문무文武 두 거인의 지지를 얻으려고 생각하였다. 마침내 진량이 발의해서 12월에 상요上饒의 신기질과 무이의 주희를 초청하여 자계로 가서 함께 만나기로 약속하였다.[2]

---

2 신기질과 진량이 아호에서 만난 일과 신기질, 진량, 주희가 자계에서 만나기로 약속한 일은

역사가들이 즐겨 말하는 주제인데, 줄곧 순희 15년(1188) 12월에 있었던 일로 알려졌으나 실은 잘못이다. 등광명鄧廣銘의 『신가헌연보辛稼軒年譜』 및 『신가헌사편년전주辛稼軒詞編年箋注』는 주희의 『문집』 권28 「무신답진동보戊申答陳同甫」 서1·2에 근거하여서 자계의 회합을 곧 난계鸞溪의 회합이라고 보았다. 그리고 신기질, 진량, 주희의 아호의 회합과 자계의 회합이 순희 15년 연말에 있었다고 단정했는데, 마침내 오늘날 사람들이 이를 채택하였다. 지금 생각건대, 신기질의 사詞 「하신랑賀新郞」 서문에 '또 주회암을 자계에서 만났다'고 하였고, 주희의 「답진동보」 서2에서는 '난계로 찾아뵙도록 허락을 해주셨다'고 하였다. 난계는 바로 현縣이며 절동로浙東路 무주婺州에 속하고, 자계는 강서 연산현鉛山縣의 속진屬鎭이니, 난계와 자계 두 지역은 서로 연관이 없다. 등광명은 난계를 자계의 별칭인 듯하다고 여겼지만, 역사서에는 이에 대한 증거가 없으며 순전히 억측에 속한다. 송 대 사람 가운데에는 종래에 자계를 난계로 일컬은 사람이 없었고, 주희의 『문집』에는 자계와 난계를 언급한 곳이 얼마든지 있으나 두 지역을 가리킬 때 혼동하지 않는데, 어찌 진동보(진량)에게 보낸 편지에서만은 두 지역의 이름을 혼동하여서 하나로 말할 수 있겠는가? 「무신답진동보」 서2에서 "저는 소명을 사면하려고 간절히 바랐으나 윤허를 받지 못하고, 도리어 제수되어 등용되었으니 …… 이미 사면의 주장奏章을 올리고 이제 스무날 남짓이 되었는데 …… 봉사封事에는 비록 고상한 논의는 없으나 아마도 내다 버릴 리는 없을 터입니다. …… 만일 거듭 사면하고도 허락을 받지 못하면 곧 행장을 꾸리고 양식을 싸서 떠남을 면하지 못하겠기에, 살아서 왔다가 죽어서 돌아가는 계책이 될 것입니다. 난계로 찾아뵙도록 허락을 해주셨으니 매우 다행입니다. 다만 말씀드릴 만한 것이 없을까 두렵습니다. 접때 자약子約(여조검)이 그곳에 이르러서 사흘을 함께 지냈는데, 끝내 소회를 하나도 토해내지 못하였습니다. 혹 먼저 대의를 간략히 논하여서 손수 쓰신 글 몇 줄을 얻은 뒤 아직 서로 상견하기 전에 미리 실마리를 탐색했다가, 뵙고서 그 곡절을 청하여 듣는다면 거의 더욱 나을 것입니다. ……"라고 하였다. 이는 주희가 장차 한번 나와서 조정에 들어가리라 여기고 진량이 도중에 편리한 대로 난계에서 한번 만나기로 약속을 한 일이니, 상식적인 이치로 살피건대 응당 금화의 난계이지 연산의 자계가 아니다. 여자약은 금화 사람이며 난계는 금화부의 속현이니, 이른바 '접때 그곳에 이르러서 사흘을 보냈다' 한 말로 또한 난계를 가리키며 자계가 아님이 매우 분명하다. 주희의 「무신봉사戊申封事」에 근거하면, 주희가 관서에 봉사封事를 올린 때는 11월 1일이다. 『속집』 권1 「답황직경答黃直卿」에 근거하면 실은 11월 7일에 올렸다. 이른바 '도리어 제수되었다'고 한 말은 숭정전 설서崇政殿說書에 제수된 사실을 가리키며, 성차省箚가 내린 때는 11월 30일이니 사면辭免은 12월 초에 있었다. '사면의 주장을 올리고 이제 스무날 남짓이라' 한 말로 상고하면, 진동보에게 답하는 주희의 이 편지는 대략 12월 21일 전후에 쓰였다. 신기질과 진량이 주희와 함께 이해 연말에 자계에서 만나기로 약속했다고 한다면, 진량은 필시 12월 15일 전후에 이미 출발했을 터이다.(*동양東陽에서 아호까지의 거리와 또 열흘 머물렀다고 한 것에 근거하여서 추산한다) 그리고 이때는 주희가 이 편지를 쓴 때이며, 신기질과 진량은 이미 아호와 자계에서 긴 노래로 서로 화답하고 있었는데, 어째서 편지에 뜻밖에도 '난계로 찾아뵙도록 허락을 해주셨다'고 하고 나서 비로소 '먼저 손수 쓰신 글 몇 줄'을 운운하는 말을 했을까? 이는 다만 아호의 회합과 자계의 회합이 결코 순희 15년 연말에는 불가능하다는 점을 이미 충분히 입증한다. 지금 『가헌사稼軒詞』 가운데 「하신랑」에 '전의 운을 사용하여 두숙고杜叔高에게 보낸다' 한 말을 고찰하건대, '전의 운을 사용한다'라는 말은 곧 신기질과 진량이 주고받은 운을 사용한 사실을 말하니, 이 사는 당연히 신기질과 진량이 아호에서 시를 주고받은 뒤 얼마 지나지 않았을 때 지은 것임을 알 수 있다. 그리고 필시 그때 두숙고가 신기질을 보러 와서 신기질이 마침내 이 사를 지어 그를 전송했으리라. 『광서난계현지光緒蘭溪縣志』 권5 「유우流寓」를 보건대 "순희 연간에 (•주회가) 강서 제형에 제수되어서 부름을 받고 행재소로 가서 주사奏事를 올리게 되어 난강蘭江을 배로 건너갔다. 무주의 여러 친구들이 와서 서로 위로하였는데, 모두 난계에서 모였다. 나중에 임률과 『역』을 토론하였는데, 합치하지 않아서 고별하고 돌아갔다. 또 읍邑(•난계)에서 배를 끌어와 옛 친구 두숙고와 만났다."고 하였다. 주회의 『문집』 권93 「반경헌묘지명潘景憲墓誌銘」에서도 "왕년에 강서의 벼슬자리에 관한 일로 들어가 상주하게 되어서 배로 난계를 지나갔다. 난계는 금화와 백 리도 떨어져 있지 않아 금화의 친구들이 종종 와서 위로하였다. …… 그래서 구두로 말을 하고 돌아왔는데, 그대는 또 시를 보내면서 말하기를 '그대는 지금 거의 칠리탄七里灘을 지날 터인데 ……'라고 하였다. ……"라고 하였다. 『난계현지蘭溪縣志』의 같은 권 두숙고 전기에 바로 두숙고의 「주회옹을 따라 조대에 오르다(從朱晦翁登釣臺詩)」가 수록되어 있다. 이 시에 근거하면, 두숙고가 주회를 만난 때는 순희 15년 6월에 주회가 임안에서 주사를 올리고 돌아가던 도중이었다. 주회가 신기질을 만난 때에 관해서는 다음과 같이 고찰할 수 있다. 주회의 『문집』 권60 「답두숙고答杜叔高」 서1에 근거하면, "작년에 아호사鵝湖寺에 방문해주시고 또 아름다운 글(佳篇)까지 주셨는데, 그것을 읽고서 뜻하신 바가 비범함을 알았습니다. 그러나 바삐 도성을 떠나느라(去國怱怱) 조용히 만나 소회를 모두 말씀드리지 못하였습니다."라고 하였고, 또 서2에 "보내오신 편지에서 극기克己에 대한 설명은 …… 이 때문에 제가 지난날 만나서 강론할 때 선생님(賢者)의 말에 실소를 하지 않을 수 없었던 것입니다. …… 신 어른(辛丈, 신기질)과 만나 서로 회포를 다 풀었으리라 생각합니다. ……"라고 하였는데, '바삐 도성을 떠났다'는 말은 곧 순희 15년 6월에 임안에서 주사를 올리고 임률의 탄핵을 받아 바삐 도성을 떠나서 돌아간 일을 가리킨다. '아름다운 글'은 곧 「주회옹을 따라 조대에 오르다」를 가리킨다. '지난날 만나서 강론한' 것은 곧 조대에서부터 배를 타고 난계를 따라 노닐며 줄곧 담론한 일을 가리킨다. '신 어른을 만난' 일은 응당 주회가 도성을 떠나 민으로 돌아가는 도중에 난계에서 신주信州까지 함께 간 뒤 헤어져서 주회는 집으로 돌아가고 두숙고는 아호로 가서 신기질을 만난 일을 가리킨다. 이때는 순희 15년 6월로서, 신기질과 진량이 아호에서 만나 「하신랑」으로 서로 화답하고 석달이 지나지 않은 때이다. 그러므로 신기질은 같은 운으로 사를 지어서 두숙고에게 주자계는 연산鉛山 남쪽 40리에 있으며 구甌(절강성 온주溫州), 민, 강서의 경계에 자리한 까닭에 주민이 무리지어 모여 살았다. 연산에서 자계, 거반車盤, 축공교祝公橋, 오석범烏石泛을 거쳐 곧바로 분수관分水關에 이르는 길은 숭안崇安으로 통하는 대로이며, 장사꾼들이 끊임없이 이 길을 오갔다. 절(절강), 민, 장강 우안(江右)의 세 지역을 대표하는 거인들이 바로 이 세 지역의 경계인 자계에 모인 일은 적잖이 역사적·상징적 의의를 지닌 일이었다.

12월에 진량은 동양東陽에서 배를 타고 남하하여 대호帶湖에 이르러서 먼저 신기질과 만나 열흘을 머물렀다. 이어서 두 사람은 함께 아호로 가서 놀았는데, 아호사鵝湖寺 앞 10리쯤 떨어진 푸른 소나무 아래에서 소요 배회하고, 거울처럼 맑고 푸른 표천瓢泉을 한가로이 거닐며 샘물을 떠서 담소하며 마시고, 그런 뒤 길을 따라 자계로 돌아왔다. 이때 자계의 회합에서 세 사람은 조구가 죽은 뒤 조정의 국면을 고려하면서 주희가 강서 지역에 부임하여 정사를 펼친 일, 진량이 도성에 들어가 글을 올릴 일, 그리고 왕패와 의리, 극기와 위학爲學에 관련된 강학과 토론에 대해 상세히 논의하려고 하였다. 그러나 신기질과 진량이 자계에 이르렀을 때, 큰 눈이 산을 막고 도로가 미끄러워서 주희는 뜻밖에 약속을 지키지 못하고 가지 않았다. 두 사람은 실망하고 허전한 느낌을 받았다. 진량은 표연히 동쪽으로 돌아가고, 신기질은 몹시 아쉬워하며 차마 떠나지 못해 노사림鷺鷥林까지 갔다가 눈이 깊이 쌓인 데다 길이 험해서 끝내 돌아섰다.

한밤중에 신기질은 오씨천호吳氏泉湖의 사망루四望樓에 투숙하였는데, 구슬

었던 것이다. 이로 비춰 보면 아호의 만남과 자계의 만남은 순희 14년 12월에 있었음을 알 수 있다. 난계의 만남은 단연코 순희 15년 겨울에 예정되어 있었는데, 주희가 기꺼이 나와서 부임하지 않으려 하여 작파되었다.

프게 들려오는 퉁소(笛) 소리에 비장한 「유연비乳燕飛」를 읊어서 아호의 회합과 약속을 지키지 못한 자계의 회합을 위해 영원한 기념을 남겼다.

술을 들고 장정에서 말을 하네	把酒長亭說
도연명을 보는 듯	看淵明
풍류는 흡사	風流酷似
와룡 제갈공명	臥龍諸葛
숲 속 까치는 어디서 날아오나	何處飛來林間鵲
소나무 밑둥치에 잔설을 밟는다	蹙踏松梢殘雪
모자가 찢어질 듯 눈이 내려	要破帽
머리카락은 더욱 희끗희끗해졌다	多添華髮
산도 물도 눈으로 덮여 생기라곤 없고	剩水殘山無態度
성긴 매화가	被疏梅
풍광을 이루고 있네	料理成風月
두세 마리 기러기는	兩三雁
쓸쓸히 날고 있네	也蕭瑟

고운 님은 굳은 약속하고서도 가벼이 떠나고	佳人重約還輕別
맑은 강에서 실의에 잠기니	悵清江
날은 춥고	天寒不渡
물은 깊고 얼음은 얼어 아무도 건너지 않네	水深冰合
길은 험하고 수레바퀴는 모가 난 듯	路斷車輪生四角
길 가는 사람 넋이 닳고 뼈가 닳아	此地行人鎖骨
그 뉘	問誰使

그대의 근심을 잠재우라	君來愁絶
이제와 착도錯刀를 주조한 일 생각하니	就而今相思錯
당초엔 몰랐네	料當初
세상의 쇠를 다 쓸 줄을	費盡人間鐵
긴 밤 퉁소를	長夜笛
찢어지게 불지는 말지라	莫吹裂

——『가헌사稼軒詞』 권1

주희가 약속을 지키지 못한 데는 이유가 있었다. 강서 제형 마대동馬大同이 비록 12월 27일에 탄핵을 받고 파직되었지만, 이미 6월 이래 그는 강직降職시키라는 상주 논핵을 당하고 있었다. 주희는 자리가 나기를 기다리는(待闕) 중에 주필대 및 관직에 있는 도학 제자와 동지들로부터 일찌감치 마대동의 탄핵 소식을 들어서 알고 있었기 때문에, 집에서 명을 기다리며 자기의 절박한 거취 문제에 관해 고려하지 않을 수 없었다.

이 밖에 그는 또 세 사람이 토론을 하더라도 서로 합치하기가 아주 어렵다는 점을 예감하고서 약속에 나아가려 하지 않았다. 주전主戰과 마찬가지로 나라를 다스리는 당면한 급무에 대해서도 진량은 조신을 설득하여서 북으로 중원을 정벌하게 하는 일이라고 보았고, 반면에 주희는 정심·성의로써 조신을 설득하여서 군주의 마음을 크게 바로잡고, 당장에 고토 회복의 군사를 일으키는 군사적 행동을 취하는 데 반대하는 한편, 군정軍政을 정비하여서 '천하의 변화를 기다릴' 것을 주장하였다. 이는 정사에 관한 두 사람의 관점이 근본적으로 다름을 나타낸다. 게다가 주희는 의리, 왕패의 변론 가운데 그와 진량 사이에 합치하기 어려운 큰 강이 가로놓여 있음을 보았다. 그리하여 대면하고 논쟁하는 가운데 다시 벗 사이의 우정이 손상될 것을 우려하여서 결국 기약한 날에 이르러 약속을 어기고 말았다.

진량과 신기질이 자계에서 회합을 한 뒤 사詞를 보내 긴 노래로 화답하며 시사時事를 극론하던 시기에 주희는 도리어 주사奏事와 부임이라는 어려운 문제에 직면해 있었다. 강서로 일대(一路)는 마대동이 파직되어 떠난 뒤 어수선하고 안정되지 않았던 까닭에 조신은 진작부터 좌불안석하였다. 조정에서는 서둘러 순희 15년(1188) 정월 초에 조령을 내려서 주희에게 우선 속히 임안에 들어와 주사를 올리고 그런 뒤 강서 제형에 부임하라고 명하였다. 이는 조신을 면담하고 '8년 동안 견마犬馬의 연모하는 정성'을 피력하고자 했던 백발 사록관의 갈망이었다. 그는 1월 25일에 성차省箚가 건녕建寧에 당도했을 때 의연히 사면하는 차자를 올렸다. 그는 황간黃榦에게 보낸 편지에서 자기의 숨겨진 충정衷情을 털어놓았다. "내 생각에는 이 기회를 틈타 다시 하고 싶은 말이 있으나, 이는 또한 매와 범에게 먹잇감을 던져주는 일이 될 터이다. 헤아려봄에 일에 도움이 되지 않으며, 또한 반드시 사리에 적중하지도 않을 것이다."(『속집』 권1 「답황직경答黃直卿」 서86)

왕회가 아직 재상에서 파직되지 않은 상황이니, 주희의 주사와 부임은 매와 범 앞에 자기를 내던지는 것이나 다름없었다. 형주衡州의 지주知州 유청지劉淸之가 여러 사람들에게서 구비口碑를 세운 듯 탁월한 치적으로 막 칭송을 받고 있던 중 갑자기 순희 14년(1187) 2월 27일에 전중 시어사殿中侍御史 냉세광冷世光으로부터 '도학으로 자부하였고, 관리의 일은 장기가 아니어서 재부財富를 다스리지 못하고, 창고는 텅 비었으며, 더욱이 감사와 불화하였다'는 죄명을 뒤집어쓰고 낭패를 당하고서 파직되어 쫓겨났다. 이 일은 바로 전철의 귀감이었다(『송회요집고』 제101책 「출강관黜降官」 9).

나이 이미 쉰아홉인 주희는 최덕부崔德符(최안崔鷃)가 물고기를 보고 지은 '장부 쉰 살이면, 나아가고 물러남을 알아야 할지니(丈夫五十年, 要須識行藏)'라는 명구를 반복하여 읊조리기를 금할 수 없었다. 그러나 그의 마음속에는 또 막상 머뭇거리는 이상한 모순된 심리가 일었다. 3월에 그는 상오向澔에게 다음과 같이 털어놓았다. "어제 제수하는 명을 받아 한 차례 사면을 했지만 답을 얻지 못하였습니다. 이제 바야흐로 봄이 무르익고 궁궐에 갈 날이 가까워져서 이전에 청한 일을 힘써 신청하였는데, 후임이 홀연 상소로 파직당하고 곧 나에게 주사를 올리라는 지휘가 있었습니다. 명을 듣고 방황하면서 어떤 계획을 세워야 할지 모르겠습니다. 파견된 사람(專人)이 간절한 청을 올리면 열흘이 지나지 않아 마땅히 결정하는 말이 있어야 하는데, 만일 뜻을 얻지 못한다면 어쩔 수 없이 한번 가서 군부君父에게 애원하여 거의 본래 품은 생각을 이룰 뿐입니다. (강서 제형으로 부임하여서) 장강 우안으로 가는 일은 형세가 반드시 억지로 하기 어려움이 있습니다. …… 세상살이가 이와 같으니 어찌 다시 발붙이는 일을 허용하겠습니까? 또한 문을 닫아걸고 글을 읽으며 남은 세월 배부르게 사는 계책을 세워서 거의 후회를 남기지 않는 것만 못할 뿐입니다."(『별집』 권4 「답상백원答向伯元」 서13)

이런 상황을 만날 때마다 그의 도학의 영혼은 늘 그로 하여금 인지상정과는 다른 결단을 내리게 하였다. 관직에 부임하는 일과 주사를 올리는 일 두 가지 가운데서 그는 장강 우안에 부임하는 데는 뜻이 없었고, 도리어 임안으로 가서 시사를 아뢰는 데 희망을 걸었다. 흐르는 물은 무정하나 참소를 두려워하는 마음은 본래 당연히 있는 것이며, 떨어지는 꽃잎에는 뜻이 있으나 군주를 바로잡으려는 충성은 없을 수 없다. 왕회의 상당이 쳐 놓은 그물 아래서는 헌관憲官에 임명될 수 없다 하더라도 군주에게 진언하는 일은 역시 신자臣子의 본분이었다. 그는 마지막으로 진퇴에 관하여 결정을 내렸다. 우선 구주衢州, 신주信州에까지 가서 다시 사면을 청하는 글을 올리고서 동정을 살피되, 윤허를 받지 못하면 그때 임안으로 가서 주사를 올리고 조신의 면전에서 제형의 직임을 사직하기로 마음먹었다.

3월 18일, 주희가 숭안에서 출발하여 수레를 타고 옛길을 따라 숭령崇嶺의 첩첩 봉우리 사이를 지나가는 중에 여리고 붉은 꽃과 신록이 눈에 가득하고, 흐렸다 맑았다 하는 날씨에 오랫동안 묻혀 있던 그의 시혼詩魂이 가슴을 울리며 깨어나기에 맑게 갬을 기뻐하는 시 한 수를 입으로 불러서 읊지 않을 수 없었다. "내와 들판 붉고 푸르러 일시에 새로운데 / 저녁 비 아침에 개어 더욱 마음에 드네 / 허구한 날 서책에 머리 파묻느니 / 내던져 버리고 봄을 찾아 나섬만 못하리(川原紅綠一時新, 暮雨朝晴更可人. 書冊埋頭無了日, 不如抛却去尋春)"(『문집』 권9 「산을 나와 길을 가는 도중에 입으로 읊다(出山道中口占)」)

책상과 푸른 등불을 물리고 도성에 들어가 말씀을 올리는 일은 주사를 시적으로 표현하여 '봄을 찾는' 일에 견준 것인지라, 상산에 칩거하여서 강학을 하던 육구연마저도 이 시를 읽고 주희가 여러 해 산중에서 도문학道問學의 공부를 실천에 옮기려 한다고 여겨, 만면에 희색을 띠며 "원회가 이에 이르러서 깨달음을 얻었으니, 이는 기뻐할 만한 일이다.(元晦至此有覺矣, 是可喜也)"[3]라고 하였다. 하지만 그들은 모두 임안에서 주희를 기다리고 있는 것이 뜻밖에도 '봄날'이 아니라 음침한 '먹구름'임을 결코 헤아리지 못하였다.

주희는 6년간 줄곧 민 바깥으로 발걸음을 떼지 않았기에 이번에 북상하여서 도성에 들어가는 기회를 강서·절동의 학술 사상을 접촉하고 고찰하는 절호의 기회로 삼으려 하였다. 그래서 가는 길에 멈추는 곳마다 오랫동안 머

---

3 『육구연연보』에 보인다. 『유정시화柳亭詩話』를 살펴건대, "자양紫陽(주희)이 일찍이 절구 하나를 지었는데 '내와 들판 붉고 푸르러 일시에 새로운데 / 저녁 비 아침에 개어 더욱 마음에 드네 / 허구한 날 서책에 머리 파묻느니 / 내던져 버리고 봄을 찾아 나섬만 못하리'라고 하였다. 육상산(육구연)이 듣고 기뻐서 말하기를, '원회가 이에 이르러 깨달았다(元晦至此覺矣)'고 하였다." 라고 하여서, 기록한 내용이 조금 다르다.

무르며 함께 온 선비들과 자리를 같이하여 고담준론을 하느라 머뭇거리면서 좀처럼 길을 나서지 못하였다. 분수령分水嶺을 지나자 감贛(강서), 절浙(절강)의 제자와 선비들이 끊이지 않고 찾아와서 인사를 하였다. 주희는 그들과 강학을 하고 도를 논하였는데, 모든 내용이 육학의 선기禪氣와 절학의 공리를 추구하는 마음에 집중되었다.

연산 영평역永平驛에 멈춰서 쉴 때 그 지역의 명사 잠재潛齋 서소연徐昭然(*자융子融)이 찾아와서 배움을 물었다. 그는 연산에 거주하면서 제자를 길러 자못 명성이 있었는데, 말투가 기이하고 속되지 않았다. 밤에는 가끔 극재克齋 진문위陳文蔚를 찾아갔는데, 늘 몸에 지팡이와 삿갓, 등燈, 검을 지니고 다녔다. 등은 '방현등訪賢燈', 검은 '참간검斬奸劍'이라고 이름 붙였다. 그는 초년에는 방외方外에 노닐며 오로지 불교와 도가의 학문을 좋아하였다. 주희가 '주일主一'의 설로 그의 선적 병폐를 고쳐주려고 하였다. 두 사람이 말을 나누자마자 합치되지 않음을 알아챈 서소연은 옷을 떨치고 일어나 가버렸다. 그러나 얼마 지나지 않아 그는 주희와 나눈 담화를 자세히 사색한 뒤 문득 깨달았다. 마침내 생도들을 흩어 보내고 옥산玉山의 옛길에서 제자의 예를 갖춰 주희를 맞이하여서 공손히 주희를 따라 옥산에 간 뒤, 면전에서 '주일'의 논을 듣고 한 달 남짓 가르침을 받고 헤어졌다.[4]

주희를 모시고 도성에 들어간 제자 이굉조李閎祖와 진문위는 길을 가는 내

---

4 『진극재집陳克齋集』 권3 「서서자융유사書徐子融遺事」에 보인다. 또 『황설루수필黃雪樓隨筆』에는 이 일화가 다음과 같이 기록되어 있다. "서자융(서소연)이 밤에 진극재(진문위)를 찾아갔는데 반드시 지팡이, 삿갓, 등, 검을 갖고 다녔다. 등은 '방현訪賢', 검은 '참간斬奸'이라고 불렀는데, 붙인 이름이 아주 뜻깊었다. 「목서를 보고 연주의 조 수령을 그리워하다(觀木犀懷趙連州)」에 '이별한 뒤 시를 읊을 마음이 식어버려서 꽃이 피었는지도 모르겠다(別後吟情渾冷落, 不知花卉若爲開)' 하는 구절도 서로의 정이 얼마나 깊었는지를 말한다."

내 끊임없이 그가 설파하는 주일론을 들었다. 주희는 한편으로 '선지후행先知後行' 설로 선을 좋아하는 육학의 병폐를 다스리고, 또 한편으로 '학인주인學仁做人(인을 배워서 인격을 완성한다)' 설로 이익을 추구하는 절학의 마음을 다스렸다.

상요上饒의 노유老儒이며 윤돈尹焞의 제자인 왕덕수王德修는 문에 찾아와 예방하고 '주일'을 둘러싼 논변을 전개하였다. 진문위는 두 사람의 담론을 다음과 같이 기록하였다.

> 왕덕수가 만나 뵈었다. 선생이 왕덕수에게 물었다. "화정和靖(윤돈)은 대체로 배우는 사람을 처음 만날 때 어떤 화두를 말합니까?" 왕덕수가 말하였다. "선생께서는 다만 '역행力行에 있다'고 하십니다." 선생이 말하였다. "역행 이전에는 또 무슨 공부가 있습니까?" 왕덕수가 말하였다. "들은 것을 존중하고 아는 것을 행하는 것입니다." 선생이 말하였다. "모름지기 알아야 비로소 행할 수 있습니다." 왕덕수가 말하였다. "나는 열다섯에 배움에 뜻을 두었다(吾十有五而志于學)'에서 '마음에 하고 싶은 대로 해도 법도를 벗어나지 않았다(從心所欲不踰矩)'까지가 모두 행함을 말한 것입니다." 선생이 말하였다. "먼저 안 뒤에 배움에 뜻을 두는 것입니다."　　　—『어류』권101

> 하루는 모시고 앉았는데, 배우는 사람들이 어지러이 묻고 따졌다. 왕덕수가 말하였다. "많이 물을 필요가 없습니다. 다만 가서 행할 뿐입니다. 또한 만일 사람이 '정밀하고 한결같이 하여서, 진실로 그 중심을 잡는다(惟精惟一, 允執厥中)'를 이해하면, 이렇게 하는 것이 바로 정밀한 것이고 이렇게 하는 것이 한결같이 하는 것입니다. 중심에 임해서는 도리어 보이지 않습니다." 선생이 말하였다. "정밀하고 한결같이 하면 중심입니다."

> 　　　—『어류』권102

이는 당연히 지知와 행行의 관계를 추상적으로 담론한 것이 아니다. 왕덕수는 주일主一, 정일精一만 강론하면 결과적으로 중中은 없으며, 지知만 강론해도 행行은 없다고 보았다. 그래서 그는 다만 역행을 해야 한다고 주장하였다. 그러나 이른바 행은 도덕 실천의 공부이다. 윤돈과 왕덕수의 이 사상은 존덕성尊德性을 주장하고 도문학道問學을 할 필요가 없다는 육구연의 사상과 일치한다. 바로 이 각도에서 주희는 선지후행先知後行을 강조하였다. 정일집중精一執中(정밀하고 한결같이 하여서 중심을 잡음)은 격물치지格物致知와 정심성의正心誠意의 이중의 공부를 포함한다. 이 공부도 결코 행을 말하지 않음이 없다.

이는 실제로는 주희가 강서 학자들의 선적인 병폐를 비평한 것이다. 그가 서소연을 훈계하여서 권면하고, 왕덕수를 대할 때 윤돈이 『광명경光明經』 읽기를 좋아한 일을 비평한 데서 이런 의도를 간파할 수 있다. 알지 못하고서 행하는(不知而行) 것은 바로 또한 다른 한 극단으로 흘러서 절학의 공리의 길로 갈 수 있다. 그래서 그는 30일에 신주에 도착한 뒤 강서의 선비 한 사람이 찾아와서 학문의 길을 묻자, 간결하고 요령 있게 대답하였다. "도는 둘이니 인仁과 불인不仁일 뿐입니다. 성인의 천만 마디 말이 다만 사람들로 하여금 인격 완성을 하게 할 뿐입니다."(『어류』 권121)

자기를 극복하고 인을 행한다는 이와 같은 설은 또한 주희가 신주에서 신기질과 서로 만나 담론을 한 중심 문제가 되었다. 자계에서 회합하기로 한 약속이 막 깨진 뒤 현재 주희가 북상하는 길은 신기질의 집 문 앞을 지나게 되었으니, 두 사람의 만남은 극히 자연스러운 일이었다. 주희는 강서 제형으로서 도성에 들어가 시사를 아뢰게 되었지만 강서 지역의 정사에 대해서는 본래 전혀 알지 못하였기에, 강서 안무사를 지낸 신기질에게 강서의 정황, 위정爲政의 대요大要, 주사奏事의 당위성을 시급히 물어야 할 필요가 있었다. 주희가 올린 주사 다섯 통의 내용은 필시 신기질과 토론을 거쳤을 터이다. 신기질은 순희 8년(1181)에 대신臺臣 왕린王藺으로부터 '돈을 마치 흙을 뿌리듯이 써대고, 사람을 마치 지푸라기를 태우듯이 죽인다'는 명목으로 탄핵을 받고 파직되어 관직을 잃고서 집에 틀어박힌 채 7년 동안이나 적막한 산중의 생활을 보냈다.

주희는 그의 팔자가 뒤죽박죽된 까닭은 '천리天理'를 '또렷이 분명하게 깨닫지(了了分明)' 못했기 때문이라고 여겼다. 주희는 임안에서 주사를 올리고 돌아온 뒤 신기질을 보러 간 두숙고杜叔高에게 보낸 편지에서 신기질과 그때 면담한 내용을 털어놓았다.

> 보내오신 극기克己의 설은 바라는 바에 매우 위로가 됩니다. …… 그러나 극기는 본래 배우는 사람의 급선무이지만 또한 모름지기 일체 도리를 아주 또렷하고 분명하게 보아야, 비로소 일상생활에서 말 한마디 행동 하나가 어느 것이 옳고 어느 것이 그른지를 알아서 이로부터 입각점을 굳게 세울 수 있고 천리가 아닌 모든 사사로운 것을 제거할 수 있습니다. 이런 것은 다만 경조輕躁(경솔하고 조급함)라는 두 글자로 되지 않습니다. 신 어른(辛丈, 신기질)과 만나 서로 회포를 다 풀었으리라 생각합니다. 오늘날 이런 인물을 어찌 쉽게 얻을 수 있겠습니까? 가령 일찌감치 내면을 향해 마음을 썼더라면 위대하고 빛나는 사업이 어찌 다만 오늘날 성취한 정도로 그쳤겠습니까? …… 그는 이미 늙은이의 졸렬한 말에 혐의를 두지 않았으니, 또한 반드시 그대의 말도 거부하지 않을 터입니다.

— 『문집』 권60 「답두숙고答杜叔高」 서2

이른바 '그는 이미 늙은이의 졸렬한 말에 혐의를 두지 않았다' 한 말은 바로 주희와 신기질의 면담을 가리킨다. 주희는 신기질에게 경솔하고 조급하여

(輕躁) 자기의 사사로움을 극복하지 못하는 병폐가 있다고 하면서, 어떤 방면에서는 그의 위정상의 성격적 약점을 지적하였다.

신기질은 탄핵을 받아 파직된 이래 끊임없이 무리지어 일어난 소인들의 공격을 받았는데, 당시 그를 진정으로 이해한 사람은 결코 많지 않았다. 주희는 이치를 밝혀서 자기를 극복하고 내면을 향해서 마음을 쓰자고 서로 기약하면서 그에게 더욱 '사업이 크게 위대하고 빛나기를' 희망하였으니, 이는 혜안으로 그를 홀로 알아차린 것이라 하겠다. 신기질은 주희의 당면한 충고를 받아들인 것으로 보였다. 나중에 주희가 또 여러 차례 '극기복례克己復禮'에 힘쓰도록 신기질을 격려한 것은 '이치를 밝혀서 자기를 극복(明理克己)'하는 문제가 확실히 그들 사이에 늘 토론의 중요 논제였음을 분명히 드러낸다. 신기질은 고토 회복의 군사를 일으키는 일, 초염鈔鹽, 경계經界 등의 문제를 두고 주희와 강론하는 가운데 점차 관점이 서로 합치하였다.[5]

주희는 봉사를 올리러 도성으로 들어가는 도중에 거의 모든 시간을 이처럼 각 학파의 학자들과 만나서 담론하고 강론을 하는 데 썼다. 진문위는 직접 눈으로 목격한 한 가지 일을 서술하여서 기록하였다. "일찍이 강서 헌江西

---

5 『송사』「신기질전辛棄疾傳」에서 말하였다. "신기질이 일찍이 주희와 함께 무이산에서 노닐며 「구곡도가九曲權歌」를 읊었다. 주희가 '극기복례'와 '숙흥야매夙興夜寐'를 써서 두 재실齋室에 제題하였다." 원각袁桷의 『청용거사집淸容居士集』 권46 「발주문공여신가헌수서跋朱文公與辛稼軒手書」: "회옹이 일찍이 신 공辛公에게 '탁월한 기재를 발휘하여서 왕실이 믿고 의지하게 되기를(卓犖奇才, 股肱王室)' 기대하였다. 이 첩帖은 다시 '극기복례'로 서로 권면한 것으로서, 벗 사이에 탁마琢磨하는 도리가 갖춰져 있다. 일찍이 듣기에, 선생(주희)은 장년 때는 고토 회복을 시급한 의론으로 여겼으나, 만년에는 용병에 대해 마땅히 수십 년 뒤에나 할 일이라 하였다. 신 공도 개희開禧 연간(1205~1207)에 또 말하기를 '아직 20년이 더 필요하다' 하였다. 세상을 보는 안목이 깊어짐에 따라 젊었을 때와 늙었을 때의 생각이 저절로 다른 것이다." 초염, 경계에 관한 신기질의 주장은 주희의 견해와 일치한다. 『송개경임정지宋開慶臨汀志』에 수록된 신씨(신기질)의 「논경계초염차자論經界鈔鹽箚子」에 보인다.

憲(강서 제형 주희)이 조정으로 가는 길에 상요를 지나게 되어서 내가 모시고 갔다. 역사驛舍에 묵었는데 어떤 선비가 글과 폐백을 품고 저녁에 와서 만나 뵙기를 원하였다. 그러나 이미 찾아뵐 때가 아님을 스스로 알고 머뭇거리다가 물러갔다. 선생이 마침 바깥에서 돌아왔는데, 이때 아침 일찍 예방하고 밤이 되어서 막 돌아오는 길에 그 사람을 멀리서 보았다. 곧 수레 안에서 전알典謁하는 자를 불러다가 그를 올라와 뵙게 하였다. 그 사람은 마침내 글을 올릴 수 있었다. 그가 하직하고 물러났을 때 방 안에는 이미 촛불이 밝혀 있었다. 선생은 처마 아래 밝은 곳에서 그 글을 읽었다. 후학을 얼른 이끌어주려는 뜻이 이와 같았다."(『진극재집陳克齋集』 권3 「주선생서술朱先生敍述」)

그러나 주희는 일단 논변을 시작하면 도리어 날카롭게 남을 몰아세웠다. 4월 초나흘에 주희가 옥산에 도착하고 오래지 않아 금계金溪의 유요부劉堯夫가 뵈러 왔는데, 육구연이 태극을 논변한 서찰 한 통을 지참하고 와서 주희에게 주었다. 이는 주희가 정월 14일에 보낸 편지에 대한 상세한 답장이었다. 유요부는 이때 이미 육학을 버리고 오로지 온 마음으로 선을 배우는 데 뜻을 두고 있던지라 주희와 서로 담화하는 가운데 육구연의 학문이 황당무계하다고 공격하였다. 주희는, 육학에 입문하였다가 선학을 표절하고 또 반대로 육학을 폄하하는 이 천박한 명사를 면전에서 반박하며 꾸짖었다. "자정子靜(육구연)의 학술은 그 자체 공론에 부합하는데 그대는 어찌 그에 대해 이와 같이 말할 수 있는가?"(『어류』 권120) 사실 육구연의 이 장편 답서는 두 사람이 공개적으로 태극 논전을 진행한다는 신호가 되었고, 유요부에 대한 주희의 힐책은 육구연에 대해서보다 공공연히 선을 배우는 유요부에 대한 반감이 더욱 심하다는 점을 표명하는 데 지나지 않았을 뿐이다.

주희는 옥산에서 40여 일을 질질 끌며 머물렀다. 조정에서 우무尤袤는 편지를 보내 그에게 주사를 올리고 부임하라고 권고하였으나, 그는 도리어 사직하는 차자 세 통을 써서 전하는 사람을 시켜 관직에 있는 고제 태상 박사 첨체인에게 보내고, 동시에 우무에게는 사직하도록 도와달라고 간절히 부탁하는 편지를 썼다. 실제 그의 진정한 뜻은 여전히 상황을 관망하면서 기다리는 데 있었기 때문에 조정의 동정을 엿보고 있었던 것이다. 임안의 조정에서는 이때 바로 한 줄기 풍운이 변화막측하여서 안정을 이루지 못하고 있었으며, 왕회의 당과 주필대 당의 승패와 부침이 점치기 어려운 상황이었기 때문에, 옥산은 그가 때에 따라 나아가기에도 물러나기에도 편리한 지점이었다. 이런 와중에 양만리가 고묘 배향을 힘껏 논하다가 실패했다는 소식이 전해오고 진량이 글을 올리는 일이 상서롭지 못하리라는 예감이 들어, 그는 옥산을 방황하면서 더욱 도성에 들어갈 뜻이 없어졌다.

주희가 3월에 길을 떠나 북상하였고 진량도 3월에 도성으로 나아간 사실은[6] 두 사람이 모두 사전에 소식을 통하여 이루어진 일임을 분명히 드러낸다. 다만 주희는 연산과 옥산에서 머뭇거리며 배회하다가 앞으로 나아가지 않았으나, 진량은 배를 타고 개연히 북으로 가서 대략 3, 4월 사이에 이미 금릉金陵(남경)에 이르렀으므로 도중에 두 사람은 상견할 기회를 지나치고 말았

---

6 하승도夏承燾의 『용천사교전龍川詞校箋』은 진량이 글을 올린 뒤 바로 건강建康(남경)과 경구京口로 갔다고 하는데(«대서代序»에 보인다), 이는 잘못이다. 강서각姜書閣의 『진량용천사전주陳亮龍川詞箋注』에서는 진량이 순희 15년(1188) 2월에 금릉과 경구에 갔다가 5월 20일에 영강으로 돌아갔다고 보지만, 이 또한 매우 잘못이다. 그 설은 바로 『용천집』권19 「복여자약復呂子約」에 근거한 것이나, 그 편지에서는 주희가 사직을 청하여서 뜻을 이루고, 주필대가 재상에서 파직되고, 사악謝諤이 탄핵을 받고, 석천민石天民이 죽고, 섭적이 외직에 보임된 일이 모두 순희 16년 4월에서 6월 사이에 있었다고 분명히 말하고 있다. 이때 진량은 경구로 이사하려고 하였으므로 해마다 경구와 금릉을 오갔으니, 서로 혼동될 수 없다. 지금 생각건대, 진량이 글을 올린 때는 순희 15년 4월 하순이고, 신기질의 「하신랑」에 다시 답하면서 "그곳에서 한 번 부르니 / 내가 가리라 / 만 리에서 팔다리를 흔들고 뼈를 움직인다" 하였으니, 이로 미루어보면 진량이 북상하여 경구와 금릉으로 가서 시찰을 한 일은 대략 3월에 있었다.

다. 진량과 신기질은 「하신랑賀新郞」이라는 긴 노래로 서로 회답을 하였는데, 진량은 신기질에게 답하여 보낸 둘째 수의 사詞에서 강개하여 한 번 부르짖고 도성에 들어가 글을 올린 호방한 기상을 노래하였다. "참신하게 다시 기치를 날리며 / 때에 맞춰 / 대의를 세워서 / 펼치고 거둬들인다 / 그곳에서 한 번 부르니 / 내가 가리라 / 만 리에서 팔다리를 흔들고 뼈를 움직인다(斬新換出旗麾別, 把當時, 一椿大義, 折開收合, 據地一呼, 吾往矣, 萬里搖肢動骨)"(『용천집』 권17 「하신랑」) "바람이 소슬하고 역수는 찬데, 장사가 한번 가면 다시 돌아오지 않는다(風蕭蕭兮易水寒, 壯士一去兮不復還)"는 이 비장하고 강개한 행동은 머뭇거리며 돌아보는 주희의 행위와 선명한 대조를 이루었다.

진량은 도성에 들어가기 전 경구京口와 건강建康으로 가서 현지를 살펴보기로 결정하였다. 대략 3월 하순에 그는 경구로 갔다. 경구는 세 면이 언덕과 봉우리로 둘러싸여 있고 큰 강이 북쪽을 가로질러 출렁출렁 천 리를 흐르는데, 그 기세가 마치 맹호가 굴에서 나오는 듯하여 천연적인 험지이며 귀신이 깎고 다듬어낸 듯한 기묘한 곳이었다. 경구와 채석采石은 흡사 좌우에서 금릉을 에워싸고 호위하는 듯하여 실로 병가兵家에서 반드시 다투어 얻으려 할 만한 땅이었다. 북쪽으로는 견고한 산이 강에 임하여 우뚝 솟아 있으며, 저명한 감로사甘露寺가 웅혼하게 산꼭대기를 누르고 있고, 다경루多景樓가 날개를 치면서 날아오를 듯하였다.

진량이 누각에 올라 사방을 둘러보니 육조六朝의 번화함은 이미 꿈결과 같이 흘러가는 물결에 쓸려서 사라져버렸다. 지금도 웅장하고 험한 지형은 의구하나 산천은 무너졌으니 뉘라서 누각에 오른 지사志士의 가슴 가득한 뜨거운 피를 알아줄 리 있을까? 설마 천험의 장강은 영원하되 다만 산하를 갈라놓고 남북의 경계로서 존재한단 말인가?

그는 비분을 담은 천고의 명작 「염노교念奴嬌·등다경루登多景樓」 한 수를 읊었다. 이 사에서 '영웅의 눈물을 본받는(學英雄涕)' 왕씨, 사씨의 여러 사람들(王謝諸人, 동진의 전통 귀족 가문의 사람들을 가리킴)'을 풍자하였다. 동진東晉 시대에 강을 건너온 여러 귀족이 신정新亭에서 서로 마주 보고 울었는데, 사안謝安은 자리를 함께하지 않았으나 승상 왕도王導는 근심스러운 얼굴로 "마땅히 함께 왕실을 위해 죽기로 싸워서 신주神州(중원, 중국의 본토)를 극복해야 할 터인데, 어째서 초나라의 죄수가 되어 서로 마주하고 있는가!"라고 하면서 결코 '영웅의 눈물을 본받지' 않았다. '왕씨, 사씨의 여러 사람들'이란 분명 고금을 은연중에 풍자하면서 남송 조정을 장악한 승상 왕회의 무리를 가리킨다. 이와 같은 비가悲歌의 격분한 심정을 안고 그는 경구에서 금릉으로 돌아왔다.

금릉은 종산鐘山이 범처럼 웅크리고 석성石城이 용처럼 서려 있어서, 예로부터 제왕의 기상이 있었다. 진량이 석두石頭와 종산에 올라 사방을 바라보니 지금의 건업성建業城은 사취沙嘴 곁에 자리하면서 이미 그 옛날의 건업성이 아니었다. 다만 종산의 청자줏빛 산허리가 은은히 이어져 있고 행궁이 평평한 땅에 축조되어 있었는데, 궁은 성시城市에 임해 있으며 성 앞은 산이 바짝 면해 있고 험준한 까닭에, 이미 높은 곳에 자리하여서 아래를 바라보며 험한 곳에 의지하는 견고한 형세를 잃어버렸다. 이는 대체로 남당南唐의 이씨가 산천의 기맥氣脈을 살피고 찾는 음양풍수 선생의 소행을 믿고 따른 결과이다.

진량은 곧 종산사鐘山寺의 스님들을 하나하나 찾아가 만난 뒤에야 비로소 대성臺城이 종산 곁에 있는데 대사마大司馬의 문이 현재 마군馬軍(기병)의 신영新營 곁에 있으며, 동으로는 평평한 언덕이 둘러 있고 서로는 석성이 지켜주며, 또 현무호玄武湖, 진회하秦淮河, 청계淸溪의 지세를 의지하여서 험한 곳이 되니, 이야말로 높은 곳에 거하여 험한 곳에 임하고서 공격과 수비가 모두 가능하고 마음대로 운신할 수 있는 곳임을 알았다. 그가 또 수성관守城官에게 가서 물었더니, 수성관은 지금 건업성을 개축할 필요가 없으며, 일단 북쪽을 향해 거사를 하게 되었을 때 이리로 군사를 내어서 진격을 하면 아주 편리한 길이 될 것이라고 하였다. 그러나 진량은 위험하다고 해서 쓰지 않는다면 비록 당장에는 토목공사를 일으키고 경영하는 노고는 덜 수 있지만, 장래에 군사를 내어서 북쪽으로 중원의 땅을 취하는 일은 다시 실패하지 않으리라 장담할 수 없다고 보았다. 조신에게 건업성의 경영을 권하려는 커다란 계획이 그의 가슴속에서 구체적으로 무르익었다.

그러나 진량이 5월 상순에 임안에 도착했을 때 조정에서는 고묘高廟 배향의 논쟁을 두고 공교롭게 주전파의 실패로 끝났다. 주희도 파직되어서 조정을 떠나는 양만리를 옥산에서 만나 보았다. 궁극적으로 누구를 고묘에 배향하는가 하는 문제는 본래 그다지 의의가 없는 전례(祀儀) 논쟁이었으나, 이는 배향되는 사람에 대한 평가와 과거 역사에 대한 관점과 결부되면서 그 가운데 오랫동안 잠복되어 있던 조정의 주전파와 주화파, 도학과 반도학, 주필대의 상당과 왕회의 상당 사이의 미묘한 모순을 아주 복잡하게 드러냈다.

애초에는 3월 14일, 한림학사 홍매洪邁가 문무 각 두 사람씩 고묘에 배향하라는 조신의 지의旨意에 의거하여서 여이호呂頤浩·조정趙鼎·한세충韓世忠·장준張浚 네 사람을 배향하자고 제기하였다. 송 대 조종祖宗의 전고에 따르면 황제가 죽은 뒤 적어도 부묘祔廟를 한 뒤에야 배향을 의논할 수 있었다. 홍매는 본래 아첨을 잘하며 오로지 조신의 총애를 얻으려는 한원翰苑(한림원)의 농신弄臣이었고, 또 왕회 상당의 주화파에 속하였다. 고묘(송 고종 조구)가 아직 부묘되기 전인데 배향하자는 의논을 내놓은 것은 분명 조신의 '성효'한 마음에 아부하여 따르고 왕회 상당의 정치적 목적에 영합한 일이었다. 그리고 여이호·조정·한세충·장준을 함께 배향하자고 한 진정한 의도는 주전파의 대표인 장준의 배향을 반대하는 데 있었다.

홍매는 상소에서 본심을 헤아리기 어려울 만큼 음흉한 마음으로 장준을 공격하였는데, 이는 조정의 주전파와 도학파의 불만을 초래하였다. 홍매가 '성상(聖)'을 대신하여 말을 내놓았는데, 3월 17일 시종관의 상세한 논의에서 왕회의 당이 우세를 차지하였으므로 반대파는 입을 다물고 아무런 이의를 제기할 수 없었다. 그러나 조정에서는, 이미 여이호는 '사람들의 여망에 부응하지 못했고(不厭大望)' 장준은 비록 생애에 허물이 있으나 큰 절개는 사직에 공이 있었으니 여이호를 대신하여 장준을 배향해야 한다는 주장과, 장준은 만년에 진회秦檜에게 빌붙어 화의를 힘써 주장하고 악비岳飛를 무함하여 죽였으니 더욱 배향의 반열에 둘 수 없다는 주장이 어지러이 다퉜다.

진량의 쟁우詩友 이부 시랑 장삼章森이 장준과 악비를 배향하는 것은 효과가 없다고 주청하였다. 양만리는 이에 분개하여 3월 20일에 「박배향부당소駁配享不當疏」를 올려서 홍매를 통렬히 질책하였다. "지금 건의하는 신하는 속이거나(欺), 오로지 (자기들 견해를) 주장하거나(專), 사사로운 견해(私)일 뿐입니다!"(『성재집』 권62) 그는 장준에게는 다섯 가지 사직을 위한 공이 있다고 제시하였다. 곧 복벽復辟의 공훈을 세웠고, 저사儲嗣의 의논을 내놓았고, 범경范瓊을 베어서 국기國基를 세웠고, 오개吳玠를 등용하여서 전촉全蜀을 보존하였고, 유린劉麟을 내쳐서 장강 좌안을 안정시켰다고 하였다. 동시에 홍매의 사사로운 의도를 한마디로 폭로하여서 "논의하는 신하가 사사로운 마음을 품고 장준을 깎아내려 공을 기록하지 않음으로써 천하의 충신과 의사의 기백을 꺾으려 하니, 공의公議가 매우 분개하여서 평온하지 않습니다!"(동상) 하였다.

원래 홍매는 일찍부터 홍괄洪适과 함께 형제가 모두 투항파 재상인 탕사퇴湯思退의 문객으로서 주전파의 장령將領 장준과 해묵은 유감이 있었다. 나중에 홍괄이 주화파 재상으로 오르자 홍매도 화친을 구걸함으로써 기절氣節을 잃어버리고 평판이 극히 나빠져서 도학 청의淸議의 웃음거리가 되었다. 그 스스로도 감히 공공연하게 주화파 인물의 배향을 제기할 수 없었기에, 항금

抗金 중에 장준과 많이 버성기고 화합하지 못했던 용렬한 재상 여이호를 선택하였던 것이다. 몹시도 용렬한 여이호에 대해서는, 심지어 장준을 크게 폄하하던 사람들마저도 일생 두드러진 공적을 세운 바가 없다고 인정하지 않을 수 없었다. 여이호는 조카 여탁呂㯑에게 관리가 지켜야 할 일곱 가지 비결을 진지하게 전수하였는데, "감사, 지주, 통판을 극히 공손하게 섬기고, 동료 관원과 극히 화목하라. 말을 신중하게 하고, 한마디라도 경솔하게 내뱉지 말라. 장난과 웃음을 조심하고, 함부로 놀거나 부닐지 말라. 술을 마시지 말라. …… 그 밖에 하나하나 두려워하고 조심하라."(『곤학재잡록困學齋雜錄』「여충목공이호훈질첩與忠穆公頤浩訓侄帖」)는 따위의 처세 신조였다. 이는 그와 같이 용렬한 사람이 재상의 지위에까지 오를 수 있었던 비밀을 말해준다.

금에 대항하는 가운데 여이호는 장준과 많이 마찰을 일으키고 대립하였다. 장준은 본래 부평富平, 부리符離에서 두 차례 참패한 책임을 남에게 전가하지 않고 자기가 떠맡았지만, 사실 실패의 근본 원인은 조정과 군대의 부패에 있었다. 그는 필경 공적이 높고 중망이 있는 주전파 대표였다. 송과 금이 대치하고 있는 가운데 '장 도독張都督'의 위대한 이름은 부녀자와 아이들까지도 모두 알고 있었다. 올출兀朮은 그가 복주福州로 좌천되었다는 사실을 탐지한 뒤 마음 놓고 대담하게 병사를 이끌고 쳐들어왔다. 나중에 장준이 다시 기용되자 올출은 "장 추밀張樞密이 영외嶺外로 좌천되었다는 소식을 들었는데 어째서 여기에 있단 말인가!" 하면서 겁을 먹고 서둘러 병사를 이끌고 달아났다. 당시 송의 사람들과 금의 사람들 안중에는 조구와 조신은 없었고, 장준이 남송의 항금·주전의 상징이 되었음을 알 수 있다. 장준이 배향되지 못한 일은 실제로는 금 사람들을 기쁘게 하고 주화파를 유쾌하게 하였으며, 주전파에게는 고통을 안겨주는 정치적 효력을 일으켰다.

장준은 일생 도학을 가슴에 품고서 이정二程(정호와 정이)을 높이고 형공荊公

(왕안석)을 몰아냈으므로, 도학 사대부들의 마음속에는 그가 문과 무, 덕과 재능을 겸비한 이상적인 인물로 여겨졌다. 그런데 여이호는 반대로 도학을 좋아하지 않았다. 소흥 7년(1137)에 장준이 호안국胡安國을 천거하여서 경연에 입시하게 하자 일시에 수많은 도학 선비들도 조정의 관직에 임명되었으나, 금세 여이호와 주승비朱勝非에 의해 쫓겨났다.

호안국의 학문은 호굉胡宏을 경유하여 재전하면서 장식張栻에게 이어졌고, 양만리는 견결하게 항금을 주장한 애국시인으로서 면전에서 직간을 하는 쟁신이었을 뿐만 아니라 장준·장식 부자의 도학의 제자였다. 일찍이 영릉 승零陵丞을 지낼 때 양만리는 제자의 예로 장준을 뵈었고, 장준은 그에게 "원부元符(1098~1100, 송 철종의 연호)의 귀인으로 허리에 금인金印을 차고 보라색 옷을 두른 고관이 어찌 그 수에 한량이 있었겠는가만, 오직 추지완鄒至完(추호鄒浩)과 진형중陳瑩中(진관陳瓘)만이 그 성명이 해와 달과 함께 빛을 다툰다."고 하였다. 양만리는 이 말을 처세와 사람됨의 준칙으로 삼았다(『학림옥로鶴林玉露』 권1 「성재알자암誠齋謁紫巖」).

나중에 양만리는 굉사과宏詞科를 익히려고 하였는데, 장식이 그에게 "무엇 때문에 그것을 익히는가? 어찌 성문聖門의 덕행과德行科로 나아가지 않는가?"(동상, 권3 「덕행과」) 하고 권고하였다. 그는 이로부터 굉사과를 보려는 마음을 버리고 장식을 따라 배움을 물었다. 그래서 고묘 배향의 논쟁도 도학파와 반도학파 사이의 대립을 격화시켰다.

독단적 대권을 휘두르는 조신 역시 도학을 혐오하고 장준을 몹시 미워하였다. 초년에 그는 거듭 '짐은 위공魏公(장준)을 장성長城처럼 의지한다'고 밝혔다. 그러나 장준이 부리에서 참패하자 조신은 그를 대송의 사직에 재앙을 끼친 죄인으로 보아 도성에서 쫓아버렸다. 고묘 배향의 논쟁이 일던 바로 그해에 이강李綱 집안의 후손이 이강의 시호를 정해달라고 청하였는데, 조신은

"뜻은 크나 재주는 엉성하니(志大才疎) 아마도 장준의 무리인가?"(『건염이래조야잡기建炎以來朝野雜記』 을집 권12 「유이이충정득시본말劉李二忠定得諡本末」)라고 하였다. 항금으로 일생을 보낸 장준이 조신의 마음속에는 다만 '뜻은 크고 재주는 엉성한' 가증스러운 형상으로 남아 있었던 것이다.

조신이 장준을 고묘에 배향하지 않은 더욱 직접적인 이유는 바로 고종(조구)도 주전을 고집한 장준을 아주 미워했다는 점이었다. 당초 조구는 묘부苗傅와 유정언劉正彦의 반란을 겪고서 복벽復辟된 뒤 장준을 보자, 마치 구원의 별(救星)로 여겨 실성통곡을 금하지 못하였다. 그러나 부리에서 한 번 패하자 조구는 장준을 항금의 군사를 일으킨다고 가장하여 명예를 낚고, 재물을 탐하고, 나라의 법을 왜곡한 소인으로 보았다. 만년에는 더욱 "차라리 천하를 잃을지언정 장준은 쓰지 않겠다(寧失天下, 不用張浚)"고 하였다. 장준을 절대 쓰지 말라는 말은 조구가 조신에게 내린 또 한 조항의 '성훈聖訓'[7]이었으니, 조신이 어찌 감히 장준을 고묘에 넣자고 청하여서 경천동지하는 항금의 북소리를 다시 울리게 함으로써 구천九泉에서 영면하는 조구의 영혼을 놀라게 할 수 있겠는가!

조신의 태도는 주희가 도성에 들어가서 주사를 올리는 일의 운명을 직접적으로 결정해주었던 것이다. 그래서 주희는 멀리 옥산에서 고묘 배향의 논쟁을 꼼꼼히 주시하며 기꺼이 나아가려 하지 않았다. 양만리가 상소한 뒤 쌍방은 18일간 서로 대치하였다. 주필대 일파인 태상소경 우무尤袤는 '시종, 양성兩省(중서성과 문하성), 대간, 예관禮官 및 비서성 관리의 의견을 모으라'고 소를

---

7 『수심별집水心別集』 진권進卷 「총론5總論五」에 보인다. "광요光堯(송 고종 조구)의 성훈에 장준은 끝내 써서는 안 된다고 하였다." 『학림옥로』 병편丙編 권1 「고종권자암高宗眷紫巖」에서는 이 일이 없었다고 힘써 배척하지만, 매우 잘못이다.

올려서 청하였다. 이리하여 4월 중순의 의견 결집에 주필대 파의 도학 관료 호진신胡晉臣·설숙사薛叔似·허급지許及之·우무尤袤·황보黃黼·첨체인詹體仁·위경衛涇이 모두 논의에 참여하였다.

그러나 왕회 일파는 한발 앞서서 손을 썼다. 우선 4월 20일에 고종의 신주를 태묘에 부묘하고, 선부묘후배향先祔廟後配享이라는 고사를 들어서 홍매의 주장에 반대하는 주필대 일파의 입을 막아버렸다. 이어서 대간으로 있는 왕회의 당우인 전중 시어사 냉세광이 상소하여서 배향의 재논의를 그만두자고 청하였는데, 이는 왕회가 재상에서 파직되기 전날 밤 건의한 것으로서 역시 마지막으로 한 차례 '대간과 표리를 이루어' 펼친 두드러진 연기였다.

조신은 4월 24일에 즉시 "네 사람을 배향하도록 정하니 다시는 논의하지 말라."는 전지를 내렸다. 고묘 배향의 한바탕 논쟁은 이와 같이 조신의 손에서 '흠정欽定'으로 결말을 보았으며, 실제로는 홍매가 승리를 거두었다. 그러나 조정 각 파의 투쟁과 분노의 정서를 가라앉히기 위해 조신은 또 공정하고 공평한(中正公允) 듯한 태도를 취하여서 다음 날 대신들에게 이렇게 암시하였다. '홍매는 비록 경솔하나 양만리도 부박함을 면하지 못하였다.' 이리하여 5월 7일에 홍매를 진강鎭江의 지부知府로, 양만리를 균주筠州의 지주知州로 내보낸다는 조서를 내렸다. 조정 각 파 사이에는 잠시 표면적인 평정平靜을 회복하였다.

양만리는 이미 4월 초아흐레에 임안을 떠났다.[8] 4월 중순에 그는 옥산에 도착하여서 평소 오래도록 앙모하던 주희를 만나 보았다. 주희가 이번에 강

---

8 살피건대, 『성재집』 권24 「강서도원집江西道院集」에 실린 시에서 "무신 4월 9일에 외직 보임의 청을 허락 받아 처음 도성 문을 나서서 ……"라고 하였으니, 4월 갑술 이후 우무가 다시 의견을 모으자고 청한 여러 일에 양만리는 이미 모두 참여하지 못하였다. 『건염이래조야잡기』에서 4월 신묘에 양만리가 외직 보임을 청하였다 한 기록은 잘못인 듯하다.

서의 제형에 제수된 배경은 그가 가장 먼저 추천했기 때문이지만, 실상 두 사람은 줄곧 만나 볼 인연이 없었다. 뜻밖의 해후에 한번 손을 맞잡은 두 사람은 이미 서로에게 마음이 몹시 끌렸다. 그렇지만 역사는 오랫동안 정신적으로 교제를 해온 두 백발 거인의 첫 만남에 암담한 배경을 마련해 놓았다. 이 만남은 다소 낭만적 기질을 지닌 양만리에게 주희를 따라 죽장을 짚고 산으로 들어가 만길 낭떠러지 위에 취해서 누운 고사高士가 되고 싶은 염원을 불러일으켰던 것이다.

12년 뒤, 양만리는 이때 잠깐 동안의 만남을 억제하기 어려운 깊은 정을 담아 추억하였다.

내가 처음 공을 알게 되기는	我初識公
옥산의 길에서였네	玉山道間
나는 병들어 외직에 보임되고	我病補外
공은 관문을 들어서려 했네	公征入關
평생 서로 소문을 듣기만 하고	平生相聞
서로 만나지 못함이 한이 되었다	恨不相識
알고는 있었지만	旣曰識只
한 번 뵙고	一見相得
공을 따라서	我欲從公
물가에 가고 산에 오르며	臨水登山
만 길 높은 봉우리에	萬仞峰頭
지팡이 끌고 하늘을 어루만지고 싶었다	携筇捫天
북두성을 떼어내고	揭取北斗
바다를 술로 삼으며	酌海爲酒

구름을 물들여 치마를 만들고	染雲爲裳
노을을 잘라서 소매를 만든다	翦霞爲袖
바닷물이 마르거든	海波若乾
은하를 대신하여	更借銀河
두 늙은이 취하여 쓰러져서	二老醉倒
발을 구르며 큰소리로 노래하네	頓足浩歌
하늘은 충정을 이끌어주지 않고	天不誘衷
식구는 병에 걸려	室人癘疾
뜻을 이루지 못하고	此意莫遂
서둘러 집으로 돌아왔네	遄反私室
갑자기 한 번 보고서	猝猝一見
손을 잡으니 마음이 기울어졌네	握手絶倒
그 김에 신경을 쓰지 말라 하고	借曰不歁
품은 뜻을 위로해주셨네	亦慰懷抱
이로부터 공과	自此與公
형제처럼 우애 있게 지냈네	好如弟昆
나는 나이로 보아 공을 형으로 여기고	我齒兄公
공은 내가 어질다고 선배로 대우했네	公賢我先

……

— 『성재집』 권103 「제주시강문祭朱侍講文」

옥산에서 만난 뒤 두 사람은 확실히 '형제'의 정을 느껴서 끊임없이 서찰을 주고받았고, 경원당금慶元黨禁 중에는 거의 똑같이 세상의 부침浮沈과 염량炎凉의 세태를 하나하나 겪었다.

양만리가 주희를 앙모하고 존경한 까닭은 주희의 탁월하고 비범한 학문과 인품 외에도 주로 조정의 정치에 대한 관점이 많은 부분 일치하였기 때문이었다. 그리하여 일찌감치 마음으로 이해하며 말없이도 서로 마음이 맞았다. 주희는 고묘 배향의 문제에서 완전히 양만리를 지지하였다. 주희의 눈에 장준은 본래 도학의 '수호신'이었고 항금의 '중흥中興' 공신이었다. 그리하여 일종의 예견이라고도 할 만큼, 일찍이 건도 3년(1167)에 「장준행장張浚行狀」에서 여이호와 홍매를 한꺼번에 실명을 거론하면서 통렬히 질책하였는데, 이는 그야말로 마치 양만리가 나중에 「박배향부당소」를 올리도록 예비한 원본 같은 것이었다.

겉으로는 불편부당하고 중도를 쓰며 표준을 세우고 있는(用中建極) 것처럼 양만리와 홍매를 똑같이 외직에 보임한 조신에 대해 주희는 더욱 울분을 느끼고 마음이 편치 않았다. 그리하여 영가永嘉의 명사 대계戴溪가 이 사건을 두고 "홍경로洪景盧(홍매)와 양정수楊廷秀(양만리)가 배향을 두고 다투다가 함께 축출되었으니, (어느 한쪽을) 편들지 않았다고(無黨) 하겠다."라고 했을 때 주희는 분노하면서 다음과 같이 대답하였다. "그렇지 않다! 편들지 않으려면 군자와 소인을 분명히 분별해야 한다. 내가 일찍이 모든 일은 두 편으로 나누어서 옳은 것을 한편에 두고 그른 것을 다른 한편에 둘 수 있으니, 옳은 것은 천리이고 그른 것은 인욕이며, 옳은 것은 받아들여서 잃지 말고 그른 것은 버리고 머물러 두지 말라고 하였다. 이는 한 몸을 다스리는 방법이다. 한 집안을 다스리려면 한 집안의 옳고 그름을 분별해야 하며, 한 고을을 다스리려면 한 고을의 어긋난 것과 바른 것을 분별해야 한다. 한 주(一州), 한 로(一路)에서부터 천하에 이르기까지 미루어보면 모두 그러하지 않음이 없다. 이는 위아래에 통하는 도이다. 흑백을 나누지 않고 옳고 그름을 변별하지 않고서 함부로 '편들지 않았다'고 하는 것은 세상을 크게 어지럽히는 말이다!"(『어류』 권132)

이는 그야말로 두 눈을 부릅뜨고 대담하게 군주의 허물을 들춰내고 성상을 꾸짖으며 함부로 미친 듯이 지껄이는 말이었다. 그는 나중에 이를 무신봉사戊申奉事에 다시 써넣었다. 양만리가 옥산에 온 것과 주희가 임안에서 보낸 우무의 회신을 받은 것은 모두 4월 중순의 일이었다. 그리고 주희의 셋째 사면차자辭免箚子는 고묘 배향의 소식을 들은 뒤 분노한 가운데 쓴 것임이 분명하다. 그는 도성에 들어가 주사를 올리는 일이 이미 완전히 무망한 것임을 느꼈다.

그러나 5월 상순에 왕회가 홀연 재상에서 파직되면서 조정의 국면에 결정적인 전환이 일어났다. 오랫동안 재상의 지위에 있으면서 아무것도 하는 일이 없는 왕회에 대해 조신은 일찍부터 속으로 불만을 품고 있었다. 조구가 죽자 효자인 황제 조신마저 소모素帽를 쓰고 소복을 입고 있는데, 왕회는 자기의 '연로한 부친(親老)'을 생각하여서 상복 입기를 기꺼워하지 않고 백관에게 모두 보랏빛 적삼(紫衫)과 검은 띠(皀帶)를 쓰도록 영을 내렸다. 이 일이 조신을 아주 불쾌하게 만들었다.

주희는 나중에 제자들에게 조신이 일찌감치 왕회를 재상의 지위에서 내칠 마음을 품고 있었던 사실을 언급하였다. "수황壽皇(조신)이 마지막에 임용한 재집宰執은 대부분 용렬한 사람들이었다. …… 설 보궐薛補闕(•설숙사)이 일찍이 아무개(•생각건대 왕회를 가리킨다)를 언급하였더니 수황이 말하기를 '누차 스스로 물러나도록 언질을 주었으나 물러가지 않았다'고 하였다."(『어류』권127)

왕회의 파직은 조신이 내선內禪을 하기 전에 고심하여서 안배한 일이었다. 먼저 우습유右拾遺 허급지許及之가 상소하여서, 왕회가 국정을 장악하고는 구차한 안정을 추구하고 옛것을 지키려고만 한다고 논하여 아뢰었다. 허급지는 비록 이 일로 왕회의 분노를 사서 파직되고 사록이 되었지만, 이어서 좌보궐左補闕 설숙사가 5월 3일에 다시 탄핵하는 글을 올려서 마침내 왕회는 탄핵을 받고 파직되었다. 하급 간관 두 사람이 감히 재상을 상주하여서 논핵한 일은 분명 조신의 '위의 뜻(上意)'에 암시를 받은 일이었다. 도학파들도 곧 담대해지기 시작하였다.

또, 주필대 당의 도학 인물, 칙령소 산정관勅令所刪定官 심청신沈淸臣이 상주하여서 조신이 재위 기간에 임용한 재상들에 대해 전면적인 비판을 하였다.

폐하께서 임어臨御하신 이래 재상을 논하지 않은 것은 아닙니다. 처음에는 원로 중신을 임용하셨고, 이어서 잠저潛邸에 계실 때의 옛 스승을 취하셨습니다. 그리고 혹 방자하고 방종한 사람을 취하기도 하고, 혹 근실하고 조심하며 유약한 사람을 취하기도 하며, 혹 교활하고 저속한 아전 같은 사람을 취하기도 하고, 혹 자질구레하게 살피는 보잘것없는 인재를 취하기도 하셨습니다. 그 사이에 도량은 깊고 고요하나 경영과 기획의 능력이 매우 얕고, 마음은 사직에 있으나 재능과 술수가 엉성한 듯하며, 안팎으로 충직하나 규모와 한계(規制)가 참으로 좁은 사람도 있었습니다. 그 뒤로는 공허하고 엉성해서 실패하고, 비루하고 외람되어서 실패하고, 허탄한 속임수로 실패하고, 간사하고 음험해서 실패하고, 들뜨고 과시함으로써 실패하고, 더러운 재물을 탐하여서 실패하고, 속임수와 거짓으로 실패하고, 의기소침하여서 실패하였습니다. 이런 사람들을 어찌 재상이라 하겠습니까! 심지어 나라를 망치는 큰 죄를 지은 자도 있었습니다. 해사海泗는 국가의 연고가 있는 땅임에도 사사로이 화의를 주도하여서 까닭 없이 적국에게 버렸습니다. 기병騎兵은 천자의 숙위宿衛라서 전방으로 내보낼 수 없음에도 까닭 없이 금릉金陵으로 옮겨버렸습니다. 허황한 큰소리나 치고 부박한 상소를 이끌어 들여서 정도正塗를 막아버렸으며, 아첨하고 권세에 영합하는 문을 열어젖혀서 스스로 높은 지위를 굳혔습니다. 그런데 지금에는 오히려 전철前

轍에 습성이 되고 점점 속이는 폐단이 이루어진 까닭에 나라에 변고가 생겨도 조금도 밝은 의견을 건의하는 일이 없습니다. 일에는 느슨하고 급한 것이 있는데 임무를 알지 못하니, 그런즉 저런 재상을 어디에 쓰겠습니까!

— 『속자치통감』 권151

이는 차라리 '중흥의 성정聖政'으로 미화된 조신이 재위하여서 통치한 시기에 대한 역사적 총결이라 말할 수 있겠다. 심청신은 도학파 가운데서도 불가사의한 인물이며, 주희의 고제 태상승 첨체인이 바로 그의 데릴사위였다.

도학 관료 세 사람의 상소는 주필대 당이 왕회의 당에 대해 결정적으로 승리하였음을 분명히 드러내나, 주희에 대해 말하자면, 이때에 이르러 그가 6년간 집안에 갇혀 있던 데서 비로소 '해방'되었음을 선포하는 일뿐만이 아니었다. 마침 바로 이때 주사를 올리도록 재촉하는 조정의 명령이 내려왔고, 주필대와 도학의 조정 관료들도 모두 도학 우두머리의 입성을 초조하게 기다렸다. 5월 중순에 주희는 옥산에서 출발하였다.[9]

이때에 이르러 그의 마음에도 진량과 같은, 도성에 들어가 주사를 올리려는 일종의 강개한 호기가 샘솟았다. 도중에 어떤 사람이 좋은 뜻에서 그를 붙잡고 '정심성의正心誠意'는 당금의 황상이 듣기 싫어하는 바이니 근신하여서 말씀드리지 않는 것이 좋겠다고 권하였다. 주희는 거리낌 없이 "내 평생에

---

9 주희가 옥산을 떠난 날은, 『진극재집』 권3 「서서자융유사書子融遺事」의 "설지挈之(•서자융)가 함께 옥산에 이르러 한 달 남짓 머물렀다."고 한 말에 근거할 때, 주희가 4월 4일에 옥산에 이르러 한 달 남짓 머물렀으니 5월 10일 전후가 된다. 또 주희의 『문집』 권24 「사면강서제형장 2辭免江西提刑狀二」에 "길을 가는 도중에 신주信州에 이르러 …… 모두 40일을 지냈습니다."라고 하였는데, 주희는 3월 30일에 신주에 이르렀고, '모두 40일을 지냈으니' 또한 5월 10일 전후가 된다. 또 권27 「여주승상서與周丞相書」에 '묵으면서 4, 50일 머뭇거리다가 감히 나아갔다'하였는데, 주희가 3월 18일에 길을 떠나 4, 50일 머뭇거렸다면 또한 5월 10일 전후가 된다.

배운 바가 이 네 글자인데, 어찌 두둔하여서 군주를 속일 수 있겠는가!'(「행장」)
하고 대답하였다.

그러나 그가 대략 5월 17일 전후로 남의 손에 부축을 받으며 병든 몸으
로 배를 타고 북상하여서 난계蘭溪에 도착했을 때 진량이 글을 올리는 일에
실패했다는 소식이 전해왔다. 진량도 왕회가 재상에서 파직되었다는 소식을
듣고 조신에게 중원 회복을 요구하는 글을 올렸는데,[10] 고묘 배향 논쟁 가운
데 해결되지 않았던 문제를 그가 더욱 첨예한 방식으로 제기했던 것이다.

이때 진량이 올린 글의 대지는 천하의 형세를 진술하면서 '강남은 근심
할 필요가 없고, 화의는 지킬 필요가 없으며, 오랑캐는 두려워할 필요가 없
고, 서생書生의 견해는 의지하기에 충분하지 않음'을 밝혀, 중원 회복의 군사
를 일으키도록 조신을 격려하는 데 있었다. 자기가 직접 경구와 건업의 산천
형세를 관찰하고 얻은 결과에 근거하여 조신에게 중원 회복의 군사를 일으
키기 위한 두 가지 방략을 제시하였다. 하나는 태자가 군사를 위무하는 일이
고, 둘은 건업을 경영하여서 다스리는 일이었다. 그러나 이 두 가지 일반적인
방략은 뜻밖에도 조정 전체를 놀라게 하여 삽시간에 사방에서 분노의 함성
이 일어났다. 이로 인해 진량을 '괴이한 미치광이(怪狂)'라고 손가락질하지 않
는 사람이 없었다. 상소를 들였으나 비답은 내리지 않았다.

---

10 진량이 글을 올린 날은 확실하게 고증할 수는 없지만, 4월은 아니다. 『송사기사본말』에는 다
만 "여름 4월에 진량이 상소하였다."고만 하였다. 『속자치통감』에는 4월 병술 이후라고 했는
데, 안허심顏虛心의 『진용천연보장편陳龍川年譜長編』에서는 마침내 이에 근거하여서 진량이 글
을 올린 때를 4월 병술이라고 잘못 비정하였다. 지금 생각건대, 진량이 올린 글 가운데 분명
히 "지금 고묘 황제를 이미 부묘祔廟하였습니다."라고 하였는데, 부묘는 4월 병술(•20일)에 있
었으니 진량이 글을 올린 때는 당연히 이날 이후이다. 그의 문집 가운데 권21 「여우연지시랑
與尤延之侍郎」으로 고찰하면, 진량이 임안에 머문 날은 다만 스무 날이고 도성을 떠날 때는 이
미 '극심하게 더웠으니(極暑)' 글을 올린 때는 틀림없이 5월에 왕회가 재상에서 파직된 뒤이다.

그들이 미워한 것은 그저 진량이 올린 글이 곧바로 취생몽사하는 주화파를 겨냥하였고, 더욱이 왕회가 재상에 오른 이래 "재능이 있는 자는 방자하다 하여서 버리고 재능이 없는 자는 무난하다(平穩) 하여서 임용하였으며, 바른 말은 우활迂闊하다 하여서 버리고 공손한 말은 부드럽고 아름답다 하여서 받아들였으며, 기이한 견해는 함부로 논의하는 것이라 지적하고, 용렬한 사람의 말은 법도가 있다 하였으며 …… 아침에 재능 있는 선비를 하나 얻으면 저녁에는 권력자에게 불편하다고 쫓아내며, 속으로는 용렬한 사람임을 알지만 겉으로는 사람들의 평판이 이르지 않았다고 하여서 머물게 둡니다. ……"(『용천집』권1「무신재상효종황제서戊申再上孝宗皇帝書」)라며 통렬하게 꾸짖었기 때문이다.

그러나 진량은 필경 절동에 칩거한 향신鄕紳의 한 사람에 불과하였으므로 조정의 정국과 조신의 제왕적 심리에 대해 알고 있는 것은 주희가 가슴속에서 명료하게 깨달았던 것과는 한참 멀었다. 융흥화의隆興和議 이래 조신이 군사를 일으키자는 말을 꺼린 까닭은 갖가지 복잡한 이해득실을 고려했기 때문이지, 근본적으로 태상황의 가법家法 때문만은 아니었다. 조신이 현재 정사를 더욱 게을리한 까닭은 제위를 태자 조돈趙惇(광종)에게 내선內禪하려는 마음이 있었기 때문이었다. 중원 회복의 군사를 일으키자고 격동한 진량의 글은 조신의 '임금의 우려(宸慮)'와는, 남쪽으로 가려고 하면서 북쪽으로 방향을 잡은(南轅北轍) 것만큼이나 달랐다. 하물며 진량은 애국의 포의布衣로서 조정 붕당의 어지러운 분쟁에서 초연하게 '형세를 알지 못하는(不識形勢)' '서생'과 '천하의 선비'를 일괄하여 격렬하게 비평하였는데, 이는 본래 현실에 어리석고 썩은 속된 유학자들에 대한 멸시를 표현한 말이었다. 게다가 그와 의견이 일치하지 않는 주전파, 곧 온화하고 온건하고 명철한, 특히 도학자 가운데 주전파를 모두 싸잡아서 매도하였다. 그러기에 진량과 우정이 깊은 태상 박사 섭적마저 한마디 말을 거들어서 성원을 하려고 하지 않았던 것도 이상하지 않다.

진량이 올린 글은 형세의 분석에 집중되었다. 다만 그가 말하는 '형세'란 주로 군사와 산천 지리의 형세를 가리키며, 남송의 정치, 경제의 전체 형세와 지방행정(吏治), 군정軍政 각 방면의 부패한 현상에 대한 이지적이고 냉정한 분석은 결여되었다. 그런데 당시 실제 남송 조정은 전투에 동원된 군사의 위로금이나 포상금마저도 마련할 수 없는 상황이었다. 그러므로 이에 견주어 주희가 무신봉사에서 전면적으로 비판, 분석한 것이 더욱 현실에 투철하고 정확하였다. 다만 진량이 제시한 두 가지 중원 회복의 방략으로 볼 때, 조신은 이미 내선을 결정하였기에 동궁에게 군사를 위무하게 하는 일은 조금도 이의가 없었다.

태자가 국사와 군사를 감독하는 일은 본래 황제 부자의 불화는 물론이고 심한 경우 붕당의 갈등, 내홍內訌의 정변을 야기하기 쉬운 미묘한 사안이므로 지모가 노숙하고 타산이 깊은 대신들도 꺼리는 바였다. 그리고 진晉의 신생申生, 한의 혜제惠帝, 당 숙종肅宗이 영무靈武에서 즉위한 일이 모두 이전의 거울이 되는 일이었기에 조구와 조신은 이런 일에 대해 더욱 민감하였다. 그래서 진량이 글을 올리기 얼마 전부터 조정의 대신은 조신이 이미 태자 조돈에게 국사를 감독하게 한 일로 우려를 품고 있었다.

순희 14년(1187) 11월에 태자에게 사무에 참여하여 결정하라고 조서를 내렸을 때, 시독侍讀 양만리는 선견지명으로 글을 올려서 태자에게 "군부君父가 위에 계시는데 태자가 국사를 감독하는 것은 옛사람의 불행한 일이었습니다."(『학림옥로』 권6 「태자참결太子參決」) 하고 경고하였다.

순희 15년 정월에 조신은 태자로 하여금 조회에 나올 때마다 시립하게 했는데, 좌유덕左諭德 우무가 또 조돈에게 '일은 크고 작은 일 할 것 없이 하나같이 성상의 뜻을 얻은 뒤 행하며', "저부儲副(태자)의 자리는 식사에 모시고 문안을 하는 데 그쳐야 하며 바깥일에 간여해서는 안 됩니다. 군사를 위무하고 국사를 감독하는 일은 한 대漢代로부터 지금까지 상황에 따른 변통(權宜)을 많이 해야 했습니다. 그리하여 권력의 소재가 일치하지 않은 까닭에 일을 할 때마다 장애를 만났습니다. 그러니 청컨대 부묘祔廟를 기다린 뒤 간절히 사양하소서."(『성정기聖政記』) 하고 훈계하였다. 그래서 동궁에게 군사를 위무하게 한다는 진량의 계책은 심지어 견결하게 주전을 주장한 양만리와 우무마저도 받아들일 수 없었다.

건업建業 경영은 정치상으로는 사기를 고무하고 군사상으로는 험한 곳을 거점으로 삼아 진격하는 데 이용할 수 있었다. 나중에 악비의 손자 악가岳珂도 건업에 가서 진량의 말이 크게 잘못되지 않았음을 사실로 입증하였다. 그러나 당초 조구가 임안에 머물면서 건업을 도읍으로 정하지 않았기 때문에 이미 큰 착오를 빚었고, 수십 년간 구차하고 안일하게 날을 보내는 동안 구화파求和派의 '강남을 보전할 수 없다'는 논조가 조정의 위아래에 가득 찼다.

군정을 힘써 정비하지 않은 채 다만 일단 '오랑캐와 결전한다'고 선포하고, 군사적 대치 상태에 처하여서 태자에게 군사의 위무를 맡기며, 건업의 험한 지세에 의지하여서 강남을 보전할 수 있다는 생각은 일반적인 주전파로서도 믿기 어려운 일이었다. 하물며 건강은 본래 행궁이 있던 곳이며, 강동 감사의 관부도 그곳에 설치되어 있어서 수십 년 동안 일찌감치 내시, 엄수閹賢와 감사, 수수帥守가 서로 결탁해온 온상이었다. 나중에 주희는 바로 이 때문에 강동 전운부사의 임직에 나아가지 않았던 것이다(홍거무, 『연보』).

따라서 정치, 경제, 지방행정(吏治), 군사 각 방면에 걸쳐 동시에 대대적인 개혁과 개제改制를 단행하지 않고서는 건업 경영의 실제 의의는 매우 작았다. 진량이 올린 글은 주전파의 적극적인 반응을 얻지 못하였고, 결국 그는 고립에 빠졌다. 그가 글을 올리는 일은 또 한 차례 실패하고 말았다. 남은 일은 주희가 도성에 들어가기를 기다려서 한 번 만나는 일뿐이었다.

주희가 난계에 며칠 머무는 동안 절동의 학자들이 어지러이 찾아와서 배움을 물었다. 그곳은 그가 절중 학자들과 접촉하고 절학의 동향을 고찰하는 중심이 되었다. 6년 뒤 다시 절浙(절강)에 들어온 만큼 그도 절학 각 파와 교류하고 강론을 진행하는 일을 서둘렀다. 무중婺中의 친구를 응접하는 일 외에 주로 여조검과 만나 사흘 동안 담론하였고,[11] 그 뒤 소흥에 있을 때 또 심환沈煥 등의 학자들과 광범위하게 접촉하였으나 많은 부분에서 관점이 합치하지 못하였다. 반경헌潘景憲은 심지어 주희와 만나기를 피하고 다만 편지 한 통을 보냈다. "한번 뵙고 떨어져서 찾는 마음에 위로가 되기를 매우 바랍니다. 그러나 그대의 오늘 행차는 명색이 부름 받은 객이니, 나는 그 때문에 오지 않았습니다."(『문집』 권93 「승사랑치사반공묘지명承仕郎致仕潘公墓誌銘」)

여조검과 만나서 벌인 토론은 자못 의기투합하지 않는 점이 있었기에 주희는 나중에 진량에게 "접때 자약子約(여조검)이 그곳(•생각건대, 난계를 가리킨다)에 이르러서 사흘을 함께 지냈는데 끝내 소회를 하나도 토해내지 못하였습니다."(『문집』 권28 「답진동보答陳同父」 서2) 하고 털어놓았다. 심환과 담화한 것도 '묻는 것은 말도 되지 않았고, 말하는 것도 글의 뜻이 도리어 괴이하였다.'

주희는 절학에 대해 '더욱 누추하다'는 전체적인 인상을 받았다. 곧 절동

---

11 생각건대, 주희는 순희 9년(1182) 절동 제거의 임직에서 떠나 돌아가는 길에 여조검을 초청하여 구衢(구주)에서 만났다. 이전에 두 사람이 난계에서 서로 만난 일은 없었다. 순희 9년 이후 15년(1188)에 임안에 가서 주사를 올리기 전까지 주희는 무이에 신중하게 엎드려 있었으며 절浙에 발을 들여놓은 적이 없다. 여조검도 명주明州의 창고를 감독하는 직책을 맡았으니, 역시 난계에서 주희를 만난 일이 없다. 오직 순희 15년에 여조검이 구주의 법조法曹 직책을 맡았을 때, 이곳은 거리가 난계와 매우 가깝고 또 주희가 도성에 들어가려면 반드시 지나가야 하는 곳이어서 이른바 주희가 '그곳에 이르러 사흘을 함께 지냈'고 한 말은 필시 이해에 임안으로 가는 도중 여조검과 난계에서 만난 일을 가리킨다.

의 학자들은 장구와 글의 뜻에 집착하는 측면은 물론 약했지만 허정虛靜한 데
빠짐에는 도리어 강해졌으며, 진량의 공리학은 이미 절동에서 주요한 사상의
조류가 되고 한 걸음 더 나아가 강서에 충격을 던지고 있었다. 이러한 인식
은 그로 하여금 시급히 육구연과 함께 태극 논전을 전개하고 또 시급히 진량
과 다시 만나 논전을 하게끔 하였다. 그래서 그는 난계에서 길을 떠난 뒤 다
시는 자주 멈추어서 머물지 않고, 서둘러 5월 하순에 임안의 도성 문을 들어
가 접대원接待院에 묵었다.

| 연화주사延和奏事 |

임안의 조정에서는 왕회가 재상에서 파직된 뒤 정세가 결코 주희가 상상하던 것과 같이 낙관적이지는 않았다. 주희는 왕회 잔당의 세력이 완벽하게 흩어지지 않고 있음을 충분히 고려하지 못하였기에 도성에 들어가자마자 곧 곤경에 빠졌다.

주희가 도성에 들어가고서 처음으로 일어난 사건은 진량과 만난 일이다. 임안에서 이 중요한 만남은 두 사람의 두 번째 만남인데, 뜻밖에도 사람들에게는 알려지지 않았다. 그러나 바로 진량 그가 임안에서 영강永康으로 돌아간 뒤 장진張枃에게 보낸 편지에서 명확하게 이때의 상견을 언급하였다.

저는 대병臺屛(관부)에 나아가 배알하였는데 특별히 나아가도록 허락을 받아서 참으로 두터운 위로가 되었습니다. ······ 근래에 회암(주희)이 들어와서 주사를 올렸는데, 시랑께서도 마침 아직 반열에 있었고, 행도行都의 부로父老가 손을 이마에 대고 바라보지 않은 이가 없었으며, 감히 마음대로 (나이의) 선후를 분간하지 않았습니다. 저도 그때 실로 직접 만나 보았습니다. ······ 건도 연간에 동래 여백공(여조겸), 신안 주원회(주희) 및 형주荆州(육구연)가 솥발처럼 갈라서서 한 시대 학자들의 종사宗師가 되었습니다. 저도 여러 공들의 뒤에서 가르침을 얻으며 서로 더불어 학설의 우열을 다투었습니다. 지금 신안(주희)은 우뚝 독존獨存하고 있으며, 더욱 만년의 우호 관계를 맺고 있습니다. ……　　　　　　　　　──『용천집』권21 「여장정수시랑與張定叟侍郎」

이른바 '저도 그때 실로 직접 만나 보았다'고 한 말은 진량이 임안에서 주
희를 만난 일을 포함하며, '더욱 만년의 우호 관계를 맺었다' 한 말은 두 사람
이 자계에서 만나자고 약속한 일, 함께 도성에 들어가려 한 일, 임안에서 만
난 일 등 근 2년 동안의 밀접한 왕래를 가리킨다.

왕회를 건드린 탓에 소흥부의 지부知府로 나갔던 장진이 다시 소환되어
권 호부 시랑權戶部侍郎의 반열에서 활동하게 된 것은 순희 15년(1188) 5월 3일
에 왕회가 재상에서 파직된 뒤의 일이다. 이로 인해 그가 임안에 들어가서
진량과 함께 도성에서 주희를 예방한 일은 적어도 5월 하순에 있었다.[12] 그
리고 주희도 바로 5월 하순에 도성에 들어왔다. 분명히 진량은 주희가 임안
에 들어오기를 기다려 서로 만나 본 뒤 도성을 떠나 무婺로 돌아갈 뜻을 품고
있었으리라. 왜냐하면 진량은 우무, 섭적, 첨체인 등으로부터 이미 주희의 행
적을 들어서 알 수 있었기 때문이다.

나중에 진량은 우무에게 편지를 써서 자기가 도성을 떠난 때를 알렸다.
"근래 임안에 스무 날 동안 머물렀는데 …… 마침 극심한 더위로 손님과 만
날 때가 아니어서 거취를 생각하지 않을 수 없었습니다. 그래서 급히 떠난다
는 사실을 알렸는데, 그날 밤 퇴거退居에서 묵고 다음 날 아침 바로 강을 건

12　살펴건대, 『가태회계지嘉泰會稽志』권2에 "장진은 순희 15년 2월에 조산랑朝散郎, 집영전 수찬
集英殿修撰을 맡았고 5월에 부름을 받아서 행재소에 갔다."고 하였다. 또 『함순임안지咸淳臨安
志』에 "6월에 장진에게 종정소경宗正少卿을 제수하였다."고 하였다. 장진이 도성에 들어간 때
는 응당 5월 하순이었다. 진량은 임안에 20일 동안 머물렀고 도성을 떠날 때는 이미 '극심한
더위'였으며, 주희는 5월 하순에 도성에 들어왔다. 그러므로 진량은 장진과 주희를 모두 만날
수 있었다.

넜습니다."(『용천집』 권21 「여우연지시랑與尤延之侍郞」) 진량은 틀림없이 5월 하순 무더위에 주희와 상견하였을 터이다. 이때 임안에서 만남은 그들 두 사람이 서로 다시 마음을 기울여 토론하려고 오랫동안 갈망한 필연적 결과였다.

그 전에 순희 9년(1182) 정월 초에 만났을 때 주희는 곧 진량, 진부량陳傅良과 소흥紹興에서 다시 만나자고 약속했는데, 진부량이 오지 못했기 때문에 그만두었다. 8월에 주희가 임지로 갈 때 또 진량과 진운繡雲에서 만나자고 약속했으나, 이때는 진량이 집을 짓느라 바빠서 가지 못하였다. 순희 10년에 진량이 '가을 끝(秋抄)'에 상요로 가서 신기질을 방문하고 민으로 들어가 주희를 방문하려 하였으며, 주희도 "만약 조용히 이 산간에서 기이하고 위대하며, 사람을 놀라게 하는 언론을 귀 기울여 들을 수 있다면 또한 평생의 즐거운 일입니다."(『문집』 권36 「답진동보答陳同甫」 서3) 하고 관심을 드러냈다. 그러나 나중에 주희는 남하하여 천주로 가서 부자득傅自得을 조상하였고, 진량은 인사 문제에 얽혀들고 옥사로 곤경을 겪어서 약속에 나아가지 못하였다.

순희 12년(1185)에 진량이 또 '지팡이를 짚고 무이산으로 어른(長者)을 예방하려는' 뜻을 표하였는데, 대체로 두 사람이 의리, 왕패 논변을 전개했기 때문에 결국 그만두게 되었다. 순희 13년에 진량이 재차 '무이로 가서 열흘 정도 머물기를 매우 바라고 있으나 …… 또한 중동仲冬에는 어떨지 보아야겠다'는 뜻을 나타냈다. 주희는 그에게 무이산은 겨울에 춥고 여름에 더워서 '내년 봄에 오시라'고 알렸다. 그러나 순희 14년 정월에 주희가 포전莆田으로 가서 진준경陳俊卿을 조상하는 바람에 진량과 재차 상견할 기회를 잃어버렸다. 이해 겨울에 자계에서 만나려 했던 약속은 주희가 집에서 조명朝命이 내리기를 기다리느라 또다시 깨졌다.

순희 15년 5월에 두 사람은 같이 임안에 들어가서 주사와 글을 올리게 되었는데, 이 얻기 어려운 기회를 틈타 한 번 만나 담론하는 것이 숙원이 된 것은 필연적인 일이었다. 이때의 만남에서 의리, 왕패와 조정의 정국은 자연히 두 사람이 담론을 한 주요 내용이었다. 주희가 임안에서 돌아온 뒤 제자 황균黃䇷에게 "진동보(진량) 무리는 말을 하면 또한 반드시 이상한 것을 추구하는 자이다."(『어류』 권122)라고 한 것으로 볼 때, 그들 두 사람은 의리, 왕패 논변에서 일치를 보지 못했으며, 진량의 공리설에 대해 주희는 여전히 격렬한 부정적 태도를 지녔음을 알 수 있다. 그러나 '더욱 만년의 우호 관계를 맺었다'고 한 진량의 말로 보면, 고묘 배향, 항금 회복, 왕회가 재상에서 파직된 뒤 조정의 국면 등에 대한 두 사람의 관점은 서로 많이 합치하였다.

주희는 젊었을 때 금릉에 도읍을 세우자고 격렬히 주장한 주전파였기 때문에, 비록 당장의 용병에는 반대했지만 진량이 올린 글에 대해서는 여전히 공감하고 지지하는 태도를 품고 있었다. 나중에 그는 제자들과 담화하면서 진량이 올린 글에 대해 측면의 평가를 하였다.

　　이어서, 진동보(진량)가 글을 올려서 건강으로 도읍을 옮기자고 한 일에 대해 말하기를, "황제黃帝가 산을 헤치고 길을 낼 때 편하게 거처한 적이 없었다. 지금 궁실과 대사臺榭, 비빈妃嬪, 잉장媵嬙이 이처럼 성대하니 어찌 움직일 수 있겠는가! …… 처음에 오랑캐가 쳐들어와서 노략질을 할 때 뭇 신하가 고종에게 피하라고 권유하였는데, 충직한 사람들이 몸소 나아가 군사를 위무하라고 힘써 권유하여서 행차가 평강平江에까지 이르렀다가 그쳤다. 계속해서 회수淮水 부근의 여러 장상將相이 잇달아 승첩을 올림에 따라 조 공趙公(조여우)이 인망을 얻었는데, 바로 이때였다. 그러고 나서 임안으로 돌아오려고 하는데, 마침 장 위공張魏公(장준)이 와서 마침내 고종에게 건강建康으로 가도록 강력하게 권유하였다. 회수 군사의 기율이 무너져서 조 공은 군색해졌고 결국 급히 고종에게 임안으로 옮기도록 권유하였다. 이로

부터 끝내 다시는 움직이지 않게 되었다." ——『어류』 권131

주희는 진량이 글을 올려서 건강으로 도읍을 옮기자고 한 일 자체는 결코 나쁘지 않다고 보았다. 다만 당초 임안에 도읍을 세우자는 국시國是가 하나로 정해졌고, 화친을 청하는 국면이 이미 이루어졌으며, 지금에는 조정에 가득 찬 문무 대신들이 임안에 있고, 비빈·잉장이 무리를 이루고 궁실·대사가 구름과 같으니, 그들에게 건강으로 도읍을 옮기자고 하는 것은 범에게 가죽을 달라고 하는 것이나 다를 게 없다고 보았다. 그래서 그는 당장의 급선무는 다만 건업을 경영하는 데 있지 않고 먼저 군주의 마음을 바로잡고, 군정軍政을 대대적으로 정비하는 데 있다고 여겼다. 이런 사상은 그의 주사와 나중에 올린 봉사의 기조를 이루었다.

양만리가 고묘 배향에 대해 반론을 하고, 진량이 글을 올린 일로부터 주희가 주사와 봉사를 올린 일에 이르기까지 이 모두가 잇달아 같은 해에 일어났다는 점은 같은 문제에 대한 주전파의 인식의 심화를 드러낸다. 그러나 총체적인 관점에서 볼 때 진량이 올린 글과 주희의 주사가 드러낸 사회 현실의 문제에 대한 두 사람의 공리주의와 도덕주의의 대립, 또한 두 사람이 임안에서 마주 대하고 의견을 교환했던 것이 결코 그들 사이에 일관하여 존재한 기본적인 엇갈림을 소멸시킬 수 없었음을 나타냈다.

주사로 정신없이 바쁘던 즈음, 주희가 진량과 충분히 토론을 전개하지 못하고 있었는데 한바탕 또 다른 흉험한 논전이 돌연 그의 머리 위에 떨어졌다. 6월 1일, 병부 시랑 임률林律이 문을 두드리고 예방했던 것이다. 주희는 학술상에서 임률과 줄곧 합치하지 못하였다. 임률이 예방하기 이전에 두 사람은 이미 세 차례 회합을 통해 장기간에 걸쳐 논쟁을 진행하였다. 첫 번째 회합에서 두 사람은 융흥화의隆興和議 동안의 전쟁과 수비에 대해 서로 다른 관점을 제시하였다. 두 번째 회합에서는 건도 이래 「태극도역설太極圖易說」을 둘러싸고 주돈이의 태극 사상에 대해 논변을 진행하였다. 세 번째 회합에서는 순희 13년(1186) 이후 소옹의 선천학과 장재의 「서명西銘」의 학설을 둘러싸고 점점 더 격렬하게 문호끼리 서로 공격을 전개하였다.

주희가 도성에 들어가 주사를 올리기 전에 임률은 주희에게 『역도易道』와 『역해易解』, 『서명설西銘說』을 보내왔고, 주희도 2월에 자기가 이미 오래전에 써 두었던 『태극도설해太極圖說解』와 『서명해西銘解』를 정식으로 합본 인쇄하여서 공개하고 학도들에게 전수하였다. 주희는 특별히 지은 「제태극서명해후題太極西銘解後」에서 다음과 같이 말하였다. "근래에 보건대, 유학자(儒者)들 가운데 두 글의 잘못을 말하는 사람들이 많은데, 어떤 이는 그 글의 뜻을 통달하지도 못하고 멋대로 헐뜯어서 나는 가만히 안타깝게 생각한다. 이 때문에 이 해설서를 내서 학도들에게 보여주고 널리 전하도록 한다. 읽는 사람들이 그 글을 통해 의미를 터득하고 가벼이 의논할 수 없음을 알기를 바란다."(『문집』 권82) 여기서 '유학자'란 곧 주로 임률과 육씨 형제를 가리킨다.

주희는 그를 매우 비루하게 여겨서 채원정에게 다음과 같이 말하였다. "임담주林潭州(임률)의 『역설』은 매우 가소롭습니다. 글이 중복되고 막힌 곳이 많으니 보내드릴 수 없습니다."(『속집』 권2 「답채원정」 서31) 주희가 임률의 『역』과 「서명」에 관한 설에 대해 한번 답을 하는 것조차 달가워하지 않았기 때문에 강퍅하고 제멋대로인 임률은 잠시도 기다릴 수 없다는 듯, 주희가 임안에 주사를 올리러 오는 때를 틈타 문을 두들기면서 들어왔고 이에 한바탕 설전을 벌였다.

임률이 먼저 물었다. "접때 『역해』를 보내드렸는데 그 사이에 아마도 틀린 곳이 있을 것입니다. 가르쳐주신다면 다행이겠습니다." 주희가 즉시 솔직하게 지적하였다. "일반으로 경전의 풀이는 다만 강령이 합당하다면 한두 구절 뜻풀이에 조금 잘못이 있다 하더라도 그다지 심각한 해는 없습니다. 시랑(임률)이 지은 것은 도리어 큰 강령이 되는 곳에 의심스러운 부분이 있습니다.”

임률이 반대하였다. “큰 강령이 되는 곳에 의심스러운 부분이 있다 함은 어떤 것을 말합니까?” 주희가 곧 말하였다. “「계사繫辭」에서 말한바, ‘역易에 태극太極이 있으니, 이것이 양의兩儀를 낳는다. 양의가 사상四象을 낳고 사상은 팔괘八卦를 낳는다.’ 이 말은 성인이 역을 만든 강령이요 차례로서, 오직 소강절(소옹)이 분명히 이해했습니다. 지금 시랑께서는 여섯 획으로 된 괘(六畵卦)를 태극이라 하고, 그 가운데 포함된 두 체(二體, 세 획으로 된 두 소성괘小成卦)를 양의라고 하며, 거기에 호체互體 둘을 취하여서 함께 통틀어 사상이라 하고, 또 두 체와 두 호체를 거꾸로 뒤집어서 다시 이들을 통틀어 팔괘라고 합니다. 만약 태극을 논하자면 한 획도 없는데, 어디에서 여섯 획으로 된 괘가 나오겠습니까? 이와 같은 설은 아마도 뒤죽박죽된 해설인 듯합니다. 겸하여, 만약 이와 같이 말한다면 곧 태극은 양의를 싸고(包), 양의는 사상을 싸고, 사상은 팔괘를 싸는 것이니 성인이 ‘낳는다(生)’고 말한 뜻과 같지 않습니다.”

임률이 반박하여 말하였다. “오직 싸고 있기 때문에 낳을 수 있습니다. 싸는 것과 낳는 것은 실은 같은 뜻일 뿐입니다.” 주희가 대답하였다. “싸는 것은 사람이 아기를 배서 아기가 어머니 태 안에 있는 것과 같습니다. 낳는 것은 사람이 자식을 낳아서 자식이 어머니 몸 밖에 있는 것과 같습니다. 아마도 의미가 같지 않을 것입니다.”

임률이 곧 ‘태극’을 포착해서 돌이켜 반문하였다. “그대는 태극에 한 획도 없다고 했는데, 그것은 곧 무극입니다. 성인은 분명히 ‘역에 태극이 있다’ 하였는데, 그대는 역에 태극이 없다고 하는 것은 무엇 때문입니까?” 주희는 여기까지 듣고서 즉시 육구연의 편지 속에 똑같은 반문이 있었음을 생각하고 아연 실소를 금치 못하고 대답하였다. "태극이 바로 양의, 사상, 팔괘의 이理이므로 '없다(無)'고 말할 수 없습니다. 다만 말로 표현할 수 있는 형상이 없을 뿐입니다. 그러므로 이로부터 음 하나(一陰), 양 하나(一陽)를 낳으니 이것이 바로 양의이고, 사상과 팔괘가 또한 이로부터 나옵니다. 이는 모두 자연스러운 차례가 있으니, 사람의 힘으로 안배한 데서 말미암은 것이 아닙니다. 그러나 공자 이래 한 사람도 제대로 본 사람이 없었습니다. 소강절(소옹)에 이른 뒤에야 그 설을 밝혀서 극히 조리가 있고 의향이 있어서 음미할 만하니, 소홀히 해서는 안 될 것입니다. 다시 상세히 보십시오."

임률은 조금도 거리낌 없이 직설적으로 말하였다. "이 책을 쓴 까닭은 바로 강절을 공격하기 위해서일 뿐입니다!" 주희가 슬며시 웃으며 말하였다. "강절은 쉽게 공격할 수 없습니다. 시랑은 또한 다시 자세히 보십시오. 만약 이런 주장을 고치지 않는다면, 아마도 끝내 식자들의 웃음거리가 될 것입니다." 임률은 수치가 분노로 변하여서 한마디로 답하였다. "웃을 테면 웃으라 하지요!"

소옹의 역학에 대해서는 이제 다툴 말이 없었으므로 화제는 곧 장재의 「서명」으로 옮겨갔다. 주희는 단연코 말하였다. "(「서명」은) 의심할 만한 것이 없는데, 시랑이 도리어 그 글의 의미를 이해하지 못하기 때문에 의심을 면하지 못하는 것입니다. 그 나머지는 다 논변할 겨를이 없습니다만, '대군大君은 우리 부모의 종자宗子이다'라는 한 구절은 완전히 잘못 읽었다는 점이 더욱 명백합니다. 본문의 뜻은 대체로 사람은 모두 하늘과 땅의 자식이고, 대군은 바로 그 적장자適長子라는 말입니다. 이른바 종자는 임금의 도를 소유한 사람입니다. 그러므로 '대군은 바로 우리 부모의 종자일' 뿐이라고 말하였습니다. 시랑이 말하듯이 이미 부모라고 했다가 또 끌어내려서 자식이라고 하는 것은 아닙니다."

임률이 반문하였다. "종자가 어째서 적장자입니까?" 주희는 조롱이 담긴 말로 대답하였다. "이것은 바로 아비(禰)를 계승하는 종자(宗)로 비유한 것일 뿐입니다. 아비를 계승하는 종자는 형제들도 그를 종자로 삼으니 부모의 적장자가 아니고 무엇입니까? 이 일은 다른 사람이라면 혹 깨닫지 못할 수 있으나 시랑께서는 예학으로 이름난 학자인데 어찌 깨닫지 못한단 말입니까?" 임률은 신랄한 야유에 맞닥뜨려서 일시 대답할 말을 못 찾아 하릴없이 잔뜩 골을 내며 가버렸다.[13]

단병접전의 한바탕 설전은 실제로는 주돈이·소옹·장재 세 이학 대가의 학문에 대한 긍정과 부정의 논전이었다. 주돈이의 학문에서 임률과 주희 두 사람의 모순은 그 초점이 무극과 태극에 있었다. 임률은 주희가 태극을 '한 획도 없다'고 한 말에서 곧 '역에는 태극이 없다'고 주장하였다 여기고, 또한 이는 '무無가 유有를 낳는다'고 한 노자의 설이라고 함축적으로 지적하였는데, 그 창끝은 사실상 주돈이를 겨냥한 것이었다. 당시 현장에 있던 주희의 제자 이굉조李閎祖는 이 점을 더욱 분명하게 기록하였다. "임률이 또 말하였다. '태극에는 상象이 있습니다. 또 이미〈역에 태극이 있다〉고 했으니 무無라고 말할 수 없습니다. 염계濂溪(주돈이)는 바로〈무극〉의 설을 말하였으니 어찌된 일입니까?' (주희가) 말하였다. '태극이 있으면 이 이理가 있습니다. 무극은 추구할 수 있는 형기形器(물질적 형체)와 방체方體(장소와 실체)가 없습니다. 양의兩儀는 상象이 있고 태극은 상이 없습니다.'"(『어류』권67)

주희는 도성에 들어가기 전에 바로 임률과 태극 논변에서 첨예하게 대립

---

13 주희의『문집』권71「기임황중변역서명記林黃中辨易西銘」에 보인다.『어류』권67에 이굉조李閎祖가 이 일을 기록한 내용이 있는데, 바로 이굉조가 주희를 모시고 임안을 오가면서 직접 귀로 들은 바를 기록한 것이다. 그러므로 주희가 스스로 이 일을 기록한 내용은 결코 과장하거나 꾸며서 진실을 잃어버린 점은 없다.

하였다. 그는 채원정에게 보낸 편지에서 다음과 같이 말하였다. "임 시랑林侍郎(임률)이 논한 태극은 누구를 대상으로 한 말인지 모르겠습니다. 보내오신 편지에는 빠진 내용이 있는 듯합니다. 읽는 사람 그 누구도 깨닫지 못하였습니다."(『속집』권2 「답채원정」서30)

그는 나중에 임률로부터 뜻하지 않은 논핵을 받았는데, 화근은 바로 이 무극, 태극에서 나온 것이었다. 그는 태극을 논하여 육구연에게 보낸 편지에서 다음과 같이 말하였다. "보내오신 편지에 또 「대전大傳」(「계사전」)에는 분명히 〈역에 태극이 있다〉고 했는데, 지금 없다고 하는 것은 어찌된 것인가? 하셨습니다. 이는 더욱 선생님께 바라던 바가 아닙니다. 올 여름 어떤 사람(*임률)과 함께 「역」에 대하여 말하였는데, 그 사람의 논리가 바로 이와 같았습니다. 당시 그것을 대하고 저도 모르는 사이에 실소했다가 마침내 논핵을 당하기까지 했습니다."(『문집』권36 「답육자정서答陸子靜書」서5) 따라서 주희와 임률의 이 소규모 태극 논쟁은 주희가 반도학파, 그리고 육구연과 전개한 대규모 태극 논전의 전주곡이 되었다.

소옹의 학문에서 두 사람 사이의 모순은 그 초점이 팔괘생성설에 있었다. 주희는 소옹의 가일배법加一倍法의 선천팔괘생성설先天八卦生成說을 주장하였고, 임률은 호체팔괘생성설互體八卦生成說을 주장하였다. 임률의 호체설은 겉모습은 신기한 듯하지만 억견으로 만들어내고 견강부회한 것이며, 번쇄하고 자질구레하므로 소옹에 견주어서 한참 모자라는 것이었다. 예컨대 (대성괘인 64괘의) 괘 하나가 (소성괘인) 팔괘를 모두 함축한다는 그의 설에 따라, 앞의 네 괘가 두 정체正體를 취하고 두 호체를 겸하며, 뒤의 네 괘가 반대의 두 정체를 취하고 두 호체를 겸한다고 한다면, 둔괘屯卦의 경우, 초진初震・2곤二坤・3간三艮・4감四坎・3간三艮・4곤四坤・5진五震・상감上坎이 되고, 몽괘蒙卦의 경우, 초감初坎・2진二震・3곤三坤・4간四艮・3감三坎・4간四艮・5곤五坤・상진上震이 되어서, 분명히 두 괘가 결코 구별되지 않는다. 이는 나중에 전사산蕭謝山(전조망全祖望)이 이런 번쇄하고 지엽으로 벗어난 설을 비평하여서 "이는 이른바 사슴(鹿) 곁에서 큰사슴(麋)을 구하고 큰사슴 곁에서 사슴을 구하는 격이다."(『길기정집』 권27 「독임간숙공주역집해讀林簡肅公周易集解」)라고 한 말과 똑같다.

임률의 팔괘상포설八卦相包說은 한 괘의 여섯 획 가운데 매 괘가 호체 하나를 취하고 호체 하나를 남겨 두는데, 한 괘는 위의 호체를 취하고 한 괘는 아래의 호체를 취한다고 한다. 건괘는 곤괘를 포함하여서 손괘損卦, 익괘益卦가 되고, 곤괘는 건괘를 포함하여서 함괘咸卦, 항괘恒卦가 된다. 한 괘가 서른두 괘를 포함하니 팔괘는 모두 256괘를 얻는다. 이는 모두 한상漢上의 주진朱震이 남긴 먼지를 밟고 한 대 역학을 가지고서 조악하게 새로운 형태를 만들어낸 것에 지나지 않을 뿐이다.

장재의 학에서 두 사람 사이의 모순은 그 초점이 이일분수理一分殊에 있었다. 이일분수는 정호와 정이가 「서명」에 대하여 제시한 근본 사상이므로 임률이 장재의 「서명」을 공격한 것은 바로 정호와 정이의 학을 공격한 것이나 마찬가지였다. 정호와 정이에서 주희에 이르기까지 모두 「서명」의 이일분수를 유학의 도와 불교의 도를 가르는 으뜸가는 철학 원칙으로 삼았다. 그러나 임률은 자기의 『서명설』에서 장재의 "하늘과 땅을 이끌어가는 것을 나는 본성으로 삼는다.(天地之帥吾其性)"는 말을 "부처(浮屠)의 이른바 불신佛身이 법계에 충만하다는 설을 절취한 것이다. 그러나 그가 말하는 불신은 도체道體를 말한다. 도라는 본체는 확대하여서 채우면 비록 법계에 가득 찬다고 하더라도 말이 된다. 지금 내 몸을 말한다면 7척 몸뚱이일 뿐인데, 천지를 가득 채운다고 하면 또한 망령된 것이 아닌가!"라고 하였다. 이는 「서명」의 이일분수에 대한 정호와 정이의 해설을 뒤집은 것이다.

분명, 임률의 관점은 정호와 정이의 「서명」 해설을 공격한 점에서 어쩌다 성공한 것 외에 주돈이·소옹·정호·정이·장재를 초월한 점이 아무것도 없었다. 그의 목적은 주돈이·소옹·정호·정이·장재의 도통道統 외에 별도의 문호를 세우려는 데 있었으나, 결코 자기의 완정한 체계를 형성하지는 못하였다. 그는 학술상 자기의 일가의 이론을 세우려 했다기보다는 차라리 정치상 도학파를 반대하여서 고의로 새로운 이론을 만들어내고, 주돈이·소옹·정호·정이·장재·주희에 대항하려 했다고 하겠다. 이로 말미암아 대대적으로 당금黨禁을 일으킨 반도학파가 이론상으로는 빈곤하고 천박했음을 알 수 있다.

임률이 찾아와서 강론한 일은 학술상의 논변이라 하기보다는 정치상의 흠집 찾기라고 하겠다. 주희는 입술과 혓바닥을 창과 검으로 삼은 논전에서 표면상으로는 야유를 담은 기민한 변론으로 임률을 압도하였지만, 임률의 분노가 왕회 상당의 살기殺機를 깊이 감추고 있었음을 간파하지 못했고, 얼굴을 맞대고 벌인 이 논전이 이미 그의 주사가 실패하도록 재앙의 씨앗을 뿌렸다는 사실도 알지 못하였다.

6월 4일에 주필대가 사람을 보내 조신의 문안을 전하였으므로 주희는 곧 합문閤門으로 가서 방자榜子(일종의 명함)를 올렸다. 6월 7일, 주희는 연화전延和殿으로 올라가서 조신을 만났다. 이 산림의 노유는 천안天顏을 다시 목도하자 일시 생각의 실마리가 천 갈래 만 갈래로 갈라졌다. 고종의 상중에 있던 '성효한 천자(聖孝天子)' 조신은 소관素冠과 소복 차림에 온 몸에는 거친 베옷을 걸치고 간소하고 소박한 대전에 단정히 앉아 있었는데, 이 점이 주희를 크게 감동시켰다.

7년 만에 연화전에서 다시 만난 두 사람은 서로 상대방에게서 희끗희끗해진 살쩍을 보았다. 지난 일을 추억하면서 조신은 얼마간 부끄러움과 뉘우침을 띠고 우선 마음을 써서 주희를 한 차례 위무하였다. 그리고 당년에 절동 제거로 있을 때 겪은 풍파를 언급하자 주희는 겸손하고 공손하게 '성은을 입고서 무사히 잘 지냈다'고 하였고, 조신은 '절동의 구황에 온 마음을 다 기울였다'고 위로하며 격려하였다. 주희는 겸손하고 공손하게 '강서 제형을 제수 받았으나 늙고 쇠약하며 병이 많아서 사령使令을 맡지 못하겠다'고 말하였다. 조신은 울컥하여 소원을 허락하면서 "경은 강단이 있고 바르다는 것을 알겠다. 다만 경을 여기에 머물러 두고 자리를 기다려서 청요직清要職에 차견하겠다."고 하였다. 겉 다르고 속 다른 황상이 또 한 번 그를 속일 줄 주희가 어찌 알았겠는가!

겉으로 볼 때 주사는 군주와 신하가 서로 믿고 숨김없는 화기애애한 분위기 속에서 진행되었다. 주희는 이때 강서 제형의 신분으로 상주하였으므로 주로 형옥刑獄과 부세賦稅의 일을 아뢰었다. 주희는 모두 다섯 차례 차자를 제출했는데, 그 기조는 신축년(1181)의 연화주사延和奏事와 같았다. 다만 겨냥한 현실 문제가 더욱 광범위하였다.

첫째 차자는 옥송獄訟을 논한 것이다. 그는 인민에 대해 교육과 형벌을 겸하여 시행해야 한다고 주장하면서, '의에 비추어서 형벌을 시행하고, 의에 비추어서 죽이되(義刑義殺)' 인민을 삼강三綱과 천리天理와 인민의 이륜(民彝)으로 가르치며, 또한 법전과 형벌을 올바르게 밝혀야 한다고 하였다. '형벌을 밝히기(明刑)' 위해서는 '경술經術과 의리義理로 재단하여서' 옥사를 다스리며, '또 유신儒臣들에게 조서를 내려서, 널리 경전과 역사서 및 고금 현철들의 교화와 형벌에 관해 논한 내용을 모아서 정밀하고 중요한 말을 가려 뽑아 책으로 만들게 하고, 그것으로 옛것을 배워서 관직에 들어온 선비 및 법을 집행하며 백성을 다스리는 관리를 가르치라'고 주장하였다(『문집』 권14 「무신연화주차戊申延和奏劄」 1).

주희의 이러한 법제 사상은 자못 경술經術로 옥사를 처리하라는 동중서董仲舒의 낡아빠진 이론과 유사하지만, 사실 매우 현실적인 정치적 내용을 갖추고 있었다. 한편으로, 이른바 '경술과 의리'는 삼강오상의 천리를 가리킨다. 그는 법이란 절대적으로 삼강오상에 종속되어야 하며, 옥사를 다스림에는 반드시 먼저 등급과 존비尊卑를 정한 뒤에 옥송의 시비곡직을 살펴보아야 한다고 인식하였다. 또 한편으로, 이른바 '경술과 의리'는 유가의 인의 도덕의 천리를 가리킨다. 경술과 의리로써 옥사를 다스리라는 그의 주장은 또한 부패하여 무'법'無法에 이른 송 대 법치의 현상을 겨냥하여서 제출한, 인정仁政과 보민保民의 의의를 지닌 치옥治獄의 방법이었다.

남송의 제형은 비록 한 로路의 법적인 업무를 관장하였지만 실제로 형옥은 아주 높은 곳에서 일깨우며 지적하였고(提點), 옥사는 대부분 쉬이倅貳(보좌관), 막속幕屬, 서리胥吏에게 맡겨졌다. 감사와 군수에서 현령에 이르기까지 모두 법을 왜곡하고 인민을 잔학하게 착취하고 멋대로 약탈하고 죽일 줄만 알았지, 옥사를 판결하는 데는 무능해서 '도시掉棠', '협방夾幇', '뇌고腦箍', '초곤超棍' 등 혹형을 남발하여 무고한 사람을 함부로 죽였다.

강서로江西路는 신기질이 뇌문정賴文政을 유인하여 죽인 뒤로도 의연히 여기저기서 불쑥불쑥 반항이 일어났다. 법을 집행하는 관리는 흐리멍덩하고 시비를 분간하지 못하였으며, 옥사는 썩어 문드러져서 보기만 해도 몸서리칠 정도였다. 언관이 전 제형 마대동을 탄핵하는 주사에서 다음과 같이 말하였다. "지금 강서의 11개 군은 곳곳에서 옥사가 일어나 감옥이 가득 들어차 있으며 원한(冤憝)이 쌓여서 하늘의 음양陰陽(자연의 질서)을 무너뜨릴 지경입니다."(『송회요집고』 제101책 「직관」 71 〈출강黜降〉 9)

이런 상황이 바로 주희가 부임하여 장차 대면해야 할 현실이었다. 그는 이런 상황이 조성된 근본 원인이 법을 집행하는 관리가 스스로 법을 어기고 함부로 사용하기 때문이라고 여겼다. 경술로 옥사를 다스리라고 한 그의 주장은 바로 이런 관리들을 제재하기 위해 제안한 것이었다. 그는 법을 집행하는 자가 먼저 '경술에 밝아야(明經)'만 '법을 밝게 적용하고(明法)', '형벌을 밝게 사용할(明刑)' 수 있으며, 옥사를 결단하는 관리의 의식에 경술과 의리를 집어넣어서 경전과 의리에 밝고 형법을 아는 집법관執法官을 배양해야만 '공의에 비추어서 형벌을 시행하고 공의에 비추어서 죽일(義刑義殺)' 수 있으며, 또한 그들이 옥사를 결단할 때 법을 왜곡하여 인민을 잔학하게 착취하고 형벌을 마음대로 써서 형량을 정하여 억울한 옥사를 양산하는 일을 방지할 수 있다고 강조하였다.

그는 '법'이 깡그리 없어진 상태에서 '경經'을 추구하려 하였는데, 이는 천진한 나머지 우활한 생각에 가까웠다. 순희 이래 조정의 관료들은 내내 경형輕刑과 중형重刑을 두고 쉼 없이 시끄러운 논쟁을 벌였다. 경술로 옥사를 다스리라는 주희의 주장은 형벌의 경중을 통일하려는 것인데, 조신은 도리어 '중형'만 받아들였다. 첫째 차자를 다 아뢰자, 조신은 다만 중형으로 '범죄자를 다스리라(治盜)'는 주희의 충심忠心을 매우 기쁘게 받아들이고 만족하여 고개를 끄덕이며 말하였다. "이런 사람들은 마치 목숨을 걸고서라도 풍교風敎를 손상시키는 듯한데 (이런 점을) 이해하지 않을 수 없다."

둘째 차자는 옥관獄官의 인선遴選(내부의 경쟁을 통해 관료를 선발하는 방법)을 논한 것이다. 주희는 옥안獄案 한 건을 다스리려면 헌대憲臺에서 상세히 거듭 살피고 극시棘寺(형벌과 옥사를 관장하는 대리시大理寺의 별칭)에서 평의하되(讞議), 전적으로 주현州縣에서 주도해야 한다고 보았다. 이 때문에 '서옥庶獄의 근원을 맑게 하려면 주현의 옥사를 다스리는 관리를 인선하는 일만 한 것이 없다'고 하였다. 주현 옥관의 자질은 한 주, 한 현의 옥사를 다스림에서 그 청명함 여부를 결정한다. 그러나 현재 현의 옥獄에서만 적당한 사람을 얻지 못하고 있을 뿐만 아니라, 주의 옥에서도 거주擧主(추천인)의 관승關升(일정한 경력을 거치면 심사해서 승진시키는 제도)과 관련된 폐단 때문에 사리 분별에 어둡고 노쇠한, 쓸모없는 무리만 있었다. 심지어 쇠털처럼 수많은 외직에 보임된 관리, 성부省部의 서리가 모두 주와 군의 옥관 반열에 올라서 농간을 부리고 폐악을 저지르니, 한로路의 곳곳마다 억울하고 뒤바뀐 옥안이 유포되었다. 그리하여 육구연이 신기질에게 백성이 채찍과 회초리로 얻어맞고 차꼬를 차고 갇히는 참혹한 고통을 받고 있으나 가장 큰 재앙이 되는 것은 바로 서리라고 말한 것도 이상하지 않다.

주희는 옥사의 판결이 공평하지 않은 원인을 다음과 같이 말하였다. "대체로 사리 분별에 어둡고 병든 사람은 구차하게 보잘것없는 녹봉을 받아서 오로지 자기 생계를 돌볼 줄만 알고, 옥사가 아전들의 손에 의해 이루어져도 게을리하면서 다시 살피지 않습니다. 서리로 관직에 들어간 자는 또 과거의 인습에 젖어서 서리들과 무리를 이루어 돈을 받고 팔며 농단을 하되 못하는 짓이 없습니다. 그러므로 주군의 크고 작은 옥사는 종종 균형을 잃는 일이 많고, 원망과 비방, 탄식과 한숨이 조화로운 기운을 해칩니다."(『문집』 권14 「무신연화주차」 2)

그래서 그는 조신에게 인재를 선발하는 기준을 다시 정하고, 현임 주현에 속한 옥관의 도태와 선임을 전면적으로 정돈하라고 건의하면서, 그들에 대한 유임과 해임의 구체적인 방법을 제시하였다. '사람(人, *옥관)' 다스림을 '법法' 다스림보다 중시하였고, 옥치獄治(형정刑政)(*지방행정[吏治]에까지 미루어서)가 잘되고 못 되는 것이 '법'에 있지 않고 법을 집행하는 '사람'에게 있다고 본 점에서 주희는 송 대의 도저히 고칠 수 없는 고질을 꿰뚫어 보고 있었음을 알 수 있다. 소식蘇軾은 인종仁宗 조에 날카롭게 이 문제를 지적하여 '천하에 두 가지 근심이 있으니, 입법의 폐단과 임용(任人)의 실책이라' 하고, "천하가 크게 다스려지지 않는 까닭은 사람을 잘못 임용하였기 때문이지, 법제의 문제가 아닙니다."(『동파응조집東坡應詔集』 「진책進策」)라고 하였다.

주희는 옥사를 다스림에는 '경經'으로 '법法'을 통솔하고 '사람'을 선택하여서 '형벌(刑)'을 밝히라고 하는데, 특히 그의 형정 사상은 '범죄자를 다스리는' 측면 외에 '관리를 징계하는(懲吏)' 측면을 더욱 중시하였다. 이는 '임용' 문제를 중시했다는 점에서 소식과 일치한다. 그러나 도태와 선임의 전면적인 개혁은 쓸모는 없이 지나치게 많기만 한 남송의 부패한 관료 기구에 메스를 들이대는 것을 의미했다. 둘째 차자를 다 읽고 났을 때 조신은 입을 다물고 말을 하지 않았다.

셋째 차자는 전적으로 제로諸路의 제형사提刑司에서 관리하는 경총제전經總制錢을 논한 것이다. 이는 분명히 그가 소흥 연간부터 호부 시랑 종사민鐘嗣民과 함께 처음 경총제전을 논한 이래 이에 관한 사상적 인식이 새로이 비약했음을 나타낸다. 남송은 강을 건너온 이래 처음 동남 지역의 1년간 부세 수입이 1,000만 민緡에 차지 않았으나 주희가 주사를 올린 순희 말년에는 6,530여 만 민으로 증가하였다. 그 가운데는 경제전經制錢 660여 만 민과 총제전總制錢 780여 만 민이 포함되었다. 경제와 총제의 두 가지 명분 없는 징수가 동남 지역 전체 세입의 23%를 차지하였다. 비록 의식 있는 적잖은 선비들이 비판을 했으나 그들의 인식은 다만 모두 미납한 액수(欠額)를 삭감하라는 데 머물렀을 뿐이고, 지방관은 한 지역 경총제의 미납한 액수를 삭감해달라고 청함으로써 '치적을 올렸다는 명성(治聲)'을 얻으려고 하였으며, 조정의 황제도 무덤덤하게 경총제의 미납분을 감면하라는 조서를 내려서 호탕한 '황은皇恩'을 보였을 뿐이다. 구차한 안정과 생존만 탐하는 주화투항파主和投降派는 더욱이 재정의 곤란을 빌미로 경총제를 폐지할 수 없다는 자세를 견지하였다.

주희는 주차奏箚에서 미납분을 견감하자는 과거의 온화한 주장을 바꾸어, 처음으로 경총제라는 불법적이고 명분 없는 부세의 폐지를 요구하였다. 그는, 경총제를 긁어모아 징수함으로써 백성이 심각한 고통을 당하고 있다는 내용을 비분강개하며 서술한 뒤 조신에게 구체적인 두 가지 해결 방법을 제시하였다. "유사有司에게 조서를 내려서 먼저 재해를 당한 지역의 작황(年分)을 현지 조사(檢放)하고 납부를 연기시킨 묘세苗稅의 수량 가운데서 거두어들일 경총제전은 모두 피해 정도에 따라 면제한 다음, 따로 대신들에게 조서를 내려서 깊이 재정을 절약하고 백성을 넉넉하게 하는 방책을 강구하도록 하소서. 경총제전의 액수를 정한 것이 합당한지 여부를 계산하고 논해서 이해를 비교한 뒤에 그만두거나 시행하셔서 천하를 행복하게 하소서."(『문집』 권14 「무신연화주차」 3)

이는 구중궁궐 속에 있는 황제를 대면하여 직접 따져가면서 인민을 위해 청원을 올린 것이다. 주희가 남송에서 처음으로 경총제의 세금 폐지를 건의한 인물이었다는 점은,[14] 6년 동안 무이에서 지내면서 남송 사회에 대한 그의 인식이 심화했음을 반영한다. 그는 제자들에게 "옛날의 각박한 법이 우리 황조皇朝에서 모두 구비되어 있다."(『어류』 권101)고 한 적이 있다. 그가 조신에게 전후로 반복해서 제출한 일련의 주장(●회복의 군사동원에 대한 관점을 포괄하여)은 모두 이와 같이 남송 사회에 대한 이성적 인식을 바탕으로 각골명심한 끝에 나온 것이다. 그러나 경총제 폐지는 또한 남송 조정이 마지막 남은 숨을 구차

---

14 『학림옥로』 을편 권1 「경총전經總錢」: "처음 진형백陳亨伯이 시작하였다. …… 그 뒤 섭정칙葉正則(섭적)이 외대外臺를 맡아보았는데, '반드시 경총제를 깡그리 없앤 뒤라야 천하를 다스릴 수 있으며 치평治平을 바랄 수 있습니다. 그러나 중흥한 지 100년, 성스러운 군주와 현명한 재상이 없었던 것은 아니지만, 이에 관해 언급한 사람이 있었다는 말은 듣지 못했습니다. 이는 유독 무엇 때문입니까?'라고 하였다." 이 설은 오류이다. 아마도 주희의 의론을 보지 못했기 때문이리라. 나대경羅大經이 섭정칙의 말이라 한 것은 『수심별집水心別集』 권11 「경총제전經總制錢」 1을 가리키는데, 이 편은 비록 섭적이 순희 11년(1184)에 입조했을 때 쓴 것이지만 그 뒤 끝내 효종에게 올리지 않았고, 줄곧 협사篋笥에 간직하고서 내놓은 적이 없다. 경총제 폐지 주장은 응당 주희가 더 일찍 제출하였다.

하게 이어주던 경제적 명맥을 끊어버리는 일이나 다름없었다. 셋째 차자를 읽은 뒤 조신은 더욱 묵묵히 가부간에 말이 없었다.

넷째 차자는 과벌科罰의 폐단을 논한 것인데 셋째 차자에 대한 보충이었다. 주희는 과벌이 실제로는 이미 인민에 대한 교묘한 약탈로 변했다고 지적하였다. "대체로 한 해의 세입은 정해져 있지만 비용의 지출에는 일정한 액수가 없는 까닭에 교묘한 방식으로 백성에게서 징수하여 지출에 대비하는 것을 벗어나지 못했기 때문입니다. 백성이 일로一路의 성문을 들어서면 불문곡직하고 멋대로 (과벌전을) 긁어모으되 한도 끝도 없어서 민간이 입는 피해가 이루 다 말할 수 없습니다."(『문집』 권14 「무신연화주차」 4)

주희는 비록 강서 한 로를 겨냥하여서 말했지만, 이는 사실 전국의 보편적인 정황을 반영하였다. 신기질은 일찍이 순희 5년(1178)에 담주潭州 지주로 있을 때 「논도적차자論盜賊箚子」를 올려서 호남 관리의 과벌에 대한 죄악을 피가 뚝뚝 듣는 말로 들춰냈다. "폐하께서는 인호人戶의 전관錢貫을 과벌하도록 허용하지 않았으나 지금 10여 일 사이에 2, 3천 호를 추급하여서 과벌하였습니다. 또한 이미 조세를 완납한 자에게 다시 부과한 예도 있고, 이미 완납하고서 또 완납한 자도 있으며, 그뿐 아니라 기한을 어겼다고 해서 과벌한 자도 있고, 법을 어기면서 매초전賣酢錢·사장지寫狀紙·유자由子·호첩戶帖 등속을 부과한 예도 있는데, 그런 돈을 이루 헤아릴 수 없습니다. 군사를 동원할 때 군사가 행군하는 곳이 아닌 지역에는 공연히 상, 중, 하호로 나눠서 돈을 부과하는데, 도보都保마다 수백, 수천에 이릅니다. 백성의 물건을 억지로 싼값에 사서는 비싼 값에 강제로 팔아 가산을 탕진하게 만들어서 결국 백성이 스스로 목을 매어 죽은 자도 있을 지경입니다. 2, 3월 사이에 하세夏稅의 돈을 독촉하는 경우도 있습니다. ……"(『역대명신주의歷代名臣奏議』 권319 「미도문弭盜門」)

조정에서는 비록 분명히 영을 내려 금지하였으나 주현의 관원이 지방의 재정을 위한다는 명목으로 과벌의 악습을 고치지 않았다. 그러나 과벌은 필경 부유한 인민의 이익을 침해하는 일이기도 하므로 중앙의 조정과 지방의 주현 사이에 모순을 야기하였다. 그래서 주희가 넷째 차자를 다 읽자, 침묵하던 조신은 '왕이 좌우를 돌아보며 딴소리하는(王顧左右而言他)' 격으로 "(과벌의 피해를 입는 사람들이) 대부분 비단옷을 입는 부유한 인민이라고 들었다." 하면서 한마디 응수하였다. 결국 과벌의 묵은 폐단을 깡그리 개혁하려는 그의 의견에 대해 얼마간 찬동을 표시하였던 것이다.

다섯째 차자는 조신에게 '정심성의正心誠意'를 설득하는 내용이다. 주희가 이때 도성에 들어와 진술한 천만 마디 말이 다만 이 다섯째 차자에 모두 들어 있었고, 조신이 가장 싫어한 것도 이 다섯째 차자였다. 주희가 올린 주사의 창끝은 만인지상의 조신을 향했으며, 그 밖에도 황제 측근의 환관과 총신, 왕회 상당의 양대 세력을 맹렬히 비판하였다. 면전에서 마치 샅샅이 알고 있다는 듯이 군주의 과오를 드러내자 조신은 참을 수가 없었다. 두 사람은 연화전에서 논쟁을 벌였다.

주희는, 27년간 조신의 통치가 '옛것을 답습하고 허송세월하며, 날마다 실패하고 해마다 망쳐서, 한 치나 한 자의 효과도 없으며', 안으로 정사를 닦아서 공손하고 검소하고 부지런히 하지 못했을 뿐만 아니라 밖으로는 외적을 물리치고 강토를 회복하지도 못했는데, 그 원인은 다만 조신 황제 한 사람의 마음이 바르지 않고, 인욕을 제거하고 천리를 보존하지 못했기 때문이라고 인식하였다. 그는 조신이 한마음의 인욕을 제거하지 못해서 국사가 날로 패망하는 결과를 낳게 된 '군주의 과오(君過)'를 여섯 조항으로 열거하였다.

"문자를 베껴서 밖으로 누설한 죄를 힐책하시자 총애를 받고 아첨하던 무리가 두려움을 알게 되었습니다. 그러나 쫓겨난 자가 머지않아 다시 돌아왔으며, 남아 있던 자들은 다시 벼슬에 나아가고 세력이 성해졌으니 이런 자들을 가까이하고 총애하시는 폐하의 뜻이 조금도 줄어들지 않았음을 알 수 있습니다."(『문집』권14 「무신연화주차」 5)

문자를 베껴서 누설한 자란 내시 압반押班(입내내시성入內侍省 소속 환관의 관명) 감변甘昪을 가리킨다. 감변은 일찍이 남보다 뛰어난 교묘한 아첨으로 조구(고종)에게 총애를 받았다. 조구는 그를 곧 조신에게 특별히 천거하였다. 이로부터 그는 세력의 불길이 더욱 타올라 조정 밖의 장수들과 단짝으로 결탁하여서 늘 궁중의 소식을 누설하였다. 순희 14년(1187) 10월에 조구가 죽은 뒤 조신은 태후의 전지를 받들어 끝내 봉국군 승선사奉國軍承宣使 감변에게 조구의 상사喪事를 주관하도록 명하여서 한때 조정의 여론이 크게 떠들썩하였다. 나중에 감변은 문자를 베껴서 밖으로 누설한 죄로 파직되었지만 조신이 재빨리 그를 다시 궁궐로 불러들임으로써, 아첨하여 총애를 추구하는 환관의 무리인 감변·관례關禮·초희재譙熙載·강특립姜特立이 모두 조신·조돈(광종) 부자의 분에 넘치는 특별한 대우를 받았다.

주희는 '쫓겨난 자들이 얼마 지나지 않아서 다시 돌아왔다'는 데까지 읽고는 결국 참지 못하고, "폐하께서는 이 사람을 아시겠습니까?" 하고 조신을 대놓고 꾸짖었다. 조신은 우물쭈물 숨기면서 "과연 그러하다. 그러나 이는 바로 그 자제의 죄이다."라고 하였다. 주희는 반박하며 말하였다. "자제에게 죄가 있다면 부형에게는 죄가 없겠습니까? 그러나 이는 한 가지 특수한 일일 뿐입니다. 이 사람은 세력을 끼고 간사한 일을 저질러서 성대한 덕에 누를 끼친 일이 많습니다!" 조신이 또 변명하였다. "고종께서 재능이 있다고 천거하였던 것이다." 주희는 즉시 반박하며 말하였다. "소인은 재능이 없어도 됩니다. 소인이 재능이 있으면 악을 저지르지 않는 일이 드뭅니다. 소인에게 재능이 없는데 어찌 군주를 움직일 수 있겠습니까!"(『어류』권107) 조신은 대답할 말을 못 찾아, 곧 마소馬蘇의 재덕才德에 관해 논변한 말을 인용하여 주희의 말을 막고 궁지에서 벗어나려 하였다. 주희는 할 수 없이 다시 주차를 읽어 나가기 시작하였다.

"여러 해 지위를 훔치고 권세를 도적질한 간사한 사람을 파직시키자 간사하고 용렬하여서 잘못을 저지르는 무리가 두려움을 갖게 되었습니다. 그러나 그 자리에 들어가기를 바라는 자들이 앞사람의 행적을 답습하면서 요행을 바라는데도 꾸짖지 않고, 언론의 책임을 맡은 자들이 사사로운 마음을 품고서 함구하여 침묵하였으나 묻지 않으시니, 폐하께서 여전히 이 무리를 신임하여 쓰려는 뜻이 있음을 알겠습니다."(『문집』 권14 「무신연화주차」 5)

'여러 해 지위를 훔치고 권세를 도적질한 간사한 사람'은 왕회를 가리키고, '간사하고 용렬하여서 잘못을 저지르는 무리'란 왕회의 당을 가리킨다. 주필대 일파가 왕회를 탄핵하여 파직시켰을 때 대간에 있던 왕회의 당우黨羽 냉세광冷世光·진가陳賈·왕신王信이 모두 사사로운 마음을 품고서 함구하여 침묵하였고, 조신은 도학파와 반도학파 사이의 중용과 평형을 추구한다는 명목으로 조정에서 세력을 잃은 왕회의 당우를 여전히 변함없이 중용하였다.

주희는 '사사로운 마음을 품고서 함구하여 침묵하였으나 묻지 않으셨다' 까지 읽었을 때 왕회와 표리表裏를 이룬 대간의 수단을 상기하고는 또 조신의 과실을 면전에서 책망하였다. "폐하께서는 일찍이 지현知縣이었던 사람을 임명하여 육원六院의 찰관察官(감찰관)을 삼고, 자리가 나면 그들을 충당하셨습니다. 비록 친히 발탁하신 것이라 하나 일이 진행되어가는 양상이 일정하니, 재상이 마음에 드는 사람에게 미리 사사로운 은혜를 펴둘 수 있는 것입니다. 그러나 언론의 책임을 맡은 자가 종종 사사로운 은혜를 생각할 테니 어찌 기꺼이 그의 과실을 말할 수 있겠습니까?" 조신은 끝내 평계를 댈 수가 없어서 인정하였다. "그렇다. 요사이 일들에서 알 수 있다."(『어류』 권107)

주희가 왕회의 무리를 '간사하고 용렬하여서 잘못을 저지르는 무리'라고 지적한 것은, 다만 왕회의 당이 도학을 배격한 일을 가리키는 것일 뿐만 아니라 더욱 그들의 구차한 안정 추구와 용렬하고 나약하며 개혁을 도모하지 않음을 가리키는 말이었다. 순희 14년(1187)에 조신은 추밀원 제도를 개혁하려는 뜻을 두고 왕회에게 직접 차자를 내렸다. 송 대의 쓸모없는 관료, 쓸모없는 병사, 쓸데없는 낭비는 의식 있는 선비(有識之士)가 근심하는 바였다. 추밀원과 중서성을 설치하여서 대권을 대치하여 장악하게 하고, 세 통수統帥를 두어서 금군禁軍을 나누어 통솔하게 함으로써 추밀원과 서로 견제하게 한 제도는 관료 기구를 번잡하게 중복되게 만들고 군대는 전투력이 조금도 없는 상황을 조성하였다.

그러나 왕회는 도리어 '조종祖宗의 규모가 이미 정해졌으니 가벼이 고칠 수 없다'고 상주하였다. 조신이 개혁을 견지하자 왕회는 결국 다시 상주하여서, 추밀원은 "실로 천하의 병사를 거둬들여서 외부를 제어하는 기구이니 군중軍中보다 중합니다. 어찌 이해가 없겠습니까? 시행해보고 중도에 그만두는 것보다 조금 참고서 대업이 정해지기를 기다리는 것이 낫습니다."(『공괴집功媿集』 권87 「왕회신도비王淮神道碑」)라고 하였다. 그리하여 개혁을 추진하던 일이 저지를 받아 폐기되고 말았다. 아랑곳하지 않고 구차한 안정을 추구하는 왕회의 한 면모를 여기서도 볼 수 있다. 그들을 '간사하고 용렬하여서 잘못을 저지르는 무리'라고 질책한 주희의 말은 결코 순전히 도학적 편견만은 아니었다.

"간언하는 관원(諫員)을 늘리고 간사한 아첨꾼을 멀리 쫓아내시니, 간관의 말을 겸하여서 받아들이려는 아름다운 뜻은 참으로 이전과 다른 점이 있습니다. 그러나 간언할 만한 단서는 끝이 없는데 혹시 계속하여 더 나아가 더욱 절실한 내용을 간언하게 되면, 모르겠습니다만 폐하께서는 과연 받아들여서 그 말대로 하시겠습니까?"(『문집』 권14 「무신연화주차」 5)

간언하는 관원을 늘리는 일을 주도한 자는 왕회 당의 임률이었다. 순희

15년(1188) 정월에 그는 소를 올려서 보궐補闕·습유拾遺의 관원을 증설하라고 청하였다. 왕회는 즉시 『당육전唐六典』에 수록된 제도와 구제도를 합하여서 조신에게 아뢰었고, 조신은 간언에 순순히 따른다는 태도로 부끄러움도 없이 큰소리로 말하였다. "짐은 잘못을 지적하는 말을 듣기를 즐거워한다. 만약 간관이 오로지 군주를 바로잡으려 하고, 비평과 탄핵만을 일삼지 않는다면 설령 10원員을 증설한다 하더라도 괜찮다."고 하였다. 이리하여 즉시 조서를 내려서 좌우 보궐과 습유를 설치하였다.

이처럼 현실의 모순을 은폐하고 태평한 것처럼 꾸미는 짓은, 독단이 성품을 이룬 조신에게는 선을 받아들이고 간언을 듣는다는 미명을 널리 취하려는 데 지나지 않았고, 왕회의 무리에게는 언로에 몇몇 같은 패거리를 안착시키려는 데 지나지 않았다. 그러나 주희는 조신에게 '간언할 만한 단서가 끝이 없으며', 또한 그가 결코 당 태종처럼 귀에 거슬리는 쟁신의 말을 듣는 '성군'은 아니라고 보았다. 따라서 대간의 관원을 더 늘리는 일은 실상은 없이 형식상으로만 설치하는 것으로서, 이미 방대해진 관료 기구에 다시 몇몇 겉모습만 장식하는 쓸모없는 관원을 늘리는 일이었고, 종국에는 붕당끼리 암투를 벌이는 도구로 전락할 뿐이었다. 왕회와 표리를 이룬 대간이 자기와 다른 자들을 배격했음이 명백하게 입증되었다. 주희는 분명 '비록 10원을 증설한다 하더라도 괜찮다'는 조신의 큰소리에 격노하였다.

"무함하는 말과 왜곡된 말을 변별해서 밝히고, 강직하여 고립된 사람을 위무하시니, 어둠을 밝히는 명철함은 진실로 이전과 다른 점이 있습니다. 그러나 말을 만들어내는 이가 책망을 당하지 않으니 혹 곁에서 다른 말을 지어내면서 더욱 교묘하게 한다면, 모르겠습니다만 폐하께서는 정말로 그를 멀리 내쫓고 끊어버릴 수 있겠습니까?"

이는 공무량龔茂良이 소인의 무함을 받아 억울하게 죽임을 당한 일을 가리킨다. 순희 4년(1177)에 증적曾覿·시확연謝廓然·진량신錢良臣이 날조한 말로 무함을 하여 공무량은 영주英州에 귀양을 가서 죽었다. 증적과 사확연이 죽은 뒤에야 공무량의 집안에서 원통함을 하소연하는 글을 올렸고, 순희 15년(1188)에 이르러서야 마침내 그는 통봉대부通奉大夫에 추증 복권되었다. 이 사건은 조신이 아첨하는 소인배를 총애하여 믿은 데서 비롯된 큰 과오였는데, 주희가 면전에서 아뢴 일은 조신의 상처 딱지를 아프게 들춰낸 것이나 마찬가지였다.

공무량은 주화파의 재보宰輔이고 주희는 늘 그와 함께 논쟁을 벌였지만, 공무량이 무함 받은 일을 주희가 제기한 점은 당연히 그의 주화의 견해를 동조했기 때문이 아니라 권력을 농단하는 소인을 증오한다는 점을 표시한 것이며, 아첨하는 사람을 총애하여 믿으면서 깨닫지 못하는 조신의 치명적인 약점을 재차 비평한 것이었다.

"오만한 사신을 물리치고 장한 포부를 지닌 자를 장려한 일은 의당 구차한 안정을 추구하려는 뜻을 가진 사람을 격려할 수 있을 것입니다. 그러나 장수를 배치하는 권한이 내시에게서 비공식으로 나오고, 군정은 정비되지 않고 장교와 병졸은 근심하고 원망을 하니 천하의 변란에 대처하지 못할까 두렵습니다."

이는 경당京鏜이 음악을 물리친 일을 가리킨다. 조구가 죽은 뒤 금나라에서 사신을 보내 조문을 하자, 송의 조정에서는 순희 15년 2월에 경당 등을 금에 사신으로 파견하여서 사례하였다. 남쪽의 사신이 변경汴京에 이르자 관례에 따라 연회를 베풀어주려고 하였는데, 경당은 고종의 상을 구실로 연회를 면제할 것을 청하였다. 금의 교로사郊勞使 강원필康元弼은 오만하게도 따르지 않았다. 경당은 만일 연회를 면제할 수 없다면 음악 연주라도 그만두도록 청하였다. 금의 사신은 도리어 경당에게 자리에 앉도록 협박하였다. 경당은 조금도 낯빛을 바꾸지 않은 채 수하를 거느리고 샛길로 관(館)을 나왔다. 금의 사신은 갑옷과 칼로 무장한 병사를 배열해서 대치하였으나 경당이 물러가라고 꾸짖었다. 마침내 금의 군주도 동의하고 음악을 면제하였다. 5월 26일, 주희가 임안에 들어감과 동시에 경당도 엄연히 나라를 욕되지 않게 한 승리의 영웅으로 개선하여 도성에 들어왔다. 주희의 귀에 가득 들려오는 소리는 온 조정이 기뻐 날뛰는 소리였고, 조신은 경당을 오늘날의 '모수毛遂'라고 칭송하면서 파격적으로 권 공부 시랑權工部侍郎에 발탁하였다.

사실 27년간 동남의 반쪽짜리 강산에서 구차하게 안주하는 조신의 통치 아래 설령 어떤 대신이 이러한 외교 전례에서 허장성세의 항쟁을 했다 하더라도, 이는 역시 화친의 구걸에 실패한 자가 자기를 속이고 남을 속이는 정신 승리에 지나지 않았다. 하물며 조구가 죽은 이래 조신은 잇달아 첫 번째로 위박韋璞을 금에 보내는 고애사告哀使로 삼았고, 두 번째로 안사로顔師魯를 금나라에 파견하여서 그곳에 체류하는 국신사國信使로 충원하였으며, 세 번째로 경당을 금에 보내 사례하게 하였으나, 금나라에서는 겨우 선휘사宣徽使 포찰극충蒲察克忠 한 사람을 송에 조제사弔祭使로 보냈을 뿐이고 조문의 표현(祭辭)도 대충 건성으로 하였다.

임안의 문무백관이 모두 경당의 승리에 몽롱하게 도취되어 있을 때 대체로 두 사람만 맑게 깬 정신을 유지하고 있었다. 한 사람은 진량이었다. 그는 상서에서 마음 아프게 말하였다. "사신을 파견하여서 체류하게 하고, 사례를 위해 사신을 세 차례나 잇달아 파견하였으며, 금과 비단과 보화, 많은 돈(千兩)을 연이어 보냈는데, 오랑캐는 작은 나라를 대하듯이 겨우 사신 한 사람을 보냈을 뿐입니다. 길에서 들으니 조문하는 말의 내용이 공허하고 건성으로 대충하는 말인지라 의사義士와 인인仁人이 가슴과 뼛속까지 아파하고 있습니다!"(『용천집』 권1 「무신재상효종황제서戊申再上孝宗皇帝書」)

또 한 사람은 주희였다. 그는 주차 가운데 조신에게 더욱 이지적으로 또 렷하게 다음과 같이 경고하였다. 만일 무너진 군정을 정비하지 않고 장교와 병졸이 근심하고 원망하는데도 '오만한 사신을 물리치는' 것과 같은 종류의 허황한 승리로 자기의 굴욕과 구차한 안정을 덮어 가리는 일은, '천하의 변고 를 기다려서' 중원으로 나아가 취하는 일에 대해서는 말을 하지 않겠다는 것 이었다.

조신은 또 극력으로 자기의 '과오(君過)'를 감추려 들었다. 주희가 '장수를 배치하는 권한이 내시(閹寺)에게서 비공식으로 나온다'고 하는 데까지 읽었을 때, 조신은 뜻밖에도 '공론'을 들어서 "이 일은 도리어 그렇지 않다. 모두 공 론으로 채택한 일인데 어찌 그에게서 말미암는단 말인가?" 하고 변명을 하였 다. 주희가 반박하며 말하였다. "그는 비록 감히 공천을 하지 못했습니다. 그 러나 모두 사대부의 공론이라고 핑계를 대는데, 실은 이 부서(曹)의 사사로운 뜻에서 나온 것입니다. 또한 예컨대 감사와 수신(帥臣)이 속리(屬吏)를 천거하더 라도 대체로 재상과 대간의 은근한 지시를 받는데, 하물며 이 부서에서 온갖 부정한 일이 나오니 무슨 일이든 못하겠습니까! 신은 전에 대면하고 일찍이 이 말씀을 드린 적이 있는데, 성상께서는 그렇지 않다고 효유하셨습니다. 신 은 실정에 어두워서 제대로 듣지 못한 일인가 하여 물러 나와서 사대부와 방 부(防夫), 주졸(走卒)에게 물어봤더니 그렇게 여기지 않은 사람이 없었습니다. 유 독 폐하께서 알지 못하시는 것일 뿐입니다."(『어류』권107)

'군정은 정비되지 않고 장교와 병졸은 근심하고 원망한다'고 하는 데까지 읽었을 때 주희는 더욱 분연히 보충하여서 말하였다. "주장(主將)이 장교와 병 졸을 심하게 착취하여서 뇌물로 삼고, 승진과 전임에도 모두 값을 매겨 놓았 습니다." 조신은 할 수 없이 이렇게 말하였다. "이런 말은 듣지 못하였다. 과 연 이런 일이 있다면 어찌 몰랐으랴? 경이 자세히 알아보고 나서 다시 말하라." 이로써 조신의 말이 충심에서 나온 것이 아니라 입에서 나오는 대로 지껄인 것임을 알 수 있다. 주희는 기회를 틈타 나중에 다시 봉사로 상세히 진술하겠다고 하였다. 조신도 할 수 없이 응답하였다.

"창고를 열고 조세를 감면하며, 과요科擾(과중한 세금과 요역으로 백성을 소요하게 하는 일)를 엄하게 금한 일은 의당 피폐해진 백성의 역량을 넉넉하게 할 수 있을 듯합니다. 그러나 감사를 제대로 뽑지 않고, 수령은 욕심이 많고 잔인하며, 정사는 번거롭고 부세는 무거워서 백성(元元)이 직업을 잃는다면, 아마도 나라의 근본을 튼튼히 하지 못할 것입니다."(『문집』 권14 「무신연화주차」 5)

조신은 조서를 통해 '은총을 내리는(降恩)' 성벽이 있는 황제였다. 그의 번잡한 정치와 가혹한 부세는 이와 같이 온정이 넘치는 '은총을 내리는' 가운데 '인정仁政'의 신묘한 빛깔이 덧칠해졌다. 주희가 주사를 올리기 전에 조신은 또 막 조서를 내려서 매년 5만 6천여 민을 내어 광동 12주의 납미納米 값을 감해주었다. 그러나 주희는 조신의 이런 소행이 모두 소 잃고 외양간 고치는 격으로서 근본을 다스리지 않고 말단을 다스리는 처사로 보았다. 조신은 그저 사후에 은총을 내려서 조세를 감면해줄 줄만 알고, 교묘한 명목을 내세운 대량의 중과세 그 자체는 폐지하려고 하지 않았다. 그저 사후에 몇 번이고 되풀이하여 조서를 내려서 과요를 금할 줄만 알고, 과요를 능사로 삼는 탐욕스럽고 잔학한 수령에 대해서는 감히 실제로 징치하려고 하지 않았다. 그저 사후에 창고를 열어서 재해를 구제할 줄만 알고, 백성이 직업을 잃고 인민이 피로하며 나라가 약해지도록 만드는 '번거로운 정사(煩政)'에 대해서는 감히 조금도 개혁하려고 하지 않았다. 주희의 이 주사는 남송이 부패하고 빈약해진 근본 원인을 건드렸다.

주희는 다섯째 차자에서 군주의 과실 여섯 가지를 까발렸는데, 이는 실제로 남송 사회의 부패를 전면적으로 폭로하고 분석한 것이었다. 만악萬惡이 황제의 바르지 않은 한마음에서 나오기 때문에 주차의 맨 마지막에서 주희는 조신에게 '정심성의正心誠意'의 가르침을 제시하였다. 이는 바로 천성千聖이 서로 전승한 열여섯 글자 심전(十六字心傳)이었다. 이 말이 실제로 포함하고 있는 구체적인 요구는 황제인 조신이, 따져보지 않은 근거 없는 말은 듣지 말고, 의견을 물어보지 않은 계책은 쓰지 말고, 조심스럽게 자리를 지키고, 옳은 일을 경건하게 잘 실천하고, 자기를 극복하여서 예로 돌아가고, 인을 자기로부터 시작하고, 음란한 음악(鄭聲)을 추방하고, 간사한 사람을 멀리하는 등 군주의 6대 과오를 극복하기를 바라는 것이었다. 매우 분명한 점은, 주희가 주차에서 성리性理, 심명心命을 공허하게 담론한 것이 아니라는 사실이다. 그가 연화전에서 강론한 천리, 인욕, 심전과 같은 추상적인 도학 원칙에는 매우 첨예한 현실적 내용을 갖추고 있었다.

이 정심성의의 설교는 늘그막의 조신 황제가 일찌감치 지겹게 들어온 말이었으나 표면상으로는 자기를 비우고 충고를 듣는 모습을 지어서 주희를 속아 넘어가게 하였다. 특히 그에게 다시 봉사를 올리도록 윤허함으로써 더욱 그로 하여금 원래 강서 제형을 사면하려던 마음을 단숨에 사라지게 만들었다. 주차를 마치고 물러날 때 그는 결국 자기도 모르게 조신에게 "다른 곳에 견주어보면 강서는 도적이 아주 번성한 지역으로서, 오래도록 정식 관리가 임용되지 못하였습니다. 신이 지금 임직에 나아가려고 하는데, 모르겠습니다만 무슨 처분이 있으십니까?" 조신은 일부러 덤덤하게 유시하였다. "경은 스스로 잘 숙달이 되어 있을 터이니 많은 당부를 하지 않겠다."(『어류』권 107)

사실 송 대에 백관이 윤대輪對하고 입조해서 주사를 올리는 일은 일찍부터 전례에 따라 주마등처럼 스쳐 지나가듯이 건성으로 해치우는 일이었다. '성상'은 높은 전에 단정히 앉아 있고, 신하는 손을 맞잡고 차자를 읽는데 허세를 부리며 총총히 한 차례 읽고 지나갈 뿐, 그 뒤는 대부분 진흙으로 빚은 소가 바다에 들어간(泥牛入海) 격으로 종적 없이 시행되지 못하였다. 조신은 주희의 이 주대奏對에 대해서도 우선은 읽으니까 건성으로 들어 둘 뿐이었다. 그래서 이듬해 5월에 주희가 첨체인에게 자기가 올린 주차에 성상의 '대답(降出)'이 있었는지를 물어보았던 것이다(『문집』 권28 「여장원선與張元善」).

조신은 주차에서 언급한 사항에 대해 전혀 마음에 두지 않았다. 오히려 마음속으로 생각한 것은 어떻게 하면 요설饒舌을 내뱉는 골치 아픈 노유老儒를 내보내는가 하는 문제였다. 임률이 이 기회를 틈타고 뛰어들어서 주희를 몰래 습격하였다.

주희와 임률이 번갈아 올린
주차의 배후에서 벌어진 당쟁

주차를 올린 다음 날, 홀연 주희를 강등하여서 병부兵部의 낭관郞官에 제수하였는데, 이는 완전히 조야 선비들의 예상을 크게 벗어난 일이었다. 주희가 도성에 들어오기 이전에 이미 '조정에 머물러 두고 강독하게 한다'는 논조가 사방에 전해졌고, 주사의 처음에 조신이 '청요직에 차견하겠다'고 하였으니 이치대로 한다면 그는 마땅히 경연 강관이 되어서 '조정에 머무르며 강독을' 해야 했다. 그런데 지금 홀연히 병부 낭관에 고쳐 제수한 것은, 분명 주희를 강독관으로 삼아 곁에 두었다가는 매일같이 쉴 새 없이 떠드는 '정심성의'의 도학 설교를 들어야 할 것이 두려웠기 때문이다.

낭선郞選은 본래 가벼운 직책이 아니다. 병부 낭관은 원래 대종승大宗丞 계형計衡이 겸하고 있었지만, 이때 특별히 계형을 도관都官으로 옮기고 주희를 병부 낭관에 제수한 것은 겉으로만 보면 역시 박한 대우는 아니었다. 그러나 병사兵事는 주희의 장기가 아니고, 다섯 차례의 연화주차에서 진술한 내용에도 병사에 관해서는 언급하지 않았으니, 그를 병부 낭관에 고쳐 제수한 것은 분명 재능을 헤아려서 사람을 쓴 것이 아니었다.

당 이래 병부는 육부 가운데 넷째 부서로서 진·한 시대의 태위太尉와 같은 직권을 행사했으며, 명목상 전국의 군사행정을 총괄하였다. 그러나 송에서는 병부 위에 또 추밀원을 설치하여 군정軍政의 최고 중추로 삼았기 때문에 병부는 이미 명목만 있고 실권은 없었으며, 병부의 낭관은 청요직의 한산한 직책이 되었다. 조신은 주희에게 강서 한 지방의 절제節制를 맡기려다 갑자기 취소하고 조정의 한산한 자리에 배치하였다. 이는 바로 그가 줄곧 고집스럽고 오만하여 구슬리기 어려운 반대파의 맑고 높은 명망이 있는 명류名流를 농락하고 견제하는 낡은 수법이었다. 조신과 여러 차례 교섭을 해가면서 조정 내의 사정에 아주 익숙해진 주희는 이 뜻밖의 제수로 조신의 진정한 '의도(聖意)'를 헤아릴 수 있었고, 그에 대한 조신의 혐오도 아주 잘 느낄 수 있었다.

만년의 조신은 이미 신선을 찾고 부처가 되기를 추구하여서 날마다 청정무위清淨無爲로 향해 가는 어리석은 군주가 되었다. 순희 5년(1178)에 지은 「원도변原道辨」에서 '불교로 마음을 수양하고, 도교로 양생을 하고, 유교로 세상을 다스린다(以佛修心, 以道養生, 以儒治世)'(『무봉진은만록鄭峰眞隱漫錄』 권10)고 선양함으로써 유儒·도道·불佛의 삼교 합일과 더불어 세 가르침이 저마다 오묘한 진리가 있다고 주창한 이래, 조신은 더욱 내전內典(불교 경전)을 마음으로 즐기고, 선의 법열法悅을 깊이 음미하였다. 그리고 조정에서 소명을 내려 주희가 도성에 들어와 주사를 올리기 2개월 전에 조신은 궁궐 안에 있는 관당觀堂에서 『심경心經』(『반야심경』)을 정성껏 쓰며 스스로 경계를 삼았다. 그는 『심경』을 '온갖 경전의 수많은 가르침 가운데 가장 요지'가 되는 것이라고 받들었기 때문에 주희가 강론한 열여섯 글자 심전은 아무런 흡인력이 없었다.

조신은 내시(闍堅)와 근습의 무리에서 한 발짝도 벗어나기 어려웠다. 주희가 주사를 올리기 얼마 전에는 휘종徽宗이 고구高俅를 특별히 총애한 사례를 흉내 내어 감변에게 황금 눈알을 가진 반조盤雕(독수리)를 수놓은 보랏빛 착삼窄衫을 친히 하사하는 등 귀한 총애가 견줄 데 없었다. 조신의 마음속에 있는 감변은 거의 휘종의 마음속에 있는 고구와 같았다.[15]

---

15 정충숙주의유집鄭忠肅奏議遺集』 권하卷下 「반조금정盤雕金睛」 : "순희 을사(1185) 11월 21일, 경

그는 줄곧 도학의 '청의清議'를 범처럼 두려워하였다. 일찍이 순희 2년 (1175) 5월에 그는 징벽헌澄碧軒에서 섭형葉衡·공무량·이언영李彦穎·심지沈持 등 재집들에게 잔치를 베풀어주었을 때 오로지 '청의'의 그릇된 점을 논하여서 다음과 같이 말하였다. "조정에서 시행하는 일은 옳은 것도 있고 그른 것도 있어서 저절로 공의公議가 생긴다. 근래 사대부가 즐겨 청의의 설이라고 내세우는데, 이런 일은 합당하지 않다. …… 하물며 지금 공도公道가 크게 열렸고, 조정에서 실수가 있을 때마다 비록 민간에서라도 논할 수 있는데, 하필이면 다시 청의를 말하는가?"(『건염이래조야잡기』 을집 권3 「효종논불의유청의지설孝宗論不宜有清議之說」)

조신은 애오라지 큰소리치기를 좋아하는 황제였으며, 청의는 '쇠퇴한 시대의 기상(衰世氣象)'이었고, 굴욕적인 남송의 소조정小朝廷(남송 정권을 폄하하는 말)은 도리어 공도가 크게 행해지는 성대한 시대라서 응당 '서인은 정치를 논할 수 없었다(庶人不議).' 그는 또 재집들에게 "부족한 점이 있으면 윗자리에 있는 사람과 공경公卿은 마땅히 자기에게 돌이켜서 문제를 찾아야 하며, 오직 다시 청의의 설을 일삼아서는 안 된다."고 하면서, '예예' 하고 대답할 줄만 아는 이 재집들이 모두 '허리띠(紳)에 써서' 깊이 새기기를 바랐다.

조신의 눈에 '청의'는 곧 '청담清談'으로서, 고담준론을 일삼기 좋아하고

령궁景靈宮에서 상을 모시고 있었다. 행궁사行宮使 감변, 전수殿帥 곽체郭棣가 입고 있는 황금 눈알을 가진 반조를 수놓은 보랏빛 착삼은 다른 행궁사나 대어기계帶御器械 들의 것과 같지 않았다. 이때 대참大參(참지정사의 별칭) 주자충周子充(●주필대)이 의혹을 느끼고 나(정흥예郯興裔)에게 물었다. 나(愚)는 말하기를, 이것은 옛 제도가 아니며 본래 휘종 때 전수 고구가 궁사宮使로서 특별히 남다른 총애를 입어 이 복장을 하였고, 다른 사람은 꽃을 수놓은 보랏빛 적삼을 입었던 데서 비롯한 것이라고 하였다. …… 지금 감변과 곽체는 관직이 아직 높지 않은데도 상이 특별히 이렇게 총애하신다. 이른바 황금 눈알이란 금으로 수놓은 반조의 두 눈동자로서, 멀리서 보면 번쩍번쩍하기 때문에 그렇게 말한다."

실제에 힘쓰지 않는 '서진의 풍조(西晉風)'이며, 다만 당고黨錮의 풍조와 망국의 재앙을 격동시킬 수 있는 것이었다. 그래서 그는 '청의'를 주로 하지 않고 '공의公議', '공도公道', 곧 '대중지정大中至正의 도'를 주로 하였다.

그는 또 부끄러움도 없이 재집들에게 큰소리쳤다. "짐이 늘 행하는 일은 바로 양 끝단을 잡아서 그 중도를 백성에게 쓰는 일이다(執其兩端, 用其中於民)."(『건염이래조야잡기』 권3 「효종론불의유청의孝宗論不宜有淸議」) 이 한마디는 도학 청의에 대한 조신의 솔직한 태도를 딱 잘라 표현한 말이다. 곧 도학과 반도학, 청류와 탁류가 모두 저마다 한쪽으로 치우쳤는데, 그는 두 끝을 잡아서 대중지정의 도를 시행하려고 했다는 말이다. 주희와 당중우를 함께 내치고, 양만리와 홍매를 동시에 외직에 보임한 일은 그의 '양 끝단을 잡아서 그 중도를 백성에게 쓴' 걸작이었다. 또한 이때 주희를 병부 낭관에 고쳐 제수한 일은 한 지역의 지절持節을 맡긴 것도 아니고 봉사奉祠로 집에 들어앉게 한 것도 아닌, 그가 도학 청의에 대해 취한 '중도를 쓰는(用中)' 방법이었다.

그러나 조신의 '중도를 쓰는' 방법은 황제로서 최대의 독재, 독단을 보증하는 데 지나지 않았다. 청의의 비평을 거절하는 이러한 '공의'와 '공론公論'은 바로 고독한 군주(孤家寡人)의 최대의 사의私議·사론私論이었으니, 주희가 주사에서 엄숙한 목소리와 낯빛으로 면전에 대고 조신의 '공론'을 질책한 것도 이상하지 않다. 도학 청의에 대한 조신의 거부와 혐오는 주희로 하여금 영원히 조신의 경연의 성지에 들어올 수 없도록 결정하였다.

주희의 격렬한 주론奏論은 조신을 불쾌하게 했을 뿐만 아니라 더욱 왕회의 당우를 격노하게 하였다. 왕회가 재상에서 파직된 뒤에도 왕회의 수많은 당우는 여전히 조정에서 요직을 차지하고 있었다. 도학을 좋아하지 않는 또 한 사람 참지정사 겸 동지추밀원사參知政事兼同知樞密院事 유정留正이 조신의 특별한 관심을 받고 점점 재상으로 나아가는 추세였다. 그리고 우두머리가 없는 왕회의 당우에서는 하담何澹의 무리가 이미 유정의 문하에 투신하였기에, 반도학의 세력은 결코 좌절하거나 소멸하지 않고 도리어 새로이 결집하였다. 주사를 올린 뒤 주희는 이미 사방에서 쏘아보는 왕회 잔당의 분노의 눈길 속에 놓여 있었다.

특히 주희가 꺼림칙하게 여긴 점은, 병부란 공교롭게도 왕회의 당우가 차지하고 있던 기반이었으며, 병부 시랑 임률은 막 그와 함께 『역』과 「서명」에 관해 토론하면서 합치하지 않은 데 따른 원한을 품고 있었다는 점이다. 또 병부 상서 우문가宇文價는 고묘 배향 과정에서 여이호를 내세우고 장준을 반대한 주모자의 한 사람으로서, 왕회 당의 인물이었다. 이렇듯 주희가 병부 낭관에 부임하는 일은 호랑이 아가리에 스스로 몸을 던지는 짓이나 마찬가지였다. 고쳐 제수한다는 명령이 내려온 당일에 그는 한편으로는, 강서 제형사의 신영新迎을 맞으러 온 접인接人을 돌려보내고, 객장客將과 병졸을 사양하여서 내보내고, 또 한편으로는 각질脚疾이 크게 발병하여서 상서성에 휴가를 신청하고 조리를 하느라 잠시도 직무를 보지 못하였다.

조신의 '고심苦心'을 살피지 못하는 임률은 결국 한시도 지체할 수 없어 주희에게 달려들었다. 그날 밤 그는 부리部吏(중앙 각 부서에서 잔일을 하는 하급 관리)를 불러서 주희가 머무는 객사에 병부 낭관의 커다란 인뚱이를 억지로 교부하였다. 주희는 이미 휴가를 신청하였고 아직 배명하여 공직에 복무하지 않았기 때문에 인뚱이를 수령할 수 없다고 생각하였다. 주희는 우선 공장차자公狀箚子(관직명을 적어서 올리는 공식 차자)를 갖추어 병부에 제출했지만 회신을 받지 못했는데, 이 아전은 기필코 인뚱이를 교부하려고 하였다. 주희는 다시 차자를 갖추어 간청하였고 병부에서는 역시 수납하지 않았다. 주희는 할 수 없이 아전을 머물게 하고, 그와 함께 그날 밤 인뚱이를 지켰다. 뜻밖에도 다음 날 임률은 벌써 주희를 탄핵하는 주장奏章을 올렸다.

주회가 초이레에 주사를 올리고 초여드레에 병부 낭관에 제수되었는데, 임률이 바로 그날 밤에 아전을 시켜서 인뚱이를 교부하였고 초아흐레에 탄핵장을 올렸던 것이다. 이처럼 번개 같은 습격은 본심을 헤아리기 어려울 만큼 그가 음흉한 마음으로 남을 괴롭히려고 오랫동안 음모를 꾸며왔음을 뚜렷이 드러낸다. 그의 이 같은 일격은 주회로 하여금 나아가든 물러가든 의지할 데가 없게 만들었다. 예컨대 주회가 인뚱이를 받는다면 그는 주회가 휴가를 청하여 공직을 돌보지 않으면서 먼저 인뚱이를 받음으로써 기군欺君의 죄를 지었다고 고발할 수 있으며, 거절하고 받지 않는다면 또한 군주의 명을 어기고서 높은 값에 팔리기를 기다린다는 죄목으로 탄핵하여 공격할 수 있었던 것이다.

나중에 사람들은 대부분 임률이 주회를 탄핵한 원인을 주사 전에 두 사람이 『역』과 「서명」을 두고 논쟁하면서 견해가 일치하지 않아 원한을 맺었기 때문이라고 해석하는데, 이는 문제를 너무 간단하게 본 것이다. 주사 전의 『역』과 「서명」에 관한 논쟁에서 생긴 견해의 불일치는 단지 도화선에 지나지 않는다. 상주 탄핵의 배후에는 융흥, 건도 이래 학술상에서 두 사람 사이에 장기간에 걸쳐 형성된 모순이 반영되어 있다. 본래 주돈이·소용·정호·정이·장재의 학문을 주로 삼는 측과 이에 반대하는 측, 도학을 주로 하는 측과 도학에 반대하는 측 사이에서 벌어진 투쟁의 성질을 지니고 있으며, 조정의 정치상에서 상당 간의 투쟁과 함께 연계되어 있었다.

임률은 왕회가 줄곧 중하게 의지한 사람이었다. 그는 기주慶州의 지주로 있을 때 담여익譚汝翼의 죄를 상주하였는데, 제 마음대로 성차省箚(상서성의 차자)를 반환하여서 조신의 분노를 촉발하고 직책을 잃었다가 나중에 왕회가 구해준 덕에 다시 복직하였다. 그러므로 임률에게 왕회는 지우知遇의 은혜가 있었다. 왕회의 상당 가운데 재주와 학식을 갖춘 선비였던 임률은 왕회의 반도학의 정치적 목적을 위한 이론적 근거를 만들어내는 역할을 담당하면서 왕회가 재상으로 있던 시기에 큰 활약을 하였다. 순희 14년(1187) 겨울에 그는 상소하여서 간원諫員의 증치를 청하였는데, 그 목적은 '표리를 이루는 대간'이 필요한 왕회의 요구에 영합하기 위한 것이었다. 고묘 배향 과정에서 그는 또한 홍매의 견해에 부응하여 여이호를 주로 하고 장준을 반대하였다. 이때 그가 주희를 상주 탄핵한 일은 실제로는 왕회가 재상에서 파직된 뒤 정치상으로 세력을 잃어버린 반도학 왕회의 잔당이 나와서 일으킨 사단의 대표적인 사건이다.

왕회가 재상에서 파직된 뒤 재집 가운데 도학을 좋아하지 않은 자는 다만 유정留正 한 사람뿐이었다. 유정은 왕회의 당 가운데서 명사를 망라하여 자기의 상당을 형성하였다. 주희가 주사를 올리고 전을 내려간 뒤 재집 대신들을 두루 찾아 인사하였는데, 오직 유정만 나타나려고 하지 않았다. 그러므로 임률이 주희를 탄핵한 것은 유정이 은밀히 도발하고 지시한 데서 나왔을 가능성이 아주 크다.

나중에 유극장劉克莊이 임률의 아들 임행지林行知를 위해 지은 묘지명에서 임률이 상주 탄핵한 내막을 언급하였다.

> 고 병부 시랑 간숙簡肅 임 공(임률)은 …… 공의 둘째 아들은 휘가 행지行知이고 자가 자대子大이다. …… 그 사이에 나에게 전주箋注를 단 시 몇 편을 보여주었는데, 대부분 주희의 본래 뜻과 같았다. 내가 말하기를 '공도 고정考亭(주희)을 숭배하는가?' 하니, 공이 말하기를 '주 공의 경학經學의 오묘한 경지는 성인도 바꿀 수 없을 터인데, 하물며 보통 학자임에랴!' 하였다. 이로 인해 내가 공에게 따지기를 '간숙께서는 평소 주 공을 현자로 여기셨건만 만년에 이론異論이 있게 된 까닭은 무엇 때문인가?' 하니, 공이 말

하기를 '우리 어른(翁)은 특별한 은총을 받았고 주 공은 중망을 받았는데, 실권자(當軸)들이 모두 그를 예로써 대하면서도 속으로는 좋지 않게 여겼다. 어른이 하경夏卿(병부 상서)에 발탁되자 주 공은 고사臬事(강서 제형관을 가리킴)를 그만두고 조정의 병부 낭관 직책에 머물렀는데 모두 독단에서 나온 행위였으며, 재상의 의정擬定을 거치지 않았기에 실권자들이 더욱 원망하였다. 두 사람이 평소 서로 우열을 다투며 양보하지 않았음을 알 수 있다. 어른이 또 새로 주 공과 『역』을 논하면서 자기 견해를 고집하였는데, 마침내 주 공이 병부의 낭관에 제수되었다. 두 사람은 과연 모두 떠나지 않아서 끝내 실권자들이 예상한 바와 같이 되었다. ······ '라고 하였다.

— 『후촌선생대전집後村先生大全集』 권156 「임경략묘지명林經略墓誌銘」

임행지와 유극장은 모두 '실권자'가 누구인지를 밝히지 않았다. 다만 주희가 주사를 올린 것은 주필대의 천거에 의한 일이며, 왕회가 재상에서 파직된 뒤 재보 가운데 오직 유정 한 사람만이 반도학파였으니, '예로써 대하'였으나 '속으로 좋지 않게 여긴' '실권자'는 유정을 제외하고는 다른 사람이 없다. 섭적은 「변장辯狀」에서 임률에 대해 '정병鄭丙, 진가陳賈가 은밀한 지침(密相)을 서로 주고받았다는 설을 답습하여서 사용하였다'(『수심집水心集』 권2 「변병부랑관주원회장辯兵部郎朱元晦狀」)고 했는데, 임률이 주희를 탄핵한 데는 확실히 '요직에 있는 자들' 가운데 '은밀한 지침을 준' 자가 있었음을 알 수 있다. 임행지의 논조는 당연히 임률이 입으로 직접 한 말을 들은 것이겠다.

임률의 탄핵장은 일부러 과격한 논조를 써서 주희가 직책에 복무하려 하지 않는 사실을 언급함으로써 남을 놀라게 하는 문장인데, 주희가 '다만 강서 제형에 나아가고자 하여서 이미 성차를 받았으면서도 부서에 나아가 직책에 복무하려고 하지 않았다' 하고, '낭선 또한 가벼운 벼슬이 아닌데 주희는 가

변게 여겼다'고 하였다. 임률이 탄핵하는 글을 올린 일과 주희가 낭관에 제수된 일은 하룻밤 사이를 두고 이루어진 일임에도, 임률은 도리어 주희를 두고 '여러 날 오만하게 흘겨보며 직책에 복무하려고 하지 않으면서 거짓된 행동을 하였는데 가리지 못함이 있었다'고 하였다. 이는 모두 의도적으로 사실을 왜곡한, 이치에 닿지 않은 억지스러운 말이다.

더욱 자세히 음미할 만한 가치가 있는 사실은, 주희가 직책에 복무하지 않은 일을 두고 임률이 억지로 '도학'을 함께 끌어넣었다는 점이다.

> 주희는 본래 학술이 없었으나 다만 장재, 정이의 나머지를 훔쳐서 근거 없이 황당하게 종주로 삼아 '도학'이라고 하며, 함부로 추존하였다. 그가 이르는 곳마다 번번이 문생門生 수십 명을 거느리고 춘추전국시대의 행태를 답습하며, 망령되이 공자, 맹자가 여러 나라를 방문했던 기풍을 (따라하기를) 바랐다. 잘 다스려지는 시대의 법도로 판단한다면 사람을 어지럽게 하는 괴수이다.　　　　　　　　　　　　　　—『건염이래조야잡기』을집 권7
> 「섭정칙론임황중습위도학지목이폐정인葉正則論林黃中襲偽道學之目以廢正人」

임률이 주희를 기꺼이 직책에 복무하려 하지 않는다고 탄핵한 것은 가짜였다. 진짜는 주희 탄핵을 빌려서 도학을 공격한 것이다. 왕회, 주필대, 유정세 상당의 부침과 승강이 교체한 시기에 그의 '반도학'의 숨은 뜻은, 정치상으로 주필대의 상당을 공격하는 데 지나지 않았다. '잘 다스려지는 시대의 법도로 판단한다'는, 살기가 충만한 아우성은 뜻밖에도 당금의 세상을 '공도公道가 크게 행해지고', '서인이 정사를 논하지 않는' 성대한 시대라고 한 조신의 달콤한 읊조림과 한 입에서 나온 말과 같았다.

임률은 끊임없이 자기의 찬란한 저작을 진상하여서 관방의 인가를 받고 높은 지위를 차지하기를 즐겼다. 이런 점에서 그는 엄연히 관방을 대표하는 정통 경학의 대가로서 민간 학술의 소왕素王 주희를 공격했던 것이다. 민간에서 무리를 모아 강학을 하는 행태는 난세의 풍조이며, 당금의 태평 치세에서는 응당 엄격하게 금절해야 한다고 보았던 것이다. 이리하여 그는 '주희의 신구 직임을 지휘하고 아울러 파직하라'고 주청하는 탄핵장을 올린 뒤, 또 급히 누사漏舍(조정의 백관이 조회에 들어가기 전에 모여서 기다리던 장소)로 달려가 황당하게도 장정章程을 위반해가면서까지 대중 앞에서 자기의 소장을 낭독하여 사태를 확대시켰다.

주희가 이 일을 알게 되었을 때 조정은 이미 한바탕 들끓고 있었다. 할 수 없이 주희는 그날로 궁관宮觀을 청하는 차자를 올려서 봉사를 요구하며 회피하였으나, 또한 조신에게 '재가聖裁'를 청하려는 뜻을 갖지 않은 적이 없었다. 6월 11일에 주희가 사장辭章을 올리자 조신은 이상하게 여기고 재집 대신에게 물었다. "임률의 탄핵장이 아직 공개되지도 않았는데 어째서 외정外廷이 시끄러우냐?" 어떤 사람이 대답하였다. "임률이 누사에서 장소章疏를 선언하였기에 사람들 모두 알고 있습니다." 조신은 가부를 말하지 않은 채 한마디 했다. "임률의 말이 지나친 듯하다." 주필대는 기회를 틈타 말씀을 올려서 주희를 두둔하였다. "주희가 전殿에 오른 날 족질足疾이 아직 낫지 않았으나 억지로 등대登對했던 것입니다." 조신도 담담하게 한 마디 했다. "짐도 그가 다리를 절뚝거리고 질질 끄는 것을 보았다."(『건염이래조야잡기』 을집 권8 「회암선생비색은晦庵先生非素隱」)

임률은 언관이 아니니, 만약 '실권자'가 배후에서 지지하지 않았다면 어떤 일이 있더라도 무지하게 언관의 권한을 남용하여서 다른 이를 탄핵할 수 없었다. 송 황조의 전고에는 장이長貳(기관의 장과 부기관장)가 직책에 복무하지 않는 속관을 탄핵하는 일이 없었으며, 일반적으로 육부六部와 시감寺監(대리시,

국자감 등 아홉 시寺와 여섯 감監의 관서)에서 속하를 탄핵할 때도 다만 '회피하겠다(乞行回避)'고 청구할 수만 있었다. 다만 대간이 탄핵해야 비로소 직책을 정지하도록 청할 수 있고, 급사給舍가 논박을 해야 비로소 침파寢罷(직책의 정지)를 논할 수 있었다. 임률의 망령된 탄핵은 단번에 조정에 전해지면서 웃음거리가 되었다. 그러나 조신은 분명히 임률의 뜻에 역성을 들었다. 외정의 여론이 이미 들끓었고 조정의 도학 관료와 주필대 파가 저마다 눈을 부릅뜨고 이를 갈았기 때문에, 조신은 이를 꺼린 나머지 다시 '중도를 쓰는' 법을 추구할 수밖에 없었다.

주필대는 주희를 그대로 강서 제형에 제수하도록 건의하였는데, 이는 그 자신은 물론 주희를 보호하려고 중재하는 일이었다. 조신도 이를 통해 군중의 분노를 잠재우고 자기가 주희와 임률 사이에서 '대중지정의 도'를 시행한다는 점을 드러내 보일 수 있겠다고 생각했다. 그래서 같은 날 11일,[16] 주희에게 그대로 강서의 지절持節을 맡기고 즉시 떠나도록 명하였다. 조신이 제수하는 명은 주희에 대한 임률의 탄핵을 묵인하는 것이나 마찬가지로, 종이 한 장으로 주희를 국문國門에서 나가도록 쫓아내는 것과 같았다. 주필대 일파는 실제로는 실패하였던 것이다.

6월 12일, 주희는 무더운 여름의 혹독한 열기를 무릅쓰고 임안을 떠났

---

16 백전白田(왕무횡)의 『주자연보』는 주희가 6월 을해(•10일)에 옛 직명을 그대로 제수하는 조서를 받았다고 비정하는데, 실은 잘못이다. 『건염이래조야잡기』 을집 권8 「회암선생비색은」에 이르기를, "선생이 듣고 또한 청원하였다. 병자(•11일)에 진정進呈을 하니 상이 이르기를 '임률이 지나친 듯하다. …… 그대로 강서 제형의 직명을 명한다.'고 하였다."라고 하였다. 권7 「섭정칙론임황중습위도학지목이폐정인葉正則論林黃中襲僞道學之目以廢正人」에서 "순희 15년 6월 병자에 두 성(二省)에 진정을 넣어서 ……"라고 하였고, 또 섭적의 「변병부랑관주원회장辨兵部郞官朱元晦狀」에서 이르기를 "주희는 …… 11일에 다시 강서 제형이 되었습니다."라고 하였으니, 주희가 그대로 강서 제형이 된 때는 6월 11일임을 알 수 있다.

다.[17] 그의 마음에는 먹구름이 잔뜩 끼었고, 서책을 버리고 봄을 찾아 떠난다는, 올 때의 그윽한 심경은 일찌감치 연기처럼 구름처럼 흩어져서 사라져버렸다. 배를 타고 동려桐廬의 칠리탄七里灘을 지날 때 그는 두유杜斿, 진문위陳文蔚 등 따르는 제자들과 함께 다시 조대釣臺에 한 차례 방문해서 감상에 젖는 것을 잊지 않았다.

주희는 대체로 이때 도성에 들어왔다가 벽에 부딪치고서야 이전의 현자들이 산림에 자취를 숨긴 데는 말하기 어려운 고충이 있었으며, 또한 엄부자嚴夫子(엄기嚴忌)와 같은 고사高士가 과격하게 기이한 것을 추구하며(素隱), 숲 속에서 달가이 늙어가려는 무리가 결코 아니었음을 더 한층 깨달았다. 그는 해가 서쪽으로 깊이 가라앉는 가운데 또 한 차례 '회인보의懷仁輔義(인을 품고 의를 돕는다)'라는 제자각석題字刻石을 어루만져보고서 강렬한 한 줄기 실망감이 솟아올랐다.

두유가 주희를 대신하여 기유시紀游詩(기행시) 한 수를 읊었다.

이 사람이 숨은 곳은   斯人眞隱處

적막하여 수심에 잠기게 하네   寂寞使人愁

바로 쌍대가 있는 곳에   正著雙臺在

---

17 주희가 임안을 떠나 민閩으로 돌아간 날에 관해서는 각 학자의 연보마다 고증이 되어 있지 않다. 주희의 『문집』 권56 「답방빈왕答方賓王」 서1을 보건대, '근래에 도성에 들어왔다가 반달이 못 되어서 총총히 떠났다' 하였는데, 주희는 5월 하순에 도성에 들어왔고 6월 1일에는 임률의 방문을 받았으니 '반달이 못 되었다'는 것을 근거로 계산하면, 응당 6월 13일 전에 도성을 떠났을 터이다. 주희의 사장辭狀(사직을 청하는 글) 및 당시 재상에게 보낸 차자에서 모두 '강서의 지절에 제수되고 곧 떠났다'고 하고, '다시 옛 관직을 받아 조용히 떠났다'고 하였으니 응당 11일에 조서가 내려온 뒤 즉시 떠났다. 주희가 감히 다시 머물러 있지 못했다면 도성을 떠난 때는 당연히 12일이다.

한 늙은이 노닐고 있네   還從一老儒

서늘한 바람 어득한 골짜기에서 불고   涼風動陰壑

비낀 해는 창주로 지는데   斜日下滄洲

여울 가 깊디깊은 물속에서   灘畔沉沉水

헤엄치는 물고기 낚싯바늘을 피하네   潛魚亦避鉤[18]

배로 난계에 이른 주희는 금화金華의 친구 집에서 분주히 손님을 맞이하고 보냈다. 그러나 마치 선견지명이라도 있었던 듯 그의 사돈(親家) 반경헌潘景憲(주희의 아들 주숙朱塾의 장인)은 한 번도 오지 않았고, 다만 주희에게 시 한 수를 보내서 숨은 뜻이 없지 않은 듯이 권유를 담아 물었다. "그대는 이제 거의 칠리탄을 지났을 터이니, 그만둘 때가 되지 않았는가?"(『문집』 권93 「반경헌묘지명潘景憲墓誌銘」)

주희는 엄자릉탄嚴子陵灘을 '지나가면서(過了)' 세상을 구제하고 군주를 설득하려던 도학의 열광이 벽에 부딪쳐서 정신을 차린 것은 아니었을까? 그 스스로도 회답을 할 방법이 없었다. 다만 그는 부임할 것인지, 아니면 은퇴할 것인지 향방을 고려하지 않을 수 없었다. 구주衢州, 신주信州에서 건녕建寧으로 가는 길에는 혹심한 무더위를 참지 못한 맹호가 떼를 지어서 대낮에 울부짖었고, 길가에는 호랑이에게 잡아먹힌 사람들이 많아서 온 길에 주민들의 곡성과 처량하게 울부짖는 소리가 하늘을 진동하였으나 관부에서는 아무도 와서 상황을 묻지 않았다. 주희는 근심과 두려움에 잠긴 나머지 엄부자를 본받

---

18 『광서난계현지光緒蘭溪縣志』 권5에 보이며 제목은 「주회옹을 따라 조대에 오르다(從朱晦翁登釣臺詩)」이다. 『벽재소집甓齋小集』, 『조대집釣臺集』에도 모두 이 시가 들어 있다. 『광서난계현지』 권5 「열전」, 「유우流寓」 및 주희의 『문집』 권60 「답두숙고答杜叔高」를 참조하여 보라.

아 산림에 돌아가 숨으려는 생각이 뭉게뭉게 일었다.

대략 6월 20일 전후, 주희는 구주에서 마침내 강서 제형의 사면장을 올리고 말았다.

> …… 지금 느릿느릿 서쪽으로 길을 떠나 점점 부임지가 가까워지고 있습니다. 가만히 스스로 생각건대, 남의 신하 된 자로서 이러한 명목을 갖게 되었으니 죄가 죽어야 마땅한데, 어찌 다시 이목_{耳目}과 같은 외대_{外臺}(지방장관)의 직책을 맡을 수 있겠습니까? 가령 성은이 관대하게 처분하신다 하더라도 저는 무슨 면목으로 하급 관리와 백성을 볼 수 있겠습니까? …… 저는 제수되고서 한 차례 집으로 돌아가 대죄_{待罪}합니다. 바라건대, 조정에서 특별히 저의 죄상을 상세히 조사한 뒤 실제로 논박하는 자들의 말과 같다면, 즉시 다시 관직에서 내쫓아 저로 하여금 문을 닫고 들어앉아 허물을 생각하면서 여생을 마치게 하소서. ……
>
> ──『문집』 권22 「사면강서제형장辭免江西提刑狀」 2

주희가 만일 곧바로 강서의 임지에 부임한다면 이는 바로 임률이 탄핵하는 글에서 말한바, '다만 강서 제형으로 돌아가기를 바란다'고 한 내용이 사실로 되고 죄의 증거가 확실히 드러나는 것이 되며, 또 임률의 탄핵을 스스로 승인한 꼴이 될 터였다. 그래서 그는 강서의 부임지로 가는 도중에 홀연 사면하는 글을 올린 뒤 마침내 스스로 집으로 돌아가 대죄待罪하였던 것이다. 그러나 사면하는 글에서는 궁관을 청하지 않고 조정에서 죄상을 상세히 조사해주기를 바랐는데, 이는 일종의 수비로 공격을 삼은 것이며 또한 유연함 가운데 굳셈을 띤 강경한 태도였다.

주희가 임안을 떠나서 사퇴하고 무이산으로 돌아온 뒤 조정의 두 파벌 사이에서는 음으로 양으로 투쟁이 다시 격화하였다. 주필대 상당의 관료는 모두 주희가 축출된 사건을 전체 도학파의 치욕과 실패로 간주하였으나, 다만 한때 임률의 흉악한 기염이 두려워서 분노를 느끼면서도 감히 말을 하지 못하였다. 그러나 혈기 왕성한 주필대 당의 한 사람이 재빨리 분노를 떨치며 일어났다.

주희가 강서 제형의 사면장을 올린 일과 서로 호응하기라도 하듯이, 대략 6월 20일 전후에[19] 태상 박사 섭적이 분을 내며 「변병부랑관주원회장辨兵部郎官朱元晦狀」을 올려서 임률이 탄핵한 글에 대해 조목마다 분석을 하여 하나하나 반박하면서, 임률이 사사로운 감정을 따라 군주를 속이고 거짓으로 무함하여서 상주했다고 폭로하였다.

섭적은 도학에 대한 임률의 공격을 겨냥하여서 통렬하게 지적하였다.

---

19 섭적이 변장辨狀을 올린 날은 주희의 행장과 각 학자의 연보 및 『송사전문宋史全文』, 『속자치통감』 등에는 모두 밝혀져 있지 않다. 섭적의 변장에서 '홀연 임률이 무함하여 탄핵의 글을 올렸기 때문에 축출되었다', '주희 한 사람을 축출했다'고 한 것으로 보아, 그가 변장을 올린 때는 응당 주희가 축출되어서 도성을 떠나고 얼마 뒤의 일이다. 『송사』 「효종본기」에서 섭적이 변장을 올린 사건의 기록 아래에는 "경인(•25일)에 형혹성熒惑星이 태미太微를 범하였다."고 하였으니, 섭적이 변장을 올린 일은 마땅히 6월 25일 이전에 있었다. 『건염이래조야잡기』 을집 권8 「회암선생비색은」에서 "병자(•11일)에 진정하기를 …… 그대로 강서 제형의 옛 직명을 띠게 했고, 이부에 명하여서 관직을 고치게 한 뒤 여러 날이 지나도록 마감磨勘(관리의 인사고과)하지 않고 한꺼번에 돌려주었다. 이때 대례大禮가 겨우 수십 일밖에 남지 않았으므로 상이 선생을 조랑朝郞에 옮기려 하고, 그 아들을 녹명綠名하였다. 박사 섭정칙葉正則(섭적)이 듣고서 맨 먼저 소를 올려 임률과 변론하였다."고 하였다. 마감하여서 전관轉官한 때를 왕무횡이 7월이라고 한 것도 잘못이다. 주희의 「사면강서제형장」 2에서 '그대로 강서의 지절을 맡기고 아울러 떠나게 했는데, 여러 해 마감 ……'이라고 언급하였는데, 이는 6월 11일 주희를 강서 제형에 그대로 제수하는 조서를 내렸을 때 이미 마감하여서 전관하는 은혜가 함께 내린 것이다. 고명誥命은 7월 2일에야 건녕에 당도하였다.

임률의 모든 말을 처음부터 끝까지 살펴보고 따져보았더니 사실이 하나도 없었습니다. 그 가운데 '도학'을 가리키는 한마디는 사실에 맞지 않음이 가장 심합니다. 이해가 걸려 있는 바가 주희뿐만 아니라서 신臣도 힘써 변론하지 않을 수 없습니다. 대체로 예로부터 소인이 충량忠良한 사람을 해칠 때는 대부분 명목을 가리켜서 혹은 명예를 좋아한다 하고, 혹은 이상한 일을 벌인다 하고, 혹은 당파를 심는다고 합니다. 근래 '도학'의 명목을 만들어낸 것은 정병鄭丙이 말을 꺼내고 진가陳賈가 화답한 일입니다. 그리하여 요직에 있는 자들이 은밀히 서로 주고받으면서, 사대부 가운데 조금이라도 깨끗이 수양하기를 좋아하고 거칠게나마 지조를 지키는 자를 보면 대뜸 도학이라는 명칭을 갖다 붙입니다. 선을 행하면 흠결(玷闕)로 여기고 학문을 좋아하면 과실로 삼아, 서로 잡아당기고 낚아채서 나아가지 못하게 하고, 곁에서 기회를 엿보아 편안함을 얻지 못하게 합니다. 이에 현명한 선비는 두려워하고 보통 재질을 가진 사람은 무너졌으며, 소리가 잦아들고 그림자가 사라져서 덕을 더럽히고 행실을 더럽게 함으로써 이 명목을 피하니, 거의 채식을 하고 마귀를 섬기며(喫菜事魔) 초상을 그려서 저주를 일삼는(影迹犯敗) 무리와 같습니다. 지난날 왕회가 대간과 표리를 이루어 남몰래 올바른 사람들을 폐하였는데, 대체로 이런 방법을 썼습니다. …… 임률은 시종이 된 뒤에 비루하고 천박한 짓거리로 폐하의 덕스러운 뜻과 의지에 통달하여서 아랫사람에게 믿음을 보이지 못하였습니다. 그리고 더욱 정병과 진가가 은밀한 지침을 서로 주고받았다는 설을 답습하고 이용해서 도학에 큰 죄를 씌우고 교묘하게 말을 꾸며내 주희 한 사람을 축출하였습니다. 이로부터 떠도는 말에 진실이 없고 참소하는 말이 마구 생겨났으며, 선량한 사람들이 재앙을 입지 않는 곳이 없습니다! ……

— 『수심문집』권2 「변병부낭관주원회장」

섭적이 변장辨狀을 올린 까닭은 결코 다만 주희를 위해 한번 변호하려는 데만 있는 것이 아니었다. 임률이 상주 탄핵을 빌려 전체 도학을 크게 욕한 일에는 이미 '이해가 걸려 있는 바가 주희뿐만 아니었기' 때문이다. 섭적은 변장에서, 왕회와 함께 일맥상통하여서 반도학을 빌려 자기와 다른 자들을 배격하는 임률의 진짜 모습을 들춰냈던 것이다.

섭적은 언관의 신분이 아니었는데, 지난해 겨울 윤대輪對로 인해 비로소 태학 박사에서 태상 박사로 승진하여 제수되었다. 대신 이하 모두가 가을 매미(寒蟬)처럼 입을 다물고 있는데, 어떻게 그가 감히 구구한 일개 태상 박사로서 변장을 올려 항변할 수 있었을까? 사람들은 모두 그와 주희 및 주필대 사이의 관계를 알지 못하고서 이 일을, 한 시대를 격동하는 의분에 찬 거사로 보았다. 사실 섭적은 이때 사상이 아직 도학의 범위를 벗어나지 못했을 뿐만 아니라 도학파인 주필대 당의 재사才士였고, 주희의 제자들과 더욱 밀접한 관계를 맺고 있었다.

일찍이 순희 3년(1176)에 가난한 선비(韋布)로서 곤경을 겪고 벼슬길이 어긋나 갈팡질팡했던 섭적은 임안으로 가서 병부 시랑 주필대를 뵈었는데, 문필의 경지가 높고 오묘하여서 주필대로부터 인정을 받고 조사漕司에게 천거되었다. 그 뒤 아주 빠르게 조거漕擧로부터 성시省試를 거쳐 정시廷試에서 방안榜眼을 차지하였다.

순희 5년에 주필대는 왕재신王才臣에게 보낸 편지에서 속사정을 털어놓았다. "지난해 가을에 우연히 온주溫州의 섭적이라는 사람을 만났는데 문필의 경지가 높고 오묘하였기에 조사漕司에게 편지를 보내서 문객門客의 자격으로 천거하였습니다. 석 사호石司戶가 섭적의 식견이 자못 높음을 알고서 마침내 전열에 두었습니다. 다행히 성시를 거쳤으며, 정시에서 드디어 방안을 차지했다고 합니다. 짧은 시간 동안에 세 차례나 정식 시험의 시권을 제출하였습니다. 지금 시대의 문장이 모두 그러하니, 또한 어찌 불가함이 있겠습니까?
그러나 섭적은 나이 서른까지 향곡鄕曲에서 천거를 받지 못했습니다. 이로써
버려진 인재가 매우 많음을 알 수 있습니다."(『주익국문충공집周益國文忠公集』권1 「서
고書稿·여왕재신서與王才臣書」)

주필대가 섭적을 천거한 시기가 사호史浩와 공무량이 그를 천거한 시기보
다 훨씬 앞섰음을 알 수 있다. 섭적은 주필대에 대해 충심으로 감격하였고,
주필대는 그를 벼슬길에 발탁하는 데 남은 힘을 아끼지 않았다. 순희 15년
(1188) 2월에 주필대는 추밀사에서 우상右相에 제수되었고, 섭적도 동시에 태
상 박사 겸 실록원 검토관太常博士兼實錄院檢討官에 제수되었다. 순희 16년 2월
에 나점羅點이 섭적을 대간의 관원에 천거하였는데, 조신은 그가 주필대의 당
이라는 이유로 뽑아 쓰지 않았다. 5월에 주필대가 재상에서 파직되어 떠난
뒤, 섭적도 같은 달에 외직으로 보임되어서 호북 참의관湖北參議官에 제수되었
다. 섭적의 관운이 주필대 당의 부침과 진퇴를 같이했음을 알 수 있다.

주희와 섭적은 순희 8년(1181)과 순희 9년에 두 차례 만났다. 이로부터 섭
적은 주희에게 편지로 학문을 물었고 매우 공손히 예를 갖추었다. 주희는 주
사를 올리기 전에 섭적에게 편지를 보내 경황문耿黃門의 차자와 흠종의 비답
등에 관한 일을 물었다. 주희가 도성에 들어오자 섭적은 또 그가 묵는 곳에
찾아가 예방하였는데, 이는 두 사람의 세 번째 만남이다.

주희는 소희 3년(1192)에 섭적에게 보낸 편지에서 전적으로 이때 상견하
여 강론한 일을 언급하였다.

예전에 함께 만난 날이 매우 적었음에도 서로 인정해주는 뜻은 매우 깊
었습니다. 중간에 우사寓舍에 함께 앉아서 시간을 보내며 그대의 의중을 살
펴보았더니, 마치 말하고자 했으나 끝내 머뭇거리다가 입 밖으로 꺼내지

못한 듯했습니다. 전후로 서찰을 주고받으면서 비록 다시 조금 날카로움을 내보이긴 했으나, 또한 피차 속마음을 다 기울여서 실사구시(以求實是)의 해답을 찾지는 못하였습니다.　　—『문집』 권56「답섭정칙答葉正則」서3

'우사에 함께 앉아서 시간을 보내며'라 한 것은 임안의 우사에서 상견한 일을 가리킨다. 두 사람은 비록 학술상에서는 서로 견해가 합치하지 않았으나 왕회 당의 반도학에 반대한다는 점에서는 일치하였다.

섭적이 변장을 올릴 때 주희의 정황에 대한 모든 내용을 이처럼 상세하게 알 수 있었는데, 이는 주로 주희의 제자가 그에게 알려준 것이었다. 섭적은 조정에 들어간 뒤 도학 관료들과 더욱 긴밀하게 왕래했고, 주희의 제자인 동료와 함께 일을 하면서 무엇이든 터놓고 말하였다. 태상승 첨체인詹體仁(＊원선元善), 태상주부 임식林湜(＊정보正甫)이 모두 주희의 고제였으며 소싯적부터 주희를 따라 배우고, 벼슬길에 들어간 뒤에는 조정에서 도학의 중견이 되었다. 첨체인은 나중에 섭적과 같이 위적僞籍에 들었으며, 임식도 도학 강경파의 한 사람이었다. 섭적은 그들과 함께 태상시에서 의기가 투합하여 늘 밤 깊도록 촛불을 높이 밝히고 큰소리로 열띤 토론을 벌였다. 이야기가 서로 의기투합하게 되자, 첨체인과 임식은 뜻밖에도 모두 자기들이 죽은 뒤의 묘지명을 섭적에게 부탁하였다.

섭적은 태상시에서 함께 지냈던 이 시기를 나중에 다음과 같이 추억하였다. "나는 예전에 공(＊임식) 및 첨원선(첨체인)과 함께 태상시에 있었는데, 계속 불을 밝혀 놓고 한껏 얘기를 나누었다. 공은 나에게 명문銘文을 부탁하였다."(『수심문집』권19「임식묘지명林湜墓誌銘」) "내가 공(＊첨원선)이 조정에 있을 때 보니 자주 높은 지위에까지 올랐는데 의로워서 구차하게 취하지 않았다. 일찍이 동료와 한가하게 얘기를 나눌 때 나를 돌아보며 탄식하기를 '우리가 일생을 잘 마치거든(自立) 모름지기 그대가 묘지명을 잘 써주기를 바랄 뿐이라' 하였다."(동상, 권15 「첨체인묘지명詹體仁墓誌銘」) 섭적은 만년에 과연 묘지명 두 편을 잘 써서 구천九泉의 아래에 있는 두 도학 쟁신의 영혼을 위로하였다.

이 무렵 태상시에는 그들 세 사람 외에 또 태상시 승 황보黃黼가 있었는데, 그 역시 나중에 경원당금 동안 유덕수劉德秀의 탄핵을 받아 이름이 위적에 올랐다. 태상소경 우무는 주필대 당에서 명망을 널리 떨친 도학의 핵심 인물이었는데, 오래지 않아 권 예부 시랑에 올랐다. 더 나아가 예부 상서 왕린王藺도 있었는데, 그는 더욱 도학파 중에서 감히 직언으로 간을 하고 날카로움을 밖으로 드러낸 '수호신(護法神)'이었다. 나중에 그의 이름이 당적의 앞줄을 차지하였다.

주필대 당의 도학파는 왕회 당의 반도학파가 병부를 장악한 것과 마찬가지로 예부를 장악하였고, 단지 자잘한 태상시에서 주희의 제자를 핵심으로 한 도학의 강력한 집단을 형성하였다. 주필대가 재상에 오른 뒤 첨체인은 그에게 진부량 등 명사 열세 사람을 천거하였고, 섭적도 진부량 등 명사 서른 네 사람을 천거하였다. 이를 통해 이 예관禮官 두 사람이 암묵적으로 매우 죽이 잘 맞았음을 알 수 있다. 분명 섭적이 올린 변장은 첨체인, 임식, 우무 등과 상의를 거쳤을 터이며, 주희가 도성을 떠나 집으로 돌아가서 대죄한 뒤 다시 섭적이 나서서 글을 올려 임률을 비평한 것은, 바로 그들의 의도적인 안배에서 나온 일로 생각된다.

조신과 조정 대신들은 섭적이 올린 변장의 배경에 대해 자연 의도한 바가 있다고 여겼으므로 그의 변장에 답을 하지 않았다. 그러나 뒤를 이어서 주희가 부임하기를 거부하는 사면장을 올리자, 조신은 주필대 도학 일파의 원한과 분노의 정서를 위무하지 않을 수 없었다. 6월 26일에 그는 전지를 내려서 "주희가 질병을 무릅쓰고 입대하여서 주차를 올렸는데, 모두 새로운 직임에 관한 일을 논하였다. 짐은 그의 정성을 헤아려서 그가 청한 대로 이미 지휘를 내렸으니, 속히 임직에 나아가라." 하였다. 이는 실제로 주희에게 심리하고 처벌을 기다릴 만한 죄가 없음을 선포한 것이다. 동시에 고명을 한 건 내려서 주희를 마감한 뒤 조봉랑朝奉郎으로 전관시켰다.

주희는 개관改官(관원을 승진시키거나 관원이 아닌 사람을 공직에 임용하는 제도)된 뒤 줄곧 봉사직을 맡았으므로 고과를 매길 만한 성적이 없었고, 나중에 남강의 수령과 절동 제거의 임직에 있을 때 특별히 첩직帖職(겸직)에 제수되었기 때문에 줄곧 마감하여서 전관된 적이 없었다. 14년 뒤에 조신이 이런 시기를 골라 주희를 마감하여서 조봉랑으로 전관시킨 일은 참으로 엄청난 고심을 한 결과이다. 조봉랑은 원외랑員外郎에 속한다.

임자법任子法에 따르면, 조정에서 대례大禮를 만나면 제점 형옥에게 청하여 자식 한 사람에게 장사랑將仕郎의 음직을 주도록 은전을 베풀었다. 조신의 의도는, 주희를 승진시켜서 궁궐의 은혜를 받아 관례대로 자식 하나를 녹명하게 해줌으로써 도학의 우두머리에 대한 위로의 뜻을 보이려는 것이었다.

주희가 채원정에게 자기를 위해 점을 쳐달라고 청하기에 채원정이 시점筮占을 쳤더니, '가는 것이 이로우니 형통하다(利往之亨)'는 결과가 나왔다. 그리하여 주희는 강서 제형의 사면을 청하는 글을 올리고 대죄하면서 궁관을 청하였다. 7월 2일 마감의 고명이 당도했을 때 그는 마감하여서 전관되는 일을 사양하겠다고 청하는 글을 올렸다.[20] 그리고 집에 있으면서 섭적이 변장을

<hr>

20 『문집』 권22 「사면마감전관장辭免磨勘轉官狀」에 "위(右)는 주희에 대해 이달 2일에 상서, 이부에 의해 고명 한 건을 내려서 조봉랑에 전관하도록 마감하는 것입니다." 하였다. '이달'은 당연히 7월을 가리킨다. 왕무횡은 8월로 보고 "이달은 8월이니, 전관은 자연 7월에 있었다."고 하여서 '8월에 전관을 사직했다'고 확정하였으니 한 달을 늦춘 것인데, 실은 잘못이다. 주희의 이 사면장을 보건대, 분명 "지금 생각지도 않은 심한 탄핵을 받았는데, 도리어 성지聖知를 입

올린 뒤 조정에서 일어나는 동향을 면밀히 주시하였다.

임안의 조정에서는 섭적이 변장을 올려 항변한 뒤 두 파의 서로 간 공격이 또한 커다란 파문을 일으켰다. 수치가 분노로 바뀐 임률은 주대奏對를 청하여 섭적과 조정에서 변론을 진행하게 해달라고 요구하고, 또한 논쟁의 범위를 주희가 마음속에 도통의 성인으로 받든 장재를 마구 공격하는 데로 확대해갔다. 주희는 채원정에게 보낸 편지에서 임률이 재차 트집을 잡아 소동을 일으킨 일을 언급하였다. "듣자 하니, 임률이 또 주대를 청하여서 논하는 사람과 조정에서 변론하기를 바란다 하고, 또한 횡거橫渠(장재)를 매우 급하게 공격하였다고 합니다. 상께서 모두 받아들이지 않으니 부끄러워서 의기소침하여 물러났다는데, 끝내 어찌될지 모르겠습니다."(『속집』 권2 「답채계통」 서70)

또 소진수蘇晉叟에게는 다음과 같이 말하였다. "『서명설』은 더욱 가소롭습니다. 그(*임률)가 올봄에 부쳐왔는데, 이것이 또한 예전에 분분했던 일(주희가 쫓겨난 일)의 단서 가운데 하나입니다. 나중에 또 주대를 청하여서 횡거를 더욱 심하게 비방하였습니다. (상이) 답을 듣지 못하고 물러났습니다. 접때 하늘의 해(天日, 황제)가 맑고 밝지 않았더라면, 이 또한 족히 학자의 재앙이 되었을 터입니다."(『문집』 권55 「답소진수答蘇晉叟」 서1)

어서 이전의 관직에 차견해주시고, 특별히 유사에게 조칙을 내려 마감해주셔서 은총을 베풀어주셨습니다. …… 근래 바야흐로 상서성에 장계를 올려 병부 시랑 임률을 회피하게 하고 이어서 궁관에 차견해주기를 청하였는데, 받은 은명을 저는 실로 감히 까닭 없이 받아들일 수 없습니다."라고 하였다. 이는 6월 11일에 주희를 강서 제형에 고쳐 제수하고, 주희가 도성을 나감에 조서를 내려서 다시 마감하여 강서의 임지로 부임하도록 은총을 베풀었던 것이다. 또 7월 경신(*26일)에 주희는 이미 보문각 직학사와 사록으로 있었고 8월 초하루에는 사록을 사직하였으니, 주희가 8월 2일에 '바야흐로 상서성에 장계를 올렸다' 하고 '궁관에 차견해주기를 청하였다'고 할 수는 없다. 이는 더욱더, 마감하여서 전관한 것에 대해 주희가 사면을 청하는 글을 올린 일이 7월에 있었음을 충분히 증명한다.

임률이 이때, 사태를 가라앉히고 사람을 진정시키며 중도를 잡아서 양쪽을 온전히 하려는 조신의 '성의聖意'를 거스르고, 다른 사람의 말을 듣지 않고 한결같이 완강하게 자기 생각을 고집했기 때문에 결국 이에 자극을 받은 도학 인물 두 사람이 격노하여서 반격하였다. 7월에 먼저 좌보궐 설숙사薛叔似가 상주하여서 주희를 구원하였고, 뒤를 이어 시어사 호진신胡晉臣이 임률을 논핵하였다.

영가의 명사 설숙사는 채 3개월도 되지 않은 동안에 먼저 고묘 배향 논쟁 중에 상소하여서 양만리를 유임시켰고, 이어서 왕회를 탄핵, 파직시켰으며, 지금 또 상주하여 주희를 구원함으로써 도학파 가운데 더욱 주목 받는 인물이 되었다. 구원을 상주한 글은 비록 없어졌지만, 나중에 주희는 영가의 여러 학자들과 견해가 많이 합치하지 않았을 때도 설숙사에 대해서만은 깊이 믿고 의심하지 않아서 섭적마저도 곤혹을 해소하지 못하고, "저 건안建安(•생각건대 주희를 가리킨다)의 헤아림과 판단은 영가의 학자들을 소외시키고 그들의 의견에 동의하지 않았지만, 다행히 공에 대해서만은 의심하지 않았으니 그 까닭을 아무도 알 수 없었습니다."(『수심문집』권28「제설단명문祭薛端明文」)라고 하였다. 설숙사가 때맞게 힘을 써서 상주하여 구원한 일에 대해 주희가 넘치도록 감격했음을 알 수 있다. 설숙사는 나중에 위적에 이름이 올랐는데, 주희를 상주하여서 구원한 일이 커다란 죄중이었다.

호진신은 자가 자원子遠이며 나중에 경원당적에 오른 황유黃由가 그의 사위이다(『유환기문游宦紀聞』권1). 그도 일찍이 근습과 소인의 권력 농단을 극력 논박함으로써 조정에 널리 알려졌고, 청의에서 그를 깊이 중시하였다. 이때 그는 막 기거랑起居郎에서 승진하여서 시어사에 제수되었는데, 새로운 관직에 임명되어 일약 시험을 해보려 하고 있었다. 7월 17일, 그는 임률을 논핵하는 주장奏章 한 통을 올렸다.

임률은 집요하고 남과 통하지 않으며 잔인하고 강퍅하며 제멋대로 합니다. 동조하는 사람은 편들고 견해가 다른 사람은 공격하는 논의가 논사論思하고 헌납하는 신하에게서 일어나며, 일없이 학자를 가리켜 당이라 하니 사람들이 가장 듣기 싫어하는 바입니다. 이른바 천하에는 본래 일이 없고 용렬한 사람이 스스로 소란하게 할 뿐이라 하는 것입니다!

설숙사, 호진신이 잇달아 탄핵을 하고, 섭적이 변장의 답을 받지 못하여 분을 내서 외직의 보임을 청하자, 도학 관료들도 새로이 공세를 취하였다. 이 때 막후에서 부추기던 유정이 어부지리를 얻었다. 그는 조신에게 양쪽을 다 물리치는 방법을 제시하였는데, 이것이 조신의 구미에 딱 들어맞았다. 7월 25일에 임률을 천주泉州의 지주에 내보낸다는 차자가 내려왔다. 다음 날 7월 26일, 주희를 보문각 직학사에 제수하고 서경西京 숭산嵩山의 숭복궁崇福宮을 주관하게 하였다.[21]

유정의 진정한 의도는 왕회의 잔당을 이용하여 한창 득세하고 있는 주필대 당을 타격함으로써 자기가 재상의 지위에 오르고, 사당私黨을 심어서 길을 열려는 것이었다. 양쪽을 다 물리치게 하는 유정의 계책은 한편으로는 임률을 보호하고, 또 한편으로는 도학의 우두머리 주희가 다시 입조하는 일을 막았다. 천주는 큰 지방(大藩)으로서 부유하기가 동남의 으뜸이었으며 줄곧 조정을 나온 집정이나 시종의 요관要官을 우대하던 자리였다. 유정은 임률을 천주

---

21 임률이 외직에 보임된 일이 7월 25일에 있었다는 사실은 『송회요집고宋會要輯稿』 제101책 「직관」 72 〈출강〉 및 『송사』 「효종본기」, 『건염이래조야잡기』 을집 권8 「회암선생비색은」에 상세히 보인다. 주희가 사록을 받은 날은 사적史籍이나 각 학자의 연보에는 실려 있지 않다. 『용천집』 권21 「여우연지시랑與尤延之侍郎」을 보면 "임황중(임률)이 군수가 된 다음 날 주원회(주희)가 봉사직을 얻었다."고 하였으니, 응당 7월 26일이다.

의 수령으로 내보냄으로써, 왕회가 당중우를 강서 제형으로 옮기고 서후徐詡를 천주의 지주로 옮긴 낡은 연기를 다시 펼쳤던 것이다. 그에 견주면 봉사를 맡고서 집으로 돌아간 주희는 도학의 춥고 고달픈 모습이었다.

조정에서는 여러 달 지속되던 한바탕 격렬한 투쟁이 반복적으로 엎치락뒤치락하다가 결국에는 쌍방이 서로 공격하다 파직되어서 조정을 떠나는 결과를 가져왔다. 그러나 승리한 것은 왕회의 당도 아니고 주필대의 당도 아니었으며, 주희의 도학도 아니고 임률의 반도학도 아니라 조신의 '중도를 쓰는' 방법이었다. 양쪽이 모두 패하고 손상을 입은 가운데, 앉아서 어부지리를 얻은 자는 참지정사 겸 동지추밀원사 유정이었다. 이로부터 임률은 임안 조정의 무대에서 소리가 사라지고 종적을 감추었으며, 주희는 그대로 궁벽한 산에 엎드려 사록에 의지하면서 계속 풀뿌리를 씹는 나날을 보냈다.

8월 1일, 조정에서는 주희에게 겉치레만 번지르르한 고사誥詞 한 통을 내렸다.

짐은 생각건대, 청렴한 절의가 확립되지 않고 풍속이 순수하지 못한 까닭에 나아오기를 어려워하고 물러나기를 쉬이 여기는 선비를 얻어서 드러내어 쓴다면 거의 대번에 구습을 변혁시킬 수 있으리라 여겼다. 네 학술은 연원이 오래고 조행操行을 기른 지 오래이다. 뜻은 시대를 근심하는 데 있었으나 일찍이 하루도 조정에 서보지 못하였다. 근래 부자사郎刺史로 편전에 들어와 아뢰었으니, 짐은 그 곧은 견해를 가상히 여기고 낭조郎曹에 머물러 두었다가 장차 청요직에 나아가게 하려고 하였다. 그런데 문득 질병을 염려하여서 평민으로 돌아가기(初服)를 간구하였다. 평소의 의지를 힘써 따르고 다시 진사眞祠(도관의 사록)를 청하였다. 지휘함에 가고 오는 것에 아무런 뜻이 없고, 벼슬을 하고 그만둠에 기쁨과 성냄을 드러내지 않으니 이는 옛 청달淸達한 선비이다. 짐이 네 정성을 살펴보니 조정의 2등 관직에 쓸 만하다. 듣자 하니 넉넉하고 한가한 녹을 먹으며 몸은 비록 바깥에 있어도 풍속의 교화에 예權가 있다고 한다.

——「중서사인정교행사中書舍人鄭僑行詞」

조신은 분명 주희를 청담의 도학가로 여겨서 도성 밖으로 축출했으면서도, 도리어 그에게 '시대를 근심하고', '청달하다'는 거창한 고깔을 씌웠다. 이는 조신과 반도학가들이, 그들이 멋대로 타격하고 죄를 뒤집어씌우려고 하는 도학가들보다 더 '거짓(僞)'일 뿐임을 밝히 드러내는 데 지나지 않는다. 주희는 지난해 8월 이래 사록을 잃고 옹근 한 해를 보내면서 일찌감치 생계가 궁핍하여 근심에 잠겨 있었다. 8월 14일에 그는 글을 올려 숭복관의 사록을 받았는데 직책에 나아가지 않겠다고 사면하였으나, 윤허를 받지 못했으므로 조용히 배명하였다.

이때 주희와 임률이 서로를 공격한 일은 순희 9년(1182)에 주희와 당중우가 서로 공격한 것과 마찬가지로 사대부들 사이에서 진동을 일으켰다. 그때와 다른 점은 왕회를 대체하여 주필대가 사대부들에게 질책을 받는 위치에 처했다는 점이다.

글을 올리고 돌아가 있던 진량은 예부 시랑 우무에게 편지를 써서 주필대에 대해 극도의 불만을 표시하였다. "임황중(임률)이 군수가 된 다음 날 주원회가 사록이 되었는데 …… 그러나 원회는 날로 늙어가고 세상 사람들의 의식은 쌀쌀한데 시대의 현자가 끝내 버려져서는 안 됩니다. 기중幾仲(원추)과 정칙(섭적)이 외직을 구하려 한다는 말이 들리는데, 주 어른(•주필대)이 홀로 정치의 실권을 장악하고 있으면서 어찌 현자를 이런 지경에 빠뜨리게 합니까!"(『용천집』권21 「여우연지시랑」) 소심하고 일을 두려워하며, 명철보신하면서 감히 나서서 자기가 올린 글을 지지하지 못하고, 오직 선한 무리와 청류淸流에 연루되어 '붕당'으로 지목될까 두려워서 주희를 구원하고 진부량을 천거하는 데 힘을 쓰지 않는 그에 대해 분연히 불평하는 기색을 드러냈다.

육구연도 상산에서 태상소경 나점羅點에게 편지를 썼다. "큰 좀(大蠹)이 제거된 뒤(＊생각건대, 왕회가 재상에서 파직된 일을 가리킨다) 사방에서 주시하였으나, 혁신된 정사에 대해서는 아득히 들은 바가 없습니다. …… 보내오신 편지에 주(주희), 임(임률)의 일을 '한집안 사람들이 서로 모순된다'고 하였는데, 모르겠습니다만 누가 남의 집안입니까? 옛사람은 다만 시비사정是非邪正을 묻고 자기 집, 남의 집인지를 묻지 않았습니다. …… 근래에 임률을 축출한 대단臺端(어사대)의 말을 보니, 또한 그 비루함을 거듭 탄식하게 합니다. 아이들이 모여서 노는데 교활한 아이가 섞였으니 오히려 무엇을 바라겠습니까? 나라의 복이 아니니 ……"(『육구연집』 권13 「여라춘백與羅春伯」)

육구연은 주희가 파직되고 봉사가 되어서 돌아간 것을 보고 자기가 왕회의 하수인에게 논핵당하는 것을 연상하였다. 그는 주희와 같은 관점에서 붕당으로 나누는 것을 반대하고 시비사정으로 봐야 한다고 주장하였다. 그리고 주필대 및 대단은 도리어 일당의 사사로운 분노를 품고 서로 다투는 것에 불과하기에 시비사정을 명백히 변별해서 주희를 위해 정의를 신장하지 못하며, 양당의 투쟁은 마치 '아이들이 모여서 노는 것'과 같아 서로 싸우면 피해를 입는 쪽은 주희라고 보았다.

주필대는 관건이 되는 시기에 자기 한 사람의 재상 지위를 지키기 위해 임금의 뜻에 아부하여서 따르고, 감히 자기가 천거한 주희를 위해 항쟁하지 못하였다. 심지어 섭적이 글을 올려서 논변하는데도 구원의 힘을 보태지 않았다. 섭적도 낙심하여 글을 올려서 청하는 일 외에 주필대에 대해 실망을 드러냈다. 이는 왕회의 당과 견주어 주필대의 당은 시작하자마자 곧 연약하게 흩어진 조정의 세력임을 환히 드러냈다. 이 점은 그의 당이 단명한 상당으로, 순식간에 조정의 무대에서 구름과 연기처럼 흩어져 사라지고 마는 운명을 결정하였다.

주희는 이 같은 한바탕 곡절을 거치면서 주필대에 대해 감히 '대승기탕大承氣湯'을 쓰지 못하는 재상임을 간파하였고, 무이에 돌아오자마자 주필대에게 차자를 보내 직언으로 훈계하였다. "만약 아첨하고 (상의) 의지를 따르는 것으로써 자리를 튼튼히 하는 기술로 삼고, 포섭하고 질투하는 것으로써 당을 보호하는 계책으로 삼는다면, 이는 참으로 이전 사람들이 자기를 패하게 한 방법이고, 승상께서 평소에 그르다고 한 것입니다."(『문집』 권27 「여주승상차자與周丞相箚子」)

주희는 심지어 임안에서 이미 '군자와 소인을 섞어 쓰는' 주필대가 필연적으로 실패할 수밖에 없는 운명에 처했음을 예감하였다. 주필대는 1년이 못되어 과연 재상에서 파직되었다. 주희는 상오向澔에게 보낸 편지에서 다음과 같이 자기의 예감을 말하였다. "주 공(주필대)이 재상에서 파직된 뒤 …… 저는 그가 일찍 떠나지 않아서 안타까운 것이 아니라 그가 용감하게 행동하지 않은 점이 한스럽습니다. 천하에 어찌 정도正道와 사술邪術을 동시에 행하고 군자와 소인을 잡다하게 등용해서 훌륭한 일을 하는 사람이 있을 수 있겠습니까? 작년에 도성에 들어갔을 때, 이미 그가 반드시 오늘날과 같은 재앙을 당할 것임을 의심하지 않았습니다."(『별집』 권4 「상백원向伯元」 서10) 그의 관점은 육구연과 의논이라도 한 듯이 합치하였다. 따라서 그는 끝내 정도와 사술을 겸하여 쓰는 주필대 상당의 일원이 되기를 수긍하지 않았고, 상당이 분쟁하는 소용돌이 속에서 초연히 부임하기를 수긍하지 않았던 것이다.

이때 임률과 서로 얽힌 모순과 갈등에 대해 주희는 나중에 자아 반성을 하였다. 그는 진공석陳孔碩에게 보낸 편지에서 임률에 관해 물었다.

사명四明과는 가끔이라도 소식을 주고받으십니까?(*생각건대, 사명은 임률을 가리킨다. 그는 같은 해에 천주에서 다시 명주明州의 지주로 고쳐 제수되었다) 그의 『서명설』을 읽어보셨습니까? 문리文理를 전혀 알지 못하면서 감히 선배를 함부로 평가하여 사람을 평안하지 못하게 합니다만 또한 매우 가소롭습니다. 여태까지 제 변론의 이치가 바르지 않은 것은 아닙니다만 스스로 부끄러운 점은, 애초에 간절하고 지성스러운 마음이 없으면서 희롱하고 모욕하는 마음으로 실소를 하여 원망을 불러들이고 소란을 일으켰다는 사실입니다.

— 『문집』 권49 「답진부중答陳膚仲」

주희는 일면 진실한 말을 하였다. 주희의 눈에 비친 임률은 끝내 다만 '속유俗儒'의 한 사람이고, 그의 논변은 더욱 왕회 당의 사람이 정치상에서 털어놓은 분노의 정서를 띠고 있었다. 또한 그의 천박하고 누추하며 번쇄한 『역설』과 『서명설』은 정교하고 심오하며 간명하게 요약된 육구연 심학의 체계와 함께 거론될 수 없었다. 그러므로 주희가 임률에 대해서 희롱과 모욕, 야유의 태도를 취했다고 한다면, 육구연에 대해서는 엄숙하고 진지한 태도로 한 뼘 땅을 다투지 않을 수 없었다.

주희가 보기에 육구연과 양간楊簡의 위험은 임률보다 훨씬 심하였다. 나중에 주희는 한 제자가 "임황중(임률)의 글은 헐어버려야 합니다." 하고 말하자 다음과 같이 대답하였다. "도리어 양경중楊敬仲(양간)의 글을 헐어버려야 한다."(『어류』 권124) 사실, 주희 본인뿐만 아니라 주희의 고제 황간黃榦도 임률을 육구연이나 진량과 같은, 학파의 주요 적수로 간주하지 않았다. 그리고 임률도 나중에 태도를 약간 바꾸었다.[22] 그러므로 주희와 임률이 융흥(1163~1164),

---

22 황간이 지은 「대제임황중시랑문代祭林黃中侍郎文」은 임률을 칭찬하는 표현이 많으며, "비록 당

건도(1165~1173) 이래 음으로 양으로 벌인 논쟁은 이때 임안에서 서로 대면하여 우열을 가린 뒤로 자연스레 결말을 고하였고, 이제 주희는 목표를 홍매와 육구연에게로 향하였다.

세의 대유大儒(•주희를 가리킨다)로부터 혹 배척을 당했고, 저서와 세운 이론이 참으로 우리의 취향과 달랐으므로 아무리 전현前賢의 독실한 이론이라도 즐겨 따르지는 않았습니다. 공의 과실을 보면 공의 인에 가까운 점을 또한 볼 수 있을 것입니다. 논하는 사람은 본래 한 가지 허물로 크게 순수한 점을 가려서는 안 될 것입니다."라고 하기까지 하였다. 순희 15년(1188) 에 조정을 떠난 뒤 임률의 행적은 『송사』에는 실려 있지 않으나, 실은 오래지 않아서 곧 죽었다. 『후촌선생대전집後村先生大全集』 권156 「임경략묘지명林經略墓誌銘」에 근거하면, "광종 황제께서 용비龍飛하셔서서(•순희 16년 2월에 광종의 즉위를 가리킨다) 시사가 일신되었다. 간숙簡肅(•임률) 이 차대次對하다가 향리에서 막 관직을 제수받았는데, 주필대의 계책으로 호胡(•호진신)가 면직당하고 대간에서 나온 일에 대해 애석하게 여겼다. 가령 (임률이) 경원당금慶元黨禁을 본다면, 나(유극장劉克莊)는 그(임률)가 반드시 주 공(주희)을 위해 변무辨誣하였음을 알 것이다." 하고 일컬었다.

朱子評傳

제16장
전통 반성에서 현실 비판으로

'무극으로부터 태극이 된다'는 수수께끼

주희와 육구연의 태극 논전

무신봉사戊申封事 : 반성과 비판의 이정표

‘무극으로부터 태극이 된다’는 수수께끼

주희는 논전 가운데서 뜻밖에도 더욱 교활한 고수인 홍매洪邁를 만났다. 그가 임안에서 주사를 올리는 데 실패한 일은 도성에 들어가 임률林栗과 태극 논변을 시작한 일, 돌아가는 길에 홍매와 태극 논쟁을 끝낸 일과 함께 기괴한 양상을 띤 정치적 희극을 구성하였다. 이는 육구연陸九淵보다 왕회王淮 당우들이 더 일찌감치 예민한 정치적 후각으로 ‘무극無極’, ‘태극太極’을 포착하고서 주희에게 ‘위학僞學’의 죄명을 날조하여 덮어씌웠음을 밝히 드러낸다. 왕회는 재상에서 파직되기 전에 미리 무형의 함정을 설치해 놓았다. 이는 주희로 하여금, 왕회의 상당이 우두머리의 몰락과 함께 자취를 감춘 뒤에, 씻을 수 없는 작위作僞의 죄를 짓고 경원당금에 이르러서 문자옥文字獄의 박해를 받게 하였으며, 더욱이 후세에는 풀리지 않는 천고의 ‘태극’ 수수께끼를 남겨 놓았다.

순희 15년(1188) 6월 중순에 임안에서 주사를 올리고 돌아오는 길에 주희는 옥산玉山에서 한림학사 홍매를 만났다. 홍매는 5월에 양만리楊萬里와 고묘 배향 논쟁을 벌인 일로 인해 진강鎭江의 지부知府로 나갔다가 6월에 찬궁攢宮(황제·황후의 임시 빈소. 남송 때는 고토 수복 뒤 중원에 이장을 한다는 뜻에서 황제나 황후의 무덤을 찬궁이라 했다)의 일로 전관轉官(관직의 한 단계 승진)의 추은을 받아, 정봉대부正奉大夫에서 선봉대부宣奉大夫로 승진하였다. 그는 고향인 요주饒州 파양鄱陽에서 북상하다가 옥산에서 주희를 만나, 자기가 순희 13년(1186)에 완성한 관찬

『사조국사四朝國史』를 보여주었다. 주희를 크게 놀라게 한 일은 『사조국사』의 「주돈이전周敦頤傳」에 뜻밖에도 주돈이의 「태극도설」에서 가장 관건이 되는 첫 구절인 '무극이면서 태극이다(無極而太極)'를 '무극으로부터 태극이 된다(自無極而爲太極)'라고 고쳐 놓고서 어떤 판본에 근거하여 교감하고 고증했는지 아무런 설명을 붙이지 않았다는 사실이다.

「태극도설」에 대한 주희의 해설에 따르면 '무극이면서 태극'이라는 말의 의미는 다음과 같다. 태극은 '형체는 없으나 이치는 있는(無形而有理)' 것으로서 무극이 곧 태극이며 태극이 곧 무극이고, 무극과 태극은 동일한 관계로서 모두 본체인 '이理'를 가리킨다. 그러나 '무극으로부터 태극이 된다'고 하면 무극과 태극이 나뉘어서 둘이 되며, 무극과 태극은 선후, 생성의 관계로 바뀐다. 이는 곧 도가에서 말하는, '무無'가 '유有'를 낳는다는 본체론과 다르지 않다. 이렇게 되면 주돈이가 도가의 무생유설無生有說을 표절하여서 자기 이론으로 만들었다는 말이 사실일 뿐만 아니라, 주희가 주돈이의 학설을 빌려서 건립한 전체 이학 체계도 본체론의 철학적 근거를 잃어버리기 때문에 근본적으로 동요하게 될 것이다.

주희는 즉시 홍매를 향해 '무극으로부터 태극이 된다'는 말이 무슨 판본에 근거한 것인지 물었는데, 이상하게도 『사조국사』 편찬의 직접 책임을 진 홍매는 우물쭈물하며 아무런 근거도 제시하지 않았다. 주희는 즉시 이는 관방 역사를 편찬한 자가 별도로 의도적으로 위조하여 고친 것이며, 반도학 왕회의 당이 또 문자옥이라는, 관례로 써먹는 수완을 발휘하여서 남을 무함하여 죽이려는 일이라고 의심하였다.

본래 「태극도설」의 첫머리 구절을 '무극이면서 태극'이라고 한 데는 아무런 문제가 없다. '무극'과 '태극'은 동일한 본체이며, 선후, 생성의 관계를 갖지 않는다고 주돈이도 매우 분명하게 말하였다. 이는 다만 「태극도설」과 「통서」를 다음과 같이 둘씩 비교해보기만 하면 알 수 있다.

「**통서**」 음인 수水는 양에 뿌리를 두며, 양인 화火는 음에 뿌리를 둔다. 오행은 음양이고 음양은 태극이다. 네 계절이 운행하면서 만물이 시작되고 끝나는데, 섞이고 흩어짐이 끝이 없다.

「**태극도설**」 오행은 한 음양이며, 음양은 한 태극이다. 태극은 본래 무극이다.

「**태극도설**」 무극의 진수(眞)와 음양(二), 오행(五)의 정수(精)가 오묘하게 결합하고 엉기는데, 하늘의 도(乾道)는 남성을 이루고 땅의 도(坤道)는 여성을 이룬다. 두 기가 서로 섞이고 감응하여서 만물을 이루어 생기게 한다. 만물은 생겨나고 생겨나서 변화가 끝이 없다.

「**통서**」 음양(二氣)과 오행이 만물을 이루어 생겨나게 한다. 오행은 저마다 다르지만 음양의 실재에 근본을 두고 있고, 음양의 근본은 하나(一, 무극)이다. 만물(萬)은 하나가 되며 하나는 실로 만물로 나뉜다. 만물과 하나가 저마다 바르니 크고 작은 물건에 분수가 정해진다.

위 묶음(第一組)에서 두 책의 관련 내용을 (내가) 두 조항으로 나누어 실었는데, 모두 환원(逆推)으로 설명한다. 다만 첫째 조항(「통서」)에서는 '태극'으로 환원한 뒤 끝나는데, 만일 '태극' 위에 또 '무극'이 있다면 왜 '무극'에까지 환원하지 않는가? 이는 분명 '태극'이 본래 '무극'이기 때문에 저절로 더 이상 환원할 필요가 없는 것이다. 그러나 둘째 조항에서는 분명히 '태극은 본래 무극'이라고 하는데, 만일 '태극' 위에 다시 '무극'이 있다고 인정한다면 「통서」와 「태극도설」이 서로 모순된다고 인정할 수 있고, 심지어 황당하게도 「통서」가 주돈이의 저작이 아니라고 추단하게 된다.

아래 묶음(第二組)의 두 조항도 두 책의 내용을 (내가) 나누어 실었는데, 하나는 순서대로 설명하고(順說) 하나는 환원으로 설명한다. 앞 조항은 다만 '무극의 진수와 음양, 오행의 정수'라고만 하고 '태극'을 들지 않는데, 만일 '무극'이 '태극'을 낳는다면 왜 여기에서는 '태극'이라는 중간 고리를 빠뜨렸을까? 마찬가지로 뒤 조항은 다만 '오행은 저마다 다르지만 음양의 실재에 근본을 두고 있고, 음양의 근본은 하나'라 하고 '하나'는 바로 '무극'이니, 만일 '무극'이 '태극'을 낳는다고 한다면 어찌 '태극'이라는 중간 고리를 빠뜨린 것이 아니겠는가? 이 또한 '무극'은 본래 '태극'이며, '태극'을 빠뜨렸다는 문제는 존재하지 않음을 증명할 수 있다. (『사조국사』의 「주돈이전」에 인용한) 첫머리 구절 '무극으로부터 태극이 된다'는 말은 명백히 주돈이의 사상과 부합하지 않음을 알 수 있다.

판본으로 고찰하건대, 송 대에도 근본적으로 '무극으로부터 태극이 된다'는 「태극도설」의 판본은 존재하지 않았다. 송 대 「태극도설」의 각종 판본의 첫머리 구절은 세 종류이다.

(1) '무극이면서 태극(無極而太極)'으로 되어 있는 판본이다. 당시에 통용되고 주희가 교정에 이용한 『태극통서太極通書』의 각종 판본으로서, 예컨대, 정자 문하(程門)의 후사성본侯師聖本·윤돈본尹焞本·기관본祁寬本·용릉본舂陵本·영릉본零陵本·연평본延平本·시자지본時紫芝本·구강본九江本·엄릉본嚴陵本·무원본婺源本 등등이 모두 '무극이면서 태극'으로 되어 있다. 이것이 다수를 차지하는 판본이다.[1]

---

1 생각건대, 기관본은 후사성본, 윤돈본, 주돈이 가장家藏의 구본(「태극도설」이 없다)에 근거하여서 교정한 판본이다. 주희의 「재정태극통서후서再定太極通書後序」에 "무당武當의 기관 거지祁寬居之는 또 '도상圖象은 바로 선생이 손가락으로 그려서 두 정씨에게 말해준 것으로서, 책으로 만든 적은 없었다'고 하였다. ……"라고 하였다(『문집』 권76). 이는 곧 기관이 쓴 「통서후발通書後跋」

소흥 14년(1144)에 기관祁寬이 『통서』를 교정한 뒤 쓴 발문에서, 그의 기관본은 모두 세 종의 판본을 참조하여 교정했다고 하였다. 하나는 후사성侯師聖(후중량侯仲良)의 전승본인데, 고원거高元擧와 주자발朱子發로부터 얻은 판본이다. 또 하나는 윤화정尹和靖 소장본으로서 당시 통용되던 판본이다. 나머지 하나는 구강九江에 있는 주돈이의 가장家藏 구본인데 다만 「태극도설」이 없다. 주희는 『태극통서』 교정에 기관본을 사용했는데, 당연히 기관이 교정한, 뒤섞이고 잘못된 서른여섯 글자의 전체 내용을 보았을 터이다. 그러나 주희는 줄곧 이 「태극도설」 판본의 첫머리 구절에 대해 이의를 표시하지 않았으니, 기관본 및 근거가 된 후사성본, 윤돈본의 첫머리 구절이 모두 '무극이면서 태극'으로 되어 있었음을 알 수 있다. 그 가운데 특별히 후사성본은 주돈이로부터 정호와 정이를 거쳐 후사성에게 전해지고, 다시 주진朱震(*자발子發)에게 전해진 판본이다. 기관이 주진으로부터 얻은 이 판본은 지금은 비록 실전되었지만 지금 존재하는, 주진이 소흥 4년(1134)에 조정에 올린 『역괘도易卦圖』에는 「태극도설」이 보존되어 있는데, 첫머리 구절이 바로 '무극이면서 태극'으로 되어 있다. 이는 마땅히 본래 후사성본에서 나온 것이다. 후사성의 제자 호굉胡宏이 서문을 확정한 『통서』는 틀림없이 이 후사성본에 근거한 판본이다.

을 가리키니, 주희가 기관본을 근거로 『태극통서』를 교정하였음을 알 수 있다. 주희는 기관본에 대해 비평을 하였으나 오직 「태극도설」의 첫머리 구절에 대해서는 이의를 제기하지 않았다. 이는 기관본 및 근거가 된 후사성본과 윤돈본의 첫머리 구절이 '무극이면서 태극'으로 되어 있다는 점을 입증한다. 호굉서정본胡宏序定本은 영릉본일 듯한데, 이에 대해 주희는 큰 불만을 갖고서 매우 많이 비평하였으며, 「태극도설」의 첫머리 구절을 언급하지 않았다. 호굉본의 첫머리 구절도 '무극이면서 태극'으로 되어 있었음을 알 수 있다. 구강본은 본래 임률이 간행한 판본인데, 주희는 이에 대해 더욱 격렬하게 비평하였다. 그런데 「태극도설」의 첫머리 구절에 대해서는 아예 이의를 제기하지 않았으니, 구강본의 첫머리 구절 역시 '무극이면서 태극'으로 되어 있었음을 충분히 입증한다. 시자지본의 경우 주희의 『어류』에서 매우 많이 공격당하였으나 첫머리 구절이 '무극이면서 태극'이 아니라고 말하지는 않았다.

(2) '무극태극無極太極'으로 되어 있는 판본이다. 황진黃震은 『황씨일초黃氏日抄』에서 『이천지론伊川至論』본의 『통서』를 언급하였다. "『이천지론』은 소흥 6년 4월에 건양建陽의 시손석施孫碩이 서문을 쓰고 마사진麻沙鎭에서 판각을 한 판본이다. …… 제7권에 주자周子의 『통서』가 실려 있는데, 「태극도」를 붙여서 도圖와 『통서』를 합하여 하나로 만들었으니 충분히 회옹晦翁(주희)의 설을 입증하고 육씨陸氏(육구연)의 의심을 풀어줄 수 있다. …… 「태극도」의 첫째 동그라미는 무극이면서 태극임을 그린 것인데 그 아래에 '음정陰靜'이라는 주가 달려 있다. 둘째 동그라미는 음양이 서로 교호交互함을 그린 것인데 그 아래에 '양동陽動'이라는 주가 달려 있다. 태극에 관한 설명이 시작되는 곳에는 넉 자가 빠져 있다. 예컨대 '태극이 움직여서 양을 낳는다(太極動而生陽)'고 한 곳에서 '태극'이라는 글자에 다만 '지之'라는 글자를 사용하였고 '고요하여서 음을 낳는다(靜而生陰)'고 한 곳에서도 '정靜' 자에 '지之' 자를 사용하였다. 아마도 '태극'이라는 글자를 윗글의 '태극'과 붙여 쓰고 '정'이라는 글자도 윗글의 '정' 자와 붙여 썼는데, 본래 그림 둘을 이어 붙이면서 두 그림(二畫)의 '이二' 자와 '지之' 자가 서로 비슷한 바람에 전하는 자가 잘못하여 '지之'로 썼을 뿐인 듯하다."(『황씨일초』 권33 「이천지론」)

이에 근거하면 『이천지론』본 「태극도설」의 첫 구는 응당 '무극태극'이라 하였다. 이 판본은 주진이 경연에서 진상한 판본보다 조금 늦고 기관본보다는 아주 빠르다. 주돈이는 본래 도교의 그림을 가지고 정正과 반反, 순順과 역逆의 해설 방법으로 서술하되, 순으로는 태극 → 음양 → 오행 → 만물(*사람)의 우주 생성 변화를, 역으로는 만물(*사람) → 오행 → 음양 → 무극의 만물 복귀의 과정을 묘사하였다. 첫 구절은 우주의 순역順逆, 왕환往還, 생생불이生生不已의 전체 과정을 한 구절로써 총체적으로 개괄하였는데, 이는 본래 독립적인 단락이면서 본문을 전체적으로 함축하고 있다. 이 때문에 첫 구절의 '무극 – 태극'은 아마도 주돈이의 우주의 순역, 왕환, 생생불이의 역리易理 사상을 더욱 고도로 정확하게 표현하였을 것이다. 빠진 넉 자가 '무극태극'이 아니라 하더라도, 적어도 결코 '무극으로부터 태극이 된다'고 한 것일 수는 없음을 증명할 수 있다.

(3) '무극이면서 태극을 낳는다(無極而生太極)'로 되어 있는 판본이다. 양방楊方이 주돈이의 구강 옛집에서 전하는 판본을 얻은 것인데, 첫 구절에 '무극이면서 태극을 낳는다'로 되어 있다. 순희 6년(1179)에 주희는 일찍이 이 구강 옛집에서 전하는 판본을 가지고 연평본과 대조, 교감하여서 상세한 교감기校勘記를 쓰고 연평본 뒤에 붙였다.

　　임정臨汀의 양방이 구강의 옛집에 전하는 판본을 얻어서 이 판본(＊연평본)과 서로 다른 곳을 교감하였더니 열에 아홉이나 되었는데, 또한 둘이 서로 장단점이 있었다. 이 판본의 잘못된 곳 두 조항은 구강본에 따라 고쳐야 한다. 예컨대,「이성명장理性命章」의 '유여지柔如之'는 마땅히 '유역여지柔亦如之'로 해야 하며,「사우장師友章」은 마땅히 '도의장道義者' 이하를 잘라서 아래 장으로 삼아야 한다. 열네 조항은 뜻이 둘 다 통하니 마땅히 함께 보존해야 한다. 예컨대,「성의장誠意章」에서 '이왈례理曰禮'라고 한 '이理'를 한쪽에서는 '이履'라고 하였다.「신동장愼動章」의 '사동邪動'을 한쪽에서는 '동사動邪'라고 하였다.「화장化章」을 한쪽에서는 '순화順化'라고 하였다.「애경장愛敬章」의 '유선有善'은 그 아래 한쪽에서는 '시구是苟'라는 글자가 있다. '학언學焉'은 그 아래 한쪽에서는 '유지有之'라는 글자가 있다. '왈유불선曰有不善'은 한쪽에서는 이 넉 자가 없다. '왈불선曰不善'은 그 아래 한쪽에서는 '부否' 자가 있다.「악장樂章」에서 말한 '우유평중優柔平中'의 '평平'을 한쪽에서는 '호乎'라고 하였다. '경생패륜輕生敗倫'의 '륜倫'을 한쪽에서는 '상常'

이라 하였다. 「성학장聖學章」에서 말한 '청문언請聞焉'의 '문聞'을 한쪽에서는 '문間'이라 하였다. 「안자장顏子章」에서 말한 '독하심재獨何心哉'의 '심心'을 한쪽에서는 '이以'라 하였다. '능화이제能化而齊'의 '제齊'를 한쪽에서는 '제齎'라 하였고 다른 한쪽에서는 '소消'라 하였다. 「과장過章」을 한쪽에서는 '중유仲由'라 하였다. 「형장刑章」에서 말한 '부지즉과언不止即過焉'의 '즉即'을 한쪽에서는 '즉則'이라 하였다. 구강본의 잘못된 세 조항은 마땅히 이 판본을 바른 것으로 삼아야 한다. 예컨대, 「태극설太極說」에서 말한 '무극이태극無極而太極'의 '이而' 아래에 잘못해서 '생生' 한 글자가 더 많다. 「성장誠章」에서 말한 '성사입언誠斯立焉'의 '입立'이 '생生'으로 잘못되어 있다. 「가인규복무망장家人睽復無妄章」에서 말한, "성실한 마음은 불선의 움직임을 회복할 뿐이다.(誠心復其不善之動而已矣)"에서 '심心'이 '이以'로 잘못되어 있다. 모두 19개 조항을 지금 여기에 붙여 두니 학자들은 고찰할 수 있을 것이다.

—『주자전서周子全書』권11「발연평본跋延平本」

주희가 교감을 하면서 취하고 버린 것이 자연 완전히 합리적이고 정확하다고 할 수는 없지만, 그와 같이 각종 『태극통서』 판본을 수집하여서 싫증을 내지 않고 반복하여 치밀하고 상세하게 대조, 교감을 진행한 사람은 송 대에서는 또 달리 찾을 수 없다. 이는 바로 주희를 송 대의 가장 걸출한 교감 학자로 만든 그의 구실求實 정신을 드러낸다.

양방이 얻은 판본은 분명히 결코 원본은 아니며, 그 안의 오자로 볼 때 응당 전사본傳寫本이므로 주희는 명확하게 '전본傳本' 혹은 '양방본楊方本'이라고 일컬었다. 기관은 소흥 14년(1144)에 구강에 거처를 정하고서 다만 주돈이의 옛집을 방문하여 가장家藏의 구본을 얻었을 뿐, 「태극도설」은 보지 못하였다. 이 때문에 이 구강 전본傳本의 출현 시기는 아무리 빨라도 소흥 14년 이후이다. 나중에 어떤 사람은 양방이 얻은 전본이 '가장 권위를 지니고 있다' 하였는데, 이는 기관이 얻은 구강 구본과 양방이 얻은 구강 전본을 혼동하여 하나로 보았던 것이다. 주희는 수많은 판본에 근거하여서 첫 구절을 '무극이태극'으로 정하였고, 조금도 숨김없이 이를 교감기에서 설명하였다. 이는 적어도 교감학상으로는 합리적이고 충분한 근거가 있다.

송 대에 유포된 각종 태극도 판본으로 볼 때, 주돈이 「태극도설」의 첫 구절이 '무극으로부터 태극이 된다'거나 '무극이면서 태극을 낳는다'로 되어 있었을 가능성은 없음을 충분히 증명할 수 있다. 송 대에 유행한 도교의 그림은 실제로 두 갈래 계통으로 나뉜다. 한 종류는 단丹을 완성하는 수련 방법을 역순으로 설명하여 묘사한 「무극도」이고, 또 한 종류는 우주의 생성 변화 과정을 묘사하여 설명한 「태극도」이다.

「무극도」는 황종염黃宗炎과 주이존朱彝尊이 보았던, 화산華山의 진단陳摶이 새긴 「무극도」(그림 1) 외에 이도순李道純의 『중화집中和集』 권2에 실린 「금단묘결도金丹妙訣圖」(그림 2)가 있다. 진단의 「무극도」는 정도正圖이며, 이도순의 「금단묘결도」는 변도變圖임을 간파할 수 있다.

「태극도」로는 『도장道藏』의 「태극선천지도太極先天之圖」(그림 3), 주돈이가 해설한 「태극도」(그림 4) 외에 네 종이 더 있다. 하나는 주진이 소흥 4년(1134)에 바친 「태극도」(그림 5)인데, 가장 위의 동그라미가 '음정陰靜'으로 되어 있다는 특징이 있다. 둘은 『이천지론』본에서 해설한 「태극도」인데, 둘째 동그라미 음양이 교호하는 곳의 수화광곽도水火匡廓圖를 '양동'이라고 했다는 특징이 있다(그림 6). 셋은 호실胡實(•광중廣仲)이 주희에게 바친 「태극도」인데, 주희는 호실에게 보낸 답장에서 "「태극도」 구본에 대해 매우 수고롭게 가르침을 주었지만 그 의의를 끝내 밝히 깨닫지 못하였습니다. 예를 들어 '음정陰靜'이 위에 있고, '양동陽動'이 아래에 있으며, 검은 부분 가운데 흰 부분이 있으나 흰 부분 가운데에는 검은 부분이 없으며, 오행이 상생하는 앞뒤의 순서가 모두 분명하지 못합니다."(『문집』 권42 「답호광중答胡廣仲」 서2)라고 하고, 또 "이미 첫째 동그라미를 음정陰精으로 삼고 둘째 동그라미를 양동陽動으로 삼는다면, 이른바 태극은 과연 어디에 있습니까? 또 먼저 양陽이 없는 음陰이 있고 나중에 음을 겸한 양이 있다고 하는데, 주자周子(주돈이)의 본래 설명에는 애초부터 이런 뜻이 없었습니다."(동상, 서5)라고 하였다. 이를 근거로 추측하여 그린 「태극도」(그림 7)의 특징은, 첫째 동그라미의 검은색 가운데에는 흰색이 있어서 '음정'을 표시하고, 둘째 동그라미의 흰색 가운데에는 검은색이 없는데 이는 '양동'을 표시한다는 점이다. 넷은 시자지時紫芝가 해설한 「태극도」인데, 주희의 설명은 다음과 같다. "시자지가 일찍이 윤화정尹和靖(윤돈)을 보러 와서 「태극도」를 주석한 적이 있다. 그런데 어찌된 까닭인지 그가 당시에 전해 받은 도본圖本에는 첫째 동그라미 안에 점 하나가 잘못 찍혀 있었다. 시자지는 이로부터 생각이 떠올라서 태극의 묘리가 모두 이 한 점에 있다고 하였다. 또한 『통서해通書解』가 있는데 무수히 많은 말을 했다."(『어류』 권94 「주자지서周子之書」) 시자지본의 특징은 첫째 동그라미 가운데 있는 한 점인데, 이는 흰색 가운데 검은색이 있음을 표시한 것으로서 호실본과 정반대이다(그림 8).

이들 「태극도」 여섯 종 가운데 『도장』에 실려 있는 「태극선천지도太極先天之圖」가 정도正圖이며, 그 나머지 다섯 종은 변도變圖인데 그 가운데 호실본과 시자지본은 「무극도」에서 잡다하게 취하여서 조금 변화시킨 것이다. 이 「무극도」와 「태극도」 여덟 장은 다음과 같은 두 가지 사실을 충분히 설명한다. 하나는, 도교의 그림이 후세에 유포되는 과정에서 점차 각 사람의 의도에 따라 고쳐지고 변형되면서 서로 다른 변도를 형성하고 서로 다르게 묘사되었다. 둘은, 같은 도교의 그림이 환원적으로 해설하면 무극도가 되고 순서에 따라 해설하면 태극도가 된다. 이는 도교의 그림에는 본래 해설하는 글이 없었

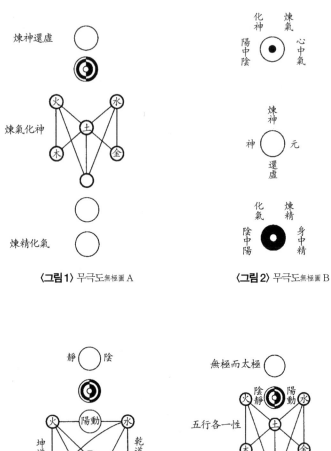

煉神還虛

煉氣化神 火 水 土 木 金

煉精化氣

〈그림 1〉무극도無極圖 A

化 煉
神 氣 心
陽 中
中 氣
陰

煉
神
神 元
還
虛

化 煉
氣 精
陰 身
中 中
陽 精

〈그림 2〉무극도無極圖 B

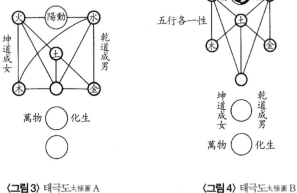

靜 陰

陽動 火 水
坤 乾
道 道
成 土 成
女 男
木 金

萬物 化生

〈그림 3〉태극도太極圖 A

無極而太極

陰 陽
靜 動
火 水
五行各一性 土
木 金

坤 乾
道 道
成 成
女 男

萬物 化生

〈그림 4〉태극도太極圖 B

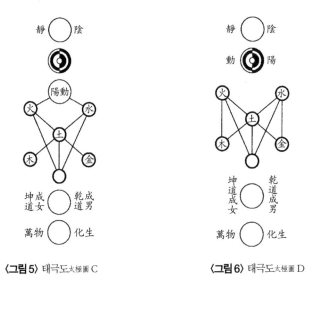

〈그림 5〉 태극도太極圖 C

〈그림 6〉 태극도太極圖 D

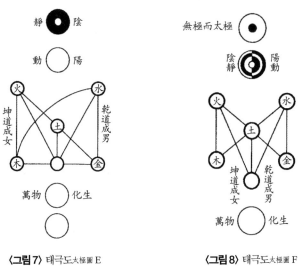

〈그림 7〉 태극도太極圖 E

〈그림 8〉 태극도太極圖 F

으니 원래 그림은 응당 「무극태극도無極太極圖」라고 불러야 하며, 도교도가 이 그림을 가지고 환원적으로, 혹은 순서대로 필요에 따라 서로 다른 해설을 붙임으로써 비로소 무극도와 태극도가 달라지게 되었다는 사실을 분명히 드러낸다.

해설하는 글은 본래 저마다 달랐다. 결코 주희가 맨 위 동그라미의 '음정'을 멋대로 고쳐서 '무극이태극'으로 된 것은 아니다. 주돈이의 「태극도설」은 '공백空白'의 무극태극도를 일종의 자기 식으로 해설한 데 지나지 않는다. 이 때문에 해설이 반드시 도본과 서로 부합해야 한다는 점은 곧 어떤 그림이 바로 주돈이가 해설한 태극도인지 아닌지를 변별하는 근본 원칙이 되었다. 가령 주돈이의 「태극도설」 첫 구절이 '무극으로부터 태극이 된다'로 되어 있다면 그것은 어떤 태극도와도 합치하지 않는다. 왜냐하면 이러한 모든 태극도 중에서 '태극' 위에 따로 '무극'이라는 동그라미가 있는 것은 결코 없기 때문이다. 이런 점으로 비춰 보아도 '무극으로부터 태극이 된다'는 말은 홍매의 위작에서 나온 것임을 충분히 알 수 있다.

사실 『사조국사』에 나오는 '무극으로부터 태극이 된다'는 말이 참으로 위조본의 말임을 판단하는 것은 매우 간단하다. 이는 바로 홍매가 의거한 판본을 제시할 수 있는가 여부를 보는 것이다. 주희가 홍매의 면전에 대고 의거한 판본을 제시해보라고 한 것은 완전히 정당하고 합리적인 요구였다. 홍매는 의거한 판본을 제시하지 못했고, 단연코 수정을 거부했으며, 결국 스스로 옥산을 떠나가버렸다. 사정은 명백하게 드러났다. 곧 왕회 당의 사람 임률이 건도 이래 줄곧 무극, 태극을 두고 주희와 논전을 벌였고, 아울러 (이 논전이) 주희가 주사를 올리기 전에 면전에서 논한 일과 주희를 상주하며 탄핵한 데서 고조에 달하였다. 그리고 지금은 왕회 당의 사람인 홍매가 임률의 태극 논쟁을 이어받아 '흠정' 『사조국사』를 제시하면서 주희에게 치명적인 타격을 가하였다. 그래서 주희에 대해 말하자면 홍매와 만난 일은 특수한 태극 논전이 또 한바탕 시작되었음을 의미한다.

주희는 이 『사조국사』를 어용 문인들이 저의를 갖고 개찬한 것으로 여겼다. 대략 7월에 일단 무이로 돌아온 뒤 그는 곧 「기렴계전記濂溪傳」을 써서 이 사건을 '식견이 천박한 선비(淺見之士)' 임률의 '기의譏議'에 연계하여서 폭로하고, 재차 '흠정' 『사조국사』를 수정하기를 요구하였다.

> 무신년(1188) 6월 옥산에서 한림학사(內翰) 홍경로洪景盧(홍매)를 만나, 그가 편수한 『사조국사』를 빌려 보았다. 그 가운데에는 주렴계(주돈이)와 이정(정호와 정이), 장횡거(장재) 등의 전기가 있고, 「태극도설」이 전부 수록되어 있었다. …… 그러나 이 도설의 본문 첫째 구절은 '무극이면서 태극(無極而太極)'이라고 했을 뿐인데, 지금 전기에 실려 있는 내용에는 '무극으로부터 태극이 된다(自無極而爲太極)'고 했으니, 어디에 근거를 두고서 '자自(~으로부터), 위爲(된다)' 두 글자를 덧붙였는지 모르겠다. …… 예전에 소자용蘇子容(소송蘇頌)이 단지 아버지(소신蘇紳)에 대한 비방을 변론하기 위해 『사조국사』에 기록된 '초두목각草頭木脚'이란 말을 삭제해줄 것을 청했는데, 신조神祖(신종)께서 오히려 청을 따랐다. 하물며 이것은 백세 도술道術의 연원과 관련된 것임이랴! 마땅히 이 일을 사례로 인용한다면 고치지 못할 까닭이 없으리라.
>
> —『문집』 권71

주희의 의도는 시비에 관해 공개적으로 사림士林의 공론에 호소하려는 것이었다. 그러나 『사조국사』의 수찬자修撰者는 이상하게도 침묵을 지키면서 판본의 실제 근거를 제시하여 반격하지 않았을 뿐만 아니라, 전체 사림(*주희의 반대파를 포함하여)에서도 『사조국사』에 오류가 없으며, 주희의 학설이 거짓이라고 증명하는 실제 근거를 제시하지 않았다. 사실 사림의 학자들은 모두 마음속에 꿍꿍이셈을 갖지 않은 사람이 없었다. 곧 원래 『사조국사』의 수찬자는 감수監修와 주수主修에서부터 예수預修에 이르기까지 전부 명성이 두드러진 반도학 왕회 당의 사람들이었다.

송 대의 국사國史는 재상이 감수를 하였는데, 소흥 26년(1156)에는 재상 두 사람이 나누어서 영술하였다. 그 뒤로는 바로 수상에게 국사의 감수를 명하였다. 마치 재상 한 사람을 두어서 그 재상이 사원史院을 영술하는 것과 같았다. 신종·철종·휘종·흠종의 『사조국사』는 바로 순희 9년(1182) 9월에 왕회가 좌상에 승진한 뒤 영술하여 편찬한 것이다. 그는 감수를 맡아 책을 완성한 뒤 순희 13년 1월에 그 책을 진상하였다. 『사조국사』「열전」의 찬수纂修는 바로 왕회가 재상으로 있으면서 대대적으로 도학에 반대했던 시기와 처음부터 끝까지 같이 진행되었다.

하늘에까지 기염을 토하던 진회秦檜가 죽은 뒤 재상은 주마등처럼 끊임없이 교체되었으나, 오직 왕회의 재상 임기가 가장 길었다.[2] 그리고 그가 아래위에 심어 놓은 사당私黨도 가장 복잡하게 뒤얽혀 있었기에 독단적인 조신趙昚(효종)마저도 '왕당王黨(왕회의 당)'이 '주당周黨(주필대의 당)'보다 더 심하다고 개탄할 정도였다. 왕회는 자기와 노선이 다른 도학파를 배격하는 데 정치와 학술을 동시에 병행하는 방법을 사용하였다. 곧 벼슬길의 금고禁錮와 문자의 정

---

2 『건염이래조야잡기』 갑집 권9 「중흥재상구임자中興宰相久任者」: "중흥의 재상은 29인인데 진신왕秦申王(진회) 외에 3년 넘게 재위한 자는 8인뿐이다. 왕노공王魯公(•왕회)은 순희 8년(1181)에 재상이 되고 순희 15년에 재상에서 파직되었으니, 총 7년 재임하였다. ······" 생각건대, 왕회는 순희 2년(1175)에 이미 첨서 추밀원사簽書樞密院事가 되었고, 동서 2부府(중서성과 추밀원)를 편력하였으니, 그가 장구한 세월 조정에서 자기 당을 심어 놓은 것은 다른 재상과 애초에 비교할 수 없다.

죄를 병행하면서 도교의 그림을 위조하여 모함하고, 낱글자를 따와서 무고하는 등 별의별 짓을 다하였다.

반도학의 와중에서 왕회의 당은 주돈이의 '무극', '태극'에 대해 일찍부터 특별히 흥미를 느꼈다. 임률이 줄곧 '무극', '태극'을 붙들고 주희와 투쟁을 진행한 것은 말할 것도 없고, 순희 10년(1183)에 건창建昌의 제생諸生이 주희의 「감흥시感興詩」 스무 수에 대해 조정을 비방하는 글이라고 무함해서 조정에 고발하였는데, 이 또한 주로 시의 첫째 수에서 "진중한 무극옹, 나에게 거듭 분명히 가르쳐주었네(珍重無極翁, 爲我重指掌)"라고 한 구절 때문일 뿐이었다. 나중에 경원당금慶元黨禁 때 주희에게 죄를 뒤집어씌운 것도 바로 반도학 관료의 한 사람인 장귀모張貴謨가 글을 올려서 「태극도설」을 논한 일이 발단이 되었다는 점은 조금도 이상하지 않다. 왕회 당의 사람들은 이미 주돈이의 '무극', '태극'을, 도학을 무함하여서 공격하는 초점으로 삼았다. 그런즉 그들이 『사조국사』를 수찬하면서 몰래 개별 자구를 개찬하여 문자로 정죄하려는 목적을 달성한 것은, 그들의 일관된 행실과 견줄 때 가장 비열하고 교활한 수법이라고 할 수는 없다.

『사조국사』 편수에 참여한 고문호高文虎, 공돈이龔敦頤 무리는 모두 경원당금 중에 자기들의 반도학적 진면목을 충분히 드러냈다. 다만 관건이 되는 인물은 역시 주수관主修官 홍매였다. 주희와 홍매 사이의 갈등은 유래가 실로 오래되었다. 홍매가 위조를 한 것은 그가 장기간의 원한과 보복 심리에 내몰린 데 지나지 않는다. 홍매는 줄곧 주화主和, 반도학, 근습 소인들과 결탁했으므로 청의淸議로부터 비루하다는 여김을 받았다. 또 초년에는 투항파 수령 탕사퇴湯思退의 문객으로 몸을 던진 바 있기에, 이미 주희는 그를 입에 담지도 않았다.

소흥 29년(1159) 8월에 홍매는 이부 낭관에 제수되어서 교서랑校書郞 왕회

와 같은 동료로서 친하게 지냈는데,[3] 이는 그에게는 나중에 왕회 당의 뛰어
난 존재가 되기 위한 개인적인 토대를 준비한 것이었다. 소홍 31년(1161)에 금
의 완안량完顔亮이 남침하자 조구趙構(고종)가 친정親征을 한다고 조서를 내렸는
데, 주희는 왕응신汪應辰에게 보낸 편지에서 홍매가 기초한 신사 친정辛巳親征
의 조서를 자못 완곡하게 비평하였다. 소홍 32년에 홍매는 하금등위국신사
賀金登位國信使로 금에 사신으로 나갔다가 역사驛舍에 억류되어 곤경을 겪고 목
숨을 구걸함으로써 나라의 명을 욕되게 하고 낭패하여 돌아왔다. 그는 날 때
부터 머리를 잘 흔드는 병이 있었는데, 태학의 제생이 「남향자南鄕子」 한 수를
지어서 그를 풍자하였다. "홍매는 구류되자 / 저들의 우두머리에게 목숨을
애걸하였다 / 이레 동안 굶주림은 견디면서 / 수치를 견디지는 못하였다 / 소
무蘇武는 19년을 겪었는데 / 아비에게 계책이 없었으니 / 자식이 어찌 나라의
근심을 풀겠는가? / 만 리 길을 돌아오면서 설변舌辨을 뽐내더니 / 시골 소가
/ 머리를 흔들어야 할 때에 머리를 흔들지 못하네!"(『담수談藪』)[4]

---

3 홍매 개인에 관해서는 『송사』의 열전 및 전대흔錢大昕이 지은 연보가 모두 매우 간략하기 때
문에 진상을 엿볼 길이 없다. 그가 처음 왕회를 알게 된 일은 『용재시화容齋詩話』 권1에 보인
다. "소홍 28년(1158) 3월에 나(홍매)는 국사관國史館에 들어갔다. 이듬해 8월, 이부 낭관에 제수
되었다. 같은 때 동료가 된 사람으로 비서승 우옹공 빈보虞雍公彬甫(우윤문), 저작랑 진위공 응
구陳魏公應求(진준경), 비서랑 사위공 직옹史魏公直翁(사호), 교서랑 왕노공 계해王魯公季海(왕회)가
모두 재상에 이르렀다."

4 살피건대, 『학림옥로鶴林玉露』 병편丙編 권3 「용재봉사容齋奉使」에 그 일을 다음과 같이 상세히
기록하였다. "소홍 신사년(1161)에 완안량이 이미 참수되고 갈왕葛王이 제위를 찬탈한 뒤 사신
을 보내서 우호 관계를 맺으니, 홍경로洪景盧(홍매)가 가서 보답하였다. 국경에 들어가서 접반
사와 함께 적국敵國의 예禮를 쓰기로 약속하고, 접반사가 이를 허락하였다. 그러므로 연로의
표장表章을 모두 서울(북송의 수도 변경汴京)의 옛 법식을 사용하였다. 얼마 안 있어서 모두 철회
하고 가까운 예例에 따라 바꾸었다. 홍경로가 불가하다 하였다. 역문驛門을 닫아걸고 음식 공
급을 끊어버려서 하루 동안 사람들이 음식을 얻지 못하였다. 또 관반館伴을 시켜서 말하기를
'일찍이 충선공忠宣公(범순인范純仁)을 따라 배운 사람은 사실대로 밝히라. 고집하지 말라. 좋지

금 사람들이 맹약을 어겨서 송과 반목하게 되자 조정에서는 북사北使가 오는 연로에 유람을 하거나 향 피우는 일을 중지시켰는데, 홍매는 도리어 상주하기를 '유람하는 작은 절차는 뺄 필요가 없을 듯하다'고 하였다. 금의 사신 고충건高忠建이 도성에 들어와서 군신의 예와 새로 수복한 여러 군에 대해 따지자, 홍매는 또 상주하기를 '강토의 실제 이익은 관여해서는 안 되고, 예절의 허명은 아낄 만하지 않다'고 하였다(『건염이래계년요록建炎以來系年要錄』권198). 이처럼 한결같이 적에게 비굴하게 아첨하고 굽실거리는 태도가 바로 태학 제생이 말한바 '설변을 뽐내는' 일이었다.

주희는 이와 같이 화친을 구걸하는 짓을 매우 혐오스러워하여서, 한두 차례에 그치지 않고 황중黃中, 진준경陳俊卿, 장준張浚의 묘지명과 행장에서 계속 기록하였다. 홍매는 이해에 화친을 구걸하고 나라를 욕보였다고 장진에게 탄핵을 받아 파직되었다. 주희는 위원리魏元履에게 보낸 편지에서 흥분하여 말하였다. "근래에 홍매를 쫓아내서 공론이 조금 기분 좋게 여깁니다."(『별집』 권1 「답위원리答魏元履」 서1) 홍매와 도학파는 이때부터 깊은 원한을 맺었다. 건도 연간에는 용대연龍大淵, 증적曾覿이 권력을 훔쳐 농단하였는데, 이들은 자신들과 왕래가 매우 밀접한 홍매가 기거사인에 발탁되자 궁중의 소식을 몰래 그에게 누설하였다. 주희가 여러 차례 상주하여서 근습 소인을 통렬히 꾸짖은 일은 홍매와 같은 궁정의 문학文學 농신弄臣을 함께 욕한 것이다.

순희 이래 홍매는 왕회의 심복이 되어서 반도학의 강경파인 왕신王信, 심계조沈繼祖, 공돈이와 형제처럼 흉허물 없는 사이로 지냈다. 감변甘昪이 조구

않을 것이다. 모름지기 노선을 통일해야 좋을 것이다.'라고 하였다. 홍경로 들이 구류될까 두려워서 부득이 표장을 바꾸어주자 공급을 예禮에 따라 하였다. 홍경로는 평소 풍질風疾이 있어서 머리를 늘 조금씩 흔들었는데, 당시 사람들이 무어라, 무어라 하였다." 또 『송패류초宋稗類鈔』 「저훼류詆毁類」, 『화초수편花草粹編』 권6, 『요산당외기堯山堂外紀』 권61에 보인다.

의 상사를 주관하게 된 일로 급사중 왕신이 논주論奏하려고 했을 때, 조신은 몰래 홍매를 찾아서 본심을 털어놓았다. "왕 급사중이 감변을 논하는 일은 매우 타당하다. 짐이 특별히 태상황후에게 아뢰었더니, 성훈聖訓이 내리기를 '현재 한 궁궐의 일이 접때와 다르니 나 같은 늙은이가 감당할 일이 아니다. 소황문小黃門(환관)이 비었고 대부분 이런 일에 익숙하지 않은데, 오직 감변이 일을 맡을 수 있으니 내 근심을 덜어준다. 그가 지금 돌아왔는데 아직 거실居室을 갖지 못했으니 어찌 감히 옛날 하던 짓을 되풀이하겠는가.' 하셨다. 이 때문에 반박하는 소를 시행하려 하지 않는다. 경은 왕 급사를 보거든 이런 뜻을 전하라."(『송사』, 「왕신전王信傳」) 홍매는 즉시 왕신에게 권고하여서 논주를 그만두게 하였다.

왕신은 바로 왕자중王自中을 배격할 때 우정언 장계주蔣繼周와 결탁하여서 왕린王藺을 타격하고 왕회를 보호하였으며, 또 왕회의 지시를 받아 상소해서 육구연을 몰아냈다가 육구연으로부터 왕회의 앞잡이가 된 비열한 소인이라고 직접 질책을 받았다. 그는 남성南省(예부)의 시험을 치를 때부터 홍매와 의기투합하였다. 두 사람은 3년간 함께 시종을 지냈으며 한마음으로 협력하여 왕회를 위해 힘썼다. 왕회가 재상에서 파직된 뒤 왕신도 논핵을 받아 홍매와 함께 외직에 보임되었고, 또한 앞뒤로 소흥紹興의 지부知府가 되었다. 홍매는 스스로 그와 '가장 두터운 교제(交契)'를 맺고 있다고 일컬었으며, 심지어 그가 죽은 뒤 그를 위해 묘지명을 짓고, 그를 대신하여서 당년에 도학파로부터 반박하는 논핵을 당하였다.[5] 여기서 홍매와 왕회가 재상 및 대간의 관원들 사

---

5 왕신이 왕회의 당이었다는 사실을 사적에서는 말하기를 꺼렸으며, 『송사』의 열전은 모두 아첨하는 문장이다. 왕신이 육구연을 탄핵한 사실은 『육구연연보』에 보이고, 왕자중을 저지한 사실은 『송사』, 「왕자중전王自中傳」, 위료옹魏了翁의 「왕자중묘지명王自中墓誌銘」, 섭적의 「진동보왕도보묘지명陳同甫王道甫墓誌銘」에 보인다. 또 『괄창금석지括蒼金石志』 권6에 수록된, 홍매가 경

이에서 같은 당을 지어 서로 어울리고 암묵적으로 연계된 미묘한 관계를 볼 수 있다.

『사조국사』의 편수가 완성되고 나서 오래지 않아 순희 14년(1187)에 홍매와 권 형부 상서權刑部尙書 갈필葛邲, 우간의대부 진가陳賈 세 사람이 지공거知貢擧로서 2월 30일에 이 시기에 시행된 과거 시험에 대해 상세한 주차를 한 통 올렸다.

> …… 우러러 생각함에 조종祖宗의 사실이 『사조국사』에 실려 있고, 모든
> 법령을 상고함에 사사로이 전습傳習함을 허락하지 않았습니다. 그런데 거
> 자擧子(과거 응시생)들이 이쪽저쪽에서 조금씩 따와 쓴 글들이 전해오는 기록
> 과 잡다한 설을 모아 과거 시험(場屋)에 대비하는 것에 지나지 않으며, 억지
> 로 끌어들여서 인용한 글들이 대부분 잘못되고 어긋난 것들인데, 경중을
> 가리지 않았기 때문에 비록 마땅히 할 말도 아니지만 또한 기피할 것도 없
> 습니다. …… 모두 이단의 비속한 글입니다. 다만 현실감각이 없는 유학자

원 2년(1196)에 지은 「왕급사묘지명王給事墓誌銘」 잔비殘碑에서 말하였다. "[환]장각 학사 선봉대부 제거 융흥부 옥륭 만수궁 위군 개국공 식읍 2[천] 8백호 실봉 2백[호] [(煥)章閣學士宣奉大夫提舉隆興府玉隆萬壽宮魏郡開國公食邑二[千]八百戶實封貳百[戶]] 홍[매]가 서문을 짓고 …… 한림학사 홍[매]가 마침 입시하였는데, 상이 말씀하시기를 '……'(＊생각건대, 효종이 홍매에게 명해서 왕신이 감변을 탄핵하는 일을 저지하게 한 사실을 가리킨다) 공이 이 말을 듣고 멈췄더니 옥음玉음으로 다시 부르셨는데, 관직이 이와 같이 중하였다. 왕노공(＊왕회)의 덕□□□ …… 에게 자문하였다. …… [왕][회]가 자리에서 물러났는데, 외부에서는 마침내 당으로 지목하니 백 가지 명예가 한 번 헐뜯음을 감당하지 못하여서 마침내 제거 서경 숭복궁提舉西京崇福宮으로 …… 공이 남성에서 시험을 보았다. 내가 참여하여 □□□□□ 바깥의 관직으로 떨어졌다. 무주에서 부름을 받고 □□□, 힘을 써서 □와 함께 3년간 시종을 지냈다. 만년에 다시 회계會稽의 부신符信을 받았으며, 가장 두터운 교제를 맺은 ……" 이 글은 더욱 진귀하다. 『송사』 「왕신전王信傳」과 「홍매전洪邁傳」에서 숨긴 사실을 여기서 환하게 알 수 있다.

와 곡학曲學하는 사람만 우연히 합격합니다. 그러므로 차례로 서로 답습하면서도 덤덤하게 잘못을 깨닫지 못합니다. …… 바라건대, 이 글을 국자감과 여러 주의 학궁에 내려서 선비들에게 게시하되 앞으로는 이전의 폐단을 말끔히 씻고 오로지 경서와 역사서를 읽으며, 과거(三場)의 문체는 저마다 격식을 따르게 하소서. 조종을 함부로 논하거나 본론에서 벗어나고 괴이한 내용은 엄격히 떨어뜨리소서. ……

— 『송회요집고』 제109책 「선거」 5

'곡학曲學'은 바로 진회가 통치한 이래 전적으로 도학을 멸시하여서 부른 이름이다. 이 주차를 경원당금 중에 섭저葉翥, 예사倪思, 유덕수劉德秀 세 사람이 지공거知貢擧로서 올린 주차와 견주어 본다면, 이는 그야말로 한 손에서 나온 것과 같으니, 공거를 빌려 문풍文風과 사풍士風을 다스림으로써 도학을 배격하였다는 점에서 동공이곡同工異曲의 묘가 있다. 과거를 통한 벼슬길은 이미 완전히 반도학 왕회의 당에 장악되었던 것이다. 홍매와 진가의 이 주차는 평범하고 저속한 말이, 신성하고 고상한 전당의 금지 구역에 침입하는 일에 대한 그들의 반감을 드러냈을 뿐만 아니라, 더욱이 '조종을 함부로 논하고' 조정을 풍자하는 수많은 사대부에 대해 그들이 적대시하고 있음을 드러낸다.

더욱이 주의할 만한 사실은, 그 가운데 특별히 '조종의 사실이 『사조국사』에 실려 있고, 모든 법령을 상고함에 사사로이 전습함을 허락하지 않았다'는 점을 강조함으로써 관찬 『사조국사』가 학술 사상을 하나로 정하고, 도학을 반대하고, 사학私學을 금절하는 의의를 갖고 있음을 밝히 드러냈다는 점이다. 그리고 주희, 육구연과 같은 사람들이 민간에서 무리를 모아 강학을 하고 함부로 국사를 논의하여 말하는 것을 겨냥했다는 점이다. 「태극도설」의 첫 구절을 개찬한 홍매의 험악한 마음이 여기에서 저절로 드러났다.

『사조국사』의 찬수는 이도李燾가 시작하고 홍매가 완성하였다. 건도 연간에 역사 편수 기구를 개원開院하고, 먼저 이도가 쓴 성제기成帝記를 시작으로 하여 순희 연간에 이르러 역사(史)와 지志의 편수가 완성되었다. 이도가 열전의 편수를 완성하지 못하고 죽자 다시 홍매에게 명하여서 오로지 역사 편찬의 일을 맡게 했는데, 1년 만에 총 870인의 열전을 완성하였다.

엄밀하고 근실한 학문 방법론을 지닌 사학자 이도는 일찍이 상주하여 네 조정(四朝)의 정사正史 편수를 건의하였다. "만약 구본舊本에 잘못된 곳이나 첨부할 곳이 있다면, 마땅히 잘못된 기록을 삭제한 곳은 밝히 드러내고, 첨부한 곳은 어떤 책에 근거했는지 갖추어 서술하고서 어긋남이 없는지 고찰한 뒤 수정하고, 변경한 내용을 자문하여 기록하여서 다른 점을 고정考訂해야 합니다. 그렇지 않은 곳은 옛 판본을 따라서 다시 덧붙이거나 개정을 하지 말아야 합니다. 전기에 넣을 만한 여러 신하들의 경우에도 검토할 만한 사적이 없으면 다른 곳에 부록하고 굳이 전기를 쓸 필요는 없으며, 나중에 검토할 만한 자료를 얻으면 그때 별도로 전기에 넣어도 무방하겠지만 대체로 신뢰할 만하고 입증할 만한 자료가 있어야 합니다."(『치당존고耻堂存稿』 권2에 인용한 『효종황제실록』)

그러나 이도에 이어서 역사 편수를 영솔한 홍매는 신뢰할 만하고 입증할 만한 자료가 있어야 한다는 역사 편수의 원칙을 완전히 버렸다. 건도 연간에 이도가 예부 낭중이고 홍매가 직학사원直學士院으로 있을 때, 그들은 겨우 조지詔紙에 관련된 작은 일로 의견 다툼이 생겨서 사사로운 혐의를 서로에게 두었다. 나중에 홍매가 이어서 『사조국사』를 편수하였을 때 공적인 일을 빌려 사적인 보복을 감행함으로써 이도가 편수한 『사조국사』를 첨삭하였기에 거의 완전한 편이 없었다. 이심전李心傳이 나중에 『건염이래조야잡기建炎以來朝野雜記』에서 이 일의 진상을 폭로하였다. "인보仁父(이도)가 『사조국사』의 『열전』

을 편수하다가 완성 단계에서 죽었다. 상이 경로景盧(홍매)에게 이어서 완성하라고 명하였다. 경로가 옛 역사를 첨삭하였기에 완전한 편이 없었다. 평소 서로 사이가 좋지 않았기 때문이다. 이에, 상이 책을 올리라고 매우 급하게 재촉하였으나 새로운 책이 완성되지 않았다. 왕칭 계평王稱季平이 『동도사략東都事略』을 올리니, 마침내 이 책을 채택하여서 썼다."(『건염이래조야잡기』 갑집 권9 「예관학사쟁조지禮官學士爭詔紙」)

홍매는 속이 좁았기에 작은 일로 혐의를 품고서 보복을 하기에 이르렀다. 『사조국사』에서 그는 자기가 증오하는 도학에 대해 더욱 잊기 힘들어서 잔꾀를 부려 보복하였던 것이다. 870인의 열전을 1년에 다 썼으니, 역사 편수가 얼마나 거칠었는지 알 수 있고, 또 역사적 사실과 기문記聞의 진위眞僞, 정오正誤에 대해 엄격하게 감별하여 취사하지 못했음을 알 수 있다.

홍매는 뜻밖에도 주청하여, 경남중耿南仲에게 아부한 주화파 손적孫覿을 사관史館에 들여서 역사 편찬을 하게 하였다. 주희는 나중에 이 일을 비평하였다. "홍경로(홍매)가 사관에 있을 때 아무 생각이 없었다. 정강靖康의 여러 신하들 가운데 손적은 오히려 어려움을 겪지 않았는데, 홍경로는 반드시 그 일의 상세한 내용을 손적이 알고 있다고 여기고서 그에게 보고 들은 것을 아뢰게 하라고 상주하였다. 붓을 잡았을 때 마침내 이로 인해 평소 자기와 사이가 좋지 않던 사람들을 무함하였다." 그러고서 강개하여 말하였다. "아첨하는 신하(侫臣)는 붓을 잡아서는 안 된다. 이는 바꿀 수 없는 이론이다."(『어류』 권130) 주희가 '아첨하는 신하'라고 한 말은 말 속에 가시가 들어 있었으니, 손적을 가리키고 또 홍매를 가리킨 말이다.

사실 1년 만에 완성한 관찬 『사조국사』는 다른 사람의 역사서를 표절하여 만든 것이라 할 수 있는데, 이는 조금도 지나친 말이 아니다. 순희 14년(1187) 3월 18일, 홍매는 『사조국사』 편수의 일로 상주하여서 편수에 참여한

자들에게 포상하라고 건의하였다.

> 공돈이는 화주和州의 포의布衣인데 …… 『열전보술列傳譜述』 100권을 완성하였습니다. …… 왕칭의 아비 왕상王賞은 소흥 연간에 실록을 수찬하였는데, 왕칭王稱이 그 남은 일을 계승하여서 사학史學에 온 힘을 다 기울이고 태조太祖로부터 흠종欽宗에 이르기까지 아래위 아홉 조정의 일을 재단하여 『동도사략東都事略』 130권을 만들었습니다. 국사에 실려 있는 내용을 보충하고 이리저리 수집하여서 얻은 것이 열에 하나입니다. …… 신이 완성한 책은 실로 이 두 책에 힘입었습니다. ──『동도사략』 부록

홍매가 편수한 『사조국사』의 『열전』은 주로 공돈이의 『열전보술』과 왕칭의 『동도사략』을 따다 쓴 것이다.

공돈이는, 홍매가 초년에 주화파 승상 탕사퇴의 문객이었던 것과 마찬가지로, 역시 초년에 주화파 승상 홍괄洪适의 문객이었다. 그도 홍매와 마찬가지로 결코 엄격하거나 근실하며 구차하지 않은 역사가는 아니었다. 경원당금 동안에 그는 사실을 돌아보지 않고 한탁주韓侂胄가 정책定策한 공을 아첨하여 칭송함으로써 추밀편수관樞密編修官에 발탁되었다. 가정嘉定 원년(1208)에 그는 『삼조실록三朝實錄』 편수의 명을 받고서 또 근거 없는 말로 조여우趙汝愚를 무함하여 큰 안건으로 만들었기 때문에, 조여우의 집안에서는 글을 올려 호소하며 그의 『속계고록續稽古錄』에 대해 훼판毁板을 요구하기에 이르렀다.[6] 공돈

---

6 상세한 내용은 『사조문견록』 정집 「경원승상慶元丞相」, 『건염이래조야잡기』 을집 권12 「공돈이 속계고록龔敦頤續稽古錄」 및 갑집 「효종광종실록孝宗光宗實錄」, 『혈재집絜齋集』 권11 「누약행장樓鑰行狀」, 『송사전문宋史全文』 및 『송사宋史』 가운데 「조여우전趙汝愚傳」과 「누약전樓鑰傳」 등에 보인다.

이의 『열전보술』은 단지 원우당적元祐黨籍과 건중建中(建中靖國, 1101) 연간에 글을 올렸다가 사등邪等으로 판정된 사람들을 위한 열전이므로 자연 주돈이의 전기는 없었다.

왕칭의 『동도사략』에서 열전은 105권에 달하며, 모두 500여 인을 다루고 있다. 여기에 『열전보술』의 열전을 더한다면 다룬 사람의 수가 『사조국사』의 『열전』에 수록된 870인의 수에 가까우니, 홍매가 편수한 『사조국사』는 『동도사략』을 따라 쓴 것이라고 한 이심전의 말이 믿을 만한 진술임을 알 수 있다.

『동도사략』은 처음으로 주돈이의 전기를 수록하였다. 왕칭은 촉당蜀黨과 낙당洛黨 사이를 절충하여 미산眉山의 노소老蘇(소식)에 대해 주돈이, 정호와 정이, 장재와 함께 나란히 전기를 씀으로써 아직 학파와 문호의 편견이 없었다. 다만 주돈이의 전기는 간략하게 200여 자로 썼으며, 그 가운데 주돈이의 저작에 대해서는 "주돈이는 일찍이 『통서』를 지었는데 세상에 전해진다."는 한마디만 언급하였고 「태극도설」은 언급하지 않았다. 『사조국사』에 수록된 주돈이 전기는 홍매가 쓴 글을 근본으로 하여 『동도사략』을 그대로 따라쓰고, 별도로 첫 구절을 '무극으로부터 태극이 된다'고 한 「태극도설」 전문을 써넣어서 완성한 것임을 충분히 알 수 있다. 홍매가 솜씨를 부린 일에는 근본적으로 근거한 판본이 없었다.

주희의 「기렴계전」이 널리 전해진 뒤 홍매는 시종 침묵을 지켰고, 『사조국사』 수찬자들도 모두 침묵을 지켰다. 다만 이런 표면적인 침묵 뒤에는 반도학파가 그들 공동의 걸작에 대해서 굳이 드러낼 필요도 없는 자기 자랑을 감추고 있었다.

주희가 「기렴계전」을 쓰고 나서 얼마 뒤 9월 17일에 홍매가 태평부太平府의 지부知府로 고쳐 제수되었다. 홍매의 반도학의 진실한 벗 심계조는 장편시를 써서 그를 송별했는데, 침묵 가운데 홍매의 마음속 비밀을 노래하였다.

태평부 지부로 가는 홍 내한(한림)을 보내며　　　　送洪內翰知太平府

문장은 정파에 속했는데	文章有正派
공이 홀로 전하였네	此派公獨傳
중간에 선처럼 끊어졌는데	中絶僅如綫
난교로 끊어진 줄을 이었다	鸞膠眞續絃
과거에 얽매여서	自有科擧累
우리 도는 거의 버려졌다	吾道幾棄捐
서로 이어서 아득한 속에 들어가고	相挻入茫昧
한결같이 현담을 늘어놓는다	一律爭談玄
누가 새로운 배움의 창자를 씻을까	誰洗新學腸
어려서부터 스스로 성인이 되었네	少愈自聖顚
우리 학문은 날로 없어지나	斯文日逐喪
아직 완전히 없어지지는 않았다	未喪關諸天
하느님이 은혜롭게 돌아보아서	上帝實惠顧
이 시대를 위해 이 현자를 낳으셨다	爲時生此賢
고상한 문장은 절벽을 깨뜨리고	高文破崖岸
천지는 크게 온전함을 만들었다	天地發大全
일을 논함은 육지와 같고	論事似陸贄
실록을 기록함은 사마천과 같았다	實錄如史遷
남은 일은 시가에 읊고	緖餘寄吟詠
곧바로 시경의 편들을 따른다	直追風雅篇
공자와 맹자에 근본을 두고	根本於丘軒
도덕은 연원이 있다	道德其淵源

비파로 청묘를 타니	如奏淸廟瑟
세 번 탄식에 여음이 남아 있다	三歎遺音存
양춘곡을 듣는 듯한데	如聞陽春曲
화답하는 자가 어찌 적은가?	和者奚寡焉
공은 예전에 서액(중서성)에 있어서	公昔在西掖
왕의 말씀을 전달하였다	絲綸代王言
서리는 모두 글을 쓰기에 바빠	胥吏俱腕脫
비천이 솟아나기를 생각하네	思涌驚飛泉
옥당에서는 오래 붓을 휘둘렀고	玉堂久揮翰
밤에 자주 앞에 자리를 깔았다	夜席屢爲前
궁궐에선 지방 수령을 얻어	禁中得頗牧
말을 채집하고 전하였다	可但詞採傳
얼룩 글을 써서 토번의 왕을 부르고	草書招贊普
격문을 전하여 유연을 평정했다	傳檄定幽燕
북쪽 변방의 먼지를 씻어내고자 하는	欲淸塞北塵
평소의 뜻을 견고히 하였다	自許素志堅
천하를 경륜하는 수완은	經綸天下手
화상이 능연각에 봉안되리라	繪象期凌烟
다른 견해가 홀연 모순을 일으키니	異論忽矛盾
나라를 떠남에 어찌 그리 쉬운가	去國何翩然
신백이 재상을 보내	申伯宣輔相
번국에 퍼뜨릴 때가 있다	有時於蕃宣
비단 돛은 동쪽으로 가고	帆錦落天東
차가운 기색은 강과 이어졌다	寒色與江連

눈은 일다가 홀연히 흩어지니	雪意聚忽散
기러기는 다시 줄지어 난다	雁者整復偏
채석강을 거닐며	行行采石江
말술로 적선에게 제사를 지내네	斗酒酹謫仙
예로부터 문사가 귀했으니	古來文士貴
은총이 극히 특별했다	寵數極異恩
취한 얼굴에 금정 물을 뿌리고	金井沃醉面
붓을 대면 지존을 감동시킨다	落筆動至尊
원컨대 참소하는 자는	愿言投譖者
천년에 원한을 드리우리라	以雪千載冤
위대하다, 신발을 벗기게 한 기백	偉哉抹靴氣
어찌 다시 일에 얽매이랴!	寧復事拘攣
다른 세상에서 함께 어울려	異世儻同調
다섯 호수에서 배를 띄우리	一系五湖船

— 『영락대전永樂大典』 권10999

(*'눈은 일다가 홀연히 흩어지니(雪意聚忽散)'에서 '눈(雪)'은 '구름(雲)'으로 써야 할 듯하다)

심계조는 반도학상에서 자못 능수능란한(翻雲覆雨) 수완을 부렸다. 처음에는 오로지 주희의 『논어』, 『맹자』 주석의 구절을 주워서 명예를 훔치는 짓을 즐겨 하다가, 이어서 다시 전환하여 정이를 공격함으로써 단숨에 높이 뛰어올랐고, 경원 연간(1195~1200)에는 어사가 된 뒤 호굉胡紘이 고심하여 꾸며낸 장소章疏를 넘겨받아 주희의 6대 죄상을 탄핵함으로써 명성이 크게 떠들썩하였다. 학술상으로는 조금도 지조가 없고 정치상으로는 기회주의 태도를 취하였는데, 이런 태도에 관한 한 홍매조차 그의 발치에도 미치지 못할 정도였다.

이 긴 시는 홍매의 반도학 일생의 공적을 한껏 찬송한 시이다. '서로 이어서 아득한 속에 들어가고, 한결같이 현담을 늘어놓는다'는 구절은 도학가의 성명性命 담론을 공격하는 말이다. '하느님이 은혜롭게 돌아보아서, 이 시대를 위해 이 현자를 낳으셨다'는 구절은 바로 홍매가 위로 공자·맹자를 잇는 일대의 대현인이라고 떠받드는 말이다. '실록을 기록함은 사마천과 같았다'는 구절은 『사조국사』를 전적으로 긍정한 표현이며, 또한 주희에 대한 마지막 회답이었다. '북쪽 변방의 먼지를 씻어내고자 하는, 평소의 뜻을 견고히 하였다'는 구절은 홍매가 금에 사신으로 가서 화친을 구걸하고 나라를 욕보이고 절개를 잃어버린 일을 분칠하여 꾸며낸 말로서, 주전파의 비웃음거리가 된 홍매를 뜻밖에도 이름이 능연각凌煙閣에 오르는 항금抗金의 공신으로 만들었으니 참으로 파렴치한 아첨과 칭송이다. '다른 견해가 홀연 모순을 일으키니, 나라를 떠남에 어찌 그리 쉬운가' 하고 읊은 구절은 홍매가 고묘 배향의 논의로 인해 조정을 떠난 일에 대해 불평하면서 그를 동정하는 마음이 표현에 넘쳐흐르고 있으며, 이로써 홍매를 반대한 사람에 대해 '참소하는 자'라는 저주를 토해냈다. 심계조는 홍매의 진심을 고함질렀던 것이다.

주희도 침묵하는 것이 달갑지 않았다. 11월에 그는 조정 안팎을 진동시킨 봉사에서 조신을 비평하는 김에, '정신廷臣이 배향을 두고 논쟁하였다. 그 사이에 사정곡직邪正曲直이 본래 있을 터인데, 양쪽 가운데 어느 쪽으로도 향하지 않고 함께 배척하였다' 하면서 홍매의 추악한 태도를 들춰냈다. 동시에 홍매가 산릉사山陵使로 충원되어서 '임금(辟闕)을 팔아먹었으며 아전과 백성을 번거롭고 소요하게 하였다'고 질책하였다.

12월에 그는 또 도도하고 거침없이 「진준경행장陳俊卿行狀」을 썼는데, 글 가운데 일부러 이름을 거론하여서 홍매의 추악한 이력을 폭로하였다. 특히 건도 3년(1167)의 내용을 다음과 같이 상세히 서술하였다.

때에 용대연龍大淵·증적曾覿이 구은舊恩으로 총애를 훔쳤다. …… 중서사
인 홍매가 와서 보고 공(진준경)에게 말하였다. "사람들이 말하기를 정문鄭聞
이 우사右史에 제수되고 아무개는 아무 관직에 제수된다고 하는데, 사실입
니까?" 공이 말하기를, "모르오. 공은 어디서 얻어들었소?" 하였다. 홍매가
용대연과 증적에게서 들었다고 하였다. 공이 다음 날 누사漏舍에 가서 제
공諸公에게 말하였다. "바깥의 여론은 오래도록 이 두 사람이 성중省中(금성
禁省, 궁궐 안)의 일을 누설했다고 지목하고 있지만, 아직 그 실상을 파악하지
못하였습니다. 그 때문에 앞서 말하는 자가 많았지만 말씀드릴 수가 없었
습니다. 지금 다행히 알게 되었으니, 보고하지 않을 수 없습니다." 제공이
모두 옳다고 여겼다. 들어가 아뢰는 일이 끝나자 공이 홀로 앞으로 나아가
홍매에 관한 말로 상에게 질문하였다. ……

또 건도 4년(1168)의 내용을 다음과 같이 서술하였다.

    …… 시종신 양극가梁克家·막제莫濟가 모두 외임에 나아가기를 청하였다.
공이, 두 사람은 모두 어진 자들인데 떠나는 것이 아쉽다고 아뢰었다. 대
체로 가까운 반열에 있는 이들 가운데 함부로 말을 하여 다투어서 두 사람
을 불안하게 만든 자가 있었기 때문이다. 이에 마침내 동료들과 함께, 홍
매가 간사하고 음험하고 참소하고 아첨하니(奸險讒佞) 인주人主의 좌우에 있
어서는 안 된다고 탄핵하여, 그를 파직시켜서 쫓아냈다.   ──『문집』권96

    행장이나 묘지명과 같은, 지나치게 좋은 말로 기리는 글(諛文)에서는 일반
적으로 아직 세상에 살아 있는 사람의 비열하고 추악한 행적에 대해 언급하
기를 모두 꺼리기 때문에, 관례에 따라 혹 성명을 감추기도 하고, 혹 피하고

서 곧바로 쓰지 않거나 그 표현을 애매모호하게 한다. 그런데 사학과 문학으로 한 시대에 명성이 진동하고 오랫동안 조신의 특별한 대우를 받은 빛나는 인물이며, 게다가 고묘 배향의 의견이 조정에 채택됨으로써 조야의 선비들 사이에서 한창 어깨를 으쓱하는 홍매와 같은 인물의 추악한 모습을 주희가 다른 사람의 행장에 대서특필하였으니, 확실히 그의 글은 세상을 깜짝 놀라게 하는 필치로서 비범한 특색이 있었다. '간험참녕奸險讒佞(간사하고 음험하고 참소하고 아첨함)'이라는 넉 자는 '무극으로부터 태극이 된다'고 위조한 홍매에 대해 그의 원한을 남김없이 토해낸 말이다.

곧바로 이어서 순희 16년(1189) 정월, 주희와 육구연의 태극 논변이 더없이 열띤 논쟁으로 치달았을 때 주희는 육구연에게 보낸 편지에서 또 한 차례 홍매의 위조를 비판하였다.

> 근래에 『사조국사』의 「염계전濂溪傳」을 보니 이 도설이 실려 있었는데, '무극으로부터 태극이 된다(自無極而爲太極)'고 하였습니다. 만일 염계(주돈이)의 본래 글에 실로 '자自(~으로부터)'와 '위爲(된다)'라는 두 글자가 있다면 참으로 노형이 말씀하시는 것과 같기에 제가 감히 변론하지 못할 것입니다. 그러나 그(홍매)가 이 두 글자를 덧붙임으로써 도리어 본래 이 글자가 없을 때 의미가 더욱 분명함을 알 수 있습니다. 시험 삼아 보십시오.
>
> ―『문집』 권36 「답육자정答陸子靜」 서6

주희와 육구연의 태극 논변은 바로 주돈이의 「태극도설」 첫 구절로 일어난 것인데, 만일 '무극으로부터 태극이 된다'는 말에 매우 확실한 근거가 있다고 한다면 때맞춰 육구연에게 주희를 사망에 이르게 하는 중화기 포탄을 건네준 셈이나 마찬가지일 테고, 근거가 된 판본을 홍매가 내놓기만 하면 주희는 오직 입을 다물고 손을 맞잡고 패배를 인정하고서 지위도 명예도 잃었을 것이다. 그리고 논전 역시 육구연의 승리로 곧바로 결말이 났을 것이다. 그러나 『사조국사』의 수찬자들은 말할 것도 없고 문호의 분쟁에 열광적인 육학의 모든 제자들도 이에 대해 한마디도 하지 않았다. 주희와 육구연의 논전이 설령 '매도하고 을러대며(讟罵嘘喝)', 감정 대립으로 발전했다고 하더라도, 누구 하나 감히 『사조국사』의 '무극으로부터 태극이 된다'는 구절로 주희에게 반격하지 않았다는 사실은 『사조국사』의 개수에 아무런 판본적인 근거가 없고 선비들에게도 줄곧 받아들여지지 않았음을 충분히 증명한다.

주희는 여기서 그만두려고 하지 않았다. 소희 4년(1193) 10월, 그는 소주邵州 태수 반도潘燾를 위해 「소주주학렴계선생사기邵州州學濂溪先生祠記」를 썼는데, 다시 한 번 『사조국사』의 위조를 비판하였다.

> …… 이른바 '무극이면서 태극이다'라고 한 것은 …… 어찌 태극 위에 다시 이른바 무극이 있겠는가! 근래의 독자들은 이 점을 분명히 알지 못하고서 혹 망령되게 논의하여 선생(주돈이)의 착오라고 여겼다. 사씨史氏(홍매)는 선생의 전기를 쓰면서 말을 늘려 '무극으로부터 태극이 된다' 하였으니, 또한 근거가 없으며 거듭 선생에게 병폐가 되었다. 그러므로 나는 일찍이 고 승상 소 공蘇公(소송)이 『사조국사』에서 초두목각草頭木脚의 비유를 깎아 내자고 청한 일에 힘입어 실상을 바로잡으려 하였으나 힘이 미치지 못함을 한스러워 하였다.
> ─『문집』 권80

주희의 이 기문記文은 경원당금 바로 전까지도 홍매가 여전히 판본적 근거를 제시하지 않은 채 그의 자부심과 걸맞지 않은 침묵을 지키고 있었음을 분명히 나타낸다. 사실 홍매는 도학이 득세하고 있을 때 침묵을 지키고 있었던 데 지나지 않았다. 하루아침에 도학이 세력을 잃자 그는 곧바로 입을 벌려 쌓였던 원한을 발설하려고 하였다.

홍매는 과연 주희를 향해 소설가의 신들린 필치를 발휘하였다. 경원 2년 (1196), 주희가 금고로 집에 있으면서 이미 자기변호를 할 수 있는 어떤 권리조차 잃어버렸을 때 활약하기 시작한 홍매는 11월에서 12월에 걸쳐 44일간 신속하게 쓴 『이견지경夷堅志庚』에서 옛날에 일어난 사건을 새로 엮어서 주희가 연루된 재기才妓의 염문을 기록하였다.

> 태주台州의 관기 엄예嚴蕊는 더욱 재주와 사려가 있었고, 글을 알고 고금의 일에 통달하였다. 당여정唐與正(당중우)이 수령이 된 뒤 엄예에게 자못 눈길을 주었다. 주원회(주희)는 절동 제거로 있으면서 관할 구역을 순시하다가 그 일을 발단으로 삼아 엄예를 체포하여서 옥에 가뒀다. 등에 장杖을 쳤는데, 오히려 오백伍伯(역졸役卒)이 장을 가볍게 친다고 여겼다. 그래서 다시 회계會稽로 압송하여서 재심리하였다. 엄예는 혹독한 형벌을 받았으나 악적樂籍(관기의 명부)에 그대로 있었다. 악상경 림岳商卿霖이 제점형옥提點刑獄으로서 상소에 따라 처리하기 위해 태주에 이르렀는데, 엄예가 글을 올려서 자기 편리를 봐달라고 청하였다. 악림岳霖이 사詞를 지으라 하자, 말이 떨어지기가 무섭게 구술하였다. "풍진을 아낀 것이 아닌데 / 전생에 무슨 잘못이 있었는지 / 꽃이 피고 지는 것은 절로 때가 있으나 / 모두 동군(봄)이 주관하네 / 가기야 끝내 가야겠지만 / 머문들 어찌 머물랴 / 산에 핀 꽃을 꺾어 머리에 가득 꽂았으니 / 천한 몸 돌아가는 곳 묻지 마오(不是風塵, 似被前身誤, 花落花開自有時, 總是東君主. 去也終須去, 住也如何住, 若得山花插滿頭, 莫問奴歸處)"라고 하였다. 악림이 즉시 종량從良(자유민)으로 판결하였다.
>
> —『이견지경』권3

홍매는 분명 엄예를 동정해서가 아니라 당중우를 위하고 곧바로 전체 왕회 당을 위해서 안건을 뒤집었다. 자기는 욕심껏 향락을 누리고 부끄러움도 없이 황음하면서, 청렴 정직하고 몸가짐을 깨끗이 하여 자중하는 다른 사람을 통틀어 '도학'이라고 배척하는 사람에 대해 말하자면, 여자와 기생을 끼고는 실난실하게 부닐고 희롱하며 노는 풍류 염사艶事는 가장 자극성이 풍부한 이야기였으며, 이로써 도학을 타격하는 것은 가장 쉽게 사람들의 값싼 눈물을 얻을 수 있는 일이었다. 그래서 얼마 뒤 초창草窓 주밀周密의 꽃처럼 화려한 붓의 가공을 거쳐 홍매의 이 걸작이 전파되기 시작하였고, 영기營妓의 눈물을 빌려 도학가에 대한 원한을 발설하였으며,[7] 심지어 오늘날까지 문인들

---

7 엄예가 「복산자卜算子」를 지은 일에 관한 기록은 홍매의 『이견지』에 수록된 내용이 가장 이르다. 후세에 각종 서책에 실린 내용은 모두 이 글을 원본으로 삼았다. 그 가운데 주초창周草窓(주밀)의 『제동야어齊東野語』, 『계신잡지癸辛雜識』에 서술된 내용이 가장 영향력이 컸는데, 모두 진실하지 못한 말이다. 예컨대, 사원경謝元卿이 기생을 끼고 논 일, 당시 당중우와 엄예가 찰싹 들러붙어 음란한 짓거리를 하고, 또한 엄예를 기적妓籍에서 빼내 유명한 기녀의 지위를 독점하게 한 일을 말하였는데, 어찌 다른 사람이 그 사이에 손을 대서 (엄예와) 반 년 동안이나 는실난실하게 부닐 수 있었겠는가? 주희는 7월 23일에 태주에 이르렀고 8월 상순에 황암에서 엄예를 붙잡았으며, 8월 18일에는 이미 태주를 떠났으니, 어찌 '(엄예가) 달포 동안 옥에 갇혀 있고', '채찍질을 당하는' 일이 있었겠는가? 8월 10일에 왕회가 이미 별도로 절서 제형을 파견하여 이 안건을 복심하게 하고 주희에게는 손을 쓰지 못하게 하였으며, 엄예는 옥에 있어서 아무도 관심을 갖지 않았으니, 또 어떻게 '(엄예가) 다시 아프게 장을 맞고', '두 달 사이에 거듭 장을 맞고 지쳐서 거의 죽을 지경'이 되는 일이 있었겠는가? 엄예는 결코 이 사건의 중범이 아니었으며, 공초한 내용은 주희의 핵장劾狀에 명확히 기재되어 있다. 대체로 엄예가 1심에서 실정을 실토하였으니, 또 어떻게 '한마디도 당중우를 언급하지 않아서', '추국하였으나 오랫동안 실정을 얻지 못한' 일이 있었겠는가? 심지어 엄예를 일컬어 '고(琴)와 바둑과 노래와 춤을 잘하고 악기(絲竹)와 글씨와 그림에 능하여서 자색과 예능이 한 시대에 으뜸'이라고 한 것은 더욱 문인의 과장된 수식이다. 세간의 무료한 문사와 가난한 서생들이 농염한 기생을 흠모하여 군침을 질질 흘리며 머릿속에서 멋대로 상상하여 욕구를 달래려고 하다가 결국 이런 지경에까지 이른 것이니, 이견夷堅의 괴설, 제나라 동쪽의 촌스러운 말(齊東野語) 따위가 또한 어찌 충분히 믿을 만한 역사 기록이겠는가!

의 면면한 정서를 끌어당기며 사람들의 눈물을 자아내는 희극과 소설로 전해지면서 입에 오르내리고 있다.

사실 문화적 전제의 경원당금 중에 주희와 관련한 유언비어나 방문참서謗文讒書(헐뜯고 중상모략하는 글이나 책)는 고슴도치의 털과 같이 무수히 많았다. 재기가 원한을 품고 사를 지어서 자기의 억울함을 호소했다는 이야기 또한 다만 반도학파들이 불러일으킨, 문자로 사람을 죽이는 탁류 가운데 일어난, 남을 헷갈리게 하는 자잘한 물보라였다. 홍매의 이 도청도설道聽途說은 거의 한 글자도 사실에 부합하지 않는다. 엄예가 '글을 알고 고금의 일에 통달했다'는 말은 대체로 기생을 끼고 노는 데 성벽이 된 명사라야 내뱉을 수 있는 말이다. 당중우와 영기의 후안무치하고 음란한 짓거리는 주희의 탄핵장 여섯 편에 소상하게 실려 있는데, 홍매는 도리어 '자못 눈길을 주었다'는 상당히 온화하고 돈독한 뜻을 담은 한마디 말로 그와 당중우 사이의 보통이 넘는 관계를 드러냈다.[8]

주희가 7월 23일에 태주에 도착한 뒤 처음 심문을 하여서 회계로 압송한 사람은 관의 회자會子(남송 때 발행한 지폐)를 위조한 중범 장휘蔣輝 등이었다. 엄예는 일찍이 당중우가 기적에서 빼내준 덕에 몰래 황암黃巖의 주거로 돌아갔다. 주희는 8월 상순에야 황암에서 엄예를 붙잡았고, 태주의 통판 조선급趙善俀이 엄예의 문초를 담당하였다.

8월 10일에 주희는 당중우를 탄핵하는 다섯째 탄핵장에서 다음과 같이 말한다. "요 며칠 사이에 (*당중우가) 갑자기 다시 방자해져서 장인(工匠)을 불

---

8 홍매와 당중우의 관계는 지금은 상세히 고찰할 만한 자료가 없다. 그러나 『이견지』에는 당중우가 병을 고친 이야기가 실려 있는데 그의 고명한 의술을 극찬하고 있으니, 두 사람이 서로 매우 잘 알고 지냈음을 알 수 있다.

러 속임수를 썼으며, 기녀(弟子) 엄예가 감옥에 갇힌 일로 마음속에 분노와 원한을 품고 공공연히 이졸을 보내 사리司理(사리참군司理參軍)의 원문院門으로 들이닥쳐서 담당 관리를 질질 끌어내며 어지러이 폭력을 행사하였습니다. 그 미치광이처럼 패악하고 거리낌 없이 발끈 성을 내는 기질은 누그러지지 않았습니다. 태주에 도착하여 엄예 등의 죄안罪案을 조사하고 판결을 내리려는데, 당중우가 또 객장客將인 장혜張惠를 파견하여서 (*태주의) 통판 조선급에게 전하기를, '이미 조정의 지휘를 얻어서 절서 제형浙西提刑을 파견하여 엄예 등의 사건을 조사한다'고 하므로 (조선급이) 아직 판결을 내리지 못하였습니다. ……"(『문집』권19 「안당중우제오장按唐仲友第五狀」) 이로 미루어보면 엄예는 줄곧 태주의 감옥에 갇혀 있었고, 결코 소흥부昭興府로 압송되지 않았음을 알 수 있다.

8월 10일 이후 왕회의 무리가 별도로 절서 제형을 파견하여서 이 안건을 취조하여 처리하는 방법을 생각해내고는 주희로 하여금 다시는 범인에 대해 관여하지 못하게 했기 때문에 장휘와 엄예 등은 옥중에서 도리어 보호를 받았다. 나중에도 결코 절서 제형을 파견하여서 자세히 조사하지 않았다. 11월 초에 이르러 장휘와 엄예 등은 곧 모두 무죄로 석방되었는데(『문집』권22 「사면진직주장辭免進職奏狀」2), 또 어떻게 주희가 엄예를 '다시 회계로 압송하여서 재심리하고 그에게 혹독한 형벌을 받게' 할 수 있었겠는가?

하물며 주희는 속주屬州를 순력하는 직책에 있었기 때문에 송사의 정황을 철저히 조사하는 일에 대해서는 직접 간여할 수 없었다. 그는 당중우를 탄핵하는 마지막 여섯째 탄핵장에서 조정을 향해 분명하게 말하였다. "신이 법을 자세히 살펴보니(契勘), 감사가 공사公事를 들춰내면 형옥사刑獄司에 보내 처리하지 못하게 되어 있습니다. 이는 대체로 감사가 송사의 정황을 살펴서 번번이 간여하는 일을 방비하기 위함입니다. 지금 소흥부는 비록 신이 형옥을 맡아 처리하는 곳에 속하지만, 신은 (당중우의 일을) 들춰낸 뒤로 현재 순력하고

있는 중이라 관사에 돌아간 적이 없었으며, 조사 중인 송사의 정황에 간여할
여지가 없었습니다."(『문집』 권19 「안당중우제육장按唐仲友第六狀」)

'악림이 사를 지으라 하자, 말이 떨어지기가 무섭게 구술하였다'는 말은
더욱 기이한 세상의 이상한 이야기이다. 이러한 남녀 사이의 느실난실한 사
건의 심리도 홍매와 같이 요염한 무희를 흠모하고 기녀에게 부닐고자 하는
마음을 품은 궁정의 농신弄臣과 무료한 문사라야 생각해낼 수 있는 일이다.
나중에 사가詞家 중에는 「복산자卜算子」를 여류 사인女流詞人 엄예의 명작으로
돌리지 않는 사람이 없었다. 그녀에게 걸맞은, 가냘프고 애처로워서 남을 감
동시키는 풍류의 운치 있는 일이 오랜 세월이 지나도록 쇠하지 않고 사림詞林
과 학계와 대학 강단에서 유전된다는 사실은 참으로 천고의 오심誤審이다.

주희는 당중우를 탄핵하는 넷째 탄핵장에서 명명백백하게 말하였다.

> 금년(순희 9년, 1182) 2월 26일, 밤 깊은 시간까지 연회를 했는데, 당중우는
> 이로 인하여 엄예와 도를 벗어나는 짓을 저질렀으며, 기적에서 빼내려고
> 무주 영강현에 있는 친척 집으로 보내면서 엄예에게 말하기를, "만일 그곳
> 에서 좋지 않은 일이 있거든 돌아와 나에게 몸을 맡기라(投奔我)." 하였습니
> 다. 5월 16일의 연회에서는 당중우의 친척인 선교랑 고高 아무개가 악곡
> (曲) 한 수를 지었는데, '복산자卜算子'라는 제목을 붙였습니다. 뒤 단락에서
> 읊기를, "간들 어찌 가고 / 머문들 어찌 머물랴 / 산에 핀 꽃을 꺾어 머리에
> 가득 꽂았으니 / 천한 몸(奴) 돌아가는 곳 묻지 마오(去又如何去, 住又如何住, 但得
> 山花插滿頭, 休問奴歸處)"라고 하였습니다. 5월 17일, 당중우가 전관轉官하는 축
> 하연을 베풀었는데 그 자리에 기녀를 대령시켰습니다. 당중우는 다시 엄
> 예와 도를 넘는 짓을 저질렀습니다. 당중우는 엄예에게 "자유로운 신분이
> 되거든(遂便) 황암에 돌아가 살면서 나에게 몸을 맡기라." 하였습니다. 마침

내 엄예는 풀려나 자유로운 신분이 되었습니다. …… 23일에 행수 엄예가

기적에서 **빠졌습니다**.　　　　　　　—『문집』 권19 「안당중우제사장按唐仲友第四狀」

　이는 모두 엄예가 직접 자기 입으로 공초한 내용이니 자연히 가장 믿을
만하다. 기왕 '뒤 단락'이라고 하였으니 당연히 또한 위 단락도 있을 터인데,
그것은 틀림없이 오늘날까지 전해지며 사람의 입에 오르내리는 「복산자」이
리라.

　엄예를 기적에서 **빼낸** 일에 대해 주희는 당중우를 탄핵한 셋째 탄핵장의
한 단락에서 서술하였다.

　　행수 엄예는 미인으로 제법 소문이 나서 당중우가 그를 아주 가까이하

　며 부닐고, 설령 공개 석상이라도 전혀 거리낌이 없었습니다. 공공연히 그

　를 기적에서 **빼낸** 뒤 외종제 고 선교랑에게 공고公庫의 가마와 수레로 돈

　과 물건을 다 실어서 무주에 있는 별택別宅에 갖다 두었습니다. 엄예가 길

　을 떠날 때 당중우가 조모의 제사로 휴가를 얻고서는 도리어 공고에 명하

　여 저택에서 연회를 베풀어주고 전송하였습니다. ……

　　　　　　　　　　　—『문집』 권18 「안당중우제삼장按唐仲友第三狀」

　「복산자」의 진정한 지은이는 당중우의 외종제 고 선교랑임을 알 수 있다.
고 선교랑은 원래 가마를 타고 기생집을 드나드는 부랑한 자제로서, 오로지
당중우와 긴밀하게 내통하며 재물을 모으고 뇌물을 받는 심복이요, 하수인이
었다. 주희는 탄핵장에서 누차 그의 더러운 행실을 언급하였다.

　「복산자」는 그가 유둔전柳屯田(유영柳永)의 뛰어난 문장 재능을 모방하여서
기생집을 드나드는 자제들을 위해 염정艶情을 대신 호소한 것이니, 본래 그

사詞의 뜻은 매우 분명하다. 당중우는 비록 엄예를 기적에서 빼내주었지만, 무주 영강현에 있는 친척집에 머물게 함으로써 엄예는 물론이고 고 선교랑마저 그녀에 대한 그의 표면적인 호의와 우롱(虛情玩弄)을 느꼈다. 엄예는 오도 가도 못할 처지에 있었다. 그래서 사에서 '간들 어찌 가고, 머문들 어찌 머물랴'는 슬프고 원망스러운 감정을 표현하였던 것이다. 당중우는 이후로 '나에게 몸을 맡기라'고 약속하는 말로 그녀를 속여서 황암에 보내 잠시 머물게 하였다.

시정市井의 압객狎客이 왕왕 흥에 겨워서 구슬프고 은은한 애상을 띤 염사艷詞와 아름다운 시를 지었을 것이고, 오랫동안 가기歌妓가 접객을 하며 연주하고 노래하면서 이 무명 압객의 염사는 가기 스스로 지은 것으로 여겨졌을 터이다. 그러나 홍매가 이 「복산자」를 악림이 절동의 헌관憲官을 이어받아 사건을 복심하였을 때 엄예가 지은 것이라고 갖다 붙이면서, 그 창끝은 도리어 주희를 향하였다. 실제로는 근본적으로 악림이 이때 절동의 제형을 이어받은 일이 없었다.

11월 7일에 주희는 「사면진직주장 2辭免進職奏狀二」에서 다음과 같이 말하였다. "지금 삼가 내려온 지휘를 살펴보니, 당중우는 이미 새 직책을 그만두었지만 (조정에서) 다시 관리를 파견하여서 자세히 조사하지 않았고, 소흥부에서도 관회官會를 위조했던 장휘 등을 조사하여서 공초를 받아냈지만 또한 조정의 지휘를 받고 모두 석방되었다고 들었습니다."(『문집』권22) 왕회는 다만 공격하는 척하다가 물러났으며, 근본적으로 조정에서 무슨 절동의 헌관이니, 절서의 헌관이니 하는 관리를 파견하여서 판결을 내린 적이 없었음을 알 수 있다.

『보경속회계지寶慶續會稽志』에 건도(1165~1173)에서 경원(1195~1200)에 이르기까지 절동 제형을 지낸 사람들의 이름과 파직된 때를 나란히 잇듯이 상세하게 열거하였는데, 거기에 악림은 없다. 그 가운데 순희 8년(1181)에서 순희 10년까지 절동 제형을 지낸 사람은 다음과 같다.

- 부기傳琪 : 순희 8년 9월에 조청대부朝請大夫로 도임하였고, 순희 9년 9월에 절서 제형으로 전임하였다.
- 장조張詔 : 순희 9년 11월에 무경대부武經大夫로 도임하였고, 순희 10년 5월에 강동 제형으로 전임하였다.

— 『보경속회계지』 권3

장휘, 엄예 등 일련의 사람들이 무죄 석방된 때는 11월 초였는데, 이때 절동 제형은 장조였고 절서 제형은 부기였다. 두 곳 모두 악림이 제형을 맡지 않았다. 장조도 왕회의 명을 받들어 공무를 수행한 데 지나지 않으며, 결코 색기色妓에 대해 측은지심을 발휘하여 사사로운 판단으로 기적에서 빼내준(從良) 것은 아니었다.

악림은 악비岳飛의 아들이며 악가岳珂의 아비로서, 장식張栻과 함께 주희와 서로 알고 지냈고 이학을 신봉하였다. 순희 4년(1177)에 악림은 흠주欽州에 부임하여서 주학을 정돈하고 특별히 장식에게 「흠주학기欽州學記」를 지어달라고 청하였다. 악림에게는 딸이 하나 있었는데 진준경의 손자 진지陳址에게 시집보냈다. 그리고 진지와 진준경의 다른 아들, 손자가 모두 주희에게 배움을 물었는데, 주희는 포전蒲田을 지나갈 때면 늘 진씨 집안에 묵으면서 강학을 하였다.[9] 악림과 주희는 이 일단의 관계를 통해 많이 왕래하였다.

---

9 진지가 악림의 사위라는 사실은 주희의 『문집』 권94 「진군염부광지陳君廉夫壙志」에 보인다. 진준경의 아들과 손자가 주희를 종사하여서 배웠다는 사실은 주희의 『문집』 권91 「진사덕묘지

순희 14년(1187)에 악림은 호남 전운사로 부임하여서 주희에게 편지를 보내 안부를 물었는데, 주희는 악림에게 보내는 답장에 한 장을 덧붙여서 당년에 악비가 건저建儲 논의를 한 정황을 잘 알고 있다고 하였다.

이는 고故 전원殿院(전중 시어사) 장정부 계張定夫戒 공이 기록한 것입니다. 이른바 자종資宗이란 가장 적당한 시기에 종자宗子가 자선당資善堂에서 독서하는 일입니다. 또 「설공행장薛公行狀」에서도 이 일을 기록하였는데, 우연히 찾아보았으나 아직 보지는 못했습니다. 어쩌면 영가의 선비들 집안에는 반드시 찾아볼 만한 판본이 있을 것입니다. 다만 충목공忠穆公의 이 상주문은 지금도 전해지는 본이 있는지 없는지는 알 수 없습니다. 희가 답합니다.

　　　　　　　　　　　—『보진재법서찬寶眞齋法書贊』 권27 「주문공저의첩朱文公儲議帖」

주희는 소희 5년(1194)에 조정에 들어가 경연에 입시했을 때 미리 진부량과 함께 주차를 올리기로 약속하고서 건저建儲 논의를 주도한 누인량累寅亮, 악비, 진강백陳康伯 등을 포상하자고 청하였는데, 당시 악비에 관련된 자료는 악림에게 물어본 것이다. 악가는 나중에 이 차자를 『금타수편金陀粹編』에 수록하였다. 이 때문에 왕회는 결코 악림과 같이 도학에 기울어 있고 주희와 사적으로 매우 긴밀히 교제하는 사람을 절동의 헌관으로 부임하게 함으로써 태주의 사건을 심리하도록 선택할 수는 없었다. 그런데도 홍매는 그를 억지로 끌어들여 억울한 옥사를 판결하도록 했는데, 이는 항장이 검무를 춘 목적이 유방을 죽이려는 데 있었듯이(項莊舞劍, 意在沛公) 다른 목적이 있었던 것이다.

―――――――――――――――――――――――――

명陳師德墓誌銘」, 권26 「여진승상별지與陳丞相別紙」, 『별집』 권4 「여임정백與林井伯」 서2 및 『흥화부지興化府志』에 상세히 보인다.

홍매의 『이견지』는 사방의 삼교구류三敎九流 무리들이 제공한 도청도설을 가지고 만든 책으로서 참과 거짓을 모두 채택하였다. 이런 저서 방식은 천하에 독보적인 방식이라고 일컬을 만하다. 진진손陳振孫은 홍매를 다음과 같이 비웃었다. "허망한 사람이 늘그막에 책을 쓰는 데 급급하여 『태평광기太平廣記』 중의 옛일을 많이 따와서 앞뒤를 뜯어고치고 다른 이름을 붙여서 내놓았는데, 몇 권이나 되었다. 또한 다시 산삭과 윤문을 하지 않고 서둘러 수록하였다. 비록 사건의 서술이 잡다하게 어지럽고 시문詩文이 비루하지만 신경 쓸 것이 없다."(『직재서록해제直齋書錄解題』)

경원당금 중에 도학가를 무함하여 날조해서 엮은 추문과 추악한 행위는 사회를 풍미하고 유행하면서 반도학의 풍채를 띤 자들에게 적잖이 이용되었다. 홍매는 이 풍류의 염문을 '경배景裵'로부터 얻어들은 것이라 하였는데, 경배는 바로 홍매의 형제인 홍경배洪景裵이다. 이로써 이 이야기는 홍매 형제가 공동으로 꾸며낸 반도학의 걸작이며, 8년 동안 『사조국사』의 위작을 끊임없이 추궁하며 공격한 주희에 대한 반격이었음을 알 수 있다. 홍매가 엄예의 원통한 옥사 이야기를 써내기 석 달 전에 조신 장귀모張貴謨도 상주하여 「태극도설」의 문제점을 지적하며 논함으로써'(『경원당금』), 어사중승 하담何澹이 소장疏章에서 '전문의 학문이 흘러서 가짜가 되었다(專門之學, 流而爲僞)'고 한 말을 증명하였다.

그러나 홍매는 『이견지경』을 씀과 동시에 또 「왕신묘지명王信墓誌銘」도 지었다. 반도학에 기대 참지정사에 오른 왕회의 당우黨羽 하담도 이때 신분을 낮추는 일조차 아까워하지 않고 보잘것없는 일개 왕신의 처를 위해 손수 묘비명을 썼으며, 또 특별히 일필휘지로 「제왕급사문祭王給事文」을 써서 홍매의 묘지명과 서로 호응하였다. 그들은 모두 당금의 성세聲勢를 빌려 당중우·왕신을 대신하여 설원을 하고, 왕회의 당을 위해 복권의 바람을 불러일으켰다.

홍매는 언예의 풍류에 관한 억울한 사건을 꾸며내서 자기와 주희 사이의 태극 논변을 매듭지었다. 다만 『이견지경』을 판각하여 책으로 찍은 것이 고정考후에 전해졌을 때 주희는 이미 당금 중에 사망했으므로 그의 걸작을 감상할 수 없었다. 설령 주희가 충분히 볼 수 있었다고 하더라도 그의 처지로 보아 변명할 길이 없었으리라.

홍매는 뒷사람에게 아무도 풀 수 없는 '무극으로부터 태극이 된다'는 수수께끼를 남겨 놓았고, 또 이학에 관한 이율배반의 철학적 반성을 남겨 놓았다. 곧 만일 「태극도설」의 첫 구절을 '무극으로부터 태극이 된다'고 했다면, 주돈이는 본체론상에서 도가의 '무생유無生有'의 학설을 받아들인 것이고, 그에 따라 기본적으로 당연히 도가에 귀속되며, 이 점은 곧 '이학개산理學開山'이라는 그의 칭호와 서로 용납될 수 없다. 그리고 만일 「태극도설」의 첫 구절을 '무극이면서 태극'이라고 했다면, 주돈이는 기본적으로 당연히 유가에 귀속되지만, 이는 또한 그가 개념과 범주 또는 방법론상에서 도가로부터 흡수하고 표절했음을 부정할 수는 없다. 이학은 일종의 새로운 형태의 유가 사상 체계로서 본체론상에서 도가·도교의 '무생유' 설을 받아들일 수 없다. 이를 위해 주희는 자기의 이학 진영에 속한 도우道友와 격렬한 태극 논변을 전개하지 않을 수 없었다.

주희와 육구연의 태극 논전

순희 15년(1188)은 그야말로 주희에게는 태극 논전의 해였다. 주희는 '무극'에 의해 사면초가의 신세가 되어서 팔방에 적을 만들었다. 먼저는 임률이, 이어서는 홍매가, 그런 뒤에 또 육구연이 모두 약속이나 한 듯이 무극·태극상에서 주희를 성토하고 죄를 물었다. 그러나 주희와 임률, 주희와 홍매의 태극 논변은 변론이 아니라 일종의 왜곡된 형식으로 진행되었다. 임률이나 홍매는 모두 왕회 당의 권세와 당금에 의지하여서 오로지 남을 제압하려 하였으며 그럴 듯한 모양새도 갖추지 못한 반도학 이론 체계로 이학에 항거하였기에, 주희는 그들과 실제로는 정상적인 논변을 진행할 방법이 없었다. 그의 무극·태극상에서 진정한 이론적 적수는 바로 상산象山에 높이 걸터앉은 육구연이었다.

육구연은 정치상으로 주희와 같은 운명에 처해 있었다. 그는 칙령소勅令所에서 3년간 산정관刪定官이라는 한직에 앉아 번쇄하고 건조한 법조문으로 그의 재능을 썩히고 있었다. 왕회의 앞잡이들이 무함하는 탄핵은 그로 하여금 조정에서 직무에 종사하던 데서 산간에서 강학하는 쪽으로 전향하게 하였으며, 결국 심학心學의 일대 종사宗師라는 위대한 이름을 성취하게 하였다. 순희 13년(1186) 12월에 그가 급사중 왕신의 탄핵 상소로 인해 임안을 떠날 때 양만리는 납월臘月의 흩날리는 큰 눈발을 무릅쓰고 시를 읊어서 전송하였고, 육구연도 화답하는 시 한 수를 읊어서 '뜻은 세상에 아부하기는 어려워도 세상을 잊지는 않았고, 의지는 몸을 도모하지 않았으니 어찌 몸을 그르치랴?(義難阿世非忘世, 志不謀身豈誤身)'(『육구연집』 권25 「송별해준 양정수에게 화답하다(和楊廷秀送行)」) 하고 스스로 탄식하였다.

벼슬의 바다에서 5년 동안 부침하면서 육구연은 결국 자기에게는 세상에 아부하는 재주가 없고 오직 유학자(儒冠)로서 몸을 그르치는 운명만 가지고 있음을 느꼈다. 늘 스스로를 매우 고명하게 여기고 있던 육구연은 그제야 '학문은 거칠고 비로소 사람 되기에 부끄러움을 알고서(學粗知方耻爲人)' 봉사奉祠로 귀가하여 심학을 연마해야 함을 깨달았다. '눈 내리는 섣달 고향으로 돌아가니 저절로 봄이 된(歸沖臘雪自生春)' 전원에 돌아가서 사는 즐거움은 주희가 서책을 버리고 관료 사회를 향하여 봄을 찾은 것과는 아주 달랐다. 그는 주희와 반대로 관료 세계에서 뛰쳐나와 산간으로 들어감으로써 학문의 봄날을 추구하였던 것이다.

과연 육구연이 금계金溪로 돌아가자마자 대유大儒의 명성을 흠모하여 찾아와서 학문을 따라 배우려는 사람이 폭주하였다. 금계현의 관원이 그를 위해 학궁에 강석講席을 마련해주었더니, 일시에 수강하려는 사람이 구름같이 모여들었고, 그의 명성은 나날이 높아졌다. 그의 문인 팽흥종彭興宗이 한번은 우연히 귀계貴溪 응천산應天山으로 옛 친구를 찾아 산을 올라 유람하였는데, 응천산의 봉우리가 높고 골짜기가 깊으며 숲이 우거지고 샘이 맑아 참으로 초려를 얽어서(結廬) 강학을 하기에 절호의 장소임을 알았다. 그들은 산간에 정사를 세우고 육구연을 맞이하여서 강학을 하기로 결정하였다.

원래 이 산은 거대한 코끼리 형상의 모양인데, 당 대唐代의 명승 마조馬祖가 산 북쪽에 초려를 얽었기 때문에 선사산禪師山이라고 불렀다. 원풍元豐 연간(1078~1085)에 석영釋瑩이 산 남쪽에 절을 세운 뒤로는 응천산이라고 이름하였다. 산은 동남쪽을 향하여서 높고 험한 봉우리와 수려함을 뽐내는 수많은 바위가 병풍처럼 죽 이어져 있는데, 구름과 안개와 노을이 그 사이에서 나타났다가 스러졌다. 운대봉雲臺峰은 하늘 위로 우뚝 솟았다. 동쪽을 바라보면 신령한 산과 봉우리가 우뚝 솟아 있고, 옥 같은 물이 구불구불 흘러내렸다. 서쪽을 바라보면 막고봉藐姑峰·석고봉石鼓峰·비파봉琵琶峰 등의 봉우리들이 하늘을 찌르고 아래로 뻗어 내렸다. 산골짜기와 바위 골짜기가 창망한 구름과 안개 사이를 뚫고 나타났다가는 사라지고, 빽빽한 숲과 짙은 그늘이 수많은 거대한 바위에 드리워서 한편으로는 무이산과 아름다움을 겨룰 만한 승경勝境이었다.

산의 경치는 폭포가 있어서 더욱 기이하였다. 동쪽에 있는 제담磾潭은 여산廬山의 옥연玉淵에 견줄 만하고, 서쪽에 있는 반산半山은 와룡臥龍에 견줄 만하였다. 정사 앞 두 산이 마주치는 곳에 있는 골짜기는 공중에 걸려 있는 명주(練) 같았다. 세차게 쏟아지고 바윗돌을 따라 모양이 이루어진 까닭에 이름도 풍련風練·분옥噴玉·번도翻濤·수주漱珠·수렴水簾·쌍련雙練·유은流銀·비설飛雪로서, 온갖 자태를 뽐냈다.

임안의 관료 사회에 물들어서 세상사에 허덕이고 얼마간 도학에 구속된 듯한 육구연도 이 산수의 경색에 도취되어 응천산을 종신 강학의 장소로 결정하였다. 순희 14년(1187)에 정사가 낙성되고, 그 다음 해에 그는 응천산을 상산象山으로 바꾸고 자기 호를 상산옹象山翁이라고 하였다. 산수가 뛰어난 곳에 방장方丈을 짓고 방장 앞에는 군산각群山閣과 원암圓庵을 배치하여 지었다. 반송蟠松과 괴석이 둘러 있고 흰 구름이 산굴에서 이는 이곳에 사방의 학도들이 양식을 싸들고 꾸역꾸역 모여들어서 학문을 들었으며, 산세가 높고 대나무가 우거진 평지를 따라 경치가 아름다운 곳에 저마다 초려를 얽어서 정사를 중심으로 뭇별이 달을 향한 형세로 사방에 포진하고 있었다. 그리하여 이곳은 주희의 무이정사와 함께 일종의 격국格局을 형성하였다.

상산옹은 정사의 강당에서 조용히 도를 강론하고, 때로는 학도들을 데리고 구름 골짜기, 나무가 선 바위, 달빛을 받은 물결, 매화 그림자 사이에서 휘파람을 불고, 세차게 쏟아져 내리는 폭포를 대하고서 북받치는 감정으로 초사楚辭의 고시古詩와 선성의 경훈經訓을 소리 높여 읊조렸다. 평소 방장 안에 거처할 때는 책을 보고 고를 어루만지며, 문에 올라서 가르침을 구하는 학생들에게 손길이 닿는 대로 지적을 해주었다. 매일 이른 아침에 산꼭대기로 아침놀이 끼고 구름이 오를 때 정사의 북소리가 들리면, 상산옹은 산교山橋를 타고 정사에 들어가 엄숙하고 장중한 모습으로 자리에 앉아서 강론을 시작하였다. 수백 제자들은 이름과 나이를 적은 작은 팻말에 따라 차례로 자리에 앉았다. 상산옹은 당당하고 차분하게 강론을 하였는데 맑고 깨끗한 소리를 토했으며, 강론이 득의한 곳에 이르면 머리를 들고 연령이 가장 어린 고제 부계로傅季魯를 향해 북받치는 감정으로 한마디 터뜨렸다. "어찌 유쾌하지 않은가!(豈不快哉)"

그러나 상산옹도 무이옹과 마찬가지로 결코 산림의 고사로서 세상을 아랑곳하지 않은 은일한 생활을 보내지는 않았다. 상산에서 강학을 하는 기간에 그의 심학 체계와 육학의 학파는 비로소 최종적으로 성숙하고 완성이 되어서 주희의 이학 체계 및 주학 학파와 함께 충분히 정족鼎足의 형세로 맞서는 지위를 얻었다. 벼슬길의 부침에서 산간의 강학으로 전향한 일은 육구연 일생에서 가장 중요한 변전이었고, 주희와 벌인 태극 논변은 이 변전의 즈음에 일어났다. 이 논변은 그의 심학 체계 및 학파의 성숙과 확립의 표지일 뿐만 아니라 또한 이 성숙과 확립이 필연적으로 가져온 결과였다.

육구연이 상산에 들어온 뒤 심학 사상은 새로이 비약하였다. 순희 14년 (1187) 7월에 그는 「주씨자경명자설朱氏子更名字說」에서 자기가 체인體認한 심학의 새로운 인식설認識說을 말하였다.

순희 정미년(1187) 3월(暮春) 초에 나는 성문(城闉)에 이르렀는데, 후생의 학자들로서 나를 따라 노니는 자가 날로 더욱 늘어났다. 내가 그들에게 시속時俗의 공통된 병폐를 아파하고 사람의 고유한 마음에 관해 깨우쳐주었더니 두려워하여서 징계되고 도약하여서 일어나지 않는 자가 없었다. 선배 장자가 왕왕 찾아와서 가르쳐주었는데 모두 다른 말이 없었다. 나는 이에 이 마음(此心), 이 이치(此理)가 우주를 가득 채우고 있어서(充塞宇宙) 어느 것도 끼어들 수 없음을 더욱 믿게 되었다. ……

— 『육구연집』 권20 「주씨자경명자설」

'이 마음, 이 이치가 우주를 가득 채운다.' 이는 그의 심즉리心卽理, 이즉우주理卽宇宙, 우주즉심宇宙卽心의 유기적 일체관(有機一體觀)이다.

순희 14년 이전에 육구연의 심학은 '심心'과 '이理'의 관계 탐구에 집중되어서 '심즉리'의 세계관과 본체론 및 '직오본심直悟本心'의 인식론과 도덕 수양 방법을 제출하였다. 곧 '심'과 '우주', '이'와 '우주'의 삼원적三元的 관계는 아직 전개되지 않았다. 이때만 하더라도 그는 '우주'를 '심', '이'와 같은 의의를 지닌 본체론의 범주로 심학 체계에 끌어들이지는 않았다. 이는 그의 심학 체계가 비록 '심'과 '이'의 관계를 해결했지만 아직은 주체와 객체, 주관적 자아와 객관적 세계의 관계를 해결하지 못했기 때문에 완정한 체계를 갖지 못했음을 의미한다. 그러다가 상산에 들어가 강학을 한 뒤 '우주'를 흥미진진하게 추구하기 시작하면서 '우주'는 '심', '이'와 함께 완전히 같은 의의를 갖는 것이 되었다. 이로부터 그는 "배우는 사람을 깨우쳤는데, '우주' 두 글자를 많이 언급하였다."(『육구연연보』)

순희 15년(1188), 그는 처음으로 제자들에게 명확하게 심心 – 이理 – 우주宇宙 삼위일체의 완정한 심학 체계를 제시하였다.

사방상하四方上下(공간)를 우宇라 하고 왕고래금往古來今(시간)을 주宙라고 한
다. 우주는 바로 내 마음(吾心)이며 내 마음은 바로 우주이다. 천만세 이전
에 성인이 나왔어도 이 마음, 이 이치는 똑같았다. 천만세 뒤에 성인이 나
오더라도 이 마음, 이 이치는 똑같다. 동서남북 사해에 성인이 나오더라도
이 마음, 이 이치는 똑같다. …… 우주 안의 일은 내 분수(分) 안의 일이고,
내 분수 안의 일은 우주 안의 일이다. ……　　　　—『육구연집』 권22 「잡설」[10]

---

10 생각건대, 「잡설」의 몇 조항은 응당 모두 육구연이 상산에서 강학하며 진술한 말을 기록한 것
이다. 이 조항 가운데 오로지 당시 사람들이 주장한 상동설尙同說을 비평한 곳이 있는데, 육구
연은 동리론同理論을 주장하면서 다음과 같이 말하였다. "근세의 상동설은 매우 잘못이다. 이
理의 소재가 어찌 같지 않겠는가? ……" 이는 곧 순희 15년(1188)에 대간 호진신胡晉臣 등이 상
동설을 주창하여서 다른 당파를 공격하고 임률을 탄핵 파직한 일을 가리킨다. 육구연의 문집
가운데 권13 「여설상선與薛象先」에서는 이를 매우 상세히 서술하였다. "형공荊公(왕안석)의 학문
은 …… 「사당기祠堂記」(「형국왕문공공사당기荊國王文公祠堂記」)에 상세히 논술되어 있습니다. 스스로
말하기를, 성인이 다시 일어나더라도 내 말을 바꾸지 않겠다는 …… 상동설은 가장 천박하
고 비루합니다. 천하의 이치는 다만 마땅히 옳고 그름을 논할 뿐, 어찌 같고 다름을 논하겠습
니까? …… 이 이理의 소재가 어찌 같지 않음을 용납하겠습니까? 이 이理를 같지 않다고 하면
이단입니다. …… 근래 대간의 논평을 보니 다시 상동설을 따르고 있습니다. 호 군胡君(•생각건
대, 호진신을 가리킨다)만큼 순수하고 성실한 사람이 달리 없지만 의론이 오히려 이와 같으니, 하
물며 다른 사람은 어찌 바라겠습니까!' 그가 같은 해에 쓴 「여라춘백與羅春伯」(권13) 및 「형국
왕문공공사당기」를 참조해 보라. 「잡설」과 이들 전체를 합하면 이 조항에서 기록한 내용은 순
희 15년의 것임을 알 수 있다. 『육구연연보』는 소흥 21년(1151) 육구연의 나이 13세 조항 아
래에 다음과 같이 말하였다. "선생은 서너 살 때부터 천지는 어디서 끝나는지 그 끝을 알 수
없다는 점을 사색하느라 오랫동안 먹지도 않았다. …… 나중에 여남은 살 때 옛 글을 읽다가
'우주'라는 두 글자를 읽고서 …… 홀연 크게 각성하고 말하기를 '원래 무궁無窮하다. 사람과
천지 만물은 모두 무궁 가운데 있다' 하고, 이에 붓을 들어 다음과 같이 썼다. '우주 안의
일은 내 분수 안의 일이고, 내 분수 안의 일은 우주 안의 일이다.' 또 '우주는 바로 내 마음이
며 내 마음은 바로 우주이다. 동해에 성인이 나오더라도 이 마음, 이 이치는 똑같다. 서해에
성인이 나오더라도 이 마음, 이 이치는 똑같다. 남해, 북해에 성인이 나오더라도 이 마음, 이
이치는 똑같다. 천백세 이전부터 천백세 이후에까지 성인이 나오더라도 이 마음, 이 이치는
똑같다.' ……" 이 조항은 분명 육구연의 제자가 그 설을 갖다 붙여서 선생을 신격화한 말이

심즉우주설心卽宇宙說과 상응하여 육구연은 또 우주충색일리설宇宙充塞一理說을 제출하였다.[11] 역시 순희 15년, 그는 창사倉使 조여겸趙汝謙에게 보낸 편지에서 다음과 같이 말하였다. "도는 우주를 채우고 있어서 은둔한 곳이 있지 않습니다. 하늘에서는 음과 양이라 하고, 땅에서는 부드러움(柔)과 군셈(剛)이라 하고, 사람에게서는 인仁과 의義라고 합니다."(『육구연집』 권1 「여조감與趙監」) 같은 시기에 또 오자사吳子嗣에게 편지를 써서 다음과 같이 말하였다. "이 이理는 우주를 채우고 있어서 천지와 귀신도 어길 수 없는데 하물며 사람이겠습니까?"(『육구연집』 권11 「여오자사與吳子嗣」) 이것은 모두 그가 상산에 들어가 강학하

다. 열세 살에 어찌 이런 말을 할 수 있겠는가? 「잡설」의 이 기록 아래에 '근세의 상동설은 매우 잘못이다'라는 단락이 있는데, 이는 오히려 이 말이 순희 15년에 나온 것이지, 소흥 21년에 나온 것이 아님을 매우 분명하게 입증한다. 연보는 양간楊簡의 「상산선생행장象山先生行狀」의 설을 덧붙였다고 밝히고 있으나 「상산선생행장」에서는 분명히 말한다. "서너 살 때 …… 홀연히 묻기를 천지가 어디서 끝나며 …… 다섯 살 때 글을 읽다가 …… 나이 열셋에 (•복재復齋[육구령가) 『예경禮經』을 가르쳤는데, 선생이 받아서 …… 다른 날 옛 글을 읽다가 '우주'라는 두 글자에 이르러 …… 홀연히 크게 각성하고서 말하기를, '우주 안의 일은 내 분수 안의 일이고 ……'" '다른 날 옛 글을 읽다가'라고 분명히 말했으니, 이 일은 열세 살 적에 있지 않았다. 육구연은 일찍이 스스로 말하기를 '열세 살에 옛사람의 학문에 뜻을 두었다'(「여이덕원與李德遠」)고 하고, '열세 살에 옛사람의 학문에 뜻을 두었으나 또한 때로 거자擧子(과거 응시생)의 글을 익혔는데 좋지 않았다'(「득해견제거得解見擧舉」)고 하였다. 연보는 마침내 양간이 기록한, 육구연이 우주를 깨달은 일을 열세 살 아래에 갖다 붙였는데, 실은 이해에 육구연은 오히려 거자의 글을 익히고 있었고, 절대로 연보에서 말한 것처럼 '우주라는 글자의 뜻을 근거로 성학聖學에 독실하게 뜻을 둔' 것은 아니었다.

11 육구연의 문집 가운데 직접 우주충색일리설을 언급한 내용을 고증하면 주요한 글이 스물두 군데 있다. 권1 「여조감與趙監」, 권2 「여주원회與朱元晦」 서2, 권11 「여주제도與朱濟道」 서1, 「여오자사與吳子嗣」 서8, 권11 「여조영도與趙詠道」 서4, 권12 「여장보지與張輔之」, 권14 「여포상도與包詳道」, 권15 「여오두남與吳斗南」, 권20 「주씨자경명자설朱氏子更名字說」, 권11 「역설易說」, 권23 「강의講義」, 권32 「즉학이문則學以文」, 권34 「어록語錄」(•네 조), 권35 「어록語錄」(•다섯 조), 「연보年譜」 소흥 21년(1151) 하의 한 조이다. 그 가운데 이 말을 했던 해를 고증할 수 없는 두세 조를 제외하면 대부분은 순희 14년(1187) 이후에 말하였다.

면서 '이 마음, 이 이치가 우주를 가득 채우고 있음을 더욱 믿게 되었다'고 스스로 일컫은 말이 결코 빈말이 아님을 표명한다.

한마음(一心), 한 이(一理)가 우주를 채우고 있다는 사상은 육구연이 완전히 스스로 체인體認하여서 내놓은 독창적인 새로운 이론이다. 맹자는 다만 호연지기浩然之氣가 천지를 가득 채우고 있다 했으나 육구연의 '우주'는 상하사방의 공간과 고금왕래의 시간을 다 함께 덮고 있으므로, 맹자의 '천지'는 이에 견주면 내포와 외연에서 모두 비교가 안 된다. 육구연은 "우주는 원래 무궁하다. 사람과 천지 만물은 모두 무궁 가운데 있다."(『육구연연보』)고 하였다. 우주는 천지보다 크고 이理도 천지보다 크다. 그는 조영도趙詠道에게 보낸 편지에서 다음과 같이 말한다. "우주를 채우는 것은 한 이(一理)뿐입니다. …… 이이理가 크기에서 어찌 한량이 있겠습니까?"(『육구연집』 권12 「여조영도」 서4)

이러한 심과 이와 우주의 삼위일체의 사상에서 육구연은 완전히 주희와 대립한다. 곧 주희는 비록 우주 사이에 다만 한 이(一理)가 있다고 인정하지만, '이理'가 모름지기 '기氣'에 걸려 있으면서 기를 타고서야 비로소 우주를 채울 수 있으며, 우주를 채우고 있는 것은 '도道'의 작용이라고 보았다. 주희는 결코 '이'가 실체實體로서 스스로 우주를 '채울' 수 있다는 말은 하지 않는다. 도리어 '기'가 우주 사이에 널리 가득 채우고 있다고 보아 "천지 사이에 가득 차서 조화의 근거가 되는 것은 음양 두 기가 끝나고 시작되며 성하고 쇠하는 것일 뿐입니다."(『문집』 권76 「부백공자서傅伯恭自序」)라고 하고, "기의 유행流行은 우주를 채운다."(『초사집주』 권3 「천문天問」)고 하였다.

주희에게서 기氣는 한 이(一理)를 담고 있으며, 이理는 기氣 가운데 있다. 육구연에게서 이理는 만물을 담고 있으며, 만물은 이理 가운데 있다. 육구연의 심학 체계에서는 '기'라는 범주가 없으므로, 육구연은 우주를 널리 가득 채우는 '기'의 특성을 '이'에다 부여하였다. 주희에게서 심心·이理·우주宇宙 셋은 서로 분리되어 있으며, 심心으로 사물에 나아가 우주의 이치를 인식한다고 주장한다. 이에 반해 육구연에게서 심·이·우주 셋은 절대로 동일하며, 심과 이, 물物과 아我, 주主와 객客 사이의 한계는 완전히 사라진다. 육구연은 '무간無間(사이, 끼어듦이 없다)', '불격不隔(떨어지지 않다, 간격을 두지 않다)', '불외不外(벗어나지 않다)'를 말하며,[12] '우주 안의 일은 내 분수 안의 일이고, 내 분수 안의 일은 우주 안의 일'(「잡설」)이라고 한다.

심·이·우주 셋의 간격이 없는 관계는 삼중 명제를 포함한다. 내 마음이 곧 우주이고 우주가 곧 내 마음이다(吾心卽宇宙, 宇宙卽吾心), 마음이 곧 이치이고 이치가 곧 마음이다(心卽理, 理卽心), 이치가 곧 우주이고 우주가 곧 이치이다(理卽宇宙, 宇宙卽理). 주희에게서 이理는 사물 가운데 있으며 우주는 한 이가 만 가지로 나뉘는 것이다. 그러므로 그는 각 사물의 몸에 구비된 이치를 하나하나 궁구하여 활연관통豁然貫通함으로써 우주의 한 이치를 파악하는 데까지 이를 것을 주장한다. 이것이 바로 그의 이일분수理一分殊와 순서에 따른 점진적 인식의 방법이다. 반면, 육구연에게서는 마음이 곧 이치이고 곧 우주이니, 한마음, 한 이치가 우주를 채우고 있으므로 본심을 밝혀내기만 하면 단번에 우주의 한 이치를 깨달을 수 있으며, 따라서 분수에서 이치를 추구해 나갈 필요가 없다. 이것이 바로 그의 돈오頓悟의 인식 방법이다.

---

12 육구연의 문집 가운데 권20 「주씨자경명자설」의 '이 마음, 이 이치가 우주를 가득 채우고 있으니 무엇이 끼어들(間) 수 있겠는가?'라고 한 것, 권11 「여주제도」 서2의 '이 이치가 사람과 사이가 없는 것 같다'고 한 것, 권22 「잡설」의 '이 이치가 천하에서 사이가 없는 것 같다'고 한 것, 권34 「어록」의 '우주는 사람에게 간격을 둔 적이 없지만 사람이 스스로 우주에 간격을 둔다'고 한 것, 권32 「학고인관의사이제정내불미學古人官議事以制政乃不迷」의 '이理가 있는 곳은 사람에게서 벗어나지 않는다'고 한 것, 권35 「어록」의 '도는 천하에 널리 가득 차서 조그마한 빈 공간도 없다. …… 다만 사람이 스스로 병으로 여겨서 그것과 간격을 둘 뿐이다'라고 한 데서 보인다.

육구연이 주관 유심주의 심학 체계를 철저히 완성한 일은, 또한 이에 상응하여서 그가 원래의 한쪽에 치우친 방법론을 수정, 보완하게끔 하였다. '본심을 밝혀내는(發明本心)' 도덕 수양의 방법 외에, 또 '배워서 이치를 밝히는(爲學明理)' 인식 방법을 제출하였던 것이다. 육구연은 백록동白鹿洞에서 주희와 만나기 이전에는 독서와 강학을 반대하였으나 백록동에서 만난 뒤부터는 이런 태도가 변하기 시작하였다. 그러나 그가 이론상으로 이 문제를 해결한 것은 역시 상산에 들어가 강학하면서 마음이 곧 이치이고 곧 우주라는 사상을 제출한 뒤의 일이다. 기왕 '이理'는 '내 마음'에 있고 또 '우주'에 있으니 '사람의 마음에 뿌리를 두고 천지에 가득 찬다(根乎人心, 而塞乎天地).'(「잡설」) 그러므로 '이理'가 내 마음이라는 인식적 측면(一頭)에서부터 그는 '본심을 밝혀낼' 것을 제시하였다. 그리고 '이理'가 우주를 채우고 있다는 인식적 측면으로부터 또 '배워서 이치를 밝힐' 것을 제시하였다. 독서와 강학이 그에게서는 '이치를 밝히는' 일 가운데로 편입되었던 것이다.

'본심을 밝혀내는' 것과 '배워서 이치를 밝히는' 것의 관계는 또한 '존덕성尊德性'과 '도문학道問學'의 관계로서, 이는 바로 육구연과 주희의 논쟁의 초점이다. 두 사람은 모두 존덕성과 도문학 둘 가운데 어느 하나도 폐기할 수 없다고 주장하지만, 둘의 차이는 다음과 같은 점에 있다. 육구연은 마음 밝히기와 이치 밝히기, 존덕성과 도문학의 관계를 본本과 말末의 관계로 본다. 그가 말한 '존덕성'은 더욱 본심 밝히기의 돈오적 내용을 많이 갖추고 있으나, '도문학'은 이런 본심 밝히기의 돈오에 대해서는 긴요하지도 않은 구색 맞추기로 변하였다.

육구연은 전문적으로 「즉이학문則以學文」이라는 글을 지어서 '마음 밝히기'와 '이치 밝히기'의 본말 관계를 다음과 같이 논술하였다.

저 이치를 밝히려는 자는 그 근본이 없어서는 안 된다. 근본이 확립되지 않고서 이치를 밝힐 수 있는 자는 내가 아직 보지 못하였다. 우주 사이에는 떳떳한 법도(典常)가 밝고 윤리가 찬연하니 과연 어디를 가든 그 이치가 없으랴. 배우는 사람이 배움으로 삼을 것은 본디 이 이치를 밝히기 위해서이다. 그러나 옛날에 규문閨門 안에서 사모하고, 바라고, 기대하고, 지향하며, 익히고 실천하는 근거가 되는 것이 대체로 천리天理가 싹틀 때 사라져버리고, 물욕物欲이 가려서 참으로 그 가운데 세차게 차지하고서는 주인이 된다면, 그 근본이 되는 것은 이미 탕진될 것이다. 그러고도 바야흐로 이치를 밝힘에 급급한데, 나는 이른바 이理라는 것이 과연 이렇게 하여서 밝힐 수 있는지는 알지 못한다. ……　　　　　　　―『육구연집』 권32 「즉이학문」

분명히 이것은 주희를 겨냥하여 한 말이다. 주희에게서 볼 때, 존덕성은 정심성의正心誠意를 핵심으로 삼고, 도문학은 격물치지格物致知를 핵심으로 삼는다. 도문학이 기왕 '이치를 밝히려는' 것이라면 이를 '말末'이라 할 수 없다. 이 때문에 존덕성과 도문학의 관계는 절대로 본과 말의 관계가 아니라 상보상성相輔相成하는, 겸하여서 중시하는(兼重) 관계이다. 육구연은 자기가 실제로는 도문학 방면에서 좀 더 많은 말을 했지만 이는 또한 육학의 도문학을 중시하지 않는 점을 겨냥하여서 말한 것이라고 인정한다. 육구연은 독서와 강학의 '이치 밝히기'를 끌어들여서 자기의 방법론 체계를 보충하였다가 도리어 반대의 효과를 낳아버렸다. 이는 그의 심학에 내재하는 모순을 더욱 심화했을 뿐만 아니라 그와 주희의 체계 사이의 대립을 더욱 확대하였다.

태극 논변이 일어나기 이전에 주희의 이학과 육구연의 심학은 본체론에서 방법론에 이르기까지 전면적으로 대립하였다. 순희 15년(1188) 1월에 육구연은 유명한 「형국왕문공사당기荊國王文公祠堂記」를 썼는데, 이는 육구연의 심학이 전면적으로 완성되었음을 나타내는 표지로 볼 수 있을 뿐만 아니라, 또한 두 사람이 다시 논전을 벌이게 된 중요한 원인이 되었다. 이 기문에서 육구연은 왕안석이 '법에 맡길(任法)' 줄만 알고 '이치를 밝힐(明理)' 줄은 몰랐으며, 또 그가 추진하는 법도는 전혀 '이치(理)'와 부합하지 않았는데, 그 까닭은 그가 근본을 버리고 말단을 좇으며, '마음 밝히기(明心)'의 근본으로부터 손을 대지 않았기 때문이라고 비평하였다. 육구연은 곧바로 '본심本心'을 탐구해야만 비로소 간결하고 쉬운(簡易) 정치를 펼치고, '법法'과 '이치'가 부합할 수 있다고 보았다.

이 기문은 육구연의 심학 정신을 관철하고 있기 때문에 그는 스스로 장담하면서 말하기를, '백여 년 해결되지 못한 커다란 공안公案을 결단한 일로서, 성인이 다시 일어나더라도 내 말을 바꾸지 않을' 기이한 글이라고 하였다. 그리고 이 글을 자기의 전부와 같은 것으로 여긴 뒤, 주희와 태극을 논변한 글과 함께 나란히 논하면서, 이것은 '도를 밝히는(明道)' 글이지 한때의 논변으로 쓴 것이 아니라고 하였다.

글은 나오자마자 주희의 비평을 받았다. 주희는 유맹용劉孟容에게 보낸 편지에서 다음과 같이 말하였다. "임천臨川(육구연)의 근래의 설은 더욱 제멋대로입니다. 「형서사기荊舒祠記」(「형국왕문공사당기」)를 본 적이 있습니까? 이런 의론은 모두 학문이 치우치고 식견이 어둡기 때문에 나온 것인데, 사사로운 견해가 또한 이에 따라 격동하고 있습니다."(『문집』 권53 「답유공도答劉公度」 서2) 육구연의 왕안석 사당기는 주희의 「조립지묘표」와 마찬가지로 태극 논전을 격렬하게 만든 중요한 인소였다.

태극 논변 이전에 체계의 전면적 대립과 대응하여 주희와 육구연은 역학에서도 전면적으로 대립하였다. 주희가 순희 13년(1186)에 『역학계몽』을 완성한 것은 도서상수파圖書象數派로 향한 전향이 완료되었음을 나타낸다. 그러나 육구연은 도리어 시종 신기한 것을 드러내 놓고 숭상하는 의리파 역학가였다. 건도 말년에 이 역학 의리파의 새 별자리가 역의 태공太空에 떠올랐을 때 의리파의 거성이었던 주희는 이미 도서상수의 현묘한 사색을 시작하였다. 육구연은 줄곧 '심心'으로써 '역易'을 해설하는 자기의 새 길을 걸었고, 순 의리파의 입술로 『역』이라는 책은 공허하고 근거 없는 상수에 집착하여 풀이해서는 안 되는 것'(『육구연집』 권29 「성시정문省試程文」)이라고 공개적으로 선언하였다. 비록 나중에 그가 상수, 설시揲蓍의 연구에 주의를 기울였다고 하지만, 이 또한 의리로써 상수를 해설하고, 간이簡易한 상수의 새 이론으로써 그의 의리 역학의 체계를 보충하였던 것이다. 주희는 상象으로써 이치(理)를 유추하였고 육구연은 이치로써 상을 해설하였으니, 두 사람은 하도·낙서·선천·후천에서 관점이 합치하지 않았다.

순희 13년에 주희는 육구소陸九韶에게 태극을 논변한 둘째 편지를 보냄과 동시에 『역학계몽』도 보내려고 하면서 매우 자신 있게 말하였다. "대체로 근래에 『역』을 말하는 자들은 상수象數에 대해서 아주 건성으로 대충 말하고, 그렇지 않은 자는 또 너무 지엽으로 벗어난 것에 얽매였기 때문에 깊이 따져서 궁구할 수 없습니다. 그러므로 성인이 경전에서 말한 상수의 근원을 찾아보면 다만 이 (『계사』의) 몇 조목인데, 그 뜻을 유추하면 이로써 충분히 위로는 성인이 『역』을 지은 본래 취지를 궁구할 수 있고, 아래로는 사람들이 변화를 관찰하고 점을 운용하는 실제 쓰임을 성취할 수 있으니, 『역』을 배우는 자들은 반드시 (상수를) 알지 않으면 안 됩니다. 그러나 이런 범위를 넘어서는 상수를 말하는 것은 모두 높은 누각에 매달아 놓고 꼭 묻지 않아도 될 것입니다."(『문집』 권36 「답육자미答陸子美」 서2)

육구연은 주희의 『역학계몽』을 읽은 뒤 도리어 날카롭게 맞서듯이 말하였다. "「하도」는 상象에 속하고 「낙서」는 수數에 속하며, 「선천도」는 성인이

『역』을 지은 본지가 아닌데도 『역』을 해설하는 데 근거로 삼는 자가 있으니 비루하다."(『육구연연보』 순희 15년 하) 이는 소옹邵雍으로부터 주희에 이르는 상수 역학 전체를 붓 하나로 매도한 말이다. 「계사」의 태극太極 장章("역에는 태극이 있으니 이것이 양의를 낳고 ⋯⋯")과 설시揲蓍 장("대연의 수는 50 ⋯⋯")은 역학의 의리와 상수의 대강이며, 줄곧 의리파와 상수파의 끊임없는 논쟁의 두 초점이었다고 할 수 있다. 주희와 육구연의 태극 논변은 첫째 초점을 둘러싸고 진행된 논전이었다. 그러므로 주희가 『역학계몽』의 서문을 써서 간행한 일은 육구연으로 하여금 주희를 향해 태극 논변을 제기하게 한 직접적 동인이 되었다. 주희가 그와 진행한 태극 논변도 한바탕 특수한 역학의 논전으로 볼 수 있다.

태극 논변 이전에 육구연은 주희와 학파상으로도 완전한 대립을 이루었다. 육구연은 현의 주부主簿, 국자정國子正과 산정관刪定官을 잇달아 역임하면서 제자들에게 학문을 전수하고 강론하는 규모와 성세가 필경엔 주희에게 미치지 못하였고, 육학의 학파도 가부장적 사제의 전수 관계로 연계된 조직을 이루었기 때문에 주학의 학파와 충분히 세력 균형을 이루고 필적할 만한 대등한 조직과 규모를 가질 만큼 발전하지는 못하였다. 그러나 육구연이 상산으로 들어가 강학을 한 뒤로 상산정사象山精舍는 무이정사武夷精舍와 마찬가지로 사방 학자들이 경배하는 성지가 되었고, 문도와 제자도 크게 늘어났다. 괴당槐堂(괴당서당)의 여러 학자로부터 용상甬上의 네 선생에 이르기까지, 모두 그가 강서에서 절동에 걸쳐 광범위하게 자기 학파의 제자를 흡수하여서 발전시키는 축심軸心을 구성하였다.

학파의 제자가 팽창함에 따라 자아를 중심으로 삼은 그의 도통 의식과 학파 관념도 최고로 증가하고 강해졌다. 육구연은 순희 15년(1188)에 제자들에게 다음과 같이 말하였다. "한퇴지韓退之(한유)는 가軻(맹자)가 죽은 뒤 (도가) 전승되지 못했다고 하였는데, 본디 감히 후세에 현자가 없었다고 속인 것은 아니다. 그러나 바로 이락伊洛의 여러 학자에 이르러서 천년 동안 전해지지 않았던 학문을 얻었다. 다만 초창기라 크게 빛나지는 못하였다. 오늘날에는 대단히 크게 빛나지는 않는 듯하나 더욱 무슨 큰일이겠는가!"(『육구연집』 권35 「어록」)

나중에 형주荊州에 부임해서는 더욱 명확하게 말하였다. "맹씨孟氏(맹자)가 죽고서 우리 도는 전승되지 못하였다. 그런데 노씨老氏(노자)의 학문은 주周 말에 시작되어 한漢에서 성하고 오늘에 이르러 쇠퇴하였다. 노씨가 쇠퇴하고 불씨佛氏(붓다)의 학문이 나왔다. 불씨는 양梁(남조 양)의 달마達磨로부터 시작하여 당唐에서 성하고 오늘에 이르러 쇠퇴하였다. …… 대현大賢이 나타났으니 우리 도가 크게 흥할 것이다!"(동상, 「형주일록荊州日錄」) 이는 엄연히 스스로를 위로 맹가의 도통을 계승한 당대의 대현으로 명명한다는 뜻이다.

자기 사승의 명목이 없는 이 심학의 대사는 학파의 전수를 말하기 시작하였다. 순희 16년(1189)에 그는 도찬중陶贊仲에게 보낸 편지에서 다음과 같이 말하였다. "오로지 학문을 말하되 사승이 없거나 사승이 바르지 않은 자는 가장 도를 해칩니다."(동상, 권15 「여도찬중與陶贊仲 서2」) 또 부성모傅聖謨에게 보낸 편지에서도 똑같이 강조하였다. "근래 배우는 사람들이 공허한 견해와 공허한 이론을 많이 갖고 있기에 어둠 속에서 갈피를 잡지 못하고 허망한 것을 바라며 실제에 나아가려 하지 않습니다. 그 까닭을 규명해보면 모두 학문에 스승의 전수가 없고 견문이 잡박하며 줄기와 계통이 밝지 않기 때문입니다."(동상, 권6 「여부성모與傅聖謨」 서3)

상산에 들어간 이래 제자들은, 불교와 도가를 '이단'이라고 할 뿐만 아니라 자기와 합치하지 않는 이론을 모두 '이단'이라고 하는 육구연의 격렬한 의론을 끊임없이 들었다. 날로 증가하는 그의 학파적 정서는 제자들을 감염시켰고, 부몽천傅夢泉 등의 고제들은 모두 낡은 수레를 끌고 남루한 옷을 입고서 상산을 개통하는 작업에 참가하였다. 제자들은 나물을 먹고 죽을 마시며

석 자 바닥에 누워서 자야 하는 힘겹고 고달픈 생활을 보냈다. 나중에 부몽천은 「증담강당기曾潭講堂記」에서 다음과 같이 추억하였다. "내가 선생을 섬기던 일을 생각해본다. (우리는) 신주信州에서 응담鷹潭까지 길을 닦았다. 집(衡宇)은 헐고 누추하였으며, 거처는 거칠고 엉성하여서 제생이 묵는 곳은 겨우 석자 바닥이었다. 손님을 맞을 때면 언제나 걸상(榻)을 이어 붙여서 거처하게 했다. 하루는 (내가) 아는 손님(賓識)을 접대해야 했는데, 대접할 음식을 마련하느라 학우에게 도움을 청하였다. 선생과 함께 노동을 하였고, 나물과 죽을 무시로 먹었는데 배도 채우지 못할 정도였다."(『동치남성현지同治南城縣志』 권9의 3)

순희 15년(1188)에 이르러 육구연은 이미 강서·절동의 제자들이 구름처럼 모여드는 모습에 자못 으쓱하며 기뻐하였다. 제자 엄송년嚴松年이 그의 문도의 정황에 대해 물었을 때, 그는 손가락을 구부려가며 부몽천을 첫째로 꼽고, 그 다음으로 등문범鄧文范, 부계로傅季魯, 황원길黃元吉 등 한 무리의 입실入室 제자를 꼽고, 마지막으로 득의양양한 감이 없지 않은 소리로 다음과 같이 말하였다. "절간浙間에는 사람이 엄청 많은데 깊이 터득한 자도 있고 얕게 터득한 자도 있으며, 한 번 보고 터득하는 자도 있고 오랜 뒤에야 터득하는 자도 있다. 광중廣中에는 진거화陳去華가 깨달음이 특이하였는데, 애석하게도 이 사람은 죽었다."(『육구연집』 권34 「어록」 상) 주희조차도 "지금 절동의 학자들은 대다수가 육자정陸子靜(육구연)의 문인인데 대체로 우뚝하게 자립하여서 만나 볼 때마다 의연히 함부로 대할 수 없는 기색이 있다. 우리 벗(朋友)들이 또한 떨치지 못한다는 느낌이 들 정도이다."(『육구연연보』)라고 인정하지 않을 수 없었다.

주희와 육구연은 서로 상대방의 학파를 대하는 태도가 같지 않았다. 주희에 대한 육구연의 태도는 줄곧 그를 형세상 양립할 수 없는 가장 주요한 학파요 적수로 보고, 조화를 이루려 하지 않았다. 남쪽으로 옮겨온 이래 학파가 빽빽이 서고 대유大儒가 번갈아 나와서 서로 오가며 공격하였으나, 육구연의 문집에는 주희에 대해 논변하고 공격하는 여러 편과 여러 편지글 외에 기타 학파에 대해서는 직접 언급하거나 비평하면서 논술하는 내용이 거의 없다. 이는 육구연이 텅 비어서 엉성하고 배우지 않았으며 시야가 좁음을 밝게 드러낼 뿐만 아니라, 더욱이 그의 눈에는 주학이야말로 그가 죽을 때까지 공격한 주요 대상이었음을 분명히 드러낸다.

주희는 육구연의 태도에 대해 이처럼 과격하지는 않았다. 그는 육학에 대해 줄곧 두 학파의 장점을 겸하여서 취한다는 관점을 품고 있었으며, 육학보다는 절학을 더 위험하다고 보았다. 심지어 순희 16년(1189)에 그는 제갈천능諸葛千能에게 보낸 편지에서 다음과 같이 말하였다. "요즈음 깊이 동지同志들을 권면하여서 두 학파의 장점을 겸하여 취하며, 경솔하게 서로 헐뜯지 말게 하고자 합니다. 서로 견해가 합치되지 않는 점이 있더라도 잠시 접어 두고서 논쟁하지 말며, 우선 우리에게 급한 곳부터 힘쓰려고 하였습니다. …… 자정子靜(육구연)이 평일에 자임自任하는 점은 바로 자기가 배우는 사람들을 한결같이 천리天理로 이끌어서 털끝만 한 인욕도 그 사이에 섞이지 못하게 하려 한 것이니, 아마 결코 그대가 의심하는 바와 같지는 않을 터입니다"(『문집』권54 「답제갈성지答諸葛誠之」서1)

당시 어떤 학자 한 사람이 육구연을 공격하였는데, 주희는 도리어 육구연을 대신하여서 변호하였다. "남쪽으로 옮겨온 이래 확실하게 발을 딛고 착실하게 공부할 수 있는 자는 오직 나와 육자정뿐입니다."(『육구연연보』)

그러나 주희가 여기서 긍정하고 있는 점은 다만 몸과 마음을 거둬들이는 육구연의 도덕 수양의 공부일 뿐이었다. 전체 심학 체계에 대해서 말하자면 그는 끝내 부정적이었다. 이런 태도는 양가 제자의 불가피한 상호 공격에 따라 일종의 학파 문호간의 분노로 전화하였고, 결국에는 「조립지묘표」와 왕안석 사당기(「형국왕문공사당기」)에 의해 촉발을 받아 한바탕 첨예한 태극 논변으로 격화하였다. 그리하여 주희는 육학에 대해 절충적으로 겸하여서 취하는 태도를 완전히 바꾸었다.

태극 논변은 비록 육구연이 순희 14년(1187)에 정식으로 제기하였지만 가장 이르게는 순희 12년에 일어난 육구소陸九韶와 주희의 논전으로까지 거슬러 올라갈 수 있다. 또한 주희가 남강에 부임하여 육학의 제자 유요부劉堯夫와 태극, 무극을 논변한 일은 주희와 육구연이 벌인 태극 논전의 남상濫觴으로 간주할 수 있다. 유명한 승려 거간居簡은 「무극서無極序」에서 이 사실을 다음과 같이 언급하였다. "예전에 강산康山 와룡암臥龍庵에서 노닐다가 유순수(유요부)가 정자 기둥에 대서특필한 것을 보았는데, '이날 주 남강朱南康(남강군 수령 주희)과 태극, 무극을 토론하였다'고 하였다."(『북간문고北磵文稿』 권5) 초점은 모두 '무극'에 있었다.

송 이래 이학가로는 주돈이가 처음으로 도가의 '무극'을 유가의 체계에 끌어들였다. 그리고 주희는 처음으로 주돈이의 '무극'과 '태극'이 동일한 선험적 실체임을 충분히 논증함으로써 '무극'은 그의 지고무상한 하느님(上帝)이 되었고, 이를 '무극옹無極翁'이라고 일컬었다. 주돈이는 '무극옹'의 화신이며, 주희도 당대의 '무극옹'이 되어 무이산에 높이 거하면서 창도하고 강학을 하였던 것이다.

그러나 무이의 '무극옹'은 뭇 화살의 표적이 되었다. 순희 12년(1185) 상반기에 육구소는 거사居士로서 조명詔命에 응하여 유일遺逸로 천거된 뒤 임안으로 갔는데, 도중에 숭안崇安을 경유하게 되어서 특별히 주희와 상견하고 직접 「태극도설」의 문제점을 지적하였다.[13]

---

13 주희와 육구소가 마주하고 태극을 토론한 일에 대해서는 종래 언급한 사람이 없었다. 두 사람이 언제부터 편지를 주고받으면서 무극, 태극 논변을 했는지도 지금까지 확실하게 고증된

바가 없다. 순희 14년(1187)이라고도 하고 순희 13년이라고도 하며, 첸무錢穆의 『주자신학안朱子新學案』에서는 오히려 순희 8년(1181) 윤3월에 주희가 남강을 떠나기 이전이라고 하는데, 모두 확실하지 않다. 지금 생각건대, 주희가 육자미陸子美(육구소)에게 답한 편지 세 통은 시간의 선후가 서로 이어져 있다. 그 가운데 서2에서 '근래 또 작은 복서卜筮의 책을 썼는데, 또한 덧붙였다'고 한 말은 『역학계몽易學啓蒙』을 가리키며, 이 책은 순희 13년 3월에 확립되었다. 또 이 편지에서 '자정子靜(육구연)이 돌아왔는데, 반드시 아침저녁으로 모여서'라고 한 말은 육구연이 순희 13년 11월에 임안에서 파직되어 금계金溪로 돌아온 사실을 가리키니, 셋째 편지는 응당 순희 13년 연말에 썼음을 알 수 있다. 서1, 서2를 쓴 때는 이 편지와 멀지 않다. 서1에 따르면 "자정과 서로 만나서 일찍이 이런 말을 자세하게 상의해보지 않으셨는지요? …… 이곳에서는 근래 강서江西로 가는 인편을 구하기가 매우 어려워서 황급히 편지를 써서 자정에게 부탁하여 (그대에게) 전해 올립니다. 다만 보내신 편지가 반년 만에 도착한 것으로 미루어보면 언제 도착할 수 있을지 모르겠습니다."(『문집』 권36 「답육자미」 서1) 이에 근거하여서, 주희가 이 편지를 썼을 때 육구소는 강서에 있었고, 육구연은 아직 임안에서 임직에 있었기에 주희가 육구소에게 전해달라고 일부러 육구연에게 부탁하였음을 알 수 있다. 육구소가 처음으로 태극을 논한 편지는, 악가岳珂의 『보진재법서찬寶眞齋法書贊』 권27의 「육문안서고범주이첩陸文安書稿泛舟二帖」에 근거하여서 알 수 있다. 육구소에게 보낸 편지 1에서 다음과 같이 말하였다. "8월 24일 구연九淵이 절을 하고 육구가六九哥(육구소) 거사님께 답장을 올립니다. …… 망지望之 들이 와서 귀한 편지를 받았는데, 원회元晦(주희)에게 보낸 편지글을 보았더니 매우 공평하고 밝았습니다. 동료 관원(同官) 심정경沈正卿이 보고는 손에서 놓지를 못하고 재삼 감탄하였습니다. 그 내용을 망지도 알고 있습니다. 백십오百十五의 죽음은 참으로 마음이 아프고 놀랐습니다. 그러나 질병이 이미 이와 같았으니 목숨을 보전하기는 어려웠을 것입니다. 개장改葬하는 일은 잠시 늦추는 것이 좋겠습니다. ……" 심정경은 심청신沈淸臣이며 육구연과 함께 칙령소 산정관敕令所 刪定官이었기 때문에 '동료 관원'이라고 표현했다. 심청신은 순희 15년에 국자감 승에 고쳐 제수되었고, 이듬해에는 비서승에 고쳐 제수되었는데 『송사전문宋史全文』과 육심원陸心源의 『의고당집儀顧堂集』 권13 「심청신전沈淸臣傳」에 보인다. 그러니 심청신이 산정관을 역임한 때는 응당 순희 12년에서 순희 14년 사이이다. 육구소가 주희에게 편지를 써서 처음 태극을 논한 때는 순희 12년보다 빠를 수 없다. 육구연이 '백십오의 죽음'이라고 한 말은 순희 14년 육구연의 친지의 죽음을 말하는데, 모두 「여주원회與朱元晦」(『육구연집』 권13)에 보이지만 이 '백십오'라는 언급은 없다. 『육구연집』 권7 「여포현도與包顯道」 서1을 살펴보면 다음과 같이 말한다. "저번에 주역지朱繹之가 돌아갔을 때 바로 조카 기蘗姪가 죽음을 당하여서 한창 염을 하고 입관하느라 편지를 쓸 겨를이 없었습니다. 이 아이는 도한盜汗을 앓았는데 날마다 더 심해져서 의사를 바꾸고 약을 바꿀 때마다 혹 잠깐 효과를 조금 보았으나 금세 또 발작하는 바람에 전에 쓴 약이 번번이 효과를 보지 못하였고 …… 선형先兄은 쉰을 넘기지 못하

그의 관점은 주로 「태극도설」의 '무극이면서 태극'이라 한 구절과 『통서』가 합치하지 않는다고 본다는 점이다. 『통서』는 '태극'만 말하고 '무극'은 말하지 않으며, 『역대전易大傳』(「계사전」)도 '태극'만 말하고 '무극'을 말하지 않는다. '태극' 위에 '무극'을 더하는 것은 노자(老氏)의 학문이다.

「태극도설」은 원래 주진朱震의 『한상역도漢上易道』의 부록에서 보인다. 주

고 세상을 버리셨는데 이 아이가 또 요서夭逝하였으니, 어찌 이런 일이 있을 수 있는지 도대체 알 수가 없습니다. 편지 한 통을 써서 회옹晦翁(주희)에게 알리려고 하였으나 우연히 갑자기 매우 겨를이 없었는데, 다행히 이 생각을 전할 수 있었습니다. 근래에 주상이 감사監司를 선발하는(進擬) 일로 인해 재집에게 강직하고 바르며(剛正) 풍채가 있는 자를 얻어야 한다고 유시하시고, 이어서 장영章穎, 유요부劉堯夫가 모두 좋다고 하였습니다. …… 저는 9월, 10월 사이에 반열에 있었습니다. ……" 이 편지에서 죽었다고 말한 '조카 기'와 육구소에게 보낸 편지에서 말한 '백십오'는 틀림없이 동일한 사람을 가리킨다. 이른바 '근래에 주상이 감사를 선발하는'이라고 한 말은 『속자치통감續資治通鑒』권150에 따르면 다음의 일을 가리킨다. "순희 12년(1185) 2월 정묘에 황제가 왕회 등에게 말씀하시기를, '…… 천하가 전부 선량한 감사를 의뢰하고 있으니, 만약 선량한 감사를 얻으면 수령이 모두 착해진다.'고 하셨다. …… 황제가 말씀하시기를, '먼저 감사를 뽑는 일이 중요하다. 군수도 마땅히 가려서 뽑아야 한다. 경들은 앞으로 감사를 제수할 때 모름지기 유의해야 한다. ……'고 하셨다." 또 『주자어류』「성씨姓氏」에 근거하면 순희 12년에 포양 현도包揚顯道가 마침 주희에게 배움을 물었기 때문에, 육구연이 그에게 편지를 써서 주희에게 안부를 전해달라는 말을 하였다. 위의 내용을 근거로 육구연이 육구소에게 편지를 보낸 일은 응당 순희 12년 8월 24일에 있었음은 의심할 수 없다. 그렇다면 육구소가 주희에게 편지를 보내 태극을 처음 논한 일은 대략 이해 여름일 테고, 편지를 보내면 반년가량 지나서 도착했다고 한 말로 추정한다면 주희가 육구소의 이 편지를 받고 육구소에게 답하는 첫째 편지를 쓴 때는 이해 겨울이었음을 입증할 수 있다. 또 『육구연집』권15「여도찬중與陶贊仲」서1에서 "「태극도설」은 …… 사산梭山(육구소)이 일찍이 회옹과 만나서 이야기를 하고, 이어서 또 편지로 말을 하였는데 ……"라고 하였고, 또 『육구연연보』에 "…… 사산 거사가 제사諸司의 추천을 받아 거사로서 조명에 응하여 유일로 천거되었다."고 하였다. 이에 근거하면, 응당 육구소가 처음 조명에 응할 생각을 하고 순희 12년 초에 임안으로 가는 도중 숭안을 경유하면서 주희를 방문하여 면담하고 태극을 논하였을 것이다. 나중에 육구소가 도성에 들어가서 육구연과 상견할 때 자기가 주희와 태극에 대해 논한 일을 알렸는데, 이는 곧 주희가 육구소에게 보낸 편지 1에서 '자정(육구연)과 서로 만나 일찍이 이 이야기를 자세히 상의하였는가?'를 물은 일이다.

진은 「태극도」가 진단陳摶으로부터 주돈이에게 전해지고 다시 정호와 정이에게 전해졌다고 여겼으니, 더욱 「태극도설」이 노자에게서 기원하고 있음을 알수 있다. 주돈이의 『통서』 및 정호와 정이의 글에는 '무극'이라는 두 글자가 전혀 없으니, 이들 세 사람은 이미 '무극'을 그른 것으로 알고 있었음을 알수 있다(『육구연집』 권15 「여도찬중」 서1).

육구소와 주희 두 사람의 논변은 서로 합치하지 못하였다. 육구소는 임안에 도착한 뒤 곧 육구연을 만나서 (주희와) 면담하여 토론한 정황을 알려주었다. 육구소가 무극, 태극을 논하여 주희에게 보낸 첫째 편지는 임안에서 육구연과 상의를 거친 것인데, 육구연은 도찬중에게 보낸 편지에서 이 면담을 언급하였다. "「태극도설」은 바로 사산梭山(육구소) 형이 옳고 그름을 변증한 것으로서 …… 사산이 일찍이 회옹과 만나 이야기하고 이어서 또 편지로 말을 하였는데, 회옹은 아주 그렇지 않다고 말했습니다."(동상) 주희도 겨울에 이미 강서로 돌아간 육구소에게 보낸 회답 편지에서 묻기를, '자정(육구연)과 만나 일찍이 이 이야기를 자세히 상의하였는가?'(『문집』 권36 「답육자미」 서1) 하였다. 이로써 육구연이 직접 나서서 주희를 만나 태극 논전을 전개하기 전에 이미 육구소와 주희의 태극 논변을 곁에서 도왔음을 알 수 있다.

육구소는 오래지 않아 상을 당하고서 임안에서 강서로 돌아간 뒤 여름에 주희에게 편지 한 통을 보내, 오로지 「태극도설」의 '무극이면서 태극'이라한 것과 「서명」의 건곤부모乾坤父母의 설을 공격하였는데, 나중에 바로 임률이 꼭 이렇게 공격하였다. 편지 속에서 그는 주희와 만나서 토론했을 때의 관점을 체계화하여 다음과 같이 말하였다. "「태극도설」은 『통서』와 비슷하지 않기 때문에 주자周子(주돈이)가 쓴 것이 아닌 듯합니다. 그렇지 않으면 혹 학문이 성숙하지 않았을 때 지은 것이거나, 그렇지 않으면 혹 다른 사람의 문장을 전한 것인데, 후세 사람이 변별하지 않았을 것입니다. 『통서』 「이성명장理

性命章」에 '중中에서 그친다. 두 기와 오행이 만물을 화생化生하는데, 오행은 서로 다르지만 두 기의 실재에 근본을 둔다. 두 기는 하나(一)에 근본을 둔다.'고 하였는데, '하나'라 하고 '중'이라 한 것은 곧 태극이며, 그 위에 '무극'이라는 글자는 없습니다. 「동정 장動靜章」에 오행, 음양, 태극을 말하고 있지만 역시 '무극'에 관한 문장은 없습니다. 가령 「태극도설」이 그가 전승한 것으로서 혹 젊었을 때 지었다고 한다면, 『통서』를 지을 때 '무극'을 말하지 않았으니 아마도 이미 그 설이 그른 것임을 알았을 것입니다."(『육구연집』 권2 「여주원회」 서1에서 인용)

이 관점은 육구소가 임안에서 육구연과 상의한 뒤 새로이 써낸 것이기 때문에, 그가 이 편지를 육구연에게도 똑같이 보내서 보게 하였을 때 육구연의 굉장한 칭찬을 받았다. 8월 24일, 육구연은 특별히 육구소에게 답장을 하면서 흥분하여 말하였다.

> 망지望之들이 와서 귀한 편지를 받았는데, 원회元晦(주희)에게 보낸 편지글을 보았더니 매우 공평하고 발랐습니다. 동료 관원 심정경沈正卿이 보고는 손에서 놓지를 못하고 재삼 감탄하였습니다.
>
> ──『보진재법서찬寶眞齋法書贊』 권27 「육문안서고범주이첩陸文安書稿泛舟二帖」

주희는 이해 겨울에 육구소의 편지를 받은 뒤 즉시 회신을 보내 반박하면서 다음과 같은 관점을 견지하였다. '무극이면서 태극'이라고 한 것은, 태극이 형체는 없으나 이理는 있다는 말이니, '무극'은 단연코 없어서는 안 된다. 왜냐하면 '무극을 말하지 않으면 태극은 한 사물과 같아져서 모든 조화의 뿌리(萬化之根)가 되기에 충분하지 않고, 태극을 말하지 않으면 무극은 공허하고 적막함에 빠져서 모든 조화의 뿌리가 될 수 없기'(『문집』 권36 「답육자미」 서1) 때문이다.

순희 13년(1186), 육구소는 다시 주희에게 편지를 보내 여전히 '무극이면서 태극'이라 한 것은 도가의 학설이라고 주장하였다. 육구소의 이 견해는 주돈이의 태극설을 반대하는 사람들의 보편적인 관점을 대표한다. 그러므로 주희는 이해 연말에 쓴 답장에서 오로지 이 문제를 반박하였다.

> "'무극' 두 글자를 붙인 것은 허무한 것과 고상하고 원대한 것을 좋아하는 폐해가 있다."고 하셨는데, 그렇다면 존형께서 말씀하신 태극이라고 하는 것은, 모르겠습니다만 형기形器가 있는 사물입니까? 아니면 형기가 없는 사물입니까? 만약 과연 형상이 없고 이理만 있다면, 무극은 곧 형상이 없고 태극은 곧 이理가 있음이 분명합니다. 또 어찌 허무를 위하고 고상한 것을 좋아한다고 할 수 있겠습니까?　　　　　　　　　　　—동상, 서2

순희 14년(1187)에 두 사람은 또 한 차례 서로 편지를 주고받으며 논변을 하였으나, 새로운 관점은 아무것도 제기되지 않았고 아무런 결과도 얻지 못한 채 논변이 매듭지어졌다. 두 해에 걸쳐 이어진 태극 논변에서 두 사람은 저마다 자기 관점을 드러냈을 뿐 제대로 된 논변을 전개하지 못하였다. 나중에 서둘러 논변을 마무리한 까닭은 실제로는 두 사람 모두 치명적인 약점을 갖고 있던 터라 논변을 더 깊이 전개할 도리가 없었기 때문이다.

육구소의 관점은 모두 추측의 말에 불과하여 실제 근거를 제시하지 못하였고, 더욱이 『통서』에서 '오행은 서로 다르지만 두 기의 실재에 근본을 둔다. 두 기는 하나(一)에 근본을 둔다.'고 한 것처럼 공교롭게도 주돈이의 '무극이면서 태극'이 '무극'과 '태극'을 동일한 '하나'이며 '태극' 위에 별도로 '무극'이 있는 것은 아님을 힘써 증명하는 셈이 되었다. 육구소가 주희를 부정하려고 제시한 관점은 바로 본말이 전도되었던 것이다. 그는 유학의 체계에 '무극'이라는 도가의 개념을 끌어들이면 바로 노자의 학문이 된다고 하였는데, 논리적으로는 말이 되지 않는다. 이는 유심주의 철학 체계에 유물주의 '기'의 개념을 도입하면 유물주의로 변한다는 것과 마찬가지로 성립할 수 없는 주장이다.

주희는 논변하는 가운데 한편으로 다만 순 이성의 사변적인 현학적 논증을 하였는데, 이는 무력할 뿐만 아니라 또한 논리적 추리에서도 허점을 가지고 있었다. '무극을 말하지 않으면 태극은 한 물건과 같다'고 하였는데, 사실상 천백 년 동안 사람들은 결코 '무극'을 말하지 않았으며, '태극'은 역학가와 유가, 도가에 이르기까지 초우주의 본체였을 뿐, '한 물건과 같이' 간주되지는 않았던 것이다. 개념의 내포는 본래 저마다 서로 다른 자기의 주관으로 규정할 수 있는 것으로서, '태극'이 만일 주희의 규정대로 '이가 있는(有理)' 것이라면, 가령 '무극'을 말하지 않았다고 하더라도 '태극'은 역시 '이理'를 가리키지, '한 물건'을 가리키지는 않는다. 마찬가지로 '무극'이 만일 주희의 규정대로 '형체가 없는' 것을 가리키고 '이가 없는(無理)' 것을 가리키는 것이 아니라면, '태극'을 말하지 않더라도 '무극'은 역시 실리實理를 가리키며 공허하고 적막한 데로 떨어질 수는 없다. 주희와 육구소 두 사람의 이와 같은 이론적 약점은 나중에 주희와 육구연의 논전에서도 그대로 드러났다. 다만 사산 거사梭山居士(육구소)는 필경 무이옹의 적수가 아닌지라 상산옹이 직접 출마하였던 것이다.

육구소가 순희 14년에 근거가 부족하고 이론이 박약함을 느끼고서 주희와 벌이던 태극 논변을 중지하였을 때, 상산에서 쉬면서 「조립지묘표」 사건으로 문호의 분노를 격렬하게 일으켰던 육구연은 이미 더 이상 참을 수가 없었다. 그리하여 육구소가 침묵을 지킨 지 몇 달 뒤 이해 가을에 남풍南豐으로

가는 인편에 주희에게 편지 한 통을 보내서[14] 주희와 육구소가 태극을 논한
서신은 '말만 낭비하고 이치는 밝히지 못한' 것이라고 함으로써 정식으로 도
전장을 던졌다.

주희는 순희 15년(1188) 정월 14일에야 비로소 육구연에게 답장을 보내
그의 도전을 받아들이고 '마음을 비우고 기다린다'(『문집』 권36 「답육자정」 서4)는
바람을 드러냈다. 그가 정월에 이르러 도전을 받아들이기로 결심한 까닭은
육구연의 제자가 순희 14년 겨울에 함부로 사납게 날뛰듯이 문을 두드리고

---

14 생각건대, 『육구연연보』에 "순희 14년(1187) 초겨울에 주원회에게 답서를 보냈다. 원회의 답서
는 대략 다음과 같다. '깨우쳐주신 바와 영형令兄(육구소)의 편지는 말만 낭비하고 이치는 밝히
지 못했다. ……'는 것이다. 무극, 태극 논변은 이로부터 시작했다."고 하였는데, 이 설은 모호
하고 오류가 있다. 주희의 이 답서는 순희 15년 정월에 쓴 것이지, 순희 14년 초겨울에 쓴 것
이 아니다. 태극 논변도 이 시기에 시작된 것이 아니다. 『육구연집』 권13에 이해 초겨울에 주
원회에게 답하는 편지가 있는데, 주희와 자미(육구소)의 태극 논변에 대해 '말만 낭비하고
이치는 밝히지 못했다'고 언급한 내용은 전혀 없다. 육구연의 문집 가운데 권10 「여응중식與
應仲寔」을 살펴보면 "작년 가을, 겨울에 회옹에게 편지 두 통을 보냈는데, 이전의 설은 또한 보
류하였습니다."라고 하였다. 이 편지는 순희 15년에 썼다.(•연보에 보인다) 순희 14년 가을에 육
구연이 편지 한 통을 주희에게 보냈지만, 지금은 전하지 않는다. 육구연이 주희의 편지가 '말
만 낭비하고 이치는 밝히지 못했다'고 지적하여 육자미에게 보낸 내용은 응당 이해 가을에
주희에게 보낸 편지에 들어 있는 내용이다. 태극 논변은 당연히 이때 시작되었음을 알 수 있
다. 육구연이 주희에게 보낸 편지에서 이른바 '작년에 존형과 사산(육구소) 가형의 편지를 보
고 남풍의 인편으로 인해 분에 넘치게도 쉽게 구구한 편지를 보낼 수 있었는데'(『육구연집』 권
2 「여주원회」)라고 한 것은 곧 이해 가을에 쓴 첫째 편지를 가리킨다. 순희 14년에 육구연은 주
희에게 봄, 가을, 겨울에 모두 세 통을 보냈다. 『육구연집』 권13 「여주원회」 서2는 순희 14년
7월에 주희가 강서 제형에 제수되었을 때 육구연이 보낸 편지로 볼 수 있으니, 분명 강동을
강서로 오인한 것이다. 그러나 생각건대, 이 편지에서 분명히 "금릉金陵(•생각건대 강동의 감사
가 있는 곳이다)은 강 위에 웅거하고 있으며 …… 지금 대현大賢을 얻어 …… 만약 강동의 관리
와 인민이 선량하게 부양을 받으며 …… 혹 산수(山房)를 잘 살펴보게 되었을 때 함께 산수(樂
石)를 유람할 수 있다면 이는 더욱 저의 구구한 소원입니다."라고 하였으니, 분명히 순희 16년
(1189) 8월에 주희가 강동 전운부사에 제수된 일을 가리킨다. 육구연의 이 편지는 실은 이해
(1189) 8월에 사장辭章을 올린 뒤 쓴 것이다.

들어와서 자기 스승의 태극 논전의 도전과 짝을 맞추었기 때문이었다. 주희는 정단몽程端蒙에게 보낸 편지에서 자기의 태도가 이렇게 바뀐 까닭을 이야기하였다.

> 대체로 예전에 선종禪宗을 배웠으므로 그 설이 비록 그른지는 알지만 사사로이 좋아하는 뜻이 있음을 면하지 못했습니다. 또한 그(•육구연)의 설에 의해 앞뒤로 막히고 가려서 그 깊은 뜻까지 다 보지는 못하였습니다. ……지난겨울 그들이 여기에 와서 함부로 행동하고 흉악한 짓을 하며 수족手足을 다 드러냈기에, 이로부터 비로소 분명하게 북을 울리고 성토함으로써 다시는 이전처럼 상대하지 않았습니다.
>
> —『문집』 권50 「답정정사答程正思」 서16[15]

육구연은 주희가 도전장을 접수하였다는 소식을 받은 뒤 4월 15일, 2천여 글자나 되는 긴 편지를 써서 자기의 무극, 태극에 대한 관점을 상세히 논술하였다. 그는 주로 유가 경서에는 '태극'만 있고 '무극'은 없다는 점에 의거

---

[15] 정정사(정단몽)에게 답하는 주희의 이 편지를 왕무횡은 순희 14년(1187)에 쓴 것이라고 고증하여서 비정하였는데, 잘못이다. 편지 가운데 '축 정주祝汀州를 견책하는 뜻'이라는 말이 있는데, 축 정주는 축회祝穆이다. 축회가 정주의 지주가 된 시기는 순희 15년에서 소희 2년(1191) 사이이고, 조충부趙忠夫가 소희 2년에 인계하였다. 『개경임정지開慶臨汀志』, 『송사』 「효종본기」 및 주희의 『문집』 권54 「답주숙근答周叔謹」에 보인다. 또 주희는 순희 16년 2월에 『사서집주』의 서문을 썼는데, 이 답서에서 '『집주』를 개정했지만 자세히 보니 끝내 분명하지 못하여 근일에 다시 한 차례 고쳤다'(•살피건대, 아래에 대단히 수정하여서 고친 문자가 있다고 하였다)고 하였으니, 순희 15년에 『사서집주』를 수정하여서 고쳤을 때 이 편지를 썼다. 이 편지에서 주희는 또 '성시省試를 잘 보고 잘 못 본 것은 다시 가슴에 담아 두지 말라'고 하였는데, 이는 정정사가 순희 14년 춘시春試에서 실패하여 오랫동안 가슴에 담아 두고 속을 끓였기 때문에 주희가 편지에서 그를 위로한 것이지, 주희가 이 편지를 순희 14년에 쓴 것을 말하는 것은 아니다.

하여서 '무극'에 대한 주희의 두 가지 해설을 반박한 뒤, '무극'은 유가 성현의 정통적인 진리(衣鉢眞傳)가 아니라 노장 도가의 이단적인 모조품임을 증명하였다.

첫째, "무극을 말하지 않으면 태극은 한 사물과 같아져서 모든 조화의 근본이 되기에 충분하지 않고, 태극을 말하지 않으면 무극은 공허하고 적막함에 빠져서 모든 조화의 근본이 될 수 없습니다."(『문집』 권36 「답육자정」)라고 한 주희의 말을 겨냥하여서, 『역대전』과 「홍범」에 모두 '무극'을 말하지 않았다는 사실을 근거로 "태극이란 실제로 있는 이理이며 …… 모든 조화의 뿌리는 본디 저절로 정해진 것이며, 충분하고 충분하지 않음, 될 수 있고 없음이 어찌 사람이 말하고 말하지 않은 때문이겠습니까?"(『육구연집』 권2 「여주원회」)라고 하였다.

둘째, 주희가 '무극'은 '형체가 없음(無形)', '태극'은 '이치가 있음(有理)'이라고 한 말과 '주(주돈이) 선생이 아마도 배우는 사람이 태극을 별도로 물건의 하나로 잘못 여길까 염려하여서 무극이라는 두 글자를 붙여서 밝혔다'고 한 말을 겨냥하여, "『역』의 『대전』(「계사전」)에서 말하기를 '형이상을 도라고 한다(形而上者謂之道)' 하고, 또 말하기를 '한 번 음이 되고 한 번 양이 되는 것을 도라고 한다(一陰一陽之謂道)'고 하였는데, 한 번 음이 되고 한 번 양이 되는 것이 이미 형이상이라면, 하물며 태극이겠습니까?"(동상)라고 하여서 음양이 이미 형이상이라면 지고무상한 태극을 형이하의 물건으로 오인할 리 없다고 인식하였다.

이리하여 육구연은 '극極'을 '중심(中)'으로 풀이함으로써 한 걸음 더 나아가 반박한다. "대체로 극이란 중심입니다. 극이 없다(無極)고 하면 중심이 없다(無中)고 하는 것과 같으니, 어찌 말이 되겠습니까?"(동상) 이로 말미암아 그는 '무극'이란 도가(老氏)와 희이希夷(진단)의 학이고 「태극도설」은 주돈이의 저작이 아니며, '태극'에 '무극'이라는 이름을 덧붙일 수 없다고 단정하였다.

육구연은 주희의 논리상 허점을 다소 포착하였으나, 두 사람이 근본적으로 '태극'을 우주 본체로 삼는다는 점에서 일치한다는 사실은 매우 분명하다. 이들의 엇갈림은 다만 '태극'을 이론적으로 표현하는 문제에 있었다. '무극'이라는 개념으로 '태극(*이理)'을 표현할 수 있는가 하는 문제는, 바로 주희와 육구연의 이 논쟁의 초점이 '태극'에 '무극'이라는 이름을 덧붙일 수 있는가 하는 점에 있지, '태극' 이전에 '무극'이 있는가 하는 점에 있지는 않다는 사실을 말한다. 이는 홍매 같은 반도학파와 주희 사이의 태극 논변과 근본적으로 다르다. 홍매와 같은 사람들은 '무극'이 '태극'을 낳는다, 곧 '무가 유를 낳는다(無生有)'는 논리로 주희의 전체 이학 체계가 도가의 이단(*위학僞學)임을 증명하고 이로써 정치적으로 도학에 타격을 입히려고 하였다면, 육구연은 '태극'에 '무극'이라는 이름을 덧붙일 수 없다고 함으로써 '무극이면서 태극'이라는 명제가 노자의 설임을 증명하고 이로써 「태극도설」이 주돈이의 작품임을 부정하려고 하였다. 육구연은 실제로는 주돈이에 대해 변호하는 태도를 취하였다. 그는 비록 '무극'을 도가의 개념이라고 보았지만 결코 '무가 유를 낳는다'는 도가의 이설異說을 주돈이와 주희의 머리에 덧씌우지는 않았다.

주희는 임안으로 주사를 올리러 가는 도중 5월에 옥산에서 배회하며 체류할 때 육구연의 이 긴 편지를 받았다. 나중에 6월 1일에 임률과 함께 태극 논변을 진행할 때 그는 마음속으로 이 긴 편지를 생각하고 있었다. 그리하여 임률이 『대전』에 분명 '역에는 태극이 있다'고 하였는데, 지금 무無를 말하는 까닭은 무엇인가?' 하고 반문하였을 때 주희는 피식하고 터져 나오는 웃음을 참을 수 없었다. 주희는 6월 중순 임안을 떠나 민閩으로 돌아가는 길에 옥산을 경유하면서 홍매를 만났는데, 그에게 '무극으로부터 태극이 된다'는 설의 판본적 근거를 추궁했을 때 역시 마음속으로 이 긴 편지를 생각하고 있었다.

그러나 11월 8일에 이르러 봉사封事를 투서한 다음 날 주희는 비로소 논변의 답신을 써서 육구연에게 보냈다. 동시에 육구연의 제자 유정춘兪庭椿에게도 편지를 보내 다음과 같이 말하였다. "태극에 대한 편지에 관해서는 소견이 같지 않음을 헤아려보니 의론이 쉽게 합해지지는 않겠기에 오랫동안 답장을 보내지 못했습니다. 또 이理의 소재를 생각할 때 끝내 변별하지 않을 수 없어서 근래에야 비로소 편지를 반복해 읽어보았습니다."(『문집』권54「답유수옹答兪壽翁」) 그는 그다지 차이가 없다고 여기던 상태에서 끝내 완전히 돌아서서 육학에 대해 '북을 울려 성토'했던 것이다.

주희는 답신에서 무극, 태극에 대한 자기의 관점을 전면적으로 논술하였다. 그가 제출한 일곱 가지 반박은 완정한 태극의 체계를 구성한다. 곧 '태극'의 '극'은 '지극하다(至極)'는 뜻이며 '중심'으로 풀이해서는 안 된다, 『통서』「이성명장」에서 말한 '하나'는 곧 '태극'이며 '중'은 '기품氣稟이 중절한 것(得中)'으로서 '태극'과는 무관하다, '무극'은 주돈이가 '도체道體를 환하게 본 것'이며 '천년 전의 성인 이래로 전해지지 않던 신비를 참으로 얻은 것'이다, '태극'은 형이상의 도道이며 '음양'은 형이하의 기器이고, '무극'은 도의 '장소가 없고 형상이 없음(無方所, 無形狀)'을 가리키며, '음양'을 형이상으로 삼는 것은 '도와 기의 구분에 어두운 것'이다, '태극'을 또한 '무극'으로 일컫는 까닭은 '형체는 없고' '이치는 있는' 도의 이중적 특성을 '양쪽으로 설파'함으로써 '남들이 있다고 하는 말을 들으면 곧 진짜 있는 것으로 여기고 남들이 없다고 하는 말을 보면 곧 진짜 없다고 여기는' 것을 방지하기 위해서이다, '무극'은 '태극'이 없음을 말하는 것이 아니니 『역대전』의 '역에는 태극이 있다'는 말과 결코 모순되지 않는다, 노장이 말한 '무극'은 '무궁無窮'의 뜻으로서 주돈이의 '무극'의 본체 범주와 본질적으로 다르다는 것 등이다.

주희의 해설은 견실한 문자의 훈고에 기초를 두었기에, 독서를 중시하지 않고 학문이 공허하고 성긴 육구연으로서는 상대방과 견주어 자기가 부족하다는 느낌을 떨치지 못하였다. 주희는 이 논전의 범위와 의의를 뚜렷이 확대하여 이 본체론理本體論 상에서 두 사람의 엇갈림을 드러냈을 뿐만 아니라, 이 태극 논변이 '태극' 자체의 범위를 초월하여 더욱 보편적 방법론의 의의를 갖게끔 하였다.

주희와 육구연은 모두 비록 '태극'을 형이상의 본체로 삼았지만, 육구연의 심心 – 이理 – 우주가 동일한 심학 본체론은 이미 심과 이, 물物과 아我, 도道와 기器의 차별이 완전히 소멸하였으며, 형이상과 형이하의 경계는 실제로 이미 더 이상 존재하지 않는다. 육구연은 아직 국학國學에 있을 때 "태극이 쪼개져서 음양이 되니 음양은 곧 태극이다. 음양이 흩어져서 오행이 되니 오행은 곧 음양이다. 우주 사이를 채우고 있는 것은 어디에 간들 오행이 아니랴?"(『육구연집』 권23 「대학춘추강의大學春秋講義」) 하고 인식하였다.

'태극(*이理)'과 '오행(*형기形器)'은 절대 동일하며, 우주를 채우고 있고, 도道와 기器의 차별은 이미 '마음心' 가운데서 녹아 없어졌다. 그래서 주희는 육구연을 가리켜서 '도와 기의 구분에 어둡다'고 하였으니, 그의 주관 유심주의의 정곡을 찔렀다고 할 수 있다. 육구연의 이 본체론理本體論에는 '기氣'의 자리가 없다. 그는 심, 이, 우주를 직접 일치시킴으로써 형이상의 도道와 형이하의 기氣의 차별을 삼켜버렸다. 그런데 주희의 이 본체론에서 이는 기를 낳으며 또 이理는 기氣를 떠날 수 없으니, 이理와 기氣, 도道와 기器는 상즉相卽하나 형이상과 형이하는 판연히 구별이 있다. 이 한 가지 차이가 바로 두 사람의 주관 유심주의와 객관 유심주의 이학의 철학적 대립을 두드러지게 체현하고 있다.

주희가 실제로 논변하는 과정에서 제출한 문제는 이미 중요한 방법론적 의의를 갖고 있는데, 이는 바로 다음과 같다. 협소하고 생명력을 잃어버린 경학의 틀 속에 갇혀버린 천백 년 유학 문화의 사상 체계가 후세 사람에 의해 새로이 풍부해지고 충실해지고 발전할 수 있는가? 유학이 자기와 다른 문화 체계의 개념, 범주 혹은 개별 원리와 방법론적 원칙을 흡수하고 개조할 수 있는가? 이와 같이 흡수, 개조된 개념, 범주, 개별 원리와 방법론적 원칙은 역시 본질상 반드시 원래의 그것들과 차별이 없는가? 모종의 이질적 문화의 인소를 흡수한 사상 체계는 이질적 문화의 사상 체계와 곧바로 동등한가?

주희는 거의 시인의 격정으로 큰 소리로 날카롭게 외쳤다. "'무극'이라는 두 글자를 논한다면 바로 주자周子(주돈이)가 도체道體를 분명하게 보고, 상정常情을 뛰어넘었으며, 주위 사람의 시비是非를 돌아보지 않았고, 자기의 득실得失을 따지지 않고, 용감하게 곧바로 나아가 다른 사람들이 감히 말하지 않은 도리를 말하여 …… 만약 이것을 간파해낼 수 있으면 비로소 이분이 참으로 천여 년 전의 성인 이래로 전해지지 않던 비의秘義를 얻었으며, 단순히 지붕 밑에 집을 짓거나 마루 위에 마루를 올리는 것에 그친 것이 아님을 알 터입니다."(『문집』 권36 「답육자정答陸子靜」) 사실 이는 자기 스스로를 말한 것이다.

천백 년 동안 사람들은 모두 다만 다섯 경서에 근거해서만 말을 하였으며, 어떤 사람이라도 다섯 경서에 없는 말 한마디, 글자 한 자라도 말을 하면 모두 이단, 사설邪說, 위학僞學으로 여겨졌다. 사람들의 사상은 일률적으로 모두 반드시 일종의 경전 주석(注經)과 경전 해설(解經)의 사유 모델에 따라 표현해야만 했다. 어떤 새로운 인식이라도 모두 반드시 다섯 경서에 거의 본래 있는 것이라고 논증되어야만 비로소 존재 가치를 얻을 수 있었다. 모든 것이 경학의 겉껍데기 속에서 응고되고 생명력을 잃어버렸다. 민족의 사유와 인식은 다섯 경서가 둘러친 작은 테두리 가운데서 비틀거리는 늙은이의 걸음걸이로 걸었다. 경전을 인용하고 경전을 근거로 삼는 것은 또한 중국인이 학문을 함에 법률과 동등한 효력을 갖는 영원한 준칙이 되었다.

주희는 다소 이 적막한 경학의 황량한 사막에서 감히 전통적인 경 해석 체계를 벗어난(離經叛道) 몇 마디 대담한 함성을 내질렀다. 송 대에 이성의 사변적 각성은 결국 전통 경학의 장구章句 훈고에 대한 반동이었으며, 이는 비록 더욱 커다란 유심주의의 역사적 오류를 대가로 삼은 것이지만 바로 이러한 나선형의 인식 곡선에서 인류의 사유는 비로소 다섯 경서를 초월하고 이학 문화의 형태 가운데서 더욱 생동감이 풍부한 변증법적 내용을 획득하게 되었다. 다만 주희의 이러한 '용감하게 곧바로 앞을 향한(勇往直前)' 함성은 왕왕 자기 스스로도 끝까지 관철할 수 없는 일종의 허장성세였기 때문에 그는 또 더욱 정통적인 도통 성인의 자태를 지어내어서 육구연의 '선학禪學'에 반격을 가하였는데, 역사는 그에 대해 또한 끝내 다섯 경서의 그물망을 벗어나지 못한 것으로 규정하였다.

주희와 육구연은 한 차례 주고받은 서신 가운데서 이미 저마다 무극, 태극에 대한 모든 관점을 끄집어냈다. 이 논전은 선비와 학자의 광범위한 주목을 끌었다. 그러나 주희의 회답은 육구연에게 더욱 커다란 문호의 분노를 격하게 일으켰다. 절중浙中의 학생 한 사람이 편지를 써서 육구연에게 다시 논쟁을 하지 말라고 권유하였다. 육구연은 크게 화가 나서 말하였다. "비루한 말입니다! 이 무리는 범속하고 누추하여 속된 학문에 깊이 빠져들어서 이처럼 패악하니, 또한 가련합니다!"(『육구연집』 권2 「여주원회」 서2)

육구연은 서둘러서 12월 24일에 장편의 편지를 쓰고 별폭을 덧붙여 주희에게 보냈다. 사실 이 긴 편지는 더 이상 새로운 관점이 없으나 요점은 다음과 같았다. 첫째, 「홍범洪範」의 구주九疇에서 '황극皇極'이 가운데 자리하고 있다는 사실을 끌어들여서 '극'이 '중심'임을 증명하고, '극'을 '지극至極'으로 본 주희를 반박하였다. 둘째, 「설괘說卦」, 「계사繫辭」를 인용하여서 '음양'이 형이상의 도임을 증명하고, '음양'을 형이하의 기器로 보는 주희의 관점을 부정하였다. 주희는 순희 16년(1189) 정월에 차고 넘치는 기나긴 글을 써서 육구연의 편지 전편을 단과 절로 나누어 하나하나 답을 했으나, 다만 원래의 관점을 중복하였을 뿐이다.

쌍방의 치우치고 격한 정서가 크게 증폭되면서 제자들도 전면에 나서서 논전을 거들었다. 주희 측에서는 도를 수호하는 제자 정단몽이 가세하였다. 육구연 측에서는 더욱 제자들이 소매를 걷어붙이고 글을 썼다. 육구연은 12월 14일에 보낸 답신에서 자기가 넌지시 알린 뜻을 읽은 제자가 쓴 책문(策) 셋을 동시에 덧붙여 보냈는데, 이것이 자기가 쓴 것인지 제자가 쓴 것인지 일부러 분명히 밝히지 않았다.[16] 그는 또 고의로 제자를 시켜 자기의 답서를 베껴 써서 사방에 유포하게 하였다. 심지어 다른 사람이 주희를 공격하면서 보내온 편지도 주희에게 보내주었다.

육구연은 소숙의郞叔誼에게 보낸 편지에서 주희에 대해 "공허한 말에 의거하고 자기 의견을 덧붙여 드러내되 군더더기를 잔뜩 갖다 붙여서 자기가 이기는 데 유리하게 하고, 조급하고 옹졸한 성품을 더욱 쌓고 자기가 믿고 의지하는 바를 내세워서 지극한 이치를 가려서 덮어버리고, 지극한 말을 용납하여서 받아들이지 않으며, 자기만 옳다 하고 죽을 때까지 돌이키지 않으니,

---

16 주희가 순희 16년 정월에 쓴 답신은 육구연의 편지를 단락에 따라 반박한 것인데 마지막 단락은 '편지의 말미에 …… 글인가?' 부분을 반박한 것이다. 지금 육구연이 12월 14일에 쓴 편지를 살펴보면 이런 내용이 없으니, 응당 나중에 육구연이 삭제했으리라. 주희의 이 답신 아래에 말한, "중간에 강덕공江德功(강묵江黙)이 책문 세 편을 봉하여서 보내왔는데, 그 가운데 소첩小帖에서 말하기를 '육자정(육구연)이 책문 세 편을 모두 손수 점검하고 대조하여서 저(강묵)에게 봉하여 보내드리게 하였습니다. 먼저는 편지를 쓰고자 하였으나 제가 떠나려고 하니 기꺼이 쓰려고 하지 않았습니다.'라고 했습니다."라고 한 것과 또 "덕공도 이것은 제생諸生이 답한 것이라며 본래 제생의 이름이 있었다는 점을 분명히 알고 있습니다. 그러나 노형이 주고 부치도록 했다고 말하고 있을 뿐입니다."라고 한 것에 근거하면, 책문 세 편은 실은 육구연의 제자가 지은 것임을 알 수 있다.

이런 죄는 자포자기를 하는 사람보다 더합니다."(『육구연집』 권1 「여소숙의與邵叔誼」)라고 하였다.

육구연은 이 편지를 주희에게도 보냈다. 주희는 불같이 분노하며 그 또한 소숙의에게 편지를 써서 알렸다. "자정(육구연)이 편지를 보내 왔는데 의리義理가 별로 없어서 늘 숨겨 놓고 감히 사람들에게 널리 보이지 않았습니다. 그가 이와 같이 스스로 드러내리라고는 생각하지 못했습니다. …… 그(자정)가 당신(左右)에게 보낸 편지를 초록하여서 보내왔는데 매우 득의양양하였습니다. 대체로 그는 글을 많이 짓고 나면 곧 사방으로 퍼뜨리되 오직 남이 알아주지 않을까 걱정합니다. 이는 평소의 태도인지라 또한 깊이 괴이하게 여길 것이 없습니다."(『문집』 권55 「답소숙의答邵叔誼」 서4)

학파와 문호의 고조된 분노는 두 사람의 관점에 일종의 원상 복구를 이끌어냈다. 육구연은 독서와 강학이 인의仁義를 틀어막는다는 틀에 박힌 말을 다시 읊어댔고, 육구연의 학문을 '선학禪學'이라고 공격한 주희의 비판 수위도 단숨에 높아졌다. 순희 14년(1187)에 두 사람의 태극 논전이 막 시작되었을 때 주희의 제자 오인보吳仁父가 주희에게 육학을 물었는데, 그는 명쾌하게 말하였다. "다만 선禪일 뿐이다. 처음에는 우리 유학의 학설로 덮을 수 있었지만 지금에는 줄곧 말이 치열해져서 다시는 막을 수 없게 되었다."(『어류』 권124)

순희 16년에 호상학자 호대시胡大時가 육구연에게 편지를 써서 그의 태극설에 찬동을 표시하자 육구연은 즉시 회신을 보내 호대시를 칭찬하였다. "보내온 편지에서 나와 원회(주희)가 태극을 논한 편지를 거론하셨는데 말씀이 모두 지극히 이치에 맞고 참된 말입니다. 그대는 사사로움을 제거하고 은폐된 것을 없앨 수 있으니 당연히 여기에 의심이 없을 것입니다."(『육구연집』 권1 「여호계수與胡季隨」) 편지에서 노골적으로, 그리고 큰소리로 독서와 강학을 반대하여, 결국에는 사사로움을 극복하라는 '극기복례'의 도덕명제가 '사색思索과 강습講習'의 큰 병을 극복하여서 제거하는 것이라고 말하였다.

주희가 보기에 이는 육구연이 가장 공공연하고 대담하게 선을 한 차례 선양한 말이었다. 육학은 곧 선학임을 입증하는 '장물(眞贓)'이 그에 의해 포착된 것이다. 왜냐하면 '사색'도 필요 없고 또 '강습'도 필요 없다는 주장은 이미 선사禪師의 명실상부한 선정禪定의 적조寂照이기 때문이다. 그는 곧 이 점을 포착하여서 수많은 제자들에게 육학을 통렬하게 공격하였다.

이어서 금계金溪(육구연)의 「여호계수與胡季隨」 편지 가운데 안자顔子의 극기克己를 말한 곳을 보고 다음과 같이 말하였다. "이 두어 줄 논의를 보니 그 종지가 바로 선禪임은 더욱 분명하다. 이는 바로 장물과 진범(正贓)을 붙잡은 격이다. 안타깝게도 지금 막 읽어보니 더불어 깊이 있게 논변하기에는 부족하다. 거기에서 분노와 욕망 등의 감정이 모두 자기의 사사로움은 아니며 사색과 강습이 오히려 큰 병폐로서 마땅히 극복하여 다스려야 할 것들이라 하였다. 이는 선가禪家에서 '나무 밑씻개(乾屎橛)' 등의 말과 같이 더욱 아무런 의미가 없는 말들이며, 또한 특별히 의리를 생각할 수 없는 말들이다. 이 마음을 모두 막고 안정되게 하여서 오래되면 문득 저절로 명쾌한 곳이 있는데, 이럴 때 비로소 터득했다고 할 수 있다. …… 고로 고老(종고)가 경산徑山에 있을 때 성질을 부리고 종잡을 수 없어서 승려 무리가 매우 미워하였으나, 또한 그의 선을 연모했기에 떠날 수 없었다. 한 승려가 말하기를, '붙잡아서 의복을 벗겨내고 찾아본다면 그의 선이 왼쪽 옆구리에 있을까, 오른쪽 옆구리에 있을까? 찾아낸 뒤 발가벗겨서 그를 문밖으로 쫓아내자! …… '라고 하였다. 지금 금계의 학문은 바로 선이다. …… 시험 삼아 『능엄楞嚴』, 『원각圓覺』의 종류를 보면 또한 대의大意를 대략 볼 수 있다. ……"

—『어류』 권124

육구연은 독서와 강학을 방법론에 끌어들이긴 했지만 그의 심학 체계의 허점을 메꿀 수는 없었고, 도리어 그의 심학이 밝힌 본심의 돈오법문頓悟法門과 함께 더욱 눈에 띠는 모순을 형성하였다. 그는 더 이상 자기의 설을 그럴 듯하게 꾸며대기 어려웠다.

태극 논전은 표면상으로는 '무극'을 둘러싼 논쟁이었으나 실제로는 두 사람의 철학 체계 상에서 이러한 근본적인 대립을 반영하였다. 주희는 이미 두 사람의 이런 모순을 조화하고 통일할 길이 없다고 느꼈기 때문에 순희 16년 (1189) 정월에 육구연에게 보낸 편지에서 휴전을 제의하며, "만약 그렇지 않다고 한다면, 나는 날마다 이 길을 가고 달마다 이 길을 간다는 것처럼 저마다 들은 것을 높이고 저마다 알고 있는 것을 행하는 것도 좋겠습니다. 다시 반드시 같게 되기를 바랄 수는 없을 터입니다."(『문집』 권36 「답육자정」 서6)라고 표하였다.

육구연은 7월 4일에 뒤쫓아 편지 한 통을 써서 '대뜸 이런 말을 하는 것은 절대 바라던 바가 아니라'고 주희를 질책하였다. 그는 뜻밖에도 일종의 승리자의 말투로 주희에게 '남의 허물을 통해서도, 비록 훈계와 약으로는 미약하지만, 오래되면 스스로 깨달을 수 있을 것이다. 짐작건대 지금 존형께서 반드시 여기에 환해질 것이라.'고 희망하였다(『육구연집』 권2 「여주원회」 서3). 주희는 8월 6일의 회신에서 재차 '내가 봄 머리에 쓴 편지는 말투가 거칠었다. 이미 보내고 나서 후회가 되었으나 이미 늦었다.'고 표하였다(『육구연연보』에서 인용). 이로써 순희 16년 정월 이후 두 사람이 태극 논변에서 이미 실질적인 진전은 없었고, 두 사람이 편지를 주고받으면서 정면으로 다투던 일도 실제로는 이미 그쳤음을 알 수 있다.

태극 논변은 아무런 매듭을 짓지 못하였다. '무극'에 대한 논쟁은 문제의 해결을 보지 못했을 뿐만 아니라, 또한 역학상에서 두 사람의 엇갈림을 전부

드러내고 말았다. 육구연이 중요한 논거로 제시한 「홍범」의 '황극皇極'은 직접 역학의 상수象數 문제와 관련되었다. 그래서 두 사람의 태극 논변은 순희 16년 이후 황극 논변으로 발전하였고, 아울러 황극 논변에서 확장되어 역학의 도서상수圖書象數의 논전이 되었다. 다만 논전의 방식은 서신을 주고받으며 첨예하게 대립하여 서로 공격하던 데서 저마다 글을 써서 측면공격을 하는 방식으로 바뀌었고, 논전의 초점은 '무극'에서 '황극'으로, 역학의 의리의 대강령(大綱, *태극 장太極章)에서 상수의 대강령(*설시 장揲蓍章)으로 옮겨갔다.

순희 16년(1189) 여름, 육구연은 도찬중陶贊仲에게 잇달아 편지 두 통을 보내서 자기와 육구소가 주희와 함께 벌인 태극 논변을 크게 말함과 동시에, 홀연 당시 역학의 상수설을 공격하여서 다음과 같이 말하였다. "내가 보니 근래에 수학數學(상수학)을 말하는 자들은 비루함이 날로 심하고 망령됨이 날로 치성합니다." 그리고 "나는 설시에 관한 설을 만들어서 『역』의 수數의 큰 단서를 조금 밝혀내어 이설異說을 배격하고 후학을 깨우치고자 하였습니다."(『육구연집』 권15 「여도찬중」 서1)

이른바 '이설'이란 특별히 소옹과 주희의 상수학을 가리킨다. 그러나 그가 홀연 주희의 상수, 설시설을 공격하기 시작한 까닭은 주희가 순희 13년 (1186)에 『역학계몽』을 쓰고, 순희 15년에 『주역본의周易本義』를 완성하여서 완정한 역학의 도서상수 체계를 세웠기 때문일 뿐만 아니라, 더욱 주요한 까닭은 태극 논전 가운데 제출한 '황극'과 도서상수가 밀접한 상관이 있었기 때문이다. 그는 바로 「홍범」의 구주九疇를 『역』의 상수와 배열한 뒤, '황극'은 5수가 구주의 가운데 위치하며, 또한 곧 '태극'이므로 '극' 자를 모두 '중'으로 풀이해야 한다고 논증하였다. 그는 12월 14일에 주희에게 보낸 답신에서 이 설을 처음으로 꺼냈다. 일단 상수의 문제가 제기되자 '태극'은 바로 '황극'으로 바뀌었고, 상수의 대사 주희는 더 이상 침묵을 지킬 수가 없게 되었다.

순희 16년 6~7월에 주희는 「황극변皇極辨」을 썼다.[17] 이 전문적인 글은 정치상 반도학 당권파의 황극건중皇極建中 설을 반격하는 중요한 의의를 지니고 있다. 그러나 실제로는 그가 정월에 육구연에게 보낸 답신을 상세히 보충하는 것이고, 역시 이름을 거론하지는 않았으나 간접적으로 육구연의 황극설을 공격하는 것이었다. 정월에 육구연에게 답한 편지에서 그는 육구연이 제출한 '황극'에 대해 두루뭉술하게 "'황극'의 극, '민극民極'의 극을 표준의 뜻으로 여긴다면 …… 중심으로 명명한 것이 아닙니다."(『문집』 권36 「답육자정」 서6)라고 대답하였다. '극'을 '표준'의 뜻으로 보는 기본적인 관점이 이미 확립되었다는 사실은, 그가 이 답신을 쓸 때 이미 '황극'에 대해 잠심하여서 연구를 하였음을 밝히 드러낸다.

---

17 「황극변」에는 쓴 해가 기입되어 있지 않다. 나중에 경원慶元 병진(1196)이라고 보충 기록한 것은 「황극변」을 쓴 해가 아닌데, 지금은 이 보충 기록에 잘못 근거하여 육구연이 형문荊門에서 「홍범」의 '다섯째 황극(五皇極)'을 강론한 뒤에 주희가 소희 3년(1192)에 「황극변」을 쓴 것이라고 함으로써 마침내 태극 논변과 황극 논변을 분리하여 둘로 삼았다. 지금 생각건대, 주희의 『문집』 권52 「답오백풍答吳伯豊」 서2에 「황극변」을 함께 보내왔다' 하였고, 이 편지 가운데 '횡거(장재) 선생 …… 작년 이때 같이 논열論�列을 당하여'라고 하였으니, 이는 순희 15년(1188) 6~7월에 임률과 함께 횡거의 「서명」 등을 토론하다가 합치하지 않던 탓에 논핵을 받은 사실을 가리킨다. 이 편지는 순희 16년 여름과 가을 사이에 썼다. 또 이 편지에서 '여릉廬陵에서 근래 자주 편지를 받았는데, 한 가지 병도 가볍지 않다'고 하였으니, 바로 유청지劉淸之가 병으로 장차 죽게 된 일을 가리킨다. 유청지는 순희 14년에 탄핵을 받았고, 집이 여릉에 있었으며 순희 16년 가을에 병으로 죽었다. 『별집』 권4 「여상백원與向伯元」 서4 및 『문집』 권87 「제유자징문祭劉子澄文」에 보인다. 또 이 편지에 '금계(육구연)에서 줄곧 편지를 받지 못하였으니 또한 답을 하는 번거로움을 덜었다'고 하였는데, 육구연은 순희 15년 12월 14일에 주희에게 편지 한 장을 보내고, 순희 16년 7월 4일에 이르러서야 또 주희에게 편지 한 장을 보냈다. 주희가 이 편지를 8월 초에 받았으니 그가 '줄곧 편지를 받지 못하였다'고 일컬은 것은 8월 이전 동안을 말한다. 위의 내용을 근거로 「황극변」은 순희 16년 6~7월에 완성되었음을 확실히 알 수 있다. 또 지금 타이완에 소장된 송 대 판각본(宋槧)의 『회암선생문집』에 「황극변」이 들어 있는데, 이로써 더욱 이 글을 순희 연간에 썼음을 증명할 수 있다.

이어서 주희는 곧 「황극변」을 써서 전면적으로 '황극'을 고찰하여 다음과 같이 인식하였다.

「낙서」의 아홉 개 수에서 5는 가운데 머물고, 「홍범」의 구주九疇에서 황극皇極은 5에 머문다. 이 때문에 공씨孔氏(공안국)의 『전傳』에서 황극을 대중大中이라 풀이한 뒤로 많은 유학자들이 모두 이 주장을 받들고 따른다. 나는 홀로 경문의 뜻과 말의 맥락으로 탐구해보고서 그것이 반드시 그렇지는 않음을 알게 되었다. 대체로 황皇이란 임금의 호칭이다. 극極이란 지극하다 (至極)는 뜻으로서 표준의 이름이며, 언제나 사물의 가운데 있으므로 사방의 외면에서 바라보면서 올바름을 취하는 것이다. 그러므로 극을 가운데 있는 표준(準的)이라고 하는 것은 괜찮지만, 곧바로 중中이라고 풀이해서는 안된다.
— 『문집』 권72 「황극변」

'극'을 지극, 표준으로 풀이하는 것은 주희 상서학尙書學의 새로운 발견이다. 그는 오필대吳必大에게 보낸 편지에서 「황극변」을 과장하여 '천고의 의혹을 단숨에 깨뜨렸다'(『문집』 권52 「답오백풍答吳伯豐」 서2)고 하였는데, 이것이 가리키는 바는 공안국孔安國의 이름으로 위조된 『고문상서전古文尙書傳』의 설을 깨뜨린 것이다.

그는 「황극변」에서 심지어 "한漢 이래로 지금까지 1천여 년이 되었지만 …… 한 사람도 그것(*생각건대 공안국의 『고문상서전』을 가리킨다)이 옳지 않음을 깨닫고 한마디로 바로잡은 이가 없어서 그 피해가 영원히 후대에까지 이르렀다. 이것이 어찌 공씨 한 사람만의 죄이겠는가!"라고 하였다. 이는 또한 바로 육구연이 '황극'의 극을 '중심'으로 풀이하는 것은 공안국의 『고문상서전』에 근본을 둔 것임을 함축적으로 지적하여 밝힌 말이나 다름없다. 그리고 공안국의 『고문상서전』을 주희는 위작으로 여기고 있다. 이와 같이 육구연의 태극, 황극의 설이 아무런 가치가 없다는 사실은 말하지 않아도 알 수 있다.

육구연은 주희에게 회답을 하기 위해 역시 잠심하여서 역학의 상수와 설시를 연구하기 시작하였다. 역학으로써 학파(家)를 일으킨 이 심학의 대사는 줄곧 학설(文字)을 세울 것을 주장하지 않았기 때문에, 역학상에서 주희와 대항하여 겨룰 수 있을 만한 전문적인 저작과 문장이 아무것도 없었다. 그러나 순희 16년(1189) 뒤로 그는 이전의 태도와는 다르게 '이설을 배격하기 위해' 참으로 일련의 「설시설」·「역설易說」·「역수易數」·「삼오이변착종기수三五以變錯綜其數」 등의 글을 썼고, 소희 연간(1190~1194)에 이르러서는 세상에 전하는 모든 상수, 설시의 설을 일괄하여서 매도하고(●『육구연집』권15 「여오두남與吳斗南」에 보인다), 이치(理)로써 상象을 설명하는 육학 의리파 역학 체계의 대강을 건립하고, 「도圖」(「하도」)와 「서書」(「낙서」)를 개정하고, 「도」와 「서」의 옛 역학으로 돌아간다는 목표를 대체적으로 실현하였다.

형문군荊門軍에 부임하여 있는 동안 역학의 상수와 설시는 육구연이 가장 흥미진진하게 즐겨 말하는 화제가 되었다. 그가 개정한 「하도」 팔괘의 상象과 「낙서」 구주의 수數는 소옹과 주희의 선천, 후천의 설을 반대하기 위한 것이었고, 동시에 그의 황극설의 역학적 근거가 되었다. 소희 3년(1192) 정월 13일 하루 동안에 그는 관리와 인민을 모아서 「홍범」의 '다섯째 황극(五皇極)' 한 장을 강연하였다. 이 「형문군상원설청황극강의荊門軍上元設廳皇極講義」는 역시 주희의 「황극변」에 회답하기 위한 것이라고 할 수 있다. 날카롭게 맞선 이 문장 두 편은 모두 『고역古易』을 회복하고 '천고의 의혹을 단번에 깨뜨린다(一破千古之惑)'는 깃발을 떨쳐 일으켰다.

육구연은 이 강의에서 본인이 개정한 「하도」 팔괘의 상과 「낙서」 구주의 수를 선포하였고, 아울러 이 도서상수설에 근거하여서 한 걸음 더 나아가 황극설을 명백히 논술하였다. 그는 문장을 시작하자마자 다음과 같이 말한다. "황皇은 큰 것(大)이고, 극極은 중심(中)이다. 「홍범」의 구주는 5가 그 가운데 있다. 그러므로 극이라 한다. 이 극은 크기에 우주를 가득 채우고 있다. 천지는 이로써 자리를 잡고 만물은 이로써 자라난다."(『육구연집』 권23) '극'은 우주를 가득 채우고 있는 '이理'이기 때문에 그는 동시에 또 '심心'으로 '극'을 설명하여서 '보극保極'이 곧 '보심保心'이라고 보았다. 곧 "만약 이 마음을 보유保有할 수 있다면 곧 극을 보존하는(保極) 것이다.", "너희 서민이 이 마음을 보전하여서 사악함에 빠지지 않을 수 있다면 곧 극을 보존하는 것이다."(동상)

이는 그의 '심즉리心卽理'가 역학상에서 철저히 관철된 것이다. 육구연이 태극 논변 중에 제출한 '극'의 문제는 황극 논변 가운데서 더욱 강렬한 심학적 색채를 갖추게 되었다. '심'으로 '극'을 설명하는 그의 논리는 양간楊簡이 '심'으로 '역'을 풀이하고 더욱 철저한 주관 유심주의 심학의 역학 체계를 건립하는 데 남본藍本을 준비하였던 것이다.

주희는 육구연이 형문에서 강의한 황극설에 대해 서둘러 공격을 진행하였다. 그는 태극 논변 중에 육구연을 편든 호대시에게 편지를 써서 다음과 같이 말하였다. "형문荊門(육구연)의 황극설皇極說을 읽어보셨는지요? 다시 시험 삼아 「홍범」에서 이 한 조항을 상세히 풀이한 것을 익숙히 읽어보시고, 그 문장의 뜻을 해석하여서 이와 같은지 아닌지 보십시오."(『문집』 권53 「답호계수答胡季隨」 서13) 또 육학의 제자 항안세項安世에게도 편지를 써서 다음과 같이 말하였다. "「홍범」의 황극 한 장은 바로 구주九疇의 근본인데 자세히 보신 적이 있는지 모르겠습니다. 선유는 '황극'을 풀이하면서 위대한 중심(大中)이라고 했는데, 근래에 듣자 하니 또 보극保極을 존심存心이라고 말하는 사람(*생각건대, 육구연을 가리킨다)이 있다고 합니다. 그 설이 어떠한지 자세히 미루어 설명해주신다면 다행이겠습니다."(『문집』 권54 「답항평보答項平甫」 서6)

육구연의 황극설에 대한 비평은 주희가 제자들과 담론한 주요 내용이 되었다. 주희는 '황극' 상의 논쟁을 빌려서 육구연과 함께 역학의 상수, 설시에 관한 논변을 전개할 생각을 품고 소희 3년(1192) 4월 19일에 육구연에게 보낸 편지에서 다음과 같이 암시하였다. "협주峽州의 곽옹郭雍[18]의 저서는 상당히 많은데 다 보았습니까? 그가 논한 『역』의 수는 자못 상세합니다만 선생님께서는 어떻게 생각하시는지요? 근래의 저서를 다행히 한두 종 보내드리니 보실 수 있을 것입니다."(『육구연연보』에서 인용)

육구연의 「설시설」은 곽충효郭忠孝·곽옹 부자의 설시설의 『시괘고오著卦考誤』를 따져 바로잡는 과정에서 주희와 함께 대립을 이루었다. 주희가 육구연에게 곽옹을 언급한 데는 목적이 있었다. 육구연은 재빨리 5월에 회답을 한 통 보냈는데 이는 그가 죽기 전 주희에게 보낸 마지막 편지였으며, 두 사람 사이에 줄곧 존재해온, 미봉하고 조화할 수 없는 첨예한 사상적 대립을 분명히 드러냈다. 이 편지는 망실된 탓에 사람들에게 알려지지 않았지만, 주희는 당시 역학가 조언숙趙彦肅에게 보낸 편지에서 이 마지막 편지에 대해 이야기하였다. "자정(육구연)은, 나중에 그의 편지를 받아 보니 전보다 더욱 심해졌습니다. 대체로 그 학문이 마음공부에서는 깨달은 바가 없지는 않지만 곧 이를 믿고 고금古今을 업신여기면서 다시 이치를 탐구하는 세밀한 공부를 하지 않았기 때문에 결국 마침내 그 터득한 것마저도 함께 잃어버렸습니다"(『문집』 권56 「답조자흠答趙子欽」 서4)[19] 이는 바로 육구연에 대한 주희의 '사후의 최종 평가(蓋

---

18 원문은 '곽문郭文'으로 되어 있는데, 지금까지 누구인지 알지 못하였다. 지금 생각건대, 문文은 옹雍이었지만 글자가 희미해진 바람에 착오를 일으켰다. 곽옹은 협주 사람이며 『역』의 명가이다. 그러므로 주희가 특별히 물었던 것이다.

19 조자흠趙子欽(조언숙)도 상수역학의 명가로서 저서에 『역설易說』이 있다. 그가 처음 주희에게 편지를 보내 서신 왕래를 한 때는 순희 13년(1186)이다(『문집』 권56). 「답조자흠答趙子欽」 서1에 보

棺論定)'로서 주희와 육구연의 황극 논변이 끝내 서로 합치하지 못하였음을 밝히 드러낸다. 그리고 막 전개되려는 기미를 보였던 역학의 상수, 설시 논변도 육구연의 돌연한 죽음으로 중도에서 요절하고 말았다.

주희와 육구연의 무극, 태극, 황극 논변은 비록 유종의 미를 거두지는 못하였지만, 두 사람의 철학 체계와 역학 체계의 완성과 발전에서 본다면 저마다 특별한 의의가 있다. 철학상에서 '태극'의 '극'을 '중심'으로 풀이하느냐 '지극'으로 풀이하느냐 하는 논쟁은 그들 각자에게 직관적으로 사물의 발전과 연계의 서로 다른 변증법적 연결 고리를 파악하게끔 하였다. 곧 육구연은 대립적 측면의 중개를 보았기 때문에 '중심'을 강조하고 '셋(三)'을 강조하였다. "한 사물이 있으면 반드시 위와 아래, 왼쪽과 오른쪽, 앞과 뒤, 머리와 꼬리, 등과 얼굴, 안과 밖, 거죽과 속이 있다. 그러므로 하나(一)가 있으면 반드시 둘(二)이 있다. 그러므로 하나가 둘을 낳는다고 한다. 위와 아래, 왼쪽과 오른쪽, 머리와 꼬리, 앞과 뒤, 거죽과 속이 있으면 반드시 중심이 있으며 중심과 양 끝은 셋이 된다. 그러므로 둘이 셋을 낳는다고 한다. 그러므로 태극은 쪼개져서 양의兩儀가 되지 않을 수 없고, 양의가 나뉘고 하늘과 땅이 제자리를

인다. 그러나 『역설』과 『예도禮圖』를 주희에게 보내준 것은 소희 3년(1192)의 일이다. 『문집』 권48 「답여자약答呂子約」 서6(○이 편지는 소희 3년 11월 27일에 썼다)에 보인다. 경원 연간에 졸하였다. 주희가 조자흠에게 답한 이 편지(「답조자흠」 서4)는 바로 『예도』의 설을 논한 것이다. 그 가운데 언급한, '바야흐로 서까래 몇 개로 된 집을 이려고 하는데, 혹 취하여서 법으로 삼을 수 있겠다'고 한 말에 근거하면, 이는 바로 주희가 소희 3년 건양 고정考亭에 집을 지은 일을 가리키며, 4월 19일에 육구연에게 보낸 편지에서 언급한, '건양으로 돌아와서는 계획을 잘못 세운 탓에 작은 집을 하나 짓다가 한 해가 가도록 완성을 하지 못하여서 고생이 말이 아니고, 그만두려고 하나 그만둘 수도 없다'고 한 것과 같다.(『문집』에는 실려 있지 않다. 이해에 해당하는 육구연의 연보 기사에 '여름 4월 19일에 주원회가 편지를 보내왔다'는 기록이 있다. ─ 역자 주) 고정의 새 거처는 6월에 낙성하였으니, 조자흠에게 답한 이 편지는 응당 6월 이전에 쓴 것임을 알 수 있다. 따라서 육구연이 주희에게 답한 편지는 당연히 5월 사이에 쓴 것이다.

잡으면 사람은 그 가운데 있다. 삼극三極의 도는 어찌 『역』을 지은 자가 스스로 그렇게 할 수 있는 것이겠는가!"(『육구연집』권21 「삼오이변착종기수三五以變錯綜其數」)라고 하였다. 그러나 주희는 대립적 측면의 통일과 동일을 보았기 때문에 '하나'를 강조하고 '둘'을 강조하여서, 하나가 나뉘어 둘(•단端)이 되고 둘 가운데 하나(•태극)가 있다고 보았다. 이것이 두 사람의 변증법적 사유에서 중요한 차이점이다.

이 논전은 양가의 역학 발전에 새로운 학파적 생기를 불어넣었다. 육구연의 역학 체계 가운데 옛 「도圖」와 「서書」의 개정이라는 상수의 측면이 제자부계로의 『석의釋義』에서 완성을 보았고, '심'으로 '역'을 해설하는 의리의 측면이 제자 양간의 『자호역전慈湖易傳』에서 완성을 보았다고 한다면, 주희는 도서상수파에서 더 나아가 술수파術數派의 현묘하고 신비한 천국을 밟음으로써 만년에 도사와 방가方家의 술수의 비전秘傳을 향해 가장 마음을 기울여서 일별하게 되었다.

무신봉사戊申封事
: 반성과 비판의 이정표

　주희가 관직을 떠나 무이산에 돌아와 6년 동안 벌인 크고 작은 논전은 무신봉사戊申封事에서 한 차례 특수한 총결을 맺었다. 논전은 그에게서 전통에 대한 반성과 현실에 대한 비판이라는 독특한 방식으로 진행되었다. 그와 같이 평생 조금도 게으르지 않고 부지런히 힘쓰며, 각양각색의 사람들이나 학파와 함께 쉼 없이 강학과 논전을 진행한 이학가는 이전에도 없었고 앞으로도 나올 수 없다고 하겠다.

　그의 일생은 한 줄로 꿴 논전의 변주와 악장으로 조성된 생명의 교향곡과 같았다. 이는 또한 아마도 구차하게 안정을 추구하는 썩어빠진 봉건의 쇠퇴한 사회가 그의 신상에서 역으로 조성해낸 일종의 특수한 진취적 심리 상태와 성격이리라. 심지어 봉사를 올린 것은 그에 대해 말하자면 일종의 사회 현실을 배경으로 한 웅대한 기백의 논전, 일종의 자아 사상의 총결과 사회 현실에 대한 비판적 의의를 갖는 논전이 되었으며, 순희 16년(1189)에 그의 평생 학문과 저술에서 제2차 총결의 완성을 위해 더욱 광활하고 깊고 넓은 문화적 시야를 제공하였다.

　조정의 정국과 정사의 변화막측한 동요는 주희가 무이의 깊은 산속에 높직이 누워서 '무극'의 현묘한 사색을 진행하도록 놔두지 않았고, 조정에서 불어온 세 상당相黨의 분쟁이 일으킨 회오리바람은 산림에 오랫동안 은둔하던 이 도학의 우두머리를 정치 무대의 전면으로 불러냈다. 주희가 순희 15년 8

월에 봉사奉祠로서 집에 겨우 한 달어 거처히고 있는 동인[20] 조정으로부터 홀연 또 불러들이는 명이 내려왔다. 9월 26일에 상서성에서 차자를 내려 주희에게 즉시 행재소로 오라고 명령하는 유지諭旨를 전하였다. 황간은, 보기 드물게 우악優渥한 이 부름은 묘당의 재집들이 '선생이 다시 들어올까봐 꺼렸기 때문에 양쪽을 다 파하는 계책을 썼다. 상이 이를 깨닫고서 다시 선생을 부르신 것이라.'(「행장」)고 하면서 어느 정도 진상을 이야기하였다.

조정에서 왕회王淮의 당과 주필대周必大의 당, 유정留正의 당 세 당의 각축은 왕회가 재상에서 파직된 뒤 왕회의 당이 와해되고 유정의 당에 투신하게 되면서 점차 주필대의 당과 유정의 당이 벌이는 양당 투쟁의 국면을 형성하였다. 반대파의 공격은 왕왕 사정의 진상을 드러내는 법이다. 나중에 경원 3년(1197)에 조산대부朝散大夫 유삼걸劉三傑이 상주하여서 위학僞學(도학)을 공격하였다. "주필대는 우상으로서 좌승상 왕회와 함께 서로 대립하며 권세를 다뤘습니다. 이들은 감히 거리낌 없이 큰소리로 흑백을 뒤바꿔 어지럽혔으며, 마침내 (자기 무리를) 이끌어서 조정의 반열에 두고 결국에는 그 힘을 빌려 왕회를 쫓아낸 뒤 더욱 뜻을 얻었습니다. 그 뒤 유정이 오자 비록 이들의 비리를 밝히 알았으나 이미 세력이 형성되어 있었던 까닭에 그도 어찌할 수 없었으며, 도리어 그 당여黨與와 심복에 의지하였습니다."(「속자치통감후편」 권130)[21] 이는 곧 유정이 처음에는 도학을 그르게 여겼다는 사실을 말한다. '겉으로는 예를 차리'나 '속으로는 좋아하지 않았는데', 나중에 그는 도학의 세력이 이미

---

20 주희에게 봉사의 고사誥詞가 내린 것은 8월 1일이고, 주희가 사록을 배수한 때는 8월 14일이다. 다시 소명의 차자가 내린 때는 9월 26일이다. 황간의 「행장」에서는 "달을 못 넘겨서 다시 소명이 내렸다."고 하였고 각 학자의 연보는 이를 따랐는데, 잘못이다.

21 『양조강목비요兩朝綱目備要』에서는 유삼걸을 '유각劉珏'이라고 하였다.

왕성함을 보고 그제야 돌이켜서 도학을 끌어들여 이용하며 자기의 사당私黨을 경영하였다. 주희가 봉사로 집에 있을 때는 바로 유정이 암암리에 왕회의 잔당을 유인하여서 주필대의 도학당을 타격하고 있던 시기였다.

주필대는 이즈음 이미 양면 협공의 곤경에 처해 있었다. 앞에서는 왕회의 잔당이 정면공격(明槍)을 하고 뒤에서는 유정의 신당이 중상모략(暗箭)을 하였던 것이다. 그는 다행히 왕회가 실각하여 공직에서 물러난 좋은 기회를 만났지만, 반면에 또 공교롭게도 조구(고종)의 죽음과 조신(효종)의 내선內禪이라는 급격한 변화를 만났다. 이는 주필대의 독상獨相(일인 재상 체제)과 주필대 상당의 단명을 결정지었다. 그가 재상에 취임한 것은 다만 조신이 장차 제위帝位를 조돈趙惇(광종)에게 물려주기 위해 취한 일종의 과도기적 임시방편의 결과였다. 곧 조신은 내선의 의도를 갖고서 주필대를 재상에 임명하였던 것이다. 내선의 일이 일단락되자 주필대는 재상에서 파직되었으니 조신의 진정한 속셈을 알 수 있다. 하물며 조신은 비록 그럭저럭 주필대를 마음에 들어 했지만 즉위한 조돈은 본래 유정만 총애하고 주필대는 그다지 좋아하지 않았다.

유정이 아직 권 중서사인으로 있을 때 태자 조돈이 입조하였다가 그의 풍채가 범속하지 않음을 보고서 즉시 조신에게 유정을 겸 태자 좌유덕兼太子左諭德에 임명해달라고 청하였다. 이로부터 두 사람의 군주와 신하 사이는 떼려야 뗄 수 없이 의기투합하였다. 그때 태자당은 이미 세력을 기르고 있는 중이었다. 나중에 황태자 조돈은 서정庶政에 참여하여 (정책을) 결정하게 되었다. 조신은 시립한 조돈에게 특별히 관심을 갖고서 말하기를, "유정은 순수하게 성실하니 맡길 만하다."(『송사』 「유정전留正傳」)고 하였다. 따라서 조신이 조돈에게 선위하려는 뜻을 품은 날로부터 유정의 전면적인 등장과 주필대의 실세失勢는 이미 말을 하지 않아도 저절로 분명한 사실이었다.

황제가 대권을 독점한 체제에서 상당相黨의 흥망성쇠는 황제당과 태자당의 소장消長에 따라 결정되었다. 양만리楊萬里가 태자 조돈에게 훈계하면서 "나라에 권력이 둘 있으면 천하에 향배를 살피는 마음이 생기고, 향배를 살피는 마음이 생기면 피차의 당이 형성되며, 피차의 당이 형성되면 참소하고 이간질하는 말이 나오며, 참소하고 이간질하는 말이 나오면 부자 사이에 틈이 벌어집니다."(『성재집誠齋集』 권62 「상수황논동궁참결서上壽皇論東宮參決書」)라고 한 말은 이미 조신과 조돈 부자의 불화, 황제당과 태자당이 서로 혐의를 두고 있는 내막을 폭로하고 있다. 조신이 조돈에게 제위를 전해준 일은 동시에 조돈의 세력인 유정의 당이 조신의 세력인 주필대의 당을 대체하였음을 의미한다.

나중에 양만리는 순희 16년(1189) 10월 3일에 균주筠州에서 행재소로 들어와 올린 차자에서 황제가 제위를 물려주고 상당이 교체되던 시기에 조정 안팎에 널리 펼쳐진 붕당의 그물을 다음과 같이 묘사하였다.

가만히 살피건대, 근래 붕당의 논란이 어찌 이리 시끄럽습니까! 이른바 갑이라는 재상의 당이 있고 을이라는 재상의 당이 있으며, 이른바 갑이라는 주州의 당이 있고 을이라는 주의 당이 있으며, 이른바 도학의 당이 있고 비도학非道學의 당이 있습니다. 어째서 붕당이 이렇게도 많습니까? …… 갑이라는 주의 선비와 을이라는 주의 선비, 도학의 선비와 비도학의 선비가 좋아하고 싫어하는 것이 다르며, 향배가 다르면 서로 공격하고 서로 물리치는데, 모두 다 그러하지 않음이 없습니다. 당론이 한번 일어남에 신은 그 단서가 사대부에게서 일어나 그 재앙이 나라에 미칠까 두렵습니다. 전의 일이 이미 이와 같았으니 두렵지 않습니까!

— 『성재집』 권69 「상전제일차자上殿第一箚子」

여기서 내선 전후로 세 상당이 벌인 암투의 대략을 들추어냈다.

주희와 세 재상의 관계로 보자면 친한 사람도 있고 소원한 사람도 있었다. 곧 왕회는 그와 원수 같은 사이였고, 유정은 본래 잘 알지 못하는 사이였다. 주필대만 그와 개인적으로 친밀하게 교제하였다. 그러나 주희는 멀리 강호江湖에 떨어져 있었기에 상당의 분쟁에 대해서는 초연하였고 어느 한 재상에게 이용당하려고 하지도 않았다. 그는 주필대 당에 의향이 있었으나, 그렇다고 주필대 당의 사람은 아니었다.

주필대는 조신의 내선이 그의 재상 지위에 치명적으로 불리함을 깊이 알고 있었기에 모든 기회를 다 이용하여서 조돈이 즉위하기 전에 널리 동지를 모으려고 서둘렀다. 특별히 도학의 우두머리를 조정에 들어오게 하여 그에게 호소함으로써 명망 있는 도학의 올바르고 반듯한 인사(正人端士)를 모두 휘하에 불러 모으려고 하였다. 이는 바로 주희가 집에서 대기한 지 겨우 한 달여 만에 홀연히 그를 불러들이는 명이 내린 진정한 배경이었다.

주희가 이때 부름을 받아 조정에 들어가게 된 것은 간의대부 사악謝諤이 추천했기 때문이다. 주희는 황간黃榦에게 이를 알리는 편지를 썼다. "어제 인편으로 막 고차告箚(관리 임명의 고신告身과 중앙의 중추 기관인 각 성省의 차자)를 받았는데, 또 갑자기 부르는 명이 있었다. 사파謝坡(사악)가 추천한 것이라 한다."(『속집』 권1 「답황직경答黃直卿」 서83)

사악의 학문은 정이程頤에게 근본을 두고 있으며, 충회 처사沖晦處士 곽옹을 사사하였다. 사람들은 그를 간재 선생艮齋先生이라고 불렀다. 저서에 『성학연원性學淵源』 다섯 권이 있는데, 조신으로부터 대단히 좋은 평가를 받았다. 그는 맨 처음 주필대의 천거를 받았고, 대간의 언로에서 주필대에게 힘을 보태는 동지(同黨)가 되었으며, 반도학파 하담何澹의 눈에는 가시처럼 여겨졌다. 주희는 대체로 곽옹과 상수, 설시에 관한 논전을 진행하고 있을 때 사악을 사귀었다. 순희 12년(1185) 10월에 주희는 사악의 「정재명靜齋銘」에 대해 발문을 지었는데, "간재는 장양長陽의 충회 선생 문하에서 수학하여 종지를 얻었고, 후학을 가르치며 이끌되 부지런하고 게으르지 않았다."(『문집』 권82 「발사간재소작정재명跋謝艮齋所作靜齋銘」)라고 하였다.

주희가 순희 16년(1189)에 서갱徐賡에게 보낸 편지(『문집』 권56 「답서재숙答徐載叔」 서2)에 근거하면, 주희는 순희 15년 6월에 도성에 들어가 상주하면서 사악과 한 차례 만났다. 따라서 이때 사악이 특별히 주희를 천거한 것은 승상 주필대의 의도를 따른 일이기도 하지만, 두 사람의 사적인 교분이 매우 두터웠으며 의기가 투합하고 지향하는 바가 같았기 때문이다. '상이 깨닫고 다시 선생을 부르셨다'는 황간의 말은 주로 사악이 주희를 천거한 글이 조신을 자극하여서 깨닫게 한 사실을 가리킨다.

주필대와 사악이 감히 주희를 천거하여서 끌어들인 것은 주희가 다시 봉사를 올리는 일에 대해 조신이 동의하고 면전에서 윤허했기 때문이다. 주희는 쫓겨나서 민閩에 돌아간 뒤 봉사를 올릴 방도가 없었다. 그럼에도 집으로 돌아가자마자 곧 봉사의 초고를 썼고, 6월 하순에 올린, 강서 제형의 사면을 청하는 글에 덧붙여서 봉사를 올리겠다고 청하였다. 주필대는 주희가 봉사를 올리도록 윤허를 받은 사실로부터 대체로 조신의 '마음(上心)'이 움직일 수 있음을 간파하였으나, 주희가 봉사를 올린 데에는 또한 마침 그(주필대)에게도 추구하는 바가 있었기 때문이다. 봉사를 올리는 기회를 빌려서 조신에게 주희를 불러들이자는 계책을 내놓았던 것이다.(*불러들이려면 〔해당자가〕 본래 먼저 들어와서 상주해야 한다)

주희가 소명을 받고 도성에 들어간 뒤 봉사를 올리기 이전에 주필대 당의 조정 관료들은 10월에 자못 씩씩한 기세로 선비를 추천하는 행동을 일으켜서 도학의 우두머리가 입조하는 일에 분위기를 크게 띄웠다. 일시에 원추袁樞·섭적葉適·첨체인詹體仁·나점羅點·풍진무馮震武 등이 모두 잇달아 글을 올려서 도학 명사와 청망淸望의 명류名流들을 천거하였다.[22] 주필대로 말하자면, 그는 한시라도 빨리 자기 상당의 세력을 부식하려고 하였지만, 천거를 한 조정 관료들로 말하자면, 그들의 주요 목표는 도리어 여러 사람의 추대 속에서 주희를 조정에 들어오게 하려는 것이었다.

섭적은 「상집정천사서上執政薦士書」에서 명사 총 34인을 천거하였다. 그들은 진부량陳傅良·유청지劉淸之·구창태勾昌泰·축괴祝璝·석두문石斗文·육구연陸九淵·심환沈煥·왕겸王謙·풍의豐誼·장영章穎·진손지陳損之·정백영鄭伯英·황애黃艾·왕숙간王叔簡·마대동馬大同·여조검呂祖儉·석종소石宗昭·범중불范仲黻·서의徐誼·양간楊簡·반경헌潘景憲·서원덕徐元德·대계戴溪·채감蔡戡·악보岳甫·왕남王楠·유구언游九言·오일吳鎰·항안세項安世·유약劉爚·서린舒璘·임내林鼐·원건袁謇·요덕명廖德明이었다. 이들은 모두 도학의 선비인데, 그 가운데 3분의 1이 주희의 제자였다.

이 도학의 회오리바람은 왕회의 잔당인 진가陳賈, 냉세광冷世光 등의 저항에 부딪혔고, 조신도 의심을 하면서 꺼림칙하게 여겼다. 주필대는 어쩔 수 없이 상주하여서, 선비를 천거한 행동은 공교롭게도 우연히 공동으로 이루어진 일이었다고 안간힘을 써서 꾸며댔다. "원추는 오랫동안 성상의 인정을 받았는데 우연히 진가와 원수가 졌고 근래에 다시 냉세광의 일로 천거를 많이 하려 하지 않았습니다. …… 장체인張體仁(첨체인)은 양극가梁克家의 천거를 받았

---

22 원추·섭적·첨체인·나점·풍진무가 글을 올려서 선비를 천거한 일은 『복건통지福建通志』 「송열전宋列傳」의 원추의 전기 등에 보인다. 첨체인이 선비를 천거한 일은 『도명록道明錄』 권6에 "주익공周益公(주필대)이 재상이 되어서 …… 첨체인 원선詹體仁元善이 태학 박사가 되어서 동지를 이끌고 익공에게 더욱 청하며 반복하여 극론을 펼치면서 변통의 원리를 적용하라고 하였다. 상소가 받아들여짐으로 인해 명사 가운데 버림받아 쓰이지 않은 자가 진부량 군거陳傅良君擧 이하 33인임을 알게 되었다."라고 한 데서 보인다. 또 『수심문집』 권15 「첨체인묘지명詹體仁墓誌銘」에도 보인다. 섭적이 선비를 천거한 일은 『수심문집』 권27 「상집정천사서上執政薦士書」에 보인다.

고, 섭적은 왕회에 의해 학관에 등용되었으며, 풍진무는 유정의 막속幕屬이었습니다. 다섯 사람이 모두 주희를 주로 내세워서 마침내 의론이 일어났는데, 오로지 선비를 천거하기 위함은 아니었습니다."(『주익국문충공집周益國文忠公集』 권 152 「격천사주激薦士奏」)

조신은 주필대에게 의향을 둔 도학 명사들의 대단한 무리에 대해 일찌감치 싫증을 내고 있었고, 배짱이 작은 주필대는 조신의 물음에 또한 두려워서 움츠려들었다. 원추가 선비를 천거한 글을 올리자마자 우간의대부 진가가 이에 반박하는 소를 올려서 원추는 가장 먼저 탄핵을 받아 파직되었고, 주필대도 11월 4일에 글을 올려서 재상의 지위에서 물러나기를 청하였다. 도학과 선비를 천거하는 행위는 실패하고 말았다.

이런 정세 아래에서 주희는 다만 봉사를 투서하였으며, 직접 도성에 들어가 주사를 올리고 조정에 머물러서 직책을 맡기를 원하지는 않았다. 10월에 그는 「사면소명장辭免召命章」을 올려서 "바야흐로 나아가기를 어려워하고 물러나기를 쉽게 여기는 선비를 포장襃奬하는 기회를 훔쳐서 갑자기 다시 벼슬살이에 나서려는 계책으로 삼으려 한다면 세상 사람들에게 웃음거리가 될 것이며, 벼슬에 급급하게 오간다는 놀림만 받을 뿐만이 아닙니다. 또 하물며 조정에서 천거하는 막중함이 자주 천하의 식자들에 의해 엿보이게 되는 마땅치 않은 결과를 초래할 것입니다."(『문집』 권22 「사면소명장」)라고 하였다.

사실 주희는 일찌감치 왕회의 잔당이 보복하고 박해하리라는 점을 고려하고 있었다. 그가 임안을 떠난 뒤 왕회의 잔당은 유언비어를 날조하고 함부로 쑥덕공론을 하였으며, 주필대의 당과 음으로 양으로 벌인 투쟁은 유정의 당이 개입하면서 더욱 격화하였다. 가장 흉흉하게 시끄러웠던 일은 장진張構이 글을 올려서 육구연의 제자 심환을 입조시키라고 힘껏 천거한 사건과 관련한 일이었다. 왕회의 잔당은 섭적 등이 천거한 34인의 명단을 붙여 넣고,

심환의 이름을 가장하여서 당론黨論과 당도黨圖(당적)를 위조하고, 대중의 분노를 선동하였다. 일시에 비방하는 말이 사방에서 일어남으로써 마침내 심환은 조정에 들어오지 못하였다.

주필대는 감히 명사 34인을 등용하지는 못하였다. 주희는 조진숙曹晉叔에게 보낸 편지에서 다음과 같이 말하였다. "전달에 도성에서 온 편지를 통해, 여러 사람들이 선비를 추천한 일을 두고 근신들 가운데 함부로 의논하는 자들이 있다는 소식을 들었습니다. 나중에는 필경 어떻게 될지 모르겠습니다. 대체로 그 사이에 한두 가지 병의 뿌리(一二病根)가 있으니, 만약 제거하지 못하면 선한 무리를 세울 수 없을 뿐만 아니라 또한 사직社稷의 복이 되지 않습니다."(『문집』 권28 「여조진숙서與曹晉叔書」) 나중에 그는 「반경헌묘지명」에서 다음과 같이 말하였다. "여러 대부가 천하의 현사賢士 30여 인을 주 승상(주필대)에게 천거할 때 그대의 이름도 그 가운데 있었으나, 승상은 등용하지 못하였습니다."(『문집』 권93 「승사랑치사반공묘지명承事郞致仕潘公墓誌銘」)

이른바 '한두 가지 병의 뿌리'라 함은 주로 대간에 있는 왕회의 잔당 진가와 냉세광의 무리를 가리키며, 주희가 봉사에서 "폐하의 조정, 시종의 반열에서 바야흐로 유언비어를 날조하여 선량한 사람을 해치고 함부로 쑥덕공론을 일으켜서 위아래가 서로 아우르고 지지하며, 교묘한 모략과 음험한 계책을 부림이 또한 지난날 아무 생각 없이 함부로 이런 짓을 하던 것보다 심합니다."(『문집』 권11 「무신봉사」) 하고 호되게 비판한 것도 바로 이들 왕회의 잔당을 가리킨다.

그러나 주희는 입조하기를 기꺼워하지 않았다. 왜냐하면 조정의 국사에 대한 주장과 관점에서 그와 주필대 사이에 깊은 골이 있었기 때문이다. 주희가 줄곧 주필대에게 가장 커다란 불만을 느낀 점은, 병이 고황膏肓에까지 깊이 들어서 만신창이가 된 남송 사회에 대해 그가 애써 중한 약을 쓴다거나 대대적으로 수술을 하려고 하지 않으며, 감히 개혁과 혁신을 하려고 하지 않는다는 사실이었다. 게다가 배짱이 작고 일을 겁내며, 용기가 적고 지모가 없으며, 그럭저럭 참고 두루 좋게만 하며, 지위를 지키고 자기를 지키는 그에 대해 주희는 이미 큰일을 이루기 어려울 뿐만 아니라 필시 실패할 운명임을 예감하였다. 주필대는 조정의 시비에서 늘 확고한 주견이 없이 우유부단하고 조신의 안색을 살펴서 일을 처리했기 때문에 진량마저도 그를 풍자하기를, '주 승상이 제 몸을 지키는 것은 마치 여우가 자기 꼬리를 지키는 것과 같다'고 하였다(『용천집』권19 「복여자약復呂子約」).

주희는 늘 시비를 분명히 가릴 것을 주장하고 남들이 그에 대해 당동벌이黨同伐異한다고 하는 말을 겁내지 않았으며, 시비와 사정邪正을 분명히 가리면서 자기는 (도학파와) 같은 당이라고 주장하였다. 반면에 주필대는 남들이 (도학파와) 같은 당이라고 지목하는 것을 겁내고 감히 시비와 사정을 변별하지 못하였다. 주필대의 당이 잇달아 좌절과 실패를 겪는다는 소식이 전해지자, 주희는 경솔하게 입조함으로써 주필대의 간판이 되거나 상당 분쟁의 희생양이 되려고 하지는 않았다.

그러나 주희는 필경 조정의 국면에 대해 완전히 실망하지는 않았다. 그는 조정의 국면에 한 가닥 전기轉機가 나타나기를 관망하고 기대하고 있었다. 다만 관건은 봉사封事가 결국에 어떤 반응을 일으킬지를 지켜보는 것이었다. 그래서 그는 황간에게 보낸 편지에서 자기의 진실한 속셈을 이야기하였다. "아침저녁으로 상서성尙書省에 사면장을 올렸다. 만일 윤허를 받지 못한다면 다시 사직하고 봉사를 함께 올리려 한다. …… 만약 취할 수 있다면 천천히 나아가는 것도 늦지 않으리라."(『속집』권1 「답황직경」서83)

사면辭免, 봉사封事, 천천히 나아감(徐出)은 주희가 산을 나와서 입조하는 세 단계의 온당한 계책이었다. 이리하여 10월에 처음 올린 사면장이 윤허를 받지 못하자, 그는 6월에 초고를 쓴 봉사를 다시 상세히 보충하고 수정하여서 넘실넘실 1만 글자나 되는 기나긴 주소奏疏를 완성하고, 11월 7일에 두 번째 사면소명장辭免召命狀과 함께 사람을 시켜서 임안으로 보냈다.

무신봉사戊申封事는 송이 남쪽으로 옮겨온 이래 첫째가는 주소라고 할 수 있다. 이는 주희 평생 남송 사회에 대한 최고 수준의 한 차례 전면적인 해부였으며, 이학가가 정심성의正心誠意의 학문으로 사회에 절실한 현실적 문제를 해결하려고 한 저명한 범례였다. 주희의 문화 사상을 이해하는 진정한 비밀의 열쇠는 이 봉사를 주희의 살아 있는 영혼으로 삼아서 해부하는 것이다. 격분한 강개와 냉정한 이지理智로 직조하여서 진술한 내용은 철인의 드넓고 명철한 지혜와 보통 사람의 보잘것없는 무지몽매함, 제왕에게 추방된 신하의 충성스러운 마음을 드러낸 것과 도학의 카랑카랑한 기질로 오연하게 윗사람을 범하기, 커다란 건물이 장차 무너지려는 것처럼 쇠퇴한 세상에 대해 불붙는 듯한 근심, 물과 불에서 백성을 건져내려는 진실한 부르짖음이 박동을 쳤다. 그가 불시에 회색빛 암담한 시대의 밤하늘에 빛나는 눈길로 내쏜 영혼의 사변적 빛은 역사의 프리즘을 통해 단숨에 굴절시켜서 반사하는 냉철하고 준엄한 일곱 줄기 스펙트럼(七尺光譜)을 방불케 하여, 천고의 후세에 두고두고 평설을 하도록 하였다.

봉사는 크게 세 부분으로 나뉜다. 제1부는 천하의 대본大本을 논한 것으로서 주희의 정심성의의 사회·정치적 도덕학설을 집중적으로 반영하고 있다. 제2부는 6대 당면한 급선무를 논한 것으로서 남송 사회 현실에 대한 주희의 인식과 주장을 집중적으로 반영하고 있다. 제3부는 중원 회복의 일을 논한 것으로서 주희와 기타 학파 사이의 근본적인 사상의 엇갈림을 집중적으로 반영하고 있다.

전적으로 군사의 형세에 관해 논한 진량의 상서와 달리, 주희는 대단히 위태로운 천하 형세를 통렬히 진술하는 것으로부터 착수한다.

> 신이 가만히 오늘날 천하의 형세를 살펴보니, 마치 사람이 중병에 걸려
> 서 안으로는 심장과 복부로부터, 밖으로는 사지에까지 퍼져서 털 하나 머
> 리카락 하나에 이르기까지 병이 들지 않은 곳이 없는 것과 같습니다. 비록
> 기거하고 음식을 먹는 데는 아직 큰 지장이 없지만 그 증세가 위급하고 긴
> 박하므로 의사가 바라보기만 하고 달아났다는 이야기보다 더 심각한 지경
> 이 되었습니다. 이러한 병은 반드시 편작(盧扁)이나 화타華陀와 같은 명의를
> 만나서 신령한 단약(神丹)과 신묘한 탕제(妙劑)로 내장과 위를 세척하여 그
> 병의 뿌리를 제거한 뒤에야 다행히 안전하게 될 것입니다.
>
> — 『문집』 권11 「무신봉사」

반도학파가 한결같이 태평성세의 기상이라고 칭송하는 아송雅頌의 소리
가 크게 울려 퍼지는 가운데 주희는 스스로 모골이 송연한 애곡哀曲을 탔던
것이다.

주희는 당대의 '편작과 화타'로서 큰 고질병이 깊게 박힌 남송 사회에 구
세의 양방良方 한 첩을 쓰려고 하였다. 그의 '대승기탕大承氣湯'은 바로 제왕의
한마음의 근본을 바로잡고 천하의 여섯 가지 당위의 급선무에 힘쓰는 것이
었다.

> 무릇 천하의 큰 근본은 폐하의 마음입니다. 오늘날의 급한 일은 태자를
> 보익輔翼하고, 대신을 가려 뽑아서 임용하고, 기강을 진작하고, 풍속을 변화
> 시키고, 백성의 역량을 아껴서 기르고, 군정軍政을 닦아서 밝히는 여섯 가
> 지입니다.
>
> — 동상

천하가 썩어 문드러지는 근원은 조신 황제의 한마음이 바르지 못함이었다. 한마음을 천하의 근본으로 삼고, 사회의 흥망성쇠가 제왕의 한마음의 정사正邪에 의해 결정된다는 생각은 봉건시대의 특유한 지주 사대부의 주관 유심적 사회사관社會史觀이지만, 가령 공리학파의 대표라도 이러한 영웅사관을 뛰어넘을 수는 없었다. 진량은 다음과 같이 말한다. "천하의 일에서 인민의 목숨과 관계된 사람의 마음보다 큰 것이 무엇이겠습니까? 그러나 그 요체는 한 사람의 마음에 있습니다."(『용천집』 권11 「정대廷對」)

만인지상의 황제는 확실히 생살여탈의 대권을 잡고 천하를 주재한다. 그러나 주희는 다만 본말을 전도시켜서 이 사실을 끄집어냈다. 그는 조신의 마음속이 바르지 못함을 비평하면서 '집안의 부정(家不正)'과 '좌우의 부정(左右不正)'으로 표현하였다. 집안의 부정'이란 궁중에서 '작위와 상을 남발하고, 뇌물이 유행하는' 것과 궁중(宮闈)의 들끓는 더러운 소문을 가리킨다. 조돈 태자의 비 이씨는 강짜가 심하고 타고난 성질이 흉포하고 질투가 많았으며, 자기 아버지와 같이 헌걸찬 무사의 기풍을 띠고서 궁중에 들어온 뒤, 나중에 귀비로 봉해진 궁인 황씨와 투기로 인한 다툼을 벌인 까닭에 조신 또한 따끔하게 훈계하고 꾸짖을 수밖에 없었다. "마땅히 황태후를 본받아야 한다. 그렇지 않으면 기필코 너를 폐하리라!"(『송사』 「후비后妃·하」) 여기에는 이미 나중에 일어난 조신 부자간의 불화, 총애를 믿고서 저지른 이후李后의 권력 전횡, 외척 득세의 화근이 잠복하고 있었다. 주희는 공공연히 궁중의 비사秘事를 들춰내기가 불편하였기에 '후비에게는 「관저關雎」의 덕이 있으나 후궁에게는 한껏 치장하는(盛色) 것에 대한 나무람(譏)이 없다'는 따위의 말로 은근히 풍자하였다.

'좌우의 부정'이란 내시, 대신, 장수가 삼위일체로 서로 결탁하여서 간사한 짓을 벌인 사실을 가리킨다. 정화주사廷和奏事와는 달리 그는 비판의 창끝을 내시에서 장수에게로 돌렸다. 장수는 재물을 들여서 내시와 관계를 맺었는데, 주희는 이를 두고 '안팎의 장수로서 이렇게 하지 않는 자가 얼마 없다'고 말하는 지경에까지 이르렀다. 그는, 장수가 병사와 인민을 착취하고 근습近習에게 뇌물을 바치는 두려운 현상을 다음과 같이 묘사하였다. "폐하께서 백성의 고혈을 다 짜내어 군대의 비용으로 충당하는 것은 본디 부득이하여 그리하는 것입니다. 그러나 군인과 장교는 도리어 따뜻하고 배부른 적이 없으며, 심하면 직접 땔나무하러 다니고 신을 만들어 신고, 더러운 흙더미를 뒤져 곡식을 주워 먹으면서 아침저녁을 나고 있습니다. 더욱 심하면 처나 딸자식을 화장시켜(塗澤) 창기를 만들고 웃음을 팔게 하여서(倚市門) 먹을 것을 구하고 있습니다. 원망하고 욕하고 헐뜯고 비난하며, 패악하고 기강을 거스르며 이치에 어긋나기가 차마 들을 수 없을 지경입니다. …… 이것은 모두 장수된 자들이 교묘하게 명목(名色)을 만들어내고는 사람의 숫자를 세어서 세금을 긁어모으며(頭會箕斂), 남몰래 군량과 하사품을 탈취하여서 자기 재물을 늘리고, 근습에게 재화를 뇌물로 주어서 승진하기를 도모하기 때문입니다."(『문집』 권11 「무신봉사」)

장수가 발호하여서 횡포를 부리는 까닭은 궁정에 있는 왕변王抃이나 감변甘㫰과 같은 내시, 근습이 한 패거리로 내통하였기 때문이다. 주희는 뇌물을 받고 관직을 파는 소인 왕변과 감변을 거리낌 없이 '장수 자리의 거간꾼(將帥之牙儈)'이라고 지적하였다.

그가 수중에 많은 병사를 장악한 '소인'이라고 일컬은 사람은 모두 실제로 가리키는 바가 있었다. 홍주 어전제군 도통제 겸 지홍주 충화서 안무사興州御前諸軍都統制兼知興州充和西安撫使 오정吳挺이 바로 '천리 강호의 밖에 있는' 많은 병사를 장악한 수신帥臣이었다. 오씨는 대대로 천촉川蜀에 거주하면서 관직을 지냈는데, 촉 지역은 이미 오씨 가문의 세습적 독립 왕국이었다.

주희는 봉사에서 이대로 가면 머잖아 '재앙의 근본을 양성한다'고 예언하였다. 불행히도 나중에 과연 앞에서는 조돈이 중화궁重華宮의 조신을 찾아뵙지 않고, 뒤에서는 오정의 아들 오희吳曦가 금 사람들과 결탁하여 반란을 일으키는 일이 있었다. 주희가 조신을 두고 한마음이 바르지 못함으로써 '집안이 바르지 않고' '좌우가 바르지 않다'고 한 두 측면의 비평은 모두 예언에 따라 무서운 현실로 드러났던 것이다.

주희는 남송 사회의 각 방면에 대한 섬세하고 미세한 분석을 기초로 하여 여섯 가지 당위의 급무를 제출하였다. 태자의 보익을 말한 것은 조신이 태자 사부太子師傅와 빈객賓客을 설치하지 않은 일을 비평하면서 근습 소인과 반도학파가 결탁하여 악행을 저지르는 데 대한 공격이다.

주희의 참된 의도는, 증적曾覿과 용대연龍大淵이 마치 다시 세상에 나온 것과 같은 강특립姜特立이나 초희재譙熙載가 황제의 총애를 믿고서 권력을 농단하는 일을 조신 부자가 경계하기를 바란 것이다. 조신은 태자사부와 빈객을 설치하지 않았으며, 첨사서자詹事庶子도 유명무실해져서 결국 단지 좌우춘방左右春坊의 사신使臣으로 태자 조돈을 모시게 하였다. 이때는 바로 강특립이 태자궁 좌우춘방 겸 황손 평양왕平陽王의 반독伴讀에 충원되었고, 초희재도 평양왕의 관저에서 반독을 맡아 춘방을 출입하면서, 두 사람은 태자의 총애와 신임을 깊이 받았으며, 이미 왕변과 감변을 대신하여서 세력을 일으키고 있었다. 그들은 유정에 의해 중용된 반도학 왕회의 잔당 우간의대부 하담何澹과 붕비朋比를 맺어서[23] 주필대의 세력을 배제하고 그들에게 타격을 입혔다. 특

---

[23] 『송사』「하담전何澹傳」: "이때 강특립, 초희재가 춘방에 있을 때의 옛 은총을 믿고서 자못 일을 벌였다. 하루는 유광조劉光祖가 하담에게 가서 다음과 같은 말을 하였다. '증적, 용대연의 일이 다시 일어나서는 안 된다.' 하담이 말하기를, '강특립, 초희재를 말하는 것은 아니겠지?'라고 하였다. 이윽고 하담이 유광조를 이끌고 별실에 들어가 앉으니, 모두 강특립·초희재의 무리였다. 유광조가 비로소 하담이 아무렇게나 대답하였음을 깨달았다."

히 강특립은 총애를 믿고서 조정의 정사에 간여했기 때문에 주필대와 숙원을 맺었다.

그래서 주희는 봉사에서 드러내 놓고 다음과 같이 말하였다. "오로지 춘방의 사신들만 좌우에서 시중들게 한다면, 장난질이나 하고 태만하며, 버릇없고 요사스런 자들이 섞여 들어오는 폐해를 막을 수 없습니다." 그가, 사부와 빈객의 관원을 설치하고 '춘방의 사신을 파직하여 내치고, 첨사서자는 저마다 직책에 복귀시키라'고 요구한 것은 궁정의 근습 소인을 일관되게 원수로 여겼음을 나타낸다.

대신을 가려 뽑아서 임용하라, 기강을 진작하라, 풍속을 변화시키라고 한 건의는 주로 조신이 대신의 자질이 모자라는 사람을 임용하고, 그로 인해 기강과 풍속의 파괴를 조성한 일을 비평한 내용이다. 주희는 조신이 임용한 대신을 세 종류로 나눴다. 첫째는 '지극히 평범한 재질'을 지닌 대신이다. 그들은 다만 '미리 알아서 시키기도 전에 뜻을 받들고, 문서나 받들어 시행하며 자리를 잃지 않기를 바라고, 아전들이 하는 것처럼 벼슬자리(資級)에 눌러앉기나' 할 줄만 안다. 둘째는 '오로지 간사함과 속임수만 부리며 당우를 심고, 뇌물을 받으면서 폐하의 조정을 혼탁하게 어지럽히는' 사람들이다. 셋째는 '10여 년 뒤에나 되어야 실체가 드러나서 내쫓기고(*왕회를 가리킨다), 그럼에도 그 뒤에 늘어서서 다음 자리를 꿰차기를 바라는 자들(*하담과 같은 무리를 가리킨다)도 이런 사람들에 지나지 않는'다.

이른바 '기강이 진작되지 않았다(綱紀不振)'는 말은 바로 조정에 충성스러운 사람과 간사한 사람이 섞여서 들어오고, 상벌이 분명하지 않고, 선비가 비루하며 더러운 데로 나아가고, 염치를 분간하지 못하여 조정과 법의 기강이 흔들려서 행해지지 않게 된 사실을 가리키는데, 이 말에 담긴 진정한 참뜻은 또한 시비是非와 사정邪正을 분간하지 않는 조신의 '황극용중皇極用中'의 방법을 비평하려는 데 있었다.

그 가운데 왕회가 자기의 지역적 패거리를 왜곡되게 비호한 일, 고묘 배향 논쟁에서 곡직曲直과 사정邪正을 분간하지 않은 일, 감사가 대신臺臣 냉세광冷世光과 결탁하여서 형주衡州의 수령 유청지劉淸之를 탄핵 파직시킨 일, 대간의 언관 진가陳賈·서후徐詡·냉세광·왕신王信·장계주蔣繼周 등이 왕회가 자기 당을 세우고 사사로이 경영하는 것에 대해 비호하고서 말하지 않은 일, 진가가 성도成都에서 일어난 화재를 기화로 유언비어를 날조하여서 조여우趙汝愚에게 타격을 입힌 일,[24] 산릉사山陵使 조백규趙伯圭 및 홍매가 관리와 인민을 번거롭게 한 일 등을 언급한 부분은 모두 반도학 왕회 당의 붕당과 결탁을 폭로한 내용이다.

주희는 특히 가장 위선적이고 음험한 속임수를 쓰는 우간의대부 진가에 대해 실명을 거론하지 않으면서 다음과 같이 통렬하게 질책하였다. "흉악하고 교활한 자가 감히 유언비어를 조작하고 멋대로 여론을 조성하며 …… 재상이 그들의 흉악한 기세를 두려워하여 도리어 공의公議를 굽혀서 그들을 따르고, 대간도 감히 폐하에게 알려서 그들의 죄를 청하지 못합니다. …… 이 사람은 지향과 절조(趣操)를 삼가지 않고 자기 몸에 해를 입을까 두려워해서 감히 남몰래 참소하고 숨기며, 공공연하게 남의 약점을 잡아 협박하여서 그 간사한 모의를 이루고, 나라를 위한 계책을 도모하지 않습니다."

---

24 봉사에서 "종신從臣이 가까이는 동기東畿를 맡아 다스리고 멀리는 서촉西蜀을 거느리고 있었는데, 한번 유언비어를 만나자 낱낱이 조사됨으로써 숨겨지는 것이 없었습니다. 조사해서 보고한 내용이 올라왔는데, 소문은 사실이 아니었으나 (유언비어를) 말한 자言之者는 편안하게 한마디 꾸지람도 듣지 않았습니다."라고 하였다. '종신'이란 조여우를 가리키며 '(유언비어를) 말한 자'란 진가를 가리킨다. 이 일은 『여간현지餘干縣志』 가운데 「조여우묘지명趙汝愚墓誌銘」과 『건염이래조야잡기』 을집 권8 「정미성도화丁未成都火」에 상세하다.

기강이 무너지는 근원은 조신이 '공평하지(平)' 않고 '중도를 지키지(中)' 않은 데 있었다. '황극'의 '극'은 종래에는 '중'으로 풀이되어서 통치자들이 자기와 다른 세력에게 타격을 입히는 데 이용한 황당한 구호였기 때문에 조신은 더욱 자기가 가장 자신 있게 놀릴 수 있는 방법, 곧 중간에서 적당하게 조정하고 절충하며, 평균을 잡아 한쪽에 치우치지 않는 '황극용중'으로 의기양양하면서 스스로 즐거워하였다.

사실 '황극'은 일찍부터 주화파를 왜곡되게 비호하고, 평범한 재능을 가진 사람과 간사한 소인을 등용하고, 반도학파들이 도학에 반대하는 데 호신부護身符의 역할을 하였다. 주남周南은 소희 원년(1190)의 정대廷對에서 다음과 같이 말하였다. "지금은 아주 심하게 가려졌는데 …… 폐하께서 얽매임에서 벗어나 사람을 등용하지 못하는 것으로는 세 가지 설이 있을 뿐입니다. 하나는 도학이요, 둘은 붕당이요, 셋은 황극입니다."(『산방집山房集』권7「무오정대戊午廷對」) 주희는 봉사를 올린 뒤 몇 달 만에 「황극변」을 썼는데, 이는 정치상 조신과 반도학 당파의 황극용중을 부르짖는 떠들썩한 소리에 반격하기 위한 것이었다.

기강이 정돈되지 않았기 때문에 구차한 안정을 추구하고 부패하며, 염치가 모두 사라진 풍조와 습속이 형성되었다. 그래서 사대부들이 할 줄 아는 것은 오로지 다음과 같은 일이었다. "금은보배를 포와 젓갈처럼 올리고, 재물 문서를 시문詩文처럼 보냅니다. 재상이 받을 것 같으면 재상에게 보내고, 근습이 통할 것 같으면 근습과 통합니다. 오직 얻기만 추구하고 다시 염치가 없습니다. 아비가 자식에게 알려주고 형이 동생에게 권하는 것이 한결같이 이런 방법을 쓰라는 것이요, 다시 충의忠義와 명절名節(명예와 절조)이 귀하다는 사실을 알지 못합니다."

주희는 공공연히 민족의 충의와 기절氣節은 필요하지 않다고 큰소리로 선

전해대는 반도학파들을 분노에 차서 꾸짖었다.[25] 유정의 문하에 투신한 왕회의 잔당 하담은 이끗이 있는 곳이면 어디라도 달라붙는 아주 대단한 탐관이었는데, 조신의 명의로 마침내 대중에게 다음과 같이 선포하였다. "폐하께서는 일찍이 말씀하시기를, '오늘날 천하에는 다행히 변고가 없으니 비록 굳건히 절조와 정의를 지키다 죽는 선비가 있다 하더라도 쓸모가 없다!'고 하셨다." 이런 흰소리가 중원을 잃고 내우외환이 번갈아 덮치는 남송 소조정의 황제와 대신의 입에서 나왔다는 사실은 일종의 대단한 역사적 풍자였다.

주희는, 명예와 절조가 서지 않고 염치가 펴지지 않아서 "(비상한 재앙이) 하루아침에 생각지도 못한 곳에서 일어나면 평상시 등용해 쓰던 자들은 두 손 모은 채로 적에게 항복해버리고, 단 한 사람도 환난을 같이할 사람이 없게 됩니다." 하고 경고하였다. 그는 '순巡(장순張巡)·원遠(허원許遠)·고경杲卿(안고경顔杲卿)'과 같은 굳건히 절조와 정의를 지키다 죽을 수 있는 선비들에게 호소하였다. 나중에 남송이 멸망할 때 사대부들은 어지러이 '두 손을 뒤로 묶고 투항

---

25 봉사에서 충의와 기절을 지닌 사람은 필요하지 않다고 한 말에 대해 규탄한 내용은 주희의 『문집』 권28 「여유승상서與留丞相書」(•7월 10일)에 근거하면, "근래에 들으니 조정 관료들에게 충신이 되기를 원하지 않는다고 말하여서 상이 이를 마음에 들어 하며 친히 발탁한 자가 있다고 하는 소문이 멀리 전해져서 …… 또 들으니, 그 사람이 일찍이 (승상의) 집안(門牆)을 드나든 덕에 깊이 알아주고 돌봐주심을 입었습니다."고 하였다. '일찍이 집안을 드나들었다'는 말로 고찰하건대, 틀림없이 하담임은 의심할 바가 없다. 또 주희의 「정정사묘표程正思墓表」에 "때마침 대신 가운데 위세를 부리며 멋대로 굴기를 즐기고 명예와 법도(名檢)를 천시하는 자가 있었는데, 수양하는 선비를 보면 곧 사기邪氣라고 지목하고, 또 상에게 '이런 무리가 또한 남의 나라를 망칠 수 있다'고 말하기까지 하였다. 이리하여 학관學官에서는 그의 의도를 받들어 시험을 내고 책문을 출제하여서 …… 끝내 이 때문에 그들과 맞지 않아서 돌아왔다."라고 하였다. 이른바 '명예와 법도를 천시하는' 것이란 바로 충의와 기절을 좋아하지 않음을 가리켜 말한 것이다. 이 '대신'은 『옹정강서통지雍正江西通志』 권88 「정단몽전程端蒙傳」에 따르면 곧 (•자연) 하담을 가리킨다. 하담이 바로 일관되게 충의와 명절名節이 필요하지 않다고 부르짖은 자이다.

하였으나(交臂降叛)', 문천상文天祥과 같이 이학에 깊이 영향을 받은 민족적 기질을 지닌 선비들이 나타난 것은 거의 주희가 봉사에서 예견한 내용을 실증한다고 하겠다.

백성의 역량을 아껴서 길러내고, 군정軍政을 닦아서 밝히라고 한 말은, 주희가 경제·군사·행정 세 방면에서 남송 조정의 병폐를 폭로하고, 군정을 정비하여서 백성의 역량을 여유 있게 하라는 주장을 제출한 것이다. 그가 보기에 백성의 역량이 궁핍해지고 아주 곤궁하게 된 것은 조정에서 함부로 세금을 가혹하게 징수하고, 재상·대간·감사·군수에 적합한 사람을 임명하지 못하고, 장수가 병사와 인민을 혹독하게 착취하는 세 가지 원인이 조성한 일이었다. 그는 거대한 암 덩어리와 같은 관료 기구에 대해 층층이 분석을 하고, 특별히 병사와 인민을 착취하는 장수를 몹시 미워하여 당 대唐代의 '채수債帥'(막대한 뇌물을 바치고 자리를 얻어서 군과 민을 착취하는 장수)에 견주었다.

효종 조에는, 위에서는 재상이 사사로운 관계에 따라 사람을 임용하고 대간은 공의에 따라 탄핵을 하지 않았으며, 아래에서는 감사와 군수가 불법으로 세금을 징수하고 채수가 잔약한 인민을 착취하였다. 내탕內帑의 적립금을 20년 동안 사사로운 용도로 소모하고, 판조版曹(호부)의 경비는 거액의 손실이 나고, 정세正税의 세액 증가분 외에도 무명의 부세가 이루 헤아릴 수 없을 정도라 주희의 눈에 비친 전체 남송 국가는 '안팎으로 이런 풍조에 편승하여 앞다퉈서 가혹하게 긁어 들이되, 감사는 주군에 명을 내리고 군수는 속읍에 명을 내리면서 단연코 백성의 일에는 마음에 두지 않고, 오직 부세를 독촉하는 데만 힘쓰는' 기기機器로 변하고 말았다.

주희가 봉사를 올린 순희 말에 이르면 남쪽으로 옮겨온 초기에 동남 지역의 세입이 1,000만이 되지 않던 데서 단숨에 6,530여 만으로 급증한 것은 말할 것도 없었다. 중도中都(수도)의 1년 경비 지출에 대해서 이심전李心傳은 다음과 같이 말하였다. "조종祖宗 때 중도에서 관리의 녹봉과 병사의 식량으로 지출되는 비용이 1년 통틀어 150만 민緡을 넘지 않았습니다. …… 강을 건너온 초에 해마다 병사를 일으켰는데도 한 달 지출이 80만 민을 넘지 않았습니다. 그런데 순희 말에 이르러서는 조정이 무사함에도 불구하고 한 달 지출은 120만 민이었습니다. 여기에는 특별히 지출한 금은과 무명, 비단은 넣지 않았습니다."(『건염이래조야잡기』 갑집 권17 「국초지소흥중도이록병름國初至紹興中都吏祿兵廩」)

소흥 원년(1131)에 전쟁이 일어나 병사를 동원하였을 때 고종이 한 해 중도에서 지출한 비용이 역시 수백 관貫을 넘지 않았으나, 남쪽으로 건너온 이래 왕왕 한 군軍의 경비가 300만여 민에 이르렀기에 이태李迨는 소흥 연간에 다음과 같이 개탄하였다. "그(*당唐의 유안劉晏)는 1,200만 관貫으로 중원의 군사를 공급하고도 남았는데, 지금은 3,600만 관으로 천섬川陝 한 군을 공급하기에도 부족하다."(『송사』 「이태전李迨傳」)

조정 안팎의 크고 작은 관리들은 극도로 사치와 욕망을 추구할 줄만 알고, 궁중에 있는 좌장고左藏庫 등은 제왕帝王, 외척, 환관이 마음대로 물 쓰듯이 써버려서 1년의 지출이 3,000만 민 이상이었다. 소희紹熙 초에 비서랑 정부鄭溥가 전대轉對(차대)할 때 말하기를, 궁중에서 "황로黃老의 궁에 위졸衛卒은 한번에 100명이나 동원되고, 외척의 가묘家廟를 지키는 병졸은 태묘太廟의 병졸보다 많습니다. 액외額外(정원 외) 장교將校의 봉급은 정액正額의 반이며, 외정外庭 백집사百執事의 비용은 합문閤門, 의직醫職, 근시의 반에 미치지 못합니다."(『건염이래조야잡기』 갑집 권17 「좌장고左藏庫」)라고 하였다.

지방의 공사고公使庫는 여러 도의 감사, 주와 군과 변방의 현, 장수(戎帥)들이 마음대로 가져다 쓰고 예물로 증여하는 일이 풍조를 이루었다. 연간 재정 지출, 군사 비용, 사치와 낭비의 삼중 부담 아래 남송의 재원은 고갈되었고 가혹한 징수로도 부족해서 지폐를 남발하여 유지함으로써 통화의 팽창을 조성하였다. 소흥 30년(1160)에 발행한 회자會子는 발행 당시 화폐가치가 현금의 가치와 같았지만 순희 12년(1185)에 이르러 회자 1관貫의 가치는 겨우 750문文이었고, 경원 원년(1195)에는 620문이었다(『용재수필容齋隨筆』권14「관회절열官會折閱」). 저폐楮幣의 평가절하는 거듭될수록 더욱 교묘한 방법으로 인민을 탈취하는 수단이 되었다.

주희는 제왕의 한마음을 바로잡을 것과 인재를 정선精選할 것을 통해 조정에서부터 제로諸路의 주현에 이르기까지 '명목이 없고 비리로 이루어지는 공여와 함부로 징수하고 교묘하게 착취하는 정사'를 '점차 제거하라(漸去)'고 제시하였는데, 사실 이는 원래부터 환상이었다. 그러나 그는 이와 같이 '머리카락 하나 털끝 하나까지도 병들지 않은 곳이 없는' 부패한 국가는 이미 병사가 필요할 때 곧바로 동원할 수 없다고 보았다. 그는 명석한 두뇌로 이지적인 인식을 하였던 것이다.

주희는 남송 사회에 대한 이와 같은 전면적인 분석에 근거하여 봉사의 셋째 부분에서 전적으로 회복의 일을 논하였다. 그는 먼저 천하의 대본을 바로잡고 여섯 가지 당위의 급선무에 힘을 다 써야 한다고 했는데, 이는 그가 금에 대항하여 군사를 일으키는 일이 군사적 역량의 강약에 달려 있을 뿐만 아니라 더욱 정치, 경제, 인심과 인민의 역량 대비에 달려 있다는 점을 어느 정도 인식하고 있었음을 뚜렷이 나타낸다.

융흥의 화의 이래 이미 송과 금의 대치가 객관적으로 형성되었기 때문에, 그는 금에 대항하는 일은 지구전이 될 것임을 의식하였다. 그리하여 그는 봉사에서 회복의 군사를 일으키는 일을 장구한 목표로 삼았고, 당장 눈앞의 급선무로 삼지는 않았다. 그러나 여섯 가지 당위의 급선무는 그 자체 회복의 군사를 일으키기 위한 적극적인 준비를 하는 일이었다. 이에 대해 그는 명확하게 말하였다.

이 여섯 가지 일은 모두 늦출 수 없으며 그 근본은 폐하의 한마음에 달려 있습니다. …… 오직 폐하께서 깊이 유의하시고 재빨리 도모하셔서 큰 근본이 참으로 바르게 되고 급선무가 참으로 닦여졌는데도 다스리는 효험이 진척되지 않고 국가의 형세가 강성해지지 않으며, 중원이 회복되지 않고 원수인 오랑캐가 멸망하지 않는다면, 신은 도끼에 맞아 죽기를 청함으로써 폐하께 사죄드리겠습니다.

주희가 봉사에서 이렇게 말한 것은 회복의 군사를 일으키는 일에 대한 그의 인식이 초년에 비해 어느 정도 변했음을 분명히 드러낸다.

그러나 제자들조차 그의 이러한 인식의 변화를 명료하게 깨닫지 못하였다. 나중에 양복楊復은 이 일에 대하여 언급하였다.

선생은 효종이 처음 정사를 맡았을 때 주머니에 봉사를 담아 황제에게 자문을 하였다. 모두 복수의 의리를 진술하고 힘써 화의가 잘못임을 변론하였다. 그러나 그 뒤에는 이 문제를 내버려두고 논하지 않은(置而不論) 까닭은 무엇인가? 무신봉사를 가만히 살펴보니, '이 일의 실패는 이미 융흥초에 있었다. ……'고 하였다. 이 말로 보건대, 선생이 어찌 복수의 의리를 잊은(亡復讐之義) 적이 있었겠는가! 다만 일은 요행으로 성취할 수 있는 것이 아니다. 정사는 반드시 먼저 스스로 다스려야 한다. 이와 같이 할 수 있다면 중원을 회복하고 원수 오랑캐를 멸하는 규모가 그 가운데 있는 것이다.

─『주자연보』

양복의 논조는 뚜렷한 착오로 가득하지만, 도리어 나중에 사람들이 어지러이 주희를 질책하는 근거가 되었다. 심지어 어떤 사람은 양복의 원래 의

도를 곡해하여서, 주희는 순희 이래 회복의 군사를 일으키는 일에 대해 이미 '내버려두고 논하지 않았으며' 봉사를 올릴 때 이미 '복수의 의리를 잊어버리고' 주화로 전향했다고 단정하였다.

또한 『어류』와 『문집』 중에는 주희가 무신봉사 이후 복수와 회복의 군사를 일으키는 일에 대해 잊지 않고 있음을 말하는 곳이 얼마든지 있으므로 이루 다 헤아릴 수도 없다는 사실을 군이 말하지 않더라도, 또 단순히 몇 차례 올린 주대奏對와 봉사로 말하더라도 근본적으로 주희가 순희 이래 회복의 군사를 일으키는 일에 대해 '내버려 두고 논하지 않은' 일은 없었다.

순희 16년(1189)에 그는 즉위한 광종 조돈에게 「의상봉사擬上封事」에서 10대 신정新政을 제출하였다. 그 가운데 '정사를 정비하여서 이적을 물리친다修政事以攘夷狄'는 조항은 바로 전적으로 복수의 일을 말한 것이다. 이해에 그는 이성보李誠父에게 보낸 편지에서 명확하게 말하였다. "회복하는 한 가지 일은 지금 일을 추진하는 역량으로서는 본래 함부로 움직이기 어려우나 이 뜻은 잊어서는 안 됩니다. 예전에 선생(*이통)을 뵈었을 때 늘 말씀하시기를, 오늘날은 다만 마땅히 '불공대천不共戴天' 넉 자를 이마에 붙이고 그 밖의 일이 있음은 알지 못하는 것이 가장 중요한 의리라고 하셨습니다. 지금 노형이 하시는 말씀을 보니 또한 이런 뜻을 터득하셨습니다. 다만 마땅히 안으로 정사를 닦아야 한다는 뜻을 진술하고, 오늘날의 절실한, 안락하고 방종하여서 거꾸러지는 폐단을 조금 지적한 것은 바로 힘이 있을 따름입니다."(『문집』 권28 「답이성보答李誠父」)

참으로 복수의 의리를 잊은 사람들은 공교롭게도 주희로부터 통렬하게 배척당한, 구차하게 안정을 추구하는 저 조정의 대신들이었다. 순희 16년 5월에 주희는 첨체인에게 보낸 편지에서 침통하게 이들 대신을 비평하였다. "국경 밖의 일(*오랑캐를 물리치는 일)에 대해서는 변명하기를 '뒷날의 단서가 없을 때(無後端)'라고 하였는데, 모르겠습니다만 이와 같이 팔짱을 끼고 편히 앉아만 있다면 얼마의 때가 뒷날의 단서가 있는 때이겠습니까! 이 일의 고통은 다시 호소할 곳이 없습니다. 조종의 영혼이 어찌 이러한 무리를 참고 견디시면서 여기까지 이르렀는지 모르겠습니다!"(동상, 「여첨원선서與詹元善書」) 죽기 직전에조차 그는 아직 중원 회복을 잊지 못하고 제자들에게 탄식하면서 "내가 중원의 회복을 보려 하였더니 이제는 늙어서 보지 못하겠구나!"(『어류』 권133)라고 하였다.

실제로 무신봉사 이전과 이후를 살펴보면 회복의 군사를 일으키는 일에 대한 주희의 태도에는 변한 점도 있고 변하지 않은 점도 있다. 변하지 않은 점은 정치를 닦아서 금에 대항해야 한다는 그의 기본 관점이 처음부터 끝까지 지속되었다는 사실이다. 소흥 32년(1162)에 올린 봉사는 '오늘날의 계책은 정사를 닦고 이적을 물리치는 것에 지나지 않는다'고 보았다. 무신봉사 이후 그는 여전히 '정사를 닦아서 이적을 물리쳐야' 한다고 여겼으나, 무신봉사에서 제기한 여섯 가지 급선무 가운데 '인민의 역량을 아끼고 기를 것(愛養民力)'과 '군정을 닦아서 밝힐 것(修明軍政)' 두 조항은 실제로는 바로 '정사를 닦아서 이적을 물리쳐야' 한다는 그의 일관된 주장을 구체적으로 논술한 것이다. 그 가운데 대부분은 회복의 군사를 일으키는 일과 밀접한 관계가 있다. 그의 주전적 태도는 처음부터 끝까지 변하지 않았으며, 또한 처음부터 끝까지 경제와 정치, 인심의 인소를 군사적인 인소보다 더욱 중시하였다.

변한 점은 다음과 같다. 그는 융흥화의 이래의 형세와 국세國勢, 천하대세의 변화를 간파하고서 송과 금 사이에는 이미 지구전적인 상지상수相持相守의 국면을 형성하고 있다고 인식하였다. 그의 태도는 당장 군사를 동원하여 복수하자고 주장하던 데서 수십 년 뒤 군사를 일으키자고 주장하는 것으로 바뀌어, 회복의 군사를 일으키는 일을 당위의 급선무로 삼던 데서 장구한 목표로 전환하였다. 그리하여 당면한 주요 목표는 정사와 군정을 닦고 수비로써 전쟁 능력을 배양해야 하는 것이며, 당장의 용병은 아니라고 인식하였다.

그는 봉사에서 이와 같이 주장이 변화하게 된 원인을 다음과 같이 말하였다. "이 일의 실패는 이미 융흥 초년에 있었습니다. 그래서는 안 됨에도 갑자기 군대를 철수시키고 강화를 하여서 마침내 안락함을 추구하는 짐독(酖毒)과 같은 폐해가 날이면 날마다 불어나고 늘어났으며, 와신상담의 의지는 날이 갈수록 멀어지고 잊혀버렸습니다. 이 때문에 몇 년 이래로 기강이 해이해지고 재앙의 싹이 움터서 자잘한 동남쪽 한구석의 나랏일에 오히려 걱정을 이길 수 없는 일들이 생겼으니 어떻게 영토의 회복을 도모할 수 있겠습니까?"

이로써 그가 지금 당장 회복의 군사를 일으킬 수 없다고 본 까닭은 다음과 같은 두 가지임을 알 수 있다. 첫째, 융흥의 화의로 인해 갑자기 군대를 철수시키고 강화를 함으로써 절호의 기회를 사장시키고 중원 회복의 형세를 잃어버렸다. 둘째, 건도 이래 구차한 안정을 추구하는 부패한 독소가 이미 골수에까지 침투하여서 국세가 날로 무너지고 회복의 군사를 일으킬 힘이 아예 없다. 따라서 그는 용병을 응당 수십 년 뒤에나 해야 할 일로 여겼던 것이다. "회복의 계책은 그 자체가 상당히 고생스러운 일이다. 적으면 10년 혹은 20년, 많게는 30년이 걸려야 한다. 어찌 앉아서 아무 하는 일 없이 큰 공이 저절로 이루어질 리가 있겠는가!"(『어류』, 권133) 또한 10년 이상 군정을 닦아 밝히는 고생스러운 작업을 하여서 전력을 배양하고 전쟁에 대비해야 한다.

융흥 원년(1163)에 올린 주사에서 주희는 전쟁과 수비를 병행할(戰守相生) 것을 주장하였다. "오늘날 마땅히 해야 할 일은 전쟁이 아니고서는 복수할 방법이 없고, 수비가 아니고서는 승리를 이끌어낼 방법이 없으니 …… 전쟁과 수비의 계책을 하나로 합하여 견고하게 수비함으로써 전쟁을 치르고, 전쟁에 이김으로써 방어를 해야 합니다."(『문집』, 권13 「수공주차垂拱奏箚」2)

무신봉사를 올린 뒤에도 그는 여전히 전쟁과 수비의 병행을 주장하였다. "오늘날 조정의 의론은 전쟁이 아니면 화친이고, 화친이 아니면 전쟁이다. 옛사람에게는 전쟁도 아니고 화친도 아니로되 그 사이에 강인하게 서로 수비하는 도리가 있었음을 알지 못하고 있다. 도리어 일면으로 스스로 조치를 취한다면(*군정을 닦는 일을 가리킨다), 또한 (저들이) 어찌 무력으로 공격하여서 우리를 이길 수 있겠는가!"(『어류』권133)

'수비(守)'는 서로 지탱하는(相持) 것을 가리키는 말이지 방어하여서 지키는 것(防守)을 가리키는 말은 아니다. 다만 나중에 그는 '수비'의 시간을 더욱 장기적으로 추정하였고, 만년에 이르러서는 문제를 보는 관점이 더욱 '견고하게 수비함으로써 전쟁을 치르는' 측면으로 기울어졌다. 그래서 봉사에서 구차한 안정을 추구하여 화친을 주장하는 데도 반대하고, 또 군사를 일으켜 속전을 하는 것에도 반대하였다. 반드시 중원을 회복하고 호로胡虜를 멸할 것을 맹세하던 청년 시기 시인의 정열은 사라지고, 이를 대신하여 일어난 것은 또렷하고 냉정한 일종의 정치가적 의식이었다.

그러나 주희의 추정은 당시에도 결코 가장 보수적인 관점은 아니었다. 설령 가장 견결하게 금에 대항하는 주전파일지라도 점차 구차하게 안정을 추구하는 부패한 남송 조정이 군사를 일으키기에는 무력하다는 사실을 분명하게 의식하고 있었다. 신기질 같은 사람은 개희開禧 연간(1205~1207)에도 여전히 회복의 군사를 일으키는 일은 20년 뒤에나 가능하다고 보았다.[26] 사실 신기

---

26 원각袁桷의 『청용거사집淸容居士集』 권46 「발주문공여가헌수서跋朱文公與稼軒手書」: "일찍이 듣건대, 선생은 장년(壯年)에는 회복을 가장 시급한 의론으로 여겼으나 만년에는 군사를 일으키는 일이 응당 수십 년 뒤에나 가능하다고 하였다. 신후(신기질) 공도 개희開禧 때 역시 '모름지기 20년이 더 필요하다(更須二十年)'고 하였다." 정필程泌의 『낙수집洛水集』 권1 「병자윤대차자丙子輪對箚子」를 참조하라.

질은 주회보다 더 일찍이 건도 7년(1171)에 올린 「구의九議」에서 이미 이 견해를 진술하고, 군사를 일으켜 속전을 하려는 견해에 반대하였다. 금에 대항하여 병사를 일으키는 일은 필경 후세의 책상물림 이론가나 학구적 좌파가 생각하듯이 그렇게 낭만적으로 손을 뻗기만 하면 딸 수 있는 그런 열매가 아니었다. 아마도 구차한 안정을 추구하는 독기가 짓누르는 남송의 반 토막 국토(半壁江山)에서 몸소 생활해야만 주회와 신기질이 말한 내용을 매우 절실하게 짐작할 수 있으리라.

그러나 근본을 바로잡고 정치를 닦으며, 인민을 풍족하게 하고 절조를 굳게 지키고서 수십 년 뒤에야 다시 북쪽을 향해 군사를 일으키자는 주회의 주장은 더욱 제왕의 한마음에 희망을 거는 것이었다. 그리고 이런 주장에는 실제에 절실하지 않은 도학의 비현실적 기질이 침투해 있었다. 이는 그가 비록 전쟁을 반대하고 화친을 주장하는 쪽으로 전향한 것을 드러낸 것은 아니지만, 도리어 눈앞의 공리에만 급급한 것에 반대하고 있었음을 분명히 드러낸다. 바로 여기서 그는 학술 사상에서 각 파와 첨예한 대립을 형성하였다.

그는 봉사에서 당시의 '논자論者'와 '의자議者'의 논조를 격렬하게 비평하였다.

> 논자는 또 폐하께서 도가와 불교의 학문에 조예가 깊은 까닭에 식심견성識心見性(마음을 인식하고 본성을 파악함)의 오묘함을 터득하여서 옛 성왕의 도와 기약하지 않았는데도 저절로 일치한다고 여깁니다. 이 때문에 (폐하께서는) 세상 유자들이 늘 사문화한 법을 들먹이는 것을 기뻐하지 않으시고, 당세의 시무에 대해서는 차라리 관중管仲과 상앙商鞅의 일체 공리의 설을 취할 만한 것으로 여기십니다.

도가와 불교의 현학적인 학설을 높이고, 관중·상앙의 공리를 편리한 것으로 여기는 '논자'와 '의자'는 누구를 가리키는가? ― 이는 조신의 주위에서 시종하고 강독하는 반도학의 신하와 절중의 공리학파를 넌지시 가리킨다. 조신은 도가와 불교의 식심견성의 오묘한 진리를 사색하고 탐구하기를 더욱 즐겼으므로 늘 득도한 고승을 궁중에 청하여 불법佛法을 탐문하는 일 외에도 특별히 궁중에서 황관黃冠(도사), 치도緇徒(승려)의 무리를 양성하며, 위사衛士 수백 명을 파견하여서 이들을 호위하게 하였다. 또한 고사료高士寮를 세운 뒤 시종신을 통해 산림의 세외고인世外高人과 도사를 천거하게 하여 궁중에 불러들이고 거주하게 하면서 그들에게 수시로 노장의 학문을 물으며 스스로 갈고닦았다.

황보탄皇甫坦이라는 도사가 전수한, '먼저 모든 욕망을 금하고 방일放逸하지 말라. 단경丹經 만 권이 하나(一)를 지키는 것만 못하다.'는 가르침은 조신이 내궁內宮에서 수련, 양신養身하여 장생구시長生久視를 기원하는 비결이 되었다. 황후가 죽은 뒤 조신은 특별히 중귀인中貴人(총애를 받는 내관)으로 하여금 후한 예물을 가지고 고소姑蘇로 가서 '활제공活濟公' 사의 도인蓑衣道人에게 회복의 군사를 일으키는 일과 황후를 택하는 일에 대한 하늘의 뜻을 묻게 했다. 그리고 하사의何蓑衣에게 '통신 선생通神先生'이라는 호를 내리고, 그를 위해 암자를 지어주고 옷을 하사하였다.[27] 또 머리를 밀고(髠髮) 미치광이 짓을 하는

---

27 하사의는 사의 도인蓑衣道人이라고도 일컬어진다. 그 일의 자세한 내용은 『정사桯史』 권3 「고소이이인姑蘇二異人」, 『이견지夷見志』 보권補卷 제12 「사의선생蓑衣先生」, 『건염이래조야잡기』 을집 권12 「사의 도인蓑衣道人」, 『사조문견록』 을집 「광황책사光皇策士」, 『전당유사錢塘遺事』 권1, 주희의 『문집』 권71 「우독만기偶讀漫記」, 『송사』 권462에 보인다. 『현묘관지玄妙觀志』에 그 일을 비롯하여 관련된 자료가 매우 많이 실려 있다. 『오도문수吳都文粹』에는 그의 시가 수록되어 있다.

고소의 어리석은 승려를 강권하여 궁으로 불러들인 뒤 설법을 하고 선을 말하게 하였다. 등대登對한 설숙사薛叔似에게 조신이 아주 그럴싸하게도 "짐은 궁중에서 마치 스님과 같다."(『송사』, 「설숙사전薛叔似傳」)고 무람없이 말한 것도 이상할 게 없다.

조신은 도가와 불교의 현묘한 학설에 깊이 빠져버린 한편으로 공리의 속된 설도 독실하게 믿었다. 그간 비현실적이고 쓸모없는 틀에 박힌 유학의 말은 이미 귀에 물리도록 들었기 때문에 자연 도교와 불교의 기이한 공효를 열광적으로 믿었을 것이다. 단지 조신이 회복의 군사를 일으키는 데 급급하여 큰 공을 통신 선생의 신기선산神機仙算에 맡겼다는 점만으로도 그가 어떻게 절연히 대립적인 도교와 불교의 고상함과 공리의 편리함을 기이하게 하나로 결합했는지 알 수 있다. 그래서 주남周南은 조신이 한편으로는 불교도의 황당한 말을 지나치게 믿었고, 또 한편으로는 '매사에 공적을 추구한 까닭에, 오랫동안 등용했으나 실적을 내지 못한 사대부는 즉시 파직하였다'고 비평했던 것이다(『산방집山房集』 권8 「잡기雜記」).

조신 주위에는 황제의 기호에 영합하는 시종侍從과 강독신講讀臣이 무리를 지어 모여 있었는데, 이들은 모두 주로 반도학파에 속하였다. 홍매·하담·왕신·심계조와 같은 사람들은 부처에게 아첨하는 농신弄臣, 눈앞의 공리에만 급급한 정객으로 유명하였다. 황제와 후비들이 유명한 사찰에 불법을 묻고 향을 피우고 예불을 하러 갈 때마다, 혹은 사찰과 도관에 토지나 편액을 하사할 때마다 이들 시종은 모두 주위를 에워싼 채 따라가서 그들의 화려하고 기묘한 붓을 춤추듯이 놀려서 시를 읊고 글을 지었다. 그들이 쓴, 「상천축영감관음사비上天竺靈感觀音寺碑」(*홍매), 「화엄각기華嚴閣記」(*왕신), 「영지숭복사기靈芝崇福寺記」(*하담)와 같은 여러 오묘한 문장은 불교와 도교의 기이한 공효와 실제 효과가 경학의 그것보다 높다고 추커세웠고, 때로는 도학파의 벽불闢佛에 대한 분노를 배설하기도 하였다. 그들이 손에 들고 사용한 반도학의 무기는 바로 공자와 맹자의 경학, 도교와 불교의 현론玄論과 지주들의 공리적 속설의 혼합체였다.

그러나 조정에 가득한 이런 공리설과 도교·불교가 혼합한 정치적 고담준론은, 당시 절동浙東의 공리설이 강서江西를 짓밟고, 강서의 심학이 절동을 휘젓고 다닐 때 그들의 학술적 배경이 되었다. 도교와 불교를 고상하게 여기고 공리를 편리한 것으로 여기는 학문의 이상한 문화적 그림자가 한창 절중浙中을 떠돌고 있었던 것이다.

절학의 각 학파 가운데 심지어 공리의 큰 깃발을 높이 내건 영강학과 영가학마저도 도교와 불교를 향해 빈번하게 추파를 던졌다. 두 학파는 문중자文中子(왕통)를 성인으로 받들고 『중설中說』을 경전으로 높였는데, 『중설』에는 바로 불가의 학설이 들어 있었다.

진량은 불교와 도교에는 취하여서 유학을 보완할 만한 점이 있다고 보았다. 그는 친히 지은 「보명사치전기普明寺置田記」에서 '왕정王政은 이미 무너졌고, 불교와 도교의 무리라고 본래 반드시 모두 다 악한 것은 아니라'(『용천집龍川集』 권16)고 하면서, 도교와 불교에 대해 반대하여 이미 '유학자가 이로 인해 그들을 힘써 배척하고, 우리 인민(斯民)의 좀으로 여겨서 그 사람들(도사와 승려)을 보통 사람으로 만들고, 그들의 책을 불사르며, 그들의 거처를 집으로 삼아서 우리 성인의 보편의 도를 행하게 하려고' 한다고 하였다. 또 '그 학설에 빠진 자가 그 도를 당연히 우리 성인과 병행한다고 여기고, 비록 식견이 있는 자라도 서로 병행하면서 어긋나지 않는다고 여기는' 데 반대하였다. 그리고 공리의 실용에서 출발하여 다음과 같이 인식하였다. "백가百家의 온갖 학설이 오히려 그 사이에서 잡다하게 나왔으니, 또한 어찌 불교와 도교의 무리를 미워하랴! 가령 있음과 없음을 서로 통하게 하고 느린 것과 급한 것을 서로 구제하여서 사치스러운 마음을 끝까지 추구하는 데 이르지 않는다면, 어찌 선왕이 정전과 고을(井邑)을 이룬 뜻에다 스스로를 붙이기에 부족하겠는가!"(『용천집』 권16 「보명사장생곡기普明寺長生穀記」)("어찌 선왕이~붙이기에 부족하겠는가!"라는 문장이 의미하는 바는 다음과 같다. 진량에 따르면, 옛날 선왕이 거주민의 제도를 정할 때 서로 사회를 이루게 하고 독자적으로 살지 못하도록 하였다. 정전과 고을 사이에서 서로 이웃하여 소통하고 공동체를 이루어 서로 도와가면서 살게 하였다. 곧 인민의 평화와 부지를 추구하는 공리적 정치 이념에 걸맞게 한다는 뜻이다. — 역자 주) 그는 보제원普濟院의 승려 봉흠奉欽을 칭찬하면서 "한 사람의 힘이지만 이와 같이 그윽하고 아름다운 공을 세웠으니, 천하라도 저마다 자기 힘을 쓴다면 일의 공적(事功)이 어찌 한도가 있으랴!"(『용천집』 권16 「북산보제원기北山普濟院記」)라고 하였다.

섭적은 진량보다 더욱 깊이 불교를 좋아하였으나 다만 끊임없이 말을 이리저리 둘러댔기 때문에, 주희마저도 그의 태도를 종잡을 수 없어서 그에 대해 '모든 것을 덮어씌워서 포함하였다(籠罩包含)'고 비평하였다. 그러나 섭적은 어쨌든 자기의 기본 관점을 횡설수설 말로 표현하였다. 그는 도교와 불교를 이단으로 삼아서 공격하는 데 반대하고, 도교와 불교의 도를 닦는 것을 '천하의 다른 학설을 합하는(以合天下之異)' 일로 여겼다.

섭적은 순희 12년(1185)에 쓴 「진권進卷」에서 다음과 같이 말하였다. "옛날에는 이단을 공격하는 것을 미워하였다. 자기의 도를 닦지 않으면서 천하의 다른 학설을 합하여 어지러이 공격한다면, 다만 스스로를 작게 여기고 원한을 쌓게 된다. 스스로를 작게 여기는 마음을 가지고 밝혀지지 않은 설을 밝힌다면 불교와 도교에 도움을 줄 뿐이다. 또한 배움이란 도에 이르는 수단이니 어찌 공자, 부처, 노자에 사이를 두겠는가? …… 반드시 분발하여서 창을 잡는다. 이는 그 도를 높이지 못하고, 다만 그 사람을 사사롭게 여기는 것이다."(『수심문집水心文集』 권6 「진권進卷·노자老子」) 이 말은 조신이 주창했던 삼교동일三

敎同一의 설과 적잖이 유사한데, 그가 얼마나 에둘러 말했든지 간에 불교와 도교에도 취하여서 유학의 도에 보완할 만한 요소가 있다고 본 점만큼은 분명하다.

지주 공리파의 눈으로 볼 때 도교와 불교의 현묘한 설에서 취할 만한 점은 공리, 실용에 있었다. 만일 천국의 석가모니가 세상의 공리에 쓸모가 있다면 그들은 입으로 유학의 도를 대신 전파하는 세속의 석가모니를 만들어냈으리라. 섭적이 오래지 않아 기주蘄州에서 더욱 깊이 불교 서적에 심취하여 탐독하는 가운데 선의 느낌이 충만한 문장을 써냈다. 이에 주희가 부득불 편지를 써서 엄숙하게 비평하였다. 그러고 나서야 그가 자기를 거둬들이는 바가 있었는데, 이는 이상할 게 없다.

주희는 봉사에서 도교와 불교를 고상하게 여기고 공리를 편리하게 여기는 사상을 문화적 배경으로 삼아 비평을 하였는데, 이 비평은 절간浙間의 공리학파를 겨냥한 것일 뿐만 아니라 강서 육학의 말류에 대한 비판도 포함되어 있다. 강서학과 절학의 교류는 거의 일종의 역사적 전통과 같은 면이 있었고, 육구연의 심학과 장무구張無垢(장구성)의 선학은 본래 천연적인 정신적 연원으로 연계되어 있었다. 장무구는 경산徑山의 종고宗杲에게 오가면서 도를 물었는데, 이런 점들이 어느 정도는 강서의 육학이 절간에 스며드는 데 유리한 학술적 기풍과 사상적 토양을 준비하였다. 절중의 장무구의 제자 심청신沈淸臣과 같은 사람은 '문호를 열어서 제자를 가르쳤는데, 걸핏하면 성현을 자기 명분으로 삼았다. 선문禪門의 입실규식入室規式을 모방하여 제자들과 문답하면서 말을 하다가 소통이 되지 않으면 번번이 재삼 되풀이하므로 자못 사람들의 비웃음을 샀다.'(『직재서록해제直齋書錄解題』「회암집晦菴集」) 절중에서 밤마다 괴롭게 묵좌징관默坐澄觀의 공부를 하는 육학의 제자들과 마찬가지로 이미 모두 자기가 선을 배우고 있음을 숨기지 않았던 것이다.

육학이 말류에 이르자 역시 도교와 불교를 고상하게 여기고 공리를 편리하게 여기는 혼합적 면모가 나타났다. 그들의 대표는 바로 공리와 권모술수를 즐겨 말한 진강陳剛과 불가의 좌선입정坐禪入定을 좋아한 유요부劉堯夫였다. 오래지 않아 유요부가 죽었을 때 육구연마저도 진부량에게 보낸 편지에서 이 두 제자를 비평하지 않을 수 없었다.

주희도 제자들에게 이 두 사람을 같은 유형의 학자로 여겨서 다음과 같이 비평하였다. "유순수劉淳叟(유요부)가 한창 공부를 할 때 진정기陳正己(진강)보다 훨씬 많이 하였다. 낭패함에 이르러서도 진정기보다 심하였다. 진정기는 경박하여 …… 나중에 진동보陳同父(진량)에게 가서 함께하였다. 겸하여 백공伯恭(여조겸)이 그를 가르칠 때 다만 권모술수를 가르쳤다."(『어류』 권120) 주희가 진강에게 보낸 편지에서 그를 비평한 내용은 봉사에서 '논자', '의자'를 비난한 내용과 완전히 일치한다.

주희가 무신년에 올린 봉사는 다만 전방위적인 정치 비판일 뿐만 아니라 또한 전방위적인 문화 반성이었다. 갖가지 유형의 사람, 갖가지 현상, 각종 학파, 다양한 사상에 대한 그의 거침없는 과감한 비판과 폭로는 또한 봉사를 전방위적인 사회 '논전'으로 바꾸어 놓았다. 무신년에 올린 봉사는 이미 그의 자기 평생 사상에 대한 간단명료한 총결이었고, 또한 효종조 전체 역사에 대한 암담한 색조의 총결이라 하겠다.[28]

---

28 이지李贄는 주희가 올린 봉사가 감변甘昪 한 사람 때문에 발표한 것이라고 여겼다. 그는 『장서藏書』 권35 「조여우전趙汝愚傳」에서 다음과 같이 말한다. "그때 남의 신자臣子가 된 사람 치고 보는 것마다 격렬하게 슬퍼하고 통한스럽게 울부짖은 것이 감변이라는 환관 한 사람에게 원인이 있었던 것이 아님은 분명하다. 내 생각에 선생(=주희)은 응당 반드시 기이한 꾀와 비밀스러운 계책을 갖고 있었기에 송 황실을 재조再造하여서 굴욕을 면하고 경각에 달린 호흡을 되돌려서 위태로움에서 안정으로, 약함에서 강함으로 돌릴 수 있었을 것이다. 어려서 배워 장년이 된 뒤 실행하기에는 바로 이때였다. 일찍이 아름다운 꾀와 계책을 아뢴 일이 없음을 들

봉사의 창끝은 전부 조신의 한마음을 겨냥한 것이었는데, 이와 같이 황제를 매도하는 식의 비판은 동시대 사람들이 도달할 수 없는 가장 담대한 용기, 솔직 담백함과 양심을 뚜렷하게 드러낸다. '군주'에서 '민주'로 흘러간 가없는 역사의 기나긴 도정에서, 요컨대 '민주' 시대의 도래가 여전히 요원하여 기약할 수 없는 봉건 '군주'의 시대에 산 주희로서는 그가 찾아냈고 또한 그 방법밖에 없었던, '군주를 바로잡는(正君)' 방법으로 '군주'를 제한하였다. 이는 이미 '군주'도 아니고 '민주'도 아니었으며, '군주를 바로잡음'으로써 '인민을 사랑하는' 중도를 추구하는 것이었다. 주희의 이러한 사상적 태도는 군주에 대한 적극적 긍정과 군권에 대한 소극적 비판의 이중성을 포함하고 있으며, 그의 사상 체계의 심층에 내재한 모순이 그의 도학 정신으로 하여금 늘 이중적 자아분열의 상태에 처하게 하였고, 군주에 대한 충성과 군주에 대한 비난이 역시 기묘하게 그의 한 몸에 모여 있었음을 드러냈다. 그래서 봉사를 올린 뒤, 제왕 조신의 머릿속에도 주희에 대한 미움과 사랑이 소용돌이치는 물결과 사나운 바람처럼 교차하면서 일었던 것이다.

순희 15년(1188) 11월 16일에 주희가 궁에 들어가서 주소奏疏를 제출하였을 때는 이미 야밤 물시계가 7각을 알렸다. 조신도 이미 취침하였다가 즉시 일어나 궁중의 촛불을 밝히고 40쪽이나 되는 주소를 단숨에 처음부터 끝까지 내리읽었다. 그러나 주희의 뼈저린 권고와 진정을 드러낸 진술은 끝내 이 늘그막에 이른 황제의 웅심雄心을 다시 불러일으키지는 못하였고, 27년 반 토

고서 곧바로 내시内侍에게 원인을 돌려 말하였는데 …… 다만 내시 한 사람 때문에 말하고, 오랑캐와 중국의 강약에 (그 원인이) 있었던 것이 아니라면, 또한 정심성의가 어찌 귀한 것이겠는가!' 이 설은 많은 사람이 인용하였다. 생각건대, 이지의 견해는 표현이 격분한 듯하니 주희가 봉사를 올린 본래 의도와는 부합하지 않는다. 남송 사회의 실제 정황에 대한 이해가 매우 부족하다.

막 산하(半壁山河)의 주인은 즉위할 때의 중흥과 국운 회복의 큰 뜻을 이미 일찌감치 도도히 흘러가는 전당강錢塘江의 미세기에 흘려보내버렸다. 조신에게 남은 것은 서호西湖의 번화한 풍월에 대한 애상과 미련, 그리고 불국토에 왕생하여 내세의 행복을 비는 미망에 지나지 않았다. 주희의 '대승기탕大承氣湯'도 남송의 고질과 조신의 정사에 대한 권태를 치유할 수 있는 효력이 없었다. 다만 퇴위하기 전에 조신은 자기가 줄곧 증오했던 이 충성스럽고 강직한 백발 노유에 대해 마침내 돌아보려는 마음이 움직였다.

다음 날, 11월 17일,²⁹ 주희를 주관 서태을궁 겸 숭정전 설서主管西太乙宮兼崇政殿說書에 제수하는 명이 내렸다. 송 대에는 학사學士 출신의 시종으로서 학문이 있는 자는 시강侍講·시독侍讀을 삼고, 질위秩位가 낮고 경력이 얕은 자는 설서說書를 삼아서, 그들로 하여금 황제 앞에 나아가 경서와 역사서를 읽고 풀이하고 강의하도록 함으로써 황제의 고문顧問과 응대에 대비하는 일을

---

29 주희가 숭정전 설서崇政殿說書에 제수된 날은 각 학자의 연보에서 고증할 길이 없다. 황간의 「행장」에는 다만 막연하게 "다음 날 주관 태을궁 겸 숭정전 설서에 제수되었다."고 하였으나, 조신이 주희의 주소를 읽은 날이 언제인지는 말하지 않았다. 살피건대, 『건염이래조야잡기』 을집 권8 「회암선생비색수晦庵先生非素隱」에 "순희 15년(1188) 11월 임오壬午에 주관 태일궁 겸 숭정전 설서主管太一宮兼崇政殿說書에 제수되었다."고 하였다. 이심전李心傳의 사건 설명은 모두 하나하나 명료하고 분명한데 이곳에서 채택한 재료, 그가 일컫기로 다만 "사관이 기록한 바와 여러 학자가 알려준 내용으로서, 선생이 나아가기는 어려워하고 물러가기는 쉽게 여긴 큰 절조를 취하였는데 여기에 순수한 모습이 다 모였다."고 한 말에 근거할 때, 분명히 '11월 임오'라고 표시한 것은 응당 근본으로 삼은 바가 있다. 그러나 이해 11월에는 임오가 없으며, 임오는 필시 임자壬子의 글자 모양이 잘못 기록된 것일 터이니(•午의 초서체는 子 자와 모양이 비슷하기 때문에, 서공書工이 판각할 때 흔히 午를 子로 잘못 새기기도 한다), 곧 17일이다. 11월 7일에 사람을 시켜서 임안으로 봉사를 보낸 것으로 계산하면 주소가 들어가서 조신이 읽어본 때는 마땅히 바로 이때에 해당하며, 주희가 11월 30일에 성차省箚를 받은 것과 날짜의 간격이 바로 부합한다. 『송사』 「효종본기」에 11월에는 임오일이 없는데, "12월 임오에 주희를 주관 서태을궁 겸 숭정전 설서에 임명하였다."고 고쳐서 말하였으니, 잘못이 더욱 심하다.

관장하게 하였다. 숭정전 설서는 주희와 같이 한 시대에 가장 빼어난 대유에 대한 대우로서는 참으로 너무 박한 것이었고 극히 걸맞지 않은 직책이었다. 그러나 조신은 필경 주희가 경연에 입시하여 후계자 조돈을 보필해주기를 원한다는 뜻을 나타냈다.

당연히 주희는 설서 한자리를 구하고자 봉사를 올린 것이 아니었던 만큼 얼른 사면장을 올렸다. 그에 대해 말하자면, 자기 사상의 총결과 논전의 총결을 상징하는 봉사를 올린 뒤 맨 먼저 하고자 한 일은 자기 평생 학문 저술의 제2차 전면적인 총결을 완료하는 일이었다.

朱子評傳

제17장

기유년(1189) : 평생 학문의 제2차 총결

선천학先天學과 태극학太極學의 절묘한 결합

전통적인 경 해석 체계를 벗어난 새로운 경학 체계

인본주의 사서학四書學 체계

선천학先天學과 태극학太極學의 절묘한 결합

주희 평생 제2차 학문 저술의 총결은 끊임없는 논전 가운데 완성을 보았다. 이때의 학문 저술의 총결은, 순희 13년(1186)에 완성한 『역학계몽易學啓蒙』을 기점으로 하여 순희 16년(1189)에 두 번째로 『대학장구』와 『중용장구』의 서문을 정한 때에 이르러서 완성되었다. 이는 그의 평생 저술의 두 번째 고조기를 이루었으며, 그의 『사서집주』의 이학 체계가 성숙 단계에 이르렀음을 명시하고 있다.

정유년(순희 4년, 1177)의 제1차 학문 저술의 총결은 아직 성숙되지 않은 과도기적 성질을 띠고 있었다. 무이정사武夷精舍 시기에 벌인 크고 작은 논전은 그가 이전의 『사서집해四書集解』의 이학 체계에서 『사서집주』의 이학 체계로 비약하도록 촉진한 결정적인 동력을 이루었다.

기유년己酉年(순희 16년, 1189) 제2차 학문 저술의 총결에서 맨 먼저 해결해야 할 새로운 문제는 본체론상에서 선천도先天圖와 태극도太極圖, 소옹학邵雍學과 염계학濂溪學을 통일하여 더욱 완정한 이 본체론理本體論의 학설을 세우는 일이었다. 왜냐하면 소옹邵雍의 선천학先天學과 주돈이周敦頤의 태극학太極學은 결코 완전히 일치하지 않기 때문이다. 주진朱震이 말하기를, 「선천도」는 진단陳摶이 '종방種放에게 전하였고, 종방이 목수穆修에게, 목수가 이지재李之才에게, 이지재가 소옹에게 전한' 것이라 하였다. 한편 「태극도」는 진단으로부터 종방과 유해섬劉海蟾, 장백단張伯端과 진경원陳景元을 거쳐 주돈이에게 전해진 것이다. 두 그림의 전수 경위는 같지 않다.

「태극도」 가운데 「수화광곽도水火匡廓圖」에 대해서 팽효彭曉는 다음과 같이 말하였다. "선천의 위치는 건乾이 남쪽, 곤坤이 북쪽, 이離가 동쪽 감坎이 서쪽이다. 그러므로 그 모양이 담장이나 성곽과 같으며, 그 오르내림이 수레 굴대가 바퀴통을 꿰뚫고 있어서 굴러가는 것과 같이, 하나가 아래로 내려가면 하나는 위로 올라간다."(『참동계주参同契注』) 이는 「태극도」가 선천설과 함께 일정한 연원적 연계가 있음을 분명히 드러낸다.

그러나 주돈이와 소옹은 도리어 저마다 전수하여 얻은 그림을 발전시켜서 서로 다른 체계를 완성하였다. 곧 주돈이의 태극설은 그림으로써 '이理'를 설명하고, 소옹의 선천학은 상象으로써 '수數'를 설명한다. 주희는 두 학자의 학문이 다른 점을 비교하여 "주자周子(주돈이)는 이理에서 보고 소자邵子(소옹)는 수數에서 보았다."(『어류』 권93)고 하였다.

정호와 정이는 주돈이의 '이理'를 계승하고 소옹의 '수數'는 버렸다. 소옹의 '수'를 천양하고 계승하는 임무는 주희의 머리 위에 떨어졌다. 주희는 『역』의 의리파義理派에서 도서상수파圖書象數派로 전환하면서 소옹의 선천학을 자기의 이학 체계에 받아들인 뒤 소옹의 '선천'을 주장했기 때문에 사면팔방으로부터 공격을 받았는데, 이는 마치 그가 주돈이의 '무극'을 주장했기 때문에 사면팔방으로 매도당한 것과 마찬가지였다. 어떻게 소옹의 선천학과 주돈이의 태극학을 통일하는가, 이 점이 주희가 절박하게 해결해야 할 첨예한 문제가 되었다. 제자들도 어지러이 그에게 태극학과 선천학의 관계를 물었다.

순희 14년(1187)에 주희는 황간黃榦과 더불어 전적으로 이 문제를 다루었다. 황간에게 보낸 편지에서 선천학과 태극학의 관계를 그는 다음과 같이 규정하였다.

선천도는 복희의 본래 그림이지 강절康節(소옹)이 스스로 그린 것은 아니다. 비록 말로 설명한 것은 없지만 갖춘 내용이 매우 넓다. 지금 『역』안의 글자 한 자, 뜻 하나도 그 안에서 흘러나오지 않은 것이 없다. 태극도는 염계濂溪(주돈이)가 스스로 지은 것으로, 큰 틀에서 『역』의 강령과 뜻을 밝혔을 뿐이다. 그러므로 그 짜임새를 논하자면 태극도는 선천도의 크면서 상세함(大而詳)만 못하고, 그 의리를 논하자면 선천도는 태극도의 정밀하면서 간략함(精而約)만 못하다. 대체로 당장에 규모는 다르지만 태극도는 결국 선천도의 범위 안에 있으며, 또한 (선천도가) 사려와 안배에 의하지 않고 자연스러운 것만 못하다. 만약 수數로써 말한다면 선천도의 수는 하나에서 둘로, 둘에서 넷으로, 넷에서 여덟로 되고 팔괘가 된다. 태극도의 수도 하나에서 둘로(강剛과 유柔), 둘에서 넷(강선剛善, 강악剛惡, 유선柔善, 유악柔惡)으로 되며, 마침내 하나(중中)를 더하여 오행이 되어서 아래로 만물에 미친다. 대체로 사물의 이치는 본래 같고(物理本同), 상과 수도 두 갈래가 아니지만(象數亦無二致), 크고 작고 상세하고 간략한 차이가 있음을 유추하여 알 수 있다.

— 『문집』 권46 「답황직경答黃直卿」 서3[1]

선천학은 자연스러운 천성의 오묘함을 갖추고 있으므로 태극학을 포함할 수 있다. 주희는 주돈이의 태극 의리가 지닌 '정밀하면서 간략함'과 소옹의 선천상수가 지닌 '크면서 상세함'을 한 용광로에서 녹여내려고 하였다.

그러나 분명히 말해서 두 학자의 학문을 '사물의 이치는 본래 같고, 상과

---

1 생각건대, 「답황직경答黃直卿」 서3, 4, 5는 모두 선천·태극을 논하고 있으니 동시에 쓴 것임을 알 수 있다. 또 『속집』 권1 「답황직경」 서36도 선천설을 논하고 있으니 응당 앞의 세 편지와 동시에 쓴 것이리라. 이 편지는 서37(•두 편지는 모두 임백기任伯起의 일을 언급하고 있다)을 참조할 때 순희 14년(1187)에 쓴 것임을 알 수 있다.

수도 두 갈래가 아니라'고 하는 것은 견강부회이다. 왜냐하면 '수'에서 볼 때 주돈이의 태극(＊하나)이 음양(＊둘)을 낳고 음양이 오행(＊다섯)을 낳고 오행이 만물을 낳는다는 체계를 소옹의 가일배법加─倍法을 바탕으로 한 역수 선천의 틀 안에 집어넣을 수는 없기 때문이다. 그래서 황서절黄瑞節도 「선천도」와 「태극도」는 동시에 나왔다. 주 선생과 소 선생이 서로 상대를 모르고 있었다면 두 그림 역시 서로 통하지(通) 않는다.”고 하였다. 주희가 집대성한 이학 체계는 바로 이 두 가지를 '통하게(通)' 하려고 한 것이다.

주희가 보기에 선천학과 태극학은 '이치(理)'가 같을 뿐 아니라 '수'도 같으나 다만 추론하는 과정에서 상세하고 간략한 차이가 있을 뿐이었다. 주희가 한 이런 말은, 바로 그가 『역학계몽』을 수정하고, 『주역본의周易本義』와 『통서주通書注』를 썼을 때 실제로 이들 저작 가운데 힘써 융화시키려고 한 소옹의 선천학과 주돈이의 태극학의 기본 정신과 지도적 사상을 표현한 것이다.

건도 연간에 주희가 『태극도설해太極圖說解』를 쓸 때만 하더라도 아직 이 문제는 존재하지 않았다. 따라서 그의 본체론 가운데에는 '하나가 나뉘어서 둘이 된다(─分爲二)'는 변증법적 원칙이 아직 완전히 확립하지 않았다. 그러나 순희 연간에 이르러 그가 소옹을 정호·정이와 동등한 역학의 성인으로 받들고, 소옹의 선천학을 자기의 역학 체계에 끌어들인 뒤부터 「태극도설」은 이미 그의 이학 본체론 학설을 전면적으로 개괄하기에는 부족하다는 점이 분명해졌다.

그래서 순희 14년(1187)에 주희는 마침 그의 『통서주』 수정修訂을 돕고 있던 황간에게 편지를 써서 다음과 같이 말하였다.

태극이 흩어져서 만물이 되고 만물이 각기 태극을 갖추었다고 한 ……
이미 저마다 태극을 갖추었다고 한다면 이곳에 바로 또한 음양과 오행의

허다한 도리가 있으니 상황에 따라서 하나하나씩 다 이해해야 한다. 예컨
대 선천의 설 또한 태극이 흩어져서 64괘와 384효가 된다고 한다. 그러니
괘 하나, 효 하나가 태극을 갖추지 않음이 없으며 저마다 태극 하나를 갖
추고 있는 곳에 또한 곧 허다한 도리가 있으니 상황에 따라서 다 이해해야
한다.　　　　　　　　　　　　　　　　　　—『문집』 권46 「답황직경答黃直卿」 서5

이는 '이일분수理一分殊'에 근거하여 반드시 한 걸음 더 나아가 '분수'에서
주돈이의 태극의 '이理'와 소옹의 선천의 '수數'에 대해 구체적으로 논술하고
탐구해야 한다고 인식한 것이다. 이 임무는 바로 그가 순희 14년 전후로 동
시에 써낸 『역학계몽』과 『통서주』, 『주역본의』에서 완성되었다. 그러므로 『역
학계몽』과 『통서주』, 『주역본의』와 「태극도설해」 4부작은 비로소 공통으로
주돈이의 태극학과 소옹의 선천학을 절묘하게 결합한(珠聯璧合) 주희의 이학
본체론 체계를 건립하였다.

　『역학계몽』은 주희 역학의 대표 저작이다. 주희 스스로도 이 책의 가치가
『주역본의』보다 훨씬 높다고 여겼다. 그는 제자 진문위陳文蔚에게 다음과 같
이 말하였다. "『역학계몽』에 실려 있는 내용은 『역』을 밝힌 것이며, 나머지는
따로 한 학문의 체계를 이룬 것입니다. 계통季通(채원정蔡元定)이 근래에 대강을
편집하였습니다.(*생각건대, 곧 『주역본의』이다)"(『문집』 권59 「답진재경答陳才卿」 서13)

　나중에 그는 또다시 『역학계몽』을 자기가 이전의 유학자를 초월한 회심
작이라고 긍정하였다.

　『대학』과 『역학계몽』에 관한 말을 마친 뒤 이어서 말씀하시기를, "내 일
생은 이 두 건의 문자에서 꿰뚫어 볼 수 있다. 이전의 현인들이 도달하지
못한 곳을 보았다."라고 하셨다.　　　　　　　　　　　　　　—『어류』 권14

선생은 『시집전詩集傳』에 대해 스스로 다시 여한이 없다고 여기셨다.
…… 그런데 『주역본의』에 대해서는 그다지 만족스럽게 여기지 않으셨다.

—동상, 권67

    이상하게도 후세에 주희를 '성인'으로 받든 통치자들은 도리어 그의 『주역본의』를 높이 쳤고, 『사고전서총목四庫全書總目』은 결국 『역학계몽』을 단독으로 드러내서 기록하지 않았다. 더욱이 나중의 연구자들은 『역학계몽』을 채원정의 저작으로 여기기까지 하였다. 채원정은 다만 주희가 지은 『역학계몽』을 교열하고 수정한 사람이다. 그리고 앞뒤로 교열과 수정에 참여한 사람은 채원정 한 사람만이 아니라 그 밖에 그의 고족高足들도 있었다. 이는 바로 주희가 서문에서 말한바, "동지와 함께 예전에 들은 내용을 모아서 책 네 편을 만들었다."고 한 것이다.

    주희는 순희 12년(1185)에 『역학계몽』의 초고를 완성하고, 순희 13년 3월에 처음 서문을 정하였다. 그 뒤 끊임없이 반복하여서 보태고 고치며 보충하였는데, 주로 역리易理와 술수에 정통한 채원정에게 수정을 청하였다. 주희는 채원정에게 보낸 편지에서 "『역학계몽』을 수정(修)하셨습니까? 어서 빨리 보고 싶습니다."라고 하였다. '수정'이란 채원정이 내용을 수정하고 고친 것을 가리키지 『역학계몽』을 지었다는 말이 아니다.

    주희가 『역학계몽』을 쓰는 과정에서 채원정은 그에게 두 가지 중요한 사상을 제공하였다. 하나는 10을 「하도河圖」, 9를 「낙서洛書」로 삼은 것이다. 또 기삼우이奇三偶二(기奇〔홀수〕는 셋이고 우偶〔짝수〕는 둘이다)의 설이다. 주희는 『역학계몽』에서 항상 '채원정이 말하기를'이라고 명시하였는데, 채원정의 말에 속하는 것은 모두 엄격히 구분함으로써 주희가 남의 뛰어난 점을 빼앗지 않았음을 알 수 있다. 그는 판각의 책임을 맡은, 채원정의 맏아들 채연蔡淵에게 보

낸 편지에서 채원정을 위해 기삼우이의 설을 상세히 주석하여서 설명하고자
한다고 언급하였다. "『역학계몽』은 이미 보기를 끝냈는데 …… 다만 주석 가
운데 존장尊丈(*생각건대, 채원정이다)의 두 구절은 매우 분명하지 않은 점이 있으
나 일단 인쇄해 내지 않을 수 없었습니다. 돌아간 뒤 깊이 생각해볼 터이나
…… 어떤 사람이 『역학계몽』 상권의 끝에 몇 구절을 첨가하고서 '책 속에
채씨蔡氏가 말하기를, 기奇가 되는 것은 셋이고 우偶가 되는 것은 둘이니, 대
체로 처음 시초를 뽑을(揲) 때 왼손에 있는 나머지가 하나, 나머지가 둘, 나머
지가 셋인 경우는 모두 기이고, 나머지가 넷인 경우는 우이며, 거듭 뽑고, 세
번째 뽑아서 나머지가 셋인 경우는 또한 우이니, 그러므로 기는 셋이고 우는
둘이라 하였다.'고 하였습니다. 어떻습니까?"(『속집』 권3 「답채백정答蔡伯靜」)

　주희는 자기가 새로 밝혀낸 부분에 대해 흥분하고 격동하는 심정으로 채
원정에게 편지를 써서 알렸다. 『역학계몽』의 초고 완성 때의 판본은 다만 상
하 두 편이었지만, 조금 뒤 순희 14년(1187)에 그는 「하도」와 「낙서」에서 7·
8·9·6을 추출하고, 즉시 이 새로운 발견을 근거로 하여 『역학계몽』을 네 편
으로 확대하면서 특히 「하도」와 「낙서」를 돌출시켰다. 그는 채원정에게 보낸
편지에서 이 중대한 수정을 다음과 같이 언급하였다.

　　지난날의 7·8·9·6의 설에 대해 어떻게 생각하십니까? 근래에 자세히 추
　론해보니 바로 「하도」에서 온 것입니다. 곧 노형이 말한 「낙서」입니다. 『역학계
　몽』의 머리에 이 한 편을 더하고 「하도」와 「낙서」를 함께 배열함으로써 그
　실마리를 열고자 하였습니다. 「설시법揲蓍法」 가운데 다만 대연大衍 이하로
　부터 또 「변괘도變卦圖」를 나누어서 따로 한 편을 삼았습니다.
　　　　　　　　　　　　　　　　　—『문집』 권44 「답채계통答蔡季通」 서6의 4

주희가 『역학계몽』을 쓰고서 채원정의 도움을 받아 수정했음을 알 수 있다. 이는 본래 두 사람이 주고받은 편지에서 분명히 드러나는 사실이다. 나중에 채원정의 제자 옹역翁易(＊수옹粹翁)이 대체로 주자 문하에서 채씨의 지위를 높이려고 "『역학계몽』 한 책은 선생(＊채원정)이 정밀하게 연구하고 깊이 생각하여서 여러 해 걸려 성취하였는데, 회암(주희)이 다시 깎아내고 윤문하여서 비로소 완성된 것이다."(『채씨구유서蔡氏九儒書』권수卷首 「채씨제유행실蔡氏諸儒行實」)라고 하였다. 이는 분명 사실을 고려하지 않은 과장된 표현이다.

주희가 『역학계몽』을 쓰도록 처음으로 자극한 직접적인 동인은 구양수歐陽脩의 『역동자문易童子問』에 나오는 '대연大衍' 설의 계발이다. 그는 스스로 말하기를, "『역학계몽』은 처음에 『구양공집歐陽公集』 내에서 어떤 사람이 『역』의 '대연'에 대해 물은 내용을 보고서 마침내 장차 계산하여낸 것이다. 이로써 여러 학자들의 문집이 비록 저마다 일가를 이룬 글이지만, 그 가운데 나름대로 좋은 곳이 있음을 알았다."(『어류』 권67)

그러나 주희의 진의는 도리어 거대하고 간략한 도서상수의 점학 체계를 세워서 정이의 의리역학義理易學과 소옹의 상수역학象數易學의 부족한 점을 보완하고, 이리理·수數·점占의 삼위일체를 이루려는 것이었다. 순희 13년(1186)에 그는 육구소陸九韶에게 보낸 편지에서 자기의 이러한 의도를 털어놓았다.

근래에 또 복서卜筮에 관한 작은 책을 하나 지었는데, 이것도 보냅니다. 대체로 근래에 『역』을 말하는 자들은 상수象數에 대해서는 완전히 대충대충 넘어가고, 그렇지 않은 자는 또 너무 지리支離한 데 얽매이기 때문에 상세히 궁구하지 못합니다. 그러므로 성인이 경전에서 상수를 말한 근본을 추론하려는 자는 다만 이 몇 조항에서 뜻을 유추해보면, 위로는 성인이 『역』을 지은 본래 취지를 충분히 궁구할 수 있고, 아래로는 사람이 변화를

관찰하고 점占을 치는 실용을 달성할 수 있습니다. 『역』을 배우는 자들은
결코 알지 않으면 안 됩니다. 그러나 무릇 상수가 이것을 넘어선다고 하는
말들은 모두 묶어서 높은 다락에 올려 두고(束之高閣) 반드시 묻지 않아도
될 것입니다.　　　　　　　　　　　　　　─『문집』 권36 「답육자미答陸子美」 서2

　　주희가 지은 『역학계몽』은 오로지 의리를 말하는 자의 '지리하고 산만하
여서 근거할 바가 없는' 폐단을 바로잡고, 또 상수를 즐겨 말하는 자의 '견강
부회하면서 혹 성인의 생각과 지려智慮의 작용에서 나온 것으로 여기는'(「역학
계몽서易學啓蒙序」) 폐단을 바로잡으려는 것이었다. 그는 결코 일반 상수학자와
같이 호체互體·효진爻辰·납갑納甲·비복飛伏과 같은 번쇄하고 어지러운 공허한
설에 얽매여서 빠져들지 않고, 한결같이 '『역』은 복서의 책'이라는 그의 발견
에 근본을 두고서 이理·수數·점占에 대해 거시적으로 쉽고 간단하게(易簡) 개괄
하였다. 그리하여 복희가 괘를 그리고(伏羲畫卦) ── 문왕이 단사를 붙이고(文王
系彖) ── 주공이 효를 붙이고(周公系爻) ── 공자가 역을 풀이하고(孔聖傳易) ── 소
옹이 복희의 하도를 전승하고(邵傳義畫) ── 정이가 『주역』 경전을 연역했다(程演
周經)는 다중의 역사적 층차를 지닌 입체적 역학 체계의 구조를 세웠다(「역오찬
易五贊·원상原象」).

　　전체 책은 다만 「본도서本圖書」·「원괘획原卦畫」·「명시책明蓍策」·「고변점考變
占」 네 편으로 구성되었는데, 네 방면에서 가장 중요한 도서상수의 문제를 간
단명료하고 요령 있게 총괄하였다. 그가 보기에 이 네 방면을 포착하는 것은
역학의 대강을 파악하는 일이며, 그 밖의 자잘한 상수의 문제는 논외로 버려
두고 '묶어서 높은 다락에 올려 두어도' 되는 것들이었다.

　　『역학계몽』의 기본 특징은 주희가 소옹의 선천 수학을 「하도」와 「낙서」,
팔괘의 차서次序와 방위의 생성, 대연大衍의 설법揲法과 시점蓍占의 괘변卦變 가

운데 관철하여 사변적으로 부연함으로써 엄밀한 점학 체계를 이룬 것이다. 「본도서」 중에서 그는 선천학을 「하도」와 「낙서」에 관통시켜 「하도」·「낙서」를 원시 획괘로 삼는 역사적 지위를 확립하였다. 「원괘획」에서는 선천 수학으로 팔괘의 차서 및 방위의 생성을 해설하고, 복희의 『역』을 자기의 다층차적이고 입체적인 역학 체계로 삼는 기반을 확립하였다. 「명시책」에서는 고금의 각종 설시법을 비판적으로 총괄하였으며, 또 선천 수학으로 수리를 해설하고, 그리하여 설시를 수리화數理化 하였다. 「고변점」에서는 여덟 조의 괘변卦變, 효점爻占의 원칙을 계통적으로 총괄하였는데, 이는 또한 그의 선천 수학에서 나온 것이다. 그러나 소옹의 선천 수학은 '하나가 나뉘어서 둘이 되는' 가일배법을 내재적 정신으로 삼고 있다. 따라서 주희에 대해 말하자면, 『역학계몽』 한 책의 완성은 그가 본체론상으로 '하나가 나뉘어서 둘이 된다'는 철학 원칙을 완전히 확립하였음을 나타낸다.

무엇보다도 『역학계몽』의 특수한 의의는 주희가 주돈이의 태극설과 소옹의 선천학을 통일한 표지가 되었다는 점에 있다. 「원괘획」 한 편은 주희가 스스로 『역학계몽』 한 책의 정화로 여겼다. 그는 이 한 편이 특히 '모두 「하도」·「낙서」·주돈이·소옹의 네 설로 공증한 것'임을 분명히 드러냈다. 「하도」와 「낙서」가 복희의 『역』을 상징하는 것은, 복희의 원시 획괘의 본래 뜻을 탐구한다는 점에서이다. 사실 바로 이 본체론本體論과 우주생화宇宙生化의 설에서 그는 주돈이의 태극설과 소옹의 선천학을 원만하게 하나로 융합하였다.

주희가 본래 소옹에 대해 가졌던 가장 큰 불만은 '무극이면서 태극無極而太極'을 말하지 않았다는 사실이다. 그는 제자들에게 거듭 다음과 같이 말하였다.

강절은 음양이 서로 접하는 곳을 분명하게 보았으므로 이곳을 많이 들어서 설명하였다. 그러나 주자周子(주돈이)의 '무극이면서 태극'이라고 한 말과 '오행은 한 음양이며, 음양은 한 태극'이라고 한 말처럼 두루 미치는 것과 같지는 않다.

> 강절(소옹)의 학문은 염계(주돈이), 이정(정호와 정이)과 같지 않다. 강절은 순환의 도리를 즐겨 말하였으나 염계나 이정과 같이 생생하게 말하지는 않았다. 예컨대 '무극이면서 태극이다', '태극은 본래 무극이다', '본체와 작용은 근원이 하나이며(體用一源), 현상과 본질은 간격이 없다(顯微無間)'는 것과 같은 말은 강절이 하지 않았다.　　　　　　　　　—『어류』권71

주돈이와 소옹의 학문이 다른 점은, 주희가 보기에 한 사람은 동動과 정靜이 본체와 작용이 되고 음과 양이 서로 뿌리가 됨을 주장하고, 다른 한 사람은 음과 양의 사이, 동과 정의 사이를 말하는 것을 주장한다는 점이다(동상). 그러나 『역학계몽』에서 주희는 '곤과 복 사이가 무극(坤復之間爲無極)'이라고 한 소옹의 말과 '무극이면서 태극'이라고 한 주돈이의 말을 억지로 하나로 합쳐서 소옹이 '무극이면서 태극'이라고 말하지 않은 부족한 점을 보완하였다.

나중에 진재進齋 서씨徐氏(서기徐幾)는 『역학계몽』의 이 관점을 해설하면서 다음과 같이 말하였다. "주자朱子(주희)가 '곤과 복 사이가 바로 무극'이라고 하였는데 그 이론은 치밀하다. 또 시에서 '홀연 한밤중에 우레가 울자 / 수많은 집 문을 차례로 열어젖히네 / 무심이 상을 머금음을 안다면 / 그대 친히 복희를 뵈었다 하겠네(忽然夜半一聲雷, 萬戶千門次第開. 若識無心含有象, 許君親見伏羲來)'라고 하였다. 무無 가운데 상象을 포함하고 있다는 말은 곧 곤과 복 사이이며, 무극이면서 태극인 것이다."

주희의 이 시는 그가 원추袁樞와 벌인 역학 논전의 총결이며, 또한 그가 주돈이의 태극학과 소옹의 선천학을 통일했음을 나타내는 지표가 된다. 주돈이와 소옹 학문의 절묘한 결합은, 주희로 하여금, '이일理一'의 논리로부터 『역학계몽』에 상象·수數·점占의 역학 체계의 논리적 구조를 세우게 하였다. 그에게 남은 일은 이제 『주역본의』에서 64괘 384효의 '분수分殊'에 대해 해설하는 것에 지나지 않았다.

그러나 이렇게 하여 주돈이의 태극학에 대한 주희의 일면적 문제의식도 소옹의 선천학에 편입되어서 두드러지게 드러났다. 그 때문에 주희는 주돈이 태극학에 대해 반드시 '분수' 상에서 전면적으로 해설해야만 하였다. ― 이것이 바로 그가 『통서주』에서 완성하려고 한 임무가 되었다. 주희에게서 태극학과 선천학은 발걸음을 같이하여 나란히 나아가게 되었다. 그는 황간에게 보낸 편지에서 설명하기를, 주돈이의 태극학에 대해서도 소옹의 선천학에 대해서와 마찬가지로 반드시 '분수' 상에서 '저마다 태극 하나를 갖추고 있는 곳에 또한 곧 허다한 도리가 있으니, 모름지기 상황에 따라서 다 이해해야 한다'고 하였다(『문집』 권46 「답황직경」 서5). 주돈이가 따로 『통서通書』를 쓴 까닭은 본래 '분수' 상에서부터 일일이 「태극도설」 중의 '이일理一'을 명백히 논술하기 위함이다.

「태극도」와 『통서』의 관계에 대해서 주희는 거듭 제자들에게 말하였다. "주자周子(주돈이)는 「태극도」를 남겼는데, 만약 『통서』가 없었다면 사람들을 어떻게 분명하게 가르칠 수 있었겠는가? 그러므로 「태극도」는 『통서』가 있어서 비로소 명료해졌다."(『어류』 권94) "『통서』는 사람들이 대부분 소홀히 여기고 자세히 고찰하여서 탐구하지 않는다. 지금 『통서』를 보니 모두 「태극도」를 밝힌 것이다."(동상, 권93) 여기서 이미 주희가 『통서주』를 지으려고 한 이유를 말하였다.

그가 보기에 『통서』는 완전히 「태극도설」을 밝혀서 해설한 책이며, 이 둘

사이에서 하나하나 대응 관계를 찾아볼 수 있다. 『통서』는 '분수' 상에서 「태
극도설」 가운데 태극의 이치를 해설한 것이기 때문에 『통서』가 없이는 「태극
도설」을 이해할 수 없다. 주돈이의 태극학과 소옹의 선천학을 통일하여서 완
정한 체계를 구성하기 위해 주희는 『통서주』를 짓지 않을 수 없었다.

주희는 순희 14년(1187)에 『통서주』를 완성하였다. 그러나 나중에 사람들
은 줄곧 이 책을 주희가 건도 9년(1173)에 쓴 것으로 오인하였으며, 또한 이
책을 쓰게 된 진정한 사상적 배경과 이 책이 주희 사상의 발전에서 차지하는
의의에 대해서는 잘 알지 못하였다. 가장 먼저 이런 착오를 일으킨 책은 홍
거무洪去蕪의 「연보」이다. 홍거무는 『통서주』와 『태극도설해太極圖說解』의 완성
시기를 건도 9년 4월 아래에 함께 붙여 놓고, 주희가 '이때에 주해를 하였으
나 『서명해의西銘解義』와 함께 모두 아직 사람들에게 보여주지 않았다'고 하였
다. 이는 분명 주희의 원래 의도를 오해한 것이며, 사실을 잘못 알고 있는 것
이다.

주희가 건도 9년에 『서명해의』와 함께 초고를 완성한 뒤 사람들에게 내
보이지 않은 책은 『태극도설해』이지 『통서주』가 아니다. 그는 순희 15년
(1188)에 쓴 「제태극서명해후題太極西銘解後」에서 아주 분명하게 다음과 같이 썼
다. "처음에 나는 「태극도설」과 「서명」 두 책의 해설을 썼는데, 아직 감히 남
에게 보이지 못하였다." 그러나 홍거무의 「연보」는 순희 15년 아래에서 뜻밖
에도, 비로소 『태극도설해』와 『서명해』를 학자들에 전수하였다고 언급하면서
『통서주』에 대해서는 입을 다물고 언급하지 않았는데, 이는 앞뒤로 두드러진
모순을 형성하고 있다. 게다가 『통서주』를 학자들에게 전수한 시기에 관한
정보 역시도 결여되어 있다. 나중의 연보와 연구자들은 모두 이 착오를 답습
하였다.

사실상 『통서주』는 순희 14년(1187) 9월에 지었다. 주희는 이해에 쓴 「주

「자통서후기周子通書後記」에서도 아주 분명하게 말하였다.

> …… 근년 이래로, 오랫동안 탐구하고 잠심한 덕에 대충이나마 터득하였다. 비록 그 굉장한 강령과 커다란 쓰임은 감히 알지 못하는 바이지만, 그 장구章句와 문자文字에 대해서라면 그 조리가 더욱 정밀하고 그 의미가 더욱 심오하기에 나를 속이지 않았음을 실제로 알 수 있었다. 돌아보건대, 처음 읽기 시작하여서 지금에 이르기까지 세월이 얼마나 흘렀는가 하니, 어언간 세 기(三紀, 36년)가 지났다. 전철前哲이 더욱 멀리 있음을 개탄하고 오묘한 취지가 전해지지 못할까 두려워서 가만히 내 역량을 헤아리지 못한 채 선뜻 주석을 단다. ……
> ──『문집』 권81 「주자통서후기」

이는 분명 『통서주』를 순희 14년에 완성했으며, 『태극도설해』나 『서명해』처럼 처음에는 사람들에게 내보이지 않다가 나중에 비로소 학자들에게 공개하여서 전수한 것은 아님을 말한다.

주희의 『문집』과 『어류』에서는 그가 순희 14년 이전에 『통서주』를 언급한 어떤 자료도 찾을 수 없다. 순희 14년 초에 『통서주』의 초고를 완성한 뒤 그는 앞뒤로 『역학계몽』, 『서명해』와 함께 채원정에게 수정을 청하였다. 편지에서 말하기를, "『역학계몽』은 지난날 고쳤는데 아직 몇 글자 결함이 있습니다. 자못 느끼셨는지요? 『통서주』는 꽤 괜찮으므로 마땅히 가져가서 보아야 할 것입니다."(『속집』 권2 「답채계통」 서98) "『통서』와 「서명」을 각 한 부씩 보냅니다."(동상, 서48)

3월에 주희는 포중莆中에서 진준경陳俊卿을 조문하고 돌아온 뒤 채원정에게 또 편지를 써서 수정의 정황을 탐문하였다. "『역학계몽』은 아직 수정하지 않으셨습니까? 빨리 보고 싶습니다. 『통서』와 「황극례皇極例」 등의 설은 아직 손을 대지 않으셨는지요? 아직 손을 대지 않았다면, 빨리 하시면 다행이겠습니다."(『문집』 권44 「답채계통」 서8의 2)[2]

수정을 하는 동안 채원정은 주희가 성공적으로 『통서』의 '성기덕誠幾德'과 「태극도설」의 '태극과 음양오행(二五)'을 소통하여 대응시키는 데 도움을 주었다. 주희는 이것이 일대 발명發明이라고 여기고 즉시 채원정에게 보내는 편지에서 찬양을 배가하여 늘어놓았다. "『통서주』에서 수정하여 고친 것은 매우 정밀합니다. 원래 '성기덕'은 바로 태극과 음양오행입니다. 이런 몇몇 공부는 모두 이 안에 있습니다! 앞뒤로 몇 차례나 읽었지만 도무지 이 뜻을 알지 못하였습니다."(『문집』 권44 「답채계통」 서6의 3) '모두 이 안에 있다' 함은 이미 주희가 『통서주』를 지은 모든 비밀을 털어놓은 말이다. 그래서 이 수정을 통해 그는 재빨리 9월에 「주자통서후기」를 지어서 『통서주』의 서문을 정하였다.

주희가 『통서주』를 지은 근본적이고 지도적인 사상은 다음과 같다. 「태극도설」을 경經으로, 『통서』를 전傳으로 간주하여서 『통서』를 완전히 「태극도설」을 해설하는 책으로 본다. 그리하여 두 책이 경과 전으로 대응하고 서로 배합하여서 해설하는 관계를 형성한다. 이런 대응과 배합은 또한 완전히 태극(*一)이 음양(*二)을 낳고, 음양이 오행(*五)을 낳는(*곧 그가 말한 '태극과 음양오행') 사상을 축으로 삼아서 전개된다.

그는 『통서』가 「태극도설」을 '처음부터 배합하는' 것으로 공언하고, '서로 표리'의 관계를 이룬다고 하였다. 『통서주』의 서문을 정하고 몇 달 뒤 그는 제자 황균黃䵮에게 더욱 명확하게 말하였다. "『통서』 한 부는 모두 「태극도설」을 풀이한 책이다. 이 도리는 하나에서 둘로, 둘에서 다섯으로 된다. 예컨

---

2 생각건대, 이 편지에서 '갑자기 돌아오느라 고생이 심했다(乍歸辛苦)'고 한 말은 순희 14년(1187)에 포중으로 가서 진준경을 조문하고 돌아온 일을 가리킨다.

대 '성실함은 작위가 없으며, 기미에서 선악이 나뉜다. 덕은(誠無爲, 幾善惡, 德)'
이하는 바로 태극, 음양, 오행에 배당된다."(『어류』 권94)

바로 이 점에서 그 역시 『통서』의 특수한 가치를 긍정하고, 「주자통서후
기」에서 일일이 지적하여 밝혔다.

> ······ 유독 이 한 편은 본래 『역통·易通』이라 불리던 책으로서 「태극도설」
> 과 함께 나왔는데, 정씨程氏가 세상에 전하였다. 그 학설은 서로 안팎을 이
> 룬다. 대체로 한 이(一理), 두 기(二氣), 오행五行의 분리와 결합을 미루어서 도
> 체道體의 정밀하고 은미한 기강을 세웠다. ······
>
> ─ 『문집』 권81 「주자통서후기」

이리하여 전체 책에서 그는 『통서』의 '성실함(誠)'을 「태극도설」의 '태극'
에, '선악'을 '음양'에, '오상五常'을 '오행'에 배당하였다. 심지어 「태극도설」의
머리부터 꼬리까지 '음과 양 두 단초에서 나오지 않는 것이 없음'을 논술하고
서 『통서』 한 부는 곧 '이 두 단초의 이치를 발명하지 않음이 없다'(『어류』 권94)
고 보았다.

각 장에서 그는 또한 이러한 태극(*하나) ─ 음양(*둘) ─ 오행(*다섯)의 대응과 배
합 관계를 확립하였다. 『통서』 「성학장聖學章」 같은 곳에서 그는 그 가운데의
'하나(一)'는 곧 '태극'이고, '고요한 것은 비어 있고, 움직이는 것은 곧다(靜虛動
直)'고 한 것은 '음양'이고, '밝은 것은 통하고 공변된 것은 넓다(明通公溥)'고 한
것은 '오행'이라고 보았다.

『통서』 「성상 장誠上章」에서 그는 또한 이러한 기묘한 대응과 배합을 다음
과 같이 실현하였다.

'성실한 것은 성인의 근본(誠者聖人之本)' — '태극'을 말한다. '크도다, 건의 으뜸이여! 만물이 이를 바탕으로 시작한다고 한 것은 성실함의 근원이다(大哉乾元, 萬物資始, 誠之源)' — '음양', '오행'을 말한다. '건도가 변화하여서 저마다 본성과 사명을 바르게 한다고 한 것은 성실함이 이에 확립된 것이다(乾道變化, 各正性命, 誠斯立焉)' — 기화氣化를 말한다. '순수하게 지극히 선한 것(純粹至善者)' — 위 글 모두에 해당한다.

'그러므로 한번 음이 되고 한번 양이 되는 것을 도라 한다고 하였다(故曰, 一陰一陽之謂道)' — '성실함은 성인의 근본'이라 한 것을 풀이한 말이다. '이를 계승하는 것이 선이다(繼之者善也)' — '크도다, 건의 으뜸이여!' 이하를 풀이한 말이다. '이를 완성하는 것이 본성이다(成之者性也)' — '건도의 변화' 이하를 풀이한 말이다. '원형元亨은 성실함이 통하는 것이다(元亨, 誠之通)' — 유행流行하는 곳을 말한다. '이정利貞은 성실함이 회복되는 것이다(利貞, 誠之復)' — 배우는 사람이 노력할 곳을 말한다. '크도다, 역이여. 본성과 사명의 근원이다(大哉易也, 性命之源)' — 또한 위 글 모두에 해당한다.

— 『어류』 권94

의심할 바 없이 주희는 「태극도설」에 근거하여서 '하나 – 둘 – 다섯'의 보편적 우주 모형의 구조를 세웠다. 그의 『통서주』는 '분수' 상에서 이 우주 모형을 분명하게 논술하였다. 비록 『통서』 각 장의 구체적 논술이 분명 이 우주 모형과 대응하지 않는 부분이 있기는 하지만, 그는 억지로 뜯어 맞추듯이 이들을 이 모형 가운데에 집어넣으려고 하였다. 이 모형에 의거하여서 주희는 『통서』와 「태극도설」이 일대일로 대응하는 이상적인 절묘한 결합을 달성하였다.

주희가 『통서』와 「태극도설」을 절묘하게 결합한 것은 동시에 소옹의 선천학과 주돈이의 태극학을 절묘하게 결합하였음을 의미한다. 소옹의 선천학의 구조는 '하나(一) – 둘(二) – 넷(四) – 여덟(八)'의 보편적 우주 모형인데, 주희는 『통서주』에서 이를 주돈이 태극학의 '하나 – 둘 – 다섯'의 보편적 우주 모형과 상통하여서 합일할 수 있다고 하였다. 그의 방법은 바로 '넷(四)'과 '다섯(五)'으로 대응되는 연결 고리에 억지로 이끌어서 갖다 붙여 나란히 견준 것이다. 예컨대 주돈이의 '금金·목木·수水·화火·토土' 오행은, '토'를 제거하면 바로 소옹의 사상四象이 된다. 주돈이가 말하는 '굳은 것과 부드러운 것(剛柔)'에 '선과 악'을 더하면 역시 소옹이 말하는 사상이 된다.

『통서』「악 장樂章」에서 주희는 이런 방법으로 다음과 같이 설명한다.

> 소강절(소옹)은 반드시 둘·넷·여섯·여덟을 말하였는데, 주자(주돈이)는 다만 둘과 넷에 '토' 하나를 넣어서 오행으로 만들었다. 예컨대 굳음과 부드러움에 선과 악을 넣고, 또 그 사이에 '중앙(中)'을 넣은 것이 주자(주돈이)의 설이다.
>
> —동상

『통서』「사 장師章」에서도 이런 방법으로 억지로 갖다 붙였다. 제자가 의문을 품고서 그에게 "『통서해通書解』에서 '굳음과 부드러움은 곧 『역』의 양의兩儀이다. 각각에 선과 악을 더하면(加) 곧 『역』의 사상이다'라고 하였습니다. 의문컨대, '선악' 두 글자는 허자虛字인 듯합니다. …… 지금 선과 악을 배합하여서(配) 사상四象으로 한다면 어떨지 모르겠습니다."라고 하였다. 주희는 다음과 같이 대답하였다. "주자(주돈이)는 다만 오행을 말하는 데서 그쳤고, 그 이치 또한 이렇게만 하면 저절로 더 이상 말할 것이 없다. 만유萬有를 포괄하여 여기에서 모두 귀결되는 것이다. 강절(소옹)은 도리어 팔괘에까지 미루었다. 태양·태음과 소양·소음이니, 태양과 태음은 저마다 음 하나와 양 하나를 갖고 있고, 소양과 소음도 음 하나와 양 하나를 갖고 있는데, 이는 나뉘어서 팔괘가 된다."(동상)

이와 같이 '넷'은 '다섯'으로 변하고 '다섯'은 '넷'으로 변할 수 있다. '하나 －둘－다섯'의 모형은 '하나－둘－넷－여덟'의 모형으로 변하고, 반대로 '하나－둘－넷－여덟'의 모형은 '하나－둘－다섯'의 모형으로 변할 수 있다. 이와 같이 종횡으로 열고 닫히며 신묘막측한 변화는, 주희가 보기에 바로 주돈이와 소옹 두 학자의 모형이 '이理'에서는 근본적으로 일치하나 다만 '수數'에서 유추하여 말할 때 조금 상세하고 간략한 차이가 있을 뿐이다. 『역학계몽』에서 『통서주』에 이르러 주희는 그의 이학 체계로 주돈이의 태극학과 소옹의 선천학을 통일하는 사명을 완성했다고 할 수 있다.

『통서주』는 주희가 주돈이의 태극 사상을 해설하는 데에서 독특한 체계를 구성하였다. 그러나 주희는 한편으로 또한 주돈이를 빌려서 자기를 주석하려고 하였으며, 『통서』를 빌려서 자기의 이학 사상을 발휘하였다. 그러므로 그는 『통서주』에서 자기의 사상 노선을 따라가면서 세 가지 기본 사상을 두드러지게 드러냈다. 첫째는 '성실(誠)'의 사상이다. 그는 '경건을 주로 하는(主敬)' 핵심적인 성학誠學 체계를 세웠다. 그리고 한편으로 '성실'을 '태극'으로 해설함으로써 그의 '성실'은 더욱 본체론적 의의를 갖게 되었다. 아울러 그는 이를 우주론과 인식론, 도덕론에 관통시켰다. 다른 한편으로는 '성실'을, '경건을 주로 함'으로 해설함으로써 성실과 밝힘을 함께 추진하고(誠明兩進) 경건과 앎을 함께 닦아 나가는(敬知雙修) 그의 이학 정신에 관철시켰다. 이에 더하여 그의 정심성의正心誠意 설과 불가의 선정禪定, 노자의 허정虛靜 사이에 경계를 분명히 그었다.

둘째는 '이일분수理一分殊' 사상이다. 그는 『통서』에서 말하는 "하나가 실로 만으로 나뉘며, 만과 하나가 저마다 바르다.(一實萬分, 萬一各正)"고 한 것이 바로 '이일분수'라고 보았다. 「이성명 장理性命章」을 주해하여, "근본에서부터 말단으로 가면 한 이가 실체로 있으나 만물이 이를 나누어서(分) 몸으로 삼는다. 그러므로 만물이 저마다 태극을 하나씩 지니고 있는 것이다."라고 하였다. 그는 특별히 강조하기를, 이 '나뉨(分)'은 태극이 나뉠 수 있음을 말한 것이 아니라 모든 존재의 통합된 전체(統體)가 한 태극이며, 한 사물이 또 저마다 한 태극을 지니고 있다는 것은 '만 개가 하나이며, 하나가 만 개(萬箇是一箇, 一箇是萬箇)'임을 말하는 것이라 하였다.

그는 '달그림자가 온 냇물에 비친다(月映萬川)'는 말로 비유하여, "본래는 다만 한 태극이나 만물이 저마다 품수하여서 가지며, 또한 저마다 전체로서 한 태극을 갖추고 있다. 예컨대 하늘에 달은 하나가 있을 뿐이지만, 흩어져서 강과 호수에 있으므로 곳곳에서 다 보이는데, 그렇다고 달이 나뉘었다고 말할 수는 없는 것과 같다."(『어류』 권94)고 하였다. 따라서 『통서』는 「태극도설」, 「서명」과 함께 이학의 '이일분수' 사상의 3대 원천이 되었고, 주희의 이 도학 경전에 관한 주해서 삼부작은 또한 '이일분수' 사상의 경전적 해설이 되었다.

셋째는 음양과 동정動靜의 두 단초에 관한 사상이다. 주희는 「태극도설」과 『통서』 모두 그 전체 내용이 다만 음과 양 두 단초를 논한 저작이라고 하였다. 그리하여 주돈이의 '움직임과 고요함은 각각의 단초가 없고, 음과 양은 시초가 없다(動靜無端, 陰陽無始)'고 한 관점에 근거하여, "고요함 가운데 움직임이 있고 움직임 가운데 고요함이 있다. 고요하면서 움직일 수 있고 움직이면서 고요할 수 있다. 양 가운데 음이 있고 음 가운데 양이 있어서 끝없이 뒤섞인다."는 사상을 명료하게 논술하였다. 하나에 두 가지 단초가 있고, 하나가 나뉘어서 둘이 된다는 이러한 변증법적 인식은 『통서』의 전체 주해에도 관철되었다. 주희의 이학적 객관 유심주의 성격과 변증법적 사변의 특징은 모두

『통서주』 가운데 깊이 새겨져 있다.

그런데 주희에게 『통서주』는 이런 점에서만 의의가 있는 것은 아니었다. 『통서주』는 그의 전면적인 논전의 산물이었고, 특별히 그의 태극 논변에 대한 총결이었다. 순희 15년(1188)에 그가 정식으로 『태극도설해』와 『서명해』를 공개적으로 전수하고 간행할 때 황간 등과 함께 『통서주』에 대해 한 차례 수정을 하였는데, 이는 그가 저술 가운데에서 끊임없이 논전의 성과를 흡수했음을 밝히 드러낸다. 따라서 이는 또한 그의 『통서주』에 일종의 현실을 겨냥하는 성격을 갖추게 하였다.

그의 『통서주』가 '한 이(一理), 두 기(二氣), 오행을 미루어서 나뉨과 합함(分合)으로써 도체道體의 정미함의 기강으로 삼는다'는 점에서 주로 육학陸學에 대한 비판을 포함하고 있다고 한다면, '도의道義, 문사文辭, 녹리祿利의 취사를 결단하여서 저속한 학문의 비루함을 떨쳐낸다'는 점에서는 주로 절학浙學에 대한 규탄을 포함한다. 『통서주』 가운데서 그가 '이일분수理一分殊'로부터 태극 사상을 두드러지게 드러낸 것은 곧 홍매洪邁, 임률林栗, 육씨 형제의 무극, 태극 비판에 대한 반격이었다. 음양을 형이하의 기氣라고 강조한 것은 또한 육구연이 음양을 형이상의 도道라고 한 것에 대한 부정이다. 기품氣稟으로 본성(性)을 말하고 본성이 이理와 기氣를 겸한다고 강조한 것은 또한 육구연의 심즉리心卽理 및 본성을 말하고 기氣를 말하지 않은 것에 대한 부정이다.

절동 공리학에 대한 비판도 『통서주』의 글자와 행간에 스며들어 있다. 나중에 주희는 곧 금화金華 학자들과 『통서』 「사우 장師友章」을 토론할 때 흉험한 예언을 하였다. "절간浙間은 다만 권모술수(權謀)와 공리功利의 소굴이다. 2, 30년 뒤 그 기풍이 필시 치성할 터이니, 끼치는 해가 작지 않으리라. 내가 6, 70세이니 이 세상에 얼마 못 살고 조만간에 곧 죽을 것이다. 여러 군자들과 함께 다만 여기서 이야기하고 있지만, 나중에 반드시 증험이 되리라."(『어류』

권94) 그의 예언은 과연 증험되었다.

순희 13년(1186)에 『역학계몽』을 완성하고, 순희 14년에 『통서주』를 완성하였으며, 순희 15년에 이르러서 정식으로 『태극도설해』와 『서명해』를 수정하여 간행하였는데, 이는 대체로 주희가 주돈이의 태극학과 소옹의 선천학을 탐색하고 두 학자의 학문을 통일한, 한 갈래 사상의 역정을 전개한 것이다. 비록 이 간난하고 신산한 탐색이 그를 '무극'에 대한 공격과 '선천'에 대한 질책이라는 양면으로 적과 맞닥뜨리는 곤경에 빠뜨렸으나 그의 평생 제2차 학문 저술의 총결을 위해 광활한 철학적 주춧돌을 놓았다. 주희의 이 탐색의 길은 자연 순희 15년 가을에 완성한 『주역본의』를 종점으로 삼게 될 것이지만, 그에 대해 말하자면, 이미 그의 굉대한 철학 체계의 총결 가운데 주제 악장이었다.

전통적인 경 해석 체계를 벗어난 새로운 경학 체계

주희는 주돈이의 태극학과 소옹의 선천학을 통일하고 그 기초 위에서 그의 평생 학문 저술의 제2차 총결을 전개하였다. 그는 자기의 방대한 경학 체계의 총결을 주로 세 갈래 주요 노선을 따라 전개하였다. 역학의 주된 노선은, '『역』은 복서卜筮의 책'이라는 그의 새로운 발견을 확장하여 『주역본의』에서 상象·수數·점占 세 학문을 집결한 역학 체계를 세운 것이다. 시학詩學의 주된 노선은, 「모서毛序」 전통의 구설을 반대하는 사상을 발전시켜 『시집전詩集傳』에서 「모서」를 축출한 새로운 시학 체계를 건립한 것이다. 예학의 주된 노선은, 『주례周禮』를 높이고 『의례儀禮』를 깎아내리는 왕학王學을 비판하고, 예서禮書에 관한 원고본原稿本에서 『의례』를 경經으로, 『예기』를 전傳으로 삼는 사상 체계를 초보적으로 확립한 것이다. 이에 더하여 그는 『효경간오孝經刊誤』에서 경과 전을 분리하는 효경학을 확립함으로써, 전통적인 경 해석 체계를 벗어난 색채를 강렬하게 띤 새로운 경학 체계를 구성하였다.

주희의 역학 사상은 길고 긴 '난산'의 과정을 지나왔다. 순희 3년(1176)에 『역』이 복서의 책임을 발견한 이래 이미 그는 원래 초고 상태로 이루어진 『역전易傳』을 세상에 내놓아서 널리 전해지기를 원하지는 않았다. 그는 벌써 새로운 역학 저작 한 부를 빚어내기 시작하였던 것이다. 그러나 순희 8년(1181) 여조겸呂祖謙이 죽기 전에 『고문역경古文易經』 열두 편을 교정校訂하여 완성하고서야 비로소 주희의, '『역』은 복서의 책'이라는 사상과 '세 성인의

『역』'이라는 사상이 견실한 판본적 근거를 찾았다. 이는 주희가 진정으로 『주역본의』를 쓰기 시작했음을 의미한다.

여조겸 이전에 숭산嵩山의 조열지晁說之도 『고역古易』 열두 편을 정한 뒤 '고경古經은 비씨費氏(비직費直)에게서 변하기 시작하여 마침내 왕필王弼에게서 크게 어지러워졌다'(「고주역서古周易序」)고 보았다. 그는 한漢의 전하田何의 판본에 근거하여 『역경易經』 상·하를 거듭 편정하고, 「십익十翼」을 아울러서 모두 열두 편으로 만들어 비직과 왕필의 문제점을 바로잡았다. 여조겸도 "강성康成(정현鄭玄)과 보사輔嗣(왕필)가 「상象」·「단彖」·「문언文言」을 경에 합쳤기 때문에 학자가 마침내 고본古本을 보지 못하였다."고 여겼다. 여조겸은 조열지의 책을 참고하여 스스로 『고역』을 별도로 정하였다.

조열지, 여조겸 두 학자의 설과 그들이 정리한 『고역』은 아주 대단하게 주희를 계발하였다. 주희는 잇달아 「기숭산조씨괘효단상설記嵩山晁氏卦爻彖象說」, 「조씨고역발晁氏古易跋」 등의 글을 써서 조열지와 여조겸 두 학자의 설을 겸하여서 채택하고 절충하였다. 그리하여 이로부터 그는, 비직이 처음으로 「단」·「상」·「문언」을 참조하여 『역경』을 해설하였고, 정강성鄭康成(정현)에 이르러 '비로소 「단」·「상」을 경에 합하였으며', 왕필에 이르러 또 「상사象辭」를 나누어서 '효에 배당하여 붙였다'고 보았다(●『주역회통周易會通』에 실려 있는 「조씨고역발」). 따라서 『역』은 왕필에 이르러 이미 경經과 전傳이 완전히 합일했다고 할 수 있다.

주희는 이런 논조를 확대하고 발전시켜서, 후세 사람들이 이와 같이 유가의 모든 경서에 대해 함부로 경과 전을 서로 합치는 현상이 보편적으로 생겨났고, 경과 전을 하나로 만들어서는 서로 섞고 나누지 않았기 때문에 천백 년 동안 전을 버리고 경의 본래 뜻을 탐구하지 못하게 되었다고 보았다. 이 때문에 그는 유가 경전의 원래 모습을 회복시키고, 경과 전을 나누고, 전을 버리고 경을 탐구하며, 경으로 경을 해설하자고 주장하였다.

주희의 이 경학 사상은 천백 년 동안 이어진 경학의 큰 병을 정확하게 타격하였다. 이는 경학사經學史에서 한 차례 '혁명'일 뿐만 아니라, 전에서 경의 뜻을 탐구함으로써 전을 경에 능가하는 것으로 여기고, 전주傳注의 설로 경의 뜻을 삼켜버리고 대체하는, 전통적인 경 해석 방법을 부정하는 것이었다. 그의 『대학장구大學章句』・『시집전』・『효경간오』・『주역본의』 등의 저작과 함께 나중에 간행하여서 전해지지 않은 『사경四經』과 『사서四書』는 모두 이와 같이 경과 전을 분리하고, 전을 버리고 경으로 나아가며, 경과 전의 본뜻을 나누어서 탐구하는 경 해석 방법의 탁월한 범례를 제공하였다. 주희의 경학은 또한 여기서부터 발걸음을 떼었던 것이다.

순희 9년(1182), 주희는 회계會稽에서 여조겸이 편정한 『고역』을 간행하였다.[3] 경과 전을 나눈 이 『고역』 판본은 주희로 하여금 경에서는 복희의 원시 『역』을 탐구하게 하였고, 전에서는 후세 각 성인의 『역』을 탐구하게 하였다. 이리하여 겹겹이 쌓여서 전해진 역사의 안개를 걷어내고 『역』을 복서의 책으로 삼게 된 진상이 드러났다. 그는 특히 회계본 『고역』을 위해 발문을 지어서 『고역』의 이러한 진의를 설명하였다.

나는 일찍이 생각하기를, 『역경』은 본래 복서卜筮를 위해 지은 것으로서
…… 여러 유학자가 경을 나누고 전을 합한 뒤로부터 학자들이 편리한 대로 문장을 통해 뜻을 취함으로써 왕왕 전체 경을 깊이 탐구하지도 못한 채

---

3 주희가 순희 9년에 쓴 「답진동보서答陳同甫書」에 보인다. "근래에 백공(여조겸)이 편정한 『고역』을 간행하려고 하는데 자못 볼만합니다. 아직 완성을 보지는 못하였으나 조금 뒤 매듭을 지으면 바로 보내드리겠습니다."(『문집』 권36) 이는 바로 『주역본의』를 지을 때 이용한 판본(本子)이다.

성급하게 전의 한 단서를 잡아서 정설로 삼았다. …… 나는 대체로 이를
병폐로 여겼다. 이 때문에 백공보伯恭父(여조겸)의 글을 여러 차례 반복하여
서 보고 밝혀냈다. 다만 그 장구章句가 고문에 가까웠기 때문만은 아니다.

— 『문집』 권82 「서임장소간사경후書臨漳所刊四經後·역易」

이 『고역』 판본은 자연 주희가 지은 『주역본의』의 가장 좋은 판본이 되었다.

주희는 '분수' 상에서 전체 『역』의 64괘 384효에 대한 전면적인 해설에
착수하려고 하였는데, 이는 또한 반드시 먼저 자기의 도서상수圖書象數의 대강
을 확립하고 『역』을 복서의 책으로 배당하여 해설하는 체계의 기초로 삼아야
만 하였다. 경과 전을 서로 분리하는 사상이 『역』을 복서의 책으로 본 새로운
발견에 이어서 주희의 두 번째 역학 사상의 비약이라고 한다면, 그가 역학
논전을 거친 뒤 건립해낸 주돈이와 소옹의 태극, 선천 두 학문의 도서상수설
통일은 바로 세 번째 역학 사상의 비약이다. 첫 번째 비약은 그로 하여금 정
이에서 소옹으로 향하게 하였고, 두 번째 비약은 『역전易傳』에서 『주역본의』
로 전환하게 하였으며, 세 번째 비약은 『역학계몽』을 써내게끔 하였다. 이 역
학 인식의 세 차례 비약이 있고 나서 비로소 그는 전면적으로 『주역본의』를
짓기 위한 조건을 준비하였던 것이다.

그래서 그는 전문적으로 도서상수를 탐구하는 『역학계몽』을 써낸 뒤 곧
재빨리 순희 15년(1188) 가을에 『주역본의』의 초고를 완성하여서 채원정의 도
움을 받아 수정하였고, 8월에 채원정에게 편지를 써서 『주역본의』를 완성한
정황을 알렸다. "『주역본의』가 이미 대략 갖추어졌으나 상象을 취한 내용을
설명한 것이 명료하지 않음을 느껴서 그다지 마음에 들지 않을 뿐입니다. 지
금 글의 잘못은 선유先儒의 옛 설로 증명할 수 있는 곳이 매우 많습니다. 다시
고치고자 하는 내용이 모두 오늘날의 억설인 것은 아닙니다."(『속집』 권2 「답채계

주희는 이 『주역본의』에 대해 결코 만족스러워 하지는 않았다. 그리하여 다만 '한 학자(一家)의 학문을 완성'한 것이며, 『역학계몽』이 『역』에 대해 홀로 새로운 발명에 이른 것에는 훨씬 못 미친다고 보았다. 사실상 『주역본의』도 바로 그의 세 차례 역학 사상의 비약을 총결하고 회통하여서 간이(簡易)한 역학 체계로 개괄했을 뿐이다. 따라서 그는 『주역본의』가 『역학계몽』에 미치지 못 하는 것이 참말이라고 스스로 인정하였던 것이다.

책이 성립된 뒤에도 그는 끊임없이 『주역본의』를 수정하였기 때문에 죽 음에 이르기까지도 정식으로 간행하지는 않았다. 순희 15년(1188) 가을에 『주 역본의』가 막 완성되었을 때 그는 여대아余大雅·서소연徐昭然·황균黃㽦·진문위 陳文蔚 등 무이정사의 제자들과 토론하고 강의한 결과물인 이 중요한 책 한 권을 완성하였던 것이다. 나중에 『주역본의』는 서적상(書賈)이 훔쳐서 출판하 여 팔았기 때문에 사회에 널리 전해졌다.

『주역본의』는 사실 『역』에 대해 규모가 크고 사색이 정밀한 거시적 해설 로서 독자적으로 일종의 간약성簡約性을 구비하고 있으며, 한·당 장구章句 경 학의 지리하고 번쇄함과 송의 의리義理 경학의 천착과 부회를 버린 책이다. 그리고 동시대의 공허하고 들뜬 『역』 해설의 기풍과도 일치하지 않았다. 저 명한 역학가 조자흠趙子欽(조언숙)이 주희에게 보낸 편지에서 '『논어』와 『맹자』 는 극히 상세하게 해설하였으나, 『역』 해설은 뜻밖에도 너무 간략하다'고 하 자, 주희는 다음과 같이 회답하였다. "비유하자면 초롱(燭籠)에 살(骨子) 하나 를 더하면 길을 밝히는 데 그만큼 어두워집니다. 그러나 만약 그 가린 것을 다 걷어내고 전체가 밝게 빛나도록 할 수 있다면 어찌 더욱 좋지 않겠습니 까?"(『어류』 권67)

주희는 줄곧, 경과 전을 분리하지 않고, 전으로 경을 대신하며, 전의 설이 너무 많아서 도리어 경을 가려버린 탓에 마치 손님이 설쳐서 주인의 자리를 빼앗듯 사람들로 하여금 전을 보고 경을 보지 못하게 하는 것에 반대하였다. 그래서 그는 이러한 방법론의 원칙을 자기의 경전 해설에도 관철하였다. 그러나 이러한 간약성 가운데서 도리어 고금의 역학을 종합 망라하고 여러 학자의 설을 융합 관통하는 풍부한 면모를 띠고 있었다.

『주역본의』를 쓰는 가운데 그는 고금의 수많은 역학 대가의 설을 흡수하였을 뿐만 아니라 또한 일반 유학자가 주의를 기울이지 않았거나 혹은 고려하기를 달가워하지 않은 대량의 잡다한 서적들, 예컨대 『화주림火珠林』·『귀장歸藏』, 곽박郭璞의 『역림易林』, 이자사李子思의 『역설易說』, 『마의역麻衣易』·『참동계』 등등과 대량의 『역』과 무관한 문헌들, 예컨대 『사기』·『주례周禮』·『노자』·『손자孫子』·『능엄경愣嚴經』·『독사관견讀史管見』·『회남자淮南子』 등등을 참고하였다. 이는 간략함을 잡아서 번쇄함을 제어하고(執簡御繁), 해박한 데서 요약된 데로 돌아오는(由博返約) 그의 독특한 사변적인 재능과 식견을 뚜렷이 드러냈다. 따라서 『주역본의』에서 주희는 비로소 이理·수數·점占의 방대한 역학 체계의 총체적 구조물을 최종 완성했다고 하겠다.

『주역본의』는 또한 주로 '점'을 두드러지게 연구한 역학의 전문 저작이다. 따라서 아무리 주희가 『주역본의』를 『역학계몽』에 미치지 못하는 것으로 보았다 하더라도 정주학파 이학의 발전 과정에서 보면 이 저작은 도리어 특수한 역사적 지위를 차지한다. 정이의 『역전』이 정주학파의 의리역학義理易學을 건립했고, 주희의 『역학계몽』이 정주학파의 상수역학象數易學을 건립했다고 한다면, 주희의 『주역본의』는 바로 정주학파의 점서역학占筮易學을 건립하였다. 정이가 이미 의리학을 최고로 발휘하였고, 도서상수학도 『역학계몽』에서 충분히 논술되었기 때문에 주희는 『주역본의』에서 다만 이 두 방면에 대해 간단명료하게 개략적으로 서술하였다. 그리하여 주로 전면적인 상象·점占

연구에 집중하여서 곧바로 『역』을 복서의 책으로 삼는 '본래 뜻(本義)'을 탐구하였다.

주희가 거듭 표방한, '『역』은 복서의 책'이라는 대발견은 그가 다른 사람들과 달리 탐구하려고 한 『역』의 '본래 뜻'이었고, 사실 이는 바로 상·점의 학을 가리키는 것이었다. 그가 제자 동수董銖와 한 차례 나눈 대화는 가장 명료하게 그의 이러한 상·점학의 실질을 말한 것이다.

물었다. "정 선생의 『역』(『역정전易程傳』)은 '건'의 초·9를 순舜이 미천하던 때로, 9·2를 순이 밭을 갈고 물고기를 잡던 때로, 9·3을 '겉으로 드러나지 않는 현묘한 덕이 하늘에까지 들린(玄德升聞)' 때로, 9·4를 (요가 순을) 차례로 시험해보던 때로 삼았는데, 어떻게 보십니까?"

말하였다. "이는 효爻와 상象의 뜻을 유추하여서 설명한 것이지 (『역』의) 본래 취지가 아니다. 『역』을 읽음에 만약 본래 취지(本指)를 통달하여서 터득한 뒤에 곧 다 설명해 나간다면 어떤 도리라도 다 말할 수 있다."

"감히 묻건대, 본래 취지는 무엇입니까?"

말하였다. "『역』은 본래 복서로 인해서 상이 있고, 상으로 인해서 점이 있으며, 점사占辭 가운데 바로 도리가 있는 것이다. 예컨대 점을 쳐서 '건' 의 초·9를 얻었다면 초양初陽이 아래에 있어서 아직 쓰일 수 없으니 그 상 은 잠겨 있는 용(潛龍)이 되고 그 점은 '쓰지 말라(勿用)'고 하는 것이다. 보통 '건'을 만나서 이 효를 얻은 자는 마땅히 이 상을 관찰하고 그 점사를 깊이 사색하여서 깊이 숨겨 두고 쓰지 않는 것이 좋다. 다른 것도 모두 이와 방불하다. 이것이 『역』의 본래 취지이다. 대체로 잠겨 있는 용은 쓰지 말 것 이니 이것이 바로 도리이다. 그러므로 성인이 「단사彖辭」·「상사象辭」·「문언文言」을 구절구절 만든 뒤 무한한 도리로 유추하여서 적용하였다. 이는 정

선생의 『역』이 무궁하게 유추하여서 말할 수 있는 근거이다. 그러나 이것
이 『역』의 본래 뜻(本義)은 아니다. 먼저 『역』의 본래 취지를 통달한 뒤 도리
를 무궁한 데까지 유추하여서 설명하는 것은 무방하다. 만약 바로 유추하
여서 설명한 것을 가지고 『역』을 풀이한다면 『역』의 본래 취지를 잃어버릴
것이다."
                                                           —『어류』 권68

　이는 바로 『역』이 복서의 책인 까닭은 64괘 384효가 모두 일종의 상징성
을 가진 '상象'이며, 상으로 인하여서 점이 있고 점으로 인하여서 이치가 있으
므로 반드시 상을 관찰하고 점을 사색하고 이치를 파악해야 함을 말한 것이
다.

　그러나 이러한 '상' 가운데 포함한 것은 개별적 실사實事와 실리實理가 아
니라 일종의 보편적인 이치이며, 일종의 풍부한 내용을 지닌 철리哲理이다.
왜냐하면 만일 괘 하나, 효 하나가 다만 개별적인 한 사실을 하나하나 대표
한다고 할 때, '한 효가 다만 한 가지 일을 주로 한다면 『역』의 384효는 바로
삼백여든네 가지 사건에 그치고 말 것이다.'(동상) 이러한 『역』은 또한 지극히
국한성을 지니고 있으므로 무한히 풍부하고 생동하는 우주의 만사만물을 해
석할 방법이 없을 것이다. 이 때문에 '『역』은 다만 이와 같이 상을 말할 뿐,
어찌 실제 (구체적인) 일에 적용한 적이 있었겠는가!(동상)

　한 괘, 한 효의 상이 개별적인 한 실사와 실리를 표시한다는 사상은 사람
들이 추론해낸 것일 뿐, 결코 『역』의 본래 뜻이나 본래 이치(本理)가 아니다.
주희의 『주역본의』는 바로 상 가운데 포함한 보편적 이치의 '본래 뜻'을 탐
구하려는 것이지, 정이와 같이 추출하여서 나온 개별적 이치를 탐구하는 것
이 아니다. 정이는 상을 버리고 이치를 추구하였기 때문에 얻어낸 것은 다만
추론에 의한 이치였고, 소옹은 상에 나아가 수를 추구한 결과 이치를 버렸

다. 주희는 상에 나아가 이치를 추구히려고 하였기 때문에 개별적인 상에서 보편적인 이치를 탐구하였다. 이로써 그가 『역』의 괘와 효를 모두 일종의 상징적 의의를 지니고 보편적 이치를 포함한 부호로 간주하였음을 알 수 있다. 64괘 384효는 문화적인 부호의 체계이다.

'『역』은 복서의 책'이라는 주희의 새로운 발견은 결코 옛사람의 점복과 미신으로 퇴행하여서 복귀하려는 신학적 포부가 아니라, 사변적으로 시초의 원시적 인민의 소박한 이미지즘(意象) 사유를 체현한 『역경』의 역사적 본질을 파악한 것이다. 그는 점학이라는 껍데기가 감싸고 있는 일종의 원시 문화의 부호학符號學, 서로 대립하는 양효와 음효라는 기본 부호의 도움을 빌려서 사유를 진행한 이미지즘 사유의 모델을 내보였다.

그러나 슬픈 일은 거의 전체 사회가 모두 그의 이러한 문화적 발견을 이해하지 못했다는 사실이다. 사람들은 그가 찬란한 유가의 성경을 일개 복서의 책으로 강등시켰기 때문에 떼거리로 일어나서 비난을 하였다. 『주역본의』는 뭇사람의 표적이 되었으며, 주희는 부득불 '나는 말하지 않고자 한다(予欲無言)'고 한 공자와 마찬가지로 침묵으로 회답을 하였다.

「모서」를 축출한 그의 『시집전』도 『주역본의』와 같은 운명에 처하였다. 왜냐하면 그의 시학 사상도 마찬가지로 경과 전을 분리하고, 전을 버리고 경을 탐구하며, 곧바로 『시』의 본래 뜻(本義)을 탐구하는 정신이 관철되어 있기 때문이었다.

순희 9년(1182)에 주희는 절동 학자들과 삼구三衢에서 회합을 하며 시학상에서 공개적으로 여조겸과 갈라선 뒤 시학에서도 절학과 논전을 전개하였다. 여조겸呂祖儉은 절학이 표방하는 경사일관經史一貫의 사상으로 『시』를 해설하였다. 그는 역사로 『시』를 해설하는 「모서」의 경전 해설 방법을 부정적으로 발전시켜서 오로지 『시』에서 '세상의 변화(世變)'를 탐구함으로써 주희의 비평을 받았다. 순희 11년(1184)에 주희는 편지에서 여조검의 『시』 학설을 평론했는데, 그(여조검)가 "『시』를 읽고서 한 여러 말은 바로 『시』의 「소서小序」의 설이지 『시』의 설이 아니며, 아마도 역시 이전에 세상의 변화라는 한 사안을 너무 무겁게 의식했으므로 다만 이런 의미를 알게 되었을 뿐'이라고 보았다(『문집』 권47 「답여자약」 서23).

주희는 직접 『시』의 '본래 뜻'을 탐구함으로써 '세상의 변화'로 『시』를 탐구하는 여학呂學에 반대하였다. 여조검에게 보낸 편지에서 그는 모든 전통의 권위를 부정하는 자기 시학의 기치를 내걸고서, "일대종사一代宗師가 되는 선유의 낡은 설을 남겨 두지 말고, 그가 어떤 사람이건 간에 그가 말한 것, 존중하는 것, 친한 것, 미워하는 것, 싫어하는 것을 일체 묻지 말고, 오로지 본문의 본래 뜻을 추구한다면 성현의 취지를 얻을 수 있을 것입니다."(『시전유설詩傳遺說』 권1에 인용된 「답여조검서答呂祖儉書」) 하고 선포하였다. 그리고 바로 이해에 그는 진량, 여조검과 격렬하게 의리, 왕패의 논변을 전개하는 동안, 봄 사이에 「독여씨시경상중편讀呂氏詩經桑中篇」을 써서 『시집전』의 탄생을 정식으로 선포하였다.

순희 11년(1184)과 12년에 주희는 자기의 경학, 사서학四書學의 저작에 대해 한 차례 전면적인 수정을 하였다. 순희 12년 7월에 그는 유청지劉淸之에게 편지를 써서 다음과 같이 알렸다. "올해 들어서 여러 글을 모두 한 차례 수정하고 보니 옛날에 비해 모두 간결하고 쉬우며 조리 있고 알기 쉽게 되었다는 것을 느낍니다. 보내드려서 생각해볼 수 있도록 하지 못함이 한입니다."(『문집』 권35 「여유자징與劉子澄」 서12) 따라서 「독여씨시경상중편」은 실제로 그의 『시집전』 수정의 산물이었으며, 그 비판의 칼끝은 여조검뿐 아니라 전체 절학으로 향하였다.

그러나 순희 11년의 수정본 『시집전』은 도리어 그의 새로운 시경학 사상 체계의 완성과 확립은 아니었다. 주희는 곧 이것이 체계상으로는 여전히 『시집해詩集解』의 낡은 자취가 남아 있으며, 옛날 그대로 해설이 번잡하고, '낡은 것(舊)' 것을 깨뜨리되 계통이 없고, '새로운 것(新)'을 세우되 전면적이지 않은 약점이 있다고 느꼈다. 그리하여 반드시 체계상 한 걸음 더 나아가 지양止揚해야 한다고 생각하였다. 이리하여 순희 13년(1186)에 한 차례 더욱 커다란 결정적인 의의를 지닌 수정을 하였다. 그는 『시집전』을 잘라내고 다듬어서 작은 책으로 완성하였다.

이 수정은 주희가 더욱 간략하고 명석한 시경학의 체계를 건립하려고 추진한 일이다. 그는 금화의 학자 반우문潘友文에게 보낸 편지에서 다음과 같이 말하였다. "근래에 또한 여러 학자의 설을 정리하여서 …… 『시』 또한 다시 보니 이전의 설에 온당하지 않은 점이 많았습니다. 삭제하고 고쳐서 따로 작은 책 한 권을 만들었는데, 아마도 간단하게 요약했기에 쉽게 읽을 수 있을 것입니다. 만약 상세히 고찰하고자 한다면 자연 백공(여조겸)의 책이 있습니다."(『문집』 권50 「답반문숙答潘文叔」 서2)

이는 당연히 표면적으로는 일종의 완곡한 겸사였다. 그의 『시집전』은 이미 여조겸의 「독시기讀詩記」와 완전히 대립적인 체계를 나타냈다. 이때의 수정에서 그는 파괴(破)와 건립(立) 두 방면에서 동시에 전면적으로 완전히 새로운 시경학 체계를 세웠다. 건립의 방면에서 그는 자기 시경학의 삼대 지주를 세웠다. 첫째는 이남설二南說이다. 그는 「이남」의 구설을 전면 수정하여 이학화한 해설 체계를 세우고, 이를 시경학의 '벼리(綱)'로 삼았다. 이해에 그는 반우공潘友恭에게 다음과 같은 편지를 썼다. "근래에 「이남」의 구설舊說을 다시 보니 극히 건성으로 한 곳이 있기에 대략 교정하여서 따로 책 하나를 만들었는데, 간단하게 요약하고 있는 중이라 아직 완성하지 못하였습니다."(동상, 「답반공숙答潘恭叔」 서7)

전체 『시경』에서 주희가 「이남」을 가장 중시한 까닭은 다음과 같다. 그가 보기에 「이남」 스물다섯 편은 나눌 수 없는 한 몸을 이룬다. 그 주제는 바로 '문왕의 교화(文王之化)'를 읊은 것으로서 주공이 예를 제정하고 음악을 만들 때 '문왕 시대의 풍화風化가 인민의 풍속에 미친 시를' 채집하여 '관현악기(管絃)로 연주한' 것이며, '천하 후세의 수신·제가·치국·평천하를 하는 자가 모두 취하여 법으로 삼을 수 있는' 것이다. 따라서 위아래가 일맥상통하며, 편마다 즐거우면서도 음란하지 않고, 슬프면서도 마음 아프지는 않다. 「관저關雎」로 시작하여 「인지麟趾」로 끝나는 「주남周南」은 문왕의 교화가 '사람에게 깊이 스며든(入人者深矣)' 것을 볼 수 있고, 「작소鵲巢」로 시작하여 「추우騶虞」로 끝나는 「소남召南」은 문왕의 혜택이 '사물에 널리 미친(及物者廣矣)' 것을 볼 수 있다.

주희는 정심·성의·수신·제가·치국·평천하의 사상으로 「이남」을 해설하였고, 따라서 「이남」을 완전히 이학화하였다. 정호와 정이는 말하기를, "『시』에 「이남」이 있는 것은 마치 『역』에 「건」, 「곤」이 있는 것과 같다."(『어류』 권51)고 하였다. 「이남」은 정주程朱 시경학의 이학 정신이다. 주희가 정밀한 정신으로 「이남」의 설을 수정한 것은, 벼리(綱)를 들면 그물눈(目)이 처지는 것과 같으니 이로 말미암아 '「이남」을 근본으로 삼아서 그 단초(端)를 탐구할' 수 있기 때문이었다. 그의 이학적 도덕주의 정신은 전체 시학의 체계에 스며들어서 관철되어 있다.

둘째는 육의설六義說이다. 주희는, 『시』를 읽으려면 반드시 먼저 '육의六義'를 분명히 알아야 하는데 정현鄭玄 이래 '육의'가 곡해되었기 때문에 참된 뜻이 사라져버렸다고 여겼다. 그래서 순희 13년(1186)에 주희는, 육의설을 수정하여서 세울 때 호대시胡大時·반우공 등과 함께 이 중요한 문제를 토론하였다. 호대시에게 보낸 편지에서 그는 이전 사람들의 육의설에 대해 총체적인 비평을 하였다. 『시집전』에서 그는 육의에 대해 명석하고 간요한 새로운 해설을 하였다.

> 흥興은 먼저 다른 대상을 말하여서 읊으려는 말을 이끄는 수법이다.
>
> 비比는 다른 사물로써 읊으려는 사물을 비유하는 수법이다.
>
> 부賦는 읊으려는 상황을 그대로 진술하여서 곧바로 표현하는 수법이다.
>
> 풍風은 민간의 풍속을 읊은 가요의 시이다. 풍이라고 하는 까닭은 마치 바람(風)이 불면 사물이 소리를 내고, 그 소리가 또한 다른 사물을 자극하는 것처럼 윗사람의 교화를 입어서 그것을 말로 표현하고, 그 말이 또한 사람을 충분히 감동시키기 때문이다.
>
> 아雅는 바름이다. 정악正樂의 노래이다. …… 정소아正小雅는 잔치할 때 연주하는 음악이다. 정대아正大雅는 조회할 때 연주하는 음악과 제사에서 음복을 하고 경계를 아뢰는 내용이다.
>
> 송頌은 종묘의 음악과 노래이다. 「대서大序」에 이른 바 "성대한 덕의 모습(形容)을 찬미하여서 그 공적을 신명에게 아뢰었다." 한 것이다. 대체로 송頌과 용容의 옛 글자는 통용된다.

이는 흥興과 비比와 부賦를 『시』의 표현 수법으로, 풍風과 아雅와 송頌을 『시』의 분류격식으로 삼은 것으로서, 『시경』 시대에 시를 읊고 부를 짓던 실제 정황과 대체로 부합한다.

역학과 마찬가지로 이 육의설의 목적도 주희가 직접 『시』의 '본래 뜻'을 탐구하여서 전을 버리고 경을 추구하며, 고금의 전傳과 소疏가 드리운 근거 없는 설의 어두운 구름을 일소하기 위한 것이었다. 그는 반우공에게 보낸 편지에서 명확하게 다음과 같이 말하였다.

육의六義의 차례는 공씨孔氏(공영달)가 잘 이해하였습니다. 그러나 이 여섯 글자의 취지는 극히 명백한데 다만 정씨鄭氏(정현)가 『주례』 「약 장籥章」의 글을 깨닫지 못하고 망령되게 「칠월」 시 한 편을 풍風·아雅·송頌의 세 체제(三體)로 나누었으므로 여러 학자들이 대부분 그 설을 따라서 억지로 끌어다 붙이고, 어지럽게 뒤섞으며, 안간힘을 써서 배치하여 …… 그러므로 제 생각은 감히 그것을 따르지 않습니다. 다만 곧바로 글에 따라 뜻을 풀이하여 어지러움과 쓸데없이 기력을 낭비하는 일에서 벗어나면 육의는 또 모두 쓸모가 있으며, 쓸데없이 설정해 둔 것은 아닙니다. 대체로 『시』를 읽는 사람이 가령 이러한 뜻을 알고 이러한 뜻을 추구한다면 극히 힘을 덜 것입니다.

— 『문집』 권50 「답반공숙答潘恭叔」 서6

주희의 '육의' 설은 「모서」로 『시』를 해설하는 전통적인 사상 체계를 직접 비판하는 의의를 지니고 있다. 왜냐하면 「모서」는 바로 흥과 부와 비의 표현 수법을 이해할 수 없어서 비와 흥에 미언대의微言大義의 풍유諷諭와 미자美刺의 설을 끌어들였기에 사邪와 정正의 변별이 불분명하다. 이 때문에 주희가 육의 설을 건립한 일은 「모서」의 미자설에 대한 반발이며, 또한 그의 반「모서」의 시경학 사상이 한층 더 심화하여서 확립되었음을 나타내는 지표가 되었다.

셋째는 협운설叶韻說이다. 남북조시대 심중沈重의 『모시음毛詩音』에 이미 협운의 설이 있다. 지금의 운과 옛날의 운은 고금의 음이 변했으므로 같지 않다. 예컨대 지금 운으로 옛 운문을 읽으면 대부분 화해和諧하지 않는다. 협운설의 흥기는 사람들의 고운古韻, 고음古音 연구를 촉진하였다. 북송과 남송의 교체기에 이르러 오역吳棫은 『모시보음毛詩補音』, 『운보韻補』를 지어서 스스로 계통적인 협운 체계를 완성하고 고음에 대해 치밀하게 미루어 밝혀냈다.

주희는 매우 일찍 오역의 협운에 관한 저작을 읽었으나 결코 협운을 자기의 시경학에 끌어들이지 않았기 때문에 「모서」를 주로 한 『시집해詩集解』에는 번절反切은 있으나 협운은 없다. 순희 13년(1186)에 이르러서 『시집전』을 수정할 때 정형程迥의 『고운통식古韻通識』을 읽었는데, 이것이 비로소 그로 하여금 고운과 방언方言에 관한 책을 널리 읽고, 오역의 협운설을 미루어서 고찰하고, 증보하고 덜고 고쳐서 『시집전』에서 자기의 협운설로 이용하도록 재촉하였다.

정형의 『고운통식』은 삼성三聲을 통용하고 쌍성雙聲을 서로 바꾼다는 설인데 송 대 고운 연구의 중요한 저작이다. 정형은 순희 13년에 이 책을 주희에게 보내주었다. 주희는 회답하는 편지에서 다음과 같이 말하였다.

> 『고운통식』을 보여주셨는데, 간략하면서도 두루 관통하여서 많이 놀랐습니다. 사성四聲 호용互用에는 의문이 없습니다. …… 근래에 미루어 고찰하면서 오재로吳才老(오역)가 매우 많이 공부했음을 알겠지만, 역시 미진한 곳이 있습니다. 옛 책과 오늘날의 방언方言을 널리 고찰해보았더니, 이런 종류는 이루 다 열거할 수 없습니다. 『시경』의 해설(◦생각건대, 곧 『시집전』을 가리킨다)은 보아 하니 아직 다 베껴 쓰지 못하였는데, 마치면 바로 보내드리고 가르침을 구하겠습니다.　　　—『별집』 권3 「정사수가구구程沙隨可久」 서1

주희의 협운은 '오재로의 본을 많이 사용하고, 혹 자기 뜻을 보충하여서 넣었으며', '또 계속하여 첨가하거나 덜어낸' 것이다(『어류』 권80).

그가 『시』를 풀이하면서 협운을 이용한 까닭은, 주로 옛 시에서 음악을 넣을 때 운을 사용하는 것이 자연스럽고 천성적이라 읊고 노래하기에 편하다는 것을 설명하고, 이로써 오늘날 사람들이 시를 지을 때 온통 생각을 짜내어 성률聲律을 새기고 다듬느라 '도리어 시를 망치는 것'(동상)에 반대하기 위함이었다. 그래서 그는 사람이 『시경』을 읽을 때는 7푼의 공부로 시의 뜻을 이해하고, 3푼의 공부로 협운을 이해하라고 하였다.

주희의 음운학은 위로 오역을 계승하고 아래로 고정림顧亭林(고염무顧炎武)을 열어주었으며, 후세 사람의 고음 연구를 추동하였다. 협운설을 세움으로써 그의 시경학은 문자 훈고의 방면에서 이전 사람을 초월하였다. 순희 16년(1189)에 이르러 그는 협운을 널리 초사楚辭 연구에 적용하였고, 황수黃銖와 함께 공동으로 『초사협운楚辭協韻』을 완성하여 장주漳州에서 간행하였다. 보수파로부터 아무리 협운설이 어지러운 공격을 받을지라도 그는 또한 마찬가지로 '나는 말하지 않고자 한다'는 태도로 반응하였다.

주희는 순희 13년(1186)에 자기의 시경학 체계를 건립하면서 또한 바로 「모서」의 설에 대한 전면 비판을 기초로 삼았다. 그는 『시집전』을 수정할 때 동시에 또 『시서변설詩序辨說』을 써서 「모서」에 대해 계통적인 청산과 총결을 하여 『시집전』 뒤에 첨부하였다. 그의 이남설, 육의설과 협운설이 「모서」에 반대하는 시학 체계에 대한 거시적 '건립(立)'이라고 한다면, 『시서변설』은 바로 「모서」를 주로 하는 시학 체계에 대한 미시적 '파괴(破)'였다. 그러나 「모서」에 대한 그의 '파괴'는 결코 전반적인 타도가 아니었다. 그가 부정한 것은 「모서」의 시 해설 체계와 그 방법이었지, 결코 시 300편 전체에 대한 「모서」의 구체적 해설은 아니었다.

그는 「시서변설서詩序辨說序」에서 자기가 『시서변설』을 쓴 까닭이 「모서」의 득실을 분명하게 변별하기 위해서임을 명확하게 말하였다. "그 사이에 혹 참으로 전수하고 증험하여서 폐할 수 없는 것이 있으므로 적잖이 채집하여 『시집전』에 덧붙이고, 또 아울러 한 편으로 만들어서 옛 모습으로 되돌리고 거기에 따라 그 득실을 논한다."(『유집遺集』 권3 「시서변설서」) 실제로 『시집전』의 해설은 「모서」의 설을 취한 부분과 취하지 않은 부분이 각각 반을 차지하는

데, 이로써 그가 「모서」에 대해 결코 간단히 폐기하지 않고, 어떤 것은 취하고 어떤 것은 버리며 어떤 것은 소화하였음을 알 수 있다.

한편으로 그는 「모서」에 반대하는 시학 체계를 세워서 「모서」를 주로 하는 시학 체계에 반대하려는 의식이 매우 강렬하였기에 「모서」를 공격하는 데 나머지 힘을 남김없이 쏟았으며, 『시서변설』의 「상중秦中」 아래에 또한 장편의 변설을 썼다. 곧 여조겸의 장편 논술과 날카롭게 대립하려는 의식이 있었던 것이다. 그는 반우공에게 보낸 편지에서 다음과 같이 들추어냈다. "백공(여조겸)은 『집해集解』 첫 장에서 곧 사씨謝氏(사량좌)의 설을 인용하였는데 이미 한쪽으로 떨어져버렸습니다. 「상중편秦中篇」 뒤에 이르면 설명이 매우 좋지만 변호하는 데 힘을 쓰느라 더욱 사람들이 다투지 않게 할 수는 없습니다. 또한 깊이 생각을 해보셨는지요?"(『문집』 권50 「답반숙공」 서4) 다른 한편으로 그는 또한 「모서」에서 취할 만한 합리적 해설이면 어떤 것이라도 지나치지 않고, 『시서변설』에서 상세히 고증하고 분석하여 「모서」의 시 해설에 대해 하나하나 선별해냈다. 이 때문에 『시서변설』은 비로소 「모서」 및 그 『시』 해설 체계가 그에 의해 진정으로 지양止揚되었음을 드러내는 지표가 되었다.

『시집전』은 일대의 새로운 경전 해석 체계와 경전 해석 방법의 탄생을 선포하였다. 청 대 유학자들은 늘 주희가 「모서」의 설을 취하고 버리면서 해설한 시편과 평론에 대해 하나하나 시비와 득실을 자질구레하게 따지고 논평하고 고증하기만 하였지, 『시집전』의 역사적 가치가 『시경』을 「모서」의 경직된 전통적 경전 해설의 틀에서 해방시키고 새로운 경전 해석 방법론의 원칙을 확립한 데 있음은 도무지 알지 못하였다.

경전의 '본래 뜻'을 탐구하는 일은 주희의 경학이 추구하는 최고 목표였다. 이로 말미암아 그는 주로 세 갈래 새로운 경전 해석 방법론의 원칙을 확립하였다. 첫째, 경과 전을 분리하고, 경에 나아가 경을 탐구함으로써 전에 근거하여 경을 해설하고 전으로 경을 대신하는 전통적인 경전 해석 방법에 반대한다는 원칙이다. 나중에 염약거閻若璩는 주희에 대해 "(그가) 『시』로써 『시』를 해설하였는데, 이는 시의 글자의 모습과 글월의 뜻에 나아가 이 시는 무엇을 위해 지었는가를 아는 것으로서, 바로 맹자의 '뜻으로써 취지를 이해하는(以意逆志)' 것이다."(『모주시설毛朱詩說』권1)라고 하였다.

대대로 층층이 쌓이고 더해진 '전'은 경의 이해에 두터운 안개의 장막을 드리워서 사람들로 하여금 주석은 보고 경은 잊게 함으로써 전을 경보다 더 높이는 추세에까지 이르렀다. 주희는 경의 이해란 직접 경에 나아가 경을 추구하는 일이며, 전주傳注는 다만 참고하고 보조하는 의의만 갖고 있을 뿐 경을 대체하거나 경을 능가할 수 없다고 주장하였다. 사람들로 하여금 경에 나아가 뜻을 추구하게끔 하고자 그는 심지어 한유漢儒의 경 해설에서 합리적인 면을 배우고, 주해注解는 간결하고 압축적이면서 도약하는 성격이 있기를 힘써 추구하고, '이끌어주기는 해도 직접 펼치지는 못하므로(引而不發)' 이것저것 없는 것 없이 갖춘 완정한 문자로 쓸 필요는 없다고 주장하였다.

그는 전문적으로 「기해경記解經」을 써서 이러한 경전 해설 방법론의 원칙을 분명하게 논술하였다.

무릇 문자를 해석할 때 각주가 (독립된) 글을 이루도록 해서는 안 된다. 글을 이루면 각주와 경이 저마다 한 가지 사물이 되어버리므로 사람이 각주만 보고 경은 잊어버린다. 그렇지 않으면 모름지기 저마다 따로 한 차례 이해한 뒤에 한 조항의 공부를 더해야 한다. 가만히 말하건대, 모름지기 다만 한의 유학자 모장毛萇, 공안국孔安國의 무리와 같이 명물名物의 훈고訓詁 및 글의 뜻의 이치를 더욱 밝히기 어려운 곳에 대해서는 대략 주석을 하고, 쉽게 밝힐 수 있는 곳에 대해서는 다시 글귀를 덧붙임으로써 서로 이

어지게 해서는 안 된다. 그래야 시의 본래 내용(體)을 터득할 수 있다. 대체로 이와 같이 하면 읽는 자가 주를 보고서 곧 그것이 경을 벗어난 글이 아님을 알 수 있다. 그리고 도리어 주석을 통해 다시 경에 나아가 체득하여 이해하면 저절로 사려가 하나로 귀결되어서 공부의 노력이 나뉘지 않고 완색하는 맛이 더욱 깊고 오래갈 것이다. ──『문집』권74

주희는 자기의 경학 저작에 이런 원칙을 관철하였다.

둘째, 시와 역사를 참조하여서 합하고(詩史參合), 역사로써 시를 입증하여서(以史證詩) 역사로써 시를 해설하고(以史說詩), 역사와 시를 나란히 결부하는(史詩比附) 전통적인 경 해설에 반대하는 것이다. 「모서」는 역사 전적에 근거하여 『시』의 본래 사실과 역사적 사실을 탐구함으로써 탁월한 효과를 거두었으나, 적지 않은 해설이 미자美刺의 왜곡된 설의 도움을 빌려서 역사와 시를 견강부회하였다. 그리고 나중에 「모서」를 주로 삼은 자들은 이 폐단을 더욱 확장하여서 억지로 시와 역사를 천착, 부회하는 연구 기풍을 형성하였다. 그리하여 시는 단순히 역사의 문학적 주해가 되어버렸다.

주희는 역사가 시를 입증할 수 있으나 다만 시는 역사와 동등하지 않으며, 시의 본래 뜻을 탐구하고 밝히려면, 물론 역사를 빌려서 참조하는 외적인 방증은 필요하지만 시에 나아가 의미를 추구하는, 내적인 차폐의 제거가 더욱 필요하다고 보기 때문에, 시와 역사가 서로 돕고 안과 밖을 증험하도록 하였다. 그는 바로 이런 방법론적 원칙으로 「모서」에서 역사로써 시를 해설한 곳을 일일이 조사하여 옳은 것은 취하고 그른 것은 버리며, 시와 역사를 참조하여서 합치하는 해설 체계를 세웠다.

셋째, 여러 설을 광범위하게 취하고 적용하며, 겸하여서 채택함으로써 기존의 설을 묵수하는 것에 반대하고 스스로 문호를 세운 것이다. 양한兩漢의 경학은 경사經師와 유생儒生이 스승과 학파의 낡은 학설을 묵수하는 좁은 심리를 양성하였다.

제齊·노魯·한韓 삼가三家의 『시』가 없어진 뒤 『모시』는 독보적인 학문으로 온 세상에서 존신을 받았고, 선비는 거의 『시』에 관한 다른 설이 있다는 사실을 알지 못할 정도였다. 송 이래 비록 경을 의심하고 옛 학설을 비판하는 풍조가 크게 성행하였으나 대부분 스스로 억설을 뽐냈으며, 광활한 문화의 시야에서 이전의 각 학자 각 학파의 연구 성과를 섭취하지 못한 채 근거 없는 말이나 담론하였기에 끝내 「모서」라는 경학의 울타리를 부수지 못하였다. 주희의 『시집전』은 비로소 마침내 이런 꽉 막힌 국면을 타파하고, 데데한 학자(末師)가 자기의 천박한 견해를 고수하는 비루함을 씻어버렸다. 그는 이전 사람의 『시』설에 대해 크고 작은 것을 막론하고 모두 주의하여서 가져다 썼다.

왕응린王應麟은 다음과 같이 말하였다. "여러 유학자의 『시』 해설은 한결같이 모시毛詩와 정전鄭箋을 으뜸으로 삼았지 삼가三家를 참고하는 자는 없었다. 오로지 주 문공의 『시집전』이 넓은 뜻과 미묘한 취지로써 천년 위에 우뚝하다."(「시고서詩考序」) 그는 주희의 광대하고 비범한, 널리 채택하고 요약하여서 취한 점을 다음과 같이 들어 말하였다.

> 「관저關雎」를 말한 것으로는 광형匡衡의 설을 취하였다.
> 「백주柏舟」, 「부인婦人」의 시는 유향劉向의 설을 취하였다.
> 생笙의 시는 곡조가 있으나 가사가 없으니, 『의례儀禮』에서 취하였다.
> '드높은 하늘은 매우 신령하다(上天甚神)'는 『전국책戰國策』에서 취하였다.
> '무엇으로 우리를 불쌍히 여기나(何而恤我)'는 『좌씨전左氏傳』에서 취하였다.
> 「억抑」은 스스로 경계하는 것이며, '높은 하늘이 명을 이루었다(昊天有成
> 命)'는 성왕成王의 덕을 말하였으니, 『국어國語』에서 취하였다.

'뜰에서 오르내리신다(陟降庭止)'는 『한서주漢書注』에서 취하였다.

'빈지초연(賓之初筵)'의 술 취함을 뉘우치는 것은 「한시서韓詩序」에서 취하였다.

'쉴 수 없다(不可思休)', '나아가지 않는다(是用不就)', '저 높은 것은 기산(彼岨
者岐)'은 모두 『한시韓詩』에서 나왔다.

'우임금께서 토방을 펴신다(禹敷下土方)'는 또한 『초사』에서 입증하였다.

—「시고서詩考序」

사실 주희의 시학상의 새로운 발견은 이와 같이 널리 채택하고 취한 데
서 건립되었다. 그가 『시경』에 '음분淫奔의 시'가 있다고 한, 가장 중요한 발견
은 『한시』의 설과 부합한다. 『한시』는 「진유溱洧」에서 다음과 같이 말하였다.
"정鄭나라의 풍속에는 3월 상사上巳에 진수溱水와 유수洧水 가에서 초혼속백招
魂續魄을 하며, 난초를 엮어서 상서롭지 않은 것을 떨어낸다(祓除). 그러므로 시
인이 좋아하는 사람과 함께 가기를 원하였다." 주희는 이 설을 채용하였는데,
이로써 『한시』가 그에게 얼마나 깊은 영향을 미쳤는지 알 수 있다. 그는 『한
시』를 특별히 높이 평가하여서 제자에게 "『문선주文選注』는 대부분 『한시장구
韓詩章句』에서 따왔다. 일찍이 이에 관해 써내려고 하였다."(『시고詩攷』, 「자서自序」)
하고 말하였다.

주희는 시학에서 자기의 방법론적 원칙을 세웠다. 실제로 역사적으로 새
로운 이학적 경학을 위해 한·당의 고전 경학과는 확연히 다른 방법론적 원칙
을 세웠던 것이다. 그러나 이러한 새로운 경학의 방법론적 원칙에는 심지어
주희마저도 이미 유학 경전이 '경經'으로 된 것에 대해 부정하는 인소를 포함
하고 있다는 사실을 의식하지 못하고 있었다. 그가 『시』 가운데 '음분의 시'
가 있다고 추정한 것은, 바로 그가 『역』이란 복서의 책에 지나지 않는다고 추
정한 것과 마찬가지로 모두 실제로는 유가 경서의 신성한 광택을 바래게 하

였다. 다만 경서의 본래 뜻을 여실히 탐구하는 주희의 이러한 방법론적 원칙을 끝까지 관철하기만 하면, 천백 년 동안 통치자에 의해 신성시된 유가의 경서가 결코 '성경聖經'이 아니라 보통의 학술 저작에 지나지 않는다는 진상이 세상에 크게 밝혀질 터였다.

그러나 주희는 결코 자기가 개척한 이런 노선을 끝까지 밟아 나가지 않았다. 그는 결정적인 한 걸음을 내딛은 뒤 멈추고는 앞으로 더 나아가지 않았다. 순희 13년(1186)에 『시집전』과 『시서변설』을 수정하여서 완성한 뒤 비록 여전히 계속 수정하기는 하였지만 그의 시학 사상은 이미 아무런 발전이 없었다. 다만 순희 16년에 예장豫章에서 『시집전』을 간행했을 때, 기유년(순희 16년, 1189) 학문 저술의 총결에 배합하였다. 그는 정초鄭樵의 방법으로부터 배워, 「모서」를 끄집어내서 '몰아내어(驅逐)' 글 뒤에 붙임으로써 「모서」가 지닌, 경과 동등한 지위를 철저히 부정한다는 점을 표하였다.

주희는 예학禮學에서도 경經과 전傳을 분리하는 사상 아래, 동시에 새로운 인식에 도달하였다. 『예禮』석 종은 당 대唐代에 모두 경이 되었는데, 주희는 뜻밖에도 『예기禮記』를 진·한의 경사經師와 유생이 지은 것이라고 여겨서 전의 지위로 강등시켰다. 『의례儀禮』를 경으로, 『예경禮經』(『예기』)을 전으로 삼는 그의 사상은, 여조겸과 공동으로 예학을 토론하는 과정에서 형성되었다. 대략 그가 남강南康에 부임했다가 집으로 돌아온 뒤의 일이다. 그는 일찍이 자기가 정한, 곧 『예기』를 『의례』에 붙여서 편차篇次한 것을 여조겸에게 보내 의견을 구하였다. 그는 이 「문여백공삼례편차問呂伯恭三禮篇次」(『문집』 권74)에서 이미 나중에 완성된 『의례경전통해儀禮經傳通解』의 체계와 틀을 초보적으로 세웠다. 여조겸의 제자 노덕장路德章은 여조겸이 정한, 『예경禮經』을 『의례』에 붙여서 편차한 것에 근거하여 순희 14년에 우선 초고를 써서 주희에게 보냈다. 이것이 주희로 하여금 역시 똑같은 예학 저작에 착수하여서 완성하도록 부추겼다.

주희는 이해에 이 임무를 제자 반우공潘友恭에게 넘겼다. 그에게 보낸 편지에서 다음과 같이 말하였다. "『예기』는 모름지기 『의례』와 서로 참조하여서 한권으로 통하도록 정리해야 비로소 볼만합니다. 중간에 백공(여조겸)이 문인들로 하여금 그렇게 하도록 하였는데, 근래에 노덕장이 두 편으로 편집한 것을 보았더니 자못 차례가 있었습니다. …… 공숙恭叔(반우공)께서 한가한 날 작업을 하여 완성한다면 또한 한 가지 유익한 일이 될 것입니다. …… 지금 편목篇目이 있으니 먼저 기록하여서 보냅니다. 이것은 또 한 가지 사례이므로 노덕장의 경우와는 다릅니다."(『문집』 권50 「답반공숙」 서4)[4]

주희는 예학에서 오로지 정현의 설을 주로 삼는 것에 반대하고 여러 설을 널리 채집하라고 주장하였다. 이 때문에 그는 반우공에게 『예기』를 『의례』에 첨부하는 것 외에 또 『대대례기大戴禮記』, 『관자管子』 및 기타 경전류의 서적에서 예에 관한 논술의 글도 모두 편입시키라고 하였다. 그는 반우공에게 상세히 지도하고, 직접 범문範文을 써서 표준으로 삼았다.

반우공에게 보낸 편지에서 그는 자기가 편집하여 쓴 『예서』의 규모를 말하였다.

> 『예기』는 이렇게 편찬하는 것이 매우 좋습니다. 다만 취사선택이 너무
> 심한 까닭에 문자는 비록 적어도 공력은 참으로 많아서 …… 어제 저녁에
> 비로소 한 편을 끝마쳤으니, 이제 따로 기록하여서 보냅니다. …… 『의례

---

4 주희는 이때 반우공에게 예서禮書 편찬의 일을 맡겼는데, 상세한 내용은 『문집』 권54 「답노덕장答路德章」 서1, 권50 「답반단숙答潘端叔」 서3, 「답반공숙答潘恭叔」 서4·5·8, 권48 「답여자약答呂子約」 서3 등에 보인다. 「답반공숙」 서4는 「답여자약」 서3에 근거하면, 순희 14년(1187)에 쓴 것임을 알 수 있다.

부기(儀禮附記)는 마땅히 노덕장의 본보기에 의거해야 할 듯한데 …… 『대대
례기』 또한 합하여 거둬들여서 『의례』에 붙일 수 있는 것은 붙이고, 그리
할 수 없는 것은 다섯 가지 종류에 나누어서 넣어야 합니다. 『관자』 「제자
직(弟子職)」 편과 같은 것도 「곡례(曲禮)」의 부류에 합해서 붙여 넣어야 합니다.
그 밖에 경전류의 서적들 가운데 예(禮)를 말한 글은 함께 모아서 편집하여
별도로 책 하나를 만들어야 합니다. 『주례(周禮)』는 곧 제례(祭禮)·빈객(賓客)·사
전(師田)·상기(喪記)에 속하는 내용을 따로 분류하여 저마다 책을 하나씩 만
들어야 합니다. 이렇게 하면 예서(禮書)는 대략 갖추어집니다.

— 『문집』 권50 「답반공숙」 서8

주희는 이렇듯 이미 『의례경전통해』의 규모를 갖추었다. 다만 반우공도
몇 편을 썼다. 소희 2년(1191)에 이르러 주희가 장주(漳州)에서 사경(四經)과 사자(四
子)(사서)를 간행했을 때 제자에게 다음과 같이 말하였다. "지금 책 하나를 편정
하려고 하는데, 먼저 『의례』의 편목을 앞에 두고 『예기』를 뒤에 첨부하려고
한다. …… 예전에 이 범례를 반공숙(반우공)에게 주었는데 그도 몇 편을 정리
하였다. 지금은 상을 당해 일이 없으니 손을 댈 수 있으리라 생각한다."(『어류』
권84) 그가 반우공에게 맡겨서 지은 이 판본은 미완성의 『예서』이며, 『의례경
전통해』의 최초 초고가 되었다.

『예서』는 끝내 완성되지 못하였다. 그러나 순희 14년(1187)에 주희는 채원
정이 『율려신서(律呂新書)』를 수정하여서 완성할 때 도움을 주었는데, 이 일이
도리어 그의 예학 연구에 중요한 성과가 되었다. 이 책은 실제로 채원정이
주희와 합작하여 써냈다. 순희 12년 이래 두 사람은 끊임없이 왕복하며 상
의하고, 만나서 토론하였는데, 주희의 관점이 대부분 채원정에게 채택되어서
책에 편입되었다. 초고가 완성된 뒤 주희도 거듭 상세한 수정 의견을 제기하

였다.

주희는 본래 고(琴)의 기예에 정통하여 늘 고를 타면서 스스로 즐기고 성품을 닦고 몸을 수양하였다. 그는 자기가 갖고 놀던 자양금紫陽琴을 위해 명銘을 지었다. "그대 중화의 바른 성품을 기르고, 분노와 욕망의 나쁜 마음을 금하라. 하늘과 땅은 말이 없으나 사물에는 법칙이 있으니, 내 홀로 그대와 그 심오함을 낚으리라.(養君中和之正性, 禁爾忿欲之邪心. 乾坤無言物有則, 我獨與子鉤其深)"(『문집』 권85 「자양금명紫陽琴銘」)

초년부터 그는 이미 음악과 종률鐘律의 연구에 주의를 기울여서 한편으로는 '오늘날 사대부는 오음五音, 십이률十二律을 물어도 음을 깨닫지 못한다'고 통감하고, '악학樂學'을 설립하여서 천하 사대부들이 학습하도록 하기를 바랐다(『어류』 권92). 다른 한편으로는 또 정강靖康(1126~1127) 이후 남쪽으로 옮겨온 이래 5, 60년 동안 구차한 안정에 깊이 빠진 탓에 고악古樂과 고례古禮가 없어져서 '다시는 종률에 뜻을 삼은 자가 없다'(「율려신서서律呂新書序」)는 점에 통분을 느꼈다. 그래서 그는 음률을 깊이 연구하고, 채원정과 함께 공동으로 『율려신서』를 지었는데, 그 목적은 바로 '중원을 평정하고', '남과 북을 통일한 뒤 이 책을 가지고서 음을 심의하고 율을 조화시키며, 예악을 부흥시키는 데 사용하기를' 바랐던 것이다(동상).

채원정은 주로 악리樂理와 율수律數에는 뛰어났지만 결코 실제 악기의 연주에는 정통하지 않았다. 그 때문에 주희는 "계통季通(채원정)은 고를 타지 못한다. 그는 다만 사색만 할 수 있을 뿐이다. 연주하지 못하면 안 된다. 이는 바로 하학下學 공부가 없는 것인데, 우리는 모두 이런 병에 걸려 있다."(『어류』 권92)라고 하였다. 그는 채원정과 함께 『율려신서』를 지음에 서로 장점을 취하고 단점을 보완할 수 있었던 것이다.

『율려신서』는 이전 사람의 경지를 초월하여 율려의 옛 설을 추급해서 고찰하고, 근원을 끝까지 거슬러 올라가고, 여러 학자의 설을 변증하여서 융회 관통시켰다. 주희는 이 책을 위해 쓴 서문에서 율려에 관한 새로운 설이 모두 확실하게 근거가 있으므로 믿고 증험할 만하며, '가까이 보고 들어서 익숙해진 것에 얽매이지 않고', 또 '마음대로 억측을 하여서 함부로 만들어낸' 것이 아니라고 하였다. 그는 전체 책의 중요한 새로운 설을 개괄하여서 다음과 같이 인식하였다.

> 그 말이 비록 대부분 근세에 강론하지 못한 내용에서 나왔으나, 실로 한 글자도 옛사람이 이미 시험한 성법成法에 근본을 두지 않은 것이 없다. 예컨대, 황종黃鐘의 둘레와 지름의 수 같은 것은 한 대漢代의 곡斛을 가지고 푼수를 쌓아서 이루어진 것임을 고찰할 수 있다. 치(寸)가 구푼九分으로 법을 삼는 것은, 회남淮南·태사太史·소사마小司馬의 설에서 나온 것임을 추측할 수 있다. 오성이변五聲二變의 수와 변률반성變律半聲의 규례 같은 것은 두씨杜氏의 『통전通典』에서 구비하고 있다. 변궁變宮과 변치變徵가 조율할 수 없는 것은 공씨孔氏의 『예기소禮記疏』를 근거로 하여 또한 알 수 있다. 먼저 소리의 기운(聲氣)의 근원을 찾되 율律에 따라 척尺을 정함에 이르러서는 더욱 이른바 탁연한 것은 또한 뚜렷이 양한兩漢의 「율력지律歷志」와 채옹蔡邕의 설, 『국조회요國朝會要』 및 정자程子·장자張子의 말 여기저기에서 보인다.
> ……
> ─『문집』권76「율려신서律呂新書序」

이로써 『율려신서』는 주周·진秦 이래로 악리樂理와 악률樂律을 총결한 음악의 명저임을 알 수 있다. 율을 생성하는 법 가운데에서 수隋의 유천劉焯이 만든 등차급수법等差級數法은 절실하게 실용적이지는 않았기 때문에 점차 도태되었다.

채원정과 주희는, 양률陽律을 세 등분하여서 하나를 감하면 아래로 음률陰律을 낳고, 음률을 세 등분하여서 하나를 더 하면 위로 양률을 낳는다는 주·진의 삼분손익법三分損益法을 채용하였다. 그리하여 그 가운데 한漢의 법으로 소급하여 실제 음가를 심의한 것에 근거해, 대려大呂·협종夾鐘·중려仲呂 세 음률은 '삼분손일三分損一하여서 아래로 낳는다' 한 것을 '삼분익일三分益一하여서 위로 낳는다'는 것으로 고쳤다. 이는 바로 음조音調의 높낮이를 조화하기 위해 채용한 비교적 과학적인 방법으로서 두 이학자의 과학적 사변의 두뇌를 드러내고 있다. 『율려신서』는 또한 변률變律을 제시하였는데, 12률 외에 또 여섯 개 변률을 더하였다. 이와 같이 하면 매 율 하나가 돌아와서 궁이 되기 (旋相爲宮) 시작할 때 궁의 과정을 계산하는 데 더욱 편리하며, '크고 작고 높고 낮은 음을 서로 뒤섞어 논하지 않게' 된다(『율려신서』「변률」).

　　이 중요한 악률 사상은 주희가 편지 가운데 돌발적으로 내놓은 주장이다. 그는 채원정에게 보낸 편지에서 한 장을 전적으로 할애하여서 논술하려고 했던 생각을 밝혔다. "「후기候氣」 장은 이미 황종의 변반變半의 푼수가 있는데 앞 장에는 분명한 문장이 없습니다. 아마도 「정률正律」·「분촌分寸」 장 뒤에 따로 한 장을 둬서 육변률六變律 및 정반正半·변반變半의 성률聲律의 길고 짧음과 분촌分寸을 구체적으로 실어야 완전하게 구비되는 것입니다."(『문집』 권44 「답채계통」 서9) 이 여섯 개 변률은 한의 경방京房의 60률 가운데 제13률에서 제18률의 수치와 같으며, 모두 제12률 중려에서 시작하여 삼분손익법으로 계속 추연하여서 이루어진 것이다. 채원정과 주희는 이미 사라져서 전하지 않는 전대의 우수한 각종 악리·악률 사상을 발굴하여서 충분히 섭취하였던 것이다.

　　그러나 그들은 이러한 과학적 합리적 내핵을 가진 음악 사상을 음양가의 신비한 체계의 겉껍데기 속에 싸버렸다. 이학가는 대부분 '일원一元'의 방대한 체계를 만들어내기 좋아하는 버릇을 가지고 있다. '악樂'에도 본체화本體化

의 의의를 부여하려고 하였다. 『율려신서』에서는 또한 12률을 12월에 배당하였고, 그에 따라 『여씨춘추呂氏春秋』 음악 체계의 음양적 구조의 고풍스럽고 심오한 색채가 드러났다.

이 책에서는 더욱 '성기의 으뜸(聲氣之元)'이라는 설을 제출하여 "황종黃鐘이 홀로 성기의 으뜸이 된다. 비록 12률 84성이라 하더라도 모두 황종에서 나온다. 그러나 황종 일균一均은 이른바 순수한 것 가운데 순수한 것이다."(『율려신서』「팔십사성도八十四聲圖」)라고 보았다. 이는 경방의 '12률의 변화는 60에 이르니 팔괘가 변하여서 64괘에 이르는 것과 같다'(『후한서』「율력지律曆志·상上」)고 한 것과 동공이곡同工異曲의 묘가 있다. 이는 주희의 악학樂學이 그의 역학 또는 전체 이학과 함께 '일원'의 대응 관계를 취하게 하였다. 그가 '성기의 으뜸'이라는 설을 전체 책의 '더욱 이른바 탁월한 것'이라 한 것도 이상할 게 없다.

유가 예악 교화의 전통문화 사상에 둘러싸여서 악학과 예학은 똑같이 중요한 의의를 갖게 되었다. 따라서 주희에 대해 말하자면, 『율려신서』는 음악 원리에 대한 연구를 예술로 통하게 한 것이 아니라 예학으로 이끌어갔다. 그에게는 나중에 『의례경전통해』를 완성하는 데 한 방면의 준비가 되었던 셈이다. 그는 『율려신서』의 「본원本原」을 「종률鐘律」 편으로 간단히 개괄하여 『의례경전통해』에 편입시켰다.[5]

이렇듯 예학의 보충이 된 것으로는 또한 그의 효경학孝經學이 있다. 그가 기유년(1189)에 서문을 확정한 『대학장구』, 『중용장구』를 지표로 한 평생 제2차 학문 저술의 총결은 대체로 모두 경과 전을 구별하는 방법론적 원칙에 따

---

5 『옥해玉海』 권7 「율려신서」 조 아래에서 "주자朱子는 『예』를 정리하고 「종률」 한 편을 엮었는데, 모두 「본원」의 글을 이용하였다."고 하였다. 이 사실은 주희의 『속집』 권2 「답채계통」 서 59에도 보인다.

라 완성된 것이다. 이런 방법론은 그의 경학이 총체적으로 전통적인 경 해석 체계를 벗어난 반전통 경학의 색채를 띠게 하였는데, 그의 효경학 가운데서 이러한 색채는 더욱 강렬하게 표현되었다.

순희 13년(1186) 8월에 주희는 고문 『효경』에 근거하여서 『효경간오孝經刊誤』를 완성하였는데, 이는 그의 효경학의 확립을 상징한다. 이해에 그가 정형程逈으로부터 한 걸음 더 나아가 자기의 『효경』에 대한 관점을 실증한 것이 그로 하여금 『효경간오』를 쓰도록 직접적으로 재촉하였다. 그는 정형에게 회신을 보내, "『효경』에 관하여 제가 의심하는 바는, 왕 어른(汪丈, 왕응신汪應辰)에게도 이런 설이 있음을 말하지 않았다는 것입니다. 근래 또 몇 군데 조목별로 진술하였으니 나중에 받들어 올리겠습니다."(『별집』권3 「정사수가구程沙隨可久」)라고 하였다.

경과 전의 분리 사상에 따라 그는 『효경』을 경 한 장과 전 열네 장으로 나누고, 경 한 장은 단연코 공자와 증자曾子가 묻고 답한 말로서 증씨曾氏의 문인이 기록한 것이며, 전 열네 장은 진·한의 유생이 전해진 기록에서 잡다하게 인용하여 지은, 곧 경을 풀이하는 글이라고 보았다. 이 때문에 그는 글 가운데 '자왈子曰'과 『시』·『서』에서 잡다하게 인용한 글 220자를 삭제하였다. 종래 『효경』을 '공자가 스스로 지은 책이라고 여긴 것은 더욱 가소로운 일'이라고 선포함으로써 당 현종의 어주御注 『효경』 이래 효경학의 작은 통일의 시대가 주희에 의해 파괴되었던 것이다. '공자가 『효경』을 제작하였다'고 한 위서緯書 『수신계授神契』와 '뜻은 『춘추』에 있고 행함은 『효경』에 있다'고 한 『구명결鉤命決』의 신화도 그의 사변적 회의의 정신에 의해 소탕되었다.

조신趙眘(효종)이 '효'로써 천하를 다스리는 '성효한(聖孝)' 황제이고 『효경』이 성인 공자의 저작이라는 사실은, 그들 사이에서는 털끝만큼의 회의도 절대 허락되지 않았다. 불학무식하고 아무런 재주도 없으며, 화친을 구걸한 황제 조구趙構(고종)마저도 소흥 14년(1187)에 친히 『효경』을 '써서(御書)' 천하 각주에 모두 각석刻石하라는 조서를 내렸다.[6] 이런 사실은 풍자의 의미를 지니고 있다.

그러나 주희는 바로 이 황제가 베껴 쓴 『효경』 판본을 근거로 『효경간오』를 썼다. 그는 상오向浯에게 보낸 편지에서 "어서御書 『고문효경古文孝經』의 탁본이 있으신지요? 한 부를 구하고자 합니다. 선본善本이 없는 까닭에 그 책이라도 얻어서 바로잡고자 합니다."(『별집』 권4 「상백원向伯元」 서7)라고 말하였다. 이는 조구 부자의 눈에는 간단히 말해서 성경을 모독하고 무례하게 취급하는 행위였다.

후대의 유학자들은 오로지 주희가 경문經文을 산삭하고 개정하는 풍조를 열었다고 어지러이 질책하였다. 그러나 잘못을 바로잡으려다 정도를 지나친 (矯枉過正) 의경疑經은 사람들이 천백 년 동안 유가 경전을 신성한 것으로 받들어온 전통적 심리와 문화적 노예근성을 타파하기에는 부족함이 없었다. 주희의 『효경간오』가 세상에 나온 뒤 천백 년 동안 공자의 성경으로 여겨진 『효경』의 신성한 지위도 사실상 끝이 났다.

주희가 기유년에 이르러 완성한 평생 두 번째 학문 저술의 총결은 상서학尙書學과 춘추학春秋學에서는 아직 저술의 성과가 없었다 하더라도 그의 전통적인 경 해석 체계를 벗어난 경학 체계는 이미 동시대 사람들이 미칠 수 없는 인식의 높이에까지 도달하였다. 완전히 경經으로 되고 이학화한 그의 『사서집주』의 사서학과 견줄 때 그의 오경학은 분명 경의 기풍과 이학의 기풍이 비교적 적었다. 그의 사서학이 그러한 것처럼 의도적으로 오경을 순수한 경

---

6 『옥해』 권55 「소흥사어서효경紹興賜御書孝經」 : "14년 7월 신미에, 모든 주州에 황제가 쓴 『효경』을 각석하라고 조서를 내렸다."

서로 보려 하지 않았고, 오경학 연구를 완전히 자기 이학 사상의 유심적 모형에 집어넣었기 때문에 그의 오경학은 상대적으로 정치적 편견의 왜곡을 많이 받지 않았다. 그리하여 역사 문화 연구의 특색과 이학의 편견이 비교적 적은 사실 추구의 정신(求實精神)을 체현하였다. 이런 사실은 물론 후세의 통치자들이 필연적으로 그의 오경학에 견주어 사서학을 더욱 중요히 간주하도록 하였지만, 도리어 또한 그의 사서학에 견주어 오경학이 더욱 장구한 문화 역사의 생명을 갖도록 하였다.

인본주의 사서학四書學 체계

주희는 이미 기유년(1189)에 『사서집주』의 사서학 체계를 완성하였다. 정유년(1177)에 평생 학문을 처음 총결한 뒤 끊임없이 『사서집주』를 수정하는 가운데 그는 자기의 사서 체계에 내재하는 한 가지 약점을 감지하였다. '대학大學'은 있지만 '소학小學'이 없다는 점이었다. '소학'이 없고서는 그의 사서학이 체계상 아직 완정하지 않을 뿐만 아니라, 또한 '덕성의 함양은 모름지기 경으로써 하고, 학문의 진보는 치지에 달려 있다(涵養須用敬, 進學則在致知)'는 그의 사상과 학문의 대지에 저촉이 되었다. 왜냐하면 그의 경지쌍수敬知雙修(경건과 앎을 함께 닦는다), 성명양진誠明兩進(성실과 밝힘을 함께 추진한다)은 경건의 함양을 위주로 하는데(◦주경主敬), 『대학』은 도리어 먼저 격물치지格物致知를 말하고, 격물·치지로 말미암아 정심正心·성의誠意·수신修身·제가齊家로 나아가, 치국治國·평천하平天下에 이르는 차례로 되어 있으므로, 먼저 치지로써 학문에 나아가고 다시 경건으로써 함양하는 것이기 때문이다. 그는 사서학 속의 이러한 허점을 '소학'으로 메웠다.

그가 보기에, 물 뿌리고 청소하고(灑掃), 대답하고 상대하고(應對), 나아가고 물러나는(進退), 어린이(童蒙)의 소학 공부는 바로 경건의 함양으로부터 착수하며, 성인이 된 뒤 태학太學에 들어가면 궁리窮理·치지致知로부터 착수하는 것이었다. 그러므로 조기원曹器遠(조숙원)이 '경건은 소학에는 해당하지 않는다'고 인식했을 때, 주희는 '경건은 이미 소학을 포함한다'고 회답하였다(『어류』권7).

소학과 대학의 관계는 '일(事)'의 가르침과 '이치(理)'의 가르침의 통일이며, '소학은 바로 그 일을 이해하는 것이고, 대학은 그 이치를 궁구하는 것'이다. "옛날에는 초년에 소학에 들어가면 다만 일(事)로써 그들을 가르쳤다. 예컨대 예악사어서수禮樂射御書數 및 효제충신孝弟忠信의 일과 같은 것이다. 열예닐곱 살부터 태학太學에 들어가면 그 뒤부터 그들을 이치(理)로써 가르쳤다. 예컨대 치지격물致知格物 및 충신효제를 하는 까닭(所以) 같은 것이다."(동상) 소학의 근본 목적은 '스스로 다른 마음(他心)을 기르는 것'이다(『어류』 권7). 이와 같이 그는 소학과 대학을 통일하고, 그리하여 용경用敬과 치지致知를 통일하였다. 그가 순희 14년(1187)에 『소학』의 서문을 확정한 일은 소학도 『사서집주』의 사서학 체계에 편입된 것을 상징한다.

『소학』은 또한 주희가 절학浙學과 벌인 논전의 산물이며, 이는 그가 전체 사회를 위해 처방한, 쇠약한 세상에 공리의 거센 물결이 범람하는 것을 고치는 도덕의 양약 한 첩이었다. 절동의 학자가 공리에 치달리는 것은, 그가 보기에 바로 소학의 수양 공부 한 단계가 결핍되었기 때문이다. 덕성을 높여서 자율로 거둬들이지 못하고, 그들의 내면을 향한 정심正心을 가벼이 여기며, 향외적 공리 추구의 고질병을 조성함으로써 이익의 바다와 욕망의 파도에 깊이 빠져서 스스로 헤어나오지 못하는 것이었다.

순희 9년(1182)에 절동 제거로 부임하여 광범위하게 절학을 접촉하고 돌아온 뒤 주희는 황균黃㽦에게 보낸 편지에서 절동 학자의 이와 같은 사상적 고질을 비평하며 다음과 같이 말하였다. "주경主敬은 바로 소학의 존양存養에 관한 일이니, 이를 곧 독행篤行이라고 말할 수는 없습니다. 반드시 수신修身과 제가齊家 이하를 행해야만 비로소 이를 독행이라고 할 수 있을 뿐입니다. …… 근래 절동에 가서 학자가 공부하고 토론하는 모습을 보았는데 대부분 한쪽으로 치우쳐 있어서 매우 염려가 됩니다"(『문집』 권51 「답황자경答黃子耕」 서3)

순희 11년(1184)에 진량, 여조검과 함께 의리, 왕패 논전을 벌일 때 주희는 여조검에게 보낸 편지에서 더욱 강조하여 다음과 같이 말하였다. "앞서 편지에서 용모를 바르게 하고 삼가 절도를 갖추는 공부는 생각보다 힘을 더해야 한다고 하셨습니다. 이것은 본래 소학小學의 일입니다. 그러나 이전에 공부를 하지 않았고 지금 다시 보충하지 않는다면 끝내 흠이 생겨서 도리어 대학大學의 병이 됩니다. …… 대체로 이 학문은 덕성을 높이고(尊德性), 놓친 마음을 찾는 것(求放心)을 근본으로 삼고, 성현의 친절한 교훈을 강론하여 열어서 밝히는 것입니다. 이것이 절실하게 추구해야 할 임무입니다."(『문집』 권47 「답여자약答呂子約」 서24) 이 편지에서 주희는 이미 자기가 지은 『소학』의 주지主旨를 밝히고 있었다.

소학의 주경主敬, 존양存養이 도달하는 곳은 역시 바로 덕성을 높이고 놓친 마음을 거둬들이는 문제였다. 이 때문에 소학에서도 주학은 육학과 서로 일치하나 절학과는 서로 어긋나는, 학파와 사상의 같은 점과 다른 점을 선명하게 반영한다. 주희는 의도적으로, 육구연을 사사한 강서 학자 유청지劉淸之에게 『소학』을 짓는 임무를 맡겼다. 이 『소학』은 실제로 주희와 유청지가 합작한 저작이지만 최종적으로는 역시 주희의 손에서 이루어졌다. 나중에 사람들은 『소학』을 주희의 이름으로 간행한 유청지의 저작으로 여기는데, 사실 주희가 여씨呂氏의 『향약鄕約』을 증손增損하면서 「제자직弟子職」을 주석하고, 「제자직」과 「여계女戒」를 배합하여 『서의書儀』를 찍어낸 것은 모두 『소학』을 짓기 위해 준비한 일들이었다.

주희는 일찍이 순희 10년(1183)에 무이산으로 돌아와서 강학을 하였는데, 이미 무이정사의 학자들을 위해 간략한 『소학』의 대강을 편찬하였다. 유청지는 그의 영향을 받아서 별도로 규모가 상당히 큰 소학서를 편찬하였다. 주희는 이해 7월 유청지에게 보낸 편지에서 두 책의 우열을 비교하여 중편重編하는 『소학』에 대해 상세히 지도하였다. "『소학』 책은 이미 정리가 되었습니까? 속히 정리해서 인편을 통해 보내주신다면 다행하고 다행하겠습니다. 전날 답을 드릴 때에는 다만 여기서 엮고 있는 것과 같기만 바랐습니다. 지금 자세히 생각해보니, 그대가 말한 기획보다는 좋지 않다는 생각이 듭니다. 다만 이제 그대가 엮은 것(「입교立敎」, 「명륜明倫」, 「경신敬信」 세 편)은 모두 법제法制에 관한 말들인데, 만약 다시 '가언嘉言', '선행善行' 두 종류를 첨가하고자 하신다면, 곧 두 종류의 내용 속에 모름지기 각각 경經, 사史, 자子, 집集의 말을 고루 뽑아서 편집해야만 그 설명이 구비될 것입니다. 모름지기 요약해서 취하고 너무 산만하지 않게 하는 것이 좋으며, 문장文章은 더욱이 들떠서는 안 됩니다. 예컨대, 「이소離騷」의 충직하고 고결한 뜻은 본래 또한 숭상할 만합니다. 그러나 정경正經 한 편에 이미 다양하게 나와 있으니, 이는 모름지기 더욱 자세히 판단하여 택해야 합니다. 『서고敍古』, 『몽구蒙求』에서 뽑은 것도 너무 많고, 심오하고 난삽하여 읽기 어려우니 아마도 계몽의 자료는 아닌 듯합니다. 오히려 옛 악부樂府 및 두자미杜子美(두보) 시의 뜻이 좋으니 거기에서 취할 만한 것도 많습니다. 이런 것들은 기쁘게 읊조릴 수 있고 마음에 쉽게 들어오게 할 수 있으므로 유익함이 가장 많을 것입니다. 편지에서 또 정씨程氏(정이)의 이론을 주장한다는 혐의를 피하고자 하는 뜻이 있는데, 정씨가 어찌 우리들이 주장하기를 기대했겠습니까? 그러나 말을 세워서 가르침을 드리우는 일은 구원久遠한 일과 관계되니, 또한 어찌 응당 이런 혐의를 피해야만 하겠습니까?"(『문집』 권35 「답유자징答劉子澄」 서7)

그러나 유청지는 정학程學을 주로 한다는 참소를 만나 재앙을 입을까 두려워서 주희의 의견에 전혀 따르지 않고 악주鄂州에서 순희 11년(1184)에 황급히 『소학』을 찍어냈다.(*당시 유청지는 악주 통판通判으로 있었다) 주희는 이 악주본 『소학』이 자연 불만스러워서 순희 12년 1월 26일에 유청지에게 편지를 써서 다음과 같은 인식을 말하였다. "『소학』은 너무 서두른 점이 안타깝습니다. 아직 윤색도 하지 못하였습니다. 근래에 대략 수정했는데, 매 장의 첫머리에 인용한 원전이나 인용한 저자의 이름(名)과 자字를 추가하고 또 별도로 운을 따라서 제사題詞를 붙여 아동이 학습하기에 편하게 했습니다. 이제 대충 한 부를 적어서 보내니 보십시오. 다른 때 여가가 생기면 빠진 고사故事를 보충해주시기 바랍니다."(동상, 「여유자징與劉子澄」 서11)

유청지는 나중에도 결코 증보와 수정을 하지 않았으며, 주희는 다만 스스로 두 학자의 책을 참고하여서 『소학』을 중편하고 전면적으로 개정하여서 정호·정이·주돈이·장횡거(장재)의 사상을 두드러지게 드러냈다. 7월 9일에 주희는 유청지에게 보내는 편지에서 이때의 대대적인 개편을 언급하였다.

> 『소학』은 현재 수정하고 있는데 고금의 고사故事를 더 보태고 있으며, 수편首篇을 책의 말미로 옮겨서 초학자가 책을 펼치자마자 곧 받아들여 쓸 수 있도록 하였습니다. 그리고 마지막 권에 주자周子(주돈이), 정자程子(정호와 정이), 장자張子(장재)가 사람을 가르친 대략의 내용과 『향약』, 『잡의雜儀』와 같은 부류의 글을 더 보태서 별도로 하편下篇으로 만들었습니다. 모두 여섯 편으로 정하였습니다.
> ──동상, 「여유자징與劉子澄」 서12

실제로 주희는 유청지가 악주본을 보내오기 이전에 이미 채원정과 함께 자기의 『소학』 편집본을 근거로 수정을 진행하였다. 이 사실은 그가 채원정에게 보낸 편지에서 살펴볼 수 있다. "『소학』 책자는 접때 가져가셨는데 지금 빨리 보내주시기를 아룁니다. 그러면 이 몇 항목에 주석을 첨가하여 곧 장인(匠家)에게 넘길 수 있을 것입니다. 자징(유청지)이 악주본을 보내왔는데, 지금 한 부를 보내드립니다."(『속집』 권2 「답채계통」 서51) (유청지가) 악주본을 찍어서 보내온 뒤 그는 또 이 (채원정의) 편집본을 참고하였다. 이는 바로 그가 반우공에게 보낸 편지에서 "『소학』은 미완성인데, 유자징이 판각하였습니다. 현재 수정을 하고 있으니, 조만간 이루어지면 마땅히 책방(書市)으로 보내 별도로 간행하여서 완성되면 응당 보내드리겠습니다."(『문집』 권50 「답반공숙」 서7)라고 말한 (내용의 전말)이다. 그러므로 『소학』은 주로 주희가 지은 것이며, 순희 12년(1185)에 완성하고, 순희 14년에 서문을 확정하여서 간행하였음을 인정할 수 있다.

『소학』 한 책은 주희의 도덕주의 이학 문화의 정신을 관철하고 있다. 그는 소학 교육을 완전히 예교화禮敎化, 이학화하였다. 『소학』은 봉건 선비들에게 소학으로 말미암아 대학으로 나아가는 '성학聖學'의 사다리(階梯)를 제공하였으며, 또한 도덕의 영혼을 잃어버린 채 단지 장구章句를 외고 읊조리는, 껍데기만 남은 봉건 소학 교육에 새로운 교과서로 제공되었다.

그가 집착한, 감상적感傷的 이상의 색채를 갖춘 인본주의는 그의 소학 교육 가운데 스며들어서 어린이(童蒙)를 또한 인성人性이 소외된 '사람(人)'으로 삼아 고찰하게끔 하였다. 그리하여 그는 「소학제사小學題詞」에서 다음과 같이 선포하였다. 소학 교육은 바로 사람의 착한 본성을 향한 복귀를 실현하려는 것이다. 왜냐하면 사람은 본래 성품이 착하지 않음이 없으나 다만 '물욕이 번갈아 가리고(物欲交蔽)', '이욕이 어지러이 섞여서(利欲紛拏)' 착한 본성이 가려지고 해침을 받으므로 소학의 임무는 바로 사람을 어린이 시절부터 본성이 착했던 원초적 상태로 돌아가도록 이끄는 것이다. 설령 이런 목표에 완전히 도달하지는 못한다 하더라도 역시 이러한 인성의 원초적 상태로 회복하기(復初) 위해 기초를 세워야 한다. 이 때문에 그는 "소학의 방법은 물 뿌리고 청소하고 대답하고 상대하는 것이다. 들어와서는 효도하고 나가서는 공경하며, 행동에 혹시라도 패악함이 없게 한다. 실천하고 남은 힘이 있으면 『시경』의 시를 읊고 『서경』의 글을 읽는다. 노래하고 춤을 추되 생각이 혹시라도 법도를 넘지 않는다. 이치를 궁구하고 몸을 닦는 것이 이 (소학의) 배움의 대지(大)이다. 밝은 명(明命, 하늘이 품부한 고유한 명령)이 밝게 빛나면 안팎이 있지 않다. 덕이 높고 사업이 넓어져야 이에 그 처음을 회복한다."(『문집』 권76)라고 하였다.

이는 또한 사회의 문제를 일체 도덕으로 해결하라고 호소하는 그의 인본주의의 환상을 드러낸다. 그는 인성의 타락이 만회할 수 없는 도덕적 퇴행과 세상 풍조의 쇠퇴, 사회의 침륜沈淪을 조성하였다고 보았다. 그러나 그가 사람을 복귀시키려는 인성의 구체적 내용은 인의예지, 효제충신과 같은 유가의 도덕에 지나지 않았다. 따라서 그가 추진하고 강화하려는 도덕교육의 새로운 소학 교육은 실제로는 봉건 인륜을 주입하고 삼강오상을 강화하는 도구가 되었다. 본래 봉건 통치자의 도덕 상실 및 그 사회적 죄악을 비판하는 의의를 갖춘 그의 소학은 애초부터 일종의 경직된 어린이의 예교禮敎로 변하고, 후세에 봉건 통치자에게 받아들여져서 더욱 추진되게끔 결정하였다. 이는 도덕으로 세상을 구원하려 했던 그의 인본주의의 역사적 비극이다.

송 대에 관학 외에 벌 떼처럼 일어난 사설 서원과 정사精舍는 사회의 저층과 부녀자와 어린이의 뇌리에 신속하게 이학 문화를 전파하였다. 이들 서원과 정사에서는 모두 이학의 계몽 교재 편찬을 특별히 중시하여서 지나치게 자세하고 번잡하며, 치밀한 소학 교육의 이론과 교학 방법을 제정하였다. 『소학』은 바로 이런 이학 교육의 사조가 들끓는 가운데 이에 순응하여서 생겨났다. 이는 주희의 다른 두 종의 어린이 교재인 『훈몽절구訓蒙絶句』, 『동몽수지童蒙須知』와 함께 완정한 소학 교육의 체계를 구성하였다.

순희 14년(1187)에 주희가 『소학』을 간행하기 전후로 소학의 계몽은 그 스스로 주의를 기울인 중요한 문제가 되었다. 그의 지도 아래 제자들도 존경하는 스승을 본받아 저마다 어지러이 자기의 사숙私塾과 몽관蒙館에서 스스로 이학의 훈몽 교재를 편찬하여 통속하고 이해하기 쉬운 형식으로 어린이를 향해 선생의 이학 사상을 들이부었다. 그 가운데 가장 유명한 교재는 정단몽程端蒙의 『성리자훈性理字訓』이다.

이 책은 소학의 이학적 자전字典으로서, 『사서집주』에 근거하여 성性·명命·심心·정情·재才·지志 등 30개 이학의 범주를 정제한 뒤 통속하게 풀이를 하고, 아울러서 주희가 구절(句子)과 성운聲韻을 가지런히 정돈한 것을 본받아 어린이가 외우고 익히기 편하게 한 것이다. 주희는 순희 14년(1187) 11월에 정단몽에게 편지를 써서 크게 칭찬하였다. "소학의 『성리자훈』은 매우 좋습니다. 내용은 비록 많지 않으나 도리어 큰 『이아爾雅』입니다."(『문집』 권50 「답정정사答程正思」 서18)

이 『성리자훈』은 진순陳淳이 펴낸 『사서성리자의四書性理字義』의 선구가 되었다. 얼마 뒤 정약용程若鏞이 이 책을 증보하고 넓혀서 6문門 183조로 만들고, 명의 주승朱升이 또 덧보태어서 184조로 만들었는데, 당 이래의 『천자문千字文』을 대체하여 송 말에서 명 초에 이르기까지 어린이 교육의 교과서로 유행하였다.

정단몽은 순희 14년에 동수董銖와 함께 소학의 『학칙學則』을 제정하였는데, 이는 주희의 소학 교육 사상에 대해 정확하고 요령 있게 개괄한 것이다. 이는 학생을 위한, 자기를 다스리고(律己), 남을 대하고(待人), 사물을 접할(接物) 때 따라야 할 도덕 준칙으로서, 후세 이학 교육가의 눈에는 거의 주희의 저작과 동등한 권위를 가졌다. 요로饒魯는 말하기를, 정단몽과 동수의 『학칙』은 오로지 '함께 모여 살아갈 때 일상생활에서 늘 지켜야 할 법도(群居日用之常儀)'를 서술한 것이며, 주희의 「백록동원규白鹿洞院規」는 '학문의 굉대한 강목(學問之宏綱大目)'을 발휘한 것으로서, '양자'는 근본과 말단이 서로 배합하고 안팎을 서로 길러서 도에 들어가는 방법을 구비한 것이라 하였다(『정씨가숙독서분년일정

程氏家塾讀書分年日程』).

　주희 스스로도 『학칙』에는 '옛사람의 소학의 남은 뜻이 있다'고 인정하였다. 11월에 특별히 「발정동이선생학칙跋程董二先生學則」 한 편을 지어서 힘써 널리 펴며, "무릇 상숙庠塾(지방 학교와 가숙)의 스승이 된 자가 이 학칙을 가지고서 학도를 이끌면, 이른바 어른은 덕이 있고 어린이는 학업에 나아간다 한 것을 오늘에 다시 볼 수 있을 것이다."(『문집』 권82)라고 여겼다. 바로 이해에 주희는 『소학』을 '무이정사 소학의 책'으로 정하고, 무이정사 학도들의 교과서로 삼았다. 『성리자훈』과 『학칙』도 '무이정사 소학의 책' 가운데 편입시키려고 계획하였다. 그는 자기의 소학 교육 사상을 무이정사에서 학도를 가르치는 실천 속에 관철시켰던 것이다.

　주희는 바로 이러한 소학에서 대학으로, 『소학』에서 『사서집주』로 자기 사서학 체계를 발전시켜 완전하게 함으로써 『사서집주』의 사서학 체계가 용경用敬과 치지致知, 존덕성尊德性과 도문학道問學, 경이직내敬以直內(경으로써 안을 바르게 함)와 의이방외義以方外(의로써 밖을 반듯하게 함)의 통일의 정신을 체현하게끔 하였다.

　이는 또한 구불구불 길고 긴 이학의 탐색의 길이기도 하였다. 정유년(1177) 평생 학문 저술의 제1차 총결 이후 그는 멈추지 않고 『대학장구』와 『중용장구』, 『논어집주』, 『맹자집주』를 수정하였고, 순희 8년(1181)에 이르러 남강군南康軍의 직임에서 돌아온 뒤 한 차례 대대적인 수정을 하였다. 이것이 바로 그가 유청지에게 보낸 편지에서 "틈을 내서 『중용』과 『맹자』 하책下冊을 수정하였습니다. 『맹자』는 공도公度(유맹용劉孟容)의 두루마리를 얻었는데, 매우 도움이 되었습니다. 지금 또 이 경서들을 수정하고 있습니다."(『별집』 권3 「답유자징答劉子澄」 서2)라고 한 사실이다.

　이때의 전면적인 수정은 그가 순희 9년(1182)에 절동 제거로 부임하여 처유 간행한 『사서집주』를 위한 준비가 되었다. 나중에 그는 송약수宋若水에게 보낸 편지에 이때 무주婺州에서 처음 판각한 일을 다음과 같이 언급하였다. "또 『대학』·『중용』과 「대학서大學序」·「소학서小學序」 두 편을 보냈는데, 보셨으면 다행이겠습니다. 『대학』은 『중용』 앞에 있어야 합니다. 내가 예전 절동에 있을 때 간행한 판본을 함께 편집하였습니다. 아마도 구창勾倉(*생각건대, 절동제 거 구창태勾昌泰를 가리킨다)이 아직 거기 있을 터이니, 가서 구할 수 있을 듯싶습니다."(『문집』 권58 「답송심지答宋深之」 서2)

이 보무각본寶婺刻本은 주희가 처음 『대학장구』와 『중용장구』, 『논어집주』, 『맹자집주』를 모아서 하나로 편집하여 합각合刻한 것이다. 이로써 경학사에서 '오경五經'과 상대되는 '사서四書'라는 명칭이 처음으로 출현하였다. 다시 말해 『대학』·『중용』·『논어』·『맹자』 네 경이 오경학 외에 독립적인 사서학의 체계로 경학 문화사에 출현하고 확립했음을 나타낸다. 순희 11년(1184)에 광동 안무사 반주潘疇와 광서 안무사 첨의지詹儀之가 덕경德慶에서 찍어낸 『사서집주』는 바로 보무본을 사용한 것이다.

그러나 주희가 재빨리 보무본을 부정하고 곧 잇따라 한 차례 대대적인 수정을 한 때는 순희 12년이었다. 이것이 바로 그가 유청지에게 보낸 편지에서 "여러 책을 올해 모두 한 차례 수정하였는데, 옛날에 비해 참으로 간이簡易하고 유창해졌습니다."(『문집』 권35 「여유자징與劉子澄」 서12)라고 한 것이다. 순희 13년에 이르러 그는 또 한 차례 더욱 대규모로 수정을 하였다. 반우공에게 보낸 편지에서 그는 스스로 '『대학』·『중용』·『논어』·『맹자』를 수정하였는데, 자못 옛 판본보다 낫다'고 평가하였다(『문집』 권50 「답반공숙」 서4). 이 같은 두 차례 대규모 수정 뒤의 정본定本은 바로 같은 해(1186) 첨의지에 의해 광서의 정강靜江 (계림桂林)에서 간행되고 조여우趙汝愚에 의해 사천 성도에서 간행되었다.

순희 13년의 수정은 주로 『대학』과 『중용』에 집중되었다. 그는 첨의지와 반우단潘友端에게 보낸 편지에서 모두 구체적으로 서술하였다.

『중용』과 『대학』의 옛 판본(*생각건대, 덕경본德慶本을 가리킨다)은 이미 받았습니다. 두 책은 고친 곳이 더욱 많아서 간행하지 않은 것을 다행이라 여기며, 감히 다시 새 판본을 보내드리지 못하겠습니다. …… 「중용서中庸序」에서 요堯와 순舜이 전수한 내력에 대해서는 근원을 매우 자세하게 탐구하여서 한 단락을 첨가하였습니다. 『대학』 「격물 장格物章」 가운데 공부의 정도를 개정한 것이 매우 분명하며, 쓸데없는 설을 삭제하고 변론한 곳이 극히 많습니다. 옛 판본이 참으로 진실을 보지 못했던 것입니다. 『논어』와 『맹자』 두 책은 모두 밝은 혜안으로 이와 같음을 간파하신다면 졸렬한 제가 다행히 오늘날과 같은 근심이 없을 것입니다.

— 『문집』 권27 「답첨수答詹帥」 서3

『논어혹문論語或問』을 구한다고 하셨는데 이 책은 오래도록 공들여 수정한 것은 아니지만, 『논어집주』는 확정되지 않은 내용을 여러 차례 고쳤기 때문에 도리어 『논어혹문』과 앞뒤가 서로 대응하지 않습니다. …… 올해 여러 책을 모두 한 차례 수정하였으며, 『대학』에서 고친 것이 더욱 많습니다. 옛 판본에 견주어서 극히 상세하고 세밀합니다.

— 『문집』 권50 「답반단숙答潘端叔」 서2

주희는 완전히 '함양은 모름지기 경건으로써 하고, 학문에 나아감은 앎을 끝까지 이룸에 있다'는 학문의 대지에 따라 『사서집주』를 수정하였다. 그는 이일분수理一分殊의 기초 위에서 이학의 세계관과 방법론을 통일하였다.

『대학』은 그가 생각하기에 학문의 대강大綱이며 그 가운데 그가 보충하여 써넣은 「격물格物」 장은 강령 중의 강령이었다. 이 한 장에서 그가 강조한 것은 '사물에 나아가 그 이치를 궁구하는(卽物而窮其理)' 것으로, 사물을 떠나서 '이치를 궁구하는 것(窮理)'에는 반대하였다. 그래서 그는 심지어 '격물格物'을 말하고 '궁리窮理'는 말하지 말 것을 주장하였다. 왜냐하면 '궁리'는 말하고 '격물'을 말하지 않으면 '이 도리를 허공에 매달린 물건(懸空底物)'으로 삼을 위험이 있고, 도가와 불교의 공허한 도, 공허한 이치에 흐를 것이기 때문이다. 이런 까닭에 그는 반복하여서 『대학』은 "궁리를 말하지 않고 다만 격물을 말하였으며, 바로 사람이 사물에 나아가 이해하기를 바랐다. 이렇게 하면 비로소 실체實體를 볼 수 있다."고 강조하였다. "'궁리' 두 글자는 격물만큼 절실하지 않으니, 바로 사물에 나아가 끝까지 궁구해야 한다."(『어류』 권15)고 인식했던 것이다.

주희의 즉물궁리卽物窮理는 즉심오리卽心悟理를 강조하는 육씨陸氏(육구연)의 심학과 명확하게 경계를 그었을 뿐만 아니라, 또한 사물을 떠나서 이치를 추구하는 도가와 불교의 현론玄論과 일반의 썩은 선비와 속된 선생(腐儒俗師)의 성리性理에 관한 공허한 담론과도 분명하게 선을 그었다. 그리하여 정주 이학程朱理學의 방법론적 근본 원칙이 되었고, 이미 일종의 '근대' 문화 정신의 역사적 계기를 어렴풋이 함축하였다.

이때 「격물」 장의 수정에는 한 걸음 더 나아가 그의 즉물궁리 사상이 관철되었다. 그는 이와 서로 대응되는 「중용장구서中庸章句序」를 수정하면서 다음과 같은 한 단락을 집어넣었다.

대체로 일찍이 논하건대, 마음의 허령虛靈한 지각知覺 작용은 하나일 따름이다. 그런데 인심人心과 도심道心의 다름이 있다고 하는 것은, 혹은 형기의 사사로움에서 생기고(生於形氣之私), 혹은 성명의 올바름에서 근원하기에

(原於性命之正) 지각하는 것이 다르기 때문이다. 그래서 혹은 위태로워서 편안하지 않고 혹은 미묘하여서 보기가 어려울 뿐이다. 그러나 사람은 이 형체를 가지고 있지 않은 이가 없기 때문에 비록 상지上智라도 인심이 없을 수 없고, 또한 이 성을 가지고 있지 않은 이가 없기 때문에 비록 하우下愚라도 도심이 없을 수 없다. 두 가지는 사방 한 치(方寸, 마음) 사이에 섞여 있으므로 다스릴 방법을 알지 못하면 위태로운 것이 더욱 위태로워지고, 은미한 것이 더욱 은미해져서 천리天理의 공변됨이 끝내 인욕人欲의 사사로움을 이기지 못할 것이다. 정밀하면(精) 두 가지의 사이를 살펴서 섞이지 않게 하고, 한결같으면(一) 본심本心의 올바름을 지켜서 떠나지 않게 한다. 이에 종사하여 조금도 사이에 끊어짐이 없어서 반드시 도심을 한 몸의 주인으로 삼아 인심이 매양 명을 듣도록 하면 위태로운 것이 편안하게 되고, 은미한 것이 드러나게 되어서, 움직이고 고요하고 말하고 행하는 것이 저절로 지나치거나 미치지 못한 어긋남이 없게(無過不及之差) 될 것이다.

—『문집』 권76 「중용장구서」

　　이는 정주 이학程朱理學의 열여섯 자 심전(十六字心傳)의 경전적 해석으로서, 경건을 주로 하여 마음을 지킴으로써, 공리公理를 보존하고 사욕을 멸하여서 착한 본성의 시초로 복귀하는 주희의 인본주의 사상 체계를 고도로 개괄한 것이다. 「격물」 장의 수정이 '배움에 나아감은 앎을 끝까지 이룸에 있다'는 사상을 관철함으로써 '분수分殊'를 두드러지게 강조하는 것이라고 한다면, 「중용장구서」의 수정은 곧 '함양은 모름지기 경건으로써 한다'는 사상을 관철하는 것으로서 '이일理一'을 두드러지게 강조하는 것이다. 이 두 방면의 통일은 그가 이 시기 『사서집주』를 수정할 때 지도적인 사상이 되었다.
　　그러나 정강본靜江本과 성도본成都本은 그의 『사서집주』 사상 체계의 발전에서 본다면 별로 대수롭지 않은 판본에 지나지 않았다. 그의 끊임없는 자아 부정의 반성은 빠르게 또 이들을 초월하였던 것이다. 나중에 위료옹魏了翁은 「주씨어맹집주서朱氏語孟集注序」에서 이 성도본과 만년 정본의 차이를 비교하여 다음과 같이 말하였다. "보한경 광輔漢卿廣이 『논어집주論語集注』와 『맹자집주孟子集注』를 증정했는데 …… 민閩, 제淛(절浙) 지역의 서점(書肆)에서 간행한 것과 비교하면 열에 두셋은 바뀌었으며, 조 충정공趙忠定公(조여우)이 촉蜀의 안무사로 있을 때 성도에서 간행한 것과 비교하면 열에 예닐곱이 바뀌었다."(『학산대전집鶴山大全集』권53)

만년 정본은 성도본과 견주면 그 면모가 거의 달랐다. 그러니 주희가 소진수蘇晉叟에게 보낸 편지에서 스스로 정강본은 이미 일독할 가치가 없다고 여긴 것도 이상하지 않다. "『논어』와 『맹자』의 해설은 건양建陽 사람들이 알리지도 않고 몰래 간행해버려서 바야흐로 회수하여 없애려 했습니다. 그러나 듣자 하니 책을 파는 사람이 그 판본을 가지고 사방으로 나갔다고 합니다. 탐문하면 반드시 구할 수 있을 것입니다. 그러나 그 책은 아직 수정하지 못한 정강본이라 보기에 충분하지 않습니다."(『문집』권55 「답소진수答蘇晉叟」서2)

순희 15년(1188)에 주희는 『사서집주』에 대해 한 차례 결정적인 대수정을 하였는데, 채원정·황간·정단몽과 등린滕璘 형제·동수董銖 등이 중요한 조력자였다.[7] 그가 불치하문不耻下問으로 사우師友와 제자들이 나름대로 터득한 견해를 광범위하게 섭취하고, 심혈을 기울여 거듭 『사서집주』를 수정한 사실은 정단몽에게 보낸 편지에서 그 일단을 엿볼 수 있다.

---

7 상세한 내용은 『문집』권50 「답정정사答程正思」서16·17, 권51 「답동숙중答董叔重」서3·5, 권49 「답등덕장答滕德章」서2, 『속집』권1 「답황직경」서20, 권2 「답채계통答蔡季通」서58·66·78, 『문집』권44 「답채계통」서8의 6에 보인다.

『맹자』에서 또 한 가지 잘못을 고쳤는데 …… 편지에서 말씀하신 내용이 참으로 좋아서 처음에는 그것을 따서 쓰려고 하였지만, 너무 번거롭고 주에서 많은 말을 할 수 없다는 사실을 알았습니다. 지금 다시 그 말을 요약할 수 있거든 몇 마디 말을 보내주십시오. 만약 생각을 분명하게 나타낼 수 있다면 또한 마땅히 이 설을 고치는 것이 좋겠습니다. 치지致知에 대한 설과 근래에 고친 몇 곳은 덕수德粹(•등린)가 베꼈습니다. 지금 고친『혹문』의 한두 조목을 역시 베껴서 보내니, 가져다 볼 수 있을 것입니다. '일신日新' 한 조항은 이전 것에 비하여 성과가 있는 듯합니다. (양심良心) 발현發見의 설은 숙중叔重(•동수)의 편지에 이미 적었습니다. ……『대학혹문』에서 인용한『맹자』는 바로 전수傳授의 혈맥이며, 끌어다 억지로 합친 것과는 다릅니다. ……

—『문집』권50「답정정사答程正思」서17

순희 15년(1188) 11월 4일에 이르러 그는 황간에게 보낸 편지에서 다음과 같이 말하였다. "『대학집주』·『중용집주』가운데서 및『대학혹문』에서 글자를 고친 곳을 붙여 보내니, 자세히 살펴보고 이에 근거하여 고쳐서 베끼게 하라. 다만『중용혹문』은 아직 고치지 못하였기에 마음에 걸린다."(『속집』권1「답황직경」서20)

이때의 대수정은 정유년(1177) 이래 발전하고 성숙해온 주희의 이학 사상이 모두 총결되어 사서학의 체계 가운데 들어온 것으로서, 이 정본에 대해 그는 처음으로 이전에 느껴보지 못한 만족을 느꼈다. 그래서 그는 순희 16년(1189, 기유년己酉年) 2월과 3월에 정식으로『대학장구』와『중용장구』의 서문을 확정하였다. 「대학장구서」와「중용장구서」를 본래 정유년에 썼다는 사실을 고려한다면, 그가 이 두 서문을 수정한 뒤 순희 16년에 쓴 것으로 서명했다는 사실은 그 스스로 의도적으로 순희 16년에 서문을 확정한 판본을『사서집주』의 정식 판본으로 삼았음을 충분히 드러낸다. 따라서 순희 16년에 서문을 확정한 것이 비로소 정식으로 그의『사서집주』사서학 체계의 탄생을 나타낸다고 할 수 있다. 순희 13년(1186) 이래 그의 평생 두 번째 학문 저술의 총결은 순희 16년에 서문을 확정한『사서집주』를 완성의 지표로 삼는다.

비록 주희가 당년에는 서정본序定本『사서집주』를 찍어낼 수 없었고, 심지어 나중에 장주漳州에 부임해서도 겨우 사경·사자를 냈지만, 장주의 직임에서 돌아온 뒤에는 비로소 서정본『사서집주』에 또 조금 수정을 하여서 소희 3년(1192)에 남강에서 증보하여 찍어냈다. 그러나 이 남강본은 기본적으로 순희 16년의 서정본과 같다. 이는 주희의 제자가 전하여서 익힌 가장 주요한 판본이 되었고, 주희 생전에 가장 널리 유행하였으며, 또한 경원慶元 연간(1195~1200)에 반도학의 당권자가 삼엄한 영을 내려서 금지하고 훼손한 판본이다. 나중에 주희는 남강본을 또다시 반복적으로 대대적인 수정을 진행하여 경원 5년(1199)에 건양建陽에서 판각하였는데, 이것이 바로 그의 마지막 만년 정본이다. 그러나 몇 달 뒤에 주희는 곧 세상을 떠났고, 만년 정본의 유행은 이미 그의 사후의 일이 되었다.

그는 스스로 제자들에게 여러 차례『사서집주』를 자랑하면서 "한 글자도 보탤 수 없고 한 글자도 뺄 수 없다.", "한 글자도 많지 않고 한 글자도 모자라지 않는다.", "저울 위에 놓고 단다고 하더라도 차이가 없으니, 높지도 않고 낮지도 않다."(『어류』 권19)고 하였다. 소희(1190~1194)와 경원 연간에 한 이런 말은 바로 순희 16년에 서문을 확정하고, 소희 3년에 간행한 남강본을 두고 한 말이다.

주희는 생전에 40여 년의 시간을 두고 고심한 끝에『사서집주』를 정신으로 삼고,『소학』·『사서혹문四書或問』·『중용집략中庸輯略』·『어맹정의語孟精義』·『사서집해四書集解』가 겹겹이 에워싸고 호위하는 사서학 체계를 세웠다. 이 사

서학 체계의 내재적 구조를 그는 자기 나름으로 독특하게 규정한다. 그 첫째
는, 소학을 사서학의 논리적 기점으로 삼고 소학으로 말미암아서 대학으로
나아가 곧바로 전체 사서학에 이르는 구조이다. 그는 「대학장구서」에서 특별
히 이 점을 강조하였다.

> 사람이 태어나서 여덟 살이 되면 왕공王公으로부터 그 이하 서인庶人의
> 자제에 이르기까지 모두 소학小學에 들어서, 물 뿌리고 청소하며, 대답하고
> 상대하며, 나아가고 물러나는 범절(節)과 예법·음악·활쏘기·수레몰기·글
> 씨·산수(藝樂射御書數)의 교양(文)을 가르치고, 열다섯 살이 되면 천자의 원자
> 元子와 여러 아들로부터 공·경·대부·원사元士의 적자와 모든 백성의 준수
> 한 자까지 모두 태학太學에 들어서, 이치를 궁구하고 마음을 올바르게 하며
> 몸을 닦고 사람을 다스리는(窮理正心 修己治人) 도리를 가르쳤다. 이는 또 학교
> 의 가르침에 크고 작은 절차가 나누어진 까닭이다. …… 이 책(『대학』)은 소
> 학小學의 공부를 성취한 뒤 이를 바탕으로 대학의 밝은 법을 드러낸 것이
> 다. 밖으로는 그 큰 규모를 다하고, 안으로는 그 상세한 절목節目(프로그램, 커
> 리큘럼)을 다하였다.　　　　　　　　　　　　　——『문집』 권76 「대학장구서」

소학을 기점으로 삼는 것은 또한 경건을 주로 하는 내심의 도덕 함양을
기점으로 삼는 것이다. "소학 공부를 하지 않고서는 하루아침에 『대학』을 배
우더라도 손을 쓸 곳이 없다. 지금 마땅히 스스로 경건을 지님으로써 시작하
여 반듯하고 확고하고 순수하고 한결같고 정밀하고 오로지 한 뒤에야 치지·
격물을 할 수 있다."(『어류』 권14) 이는 곧 그의 경지쌍수敬知雙修의 함양과 인식
을 통일한 이학 교육을 한 개인의 전체 일생에 관철시킨 것이다. 이로써 경
건을 지니고 마음을 기름으로 말미암아 치지·격물에 이르고, 존리存理·멸욕滅

欲·절정節情의 인성으로 복귀하는 것을 실현하였다.

둘째는, 『대학』 – 『논어』 – 『맹자』 – 『중용』의 사서학 체계의 논리적 순서, 곧 『대학』은 규모를 정하고, 『논어』는 근본을 세우고, 『맹자』는 발휘함을 관찰하고, 『중용』은 정미精微를 추구한다는 순서를 확립하여서 그의 복성復性을 근본적 지귀指歸로 삼는, 옮길 수도 바꿀 수도 뒤집을 수도 없는 이학 체계의 내재적 구조를 구성하였다. 그가 보기에 『대학』은 오로지 '덕德'을 말하고, 『논어』는 오로지 '인仁'을 말하고, 『맹자』는 오로지 '심心'을 말하고, 『중용』은 오로지 '이理'를 말하는데, 밑바닥으로 돌아가면 모두 천리天理로 복귀하는 착한 본성을 말한다. 그의 사서학은 본성이 착한 본래의 시초로 복귀하는 사상 체계에 지나지 않는다. 『대학장구』의 첫머리에 '(명덕明德이 드러나는 바를 근거로 하여 마침내 밝혀서[當因其所發而遂明之]) 그 처음을 회복한다(以復其初也)'고 한 주석의 한 구절은 그의 전체 사서학 체계에 대해 간단명료하게 요점을 제시했다는 의의를 갖는다.

『대학』은 '덕'으로 들어가는 문으로서 삼강팔목三綱八目(삼강령, 팔조목)은 바로 인성의 본래 원초적 모습으로 복귀하는 광대한 강목이며, 『대학』 한 권은 총체적으로 이러한 복성復性의 사상 체계 및 방법론을 개괄한다. 그러므로 그는 '칸살(間架)', '큰 거푸집(大坯模)', '커다란 지반地盤'이라고 일컬었다(『어류』 권 14). 『대학』을 사서의 머리에 놓은 이유는 바로 사람들이 그의 이학 사상에 대해 먼저 총체적으로 파악하고 착수하기를 바란 것이다.

『논어』와 『맹자』는, 하나는 예를 회복하고 인으로 돌아가는 것(復禮歸仁)을 말하고, 하나는 마음을 다하고 본성을 알 것(盡心知性)을 말한다. 이는 『대학』의 복성復性 사상에 대한 구체적인 전개이다. 주희는 "『논어』라는 책은 조존함양操存涵養의 요령 아님이 없고, '일곱 편(七篇)'의 책(『맹자』)은 체험과 확충의 단초 아님이 없다."(동상)고 보았다. 그러므로 『논어』와 『맹자』가 『대학』의 뒤를 따른다. 그런데 『중용』은 전체 편이 '이일분수理一分殊'를 말하므로 주희는 "『중용』은 처음에는 한 이치(一理)를 말하고, 중간에서는 흩어져서 만사萬事에 적용되고, 끝에서는 다시 한 이치로 합일한다.", "『중용』은 처음에도 합하여서 한 이치가 되고, 끝에서도 다시 합하여서 한 이치가 된다."(동상, 권62)고 하였다. '중용'의 도는 열여섯 글자로 된 공문심법孔門心法을 통해 사람들에게 도심道心으로써 인심人心을 극복하며, 천리의 착한 본성에 복귀하는 것을 제시하였다. 그러므로 『중용』을 맨 마지막에 두었다.

분명히 그의 『사서집주』의 사서학 체계는 '모든 이치(萬理)는 한 이치(一理)에 귀결한다'는 이본론理本論, 천리와 인욕이 대립하는 성론性論, 격물치지의 인식론, 인정애민仁政愛民의 정치론, '학문으로써 윤리를 밝힌다(學以明德)'는 교육론을 망라하지만, 그 핵심은 도리어 인성으로 복귀하는 인본주의 체계이다. 유가가 남겨 놓은 가련하고 보잘것없는 사상적 자료의 도움을 받아서 자기의 이러한 봉건적 인본주의 체계를 건립하기 위해 그는 『대학』을 경학 가운데서 '벼리(綱)'의 작용을 하도록 극도로 돌출시켰으며, 동시에 『맹자』를 '경經'으로 삼아 특수한 지위에 두는 체계를 확립하였다.

송 대에 사서학이 흥기한 이래 『논어』를 주로 삼을 것인가 아니면 『대학』을 주로 삼을 것인가, 맹자를 높일(尊孟) 것인가 아니면 맹자를 폄하할(貶孟) 것인가에 대한 대립 투쟁이 존재하였다. 『논어』는 동한東漢 때 '칠경七經'에 편입되었고, 당 때 '십이경十二經'에 편입되면서 일찍부터 '경'의 신성한 지위를 갖추었다. 그러나 『대학』은 당의 한유韓愈, 이오李翶에 이르러서야 비로소 두드러지게 고쳐졌으므로, 주희가 『대학』을 『논어』 위에 두는 것에 대해 그의 제자 양방楊方조차도 반대를 표하였다.

송에 들어온 뒤 『맹자』가 '십삼경十三經'에 편입되었는데, 이와 같이 '자子'를 넘어 '경'에 편입되면서 경학 보수파의 어지러운 공격과 비난을 받았다.

이구李覯는 『상어常語』를, 정후숙鄭厚叔은 『예포절충藝圃折衷』을, 사마광은 『의맹疑孟』을, 풍휴馮休는 『산맹자刪孟子』를, 조열지晁說之는 『저맹詆孟』을 지어서 맹자를 폄하하는 사조를 형성하였다.

그들이 맹자를 폄하하고 반대하는 까닭이 아무리 각양각색이라 하더라도 결국 그들은 모두 '육경六經'을 고정불변(凝固不變)하고 원만구족圓滿具足하며 영원한 절대 진리를 담은 성스러운 물건으로 간주했기 때문에, 사람들은 그 앞에서 무릎 꿇고 앵무새처럼 되뇌는 일 외에 이미 어떤 작용도 할 수 없으며, 인류의 인식 과정도 여기에서 멈추었다고 보았다. 그들은 '육경'에는 어떤 신선한 물건을 첨가하는 것도 거절했으며, 심지어 『맹자』를 '경'에 집어넣는 짓은 그들이 보기에는 '육경'에 대한 막대한 모독이었다. 이구는 딱 잘라서 선언하기를, "천하에 『맹자』는 없어도 되지만 육경은 없어서는 안 되며, 왕도는 없어도 되지만 천자는 없어서는 안 된다."(『상어』)고 하였다.

서로 비교하자면, 정호와 정이에서 여윤문余允文에 이르기까지의 맹자 추존은 당시 경학의 영역에서 일종의 옛것을 벗어난 진취적인 경향을 대표한다. 『사서집주』의 서문을 확정하기 이전에 주희는 전문적으로 「독여은지존맹변讀余隱之尊孟辨」을 지어서 송 이래 맹자 존중과 맹자 폄하의 경학적 투쟁에 대해 역사적인 총결을 내렸다. 그가 『맹자』를 선택한 까닭은 바로 『대학』, 『논어』, 『중용』을 선택한 것과 마찬가지로 인성복귀설人性復歸說, 인정왕도설仁政王道說을 인본주의 사상의 단편으로 간주하였기 때문이다. 따라서 그가 오경학 외에 따로 사서학을 세운 까닭은, 한편으로는 물론 사서로써 유가 사상의 빈곤하고 무미건조한 점을 보완하여 거대한 체계와 정교한 사상을 가진 도교와 불가에 대항하려는 것이었지만, 다른 한편으로는 사서를 빌려 인성복귀의 인본주의 이학 문화 사상을 건립함으로써 인성 소외의 쇠퇴한 봉건 사회를 구원하려 한 것이라고 할 수 있다.

내우외환의 시대에 줄곧 스스로 낙관적으로 유가 명교名敎의 복지福地에서 한가로이 거닐던 사대부들 사이에서는 또한 한 차례 엄중한 심리 상태의 위기가 발생하였고, 도학의 양심을 지닌 이학가들은 세상을 구제하고 나라를 강하게 만들고 백성을 건지는 물질적 역량을 찾을 수 없어서 다만 '심心'의 정신적 역량에 의지할 뿐이었다. 이리하여 그들은 객관에서 주관으로, 역사에서 인본으로, 자아의 소외와 상실에서 주체성의 확산으로, 치열한 공명功名의 외적 추구에서 조용하고 엄숙한 도덕적 자기 수렴으로, 가치론적 사색에서 규범적 실천으로, 정감에서 이지理智로 향하여 사회의 개체 심령의 정화와 인성의 자아 완선完善을 통해 전체 사회의 태평성세에 도달하였다.

주희의 사서학은 바로 이러한 보편적 인본주의의 시대적 문화 정신과 문화심리 상태에서 잉태되어 나온 사상 체계였다. 이 때문에 그가 허구로 구성한 도통道統, 열여섯 자 심전 등등이 어떠한 왜곡된 비역사적 감각을 지녔든지 간에 도리어 사회문제에 대한 인본적 해결을 시도한 현실 문화의 정신에 스며들었고, 소외된 인성의 복귀를 호소하였다. 이러한 것들은 그로 하여금 인성의 멸절과 바로 인성 멸절을 직업으로 삼은 통치자와 관료 사대부들을 멀리, 그리고 높이 뛰어넘게 하였다.

그러나 이는 또한 사람과 사회에 대한 그의 인식을 시종 인본주의의 층차 위에 머물도록 결정하였다. 그는 인성을, 사회를 자세히 들여다보는 절대적인 중심으로 삼았다. 결국 도덕 가치의 일차원적 척도를 가지고 인식론적, 경제학적, 사회 실천적 문제를 해결하려고 시도하였던 것이다. 그리고 사람을 초역사적 순수 도덕체로 간주하고서 초감성적 존재의 초월적 윤리로써 감성 존재인 인간의 현실적 수요를 대체하였다. 도덕도 인간에 내재한 일종의 주체의 기제에서 외재하며, 강제적인 정신의 금고禁錮로 변하였고, 또한 '절대명령'으로 변하였다.

이 때문에 그의 봉건적 인본주의는 역사적으로 상반되게 발전하는 두 가지 문화가치로 향할 가능성을 은연중에 내포하였다. 곧 인성의 가치와 주체성의 역량을 강조함으로써 인격의 독립, 천부인권의 근대적 문화 정신의 탄생으로 통할 수도 있었으며, 또한 인륜 도덕과 본성이 곧 천리임을 강조함으로써 삼강오상, 충효인의의 봉건적 문화 정신의 강화로 통할 수도 있었다. 주희는 끝내 전자를 좇아 나아갈 수는 없었고 도리어 후자를 따라감으로써 그의 인본주의 체계 중의 비인성적 일면을 극도로 발전시켰다. 그리고 후세에 몇 왕조의 통치자들이 주학朱學을 개조하여 새로 빚어냄으로써 결국엔 전자를 억눌러 없애버렸다.

주희의 인본주의 사상 가운데 들어 있는 이런 모순은 그의 도학적 자아의 이중 분열을 조성하였을 뿐만 아니라 그의 사서학 체계 가운데 극복할 수 없는 이율배반을 조성하였다. 곧 한편으로 그는 '혼이여, 돌아오라!(魂兮歸來)'며 착한 인성으로 복귀할 것을 외쳤고, 다른 한편으로는 도리어 인성에 가장 어긋나는 인륜 강상의 봉건 도덕을 가장 인성적인 것으로 삼아서 사람들로 하여금 복귀하게 하였다. 한편으로는 주체성을 확산하고 도덕적 기절氣節의 인격적 초월을 실현할 것을 강조하면서, 다른 한편으로는 도리어 거의 금욕주의에 가까운 윤리 도덕 규범의 제약을 통해 사람들로 하여금 행동을 통제하고 규정하며 도덕군자같이 점잖을 차리게 하고 또한 주체성의 상실로 향하게 하였다. 한편으로는 통치자의 도덕적 부패와 인성의 타락을 맹렬하게 공격하면서, 다른 한편으로는 사람들이 존리멸욕存理滅欲의 향내적 수양 공부를 하게끔 하였고 또 따로 한 극단에서 도덕과 인성의 반대 측면으로 향하게 하였다. 한편으로 그는 낙관적 이상적 색채로 피안彼岸의 인성 위에 건립된 인정仁政의 왕국을 한껏 묘사하면서, 다른 한편으로는 도리어 이 인정의 왕국이 비인성적 차안此岸에 건립된 것에 비관적 절망을 느꼈다. 한편으로 그는 이일분수로써 석가모니의 인성 소외를 불성佛性으로 삼는 종교적 우매함을 몹시 배척하였으면서, 다른 한편으로 그의 이일분수의 벽불 체계가 도리어 선종·화엄종과 같이 천연적인 정신, 곧 사법계四法界, 근성根性, 정염淨染, 돈점頓漸 등과 상통하게 하였다.

주희의 사서학 중의 인본주의는 인성과 비인성, 인본과 비인본, 도덕과 비도덕이 교직된 모순의 체계이며, 그의 40년 반생 동안 쉬지 않고 진행한 자아 반성과 정신 탐색의 험난한 길의 전체 사상적 모순이 스며들어 있다.

『사서집주』의 사서학 건립은 순희 13년(1186) 이래 주희의 평생 제2차 학문 저술의 총결이 완성되었음을 나타내는 지표가 되었으며, 그의 일생 가운데 가장 중요한 사상 탐색 시기의 끝맺음이었다. 이와 동시에 그는 또한 도덕적 자아의 완전한 실현을 향한 고난의 역정을 지나왔다. 반도학의 역경 중에 봉사奉祠로서 산림에 퇴거해 있는 동안 그의 인본주의 이상은 실현될 길이 없었지만, 도리어 적막한 산림에서 정신의 자아 열반을 진행하고 자기의 도학적 인격의 독립성을 보지하였다. 그는 스스로 즐거워하며 만족하는 사대부의 한적한 정조를 포기하고 조정과 사회에 대해 맑게 깨어 있는 이성으로 자세히 살펴보았다. 그의 차분하고 무미건조한 생활의 밑바닥에서는 줄곧 심령의 소동과 고통스러운 사색이 용솟음쳤다. 반도학의 금고禁錮는, 그에 대해 말하자면 또한 일종의 자아 완성을 위한 정신적 연옥을 방불케 하였으며, 그로 하여금 끊임없이 자기에 대해 인격화한 도덕적 내성內省을 취하게 하였고, 인욕이 사라지지 않은 자기 영혼을 후려쳐서 스스로 인성의 승화를 추구하게 하였다.

그가 한편으로는 『맹자집주』에서 남자는 밭 갈고 여자는 베를 짜는 인정도仁政圖를 묘사함으로써 세상 구제에 대한 포부를 표시하였다면, 다른 한편으로는 「강함사江檻詞」 두 수에서 갈매기와 벗하기로 맹서하고 해오라기와 부니는 산은도山隱圖를 묘사함으로써 그의 탈속한 인격을 표시하였다.

저녁 비 아침 구름 스스로 아끼지 않고	暮雨朝雲不自憐
봄물이 불어 하늘처럼 푸르게 하네	放敎春漲綠浮天
지금 그림 같은 누각에 이르러 갈 곳 없는데	祇今畫閣臨無地
잠깐 만에 새 시편 묶어 둔 배에 가득하네	宿昔新詩滿繫船

푸른 새는 멀어지고	靑鳥外
흰 갈매기는 다가오는데	白鷗前
몇 번이나 향불 피우고 인연 오래되었던가?	幾生香火舊因緣
술자리 끝나 산에 뜬 달 난간에 비끼고	酒闌山月移雕檻
노래 끝나 강바람 대모 자리에 나부끼네	歌罷江風拂玳筵

이미 강호에 이 생애 맡겼으니	已分江湖寄此
긴 도롱이 짧은 삿갓 날씨에 달렸네	長蓑短笠任陰晴
가랑비 노를 울리니 창주는 멀고	鳴橈細雨滄洲遠
지는 해에 매어 둔 배 그림자 그림 같은 누각에 비끼네	繫舸斜陽畫閣明

기이하고 빼어난 곳	奇絶處
잊을 수 없는데	未忘情
어느 때나 맹세코 다시 찾을 수 있을까?	幾時還得去尋盟
강비는 정녕 한 쌍 패옥을 버렸으니	江妃定許捐雙佩
어부는 어찌 홀로 깨어 있다고 웃는가?	漁父何勞笑獨醒

—『문집』권10「강함사」

그러나 사서학 체계가 완성된 뒤 긴 도롱이를 걸치고 짧은 삿갓을 쓰고 강호에 기대 사는 주희의 삶도 마침 조정 상당相黨의 분쟁이라는 격변으로 인해 끝나버렸다. 그는 다시 산을 나오도록 초청을 받은 뒤, 현실 생활로 들어가 『사서집주』에서 설계한 '인정도'와 인본주의의 이상을 그려냈다.

朱子評傳

제18장

임장으로 남하하다

상당相黨 분쟁의 희극 가운데 산을 나오다

'경계經界'의 풍운

또 한 차례 실패한 지방 개혁

남쪽 구석 민간 학술의 소왕素王

상당相黨 분쟁의 희극 가운데 산을 나오다

주희가 「무신봉사戊申封事」를 올리고부터 기유년(1189)에 학문 저술을 총결하여 완성하기까지의 시간은 바로 조정에서 대거 상당의 분쟁이 일어나던 시기로, 정국은 또 한 차례 도학파에게 유리한 변화를 일으켰다. 주희의 「봉사」는 안팎으로, 위로는 황제 조신趙眘과 시종의 대신으로부터 아래로는 환관과 같은 소인, 주현의 수령에 이르기까지, 모두 낱낱이 통렬하게 꾸짖었다. 그리하여 이심전李心傳은 "위로 황상으로부터 황태자(儲嗣)·재상·수령·장수·환관·궁첩에 이르기까지 모두 자기에게 해당하는 말에 귀를 기울이지 않는 사람이 없었고, 적들로부터 그 이하 비판을 받는 사람들이 견디지 못함이 있었다."(『건염이래조야잡기建炎以來朝野雜記』 을집 권8 「회암선생비색은晦庵先生非素隱」)고 하였다.

이미 스스로를 팔방의 적들 가운데 세운 처지에서 아무렇지 않게 입조하여 숭정전 설서崇政殿說書를 맡을 수는 없었으므로, 순희 15년(1188) 11월 30일에 상서성의 차자가 도착한 뒤 주희는 12월 초에 곧 사장辭狀 한 통을 올렸다. 상황은 순희 16년 정월 23일까지 계속 이어져,[1] 조정에서는 다시 주희에게 비각 수찬秘閣修撰을 제수하고 그대로 서경西京 숭산嵩山의 숭복궁崇福宮

---

1 주희가 비각 수찬에 제수되던 날에 대해 여러 판본의 연보에는 언급이 없다. 주희의 「사면비각수찬장辭免秘閣修撰狀」 1에서는 '성지聖旨를 받들어 순희 16년 정월 23일의 지휘에 따라 비각 수찬에 제수되었다'고 하였다. 이심전의 「회암선생비색은」에서는 '16년 봄 정월 갑인일에 비각 수찬에 제수되어 다시 봉사奉祠가 되었다'고 했는데, 이는 지휘가 내려온 날을 말한다.

을 주관하도록 지휘하였다. 이는 조신이 내선內禪하기 전 그에게 베푼 마지막 '특별 배려(殊眷)'였다. 2월 11일에 상서성의 차자가 이른 뒤 그가 사장을 올렸을 때 조신은 이미 황위皇位를 조돈趙惇에게 넘겨주었던 것이다.

4월 22일에 상서성의 차자가 다시 내려와 사면을 허락하지 않은 것은 이미 주희에 대한 새 군주 조돈의 은총이었다. 그러나 주희는 다시 두 번째 사장을 올렸다. 5월,[2] 조정에서는 할 수 없이 주희의 청에 따라 그대로 보문각 직학사寶文閣直學士를 제수하고, 특별히 그가 나아오기를 어려워하고 물러나기를 쉽게 한다고 여겨서 이를 장려하고 유시하는(獎諭) 조서를 내렸는데, "경에게 작질爵秩을 주어서 영예롭게 하는 것보다는 경의 명예와 절개를 온전하게 함으로써 우미優美하게 하는 것이 더 낫겠다."(『주자연보』)고 하였다. 이는 효종조에 마지막으로 주희더러 산을 나오게 했다가 실패한 일이다.

주희는 본래 '천천히 나와야만 할(徐出)' 고충이 있었다. 진량陳亮은 주희가 숭정전 설서에 제수된 사실을 안 뒤 12월에 편지를 보내서 부임하도록 힘써 권하였고, 임안臨安에 부임하러 갈 때 난계蘭溪에서 한번 만나자고 초대하였다. 주희는 12월 하순에 답신을 보내서 다음과 같이 표하였다. "만일 다시 사직하지 못한다면 행장을 꾸리고 양식을 싸서 길을 떠남을 면치 못할 터이니, 살아서 갔다가 죽어서 돌아오는 계책이 될 것입니다."(『문집』 권28 「답진동보」 서2)

며칠 뒤 그는 진량에게 보낸 편지에서 다시 단호히 말하였다. "근래 막 조처를 취하여서 몇 두둑에 구기자와 국화를 심었습니다. 만약 한 걸음이라도 문을 나선다면 이것들을 먹지 못할 터인데, 이는 작은 일이 아닙니다. 노

---

2 왕무횡王懋竑의 『연보』에는 주희가 사직하고 직보문각直寶文閣을 그대로 맡은 일, 그리고 표창하는 조서가 내려온 일이 모두 4월에 있었다고 한다. 생각건대, 4월 22일에 상서성의 차자가 다시 내려와 사면을 허락하지 않았고, 주희가 사장을 올린 것으로 계산하면 직보문각을 그대로 맡고 장려하는 유시를 받은 때는 5월이었다.

형께 알려드리건대, 아무도 부추기는 사람은 없습니다만 한가한 사람이 산속에 머물러 나물과 풀뿌리를 먹고, 남들과 서로 간섭하지 않으며, 애오라지 책 몇 권이 남아 있으니 마을의 빼어난 재자才子들과 글을 읽고 글씨를 쓰는 것도 한 가지 일입니다."(동상, 「답진동보」 서1)

주희가 굳게 사양하고 나오지 않은 주요한 까닭은 역시 조정에서 주필대周必大의 당이 일련의 실패를 겪었기 때문이었다. 그가 「봉사」를 올린 뒤 순희 16년(1189) 5월에 사직하는 표를 올리기까지, 이 일과 나란히 하여 주필대가 재상에서 파직된 일을 계기로 공교롭게 조정에서는 주필대의 상당이 토붕와해土崩瓦解하는 과정에 있었다. 선비를 천거하는 일이 실패한 것은 도학하는 선비가 조정에 들어가는 길이 막히게 되었음을 의미하며, 주필대의 파에게는 심지어 아직 어엿한 상당을 형성하기 이전에 와해된 것을 의미한다. 나중에 주필대가 재상에서 파직되자, 중화궁으로 물러난 조신이 "주필대에게 무슨 당이 있었는가? 왕회의 당이 성할 뿐이다."(『속집』 권4 「답유회백答劉晦伯」 서12)라고 한 것은 이런 사실을 가리킨다.

주희가 「봉사」를 올리기 전날 시사점施師點이 논핵당하여서 파직되고 팽구년彭龜年이 논박을 당하였으며, 전자진田子眞이 조사漕司에 내쳐져서 취조를 받았고, 원추袁樞는 파직되어서 귀향하였기에 주필대 파는 이미 곧 쓰러질 기세였다. 주희는 황간에게 보낸 편지에서 다음과 같이 말하였다. "저보邸報를 볼 때마다 두려움을 견딜 수 없다."(『속집』 권1 「답황직경答黃直卿」 서20)

주희가 「봉사」를 조정에 올린 뒤 주필대 파에 속하는 조정의 선비도 끊임없이 탄핵을 받아 도성을 떠났다. 주희는 진량에게 보낸 편지에서 더욱 위구심을 털어놓았다. "나중에 묘당의 의론이 또 새로 일어날 것이라고 들은 듯한데, 관에서는 이미 죄를 얻고 떠난 자도 있다고 합니다. …… 만일 과연 전해지는 말과 같다면 고독한 몸은 더욱 다시 나갈 수 없습니다. 앞으로는 굳게 문을 닫아걸고 막더라도 아마 화를 면하지 못할 듯한데 하물며 감히 제왕의 문에 들어가기를 바라겠습니까?"(『문집』 권28 「답진동보答陳同父」 서1)

주필대의 당이 이와 같이 신속하게 와해하고 실패한 데 관건이 된 인물은 역시 유정留正이었다. 주희가 「봉사」를 올린 뒤 새로운 명을 굳게 사양한 까닭에 대해 황간은 "집정執政 가운데 도학을 사악한 기운(邪氣)이라고 지목하는 자가 있었으므로 힘써 새로운 명을 사양하셨다."(「행장」)고 하였다. 후세 사람들은 주희의 사양에 대해 갖가지로 억측을 하였지만 아무도 유정에 대해서는 생각하지 못하였다. 백전白田 왕무횡王懋竑은 심지어 도학을 '사악한 기운'이라고 지목한 '집정'을 시사점과 소수蕭燧로 오인하여서, "도학을 사악한 기운이라고 지목한 것은 시사점과 소수 들의 말이고, 주周(*주필대)와 유留(*유정)는 필시 이런 말을 하지 않았다."(『주자연보고이朱子年譜考異』)고 하였다.

실제로 우상 주필대와 관계가 긴밀했던 지추밀원사知樞密院事 시사점은 순희 15년(1188) 봄에 이미 자정전資政殿 대학사로서 천주泉州의 지주知州로 나갔으며, 이어서 또 임안부 동소궁洞霄宮의 제거가 되었다. 그는 공교롭게도, 바로 왕회의 잔당이자 탐오하고 뇌물을 받아 챙기며 행적이 저열하기로 소문난 냉세광冷世光의 탄핵을 받아 파면되었다.[3]

주희는 순희 15년(1188) 11월에 황간에게 보낸 편지에서, 「봉사」에 언급했던 내용을 다음과 같이 말하였다. "지금 글에서 언급한 바, 예컨대 천상泉

---

3 시사점이 순희 15년 봄에 지추밀원사에서 파직된 사건은 『송사』「재보표宰輔表」에는 실려 있지 않다. 그가 파직된 원인에 대해서는 『수심문집水心文集』 권24 「시사점묘지명施師點墓誌銘」 및 『송사』의 시사점 전기에서도 언급을 피하였다. 『소주부지蘇州府志』 권98 「냉세광전冷世光傳」에서는 노盧 아무개의 『소주부지蘇州府志』를 인용하여 다음과 같이 말하였다. "주필대가 홀로 재상(獨相)에 있었는데, 처음 이부吏部에 제수되었을 때 냉세광이 그를 논핵하였다. 시성여施聖與(시사점)는 원래 추밀원으로서 천주의 지주로 나갔지만 역시 탄핵을 받아 파직되었다." 냉세광이 시사점을 탄핵하여서 파직시킨 것은 그 진의가 주필대를 공격하는 데 있었다.

相은 이미 처벌을 받았고, 호수湖守(호주의 수령)의 상소에도 팽자수彭子壽(팽구년)를 언급하였다. 전자진은 고독蠱毒의 일로 조사漕司에 내쳐져서 취조를 받았다. 그 기세가 급박하므로 아마도 배불리 먹고 편안히 앉아 있을 수는 없을 듯하다."(『속집』권1 「답황직경」 서20) '천상'은 곧 천주의 지주인 시사점이다. 주희는 「봉사」에서 "폐하의 조정과 시종의 반열(侍從之列)에 바야흐로 유언비어가 돌아서 선량한 사람을 해칠 뿐 아니라 멋대로 여론을 조성하여(橫議) 위아래를 협박하고 있습니다."라고 하였다. '선량한' 사람이란 시사점을 가리키고 '시종의 반열'은 곧 냉세광을 가리킨다. 시사점이 바로 반도학파가 겨냥한 타격의 주요 목표임을 알 수 있다.

소수도 줄곧 도학의 청의淸議에서 중시한 대신으로서 주필대와 서로 매우 잘 알고 지냈다. 소수가 죽었을 때는 주필대가 그를 위해 신도비를 지었다(『평원속고平園續稿』권27). 나중에 광종 조돈趙惇이 즉위하고 유정이 득세하여 우상이 됨과 동시에 소수는 파직되었다. 소수는 바로 조돈과 유정이 좋아하지 않은 인물임을 알 수 있다. 이러하니 도학을 '사악한 기운'이라고 지목한 집정은 유정 외에 다른 사람일 수 없다.

유정은 다만 나중에 경원당적慶元黨籍의 제일 위에 당괴黨魁라는 이름을 둠으로써 그 스스로 초년에 원활한 수단으로 은폐했던 반도학 역사의 한 단락을 덮어버렸다. 그러나 이심전은 『도명록道命錄』에서 유정이 당초 반도학에 의지하여 입신하고 출세한 진상을 분명하게 드러냈다. "왕 승상(*왕회)이 파직되고 다음 재상에 오른 유 승상은 익공益公(*주필대)과 마음이 맞지 않았다. 하담何澹을 간장諫長(대간의 장관)으로 발탁하여서 익공을 공격하게 하여 파직시켰다. 익공의 문호에는 뛰어난 선비가 많았지만 잇달아 도성을 떠난 자가 많았다. 태학 박사 심유개沈有開가 먼저 유 승상의 후대를 받아 마침내 이름이 알려진 선비를 이끌어 쓰라고 권유하니, 유 승상이 이를 따랐다. 이로부터 당대

의 착한 사류가 조정에 많이 모여들었으나 뜻을 얻지 못한 자들이 결국에는 시기하였다."(『도명록』권6)

주필대의 당은 기본적으로 도학을 하는 조정의 선비로 구성되었기 때문에 유정이 주필대를 공격한 것은 틀림없이 도학을 공격하려는 것이었다. 하담은 공교롭게도 왕회의 당인이었고, 진가陳賈는 또 그의 고모부였다. 분명 유정은 왕회의 반도학의 의발을 이어받았던 것이다.

매우 골계적인 사실은 창주滄洲 초천樵川의 초수樵叟가 『경원당금慶元黨禁』에서 당괴라고 뚜렷하게 당적에 이름이 오른 유정의 반도학의 업적을 조금도 감추지 않고서 다음과 같이 말했다는 점이다. "하담이 비로소 유정의 천거를 받아 권 병부 시랑權兵部侍郞에서 우간의대부右諫議大夫에 제수된 뒤 처음으로 주필대를 공격하여 파직시켰다. 얼마 안 있어 중집법中執法(중승中丞, 곧 어사중승)으로 옮겼다. 한 시대의 명사가 거의 다 배격되었다."

나중에 경원당금 중에 우간의대부 유덕수劉德秀가 탄핵한 유정의 4대 죄상 가운데 하나는 다음과 같다. "(*유정은) 총애를 견고하게 하고 자리를 보전하려고 하였다. 위학僞學의 무리가 바야흐로 왕성하여 이미 대적할 수 없다고 보고서 도리어 이에 의지하여 도움을 받고, 부추기고 끌어당겨서 조정에 굳게 자리를 잡았다."(『도명록』권7) 이는 유삼걸劉三傑이 유정은 '이(도학) 무리의 잘못을 분명히 알았다'(『자치통감후편資治通鑑後編』권130)고 하고, 임행지林行知가 그에 대해 '겉모습은 예의가 발랐으나 속은 착하지 않았다'고 한 것과 함께 모두 유정이 처음에는 도학을 좋아하지 않다가 나중에 도리어 의지하고 도움을 받은 사실을 말한다.

부백성傅伯成이 경원 초에 상소하여서 "순희 말에 두 재상을 임명하였더니, 그들이 인재를 끌어 씀에 저마다 향배가 있어서 오늘에 이르러 피차 서로 공격하기를 그만두지 않고 있습니다."(『후촌대전집後村大全集』권167 「부백성묘지명

傅伯成墓誌銘」)라고 한 것도 주로 유정과 주필대 두 파가 서로 공격한 사실을 가리킨다. 주희가 숭정전 설서와 비각 수찬에 제수되기 전후는 바로 유정이 재상의 지위를 넘보면서 주필대를 크게 공격하던 때인데, 주필대 도학 세력의 정신적 영수인 주희에 대해 유정이 '사악한 기운'이라고 지목한 것은 본래 괴이할 것이 없다.

그러나 우상 주필대가 아직 요직에 있었으니, 유정이 도학을 '사악한 기운'이라고 지목하더라도 주희가 이를 두려워해서 감히 조정에 들어가지 못하는 지경에까지 이르지는 않았다. 그런데 느닷없이 유정이 곧장 높은 자리에 올라 총애를 얻고 주필대가 삽시간에 몰락하여 세력을 잃었다는 데 문제가 있었다.

순희 16년(1189) 정월 8일, 조정의 재보에 미묘한 변동이 생겼다. 도학파 주필대가 좌상이 되고 왕린王藺이 참지정사가 되었으며, 반도학파 유정이 차례를 뛰어넘어 우상이 되고 동궁의 막료였던 갈필葛邲이 동지추밀원사同知樞密院事가 되면서, 청의에 명망이 있던 황흡黃洽과 소수가 모두 파직되었던 것이다. 그리하여 재보 가운데 도학과 반도학의 세력이 표면적으로는 균형을 이루었다. 이는 분명 조신이 내선하기 전 조돈을 위해 고심하여 안배한 일로서, 그의 재위 동안 '중도를 써서 평형을 이룬(用中持平)' 정책의 마지막 걸작이었다. 그러나 유정의 당은 홀로 득세를 함으로써 이미 조신의 '중도를 쓰는' 정책에 의지하지 않는 쪽으로 주관적인 의지가 옮겨갔다.

2월 2일, 27년간 황제의 자리에 있었던 조신이 조돈에게 전위하고 '지존수황성제至尊壽皇聖帝'라는 존호의 광배光背를 쓰고서 중화궁重華宮으로 물러나 예전에 조구趙構가 그러했던 것처럼 태상황으로서 유유자적하고 한가하게 노년을 즐기는 나날을 보내기 시작하였다.

조돈의 즉위는 조정 내 상당相黨 사이의 각축에 결정적인 부침을 일으켰다. 주필대 일파는 급격히 쇠락한 반면, 유정 일파는 개선을 향해 한 걸음씩 내딛었다. 2월에 조신이 내선을 하고 5월에 주필대가 재상에서 파직되자, 유정의 상당과 주필대의 상당 사이의 투쟁은 신속히 퇴조하여서 8월에 주필대의 상당은 이미 안개가 사라지고 구름이 흩어지듯 소멸하였다.

내선 뒤 근습近習 세력인 강특립姜特立, 초희재譙熙載가 이어서 재기하여 반주필대의 궁정 세력을 형성하는 상황이 전개되자 유정이 채택한 책략은 다음과 같았다. 한편으로 왕회의 잔당을 끌어모으고, 또 한편으로 강특립·초희재 등 근습의 도움을 받아서 주필대를 협공한다, 그런 뒤 다시 강특립·초희재의 세력을 자르고 도학의 선비를 거두어 발탁한다. 이 책략은 과연 주효하였다. 8개월 만에 세 파의 서로 다른 세력이 유정의 울타리 안으로 다 들어왔다. 그는 먼저 대간에서부터 돌파구를 찾아냈다.

대간은 줄곧 필연적으로 상당과 간쟁하는 처지에 있었다. 대간은 분쟁하는 붕당 각 파의 소장消長과 성패의 청우계였다. 주필대는 재상이 된 뒤 아주 평범하고 계책이 없음을 드러내서 대간의 언로를 다스릴 수 없었으나, 유정은 대간의 언로를 통해 주필대 당에게 치명적인 타격을 안겨주었다. 순희 15년(1188) 5월에 왕회가 재상을 그만둔 뒤 주필대 파의 대리 소경大理少卿 원추袁樞는 일찍이 전중 시어사殿中侍御史 냉세광이 뇌물을 받고 부유한 백성 고씨高氏를 부정하게 비호하고 그와 내통했다고 탄핵하였다. 냉세광은 비록 파직되었지만 우간의대부 진가가 반격을 시도하여서 원추가 올린 천사장薦士章이 사사로움을 따르고 있다고 상주하여 탄핵함으로써 원추를 두 직책에서 파직되게 하였다.[4]

---

4 원추가 두 직책에서 파직된 일은 『송사』의 원추 전기에는 내용이 상세하지 않다. 『복건통지福建通志』 「송열전宋列傳」의 「원추전袁樞傳」에서는 다음과 같이 말한다. "처음에 원추와 나점羅點,

그런데 진가는 뇌물을 받고 법을 어겨가면서 대단한 탐관인 사천四川 다
마사茶馬使 왕악王諤을 비호하였다. 그러나 순희 16년 2월에 이르러서야 비로
소 시어사侍御使 호진신胡晉臣이 상주 탄핵하여서 진가를 조정에서 축출하였
다. 그러나 주필대는 도리어 호진신을 언로에서 떼어내 공부 시랑으로 옮겼
는데, 임률林栗마저도 이는 지극히 큰 실책이라고 여겼다. 대간의 언로가 통

첨체인詹體仁, 섭적葉適, 풍진무馮震武 다섯 사람이 모두 주회를 주장한 까닭에 감찰어사로부터
질시를 받았다. 냉세광의 일이 일어나자 진가는 대신臺臣의 동료로서 이를 더욱 싫어하였다.
섭적과 원추의 천사장이 들어오자 진가는 마침내 원추가 사사로움을 많이 따랐다고 논하여서
두 직책에서 떨려나게 하였다." 정학성鄭鶴聲의 『원추연보袁樞年譜』에는 원추가 냉세광을 탄핵하
고, 직책에서 떨려나 돌아간 때가 순희 14년(1187), 원추가 원래의 관직에 복직한 때가 순희
16년 2월이라고 하였는데, 모두 잘못이다. 순희 15년 4월 전중 시어사 냉세광은 고묘高廟 배
향의 논의를 망설이고, 아울러 글을 올려서 배향을 재논의하는 일을 중지하도록 청하였는데,
이는 냉세광이 전중 시어사에서 파직된 일이 순희 15년 5월에 있었던 일임을 말한다. 또 『소
주부지蘇州府志』에 실려 있는 「냉세광전冷世光傳」에서는 다음과 같이 말한다. "주필대가 홀로
재상이었다. 처음 이부吏部에 제수되자 냉세광이 즉시 논핵하였다. 시성여(시사점)는 원래 추밀
원으로서 천주의 지주로 나갔는데, 역시 탄핵을 받아 파직되었다. 사람들이 그를 일컬어 '냉
면어사冷面御史'라 하였다. 마침내 수도를 떠나 동소궁洞霄宮의 제사를 받들었다." 주필대가 홀
로 재상을 지낸 때는 순희 15년 5월 이후이며, 시사점이 동소궁 제거가 된 때는 이와 거의 동
시이다. 또 주희의 『문집』 권28 「여조진숙서與曹晉叔書」에서는 다음과 같이 말한다. "지난달 서
울에서 온 편지를 받으니, 여러 사람이 선비를 추천한 일 때문에 근래 떼를 지어서 멋대로 논
의하는 자가 있다고 합니다." 이 편지는, '내가 사면辭免하는 글을 고쳐 쓴 일이 막 끝나고 하
루 이틀 지나서 비로소 보낼 사람을 얻었다' 한 내용을 근거로 볼 때 순희 15년 11월 5일에
쓴 것임을 알 수 있다. 원추가 천장을 올린 것과 논핵을 당한 일은 10월에 있었다. 『주익국문
충공집周益國文忠公集』 권152에 수록된, 순희 15년 10월 27일에 쓴 「격천사주繳士奏」에서 "원
추는 오랫동안 성상의 지우知遇를 받았는데 우연히 진가와 원수가 지고, 근래 다시 냉세광의
일로 인해 많은 사람들을 천거하기를 즐거워하지 않았습니다."라고 한 내용이 더욱 충분한
증거가 된다. 원추가 관직에서 좌천되어 파직된 일은 이미 순희 16년 1월 12일에 있었다. 『송
회요집고宋會要輯稿』 제101책 「직관職官」 72 〈출강黜降〉에 "순희 16년 정월 12일, 권 공부 시랑
원추가 시사를 논하면서 분을 못 이겼기 때문에 특별히 두 관직에서 강등되어 파직되었다."
고 하였다.

하지 않았기 때문에 주필대는 할 수 없이 시어사 사악謝諤, 그리고 좌보궐左補闕 설숙사薛叔似와 우습유右拾遺 허급지許及之 두 하급 간관에 의지하여서 왕회의 잔당 및 유정의 당과 서로 다투었다.

순희 16년(1189) 2월 30일에 조돈이 중서사인中書舍人 나점羅點에게 조서를 내려서 누가 대간의 관직을 맡을 수 있는가를 물었다. 나점이 섭적葉適, 오일吳鎰, 손봉길孫逢吉, 첨체인詹體仁, 풍진무馮震武, 정식鄭湜, 유숭지劉崇之, 심청신沈清臣 여덟 사람을 천거하였다. 조돈은 이 여덟 사람이 모두 주필대에게 기울었다고 꺼려서 한 사람도 쓰지 않았다. 유정은 이 틈을 타서 자기의 당우黨羽를 안전하게 대간에 집어넣었다. 그는 앞서 순희 15년 11월에 원추가 국자좨주國子祭酒에서 면직된 기회를 틈타 특별히 국자사업國子司業 하담何澹을 좨주에 제수되도록 힘썼다. 이 일로 하담이 감격하여서 눈물을 뿌렸다.

순희 16년 2월, 우간의대부 진가가 탄핵을 받아 정강부靜江府 지부知府로 나가고, 나점이 천거한 여덟 사람을 조돈이 한 사람도 만족하게 여기지 않자, 유정은 또 4월 19일에 특별히 하담을 우간의대부에 발탁하여 제수하게 함으로써 일시에 간원을 장악하였다.

하담이 도학을 반대한 까닭은, 그가 끊임없이 관직에 욕심내는 것을 주필대가 탐탁지 않게 여겼기 때문이었다. 주필대는 작주繳奏(급사중이 직권을 행사하여서, 제칙制敕의 문제점을 반박한 뒤 이를 봉하여 되돌리면서 올리는 주장奏章)에서 다음과 같이 말하였다. "예컨대 하담은 본래 성시에서 장원(省元)을 하였으며 일찍이 외임外任을 맡은 적이 없었습니다. 사업司業(국자감)의 임기가 차자마자 검정檢正으로 옮겨서 재주를 시험해보려고 하였는데, 하담은 그 관직을 불만족스러워하며 힘써 양참兩參(참지정사)에게 간절히 빌어서 태상 비서太常秘書가 되려고 하였습니다. 이는 시종이 되는 지름길이기 때문입니다. 아울러 진가는 하담의 고모부로서 줄곧 이러한 의론을 미리 ……."(『주익국문충공집』 권152) 간원에서 하담이 진가를 대체한 일은 유정의 딩이 왕회의 당을 내체했다는 사실을 의미한다.

전원殿院에는 전중 시어사로 냉세광 이후 도학에 반대하는 범처의范處義가 이어서 취임하였다. 찰원察院에는 앞뒤로 임대중林大中, 이신보李信甫, 하이何異가 감찰어사에 제수되었다. 이들은 모두 비교적 유정에 기울어 있었다. 대간은 이미 대부분 유정의 당우 및 강특립과 초희재의 문객으로 구성되었고, 주필대 일파는 대원臺院에서 한 모퉁이를 장악하고 있을 뿐이었다. 다만 3월 19일에 조돈이 습유와 보궐의 두 관직을 폐하고, 그 직에 있던 설숙사를 장작감將作監에, 허급지를 군기감軍器監에 제수하였으나, 뜻밖에도 도학에 반대하는 '간사하고 교활하며, 아첨하고 유순한(憸黠佞柔)' 인물인 황륜黃掄을 우정언에 제수함으로써 설숙사와 허급지 두 사람은 신속히 탄핵을 받고 조정을 떠났다. 주필대의 당으로서 대간에 남은 사람은 단지 어사중승御史中丞 사악뿐이었으나, 그 역시 하급 간관 두 사람을 끌어들이려고 상주했다가 조돈의 비위를 거슬렀다. 조돈은 이미 그를 파척하려는 생각을 품고 있었다.

주희는 계속 대간의 무상한 변화를 면밀히 주시하고 있었다. 그는 주필대 및 조정 신하들과 연계를 유지하는 가장 중요한 목표가 대간에 있는 '병의 한두 뿌리(一二病根)'를 제거하는 것이라고 생각하였다.

순희 16년 2월 하순에 원추는 탄핵을 당하고서 파직된 뒤 건안에 돌아와 3월 초에 주희를 만났다.[5] 원추와 주희는 똑같이 불손하고 숨김없이 직언을

---

5 원추가 파직당한 때는 정월 12일이고 건안에 돌아와 주희와 만난 때는 주희의 『문집』 권28 「여주승상서與周丞相書」의 "원 시랑이 돌아왔는데, 도중에 한번 만났더니 말이 자못 정성스럽지 못하였습니다."라고 한 편지를 근거로 삼을 수 있다. 이 편지 가운데 "영광스럽게도 조책詔冊을 받고 나아가 임금의 몸을 보호하게 되었으니 ……"라고 한 내용에 따르면, 이는 순희 16년 3월 임진에 주필대가 소보少保가 된 일을 가리키니, 주희와 원추가 만난 때는 마땅히 3월

하는 성격의 소유자로서, 순희 연간에 가장 강직하여서 서로 영합하지 않는 조정 신하로 여겨졌다. 주희는 임안에서 상주하였을 때 일찍이 그와 한 차례 만났다. 이제 두 사람은 모두 '추방된 신하(放臣)'가 되어 차가운 호수(寒潭)에서 함께 안개 속에 쪽배를 타고 옛날을 되뇌며, 조정의 일을 논하고 마주 대하여 술을 마시며, 시를 읊조리고 소소한 수심에 사로잡혀서 세상의 험악함을 생각하노라니, 시비의 소용돌이에 빠지느니 차라리 산중에 돌아가 숨어서 음풍농월이나 하는 것이 낫지 않을까 하는 생각이 들었다. 주희는 줄곧 쉽사리 사詞를 짓지 않았으나 이때는 원추의 운을 따라 「원기중의 운을 따서 짓다(次袁機仲韻)」 한 수를 읊었다.

그대와 오랫동안 이별했네	長記與君別
구중궁궐에서 만난 뒤로	丹鳳九重城
고향에 돌아와 근심 하노라니	歸來故里愁思
서운한 마음 아득하여 가라앉히기 어렵네	悵望渺難平
오늘 저녁은 어떤 저녁인가?	今夕不知何夕
안개 낀 찬 호수에서 함께 쪽배를 타고	得共寒潭煙艇
한 차례 웃으며 물에 비친 달을 굽어보네	一笑俯空明
술이 있어 선뜻 취하니	有酒徑須醉
뜻을 둘 일 아무것도 없네	無事莫關情

이다. 또 『별집』 권2 「여유지부與劉智夫」에 "내(某)가 막 소명을 사양하였는데, 갑자기 은혜로운 제수를 입고서 달을 넘기도록 사면을 청하였으나 답을 듣지 못하여 …… 원 어른(원추)을 전날 대호大湖에서 만나 뵈었는데 ……"라고 하였으니, 주희가 사면을 한 때는 2월 11일이고 달을 넘기도록 사면을 청한 일은 3월 사이에 있었다.

매화를 찾으니	尋梅去
성긴 대숲 밖에	疏竹外
가지 하나 가로 비꼈네	一枝橫
그대와 음풍농월 하니	與君吟弄風月
실로 평생이 헛되지 않네	端不負平生
어디라고 수레바퀴 이르지 않으랴?	何處車塵不到
강 위에 이렇게 하늘이 있으니	有箇江天如許
다시 헛된 이름을 다투랴!	爭肯換浮名
다만 산속에 숨어서	只恐買山隱
단약이나 구웠으면	却要煉丹成

—『문집』 권10

산속에 숨어서 단약을 굽고 음풍농월하는 것도 그저 해보는 말일 뿐, 원추가 얼굴을 마주하고 전해준 조정의 새로운 국면은 도리어 주희가 지녀온, 세상을 구제하려는 도학적 영혼을 자극하였고, 또 간사한 사람들에 대한 원추의 항거가 '너무 약한 대응(殺之大輕)'이라고 느껴져서 다시 「봉사」를 올리려는 생각을 불태웠다.

그는 유숭지劉崇之에게 보낸 편지에서 자기의 모순된 심정을 다음과 같이 말하였다. "내가 막 소명을 사양하였는데 …… 답을 듣지 못하여서 두려움이 더합니다. 보내신 편지가 내용이 자세하고 지극한 뜻이 구구하니 본래 품은 생각이 어찌 이 세상에 근심이 없겠습니까? 다만 음이 성하고 양이 미약하여서 손쓸 새도 없이 이미 함정에 빠지는 것이 두려울 뿐입니다. …… 원 어른(袁丈, *원추)을 전날 대호大湖에서 만나 뵈었는데, 대응이 너무 약하여서 도리어 나쁜 무리에게 도움이 된 점이 한스럽습니다."(『별집』 권2 「여유지부與劉智夫」 서2)

2월 12일에 조돈은 안팎의 신료들에게 시정時政의 문제점을 지적하여 아뢰라고 조서를 내렸다. 이는 본래 새로 황제가 등극하면 하는 훌륭한 관례였지만, 주희에게는 오히려 조정을 비판할 수 있는 얻기 힘든 기회를 제공하였다. 주희는 원추와 만나 함께 담화한 뒤 곧 봉사를 써서 이 어리석은 새 군주에게 다시 정심성의正心誠意를 권고할 준비를 하였다.[6]

조돈은 동궁에 있을 때 성격이 비뚤어지고 방종한 태자였는데, 즉위한 뒤에는 주희가 올린 봉사에서 우려한 일이 모두 현실로 나타났다. 2월 3일에 황후에 오른 이씨는 황黃 귀비와 총애를 다투고 사납게 강짜를 부리며 더욱 기탄없이 정사에 관여하였다. 2월 6일에 조돈의 동궁 시절 총신인 강특립과 초희재가 함께 지합문사知閤門事에 발탁되자, 대간의 관원들이 모두 어지러이 그들의 문정門庭에 투신하여서 의지하였다. 궁중에서는 가무음곡이 밤낮 그치지 않았다. 조돈은 천성적으로 총애하는 신하와 폐첩嬖妾과 종일 희희낙락

---

6   생각건대, 『문집』 권12에 수록된 「기유의상봉사己酉擬上奉事」는 응당 순희 16년(1189) 기유년에
    쓴 것임이 틀림없다. 그런데 황간의 「행장」에는 "이때 상이 이미 정사에 싫증이 나서 장차 자
    식에게 물려주려는(燕翼) 계획을 세웠다. 선생은 주소奏疏를 초하여서 …… 모두 열 가지 일로
    새로운 정치에 도움이 되게 하고자 하였다. 집정 가운데 도학을 사악한 기운이라고 지목하는
    자가 있기에 힘써 새로운 명을 사양하였는데, 비각 수찬에 제수되는 바람에 그대로 외사外祠
    를 받들게 되어서 마침내 올리지 않았다."고 함으로써 이 봉사를 순희 15년 무신년에 조신이
    정사에 싫증을 내고 있었으나 아직 내선하지 않았을 때 썼다고 보았다. 왕무횡의 『연보』는 이
    에 근거하여서 주희가 순희 15년 하반기에 썼다고 하였는데, 매우 잘못이다. 「기유의상봉사」
    에서 "춘궁春宮(동궁)에서 20년 동안 덕을 기르다가 하루아침에 명을 받으셨습니다.", "지금 폐
    하께서는 저이儲貳(황태자)에서 지존至尊이 되셨으며, 감무監撫를 하던 데서 오로지 청단聽斷을
    하시게 되었습니다."라고 분명히 말하였으니, 이 「봉사」는 응당 순희 16년 2월에 조돈이 즉위
    하고 오래지 않아서 작성한 것이다. 『송사』 「광종본기光宗本紀」의 "순희 16년 2월 임신에 안팎
    의 신료에게 정치의 문제점을 아뢰고 사방에서 송가頌歌를 올리는 것을 받아들이지 말라고 조
    서를 내렸다."고 한 기록에 근거하면 주희는 이 조서에 응하여서 봉사를 작성하였으며, 3월에
    는 이미 완성하였다.

하고 들러붙어 지내기만 했을 뿐이라, 안팎에서 올린 장소章疏기 미뤄지고 재결이 나지 않았다.

조돈이 황후의 방종을 내버려두고 치가治家를 엄격하게 하지 않았기 때문에, 그런 그와 효도를 중시하는 조신 사이에는 속으로 불화가 몰래 자라났다. 조돈은 조신에 견주어 더욱 불교와 도교에 빠져들었고 귀신 섬기기를 좋아하였으므로 대규모 도교도 떼가 고사료高士寮에 몰려들었다. 그는 또 황문黃門(환관)을 고소姑蘇에 보내서 사의 도인蓑衣道人에게 예언을 구하였으며, 심지어 청호 대진선淸湖大陳仙을 궁으로 초빙하여서 점을 치고 신선을 불러내서 화복禍福과 수요壽夭를 묻기도 하였다. 이런 일들이 모두 조돈이 즉위한 뒤 한 달 사이에 일어났다. 본래 재앙을 두려워해서 조정에 들어오기를 달가워하지 않던 주희도 결국 더 이상 침묵하고만 있을 수 없게 되었다.

기유년(1189)의 봉사에서 진술한 열 가지 내용은 다음과 같다. 강학을 하여 마음을 바로잡으라(講學以正心), 몸을 닦아서 집안을 가지런히 하라(修身以齊家), 아첨하여서 총애를 받는 근시를 멀리함으로써 충직한 사람을 공경하라(遠便嬖以敬忠直), 사사로운 은혜를 억눌러서 공도를 높이라(抑私恩以抗公道), 의리를 밝혀서 미신과 간사함을 끊어버리라(明義理以絶神奸), 사부를 택하여서 황태자를 보도하라(擇師傅以輔皇儲), 관리를 정밀하게 선발하고 임무를 맡겨서 관료 체계의 계통을 밝히라(精選任以明體統), 기강을 떨쳐서 풍속을 권장하라(振綱紀以厲風俗), 재화의 사용을 절제하여 나라의 근본(邦本, 인민 또는 인민의 역량)을 견고하게 하라(節財用以固邦本), 정사를 닦아서 이적을 물리치라(修政事以攘夷狄)는 것이다.

여기에는 조돈의 새 정치에 대한 다음과 같은 가장 첨예한 현실적 비판을 포함하고 있다. 첫째, '마음을 바로잡으라' 한 내용은 조돈의 황음하고 방종함을 넌지시 풍자한 말이다. 둘째, '집안을 가지런히 하라'는 내용 가운데 『상서』의 '암탉이 새벽에 울면 집안이 망한다(牝鷄之晨, 惟家之索)'는 말을 인용한 것은 황후 이씨가 사납게 강짜를 부리며 정사에 관여한다고 드러내 놓고 지적한 말이다. 셋째, '멀리해야 할 아첨하고 총애를 받는 근시'는 바로 강특립과 초회재와 같이 새로 은총을 받게 된 근습近習을 가리킨다. 다섯째, '미신과 간사함을 끊어버리라' 한 내용은 조돈이 무당과 요망한 사람을 함부로 믿고 '아첨하고 빌어서 복을 얻으려는' 미신을 꾸짖은 말이다. 일곱째, '관리를 정밀하게 선발하여서 임무를 맡기라' 한 내용은 조돈이 재상·대간의 관원을 선발하여서 임무를 맡김에 정당성을 잃어버린 사실을 비평한 말이다. 열째, '정사를 닦아서 이적을 물리치라' 한 내용은 금金에 대항하여 군사행동을 하자는 그의 주장을 전면적으로 논술한 것이다.

그러나 기유년의 봉사는 끝내 올리지 못하였다. 한 가지 원인은 자연 유정이 도학을 사악한 기운이라고 지목하여서 꺼린 데 있었다. 얼마 전에 이미 주필대 파인 비서랑 정식鄭湜이 윤대輪對에서 올린 장소章疏 가운데 부분적으로 주희가 기유년의 봉사에서 하려던 말을 하였다. 곧 조돈이 '가법家法'을 엄하게 하지 못하고, 이씨가 '어질지 못하고', 궁중에 '청알請謁하는 사사로움'이 많고, 강연講筵은 '쉬는 날이 혹 강독講讀을 하는 날보다 많아서 (그 빈도가) 전후 좌우의 사람들이 아침저녁으로 끊이지 않고 왕과 부니는 것만 못하였다.'고 완곡하게 비평했던 것이다(『속자치통감續資治通鑑』 권151). 결과적으로 정식은 도학의 분위기를 풍기는 몇 구절을 말하였기 때문에 대간에 선발되지 못하였고, 가슴에 한을 품고 있던 조돈은 머잖아 구실을 대서 그에게 또 한 차례 보복을 하였다.

주희가 봉사를 올리지 못한 더욱 주요한 까닭은 아마도 봉사를 올리기 전에 주필대의 당이 이미 전면적으로 붕괴의 형세를 드러내고, 조정에서는 끊임없이 나쁜 소식이 전해지는 탓에 그로 하여금 글을 올려서 어리석은 새 군주를 권유하여 설득할 수 있겠다는 자신감을 잃어버리게 했기 때문이리라.

두 하급 간관이 파직되고, 하담·황륜·범처의가 언로를 장악하게 되자 그는 이미 대세를 만회하기 어렵다고 느꼈다.

주희는 사면장을 올린 뒤 한번 더 대간을 통해 마지막 노력을 할 생각을 하였다. 임대중林大中은 평소 도학의 청의에서 중히 여긴 사람이고, 이신보李信甫는 이통李侗의 아들이었기 때문에, 주희는 5월 2일에 이신보에게 편지를 보내 유정이 조그마한 은혜를 베풀어서 거짓으로 총애하더라도 받아들이지 말라고 권유하였다. "호 공胡公(•호진신)이 시사를 논한 말이 모두 공론에 부합하고 매우 사람들의 뜻에 들어맞았습니다. 다만 두 하급 간관이 떠나게 된 것은 매우 애석한 일입니다. 그 말을 따르지 못하는 까닭은 무엇 때문입니까? 제공諸公이 바른 사람을 배척하여서 내쫓고 존형에게 책임을 지우는 것은 (형을) 매우 경시하는 것이며, 형이 반드시 설(•설숙사), 허(•허급지)같이 하지 못하리라고 여기는 것일 뿐입니다. 이 작은 은혜만 생각하고 큰 욕을 잊어서는 안 됩니다."(『문집』 권28 「여이성보서與李誠父書」 서2)

이신보는 막 태상시 주부에서 '책임을 지는(塞責)' 인물로 찰관察官에 발탁되었는데, 주희의 제자 태상승 첨체인과 서로 함께 잘 알며 지내고 있었다. 주희는 또 같은 달에 특별히 첨체인에게 편지를 보내 이신보와 임대중의 신뢰를 얻도록 하라고 하였다. 편지에서 유정의 당에 대해 임기응변하는 방법을 다음과 같이 진술하였다.

> 두 간관을 제거한 일과 강하江夏가 승진한 일은(•황륜이 우정언에 제수된 일을 가리킨다) 특별히 손을 쓰지 않고서도 알선하고 움직여서 자기 뜻대로(•유정의 뜻대로 된 사실을 가리킨다) 되지 않음이 없게 한 것입니다. …… 하물며 남상南牀(시어사)이 새 간관을 공격하여서 제거한 일은(•우간의대부 진가를 탄핵하여서 제거한 일을 가리킨다) 이미 그들을 거스른 것이 분명합니다. 그(•유정을 가리킨

다는 이미 뜻을 얻지 못하자 반드시 같은 무리에서 다시 한 사람(•하담을 가리킨다)을 찾아 본래 두려고 하던 (간관의) 자리에 두려 할 테니 또한 장차 어떤 계책을 세워야 할지 모르겠습니다. 이 일은 머지않아 닥칠 터이니 생각해보면 다만 아침저녁에 있을 일입니다. 아픈 것을 보고 침을 놓는 것이라 하겠습니다. 이분(•감찰어사 임대중을 가리킨다)은 비록 내가 아직 알지 못하는 사람이나 그 글을 보면 순후한 사람임을 알겠으니, 남을 비난할 줄 모르는 사람입니다. 그러니 모름지기 힘써 권하여서 빨리 물리치게 해야지 하루라도 늦으면 하루의 일을 망칠 것입니다. 두 간관을 제거한 데는 반드시 곡절이 있을 터인데 자세히 알려주시면 다행이겠습니다. …… 성보誠父(이신보)가 옮겨간 뒤 만나 보았습니까? 듣자니 그는 일찍이 (소인배와) 이웃에 거하며 서로 매우 깊은 관계였다고 하는데(•임대중과 함께 가까운 사이였음을 가리키는데, 임대중도 태상시 주부로서 감찰어사에 제수되었다), 모름지기 경고하여서 깨우쳐야 합니다. 창을 거꾸로 잡고 그들을 반격하지는 못하더라도 남의 부림을 받아서 선량한 사람을 해치지 않는다면 다행한 일이겠습니다.

—『문집』 권28 「여장원선與張元善」

주희의 마지막 '금낭묘계錦囊妙計'는 쟁취할 수 있는 대간의 자리를 이용하여 유정을 공격하는 일에 지나지 않았다. 깊은 산속에 은거한 주희는 생각이 너무 현실에 어두워서 유정의 당이 일찌감치 손을 써 두었다는 사실을 결코 알지 못하였다.

하담은 유정의 중계역을 하는 인물로서, 강특립·초희재의 무리와 왕회의 잔당을 매우 은밀하게 맺어 놓았다. 강특립은 득의양양하여 대간의 모든 사람들이 자기의 문인이라고 공개적으로 말하였는데, 실상 그들은 동시에 하담의 비밀 상객이었다.

유정의 당은 주필대를 향해 전광석화와 같이 공격하였다. 도화선이 된 사건은 이헌李轍이 두 재상을 임명하는 제서制書를 초하면서 유정을 억누르고 주필대를 들어 올리려다가 조돈의 뜻을 거슬러 죄를 얻은 일이었다. 주필대는 5월 7일에 글을 올려서 퇴직을 청하였다. 하담이 즉시 재상 유정의 의도를 따라 5월 8일에 주필대를 탄핵하였고, 주필대는 파직되어서 관문전觀文殿 대학사가 되고 담주潭州 제거로 나갔다.

유정의 당은 그가 파직을 당한 데 만족하지 않았다. 하담은 다시 글을 올려서 주필대의 '불공不公, 불평不平, 부정不正한' 열 가지 일을 탄핵하였다. 10일에는 또 전중 시어사 범처의가 다시 논핵하여서, 주필대는 그날로 담주 제거에서 파직되고 예천관사醴泉觀使에 제수되어 외임을 맡고 거주하게 되었다.[7] 사실 조돈은 일찌감치 주필대를 재상에서 파직할 뜻을 가지고 있었는데, 이

---

7 주필대가 재상에서 떠난 자세한 정황은 누약樓鑰의 「신도비」, 이벽李璧의 「행장」, 『송사』의 주필대 전기 및 『주필대연보』에 모두 명확하지 않다. 『도명록』권6, 7에 근거하면, 주필대가 황제의 뜻을 거스른 일을 기화로 삼아 유정이 하담을 넌지시 부추겨서 공박하게 하였다. 뜻을 거스른 일에 대해서는 『송사』의 주필대 전기에 다음과 같이 말하였다. "이헌이 두 재상을 임명하는 제서制書를 초하였는데, 칭찬과 깎아내림이 같지 않았다. 황제가 이헌을 불러다가 마지麻紙에 제서를 다시 써서 첩자帖子를 올리라고 하였다. 이윽고 이헌을 외방 고을을 다스리도록 내쫓았다. 주필대가 물러나기를 청하였다." 「광종본기光宗本紀」에 근거하면 "3월 임진에 주필대는 소보少保가 되었고, 유정은 정봉대부正奉大夫로 옮겼다."고 하였다. 이헌이 두 재상을 임명하는 제서를 초한 일은 바로 이 두 사람의 임명에 관한 일을 가리킨다. 『송회요집고』제106책 「직관」78 〈파면罷免〉에 실려 있는 기록이 비교적 상세하다. "순희 16년(1189) 5월 8일, 소보少保 좌승상 익국공益國公 주필대를 불러서 특별히 관문전 대학사에 제수하고 이전대로 소보로서 담주를 다스리게 하였다. 직임에서 파직되기를 청하였으므로, 소보 익국공으로서 예천관사에 충임되어 외임으로 거주하였다. 이윽고 신료가 그의 불공, 불평, 부정한 열 가지 일을 말하면서 파직을 청하였다. 주필대가 처음 정사에 많은 도움을 주었다고 불렀으나 떠나기를 힘써 구한 까닭에 전의 직책에 제수하고 담주를 다스리게 한 것이다. 이어서 전중 시어사 범처의范處義가 또 말하여서 마침내 이런 명이 있었다." 『주필대연보』에는 주필대의 파직이 정유丁酉(9일)에 있었다고 하는데, 아마 잘못인 듯하다.

번에 일부러 두 재상을 임명하는 제서를 초한 일을 빌미로 삼아 억지로 주필대가 스스로 물러나게끔 했던 것이다. 유정의 당은 조돈의 심리를 이용하여서 떼 지어 일어나 공격하였다.

주희는 유숭지에게 준 편지에서 이런 사실을 끄집어냈다. "규揆(승상, *주필대) 또한 전에 작은 일로 여러 차례 (황제의) 뜻을 거슬렀고, 근래에는 용龍□이라는 성명을 가진 초楚의 수령을 제수하여서 마침내 불안을 야기하였습니다. 중간에 익명으로 성省에 투서한 일로 인하여 오로지 그(주필대)를 배척하는 일이 있었습니다. 다시 왕신주王信州(*왕자중王自中)에게서 온 객이 있기에 그에게 들으니, (주필대가) 이미 육화六和를 나와서 다시 승방僧坊에 들어갔다고 하였습니다. ……"(『별집』 권2 「답유지부答劉智夫」)

주희는 무이武夷에서 대세는 이미 기울었고 주필대의 당은 철저히 실패했다는 사실을 깨닫고 유병劉炳에게 보내는 편지에 어쩔 수 없다는 탄식을 토하였다. "도가 굽고 펴지는 것은 시운時運에 관련된 일입니다. 구구한 사람의 계책이 어찌 힘을 발휘할 수 있겠습니까! …… 우규右揆(우승상, *주필대. 생각건대, 좌규라고 해야 한다)는 떠나기를 구했다가 다시 머물고 있는데, 그 까닭을 도무지 모르겠습니다. 어떤 사람은 하소何疏(*하담의 상소)에서 언급한 것이 사면의 글(赦文)과 다른 점이 있는데 함께 의정擬定했기 때문이라고도 하고, 어떤 사람은 하담이 별도의 상소로 공격했다고도 하고, 어떤 사람은 하담이 이미 외직에 보임되었다고도 하는데, 모두 살피지 못한 것입니다. 갈갈葛鷗(*갈필葛鷗), 안顔(*안사로顔師魯)의 회답은 아직 듣지 못하였습니다. ……"(『속집』 권4 「여유도중與劉韜仲」)

과연 재상 한 사람이 제거되고, 당 하나가 소멸하였다. 주필대의 당과 도학의 조정 관료는 많은 논박을 받고서 어지러이 조정을 떠났다. 5월 28일, 일찌감치 어사중승 사악謝諤을 미워하고 싫증을 내던 조돈이 재집들에게 말하였다. "사악이 중사中司(어사중승)의 직책을 맡은 지 이미 오래인데 전혀 일에 권해서는 말을 하지 않으니, 아마도 이 직책을 맡을 수 없을 듯하다. 넉넉하고 느긋한 지위로 옮겨야겠다."(『송회요집고』제63책 「직관」 6)

대간에 있던 유정의 당우가 즉시 '임금의 뜻(上旨)'을 받들어, '말을 하지 않는다(不言)'는 죄목으로 사악을 탄핵하여서 파직시켰다. 임률을 공격하여 조정에 이름이 난 비서랑 섭적도 5월에 호북 참의湖北參議로 나갔다. 그의 친밀한 벗 왕십붕王十朋의 맏아들, 대리시 승大理寺丞 왕문시王聞詩는 주필대가 조정을 떠난 일에 불만을 품고 투서하여서 어사를 나무랐다가 광주光州의 수령으로 나갔다.[8]

이어서 권 이부시랑 겸 시강權吏部侍郞兼侍講 우무尤袤는 조돈이 즉위한 처음에 강연講筵을 열었을 때 정사를 논급하면서 "천하만사는 초기에 실패하면 나중에는 구제할 수 없습니다."라고 하고서, 당 태종이 진왕부秦王府의 옛 측근을 사사롭게 대하지 않았던 일을 들어 훈계하였다. 나중에 다시 강연에서 관제官制를 논하기를, "근년에 구법舊法이 무너져서 갑옷을 입고 무기를 들고 오랫동안 공적을 쌓은 사람들은 겨우 한 계급 승진했을 뿐이고, 권력과 요직을 차지한 측근의 신하들은 느긋하게 화려한 요직을 거치고 있습니다. 구법을 거행해야 합니다."(『송사』권389 「우무전尤袤傳」)라고 하였다. 강특립은 이것이 자기를 빗댄 말이라고 의심하고서 같은 당이 올린 탄핵의 글에서 우무를 주필대의 당이라고 지목하였다. 우무는 곧 '소의 내용에 오류가 많고 선비의 여론이 따르지 않는다'는 죄목으로 6월 22일에 파직되어서 봉사奉祠로 좌천되었다(『송회요집고』제101책 「출강黜降」 9).

---

8 섭적이 외직에 보임된 때는 『중흥관각속록中興館閣續錄』권8에 보인다. "순희 16년(1189) 5월에 비서랑에 제수되고 실록원 검토관實錄院檢討官을 겸하였다." 왕문시가 외직에 보임된 것은 바로 섭적이 그렇게 하도록 권한 일이다. 『수심문집水心文集』권16 「왕문시묘지명王聞詩墓誌銘」에 보인다.

태상승太常丞 첨체인은 주희의 뜻에 따라 반열에서 직언으로 반론을 제기하였는데, 먼저 '정심正心'의 설을 개진하였다가 6월 3일에 절서 제거浙西提擧에 제수되어서 조정을 떠났다. 7월에 비서랑 정식도 절동 제거로 나갔다(『중흥관각속록中興館閣續錄』 권8). 그 밖에 이부 상서 안사로顔師魯, 비서성 정자秘書省正字 오일吳鎰, 태상승 서의徐誼, 저작 좌랑著作佐郎 유숭지, 비서승秘書丞 심청신沈淸臣 및 항안세項安世, 유공도劉公度(유맹용) 등도 모두 잇달아 조정을 떠났다.

6월에 주희는 유약劉爚에게 보낸 편지에서 주필대 파의 붕괴를 언급하였다.

> 사 공謝公(*사악)이 떠난 일에 대해 전해주는 자가 한두 사람이 아닙니다. 어제 원선元善(*첨체인)의 편지를 받았는데, 말을 하지 않은 것 때문에 죄를 받는다 하였습니다. 이는 대체로 그들에게 협력하여서 주 규周揆(주필대)를 공격하지 않았기 때문일 뿐인데, 성보誠甫(*이신보)가 전해준 말은 근거가 없는 것입니다. …… 황륜黃掄 한 사람을 제수했다고 하는데, 그는 어떤 사람인지 모르겠습니다. 은밀하게 방문하는 일이 왕왕 있었지만 중화重華(*조신)께서는 도리어 여러 간사한 무리와 붕당을 결성한 상황을 아시고 때맞춰 성어聖語를 말씀하시기를, '주周(주필대)에게 무슨 당이 있는가? 오히려 왕당王黨(왕회의 당)이 성할 뿐이다!' 하셨는데, 이 말이 괴이한 일을 모두 눌러버렸습니다. …… 우 어른(尤丈, *우무)은 본래 향배가 없고, 아마도 무황(*왕회?)와 더욱 두텁게 지내는 듯합니다. 지금은 또한 죄를 면하지 못하였는데 아직 장소章疏를 보지 못해서 무슨 일에 연좌되었는지 모르겠습니다.
> ──『속집』 권4 「답유회백答劉晦伯」 서12

왕회의 잔당을 긁어모아 계속 도학에 반대한 상황에서 말하자면, 유정의 당도 왕회의 당과 같았다. 서로 자기와 다른 당을 공격하는 상황에서 주필대와 관계가 비교적 좋았거나 정직한 애국 선비들도 연루되었다.

유정의 당은 주필대를 탄핵하는 장소 가운데서 결국은 먼저 주필대와 왕래가 있었던 진량을 거명하여서 공격하였다. 진량은 여조검呂祖儉에게 보낸 편지에서 분개하여 말하였다. "주 승상(주필대)이 자기를 지키는 방법은 마치 여우가 꼬리를 감추는 것과 같아서 끝내 면하지 못할 것입니다. …… 그러나 간하는 소의 머리에 언급되는 바람에 보잘것없는 종적에 수고스럽게 글을 쓰게끔 하였으니, 다만 한번 웃음거리나 될 터입니다."(『용천집龍川集』권19 「복여자약復呂子約」).

진량의 쟁우諍友 왕자중王自中은 본래 조정에 돌아와 낭郞이 될 예정이었지만 유정의 당우인 대간으로부터 보이지 않게 억제를 받아 봉사로 돌아갔다. 예부 낭관 육유陸游는 주필대와 관계가 긴밀하였고, 더욱이 사악·우무와 함께 강론을 주고받으며 가장 화합하였다. 하담은 곧 그가 3년 전에 장자張鎡와 함께 남원南園에서 술을 마시며 신도新桃라는 소희小姬를 위해 단선團扇에 절구 한 수를 써 준 일을 들춰내서 글을 올려 그를 '조영풍월嘲詠風月'의 죄로 탄핵하였다. 육유는 순희 16년 11월 28일에 파직되어서 고향으로 돌아갔다.[9] 하

---

9 주밀周密의 『호연재아담浩然齋雅談』권중中 : "방옹防翁(육유)이 조정에 있을 때 일찍이 관각의 여러 사람들과 함께 장공보張功甫(장자)의 남호원南湖園에서 술을 마셨다. 술이 달았다. 주인이 신도新桃라는 소희小姬를 나오게 했는데, 그는 스스로 노래를 지어 불러서 주흥을 돋우었다. 방옹에게 손에 든 단선團扇에 시를 써달라고 부탁하였다. 방옹이 절구 하나를 써 주었다. …… 시구에서 장난 삼아 소희의 이름을 빗대어 한바탕 웃음거리로 삼았다. 이에 화가 난 당로자當路者가 있었는데, 대뜸 이 일을 들어 시국을 기롱하는 바가 있다고 지적하여서 마침내 (방옹은) 이 일로 자리에서 쫓겨났다." 오늘날 사람들은 이를 갖다 붙인 일로 여겨서 믿을 수 없다고 한다. 생각건대, 주밀의 기록은 조금 착오는 있지만 그 일은 믿을 수 있다. 육유는 이 시를 순희 13년(1186)에 지었고(●『검남시고劍南詩稿』권17에 보인다), 하담이 이 시를 들어 조영풍월의 죄로 탄핵한 때는 순희 16년이니, 주밀의 실수는 일의 서술이 명확하지 않은 점일 뿐이다. '화가

담이 지적한 '조영풍월'은 실제로는 육유가 10여 년간 지은 시를 포괄하는데, 그 가운데는 주필대와 사악, 우무와 주고받은 시편들이 많았다.

사악은 어사중승에 제수된 뒤 육유와 함께 학문을 논하고 도를 강론하면서 늘 밤을 지새웠다. 순희 16년 봄, 주희의 제자 서갱徐賡(＊재숙載叔)이 배를 타고 도성으로 들어가서 육유, 우무, 사악과 함께 모여 아주 흥겹게 놀았다. 그는 강학하고 토론한 정황을 편지로 써서 주희에게 알렸다. 주희는 회답에서 서갱에게 사악, 육유와 함께 '위기爲己'의 학문에 많이 힘쓰라고 하였다.

육유는 나중에 「서재숙 수재의 동쪽 장원에 부치다(寄題徐載叔秀才東莊)」를 지었는데, 그 가운데 언급한 '남대 중승南臺中丞'은 곧 어사중승 사악을 가리키고, '북문 학사北門學士'는 바로 직학사원 우무를 가리킨다. "금년에 우연히 장안에 들어갔더니, 모르는 귀인이 경이라 불린다(今年偶入長安城, 不識貴人呼作卿)"(『검남시고劍南詩稿』 권21)는 시구는 단선의 시 "매화는 스스로 새로 핀 복사꽃 오얏꽃을 피하고, 높은 누각 젓대 소리는 되지 않으리(梅花自避新桃李, 不爲高樓一笛風)"와 함께 곡조는 달라도 솜씨는 같은(異曲同工) 묘함이 있었다. 하담은 대체

난 당로자'는 당연히 하담이다. 육유는 순희 16년에 「의조직려儀曹直廬」라는 시를 지었는데, 그 가운데 '헐뜯음의 파도가 하늘에 사무쳐도(讒波雖稽天)'라는 구절이 있다. 이듬해 제시題詩에서 "나는 10년간 두 차례 배척을 당하였는데, 죄는 비록 헤아릴 수 없이 많지만 시가 맨 처음 죄목이었다. 일컬어 조영풍월이다. 산으로 돌아와서 마침내 작은 헌軒을 풍월이라고 이름 붙였다." 시에 또 "내쫓긴 것 그대와 견줄 수 없지만, 청풍명월이 대간의 비평에 들어 있다(放逐尙非余子比, 淸風明月入臺評)"는 구절이 있는데, 이는 하담이 단선, 풍월의 시로 논핵한 일을 가리킨다. 그러나 '시가 맨 처음'이라는 말로 보면, 이른바 '조영풍월'이 단지 단선 시 한 수만을 가리키는 것은 아님을 알 수 있다. 하담의 논핵은 본래 근거가 없는 일로서, 육유가 옛날에 지은 시를 가지고 마음대로 죄를 씌운 것이다. 이는 반도학파에서 문자로 정죄하는 관행적인 수법이었다. 『송회요집고』 제101책 「출강」 9 : "11월 28일, 예부 낭중에 조서를 내려서 …… 함께 파직을 당하였다. 간의대부 하담이 육유를 앞뒤로 여러 번 탄핵하였는데, 심지어 오예汚穢의 자취가 있다고까지 하였다. ……" '오예의 자취'를 운운하였으니 '조영풍월'은 그 가운데 하나일 뿐이다.

로 이런 시로부터 조영풍월이라는 기발한 생각을 해냈던 것이다.

나중에 서갱은 이해 겨울에 다시 도성에 들어가 조정에 글을 올려서 '오늘날의 폐단(今日之弊)'을 지적하였고, 육유의 시를 주희에게 부쳤다. 주희는 서갱에게 보낸 회답에서 무릎을 치며 탄복하고 칭찬하였다. "방옹放翁(육유)의 시는 읽으니 상쾌합니다. 근래 보기에 오직 이 사람만 시인의 풍치가 있습니다. 이 시편과 같은 것은 처음에는 의도를 담고 힘을 쓴 곳이 보이지 않지만 말의 뜻이 초연하고 저절로 비범하므로 거듭 감탄하여서 그만둘 수 없게 합니다. 이 시를 아끼는 자는 죄가 없고, 해치는 자는 스스로 병폐가 될 뿐입니다.(*생각건대, 하담의 무리가 의심하고 소란을 피운 일을 가리키는 듯하다) 근래 또 이미 조정을 떠났다는 소식이 있는데, 무슨 일에 연좌되었는지 모르겠습니다. 아마도 좋은 시를 짓기에 합당하지는 않지만 별로 좋은 관직을 얻지 못하게 될까 염려합니다."¹⁰ 하담이 육유를 탄핵한 일은 주필대·사악·우무·주희 등에게 타격을 입히려는 정치적인 수요를 포함하고 있었다.

그러나 주필대가 파직되고 그 일파는 구심점을 잃고서 뿔뿔이 흩어진 뒤 유정은 또 새로운 정적政敵과 맞닥뜨렸다. 그는 하담과 갈라져서 제 길을 가기 시작하였다. 우선 강특립, 초희재 세력이 그의 복심에서 큰 근심거리를 형성하였다. 주필대의 당이 격렬되자 강특립의 무리가 유정에 대한 위험한 장애물로 변했다고 하겠다. 유정은 강특립에 대해 교활하게 남몰래 전격적인

---

10 『문집』 권56 「답서재숙答徐載叔」 서1에 보인다. 생각건대, 우무가 직학사원에 재직한 때는 순희 16년 정월이고, 사악이 어사중승에 제수된 때는 같은 해 2월이다. 두 사람은 5월과 6월에 모두 파직되었기 때문에 서갱이 도성으로 들어온 시기는 당연히 3, 4월 사이이다. 주희가 「답서재숙」 서2를 쓴 시기는 바로 이때이다. 서1은 응당 이해 12월에 육유가 파직되어서 돌아갈 때 쓴 것인데, 그 가운데 "배를 타고 도성에 들어가서 대궐로 올라가 소를 올린 일을 했음을 알았습니다."라고 한 것으로 보아, 서갱이 이해 겨울에 두 번째로 도성에 들어와 글을 올렸음을 알 수 있다.

공격을 취하였다. 5월 20일, 그는 홀연히 조돈에게 강특립이 권세를 농간하여 정사에 간여한 죄행을 은밀히 상주하고는 파직하여서 배척하라고 요구하였다. 조돈은 차마 강특립을 버리기가 어려워서 오랫동안 결정하지 못하였다. 이에 유정은 좋은 기회를 엿보고 있었다.

7월에 참지정사의 자리가 빈 것을 기화로 강특립이 조정에 들어가 유정을 찾아보고 탐문하였다. "상은 승상이 재위한 지 오래되어서 좌규左揆로 옮기고 섭저葉翥와 장진張杓 가운데 한 사람을 택하여 집정하게 하려고 하는데 누구를 먼저 택하겠습니까?" 근습이 공공연하게 드러내 놓고 조정에 간여하는 행동은 유정에게 얻기 어려운 좋은 기회를 제공하였다. 다음 날 유정이 조돈에게 고발하여 강특립은 결국 외사外祠를 받들어 나갔다.[11] 유정은 수상

---

11 유정이 상주하여서 강특립을 탄핵한 일에 대해 『양조강목비요兩朝綱目備要』에서는 소희紹熙 원년(1190)에 있었던 일로 여기면서 "이 일은 일어난 시간(歲月)을 알 수 없다."고 하였다. 필원畢元의 『속자치통감續資治通鑑』에서는 강특립이 외사를 받은 것과 절동 마보군 부총관浙東馬步軍副總管에 제수된 두 일이 서로 이어진 일로서 다 같이 순희 16년(1189)에 있었다고 하는데, 모두 잘못이다. 『송사』 「유정전留正傳」에서는 강특립이 봉사가 된 해는 순희 16년이고, 절동 마보군 부총관에 제수된 해는 소희 원년이라고 서술하였는데, 기록된 것이 본래 매우 상세하고 명확하다. 『송사』 「영행전佞幸傳」에서는 유정이 강특립을 탄핵한 일을 기록하면서 연월을 언급하지 않았고, 「광종본기」에서는 (순희 16년) 5월에 결부하였는데, 역시 잘못이다. 살피건대, 「재보표宰輔表」를 보면 순희 16년 5월 갑오에 왕린王藺이 참지정사에서 지추밀원사 겸 참지정사에 제수되고, 소희 원년 7월 갑인에 갈필이 참지정사에 제수되고, 왕린은 다시 추밀사에 제수되었다. 순희 16년 5월 갑오에서 소희 원년 7월 갑인 사이에 참지정사의 자리가 비었는데, 왕린이 이를 겸하였던 것이다. 유정이 강특립을 탄핵한 때는 응당 이 시기 동안이다. 『송사』 「우무전尤袤傳」에 근거하면, 우무는 6월 22일에 관직을 떠났으니 강특립이 참지정사에 관한 말을 한 것은 바로 주필대의 당이 쫓겨난 일을 가리킨다. 6월 말에 강특립은 여전히 조정에 있으면서 아직 떠나지 않았던 것이다.(●중간에 윤5월이 끼어 있다) 또 주희는 『문집』 권28 「여유승상차자與留丞相箚子」에서 다음과 같이 말한다. "곁에서 듣기에 접때 상공相公께서 일찍이 좌우의 간사한 사람들을 분명히 밝혀내어 멀리 바깥으로 내쳐서 …… 가만히 생각하니, 상공은 반드시 이 기회를 이용하여서 밝음을 세우고 …… 여러 달 들어보았으나 소문을 듣지 못하였습니

首相으로 항히는 길에서 또한 재빨리 두 번째 반대 세력을 깨끗이 제거하였던 것이다.

그러나 강특립이 봉사로 떠나간 뒤 지추밀원사 겸 참지정사 왕린王蘭이 또 유정의 가장 위험한 경쟁의 적수가 되었다. 왕린은 비록 주필대의 당은 아니었지만 도학 중신이었고 줄곧 숨김없이 직간을 하였으며, 악을 원수같이 미워했기에 청의清議의 성망이 있었다. 그리하여 평소 유정이 두려워하고 꺼려 하며 질시하고 한을 품었다. 주필대가 재상에서 파직된 뒤 다만 왕린만이 도학에서 가장 중하게 기대하는 조정의 인물이 되었고, 또한 빈자리인 추밀사의 지위에 승진할 수 있는 가장 적합한 자격을 가졌다. 재상의 지위를 노리는 그의 야심도 팽창하고 있었다. 도학이 정치적 역량으로 되기 위해서는 어쨌든 상당이라는 가죽에 붙어서 존재해야만 했다. 주필대의 당이 와해된 뒤 '가죽이 없어서 붙을 곳이 없는 털(皮之不存, 毛將焉附)'의 신세가 된 도학의 선비들은 왕린이라는 이 가죽에 붙어서 새로운 상당을 형성한 것처럼 되었기에 유정으로서도 대처하기가 어려웠다.

유정은 본래 주필대를 배제하고 좌상左相의 지위를 탈취하기 위하여 도학에 반대했던 만큼, 현재 주필대가 이미 참패하였으니 영수를 잃은 저명한 선

다." 이른바 '좌우의 간사한 사람들을 분명히 밝혀낸' 것은 강특립을 탄핵한 일을 가리킨다. 이 차자는 10월 21일에 썼으니, '여러 달 들었다'고 한 말로 추산하자면 (이 일은) 대략 7, 8월 사이에 있었던 일이다. 『송사』 「유정전」과 『양조강목비요』에서는 모두 유정이 강특립을 탄핵하여서 파직시키기 전에 "(강특립이) 권세를 농간하여 정사에 간여한 사실을 (유정이) 열거하고서 배척하여 내쫓으라고 요구하였는데, 상의 뜻이 아직 결단을 하지 못하였다."고 기록하였다. 나중에 다시 유정이 강특립을 탄핵하는 일이 일어났다. 그러니 「광종본기」에서 말한바, "5월에 우승상 유정이 지합문사知閤門事 강특립을 논핵하였다."고 한 기록은 대체로 유정이 앞서 강특립이 권세를 농간하여 정사에 간여한 죄상을 상주한 일을 가리킨다. 유정이 강특립을 탄핵하여서 파직시킨 일은 7월에 있었으니 서로 혼동해서는 안 된다.

비들을 거둬들이고 발탁하여서 자기 상당의 세력을 부식하려는 시도는 객관적으로도 가능성을 지니고 있었다. 하물며 주필대의 당은 비록 소멸했으나 도학파는 예전 그대로 조정을 좌우하는 강대한 역량이었다. 이들은 '청의'를 대표하고 있으니, 이들을 줄곧 배격하기만 하면 인심을 크게 잃어서 고립에 빠질 수 있었다. 유정은 이런 장구한 이해관계를 고려하지 않을 수 없었다. 당시 서의徐誼가 도성에 들어와 상주하였는데, 유정은 그를 끌어들여서 조정에 머물게 하고 직책을 맡기려고 하였다. 서의가 그에게 경고하였다. "상공께서는 몸을 돌아보지 말고 협력해야 합니다. 만약 치우친 의향이 있다면 재앙이 머지않아 닥칠 것입니다!"(『수심문집』 권21 「서의묘지명徐誼墓誌銘」)

유정의 당 가운데서도 지각이 있는 사람들은 이런 상서롭지 않은 예감을 하였다. 그래서 대략 7월 이후 유정의 당 가운데 한 사람이자 주희와 유정 모두와 사적인 교제가 매우 두터워서 두 사람 사이에 다리를 놓아 중재를 하기에 십분 적합한 인물인 태상 박사 심유개沈有開(*응선應先)가 나서서 유정에게 도학의 명사를 망라하여 뽑아 쓰라고 극력 권유하였다. 유정은 그의 건의를 받아들여 도학을 반대하던 데서 도학을 이용하는 쪽으로 돌아섰다.

섭적은 나중에 쓴 「심유개묘지명沈有開墓誌銘」에서 전말을 어렴풋이 토로하였다.

　　이때를 당하여서 승상(*유정)은, 순희 말에 저명한 선비를 살펴서 채택하지 못함으로써 비천하고 번잡한 가운데 버려졌고, 수년 동안 거의 다 뽑아써서 더 이상 쓸 사람이 없음을 근심하였다. 선비들이 기뻐하며 공부에 힘썼는데, 조원진趙元鎭, 진응구陳應求로부터 이렇게 하였다. 승상은 이미 천하에 명예를 얻었고, 공이 음으로 돕고 은밀히 청하여서 더욱 많은 힘을 썼다. 천하가 비록 공이 이를 도운 사실은 알았지만 진출시킨 사람이 어떤 사람인지는 아무도 알지 못하였다. 공은 침묵하고서 남에게 말을 하지 않았으므로 비록 자제라도 아무도 알지 못하였다. ──『수심문집』 권21

이는 바로 이심전이 『도명록』에서 명확하게 "태상 박사 심유개 응선沈有開應先이 유 승상으로부터 두터운 대우를 받았는데, 저명한 선비를 뽑아 쓰라고 힘써 권하였다. 유 승상이 이를 좇았다."고 말한 것이다.

섭적은 나중에 유정으로부터 거듭 부름을 받고 조정에 들어갔기 때문에 당년의 유정에 관한 결코 명예롭지 않은 역사를 쓰면서 곡절을 숨겼으나, 사실과 꼭 들어맞는 내용을 함축하고 있다. 심유개는 일찍이 장식張栻, 여조겸呂祖謙과 교유하였고, 설계선薛季宣, 진부량陳傅良을 좇아 배웠으며, 주희에게 도를 물었다. 심지어 유정이 아주 빠르게 주희를 천거한 것도 그가 남몰래 힘썼을 가능성이 매우 크다.

이와 같이 유정과 주필대가 도학의 선비에 대해 반대하고 지지하여 벌인 투쟁은 7월에 강특립이 봉사로 떠난 뒤 또한 일변하여서 유정과 왕린 사이에 도학의 선비를 쟁탈하고 농락하는 투쟁이 되었으며, 그에 따라 상당의 새로운 특수한 경쟁을 형성하였다. 두 파의 권력투쟁은 소희 원년(1190) 연말까지 계속 이어져서 그들은 모두 앞다퉈 무이산에 있는 도학의 우두머리 주희를 향해 은근한 감정을 담은 추파를 던졌다.

왕린은 본래 주희를 잘 알지 못했으나 5월 6일에 지추밀원사 겸 참지정사에 제수된 뒤 특별히 스스로 자기를 낮추고 처음으로 주희에게 편지를 보내서 자문을 구하였다. 주희는 그에게 '시기란 얻기는 어려워도 잃기는 쉬우니', '예전의 뜻을 잊지 말고 과감하게 분발하여서 잃어서는 안 되는 기회를 잡으라'고 권유하면서, '공론을 주장하고 착한 사람을 도와서 세우며, 음험하고 간사한 자를 가려내서 제거한 뒤 틈을 타지 못하게 하되, 이런 것을 밝히 살펴서 더욱 뜻을 더하시기 바란다'고 하였다. 그 숨은 뜻은 왕린이 도학을 주장하고 좋은 기회를 붙잡아 유정을 공격하여서 제거하기를 바란 것이다. 나중에 그는 왕린에게 보낸 편지에서 다음과 같이 일컬었다. "현재 옛 재상이 오랫동안 바라고 안팎의 사람들이 임금의 마음을 열어서 국론을 바로잡기를 기대하는 자는 오직 명공明公과 익공益公뿐입니다.(*생각건대, 왕린과 주필대를 가리킨다)"(『속집』 권7 「답왕추사」 서1) 주희의 심중에서 왕린이 차지하는 지위의 높이와 유정에 대한 한결같은 경시를 알 수 있다.

유정도 도학의 힘을 빌리고자 주희에게 산을 나오라고 강력하게 청하고, 이를 통해 '청의'를 쟁취하여서 왕린과 대항하려고 하였다. 그리하여 이 초빙은 필연적인 형세가 되었다.

과연 8월 9일에 상서성에서 차자가 내려와 주희를 강동 전운부사江東轉運副使에 제수하였다. 이는 응당 유정과 왕린의 공동 천거에 의한 것으로서,[12] 두 사람은 모두 주희라는 이 도학의 깃발을 두고 쟁탈하고 있었다. 주희는 자연 아직은 경솔하게 산을 나올 수 없었다. 그는 첫 번째 「사면강동운사장辭免江東運使狀」을 올려서 강동에는 분묘가 있고 종족의 토지 생산이 무원婺源에 있으므로 회피回避하기를 청하였다. 그러나 그에게 포장褒獎과 은총이 연거푸 더해졌다. 먼저 조산랑朝散郞으로 옮기고, 비의은어緋衣銀魚를 하사받는 큰 은혜를 얻은 것이다.[13] 10월 5일에는 특별히 회피를 면제하니 속히 가서 부임

---

12 왕무횡의 『고이考異』에서는 "이때 유정은 우승상, 왕린은 추밀사(*생각건대, 잘못이다. 마땅히 지추밀원사 겸 참지정사로 해야 한다)가 되었고, 호진신은 첨서추밀원사簽書密院事(*생각건대, 잘못이다. 이때 호진신은 급사중事中이었다)가 되었다. 필시 유정과 왕린 두 공이 특별히 추천한 힘이다." 하였다. 『문집』 권28 「여유승상차자與留丞相箚子」의 '우러러 우리 임금과 우리 재상의 지우知遇에 걸맞기를' 등의 구절로 보아, 이는 확실히 유정이 천거하여서 제수된 일임을 알 수 있다.

13 왕무횡의 『연보』에서는 "윤5월에 다시 큰 은혜를 입어서 조산랑으로 옮기고 비의은어緋衣銀魚

하라는 전지傳旨가 있었다. 이어서 유정도 재상의 지위를 굽히고 주희에게 친
필로 편지 한 통을 썼는데 정감 어린 말을 하면서 부임하도록 힘써 권하였
다. 이는 주희에게 놀랄 만큼 과분한 총애였다. 이때부터 유정과 주희 사이
에 비로소 빈번한 사신私信 왕래가 시작되었다.

10월 21일에 다시 부임을 명하는 성차省箚가 내려온 뒤 주희는 겉으로는
굳이 두 번째 사장辭狀을 올렸으나, 동시에 유정에게 보낸 친필 서신에서는
다음과 같은 생각을 드러냈다. "모의謀議하는 관직으로 저의 능력을 배양한다
면, 어쩌면 효과를 볼 수 있을지도 모르겠습니다."(『문집』 권28 「여유승상차자與留丞
相箚子」) 한 지방의 참의參議라는 '한가한 자리에 보내달라고(閒慢差遣)' 청한 일은
그가 산에서 나와 부임하려는 마음이 이미 움직이고 있었음을 밝히 드러낸
것이다.

확실히 권세를 부리는 총신 강특립을 탄핵하여 쫓아낸 일을 주필대는 할
수 없었지만 유정은 뜻밖에도 해냈는데, 이는 집을 잃고 주인을 잃은 처지와
도 같은 도학파들에게는 유인하는 힘이 매우 컸다. 왜냐하면 군주의 측근에
있는 총신과 환관을 깨끗이 제거하는 일은 본래 도학이 내건 주요한 깃발이
었기 때문이다.

주희가 친필로 쓴 이 편지에서 오직 유정이 강특립을 탄핵하여 내쫓은 일
을 특별히 칭찬하여서 다음과 같이 함축된 뜻을 털어놓은 것도 이상하지 않

를 하사받았다."고 하였다. 이는 본래 구보舊譜에서 나온 말인데, 잘못이 있다. 주희의 『문집』
에 들어 있는, 두 차례 올린 「사면강동운사장」에 근거하면 제1장은 8월 9일에 올렸는데, 거기
에서는 아직 조산랑으로 옮기는 큰 은혜를 언급하지 않았다. 10월 21일에 올린 제2장에 '이
제 관직을 옮겨주고 장복章服을 바꾸어서 하사하는 큰 은혜를 받았는데, 이는 모두 뭇사람의
청에 따라 외람되게 받은 것이라'고 하였으니, 주희가 조산랑으로 옮긴 시기는 9~10월 사이
이다. 9월 계해癸亥는 중명절重明節이니, 또한 큰 은혜를 받았으리라.

다. "양陽은 자라나 마침내 나아가지 못하고, 음陰은 사라지나 끝내 멸망하지 않는 것이 치란治亂과 안위安危의 가장 관건이며 옛사람이 깊이 두려워한 바입니다. 저같이 어리석은 사람이 오히려 상공을 위해 가만히 염려합니다만, 고명께서는 어떻게 대처하여 뒷일을 좋게 하시렵니까?"(동상) 이는 유정이 간사하고 아첨하는 측근과 도학에 반대하는 소인을 내쫓고 힘써 도학을 주도한다는 사실을 암시하는 것과 다르지 않다. 그들 사이의 합작은 한 걸음 더 가까워질 수 있었다.

주희는 동시에 형부 시랑 마대동馬大同에게 빈번하게 편지를 보내서 '몰래 무리와 결탁하여 간사한 설을 주장하고 간사한 마음을 먹었으니 묘사廟社의 영령이 실로 함께 그를 죽일 것'(『금화황선생문집金華黃先生文集』 권21 「발회암선생첩跋晦庵先生帖」)이라고 무상鶩相(무주 출신 재상) 왕회王淮를 크게 꾸짖었다.[14] 유정은 마대

---

14 주희가 마대동에게 보낸 편지 열한 통은 모두 『문집』에는 실리지 않았다. 황진黃溍의 「발회암선생첩」에서 다음과 같이 말하였다. "위는 주 문공 선생과 시랑 마 공의 편지 열한 통의 첩이다. …… 앞의 두 첩은 조봉랑 주관 숭산 숭복궁朝奉郎主管嵩山崇福宮의 직함을 받고 바로 사직하는 까닭을 논하여서 말하였으나 윤허를 받지 못했으며, 이어서 청한 대로 전지를 받았으나 그대로 옛 직책을 갖게 되었고, 또 조서가 내려와서 포상하고 효유한 내용을 담은 편지이다. 이 두 첩은 바로 직보문각의 직함으로 되어 있는데, 첩 가운데 '청한 것이 다행히 윤허를 받았고 또 포상하는 조서를 받았다'고 한 것이 이것이다. 또 다음 두 첩은 관계官階와 직첩을 거론한 것에 그쳤으며, 이때 선생을 강동 전운사로 삼는 전지가 내렸다. 곧 첩에 '제수된 까닭을 알 수 없다'고 한 것이다. 선생은 막 사직서를 제출했기 때문에 사관祠官의 직책을 모두 띠지 않았다. 무주婺州의 재상은 노국공魯國公(왕회)을 가리킨다. 이른바 '몰래 무리와 결탁하여 간사한 설을 주장하고 간사한 마음을 먹었으니 묘사의 영령이 실로 함께 그를 죽일 것'이라 한 말은 격하기는 하지만, 반드시 오로지 앞의 일로만 유감을 품은 것은 아닐 터이다. 이 (나머지) 여섯 첩은 모두 (*순희) 16년 여름과 가을 사이에 썼다. 마지막 두 첩 가운데 하나는 직함으로 권 발견 장주사權發遣漳州事를 일컬었는데 소희 원년(1190) 봄에 쓴 것이고, 다른 하나는 비각 수찬 주관 홍경궁鴻慶宮을 일컬었는데 소희 2년 가을에 쓴 것이다. 나머지 세 첩은 문안하고 돌아보고 청하고 맡기는 따위의 일을 덧붙여 쓴 것이다." 생각건대, 주희와 마대동은 서로 매우 잘 알고 있었다. 『문집』 권28 「여유승상차자」에 "은혜로운 제수를 간절히 피하여서

동을 통해 주희에게 자기 의사를 전했고, 주희도 기회를 빌려 마대동에게 보낸 편지에서 유정이 왕회의 잔당을 이용하여 도학에 반대한다고 에둘러 비평하였다. 그리고 또 다른 방식으로 유정이 왕회의 반도학의 뒤를 따르지 말기를 바란다고 암시하였다. 그는 효력을 발휘하기를 원했다.

사실상 이때 주희는 이미 강동에 부임한 뒤 구체적으로 취할 조치와 방법을 고려하기 시작하였다. 교활한 유정은 그를 향해 계속 접근해 들어갔다. 11월에 상서성의 차자가 다시 내려와 주희를 장주 지주漳州知州에 고쳐 제수하였다. 장주는, 지역은 넓으나 일은 간단한 군으로서, 강동 지역에 견줄 바가 아니므로 주희가 제시한 요구에 부합하였다. 또한 현궐現闕(*자리가 나기를 기다리느라 봉록이 없는 자리)이었는데, 유정이 특별히 그를 위해 '궐차를 옮겨준(那移闕次)' 것이었다. 심지어 '임기가 만료되기 전에 주사를 올리라'고 명백히 말한 것은 미리 조정에 들어가 직책을 맡도록 너그러운 대우가 예정된 것이었다. 이로써 유정이 주희에 대해 자기 뜻을 굽혀 따른 것을 볼 수 있다. 주희는 착착 진행되는 유정의 지능적 수법에 직면하여서 조금도 반항을 드러내지 않았다. 그는 다만 도학의 체면에 다시 연거푸 두 차례 사면장을 올리고, 12월에 이르러 결국 배명拜命하였다.[15]

저 혼자 편하려고 하였는데, 역시 불쌍히 여기심을 받아 자세히 타일러서 깨우쳐주셨습니다. 그러나 마 시랑馬侍郎(마대동), 황 시부黃寺簿, 여 사령呂司令은 모두 도리를 갖추어 편지를 보내주셨는데, 그분들의 뜻을 다 잘 알았습니다. 구구한 저의 정에 감격을 이기지 못하겠습니다." 라고 하였고, 또 권28 「여조수서與趙帥書」에 "그러므로 전날 사면辭免한 것은 감히 결연히 계획하지 않았던 것은 아닙니다. 그러나 마 이경馬貳卿(마대동)에게 보낸 편지에서 접때 군郡으로 보내달라는 청을 다시 토로하였습니다."라고 하였다. 마대동과 유정의 관계가 매우 긴밀하였으며, 또한 유정의 뜻도 마대동을 통해 주희에게 전달되었음을 알 수 있다.

15 왕무횡의 『연보』: "11월에 장주 지주로 고쳐 제수되어서 다시 사양하였으나, 윤허를 받지 못하였다. 비로소 배명하였다." 이는 확실하지 않다. 『문집』 권23 「사면지장주장辭免知漳州狀」과

주희가 산림에서 은거하던 기나긴 생활이 끝났다. 그는 순희 9년(1182)에 무이로 돌아가 반도학의 분위기에서 7년 동안 참소를 두려워하고 비방을 멀리하며 감히 나오지 못하였으며, 세 상당의 분쟁 속에서 두 해에 걸쳐 열여섯 차례나 사면장을 올리고 부임하지 않았다. 유정은 다만 3, 4개월의 시간을 들여 그를 산에서 나오도록 청하였을 뿐이다. 이는 장기간 조정에서 일어났던 상당 분쟁의 국면이 근본적으로 전환하면서 이루어진 필연적인 결과였다. 상당 분쟁의 희극이 전개되는 동안 도학파들에게는 줄곧 한번 갖추어지면 변하지 않는 '상당성相黨性'이란 없었다. 어떤 상당이라도 도학을 주로 하면 그들은 곧 그 당파에 의지하여 붙었다. 줄곧 절대로 어느 한 상당의 상전을 뒤따르거나 어느 실패한 재상의 순장품이 될 수는 없었다.

유정은 본래 다만 주필대와 재상 권력의 쟁탈이라는 정치적 수요에서 도학에 반대하였으며, 그의 사상도 결코 정심성의의 도학 사상 범위에서 벗어나지는 않았다. 따라서 그에 대해 말하자면, 도학의 선비를 배격하는 데서 단숨에 도학의 선비를 이용하는 데로 바뀐 일은 한 걸음 간격일 뿐이었다. 하물며 그가 은폐하고 드러내지 않은 반도학은 또한 줄곧 반주필대 당의 표상에 의해 숨겨졌고, 도학에 대해 먼저 타격을 가하고 나서 끌어당기는 그의 방법도 도학자들과 사대부들에게는 지나치게 눈에 거슬릴 만큼 반감을 불러일으키는 데까지 이르지는 않았다.

유정이 일변하여서 도학을 주장하자 상당의 분쟁 중에 갑자기 또 다른 기이한 광경 한 막幕이 올랐다. 원추가 원래의 관직을 회복하면서부터 유광조劉光祖가 전중 시어사에 제수되기까지 억압당했던 도학 관료들이 일시에 또 어

「사면지장주차자辭免知漳州箚子」에 근거하면 주희가 두 번째 사면에 윤허를 받지 못하고서 배명하였는데, 몇 차례의 일로 추산하면 응당 12월에 이르러 배명하였다.

지러이 다시 제수되어서 등용되고 조정에 들어오고 승진하는 소용돌이가 일어났던 것이다. 유정은 이러한 역량을 빌려서 그의 정적인 왕린을 패퇴시켰고, 주희도 도학이 실패한 뒤 개선하는 가운데 유연한 심정을 품고 장주를 향해 출발하였다.

주희가 무이정사에서 강학하고 저술하던 시기가 끝났다. 순희 16년(1189) 10월, 이 도학의 소용돌이 가운데 조정에 휩쓸려 들어가 비서감의 직임을 맡게 된 양만리楊萬里는 균주筠州에서 도성으로 가는 길에 무이를 지나갈 때 주희와 만났다. 그가 소희 원년(1190) 정월에 주희에게 보낸 무이정사 12영詠은 주희가 7년간 무이산에 엎드려 보낸 생활에 대한 가장 좋은 총결이 되었다.

정사   精舍

남계의 북쪽에서 놀던 때   憶我南溪北
수많은 바위와 골짜기에 정자가 있었지   千巖萬壑亭
자양의 늙은이를 질투하여   妬渠紫陽叟
봉우리 푸르름을 누그러뜨린다   詫殺一峰靑

인지당   仁智堂

학자의 가련한 생애   學子可憐生
멀리서 와 늙은이를 참배하네   遠來參老子
인과 지를 말한다면   仁智若爲談
가을의 산과 물 같도다   指似秋山水

은구당   隱求堂

꿈속에 멀리 맹자를 만나고   夢裏長逢孟
국 속에서 또한 안자를 본다   羹中亦見顔
어리석은 아이 내 방에 들어오니   癡兒入吾室
참으로 고사리 캐는 걸 본다   眞作採薇看

지숙료   止宿寮

늙은이 담화를 하자   一老說談話
여러 사람들 잠을 못 이루네   諸君未要眠
창을 여니 산에 달이 빛나고   開窗放山月
술을 드니 냇가 샘물이 노래하네   把酒奏溪泉

석문오   石門塢

어지러운 바위 옥처럼 쌓였고   亂石堆成玉
쌍을 이룬 봉우리는 문과 같다   雙峰便是門
먼지를 다리에 묻히지 말라   莫將塵底脚
오 가운데 구름을 밟으려니   踏涴塢中雲

관선재   觀善齋

바둑을 보거든 혁추弈秋가 되지 말고	觀棋不作秋
돌을 보거든 장석匠石이 되지 말라	觀劉不作石
이택의 공을 알지니	要知麗澤功
다만 이 소식을 기다린다	祇筒是消息

한서관   寒棲館

연왕은 구름을 공이질하고	煉王雲粘杵
조진은 이슬로 옷을 적신다	朝眞露濕衣
한밤중에 학 울음소리	一聲夜半鶴
신선이 달로 돌아간다	月裏羽人歸

만대정   晚對亭

대은봉 취병봉은 외로이	大隱翠屛孤
어찌 정면을 향해 있나	何許最正面
해가 아직 지지 않았을 때	日落未落時
정자에 올라 서로 바라보네	亭上來相見

철적정   鐵笛亭

누가 새까만 쇠를   誰將點漆金
주조하여 피리를 만들었나?   鑄作孤竹笛
숲 밖에서 한번 부니   林外吹一聲
온 봉우리 바위가 흔들려 떨어진다   震落千峰石

조기   釣磯

달밤에 취해서 배를 타고 돌아와   月夜乘醉來
굽은 계곡에 낚싯대를 드리운다   垂竿曲溪曲
물은 맑고 물고기는 없어   水清無寸鱗
반달을 낚아 올린다   釣得半輪玉

다조   茶竈

다조는 본래 입택에 있었는데   茶竈本笠澤
차의 나라에 날아왔네   飛來摘茶國
무이산을 따라서   隨在武夷山
냇물 속에서 바위 되었네   溪心化爲石

어정　　　　　　　　　　　　　　　　　　　　　　　漁艇

정사는 얼마나 머나　　　　　　　　　　　精舍何曾遠

구곡의 북쪽에 있다　　　　　　　　　　　祇在九曲北

고깃배가 오지 않으면　　　　　　　　　　漁艇若不來

만 리 약수로 떨어진 듯하네　　　　　　弱水萬里隔

—『성재집』 권28 「조천속집朝天續集」

| '경계經界'의 풍운 |

소희 원년(1190) 4월 24일, 주희는 장주漳州에 도착하였다.

주희는 일생에 관직은 많았으나 녹은 적었으며, 거듭 일어났다가는 쓰러지면서 61세 늘그막이 되어 다시 한 차례 벽지의 고을에 관직을 얻어 나갔는데, 그의 심경도 슬프고 처량하였다. 출발 전, 소희 원년 정월에 그는 거울에 자기 얼굴을 비춰 보면서 스스로 가련하게 여기며 자화상을 그리고 찬贊을 제題하지 않을 수 없었다.

> 예법의 장소에서는 조용히 잘 따르고 인의仁義의 관부에서는 마음에 잠겼네. 이는 내 마음 둔 바이나 내 힘이 더불어 하지 못하네. 옛 스승의 격언을 마음에 새기고 선열이 남긴 법도 받들어 오로지 깊이 숨기고서 날로 닦는다면 혹 거의 이 가르침(斯語)에 가까워질지도 모르네.
>
> —『문집』권85「서화상자경書畵象自警」

거울을 보고 자화상을 그린 뒤 스스로 경계를 삼아 지은 이 글은 그가 자기 일생 도학적 성격의 비극적 운명을 스스로 그려낸 것이다. 구차한 안정을 추구하는 부패한 남송 사회에 대해 그의 마음속에는 국면을 돌이킬 수 없는 일종의 암담한 무력감이 줄곧 맴돌았다. 이때 그는 여전히 뜻은 있으나 힘으로는 간여할 수 없다는 심정을 품고서 산을 나왔던 것이다. 그러나 그는 인민을 위한 정책을 펼치라고 투쟁하는 도학적 집착과 담대한 용기를 결코 상실하지 않았다.

부임하기 전에 그는 이미 명확하게 누적된 폐단을 개혁하고, 인민을 위해 이익을 일으키고 해를 제거하는 일을 장주에서 펼치려는 행정의 대강으로 삼았다. 이를 위해 그는 스스로 옳다고 생각하는 일을 실행하려고 결심하였다. 그는 길을 나서기 전에 황동黃東에게 보낸 편지에서 마음속의 이런 비밀을 털어놓았다. "나는 끝내 임장臨漳으로 가는 일을 면하지 못합니다. 쌓인 폐단에 관해 알려주셨는데, 이는 본래 당연한 일입니다. 그러나 제멋대로 세금을 거두고 백성을 소요하게 하는 일은 해로움이 이보다 큽니다. 관직에 이른 뒤 모름지기 차례로 검토하고 의논하여서 개혁해야겠습니다. 지금은 아직 감히 이 뜻을 드러내지 못합니다."(『문집』 권28 「여황인경서與黃仁卿書」) 도임 초에 그는 먼저 삼대 폐정弊政의 암 덩어리에 칼을 들이대서 경계經界(토지 경계의 정비)·염법鹽法·경총제經總制 세 건을 국가 계획과 민생의 큰일로 움켜잡고 준엄한 개혁의 정치를 시작하였다.

주희가 장주에서 펼친 전체 개혁은, 경계를 바로잡고(正經界), 부당한 세금을 면제하고(蠲橫賦), 풍속을 도탑게 하고(敦風俗), 유학의 가르침을 널리 펴는(播儒敎) 네 방면으로 개괄할 수 있다. 특히 경계를 바로잡는 일은 그의 전체 개혁의 정신이었다. 그는 경계를 바로잡는 데 집착하여서 유정의 심기를 건드렸는데, 이는 바로 그가 당년에 당중우 탄핵에 집착하다가 왕회의 심기를 거슬렀던 것과 같았다. 이는 또한 더욱 광활하게 변화막측하고 복잡다단한 사회적 희극 한 막을 연출하였던 것이다.

갈수록 엄중해지는 토지 집중과 부세賦稅 불균등으로 경계는 이미 호성거족豪姓巨族·세민하호細民下戶와 중앙 조정 사이에서 모순 투쟁의 초점이 되었다. 장주·정주汀州는 황량하고 궁벽한 곳이라 세력 있는 가문과 호족이 토지를 겸병하고 부정한 방법으로 점유하는 일이 더욱 심하였다. 장주 사원寺院의 전지만 하더라도 전체 토지에서 7분의 6을 차지하였다(『북계선생문집北溪先生文集』 권23). 따라서 주희는 유정에게 보낸 편지에 모든 이해관계에서 '경계가 더욱 이해관계가 큰 문제'라고 호소하지 않을 수 없었다(『문집』 권28 「여유승상차자與留丞相劄子」).

그러나 재보와 대신은 대부분 호성거족을 지지하였으며 경계에 반대하였다. 주희는 조정의 관부官府와 세민하호細民下戶의 처지에 서서 경계를 견결하게 주장하였지만, 중앙의 조정은 위아래 양자 사이에서 확고한 주견을 세우지 못하였다. 순희 이래의 투쟁은 서로 양보하지 않고 공방을 주고받는 일진일퇴의 널뛰기 같은 형국에 처해 있었다. 조정에서는 주민대장에 등록된 소민小民의 파산과 도망으로 인하여 중앙집권의 존속에 직접적인 위협을 받고서 한 차례 경계를 추진하려고 하였으나, 또 한 차례, 위로 집정하는 대신과 아래로 호족거실의 저지와 반대로 인해 그만두고 말았다.

일찍이 순희 8년(1181) 윤3월에 신임 강음군江陰軍 지군知軍 왕사고王師古가 경계의 도적圖籍을 보완하라고 주청하여서 조정에서는 조령을 내렸으나, 8월에 간관 갈초보葛楚輔가 재빨리 '백성을 소요하게 한다(擾民)'면서 그만두기를 아뢰었다. 순희 14년(1187)에 이르러 복건 전운판관 왕회王回가 또 정주汀州에서 경계를 먼저 시행하자고 상주하였다. 왕회가 호부戶部 우낭관右郎官에 제수되어서 같은 달 경계를 조처하려고 떠났는데, 아직 그가 도착하기도 전에 무신武臣인 제형提刑이 '산적이 아직 평정되지 않았으며, 백성은 흩어지고 전지는 황폐해져서 부실할 염려가 있다'는 구실로 그만두기를 아뢰었다. 조정에서는 '가을걷이가 끝난 뒤 재결한다(秋成取旨)'는 지휘를 내려서 적당히 그 일을 얼버무리고 말았다. 주희를 기용하라고 주장했던 조씨 송(趙宋)의 종실 조불식趙不息은 죽기 전에 잊지 않고 유언 성격의 상주에서 '정주에 관리를 파견하여 경계를 시행하는 일은 하지 마시라'고 청하였다(『수심문집』 권26 「조불식행장趙不息行狀」). 그리하여 가을 7월에 조정에서는 가뭄(旱災)으로 정주의 경계를 정지하고 그만두었다(『송사』 「효종본기孝宗本紀」).

주희는 이해에 추수 뒤 전적으로 장진에게 투서하여, 그를 통해 조정에서 이전에 승낙한 것을 행동에 옮기고 식언을 하지 말도록 설득하려고 생각하였다. 그는 정주에서 눈으로 목격하고 깜짝 놀란 현상을 묘사한 편지에서 민중閩中의 보편적인 정황을 반영하였다.

정주는 민閩(복건)의 군에서도 가장 궁벽한 곳으로서, 종래에 감사의 순력이 여기까지 이르지 못한 경우가 많았습니다. 주현의 관리들이 거리낌 없이 세금을 부과하고 착취하는 통에 백성은 삶을 이어갈 수 없어 전토를 버리고 도망하면서 떠돌고 있습니다. 좋은 토지는 부호들이 침범하여서 경작하거나 빼앗아 차지하고, 척박한 땅은 관리들(官司)이 친척과 이웃에 분배해주고 있습니다. 이런 일이 세금과 부역의 불균형을 초래하고 있습니다. 소민小民은 더욱 낭패하여서 도망하는 숫자가 날로 늘고, 도적도 날로 증가하며, 3, 4년에 한 번씩 봉기하여서 생명을 살상하고 재물을 파괴하는 일이 이루 다 헤아릴 수 없습니다. 비록 왕의 땅이지만 참으로 조금이라도 혜택을 입지 못하였으니 …… 근래에 호부戶部의 왕 낭중(왕회)이 경계를 시행하자고 청하고서 전지를 얻어 시행하였으므로 천 리의 세민細民이 북 치고 춤추며 서로 축하하였습니다. 이미 도망가서 장주·조주潮州·매주梅州의 경내에 있던 자들 또한 모두 식구를 데리고 돌아와서 생업을 회복하게 해달라고 소장을 올렸습니다. 그러나 이 한 일은 호족의 가문이나 큰 성씨들(豪家大姓)이 편리하게 여기지 않아 …… 곳곳에서 모두 유언비어를 만들어 위아래를 선동하고 미혹시키고 있습니다. 유독 빈민 하호에 이 일이 시행되기를 굶주리고 목마른 사람이 먹을 것과 마실 것을 바라듯이 하지만, 그들의 원통하고 고달픈 심정은 위로 통할 길이 없습니다. 이것은 전임 감사들이 함부로 거짓 진술을 해서 명령이 이르는 것을 막았기 때문입니다. 그리하여 옛날에 북 치고 춤추던 자들이 오늘에는 변하여서 탄식을 하게 되었고, 옛날에 소장을 올리고 생업에 복귀한 자들이 오늘에는 다시 서로 낭패하여서 떠나가게 되었습니다. ─『문집』 권27 「여장정수서與張定叟書」

그러나 조정의 고관 대신들은 이런 말에 이미 익숙해진 탓에 주희가 비분강개하여서 진술한 말에 아무런 감동도 받지 않았다. 이로부터 경계 시행에 관한 주장은 3년 동안 가라앉아 있었다.

순희 16년(1189)에 이르러서야 비로소 정주의 포의布衣 뇌형雷衡이 상주하여 경계와 초염鈔鹽의 이해관계를 상세히 진술하면서, '지금 3년이 지나도록 아직 조치를 취하지 않고 있다'고 개탄하였다(『임정지臨汀志』). 일개 포의의 말이니 더욱 재집 대신의 눈에 들어올 리 없었다. 그러나 당씨唐氏 관원 한 사람이 대전에 올라가 조돈(광종)에게, 민 지역에 경계를 시행하는 일종의 간편한 방법을 건의하면서 '민심은 저절로 안정이 되고, 관리를 차임하거나 사국司局을 설치하지 않아도 백성은 또한 동요하지 않게' 할 수 있다고 하였다(『문집』 권21 「경계신제사장經界申諸司狀」).

조돈은 이때 마침 '새 정치(新政)'를 펼치려는 태도를 보이고 있던 때라 마침내 소희 원년(1190) 2월 19일에 세 성(三省)에서 차자를 내려 복건로福建路의 감사에게 '경계를 서로 헤아려서 조목별로 갖추어 보고하라'고 하였다. 주희가 장주에 도착했을 때에는 바로 이 지휘가 당도하였기 때문에 그는 전력으로 대처하였고, 그의 폐정 개혁은 경계를 축으로 둘러싸고 쾌도난마 식으로 진행되었다.

주희는 1개월 남짓 시간을 들여서 경계를 위해 깊숙이 찾아다니며 해당 주의 세금대장(稅籍) 부정, 전무田畝의 황폐, 전세田稅의 흠결, 부역 불균등의 정황을 분명하게 파악하였다. 그는 먼저 용계龍溪의 지현知縣 옹덕광翁德廣을 찾아가서 조목별로 사장事狀을 요구한 뒤 즉시 이를 갖추어 기록하고 보고서를 올렸다. 6월에 그는 안무 전운 제형 제거사安撫轉運制刑提擧使에게 장계를 올려서 경계의 관점을 여섯 조항으로 상세히 진술하고 전면적으로 논술하였다. 이것은 그가 장주에서 시행한 경계의 대강이 되었다.

제1조는 경계의 이해관계를 논한 것이다. 그는 격렬하게 다음과 같이 부르짖었다. "판적版籍(호구대장)이 바르지 않고 전세田稅(토지세)가 고르지 않은 것은 비록 작은 일인 듯합니다. 그러나 실제로는 공과 사에 막대한 피해가 됩니다. 대체로 가난한 사람은 생업이 없는 데도 세금을 납부하게 되니, 개인 집에서는 세금을 수송하여서 납부하고(輸納), 연체하고(欠負), 집집마다 찾아다니며 독촉하는 일을 당하고(追呼), 옥살이를 하는(監系) 고충이 있습니다. 부자는 생업이 있는 데도 세금을 내지 않으니 국가로서는 세수稅收가 은닉되고 누락되며, 한 해의 재정이 부족해지는 우환이 있습니다."(동상) 경계는 바로 이와 같이 가난한 사람은 생업이 없으나 세금을 내고, 부자는 생업이 있으나 세금을 내지 않는 빈부 불균등의 현상을 해결하려는 것이다.

제2조는 경계를 추진함에 상세하고 간략한 데 따른 이익과 폐단을 논한 것이다. 이는 성차省箚에서 신료가 제출한 간이簡易한 법을 겨냥하여 제기한 것이다. 조돈과 대신들은 모두 부유한 호족을 건드려 소요를 일으키지 않는 한에서 경계를 추진하려는 환상을 품고 있었다. 그 때문에 당씨 관원이 제출한 간편한 법이 비로소 조돈의 마음을 움직였다. 그러나 주희가 보기에 이런 법은 '간편簡便'하고 '인민을 소란하게' 하지 않는다는 명목을 내걸고 부가호족富家豪族의 이익을 보호하는 데 지나지 않았다. "처음에는 비록 간편하고 쉬

운 듯하지만 끝내 반드시 고발과 비방이 난무하는 풍조를 일으켜서 한갓 순후한 풍속을 해칠 뿐, 결국 인호人戶의 토지 생산에 대한 있고 없음과 많고 적은 실상을 알기에는 충분하지 않을 것입니다."(동상)

그리하여 그는 제3조에서 구차하게 간편함을 추구하는 조정의 법에 대하여 자기가 고안한, 절실하고 상세히 갖춘 법을 제출하였다. 그 가운데는 측량의 법, 도장圖帳(지도와 장부)의 법, 관리의 마음가짐에 관한 법 등을 포괄하고 있다. 그리고 '법法'의 사용을 '사람人'을 택하는 데 귀결시켰다. 위아래에서 야무지고 유능한 사람을 선발하여 쓰고, '흐리멍덩하고 나약하며 일을 맡을 능력이 없는(昏謬疲軟)' 무리를 도태시키는 것이 경계 시행에서 성패의 관건이라고 여겼기 때문이었다.

제4조는 사실상 소흥 이래 경계가 끊임없이 저지를 받아 행해지지 않은 진정한 원인을 파악하여서 지적하는 내용이다. 그는 거리낌 없이 곧바로 다음과 같이 지적하였다.

대체로 빈민과 하호는 이 법의 시행을 매우 기뻐하지만, 호민豪民과 교활한 아전은 모두 즐거워하지 않습니다. …… 즐거워하지 않는 자들은 모두 재력과 따지는 지혜가 넉넉한 사람들입니다. 그러므로 그들이 품은 생각에 실제로 사사로운 의도가 있더라도 말을 잘 만들기 때문에 듣는 사람들을 헷갈리게 합니다. 심지어는 '도적'을 구실로 삼아 위아래를 겁주고 협박하면서 기필코 자기의 사사로운 뜻을 이루려고 힘씁니다. 조용하고 편안함을 좋아하며 시끄럽게 소란 피우는 것을 싫어하는 현명한 사대부가 또 간혹 그 실정을 깊이 파악하지 못한 채 멀리서 바라보고 겁을 내면서, 으레 (경계법을) 시행해서는 안 된다는 주장을 만들어서 그들의 기세를 돕기도 합니다. ─동상

주희는 이미 경계의 진정한 장애는 호호부실豪戶富室로부터 온다기보다 그
들 호호부실 출신의 관료와 대신들로부터 오는 것임을 간파하였다. 다만 경
계를 부르짖는 소리가 들려오자 그들이 곧 '도적'을 핑계로 으른 것이 효력을
나타내지 않음이 없었다.

주희는 이러한 흑백이 전도된 황당무계한 말을 다시 뒤집어서 다음과 같
이 인식하였다.

> 천주泉州와 장주의 주민은 본래 선량한 사람들인지라 도적이 될 수 없습
> 니다. 오직 정주汀州 및 장주의 용암龍巖은 평소부터 도적이 많기로 이름이
> 났습니다. 그러나 전후로 여러 차례 일어난 심사沈師·강대노관姜大老官·황삼
> 黃三 등의 무리는 모두 경계법 때문에 발생한 것이 아니었습니다. 경계법을
> 시행하지 않았어도, 내야 할 부세는 있고, 또한 생업이 없는 백성 가운데
> 낭패하고 일을 그르친 자가 많아서 난리에 쉽게 휩쓸렸을 뿐입니다.
>
> ―동상

이 때문에 주장奏狀의 마지막에서 주희는 더욱 명확하게 경계가 시행되지
않는 것이 지방행정(吏治) 전체 폐단의 근원임을 지적하였다.

> 조세대장이 바르지 않고, 농지가 황폐하며, 관사官司에서 놓치고 빠뜨린
> 국세(王稅)의 수량과 항목이 매우 많고, 연간 재정을 공급할 방도가 없어졌
> 으니 마침내 교묘하게 명색名色을 만들어서 조세를 부과하고 벌금을 매겨
> 서 목전의 일을 해결하려고 하였습니다. 관에서 이미 불법을 저지르고 아
> 전이 또 간사한 짓을 합니다. 이 때문에 가난하고 약한 백성이 받는 피해
> 가 더욱 큽니다. …… 만약 경계를 시행하지 않는다면 결코 이러한 병폐의

근원을 혁파할 방법이 없습니다. 이것은 공통된 이해 가운데서 또한 한 군

의 중요하고 절실한 이해입니다.　　　　　　　　　　　　　　—동상

　　이 「경계신제사장經界申諸司狀」은 주희가 썩어 문드러진 경제의 한 모서리
로부터 전체 남송의 부패한 사회를 투시한 또 한 편의 걸작이었다. 그는 『사
서집주』에서 이상화한, 인정仁政은 경계를 바로잡는 일로부터 시작한다는 맹
자의 탁상공론(紙上虛說)을 눈앞에 생생히 살아 있는 현실 문제로 변화시켰다.
그는 세상과 인민의 구제에 대한 희망을 경계에 걸었지만, 사실 이는 일종의
'유토피아'에 지나지 않았다.

　　불행한 것은 그가 경계의 이해관계와 진실한 내막을 투철하고 명석하게
분석할수록 더욱 조정으로 하여금 쥐를 잡으려다 그릇을 깰까봐 걱정하여서
이도저도 못하는 격이 되게 하였다는 사실이다. 과연 옹덕광의 의장議狀, 주
희의 신장申狀 및 천주泉州 방면의 신장이 조정에 올라갔으나 1개월 남짓 아
무런 움직임도 없었다. 조정의 신료들이 드러나지 않게 저지하고 견제하는
동안 순식간에 이미 여름이 지나고 가을이 돌아왔는데, 이는 주희를 매우 초
조하게 하였다. 만일 추수 이후의 농한기에 먼저 토지를 측량하지 않으면 경
계는 곧 물거품이 될 터였다.

　　7월에 주희는 또 「재신제사장再申諸司狀」을 올려서, 경계를 늦추면 얼마나
해로운지 통절하게 진술하였다.

　　지금은 이미 여름이 다 가고 가을의 초입인데 도무지 소식이 없이 ……
　　설사 다행히 아예 그만두는 지경에까지 이르지는 않는다 하더라도 또한
　　모름지기 내년 가을과 겨울이 되어야 비로소 시작할 수 있을 것입니다. 그
　　러나 이는 세월을 헛되이 낭비하는 일일뿐더러 세 주의 피로하고 초췌한

백성으로 하여금 다시 1년 더 고통을 받게 하는 것입니다. 게다가 위아래 관리들은 반드시 제사諸司에서 주장하려는 의사가 없다며 멋대로 생각하고는 힘을 써서 묻고 조사하려 하지 않을 것입니다. …… 보탬이 되지 않을 뿐만 아니라 기밀 사항을 누설하여서 민심을 동요시키고, 사사로운 일을 경영하며 힘든 일을 회피하려는 자들이 속으로 웃으면서 그 뒤에서 몰래 의론하게 할 터이니, 바람직한 계책이 아닙니다.

— 『문집』 권 21 「재신제사장再申諸司狀」

거듭 경계를 재촉하는 주희의 상주와 암암리에 저지하는 대신 사이에서 조정은 전에 하던 대로 다른 고려를 하느라 갈팡질팡하였다.

8월에 비서승 황애黃艾(*백기伯耆)가 윤대輪對에서 조돈에게 거듭 경계를 청하였는데, 참지 못하고 비분강개하여서 큰소리로 다음과 같이 말하였다. "오늘날 거대한 천하에서 수많은 공경백관이 경계 하나를 논의하되 3년이 되도록 이루기 어려우니 가령 이보다 큰일이 있다면 어찌 하겠습니까!"(『어류』 권 106, 또한 『흥화부지興化府志』 권37) 이때에 이르러서야 조돈은 비로소 의신議臣이 제기한, 절충하고 조정된 법을 억지로 받아들였다. 천주·장주는 먼저 상탁相度(관찰하고 따져서 헤아려 판단한다는 뜻을 가진 송 대의 공문 용어)하여서 경계를 시행하고, 정주는 나중에 다시 논의하라고 하였던 것이다.

8월에 상서성에서 차자가 내려온 뒤 주희는 즉시 「조주경계장條奏經界狀」을 올려서 관리 선발, 측량, 도장圖帳, 균산均産, 계산計産에 관한 법과 폐사廢寺의 부동산 등 여섯 방면에 걸쳐 독특한 생각과 의견을 제시하였다.

동시에 또 조정의 절충적인 경계 방법을 날카롭게 비평하면서, 정주에서는 경계를 시행하지 않고 장주와 천주에서만 경계를 시행하는 일은 단연코 성공할 리가 없다고 보았다. 그는 이와 같이 정주에서 경계를 시행하지 않는 진정한 의도를 폭로하였다.

> 이 법을 시행하면 이익이 관부와 세민에게 있고, 호가대성豪家大姓과 교
> 활한 관리와 간사한 백성은 모두 불편하게 여깁니다. 그러므로 종래 의신
> 이 여러 차례 시행을 청하였지만 번번이 교묘한 말에 막히고, 심하면 정주
> 에서처럼 도적을 구실로 삼아 조정을 겁주고 협박하였습니다. 과거에 정
> 주에서 수차례 도적이 들끓은 것은, 바로 경계를 시행하지 않고 가난한 백
> 성이 생업을 잃은 데다 또 추비追比하여서 소요를 일으켜도 하소연할 데가
> 없기 때문에 쉽게 난동에 가담하였던 것입니다. 그곳은 애당초 경계를 시
> 행한 적이 없었습니다. 그런데 아무도 이런 사실을 전혀 알지 못하고 있습
> 니다.
> ——『문집』 권19

조정 대신이 지연시키고 저지하며, 간사한 백성과 교활한 아전이 유언비
어를 퍼뜨리고 선동하는 가운데 주희는 고집스레 자기만 옳다고 믿는 도학
의 무쇠팔을 휘둘러서 스스로 옳다고 여기는 일을 추진하였다. 그리하여 8월
에 그는 「효시경계차갑두방曉示經界差甲頭榜」을 발표하였다.

조정에서는 다만 '상탁'만 동의하고 경계의 시행을 정식으로 윤허하지 않
은 상황에서 주희는 은연중 스스로 경계의 일을 대중에게 공표하여 기정사
실로 삼아 조정에 압력을 가하려는 의도를 품었다. 그는 경계를 실시할 관리
의 선발을 시작하였다. 그의 방법은 다음과 같았다. "군수에게 소속 현을 잘
살피도록 하여서 수령이 혹 무능하면 그 보좌관에서 가려 뽑고, 또 보좌관이
무능하거든 다른 관리에서 뽑게 합니다. 한 주에서 부족하면 한 로路에서 취
하고, 현임에서 부족하거든 체직되었거나 발령을 기다리는 자 중에서 취합
니다. 그리하여 모두 수신守臣(지방관)에게 맡겨서 천거하거나(踏逐) 파견하게(申

舞) 하되, 혹은 임시로 현의 업무를 담당하게 하고 혹은 다만 경계를 조처하는 일을 명분으로 삼게 하면서, 그들로 하여금 처음부터 심사숙고하도록 하고 끝나면 책임을 지우게 합니다."(동상) 이와 같이 사정을 봐주지 않는 관리 선발과 도태의 법은 주와 현의 관청(州府縣衙)에 넘쳐나는 쓸모없는 관리와 간사한 아전들이 눈만 크게 뜬 채 말을 못하며 놀라고 겁이 나서 부들부들 떨게 하기에 충분하였다.

주희는 서둘러 사람을 복주福州와 흥화군興化軍의 여러 현에 파견하여서 소흥 18년(1148)에 시행했던 경계의 안조案祖를 취하고, 소흥 연간에 호부戶部에서 정리한 계산 방식을 조정에서 반포하도록 주청하고, 선비와 인민으로 하여금 편리한 계산 방법에 대해 건의하도록 포고하였다. 그리고 본주에서 과거의 경계에 관해 계산법을 외고 있어서 잘 아는 사람을 초빙하였다.

주희는 정숙소鄭叔昭의 방법을 채용하여서 유능한 관리를 선발하고, 그들을 날마다 함께 모아 놓고 경계의 법을 강론하여서 모두 경계의 사무에 아주 숙달되도록 만들었다. 그는 또 황간, 유자례劉子禮(유풍劉灃) 등에게서 측량하고 계산하는 방법에 관한 서적 몇 종을 찾아냈다. 유자례의 계산법은 매우 간편하였다. 우선 전지의 중간에 정사각형 면적을 취하여서 계산하고, 다시 사방 주위의 들쭉날쭉한 자투리를 모아서 정사각형으로 만든 뒤 계산하는 방법이 었는데, 향민鄕民이 파악하기에 매우 쉬웠다. 10월에 주희는 이런 측량법을 판목에 새겨서 네 개 현에 반포한 뒤 우선 관리가 먼저 익히고 다시 민호民戶에 가르쳐주어서 반드시 '사람마다 훤히 깨닫도록(人人通曉)' 하였다.

관리의 선발과 도태를 위해 그는 장주 소속 네 개 현의 관원에 대해 전면적인 사찰을 하였다. 네 현 가운데 용계는 큰 현이었고, 용암龍巖·장포漳浦·장태長泰 세 현은 1년 세입이 용계의 10분의 8을 밑돌았다. 네 현의 수많은 관리 가운데 뜻밖에도 용계 현령 옹덕광과 용암 현위縣尉만 경계에 관해 잘 알고 있었으며 똑똑해서 쓸 만하였다. 장태는 현의 규모가 작고 지역이 협소하며 현의 관원 가운데 걸출한 인재가 한 사람도 없었다. 장포는, 면적은 넓으나 전지가 황폐하고 현의 관원이 모두 어리석고 부패한 무리들이었다. 현위 황급黃岌만이 현의 사정을 잘 알았으나, 또한 오만불손하였다. 8월에 주희는 한편으로는 글을 올려서 유벽劉璧의 도장圖帳에 관한 법을 조정에 건의하여 시행하도록 청하고, 다른 한편으로는 장포 현위 황급을 탄핵하여서 그 대신 용암현 주부 육괴陸槐로 교체되도록 하였다.

그는 전적으로 제형 진공량陳公亮에게 차자箚子를 보내 자기로서는 감당할 수 없는, 어리석고 용렬하며 횡포를 부리는 관리에 대한 우려를 털어놓았다. "만약 징계하여 다스리지 않는다면 관리들이 주와 군의 일의 체통을 약하게 보고 사람을 부릴 줄 모른다고 보아 버릇하게 되어서 향후 번갈아 본받으며 두려워하는 바가 없어질까 두렵습니다. 만일 하루아침에 조금이라도 위급한 일이 일어나면 장차 이루 다 염려할 수 없을 것입니다."(『문집』 권28 「여진헌차자與陳憲箚子」)

황급을 징계하고 그 대신 육괴로 교체하는 일은 바로 용암과 장포 두 지역의 경계 추진을 인사상으로 보증하기 위한 것이었다. 그러나 몹시도 썩어 빠진 남송의 관료 집단에서 주희가 뽑아 쓰기에 적합한 인재는 너무 적었다. 그는 하는 수 없이 제자들 가운데서, 그리고 다른 지역의 발령을 기다리는 관원들 가운데서 유능한 인재를 선발하였다. 그의 인재 선발 표준은 '뚜렷한 의식이 있고 고생을 감내할 수 있으며, 기꺼이 일을 담당하려 하고, 관리를 단속할 줄 알며 백성을 사랑하는 이들(有精神, 耐勞苦, 肯任事, 而能戢吏, 愛民者)'이었다(『별집』 권4 「답임정백答林井伯」 서1).

소희 원년(1190) 11월, 조여우趙汝愚가 복주에 안무사로 부임함으로써 주희에게는 의지할 힘이 되었다. 주희의 제자 유약劉爚은 연성령蓮城令으로 있을 때 단호히 경계를 추진하였는데, 이때 마침 발령을 기다리면서 집에 있었다. 주희는 조여우를 통해 그를 장주로 불러들였다.[16] 채원정蔡元定은 서산西山에 누워서 줄곧 출사하려고 하지 않았다. 그는 산학算學에 정통하였는데, 경계와 전지(田畝) 측량에는 바로 이런 인재가 꼭 필요하였다. 그리하여 주희는 특별히 그를 장주에 오게 하였고, 그도 개연히 응낙하였다.

이 밖에도 주희는 또 앞뒤로 황사黃査·정자상鄭子上(정가학鄭可學)·범백숭范伯崇(범념덕范念德)·양원례楊元禮·임정백林井伯(임성계林成季)·퇴옹退翁(유미정劉彌正)·유중칙劉仲則·유성지游誠之·채용蔡用과 같은 사람들에게 장주에 와서 경계를 시행하는 일을 돕도록 약속을 얻어냈다. 그들은 대부분 주희의 총명하고 유능한 젊은 제자였다.

그러나 주희가 병사를 조발하고 장수를 파견하여 적극적으로 경계 사업을 벌이려고 하고 있을 때, 조정의 안팎과 위아래에서 경계를 반대하는 일체 썩어빠진 보수 세력도 모두 연합하였다. 주희는 거의 혼자서 위로는 조정 관료로부터 아래로는 지방 호족(豪右)의 철옹성을 대면하고 고군분투하였다. 심지어 명성이 혁혁한 도학의 중신조차도 몸에 절실한 이해관계 때문에 주희의 반대편에 섰고, 줄곧 인정애민仁政愛民을 소리 높이 외친 도학파 내부에서도 경계 문제를 놓고 심각한 분열이 일어났다.

나중에 사람들은 이때 경계의 실패를 대부분 재상 유정의 반대 탓으로 돌렸는데, 사실 최초로 경계를 반대하는 데 가장 힘쓴 사람은 뜻밖에도 도학파 추밀사 왕린과 천주泉州 수령 안사로顏師魯였다. 안사로는 도학 명사로서 주

---

16 『운장집雲莊集』 앞에 있는 「운장연보雲莊年譜」에서 말하였다. "순희 14년(1187) 정미년에 공이 연성蓮城에 있었는데, 학교를 크게 정비하고 여러 감사에게 청하여서 경계를 시행하게 하였다." 또 말하였다. "소희 원년 경술년에 문공文公(주희)이 장주漳州의 수령으로 있을 때 경계를 시행하도록 청하였다. 그리고 조사漕司(전운판관)에게 청하여서 공을 불러들여 속료로 삼았다."

회와 줄곧 밀접한 관계를 맺고 있었다. 순희 16년(1189)에 주필대가 재상에서 파직된 뒤 안사로도 주필대 당이라는 이유로 천주의 지주로 나갔다. 그러나 안사로는 장주 용계 사람이고, 안씨는 장주에서 세력이 있는 큰 집안이었다. 주희가 장주에서 경계를 시행하는 일은 틀림없이 명망 있는 겨레인 안씨를 포함한 호실부가豪室富家의 이익을 침범할 터이므로 안사로가 경계에 대해 반감을 갖고 저지하는 것은 필연적인 일이었다.

왕무횡은 이와 관련하여 다음과 같이 말하였다. "세 군에서 각각 의견을 올렸는데, 천주泉州와 정주汀州에서 올린 의견에는 약간 차이가 있었다. 천주에서는 시행할 수 있다고 보았고, 정주는 시행할 수 없다고 여겼다."(『연보』) 이는 사실이 전도되었다. 조정에서 장주, 정주, 천주 세 주에 상탁하여서 아뢰고 경계를 시행하라고 명하였을 때 정주의 수령 축회祝穖는 주희와 같은 태도로 선뜻 경계를 시행하자고 주장하였다(『임정지臨汀志』). 그러나 천주의 수령 안사로는 뜻밖에도 경계에는 '두 가지 이익과 세 가지 손해'가 있다는 내용으로 글을 갖추어 올려서 경계의 시행을 반대하였다(『우계현지尤溪縣志』 권8).

주희는 소희 2년(1191)에 정가학鄭可學에게 사정의 내막을 다음과 같이 언급하였다.

> 본래 당唐이라는 성을 가진 관원 한 사람이 대전에 올라가 이 일을 논함에 따라 장주와 천주 두 주의 상탁을 한 줄 한 줄 따져보게 하였다. 본주에서는 행할 수 있다고 보고하였으나, 천주의 안 상서顔尙書(안사로)는 두 가지가 다 가능하다는(兩可) 설을 제기하여 묘당廟堂에서 의혹을 하기에 이르렀다. 도리어 황백기黃伯耆가 윤대에서 거듭 논하여 …… 상이, 청한 대로 즉시 답을 내렸다. 세 성(三省)의 재집이 주청하여 또 장주에서 시행하는 일을 그만두게 하였다.
>
> ―『어류』 권106

어기서 말하는 '재집'이란 주로 왕린과 유정을 가리킨다. 왕린은 전적으로 경계의 시행을 반대하였다. 유정은 의외로 매우 원만하고 매끄러운 태도로 처신하면서 교묘하게 위장하였다. 그는 천주 사람이었기 때문에 장주에서 경계를 시행하는 데는 동의하고 천주와 정주에서 경계를 시행하는 데는 반대하였다. 이렇게 하여 주희가 고집스레 주청한 일에 대해 얼렁뚱땅 넘기면서, 또한 천주를 기반으로 이리저리 얽힌 방대한 인척과 겨레붙이의 이익은 보호하였다.

주희는 황간에게 보낸 편지에서 재집들이 저마다 잉태한 귀태鬼胎를 언급하였다. "경계의 지휘가 내려오지 않았으니 다시 근거 없는 논의에 흔들리게 될까 두렵다. 이에 앞서 유留, 갈葛이 보고한 글에서는 모두 시행할 만하다고 하였으나, 오직 왕王만 보고하지 않았다. 이 사이에 장포漳浦의 택지(塵)를 받은 사람이 혹 당로當路와 친분이 두터워서 아마 실제로 이런 모의를 하였을지도 모르겠다. 만약 이와 같다면 장포 사람들은 불행하지만 늙은 군수(老守)에게는 행운이다."(『속집』권1 「답황직경」서26)

유留는 좌상 유정을 가리키고, 갈葛은 참지정사 갈필葛邲을 가리키며, 왕王은 추밀사 왕린을 가리키고, 늙은 군수는 천주의 수령 안사로를 가리킨다. 왕린과 안사로는 본래 관계가 보통 사이가 아니었으며, 왕린은 또 일찍이 안사로의 아들 안철顔徹을 맨 먼저 천거하였다. 필시 장포의 부유한 집안과 큰 겨레가 다리를 놓아 관련을 맺고서 당로의 왕린에게 청탁을 넣었을 것이고, 왕린도 경계를 반대하는 안사로를 지지하며 주희에게 답하지 않았을 것이다.

당시 유정과 왕린 양당은 재상권을 둘러싸고 한창 격렬하게 충돌하고 있었다. 하담이 왕린을 두고 "당치도 않은 재상의 지위를 넘겨다보면서 얻지 못하면 분노하여서 대간을 위협하여 편들게 하고, 그들이 따르지 않으면 헐뜯고 욕을 하였다. 서부西府(추밀원)의 벼슬을 맡고 있더라도 반드시 동부東府(재상부)의 권한을 빼앗으려고 하였다."(『송회요집고』 제105책 「직관」 77)고 하였다. 비록 반대당의 공격하는 말이기는 하지만, 유정과 왕린의 양당 투쟁이 얼마나 치열했는지를 알 수 있다.

소희 원년(1190) 12월 6일, 왕린은 끝내 하담의 손을 빌린 유정의 탄핵을 받아서 파직되었고, 왕린의 당은 당황하여서 이리저리 사방으로 흩어졌다. 황간은 12월 19일에 장주를 떠나 장락長樂으로 돌아온 뒤 주희에게 편지를 써서 알렸다. "석응지石應之가 왕당王黨이라 하여 쫓겨났는데 서거후徐居厚는 그 까닭을 알지 못합니다. ……"(『황면재선생문집黃勉齋先生文集』 권1 「여회암주선생與晦庵朱先生」 서2) 이른바 '왕당'이란 바로 왕린의 당을 가리킨다.(*왕회의 당을 가리키는 것이 아니다) 유정은 왕린과 싸워서 이겨야 한다는 정치적 목적 때문에 '경계'라는 기치를 움켜잡고 주희의 경계를 지지하는 태도를 보이면서 급히 도학과 관계를 맺으려고 하였으나, 실제로는 내내 지연시키고 시행하지 않았을 수 있다.

멀리 궁벽한 고을에 있던 주희는 과연 유정의 이 기만과 미혹의 술책에 빠져, 장주의 임직에서 떠날 때까지 유정을 경계의 유력한 지지자라고 굳게 믿었다. 소희 원년(1190) 10월에 그는 황간에게 보낸 편지에서 다음과 같이 언급하였다. "유정과 갈필의 회신에 모두 시행할 수 있다고 하였다."(『속집』 권1 「답황직경」 서26) 또 11월에 유정에게 보낸 차자에서는 다음과 같이 말하였다. "가만히 듣건대, 묘당에서 시행할 뜻이 있고 판조版曹(호부)에서도 또한 다른 의논이 없었다고 합니다. 또한 승상께서 편지를 써서 반드시 시행할 만하다는 뜻을 보여주셨습니다. 내가 구구히 스스로 기뻐서 가만히 생각건대, 장주의 백성이 이로부터 도탄에서 벗어날 수 있겠으며 ……"(『문집』 권28 「여유승상차자與留丞相箚子」 3)

소희 2년 정월에 유정에게 보낸 차자에서 또 "경계에 관해서는 이미 조사

漕使의 격문을 받았습니다. 가만히 듣건대, 승상께서 이 일을 극히 수고롭게 경영하고 계획한 덕분에 시행하게 되었다고 합니다."(『문집』권28 「여유승상차자」4)라고 하였다. 4월 24일에 장주의 임직에서 떠나기 전 유정에게 보낸 차자에서도 "예컨대 경계와 같은 일도 만약 승상께서 힘써 주장하지 않으시면 근거 없는 논의가 요동쳐서 이를 없애는 데 오랜 시간이 걸릴 것입니다."(『문집』권28 「여유승상서與留조相書」1)라고 하였다. 그는 장주를 떠날 때까지도 오직 왕린과 안사로가 몰래 경계를 저지한 인물이라고 여겼다. 유정의 이 술책은 유정의 당이 왕린의 당을 배격하는 투쟁에서 예기한 효과를 거두었다.

주희는 위로 세 성 재집의 저지와 파괴, 가운데로는 한 지역 지방장관(州長)의 이의와 반대, 아래로는 호우부가豪右富家의 민심 선동의 한가운데 처하였기에 중상과 비방이 끊이지 않고 그에게로 몰려들었다. 11월 11일에 그는 유정에게 보낸 편지에서 자기가 처한 형편을 다음과 같이 말하였다. "파과다전罷科茶錢(중앙정부에 상납하는 차를 돈으로 환산하여 내는 세금), 무액無額의 경총붙이를 없애달라는 청은 모두 오래도록 윤허를 입지 못하였습니다. 경계는, 듣자 하니, 겉으로는 둘 다 가능하다 하나 속으로는 실로 저지하고 있습니다. 다만 지금 이미 동지가 가까우니 다시 50일이 지나면 곧 새봄입니다. 설령 곧 시행을 허락받는다 하더라도 완수할 날짜가 없습니다. 질질 끌고 게으르며 성의가 없는 관리(*황급)를 안핵하는 일에 대해서는 제사諸司에서 또 처리하지 않고 있으며, 심한 경우에는 이미 다 조사한 일을 까닭 없이 끌어당겨서 혁파하기도 합니다. 이와 같으니 제가 어찌 다시 얼굴을 들고 관리와 인민에게 임하겠습니까?"(『문집』권28 「여유승상차자」3)

그는 할 수 없이 한편으로는 10월 22일에 회경절會慶節 뒤 경내에서 일어난 지진을 구실로 자핵장自劾狀을 올려 봉사직에서 파직시켜달라고 청하였는데, 이는 실제로는 조정에 압력을 가한 것이다. 한편으로 주희는 또 조정의 현귀顯貴한 외척 정홍예鄭興裔에게 투서하고, 그의 힘을 빌려 조정으로 하여금 어서 빨리 경계를 시행하려는 결심을 갖도록 하려고 마음먹었다.

정홍예는 회신을 보내서 지지를 표시하였다. "경계의 방법에 관해 보내주신 편지는 백성의 폐단을 제거하기 위한 가장 좋은 방책입니다. 저는 가만히 생각건대, 이 법을 시행하면 빈민하호貧民下戶는 그 이로움을 즐거워할 것이나 호우의 집안은 사사로운 이익을 도모하기 쉽지 않기에 속으로 다른 생각을 하면서 흔들고 저지하려는 마음을 키울 것입니다. 모름지기 문서를 갖추어 하나하나 밝혀서 아뢰는 것이 매우 좋을 것입니다."(『정충숙주의유집鄭忠肅奏議遺集』하권 「회장주주직각회서回漳州朱直閣熹書」)

이리하여 상황은 또 새로운 전기를 맞은 듯하였다. 11월 26일에 조정에서는 홀연 지휘를 내려 장주에서 먼저 경계를 시행하도록 조치하였다. 복건 전운사가 책임을 지고 현마다 유능한 관원을 한 사람씩 선발하여서 지현知縣과 공동으로 조치하게 하고, 본로本路의 운판運判(전운판관) 진공량陳公亮에게 위임하여서 일체 지휘 감독하게 하였다.[17]

---

17 『송사』 「광종본기」에 "소희 2년(1191) 3월 병인, 복건 제점형옥提點刑獄 진공량, 장주 지주 주희에게 조칙을 내려서 함께 장주漳州·천주泉州·정주汀州 세 주의 경계를 조치하게 하였다."고 하였는데, 이 기록은 매우 잘못이다. 이해에는 세 주의 경계를 조처한 일이 없었다. 왕백전王白田(왕무횡)이 이미 잘못임을 밝혔다. 주희의 『문집』 권21 「회신전운사걸후동계타량장回申轉運司乞候冬季打量狀」에서 "(*소희 원년) 11월 26일에 지휘를 내려, 복건 전운사에게 사리에 비추어 헤아려서 먼저 장주에서 시행하라고 조치하였습니다. …… 진 아무개(陳某)에게 위임하여서 일체 지휘 감독하게 하였습니다."라고 하였다. 왕무횡이 진공량에 대해 헌사憲司에 소속되었는지 조사漕司에 소속되었는지 고증하고 있지 않으니, 또한 잘못된 설이다. 지금 살피건대, 『송회요집고』 제163책 「식화食貨」 7 〈경계잡록經界雜錄〉에서 "소희 2년 10월 1일, 복건 전운사에게 조령詔令을 내려서 장주에 공문을 보내 경계의 일을 상황에 맞춰 임시로 변통하여서 시행하게 하였다. 우선 …… 전지를 받아 먼저 장주에서 조처하게 하였으며, 본로의 운판運判 진공량에게 위임하여서 일체 지휘 감독하게 하였다. ……"라고 하였다. 주희의 장계에서 말한 '진 아무개'란 전운판관 진공량이니, 이 일은 제형사提刑司와 관련이 없음을 알 수 있다. 그러

시실 이 조치는 유정과 왕린 두 당의 미묘한 투쟁과 관련이 있었다. 11월에 왕린에 대한 유정의 승리 국면이 이미 기정사실이 되었다. 왕린은 비록 12월 6일에 하담의 공격을 받고 파직되었지만, 사실상 11월에 이미 세력을 잃고 사록을 청하여서 얻었다. 장주에서 먼저 경계를 시행하는 일이 통과된 것은 표면상으로는 유정의 승리를 상징하는 일의 하나가 되었다. 그러나 유정은 도리어 조심조심하면서 자기의 이당里黨이 모여 있는 천주에서 경계를 추진하는 일을 회피하였다. 반면 주희에게는 난제 하나를 제시하였다.

전지(田畝)의 측량은 반드시 추수 뒤 농한기에 진행해야 농사 때를 빼앗지 않는데, 11월 6일 현재 지휘를 내려서 장주에 전달된 것이 이미 12월 초9일이었다. 이때는 이미 큰 눈이 펄펄 내리는 세모였다. 민남閩南은 일반적으로 겨울과 봄의 환절기에 밭갈이를 시작하였다. 한편 봄에는 비가 많이 와서 길이 홍건하므로 이런 때 함부로 전지를 측량하면 농사철에 방해가 되어 백성

나 『송사』에서 진공량을 제형이라고 일컬은 데에도 까닭이 있다. 소희 원년 복건의 제형은 풍의豐誼였는데, 이는 「광종본기」에 보인다. 주희와 그의 관계는 더욱 밀접하였다. 『문집』 권76 「풍청민유사서豐淸敏遺事序」, 권53 「여심숙회與沈叔晦」 서4, 『어류』 권106에 '풍헌豐憲이 내려준 글이 빗줄기 같다'고 한 기록은 또한 풍의를 가리킨다. 그러나 풍의는 소희 2년에 이임하였으며 그 후임이 바로 진공량이었다. 지금 살피건대, 주희의 『문집』 가운데에서 진공량을 언급한 곳은 앞에서는 진조陳漕라 하고, 뒤에서는 진헌陳憲이라고 하였다. 권28 「답진조서答陳漕書」는 소희 2년 정월에 썼는데, 그때 진공량은 여전히 전운판관이었다. 같은 권 「여진헌차자與陳憲箚子」는 소희 2년 3월에 썼는데, 그때 진공량은 이미 제형에 고쳐 제수되었다. 같은 권에 또 이해 4월 24일에 쓴 「여유승상차자」가 수록되어 있는데, 진공량을 교체한 일을 '이절移節'이라고 하였으니, 곧 진공량이 전운판관에서 제형으로 고쳐 제수된 일을 가리킨다. 그러나 원래 전운판관으로 경계를 지휘 감독하는 일을 전담하였기 때문에, 비록 고쳐 제수되기는 했지만 경계의 일은 여전히 그가 책임을 맡았다. 「광종본기」에서도 제형이라고 일컬은 까닭은 바로 이 때문이다. 7월에 장주의 선비와 인민이 경계를 저지하였으므로 진공량이 근심하고 두려워하며 불안해하다가 마침내 경계의 일을 전운사의 책임으로 돌리기를 청하였다. 주희가 7월 10일에 「여유승상서」에서 진헌이 '고쳐서 보내기를改送' 청했다고 한 기록이 바로 이 일을 가리킨다. 왕백전의 의문은 여기에서 얼음 녹듯이 풀릴 것이다.

을 소요하게 할 뿐만 아니라, 형세상 반드시 여러 날을 헛되이 보내면서 오래 끌 수밖에 없기 때문에 세민이나 호우豪右나 모두 길에서 원성이 자자하고 떼 지어 일어나 반대할 것이 분명하였다. 따라서 이때 장주에서 먼저 경계를 시행하라는 지휘는 공허한 문서 한 장에 지나지 않았다.

하물며 천주와 정주는 경계의 시행을 정지하였고 장주 일대에서만 경계를 시행하게 되었으니, 필시 고립에 빠져서 호우대족이 둘러싸고 욕하며 협공하는 가운데 처할 형편이었다. 그리하여 조금이라도 실수가 있으면 곧 훼방이 사방에서 일어나 몸은 망가지고 명예는 훼손되어서 한 고을의 경계 시행은 이르든 늦든 반드시 실패로 돌아갈 것이었다. 주희는 유약에게 보낸 편지에서 울지도 웃지도 못하는 심정으로 다음과 같이 말하였다. "경계는 이웃 지역에서 몰래 저지하여(*천주의 안사로를 가리킨다) 이미 오래전부터 절망하고 있습니다. 오늘 문득 편지 한 장을 받았는데 도리어 짐짓 이 주에서 먼저 행하게 할까 두렵습니다. 이 일을 어떻게 처리해야 합니까? 묘당에 사람이 없어야 통일된 중국으로 하여금 다른 정치가 있게 할 터이니 매우 가소롭습니다."(『속집』 권4 「답유회백答劉晦伯」 서16)

그러나 주희는 역시 경계 추진의 한 가닥 희망을 놓아버리지는 않았다. 그는 보완할 방법을 취하였다. 소희 2년(1191) 정월 중순에 전운사에게 「걸후동계타량장乞候冬季打量狀」을 올려서, 농한기가 얼른 지나가고 새봄에 농사가 시작되었으니 추수 뒤 다시 경계를 시행하되, 7월 1일에 차역差役을 시작하고 10월 1일에는 측량을 시작하자고 청하였다. 현재로서는 먼저 도계都界를 구분하고, 토봉土封(토지의 경계에 세워서 표시하는 흙더미)을 세우는 작업을 해야 했다. 그는 즉시 관원을 향鄕에 파견하여서 경계를 나누고, 향의 백성에게 측량(丈量)의 의의를 설명하여 알리고, 쉽고 간단한 계산법을 전수하게 하였다.

2월에 그는 또 「권농문勸農文」을 발표하는 기회를 빌려 백성에게 광범위하게 경계 시행의 계획과 절차를 선전하여 민심을 안무하였다. 그는 통속한 말로 선동하였다.

지금 조정에서 경계를 시행한다. 본래 부유한 집안에는 전업田業을 많이 두었으나 토지 생산에 따른 조세를 내지 않고, 가난한 백성은 생업의 터전이 없는데 산출이 있다 하여서 그릇되게 추비追比하는 까닭에 소요가 일어난다. 따라서 전지의 보步와 이랑을 측량하여서 실상에 따라 균등하게 배당하며, 푼分과 문文과 되(升)와 홉(合)을 더하지 않을 것이다. 비록 부역에 응하는 인호人戶가 당장에는 작은 수고를 면하지 못하겠지만 실로 자손에게는 영원무궁한 이익이 된다. 측량하고 계산하는 방법도 매우 간단하고 쉽다. 지난번에 이미 인쇄하여서 효시하였고, 오늘 또 몸소 살피고 시험해 보아 민호의 사람들마다 익숙해지게 하려 한다. 가을걷이가 끝난 뒤 이에 따라 측량하면 한두 달 사이에 곧 일이 끝날 것이다. 가난한 백성으로서 기뻐하지 않는 사람이 없으리라 생각한다. 다만 폐단을 짓는 호부豪富의 집안이 자기에게 불리함을 알아채고 필시 유언비어를 날조하여서 함부로 선동하고 소요하게 할까 걱정된다. 지금 우러러 깊이 생각함에 피차 한 가지로 모두 왕의 백성이다. 어찌 자기는 밭을 사고 곡식을 거둬들이면서 도리어 다른 사람에게는 근거도 없는 세금을 납부하게 할 수 있겠는가! 관법官法이 용납하지 않을 뿐만 아니라 또한 별도로 귀신의 견책(陰譴)을 초래하리라. 모름지기 이와 같이 꾀를 내어 일을 만들어서 좋은 법을 저지하고 꺾어서는 안 된다.

— 『문집』 권100

이는 그야말로 부호를 통렬하게 토벌하는 격문이라고 일컬을 만하다. 사실 주희는 이때 가장 사랑하는 맏아들 주숙朱塾이 정월에 세상을 떠났기 때문에 2월에 궁관宮觀을 청하는 차자를 올리고 봉사를 청하여서 돌아가 장례를 치렀다. 그는 고립의 위험을 두려워하지 않고 곧바로 경계 시행을 선포하였다. 이 일은 그를 '뭇사람의 말들이 서로 요동을 쳐서 온갖 단서로 수군거리는'(『문집』 권28 「여유승상서」 1) 위험한 지경에 처하게 만들었다. 심지어 천주의 부호들까지도 연합하여서 조정의 뒤를 봐주는 관료를 통해 장주에서 경계를 시행하는 일을 간섭하고 저지할 준비를 하였다.

주희는 이 점을 직각적으로 예감하고 4월 24일에 사직하기 전날 유정에게 보낸 편지에서 다음과 같이 말하였다. "제가 근심하는 바는 유독 온릉溫陵(*천주)에 부자가 많으니, 그 사이에 어찌 (유 승상의) 문과 담장을 드나들며 돌보아주는 은혜를 받은 사람이 없겠느냐는 것입니다. 반드시 장차 말을 교묘하게 해서 사이를 타고 틈을 엿보아 사사로운 이익을 얻으려 할 것입니다. 가만히 바라건대, 고명께서 자세히 살피십시오."(동상)라고 하였다. 실제로 그의 예감은 이미 사실이 되었다.

분명, 그가 설령 맏아들의 상을 당하지 않았다 하더라도 그대로 장주에 머물면서 10월에 경계를 추진하기란 전혀 불가능하였다. 일찌감치 주희가 자기의 진면목을 간파할 것을 두려워한 유정은 그가 이때 봉사를 청하여서 물러나자 홀가분한 미소를 지었다. 이리하여 4월 29일 주희가 장주를 떠나 비참하게 북쪽으로 돌아간 뒤 장주도 천주와 마찬가지로 매우 빠르게 옛날의 구차한 안정과 평정을 회복하였다. 천주의 부호들은 취한 듯 미친 듯 경계의 투쟁에서 승리한 것을 경축하였다. 그들은 안사로를 자기의 수호신으로 받들었으며, 마침내 천주의 사통팔달 주요 도로에 땅을 사서 사당을 세우고 소상塑像을 만들어서 '부처와 노자에게 그의 장수를 축원하고 집집마다 상을 그려 붙이고 섬겼으며, 그가 떠나갈까 두려워'하였다. 안사로가 이임할 때 이들 부호의 집안에서는 '자애로운 부모를 잃은 것처럼' 저마다 '서로 손을 이끌고 기생을 불러서 잔치를 베풀어주었다(花酒). 한 달 뒤 백성이 그리워하며 잊지 못하여서 「거사가去思歌」를 지었다.'(『우계현지』 권8) 장주에서는, 천주의 부호와 지역사회(里堂)에서 유정에게 한 차례 '청명請命'을 한 뒤, 장주의 진사 오우규吳禹圭를 내세워 10월에 경계 시행이 '인민을 소요하게 한다'고 글을 올려서 경계를 파하게 하였다.

또 한 차례 실패한 지방 개혁

　당연히 천주와 장주의 부호들이 비현실적인 도학부자道學夫子 주희를 위해서 「거사가」를 부를 리는 없었다. 경계가 시행되지 않으면서 주희가 장주에서 기울인 폐정 개혁의 모든 노력은 전부 실패로 돌아가고 말았다.

　가혹한 세금에 대한 감면은 그가 경계를 바로잡는 일과 함께 평행을 이룬 폐정 개혁의 주요 분야였다. 그는 일찍부터 지방의 일체 잡다한 명목의 불법적이고 근거 없는 가혹한 세금이 모두 경계가 시행되지 않음으로써 생겨나는 것임을 통감하고, 소희 원년(1190) 11월에 유정에게 보낸 차자에서 경계와 가혹한 세금의 관계를 분석하여 다음과 같이 말하였다.

　　대체로 본주는, 전세가 고르지 않아 공공재산(官物)이 숨겨지고 탈루되었으며, 공과 사의 전토는 모두 호종대성豪宗大姓이 온갖 계책을 부려서 이름을 날조하여 점유하였습니다. 그리고 세민은 생산을 하지 못하고 있어도 세금은 존속하고, 혹 (호종대성이) 불법으로 점유한 (세민의) 전지에 대해 세금을 붙여서 징수하기도 하기 때문에 곤고하고 낭패를 당하지만 마련할 길이 없습니다. 주와 현에서 이미 경상經常의 수입을 잃어버리면 마침내 다방면으로 온갖 방법을 고안하고는 취해서는 안 될 재물을 취하여서 연간 재정(歲計)을 충족하게 합니다. 예컨대 여러 현의 과벌科罰, 주와 군의 매염賣鹽이 이것입니다. …… 제가 관청에 이르러 대체로 반복 토론하여서 폐단을 구제하고 군의 재정을 조사하여서 수입을 늘리고 지출을 없애러 하다가, 경계를 바르게 하지 않으면 실로 손을 쓸 여지가 없음을 비로소 알았습니다.

— 『문집』 권28 「여유승상차자」 3

경계가 바르지 않으면 불법적이고 명분 없는 가혹한 세금이 마구 생겨나 횡행한다. 이런 불법적이고 명분 없는 가혹한 세금을 감면하는 일은 역으로 경계의 시행을 촉진할 수 있기 때문에 주희는 가혹한 세금을 감면하는 일에 엄격하고 신속하였다.

소희 원년 10월, 그는 유약에게 보낸 편지에 자기가 장주에서 가혹한 세금을 감면하기 위해 노력한 일을 말하였다. "여러 일 가운데, 예컨대 육염鬻鹽(소금 판매), 자두子斗(사원이나 사당에 물린 불법적인 세금), 절두折斗(공납할 콩을 돈으로 환산하여서 물린 세금) 같은 것은 모두 법에 맞지 않습니다. 반년 동안 앉아서 보니 손을 댈 곳이 없었습니다. 근래 마침 전지가 있기에 조항을 갖추어서 한두 가지 일로 청하였습니다. 만약 시행이 허락된다면 과벌의 종류는 다 금할 수 있습니다. 경계를 행한다면 자두의 폐단도 혁파할 수 있습니다. 절두는 동료 관원과 상의하니 비록 다 제거하지는 못하더라도 매우 심한 것은 제거할 수 있습니다. 다만 육염鬻鹽 한 가지 일이 가장 법에 맞지 않는데, 그럼에도 감히 갑작스럽게 제거할 수는 없었습니다. 대체로 군의 재정(郡計)이 쓰이는 곳은 많아서 그 수가 적지 않으니 하루아침에 잃어버리면 아마 낭패할 것입니다."(『속집』 권4 「답유회백」 서13)

모든 가혹한 세금 가운데 주희는 소금 판매가 '가장 불법이며', 또한 '본 주의 소금 판매는 백성에게 제일 심한 독을 끼치는 부당한 세금'이라고 보았다(『어류』 권106). 순희 14년(1187)에 축회祝櫰가 정주의 수령에 제수되었을 때 주희는 바로 경계를 바로잡는 것과 염법鹽法을 논의하는 것이 '인민을 진작시키고 폐단을 혁파하기' 위해 가장 근본적으로 해결해야 할 두 가지 사회문제라고 보았다(『문집』 권54 「답주숙근答周叔謹」 서2).

그러나 소금의 이익은 남송의 반쪽 산하를 유지하는 생명줄이었고, 염법의 개혁은 가장 쉽게 남송 조정의 민감한 신경을 건드리는 문제였다. 민閩의 염법에 관한 반복되는 분쟁은 늘 조정 안팎에서 붕당의 아귀다툼과 함께 얽혀 있었기 때문에, 염법은 심지어 개혁에 뜻을 둔 선비들까지도 뒷걸음질 치고 말만 들어도 낯빛을 변하게 하는 '호랑이'가 되었다. 주희가 장주에 오기 전은 바로 조여우趙汝愚가 복건에서, 첨의지詹儀之가 광서廣西에서 염법 개혁을 추진하다가 모두 실패한 지 오래지 않은 때였고, 첨의지는 결국 이 때문에 지위도 명예도 잃고 말았다.

그 전에 순희 10년(1183) 첨의지가 광서 안무사가 되어서 초법鈔法을 추진하였는데, 이는 정주에서 조여우가 염법을 개혁한 것과 매우 긴밀하게 상응하였다. 이들은 모두 주희에게 자문을 하였다. 주희는 첨의지가 광서에서 신중하게 일 처리를 하게끔 민중閩中의 소금 관련 상황을 알려주었다. 순희 13년 이후 초법 시행의 폐단이 점점 드러나면서 광서의 초법을 헐뜯는 소리가 사방에서 일어났고, 이로 인해 첨의지는 거듭 논핵을 당하였다. 주희는 광서의 초법이 결코 완전무결하다고 보지는 않았다. 그는 첨의지에게 반대 의견을 받아들일 것과 함께 관에서 정한 값이 앙등하면 응당 개혁해서 보완해야 한다고 일깨워주었다.

그러나 조신(효종)은 초법에 대해 우물쭈물하면서 결단을 내리지 못하였다. 순희 16년(1189) 정월에 조신이 흠점欽點한 신임 광서 안무사 응맹명應孟明은 곧 상의 뜻을 받들어서 광서의 '초염鈔鹽이 민호를 강탈하여 한 지역에 해독을 널리 끼친다'고 아뢰고 옛 법을 회복하기를 청하였다(『건염이래조야잡기』 을집 권16 「광서초법廣西鈔法」 및 『송회요집고』 「식화食貨」 28). 결국 첨의지는 군주를 속이고 인민에게 피해를 끼쳤다는 죄로 직책을 잃고 사록에서 파직되어 원주襄州에 안치되었다가 오래지 않아 근심을 안고 죽었다.

응맹명과 같은 이들이 광서에서 초법을 시행하는 데 반대한 표면상의 이유는 당당하고 엄정하였으나 사실 그들이 추구한, 관에서 판매하는 옛 법은 부담과 억압으로 인민에게 해를 끼치는 점에서는 초법에 견주어 지나치면 지나쳤지 모자라지는 않았다. 광서 안무사 장식張栻으로부터 유돈劉燁에 이르기까지 모두 거듭 아주 절실하게 상주한 결과 순희 10년에야 광서에 초법을 시행하자는 첨의지의 주청이 받아들여지고, 조신과 조정 안팎의 대신들의 일치된 찬동을 얻어냈다. 조정에서는 처음 몇 년 동안은 첨의지가 초법을 개정함으로써 얻은 대단한 이득을 편안히 누렸으나, 후세에는 도리어 아전들과 결탁하여서 간사한 일을 부리던 사람들이 조성한 온갖 폐단을 전부 첨의지의 머리에 덮어씌웠다. 이 일은 조금이라도 폐정 개혁의 마음을 먹었던 사대부들로 하여금 염법에서는 모두 꿀 먹은 벙어리가 되게 하였다.

주희는 바로 이러한 정세하에서 장주의 소금 관련 업무와 직면하게 되었다. 염법의 폐단을 혁파하는 일은 그가 이미 일찌감치 가슴속에서 계획하고 있던 일이었다. 소희 원년(1190) 7월 1일 그는 특별히 첨의지를 애도하는 제문을 짓고 이 노성한 유신儒臣을 위해 울분을 토하였다. "늦게야 조정의 반열에 올랐고, (지방으로) 나가서 남쪽 지역(南服)을 진압하였습니다. 폐단을 구제하는 일에 서둘러서 인민을 편안하게 하였습니다. 그러므로 만전의 이익을 헤아릴 겨를도 없었지만 그 해가 생각지도 않은 곳에서 나왔습니다."(『문집』 권87 「제첨시랑문祭詹侍郎文」) 첨의지가 죽은 뒤 1년 반 만에 지은 이 제문에서 주희는 사실상 자기 말을 하였다. 스스로 남쪽을 진압하여서 소금의 폐단을 개혁하려는 결심을 나타냈던 것이다.

그는 장주에 도착하자마자 먼저 방을 내걸어서 해안가 열한 개 포鋪를 철폐하였다. 그의 장주 제자 진순陳淳이 이 일을 상세하게 기술하였다.

> 본주의 육염鬻鹽은 …… 여러 차례 전지에 따라 철폐되었다가는 다시 생겨났다. 선생이 이곳에 오시자 석 어른(石丈)이 거듭 이해利害의 곡절을 말하였다. 선생은 즉시 곳곳에 방을 내걸고 먼저 해안가 열한 개 포를 철폐하였다. 나머지 포는 경계가 바로잡히고 세금이 정확하게 정해진 뒤 모두 철폐하였다. 이리하여 여러 포에서 소금을 판 돈을 흩어버리고 여러 창고를 모두 폐쇄하였다. 선생이 말씀하시기를, "내가 지금에야 소금 판 돈이 군의 연간 재정(歲計)과 아무런 관련이 없음을 알았다. 앞뒤로 부임한 관원을 모두 살펴보았더니 명색名色을 교묘하게 지어내서 지출하지 않는 자가 없었다. 옛날에는 산과 소택지에서 나는 이익을 백성과 함께했는데, 지금은 모두 그들이 차지하였으니 어찌 이럴 수가 있는가!" 하였다. 응당 모두 없애야 하였으나 시행할 겨를이 없었다. —『어류』 권106

그러나 주희는 하잘것없는 한 군의 우두머리에 지나지 않았다. 위로는 감사가 대권을 장악하고 있었기 때문에 그는 염법에서 그다지 큰일을 할 수 없었다. 그는 하릴없이 유약에게 다음과 같이 말하였다. "도중韜仲(*유병劉炳)이 초염鈔鹽의 이해를 상탁相度한 것이 어떠합니까? 양사兩司의 의논이 합의를 보지 못하니, 아마도 또한 끝내 무익할 것입니다. 세상의 온갖 일이 모두 이와 같으니 사람으로 하여금 개탄하게 합니다. 다만 우리의 힘이 미칠 수 있는 데는 힘쓰지 않을 수 없습니다. 얼마간이라도 일에 따라 보충한다면 2, 3푼은 구제할 수 있습니다."(『속집』 권4 「답유회백」 서17) 나중에 경계의 실패로 인해 그의 염법 개혁도 공허한 말이 되고 말았다.

주희는 목표를 주로 경총제 등 가혹한 세금을 감면하는 데 두었다. 장주의 경총제전經總制錢으로 정해진 액수(立額)가 엄청나게 방대해진 데는 소흥 연간의 경계 시행과 관련이 있었다. 주희는 주장奏狀에서 다음과 같이 진상을 폭로하였다. "경총제전으로 정해진 액수가 부당함은 내력을 아는 사람이 아니더라도 알 수 있었습니다. …… 아마도 소흥 19년(1149)에 경계를 시행할 때 인호人戶가 대부분 관인이 없는 토지 매매 문서(白契)를 가지고 있었는데 그것을 그대로 사용할 수 없게 하자 다투어 관인을 찍으면서 당년에 경총제전으로 거둬들인 액수가 증가하게 되었고, 마침내 추악한 소인배가 이와 같은 해로운(殘賊) 계책(과거 가장 많은 납세액에 견주어 세금을 매기는 방법)을 건의한 데서 연유한 것입니다. 한때 조정에서 잘못된 정책을 시행하여 그 해악이 지금까지도 그치지 않고 있습니다."(『문집』 권19 「걸견감장주상공경총제액등전장乞蠲減漳州上供經總制額等錢狀」 및 『어류』 권128)

건도乾道(1165~1173), 순희淳熙(1174~1189) 이래 각 주에서는 올려 바칠 경총제, 월장전月椿錢, 판장전板帳錢 등등의 부족액을 일찌감치 거둬들였으나 조정에서는 속수무책이었다. 지방에서 명색을 교묘하게 지어내어 백성의 돈을 수탈해도 내맡겨 두었다. 그리하여 쇠털같이 많은 불법적이고 명목 없는 세금이 마구 생겨났는데, 복건 일로一路가 특히 극심하였다. 주희가 장주에 도착하기 사흘 전에 조정 신하 또 한 사람이 오로지 잡세雜稅를 가혹하게 거두는 행위가 마구 일어나며 범람한다고 논급하였다. 조돈(광종)도 그저 아버지 조신에게서 배운, 건성으로 '감면減免'한다는 유명무실한 조칙을 내리는 것으로 점철된 새로운 정사를 펼쳐서, 명목만은 아름답게도 '은혜로 감면한다(恩蠲)'거나 '인민에게 덕을 베푼다(施德於民)'고 하였다.

4월 21일과 24일에 상서성은 경총제·월장전·판장전을 감면한다는 차자를 두 차례 내렸는데, 주희는 이 기회를 틈타 5월에 「걸견감장주상공경총제액등전장乞蠲減漳州上供經總制額等錢狀(장주에서 상공전·경총제액 등의 돈을 감면해주기를 청하는 장계)」을 올렸다. 첫째 주장奏狀에서는 각종 명색의 상공전上供錢 7,064관貫의 감면을 청하였다. 장주의 상공전 가운데 절다전折茶錢 7,000관, 파과용안여지간전罷科龍眼荔枝乾錢(용안육과 여지 항목을 혁파하고 대신 충당하는 돈) 4,000관, 포인건녕부풍국감주부족연본전抱認建寧府豐國監鑄不足鉛本錢(건녕부 풍국감의 주조용 납 부족분을 충당하는 돈) 16,000관, 세 항목 총 23,000여 관은 모두 주희가 '근원과 내력을 다시 고찰할 길이 없고, 호부의 조세대장(戶眼)에 독촉할 만한 징수 항목(案名)이 없는' 부당한 부세로서, 교묘하게 인민으로부터 강탈한 것이었다. 그 가운데 15,976관은 본주에서 조달하였으나 그밖에 또 7,064관은 귀속하는 곳이 없어서 종래에는 과벌科罰, 협취脇取, 나총那總 등의 방법으로 보충하였다.

둘째 주장에서는 무액無額 경총제전 4,750관의 감면을 청하였다. 본래 장주의 경제전經制錢은 24,650관이고 총제전總制錢은 55,607관이었는데, 매년 부족액을 거둬들여도 1만~2만 관이 모자랐다. 이 밖에 또 무액의 액수 5,312관이 있었다. 융흥隆興 2년(1164)에 통판 조부적趙不敵이 윗사람에게 아첨하느라 상을 바라면서 인민의 곤궁함은 돌아보지 않고, 또 허액虛額 4,754관을 증액하였다. 이 모두가 민호에게 과벌하여서 공납하는 것이었다. 관리는 자기가 한 차례 마감을 한 뒤 전관轉官하기 위해서 마구 긁어 들이고 징수를 독촉함에 수단과 방법을 가리지 않았다. 주희가 감면하기를 청한 액수는 실로 작고도 작았다. 그는 주장의 마지막에서 장주의 거액 경총제전은 종래 마련할 길이 없는 까닭에 해마다 보충하여 추가 납부하는 수효가 많게는 25,000관에 이른다고 언급하고, '경총제 두 항목의 정전正錢을 다른 주에서 흠나는 푼수에 견주어 다시 감면하기를' 요구하였다.

그러나 조돈 같은 사람들은 한 차례 또 한 차례 부끄러운 줄도 모르고 큰소리로 감면의 은혜를 내린다는 태도를 지었고, 주희가 정말로 요구를 해왔을 때는 도리어 냉담하게 질질 끌면서 아랑곳하지 않았다. 감사는 기회나 엿보면서 실행에 옮기지 않았고, 아래에서는 사납게 긁어 들이는 행태가 여전하였다.

소희 2년(1191) 3월, 주희는 부득불 다시 「걸계약주현망과경총제전급제활허액전수장乞戒約州縣妄科經總制錢及除豁虛額錢數狀(주와 현의 근거 없이 부과된 경총제전을 금지하고 허위 장부에 기록된 허액전의 면제를 청하는 장계)」을 올리고, 동시에 그 스스로 각 현에 명을 전하면서 강행하여, 상공전 7,064관을 '지금부터 아울러 면제한다'고 선포하였다. 그러자 과요科擾(부역이나 조세 징수로 일어나는 소요)가 다시는 함부로 일어나지 않았다.

감사가 행동에 나서지 말라고 권고하자, 주희는 곧 유정에게 차자를 투서하여, 장주에서 감면한 상공과 경총제에 대해 다음과 같이 통절하게 말하였다. "저의 다행이 아니라 바로 이 나라의 다행이며, 이 나라의 다행이 아니라 바로 백성의 다행입니다. 국가에서 이 사람들을 애석히 여겨서 원기元氣를 보호하듯이 하고 차마 털끝 하나도 흔들어서는 안 됩니다. 조령詔令을 반포하여 주현을 경계하고 신칙하면서 일찍이 과벌을 엄중히 금하는 말을 하지 않음이 없었습니다. 그러나 주현에서 취하는 바가 이와 같으니, 이는 겉으로는 금지하면서 안 보이는 곳에서는 실제로 그대로 두며, 또한 쫓아가며 몰아대서 반드시 이런 데에서 나오게끔 합니다. 성주聖主께서 다스리고 승상께서 집정을 하고 계시니, 어찌 차마 이것으로 백성을 속이겠습니까?"(『문집』 권28 「여유승상차자」 4) 유정은 그에 대해 짐짓 따르는 체하며 입으로만 건성으로 둘러대고 끝내 정식으로 공문을 내려보내지는 않았다.

소희 2년 10월에 이르러, 주희는 이미 장주에서 떠난 뒤 반년이나 지났지만 여전히 유정에게 보낸 차자에서 간절히 애원하였다. "무액전의 일은 근래에 들으니 이미 시행을 허락받았으나 읍에는 아직 알려지지 않아서 …… 지난번에 (제가) 조치하여 주군州郡에서 스스로 파과다전罷科茶錢 수천 민緡을 떠안도록 하였습니다. 지금 만약 다시 이것을 면제해주신다면 이 고을이 거의 정돈되어서 모여들 가망이 있을 것입니다. …… 다시 바라건대, 장래 승상께서 힘써 주장하여 처음부터 끝까지 은혜를 펴서 이 고을의 피로한 인민이 부당한 과벌의 고통을 면하게 해주신다면 천만다행이겠습니다. ……"(『문집』 권28 「여유승상서」3) 그러나 이때 유정은 장주의 진사 오우규吳禹圭의 이른바 경계를 혁파하라는 표리부동한 주장을 받아들였기 때문에 이미 그 자리에 있지도 않은 주희의 감면해달라는 애원은 더욱 안중에 두지 않았다.

주희에게 남은 것으로서 조정의 상사上司에 요구하지 않고 스스로 할 수 있는 유일한 일은 바로 지방행정(吏治)을 정비하고, 교화를 밝히고, 풍속을 도탑게 하는 것뿐이었다. 그는 장주 지역의 풍속이 천박하고 악하며, 예교禮敎가 버려지고 이치가 부패한 원인은 역시 경계가 행해지지 않는 것과 인과관계가 있다고 여겨서 「경계신제사장經界申諸司狀」에서 다음과 같이 말하였다. "판적版籍이 바르지 않고 전세田稅가 균등하지 않은 것은, 바로 교화가 밝지 못하며 풍속이 천박하고 악해서 사람들이 사사로운 뜻을 품고 스스로 극복하지 못하는 데로부터 연유합니다. 이 때문에 옛것을 답습하면서 폐단이 쌓여 이런 지경에 이른 것입니다."(『문집』 권21)

장주는 종래 인민의 풍속이 순후하기로 이름났으나 다만 교화가 행해지지 않고, 지방 관리가 간사한 일을 벌이고 악을 저지르며, 부호거실富豪巨室이 함부로 불법을 행하는 데다 경계가 시행되지 않음으로 인하여 조성된 갖가지 폐단이 소박한 인민의 기풍을 깡그리 없애버렸다. 주희가 장주에 이르러 목격한 일은 관리가 교활한 백성과 결탁하여서 가난한 민호를 어육으로 만들고, 독서하는 선비가 염치와 기절氣節을 돌아보지 않고 이익을 좇으며, 민간에는 분쟁과 소송이 풍조를 이루고 다툼과 폭력이 습속을 이루었으며, 스스로 고귀한 신분임을 과시하는 부유한 집안의 자제와 진사·학인마저도 모두 세력을 믿고서 남을 속이는 소송 거간꾼이 되었다는 사실이었다.

어리석은 인민은 재물을 보시하여 불우佛宇를 높이 지었고, 토지의 대부분이 사원의 묘산廟産으로 변하였으며, 가가호호 부처를 믿고 불경을 외며, 양가의 여자가 높은 관을 쓰고 승복을 입고 서로를 손짓하고 부르면서 거리를 돌아다녔다. 도를 닦는다는 명분으로 사사로이 도암道庵을 짓고 여도사를 주지로 삼고는 간통하는 일이 곧잘 일어났다. 어떤 사람들은 예불을 하고 불경을 전한다는 핑계로 사원에 남녀를 모아들여서 밤낮을 가리지 않고 시시덕거리며 뒤섞여 지냈다. 또 어떤 사람들은 재앙을 떨어내고 복을 기원한다는 구실로 꼭두각시를 놀리고 귀신과 요괴를 끌어들여서 백성을 속이고 돈을 뜯어냈다. 여자들은 중매와 혼인 절차를 기다리지 않고 서로 좋아지내면서 사사로이 음탕하게 놀았으며, 부인들은 또 처첩이 아닌데도 같은 방에 함께 거처하며, 어머니 상에 효복孝服을 입지 않고, 형제가 분쟁을 하며, 인친姻親이 불화하였다. 이런 일들은 주희가 보기에 모두 강상綱常을 잃은 짓이며 예교禮敎가 무너진 큰일이었다. 그래서 그는 습속習俗, 지방행정(吏治), 학교學校 세 방면에서 풍교風敎를 정돈하였다.

습속의 변화에 대해서는, 그는 백성을 예로써 단속하여 불교와 도교에 타격을 입히고, 소송하는 풍조를 종식시키고, 정치와 교화를 동시에 펼치는 방식으로 통속한 선전을 전개하였다. 소희 원년(1190) 6월, 그는 「효유거상지복준례률사曉諭居喪持服遵禮律事」를 선포하여 백성에게 모든 거상에는 최질衰絰을 입게 하고 길복吉服을 입지 못하게 하였다. 8월에 또 「권재도환속방勸在道還俗榜」을 선포하여 사사로이 암자를 짓고 거주하는 여도사를 강제로 환속시켜 집으로 돌아가게 하고, 사사로이 암자를 세우고 산신령과 부처에게 경배하는 행위를 엄금하였다. 동시에 정대창程大昌·정병鄭丙이 건녕建寧에서 승려들에게 당堂에 올라 설법하는 것을 허락하지 않았던 일을 모방하여, 상원上元 때 인민들이 관례에 따라 향을 피우는 것만 허락하고 승려들이 사람들과 설법하고 강론하는 것을 허락하지 않는다고 규정하였다(『학림옥로』 을편 권3 「축수祝壽」).

「게시고령선생권유문揭示古靈先生勸諭文」을 선포하여 강상의 윤리를 널리 깨우치고, 사람들에게 악을 버리고 선을 따르도록 권유하였다. 동시에 선포한 「권유방勸諭榜」에서는 장주 민간의 풍속이 어지럽고 파괴된 일을 근거로 모두 10개 조로 이루어진 예교禮敎, 풍화風化의 명령을 꾸며서 인민에게 저마다 준행하도록 권유하였다. 상례·장례·혼인에 관한 옛 규범을 선별 채집하고 백성에게 포고한 뒤 '부로父老에게 명하여 (이를) 해설하여서 자제를 가르치게' 하였다(『연보』).

민간에서 분쟁과 소송이 어지러이 일어나서 안건이 산적하고 제형사提刑司의 문서가 빗발치 듯하였기 때문에 주희는 장주에 도착하자마자 한꺼번에 소장 243건을 판결하게 되었는데, 미처 처리할 방법이 없었다. 그는 소희 원년 5월에 「장주효유사송방漳州曉諭詞訟榜」을 선포하여 주州의 문에 내걸고, 백성에게 소송과 다툼을 그치도록 권유하였다.

관사官司의 소송 사건에 대해서도 게으르고 탐욕스러운 관리가 시일을 질질 끌면서 중간에서 간사한 짓을 하지 못하도록 방지하기 위해 그는 한 가지 방법을 고안하였다. 특별히 나무 상자(木廚) 몇 통을 만들어서 대청에 놓아두고 소송장이 들어오면 분류해서 상자에 넣는다. 같은 관직에 있는 사람들을 소집하여 안건을 나눠 주어서 맡긴 뒤 대청 양쪽에 안건을 처리하는 장소를 설치하고, 우선 각자에게 모의 판결을 내리게 한다. 식사 때 관리들은 고을 청사의 주방에서 밥을 먹는데, 밥을 먹고 나면 각 사람의 모의 판결을 거친다. 주희는 몸소 그들을 위해 시범을 보였다. 이리하여 산적한 소송 사건을 신속하게 하나하나 판결하자 9, 10월에 이르러서는 송사가 급감하였다.

주희는 탐욕스러운 관리와 교활한 아전에게 타격을 입히고, 지방행정(吏

治)을 정돈하면서 애초에 인정사정을 봐주지 않았다. 장주 행정의 갖가지 부
패는 모두 이러한 탐욕스러운 관리, 교활한 아전과 관계가 있었다. 한 주 네
개 현의 관원은 대부분 누리 떼(飛蝗)와 같았고 모두 게으르고 무능한 무리였
다. 평소에 아무 하는 일도 없었으며, 매번 청사에서 공무를 볼 때도 차나 마
시고 읍(揖)하면서 날씨 안부나 묻고 하는 데 지나지 않았다. 현승(丞), 주부(簿),
현위(尉)의 직분이 명확하지 않고 현의 일을 물어볼 사람이 없었으며, 지현 한
사람이 십 수 명 서리의 일을 손수 처리하였다. 재부財賦에 관한 소송은 전부
아전의 손을 거쳤기 때문에 이서吏胥가 간사한 일을 벌여서 백성을 해치고,
횡령과 뇌물이 풍조를 이루었다.

주희는 장주에 도착하고 대엿새도 지나지 않아서 「주현관첩州縣官牒」을 선
포하여 현승, 주부, 현위에게 반드시 날마다 장관의 집무실에 모여서 일을 논
의하게 하였다. 서리의 불법과 간사한 행위, 무리가 결탁하여서 사사로이 이
익을 도모하는 일을 방지하기 위해 그는 대이법對移法을 채택하였다. 특히 통
판通判이 재부를 분담하였는데, 통판청에는 재부 출입에 관해 따져볼 장부가
없기 때문에 함부로 인민을 침탈할 수 있었다. 그래서 통판은 서리가 다투어
한몫 챙기는 자리(肥缺)가 되었기에 누구라도 통판청을 차지하면 다시 떠나려
고 하지 않았다.

주희는 이에 교체(代換)를 강행하였다. 나중에 그는 제자에게 이 사건을 다
음과 같이 말하였다.

내가 장주에 있을 때 일반 서리의 자리에는 느슨하고 쉬운 자리와 힘들
고 어려운 자리가 있었다. 그래서 그들을 모두 한 차례씩 자리를 바꿔주었
는데, 느슨한 자리에 있던 사람은 힘든 자리로 옮겼다. 그런데 오직 통판
청의 아전이 자리를 옮기기를 바라지 않았다. 내가 "네가 만약 옮겨가지

않겠다면 너를 파직하겠다!'고 말하였다. 이리하여 모두 예외 없이 자리를
바꿨다.
                                                                    —『어류』 권106

    주의 크고 작은 아전들이 자리를 이용하여서 백성을 압박하고, 층층이 관
문을 설치하고서 불법으로 돈과 재물을 강탈하는 일에 대해 주희는 엄중하
게 징치하였다.

    그는 간사한 아전 두 사람을 현장에서 즉결 처분한 사례 하나를 언급하였
다.

> 여러 현에서 발급한 문서가 차례로 주에 도착하였다. 법에는 본주에서
> 점대點對하는 데 정해진 날짜가 있었다. …… 지금 도처에서 기한을 아랑
> 곳하지 않으면서 한 달을 끌기도 하고, 혹은 두세 달을 끌기도 하였다. 현
> 도縣道를 막고서 재물을 강탈하며 직접 뇌물을 요구하여 자기 욕심을 채우
> 고야 비로소 주에 올려 보냈다. 처음 마산사磨算司에서 한 차례 돈을 요구
> 하고, 또 심계사審計司에서 한 차례 돈을 요구하며, 수령의 공청公廳에서 주
> 에 보고서를 올리고 받을 때 아전이 또 돈을 요구한다. 나는 장부를 작성
> 할 때 그 폐단을 알아챈 뒤 남강과 장주에서 모두 기한을 지키게 하였다.
> …… 처음 아전들이 그다지 긴요하지 않다고 여겼기 때문인지 장주에서
> 현의 장부에 서명하고 마산사 및 심계사에 보냈는데 기한이 지나도록 살
> 펴보지 않았다. 진상을 밝혀냈더니 교점사交點司에서 아직 올리지 않았던
> 것이다. 즉시 아전 두 사람을 처분하였다.   —동상

    서리들은 부호들과 결탁하여 악행을 저질렀다. 주희는 그들에 대해 마침
내 두 가지를 동시에 처리하여서 타격하였다.

경계와 매염賣鹽 외에 복건에서 또 한 가지 두드러진 사회문제는 거자창舉子創이었다. 민중閩中은 땅이 척박하고 인민의 생활 형편이 빈궁했기 때문에 자식을 낳으면 물에 빠뜨려 죽이는 풍속이 있었다. 지방 관부에서는 노동력을 확보하기 위해 거자창을 세우고 빈곤한 집에서 자식을 낳으면 거자창을 통해 구제 양식을 얻을 수 있게 하였으며, 갓난아이 살해 행위를 엄금하였다. 그러나 간사한 아전이 기회를 틈타 창고의 양곡을 가로채서 삼키고 부정을 저질렀으며, 전장田莊을 소작 준 교활한 부호는 조미租米의 납부를 늦추고, 세력이 큰 집안에서는 이름을 사칭하여 창고의 쌀을 수령하였으므로, 거자창은 텅 비었고 구제는 유명무실해졌다.

주희는 부임 전에 사창社倉의 산렴법散斂法을 채택하여 그 폐단을 막고 근절하자고 주장하면서, '이미 자식을 살릴 수 있으니 아울러 흉년도 구제할 수 있다'고 하였다(『문집』 권28 「여황인경서與黃仁卿書」). 장주에 부임한 뒤 소희 원년(1190)에는 추수를 마친 뒤 당시 민閩의 안무사 마대동에게 편지를 써서 풍년이 든 때에 쌀을 사들여서 양식을 비축하는 일에 대해 비준해주기를 청하였다. "이 사이에 한 해의 지출이 300~400석인데 보관료(倉息)가 거의 그 반에 이릅니다. 만약 옛 규례를 대조하여서 본전을 제하고 이 겨울 동안에 수백 석을 사들이되, 이렇게 2, 3년만 한다면 결핍될 근심이 없을 것입니다."(『유대제문집柳待制文集』 권18 「발주문공여마회숙상서이첩跋朱文公與馬會叔尙書二帖」)

오래지 않아 조여우가 민의 안무사로 부임하였다. 주희는 그와 거자창의 일로 세밀하게 논의하였는데, 관건은 간사한 아전과 교활한 부호가 중간에서 사사로운 이익을 도모하여 부정을 저지르지 못하도록 방지하는 일이었다.

조여우에게 보낸 편지에서 주희는 빈민 구제가 허명뿐이고 실제로는 부호들이 이름을 사칭해서 실리를 챙기게 된 근본 원인을 상세히 분석하여 말하였다.

지금 전호佃戶(소작인)가 대부분 횡포하고 교활한 선비나 벼슬아치의 자제인데, 이들은 능력껏 공과 사의 관계를 틀어쥐고서 왕왕 날짜를 끌며 납부하지 않고, 심지어 이듬해 여름 가을까지 끌어도 감히 독촉할 방법이 없습니다. 쌀을 요청한 인호人戶 가운데에는 형세호形勢戶가 이름을 속이고 불법으로 청하여서 한 집에서 110석에 이른 경우도 있습니다. 향관鄕官이 명확히 그런 줄 알면서도 인정에 끌려서 준엄히 막을 수 없습니다. 또한 그의 권세를 사모하여 교분을 맺고 잘 보이기를 구하는 계책으로 삼는 자도 있습니다. 또한 권세를 갖고 조롱하고 꾸짖는 것을 두려워하여서 짐짓 화를 피하고 구차히 모면하는 계책으로 삼는 자도 있습니다. 겨울이 되어서 (이자를) 돌려 납부하는 때에 이르면 또한 모두 공연히 지연시켜도 향관들이 어찌하지 못합니다. 현관縣官이 또한 두려워하고 꺼리는 까닭에 독촉하는 일을 유의하지 않습니다. 그리하여 마침내 해를 넘겨도 끝내 납부하지 않는 자도 있습니다. 마사麻沙의 상평사창常平社倉에서 일찍이 새로 등과(登第)한 사람이 이름을 속이고 100여 석을 빌려갔는데, 다음 해에 마침 대사령을 만나 창사倉社의 회계를 맡은 관리가 곧바로 견감해주었습니다. 이 일로 고을의 풍속이 본받는 바람에 전혀 거리낌 없이 관미官米를 자기 물건처럼 여겼습니다. 오랜 세월이 지나자 그 폐단이 점점 심해졌습니다. ……몇 년 뒤에는 (거자미의) 근본이 뿌리째 뽑혀서 향관은 한갓 빈 창고를 지키게 될 뿐이고 자식을 기르는(擧子) 집안에서는 다시는 쌀을 얻을 희망이 없어질 것입니다. ──『문집』 권28 「답조수논거자창사答趙帥論擧子倉事」

그러나 주희와 조여우는 모두 금방 이임하였고, 거자창을 해결하는 문제는 빈말이 되고 말았다. 주희가 쌓인 폐단을 개혁하기 위해 기울인 다른 몇 가지 노력은 후촌後村 유극장劉克莊이 장태현 주부長泰縣主簿 방임方壬(•약수若水)을 위해 지은 묘지명에서 찾아볼 수 있다.

> (*방임이) 장태에 있었는데 태수 주 공朱公(주희)이 학교를 주관해달라고 청하였습니다. 그대가 강설講說, 과시課試, 차보差補 등 열 가지 일을 조목별로 보고하자, 문공은 여러 고을에서 모두 이를 따르게 하였습니다. 이전에 보와 저수지(陂塘)에서 돈과 곡식을 거둬 선비를 길렀는데(廩士), 그대가 이를 혁파하고 폐사廢寺의 토지로 대체하였습니다. 고을에 소금을 보충해 두고서, 처음에는 군사를 동원할 때 빌려 썼지만 나중에는 상세常稅가 된 탓에 다른 고을의 거간꾼에게서 (소금을) 취하였습니다. 그대가 건의하여 장태의 계전契錢을 소금 값의 3분의 1에 해당하게 만들었고, 나머지는 주정主丁과 객정客丁에게 고르게 분배할 만큼 인민의 역량을 가엾게 여겼습니다. 문공이 과거에 합격한 사람을 위해 감해주었습니다. 또 사원의 자두전子豆錢, 파과다전罷科茶錢을 견감한 것이 모두 그대가 시작한 일입니다.
>
> ─『극장선생대전집克莊先生大全集』 권151「방영경묘지명方寧卿墓誌銘」

나중의 『민대기閩大記』에는 방임이 옥사를 판결한 일 한 가지가 기록되어 있다. "장태의 주부에 제수되었다. 주자朱子가 장주의 수령이 된 뒤 방임에게 청하여서 학교의 일을 주관하게 하였다. 이듬해, 용암龍巖에서 사나운 나졸이 사람을 죽인 일이 있었는데, 옥리獄吏가 동행한 사람을 핍박하여서 거짓으로 자복하게 하였다. 장포漳浦의 어떤 승려가 전佃에서 죽었다. 사인을 조사한 사람이 모두 짐독鴆毒을 먹고 죽었다고 하였다. 방임이 실상을 살펴보고서 나졸과 전호에게 죄에 상응하는 처벌을 하였다."(『민대기』 권15) 이는 실제로 모두 주희의 위임을 받아서 사실을 조사한 사건이다. 주희는 방임에게 보낸 편지에서 다음과 같이 말하였다. "용암에 갔다가 실상을 들었습니다. 죄 없는 사람이 원한을 품은 채 죽지 않고, 죄지은 자가 형벌을 피하지 못하게 하는 것은 작은 일이 아닙니다."(『문집』 권59 「답방약수答方若水」)

주희는 그의 이학의 메스(刀)로 방대한 봉건 관료 기구의 '세포'를 하나하나 수술하였다. 그는 천년 동안 이어져 온 문화적 전통 아래 부생腐生한 기형적인 출세 심리 및 관료 제도의 갖가지 불치병을 똑똑히 간파하였을 뿐만 아니라 감히 그것을 향해 메스를 들이댔다. 그는 바로 이런 점에서 동시대 사람들보다 월등하였던 것이다. 그러나 또한 바로 이 점이 그가 매번 실패할 운명에 처하게 하였으며, 그가 호족과 교활한 아전을 비롯하여 조정에서 무함하여 공격하는 간사한 사람들의 공동 타격 목표가 되도록 결정하였다. 돌이킬 수 없는 형세와 세상 구제의 집착이 일으킨 모순은 그로 하여금 늘 마지막에 가서는 더욱 많은 희망을 학교교육 정비와 사풍士風의 진작에 두지 않을 수 없게 하였다.

불교와 도가가 범람하는 장주의 황무지에서 주희가 학교를 정비한 일은 먼저 유학을 진흥하고 교화를 넓힌다는 의의가 있었다. 장주성 서북쪽에 높이 우뚝 솟은 임장대臨漳臺의 지산芝山 산기슭은 주희가 강학하는 서사書舍를 지으려다 이루지 못한 곳인데, 거기에 다음과 같은 대련을 남겼다.

문을 열어젖히니 열두 봉 푸른빛이 천보에서 날아오고

오백 년 묵가에서 달아나 유가로 돌아와서 개원 정상에 걸터앉도다

十二峰送青排闥, 從天寶以飛來. 五百年逃墨歸儒, 跨開元之頂上.

——『용당소품涌幢小品』[18]

---

18 『도광중찬복건통지道光重纂福建通志』 권275 「총담叢談」, 진계인陳棨仁의 『민중금석략閩中金石略』 권7 「송末」 5, 주옥朱玉의 『주자문집대전류편朱子文集大全類編』 제8책 권21 「묵적墨迹」, 주계곤

'묵가에서 달아나 유가로 돌아온다'는 말은 바로 불교를 물리치고 유학을 높이는 일(辟佛崇儒)이다.

지산에 지은 개원開元, 법제法齊, 택중澤衆 삼대 고찰은 본래 불교의 승지勝地였다. 하늘 끝에서부터 열려 푸른빛을 전해오는 천보산天寶山 열두 봉우리를 마주하고 주희는 개원사의 꼭대기에 가로 걸쳐 유학의 서사를 지어서 우뚝하게 그 위를 누르려고 하였다. 이 500년에 한번 나오는, 불교를 물리치고 유학을 높이는 성인은 또한 은연중에 그가 아니고는 아무도 없었다.

그래서 그는 평소 늘 장주의 불교 명승고적에서 의도적으로 숭유벽불의 반대 논조를 드높이 외쳤다. 그는 '지나가면서 영향을 미친(過化)' 지방에서 모두 온갖 방법과 계책을 이용하여 유가 문화의 흔적을 남겼다.

당의 건성선사虔誠禪師가 주석한 백운암白雲巖에서 주희는 일부러 선비들에게 『대학』 「성의장誠意章」을 강해하고, '여조물유與造物游(조물자와 더불어 노난다)'라는 횡액橫額을 손수 쓰고 대련 한 부도 남겼다.

> 지위는 맑고 높아서 해와 달이 매양 어깨 위로 지나가고
> 문 앞 뜰은 넓게 열려서 강산이 늘 손바닥 안에서 보인다
>
> 地位淸高, 日月每從肩上過. 門庭開豁, 江山常在掌中看.
>
> ──『광서우계현지』 권2 「산천」

朱啓昆의 『주자대전보유朱子大全補遺』 권1 「시」에 모두 수록되어 있으니 참조하라. 원元의 우집虞集이 쓴 「장주로신건용강서원기漳州路新建龍江書院記」에 "휘국徽國 주 문공이 장주 수령으로 있을 때 고상한 그 지역을 아껴서 집을 짓고 강학하려고 했으나, 미처 짓지 못하고 떠나갔다."(『광서우계현지光緒尤溪縣志』 권24 「예문藝文」)고 하였다. 주희가 서사書舍를 짓는 일은 실제로 완성을 보지 못하였다. 뒷사람들이 그 땅에 도원당道源堂, 주자사朱子祠, 용강서원龍江書院, 지산서원芝山書院을 지었는데, 실은 모두 같은 지역이다. 상세한 사실은 『광서장주부지光緒漳州府志』 권43, 『도광중찬복건통지』 권64 「학교」, 『광서용계현지光緒龍溪縣志』 권4 「학교」 등에 보인다.

심지어 부치府治(부 소재지)에 구구九區를 세워서 구주九疇·팔괘八卦의 상을 상징하려고 하였다.

그의 제자 진순陳淳은 자기가 직접 목격한 사건 하나를 기술하였다.

> 선생은 주치州治 사당射堂 뒤 채마밭을 우물 정井 자 모양의 아홉 구역(九區)으로 나누어서 중간 구역에는 벽돌로 높은 단을 쌓고, 중간의 뒤 구역에는 암자를 엮었다. 암자에는 창이 세 군데 나 있었다. 왼쪽 창의 격자에는 '태괘泰卦', 오른쪽은 '비괘否卦', 뒤는 '복괘復卦', 앞의 사립문에는 '박괘剝卦'를 새겼다. 암자 앞은 작은 집으로 이어졌다. 앞 구역에는 작은 모정茅亭을 만들었다. 왼쪽과 오른쪽 세 구역에는 각각 복숭아와 오얏을 줄지어 심었으며, 사이사이에는 매화를 심었다. 구구九區 바깥에는 대나무를 둘러 심었다. 이날 그 사이를 노닐면서 웃으며 제생에게 말씀하셨다. "위에는 구주·팔괘의 상이 있고, 아래에는 구구九도·팔진八陣의 법도가 갖추어졌다."
>
> ──『어류』권106

주학州學과 현학縣學은 주희가 무리를 모아 교화를 베푸는 가장 좋은 장소가 되었다. 그는 조금도 싫증을 내지 않고 크고 작은 학교의 교육을 구체적으로 지도하였다. 열흘마다 둘째 날에는 주학에 내려가고 엿새째에는 현학에 내려가 순회하면서 제생의 훈육을 감독하고 살폈으며, 친히 『소학』을 강의하였다. 『소학』과 『사서집주』에 대한 그의 강의는 주학과 현학에서 가장 뛰어난 강의였다. 그는 별도로 '사경四經'과 '사자四子(사서)'를 인쇄하여서 제생에게 나눠주었다. 수성재受成齋를 세워서 무생원武生員을 가르치고 길렀으며, 새로 사포射圃를 세워서 늘 활쏘기를 독려하였다(『광서장주부지』권24 「환적宦績」).

소희 원년(1190) 10월에 그는 「신례부검장申禮部檢狀」을 올려서 석전釋奠 의례에 관한 몇 가지 일을 열거하였고, 또 조정의 예관禮官에게 투서하여서 공동으로 토론하고 탐구하였다. 그는 특별히 선비들의 염치와 기절을 배양하는데 주의를 기울였는데, 경전에 밝고 수행을 닦았으며 반듯하고 바른 인사를 초빙하여서 제생의 귀감이 되게 하였다.

소희 2년(1191) 정월 2일, 그는 「장주연군사입학첩漳州延郡士入學牒」을 반포하고, 황초黃樵·시윤수施允壽·석홍경石洪慶·임이간林易簡·양사훈楊士訓·이당자李唐咨·진순陳淳·서우徐寓 여덟 사람을 잇달아 초청하여서 학교에 들어오게 하였다. 황초를 천거하여서 주학정록 겸 동 주관 현학교도州學正錄兼同主管縣學教導로 삼고, 품행이 반듯하지 않고 쟁송을 일삼으며 자리다툼만 하는 장張이라는 교수는 탈락시켰다.

위 여덟 사람 가운데 태반이 그에게 새로 입문한 제자였다. 주희는 이 첩에서 다음과 같이 말하였다.

지금 새로 온 정주汀州의 지록知錄 황 종사黃從事를 보니 그릇과 자질이 순박하고 두터우며 품행도 단정하다. 또한 두문불출하고 책만 읽을 뿐 권세가나 재력가들과 교류하지 않아서 지역사회(鄕閭)의 유식한 사람들도 받들어 존경하지 않는 사람이 없다. 만약 예로 초빙하되 그가 자기를 낮추어 주학의 정록正錄을 맡고 겸하여서 현학의 교도教導를 함께 주관하면, 반드시 제생으로 하여금 보고 감동하여서 교화되고 흥기하게 하는 바가 있을 것이다. 전임 주학 시학정施學正 시윤수과 석학정 홍경은 모두 노인의 연세(耆艾)로서 배움에 나아감을 게을리하지 않고, 강하고 굳세며 반듯하고 바르니 뭇사람이 엄하게 여기고 조심하였다. 임공사林貢士 이간와 이진사 당자는 혹은 정밀하고 세밀하게 궁구하며 찾았고, 혹은 전아하고 엄격한 규정을 준행하였으니 그들의 의지와 품행을 살펴봄에 오래될수록 더욱 훌륭하다.

공사 진순과 태학생 양사훈은 나이는 아직 젊지만 배움은 이미 예법을 안다. 영가永嘉의 학생 서우는 배우기에 힘쓰고 스승을 구하며, 의지가 여전히 견고하고 확실하다. ……

— 『별집』 권9

그러나 주희의 방법은 요속僚屬으로부터 저지를 당하였다. 그들은 주희가 주학에 내려간 기회를 틈타 장 교수를 대신하여서 사정을 말하고 이전의 학정學正을 유임시켜달라고 청하면서 쉬지 않고 떠들썩하였다. 주희는 참지 못하고 도도하게 그들을 꾸짖었다.

군수는 전통의 미풍양속을 계승하고 군주의 명을 받들어서 인민을 교화하는(承流宣化) 직책을 맡았지, 장부와 문서(簿書), 재정(財計), 옥사의 소송(獄訟)을 일로 삼지 않는다. 내가 이곳에 처음 부임했을 때 인물이 유능한지 아닌지, 풍속이 두터운지 경박한지를 알지 못하였다. 지금 이미 아홉 달이 지나고야 비로소 학교에 관해 알게 되어서 마침내 학교 일에 유의하고자 하였다. 이에 지역의 평판과 여론(物論)을 수집하고 찾아다니다가 황 지록黃知錄(황초)이 몸가짐을 깨끗이 하고 물러나는 절개가 있음을 안 뒤, 그를 초빙하여서 제생의 귀감이 되게 하고자 하였다. 또 전배 선비들을 초빙하여서 함께 귀감으로 삼아 지역의 선비들(邦人士子)로 하여금 향배를 알며, 선을 하는 방법을 조금 깨달아서 한 지역 사람들과 함께 사군자士君子의 영역으로 향하고, 조정에서 가르치고 양성하여서 완성하게 하는 의도를 체득하게 하고자 하였다. 그리했으므로, 진작시켜도 반응이 없고 아무리 해도 해결이 안 되는 그런 정도라고 할 수는 없다! 교수敎授는 조정의 명을 받아 한 지역의 교육을 분담하는 자로서 그 책임이 중하지 않은 것은 아니니 마땅히 스스로 규범을 지켜야 한다. 그런데 지금 도리어 행실이 바르지 않은 수많은 사람을 (교수로) 받아들임으로써 소송을 일삼는 사람들이 학교에 있고, 그들이 공금(官錢)을 부당하게 요청하니 도무지 학교가 꼴이 아니다! 선비들은 먼저 청렴하고 물러나는 절개를 알아야 한다. 예의염치禮義廉恥를 사유四維라 한다. 만약 염치가 부족하고 모자라는 자는 비록 글에 유능하더라도 어디에 쓰겠는가! 내가 비록 불초하나 여러분을 위해 그런 점을 깊이 부끄러워한다!　　　　　　　　　　　　　　　　　　　　　　　　　　　　　　　　　　— 『어류』 권106

이 일로 주희는 장주의 사대부들이 아주 심하게 이욕利欲에 마음이 물들고 염치가 부족하고 모자라기 때문에 오직 예의의 기절氣節을 떨쳐 일으킴으로써 그들의 타락한 영혼을 구제해야 한다는 점을 깊이 느꼈다. 그래서 겨우 한 달을 사이에 두고 그는 소희 2년(1191) 2월에 「걸포록고등장乞襃錄高登狀」을 올렸다.[19]

장포漳浦에 동계 선생東溪先生 고등高登이 있었다. 그는 정강 연간(1126~1127)에 진동陳東과 함께 대궐에 엎드려서 육적六賊을 베라고 글을 올렸다. 소흥 때는 화의和議와 투항에 반대하였고, 또 직언을 하다가 진회秦檜의 심기를 거스른 결과 용주容州로 귀양 가서 죽었다. 일생 굽히지 않고 충의를 지키다가 죽

---

19 주희가 「걸포록고등장」을 올린 때가 홍본(홍거무본) 『연보』에는 소희 원년(1190)으로 되어 있다. 백전(왕무횡)의 『연보』에는 소희 2년(1191) 정월로 되어 있고, 또 『고이考異』에서는 "장계의 말을 살피건대, '지금 다행히 해를 넘겨서'라고 하였으니, 이는 신해(1191) 2~3월 사이이며 경술년(1190)이 아니다."라고 하였다. 지금 생각건대, 장계 가운데 "황제 폐하 …… 잇달아 음양이 조화를 잃었으므로 근신近臣에게 조서를 내려서 즐겨 지론至論을 들으시고 ……"라고 하였는데, 『송사』 「광종본기」에 "소희 2년 2월 을유(*6일)에 음양이 때를 잃고 우레와 눈이 번갈아 내려서 시종侍從·대간·양성兩省·경감卿監·낭관郞官·관직館職에 명하여서 현재 정치의 문제점을 저마다 갖추어 보고하라고 하였다." 하였으니, 주희가 「걸포록고등장」을 올린 때는 당연히 이해 2월이다.

음에 이르러 스스로 묘지명을 짓고서 수염을 곧추세우고 눈을 부라리며 한을 머금고 죽었다.

주희는 순희 14년(1187)에 「장주주학동계선생고공사기漳州州學東溪先生高公祠記」를 지어서 고등의 무지개 같은 기질 및 해와 달을 꿰뚫는 의로운 큰 절개를 칭송하였다. 장주에 도착한 뒤 그는 학궁으로 가서 고등의 사당에 안치된 상像을 배알하고, 고등의 집을 방문했으며, 고등의 유집遺集을 읽고, 고등의 후계자로부터 일의 경위와 본말을 상세히 알아본 뒤 포록장襃錄狀을 올려서 깊은 원한을 씻어주고 충신의 곧은 절개를 정표旌表하라고 청하였다.

그러나 그의 주청은 또다시 조정 신하의 저지를 받았다. 유정의 문하를 출입하던 하담이 공공연히 기절을 숭상하지 않는다, 충신이 되지 않겠다는 괴이한 말을 큰소리로 외쳤기 때문에 주희는 거듭 유정에게 편지를 보냈다. 장주의 임직에서 떠난 직후 7월 10일에 쓴 편지에서 그는 다음과 같이 지적하였다. "고 고현高古縣(고현의 지현을 지낸 고등)의 일(*고등의 행적을 포상하고 기록하는 일을 가리킨다)은 어떻게 시행되고 있는지 알지 못하겠습니다. …… 근래에 든 건대, 조정 신하 가운데 (위정이 당 태종에게 했던) 충신이 되기를 원하지 않는다는 말을 하여 상의 마음에 딱 들어서 친히 발탁된 자들이 있다고 하는데, 먼 곳에서 전하여 들으니 믿을 수 있는지 알지 못하겠습니다. 만일 살펴보아 그런 일이 있다면, 소인이 지나치게 생각하여서 걱정하는 일이기는 하나, 이는 아마도 나라를 일으키는 말이 되지 못할 것입니다. 또 들건대, 그 사람이 일찍이 (유 승상의) 문과 담장을 출입해서 깊이 알아주고 돌봐주심을 입었다는데, 그때에는 이러한 논의가 없었을 것입니다. 만일 그렇지 않다면, 제 생각에는 말을 알고(知言) 사람을 알아야(知人) 한다는 맹자의 교훈을 승상께서 더욱 마땅히 유의해야 할 것입니다. ……"(『문집』 권28 「여유승상서與留丞相書」2) 주희가 고집스럽게 주청하였기 때문에 그제야 유정은 마지막 답을 하였다.

주희가 장주에서 '인민을 진작시키고, 폐단을 혁파하려고(振民革弊)' 시도한 모든 노력은 다만 학교와 지방행정, 인민의 기풍을 정돈하는 데서만 조금 성공을 거두었을 뿐이었다. 그의 제자 진순이 나중에 이 한 부분의 성공을 과장하여서 묘사하였다.

> 선생은 임장臨漳에서 처음부터 끝까지 겨우 한 기간 재임하시면서 남쪽 구석(南陬)의 더럽고 누추한 풍속이 아주 빠르게 도덕과 공명정대한 교화를 입게 하였다. 처음에는 흔연히 사모하는 자가 있었으나, 또한 드러내 놓고 의심하면서 떠들썩하게 헐뜯는 자도 있었다. 반년이 지난 뒤 인심이 비로소 엄숙하게 안정되었다. 요속僚屬은 의지와 절개를 엄하게 다져서 감히 함부로 제 하고 싶은 대로 하지 않았고, 사족仕族은 법도(繩檢)를 받들어서 감히 사사로움을 개입시키지 않았으며, 서도胥徒는 생각을 고쳐먹어서 감히 간사한 행위를 하지 않았고, 교활한 호족은 자취를 단속하여서 감히 법을 모독하지 않았다. 평소 불교에 익숙해져서 불경을 전수하고 불탑에 예배하고 산악을 경배하는 모임에 참여하던 자들이 곳곳에서 모두 그 행위를 그쳤다. 평소 귀신에 의지하여서 요사한 일을 하며, 사통팔달 거리에서 맞이하여 노닐고 여항에서 약탈하던 자들이 또한 모두 서로 주시하며 몸가짐을 거둬들여서 감히 대뜸 나대지 않았다. 양가의 자녀로 불교(空門)를 좇던 자들은 저마다 암자(精廬)를 닫고 떳떳한 인도人道를 회복하였다. 사방의 좀도둑질을 하던 백성도 소문을 듣고는 어지러이 숨고 생업을 회복하였다.
>
> —『어류』 권106

사실 이는 모두 잠깐 동안의 일이었다. 주희가 이임하고 북으로 떠나자마자 일체 구태로 되돌아가버렸던 것이다.

남쪽 구석 민간 학술의 소왕素王

주희는 그예 새로운 이학 문화를 남쪽 구석(南陬)의 더럽고 누추한 지역에 전파하였고, 장주는 주학朱學의 '지나감에 저절로 교화가 된 지역(過化之邦)'이 되었다. 소희 원년(1190) 10월에 간행한 '사경四經'과 12월에 간행한 '사자四子 (사서)'는 그가 대표하는 이학의 새로운 문화, 곧 주학이 남쪽 구석에 광범위하게 전파되고 심층적으로 발전한 역사적 상징이 되었다.

주희가 장주에서 '사경'과 '사자'를 간행한 일은 줄곧 사람들에게 그의 『사서집주』와 『주역본의』, 『시집전』 등 경전 해석의 저작을 간행한 것으로 여겨졌다. 아울러 이로 말미암아 경학사에서 '사서'라는 명칭이 이해에 비롯되었다고 단정했는데, 이는 실로 천년 동안 지속된 오해이다. 주희는 「서임장소간사경후書臨漳所刊四經後」와 「서임장소간사자후書臨漳所刊四子後」에서 자기가 간행한 '사경', '사자'에는 모두 후세 사람의 전주傳注를 사용하지 않았다고 분명히 말하였으며, 진진손陳振孫은 『직재서록해제直齋書錄解題』에 주희가 장주에서 간행한 판본을 기록하였는데, 이는 임장의 '사자'가 『사서집주』는 아님을 충분히 증명할 수 있다.

그는 장주에서 고을의 일이 너무나 바빴기 때문에 다만 『대학장구』 한 책만 수정할 수 있었다. 소희 2년(1191) 2월에 그는 오필대吳必大에게 편지를 써서 "이곳 남강南康에 도착한 뒤 다만 『대학』을 개정하여서 구본舊本보다 점점 나아졌을 뿐, 다른 책들은 다 정돈할 여가를 갖지 못했습니다."(『문집』 권52 「답오백풍晉吳伯豊」 서7)라고 하였다. 따라서 그는 장주에서 『대학장구』만 간행하였고 『사서집주』를 간행하지는 않았다.

소희 2년에 그는 장흡張洽에게 보낸 편지에서 다음과 같이 말하였다. "『대학』은 최근에 이미 간행했는데, 지금 한 권을 부칩니다. 비록 아직 정본은 아니라도 구본보다는 조금 낫습니다. 임장臨漳의 '사자', '사경'을 각각 한 권씩 보내는데, 그 뒤에 각각 발문(跋語)을 두었으니 그것을 읽는 방법을 알 수 있습니다."(『문집』 권62 「답장원덕答張元德」 서2)

소희 3년(1192)에 유광조劉光祖에게 보낸 편지에서는 다음과 같이 말하였다. "막 임장에서 경經과 자子를 간행하였는데 조금이나마 배우는 사람에게 도움이 될 것입니다. …… 이제 한 통을 받아서 …… 『대학』에 관해서는 제가 해설한 한 통을 함께 보내드립니다. 간절히 바라는 바는 앞에서 한 말과 다르지 않습니다."(『별집』 권5 「유덕수劉德修」 서1) 『대학장구』 한 본을 보내고 나서 또 '사자' 한 본을 더 보냈던 것이다. 이로써 임장의 '사자'는 『사서집주』가 아님을 더욱 증명할 수 있다.

주희는 종래 임장본臨漳本 『사서집주』를 언급한 적이 없었고 다만 늘 남강본南康本 『사서집주』를 언급하였다. 나중에 경원당금慶元黨禁 때도 줄곧 임장의 『사서집주』 각판이 훼손되었다는 언급이 없으며, 도리어 거듭 남강 『사서집주』의 각판이 훼손된 사실만 언급하였다.

남강본 『사서집주』는 남강의 수령 증집曾集(*치허致虛)이 소희 3년 5월에 수정을 완성하여 가을에 간행한 것으로서, 주희 생전에 가장 유행한 판본이 되었다. 따라서 경원당금 중에 각판이 훼손당했던 것이다. 그런데 임장의 '사자'는 비록 널리 유행하기는 했지만 '성경聖經'이고, 또한 주희의 저작이 아니었기 때문에 당연히 각판을 훼손하는 일이 일어날 수 없었다.

'사자'가 비록 『사서집주』는 아니지만 임장의 '사경'과 '사자'는 바로 경학사에서 특별한 역사적 의의를 갖는 사서오경의 판본이다. 주희가 정한 임장의 '사경'본 가운데 『역』은 여조겸이 정한 고본을 사용하였고, 『역경』과 『역전』을 나누었다.(*별도로 여조겸의 「음훈音訓」을 첨부하였다) 『상서』는 「공서孔序」를 잘라내어 책 뒤에 붙였다. 『시경』은 「모서毛序」를 잘라내서 책 뒤에 붙였다. 『춘추』는 세 전(三傳, 『좌씨전左氏傳』·『공양전公羊傳』·『곡량전穀梁傳』)을 붙이지 않았다. 그가 정한 임장의 '사자'본은 『대학』, 『논어』, 『중용』, 『맹자』의 차례에 따라 한 편으로 묶고, 각각 「음훈」 및 이정二程(정호와 정이)과 관련이 있는 논술을 덧붙였는데, 역시 후세 사람의 전주傳注는 사용하지 않았다. 따라서 이는 경과 전이 서로 분리된, 명실상부한 경학 판본이며, 바로 주희의 경전상분經傳相分, 취경해경就經解經의 경학 원칙을 체현한 것이라 할 수 있다.

한·당 이래 경과 전이 서로 혼용되면서 전학傳學은 있으나 경학經學이 없는 상황이 조성되어 『시경』은 「모서」에, 『상서』는 「공서」에, 『역경』은 「십익十翼」에, 『춘추』는 『좌전』에 섞여 들어갔으며, 전과 서로 분리된 진정한 경학 판본은 거의 존재하지 않았다. 주희가 정한 임장본 '사경'은 바로 이런 국면을 타파하고, 전이 없거나 전과 분리된 경학 판본을 제공하여서 사람들로 하여금 경에 나아가 경을 해설함으로써 직접 경의 '본의本義'를 탐구하게 하였다. 이런 이유로 임장본 '사경'과 '사자'는 경학사에서 획기적 의의를 갖는 경학 판본이다. 이는 이학가의 새로운 경학적 수요에 부응하고 한·당 고전 경학과 대립하는 경학 판본으로서, 그 자체 한·당 고전 경학에 대한 부정과 비판을 포함하고 있다.

주희가 경학에서 추구하고 표방하는 최고 목표는 '본의'를 탐구하는 것이었다. 그러므로 결코 경학상에서 그를 송학파宋學派에 두루뭉술하게 귀속시킬 수는 없다. 사상적 기질로 말하자면 그는 아마도 송학파에 속할 수도 있을 터이다. 그러나 문화적 기질로 말하자면 그는 도리어 한학파漢學派에 속한디. 다만 그의 한학 정신이 왕왕 그의 이학적 편견에 의해 왜곡되었고, 그 결과 그의 경학 체계 가운데서 이러한 일종의 두드러진 양극단의 부조화를 드러냈던 것이다. 그의 오경학五經學이 즉경구실即經求實(경에 입각해서 실제 이치를 추구함)의 한학 정신을 선명하게 체현하고 있다고 한다면, 그의 사서학四書學은 차경주아借經注我(경을 빌려서 실존적 자아를 주석함)의 송학 정신을 선명하게 체현하고 있다. 이는 또한 일종의 역사적 내용을 지닌 이율배반이다.

「서임장소간사경후書臨漳所刊四經後」와 「서임장소간사자후書臨漳所刊四子後」는 그의 오경학과 사서학의 기본 사상에 대한 총결이며, 또한 마찬가지로 그의 한학 정신과 송학 정신의 양극단의 대립을 드러낸다.

「서임장소간사경후」는 『고문상서』 및 「공서」를 위작으로 삼은 상서학尚書學 사상을 처음으로 체계적으로 논술하였다. 그는 다음과 같이 인식한다.

한 대의 유학자는 복생伏生의 『서경』을 '금문今文'이라 하고, 공안국의 『서경』을 '고문古文'이라고 불렀다. 이제 이를 고찰해보면, '금문'은 난삽한 곳이 많으나 '고문'은 도리어 평이하다. 어떤 사람은 말하기를, '금문'은 복생의 딸이 조조晁錯에게 입으로 전할 때 잃어버렸는데, 선진先秦의 옛 책에서 인용한 글은 모두 사정이 이와 같다고 한다. 어떤 사람은 말하기를, 사실을 기록한 말은 지어내기 어렵고 우아하게 윤색한 말은 꾸며내기 쉬우니, 암송하는 자는 응당 어려운 내용은 암송하지 않았을 것이고 문장을 고증하는 자는 도리어 쉬운 내용을 오로지 고증하였을 것이라 한다. 이런 말은 모두 알 수 없다. 여러 서문의 글은 간혹 경의 글과 상당히 일치하지 않는다. 예컨대 「강고康誥」, 「주고酒誥」, 「재재梓材」의 부류가 그러하다. 그런데 공안국의 「서문」은 또 결코 서경西京(전한)의 문자와 비슷하지 않다. 또한 모두 의심스럽다. 다만 여러 서문이 본래 경에 앞서지 않음은 공안국의 「서문」을 통해 알 수 있다.

——『문집』 권82

이것이 바로 상서학에서 그의 새로운 발견이며, 또한 그가 위작인 공안국의 「서문」을 잘라내 책 뒤에 붙인 근거이다. 이는 그가 「서임장소간시경후書臨漳所刊詩經後」에서는 모장의 서문을 동한(후한)의 위굉衛宏이 지은 것으로 인정하고 잘라내서 책 뒤에 붙였고, 「서임장소간역경후書臨漳所刊易經後」에서는 '여러 유학자들이 경을 나누어서 전과 합한 뒤부터 학자들이 글을 바탕으로 의를 취함으로써 왕왕 전체 경에 마음을 기울이지 못하고 대뜸 전의 한 가지 단서에 집착하여 정설로 여긴다'고 보아 『역』의 경과 전을 나누었고, 「서임장소간춘추경후書臨漳所刊春秋經後」에서는 『춘추』를 성경聖經이며 큰 가르침으로 여겨서 세 전을 잘라낸 것과 함께 그 목적이 모두 '옛 책의 본래 모습을 다시 발견하게 하고, 후세 여러 학자의 설에 갇히지 않게 하는' 데 있었다. 그리하여 이 모든 것은 일종의 한학 정신을 관철하고 있다.

그러나 「서임장소간사자후」에서는 이러한 한학 정신이 엷어지고 빛이 바랬다. 그는 한편으로 경을 전으로 강등시키고, 전을 나누고 전을 잘라냄과 동시에 또한 '사자'를 경의 지위에까지 높여서 완전히 그의 이학적 수요에 따라 사서학 체계를 세웠다. '본의本義'를 추구하는 한학 정신도 '성리性理'를 넓히는 송학 정신에 매몰되었다. 분명히 임장본 '사경', '사자'는 설령 그의 장구·집주·본의를 새겨 넣지 않았다 하더라도 충분히 그의 경학 사상과 이학 정신을 체현하고 있다. 따라서 그가 남쪽 구석에서 자기의 이학 문화를 전파하는 데 사용한 가장 간편한 경학전서經學全書가 되었고, 학자와 선비들 사이에서도 광범위하게 전해졌다.

주희가 동안同安에서 임기를 마치고 돌아온 뒤(1157), 여러 차례 남쪽의 천주泉州와 포전莆田으로 가서 노닐었는데, 만년에 이르러 임장에 수령으로 나가면서 주학은 일종의 새로운 이하 문화로서 진정으로 민남閩南에 튼튼히 뿌리를 내리고 신속하게 전파되었다. 장주는 또한 학자들이 경배하는 성지가 되어서 가까이로는 장주의 네 현으로부터, 멀리는 절중浙中의 영가永嘉로부터 선비들이 끊임없이 옷자락을 추켜잡고 달려와서 주희에게 배알하고 제자의 예를 갖췄다.

그러나 주희는 결코 묘당에서 공양을 받으며 망자존대妄自尊大하는 학사 강관學士講官이 되어 대천세계大千世界의 수많은 포의布衣의 학자들을 오만하게 흘겨볼 생각이 없었으며, 도리어 허세를 부리지 않는 민간 사표民間師表로서 최하층의 한사寒士 및 가난한 학생들과 교유하며 속을 터놓고 이야기하기를 즐겼다. 그는 「증장주사자贈漳州士子」에서 "동쪽 담장도 무너지고 서쪽 담장도 무너져서 부부의 금슬을 엿볼 수 있고, 앞마을도 깊고 뒷마을도 깊어서 수레와 말 울음 들리지 않는다.(東墻倒, 西墻倒, 窺見室家之好, 前巷深, 後巷深, 不聞車馬之音)"(『영련총화楹聯叢話』 권1 「고사故事」, 또 진계곤陳啓昆의 『주자대전보유朱子大全補遺』 권1)고 읊었는데, 이를 통해 장주 민간의 선비들 사이를 드나든 그의 모습(面影)을 볼 수 있다.

영가의 서우徐寓·서용徐容·섭하손葉賀孫(섭미도葉味道), 건녕建寧의 양도부楊道夫, 건양建陽의 유숙문劉叔文, 구녕甌寧의 동백우童伯羽, 포전의 정가학鄭可學·방대장方大壯, 장락長樂의 황사黃㯆, 동안의 왕력행王力行, 선유仙游의 주로숙朱魯叔, 진강晉江의 양지楊至·양리정楊履正, 남안南安의 이항중李亢仲, 영춘永春의 진역陳易 등이 모두 장주로 몰려와서 가르침을 받았다. 주희는 오로지 그러한 무명의 인물들과 교제를 맺고 (그들을) 인도하고 발탁하기를 좋아하였으며, 정가학을 초빙하여서 학교에 들어와 자제를 가르치게 하였다(『민대기閩大記』 권15).

노유老儒 황기黃杞는 9월 19일이 생일인데 주희는 그를 위해 "모름지기 구질九秩에 좋은 때를 즐기시라, 중양절 하고도 열흘이 지났네(須信九秩饒好景, 還遲

十日作重陽)"(『영가용계현지永嘉龍溪縣志』권8)라는 시를 써서 축수하였다. 임장에서 주희는 합조산閤皂山 도사 감숙회甘叔懷와 『초사楚辭』의 협운叶韻을 토론하였다. 정화政和에서는 젊은 학자 이비침李棐忱의 이름을 이침李忱으로 고치고 자를 존성存誠이라고 붙여주었다. 남검南劍에서는 사현沙縣의 수령 황동黃東과 지방 행정(吏事)을 상의하였다. 포전에서는 방임方壬의 겨레붙이 아우 방근지方芹之를 제자로 거두었다. 진강의 낙양洛陽 하생원下生院에서 그는 운암 처사雲嚴處士 섭중미葉仲微의 아들 섭덕부葉德符가 소장한 모당幕堂의 시에 발문을 지었다.

이는 모두 민간 학술의 소왕素王이 하층 사인士人들 가운데서 활약한 독특한 그림자를 드러낸다. 그가 새로 거둔 장주의 제자 가운데에는 나이가 가장 어린 양사훈楊士訓이 있었고 또 나이가 기애耆艾(쉰 살[艾]과 예순 살[耆])를 지난 석홍경石洪慶도 있었으나, 가장 뜻이 맞는 제자는 용계의 향공 진사鄕貢進士 진순陳淳이었다. 주희는 진순을 얻은 일을 이때 남쪽으로 온 가장 커다란 수확으로 간주하였다.

진순은 자가 안경安卿이고 호가 북계北溪이다. 어려서부터 과거 공부를 하였는데, 22세 때 고을의 선배 학자이며 동계 고등의 문인인 임종신林宗臣이 그에게 지적하여 말하기를, "그대가 익히는 것은 과거 시험을 위한 글일 뿐이다. 성현의 위대한 업적은 여기에 있지 않다."(『북계선생문집』『외집外集』「서술敍述」)고 하면서 『근사록』을 전수하였다. 이로부터 그는 비로소 염계濂溪(주돈이)·명도明道(정호)·이천伊川(정이)과 당금의 대유 자양紫陽 주희의 학문이 있음을 알았다. 그 뒤로 10년 동안 그는 주돈이·장재·정호·정이·주희의 주요 저작을 대량 탐독하였으며, 무이로 가서 스승을 찾아 학업을 받으려는 마음이 싹텄으나 줄곧 기회가 닿지 않았다.

소희 원년(1190) 11월 18일 동지에 「자경시自警詩」 서른다섯 수를 갖추어 문에 들어가 주희를 뵙고 올린 글에서 진순은 자기가 정주 이학程朱理學을 받이들이게 된 사상의 역정을 다음과 같이 서술하였다.

저는 궁벽한 고을의 후배(晚生)로서 …… 여러 해 꾸준히 공부를 하였으나 애초에 성현의 문호가 어떠한지를 알지 못하였습니다. 나이 스물둘에 이르러 비로소 선생이 편집한 『근사록』을 얻어 읽고서 염계·명도·이천이 근세의 대유학자임을 알았습니다. 지금은 선생이 있지만 아직 자세히 알지 못합니다. 이로부터 점차 조금씩 그 글을 찾아서 보고 1, 2년, 3, 4년 사이에 또 『어맹정의語孟精義』·『하남유서河南遺書』 및 『문집』·『역전』·『통서』와 선생이 짓고 정한 『논어』·『맹자』·『중용』·『대학』·『태극太極』·『서명西銘』 등의 해설서(傳)를 구하여 읊조리고 외면서 몸에 돌이켜보고 마음에 검증하였습니다. 이에 비로소 개연히 당시 사우師友의 연원이 얼마나 성대하였는지 경탄하였습니다. …… 그러므로 공자·맹자·주자周子·정자程子의 도는 선생에 이르러서 더욱 밝아졌으니, 이른바 이 세상을 주도할 이는 오직 선생 한 사람뿐입니다. …… 실로 손을 써서 오로지 연구하고 정밀하게 탐구하지 못하였는데, 지금 서른둘입니다. …… 작년 가을에 과거 시험(秋賦)으로 임안에 갈 일이 있었는데, 스스로 생각하기를, 이 여행은 어떻게 되든 끝나는 대로 돌아갈 때는 무이로 길을 잡아 마땅히 오부五夫를 거쳐, 선생님의 담장 아래에서 물을 뿌리고 마당을 쓺으로써 평소 바라던 바를 이루리라 작정하였습니다. 명命은 끝이 없고 옛 얽매임은 의연하다고 할 수는 없으나 또한 선생께서 이곳에 오셨습니다. …… 그러나 관청의 뜰(公庭)에서 감히 사사로운 청을 드리지는 못하니, 문득 몽매함을 무릅쓰고 우선 이렇게 뜻을 표현하며 아울러 전에 쓴 「자경自警」의 글을 기록하여 별폭에 써서 폐백으로 삼습니다.

— 『북계선생전집』 제2문門 〈서문書問〉 권1 「초견회암선생서初見晦庵先生書」

진순의 사상이 발전하는 역정은 정주 이학 문화가 남쪽 구석에 깊이 전파된 역사의 축소판이다. 장주와 천주의 수많은 제자들 가운데 주희는 유독 진순에 대해 혜안으로 서로 알아보았고 늦게 만난 것을 안타깝게 여겼다. 분명히 그는 진순의 「자경시」에서 자기 사상의 충실한 그림자를 보았던 것이다.

사람은 천지의 마음	人爲天地心
몸은 천지와 같다	體焉天地同
……	
극기는 엄격해야 하고	克己貴乎嚴
마음 보존은 크고 바르게 해야 한다	存心大而正
허물을 고침에 꺼리고 인색하지 말지니	改過勿憚吝
도에 맡겨 더욱 단호해야 한다	任道尤須勁
……	
알고서 실천에 옮기며	知以達其行
실천하여서 앎을 더욱 정밀하게 한다	行以精其知
……	
주옹은 태극을 그리고	周翁圖太極
장자는 정완을 새겼다	張子銘訂頑
우리 문파는 이치와 의리를 근본으로 삼으니	吾門理義宗
잠깐 동안이라도 떠나지 말라	毋離几席間
……	
처음 학문을 함에 무엇을 주로 삼는가?	始學何所主
마음을 엄격한 스승으로 삼아야 한다	以心爲嚴師

──『북계선생전집』 제5문門 〈시〉 권1 「융흥서당자경삼십오수隆興書堂自警三十五首」

성리性理의 설교는 비록 무미건조하지만「훈몽절구訓蒙絶句」를 모방한 점은 주희의 공감을 이끌어냈다. 다음 날 주희는 곧 진순을 군재郡齋에 불러들여서 단독 면담하고, 그에게 공부의 대요大要를 일러주면서 '근원根原' 두 글자의 비결을 전수하였다. 진순은 의문이 생기면 잘 물어보았고(善疑善問), 주희는 그런 그를 잘 이끌어주고 질문에 답해주었다(善引善答). 한자리에서 서로 마음을 기울여 강론하니 십분 의기가 투합하여서 주희는 혼쾌한 기분을 감추지 못하고, "내가 이곳에 이르러 이런 도리를 사람들과 이야기한 적이 없었는데, 이제 그대에게 모두 말한다."(『북계외집北溪外集』「서술敍述」)고 하였다.

이로부터 진순은 불시에 군재를 방문하였고, 스승과 제자의 강학이 시작되면 늘 한밤중에까지 이르렀다. 소희 2년(1191) 정월에 이르러 주희는 곧 이향공鄕貢을 학궁에 영입하였다. 진순은 황간과 마찬가지로 주희에 의해 주문朱門의 '우뚝 선 자(有立得住者)'로 선정되었으며(『속집』권1「답황직경」서91), 주희는 기분이 좋아서 거듭 사람들에게 '남쪽으로 와서 나의 도가 진순을 얻으니 기쁘다'고 하였다(『송사』「진순전陳淳傳」). 주희의 4대 제자 가운데 진순은 주희의 이학 사상을 가장 잘 깨치고 발휘한 고족高足이었다. 주문에 진순이 있는 것은 마치 육문陸門에 양간楊簡이 있는 것과 같았고, 진순의 『북계자의北溪字義』는 정주 이학程朱理學을 천술한 중요 저작이 되었다.

실제로 주희가 진순에게 제시한, '근원'으로부터 공부하라는 가르침은 바로 그가 전체 장주·천주의 남쪽 구석 선비들에게 제시한 정주 이학의 문화적 척도였다. 장주·천주 지역은 도교와 불교의 기풍이 치성하였고, 선비들은 대부분 과거 공부를 익히고 정문程文(과거 시험에 쓰이는 특수한 형식의 문장)을 짓는 데 깊이 빠졌기 때문에 주희가 보기에 그들은 '문文'은 있으나 '이理'는 없었다. 그는 장주·천주의 선비들을 절중浙中의 선비들과 비교하여서 다음과 같이 말하였다.

근래 학자들, 예컨대 장주·천주의 인물은 도리상에서는 밝힌 것이 얕으나 글을 지을 때는 모두 문채가 뛰어나게 찬란하여서 볼만하다.(*요경堯卿[이당자]과 지지至之[양지楊至]를 말한다) 반면 절간新聞의 사대부는 도리상에서 치우치게 공부를 한다. 예컨대, 아무개들(*자선子善[반시거潘時擧]과 숙공叔恭[임각林恪])은 아마도 풍모와 기질이 이와 같을 것이다. ──『어류』 권115

도리를 밝힘이 지나치게 얕거나 너무 고상한 것을 막론하고 모두 길은 달라도 같은 곳으로 귀결되듯이(殊途同歸) 그들은 도교와 불교의 현허玄虛한 왕국으로 향할 수 있었다. 도교와 불교에 대한 비판은 주희가 장주·천주의 선비들과 담론한 가장 주요한 내용이었다.

주희가 제시한, '근원'으로부터 공부하라는 가르침은 바로 그들에게 '이理'로부터, 그리고 '경敬'으로부터 노력하라는 것이며, 동시에 '지경持敬'과 '치지致知'의 공부를 하라는 것이다. 그래서 진순에게 '근원' 두 글자의 비결을 전수할 때 주희는 다음과 같이 강조하였다. "근원을 궁구할 때는 곧바로 투철해야 한다. 또한 모름지기 '경이직내敬以直內, 의이방외義以方外(경으로써 안을 바르게 하고, 의로써 밖을 반듯하게 한다)' 두 구절을 요령으로 삼아야 한다." 노제자 석홍경에게 말하기를, "윤화정尹和靖은 정문程門에서 매우 노둔했으나 다만 '경敬'자에서 공부를 한 뒤 끝내 성취하였다."고 하면서 그도 이와 같이 '원두源頭에서 공부하기를' 바랐다(『어류』 권115).

지경과 치지를 함께 수양하는 방법은 이미 앎과 행함의 통일을 포함한다. 그는 진순에게 다음과 같이 말하였다. "정자가 말하기를, '함양涵養은 모름지기 경으로써 하며, 학문에 나아감은 치지致知에 있다'고 하였다. '모름지기(須)'와 '있다(在)'는 글자에 바로 모두 처음부터 힘을 써야 한다. 알고 나서 비로소 행한다고 해서는 안 된다." 이 때문에 그는 '독서'를 하고 또 '실천(做事)'을 헤야 한다고 강조하면서 진순에게 다음과 같이 말하였다. "천하에는 읽지 말아야 할 책이 없으며 하지 말아야 할 일이 없다. 만약 책 하나를 읽지 않으면 여기서 곧 이 한 책의 이치가 모자란다. 일 하나를 하지 않으면 여기서 곧 이 한 가지 일의 이치가 모자란다. 크게는 천지와 음양, 작게는 곤충과 초목이 모두 마땅히 이해해야 할 것들이다. 한 가지 물건을 이해하지 않으면 여기에 곧 이 한 가지 물건의 이치가 모자란다."(『어류』 권117)

주희의 이러한 말은 실제로는 장주·천주 학자들에게 유행하는 선禪의 병폐를 비판하고, 그들에게 정주 이학의 유가 문화로 향하는 길을 일러주는 가르침이었다. 장주·천주의 선비들은 보편적으로 일종의 정좌靜坐를 좋아하는 공통된 병이 있었으며, '정靜'에서 이치를 보는 것을 중시하였다. 외지의 선비들이 장주·천주에 들어오면서 더욱 이런 기풍이 조장되었다.

구녕甌寧의 학자 동백우童伯羽는 주희를 면대하고서 '석씨釋氏(석가모니)의 큰 근본은 우리 유학과 같다'고 선언하였다. 동백우가 장주에 이르자 주희는 그에게 "어떻게 공부하는가?" 하고 물었다. 그는 대답하기를, "우선 정좌를 배우고, 사려를 꾹 눌러서 억제합니다.(且學靜坐, 痛抑思慮)" 하였다. '사려를 꾹 눌러서 억제하는' 방법은 선가에서 말하는 고심허적枯心虛寂의 무사무려無思無慮에 지나지 않았기 때문에 주희는 그에게 다음과 같이 말하였다. "전혀 사려하지 않을 수는 없다. 간사한 생각을 하지 않을(無邪思) 뿐이다."(『어류』 권118)

또 한 사람 영가의 선비 서우徐寓가 장주에 이르렀는데, 그는 몸에 여전히 육학과 합류한 절동 학자의 묵좌징시黙坐澄視를 좋아하는 괴벽을 지니고 있어서 입을 열거나 닫거나 걸핏하면 주희에게 정좌에 대해 물었다. 주희는 그에게 다음과 같이 대답하였다. "사람은 모름지기 온갖 변화에 통달해야 하나, 마음은 늘 맑게 이곳에 있어야 한다. 문을 닫고 정좌하여서 우두커니 자기를 지키는 것은 아니다." 그리고 다음과 같이 인정하였다. "성현이 사람을 가르친 것이 어찌 오로지 앉는 것(打坐)에만 있는가? 만약 곳에 따라 힘을 쓴다면, 예컨대 독서하고 사람을 대하고 일을 처리하는 것과 움직이고 고요하며 말하고 침묵하는 것이 모두 여기에 있다."(『어류』권115)

주희가 보기에 앎과 행함이 통일된 지경持敬과 치지致知만이 비로소 장주·천주 선비들의 허정虛靜한 습성을 뿌리 뽑을 수 있는 가장 좋은 약이었다. 그들이 선의 병폐로 귀결한 것은 유가의 학문을 하면서도 도에 들어가는 차례에 대한 공부가 밝지 않기 때문이었다. 이런 이유로 그가 장주에서 단독으로 『사서집주』가운데『대학장구』를 간행하였던 것인데, 이는 바로 증상에 따라 약을 쓴 일이었다. 그들이『대학』에서 제시한, 곧 도에 들어가는 차례로써 선가의 공부를 대체하기를 바란 것이다.

제자 정가학鄭可學에게서 주희의 이 노력은 상징적인 승리를 거두었다.

정가학은 …… 무이武夷에 들어가서 주 문공을 따라 배웠다. 스스로 본성이 조급하다고 여겼으므로 분노를 다스리는 공부에 더욱 힘을 쏟았다. 공부를 오래도록 한 결과 요령을 얻었다. 문공이 장주의 수령으로 있으면서 빈객의 예로 대하고 자제를 가르치게 하였다. 만년에『대학』한 편을 산정하고서 말하기를, "적당한 사람을 얻어서 이 책을 맡기고 싶은데, 오직 자상子上(정가학)이 충분히 감당할 만하다." 하였다. 배우는 사람이 의문을 가지면 바로 질문하게 하였다. 남쪽으로 오는 사대부들은 반드시 정가학을 만나 본 뒤에야 돌아갔다. …… 처음에 정가학이 임안臨安에 있었는데 육자정陸子靜(육구연)을 보러 가려고 하자 어떤 사람이 말하기를, "선생(晦子)께서 바야흐로 학문을 함에 육 선생을 보아서는 안 됩니다. 그를 보면 반드시 참선을 배우게 될 것입니다." 하였다. 문공이 이 말을 자못 옳게 여겼다.

　　　　　　　　　　　　　　　　　　　　　　 ─『선유현지仙游縣志』권38

『대학』으로 참선의 병을 치유하는 것은 주희가 장주에서 남쪽 구석의 선비들을 인도하는 문화적 기조가 되었다. 그가 장주를 떠나 북쪽으로 돌아간 뒤, 일시에 장주에서는 이당자, 천주에서는 양지, 포전에서는 정가학을 중심으로 한 주희의 제자 세 무리가 형성되어서 힘써 주학을 드날리고 전파함에 따라 민閩 남북의 문화적 기풍이 점차 소통하고 연관되기 시작하였다.

그러나 주희는 결코 학파의 좁은 안목을 가진 성리의 부자(性理夫子)가 아니었으며, 오히려 봉건적 '대문화大文化'의 두뇌를 지닌 학술의 소왕素王이었다. 그의 목표는 거듭 새롭게 '사람人'을 만들어내는 일이었다. 동안과 천주에서와 마찬가지로 장주에서 그는 위로 '성현의 학문(聖賢之學)'에서 아래로 예술과 자잘한 기예에 이르기까지 모두 널리 전수하였다. 설령 도교와 불교의 이단에 대해서라 할지라도 역시 총체적으로 비판하고 부정하면서, 겸하여 취하고 받아들이고 쌓는 절충적인 태도를 취하였다.

장주에서 지낸 1년 동안 그가 간행한 서적은 십 수 종에 이른다. '사경', '사자'와 『대학장구』 외에 또 『소학』·『근사록』·『운각예기해芸閣禮記解』·『초사협운楚辭協韻』·『가의家儀』·『향의鄕儀』·『헌수의獻壽儀』·『영성학기永城學記』·『이천여방도보첩伊川輿方道輔帖』 들이 있다.

여구차맹閭丘次孟이라는 선비 한 사람이 『음부경설陰符經說』을 썼는데 '추희鄒訢'(주희)의 인정을 받았다. 주희는 「발여구생음부경설跋閭丘生陰符經說」을 써서 여구차맹에 대해 "그의 뜻은 고원했고 문장의 뜻도 정밀하였다. 이단의 학설에 드나들었으나 올바른 의리로 절충할 수 있었다." 하면서 아주 높이 칭찬하였다. 그는 진순·정가학·동백우·양도부·여구차맹 들과 늘 함께 『음부경』·『악기경握奇經』·『사십이장경四十二章經』·『능엄경』·『심경心經』·『화엄합론華嚴合論』 등을 연구하고 토론하면서 광범위하게 도교와 불교의 갖가지 중요한 문제를 섭렵하였다. 그리고 도사 감숙회는 나중에 주희와 함께 「하도」·「낙서」·「선천」·「후천」을 토론한 방외方外의 도우道友가 되었다.

포전, 천주, 장주는 대서예가 채양蔡襄이 '영향을 미친(過化)' 지역으로서, 주희도 그를 문장과 정사政事에서 서법에 이르기까지 전범과 본보기로 삼았으며 장주와 천주의 선비들에게 힘써 칭송하고 소개하였다. 채양은 조정에서 감히 직간을 한 일로 유명하며, 그의 「네 현자와 한 불초자(四賢一不肖詩)」는 한 때 도성에서 서로 다투어가며 베껴 전하였고, 글안契丹(거란)의 사신마저도 많은 돈을 주고 그의 시를 사서 돌아가 유주幽州의 관사에 걸어 놓았을 정도였다. 천주의 지주로 있을 때 채양은 인민의 편리를 위해서 유명한 만안석교萬安石橋를 놓았는데, 그 길이가 360길(丈)이었으며, 연로 700리에 걸쳐 소나무를 심었다.

미황소채米黃蘇蔡(미불·황정견·소식·채양) 사대가 가운데 주희는 해법楷法과 초서의 명가인 채양을 가장 추중하였다. 당의 서예는 법도를 높여서 기상이 드넓고 컸으며, 송의 서예는 기세가 높아서 정취가 자연스러웠다. 그러나 채양은 송의 새로운 서예 기법의 심미적 조류 가운데에서 도리어 당풍唐風을 표본으로 숭상하였다. 송 인종 때 안체顏體(안진경의 서체)를 배우는 풍조가 한때 극성하였는데, 특히 채양은 안체를 배우는 데 가장 앞장섰기 때문에 그의 글씨는 끝내 당 대 서예의 풍운風韻을 벗어나지 못하였다.

참으로 천연스럽고 고요하면서도 영활한 송 대의 서예를 창시한 이는 소식·황정견·미불이다. 주희는 서법에서 옛 현인을 추모하고 서예가의 법도를 중시하였으며, 그의 해서와 행서는 혼후하고 응중凝重한 기상을 갖추고 있어서 실로 안진경과 채양의 한 줄기가 융화하였다. 그러므로 그는 특히 채양을 높였다. 채양의 글씨는 '글자마다 법도가 있어서 마치 반듯하고 올바른 사람과 같다'고 여기고서 '소식과 황정견에 의해 글자가 잘못 쓰이게 되었다'고 개탄하였다.

남쪽으로 온 이 기회를 이용하여 주희는 채양 서법의 진적眞迹을 찾아 나서는 길에 선유仙游에서 채양의 고택을 예방하고 그의 화상畵像을 위해 찬贊을 지었다.

그 학문은 세상을 경륜하고	經綸其學
그 뜻은 고명하였다	高明其志
중앙 조정에서는 임금을 깨우쳤고	立諭中朝
지방을 맡아서는 온 마음을 다하였다	盡心外寄
아! 공의 충성스러움은	嗟公之忠兮
세 차례 간언한 시가 있고	三諫有詩
공의 공적을 읊은 것으로는	誦公之功兮
만안에 비석이 있다	萬安有碑
해법과 초서가	楷法草書
당세에 독보였다	獨步當世
문장은 청사에 빛나	文章靑史
외국 오랑캐도 중히 여겼다	見重外夷
붉은 여지는 품평을 거쳐서	丹荔經其品藻
모든 과일이 맑고 기이함을 양보한다	諸果讓其淸奇
구양(구양수)보다 정중하여	鄭重於歐陽
청순하고 순수하게 아름다우며	淸純而粹美
황우에 공을 드러내어서	偉功於皇祐
순희에 시호를 얻었다	得諡於淳熙
앞에는 헐뜯는 말이 없었고	前無貶詞
뒤에는 이의를 제기하지 않았다	後無異議

꽃다운 이름이 썩지 않으니	芳名不朽
만고에 알아주리라	萬古受知
영웅은 짝이 없으니	英雄不偶
아! 이런 이는 드물도다	嗚呼幾稀

—『선유현지』 권49 「예문지藝文志」

주희는 채양의 후예 채의蔡誼로부터 채양의 「헌수의첩獻壽儀帖」을 얻고는 곧바로 솜씨 좋은 장인을 청하여 진적을 모사한 뒤, 이를 인쇄하여서 세상에 전하게 하였다. 그는 「발채단명헌수의跋蔡端明獻壽儀」에서 자기가 채양의 첩자를 모각摹刻한 까닭은 '같은 무리에게 오래도록 좋은 영향을 미친 채양의 뜻을 넓히려는 것이지 그 글자와 글씨가 정교해서 그런 것만은 아니라'고 강조하였다. 주희의 서화 예술의 학문도 정주 이학程朱理學 문화의 정신을 관철하였던 것이다.

한편 주희가 남쪽 구석에서 정주 이학 문화를 전파하고 있을 때 도학은 조정에서 새로운 실패를 겪고 있었다. 그리하여 산을 나온 지 겨우 1년밖에 지나지 않은 도학의 이 우두머리를 다시 모든 것을 포기하고 산림으로 들어가게 만들었다. 그가 장주에 부임해 있는 1년 동안 조정의 도학파는 두 차례 심각한 실패를 겪었는데, 관건은 모두 유정이 반도학에 대해서는 내버려두고 도학에 대해서는 구원에 힘쓰지 않은 것이었다.

한 차례 실패는 전중 시어사 유광조劉光祖가 외직에 제수된 일이었다. 유광조는 자가 덕수德修이며, 간주簡州 양안陽安 사람으로서 강직하고 감히 할 말은 하는 도학의 풍운風雲 인물이었다. 조여우가 촉蜀의 안무사로 있을 때 그를 청하여서 참모로 삼아 돕게 하였고, 나중에는 그를 천거하여서 조정에 들어오게 하였다. 순희 15년(1188)에 주희가 도성에 들어가서 상주하였을 때 유광조가 문에 들어와 그를 예방하고, 이로부터 두 사람은 서로 알고 지냈다. 광종(조돈)이 즉위한 뒤 유광조는 전중 시어사에 발탁되었다. 하담이 주필대와 그의 당을 탄핵하자 유광조가 극력 저지하여서 성공하지 못하게 하였다. 이로써 하담과 유광조는 서로 원한을 맺어서 화합하지 않았다.

소희 원년(1190) 2월에 유광조가 강개한 내용으로 상주하기를, 반도학파가 도학의 붕당을 죄명으로 삼아서 올바르고 반듯한 인사를 꺾고 누른다고 통렬하게 지적하였는데, 넘실넘실하는 수천 마디 말이 도학의 선언문과 같은지라 조야에서 전해가면서 읊었다. 그는 이어서 또다시 호부 상서 섭저葉翥, 태부 경 겸 중서사인太府卿兼中書舍人 채규蔡揆를 탄핵하였고, 간의대부 진가陳賈, 우정언 황륜黃掄을 탄핵하고 파직시켜서 궁정의 근습과 반도학파를 일망타진하였다.

이는 왕회가 재상에서 파직된 뒤 도학파가 대간의 언로에서 거둔 첫 번째 중요한 승리였다. 주희는 매우 흥분하여 유광조에게 보낸 편지에서 당시 심정을 다음과 같이 묘사하였다. "지난해 가만히 듣자 하니, 언로에 승진하셔서 의식 있는 사람들이 서로 축하한다고 합니다. 저장邸狀을 계속해서 읽고 또 상소한 문장을 보면 사악한 것과 바른 것을 분별함에 명백하고 사리에 절실하기에, 여러 번 되풀이하여 읽으면서 소름이 끼치고 땀을 흘리기까지 하였습니다. 아마도 이처럼 우리 임금의 곁에서 충고하는 자가 아무도 없어진 지 오래되었을 것입니다."(『별집』 권1 「유덕수劉德修」 서1)

그러나 도학파는 결코 대간의 언로를 조종하지 못하였다. 먼저 합문 선찬 사인閤門宣贊舍人 오단吳端이 이전에 무의巫醫를 업으로 삼고 조신의 질병을 고치는 데 공을 세운 덕에 대어기계帶御器械로 옮겼다. 또 손당孫璫이라는 사람은 자칭 조신의 잠저 시절 옛사람이라 하여서 역시 관찰사로 전직하였다. 반도학 측의 하담이 세 차례 상소하여서 주론奏論하였고, 도학 측의 급사중 호진신胡晉臣도 녹황錄黃(송 대 중서성 승지가 기초한 문서)을 봉하여서 돌려보냈다.[20] 조 돈이 친히 '어필'을 내려 저지하였으므로 하담과 호진신은 모두 머리를 숙이 고 명을 받들었다. 그런데 유광조가 다시 차자를 올려 주론함으로써 조돈을 격노케 하였다. 유정은 명을 받들어 '성유聖論'를 전달하면서 가장 중요한 시 점에 감히 나서서 유광조를 지지하지 못하였다. 유광조는 그날 두 번째로 글 을 올려 논함으로써 결국 조돈에게 죄를 얻어 4월에 전중 시어사에서 파직되 었고, 반대로 하담은 10월에 어사중승에 발탁 제수되었다. 이는 도학파와 반 도학파 사이의 정치투쟁에서 결정적인 의의를 갖는 전환점이었다. 나중에 경 원당금 때 두 파의 분화와 대립은 여기서부터 비롯하였다.

이심전李心傳은 『도명록道命錄』에서 "의론이 이로부터 갈라졌다! 처음 유 공(유광조)이 대간에 들어갔는데, 식자들은 (그가) 하담을 공격하여 제거함으로 써 재앙의 뿌리를 끊어버리기를 바랐으나, 유 공은 차마 하지 못하고 다만 진가와 황륜을 공격하여서 파직시켰다. 5년 뒤 드디어 도학의 금지가 일어났 다."(『도명록』 권6)고 하였다. 그러나 유광조는 결코 하담에 대한 공격을 '차마 하지 못한(不忍)' 것이 아니었다. 그는 유정의 문객이었기 때문에 공격하지 못 했던 것이다. 주희는 임장에서 유광조가 조정을 떠났다는 소식을 듣고 "오호 라! 이것이 어찌 이 한 사람의 기쁨과 걱정이겠습니까? 조물주의 뜻은 이처 럼 헤아려 알기 어렵군요!"(『별집』 권1 「유덕수」 서1) 하고 안타까운 탄식을 금하지 못하였다.

또 한 차례 실패는 우사간 등일鄧馹과 우정언 손봉길孫逢吉이 언론의 직책

---

20 호진신을 『속자치통감』에서 '호굉胡紘'이라고 한 것은 명백히 잘못이다. 상세한 내용은 『도명 록』 권6, 『진서산문집眞西山文集』 권43 「유각학묘지명劉閣學墓誌銘」, 『송사』 「유광조전劉光祖傳」 등에 보인다.

에서 파직된 일이다. 공부 시랑 겸 지임안부工部侍郞兼知臨安府 반경규潘景珪가 귀행貴幸과 결탁하였는데, 등일이 상소하여 반경규를 논함으로써 조돈의 심기를 건드렸다. 반경규는 도리어 모함을 꾸몄다. 등일이 소희 2년(1191) 3월에 장작감匠作監에 고쳐 제수되었는데,[21] 명목은 우대하여서 옮겨준 것이었으나 실제로는 언로에서 전출시킨 것이었다. 우정언 손봉길이 두 차례 상소하고 전대轉對할 때 또 거듭 논하여서 비록 반경규를 탄핵하여 파직시켰으나 도리어 손봉길은 '사유의 선발(師儒之選)'이라는 미명으로 국자사업에 고쳐 제수되었다. 그를 국자사업에 고쳐 제수한 진정한 의도는 대간의 언로에서 몰아내려는 것이었다. 기거사인 황상黃裳은 주사奏事에서 독단적으로 전횡하는 어리석은 군주 조돈을 비평하면서 '즉위 이래 대간의 신하로서 자기 직책을 다하지 못하고 떠난 자가 거의 일여덟 사람이라'고 하였다(『공괴집功愧集』 권99 「황상묘지명黃裳墓誌銘」). 도학파가 대간의 언로를 조종하는 데 실패하였음을 분명히 털어놓았던 것이다.

유정은 처음부터 끝까지 겉으로는 도학을 이용하고 속으로는 반도학을 돕는 은폐 수법으로 재상의 자리를 공고히 지켰다. 그는 '붕당'을 반대한다는 기치 아래 유광조·등일·손봉길과 같은 도학 대간의 신하가 축출되는 상황을 방임하였다.

주희는 그의 이런 수법을 일컬어서 '군자와 소인을 섞어 쓰는 것(雜用君子小

---

21 생각건대, 『송사』 「광종본기」에 말하기를, "소희 2년 3월 병자에 우사간 등일을 축출하였다." 고 하였다. 주희의 『문집』 권28의 4월 24일에 쓴 「여유승상서」에도 '근래 듣자 하니, 또 간관 한 사람을 축출했다고 한다'고 언급하였다. 이는 본래 「광종본기」의 잘못이 아니다. 『속자치통감』에서는 소희 2년 6월 병오 이하에서 언급하였는데, 이것이 잘못이다. 대체로 나중에 임대중林大中이 상주하여서 등일을 구원한 날을 잘못 착각하고, 등일이 대장大匠(장작감)에 고쳐 제수된 때로 여긴 것이다.

人'이라 하였다. 장주에서 이임하기 전에 주희는 이미 유정의 이런 진면목을 간파하였으므로 4월 24일에 유정에게 보낸 차자에서 겉보기에는 공평무사한 그의 '무당無黨'론을 날카롭게 비평하고 공공연히 '유당有黨'으로 자처하였다. "전년에는 간관 두 사람(*설숙사와 허급지)을 내치고, 지난해에는 어사 한 사람(*유광조)을 내쳤으며, 근자에 들으니 또 간관 한 사람(*등일)을 내쳤다고 합니다. 위와 아래에는 교류가 없으며 천하는 장차 나라가 없는 지경에 이를 것입니다. 승상께서 이런 문제를 염려하지 않으시고 사대부가 붕당을 짓는 일만 염려하시니 또한 잘못입니다!"(『문집』 권28 「여유승상서」) 주희와 도학의 조정신하들은 모두 이제는 유정이 결코 도학파가 의지할 수 있는 상당相黨의 '거죽(皮)'이 아님을 의식하기 시작하였다.

조정에서 도학파가 실패하고, 경계의 일이 저지당하고, 사랑하는 아들이 요절한 일은 마침내 주희가 관직을 버리고 다시 산림으로 돌아갈 결심을 하도록 재촉하였다. 소희 2년(1191) 3월, 조정에서는 주희를 비각 수찬에 제수하고 남경南京 홍경궁鴻慶宮을 주관하게 하였다. 팔자가 기박한 이 학술의 소왕은 봉사로서, 처량하고 불안한 마음으로 맏아들의 장사를 치르기 위해 북쪽으로 돌아갔다.

朱子評傳

제19장

고정에 숨어 살다

거센 물살에 홀로 맞서다 : 절학浙學과 새로이 벌인 논전

주희와 신기질이라는 쌍둥이자리

내 바라기는 임금이 하늘의 조화를 본받아

거센 물살에 홀로 맞서다
: 절학浙學과 새로이 벌인 논전

　주희는 또 산림에서 강학하는 생활을 시작하였다. 그는 소희 2년(1191) 5
월 24일에 건양建陽으로 돌아와 잠시 동요교同繇橋에 우거하면서 이로부터 고
정考亭에 숨어 살기로 작정하였다. 건양 삼계리三桂里 옥침산玉枕山 기슭에는
망고정望考亭이 있었는데, 전해오는 말에 따르면 오대五代 남당南唐의 시어侍御
황자릉黃子棱이 세운 것이라고 한다.[1]

1　고정考亭에 관해서는 세 가지 설이 있다. 하나는 남당의 황자릉이 세웠다는 설, 또 하나는 북
　　송의 진손陳巽이 지었다는 설, 나머지 하나는 취성정聚星亭이라는 설이다. 『사조문견록四朝聞
　　見錄』 갑집 「고정考亭」에서 말하기를, "세상에는 문인이 선생(주희)을 고정으로 부른 까닭을 아
　　는 사람이 적다. 정자는 진씨陳氏가 지은 것으로서 본래 아버지의 널(柩)을 모셨던 곳이다. 장
　　례를 마치고 이어서 사영祀塋의 장소로 삼았기 때문에 고정이라고 하였다. 그 뒤 정자가 선생
　　에게 귀속되었다. 고정이 자기에게 돌아오리라고 미리 예측하지 못했는데, 드디어 진陳이라는
　　성을 근거로 해서 이름을 취성聚星이라고 바꾸었다. 『후한서後漢書』와 『세설신어世說新語』의 진
　　원방陳元方(진기陳紀)의 일을 참조하여 그 일을 한 단락으로 만들고, 그림으로 그려서 정자에 걸
　　어 두었다."고 하였는데, 이 설은 명백히 잘못이다. 주희는 「취성정화병찬聚星亭畵屛贊」에서 "고
　　정 진씨는 본래 이사離榭(별채의 정자)를 소유하고 있었는데, 이름을 취성이라고 한 것은 대체로
　　『속진양추續晉陽秋』의 말에서 취한 것이다. 중간에 이 정자가 무너졌기 때문에 근래에 비로소
　　새로 지었는데, 마침 가까이에 낡은 초막이 있어서 ……"라고 분명히 말하였다. 또 『문집』 권
　　64 「답공중지答鞏仲至」 서17에서 "문 앞에 사람들이 작은 정자 하나를 지었는데 옛 이름이 '취
　　성聚星'입니다. 지금 벽에 진 태구陳太丘(진식陳寔)가 순랑릉荀朗陵(순숙荀淑)을 만난 일을 그림으로
　　그리려 하였으나 ……"라고 하였다. 취성정은 단연코 고정이 아니며, 취성이라는 이름은 진씨
　　가 취한 것이지 주희가 취한 것이 아니다. 더욱이 고정을 취성정으로 그 이름을 바꾼 일이 없
　　다. 『가정건녕부지嘉靖建寧府志』 권20 「고적古迹」에 "(•고정은) 오대 남당의 시어사 황자릉이 세

황자릉은 아버지를 따라 민閩으로 들어왔는데, 수려하고 맑고 그윽한 건양의 계곡과 산에 반하여 이곳에 정착하기로 하였다. 아버지가 죽은 뒤 삼계리에 장사를 지내고 곧 산 중턱에 정자를 지어서 아버지 무덤을 바라보았다. 이 때문에 망고정이라고 불렸다. 이곳은 또한 대시인 후산後山 진사도陳師道의 고향이다.

황자릉은 「망고정望考亭」이라는 시에서, 고정의 산을 둘러 시내가 휘돌아 흐르며, 물결 위에 작은 다리가 가로놓여 있고, 이 내에 나룻배가 오가는, 그림 같은 풍광을 묘사하였다.

푸른 적삼 나무 홀은 아직 신임인데	青衫木笏尚初官
늙지 않은 금어(고관)는 한가롭기도 하다	未老金魚是等閒
유명한 장수 재상 얼마나 많을까만	世上幾多名將相
문 앞에 이 산과 내 가진 이 누구인가?	門前誰有此溪山
저자의 누각에 지는 해는 붉고	市樓晚日紅高下
나룻배엔 푸른 봄 물결 오가누나	客艇春波綠往還
작은 다리 지나는 이들 자주 손짓하는 곳에	人過小橋頻指點

운 것이다. 여기서 아버지의 묘를 바라보았다. 『진씨족보陳氏族譜』에는 시중侍中 진손이 세운 것이며 여기서 선고先考 광한 선생廣寒先生을 바라보았다고 한다. 어느 것이 옳은지 아직 모른다."고 하였다. 지금 생각건대, 이는 필시 진씨의 취성정을 고정에 갖다 붙여서 마침내 진손이 고정을 세웠다는 설이 생겨났고, 그 결과 족보에 들어간 것이다. 주량공周亮工은 『민소기閩小記』권2 「고정」에서 스스로 "마사麻沙에서 묵으면서 회옹(주희)의 후손이 소장한 가보家譜를 본 뒤에 고정이 황씨의 정자임을 알았다."고 하였는데, 이 말은 믿을 만하다. 그러나 또 "땅으로 사람을 일컬을 수는 있지만 다른 사람의 선고를 문공文公이라고 일컫는 것은 이치상 매우 어긋나는 일이다. …… 뒷사람들의 오류이니 급히 고쳐서 바로잡아야 한다."고 하였다. 뒷사람들이 이로부터 땅을 근거로 주희를 고정이라고 하였다지만 '다른 사람의 선고를 문공이라고 일컬었다'는 일은 어디에 나와 있는가? 주량공의 설은 무엇을 말하는지 모르겠다.

집들이 모두 그림 속에 있네   全家都在畫圖間

—『민소기閩小記』 권2 「고정考亭」

당년에 위재韋齋 주송朱松이 우계尤溪의 현위縣尉로 도임할 때 고정을 지나다가 이 뛰어난 경치에 반하여 일기에 다음과 같이 썼다. "고정의 시내와 산은 맑고 그윽하여서 숨어 살 만하다."(『연보』)

주희는 앞뒤로 한천寒泉, 운곡雲谷, 무이武夷의 여러 곳에 정사精舍와 산재山齋를 지었지만 이런 곳들은 모두 그가 강학하고 쉬는 곳이었고, 오부리五夫里의 담계潭溪가 줄곧 주요한 일상생활의 주거지였다. 이번에 고정에 숨어 살게 됨으로써 그는 비로소 진정으로 이주하였다. 그리고 그의 40년간 담계에 얹혀살던(寄居) 삶이 매듭지어졌다. 그래서 그는 「담계의 옛 주거를 그리다(懷潭溪舊居)」에서 '담계에서 산 40년을 돌아보네(憶住潭溪四十年)'라는 구절을 읊었고(『문집』 권9), 「주거를 옮기고 가묘에 아뢰는 글(遷居告家廟文)」에서도 "저는 죄가 많아서 하늘의 도움을 받지 못하여 어려서 믿고 의지할 부모를 잃었습니다. 유훈遺訓을 받들어 유씨劉氏에게 가서 의지하였습니다. 장례를 치르고 숨어 산 지 여러 해가 되었습니다. 시일이 흐르고 세상사가 바뀌었지만 사는 일도 죽는 일도 편안치 않았습니다. 이에 이 마을을 돌아보니 실로 돌아가신 아버님(皇考)께서 아끼고 즐기시던 곳이며 숨어 살고자 하신 곳입니다. 지금 집을 정하고 감히 아룁니다. ……"(『문집』 권86)라고 하였다.

고정으로 이사한 것은 위재가 남긴 소원을 실현하는 일이었으며, 또한 망자가 생전에 이 지방을 가장 사랑했기 때문이기도 하였다. 그러나 주희가 이 시기에 고정으로 이주한 주된 까닭은, 오히려 풍수를 미신하는 이 대유大儒가 사랑하는 아들의 요절로 인해 오부五夫가 풍수상 악하고 박한 곳이라고 느꼈기 때문이기도 하였다. 그는 진량陳亮에게 보낸 편지에서 "오부의 거처는 눈

앞에 보이는 것이 매우 나쁜지라 감히 다시 돌아가지 못하여서 이미 이곳에 숨어 살기로 하였습니다."(『속집』 권7 「여진동보與陳同父」)라고 하였다.

그는 점쟁이(陰陽家)의 점복에 따라 소희 3년(1192) 11월에 아들의 시신을 대동大同 북쪽 기슭(北麓) 천호天湖에 장사 지낼 준비를 하고 영구를 잠시 흥현리興賢里 황양암黃楊庵에 안치하였다. 이로부터 그는 자주 황양암을 오갔다. 소희 5년(1194) 다시 장사長沙에 부임하여 창주정사滄州精舍를 세우기 전까지 황양암은 이 시기에 그가 늘 은거하면서 저술을 하던 중요한 지역이 되었다. 그리고 사암寺庵의 단월檀越(시주)인 노씨盧氏도 노규盧逵와 노달盧達이라는 두 아들을 주희에게 보내서 따라 배우고 수업하게 하였다.[2]

주희는 줄곧 동요교에 우거하면서 소희 3년 6월에 이르러 고정의 새 거

---

2 『가정건양현지嘉靖建陽縣志』 권7 「암당원궁庵堂院宮」: "황양암黃楊庵은 홍하리興下里에 있다. 송대에 세웠으며 주 문공이 편액을 썼다. 문공이 3년을 여기에 우거하면서 저술하였다. 단월인 노씨가 두 아들 노규와 노달을 시켜서 따라 배우고 수업하게 하였다. 그 후손 노백옥盧伯玉이 민전民田 4섬(石) 8두斗를 기부하여서 자손의 사숙社塾과 독서의 밑천으로 삼게 하였다. 지금 암자에는 주자의 소상塑像이 있는데, 해마다 9월에 치제한다." 또 『민국건양현지民國建陽縣志』 권2 「산천山川」: "황양산은 흥현리興賢里에 있으며 그 봉우리가 우뚝 치솟아 한 모퉁이에 웅거하고 있다. 속에 암자가 있는데, 그 편액은 주 문공이 직접 쓴 것이다." 살피건대, 주희의 『속집』 권7 「여진동보」에서 "죽은 아들을 장사 지낼 땅을 얻었습니다만 점쟁이들이 내년 여름이나 되어야 하관할 수 있다고 합니다. 지금은 분암墳庵에 안치해 두었고, 며느리는 건양 우사寓舍에 함께 있습니다."라고 하였다. 이른바 '분암'은 바로 황양암이며, '건양 우사'는 동요교를 가리킨다. 오늘날 사람들이 주희가 황양암에서 3년(三載)간 우거했다고 하는데, 이는 명백히 잘못이다. 주희는 분명히 "이 우거가 저자에서 가깝기 때문에 사람과 일의 응접이 산간보다 배나 더 많습니다."(『문집』 권52 「답오백풍答吳伯豐」)라고 분명히 말하였으니, 황양암이 우거했던 곳이 아님은 매우 분명하다. 주희가 실제로 동요교에 우거한 일은 연보에 분명히 실려 있으며, 죽은 아들을 황양암에 안치해 두었기 때문에 주희는 늘 암자에 은거하면서 저술을 하였던 것이다. '3년'이라고 한 말은 소희 2년에서 4년 사이를 가리킨다. 소희 5년에 장사에 부임하고 입조했다가 돌아와서 창주정사滄州精舍를 건립하였으니, 다시 황양암으로 가서 저술하지는 않았다.

처를 낙성하였다. 고정의 새 거처는 애초에 규모가 매우 작았다. 그저 다른 사람의 낡은 집을 매입하여서 수리하였으며, 따로 작은 서루書樓를 꾸몄다. 그는 오필대吳必大에게 다음과 같이 말하였다. "지금 다시 오부에는 돌아갈 수 없어서 이곳에 숨어 살 계책을 세웠습니다. 이미 어떤 사람의 옛집을 매입하였으니 내년에는 이사할 수 있을 것입니다. 현재 또 작은 서루 하나를 꾸미고 있으며 한 달만 더 지나면 공사를 마무리할 수 있습니다. 그곳은 산수가 맑고 깊은 곳이라 좋아할 만한 곳입니다. 그리고 진사도陳師道와 백수伯修(진민陳敏) 두 분 전원殿院(전중 시어사)의 고향입니다. 또 이름이 분賁인 오중감吳仲感이 늘 고령古靈(진양陳襄)의 추천 명단에 들었는데, 그도 이곳 사람입니다. 초막을 꾸미면 여기서 곡할 수 있을 것입니다."(『문집』 권52 「답오백풍答吳伯豐」 서8) 이 작은 서루에는 그가 만년에 한가로이 거처하면서 저술하고 선성先聖을 예배하며 제사 드린 청수각淸邃閣이 있다.

그러나 그는 새로운 거처에 안돈하려 한 것이 뜻밖에도 사정이 군색해지고 변통하기가 어려워진 까닭에 동쪽으로 이사한 일이 실책이었다고 후회하기에 이르렀다. 그는 벗들에게 보낸 편지에서 이사로 인한 군색한 형편을 거듭 언급하였다.

건양으로 돌아와서는 계획을 잘못 세운 탓에 작은 집을 하나 짓다가 한 해가 가도록 완성을 하지 못하여서 고생이 말이 아닙니다만, 그만두려고 하나 그만둘 수도 없습니다. ──「답육자정答陸子靜」(●『육구연연보』에 보인다)

…… 이미 이곳에 숨어 살고 있습니다. 그러나 주머니에 있는 것은 겨우 수백, 수천뿐이고, 공역은 아직 열에 한둘도 못 마쳤지만 벌써 주머니는 깨끗이 비었습니다. 장차 다시 빚을 내야만 일을 마무리 지을 수 있을 듯합

니다. 처음 경솔하게 계획한 것을 깊이 뉘우칩니다.

—『속집』 권7 「답진동보」

작년에 돌아왔을 때는 계획을 치밀하게 세우지 못한 채 함부로 작은 집을 지으려고 했다가 지금에야 겨우 옮기게 되었습니다. 그러나 쓸 일이 갖가지로 나오는 바람에 여러 사람에게 빌렸으나 아직도 원만하게 마무리 짓지 못하였습니다. 처음 계획이 꼼꼼하지 못했던 점을 깊이 뉘우칩니다.

—『별집』 권5 「주로숙朱魯叔」

고정의 서루는 또 사방 학자들이 경배하는 새로운 '성지聖地'가 되었다. 주희는 중단했던 학술 저술과 사상 탐색을 여기서 다시 시작하였다.

그는 또 한 차례 절학浙學을 논전과 비판의 주요 목표로 삼았다. 태극 논변 이후 주희가 육학陸學과 벌인 논전은 이미 중요한 지위에서 물러났다. 육학은 선학禪學이며 육구연陸九淵은 '고자告子'라는 규정이 주희가 육구연의 사상에 대해 내린 최종 결론이었다. 소희 3년(1192) 12월, 육구연이 형문군荊門軍에서 병으로 죽었다. 주희는 문인을 데리고 소사蕭寺로 가서 곡을 하고 오랫동안 침묵을 지키다가 마지막에는 이런 말을 던졌다. "애석하게도 고자가 죽었다!" '고자'라는 악시惡諡(죽은 뒤에 붙는 나쁜 평판)는 육구연의 전체 심학心學에 대한 부정을 포함한다. 이는 특히 육구연의 심즉리心卽理, 논성불론기論性不論氣, 본심발명本心發明 등의 사상에 대한 비판이었다.

주희는 그 뒤로도 죽을 때까지 줄곧 육학에 대한 비판을 멈추지 않았다. 경원 2년(1196)에 육구연의 제자 팽세창彭世昌(팽흥창彭興昌)이 일부러 상산象山에서 고정으로 찾아와 상산서원象山書院을 위해 장서를 청하였는데, 주희는 웃으면서 곧 그에게 다음과 같이 말하였다. "긴요한 서적은 몇 권이나 필요한가?

나도 본래 이처럼 아꼈다오. 나중에 생각해보니 이런 물건들은 모이면 반드시 흩어지게 마련이니 하필 사물에 부림을 당할까!"(『어류』 권124) 그리고 곧 시 한 수를 지어서 그에게 주고 산으로 돌아가게 하였다.

> 상산의 가르침을 그대가 들려줬네　　　　　　　象山聞說是君開
>
> 구름과 나무, 하늘을 흔드는 우레 소리 같은……　　雲木參天瀑響雷
>
> 산머리에 나아가 꿋꿋이 앉아　　　　　　　　好去山頭且堅坐
>
> 한가롭더라도 산을 내려오지 마오　　　　　　　等閑莫要下山來
>
> ──『문집』 권9 「병진 정월 3일에 산으로 돌아가는 팽세창에게 주다
>
> (丙辰正月三日贈彭世昌歸山)」, 『어류』 권124

주희는 팽세창(팽홍창)에게 산을 내려와 책을 구하려 하지 말라고 권고하였다. 물론 당시 당화黨禍가 한창 치열하던 터라 그가 금망禁網에 저촉될까 걱정했기 때문이기도 하지만, 또한 육학의 제자들이 독서를 좋아하지 않고 공허하고 엉성하며 배우지 않으니 장서가 무슨 쓸모가 있겠는가, 하고 속으로 기롱하는 것이기도 하였다.

그러나 육구연이 죽었다고 해서 육학에 대한 주희의 비판이 절동浙東의 사공학事功學에 대한 비판처럼 첨예하고 맹렬한 정도로까지 상승하지는 않았다. 그 까닭은 다음과 같다. 육학의 영향은 시종 사상적·정신적인 것이었으며, 육학의 정치精緻하고 현원玄遠한 돈오頓悟에 이르는 것과 심성에 관한 사변은 사대부가 즐기고 좋아하는 것이었다. 이에 반해 절동 공리학의 영향은 정치적·사회적인 것이었으며, 일종의 억제할 수 없는 세속적 역량을 가지고 단번에 사회에 뛰어들어서 통치자의 현실 정치의 수요에 적응하였기 때문이다.

고정으로 돌아왔을 때 주희는 바로 호상湖湘에서 새로 일어난 영가학파永

嘉學派와 강서에 깊이 침투한 영강학파永康學派의 커다란 두 조류가 밀려닥치는 상황에 직면하였다. 영가학파는 설계선薛季宣과 정백웅鄭伯熊이 죽은 뒤 새로운 면모를 띠고 장대하게 발전하고 있었다. 순희 말에 진부량陳傅良이 관직에 부임하여서 상湘으로 들어가자 곧 호상학湖湘學의 제자들을 모두 영가학의 진영으로 포섭하였다. 영강학의 발전이 여학呂學의 지위를 대체했다고 한다면 영가학의 발전은 호상학의 존재를 종결지었던 셈이다.

순희 16년(1189)에 주희는 제자들에게 호상학파가 몰락할 운명을 다음과 같이 언급하였다.

> "지금 영가永嘉(진부량)에서 또 스스로 일종의 학문을 말하고 있는데, 더욱 종잡을 수 없으며, 게다가 금계金溪(육구연)에 미치지 못한다. 대체로 다만 한 부분을 말하기는 하지만 끝내 아무것도 설파하지 않는다. 그러나 모두 도예道藝를 먼저 깨달았다고 자처하면서 이것을 전수한다. 군거君擧(진부량)가 상湘에서 제자들을 한번 거둬들였을 때, 남헌南軒(장식)의 문인을 죄다 거둬들였고, 호계수胡季隨(•호대시胡大時) 역시 그를 따라 묻고 배웠다. 나는 전에 계수를 만나 본 뒤 애초에 그가 자립할 수 없으며 흉중이 텅 비고 줏대가 없는 사람이라 다른 사람의 말을 듣자마자 바로 움직일 것을 알았다. ……" 정순正淳(만인걸萬人傑)이 말하였다. "호남에서 남헌을 따른 자가 매우 많았고 또 오래도록 따랐는데, 어째서 그의 학문을 얻은 자가 한 사람도 없는 것입니까?" 말하였다. "흠부欽夫(장식)의 말에는 병폐가 있다. 여러 사람이 가서 그의 가르침을 배웠는데 도리를 말하는 부분에서는 우선 크게 수긍하였다. 그러나 흠부는 나중에 도리어 자기 설을 지니고 있었고 여러 사람은 다만 수긍한 것만 배웠다." ──『어류』권123

수희 3년(1192) 봄에 이르러 주희는 호상학자 정중례鄭仲禮에게 보낸 편지에서 호상학파가 다시 존재하지 않음을 개탄하였다. "늘 우리 경부敬夫(장식)가 돌아가신 뒤를 생각하면 여러분이 강론하는 것이 어떠한지 알지 못하겠습니다. 근래에 계수(호대시)의 편지를 받으니 다시 10년 전의 경지가 없어졌습니다. …… 허무虛無와 상망象罔은 붙잡을 수 없는 것으로서 모두 평소 나의 죽은 벗에게서 들은 바가 아닌데, 어째서 이와 같이 변해버렸는지 모르겠습니다. 매우 안타깝습니다!"(『문집』 권50 「답정중례答鄭仲禮」 서1)

영강학은 여조겸呂祖謙 사후에 첫 번째 물결을 일으킨 이래 순희(1174~1189), 소희(1190~1194) 사이에 두 번째 물결을 일으켰다. 대략 순희 16년(1189), 주희는 심환沈煥에게 보낸 편지에서 두 번째 물결의 기세를 다음과 같이 말하였다. "자약子約(*여조겸)은 본래 의심할 만한 점이 없는 위인이지만 다만 그 문정門庭에 근래 조그마한 변화가 있어서 이미 멀리까지 전해졌으니, 배우는 사람들의 마음 씀씀이에 크게 해가 됩니다. 그러므로 내가 부득불 쓴소리를 하는 것입니다. 근래에 한 학파가 강서에 흘러들어 동중서董仲舒를 답습하고 관중管仲과 왕맹王猛을 추존하며, 또 듣건대 육지陸贄를 비판하고 덕종德宗을 옳다고 하였다니 더욱 해괴하고 이상한 일입니다! 하고 싶은 말이 너무나 많고도 많습니다!"(『문집』 권53 「답심숙회答沈叔晦」 서3)

소희 2년(1191)에 주희가 장주에 부임하였을 때는 이 물결이 이미 강서를 휩쓸고 있었다. 주희는 제자 정가학鄭可學에게 놀라움을 호소하였다. "진동보陳同甫(진량)의 학문이 이미 강서에 행해져서 절浙 사람들이 많이 믿고 따른다. 사람들마다 왕패王伯를 말하건만 소하蕭何·장량張良은 말하지 않고 왕맹만 말한다. 또 공자와 맹자를 말하지 않고 문중자文中子(왕통王通)만 말한다. 두렵고 두려운 일이다!"(『어류』 권123)

영강학의 물결은 한편으로는 여학呂學을 석권하고 다른 한편으로는 육학과 합류하였는데, 이는 마치 영가학의 물결이 한편으로는 호상학을 석권하고 다른 한편으로는 육학과 합류한 것과 같았다. 영가의 진부량과 섭적葉適, 그리고 무주婺州의 진량陳亮과 여조겸呂祖儉은 다 같이 주희의 논전과 비판의 대상이 되었다.

주희와 진부량의 강학과 논변은 겉으로는 『시』에 관한 논점이 합치하지 않았기 때문에 일어난 일이었다. 주희는 「모서毛序」를 배제하였고, 진부량은 여조겸을 좇아 「모서」를 주로 하였다. 주희는 장주에 부임하기 전³ 소희 원년(1190)에 진부량에게 편지를 보내서 그의 『시설詩說』을 보내달라고 청하였다가 거절을 당하고, 도리어 '「아雅」, 「송頌」의 음으로 뭇 사특한 것을 녹여 없애라, 장구의 훈고는 여러 학생들에게 맡기라'는 요구를 받았다(『지재집止齋集』 권38).

실제로 『시』에 관한 설은 저마다 주로 삼는 바가 있기 때문에 진부량은 주희와 논변을 전개하고 싶지 않았다. 나중에 섭소옹葉紹翁은 다음과 같이 말하였다.

> 고정(주희) 선생이 만년에 『모시毛詩』를 주석하면서 서문을 모두 없애버리
> 고, 동관彤管을 음분淫奔의 도구로, 성궐城闕을 밀회하는 장소로 만들어버렸
> 다. 지재止齋(진부량)는 그 설을 듣고서 병으로 여겨 '1700년 여사女史의 동관
> 과 삼대의 학교를 음분의 도구, 밀회의 장소로 만들어버렸으니, 나는 그윽

---

3 주희에 관한 여러 사람의 연보와 진부량의 연보에서는 모두 주희와 진부량의 학문 토론이 소희 2년(1191)에 일어났다고 추정하였는데, 잘못이다. 주희는 『문집』 권38 「답진군거答陳君擧」 서1에서 다음과 같이 말하였다. "저는 얼마 전에 편지를 부친 뒤 남쪽으로 내려와 복잡한 나날을 보내고 있어서 소식을 전할 수 없었습니다. ……" '남쪽으로 내려와 복잡한 나날'이라고 한 말은 바로 남쪽 장주漳州에 부임한 일을 가리키니, 주희와 진부량의 학술 토론은 당연히 소희 원년 봄에 시작되었다.

이 온당하게 어기지 않는 바가 있다'고 하였다. 그리하여 홀로 자기의 설을 간직한 뒤 고정 선생과 더불어 논변을 하지 않았다. 고정은 그러한 형편을 알지 못한 채 편지를 보내서 『시설』을 구하려고 하였다. 지재는 '공은 근래에 육자정陸子靜(육구연)과 무극에 관해 논변을 하였고, 진동보陳同父(진량)와 왕패를 논쟁하였다. 나는 아직 『시』를 주석하지 않았기 때문에, 『시』에 관해 설명한 것은 문인과 함께 거자擧子를 위하여 강의한 내용에 지나지 않으며, 지금은 모두 없애버렸다.'고 답하였다. 대체로 (주희가) 육구연이나 진동보와 논변하는 데 도움이 되기를 바라지 않았던 까닭이다.

— 『사조문견록四朝聞見錄』 갑집甲集 「지재진씨止齋陳氏」

그러나 주희의 진의는 도리어 시학詩學을 빌려서 영가학과 함께 전면적인 논변을 전개하려는 것이었다. 그는 자기와 영가학의 불일치를 다음과 같이 네 가지로 귀결하였다. 영가학은, 첫째, '사태에 나아가 이해하려고(就事上理會)' 하며 먼저 '자기의 심신(自家身心)'에서 시작하지 않는다. 둘째, 사史를 중시하고 경經을 경시한다. 셋째, 널리 배우기는 하나 돌이켜서 요약하지 못한다. 넷째, 관점이 뒤섞여서 명료하지 않고 명확하게 밝히지 않는다.

엄밀하게 말해서 영강학과 영가학 두 학파의 차이점은 '이利'에 대한 태도에 있었다. 영강학은 공리功利를 주장하였고, 영가학은 사공事功을 주장하였다. 영강학이 중시하는 공功과 이利의 관계는 공을 통해서 이익을 추구하는 것이다. 그리하여 진량은 공공연하게 이익을 말하기를 부끄러워하는 것에 반대하였다. 영가학이 중시하는 사事와 공功의 관계는 일에서 공을 추구하는 것이지, 결코 이익을 추구하지 않는 것은 아니었다. 그리하여 섭적은 "절개를 세우고서 의를 논변하지 않으면, 신분이 낮은 사람은 이익을 위하는 한편, 높은 사람은 명예를 위하므로 세상의 도가 더욱 떨어진다."(『습학기언習學記言』)고

하였다.

똑같이 공을 추구하였지만, 한쪽은 실리實利를 중시하고 다른 한쪽은 실사實事를 중시하였다. 이런 기본적인 차이로 인해 두 학파는 다른 사상을 이끌어냈던 것이다. 진량이 문중자文中子(왕통)를 성인으로 받들었다면, 섭적은 반대로 문중자를 "모습과 형태는 비슷하게 본떴으나 특별히 뚜렷한 식견이 없다. 이것이 큰 문제이다."(동상)라고 하였다. 진량은 삼대三代에는 천리天理가 행해지고 한·당漢唐에는 인욕人欲이 행해졌다는 주희의 설에 반대하였으나, 섭적은 도리어 "세대를 논하자면 세 종류가 있다. 삼대 이상은 도덕道德과 인의仁義가 인심의 궁극 목표였다. 춘추春秋 이래로 인심이 점차 상실되었으나 오히려 의리義理가 남아 있었다. 전국戰國에 이르러서 인심은 더 이상 존재하지 않았다. (인욕이) 사물에 앞서 흐르며 세력을 조장하여서 위태롭게 하였다. 교묘한 꾀를 내서 조정의 의식과 제도(綿蕝)를 만들어내고, 허물어지고 비가 새는 집을 얼기설기 가려서 대충 시간을 때우며(架漏) 지탱해가는 것이 모두 마음을 배반하고 본성을 떠나서 행하는 것들이다. 그러므로 그 재앙은 천하가 모두 망하고 나서야 끝날 것이다."(동상)라고 하였는데, 이는 주희의 관점과 비슷하다.

주희가 영가학에 대해 다만 사태에서 이해하는 것으로 여긴 데는 영가학의 사공학·경제학經制學·사학에 대한 비판을 포괄한다. 원개袁㵆로부터 설계선에 이르기까지 영가학의 대가는 특별히 '사람들로 하여금 사태에서 이해하고 한 걸음 한 걸음 착실하게 내딛으며, 말은 반드시 실행할 수 있게 하여서 충분히 사물을 연 뒤에 임무를 완성할 것(開物成務)을'(황종희黃宗羲, 「간재학안艮齋學案」) 강조하였다. 그들은 '도를 말하면서 일을 언급하지 않는 것'(「낭어집浪語集」 권25 「저양경중抵楊敬仲」)에 반대하였다. 진부량과 섭적은 바로 이 사상을 계승하여, '무실불무허務實不務虛(실질에 힘쓰고 공허한 것에 힘쓰지 않음)' 사상을 발전시킴으로써 주희의 사상과 갈리지는 초점을 이루었다.

소희 2년(1191), 주희는 장주에서 그를 찾아와 학문을 하려는 영가의 선비 서우徐寓, 그리고 영가의 수령을 맡았을 때 거둔 제자 등린滕璘 등에게 진부량의 사상을 상세히 이해시켰다. 영가학에 대한 비평은 주희가 평소에 학문을 하는 제자와 벗들과 함께 담론한 주요 내용을 이루었다.

주희는 유맹용劉孟容에게 보낸 편지에서 영가학에 대해 총평을 하였다.

> 봄에 군거君擧(진부량)의 편지를 받았는데 도무지 이해할 수 없었습니다. 그는 마치 실리實理를 알지 못하고 다만 잡박하기만을 바라는 듯하였습니다. 또한 이와 같이 분명히 설파하려고 하지 않고 도리어 여러 설을 망라하고 모아서 서로 모순이 되지 않게 하려고 합니다만, 실은 여러 설의 시비와 득실을 전혀 알지 못하는 데다 저절로 합당하지 않은 점이 있습니다. 정칙正則(섭적)도 이와 같으니 안타깝고 안타깝습니다!
>
> ─『문집』 권53 「답유공도答劉公度」 서5

이 한 해 동안 진부량의 고제자高弟子 조숙원曹叔遠도 고정에 와서 주희에게 배움을 물었다. 주희는 그와 강학하는 기회를 이용하여서 영가학의 우두머리 진부량에 대해 전면적인 비평을 하였다.

비평은 '사태에 나아가 이해한다就事上理會'는 영가학의 주장을 부정하는 데서부터 전개되었는데, 이 부정에는 이미 세 가지 중요한 방면의 엇갈림을 포함하고 있었다. 주희는 사공학에서는 '자기의 심신에서 이해한다自家身心理會'는 것으로써 '사태에서 이해한다'는 주장을 대체하였으며, 경제학에서는 직접 사물에 나아가 도를 구하는 것卽物求道으로써 제도와 명물名物에서 이치를 구하는 것을 대체하였으며, 사학에서는 경經에서 도를 구하는 것으로써 사史에서 도를 구하는 것을 대체하였다.

일반적으로 말하여, 주희는 결코 사태에 나아가 이해한다는 것 그 자체를 반대하지는 않았다. 오히려 그의 이일분수理一分殊, 이기도기상즉理氣道器相即, 격물궁리格物窮理는 모두 '사태에 따라서 이치를 관찰하고, 이치에 다가가서 사태에 응한다(隨事以觀理, 即理以應事)'는 이학 문화의 정신을 선명하게 관철하고 있다. 그러나 그는 학문이 정심正心과 수신修身을 근본으로 삼기 때문에 먼저 '자기의 심신에서 이해하려면' 사사로움을 극복하고 자기완성을 위한 도덕 수양의 공부를 해야 비로소 사태에서 이치를 인식할 수 있다고 여겼다. 그래서 조숙원이 "젊었을 때는 이락伊洛(정호와 정이)의 여러 책들을 즐겨 읽었습니다. 나중에 진陳 선생(*진부량)을 만났더니 그는 도리어 사태에 나아가 이해할 것을 말하였는데, 꽤 착실하였습니다."라고 말하자 주희는 다음과 같이 비평하였다. "학문을 함에 가장 절실하고 중요한 점은 나의 몸과 마음에 있다. 그 다음은 바로 일을 하는 것이다. 이것이 적실하고 절실한 곳이다."(『어류』권120)

'사태에 나아가 이해한다'는 말은 또한 주학朱學과 영가학 사이의 도덕주의와 사공주의의 대립을 반영하는데, 주희는 이것을 두 학파의 근본적인 엇갈림으로 삼았다. 그는 진부량을 추종하는 호대시胡大時에게 보낸 편지에서 명확히 지적하여 말하였다. "군거(*진부량)를 전에는 알지 못했으나 근래에 다시 편지를 받았습니다. 그의 제자 가운데 이곳에 온 사람도 있습니다. 그 의론을 따져보면 온당치 못한 부분이 많습니다. 가장 문제는 자기에게 절실한 것에 힘쓰지 않는 점입니다. 자기에게 절실한 것에 힘쓰지 않고서 어찌 올바른 도리를 행하겠습니까? 이는 더욱 큰 해가 됩니다."(『문집』권53 「답호계수答胡季隨」 서11)

영가의 경제학은 명물 제도의 연구를 중시하여 고대의 예악법도禮樂法道가 '모두 도리道理'라고 여겼다. 그래서 '사태에 나아가 이해한다'는 말을 명물 제도에서 이치를 구한다는 표현으로 구체적으로 나타냈으며, 『주례周禮』를 그들의 성경으로 삼았다.

조숙원은 주희를 마주하고 진부량의 이런 경제학 사상을 다음과 같이 소개하였다. "나이 20세부터 진 선생님을 따랐습니다. 그분이 사람들에게 글을 읽는 법을 가르칠 때 다만 일마다 하나하나 이해하라고(事事理會) 하였습니다. 예컨대 『주례』를 읽으면 바로 삼백예순 관직을 어떻게 배치하는가를 이해하고, 『서』를 읽으면 이제삼왕二帝三王이 천하의 일을 상황에 따라 처리한 방법을 이해하고, 『춘추』를 읽으면 패자伯者가 여탈予奪의 의리를 대하는 방법을 이해하게끔 했던 것입니다. 자기 몸에서 공부하는 것을 논하면서도 '형이상形而上의 것은 도道이고 형이하形而下의 것은 기器이다. 기에는 곧 도가 있으니 두 가지는 별개의 것이 아니다. 모름지기 예악과 법도가 모두 도리임을 알아야 한다.'고 말씀하셨습니다."

그러나 주희는 다음과 같이 비평하였다. "옛사람이 예악과 법도를 이해하지 않은 것은 아니다. 다만 옛사람은 모두 이루어진 사물과 사태를 보고서 사용할 때가 되면 그것을 가져다가 사용하였다. …… 예컨대 지금 예악과 법도는 모두 일제히 흩어져버렸기 때문에 상고하여서 고찰할 수 없게 되었다. 만약 이런 것들에 마음을 쏟고 힘을 들이면 얼마 안 가서 곤경에 빠지게 될 뿐이다."(『어류』 권120)

예악과 제도가 이미 흩어져버렸다면 가장 좋은 방법은 직접 즉물궁리卽物窮理(대상 사물에 다가가서 이치를 궁구함)를 하는 것 외에 경에서 그 이치를 직접 탐구하는 것일 텐데, 이는 또한 사史를 중시하고 경經을 경시하는 영가학의 태도와 대립한다. 진부량은 '만약 오로지 도리만 이해하려고 하면 얼마 안 가서 공허한 데로 흐를 수 있다'고 여겼다.

주희는 조숙원을 대하고 다음과 같이 비평하였다. "전에 백공伯恭(여조겸)

도 이런 생각을 하면서 『논어』와 『맹자』를 헛된 것으로 여겼다. 『논어』와 『맹자』는 큰 본원本原을 많이 개진하고 있으며 얼마간 적실하게 실천할 수 있는 것인데도, (진부량은) 도리어 공허한 데로 흐르는 것으로 여기고서 『좌전左傳』을 참된 것으로 삼아 사람들로 하여금 보게 하였다. 그 사이에 주장이 없음을 도무지 알지 못한 채 다만 허다하게 널린 기괴한 것만 보고서 한 번도 이해를 하지 못하였다. 이것이 바로 크게 참되지 않은 점이다. 또 사람들에게 사서史書만 보게 함으로써 나중에 제생이 모두 (학문이) 쇠퇴하였다. 예컨대 반숙도潘叔度(*반경헌潘景憲)가 죽음에 임하여서 도리어 불서佛書를 탐독하였지만, 오히려 제지할 수 없었다. ……"(동상)

영가학은 역사에서 이치를 탐구할 것을 주장하기 때문에 역사를 해설하면서 현허玄虛한 내용을 천착하는 데로 흘렀다. 주희는 이치가 경 가운데 있다고 주장하기 때문에 경을 해설하면서 옛사람을 빌려 나를 주석하기를 좋아하였으며, 역사를 해설할 때는 반대로 평범한 데로 치달렸다.

따라서 양측의 역사 중시와 경 중시의 대립은 역사학에서 춘추의법春秋義法과 사실사법寫實史法의 차이로 변하였다. 다음의 대화 한 단락이 이런 대립을 생동감 있게 주석하고 있다.

등(등린滕璘, *덕수德粹)이 말하였다. "군거(진부량)가 말하기를, '…… 예컨대, 진晉나라의 〈선멸이 망명하였다(先蔑奔)〉 한 기록을 사람들은 다만 선멸이 진秦나라로 망명한 일로 여길 뿐이다. 이는 바로 선멸이 후사를 세우는 것이 확정되지 못하였기 때문이다. 그러므로 〈망명(奔)〉이라고 써서 폄貶을 보였다.'고 하였습니다." (선생이) 말하였다. "무슨 말인가! 선멸은 실제로 진나라로 망명했거늘 어째서 '망명'이라고 쓰지 않겠는가? 또 '진나라로 망명'했다고 쓴 것을 '폄을 보인 것'이라고 하였는데, 망명이라고 쓰지 않으면 이 일은 저절로 드러나지 않았을 테니 무엇으로 포폄襃貶하시겠는가? 어제 내 벗과 이야기하면서 이른바 '오로지 널리 알기만 추구하고 돌이켜서 요약하지 않는다' 한 말은 바로 이런 점을 말하는 것이다. 이는 바로 천착한 데다 또 천착하는 것이니 후학을 그르칠지도 모르겠다." ─『어류』 권123

이런 비평에 대해 진부량은 침묵하는 태도를 취하였다. 그는 주희와 장락長樂·영강永康·임천臨川에서 벌인 세 차례 논전에 눌려서 연거푸 보내온 논전의 글에 아무런 회답을 하지 않았다. 그래서 주희와 진부량의 논전은 '유산流産'된 셈이었다. 주희는 비판의 화살을 다시 영가학의 또 다른 후발 대표 주자인 섭적에게로 돌렸다.

섭적에 대한 비판은 주희가 영가학과 벌인 논전의 두 번째 악장으로서, 그 중심이 영가학의 '이것저것 주워 담고(籠罩包舍)', '종잡을 수 없으며(沒頭沒尾)', '대체로 한 단락을 말하기는 하지만, 끝내 아무것도 설파하지 못하는(大抵只說一截話, 終不說破是箇甚麼)' 점을 비평하는 데로 옮겨갔다. 그는 장주에서 영가학자 서우徐寓를 상대하여 영가의 '향리鄕里 제현諸賢의 문자'가 '모두 책임을 회피하려는 뜻을 면하지 못한다'(동상)고 지적하였다. 주희의 이 비평은 특정한 의미를 지니고 있다. 이는 영가학파가 논변을 두려워하며 시비를 따지지 않은 채 절충하고 조화하는 점을 지적한 것일 뿐만 아니라, 또한 그들이 쓴 문장이 애매하고 흐리멍덩하여서 명료하지 않음을 지적한 것이다. 더욱이 그들이 속으로는 불교를 배우고 유교와 불교를 조화한 점을 지적한 것이었다.

섭적은 당唐의 문풍文風을 즐겨 모방한 문사이며 만당晩唐의 시풍詩風을 고취한 시인으로서, 문장을 늘 건듯건듯 써서 관점을 포착할 수 없었다. 순희 16년(1189)에 주필대의 당이 실패하자 그는 실의에 빠져서 조정을 떠나 선禪으로 도피하여 들어가 자위自慰하였다. 소희 원년(1190) 호북湖北 참의관參議官

에 임용되고 소희 2년에 기주蘄州에 부임해 있는 동안 불서佛書 수천 권을 탐독하고서 스스로 매우 소득이 있었다고 여기며 사람들이 불교의 가르침을 배척하는 데 불만을 품었다. 그는 「제장군소주불서題張君所注佛書」에서 다음과 같이 말하였다. "옛날에 내가 형주荊州에 있을 때 관리로서 책임질 일이 별로 없어서 불교 서적을 읽었는데 수천 권을 다 독파하였다. …… 저 불교란 곧 바로 사람 몸의 희로애락에서 쪼개어 풀어내서 참된 것과 허망한 것을 분별하고 처음과 끝을 궁구하는 가르침으로서, 성인聖人과 광인狂人, 현자와 불초자를 구분하니 세상에서 매우 기이하고 광대한 이론이다. 중국의 학문과는 아주 다르니 어찌 같이 여길 수 있겠는가! 세상의 학자들은 그 깊이를 알지 못하고서 외람되이 억지로 배척하려고 한다."(『수심문집水心文集』 권29)

그는 「풍전지를 보내다(送馮傳之)」라는 시에서 다음과 같이 읊었다. "형주에 오고 싶었으나 / 발걸음은 아직 문을 나선 적이 없다 …… 이제 저서는 그만두고 / 불서를 오로지 연구한다(我乞來荊州, 足未曾出門 …… 玆復罷著書, 梵譯專討論)"(같은 책, 권6)

진부량도 이에 화답하는 시에서 섭적이 불교의 가르침을 배우는 일을 모호하게 두둔하였다. "육경은 어떤 책인가? / 공자의 손에서 이루어진 것이라네 / …… 경전이 이루어진 지 이제 몇 년인가? / 시험 삼아 불서를 본다 / 이 도를 전수하는 자가 죽지 않았고 / 이 책은 분서를 겪지 않았다 / 오히려 하늘의 북두성처럼 / 온 세상을 비추고 있다 / 서방에도 위인이 있으며 / 나라에는 하늘과 땅이 있다 / 책이 중국에 들어와 / 학자들이 다투어 이를 본다 / 그대는 어찌 이를 따르지 않고 / 그 울타리만 맴도는가? / 내 듣건대 뗏목을 타고 / 허공을 뚫고 강의 근원을 간다 하네 / 누구와 함께 북두성 바라보며 / 노를 저어 강을 건널까?(六經夫如何, 夫子手所翻 …… 經成今幾年, 嘗試以是觀. 此道未軻死, 此書未秦燔. 猶之斗經天, 於以生蓋渾. 西方亦人豪, 國自爲乾坤. 書來入中州, 坐使學者奔. 君豈捨從之, 或

但遊其藩, 吾聞欲乘槎, 鑿空訪河根, 孰與瞻斗車, 把柁行江湍)"(『지재집止齋集』 권3 「섭정칙이 장경을 열람한다는 말을 듣고서 그가 손님을 보내며 읊은 시의 운을 따라서 묻다(聞葉正則閱藏經次其送客韻以 問之)」)

영가의 태주台州 일대는 천태종天台宗이 성행한 곳이며 섭적은 주로 천태 종에 출입하면서 불교를 배웠다. 그러나 선종禪宗의 육조六祖 조계曹溪(혜능慧能) 의 방계인 영가 현각永嘉玄覺 선사를 더욱 마음을 기울여서 경배하였다. 만년 에는 자기가 거주하는 송태산松台山 아래 정사수암精舍水庵을 짓고서 이름을 '숙각암宿覺庵'이라고 붙였는데, 이는 육조 조계가 현각을 깨우친 '일숙각一宿 覺'의 고사에서 따온 것이다(『오등회원五燈會元』 권2).

섭적은 「숙각암기宿覺庵記」에서 다음과 같이 찬양하였다. "나는 그(현각선사) 가 소疏를 베끼는 번거로움을 버린 점을 사랑한다. 스스로 증해證解하면서 심 오하고도 쉽게 통달하고, 얕으나 헤아릴 수 없으며, 명료하게 깨우치고 용감 하게 결단하며, 생사에 얽매이지 않으니, 인걸人傑이다."

섭적이 형주荊州와 기주蘄州에 부임하여서 쓴 「각재기覺齋記」, 「이씨중주기 李氏中洲記」 및 나중에 쓴 「법명사교장서法明寺教藏序」, 「종기서宗記序」 등 불교를 논한 글은 바로 주희가 비평한, '이것저것 주워 담고', '흐리멍덩하게 얼버무 리며(藏頭亢腦)', '대체로 한 단락을 말하기는 하지만 끝내 아무것도 설파하지 못한' 점을 대표하는 전형적인 글이다. 특히 「각재기」는 '이른바 깨달음이란 도덕道德·인의仁義·천명天命·인사人事의 이치일 뿐'임을 널리 드러낸다. 이는 바로 주희가 일찍이 비판했던 바, 각覺으로 인仁을 해설하는 상채上蔡(사량좌) 의 주장인데, 불교의 이론으로 유가의 이론을 설명하는 방식은 더욱이 영가 현 각선사가 섭적의 몸에 찍어 놓은 낙인임을 알아차릴 수 있다.

그래서 기주에 도착하자 섭적은 곧 중주中洲의 불교를 배운 명사名士 이주 한李周翰과 한편이 되어서 늘 붙어 다녔다. 이는 마치 당년에 주희가 비판했던 이백간李伯諫과 마찬가지였다. 이에 앞서 주희가 순희 16년(1189)에 이주한에게 편지를 써서 유학과 불교를 뒤섞은 점을 비평하자 이주한은 구습을 버리겠다고 밝혔다. 주희는 '안으로는 실제로 구습에 안주하면서 겉으로는 이런 말을 하지' 말라고 권고하였다(『문집』권56 「답이주한答李周翰」서1). 그러나 이주한은 주희의 말처럼 여전히 '겉으로는 공자를 높이고 속으로는 불교와 도가(瞿聃)를 주로' 삼았다(동상, 서2). 섭적은 기주에서 이와 같이 겉으로는 공자를 높이고 속으로는 불교와 도가를 주로 삼는 습성에 물들었는데, 이주한에 견주어 더욱 애매모호하고 공허하여서 종잡을 수 없었다.

원유훈元劉壎도 섭적의 불교를 논한, 지금은 전하지 않는 글(佚文)을 인용하여서 불교 이론을 대하는 그의 진실한 태도를 깨우칠 수 없다고 밝혔다.

> …… 이상은 모두 수심水心(섭적) 선생의 (*불학을 논한) 말인데, 그 취지를 음미해보면 마치 그것을 아끼는 듯하다. 또 일찍이 "천태 단신端信 스님은 여러 종파를 겸하여서 익히고, 본성과 의리를 철저히 통달하고, 말과 변론이 벌 떼처럼 일어나며, 옛날과 오늘날의 온갖 일들을 근거로 들고, 기틀과 요점에 적중하였으므로 모두들 '단신 스님은 박학하기에 그와 다툴 수 없다'고 한다. 오랜 세월 문을 닫고 들어앉은 까닭에 아무도 그와 면식이 없었으나 오직 제자들에게 서방의 공적空寂을 속히 따르라고 가르쳤으며, 그런 태도로 일관하였다. 나는 늘, 불교를 배우는 자가 한갓 깨달음 하나만을 지키고 깨달음의 근본(悟本)을 알지 못하며, 또 어떤 사람들은 겉으로는 속세를 초탈한 듯하나 실제로는 속세의 어지러움에 빠져 있음을 병으로 여겼다. 스님은 거의 이를 면하였다."고 칭송하였다. 이 주장을 보면 선생이 가리킨 바, '깨달음의 근본'이란 어디에 있는 것인지 모르겠다. ……
>
> ──『은거통의隱居通議』권1

소희 2년(1191), 섭적은 자기가 불교를 배우고 있다고 편지를 써서 주희에게 알렸다. "형주에 있으면서 일이 없어 불서를 보았더니, 그것은 세상에 진기한 이론이고, 본래 치도治道를 어지럽히는 것이 아니며, 서로 논쟁을 벌이는 까닭은 글을 읽고 깊이 고찰하지 않기 때문임을 알게 되었습니다."(『문집』 권56 「답섭정칙答葉正則」 서4에서 인용)

이는 불도와 유도가 합치하며 서로를 어지럽히지 않는다는 섭적 스스로의 관점을 비교적 솔직하게 털어놓은 말이었다. 주희는 매우 놀라서 긴 편지를 써서 비평하였다.

> 이는 참으로 놀랄 만합니다. 정칙(섭적)이 바로 이와 같은 말을 했을 리 없습니다! …… 이는 다름이 아니라 다만 스스로 친숙하고 절실하며 분명하게 보아서 털끝만큼이라도 다른 것을 용납하지 않아야 하는데 그러지 못하였으므로 이런 견해를 세웠을 뿐입니다. …… 만약 도리를 분명히 본다면 곧 해결하지 못할 일이 없으며 불서를 읽을 겨를도 없을 터입니다. 만약 우연히 읽더라도 또한 모름지기 도를 어지럽히고 사람을 그르치는 곳이 더욱 친숙하고 절실하다는 사실을 알아야만 이런 말을 하지 않을 것입니다.
> ─동상

편지에서 주희는 섭적의 학문으로부터 영가의 학문에 이르기까지 기본적인 비평을 하였다.

> 다만 선비들이 전해가면서 읊는 저서나 문답한 편지를 보면 대부분 이것저것 주워 담은 말이라, 다른 사람도 그 의미를 이해하지 못할 뿐 아니라 가까운 사람도 스스로 마음에 분명히 깨달아 의심하는 바가 없게 할 수

없습니다. …… 그러나 우리 무리(吾黨)의 학자들은 또한 모두 거칠고 구차하며 건성으로 하기 때문에 대략이라도 도리의 규모와 공부의 차례를 알지 못하고, 곧 자기 견해에 따라 양껏 모아서 평범한 말을 지어내며 자기를 높이 치켜세우고 옛사람을 내려다봅니다. 실상을 살펴보면 전부 모호하고 불분명한 말이며, 도의 착실한 곳을 분명히 하지 못하고 있습니다.

—동상

주희가 보기에, 이와 같이 이것저것 주워 모으고 유학과 불교를 변별하지 않는 점은 영가학의 고질일 뿐만 아니라, 절학浙學과 육학陸學의 영향을 받은 학자들의 공통된 병폐를 이루었다.

동시에 그는 항안세項安世에게 보낸 편지에서 같은 논조로 육학과 절학에 출입하면서도 아직 경敬과 지知를 같이 수양하는 주학朱學의 법문法門에 들어오지 않은 학자를 비평하였다.

저 '먼저 유학과 불교를 구분할 필요가 없다'고 하는 사람들은 실제로 피차 모두 취할 바가 있어서 어느 한쪽이라도 폐기해서는 안 된다고 하는 점을 알고 그런 말을 하는 것이 아닙니다. 바로 실제로 자기 본분에서 공부를 하지 않았기 때문에 이단의 치우친 말(詖辭), 실상을 지나친 말(淫辭), 사특한 말(邪辭), 둘러대는 말(遁辭)의 해를 알지 못하고서 흐리멍덩하게 양쪽 모두에 견해가 없는 것입니다. 이 때문에 확고한 주견 없이 주워 모은(依違籠罩) 설로 스스로를 속이고 남을 속일 뿐입니다. …… 중간에 섭정칙(섭적)의 편지를 받아 보았는데, 역시 이것저것 주워 모은 말에 의지하여 매우 높은 경지를 자처하고서 스스로 천박하고 누추함을 알지 못하였으니 참으로 연민을 느낍니다. 편지로 이런 점을 지적했으나 오래도록 답을 받지 못했으니, 아마도 필시 쓰디쓴 충고를 견디지 못하기 때문일 터입니다.

—『문집』 권54 「답항평보答項平父」 서5

그러나 섭적도 '강구하고 변론하는(講究辨切)' 일이 무익하다고 여기고서 진부량과 마찬가지로 주희와 논전을 벌이지 않으려고 하였기에 주희의 거듭된 비평에도 침묵을 지키고 의구하게 자기를 간직하였다. 이 때문에 주희와 섭적의 논전 역시 '유산'되었다.

만년의 섭적은 비록 『습학기언習學記言』에서 벽불辟佛을 말하기는 하지만 예전과 다름없이 불교로 마음을 수양하였다. 물러나 송태산에 깊숙이 은거하며 사찰에서 납승衲僧들에게 둘러싸여 엄연히 '일숙각'의 대사로 지냈던 것이다. 영가 4령永嘉四靈의 한 사람인 서조徐照는 그에 대해 "공이 조계의 일을 말하는데, 이는 600년이 지난 일이라네(公說曹溪寺, 經今六百年)"(『방란헌집芳蘭軒集』 「정광산을 두고 네 수를 읊어서 수심 선생에게 드리다·숙각암(淨光山四詠呈水心先生·宿覺庵)」)라고 하였고, 서기徐璣는 그를 칭송하여서 "일숙각에 인연을 맺으면, 재삼 참선을 할 것이 없다네(還因一宿覺, 不用再參禪)"(『이미정시집二薇亭詩集』 「정광산·숙각암淨光山·宿覺庵」)라고 하였다.

주희는 동시에 영강학에 대해서도 새로운 비판을 전개하였다. 그가 말한 바, 강서로 흘러든 공리의 물결 가운데 절동의 대표는 여학呂學의 제자 여조검呂祖儉이고, 강서의 대표는 육학을 배반하고 진량에게 귀의한 진강陳剛이었다. 소희 원년(1190)에 육구연은 진부량에게 보낸 편지에서 어쩔 수 없이 다음과 같이 말하였다. "순수淳叟(유요부劉堯夫)는 불승佛乘에 귀의하였고, 정기正己(진강)는 재술才術을 쓰기를 좋아하니, 의탁하는 바가 비록 다르지만 그 취지는 같습니다."(『육구연집』 권9) 이는 주희가 깜짝 놀라서 공리 사조가 강서에 밀려들어온 것을 지적한 사실과 똑같은 일이었다.

진강은 왕패王覇의 재술을 고취하여서 공개적으로 정호와 정이를 공격하였으나, 주희는 그가 영강의 말류에 지나지 않으며 변론할 가치가 없는 사람으로 여겼다. 주희는 정단몽程端蒙에게 보낸 편지에서 경멸이 섞인 빈정거림을 담아 다음과 같이 말하였다. "진정기陳正己(진강)의 주장에 대해서는 깊이 변론할 것이 무엇 있겠습니까! 고로杲老(대혜 종고)가 아직 젊었을 때 장천각張天覺(장상영張商英)을 만나 들은 말을 얘기한 적이 있습니다. 어떤 사람이 장천각에게 말하기를, '채원장蔡元長(채경蔡京)이 말하되, 상공相公(장상영)은 극히 정당하나 다만 기수機數가 부족하다고 하더라'라고 하였습니다. 장천각이 대답하기를, '채경은 머리를 찍고 배를 가르는(斫頭破肚) 자이다. 나에게 만약 기수가 있었다면 도리어 그와 일반일 것이다!'라고 하였습니다. 만약 이천伊川(정이程頤)이 행한 곳은 넓지 않다고 한 그(진강)의 말을 상대한다면, 이천과 그는 똑같은 사람이 될 것입니다. 이는 웃으라고 하는 소리입니다."(『문집』 권50 「답정정사答程正思」 서20) 이 때문에 주희가 비판하는 주요 대상은 여전히 영강학의 영수인 진량과 여학의 영수인 여조겸 두 사람이었다.

금화金華 여학의 제자 반경헌潘景憲·반경유潘景愈의 숙관塾館은 도리어 영강학의 제자를 배양하는 대본영이 되었다. 소희 원년(1190)에 주희는 장주로 부임하기 전에 맏아들 주숙朱塾을 반가潘家 숙관에 입학시키고서 곧 황간黃榦에게 우려 섞인 말을 하였다. "자약子約(여조겸)은 자못 태아泰兒(맏아들)를 아껴서 이미 여러 제자들을 따라 과정을 배우게 하고 독찰督察하게 하였다. 그러나 근일에 무주婺州에는 일종의 더욱 나쁜 의론이 있는데, 대체로 명목으로는 여씨呂氏를 근본으로 삼는다고 하면서 실제로는 진동보陳同父(진량)를 주인으로 삼은 것이다. 반가에 초청되어서 온 관객館客은 대부분 이런 무리이니, 매우 염려스럽다. 또한 백공伯恭(여조겸)이 이들을 열어주었으니 한탄스러움이 없지 않다."(『속집』 권1 「답황직경答黃直卿」 서26)

여소검은 이때 진량이 스스로 말했듯이 진량과 '서로 골육과 같은' 관계를 맺었다(『용천집龍川集』 권21 「여장정수시랑與張定叟侍郞」). 주희는 반경유에게 보내는 편지에서 자기와 진량, 여조검, 그리고 진강에 이르기까지 근본적인 엇갈림을 하나로 귀결하였다.

> 지금 사람은 다만 천리天理의 본원本原을 보려 하지 않고 공명功名을 얻으려는 마음만 급급합니다. 그러므로 그 의론과 식견이 왕왕 비루하며 이리저리 옮겨가서, 끝에 가서는 사사로운 뜻을 성취할 뿐이니 다시 무슨 좋은 일이 있겠습니까! 만약 기필코 그것을 옳게 여긴다면 다만 정정숙程正叔(정이)이 차라리 종신토록 국자 좨주國子祭酒를 삼을 만한데 도리어 진정기(진강)를 재상으로 삼는 셈이니, 괴이하고 괴이합니다!
>
> ──『문집』 권46 「답반숙창答潘叔昌」 서6

주희가 소희 3년(1192)부터 여조검과 다시 벌인 논변은 이 문제를 둘러싸고 전개되었다. 논변은 경원 4년(1198)에 여조검이 죽을 때까지 진행되었는데, 실은 그가 원래 여조검과 벌였던 논전에 견주면 새로운 내용이 없었으나, 다른 점은 주희가 여조검의 무문無聞(귀로 듣는 것이 없음), 무견無見(눈으로 보는 것이 없음), 무사려無思慮(마음에 사려가 없음)의 선설禪說을 더욱 비평했다는 사실이다. 왜냐하면 불승에 귀의하는 것과 재술을 좋아하여서 쓰는 것은 서로 해치지 않고 병행하며, 허虛를 밟고 공空을 지키는 것과 권모와 임기응변은 서로 반대되면서도 서로를 성취시키는 관계이기 때문이다. 이는 바로 육학과 절학이 합류한 사상의 길이었다. 여조검은 나아가 육학의 제자들이 정좌 공부를 배우는 일이야말로 귀로 듣는 것이 없고, 눈으로 보는 것이 없고, 마음에 사려가 없는 '적연부동寂然不動'의 지극한 공부라고 여겼다.

주희는 편지에서 여조검에게 그와 같은 선가禪家 식의 정좌 공부를 포기하라면서 "외면을 향해 널리 뭇 이치를 관찰하여서 더욱 늘려 나간다면 근본은 더욱 견고해지고 가지와 잎사귀는 더욱 무성해질 것입니다. 만약 정좌한 곳에서 탐구한다면 도리어 마음을 바로잡음에 조장하는 병폐를 면하지 못하고, 혹은 또 마음을 잃어버릴 터이니 한 발을 내딛어도 불교의 견해에 떨어질 것입니다."(『문집』 권48 「답여자약答呂子約」 서8)라 하였다. 주희가 보기에 불교의 좌선입정坐禪入定은 바로 일종의 무문무견無聞無見, 무사무려無思無慮였다. 여조검은 죽을 때까지 이 문제에 관한 자기의 관점을 바꾸지 않았기 때문에 주희는 끝내 안타까움을 말하였다. "자약(여조검)은 마침내 수많은 애매모호한 가르침을 주었다."(『어류』 권122) 여조검과 진강, 유순수(유요부)가 길은 달라도 귀결은 같았다.

주희의 주요 비판 대상은 역시 진량이었다. 순희 15년(1188)에 임안臨安에서 서로 만난 뒤 두 사람은 밀접한 우호 관계를 유지하였으나, 진량은 공리학을 버리려 하지 않았다. 진량은 더욱 명석한 말로 이를 선양하였다. "성명性命은 미묘하여서 자공子貢은 듣지 못했고, 우리 공자 선생님께서는 드물게 말씀하셨으니 후세의 어린 학자(小子)들이 많이 담론하지 않았다! 우임금이 공功을 쌓지 않았다면 어떻게 육부六府를 이루었겠으며, 하늘에 이利가 없다면 어떻게 사덕四德을 구비하겠는가? 그러니 어찌 폐할 수 있겠는가!"(『송원학안宋元學案』 권56)

동보同甫(진량)의 공리功利의 학문은 양절兩浙(절동과 절서)과 강서에서 여전히 날로 번성하였다. 그러나 소희 원년(1190)에 다시 일어난 잔혹한 옥사獄事의 박해는 진량에게 정신적으로 치명적인 타격을 안겨주었다. 진량은 그의 원수에 의해 살인을 교사한 죄로 무고를 입고 대리大理의 옥중에 갇혔다가 소희 3년 2월에야 석방되었다. 이 사건의 진정한 원인은 역시 요직에 있는 통치자의 반도학을 위한 필요에서 비롯되었다. 나중에 유남강喩南强, 유간喩偘, 능건凌堅 등 진량의 수많은 제자 및 섭적과 조정 중신들이 다방면으로 구원을 벌인 덕에 진량은 비로소 옥고에서 벗어날 수 있었다.

송렴宋濂은 이 일의 내막을 다음과 같이 언급하였다. "애초에 요직에 있는 자들이 선류善類를 배척하고자 진량을 근원으로 지목하고서 몸에 형언할 수 없는 고통을 가하였고, 씌운 죄목도 헤아릴 수 없었다. 문인들이 그 기염을 두려워해서 입을 다물고 감히 말을 하지 못하였다. 유남강은 의리를 담아 글을 써서 질책하기를 '선생은 무고하게 죄를 받아 원한을 품고 죽게 되었다. 우리는 제자로서 마땅히 분노로 머리카락이 곤두서야 할 터인데 반응이 신통치 않으니, 이 어찌 사류士類가 되겠는가!' 하였다. 다시 동구東甌(영가)로 달려가서 섭적을 만나 억울한 사정을 상세히 진술하였다. 십직이 '그대는 참으로 의로운 선비이다!' 하면서 즉시 촛불을 밝히고 글을 여러 통 써서 주었다. 남강은 이를 또 절강으로 가지고 가서 여러 대관(*생각건대, 나점羅點 등을 가리킨다)을 만나 거리낌 없이 말을 한 끝에 마침내 진량의 억울함을 바로잡았다."(『송문헌공집宋文憲公集』 권40 「유남강전喩南强傳」)

이 옥사의 시련은 일세一世를 뒤엎는 지혜와 용기, 만고萬古를 열어젖히는 기상을 가진 영웅호걸에게서 심리 상태의 예봉을 다소 꺾어 놓았다. 주희는 이 기회를 틈타 그를 향한 공격을 펼쳐서, 남에게도 자기에게도 해로운 공리의 학을 버리라고 권유하였다.

진량이 출옥하자마자 주희는 여조검에게 편지를 썼다.

동보同父의 형편은 어떠합니까? 자못 또한 뒷일을 잘 처리하기 위한(*생각건대, 출옥을 가리킨다) 계획을 하고 있습니까? 편지를 써서 통렬히 깨우쳤습니다. 이는 오히려 개과천선할 기회이니 이른바 지금이라면 할 수 있다(乃今可

爲)는 말이 바로 이를 뜻하는 것입니다. 유념하시기를 절실히 권고합니다.

—『문집』 권48 「답여자약」 서6

이는 또한 진량이 당년에 첫 번째 출옥(순희 11년 5월)했을 때 주희가 '의리
쌍행義理雙行, 왕패병용王覇竝用의 설을 버리고 징분질욕懲忿窒慾, 개과천선改過遷
善의 일에 종사하여서 맑게 순유醇儒로써 스스로를 다스리라'고 한 권유를 반
복한 것이었다.

진량이 옥중에서 1년 남짓 있는 동안 정작 그의 친우들은 대부분 냉담하
게 도움을 주지 않았지만, 주희와 신기질辛棄疾은 매우 관심을 갖고서 그와 끊
임없이 소식을 통하였다. 진량은 옥중에서 장덕무章德茂에게 편지를 써서 다
음과 같이 말하였다. "주원회朱元晦(주희)와 신유안辛幼安(신기질)은 생각이 매우
깊어서 서로 소식을 전하지 않은 때가 없었습니다. 두 분은 모두 연령이 쇠
한지라 앞날이 대체로 어떻게 될지 이미 알 수 있습니다."(『용천집龍川集』 권19)

진량은 도학의 조신 장진張构과 나점羅點의 구원에 의지하여 뇌옥牢獄의 재
앙을 벗어나려고 했으며, 그뿐만 아니라 그 과정에서 주희와 신기질도 적지
않은 힘을 썼음이 틀림없다.[4] 그렇기에 진량은 출옥한 뒤 주희의 맏아들 주

---

4 생각건대, 『용천집龍川集』 권19 「여장덕무시랑與章德茂侍郞」 서4에서 말하기를 '장정수張定叟(장
진)가 재앙에서 건져주는 데 더욱 힘을 썼다'고 하였으니, 동보(진량)의 출옥에 가장 힘을 써서
구원한 사람은 장진이다. 섭적이 쓴 동보의 묘지명에 "(*대리大理) 소경少卿 정여해鄭汝諧가 그
원통함을 바로잡은 결과 벗어날 수 있었다."고 하였으니, 당시 장진 등이 중간에서 구원 활동
을 펼친 것은 대리시大理寺 관리 정씨鄭氏가 진량의 억울함을 바로잡은 데서 연유한다. 주희
는 장진·나점과 매우 긴밀한 관계였으며, 틀림없이 중간에서 실정을 알아달라고 간절히 부탁
했을 것이다. 그러므로 동보가 '나를 골육처럼 대우할 뿐만이 아니었다'고 하였다. 『사조문견
록』 갑집 「천자옥天子獄」에서 "이때 고정 선생(주희), 수심 선생(섭적), 지재 진씨(진부량)가 모두
진량과 교제하였는데, 아무도 진량의 형편을 구하지 못하였다. 진량이 신기질에게 보낸 편지
에서 '군거(진부량)는 내 형이고 정칙(섭적)은 내 아우라고 한 말이 마침내 빈말이 되었다'고 하

숙을 위해 지은 제문에서 "눈물 흘리며 통곡하기를 그칠 수 없는 까닭은 그대의 어른(翁)이 나를 골육처럼 대우하였기 때문일 뿐만이 아니라, 감옥에 갇혀 있는 동안 비로소 사람을 아는 것이 오로지 만나는 상황에 달려 있을 뿐임을 알았기 때문입니다."(동상, 권23) 라고 말했던 것이다.

진량의 이「제주수지문祭朱壽之文」은 감정이 진지하고 폐부에서 우러나온 글이면서도 실제로는 주로 주희에 대한 지우知遇의 정을 토로한 글이다. 제문에서 또 다음과 같이 말하였다. "아! 그대의 어른은 늙었습니다. 세상을 구제하는 재주를 지녔으나 사람들은 그가 세상을 따르지 않음을 싫어하였고, 전승이 끊긴 학문을 힘써 추구하였으나 사람들은 그가 자기를 단련하는 것을 싫어하였습니다. 여러 현자들이 거의 대부분 사라졌기에 하늘은 홀로 그를 살아남도록 허락하였습니다. 사람들은 그가 장차 훌륭한 일을 하리라 여겼는데 어찌하여 예순의 늙은 몸으로 자식을 곡하게 합니까!"(동상)

주희는 9월에 보낸 답장에서 그동안 진량에게 보낸 모든 편지 가운데 가장 진지한 감정을 담은 편지 한 통을 보내 동병상련으로 그를 위로하였다. "뜻밖의 근심이 이미 풀렸다고 들은 뒤 더욱 마음이 급하나, 지역이 멀어서 소식을 탐지할 길이 없습니다. 친지의 편지를 받았으나 역시 상세한 말이 없는 까닭에 다만 간절히 근심하고 탄식했을 뿐입니다. 며칠 전 심응선沈應先(심유개沈有開)이 편지를 보내와 이러저러한 소식을 전하였는데, 이를 보고 반드시 신설伸雪할 수 있으리라 여겼습니다. 오늘 문득 사람을 시켜서 보내신 편지를 받고보니 내 생각이 잘못임을 알겠습니다. 급히 편지를 뜯어 속히 읽어보고

였다."라고 했는데, 주희가 진량의 형편을 구하지 않았다는 기록은 매우 잘못되었다. 이는 진동보(진량)와 신기질의 편지에서 다만 지재와 수심을 말하고 고정을 언급하지 않은 데 따른 것임은 또한 증명할 수 있다.

나서 희비가 교차하였습니다. …… 사태가 이미 종식된 것을 보니 흑백이 저절로 나뉘었습니다. 부디 너그럽게 대처하시기 바랍니다. 해가 위에 있으니 어찌 이 억울한 일을 용납하겠습니까!"(『속집』 권7 「여진동보」)

심지어 진량에게 주숙의 묘지명을 써달라고 간절히 부탁하였다.

이 아이는 평소 형의 글을 존중하고 사모하였으니, 이는 족히 작으나마 위로가 될 것입니다. 다시 작은 간절한 부탁이 있습니다. 장차 장사 지낼 곳을 몇 마디 일러주시기 바랍니다. …… 노형은 평소 가르치고 장려하는 뜻을 가지고 계셨으니 불후의 글을 부탁합니다. 엎드려 바라건대, 가련히 여겨 허락하신다면 천만다행이겠습니다. 다시 한두 달 뒤 사람을 보내서 청하겠습니다.

─동상

두 사람의 감정은 같은 처지로 인해 서로 가까워졌다. 소희 3년(1192) 11월에 주희는 맏아들을 대동大同 북쪽 기슭에 장사 지냈다. 진량이 주숙의 묘지명을 지었음이 틀림없다. 이는 뜻밖에도 진량이 민閩에 들어와 고정에 이르러서 주희와 마지막으로 만나 토론할 기회를 제공하였다. 이때 신기질은 민閩의 수사帥司를 겸하여서 복주福州에 있었고, 왕자중王自中은 신주信州의 지주知州였는데, 이들은 모두 진량이 오래도록 한번 만나기를 갈망하던 참된 벗이었다. 진량이 민에 들어와서 자기의 제자인 주숙을 위해 곡한 일은, 바로 그가 세 사람과 만나 흉금을 터놓고 이야기하고 싶었던 숙원을 이루어주었다. 고정에서 주희와 진량의 마지막 만남은 두 사람의 만년의 교류, 사상의 동향과 관련하여 매우 중요한 의의를 지니고 있다.

본래 대선戴銑의 『주자실기朱子實記』, 이묵李黙의 『자양문공선생연보紫陽文公先生年譜』, 홍가식洪嘉植의 『주자연보朱子年譜』 등 백전白田 왕무횡王懋竑 이전에 나온 각종 주회 연보에는 모두 소희 3년 임자壬子에 "진동보(진량)가 내방하였다."는 조항이 있는데, 이는 분명히 주희의 제자 과재果齋 이공회李公晦가 지은 『자양연보紫陽年譜』에 바탕을 둔 기록이다. 그런데 왕무횡은 아무 근거도 없이 '임자(1192, •소희 3년)'를 '임인(壬寅, 1182, •순희 9년)'의 착오라고 하면서 『주자연보고이朱子年譜考異』에다가 함부로 "임자년의 내방은 양가兩家의 문집에서 모두 언급하지 않았다. 동보는 계축癸丑(소희 4년)에 급제하였고, 주자가 그에게 편지를 보냈는데 역시 임자에 내방했다는 말은 하지 않았다. 연보는 대체로 '임인'을 '임자'로 잘못 기록하였는데, 사실을 상세히 고찰하지 못했을 뿐이다."라고 단정하였다. 그리하여 그는 '진동보의 내방'을 소희 3년 임자에서 순희 9년 임인으로 옮겼고, 이로부터 소희 3년에 주희와 진량의 고정에서의 회합을 아는 사람이 없게 되었다.

사실 당시 상요上饒의 유명한 시인 간천澗泉 한표韓淲는 시 한 수에서 이 모임을 언급하였다.

성도로 가는 진동보 어른을 보내며	送陳同甫丈赴省
— 계축 정월 16일	癸丑正月十六日

평생 세상을 무수히 돌아다니다	平生四海幾過從
늘그막에 민산으로 회옹을 찾았네	晚向閩山訪晦翁
가헌이 부름 받아 나아감을 보고	又見稼軒趨召節
거자를 따라 남궁으로 가네	却隨擧子赴南宮
변화무상한 풍운은 정을 드러내고	風雲變態高情表
세월은 취한 눈에 흘러가네	歲月侵尋醉眼中
용천은 참된 은자이나	可是龍川便眞隱

때를 타고 높은 업적 이룸이는 오히려 공이로다　　　乘時勳業尚須公

—『간천집澗泉集』 권12

'거자를 따라 남궁으로 가네'라는 구절은 소희 4년(1193) 계축 정월에 진량이 임안의 춘시春試에 응시한 일을 가리킨다.

이 전에 소희 3년 말, 신기질은 복건 안무사로 부름을 받아 행재소에 있었는데, 이 일은 바로 시에서 '가헌이 부름받아 나아감을 보고'라고 읊은 내용이다. 한표가 '늘그막에 민산으로 회옹을 찾은' 때는 신기질이 부름을 받아 행재소에 있기 전이니, 필시 소희 3년 임자 12월 세모 때이다. 신기질이 부름을 받아 건녕建寧에 간 때는 소희 4년 정월 4일이고,[5] 한표는 상요 사람으로서 이 시를 지은 때가 정월 16일이니 분명 진량이 주희를 방문한 뒤 신기질을 따라 함께 북쪽으로 올라가 도성에 들어가면서 상요를 지날 때 한표가 송별시를 지었을 터이다.

주희가 쓴 「정충민절묘비旌忠愍節廟碑」(『문집』 권89)에 근거하면 왕자중이 신주信州의 수령(守)이 되고 주희의 제자 반우문潘友文(*문숙文叔)이 영풍永豐의 현령(令)이 된 때는 소희 3~4년인데, 이들은 신기질과 매우 밀접한 관계를 맺고 있었다. 주희는 「여반문숙명부與潘文叔明府」에서도 "신유안(신기질)이 이곳을 지나갔는데, 이때 그와 가정佳政(아름다운 정사)을 자세히 담론하였다."(『유대제문집柳待制文集』 권18)고 하였다.

'가정'이란 바로 진량의 「신주영풍현사단기信州永豐縣社壇記」에서 다음과 같

5　『가헌사집稼軒詞集』의 「수조가두水調歌頭」의 제사題詞에 "임자(1192, 소희 3년)에 삼산三山에서 부름을 받았다."고 하였고, 또 「서강월西江月」의 제사에 "정월 4일에 건안의 진안행陳安行(진거인陳居仁) 사인舍人과 만났다. 이때 부름을 받았다."고 하였다.

이 밀한바이다. "내 벗 반우 문 문숙이 비로소 영풍을 다스리게 되었다. ……
가헌稼軒 신유안이 문숙은 마치 옛날 순리循吏처럼 백성을 아낀다고 여겼는데,
여러 사람들이 실제로 그러한지를 따졌다. 신유안은 '역법役法에 폐단이 있으
므로 백성이 기꺼이 역을 지지 않으려고 하며, 심지어 집안이 거덜 나더라도
돌아보지 않기까지 한다. 영풍의 백성은 왕왕 걸식까지 했지만 지금은 영이
내리면 즉시 역에 나아간다. 이는 누가 그렇게 한 것인가?'라고 하였다. 문숙
은 …… 어려서 장남헌張南軒(장식)·여동래呂東萊(여조겸)의 학문을 배웠고, 그리
하여 그 걸음이 반드시 법도에 맞았다. 또 바야흐로 주회암(주희)에게서 학업
을 마치고 …… 내가 영풍을 지날 때 수십 리를 지나도록 백성이 불평을 하
지 않았다. 문숙을 만났더니 겸연쩍어 하며 말하기를, 자신은 못한다고 하였
다. 백성과 문숙은 모두 유감이 없었다."(『용천집』 권16)

'내가 영풍을 지날 때'라는 말에 근거하면 진량이 확실히 소희 3년(1192)에
남하하여 민에 들어가서 주희를 방문했음을 증명할 수 있다. 「신주영풍현사
단기」는 바로 그가 신주 영풍을 지나올 때 지은 글이다.

진량은 소희 4년 정월 5일 이후에야 주희와 헤어진 뒤 북으로 올라갔고,
이때 고정의 회합은 10~20일가량 이어졌으니 이는 두 사람의 평생에서 가장
긴 회합이었다.[6] 그들은 매우 광범위한 문제를 두고 토론하였다. 함께 자리했
던 주희의 제자 양도부楊道夫가 두 사람의 담화 한 자락을 기록하였다.

진동보(진량)가 말하였다. "지금 나라를 부유하게 하고 군대를 강하게 하

---

6 『용천집』 권28 「요당좌묘지명姚唐佐墓誌銘」에 따르면 진량은 소희 3년 12월 병오丙午(*8일)에 아
직 영강에 있었고, 길을 떠나 민에 들어온 때는 약 10일 전후, 고정에 도착한 때는 대략 20일
전후이다.

려면 모름지기 제로諸路를 여섯 단위로 나누어서 육조六曹의 상서尙書가 영
솔하게 해야 합니다. 제주諸州에서 사변이 생기면 제조諸曹의 상서를 경유하
여 황제께 아뢰어 결재를 받습니다. 또 매년 또는 2년에 한 번씩 순력巡歷
을 하게 한다면 백성의 실정을 전달할 수 있을 것입니다." 선생이 말하였
다. "광중廣中(광동), 사천四川과 같은 곳을 순력하게 한다면 본조本曹의 업무는
마비될 우려가 있습니다." 진동보가 말하였다. "업무가 많은 조에는 영솔
하는 곳을 적게 하고, 거리가 먼 로路는 병부兵部와 공부工部를 시키면 됩니
다." 선생이 말하였다. "이 또한 한 가지 견해입니다."   —『어류』권112

양도부의 어록은 순희 16년(1189) 이후에 기록된 것인데, 이는 분명 소희
3년에 주희와 진량이 고정에서 회담한 내용을 적은 것이다.

이는 고정의 회담에서 당장에 불쾌함을 야기하는 논변이 되지 않도록 하
기 위해 두 사람이 논쟁을 일으키기 쉬운 원래의 의리왕패義利王覇, 도덕성명
道德性命과 지나치게 현허玄虛한 문제를 피하고, 서로의 관점이 많이 합치하는
실제 사회 현실의 문제를 직접 토론하였다는 사실을 충분히 보여준다. 주희
와 진량 사이에서 결코 도덕주의와 공리주의의 사상적 대립은 소멸되지 않
았으며, 진량은 자기의 사공학을 쉽게 버릴 수 없었다. 그러나 이 모임을 통
해 주희는 진량의 사상에 미묘한 영향을 미쳤다.

고정의 회합 이후 진량의 사상 인식은 은연중에 세 가지 주의할 만한 변
화를 드러냈는데, 이는 그의 사상 가운데 비공리주의 경향이 증가했다는 점
이다. 첫째, 주희에 대한 관점의 변화이다. 진량의 눈에 주희는 성명性命의 담
론을 끼고 도는 세유世儒에서 일대의 위인으로 변하였다. 둘째, 주희의 도덕
성명의 학(*주학朱學)에 대한 변화이다. (주학을) 격렬하게 배척하고 부정하던 데
서 자기의 사공학과 상호 보완하여 통일을 이룰 수 있는 것으로 여겼다. 셋

째, '인간(人)'의 변화이다. '호방함(豪)'이 감퇴되고 '유학자(儒)'의 기운이 증가하였다.

고정의 회합 뒤에 곧이어 치른 남궁의 춘시에서 진량은 이미 거의 순수한 '유학자'의 면모를 갖고 말을 하였는데, 바로 이 때문에 도학의 지공거知貢擧들에 의해 사사로이 제일로 채택되었던 것이다.[7] 장원의 월계관을 얻은 「정대廷對」에서 그는 "천하의 일 가운데 사람의 마음(人心)과 인민의 목숨(民命)보다 큰 것은 무엇이 있겠습니까? 그러나 그 요체는 한 사람의 마음(一人之心)에 있습니다."라고 하였다. 이는 천하의 대본大本이 (군주의) 한마음(一心)의 정심正心·성의誠意에 있다는 주희의 가르침과 한 입에서 나온 것과 같았다.

「정대」에서 진량은 명확하게 도덕道德과 성명性命, 문장文章과 정사政事는 통일되어 있기 때문에 어느 한쪽도 폐기할 수 없다는 새로운 설을 제출하였다.

20년 동안에 도덕과 성명의 학문이 일어나자 문장과 정사는 거의 깡그리 폐기되었습니다. 그 설은 이미 치우친 바가 있으므로 뜻있는 선비들이 대체로 고통을 겪었습니다. 10년 사이에 여러 선비들이 일어나 저지하고 억제하였으나 그 치우친 설을 다 저지하지 못하였으며, 거짓을 제거하였으

---

7 생각건대, 이해에 조여우가 지공거, 황상黃裳이 동지공거同知貢擧였다. 『송회요집고』 제109책 「선거選擧」 5에서 "경원 4년(1198) 6월 16일에 신료들이 말하였다. '과거는 ……' 해마다 온갖 계책을 꾸며 사사로움을 따르고, 안으로 성省의 과거와 조정의 시험에 (시험관과 짜고) 비밀 표시를 하거나 농락하는 폐단이 있었다. 예컨대 황도黃度, 나점과 같은 무리가 사사로이 진량을 취하여서 수많은 선비 가운데 으뜸이라고 한 것이 그것이다."라고 하였다. 또 제102책 「직관職官」 73에서 "무학 박사 장미수蔣米叟가 쫓겨났다. 전중 시어사 황보黃黼가 상주하기를, 장미수가 전로殿臚(전려殿臚 또는 여창臚唱, 전려傳臚라고도 함. 전시를 마친 뒤 황제가 전지를 내려서 새로 급제한 선비를 불러들여 볼 때 차례에 따라 이름을 부르는 일)를 외람되게 장악하고서 시권을 점검하여 진량의 시권을 수석으로 선발하였기 때문이다."라고 하였다.

나 천하의 현자가 먼저 버려진 탓에 쓰이지 못하였습니다.(*생각건대, 당연히 맨 먼저 주희를 가리킨다) 곁에서 보는 사람들도 이 때문에 분을 못 이겨 큰소리를 치니 인심이 어떻게 바로잡히겠습니까? 신은 원컨대, 폐하께서 …… 천하의 인재를 다 거둬들이고 능력과 덕망에 따라 저마다 쓰일 수 있게 하소서. 덕행德行과 언어言語, 정사와 문학은 어느 하나라도 폐기할 수 없으나, 덕행을 늘 앞세워서 드넓게 천하와 함께 이 길을 걸어야 합니다.

— 『용천집』 권11

10년 동안의 반도학을 부정하고(*왜냐하면 진량 스스로가 바로 10년 동안 반도학의 최대 피해자였기 때문에), 20년 동안의 정주 이학程朱理學의 흥기를 긍정하며(*왜냐하면 그는 도학자들의 동정과 구원을 받았기 때문에), 도덕과 성명, 정사와 문학을 어느 한쪽도 폐기할 수 없다는 주장에 담긴 진실한 함의는 정주 이학과 영강의 사공학이 함께 병존하자는 것이지만, 덕행을 우선으로 삼는다는 점은 이미 일종의 반反공리주의의 관점이다.

진량의 「정대응제廷對應制」 시에서 "관중管仲과 소하蕭何의 그릇이 작음을 누가 알까? 공자와 맹자는 사람이 있는 한 대대로 쓰이리라(管蕭器小誰能識, 孔孟人存用則傳)"고 읊은 내용은 바로 도덕과 성명, 정사와 문학을 어느 한쪽도 폐기할 수 없다는 사상을 발휘한 것이다. 그러나 「급제하고서 은혜에 사례하며 어사 시의 운에 화답하다(及第謝恩和御賜詩韻)」에서 그는 살쩍과 머리가 희끗희끗한 '유신儒臣'으로 자칭하고, '덕스러운 비가 골고루 내리고, 인자한 풍화를 받들어 떨친다(已將德雨平分布, 更把仁風與奉揚)'라면서 황은皇恩을 찬양하였다. 그는 논전 중에 비분강개하여서 영웅호걸다운 '사람'이 되려 하고 또 '유학'으로써 스스로를 다스리는 것에 반대했던 사람과는 전혀 다른 사람이 되었다.

이러한 (진량의 변화된) 관점은 결코 그가 한때 제칙制敕에 응하여 진심에서 우러나지 않은, 허구로 대답한 말이 아니라 그의 마지막 몇 년 생애의 근본 사상을 지배하였다. 이리하여 고정의 회합 뒤 바로 특이한 정경情景 한 막이 나타났다. 관중과 왕통王通을 추존하고 공자와 맹자를 짓밟는 영강의 공리 사조가 강서를 향해 사나운 물결을 일으키며 몰려갈 때 영강 공리학의 영수는 도리어 사상에서 정체를 보였으며 심지어 퇴보하기까지 했던 것이다.

반대로 주희는 계속 진량을 향하여 진격하였다. 진량이 높은 성적으로 장원하고 영광스럽게 금의환향하여 주희에게 편지를 써서 이제부터 '행동으로 바뀐 것을 보여주겠다(以動示易)'고 드러냈을 때, 주희는 9월 24일에 회답 한 통을 보내 비판하면서 '수많은 성인이 서로 전승한(千聖相傳)' 자기의 '정법안장正法眼藏'을 그에게 말하였다.

> 내 생각에 모름지기 먼저 내 스스로 좋아지고 당류黨類도 좋아져야 우리 임금이 좋아지고 천하 국가가 좋아집니다. …… 나 스스로 좋아지는 것으로부터 미루어가면, 이른바 좋아진다는 것은 모두 진실하고 모두 원대하며 또한 아주 오래가고 멀리 갈 것입니다. 만약 나 스스로부터 미루어가지 않는다면 미봉책으로 문제를 덮는 것일 뿐이므로 비록 구차히 한때에 부합할 수는 있지만, 이른바 좋아진다는 것이 모두 다른 날 어찌할 수 없는 병의 뿌리가 될 것입니다. 대체로 자기 몸을 닦고 임금을 섬기는 일이 애초에 두 가지 일이 아니니 두 갈래로 보아서는 안 됩니다. 이는 수많은 성인이 서로 전승한 정법안장으로서 평소 스승과 벗으로부터 듣고 가만히 지켜온 것인데, 이제 늙었으니 또한 죽더라도 고칠 수 없습니다.
>
> ─『문집』 권36 「답진동보」 서12

이는 여전히 두 사람의 도덕주의와 공리주의의 대립을 반영하지만, 장원을 차지한 진량은 끝내 '따분해져서(氣索)' 애매하고 무기력하게 말했을 뿐만 아니라 주희의 비평에 감히 회답을 하지 못하였다. 그런데 이와 달리 진량은 같은 시기에 임대중林大中에게 쓴 편지에서는 주희를 드높이 칭송하여서 "주원회(주희)는 사람 가운데 용(人中之龍)입니다."(『용천집』 권19 「여임화숙시랑與林和叔侍郞」)라고 하였다.

'사람 가운데 용'이란 바로 진량이 스스로 도달하고자 했던 이상적인 위인이었다. 그는 「자찬自讚」에서 다음과 같이 말하였다. "멀리서 보면 진량陳亮 같고 가까이서 보면 동보同甫 같다. 같고 다름은 논하지 못하나 또한 당금 세상에 누가 사람 가운데 용이며 문장 가운데 범(文中之虎)인가!" 만년의 진량의 눈에 신기질이 '문장 가운데 범'이고 '진짜 범(眞虎)'이라면 주희는 바로 '사람 가운데 용'으로서 대천세계大千世界에 뛰어다니는 쥐새끼들 위에 높이 솟은 사람이었다. 주희와 그의 사상에 대한 진량의 마지막 새로운 인식과 평가는 「발주회암송사조곽수재서후跋朱晦庵送寫照郭秀才序後」에 집중적으로 표현되어 있다.

…… 만년에 신안新安 주원회(주희)와 놀았는데, 그가 옛 성현의 마음 씀씀이를 논하는 것을 보니 쉽고 간결하며 정확하였다. 후세의 강사講師가 서로 전해주고 유속流俗이 서로 전하여서 이미 사람들의 마음속에 들어가 쉽게 풀리지 않는 설을 다 없애버리고, 곧바로 성현의 마음 바탕으로 들어가 그 오묘함을 발휘하여서 한 시대의 사람들과 함께 공유하려고 하였다. 세상에 받아들여지지 못하더라도 성현의 명맥이 있는 한 인심은 끝내 개명할 때가 있을 터이다. 경문(을 이해함)에 조금이라도 쉽고 간결하며 정확하지 않은 곳이 있으면 그대로 둔 채 논하지 않았으며, 그것이 성현의 본지本旨가 아니라고 여겨서 잘라 없애려고까지 하였다. 나는 이 때문에 천지의

대의大義에 감개하고 진·한 이래 여러 학자들에게 큰 불만을 품고서 그들의 고질을 풀어버리려고 생각하여 신안(주희)의 뜻을 따르려고 했으나, 그러지 못하였다. 그러나 (주희는) 세상에 존재하여 쉽게 제거할 수 없는 음양陰陽·복서卜筮와 서화書畫·기술伎術은 모두 보존하고 믿었으니, 장張(장식), 여呂(여조겸)와는 다르다. 곽숙첨郭叔瞻(곽공신郭拱辰)의 재능에 대해서는 더욱 아꼈기에 싫증을 내지 않고 기뻐하였다. …… 그러므로 내가 본래 곽숙첨과 옛날부터 아는 사이는 아니나, 제공諸公을 위해 그의 장기를 말하지 않을 수 없다. 또한 진·한 이래 여러 설을 신안이 번거롭게 깎아낸 뒤에야 성현의 심사心事를 다 밝힐 수 있었다.　　　　　　　　　　　　　　　─『용천집』권16

　　주희와 동시대의 사람들은 주희의 이학에 대해 지나치게 칭송하거나 그렇지 않으면 실제 이상으로 악랄하게 헐뜯었으며, 아무도 진량처럼 이렇게 간결하고 세련된 필치로 실감 나게 전면적인 평가를 내리고 그 특징을 포착한 사람은 없었다.

　　그러나 진량은 또 덕행과 언어, 그리고 정사와 문학을 어느 하나라도 폐기할 수 없으며, 또한 오로지 덕행이 우선이라는 관점에 근거하여 주학朱學을 평가하였다. 이른바 '곧바로 성현의 마음 바탕으로 들어갔다'는 말은 '안'을 향한 정심·수신의 도덕 수양 공부를 지향하는 것으로서, '밖'을 향한 공리 추구와 대립한다. 주희는 스스로 다음과 같이 말하였다. "이쪽으로 가면 의義이고, 저쪽으로 가면 이利이다. 안으로 향하면 성현의 영역에 들어가고, 밖으로 향하면 어리석고 불초한 길로 달리게 된다."(『어류』권119)

　　주희의 음양·복서·서화·기술의 학은 미망迷妄과 과학이 섞이고 방기方伎와 예술이 함께 진열되어 있는 까닭에 당시에도 아주 소수의 사람들만 주의하고 중시하였다. 진량은 덕행을 우선으로 하는 관점에서 주희가 곧바로 성현의 마음 바탕에 들어가고, 진·한 이래 각 사상가를 비판하는 것을 긍정하였으며, 또한 덕행과 언어, 정사와 문학은 어느 한쪽도 폐기할 수 없다는 관점에서 주희의 서화·기복俟卜의 학을 긍정하였다. 따라서 그가 '신안(주희)의 뜻을 따르려고 했으나 그러지 못하였다'고 말했다 하더라도, 한편으로 그의 사상 가운데 비공리주의 경향은 이미 주희의 사상과 소통했던 것이다. 주희가 여전히 그의 사상이 더욱 크게 바뀌기를 기다리면서 '다른 때 서로 만나기를 기다려, 손가락을 퉁기며 할 말이 없게 되면(俟它時相逢, 彈指無言可說)'이라고 그를 위한 「포슬음抱膝吟」을 쓰게 된 것도 이상하지 않다. 다만 진량은 비공리주의의 길에서 한 걸음 더 크게 내딛지 못하고 결국 경원 원년(1195) 정월에 병으로 죽었다. 주희는 끝내 「포슬음」을 완성하지 못하였다.

고정의 회합과 진량의 장원 이후 사실상 주희가 평생 절동의 영강학·여학·영가학과 벌인 논전은 이미 기본적으로 매듭지어졌다고 할 수 있다. 그가 소희 3년(1192)에 완성한 『맹자요략孟子要略』은 기유년(1189)에 제2차 학문 저술을 총결한 이래 절학과 벌인 논전의 성과였으며, 동시에 일생 동안 절학과 벌인 논전의 총결이었다. 그는 『맹자집해』와 『맹자집주』 외에 『맹자요략』을 지었는데, 이는 바로 자기의 도덕주의를 강조하고 절학의 공리주의를 비판하려는 것이었다.

주희가 보기에 『맹자』의 독특한 점은, 첫째, '허다한 도리를 모두 발명한' 데 있고, 둘째, '원두源頭(•성性)에서부터 말한' 데 있고, 셋째, '모든 것이 인의仁義로 귀결한' 데 있었다. 의義와 이利의 분별을 '오직 맹자만이 단호하게 말했다!' 이 점은 다만 그가 인성으로 복귀하는 인본주의 체계를 건립하는 데 가장 좋은 재료가 되었을 뿐만 아니라, 절동의 공리 사조를 비판하는 데 가장 좋은 경전적 근거를 제공하였다.

『맹자요략』 전체를 꿰뚫는 근본 '요지'는 바로 '인의仁義' 두 글자였다. 그의 제사 황경지黃敬之가 이 점을 이상히 여기고 물었다. "『맹자요략』을 보면 선생님께서 『맹자』를 말씀하신 것이 모두 인의로 귀결됩니다." 주희가 대답하였다. "그는 이 도리를 분명하게 꿰뚫어 보았다. 이면裏面을 보면 본래 다른 것이 없고 인의가 있을 뿐이다. 장차 말을 할 때 모두 이 점을 벗어나지 않은 것이지, 이와 같이 의도하여서 안배한 것은 아니다. 도는 이 인의를 벗어나지 않으니 인의를 버리고서는 도를 볼 수 없다."(『어류』 권105) 이 '인의(*의義)'는 바로 '공리(*이利)'에 대항하는 수단이었다.

소희 2년(1191)에 주희가 고정에서 섭하손葉賀孫(섭미도) 등 영가학자들에게 『맹자』를 강해하였을 때 바로 이 점을 겨냥하여서 다음과 같이 말하였다. "모든 일에 이심利心을 앞세워서는 안 됩니다. 이익을 말하자마자 반드시 의를 해칩니다. 성인이 일을 함에는 다만 의를 향해 해 나갔습니다. 그러나 의는 이롭지 않은 적이 없었습니다. 다만 이익을 먼저 말해서는 안 되며, 먼저 이익을 추구하는 마음을 두어서는 안 됩니다. 본래 도리에는 인의 하나가 있을 뿐이지, 다시 다른 사물은 없습니다."(동상 권51) 이 말은 그가 얼마 뒤 쓴 『맹자요략』의 전체 목적과 주요한 사상을 먼저 말한 것이다.

『맹자요략』의 이러한 반공리주의 사상 체계와 내재적인 논리 구조를 가장 명석하게 드러낸 사람은 서산西山 진덕수眞德秀이다. 그는 「맹자요략서孟子要略序」에서 다음과 같이 말하였다.

저 성性은 의리義理의 본원이니, 배우는 사람은 반드시 이것을 분명히 안 뒤에야 천하의 모든 선이 이로 말미암아 나오며 바깥에서 빌릴 것이 없다는 사실을 알 수 있다. 그러므로 이 편의 머리에서 성선性善을 말했던 것이다. 성이란 과연 무엇인가? 오상五常일 뿐이다. 인의仁義라는 것은 오상의 강령이다. 그러므로 성을 논한 다음에 인의를 말하였다. 심心이라는 것은 성의 주인이니, 잡아서 보존하고(操存) 지녀서 기르는(持養) 노력을 하지 않을 수 없다. 그러므로 심을 논하는 것이 인의의 다음이 된다. 어버이를 섬기고 형을 따르는 것은 자연스러운 천성이며, 본심이 더욱 절실하게 발현된 것이다. 그러므로 효제孝弟가 심을 논하는 것의 다음이 된다. 인의라는 것은 인심人心이 모두 같은 점인데 그것을 해치는 것은 이利이다. 배우는 사람은 반드시 의義와 이利의 나뉨을 살핀 뒤에야 올바른 본심을 잃지 않는다. 그러므로 의義와 이利가 효제의 다음이 된다. 의義와 이利를 분명히 안 뒤에 이것을 출처出處에 적용하면 나의 천작天爵을 수양해서 인작人爵의 유혹을 받지 않으며, 정사政事에 적용하면 왕도에 순수해지므로 패공霸功에 섞이지 않는다. 그러므로 의義와 이利의 다음에 이 두 가지가 따른다. 성현의 학문은 올바른 천리를 따르니 그 때문에 성을 다하며, 이단의 학문은 사사로운 인욕을 따르니 그 때문에 성을 어긴다. 그러므로 이 내용으로 끝을 맺었다.

— 『서산문집西山文集』 권29

성선性善—인의仁義—심心—효제孝悌—의와 이(義利)—천작과 인작(天爵人爵)—왕도와 패공(王道霸功)—천리와 인욕(天理人欲)은 바로 주희가 도덕화의 인본주의 체계에 내재한 논리적 구조를 전면적으로 전개한 것이다.

『맹자요략』은 확실히 일종의 인륜미학人倫美學과 인생철학의 승화이다. 주희가 편집한 이 책은 맹자를 빌려서 자기의 인본주의 체계를 일차적으로 간명하게 축소하여 개괄한 것이니, 마치 그가 초기에 편집한 『근사록』과 마찬가지로 학자들에게 입문서가 된다. 그러나 사납게 휩쓸려오는 현실 속 공리주의의 사나운 물결에 맞서서 『맹자요략』이 『근사록』과 같은 효과를 얻을 수 없었던 것은 정해진 운명이라 금방 사람들에게서 잊혔다.

┃ 주희와 신기질이라는 쌍둥이자리 ┃

고정考亭에서 주희가 진량, 진부량, 섭적, 육구연 등 명망이 탁월한 수많은 대가들과 끊임없이 논변을 벌였다면, 사국詞國의 영수 신기질과는 마음을 기울여서 교제를 하였으며, 도덕과 언어, 정사와 문학에서 뜻이 맞고 길이 합하였다.

신기질은 순희 9년(1182)에 주희와 거의 동시에 파직되어서 10년 동안 상요上饒에 은거하였기 때문에 조정에서는 이미 거의 그를 잊고 있었다. 다만 주희가 늘 제자들과 함께 담화하는 가운데 그가 버려진 점에 대해 분을 못이기고 불평을 털어놓았다.

신유안(신기질)은 역시 인재인데 어찌 쓰이지 않는단 말인가! 상벌이 분명했다면 그도 받아들여졌을 것이다. 오늘날 인재를 쓰는 방법은 단점이 있어도 다시 묻지 않으며, 과오가 해를 끼치는 것을 보면서도 걱정도 하지 않는다. 그리고 버려져도 또한 감히 거둬서 쓰려고 하지 않는다.

물었다. "진량은 쓸 만합니까?"
대답하였다. "조정의 상벌이 분명하다면 이런 사람들은 모두 쓸 만하다. 예컨대, 신유안은 역시 장수감이다. 다만 그가 제 마음대로 했을 때 아무도 그에 대해 감히 말하는 자가 없어서 그는 조금도 경책을 받지 않았다.

지금 한번 죄를 입게 되었지만 다시 의문을 제기하지 않은 탓에 끝내 버려졌다. 이 사람을 지도자로 삼는다면 다른 사람보다 뛰어난 점이 있다. 다만 상벌을 분명히 해서 써야만 그러할 것이다." ―『어류』 권132

소희 3년(1192) 봄, 신기질은 마침내 기용되어서 복건의 제점형옥提點刑獄에 제수되었는데, 이로써 그와 주희의 평생에 가장 친밀한 교제가 시작되었다.

신기질이 민閩(복건)에 왔다는 소식을 주희에게 전했을 때, 주희는 더욱 감정이 북받쳐서 파격적으로 축하의 글을 한 통 썼다.

신유안에게 답하여 올립니다(答辛幼安啓)

영광스럽게도 조정의 명을 받들어 헌관憲官으로 부임하셨습니다. 옛날에 어리석은 백성이 법을 범하였을 때 이미 두려운 위엄을 보이셨으며, 이제 성상께서 현자를 가려 뽑으셨으니 다시 전체가 편안해지는 계책을 세우신 것입니다. 이전의 명성이 미치자마자 경사스러운 명예가 번갈아 일어났습니다. 엎드려 생각건대, 귀관께서는 탁월한 기재奇才이시며 원대한 식견을 소통하셨습니다. 경륜과 사업은 왕실이 마음으로 믿고 의지하며, 유희遊戲와 문장은 또한 사림士林의 입에 오르내립니다. 사신(軺車, 조정의 명을 전하거나 사명을 받든 관리가 타는 가볍고 빠른 수레)으로 나가실 때마다 반드시 명성을 드러내시며, 안무사(制閫)로 한번 나가심에 곧 뚜렷한 업적을 거두셨습니다. 더욱이 집안에서 오래도록 편안함을 누릴 수 없어서 이에 깊이 (나라를) 평안하게 하기를 생각하셨습니다. 계강자季康子가 도적을 근심했을 때 장창張敞이 어찌 한가하게 지낼 날이 있었겠습니까? 과연 두텁게 돌아보시어 특별히 중요한 권력을 주셨습니다. '황화皇華'의 시를 노래하여서 군신의 우호를 유시諭示하시고, 직접 지적하여서 사신으로 삼은 뜻에 걸맞게끔 군국

郡國의 간사한 사람을 은밀히 제거하려고 생각하셨습니다. 다만 소환을 받을까(賜環) 두려워하며 앉은 자리가 따뜻해질 겨를이 없었습니다.

저는 구차하게 사록祠祿에 안주하여서 부봉部封(관할구역)을 맡았습니다. 법관(斧繡)으로 오신다는 말을 듣고 예물을 갖추어(鼎栖) 문안을 드렸는데, 오히려 번거롭게도 복잡한 예를 갖추어 여러 번 답장을 보내오셨습니다. 비록 귀중한 보물(南金)을 쌍으로 올려도 정중한 예를 갚을 수 없을 것입니다. 하물며 한 줄기 염교(薤)로 고명께 무슨 도움이 되겠습니까? 다만 대면할 기약이 있으니 감격하여 기뻐할 뿐입니다. ――『문집』 권85

'탁월한 기재이시며 원대한 식견을 소통'하였다는 말은 나중에 신기질에 대한 가장 뛰어난 정평이 되었다.

신기질은 부임하는 중에 건양建陽을 지날 때 특별히 주희를 한 차례 만나 복건의 정황을 물었고, 또 육구연이 형주荊州에서 쌓은 정치적 업적을 알려주었다. 주희는 4월 19일에 육구연에게 보낸 편지에서 다음과 같이 말하였다. "근래에 신유안(신기질)이 이리로 지나갔고, 또 호남 벗들의 편지를 받은 뒤에 비로소 정치와 교화가 함께 흘러서 선비와 백성이 교화하고 복종함을 알게 되었으니 매우 위안이 됩니다!"(『육구연연보』에서 인용)

임계林枅(*자방子方)가 거의 같은 시기인 소희 2년(1191) 12월에 복건 안무사로 부임하였는데, 그는 신기질과 마찬가지로 강직하고 위엄이 있었으며 엄격하고 신속하게 행정을 처리하는 정치적 인재였다. 두 사람은 모두 재상 유정留正과 조정에 막 들어와서 이부 상서를 맡고 있던 조여우趙汝愚의 천거를 받았다. 그래서 주희는 조여우에게 보낸 편지에서 다음과 같이 말하였다. "복건이 임(임계), 신(신기질) 두 사람을 얻게 되어서 온 지방이 매우 다행입니다."(『문집』 권29)

그러나 두 사람은 모두 강퍅하고 자기만 옳다고 여기며, 지나치게 강직해서 상대하기 어려웠기 때문에 정무를 처리할 때 공동으로 대처할 수 없었다. 황간이 주희에게 편지를 써서 다음과 같이 말하였다. "유중칙劉仲則이 찾아와서 이르기를, '내(원문은 3인칭 '그'이나 우리말로 옮기는 과정에서 '나'로 하였다. — 역자 주)가 군사의 막사에 함께 있는 모습을 보니 수사帥司(*임계)는 같은 반열에서 대체로 양보하지 않고, 신 헌辛憲(신기질)도 남에게 양보하지 않는 자이다. 일단 틈이 생기면 재앙이 생길 것이다. 나는 선생이 신 헌에게 나의 성명을 말씀하셔서 ……'라고 하였습니다."(『황면재집黃勉齋集』 권4 「여회암주선생서與晦庵朱先生書」)

임계와 신기질은 모두 주희에게 정무와 관련하여 참모로서 도와주기를 청하였는데, 주희는 두 사람의 행정에 대해 모두 긍정하였다. 주희는 임계에게 보낸 편지에서 다음과 같이 칭송하였다. "가만히 듣건대, 부임하신 이래 온갖 방법을 동원하여서 미납한 세금을 면제하고, 호령을 내리심에 지극히 간결하면서도 엄격하셔서 행정 조처가 가혹하지 않았음에도 사람들이 스스로 범하지 않는다고 합니다. 지방 수천 리에 아전은 두려워하고 백성은 편안하니, 근세에 없던 일입니다."(『속집』 권5 「여임안무與林按撫」) 주희는 임계의 시정施政이 '비록 엄격하나 간결하니, 이는 저절로 체모를 얻은 것'이라 여기고(『속집』 권4·상 「답유회백答劉晦伯」), 그의 정치적 업적을 전임 곤수閫帥(안무사) 조여우와 후임 곤수 정교鄭僑에 견주어 훨씬 높이 평가하였다.

같은 반열의 소속 부하와 임계의 관계가 좋지 않은 문제에 대해 주희는 유약劉爚에게 보낸 편지에서 다음과 같이 분석하였다. "임 수林帥(임계)는 본래 유능한 사람이나, 근래에 듣기에 헌사憲司(*신기질)와 화합하지 못한다고 하니 또한 어쩔 수 없는 일입니다. 어찌 신명神明이 장차 떠나서 이 지경에 이르리라 생각하지 못했습니까? 아니면, 주를 맡은 자는 본래 사자使者를 제지할 수 있으나 사자는 과연 현을 살필 수 없단 말입니까?"(『속집』 권4·상 「답유회백」 21)

주희의 뜻은 자연 수현의 사나운 관리가 엄격한 행정의 추진을 방해하고 제지하는 문제를 지적하려는 것이었다.

이 점에서 신기질은 임계와 같은 운명에 맞닥뜨렸고, 주희도 함께 비방을 받았다. 신기질이 민의 헌사로 부임한 해에 주희는 그와 밀접한 관계를 맺고 있었기 때문에 마침내 향리의 친척과 벗들로부터 대대적으로 죄를 얻었다. 9월에 주희는 유약에게 보낸 편지에서 다음과 같이 말하였다.

> 금년에 헌거憲車(신기질)와 서로 초대하였다가 향인鄕人들에게 큰 죄를 얻
> 었습니다. 사실은 한마디도 입을 열지 않았고 그의 물음에도 깊이 대응하
> 지 않았는데, 뜻밖에 이런 비방을 받았습니다.   —동상

주희는 단지 신기질과 서로 알고 있었다는 이유로 인해 '향인'에게 큰 죄를 얻었는데, 그 숨은 배경은 그가 신기질의 엄격한 행정을 위해 참모로서 도운 일이 향리의 호우豪右(호족)와 지방 관리의 이익에 손해를 입혔다는 데 있었다.

신기질은 복건에 도착하자마자 주희에게 행정을 물었고, 주희는 세 마디로 대답하였다.

> 백성에게 너그럽게 임하고, 선비를 예로써 대하고, 아전을 엄격하게 다
> 스리라.(臨民以寬, 待士以禮, 馭吏以嚴)   —『어류』권132

신기질의 행정은 엄격함을 숭상했으므로 군사를 다스리는 데는 뛰어났으나 백성을 다스리는 데는 모자랐으며, 아전을 엄격하게 다스리는 데는 충분하였으나 백성에게 너그럽게 임하는 데는 부족하였다. 주희의 세 마디 시정

施政의 대요大要는 대중요법으로서, 요컨대 단순히 엄격하고 위엄 있게 법으로 아랫사람을 다스리지 말고, 사랑과 형벌을 겸하여서 베풀고, 행정과 교화를 함께 일으키고, 관용과 엄격함을 고르게 쓰라는 것이었다.

신기질은 주희의 의견을 완전히 받아들여서 전임 수사 조여우와 전혀 다른 정치 기풍을 보여주었다. 조여우의 행정은 너그러움을 숭상한 까닭에 호족과 간사한 아전들을 자애로운 얼굴과 유연한 마음으로 대하였는데, 주희는 "대체로 그의 행정은 너그러움을 숭상하여서 남들과 좋게 지내려는 뜻이 있음을 면하지 못하니, 이 또한 보통 사람의 한 가지 폐단이다."(『속집』 권4·상 「답유회백」16)라며 불만스럽게 말하였다.

줄곧 엄격한 행정으로 이름이 났던 신기질이지만, 도리어 여기서는 관인 애민寬仁愛民이라는 정치적 명예를 널리 얻었다. 조정의 제사制詞에서도 다음과 같이 그를 칭송하였다. "여러 번 외대外臺(어사대)로 있으면서 심문을 할 때 너그럽게 하였는데, 민의 인호人戶도 그것을 알았다."(『공괴집攻媿集』 권36), "매진하는 기운을 기름에 날로 평정함으로 달려가고, 자세히 살피는 총명함을 누그러뜨림에 너그러움으로 돌아가는 데 힘썼다."(동상, 권35) 이는 분명 '백성에게 너그러움으로 임하라'는 주희의 충고에 영향을 받은 결과였다.

신기질은 주희와 대면하고 주희의 제자 반우문潘友文을 일컬어서 '마치 옛날 순리循吏처럼 백성을 사랑'하는 '아름다운 정사佳政'를 펼친다고 대단히 칭찬하였는데, 이는 바로 그 스스로 '백성에게 너그러움으로 임하는' 정사를 받들어 행한다고 자처하는 일이었다. 그가 장계현長溪縣의 죄수를 직접 심리하여 50여 명의 원안寃案을 시정한 일은 곧 민間에서 '백성에게 너그러움으로 임한' 아름다운 이야기로 원근에 전파되었다. "안무사 신기질이 (*복청福淸의 주부 부대성傅大聲이) 장계현의 죄수를 심문했던 사안을 조사하였는데, 부대성이 50여 명을 풀어주고 10여 명만 옥에 구류한 일이었다. 읍령邑令은 부대성이 이상하게 뒤집있다며 유감을 품고 주객의 예를 차리지 않았다. 부대성은 매우 질박한 옷을 입고 밥을 먹었다. 신기질이 직접 심문할 때 모두 부대성의 문초를 따랐다."(『도광복건통지道光福建通志』 권123 「환적지宦績志」) 이는 바로 제사制詞 가운데 '심문을 할 때 너그럽게 하였는데, 민의 인호人戶도 그것을 알았다'고 한 일이다.

그러나 '백성에게 너그럽게 임하는' 시정의 또 다른 측면에서 신기질은 불법을 저지르는 관리를 엄격하게 징치하였다. 나중에 진덕수眞德秀는 「조희역묘지명趙希懌墓誌銘」에서 조여우와 신기질의 행정 기풍을 다음과 같이 비교하였다. "(*조희역이) 복주福州의 사호참군司戶參軍에 조용調用되었는데 …… 호연랑戶掾郎이 되어서 옛날 역대와 선왕 때의 혜택과 사랑을 백성에게 베푼 유명한 관료의 사례를 모아서 편집하여 책으로 만들고는 가까이 두고 아침저녁으로 살펴보면서 (이것으로) 자기를 헤아려보았다. 부수府帥 조 충정공趙忠定公(조여우)이 일을 맡길 때마다 (자기가) 할 만하면 반드시 힘을 다하였고, 할 만하지 않으면 반드시 말을 다하였다. 충정공이 그의 재능을 추천하여서 …… 그 뒤 제점형옥 신기질이 수사의 업무를 대리하였는데, 지나치게 엄격하고 경솔하게 법조문을 적용하였기에 관리들이 두려워 떨면서 지시를 받들고 조항을 이행하지 못하여 견책을 받을까 두려워하였다. 공(조희역)은 줄곧 정당하게 대처하였고 굽히지 않았다."(『진서산집眞西山集』 권45) 이는 신기질의 일관된 행정 기풍이었으며, 주희가 속하의 관리를 부리던 수완과 완전히 같았다.

선비를 예로 대하는 점에서 보자면 신기질은 생애 최초로 재임한 만큼 군학郡學의 유학 교육을 일으키고 사풍士風과 학풍을 정돈하는 데 관심을 두었다. 복주의 주학州學은 동남쪽에서 가장 왕성하여 늘 제자가 수백 명이었으나, 주희는 "몇 년 전부터 교양에 법도가 없어지고, 스승과 학생이 서로 길 가는 사람 보듯이 한다."(『문집』 권80 「복주주학경사각기福州州學經史閣記」)고 하였다. 신기질은 소희 4년(1193)에 복주의 군학을 수리하였는데 머잖아 곧 이임離任했기 때문에 이후 복주의 지주知州가 된 주희의 제자 첨체인詹體仁이 이어서 '돈을 내어 군학의 수리를 도운 덕분에 전임 수령 신기질의 공을 완성하였다.'(『팔민 통지八閩通志』 권36 「질관지秩官志」)

복주 주학의 수리는 교수 상준손常浚孫에게 구체적인 책임을 맡겼고, 주학의 정돈은 주로 주희의 지도를 받았다. 주희는 제자 유약, 황간 등을 통해 상준손과 함께 주학에 대해 연구하고 토론하였다. 소희 4년에 그는 황간에게 보낸 편지에서 다음과 같이 말하였다. "그에 관해(＊생각건대, 복주의 주학을 가리킨다) 또한 보내온 편지 내용도 좋았다. 세도世道가 이와 같지만 우리는 다행히 성현의 남은 가르침을 들을 수 있으니 어찌 들은 바를 적용하여서 빠져 들어가는 이 사람들을 건지지 않을 수 있겠는가? …… 상 교常敎(상준손)가 학교를 정돈하는 일 역시 매우 쉽지 않다."(『속집』 권1 「답황직경」 서13)

소희 5년(1194) 1월 30일, 주희는 또 일부러 상준손에게 편지를 써서 다음과 같이 강조하였다.

> …… 황 서黃婿(사위 황간)의 편지를 보고 학교의 법규(規繩)가 말끔히 정돈되었음을 알게 되어서 제 마음이 깊은 위안을 받았습니다. 만약 다시 이끌어 권면하고 궁리수신窮理修身의 학문을 알게끔 한다면 거의 영건鈐鍵(관할하는 일, 관할)을 허비하지 않을 것입니다.
>
> ─『치교수학사致教授學士』, 『고궁역대법서전집故宮歷代法書全集』 12 〈송책宋冊〉 3

신기질이 주학의 유학 교육(儒敎)을 정돈하는 문제에 대해 주희는 표면적으로는 '한마디 말도 하지 않았고 그의 물음에도 깊이 응대하지 않았지만', 두 사람이 마음속으로는 서로 통하였음을 알 수 있다. 그 밖에 신기질이 딸

하나를 주희의 제자 진성보陳成父[8]에게 시집보낸 일과 의사를 청하여서 구산龜山 양시楊時의 손자 양악楊岳의 맹질盲疾을 치료하게 한 일도 모두 '선비를 예로써 대함에' 주희의 영향을 받았음을 알 수 있다.

그러나 '백성에게 너그러움으로 임하기' 위해서는 필연적으로 빈민을 마구 짓밟고 해치는 강력한 호족들에게 타격을 가해야 했고, '아전을 엄격하게 다스리기' 위해서는 필연적으로 탐학이 습성이 된 부패하고 간사한 관원과 아전을 징치해야 했으며, '선비를 예로써 대하기' 위해서는 필연적으로 명성을 추구하고 이익을 좇는 후안무치한 선비를 물리쳐야 했다. 품행이 나쁜 적잖은 선비들은 주희가 신기질과 서로 아는 사이임을 알고서 주희에게 추천서를 써달라고 부탁하였다가 거절을 당하였다. "신기질은 조정에서 버림을 받아 감사監司가 되었다. 이제 막 도임해왔으니, 역시 공의로 천거를 받아야 한다. 그가 한 지역의 관원을 쓰려면, 반드시 한 지역의 관원으로 하여금 어떤 사람을 천거받아서 격려하고 권하는지를 알게 해야 한다. 그가 만약 인정에 부응하여서 편지를 받고 대뜸 취하여 쓴다면 그의 이번 임무는 곧 실패할 것이다."(『어류』 권107) 주희가 '향인'들에게 큰 죄를 얻은 것은 결코 이상한 일이 아니었다.

주희가 '향인'들에게 큰 죄를 얻은 가장 큰 원인은 신기질이 주희의 의견을 받아들여서 조정에 글을 올려 경계經界와 초염鈔鹽의 시행을 청한 일이다. 소희 3년(1192) 6월, 신기질은 일부러 건양에 와서 주희가 고정의 새로운 거

---

8 『만성통보萬姓統譜』 권18 : "진준陳駿은 자가 민중敏仲이며 영덕寧德 사람이다. 진사가 되었고 주문공의 문하에 올랐다. …… 아들은 성보成父이며 자가 여옥汝玉이다. 가학을 이었다. 신기질이 헌사가 되어 민에 와서 그의 재주와 명성을 듣고 빈객의 자리에 초빙하고 딸을 아내로 주었다. 그의 학문은 성실을 확립하는 것을 근본으로 삼았다. 『근사록』 한 권을 입으로 외고 마음으로 깨우치기를 잠시도 그만두지 않았다. 그러므로 몸가짐에 모두 법도가 있었다."

처를 낙성한 일을 축하하고, 동시에 그와 함께 민중閩中 백성의 부담을 느슨하게 해줄 조치를 중점적으로 토론하고 연구하였는데, 경계와 초염은 자연스럽게 그들이 가장 관심을 기울인 중심 문제가 되었다. 주희는 황간에게 보낸 편지에서 이 만남을 다음과 같이 말하였다. "첩시牒試 중에 신 헌辛憲(신기질)과 탕 쉬湯倅가 이곳을 다녀갔는데, 모두 나에게 물어볼 것이 있는 듯하였다. 그런데 이윽고 손님이 있는 탓에 다시 입을 열지 못하였다."[9](『속집』 권1 「답황직경」 서32)

당시 조정에서는 3월에 설숙사薛叔似를 복건 전운판관으로 임명하여서 재부財賦를 정돈하게 하였으나, 그는 오히려 변혁에 부담을 느끼고 경계와 초염 같이 이해에 관계된 대단히 어려운 문제를 감히 건드리지 못하였다. 신기질과 주희가 회합하기 전날 밤에 설숙사는 백성의 부담을 느슨하게 해주는 문제에 관해 그들의 주장과 합치하지 못하였고, 6월에 총총히 이임하여서 입조하였다. 주희는 앞서 조여우에게 보낸 편지에서 다음과 같이 말하였다. "상선象先(*설숙사)이 온다면 더욱 위의 네 주州 재부의 원류를 정돈할 수 있을 테니 곧 더욱 오랜 혜택이 될 것입니다. 다만 그 뜻이 이른바 매우 심한 것을 제거하는 데만 있을까 염려되어서 또한 실망할 뿐입니다."(『문집』 권29 「답조상서答趙尙書」)

---

9 주희가 이 편지에서 언급한 바, 황간이 '과거에 응시하지 않은' 일은 바로 소희 3년(1192)에 추시秋試에 응시하지 않은 일이다. 소희 4년에는 춘시春試가 있었다. 그러므로 이 편지는 당연히 6월 사이에 쓴 것이다. 또 『속집』 권4·상 「답유회백」 서21에서도 주희는 황간이 과거에 응시하지 않은 일을 언급하였는데, 위의 편지와 같은 시기에 쓴 것이다. 이 편지를 살펴보면 조관漕官 설숙사薛叔似가 벼슬에 제수되어서 입조한 일이 언급되어 있는데, 「설숙사광지薛叔似壙誌」의 "소희 3년 3월 신사辛巳에 직비각直秘閣, 복건로 전운판관福建路轉運判官에 제수되었고, 6월 갑진甲辰에 태상소경에 제수되었다'고 한 기록에 근거하면, 이는 더욱이 주희와 신기질의 회합이 틀림없이 이해(1192) 6월에 있었음을 충분히 입증한다.

설숙사가 돌아가고 두 사람이 면담을 한 뒤에 신기질은 마침내 경계와 초염을 해결하려는 결심을 다졌다. 그래서 그는 복주에 돌아온 뒤 얼마 안 있어 곧 「논경계초염차자論經界鈔鹽箚子」를 올렸다.[10]

장주漳州·천주泉州·정주汀州 세 주는 모두 경계가 정해지지 않아서 장주와 천주의 백성은 자못 즐겁게 살지 못하며, 정주의 백성만 경제력에 차이가 없고 가구도 빈부의 차가 없기에 늘 (시정을) 청하였던 바입니다. 또 말하기를, "경계를 정한다면 그 사이의 조목에 대해 관부官府에서는 장차 백성을 해칠지도 모른다고 염려합니다만 관에서는 염려할 필요가 없습니다. 우리 백성이 책임질 것입니다."라고 하였는데, 이 말은 절실합니다. 그러므로 경계를 정하는 일이 으뜸이라고 하는 것입니다. 그 다음으로는 초염을 행하는 것이 무엇보다도 시급합니다. 초염의 이해는 전 수신帥臣 조여우가 논하여서 상주한 내용이 매우 상세합니다. …… 광서廣西에서는 법을 바꾸었더니 소금을 사는 사람이 없는데, 이는 속임수 때문입니다. 복건의 초법鈔法은 네 번이나 달을 넘겼건만 객이 초염을 사는 양은 거의 해마다 파는 전체 액수에 해당합니다. 법을 바꾼 초기에 네 주의 객초客鈔를 문득 통행하게 하였으나 정주가 가장 멀기 때문에 정주의 백성이 미처 옮겨다 팔지 못했고, 세 주에서 판매한 초염이 이미 정주에 들어와서 그 액수를 침탈하므로 정주의 초염을 내놓아 조금 느슨하게 하였습니다. 관리가 이를 구실로 삼아 그 법을 파기하였습니다. 오늘날 의론은 바로 정주에 시행하려는

---

10 신기질이 이 차자를 올린 때가 어느 달인지는 분명하지 않지만 6월에 주희가 '백성의 부담을 느슨하게 하자는 의론은 아직 요령을 얻지 못했다'고 하였고, 경계 또한 추수 뒤의 농한기를 틈타 진행해야 했으므로, 이 차자는 당연히 그해(1192) 가을에 올렸거나 9월에 임계林栟가 죽고 신기질이 수사의 업무를 대리하던 때 올렸을 터이다.

것인데, 어째서 목이 멜까봐 밥을 못 먹는단 말입니까? 그러므로 초염이
그 다음입니다.
　　　　　　　　　　　　　　　　　　　—『개경임정지開慶臨汀志』

　신기질의 이 주차奏箚는 거의 완전히 주희의 말을 반복한 것이다. 토지 겸
병과 염법의 붕괴는 본래 빈궁한 민호의 머리에 걸려 있는 가장 잔혹한 칼이
었다.

　민중에서 백성의 부담을 덜어주자는 뜻을 가진 사람은 모두 경계의 시행
을 주장하고 초법을 시행하자는 데로 기울었는데, 그중 가장 힘써 부르짖고
투쟁한 사람은 역시 주희였다. 주희는 장주에서 경계의 시행을 힘써 추진하
였는데, 조정의 재보宰輔 대신과 지방의 호족들로부터 반년 이상 저지를 당하
였다. 그는 여전히 유정과 오우규吳禹圭의 무리가 이 때문에 다시 임무를 맡
으려 하지 않는다고 말끝마다 호되게 비난하였으나, 조정의 상하 관원들은
경계에 대해 모두 말만 듣고도 두려워하였다. 염법에 관해서는 복건에서 초
법을 시행하여 백성의 폐해를 제거하자고 주희가 이미 몇 십 년을 외쳤으며,
정주에서 초법을 시행하자는 주장도 주희가 가장 먼저 제출하였다. 그러나
정주에서 초법을 시행하자는 주장도, 이를 조정에 상주하도록 조여우를 적
극 고무한 일도 전부 실패하고 말았다. 첨의지詹儀之가 광서에서 초법의 시행
을 추진하다가 무함을 받아 지위도 명예도 잃어버렸던 것과 거의 동시의 일
이었다. 조정의 상하 관원들은 초법에 대해서도 모두 입을 다물고 감히 말을
하지 않았다.

　신기질은 이때 다시 상주하여서 경계와 초법을 시행하자고 함으로써 '제
자신의 몸이나 온전히 지키고 자리나 보전하며(全軀保位)', '나라를 병들게 하고
백성을 죽이는(病國殄民)'(『문집』 권29 「답조상서」) 썩은 논의 가운데서 허공을 찢는
뇌성을 터뜨렸으며, 주희와 마찬가지로 강직하고 용감하게 감히 말하는 오만

한 성격을 드러내 보였다. 주희가 경계와 초법이라는 불길을 일으켜서 장주로부터 민중의 기타 주군을 향해 퍼뜨린 사건은 저절로 크고 작은 유정·오우규 같은 '향인'들에게 크게 죄를 얻는 일이 되었다.

경계와 초법을 시행하자는 신기질의 상주는 비록 실패했지만, 그와 주희의 관계는 더욱 밀접해졌다. 소희 3년(1192) 12월에 신기질은 행재소에 부름을 받았고, 소희 4년 정월 초에 북으로 올라가다가 건양을 지날 때 고정에서 주희와 또 한 차례 회합을 하였다. 주희는 유약에게 보낸 편지에서 이 회견을 언급하였다. "요정로鐃廷老(요간鐃幹)가 돌아와서 (그로부터) 여러분 사이에 이미 견해를 세웠다는 말을 들었습니다. 그런데 신 경辛卿(신기질)이 마침 왔을 때 내가 광우廣右(광서)의 사의事宜에 관해 따졌더니, 억지로 일을 일으킬 수 있을까 의심하고서 이에 다시 머물렀습니다."(『속집』권4·상「답유회백」20)

때맞춰 주희도 소희 3년 12월에 지 광서 안무사知廣西安撫使에 제수되었으므로 정사 토론이 이 상담의 주요 내용을 이루었다. 그런데 바로 이때 마침 진량도 고정에 있었기 때문에 처음으로 세 대가가 고정에서 회합을 할 수 있었다. 자계紫溪에서 모이기로 했던 (순희 14년의) 약속이 깨진 이래 세 사람이 함께 모여 토론하자고 했던 숙원이 마침내 실현되었던 것이다.

진량은 건양의 고정을 떠난 뒤 신기질을 따라 북으로 올라가 도성에 들어갔는데 도중에 상요에서 신기질의 대호帶湖 산거山居에 머물렀다. 그는 고정과 대호에서 두 사람의 화상畫像에 대해 찬贊을 지었는데, 이는 민閩(주희)·절浙(진량)·감贛(신기질) 삼괴三魁(세 거두)의 회합을 가장 훌륭하게 기념한 글이다.

주회암 화상찬朱晦庵畫像贊

몸은 순수한 양강陽剛으로 이루어졌고 기운은 바른 희로喜怒(감정)를 담았다. 온윤한 기운이 얼굴과 등에 흘러넘치는데(睟面盎背), 나는 그가 무엇을 즐거워하는지 모르겠다. 단정히 거처하며 깊이 생각에 잠겨 있는데, 나는 그가 무엇을 걱정하는지 모르겠다. 조대釣臺에 두어도 부리지 못하고 운대雲臺에 그리려 해도 포착하지 못한다. 천하에 사람이 살아온 지 오래인데, 상제의 바른 명(正命)을 듣는다.

신가헌 화상찬辛稼軒畵像贊

눈빛은 날카로워서 일세의 호걸을 비쳐주고, 등과 어깨는 탄탄해서 나라 사방의 중책을 짊어질 수 있다. 털끝만 건드려도 대번에 진동한다. 수염과 살쩍이 희끗희끗해짐을 알지 못하고 담력은 거의 두려움을 모른다. 오라고 하면 사람들이 오고, 가라고 손을 휘저으면 사람들이 가되 천지 사이에서 도망할 곳이 없었다. 휘저어도 흐리지 않고 맑게 해도 맑아지지 않으니, 어찌 장상將相의 씨(種)가 아니겠는가! 그러므로 진짜 쥐새끼(眞鼠)는 잘 못하여서 쓰이고 진짜 호랑이(眞虎)는 쓰이지 못한다. 쓰는 일은 하늘의 은총(天寵)이기 때문이다. ──『용천집』권10

한 사람은 '사람 가운데 호랑이(人中之虎)'로서 한 몸에 양강陽剛의 정기를 갖춘 일대 유종儒宗이었다. 나아가서는 천하를 널리 구제하고, 물러나서는 홀로 자기의 선善을 지키며, 조대에 두어도 누르지 못하고 운대에 그려도 오연한 정신을 포착하지 못하며, 통치자에게 굽히지 않고 쇠퇴한 세상에 쓰이지 않으며, 세속 사람들에게 이해받지 못하였다. 그는 오직 스스로 도를 행하고 상제의 '바른 명'을 듣고 따랐다.

또 한 사람은 반대로 '문장 가운데 호랑이(文中之虎)'로서 한 시대를 압도하는 영웅호걸이었다. 굉장히 대담하고 용감하였으며, 사람을 마음대로 오라 가라 하고 천지 사이를 종횡으로 치달렸다. 그러나 쥐새끼 같은 소인배들이 성권을 잡고 있는 세상에서 '진짜 호랑이'는 세상에 쓰이지 못하였고 오직 '하늘의 은총'을 구할 뿐이었다.

이 화상찬 두 수는 진량의 「자찬自贊」을 더하면 저절로 용이 잠기고 호랑이가 뛰는 삼영도三英圖를 이루었으며, 주희·신기질·진량의 고정의 회합을 생생하게 상징하는 글이었다. 세 사람의 공통된 화제는 역시 금金에 대항하여 중원을 수복하는 문제였기 때문에 신기질이 도성에 들어간 뒤 올린 차자 「논형양상류위동남중지論荊襄上流爲東南重地」는 당연히 세 사람이 고정에서 함께 토론한 성과였으며, 세 사람의 공통된 마음의 소리를 말한 글이었다.

역사가 두 거인의 흉금을 터놓을 교제를 위해 안배한 양, 신기질은 조정에서 겨우 몇 개월 동안 태부 경太府卿으로 있다가 곧 소희 4년(1193) 8월에 다시 복건 안무사로 부임하여서 복주福州로 왔다. 대략 9월에 그는 부임하는 도중 건양 고정을 지나면서 주희와 한 차례 만났다.

중구절重九節이 지나면 곧 주희의 생일이었다. 무이산은 이미 단풍으로 붉게 물들고 시내와 못은 벽옥으로 바뀌었으며 내를 낀 봉우리는 온통 푸르러서 유달리 사람을 유혹하는 풍광과 정취를 드러냈다. 두 사람은 함께 정사를 토론한 뒤에 같이 무이산을 유람하면서 구곡九曲을 배로 돌았고, 신기질도 도가棹歌 열 수를 지어서 주희에게 증정하였다.

무이를 노닐면서 도가를 지어 화옹에게 증정하다　游武夷作棹歌呈晦翁

한 줄기 냇물이 첩첩한 봉우리를 뚫고 흘러　　一水奔流疊嶂開

한낮에 냇가를 거닐자니 우레 같은 소리가 난다　溪頭午步響如雷

조각배를 젓느라 사공은 힘을 다 하여도　　扁舟費盡篙師力

지척의 잔잔한 물을 오르지 못한다　　咫尺平瀾上不來

산 위에는 바람 불어 학 울음이 생황 같고　　山上風吹笙鶴聲
산 앞에는 푸른 구름 병풍처럼 둘러 있다　　山前人望翠雲屛
봉래산에서 공연히 요지의 길을 찾네　　　　蓬萊枉覓瑤池路
사람 세상에 만정 있음을 말하지 말라　　　　不道人間有慢亭

옥녀봉 앞에서는 사공이 노래하고　　　　　玉女峰前一棹歌
노을과 안개는 푸른 물결을 일으킨다　　　　煙鬟霧鬐動淸波
놀이꾼들 떠난 뒤 단풍 숲엔 밤이 들고　　　游人去後楓林夜
빈산에 달빛만 훤하니 내 어이하리　　　　　月滿空山可奈何

선인이 진나라를 피하여　　　　　　　　　見說仙人此避秦
흐르는 물을 따라 계곡으로 왔다 하네　　　　愛隨流水一溪云
꽃은 어디라 할 것 없이 피고 지는데　　　　花開花落無尋處
달 밝은 밤 젓대 소리 들리는 듯하네　　　　彷佛吹簫月夜聞

천 길 푸른 절벽은 하늘에 닿아　　　　　　千丈攙天翠壁高
어느 노련한 나무꾼이 오를까　　　　　　　定誰狡獪揷遺樵
신선은 바람 타고 만 리를 날아　　　　　　神仙萬里乘風去
공중에 걸린 다리 다시 지나네　　　　　　　更度槎枒個樣橋

산에는 길 있어 선계로 이어져　　　　　　山頭有路接無塵
왕손을 찾아 나루터를 묻네　　　　　　　　欲覓王孫試問津
푸른 절벽 높은 곳을 보니　　　　　　　　瞥向蒼崖高處見
옹기종기 노니는 사람들　　　　　　　　　三三兩兩看游人

삐쭉삐쭉 큰 돌덩이	巨石亭亭缺齧多
천고에 닳고 닳아	懸知千古也消磨
인간 세상은 하늘을 떠받친 기둥을 찾는데	人間正覓擎天柱
바람 불고 비 뿌리니 어찌 할거나	無奈風吹雨打何
산으로 들어온 지 몇 해이던가	自有山來幾許年
기괴도 기괴할사 의연하구나	千奇萬怪只依然
정사의 선생께 물었더니	試從精舍先生問
복희씨 팔괘가 앞에 펼쳐졌네*	定在庖犧八卦前

* 정사에 복희의 소상이 있고 팔괘가 그려져 있다(精舍中有伏犧塑像作畫八卦)

산중 나그네 제왕의 스승	山中有客帝王師
날마다 시 읊으며 낚시질하네	日日吟詩坐釣磯
노을로 밥을 지어도 다 드리지 못하네	費盡煙霞供不足
어느 때 서백을 만나 돌아갈거나	幾時西伯載將歸
길은 구불구불 아홉 굽이	行盡桑麻九曲天
아름다운 곳 찾아서 머물 만하네	更尋佳處可留連
돌아오는 배는 쏜살 같아서	如今歸棹如挧箭
거슬러 오를 때처럼 힘들지 않네	不似來時上水船

— 『무이산지武夷山志』, 『철망산호鐵網珊瑚』, 『가헌시문초존稼軒詩文鈔存』[11]

---

11 생각건대, 무이산은 겨울에는 춥고 여름에는 더워서 일반적으로 봄과 가을에 산행을 한다. 신
기질의 시 가운데서 '단풍 숲엔 밤이 들고(楓林夜)', '빈산에 달빛만 훤하니(月滿空山)'라는 시어

신기질의 눈에는, 사람들이 하늘을 떠받칠 기둥을 찾던 시대에 주희는 산중에 은거한 '제왕의 스승'이었다. 그는 (주희가) 무이산의 산수를 즐기고 시를 읊조리며 낚시를 드리우고 있으면 마침내 '서백西伯(문왕)'이 찾아와서, 재주를 품고도 때를 만나지 못한 이 백발의 은신隱臣을 수레에 태워가기를 바랐다. 주희도 신기질의 두 재실齋室을 위해 손수 '극기복례克己復禮', '숙흥야매凤興夜寐'라는 편액을 두 장 써주며, 그가 위기爲己의 공부에 많이 힘써서 단점을 극복하기를 바랐다. 신기질도 그의 충고를 받아들였다.

이 만남 뒤 신기질은 민에서 과연 복잡하고 가혹한 행정을 진정시켰다. 이에 따라 그의 정치적 명성이 찬란히 빛났다. "이때에 힘써 진정을 시켜서 1년이 못 가 50만 민緡의 돈을 저축하여 '비안고備安庫'라고 이름을 붙였다. 그러고 말하기를, 민중閩中은 땅이 좁고 사람이 빽빽하여서 수확이 적으면 광주廣州에서 곡식을 사왔는데, 이번에는 다행히 해마다 풍년이 들어서 종실과 군인들이 창고에 들어와 쌀을 요구하였고, 그들이 나간 뒤 (남은 것을) 내다 팔고 가을에 쌀값이 떨어지자 비안전備安錢으로 2만 석을 사서 대비했더니 문제가 없었다고 하였다."(『송사』 권401「신기질전」) 이러한 비안고의 방책은 분명히 주희가 민중에서 추진한 사창법社倉法과 구재진황법救災賑荒法을 참조하여 창설한 것이다.

신기질은 행정을 펼칠 때 주희의 주장을 많이 채택하였다. 소희 4년(1193)에 신기질은 장계長溪 등의 현에 소금판매법을 추진하라는 행정명령을 내렸으나 곧 취소했는데, 누약樓鑰이 「조충묘지명曹充墓誌銘」에서 이 사건을 언급하였다.

를 보면 가을을 가리키니, 이 시는 응당 이해(1193) 9월 민에 가서 무이산에서 노닐 때 지은 작품이다.

(*조충이) 복주 장계현의 지현知縣으로 고쳐 제수되었다. …… 장계에 이르렀더니 신 공후公(신기질)이 민의 안무사로서 소금 판매를 맡겼다. 그대(조충)는 현이 생산의 터전으로서 개국 이래 백성과 이익을 다툰 적이 없었으니 이 법을 유지시킬 수 없다고 하였다. 안무사는 노하여서 곧 조충을 규탄하였다. 여러 번 청한 뒤에야 안무사가 이해하고 (조충을) 직책에 나아가지 못하게 한 뒤 열흘 정도 함께 술을 마시면서 시를 읊으며 지냈다. 이거貳車(통판)의 자리가 비어서 그대(조충)를 머물게 했다.　　　　　—『공괴집』 권106

주희는 소금 판매가 백성에게 가장 해독을 끼치는 부당한 조세라고 여겼고, 일찍이 장주의 수령으로 있을 때 소금 판매를 폐지하였다. 신기질이 홀연 소금 판매를 정지한 까닭은, 실은 주희의 권유에 따른 일이었다. 주희는 황간에게 보낸 편지에서 다음과 같이 말하였다. "신 경후卿(신기질)이 소금 판매를 실시했다가 그만두었으니 도리어 잘된 일이다."(『속집』 권1 「답황직경」 서13)[12] 이와 동시에 주희는 전운사 노언덕盧彦德(*국화國華)에게 「여조사차자與漕司箚子」를 올려서 관부가 소금을 판매하여 백성과 이익을 다투는 문제에 대해 '백성에게는 해가 되고 관에는 이익이 없음은 그 이치가 매우 분명하다'고 통렬히 진술하고, 소금 판매의 중지를 청하였다(『문집』 권29). 신기질은 주희의 주차奏箚와 황간의 전언을 들은 뒤 명령을 철회했을 터이니 하속들이 뜻밖의 일로 여긴 것도 이상하지 않다.

신기질이 복건에서 민의 헌사憲司와 수사帥司로 부임해 있는 2년 동안 주

---

12 생각건대, 이 편지에서 언급된 바, 복주 주학의 교수 상준손이 학교를 정돈한 일은 주희의 「복주주학경사각기福州州學經史閣記」에 따르면 소희 4년(1193)에 있었으니, 신기질이 소금 판매를 시행하려고 한 일은 바로 이해에 있었음을 알 수 있다.

희와 신기질 두 사람은 서로 사이좋게 빛을 비추는 쌍둥이자리처럼 동남쪽 창공에 떠올랐다. 이 특별한 교제는 소희 5년(1194) 4월에 주희가 장사長沙의 수령으로 부임하면서 종말을 고했고, 신기질도 7월에 간관 황애黃艾의 논핵을 받아서 민을 떠나 상요로 돌아갔다. 그러나 두 사람의 깊고 돈독한 우의는 단절되지 않았다. 주희의 사상은 신기질에게 깊고 깊은 영향을 끼쳤다.

나중에 신기질은 가태嘉泰 3년(1203)에 다시 절동 안무사로 부임하였을 때 민중에서 시행한 법령을 절동에도 널리 적용하여서, 전력을 기울여 소금 판매의 해악을 제거하였다. 조정에서도 그가 절동에서 행한 일을 일컬어 '소금 판매의 해악을 경이 많이 해결하였다'고 칭찬하였다(『후락집後樂集』 권1). 그가 절동 안무사로서 입조하여 건의한 내용도 오로지 염법鹽法에 관한 일이었다.

주희는 경원 5년(1199)에 신기질에게 보낸 편지에서도 내내 '극기복례'를 권면하였고(『청용거사집淸容居士集』 권46), 신기질도 줄곧 그의 '위기爲己'의 훈계로써 스스로를 경계하였다. 경원 6년에 주희가 병으로 서거했다는 소식을 듣고 신기질은 평생 주희와 교제하면서 정신적 계발을 받았다고 털어놓은 사詞를 한 편 지었다.

황은에 감격하다	感皇恩
—『장자』를 읽다가 주회암이 죽었다는 소식을 듣고	讀莊子聞朱晦庵卽世

책상에 놓인 책 몇 편은	案上數編書
『장자』 아니면 『노자』라네	非莊卽老
말을 잊어야 비로소 도를 안다고 하는데	會說忘言始知道
만 마디 말, 천 마디 구절을	萬言千句
잊어버리고 웃을 수만은 없다네	不自能忘堪笑

오늘 아침 장마가 개어	今朝梅雨霽
하늘이 푸르다	青天好
골짜기에 언덕에	一壑一丘
단출한 적삼, 짧은 모자	輕衫短帽
백발은 성성하고 옛 친구는 적다	白髮多時故人少
그대는 어디에 있나	子云何在
현묘한 경전과 초고만 남았네	應有玄經遺草
강과 냇물은 밤낮 흐르니	江河流日夜
어느 때나 그치려나	何時了

신기질은 본래 불가와 도가를 매우 좋아했으나 끝내 스스로 말을 잊고 도를 아는(忘言知道) 장자·노자의 경지에는 이르지 못할 것을 깨닫고, 실제적인 유가로 전향하여 정신적으로 '장마가 개어, 하늘이 푸른' 각성을 활연히 드러냈는데, 이는 주희의 '현묘한 경전과 남은 초고'를 읽었기 때문이다.

이 정신적 각성의 길은 민에서 2년간 있을 때 자연스럽게 주희가 그에게 뚜렷이 지시해준 길이었기 때문에, 그는 민을 떠난 뒤 오래지 않아 주희와 함께 경원당금慶元黨禁의 모진 고난을 겪지 않을 수 없었다.

내 바라기는 임금이 하늘의 조화를 본받아

주희는 필경 조대釣臺에 몸은 두었어도 부릴 수 없는 산중 '제왕의 스승帝王師'이었지만, '조대'에 있을 때 도리어 마음은 '운대雲臺'에 있었다. 고정의 시내와 산에서 숨어 지낼 때 그는 내심의 진정한 정신적 갈망과 바람을 소희 3년(1192)에 쓴 시에서 토로하였다.

임자 3월 27일에 갑작스러운 우레 소리를 듣고 느낌이 있어서

壬子三月二十七日聞迅雷有感

누가 신령의 도끼를 휘둘러 완강한 음을 쪼개는가	誰將神斧破頑陰
땅이 갈라지고 산이 무너져 귀신은 숲을 잃어버렸다	地裂山開鬼失林
내 바라기는 임금이 하늘의 조화를 본받아	我願君王法天造
일찌감치 웅혼한 판단을 내려 뭇사람의 마음에 보답하기를	早施雄斷答群心

—『문집』 권6

그도 갑자기 터진 우레 소리가, 완강한 음이 뒤덮고 만 마리 말이 일제히 울부짖음을 억제당한 듯한 구차한 안정을 타파하기를 갈망하였으나, 그럼에도 불구하고 하느님天公이 다시 떨쳐 일어나기를 구하지 않고 임금이 하늘의 조화를 본받기를 구하였다. 고정에 있으면서 이런 환영幻影이 그를 향해 가까이 다가드는 듯하였다.

조돈趙惇(광종)이 즉위한 뒤 남송 조정에는 융흥隆興의 화의에 따른 구차한 안정 이래 가장 심각한 정권의 위기가 발생하였다. 도학 세력은 이 위기 가운데 한 차례 결정적으로 새로이 집결하였고, 주희도 도학자들과 함께 유정에게 기대를 걸던 데서 조여우에게 기대를 걸게 된 사상적인 전변을 겪었다. 그리고 마침내 '서백西伯'이 와서 그를 수레에 태워 조정에 들어가게 되었다.

어리석은 군주 조돈의 부패한 통치는 남송의 소조정을 신속하게 붕궤崩潰의 끝자리로 향하게 만들었다. 소희 2년(1191) 2월, 전당錢塘의 포의布衣 여고余 古가 글을 올려서 조돈을 통렬하게 꾸짖었다.

> 폐하께서는 즉위하신 이래 …… 절도 없이 잔치와 놀이를 즐기고 까닭
> 없이 음악을 즐기시되 낮 동안도 부족하여 밤에까지 하십니다. 시도 때도
> 없이 궁녀를 들이고 절제 없이 영인伶人이 드나듭니다. 환관이 정권을 침탈
> 하는데 이에 더하여서 총애를 내리시고, 혹 등급을 건너뛰어서 궁내의 관
> 직으로 옮기기도 합니다. …… 누대樓臺는 은하수에까지 이어질 정도로 즐
> 비하고, 심한 경우에는 폐하께서 쓰지도 않는 크고 작은 정자의 건축이 끊
> 이지 않습니다. 심지어 번부藩部의 음악을 연주하고 제랑齊郎의 춤을 익히
> 며, 총애하여 가까이 부리는 신하와 후궁들이 배우들과 뒤섞여서 수십 명
> 씩 모여 괴상한 수건으로 장식하고 이상한 복장을 늘어뜨리고서 극히 추
> 악하기가 그지없고, 웃고 떠들어서 차마 할 말이 없습니다. …… 신이 보
> 기에는 환자宦者가 성하기로 지금 같은 때가 없습니다. 위로 삼성三省과 아
> 래로 백사百司가 모두 이 조曹(환관 기구, 입내내시성入內內侍省)의 호령 아래 있습
> 니다. 부장副將으로부터 전보수殿步帥에 이르기까지 저마다 높은 값이 매겨
> 져 있는 탓에 공적을 쌓았거나 범죄를 저질렀거나, 날래고 용감하거나 겁

많고 나약하거나를 묻지 않고 값에 맞게 뇌물을 바치면, 특별히 전지를 내려서 제수를 합니다. 그러므로 장수는 모두 탐욕스럽고 몰인정하며, 군졸과 장교는 춥고 배고프지 않은 이가 없습니다. 병기는 낡고 이가 빠졌으며, 사졸과 말은 파리하고 말랐음은 물을 것도 없습니다. 만일 위급한 상황이 일어나면 장차 어떻게 계책을 세우겠습니까! 이는 큰 해로움입니다. 참으로 공경公卿은 녹을 차지하면서 자리나 지키며, 관원은 제 한 몸 온전히 하려고만 하기에, 온 조정이 모두 한의 석경石慶이나 당의 소미도蘇味道와 같은 소인들로 꽉 차 있습니다.　　　—『속자치통감』 권152

이것이 바로 완강하게 도학이라는 문화 사조를 탄생시킨 사회적 온상이며, 또한 주희의 뇌리에서 군왕이 하늘의 조화를 본받는(君王法天造) 환상을 불러일으킨 현실적 토양이었다. 그러나 녹을 차지하고 자리를 지키는 재보宰輔의 대신들에게 둘러싸인 조돈은 애초에 어떻게 해야 하늘의 조화를 본받는 군왕이 될 것인지 생각도 하지 못하였다.

주희가 장주에 부임하였다가 돌아온 뒤 첫 번째로 받은 타격은, 바로 장주의 진사 오우규를 대표로 하는, 천주·장주에 근거지를 둔 유정의 인당姻黨과 호족들이 조정을 향해서 경계를 그만두기를 청한 일이었다. 주희는 여기서 유정의 모습을 간파한 뒤 조여우에게 보낸 편지에서 거의 절망적인 탄식을 털어놓았다.

지금 이 일로 보건대, 승상(◆유정)이 처한 상황은 바로 장주의 진사 오우규와 그를 유도하고 그에게 힘을 실어주는 사람들의 영향 아래 있다는 것임을 알 수 있습니다. 지금은 비록 부끄러움이 없다 하나 감히 이런 처지를 무릅쓰고 나아간단 말입니까! 저는 성격이 뻣뻣하고 졸렬하며 때를 못

만나 고생만 하고 있는데 한번 나아갔다가 당중우唐仲友의 일을 겪었고, 두 번째 나아갔다가 임황중林黃中(임률)의 일을 겪었으며, 이제 또 오우규의 일을 겪으니 어찌 하늘이 시킨 일이 아니겠습니까! 하늘이 참으로 이렇게 하는데 어찌 사람을 탓하겠습니까!　　　　　　　　　　　—『문집』 권28 「여조수서與趙帥書」

소희 2년(1191) 9월에 조여우가 입조하여 이부 상서吏部尙書에 제수된 뒤 건양을 지나다가 주희를 만나 함께 정사를 논의하였는데, 이때 주희는 유정의 진면목에 대해 세상 사람들에게 '설파說破'하자는 뜻을 표시하였다. 그러나 조여우가 극력 말리는 바람에 그렇게 하지는 않았고, 다만 자기의 근심 걱정과 울분을 그가 유정에게 전해주기를 바랐다. 이로부터 주희의 눈에 비친 유정은 '제 한 몸 온전히 하고 처자식을 지키는 염려가 깊은 반면, 나라를 걱정하고 백성을 사랑하는 마음은 얇은' 용렬한 재상일 뿐이었다(『문집』 권29 「답조상서與趙尙書」).

교활하고 노회한 유정은 여전히 끊임없이 조돈의 두터운 은총을 믿고 농락을 부렸지만, 그럼에도 소희 2년 9월에는 주희를 형호남로 전운부사荊湖南路轉運副使에 천거하였고, 소희 3년 12월에는 또 광남서로 안무사廣南西路按撫使에 천거하였다. 주희는 이를 모두 거절하고 나아가려 하지 않았다. 그는 유정에게 회신을 보내 "상공께서 저를 아는 것은 향리의 아이들을 아는 것보다도 깊지 않고, 저 장주의 사민士民을 아끼는 것은 자잘한 인아姻婭(인척)를 아끼는 것만큼도 두텁지 않습니다."(『문집』 권29 「여유승상서與留丞相書」) 하고 밝혔다. 그는 주필대에 이어 유정에게도 실망하였다.

입조하여서 이부 상서가 된 조여우가 재보에 오르리라는 전망은 이미 날짜를 꼽아가며 기다릴 정도였다. 그는, 주희와 도학자들이 가장 중망重望을 기울이는, 정권을 장악한 '스타(明星)'였다. 소희 3년 3월, 감찰어사 곽덕린郭德

麟(*방서邦瑞)은 반도학의 흉악한 사람들을 탄핵하면서 유정을 (반도학의 사람들에) 끌어들였고, 압박을 받은 유정은 결국 재상의 지위에서 물러나기를 청하였다. 주희는 비록 유정을 공격하여 쫓아내기를 주장하지는 않았지만, 직위에서 물러나 조정을 떠난 곽덕린에 대해 '항거하는 소疏가 사악함을 저촉하여서' '맑은 이름과 곧은 절개가 충분히 마을의 영광이 되고, 흉악한 한 사람을 제거한 일도 적으나마 음사陰邪한 기운을 꺾었다'고 성대하게 칭송하였다(『속집』 권5 「답곽찰원與郭察院」).

유정은 여전히 동부東府(상서성)에 머물면서 정권을 장악했지만 이미 인망을 얻지 못하였고, 주희는 조여우가 나와서 다시 조정의 국면을 떨치기를 바랐다. 4월 26일에 그는 조여우에게 편지를 보냈다.

> 동부에 유정을 복귀시켰으나(*생각건대, 유정이 여전히 정권을 장악한 사실을 가리킨다) 그 형세가 어찌 오래가겠습니까? 생각건대 그도 반드시 스스로 알 것입니다. …… 상서尙書께서 그에게 보인 정의情義가 엷지 않으니 그를 권하여서 반드시 오래갈 수 없는 이 형세를 타고 상께 힘써 말씀 올려서 안정과 위기, 정치와 혼란의 기미를 극력 진술하고, 충성과 사특함(忠邪), 굽음과 정직함(枉直)의 변별을 크게 밝혀 국가의 장구하고 원대한 계책을 삼게 하는 것이 어떻겠습니까? 성공한다면 종사宗社에는 신령한 일이고 생민에게는 다행한 일이며, 성공하지 못하면 고개를 숙이고 마음을 기울여서 앞으로는 핍박을 받고 뒤로는 두려움을 느끼며, 이로써 잠깐 동안의 상황과 보잘것없는 영록榮祿을 지키고 스스로 소인의 무리에서 빠져나오지 못하게 됨으로써 국가를 그르칠 것입니다. 이것으로 저것을 바꾸니 어찌 드넓어서 마음에 부끄러움과 뉘우침이 없을 수 있겠습니까?
>
> —『문집』 권29 「답조상서答趙尙書」

여기에는 이미 유정에게 형세를 알고 스스로 물러나기를 권유하는 뜻이 담겨 있다. 그러나 조정의 국면이 뜻하지 않게 변하여서 유정에게 남은 집정執政의 기간을 구차하게 부지할 수 있도록 하였다.

소희 2년(1191) 이후 조정의 국면이 격렬하게 들끓고 불안했으므로 주희는 조정의 3대 모순을 향하여 주의를 집중하였다. 양궁兩宮의 불화, 근습近習의 권력 농단, 도학의 당쟁이 그것이었다. 조신趙眘(효종)과 조돈, 곧 양궁의 불화는 표면상으로는 가까이 부리는 근습과 아첨하는 총신들이 이간질을 하여 생긴 현상이지만, 실제로는 오랫동안 잠복해 있던 갈등이었다. 사나운 황후 이씨가 총애를 믿고 정사에 간여한 것이 조신과 조돈 사이의 시기와 원한을 더 깊게 만들었다.

한번은 병이 든 조돈을 위해 조신이 유명하고 귀한 환약을 구입하여서 조돈이 중화궁에 자기를 뵈러 들어올 때 먹이려고 준비해 두었는데, 환관들이 곧 이씨의 면전에서 조신이 조돈을 죽이려 한다고 헐뜯었다. "태상황께서 약 한 알을 조제하여 궁거宮車가 들르기를 기다리며 약을 먹으려고 합니다. 만일 뜻밖의 일이 일어난다면 종사가 어찌 되겠습니까!" 이씨는 마음에 원한을 품었다. 얼마 뒤 궁전의 잔치 자리에서 조신에게 가왕嘉王 조확趙擴을 태자로 세우라고 청하였는데, 조신은 수긍하지 않았다. 이씨는 독을 품고 말하였다. "첩은 육례六禮를 갖춰서 황후가 되었으며 가왕은 첩이 몸소 나은 자식인데 왜 안 됩니까!" 그녀는 곧 조돈에게 달려가 울면서 하소연하며 조신이 '폐위하려는 뜻'을 가지고 있다고 말하였다. 이로부터 조돈은 다시는 중화궁에 나아가 조신을 뵈려고 하지 않았다.

조돈은 병이 나기 이전에는 그저 호색한 난봉꾼의 우두머리였다. 한번은 궁중에서 손을 씻다가 어떤 궁녀의 양손이 눈처럼 희고 보드라운 것을 보고 애모의 뜻을 내비쳤다. 다음 날 이씨가 사람을 시켜서 조돈에게 찬합을 보내왔기에 열어보았더니, 그것은 바로 그 궁녀의 피가 흐르는 흰 양손이었다. 조돈은 깜짝 놀란 데다 이씨가 태묘의 제사 때를 틈타 자기가 총애하는 황 귀비黃貴妃를 짐살鴆殺한 사건으로 인해 정신분열증을 얻었고, 결국 소희 2년 11월 이래로 다시 조정을 돌보지 않았다. 조정을 가득 채운 문무백관은 그가 중화궁에 찾아뵙지 않는 일에 대해 부모의 상을 당한 듯이 놀라서, 이는 하늘에 이르는 불충, 불효라고 여겼다. 그리하여 세상의 말세가 임한 것을 감지한 듯이 위로 재보의 대신으로부터 아래로 포의한사에 이르기까지 모두 어지러이 글을 올려서 주청하고, 차례로 머리를 찧어 피를 흘려가면서 울부짖었지만, 조돈은 꿈적도 하지 않았다.

소희 3년(1192) 11월에 궁중에 청하여서 유정이 백관을 영솔하고 중화궁에 이르렀다. 병부 상서 나점羅點, 급사중 우무尤袤, 중서사인 황상黃裳, 어사 황도黃度, 상서 좌선랑관 섭적葉適이 잇달아 상소하였으나 조돈은 여전히 중화궁에 가서 조신을 뵙기를 수긍하지 않았다. 마지막으로 주희는 제자 비서랑 팽구년彭龜年을 시켜 조여우에게 편지를 보내서 상주하여 다시 청하라고 꾸짖었다. 조여우는 들어가서 간곡히 권하고 또 후계자로 인정된 수왕秀王 조백규趙伯圭에게 부탁하여서 궁으로 들어가 인정에 호소하게 하였더니, 조돈은 그제야 중화궁으로 가서 조신을 뵙겠다고 답하였지만 금세 도로 가지 않겠다고 하였다.

부자 양궁의 불화는 조정에 직접 한바탕 정권의 위기를 불러일으켰다. 주희는 그저 꿇어앉아 바닥을 기면서 청하는 것밖에 모르는 대신들보다 더 멀리까지 내다보았다. 소희 3년에 그는 조여우에게 편지를 보냈다. "오늘날의 일은 맨 먼저 인주人主를 권하여서 몸과 마음을 수습하고 정신을 보호하여 아껴서 늘 천하의 일을 염려하게 한 뒤에야 정치의 도를 강구하여서 점차 개혁해 나갈 수 있습니다."(『문집』 권29 「여조상서서與趙尙書書」)

이는 효도를 상실한 백치 황제에게 주희가 내리는 정신의 양약 한 첩이었다. '내 바라기는 임금이 하늘의 조화를 본받는' 것이라 한 그의 시는, 유정이 재상의 지위에서 물러나기를 청하고 조돈의 병이 나은 뒤 나와서 조정을 다스리게 되었다는 말을 들은 뒤 나온 함성이었다. 그러나 심지어 조여우마저 정심성의正心誠意의 도학 설교가 '황제의 진노(龍怒)'를 살까 두려워하였고, 조돈도 '침아沉痾(고질병)'가 날로 심해져갔다.

소희 4년(1193) 3월, 양궁을 이간질한 근습 진원陳源을 처벌하고 조돈이 중화궁으로 행차하여 문안한 뒤 조정에는 기쁨이 넘치는 큰 인사 발령이 있었다. 갈필葛邲은 우상, 호진신胡晉臣은 지추밀원사, 진규陳騤는 참지정사, 조여우는 동지추밀원사에 제수되었다. 이는 도학 세력의 새로운 영수인 조여우가 재보에 올라 대정大政에 참여하기 시작한 일이었다.

주희는 일반과는 다른 우려의 태도를 품고 제자 호광 총령湖廣總領 첨체인에게 편지를 써서 입대할 때 감히 직언으로 간하여 공훈을 세우라고 격려하였다.

근일 크나큰 인사 발령(除拜)이 있어서 한 차례 떠들썩하였습니다. 비록 공론이 다행히 펼쳐졌지만(•생각건대, 진원이 동궁관東宮觀에 있게 되고 조여우가 동지추밀원사가 된 일을 가리킨다) 이로부터 안팎의 책임이 더욱 무거울 터인데 그 사람의 재지才智와 국도局度가 옛사람과 같으니 어떻게 대처할 것입니까? 보내온 「탕蕩」의 마지막 장은 참으로 눈물 흘리며 통곡하게 합니다! 나아가 입대할 때 말이 절실하지 않아서 내 마음을 다 표현하기에 충분하지 않았습니다. 내 말이 비록 절실했다 하더라도 상황(度)이 바뀔 형세가 아니었습니다. 모르겠습니다만, 그대는 장차 어떻게 이에 대처하겠습니까? 우연히 황자유黃子由(황유黃由)의 주소奏疏를 얻어서 대충 기록하였습니다. 그 말

이 이에 이르니 절실하지 않은 것은 아닌지라 이미 대승기탕大承氣湯을 처
방한 것이라 하겠는데, 조금도 움직일 뜻이 없으니 어찌하겠습니까!

— 『문집』 권46 「답첨원선答詹元善」

황유黃由(*자유)가 처방한 도학이라는 '대승기탕'도 조돈을 치료하지 못했
고, 조돈에게 '하늘의 조화를 본받으라'고 권유한 주희도 실망을 느꼈다.

황후 이씨의 정치 간여는 끊임없이 심해졌다. 그녀는 자기 선조 3대를 스
스로 왕에 봉하고 한 차례 가묘家廟에 참배하면서 친족 26인과 사신使臣 172
인을 추은推恩하였고, 이씨의 문객도 모두 관직에 보임하였다. 조정은 양궁의
불화 가운데 갈수록 위기의 어두운 그림자가 짙게 드리우고 있었다.

소희 4년(1193) 9월에 백관이 조돈에게 중화궁에 문안하기를 청하는 희극
을 한 차례 벌였다. 먼저 중서사인 진부량과 급사중 사심보謝深甫가 조돈을
설득하였다. 이에 조돈이 막 어병御屛을 나서려는데 이씨가 만류하면서 말하
였다. "날씨가 찹니다. 폐하, 술이나 마시시옵소서." 백관은 우두커니 서서 감
히 말을 못했으나 진부량이 황제의 용포를 붙잡고 놓아주지 않으며 병풍 뒤
로 따라 들어갔다. 이씨가 소리쳤다. "이곳이 어디거늘 수재는 목을 잘리고
싶은가!" 진부량이 곧 뜰에서 소리 내어 울기 시작하니 이씨는 영문을 몰라
하인을 보내 물었다. 그가 대답하였다. "자식은 어버이에게 간하다가 어버이
가 듣지 않으면 울면서 따를 뿐입니다." 이에 이씨는 이러지도 저러지도 못
하였다. 이어서 예부 시랑 예사倪思가 글을 올려 이씨의 정치 간여를 논하다
가 조돈의 노여움을 사서 조정을 떠났다. 양궁 불화의 기형적인 한 막에는
남송 봉건 정권의 공전의 위기라는 재앙의 근원이 포함되어 있었다. 뒷날, 우
담바라가 한 차례 피듯 덧없이 사라진 환영幻影과도 같은 도학의 승리와 한탁
주韓侂胄가 일으킨 경원당고慶元黨錮의 문화적 재난은 모두 이 희극적 비극의

연속이었다.

양궁의 불화는 근습이 끊임없이 이간질을 하였기 때문이다. 그래서 도학과 반도학은 양궁의 조화라는 문제를 놓고 평상시의 태도와는 판이하게 근습의 소인을 반대한다는 점에서 일치를 보였다. 유정도 마침 이 문제에 직면하여서는 이전에 볼 수 없었던 '장거壯擧'를 취했으므로 주희는 또 한 번 그에게 희망을 불태웠고, 직접적으로는 또다시 산을 나와 부임하기에 이르렀다.

조돈은 즉위하자마자 조신에 의해 추방되었던 진원을 불러들이고 여러모로 그를 총애하고 신뢰하였다. 진원이라는 자는 양순경楊舜卿, 임억년林億年과 함께 권세를 농락하는 엄당閹黨을 결성하였다. 조돈은 조신들이 상주하여서 진원을 탄핵해도 아랑곳하지 않았을 뿐만 아니라 소희 4년(1193) 5월에는 다시 강특립姜特立을 불러들이려고 하였다.

먼저 반대한 사람은 유정이었다. 그는 상소하여서 간절히 간했으나 효과가 없자 격앙하여 전리로 돌아가겠다고 청하고 성 밖 육화탑六和塔으로 달려가 처분을 기다렸다. 이어서 심유개沈有開·이당경李唐卿·범보范黼·팽구년彭龜年·왕석王奭·채유학蔡幼學·안역顔棫·오렵吳獵·항안세項安世가 상소하였지만 실패하였다. 유정이 또다시 강특립을 논박하였으나 효과가 없었고 결국 범촌范村에 머물면서 처분을 기다렸다. 11월에 이르러서 조돈이 내몰린 끝에 강특립을 불러들이는 일을 그만둔 뒤에야 유정은 조정으로 돌아왔으며 도당都堂에 나아가 사무를 보았다.

좌상이 근습에 반대하여 140여 일 동안이나 직책에 나아가지 않고 처분을 기다리며 항의한 사건은 남송의 반근습 역사상 전례가 없는 일이었다. 유정은 이로 인하여 또 한 차례 도학 청의淸議의 신임을 쟁취하였다. 그는 조정에 돌아오자 자기의 이러한 영향력을 충분히 이용하여서 곧 11월에 주희를 천거하여 형호남로 안무사에 제수하게 함으로써 주희의 마음을 감동시켰다.

주희는 유정에게 보낸 편지에서 다음과 같이 말하였다. "지금 상공께서 교외에 여러 달 거하시다가 하루아침에 돌아오셨으니 다른 일을 돌아볼 겨를이 없을 텐데, 다시 먼저 불초한 사람의 이름을 상 앞에 올려서 호남 일로一路의 임무를 맡기시니 …… 상공께서는 또 손수 차자를 보내서 위로하고 권면하시니 예의를 갖춘 뜻이 은근하고 두텁기가 전보다 더합니다. 군주와 재상의 은혜가 이와 같이 융숭하고 두터운데, 바로 천한 몸이 여위고 기가 꺾인 까닭에 올라가는 일을 견딜 수 없으며 정신과 의식이 어둡고 흐리멍덩하여서 번거로운 일을 다스리는 임무를 맡을 수 없으나, 또한 마땅히 부지런히 힘써서 명령을 받들어야겠기에 달려가 관차官次에 엎드렸습니다."(『문집』 권29 「여유승상서與留丞相書」) 그리고 두 번째로 유정에게 보낸 편지에서 주희는 이미 명확하게 '작은 보루로 직책을 바꿔서 장수 막사의 참모부에 속한다면, 거의 쇠잔한 몸을 부지할 수 있을 것이라'고 소원을 밝혔다.

주희가 원래 다시 산을 나가 부임하려 한 뜻은 실은 당시 도학 세력이 점차 조정을 장악해간 사실과 밀접한 관계가 있다. 유광조劉光祖·손봉길孫逢吉·등일鄧馹이 언로에서 벗어나고부터 조정에서 무럭무럭 상승하던 도학의 세력은 한 차례 중대한 좌절을 겪었다. 그러다가 전중 시어사 임대중林大中이 소희 원년(1190) 12월에 진가陳賈의 입조를 저지하였다. 임대중은 4년 동안 대각臺閣에 있으면서 언로에 있는 도학의 '수호신'이 되었다. 주희는 조정의 선비에게 보낸 편지에서 그를 다음과 같이 칭찬하였다. "그가 대각에 들어가 한 일이 하나도 적중하지 않은 것이 없다고 들었습니다. 조정을 떠난 절개는 풍모가 늠연하니 (이는) 옛사람에게서나 구해야 할 것입니다."(『공괴집』 권98 「임대중 신도비林大中神道碑」)

소희 2년(1191) 8월, 가장 흉악한 반도학의 중견 인물인 어사중승 하담何澹이 생가의 계모상을 당한 데다 태학생의 논박을 받아서 조정을 떠나자 조정에 있는 반노학당은 이미 흩어진 상태에 처해 있었고, 음으로 양으로 도학과 투쟁하였던 감찰어사 왕의단汪義端 외에 반도학의 주요 인물인 급사중 사심 보, 재보에 오른 갈필, 그리고 진규는 반도학에서 모두 엉거주춤한 자세를 보였다. 조정의 도학당은 당쟁이 멎은 시기를 틈타 신속하게 발전하기 시작하였다.

주희는 이 변전을 미리 감지하였다. 소희 3년(1192) 4월에 그는 조여우에게 보낸 편지에서 힘써 큰일을 해보겠다는 확신을 다소 회복하였다. "유덕수 劉德修가 홀연 촉蜀에서 편지 한 통을 보냈는데 강개하고 떨쳐 일어남이 조금도 쇠하지 않았으니 참으로 기이한 선비입니다! 그 편지의 뜻을 살펴보니 지난날 의논할 사람이 없고 일의 기회를 놓쳐버린 것을 매우 뉘우치고 있는 듯한데, 이는 참으로 탄식할 만한 일일 뿐입니다. 그러나 일의 변화는 무궁하니 또한 뒷날에 오늘을 돌아보는 것이 오늘날에서 옛날을 보는 것만 못하고, 남이 나를 보는 것이 내가 남을 보는 것만 못함을 어찌 알겠습니까?"(『문집』 권29 「답조상서」)

이 시기에 조정에 대한 주희의 주된 관심은 대대적으로 도학 인사를 발탁하여 가려서 쓰도록 유정과 조여우를 힘껏 권하는 일이었다. 초년에 도학에 반대했던 유정이 나중에는 도학당 괴수의 한 사람으로 그 자리를 잃지 않고 위적僞籍의 머리에 이름이 오른 까닭은, 주로 그가 다른 사람에 견주어서 더욱 자주 수많은 도학자들을 조정에 끌어들였기 때문이다. 주희는 일찍이 유정과 조여우를 비교하였는데, 유정은 자기를 낮추어서 아래의 유능한 선비를 존중하였으나 조여우는 '적잖이 대범하고 귀하다며 자기를 높이 여기고, 스스로 낮추어 굽히는 것을 꺼렸으며, 선비를 좋아하고 말을 받아들이는 미덕이 없다'고 여겼다(『문집』 권29 「여조상서서」).

유정은 정권을 잡고 있을 당시 거의 모든, 가장 명망 있는 포학석유鮑學碩

儒와 도학 명사들을 천거하여서 조정에 들어오게 하였다. 주희는 그가 '높은 지위에 있은 뒤로 해내海內의 저명한 선비를 모두 끌어들였는데 한 사람이라도 조정에 모으지 않음이 없었다'(『문집』 권29 「여유승상서」)고 하였다. 이는 송이 남쪽으로 건너온 이래 어느 재상도 해내지 못한 일이었다. 심지어 유정이 정권을 잡았을 때 비로소 도학이 조정에서 진정으로 정당을 형성했다고도 할 수 있다.

조여우도 선비를 좋아하고 현자를 천거하라는 주희의 권고를 따랐다. 소희 4년(1193) 겨울에 유정은 좌상이 되고 조여우는 지추밀원사가 되어, 두 부서가 서로 호응하면서 조정의 도학당은 일시에 반도학당의 우세를 압도하고 조정을 장악하였다. 나중에 경원당금慶元黨禁에서 금고禁錮된 '위당僞黨'은 이때 형성되었다.

주희는 유정이 맨 먼저 요청하고 또한 마지막으로 천거한 도학의 대유大儒였다. 도학이 이제 조정에 가득 찼건만 주희는 도리어 궁벽한 산속에 칩거해 있었으므로 조정의 도학당에는 우두머리가 없었다. 이는 도학자들에게는 필경 견디기 어려운 일이었고, 이 때문에 도학자들은 한목소리로 주희의 입조를 청하는 함성을 울렸다.

맨 먼저 주희를 천거한 사람은 시강 황상이었다. 소희 4년, 그는 태자를 보익輔翼하고 경연에서 강경講經한 일로 조돈의 면전에서 대단한 칭찬을 받았는데, 황상은 이 기회를 틈타 주희를 천거하였다. "신의 재주는 이 정도밖에 되지 않으나 주희는 40년 동안 학문을 하였으니, 폐하께서는 마땅히 그를 불러서 요속僚屬으로 구비해 두셔야 합니다."(『공괴집』 권99 「황상묘지명黃裳墓誌銘」)

누약樓鑰은 주희에게 보내는 편지에서 조정의 도학자들이 공통으로 주희를 천거하는 다급한 심경을 다음과 같이 말하였다.

······ 청천백일과 같은 선생님을 노예들도 우러러 감단하고 사모힐 줄 압니다. ······ 명망과 덕을 우러러 생각하니 한 시대의 사표師表인지라, 오늘날 단규端揆(재상) 이하 여러 분들이 선생님보다 먼저 지위에 오른 것을 부끄러워하지 않는 이가 없습니다. 일찍이 이런 일이 있었습니다. 경연에 참석했다가 물러날 때 황 석랑夕郎(황문시랑, •황상)이 사람들을 향해 크게 탄식하므로, 어떤 사람이 까닭을 물었습니다. 그가 대답하기를, "우리들은 감히 이 좋은 곳에 있는데, 회암晦菴(주희)과 같은 사람을 한번 오게 하지 않는가!"라고 하였습니다. ······ 제공諸公이 바야흐로 계책을 내어 휘절麾節(지휘의 깃발)로 문하門下(스승)를 강권하여서 일으키시니, 이로써 엎드려 뵙고 사승師承의 소원을 이룰 수 있을 것입니다. ······

— 『공괴집』 권66 「답주회암서答朱晦菴書」

주희가 대유大儒라는 명성은 금金에까지 전해졌다. 북방 금나라의 통치자는 힘써 유학을 높이면서 주희에게 관심을 갖기 시작하였다. 이해(1193) 겨울에 금의 사람들이 남송에서 파견된 사자에게 다음과 같이 물었다. "남조南朝(남송) 주 선생님의 출처는 어떠하십니까?" 사자는 대답하지 못하고 돌아온 뒤 조정에 보고하였다. 이 일이 대신들로 하여금 더욱 급히 주희를 끌어내게 하였다.

소희 5년(1194) 정월, 주희가 호남 안무사의 직임을 다시 사양하고 부임하지 않았기 때문에 가왕부嘉王府의 익선翊善 황상과 직강直講 팽구년은 거듭 주희를 관료로 부르라고 청하였다. 비서정자秘書正字 오렵吳獵도 재상에게 주희와 양만리楊萬里 두 사람을 부르라며 다음과 같이 청하였다. "주 공朱公에게 관직을 주어서 전각과 섬돌 사이에 서게 한다면 그의 말과 용모와 기색이 반드시 인주人主를 감동시켜 계발할 것이며, 그의 훈계와 의향이 인심을 일으킬 수 있을 것입니다."(『학산대전문집鶴山大全文集』권89 「오렵행장吳獵行狀」) 그뿐 아니라 동료와 더불어 봉사封事를 올리고 스스로 주소奏疏를 올리는 등 반복하여 주희를 부르기를 청하였다.

조신들의 뜻은 본래 주희가 조정에 나아와 경연에 들어가서 '인망人望'에 부응하기를 바랐지만, 둥글둥글하고 교활한 유정은 성격이 강직하고 직언을 하는 이 노유老儒가 조돈의 신변에 있는 도학자들을 꼬드겨서 자기가 차지한 재상의 단꿈을 어지럽히고 망쳐 놓을까 두려워하며 시종 주희를 외임外任에 두는 데만 동의하였다. 유정은 조신들에게 자기 딴에는 당당하게 '정말로 아무개(*주희)를 모르는 것은 아니지만 그의 성품이 강직하기에 이곳에는 부합하지 않고 도리어 누가 될 뿐이라'고 말하였다(『연보』). 이는 유정이 분명 애초부터 진정으로 도학을 신봉하지 않은 '위도僞徒'라는 사실을 충분히 폭로하는 것이었고, 따라서 그가 영원히 주희의 '서백西伯'이 될 수 없음은 정해진 사실이었다.

소희 2년(1191) 9월에 조정에서 주희를 호남 전운부사에 제수하였는데, 사령장(告詞)에서 다음과 같이 말하였다. "너는 유림에서 선발되어 수재와 호걸로 일컬어지니 관리의 재능이 있되 엷지 않고 장자長者의 풍도가 있되 구차하지 않다. 새로운 직책을 맡았으니 도로써 임하라." 그리고 소희 4년(1193) 12월에 주희를 호남 안무사로 제수하는 사령장에서는 다음과 같이 말하였다. "너는 고학古學이 순수하고 깊으며 절개가 높고 특별하므로 세상의 스승(師)이 될 만하다. 인자한 마음과 인자하다는 소문이 있으며(仁心仁聞), 위엄이 믿음직하고 은혜가 널리 미쳐서 시대의 장수(帥)가 될 만하다. 이 두 가지를 겸하였으니, 번방藩方에 임하면 성망聲望이 더하는 곳에 열성列城(여러 도시)이 공경하면서 복종할 것이다. 노성한 학자들이 서로 바라고 선비들의 기풍이 바야흐로 진작되고 있으니 너는 짐을 위하여 그들을 가르치라. 초楚의 풍속이 비록 안정이 되었으나 아식은 쇠하니 너는 심을 위하여 그들을 위무하라."(『공괴집』권 38 「주희지담주朱熹知潭州」)

한편으로는 주희를 유림에서 선발하여 인륜人倫의 사표라고 치켜세우고, 다른 한편으로는 도리어 그를 조정 바깥으로 쫓아내서 경연의 성지聖地에 들어오지 못하도록 했던 것이다. 이는 바로 유정이 조신에게서 배운 바, 도학에 대한 일종의 더욱 원활한 '중도를 쓰는(用中)' 방법이었다.

늘그막에 이른 노유가 직면한 시사時事의 전기轉機는 뜻밖에도 (그로 하여금) 세상에 나와 쓰이려는 열정을 불태웠다. 주희는 소희 5년(1194) 정월에 거듭 사양하다가 허락받지 못하자 부임하기로 결정하였다. 홀연히 '임금이 하늘의 조화를 본받기를 바라고' 지난날의 희망과 용기를 회복하였기 때문이다. 그는 배명한 뒤 유숭지劉崇之에게 보낸 편지에서 다음과 같이 말하였다. "저는 지금 시사時事의 곡절을 듣고 난 뒤 조금이나마 뜻에 위안을 얻었습니다. 특히 북내北內(조돈)께서 건강을 회복하심은 더욱 막대한 경사이며 종사宗社에 매우 다행입니다. 저는 거듭 사양하였으나 허락을 받지 못하여서 어쩔 수 없이 힘써 한번 나아갈 뿐입니다."(『별집』권2 「유지부劉智夫」)

이른바 '시사'란 유정이 조정으로 돌아와 재상에 복귀한 일, 장영章穎이 연거푸 20여 차례 소를 올려서 우상 갈필을 탄핵한 일, 조돈의 병이 나은 일, 조돈이 중화궁에 문안한 일 등을 가리키는데, 이는 모두 조정 도학당의 승리와 '임금이 하늘의 조화를 본받기를 바란' 도학자들의 성취를 나타낸다.

그로 하여금 가장 감동하여 울게 한 사건은, 조돈이 뜻밖에도 친히 "장사長沙는 큰 변방의 읍이니 현자를 얻는 일이 중요하다. 가서 성명成命을 공경하고 겸사謙辭를 고집하지 말라. 이미 내려진 지휘에 따라 빨리 임지로 떠나라."며 '옥음玉音'을 내려서 그를 권한 일이다. 감격스러운 황은皇恩을 받고 그의 보통 사람 기질이 또 그를 지배하였다. 그는 왕완王阮에게 보낸 편지에서 감격스럽게 말하였다. "장사에 제수하신 명을 받고 성상의 은혜에 깊이 감사합니다. …… 거듭 사양하였으나 허락받지 못하였고, 성상의 말씀이 간곡하여서 엎드려 읽으매 황공합니다."(『문집』 권60 「답왕남경答王南卿」 서2)

주희는 마침내 늙은 몸을 이끌고 나와서 군왕을 위해 다시 한 번 견마犬馬의 수고를 다하기로 결심하였다. 그는 동시에 유정의 천거를 받은 대시인 양만리와 대비를 이루었다. 소희 원년(1190) 11월에 양만리가 조신 때문에 오히려 묵은 원한을 간직하고서 강동江東의 전운사로 나갔을 때, 주희는 '성재誠齋(양만리)는 도를 곧게 지키다가 고립되고 조정에 용납되지 못하였으나 일로一路에 혜택을 끼쳐서 오히려 충분히 남에게 미쳤다'고 인정하였다(『문집』 권49 「답요계석答廖季碩」 서3). 소희 3년(1192) 8월에 양만리는 당시 재상에게 죄를 얻어 강동의 전운사에서 파직되고 봉사로 귀향하였는데, 배를 타고 신안을 지나갈 때 「새벽에 신안의 강을 지나면서 자양산을 바라보며 주원회를 생각하다(曉過新安江望紫陽山懷朱元晦)」라는 시를 한 수 지었다. "자양산 아래 자양 늙은이 / 지금은 민산의 어느 봉우리에 계시나? / 퇴직하고 돌아가려고 다시 길을 떠나다 / 그가 차지한 한 줄기 강바람을 만났네(紫陽山下紫陽翁, 今住閩山第幾峰. 退院歸來還行脚, 被他强占一江風)"(『성재집誠齋集』 권34 「강동집江東集」)

또 주희에게 편지를 써서 앞으로 산림에 은퇴하여 주희와 함께 손을 맞잡고 무이武夷의 산수 사이에서 감회를 터놓기를 바란다는 뜻을 전하였다. 그러나 주희는 그가 공명功名을 잊기 어려울 터이므로 산림의 적막을 견디지 못할 것이라고 걱정하면서 유수옹兪壽翁에게 보낸 편지에서 다음과 같이 말하였다. "성재는 소맷자락 펄럭이며 고향으로 돌아감으로써 사람들로 하여금 감개한 생각이 들게 합니다. …… 무이에서 만남은 깊이 원하던 일이나 뜻을 이루지 못하던 것인데 다른 때 이루게 된다면 얼마나 다행한 일인지요! 다만 공명을 좇느라 여기에 이르러서 적막을 기약할 겨를이 없음을 걱정할 뿐입니다."(『속

　그러나 양만리는 정말로 남계南溪로 은퇴하여서 "강바람이 나를 읊조리게
하고 / 산에 뜬 달이 나를 술 마시게 하누나 / 취하여 떨어지는 꽃잎에 쓰러
지니 / 천지가 이불과 베개로다(江風索我吟, 山月喚我飮, 醉倒落花前, 天地爲衾枕)"(『강서통
지江西通志』권39, 『학림옥로鶴林玉露』권14, 『송패류초宋稗類鈔』권6 등에 수록) 하고 읊은 대로
세외고답世外高踏의 생활을 누리며 부름에 응하여 산을 나오지 않았다. 그런
데 도리어 이번에는 주희가 산림의 적막을 달가워하지 않으면서 이 세상을
잊지 말라고 그를 권유하였다. 나중에 주희는 양만리에게 이런 편지를 보냈
다. "마음을 터놓고 일에서 벗어나 하찮은 일로 속을 썩이지 않는 초연한 모
습을 우러러보니 재삼 감탄하고 부러워하기를 그만둘 수 없습니다. …… 시
론時論이 어지러운데 아직 잦아들지 않고 있습니다. 계장契丈(동년배 사이에 상대
를 높여 부르는 말)께서는 덕망이 맑고 깨끗하여서 조야朝野가 촉망하고 있습니
다. …… 더욱이 낙천지명樂天知命의 낙으로써 여인동우與人同憂의 근심을 잊지
않으며, 한가로움을 지나치게 즐기지 않고, 은둔하려는 생각만 결단하지 않
는다면 저(區區者)도 오히려 이 세상에 희망을 둘 것입니다."(『문집』권38 「답양정수
만리答楊庭秀萬里」)

　양만리는 유정이 유일하게 산을 나오라고 청하지 않은 대명사大名士였는
데, 이는 그에게 다행히 경원당고 동안 당적에 이름이 오르는 운명을 벗어나
도록 하였다. 그러나 주희가 꿈에도 생각지 못한 일은, 바로 성하게 일어나는
도학 조사朝士들이 조정의 정국을 장악하여 득의양양한 상황의 배후에서는
남쪽으로 건너온 이래 도학과 반도학 양당이 보루를 쌓고 가장 첨예하고 엄
중하게 대치하는 형세가 암암리에 형성되고 있었다는 점이다. 주희가 마지막
으로 산을 나온 것은 그를 전에 없던 재난으로 이끌어 들일 것이었다. 봄 사
이에 호북湖北 요족瑤族의 봉기가 일으킨 큰 불길이 이미 호남을 태우고 들어

와서 주희가 다시 짐짓 사양하는 태도를 취할 수 없게 하였다. 그는 곧 소희 5년(1194) 4월 중순에 '임금이 하늘의 조화를 본받기를 바라는' 남은 용기를 품고서 서둘러 호상湖湘을 향해 나아갔다.

朱子評傳

제20장
두 번째로 호상에 들어가다

장사長沙에서 백 일 동안 펼친 '정확하고 치밀하며 엄격하고 너그러운' 새 정치

궁정 내선內禪의 소극笑劇에 말려들다

장사長沙에서 백 일 동안 펼친
'정확하고 치밀하며 엄격하고 너그러운' 새 정치

주희는 제자 황의강黃義剛·양지楊至·환연臯淵 등의 옹위를 받는 가운데 한시도 쉬지 않고 상중湘中을 향해 서쪽으로 계속 나아갔다. 대유大儒가 산에서 나온 일은 강서江西와 호상湖湘을 뒤흔드는 큰일이었다. 길을 가는 내내 선비들이 어지러이 몰려와서 머리를 조아려 묻고 배웠으며, 보통의 백성도 모두 호기심에 노인을 부축하고 어린아이를 이끌고서 길을 메우며 이 거유巨儒의 풍채를 한번 보고자 하였다.

주희는 고난에 찬 벼슬길을 가면서도 여전히 학술 연구를 잊지 않았다. 강서를 횡단하는 이 기회는 그에게 강서의 학자들을 광범위하게 접촉할 수 있는 절호의 기회였다. 임천臨川·임강臨江·의춘宜春은 그가 연안을 따라 가는 길에 강서의 학자들과 강론한 세 중심지였다. 그 가운데 가장 의의가 컸던 일은 소희 5년(1194) 4월 20일을 전후하여 신유新喩를 지날 때 간재艮齋 사악謝諤과 만난 일이었다. 강서를 풍미한 학술 사조는 실로 임천의 육학陸學을 제외하면 임강의 사악을 대표로 하는 사학謝學이었다.

사악의 제자는 삼상三湘과 이절二浙에 두루 퍼져 있었다.[1] 사학謝學의 특징

---

1 『성재집誠齋集』 권131 「정암거사증군묘명靜庵居士曾君墓銘」: "간재 선생艮齋先生 상서尙書 청강淸江의 사 공謝公이 아직 벼슬하지 않았을 때 여릉廬陵 난계蘭溪의 증씨曾氏 괴당槐堂에서 관사館舍를 빌려 제자들에게 강학을 하였다. 한 시대의 준수俊秀한 이들이 멀리서부터 찾아와 배웠는데, 북으로는 구강九江, 남으로는 오령五嶺, 서로는 삼호三湖(원서에는 '삼상三湘'으로 되어 있음 — 역

은 경학과 사학史學, 문학 삼자가 관통하는 것이었다. 양만리楊萬里는 「사악신도비謝諤神道碑」에서 다음과 같이 말하였다. "순희淳熙 성인聖人(황제, 효종)께서는 하늘로부터 타고난 문화의 덕성을 지니시고 학문을 날로 새롭게 쌓으시며, 도를 따르고 유학을 높여서 성스러운 제왕의 도가 오제, 삼왕과 같았다. 이에 유학을 하는 선비들이 구름처럼 일어나고 냇물처럼 몰려들어서 사람은 동중서董仲舒, 유향劉向과 같고, 집집마다 『모시毛詩』와 『정전鄭箋』이 있었다. 그 가운데 더욱 노숙하고 전통을 따르는 자는 이제二淛에서는 삽천霅川의 정태지鄭泰之(정대창鄭大昌) 공, 서촉西蜀에서는 미산眉山의 이중인李仲仁 공, 강서에는 청강淸江의 사창국謝昌國(사악) 공이다. 그러나 정(정대창), 이(이중인) 두 사람은 경학經學으로 이름나거나 사학史學으로 이름나거나 문사文詞로 이름났지만, 경이면 경, 사면 사, 문이면 문인 자는 아마도 오직 사 공(사악)뿐이리라!"(『성재집誠齋集』 권121 「의대부사공신도비議大夫謝公神道碑」) 오징吳澄은 심지어 남쪽으로 건너온 이래 고문古文으로는 사악을 '천하제일'로 추대하였다(『오문정집吳文正集』 권55 「발목초자화목跋牧樵子花木」).

육학陸學은 유사儒士들 가운데 영향을 미쳤고, 사학謝學은 문사文士들 가운데 영향을 미쳤다. 이 때문에 사학은 강서를 휩싸고 있던 최대 시파詩派인 강서시파江西詩派와 직접적인 관계를 주고받았고, 양만리와 같이 강서시파의 울타리를 벗어난 시가詩歌의 대가조차 사학에 물듦을 면하지 못하였다. 주희는 양만리를 사악과 함께 같은 맥락에서 비평하였다. "지금 강서의 학자들에는

자 주), 동으로는 이제二淛(원서에는 '이절二浙'로 되어 있는데, 淛는 浙의 옛 이름이다 — 역자 주)에서 당 아래로 죽 모여들어 시詩와 예禮의 가르침, 인의仁義의 실천, 현을 뜯고 부르는 음악이 가득 찬 듯하였다(洋洋如也). 수십 년 뒤 기이한 인재들이 숲을 이루 듯하였다. 조야에 퍼져서 혹은 학문을 전하고 혹은 행실이 드러나고 혹은 유능하다고 칭송을 받고 혹은 문장으로 빛나는 자들 가운데 간재의 문인들이 많았다."

두 종류가 있다. 임천臨川(왕안석)에게서 온 자들은 육자정陸子靜(육구연)의 학문에 점차 물들었다. 또 한 종류는 양만리와 사악에게서 온 자들인데, 또한 좋지 않다. 자정의 문호에는 오히려 이른바 학문이라고 할 것이 있으나, 해가 가고 달이 다 가도록 시를 지을 줄 모르니 무엇에 쓸까? 강서의 시는 산곡山谷(황정견黃庭堅)에게서 한번 변하고, 양정수楊庭秀(양만리)에게서 거듭 변하여 마침내 여기에 이르렀다."(『어류』권140) 이런 관점은 주희가 상湘(호남)으로 들어가는 동안 내내 강서의 학자 및 시인들과 강론할 때 그 기조를 이루었다.

그러나 정사政事상에서는 주희와 사악은 같은 길을 걸었다. 사악은 순희 16년(1189)에 주필대周必大의 당으로 지목되어서 탄핵을 받고 파직된 뒤 신유新喩의 죽파竹坡로 돌아갔다. 5년 동안 몸에는 허름한 시골 사람의 옷을 걸치고 허물어진 집에서 글을 읽고 시를 읊으며 스스로 담박한 삶을 달게 여겼다. 길수吉水의 조원령晁元嶺 남계南溪로 돌아가 은거한 양만리와 산을 사이에 두고 남북으로 멀리 마주하고서 같은 강물을 마시며 서로 가장 잘 아는 사이가 되었다.

주희는 일찍이 그들을 신기질辛棄疾, 팽구년彭龜年과 같은 중신들과 비교하였다. 신기질과 팽구년은 산을 사서 집을 짓고 돈을 물 쓰듯 쓰면서 전각을 우뚝 세우고 원림園林을 기묘하게 꾸몄으나, 사악과 양만리는 집안 살림살이가 소매에는 맑은 바람이 들고 차가운 산속의 허물어진 집에 살면서 조금도 부귀한 기색이 보이지 않는다고 칭찬하였다. 그래서 주희는 사악과 만나 마음을 기울여서 강론하였고, 사악은 특별히 충회 거사沖晦居士 곽옹郭雍의 『의서醫書』와 『역서曆書』를 주희에게 주었다. 주희는 『의서』를 정밀하게 연구하여서 나중에 제자에게 전적으로 교정을 맡겼고, 복건 경략안무사 첨체인詹體仁을 통해 간행하여서 세상에 유포하였다.

주희와 사악의 만남은 사람들로부터 '덕성의 모임(德星會聚)'으로 일컬어졌다. 어떤 사람이 「이로도二老圖」를 그렸는데, 양만리의 맏아들 양장유楊長孺가 그 그림에 절구 한 수를 제題하였다. "시강(주희)의 붉은 얼굴엔 백발이 비치고 / 상서(사악)의 촌사람 복장은 네거리와 통하였다 / 덕성이 모인 곳에 사람들 다투어 보려 하여 / 두 늙은이 모임을 그림으로 그렸네(侍講朱顔映白髮, 尚書野服接 通衢, 德星聚處人爭看, 畫作兩翁相見圖)"(『강서통지江西通志』 권39 「이로정二老亭」)

이는 주학朱學과 사학謝學의 첫 번째 교류였다. 절학浙學과 육학, 사학이 호 상湖湘으로 스며드는 역사적 조류 가운데 주희가 장사長沙에 부임함에 따라 주학도 이 지역을 석권하면서 이르렀다. 그가 상중湘中으로 들어오자 호상의 학자들도 몰려와서 묻고 배웠다. 평강平江의 선비 추예鄒輗도 편지를 보내서 만나 뵙기를 구하였다. "저는 평강 사람입니다. 비록 가난하지만 학문을 폐 한 적이 없습니다. 나이 열여덟에 처음으로 도에 뜻을 두었고, 지금 마흔셋인 데 배운 바가 과연 옳은지 그른지 알지 못하여서 도가 있는 곳에 나아가 바 로잡고자 합니다. 그러나 마음과 의지로는 이르고 싶지만 노력이 온전히 이 르지 못함이 있는 것은 무엇 때문입니까? 지금 선생께서 장사에 오신 것은 어찌 장사 사람들의 행운이 아니겠으며, 이웃 지방에서 사모하고 바라되 뜻 을 얻지 못한 자들에게도 다행한 일입니다. 제가 선생을 뵙지 못했을 때는 산림山林의 일개 야인이었으나 선생을 뵈면 반드시 때맞춰 내리는 비와 같은 감화(時雨之化)를 받을 것이니, 공자 문하의 안자顔子와 같이 된다고 해도 헛소 리가 아닙니다. 본디 있는 성품을 실천에 옮기는 노력을 균등하게 하여서 조 속히 실천하는 자는 또한 이와 같을 것입니다."(『동치평강현지同治平江縣志』 권42)

그리고 주희에게 시 두 수를 바쳤다.

무이동 앞에 밝은 달이 뜨니　　　　　　　　　　武夷洞前皎月生
돌아가는 사람이 평탄한 길을 가네　　　　　　　歸人近得坦途行

흐린 기운 말끔히 씻겨 가리는 것 없으니 　　　陰霾滌盡無行翳

멀리 하늘과 땅 온통 환하네 　　　　　　　遠徹乾坤一祥明

시골살이 처량하여 속정은 멀고 　　　　　　野意凄凉遠俗情

문을 나서 웃으니 푸른 산이 어지럽다 　　　出門一笑亂山青

어리석은 아이 대낮에도 코를 골며 자는데 　痴兒白晝猶軒睡

불러서 일깨우는 사람 없는가? 　　　　　　可是無人會喚醒

——『원상기구전沅湘耆舊傳』, 『송시기사보유宋詩紀事補遺』 권60[2]

　　주희는 그에게, 돌아가서 사서四書를 읽으면 입신立身과 수심修心에 저절로
터득하는 바가 있을 것이라고 하였다. 추예는 집으로 돌아가 『논어』를 읽고
과연 '불러서 일깨우는(喚醒)' 바가 있었다. 그는 주희가 장사에 부임하여서 거
둬들인 첫 번째 상중湘中의 제자였다. 호상학자들에게는, 남헌南軒(장식)이 죽은
뒤 마침내 바라던 대로 정말 정신상으로 '불러 일깨우는' 사람이 찾아왔다.
주학의 선풍이 호상에 불어닥쳤던 것이다.

2　『융경악주부지隆慶岳州府志』 권16 「향현전鄕賢傳」 : "추예는 자가 행지行之이고 평강 사람이다.
　가난을 달게 여기고 도를 기뻐하며 당대의 습속에 소탈하였으므로, 사람들이 모두 그를 중히
　여겼다. 회암晦庵(주희)이 장사의 안무사가 되어서 평강을 지나갈 때, 추예가 편지를 보내 길에
　서 배알하였다. 이때 배알한 사람이 매우 많았는데 추예만 예우를 받았다. 이때 다음과 같은
　시를 폐백 삼아서 만나 뵈었다. …… 나중에 죽었을 때 관에 염을 할 수 없어서 벗인 방숙행方
　叔行이 그를 거둬들였다." 육심원陸心源의 『송시기사보유』에도 소전小傳이 있는데 다음과 같이
　평하였다. "(•주희가) 사서四書를 취하여 읽으라고 가르쳐서 입신立身과 마음가짐(宅心)에 터득한
　바가 있었다. 추예가 돌아가 『논어』를 취하여 읽고서 환하게 깨달은 뒤 스스로 주자의 전승을
　얻었다고 하였다. 저서에 『자락헌집自樂軒集』이 있다." 생각건대, 주희가 장사에 부임할 때 결
　코 평강을 지나가지 않았으니 아마도 추예가 도중에 찾아가 만난 곳은 예릉醴陵과 상담湘潭 사
　이였으리라. 추예가 평강 사람이기 때문에 오해가 생긴 것 같다.

5월 4일에 주희는 장사에 도착하였다. 원래 전임 호남 안무사 주필대가 이미 소희 4년(1193) 7월에 융흥隆興 판관으로 고쳐 제수되었으므로 전운사 하이何異가 임시로 안무사의 직무를 겸하고 있었다.

양호兩湖(호남과 호북)의 요족瑤族은 본디 순후한 풍습을 간직하고 있었으며, 산골짜기와 시냇가 골짜기(溪洞)에 거주하였다. 호남 지역 아홉 개 군은 모두 시냇가 골짜기와 접해 있었는데, 남부는 형주衡州의 상녕常寧에서부터 계양桂陽과 침련郴連, 하소賀韶 네 개 주의 1,000여 리에 걸쳐 이어져 있고, 도처에 요족 사람들이 흩어져 살았다. 서부의 무강武岡은 호북湖北 및 광서廣西와 접경을 이루고 있으며 시냇가 골짜기 800여 군데가 있는데, 여기에 사는 요족 사람들은 거칠고 사나우며 야만스러웠다. 호북의 진주辰州, 원주沅州, 정주靖州도 시냇가 골짜기와 인접하였는데, 이 지역의 요족 사람들은 조정의 착취와 능멸을 견디다 못해 왕왕 일시에 운집해서는 주현을 공격하고 약탈하거나 호남 경내까지 밀고 들어오기도 하였다. 북송 이래 조정에서 요족 사람들에 대해 차례차례 채택한, 정벌과 초무招撫를 병행하는 방법은 실패로 돌아갔다.

포래시蒲來矢를 우두머리로 삼고 봉기한 진주의 요족 사람들이 소희 5년(1194)에 무리를 이끌고 호남의 소주邵州, 무강 일대에 쳐들어와서 조정을 진동시켰다. 이 일로 진주의 수령 임홍林洪이 감찰어사 황도黃度의 탄핵을 받아 물러났다(『혈재집絜齋集』 권13 「황도묘지명黃度墓誌銘」). 후대 사람들은 누구나 이때 일어난 요족 사람들의 봉기를 진압한 주된 인물로 주희를 거론하는데, 실은 이때 봉기가 호북의 진주에서 폭발했기 때문에, 진압에 가장 공을 세운 사람은 호북 안무사 왕린王藺과 제형提刑 진겸陳謙이었으며, 호남 방면에서 진압에 협동작전을 한 사람은 안무사를 겸한 하이[3]와 제형 조불우趙不迂였다.

---

3 『송사』 권401 「하이전何異傳」에 "…… 호남 전운판관에 제수되었다. 마침 안무사의 업무를 겸

포래시의 봉기군이 호북의 진주·원주 일대에서 진겸의 포위와 토벌, 추격에 맞닥뜨려 소희 4년(1193) 연말에 소주로 들어간 뒤, 하이도 담주 주둔 동남東南 제8 부장副將 황준黃俊을 파견하여 병사를 거느리고 차단한 다음 공격하게 하고, 또 산정山丁을 모집하여 험한 곳으로 깊이 들어가 호북과 호남 두지역의 대대적인 병력으로 협공하였다. 소희 5년 5월 5일에 주희가 담주潭州로 와서 군郡의 업무를 접수하였을 때 요족 사람들은 이미 패퇴하고 산으로 들어가서 시냇가 골짜기에 갇혀 있었다. 주희는 주로 일련의 선후善後 초무공작을 펼쳤는데, 바로 이 때문에 호북 방면에서 잔당의 진멸을 주장하는 왕린·진겸과 날카롭게 대립하였다.

조정에서 보기에 포래시의 봉기를 진압한 진정한 '공신'은 주희가 아니라 진겸이었다. 「조봉랑호북제형진겸수포요구유로특제직환장각朝奉郎湖北提刑陳謙收捕瑤寇有勞特除直煥章閣(조봉랑 호북 제형 진겸이 요족 도적을 사로잡는 데 공을 세워서 특별히 직환장각에 제수한다)」에서는 그를 "서생書生으로서 오랑캐에게 나아갔으니 장한 재주라 하지 않겠는가? …… 호북 지방관의 임무를 띠고 마침내 요족 도적을 이겼다. 참으로 수십의 무리를 써서 만물이 숨을 쉬게 된 것은 너를 두고 하는 말이 아닌가!"(『지재집止齋集』 권17) 하고 칭송하였다. 「기로운판진겸호북제형夔路運判陳謙湖北提刑(기주로 전운판관 진겸을 호북 제형에 제수한다)」에서도 그에 대해 "군자다운 선비로서 호북 상평常平의 사자가 되어, 오랑캐 요족이 날뛰고 성민省民이 놀라 뒤숭숭한 상황에서 배로 곡식을 실어 가져다가 먹인 것은 네 직분이다. 헌대憲臺를 겸하고 직책을 아울러서 방략을 세워 안무하고 정돈하였으

─────────────────────────

하였는데, 진주의 야만인들이 침략하여 소양邵陽을 어지럽혔다. 하이가 산정山丁을 모집하여서 난동의 괴수를 사로잡았더니 포래시가 무리를 이끌고 투항하였다."고 하였다. 살펴건대, 당시 포래시를 진압할 때 호남 방면에서 모의를 주도한 사람은 하이였고, 주희는 아직 담주潭州에 이르지 않았다.

니, 짐이 듣고 아름답게 여긴다."(『공괴집』 권40)고 하였다.

섭적葉適은 일찍이 그가 토벌한 업적을 신경 써서 서술하였다.

> …… 호북의 제거提擧로 옮겼다. 진주에 요족 포궐□蒲闕□(◦생각건대, 포래시 라고 해야 한다. 대체로 글자가 분명치 않아서 '궐闕' 자로 잘못 알았다)이 진주, 원주, 소 주, 무강을 침략하여 반란을 일으켰는데, 공이 마침 헌사憲事를 겸하여서 몸소 변방으로 나아가 차차 경략하였다. 기로의 전운판관에 제수되어 형 악荊鄂의 군사를 거느리고 토벌을 하였으나 오래도록 공이 없어서 두 지역 이 의구심을 가졌다. 안무사 왕린이 유 공留公(유정)에게 아뢰어서 (그를) 제 형으로 옮긴 뒤 병정 3,000명을 이끌고 곧바로 적의 소굴을 부수고 80여 동峒을 함락시켰는데, 다 합하여 75일이 걸렸다. 요족은 이로부터 다시는 회복하지 못하였다. 환장각煥章閣 직각直閣의 직책에 나아갔는데 소희 5년 (1194)이었다.
>
> ──『수심문집水心文集』 권25 「진겸묘지명陳謙墓誌銘」

주희는 담주에 도착한 뒤 곧 살육이 습성처럼 밴 호북의 관원들과 의견이 맞지 않았다.

그는 포래시가 호북과 호남 두 지역으로부터 협공을 받는 상황에서 험지 에 의지하여 사수하고 있을 뿐이라 패배의 형세가 기정사실이라는 점을 고 려하였다. 또 송 이래로 해마다 토벌과 진압을 그치지 않았으나 요족은 복종 했다가는 다시 반역을 되풀이했으므로 효과가 매우 미약하였다. 주희는 심리 전으로 적의 기세를 꺾는 것을 상책으로 삼아 포래시를 투항하게 하고 도륙 을 하지 않아야만 요족의 마음을 안정시킬 수 있을 것이라고 생각하였다. 그 리하여 그는 제갈량을 본받아, 요족을 불러서 위무하고 스스로 투항하도록 유도하는 방법을 채택하기로 결정하였다.

한편으로는 소주邸州 통판 채함蔡咸으로 하여금 병정을 거느리고 산으로 가서 함성을 지르며 체포를 독려하고 실정을 탐문하게 하였다. 또 한편으로는 포래시에게 사자를 보내 타이르고 이해관계를 깨우쳐서 그로 하여금 요족에게 무기를 내려놓도록 명령을 내리게 하였다.

어느 부하가 군교軍校 전승田昇이 요족의 사정을 자세히 알고, 지혜와 용기가 쓸 만하다고 추천하기에 주희는 즉시 그를 불러 상세히 탐문하였다. 전승은 포래시가 산을 내려와서 투항하리라고 내다보았다. 주희는 곧 그를 사자로 보내 포래시에게 투항을 설득하고, '아무 날까지 사로잡아 오지 않으면 너를 참하겠다'고 군령軍令을 정하였다. 전승은 수십 인을 이끌고 말을 달려 산으로 들어가서 포래시를 만났다. 나약하고 지모가 부족한 포래시는 군사상으로 불리한 상황에서 위협과 회유를 견디지 못하고 마침내 처자식을 데리고 전승을 따라 산에서 내려와 자수하였다. 주희의 투항 계책은 성공하였다. 요족은 흩어져 산으로 돌아갔고, 포래시는 장사 안무사의 관아에 압송되었다.

요족 봉기의 진압은 호북과 호남의 공동작전인지라 주희가 요족에게 투항을 하게끔 한 것은 호북 안무사 왕린의 반대에 부딪쳤다. 왕린은 포래시가 압송된 뒤 이전의 승낙을 어기고 포래시를 참하여 군중에게 경고하려고 하였다. 주희는 나중에 도성에 들어갔을 때 군이 상주하는 글에서 특별히 조확趙擴(영종寧宗)에게 '큰 신뢰를 잃지 말라(毋失大信)'고 간구하였다. 포래시는 마침내 의관을 지급받고 죄를 용서받아 주살을 면하였다.

포래시를 진압하고 투항시키는 데 '공을 세운(立功)' 관리들은 저마다 승진하고 포상을 받았다.[4] 주희는 나중에 악록산岳麓山에 '유묘대諭苗臺'를 세워서

---

4 『송회요집고宋會要輯稿』 제178책 「병兵」 13에 수록된 경원 원년(1195) 10월 26일 호남제사신湖南諸司申에서 말하였다. "소희 5년(1194), 요적瑤賊 포래시 등이 잘못을 저질렀다. 소양邵陽·신화

포래시를 귀순시키고 요족을 안무한 승리와 대송大宋이 사방 오랑캐를 안정
시키고 사해에 은택을 입힌 '대덕大德'을 상징하였다.[5]

　주희는 필경 관이 핍박하고 백성이 이반하는 진상 및, 포래시를 투항시키
고 요족을 흩어버리고 죽이지 않은 일이 갖는, 백성의 분노를 가라앉히며 변
경을 안정시키고 소수민족과 관계를 완화하는 의의를 잘 알고 있었다. 그러
나 그는 이 일을 통해 지방 군비軍備의 해이와 부실함, 장병의 용렬함과 무능
을 간파하였고, 바로 여기서부터 착수하여 전면적인 군정 개혁의 새로운 정
사를 시작하였다.

　개혁은 병비兵備를 정돈하고, 지방행정(吏治)을 맑게 하고, 학풍學風을 바로
잡는 세 방면에서 전개되었다. 그의 병비 정돈은 요족 진압과 변경 방어라는
이중의 고려에서 나온 것으로, 담주의 8지휘八指揮를 정비하고 비호군飛虎軍을
절제節制하는 것을 목표로 삼았다. 주희는 호남 병비의 붕괴를 다음과 같이
말하였다. "우리 조정(本朝)에서는 병사를 양성하느라 나라를 좀먹게 하였는데
아무도 그 근원을 이해하지 못하고 다만 지엽에만 매달려서 병사를 보충하

新化 두 현의 순검巡檢 방복龐福, 소양현 동위東尉 이국량李國良, 서위西尉 교자喬滋, 소주邵州 도감
都監 설장薛章, 소주 황안동黃安洞 수령首領 백신白身(평민) 요재흥廖才興이 저마다 적을 추격하여
서 싸우는 데 공을 세운 사람들이고, 통할관統轄官 전승은 적을 투항시키는 데 공을 세운 사람
이다. …… 방복과 전승에게는 각각 2년간 마감磨勘(관리의 근무 성적 심사)을 면제해주었고, 이
국량·교자·설장에게는 각각 1년간 마감을 면제하였고, 요재흥에게는 호남 안무사로 하여금
특별히 한 차례 위로의 잔치를 베풀어주었다." 또 (관련된 기록에)『지재집』권17에 「왕초재왕
규수포요구특전삼관汪楚材王圭收捕瑤寇特轉三官(왕초재, 왕규가 요족 도적을 체포하였으므로 특별이 세 관
직을 올려 선임한다)」, 「지의주사세견수포요유로특전단련사知宜州沙世堅收捕瑤寇有勞特轉團練使(지
의주 사세견이 요족 도적을 체포하는 데 공을 세웠으므로 특별히 단련대에 전임한다)」 등이 있다.

5 『대청일통지大淸一統志』권276 「장사부長沙府」: "유묘대는 선화현善化縣 악록산 오른쪽에 있는
데 주자가 담주의 안무사 시절에 세웠다." 왕선겸王先謙의『호남전성장고비고湖南全省掌故備考』
권12에는 유묘대를 남송에서 주희를 표창하여 세운 것이라고 하였는데, 아닌 듯하다.

고 장수를 보충할 뿐이다. …… 담주에는 8지휘를 두었지만 그 제도가 해이해지고 비호군만 성한데, 사람들은 (비호군이 성한 것을) 모두 신유안辛幼安(신기질)의 노력 덕이라고 한다. 생각건대, 당시에 어찌 친군親軍을 정비하지 않았겠는가? 이는 쓸 만한 데도 도리어 별도로 1군을 창설하여서 그 비용을 증가시켰다."(『어류』 권130)

담주의 8지휘는 장수가 용렬하고 병사가 나태하였다. 주희는 포래시를 투항시킴과 동시에, 장계를 올려서 본주 주둔의 동남 제8장第八將 무공랑武功郎 육경임陸景任을 탄핵하여 파직시켰다. 육경임은 평생 용렬하고 평범하여서 정치 업적이나 군사 공훈을 말할 만한 것이 없었고 다만 요행히 직책이 올랐으며, 병에 걸려 수척해져서 서 있을 수 없는 지경인데도 담주의 금군禁軍 8지휘를 관장하고 있었다.

주희는 이어서 「약속방約束榜」을 포고하여 '선량한 사람을 속이고 억누르며, 백성을 두드려 패고 시끄러운 일을 만든다'는 이유로 군병의 도박을 엄금하고, 7월부터 각 현의 궁수弓手와 사군士軍을 나눈 뒤에 세 차례로 돌아가며 훈련을 하게 하였으며, 매월 19일에는 주州에 모여서 활과 쇠뇌를 전문적으로 익히게끔 규정하였다(『문집』 권100).

금군 8지휘는 교만하고 나태하며 쓸모없어서 주희는 토군土軍인 비호군에 희망을 걸었다. 그러나 비호군은 본 지역 안무사의 관아에 예속되어 있지 않았다. 시냇가 골짜기의 요족을 진압할 때 주희는 비호군이 지척에 있다는 사실을 알았지만 마음대로 부릴 수 없었다. 그는 포래시가 투항한 뒤 「걸발비호군예호남안무사차자乞拔飛虎軍隸湖南安撫司箚子(비호군을 빼서 호남 안무사에 예속시키라고 청하는 차자)」를 올려서 비호군을 호남 지역의 절제에 귀속시켜달라고 청하였다.

본래 신기질이 당초에 비호군을 창설한 주요 목적은 시냇가 골짜기의 요족들을 진압하기 위함이었다. 그는 비호군 창설을 건의하는 차자에서 별도로 창설의 목적을 '오랑캐 요족(猺猵)이 군사의 위엄을 알고 기세를 본 뒤 두려워서 복종하게끔' 하려는 것이라고 하였다(『송사』 「신기질전」). 비호군을 창설할 당시에 참정 주필대도 주차奏箚에서 "본 지역이 오랑캐 요족과 접해 있는 까닭에 때때로 도적이 일어났는데, 호남 수신帥臣(안무사) 신기질은 비호군을 창설하여서 위급한 시기에 대군 조발調發의 일을 면하였습니다."(『문충집文忠集』 권143 「주의奏議」 10) 하고 인정하였다.

비호군은 창설된 뒤 사실상 통치자에 의해 주로 요족이라는 소수민족을 진압하기 위해 사용된 군대였다. 대부분 시냇가 골짜기의 지형을 익숙하게 아는 토착민을 소집하여서 비호군을 구성한 까닭은 요족처럼 산간에 활동 근거지를 둔 이들을 대상으로 작전을 벌이기 위함이었다.

순희 10년(1183)에 조웅趙雄은 비호군의 주둔지를 강릉江陵으로 옮기라고 주청하였는데, 주필대는 '호남과 호북은 근년에 요족의 강도질을 많이 겪었기 때문에 이 군사를 빌려서 먼저 기세를 올린 뒤 그들을 억누른다'는 구실로 주둔지 이전을 허락하지 않았다. 그러나 비호군은 창설되고 나서 얼마 뒤 멀리 떨어진 보군사步軍司에 예속되었고, 그 뒤 또 형악荊鄂의 부도통副都統에 예속되었다.

주희는 주차에서 다음과 같이 평가하였다.

가만히 따져보건대, 당일에 이 군대를 설치한 까닭은 본래 호남의 도적을 진압하기 위한 것이며, 이 군대는 오로지 본 지역의 수사帥司에 예속되었습니다. …… 지금 멀리 양양襄陽에 예속시켰는데, 양양은 바로 북쪽 변방의 대적大敵을 제압하는 곳으로서 자체로 대군이 수만 명 있건만 어찌이 군사에 의지하여 병력을 증강하겠습니까? 또 서로 간의 거리가 1,200여리로서 …… 군정軍政에 대해서도 평소에는 파악할 방도가 없다가 조발할 때가 닥친 뒤 절제節制한다면 피차 서로 정황을 알지 못하는 까닭에 반드시 일을 그르치게 됩니다. ——『문집』권21 「걸발비호군예호남안무사차자」

　　비록 비호군이 강상江上(장강 지역)을 흘겨보고 형상荊湘(호북, 호남)에 위세를 떨치는 날랜 군대라 금나라 사람들로부터 '호아군虎兒軍'으로 일컬어지기는 했지만, 조정의 재보宰輔로부터 지방의 수신帥臣에 이르기까지, 또한 신기질로부터 주희에 이르기까지 모두 비호군을 양호兩湖 요족의 봉기를 진압하기 위한 역량으로 간주하였음을 알 수 있다.

　　조정에서는 자연히 주희의 이와 같은 심모원려深謀遠慮의 충심忠心을 알아주었고, 마침내 비호군을 호남의 절제에 귀속시키는 데 동의하였다. 그러나 그들은 모두 비호군의 위력을 지나치게 높이 평가하였다. 겨우 석 달 뒤 주희가 호남에서 100일간 개혁적인 행정을 펼치고 담주를 떠날 때 진주의 요족은 새로이 규합하여 반항함으로써 그가 도성으로 들어가는 것을 환송하였다. 가정嘉定 원년(1208)에 침주郴州 흑풍동黑風洞의 요족 나세전羅世傳이 봉기하여서 비호군이 통제하는 변녕邊寧을 짓밟고 강서·호남을 진동시킨 일은, 날랜 비호군이라도 남송 조정의 무사태평을 보증하지 못한다는 사실을 밝히 드러낸 것이었다.

　　담주성 수축은 주희가 병비兵備를 정돈하는 일에서 거둔 주요한 업적이었다. 담주는 형상荊湘 상류의 중요한 진鎭으로서, 금나라 군대가 강회江淮(장강과 회수)를 돌파하여 남침하면 필시 장사長沙까지 닿을 수 있었다. 그러나 남쪽으로 건너온 이래 담주의 성지城池는 허물어지고 메워진 지 50여 년이나 지났지만 수리하지 못하고 있었다. 조정에서는 돈을 쓰는 데 인색하였고, 관원은 구차한 안정에 느긋하게 빠져서 도리어 성 수축에 반대하는 갖가지 썩은 주장으로 진실을 가렸다.

심지어 진부량陳傅良마저 호남에 관리로 임명되었을 때 "장사의 미창米倉과 주고酒庫는 성 밖에 있습니다. 만일 성의 수리가 완료되면 재물이 모두 바깥에 있게 되므로 불편합니다. 창고를 옮겨야지 성을 수리하는 것은 옳지 않습니다."라고까지 하여서 주희는 "이는 수재가 과거에 응시할 때 제시하는 논의이다. 창고도 옮겨야 하지만 성도 수리해야 한다."(『어류』 권106) 하고 비꼬는 말을 하지 않을 수 없었다. 주필대는 안무사로 부임했을 때 수축을 건의하였으나 공사를 일으키기도 전에 봉사奉祠로 파직되었고, 8만 관貫이 되는 돈에서 이미 6만 관이나 써버렸다.

그 다음에 이어서 부임한 주희는 나머지 돈이 성 건축의 공사비로 쓰기에는 부족하고 3,000여 명의 군병도 오랜 노역을 견뎌내기 어렵다는 사실을 알고 있었지만, 그럼에도 7월 하순에 공사를 시작하기로 결정하였다. 그런데 뜻밖에도 앞서는 오랜 가뭄을 만나고, 이후에는 장마를 만난 데다, 이어서 조신趙眘(효종)이 세상을 떠나는 '국애國哀'로 일이 지연되었다. 주희가 마지막으로 공사 경비를 절감할 계획을 세워서 성의 북쪽 면 일대의 담장을 안으로 줄인 뒤에 따로 쌓으려고 계획하고 있을 때, 이임하고 도성으로 들어오라는 소명을 받았다.

주희는 나중에 행궁의 편전에서 올린 차자에 담주성 축성을 청하여 조확의 면전에서 윤허를 받았다. 그는 즉시 후임 호남 안무사 왕린에게 편지를 썼다. "장사의 축성은 중도에 그만둘 수 없고, 군둔軍屯은 아직 전제專制를 받지 못하고 있는데, 이는 모두 말하지 않을 수 없는 일들입니다. 근래에 이미 외람되게 진술하였더니 모두 시행하라는 전지를 받들었습니다. 생각건대 지금은 이미 착수한 곳이 있을 것입니다."(『문집』 권29 「여왕추사겸중차자與王樞使謙仲箚子」) 세 번째 부임한 상수湘帥(호남 안무사)의 노력을 거쳐서 담주의 성지는 마침내 부분적으로 수복되었다.

주희는 군비를 정돈하기 위해 조정에 도움을 의뢰하려고 하였으나, 사실 이는 매우 어려운 일이었다. 그러나 지방행정(吏治)을 깨끗이 하는 일에서는 도리어 자기의 도학적 성격에 따라 옳다고 믿는 대로 혼자 실행하였다. 구차한 안정의 시대가 양성한바, 관료 사회에 널리 퍼진 구차한 안정을 바라는 타성은 그가 엄격하게 징치한 첫째가는 '관료적 병폐(官病)'였다. 남송의 상하 관료들은 모두 시위소찬尸位素餐하는 커다란 쥐새끼 무리들이었다. 관청(廳)에 출근하여 일 처리 하는 것은 말할 것도 없고, 관서(署)에 나와서 손님을 접대 하는 데 이르기까지 모두 게을러터졌다.

주희도 한 가지 꾀를 내어 이 게으른 관리들의 나태한 병폐를 고치고자 그들에게 억지로라도 손님을 접대하고 방문하게 하였다. 그는 나중에 제자들에게 다음과 같이 말하였다.

> 지금 관원은 대소를 막론하고 모두 손님 접대조차도 하지 않는다. 감히 어느 날에는 손님을 맞이하고 어느 날에는 손님을 맞지 않는다고 정해 두 기까지 하였다. 심지어 매달 10일에는 출근하지 않았다. 어떻게 이런 조리 가 서게 되었는지 모르겠다. 이것이 예인가, 법인가? 이상하다! 나와서 잠 시 사람을 상대하는 것이 얼마나 괴로운 일인지 알지 못하겠다. …… 담주 에서는 초하루와 보름에는 으레 손님을 만나지 않았는데 모든 부서(諸司)가 다 그러하였다. 그래서 내가 마침내 관례를 깨뜨리고 모두 서로 만나게끔 하였다.
>
> —『어류』 권106

주희는 스스로 앞장서서 접대하고 방문을 하였다. 이틀에 한 번씩 학교에 가서 재사齋舍에서 선비를 대접하고, 부서府署에서 관원을 접대하였다.

게으르고 용렬한 관리들에 대해 주희는 특별한 심사 방법을 정하였다. 각 현縣의 관리를 번갈아 주州로 오게 하여서 한 가지 공무를 건네주고 스스로 처리하게 한 다음, 그것을 반복하여서 그들의 일 처리 능력을 심사하고 일일이 다음과 같은 심사양식에 기재하였다.

현재 사부使府에서 위임하여 보낸 아무 일을 처리하는 방법

(1) 아무개가 어느 년, 월, 일에 아무 곳에서 아무 일을 처리하였다. 아무개 관리는 어떻게 판단하는가?

(1) 또 아무 시에 아무개가 다시 일을 처리하였다. 아무개 관리는 어떻게 판단하는가?

(1) 아무개가 지금 이 일을 이와 같이 처리하였는데, 이를 조문에 비추어서 어떻게 결론을 지었는가?

— 『어류』 권106

탐관오리는 줄곧 호족들과 결탁하고 악행을 저질렀는데, 이런 상황에서 주희가 지방행정(吏治)을 깨끗이 한 일은 옥송獄訟을 다스린 일과 함께 그의 특유하고 엄격한 행정의 기풍을 드러냈다.

호남 지방은 도박과 구타가 풍습을 이루었다. 거리와 시내에서 공공연히 불법으로 도박장을 개설한 뒤 노름꾼을 끌어모아 노름을 하게 하는 사람도 있었고, 관병은 아예 도박장에 드나드는 노름꾼이 되었다. 거리와 골목에는 본바닥의 건달(地頭蛇) 같은 불량배들이 거칠게 굴고 약한 사람을 욕보였다. 세무稅務를 보는 오리汚吏들은 중개상인과 결탁하여서 폐단을 저지르고, 거간꾼은 자잘한 푼돈으로 사람들을 곤경에 빠뜨렸으며, 강력한 호족은 빈민의 논밭을 침탈하였다. 관부에서는 백성의 송사를 지연시키고 처리하지 않았다.

주희는 도임하자마자 잇달아 소송의 약속방約束榜을 내걸어 현부縣府에서 백성의 갖가지 소송을 처리하는 기한을 규정하고 이를 어기지 못하게 하였다.

그는 소송 안건을 '사청인압使廳引押'과 '도청인압都廳引押'으로 나누었다. '사청인압'의 주요 안건은 '관리가 재물을 받고 법을 굽히는 일, 아전이 침해하는 일, 남을 시켜서 사람을 죽이고 위협하는 일, 살육과 약탈, 간사한 도적질, 무리를 모아 다투거나 관사官司에 항거하는 일, 호족이 백성의 토지를 침탈하여서 차지하는 일, 부녀를 희롱하고 더럽히는 일' 등을 포괄하여서 '가난한 사람, 늙고 병든 자, 어린아이, 과부'가 '백지白紙' 고발장을 던질 수 있도록 허락한 것이다(『문집』권100 「약속방」).

갖가지 징계와 장려의 방법을 정하여서 힘써 탐욕스러운 관리와 간사한 상인과 호족에게 타격을 입혔다. 그리고 도박장을 없애도록 명령을 내렸다. 가뭄을 이유로, 원래 소희 4년(1193)의 미납 추세秋稅를 독촉하기 위해 각 현에 관리를 파견하려던 일을 철회하였다. 세무를 보는 관청의 대문에 방을 내걸고 거둬들이는, 하천과 저자의 세전稅錢을 매일 공포함으로써, 세리稅吏가 간사한 짓을 벌여 세금을 빼앗아 삼키는 일을 방지하였다. 대량의 혼전婚田(혼인 때 지참하는 전답)과 부채에 관한 소송에 대해 현리縣吏가 온갖 방법으로 세력이 강한 집안을 두둔하며 지금 당장 단경기端境期(青黃不及)라는 것을 구실로 미루었다가 10월에 재심리하려는 것을 주희는 6월 18일에 장사 12개 현에 명을 전하여서 이와 관련한 송안訟案을 심리하도록 독촉하였다.

주희는, 자기들의 강함만 믿고서 사람을 죽이고 악행을 저지르는 본바닥의 건달 수십 명을 붙잡아서 감옥에 집어넣었다. 그는 일찍이 아무런 까닭 없이 사람을 때려죽인 장사長沙의 흉악한 불량배 장씨張氏에 관해 언급한 적이 있다. 이 무뢰한의 집 문 앞에는 나무다리가 하나 놓여 있었는데, 사람들이 이 다리를 건너갈 때 지팡이로 다리 위를 짚기만 하면 곧 붙잡아서 달아

매 놓고 때렸다. 나중에 조확趙擴이 7월 7일에 즉위하고 천하에 대사령을 내렸을 때, 주희는 새로운 군주의 대사령을 무시하고 이전대로 감옥에서 장씨와 같이 백성을 해친 무뢰배 18명을 전부 꺼내 사형에 처하였다.

그는 이 일에 대해 제자에게 다음과 같이 말하였다.

> 내가 장사에서 장씨 성을 가진 한 사람을 다스렸다. 애초에는 그의 악행이 어떤지 모르고 다만 범한 죄를 추적하였는데 얼마 뒤 진상이 드러났다. 마침 대사령이 내려서 편관編管(관원이 좌천되었을 때 당지의 관원에게 편입시켜 관리함)을 시켰다. 그런데 나중에 까닭 없이 불문곡직하고 사람을 때려죽인, 이 사람의 차마 말할 수 없는 악행을 들었다. 그의 문 앞에 나무다리가 있었는데, 장사꾼이 다리를 건너갈 때 지팡이로 다리 위를 짚으면 반드시 붙잡아서 달아매 놓았다. 이런 무리는 매우 많으니, 통렬히 다스리지 않는다면 무엇으로 징계하겠는가!
>
> ─ 『문집』 권106

나중에 나온 『임하우담林下偶談』에는 이 일에 대해 좀 더 상세히 서술되어 있다.

> 회옹晦翁(주희)이 담주를 다스릴 때 하루는 조 승상(조여우)으로부터 은밀한 소식을 전하는 편지를 받았는데, 가왕嘉王(조확)이 금상으로 등극하여서 먼저 경연에 공을 부를 것이라고 하였다. 회옹은 소매 속에 편지를 감추고 바로 옥으로 들어가서 중죄수 18인을 가려내어 즉시 참하였다. 일을 마치자마자 등극에 따른 사면령이 이르렀다. 회옹은 아마도 사면령이 이르면 흉악한 죄수들이 법망을 벗어나리라고 여겼으리라.
>
> ─ 『임하우담』 권3 「회옹참대수晦翁斬大囚」

여기서 말하는 '중죄수 18인'은 당연히 주희가 '이런 무리는 매우 많다'고 말한바, 장씨와 같은 그 지역의 악질 토호였다. 나중에 사람들은 주희가 죽인 죄수가 '농민 봉기의 영수'라고 떠들썩하게 지적하였으며, 심지어 경원당금 때 호굉胡紘은 주희가 '장사를 다스릴 때 사면장을 숨기고 수많은 사람을 도형徒刑에 판결하였다'고 무고하여 탄핵한 글을 근거로 삼아서 주희가 사면장을 숨기고 농민 봉기의 영수 18명을 죽였다고 하였다.

주희는 대사령 때 그가 처형한 자가 '까닭 없이 불문곡직하고 사람을 때려죽인' 흉악한 무리였음을 분명히 말하였다. 주희가 봉기한 요족의 영수 포래시를 죽이지 말라고 조정에 힘써 간청했던 사실로 미루어보면, 당시 그에게는 농민 봉기의 영수 18명을 참살할 직접적인 동기가 없었다.

조정에서는 일찌감치 대사령을 내릴 때 "죄인의 죄상이 중한 자는 일률로 사면을 하지 않는다."(『송사』, 「형법지」 3)고 규정되어 있고, 『양조강목비요兩朝綱目備要』에도 다음과 같이 기재되어 있다. "(*소희 5년) 5월, 효종이 위독해지니 조정에서는 사면령을 내렸다. 7월, 상(영종)이 등극하였다. 9월, 명당明堂에 종사宗祀한 뒤 상서성尙書省에서 다음과 같이 심사하였다. 한 해에 세 차례 사면을 단행하면 흉악한 누범累犯 죄인들이 은혜에 기대어 잘못을 저지를 우려가 있다. 그 가운데 일찍이 도류徒流의 죄를 범한 죄인에 대해서는 상이 등극한 뒤 이미 사은을 내려서 죄를 사면하였으나, 나중에 도류 이상의 재범으로서 죄질이 매우 중한 자는 함부로 처리하지 않고 별도로 조정의 지휘를 받는다. 그 지휘는 사면의 문안과 같이 내린다."(『양조강목비요』 권3)

주희는 대사령을 받고도 그대로 간악한 사람들을 참하였으나 조정의 규정을 위반하지도 않았고, 사면장을 숨기고서 죄수를 참할 필요도 없었다. 『임하우담』의 이야기는 호굉의 탄핵문에 덧붙여서 전해진 내용이다. 주희가 천하에 대사령이 있음을 알면서도 공공연히 흉악한 죄수를 참한 일은 동한의 청류清流 이응李膺이 풍각風角(바람으로 길흉을 점치는 법)에 미혹된 요사한 백성 장성張成의 아들을 죽인 행위를 본받았을 뿐이다.

당연히 주희는 '법치法治'의 수단뿐만 아니라 '예치禮治'의 수단을 통해 더욱 세상의 풍조를 구제하고, 사람의 본성을 선으로 회복하는 삼강오상의 역량을 철석같이 믿었다. 그래서 그의 행정 혁신이 또한 사풍士風과 학풍學風을 크게 바로잡는 데 적용된 결과 주학朱學은 호상湖湘에서 발을 붙이고 전파되고 길을 열게 되었다. 주희가 호남에 오기 전에 남헌南軒(장식)의 장학張學은 이미 마지막 남은 숨을 몰아쉬고 있었고, 호상은 진부량의 영가학이 마음껏 활약하는 신천지가 되었으나 주학은 동남을 떠들썩하게 석권했으면서도 호상에까지는 미치지 못하였다.

주희는 이때 담주에 와서 본래 호남 학자들과 함께 남헌의 장학을 깔끔하게 정리하여 다시 새롭게 빛내려는 생각을 품고 있었다. 나중에 그는 만인걸萬人傑에게 이 일을 다음과 같이 언급하였다. "근래 호남 학자들을 보면 흠부欽夫(장식)의 옛 학설을 복구하지 않는데, 만약 거기에 간다면 모름지기 한 차례 정리할 것이다. 이 뜻을 이루지 못한 것이 한스럽다."(『어류』 권115) 그랬기 때문에 그는 도임하자마자 곧 장식을 성남사城南祠에 제사하고, 직접 영향寧鄉과 풍림향楓林鄉으로 가서 장준張浚·장식張栻 부자의 묘에 곡하고 제사하였다.

그는 매우 주의를 기울여서 호남에 있는 장식의 제자들을 찾은 뒤 그들과 강론하고 담론을 하였다. 나중에 장사 군학郡學의 박사 소연邵淵을 청하여서 장식의 『삼가례범三家禮範』을 간행하고 직접 발문을 지었다. 그러나 그가 장학을 '정리'한다고 말한 참된 의도는, 그저 장학의 껍데기를 빌리고 그 대신 주학의 정신을 돌려줌으로써 장학의 제자들을 주학의 제자로 만들고, 주학을 확대시켜서 상중湘中에 전파하려는 데 지나지 않았다.

호상 장식의 제자들은 호대시胡大時를 우두머리로 하여 진부량을 따르는 일부를 제외하면 소좌蕭佐·주석周奭·정일지鄭一之·조방趙方과 같이 남헌의 최후의 보루를 지키는 소수 인사가 주인 없이 방황하고 있었는데, 주희가 장학 '정리'의 기치를 들고 상중에 이르자 곧 그들은 모두 일변하여서 주희의 문하에 귀의하였다.

소좌의 자는 정부定夫이다. 아버지가 여명黎明의 사위가 되어 호굉胡宏을 따라 배우고 장식과 동문의 벗이 되는 바람에 소좌는 젊은 시절부터 장식에게서 학문을 전수받고 15년간 그의 가르침을 변함없이 엄격히 지켰다. 그러나 주희로부터 직접 '진덕 수업進德修業'의 개도開導를 가르침 받은 뒤 곧 마음으로 기뻐하고 성심으로 복종하는 주문朱門의 제자가 되었다. 그는 주희에게 다음과 같이 말하였다. "선사先師(장식)의 가르침을 15년간 지켰는데 이제 선생님을 뵈니 선사를 뵙는 듯합니다."[6] (『호남통지湖南通志』권162) 그는 호상학자 가운데 영가학을 따르기를 원하지 않은 일부 사람들의 공통된 진심을 토로하였던 것이다.

장학의 내부는 분화하여 호대시를 우두머리로 하는 일부는 절학浙學으로 전향하였고, 정일지를 우두머리로 하는 일부는 주학으로 전향하였다. 호남 학자들은 강학을 하고 논변을 할 때 왕왕 먼저 호대시가 참관하여 판결을 하도록 하고, 그런 뒤 다시 주희에게 판정을 청하였는데, 주희는 언제나 정일지의 관점을 옳게 여겼다.[7] 사실, 이는 바로 소희 이래 장학의 분열, 또한 절학

---

6 『학산선생대전집鶴山先生大全集』권57 「상음소정부사우당명湘陰蕭定夫師友堂銘」을 참조하라.

7 『호남통지湖南通志』권162 : "정일지는 자가 중례仲禮이고, 또 다른 자는 중리仲履이다. 상담湘潭 사람이다. 장식을 따라 배우고 …… 장식이 죽은 뒤 호남 학자들이 매양 강론을 할 때 호대시가 참관하여 판결하였는데, 다시 주자에게도 판정을 맡겼다. 주자는 오로지 일지의 말을 옳다고 하였다. 소희 갑인년(1194)에 또 주자에게서 수학하였다." 『상음현지湘陰縣志』권11 「열전列傳」, 주희 『문집』권50 「답정중례答鄭仲禮」 참조.

과 주학이 호상에서 상호 각축을 벌인 역사의 그림자를 굴절시킨 것이었다. 주희는 호남에 온 이래 진부량의 절학이 호상에서 독존하는 국면을 타파하였다. 그가 악록서원岳麓書院을 일으킨 일도 호상에서 주학을 진흥한 일과 동의어가 되었다.

주희는 결국 후계자가 없어진 남헌의 학문에 대해 감상感傷을 품고서 악록서원에 들어갔다. 당 안에는 예전에 그가 손수 쓴 '충효염절忠孝廉節'이라는 넉 자의 큰 글씨가 그대로 있었으나 사람은 가고 도는 없어졌으며, 옛 규범은 잃어버렸다. 그는 다시 새롭게 악록서원을 수복할 결심을 하였다. 먼저 예릉醴陵의 공사貢士 여귀신黎貴臣[8]을 청하여서 강서講書의 직책에 충원하고 학록學錄 정일지와 함께 악록서원에 배치하였다.

본래 서원은 건도 연간에 안무사 유공劉珙이 기숙사齋를 지어 정원 20인으로 선비를 양성하던 데서 유래하였다. 순희 말에 반치潘畤가 호남 안무사로 부임한 뒤 다시 기숙사 두 채를 확장하고 정원을 18인 더 늘렸다. 주희는 곧 서원의 규모를 확대하고 정원 외 생원 10명을 다시 늘렸다. 날마다 쌀 1되 4홉, 돈 60문文을 지급하였고, 시험으로 인재를 뽑지 않고 해당하는 직책에 따라 적합한 자를 살펴보고 찾아서 직접 선발하여 넣었다. 이 밖에 또 학전學田 50경頃을 마련하여 서원의 제사와 사생師生의 녹봉 등에 쓰게 하였다.

7월, 주희는 「담주위교수조치악록서원첩潭州委敎授措置岳麓書院牒」을 반포하고, 교수에게 위임하여 서원의 확장과 수복에 관한 모든 일을 함께 조치하도록 하였다. 그는 「백록동서원학규白鹿洞書院學規」를 악록서원의 원규院規로 삼

---

8 여귀신은 자가 소문昭文이다. 『예릉현지醴陵縣志』 「인물지人物志」에서는 "읍의 남쪽 금구산金龜山 아래 소문서원昭文書院의 옛터가 있는데 그가 독서하던 곳이다. 일찍이 주자를 따라 배우고 정학正學을 강론하며 밝혀서 한때 많은 사류士類가 그를 따랐다. 주자가 담주의 수령이 된 뒤 그를 초빙하여서 악록서원을 맡겼다."고 하였다. 『호남통지』 권162도 함께 보라.

고 『사서집주』를 악록서원의 주요 교재로 삼았으며, 몸소 악록서원에 와서 수업을 참관하고 강의를 하였다. 서원에서 매번 북을 올려 개강을 하고 주희가 와서 수업을 참관할 때면, 교수들은 그에게 당에 올라 반듯하게 앉기를 청하고 학생들은 차례로 들어와서 여덟 재실에 나눠 앉았다. 주희는 몸소 제비 100여 쪽을 담은 첨통籤筒에서 여덟 쪽을 뽑아 재齋마다 한 사람씩 나와서 사서오경을 강해하도록 정하였다. 강을 마친 뒤 교수들은 청중에게 대의와 요점을 풀이해달라고 주희에게 공손히 청하였다.

주희는 냉정하면서도 열정이 있는 엄격한 스승이었다. 형양衡陽 출신의 제자 요겸廖謙은 자기가 직접 목격한 일화를 다음과 같이 기록하였다.

선생이 악록서원에 와서 제비를 뽑아 두 사인士人에게 『대학』을 강講하게 하였는데, (그들이 강하는) 말의 뜻이 모두 불분명하였다. 선생이 곧 중지시키고 제생諸生에게 타일렀다.

"이전 사람이 서원을 건립한 까닭은 본래 사방의 사우士友를 불러들여서 서로 강학을 하게 하려고 한 것이지, 과거 시험만을 위해 계획한 것은 아니었습니다. 내가 관리로 도임한 이래 여러분들과 함께 강론하기를 매우 바랐습니다. 그러나 강을 사이에 두고 있는 데다 겨를이 많지 않았습니다. 여러분은 모두 반드시 유의하리라 생각했습니다. 오늘 말하는 것을 보니 도리어 주학州學만 못한데, 또한 이 군더더기 같은 사람을 어디에 쓰겠습니까! 내일은 번거롭겠지만 교수와 여러 직원과 함께 의논하여서 규정規程을 정하고, 앞으로 정정하여서 두 학교(◦생각건대, 주학과 서원을 가리킨다)에 반포한 뒤에 함께 이를 강론하고 연마하도록 하겠습니다. 만약 이 (두 사람)처럼 마음에 새기지 않는다면, 하고 싶은 대로 하도록 들어주겠습니다. 학교는 본래 오는 사람은 막지 않고 가는 사람은 잡지 않는 곳이거늘, 어찌 굳이 붙들어 둘 리가 있겠습니까? 또한 학문은 애초에 사람이 이해할 수 있는 일입니다. …… 학문을 이해하지 못하면 어리석고 미련한 백성과 무엇이 다르겠습니까!'

—『어류』 권106

이를 보면, 오른쪽 다리를 약간 절고 두 눈이 침침한 백발 노유老儒가 비록 평소에는 옷깃을 반듯하게 여미고 꿇어앉아서 위엄으로 남을 누르고 있지만, 일단 누군가 이단의 괴이한 학설을 발표하기만 하면 당장에 사나운 반격을 하고야 만다는 사실을 알 수 있다. 그러나 그는 또한 언제라도 눈에 띄지 않는 이름 모를 학생이나 어린 사람들을 막론하고 그 어느 누구와도, 그 어떤 주제라도 차분하게 담론하였으며, 천문지리天文地理, 경사經史와 백가百家, 고금의 비전秘傳이나 사라진 이론을 가리지 않고 도도하게 경전을 끌어들여 근거로 삼아서 샘솟듯이 생각을 펼쳐 나갔다.

그래서 악록서원은 금세 삼상三湘의 선비들이 찾아와 도를 묻는 성지가 되었다. 사방의 학생들이 유학을 와서 도학의 우두머리에게 경배하였으며, 심지어 "학자가 1,000여 인이나 운집하여서 저마다 의심나는 바를 질문하였으며, 부지런히 토론하였다. 그러므로 당시 '도림에는 300 군중, 서원에는 1,000 문도(道林三百衆, 書院一千徒)'라는 속담이 생겼다. 이 숫자는 전성기를 이루었던 때의 수이다."(『광서선화현지光緖善化縣志』 권11)

주희가 직무를 보는 여가에 수십에서 100여 명이 넘는 학생들이 그가 머무는 곳에 들어왔다. 8월 3일에 상녕常寧의 선비 습개경襲蓋卿이 찾아뵙고 배움을 물었는데, 그날 밤 그를 포함하여 주희에게 가르침을 구한 학생이 모두 70여 명이나 되었다.

대체로 악록서원이 이렇게 사방의 많은 학자를 수용할 방법이 없었기 때문에 주희는 악록서원의 규모를 확대하고 또 상서정사湘西精舍를 중건하였다.

원래 유보劉輔가 상수湘水의 서쪽 악록岳麓 아래 세운 상서정사[9]는 이미 깡그리 무너지고 흔적도 없었다. 주희는 특별히 제자인 장사 현령 요간饒幹에게 부탁하여 옛터를 찾아보게 하였다. 채원정蔡元定에게 보낸 편지에 이 일이 언급되어 있다. "악록의 일은 전에 보낸 편지에서 언급했는데, 바로 정로廷老(*요간)가 찾은 것입니다. 이틀 뒤 (*진陳)언충彦忠(진사직陳士直)이 와서 말하기를, 마침 풍우風雩의 오른쪽에 있는 절의 남새밭 가운데 있어서 뒤로 정자의 발치를 등지고 앞으로 필가산筆架山을 마주보며, 바로 앞 오른쪽은 횡으로 감싸여 있고 왼쪽은 언덕을 끼고 있어서 지세가 더 나은 듯이 보이는데, 다만 지반이 세로는 얕고 가로는 넓기 때문에 대청과 당을 배치해야만 수용할 수 있을 듯하다고 합니다. 이미 정로에게 설계도를 고쳐서 가져오라고 하였는데, 가져가서 수정하기로 하고 아직 가져오지 않았습니다. 그가 오기를 기다리면서 별도로 사람을 보내야 하겠습니다."(『문집』 권44 「답채계통」 서7)

그러나 주희가 이임할 때까지 상서정사는 준공되지 못하였다. 그는 임안臨安에 이른 뒤 후임 안무사 왕린에게 편지를 보내, 공사를 계속하여서 완성해주기를 간청하였다. 오래지 않아 상서정사는 완공되었고, 왕린은 주희의 청에 따라 '상서정사湘西精舍'의 편액을 썼다. 주희는 매우 만족하며 답장을 보냈다. "상서湘西라는 편액을 요 수령(饒宰, *정로)이 보여주었는데 우러러보니 씩씩한 운필運筆이 거침없을 뿐만 아니라 필체가 나는 듯하며, 획은 반듯하고

---

9 『호남통지』 권68 「서원」: "상서서원湘西書院은 선화현善化縣 서쪽 악록산 아래에 있는데 송의 유보劉輔가 세웠다. 나중에 주자가 중건하였다." 『악록구지岳麓舊志』 「상서서원설략湘西書院說略」: "악록서원 외에 상강 서쪽 기슭에 다시 상서서원을 세웠다. 주학州學의 학생에게 수업 성적을 시험하여서 높은 등수를 받은 자를 상서서원 학생으로 승격하고, 또 높은 성적을 얻은 학생을 악록서원 학생으로 승격하였다. 담주의 사람들은 이를 '세 학교(三學)'라 하였다. 뒤이어 전란으로 허물어진 것을 유보가 중건하였다. 회옹晦翁(주희) 때까지 전해졌는데 그가 추사樞使(추밀사) 왕겸중王謙仲(왕린)에게 부탁하여 조대漕臺(전운사轉運司)에 간청을 넣어서 신축하였다."

전체의 맺음은 완전하여서 보는 사람으로 하여금 충분히 넋을 흔들고 정신을 놀라게 합니다. 매우 큰 은혜입니다. …… 마침내 강산을 억누르고 길이 내걸어 보일 수 있으니 상중의 학자들에게는 얼마나 행복한 일인지 모르겠습니다!"(『속집』권7 「답왕추사答王樞使」)

주학, 악록서원, 상서정사는 '세 학교(三學)'로서 삼위일체의 교육 체제를 구성하였다. 면모가 일신한 악록서원은 주돈이周敦頤 도학의 기치를 내걸고 삼상三湘의 학자를 도야하고 배출하였다.

주희가 호상에서 주학을 전파하고 호상의 학자를 쟁취한 일은 주돈이를 충분히 이용하여 호소한 결과였다. 호남의 영도營道는 본래 주돈이의 고향이며, 소주邵州는 또한 주돈이가 '지나가면서 교화한(過化)' 지역이었으므로 주희는 시정施政에서부터 교육에 이르기까지 모두 그를 본받았다. 반흥사潘興嗣는 주돈이가 호남에서 '정밀엄서精密嚴恕(정확하고 치밀하며 엄격하고 너그러움)'로 다스렸다고 하였는데, 주희는 담주에서 바로 이 넉 자를 자기 개혁 정치의 준칙으로 삼았다.

그리고 소희 4년(1193)에 그는 소주 태수 반도潘燾를 위해 「소주주학렴계사기邵州州學濂溪祠記」를 지어서 호남 학자들을 향해 주돈이의 도통과 태극 사상을 선양하였다. 장사에 온 뒤 그는 즉시 공금을 발급하여 이미 허물어진 도주道州의 주돈이와 정호程顥·정이程頤 세 선생(周程三先生)의 사당을 복구하고, 8월에 「알수도주삼선생사문謁修道州三先生祠文」을 지었으며, 제자 풍윤중馮允中을 보내서 치제致祭하게 하였다.

반도는 소주부의 부치府治 서편에 집 한 채를 짓고 '희렴당希濂堂'이라고 명명한 뒤 주돈이의 '정밀엄서'를 본받겠다고 표방함으로써, 주희가 「소주주학렴계사기」에서 그에 대해 '자기를 완성하려는(成吾) 의지를 갖고 있다'고 한 기대를 실현하였다. 그리하여 주희로부터 크나큰 칭찬과 함께 몸소 그를 위해 '희렴당'이라고 쓴 편액을 받았다.

양만리는 「소주희렴당기邵州希濂堂記」에서 이 일을 상세히 기술하였다.

> 병으로 사직하고 돌아왔더니 수령 반도만이 나에게 싫증내지 않고 천
> 리 길에 말을 보내 문 앞까지 책을 옮겨다주고 청하였다. "소주는 고故 염
> 계濂溪(주돈이) 선생께서 다스리던 곳입니다. …… 저(반도)는 도를 배우고 사
> 람을 사랑하는 남은 기풍을 추구하여서 모범으로 삼고자 하였으나, 그러지
> 못했습니다. 오직 반홍사潘興嗣 공이 '정밀엄서'의 다스림을 외고 은연중에
> 자기 마음으로 삼았습니다. 그래서 즉시 서쪽에 낡은 집을 다듬어서 당을
> 짓고 '희렴'이라 명명한 뒤 소송도 그곳에서 듣고, 독서도 그곳에서 하고,
> 물러나 식사하고 쉬는 것도 그곳에서 하였습니다. 회암 선생이 듣고서 기
> 뻐하며 말하기를 '정밀엄서라는 넉 자는 합하여서 말한 사람이 없었다. 합
> 해서 말하면 더욱 의미가 있다. 이는 근세의 이른바 두루뭉술하게 명예를
> 구하는 유자의 정치가 아니다. 그대는 이에 대해 마땅히 깊이 계발해야 한
> 다.'고 하였습니다. 그리고 저를 위해 크게 석 자를 써 주었으므로 저는 이
> 를 당에 내걸었습니다. 오직 소주의 선생(주돈이)이 지닌 정미한 뜻을 반 공
> (반홍사)이 아니라면 누가 계발할 수 있겠으며, 회암이 아니라면 누가 이끌
> 수 있겠으며, 선생(양만리)이 아니라면 누가 의당 기록하겠습니까? ……"

—『성재집』권75

'희렴'은 호상의 학자를 쟁취하기 위해 호소하고, 호상에서 절학에 대항
하여 발전하는 주학朱學의 기치가 되었다.

주희가 장사에 있던 짧은 석 달 동안에 천촉川蜀·형상荊湘·민절閩浙·강서·
안휘安徽로부터 몰려온 포의布衣의 학자, 낙방한 거자擧子, 초사初仕의 한사寒士

가 모두 빠르게 주문朱門의 제자가 되었다. 그 가운데 저명한 이로는 서고舒高·주춘周椿·소좌蕭佐·요겸廖謙·추예鄒枘·종진鍾震·웅각熊恪·손자수孫自修 형제·환연翼淵·양장유楊長孺·습개경襲蓋卿·유맹용劉孟容·반리손潘履孫·왕과王過·동공수董拱壽·임학몽林學蒙·오종吳琮·이유용李儒用·정일지鄭一之·이웅李雄·이번李燔·임자몽林子蒙·오웅吳雄·조방趙方·서의徐誼·조희한趙希漢 등이 있다. 그리고 무강수武岡守 왕의화汪義和, 장사 령長沙令 요간饒幹, 영원현 위寧遠縣尉 풍윤중馮允中, 계양군 녹사참군桂陽軍錄事參軍 조언약曹彦約, 형주 사록참군衡州司錄參軍 서방좌舒邦佐 등 이미 벼슬길에 오른 선후배 제자들은 주희의 '정밀엄서精密嚴恕'의 위정을 베푼 유능한 관리가 되었다.

주희가 장사를 떠난 뒤 이들 '희렴'의 제자들은 또 사면팔방으로 덩굴처럼 뻗어 나가며 주학을 전파하는 '들불(野火)'이 되었다. 환연은 촉蜀으로 돌아가서 주희의 역학을 전하고 도정度正과 함께 주학의 사천四川 분파를 개척하였다.[10] 조언약은 강서의 도창都昌으로 돌아간 뒤 주문朱門에서 경제학經濟學으로 제일가는 고족高足이 되었다.[11] 손자수 삼형제는 선성宣城으로 돌아가서 주

---

10 양방陽枋의 『자계집字溪集』 권9 「환연탕축문翼蓮蕩祝文」: "만 리를 가서 스승을 찾아 3년을 공부하고 고정考亭(주희)으로부터 『역』을 들은 뒤 돌아왔다." 또 권8 「연탕선생분정기蓮蕩先生墳亭記」: "만 리를 가서 고정에 이르러 (주희를) 스승으로 섬기고 3년이 지나 그의 학설을 다 얻어서 돌아왔다." 살피건대, 주희의 『문집』 권63 「여환아부與翼亞夫」 서2에 '장사에서 헤어진 지 어느덧 여러 해가 지났다', '헤어지고 해를 넘겼다'고 하였고, 『어류』에도 환연이 소희 4년(1193) 계축에 기록한 어록이 있으니, 환연은 바로 소희 4년에 와서 주희에게 배웠고, 소희 5년에 주희를 따라 담주로 갔으며, 8월에 주희가 임안으로 부임한 뒤에야 서쪽으로 돌아가 촉으로 들어갔다.

11 『학산선생대전집』 권87 「조언약묘지명曹彦約墓誌銘」: "주 문공이 남강南康의 수령으로 있을 때 형제가 직접 나아가 배우고 백록동서원의 제생諸生이 되었다. 14년 뒤에 장사에서 문공을 뵈었다. 알고 행할 바를 서술하자, 더 가르쳐줄 것을 청하였다." 『송원학안宋元學案』 권69 「창주제유학안滄洲諸儒學案」에서 "선생이 주문朱門에 있을 때 면재勉齋(황간)가 그를 호걸지사라고 일

학의 환皖(안휘성) 지역 정통의 맥을 이루었다. 요겸은 형양衡陽으로 돌아간 뒤 '문을 닫아걸고서 깊이 사색하고(閉戶覃思)', '베옷 입고 나물밥 먹으면서 물을 마시며(布衣疏水)' 힘써 독서를 한 끝에 상중에서 주희의 『역』을 전수한 고족이 되었고, 형양의 주학도 그로부터 시작되었다. 그리고 종진은 상담湘潭으로 돌아가 정주程朱의 '주일主一' 설을 자세히 연구하고 주일서원主一書院을 지어서 수많은 상남湘南의 학자들을 끌어들였다.[12]

주희의 '정밀엄서精密嚴恕'는 법치와 예치 두 수단을 포함하며, 그가 사풍士風을 정돈한 주된 방법이 되었고 또한 그가 봉건적 정치 인재를 배양하는 표준이 되었다. 그는 포래시를 투항시킨 뒤 감사監司와 함께 소주 수邵州守 반도潘燾, 전주 수全州守 한막韓邈, 소주 통판通判 채함蔡咸, 제형사 간판공사提刑司幹辦公事 방전方銓, 전임 제형 손 아무개를 천거하였다. 주희는 이들이 그의 '정밀엄서'를 체현했을 뿐만 아니라 요족 진압에 공을 세웠고, 평소 치적과 행정의 평판이 높은 유능한 신하이며, '정밀엄서'의 정치적 인재의 표준에 부합하는 사람들임을 드러내려고 하였다.

특히 '희렴'의 반도는 씩씩한 무용을 자랑하는 보통의 속된 무리가 아니어서 주희는 그를 다음과 같이 칭찬하였다. "학문으로 몸가짐을 삼고 유아儒雅로 아전을 단속하면서 백성을 천시하지 않았습니다. 먼저 교화에 힘쓰고,

---

컬었다. 학문의 계통을 논하자면 면재가 제일이고, 경제의 대략을 논함에 자기만의 견해가 있기로는 선생이 제일이다."라고 일컬었다.

12 『상음현지湘陰縣志』 권11 「열전」 : "종진鍾震은 자가 춘백春伯이고 …… 종진은 형산衡山에 거주하였다. 소희 연간에 주자가 악록에서 강학을 하자 폐백을 들고 문하에 가서 질문과 토론을 주고받았으며, 가르침과 답을 많이 얻었다. 종진은 잊어버릴까 두려워서 낱낱이 붓으로 써서 『갑인소문어록甲寅所聞語錄』을 만들었다. 또 정이程頤의 주일主一의 취지를 깊이 깨우쳐서 주일서원을 짓고 거기서 강학을 하였다. 상남의 인사들이 그를 많이 따랐다."

학교를 숭상하고, 선현의 사우祠宇를 수리하여서 세우고, 백성이 떠들썩하게 송사를 하면 이치로써 타이르고 유사有司에게 일을 맡겨서 신속하게 처리하였습니다. 이로 말미암아 관청의 송사가 날로 간소해지고 군의 감옥이 자주 비었습니다. 호북에서 요족이 변경을 침범하자 반도가 합당하게 조처하였으므로 백성이 안도하였습니다. 둔屯(병영)을 옮기고 채寨(목책)를 설치하여서 백성의 근심을 방비하는 데 지극하지 않음이 없었습니다. 그 밖의 설시設施가 일체 구차하지 않았습니다."(『문집』권19 「동감사천반도한막채함방전장同監司薦潘燾韓選蔡咸方銓狀」) 반도는 참으로 '정밀엄서'의 '유아儒雅'한 정치적 인재였다.

주희는 장사에 석 달 동안 있으면서 또 장사 교수教授 소연邵困, 담주 막지사幕支使 왕계王棨, 선화 령善化令 장유張維, 영향 주부寧鄕主簿 유정학劉正學, 전주全州에서 관직에 있는 반경유潘景愈를 천거하였고, 이임할 때 다시 명주 사리참군明州司理參軍 반우공潘友恭을 자기 후임으로 천거하였다. 이 밖에 외사촌 아우 왕의화汪義和는 친척을 피하기 위해 천거하지 않고, 영릉 승零陵丞 팽전彭銓, 장사 승長沙丞 관管 아무개, 선화 위善化尉 주朱 아무개를 천거하려고 준비하다가 추천장을 미처 올리지 못하였다.

그들 가운데 특히 '금시 선생今是先生' 소연에 대해서는 주희가 천거장에서 '문학文學으로 자기를 발전시키고 가르치는 데 게으르지 않았다'(『금화선민전金華先民傳』권7)라며 칭찬하였다.[13] 주희가 장사에서 사풍과 학풍을 정돈하기 위해

---

13 『난계인물고蘭溪人物考』: "소연邵困은 자가 만종萬宗이다. 송 순희 8년(1181)에 진사가 되었다. 침주郴州의 교수에 제수되었고, 담주로 옮겼다. 주자가 호남 안무사로 있을 때 그의 학행을 천거하였다. 일찍이 장경부張敬夫(장식)가 편찬한 『삼가례범三家禮範』을 학궁에서 인쇄했는데, 주자가 그 뜻이 아름다움을 자주 칭찬하였다. 저서에는 『곡례왕제악기대학중용해曲禮王制樂記大學中庸解』 다섯 편과 『독역관견讀易管見』・『금시당유고今是堂遺稿』 등이 있다. 봉사奉祠가 되어 집에 거처하면서 당의 이름을 '금시今是'라고 하였기 때문에 후세 사람이 금시 선생이라 일컬었다."

관원과 학자에게 인쇄하여 지급한 『삼가례범三家禮範』·『주현석전의도州縣釋奠儀圖』·『계고록稽古錄』·『시집전詩集傳』은 모두 소연이 책임을 지고 간행한 책이다. 그도 '정밀엄서'의 '희렴'의 모범이 되었으며, 나중에 절동으로 돌아가 주학의 문정門庭을 크게 빛냈다.

'정밀엄서'의 다스림 가운데 주희는 특별히 민풍民風과 사기士氣를 진작하는 수단으로 '예禮'를 가지고 '서恕'를 드러내는 데 뜻을 기울였다. 그는 부임하기 전에 『예』에 정통한 제자 여정보余正甫·오필대吳必大·만인걸 등을 장사의 관소官所에 불러들여서 관전官錢을 이용하여 예서를 편정하려고 준비하였다. 그는 오필대에게 편지를 써서 다음과 같이 말하였다. "이미 정보正父에게 편지를 써서 관소에 들어와 예서禮書를 정리하여 편찬하기로 약속하였습니다. …… 지금 만약 호湖의 바깥으로 갈 수 있다면 응당 이 약속을 실천해야 할 것입니다."(『문집』 권52 「답오백풍答吳伯豊」 서13)

그러나 주희가 너무 빨리 장사에서 이임하였기 때문에 계획이 공중에 떠버렸다. 그는 나중에 이 일에 대해 유감을 품고 제자에게 다음과 같이 말하였다. "예서의 편찬은 장사에 도착한 뒤 곧 여러분을 불러서 함께 처리하려 하였다. 나중에 그 일이 엄청난 일임을 알고 오래 계획할 수 없는 까닭에 결국 그만두었다. 나중에 서울에 이르러서 거의 일의 체제가 조금 정해졌으므로 규모를 정하고 천하의 예를 아는 자를 다 불러들여서 책을 정리하였는데, 여정보 같은 여러 사람이 모두 가르침을 준 덕분에 오늘에야 끝났다!"(『어류』 권84)

장사에서 예서의 편찬은 완성을 보지 못했지만 『주현석전의도』의 편찬은 완성되었다. 당시 주희의 제자 첨원선詹元善(첨체인)이 아직 조정에서 태상소경太常少卿을 맡고 있었으므로 그와 관련 있는 칙명이 호남에 내려왔는데, 주희는 얻기 어려운 이 기회를 이용하여 옛 석전의를 '힘써 몸소 교열을 보고 지나친 내용을 깎아낸 뒤 몇 조항을 확정하여서 주안州案에 첨부하였다. 학관에 옮기고 속현屬縣에 문서로 통보하였으며, 또 수사帥司에게 맡겨서 관내 여러 지역에 내려보내게 하였다.'(『문집』 권83 「서석전신명지휘후書釋奠申明指揮後」. 원서에는 「소회주현석전의도紹熙州縣釋奠儀圖」로 되어 있으나, 바로잡는다—역자 주) 그리고 연말에 소연을 통해 장사 군학郡學에서 인쇄하였다.

주희는 이 밖에 또 사마광司馬光의 『계고록』을 간행하였는데, 그 까닭은 그가 한편으로는 『계고록』을 '임금의 덕을 논한 것이 셋이고, 재질을 논한 것이 다섯인데, 더욱 간절하기에 성주聖主에게 들려주지 않을 수 없다'고 여겼기 때문이고(『별집』 권2 「정상서혜숙鄭尙書惠叔」), 또 한편으로는 이 책을 '아이들이 육경을 읽고 마친 뒤에 잇달아 읽게 하는 것도 좋다'고 여겼기 때문이다(『어류』 권134). 그래서 그는 심지어 도성에 들어간 뒤 새 군주 조확을 만나서 이 책을 바치려고 준비하였다.

사기士氣를 격려한 일과 관련하여, 주희는 옛사람을 치켜세웠다. 아득한 동정호와 콸콸 흐르는 상수湘水는 바로 초나라의 굴 선생(屈子, 굴원)이 쫓겨나서 물가를 거닐며 읊조리던(澤畔行吟) 곳이었다. 송이 남쪽으로 건너온 이래 담주에서는 금에 항거하여 죽은 선비가 출현하였다. 소흥 원년(1131)에 금의 군사가 담주에 쳐들어왔을 때 통판 맹언경孟彦卿과 조민언趙民彦이 무리를 이끌고 싸우다가 전사하였다. 성이 함락된 뒤 장군 유개劉玠, 병관兵官 조진지趙津之가 굽히지 않고 시가전을 벌이다가 적을 꾸짖고 죽었다. 그러나 조정에서는 화친을 구걸하고 구차한 안정을 추구하며, 선비들은 다투어 이익을 좇는 세태의 울타리 속에서 사람들은 일찌감치 죽음으로 절개를 지킨 그들 영령英靈과 멱라수에 몸을 던진 충혼忠魂을 잊어버렸다.

소희 5년(1194) 7월에 조확이 즉위한 뒤 반포한 등극 사면교서에는 다음과 같은 구절이 있다. "오악五嶽과 사독四瀆, 명산대천, 역대 제왕과 충신열사 등 사전祀典에 기재된 대상은 소재지의 기관장과 아전에게 맡겨서 정결하게 치제하며, 사묘祀廟에서 가까운 곳도 나무하는 것을 금하며, 사묘가 훼손되면 본주本州의 담당자로 하여금 성전省錢으로 수리하게 하라."(『문집』 권100 「약속방約束榜」)

주희는 이 사면교서를 이용하여 두 가지 일을 하였다. 먼저 삼려충결후묘三閭忠潔侯廟를 수리하고, 「수삼려충결후묘봉축문修三閭忠潔侯廟奉祝文」을 지어서 친히 제사를 지냈다. 이어서 또 북문의 성황묘에 오충사五忠祠를 건립하고, 사당을 설치하여서 소상塑像을 세우고, 맹언경·조민언·유개·조진지와, 왕후王厚를 진압한 동진의 호주자사湖州刺史 초국譙國 사마司馬 왕승王承에게 제사 지냈다. 그 뒤 궁궐로 들어가 직책을 맡고서 또 「걸담주초왕등묘액장乞潭州譙王等廟額狀」을 올렸다. 이에 조정에서는 '오충묘五忠廟'에 사액하였다.

주희가 장사에서 100일 동안 펼친 '정확하고 치밀하며 엄격하고 너그러운(精密嚴恕)' 개혁 정치는 이전에 남강과 장주의 임지에서 펼쳤던 위정의 또 한 차례 재연에 지나지 않았다. 그러나 이 100일간의 개혁 정치를 빌려 주학朱學의 이학 문화의 바람이 상중으로 불어왔다. 그러나 그는 끝내 너덜너덜하게 해어지고 구멍이 난 쇠퇴한 세상을 구제할 새로운 기사회생의 묘법을 내놓지 못하였고, 조정에서는 전에 없던 위기가 불어닥쳐서 단번에 온 세상이 주목하던 대유가 산에서 나와 베푼 개혁 정치를 무대의 뒤안길로 사라지게 만들었다. 그러나 역사는 뜻밖에도 그에게 또 다른 더욱 커다란 비극의 무대를 마련해 놓았다.

궁정 내선內禪의 소극笑劇에 말려들다

주희가 담주에 있은 지 겨우 두 달쯤 만에 또 상주하라는 소명이 내렸다. 소희 5년(1194) 7월 11일, 상서성에서는 그에게 행재소에 가서 상주하라고 명하는 차자를 내렸다.

원래 그가 궁벽한 호남의 한구석에서 관리의 일에 몰두하고 있을 때 조정에서는 뜻밖에도 하늘과 땅이 뒤집히는 격변이 일어났다. 이 격변의 직접적인 원인은 역시 조신(효종)과 조돈(광종) 부자 양궁의 오랜 불화였다. 효종 조신은 효로써 천하를 다스렸으나, 그의 아들이며 당당한 일국의 군주인 조돈은 반대로 천하제일의 불효자가 되었는데, 이는 통치자들 사이에 정신적으로 공황 위기를 조성하였다.

정신적인 위기는 정권의 위기를 야기하였고, 정권의 위기는 또 거꾸로 더욱 커다란 정신적 위기를 축적하여서 도학자들은 천지간에 영구 불멸한 삼강오상이 그야말로 전면적으로 붕괴될 것이라는 느낌을 받았다.

소희 4년(1193) 하반기에 복녕궁福寧宮의 조돈은 중화궁重華宮과 자복궁慈福宮에 문안을 가지 않는데, 『기거주起居注』에는 근 30차례나 이런 사실이 기재되었다. 소희 5년 4월에 이르러 조신은 이미 병세가 날로 위중했다. 어찌할 바를 모르게 된 재보 대신들은 거듭 조돈에게 거둥하여서 문병을 하라고 주청하였고, 궁중에는 주장奏章이 눈발처럼 날아들었다.

4월 4일에 시종 대신들이 조돈을 둘러싸고 애걸하였으나 조돈은 외려 황후 이씨와 연輦을 타고 옥진원玉津園으로 소풍을 가버렸다. 4월 19일에 이르러 또 정초열程肖說을 필두로 태학생들 한 무리가 대신들에게 투서를 하였는데, 조돈이 이를 듣고 23일에 중화궁으로 가겠다고 거짓으로 말하였다. 그러나 막상 그날이 되어서 승상이 영솔한 전체 시종 대신들이 궁문에 들어와 해가 서쪽으로 질 때까지 기다렸으나 조돈의 그림자도 보지 못하였다. 조신朝臣들은 고집불통의 미욱한 황제를 회심시키고 뜻을 돌이키도록 권유할 재간이 없어서 저마다 충군애제忠君愛帝의 적성赤誠과 죽음을 무릅쓰고 간하는 용기를 표명하였다. 시종의 관신館臣들은 어지러이 글을 올려서 파직을 청하였으며, 대죄를 청하는 직사관職事官도 100여 인이나 되었다.

사실 조돈이 중화궁으로 문안을 가지 않은 것이 무슨 커다란 중대한 일은 아니었다. 다만 가슴에 충효인의가 가득한 대신들이 이 일을 하늘보다 더 큰 일로 여겼으므로 자기들이 먼저 정신적으로 붕궤되었던 것이다. 이 때문에 이 궁정의 소극笑劇은 조정 정권의 위기라고 하기보다는 오히려 그들 뇌리의 정신적 위기라고 해야 하리라.

위기가 한층 더 격화한 때는 5월이었다. 권 중서사인權中書舍人 진부량이 고칙告敕을 올린 뒤 성을 나가서 대죄하였고, 좌상 유정留正이 다시 재집宰執을 거느리고 간언을 올리면서 극력 권고하였는데, 조돈이 옷자락을 털고 궁으로 들어가버렸다. 유정은 곧 그의 옷자락을 잡고 강하게 간언을 하였다. 뭇 신하들이 다 같이 조돈을 따라 복녕전福寧殿으로 들어가려는데 내시가 전의 문을 닫아걸자 신하들은 할 수 없이 저마다 통곡을 하고 돌아갔다. 이틀이 지난 뒤 유정이 또 재집을 거느리고 주청을 하였으나 윤허를 받지 못하자 함께 성을 나가 절강정浙江亭에서 대죄를 하고 일을 보지 않았다. 이리하여 그들은 도리어 사태를 더욱 확대하고 악화시켰다.

조정의 신료 가운데 가장 놀라고 당황한 사람은 주희의 제자인 기거사인

起居舍人 팽구년이었다. 그는 조종祖宗의 가법을 가려 뽑아 『내치성감內治聖鑑』을 꾸며서 조돈에게 바치고 충고하였다. 5월 23일, 잇달아 사흘을 주청하였으나 윤허를 받지 못하였다. 그는 후전後殿에서 다시 상주하였으나 또 거절당하자 혼자 반열에서 나와 앞으로 나아가서 국궁하고 주청하였는데, 땅에 엎드려 머리를 짓찧으며 호소하는 통에 머리에서 흘러내린 피가 땅에 홍건하였다. 그런 뒤 또 말하였다. "폐하께 아뢰나니 일이 급합니다! 폐하께서는 잘못하고 계십니다. 폐하께서 신의 말을 듣지 않으시니 신은 마땅히 사직을 하고 가야 할 것입니다." 그러고는 소맷자락에서 차자를 꺼내 단지丹墀 위에 놓았다. 조돈은 할 수 없이 그에게 전에 올라와서 아뢰라고 하였다(『지당집止堂集』권4 「논거가대불과궁무이거기주직수소부일기論車駕大不過宮無以擧記注職守疏附日記」). 그러나 금세 어병御屛으로 들어간 뒤 다시 나오려고 하지 않았다.

주희는 조신들보다 더욱 놀라고 당황하여서 안절부절못하였다. 그가 보기에 양궁의 불화는 천하의 '근본이 동요하고, 복심이 좀먹고 문드러지는(根本動搖, 腹心蠱壞)' 상황을 의미했다. 5월 26일에 그는 눈물을 흘리며 봉사封事를 한 통 써서 올릴 준비를 하였다.

봉사는 오로지 '부자父子는 천성이라는 설'을 논하는 내용이었다. 그는 자기의 천리인욕天理人欲 설을 이용하여 조돈 황제의 불효에 대해 분석을 하면서 "사람의 마음은 본래 밝아서 천리를 본디부터 갖추고 있습니다. 그러나 물욕物欲 때문에 어두워지고 이해利害에 가려서, 작게는 은혜와 의리를 해쳐서 열 수 없고, 크게는 천륜을 멸하고 어지럽혀서 구제할 수 없습니다."라고 하였다. 조돈도 물욕 때문에 어두워지고 이해로 가려지고, 게다가 근습近習과 간사한 사람들이 중간에서 이간질을 하여 불효불애不孝不愛로 변하고 만 것이다. 또 그로 인해 부자간의 정이 무너졌던 것이다.

이런 까닭으로 주희는 조돈에게 '사사로운 물욕을 내다 버리고 이해로 가려진 데서 벗어나 이 마음의 본연을 묵묵히 관조하고', '이 간사한 사람들을 베어서 천하에 사죄하고, 잔당을 물리치고, 처음의 밝음을 돌이키기'를 요구 하였다. 그렇게 하지 않는다면 천하가 장차 반드시 크게 어지러워지고, 초야 의 사람들이 반드시 정의를 내세우고 일어나 불효한 혼군昏君을 대체할 것이 라고 하였다. 그는 일종의 공포에 싸인 어조로 다음과 같이 묘사하였다.

> 하루아침에 하느님(上帝)이 진노하고 필부가 유언비어를 퍼뜨리고 초야 에서 함부로 난을 일으켜 장차 정의를 내세우고 일어나며, 이적夷狄이 외부 에서 업신여기고 죄를 묻는 군사를 일으킬 것입니다. 이런 때를 당하면 육 군六軍의 감정을 친히 붙좇게 할 수 있겠습니까? 또 만백성의 마음을 굳게 맺어서 풀리지 않게 할 수 있겠습니까? 설령 다시 아첨하는 간사한 사람들 의 살을 저며서 먹더라도 국가의 패망을 감당할 수나 있겠습니까? 신과 같 이 어리석은 사람은 비록 1,000이나 10,000이라도 모두 몸이 찢어지고 겨 레가 멸망하더라도 폐하를 위해 죽기를 바라지만, 사직의 존망에 보탬이 될 수 있겠습니까?　　　　　　　　　—『문집』 권12 「갑인의상봉사甲寅擬上封事」

주희가 이 봉사를 썼을 때 조정은 당황스럽고 놀라서 어쩔 줄 모르는 분 위기에 휩싸였을 뿐만 아니라 전체 임안臨安의 인심도 동요하는지라 조정의 인사들은 대낮부터 삼삼오오 무리 지어 도궁道宮과 불사佛寺에 모여서 망령되 이 논의를 하였고, 백관(百司)과 관노(皂隸)들도 헐뜯고 헛소문을 퍼뜨렸다. 학 궁學宮의 포의지사布衣之士는 다투어 궐 앞에 엎드려서 글을 올렸고, 시인 유과 劉過는 "전교가 내려 장안 저자를 피로 물들이니, 맑은 바람에 베개 베고 낚시 바위에 누웠다(從敎血染長安市, 一枕淸風臥釣磯)"고 슬픈 노래를 읊었다.

호남에서 주희는 큰 건물이 기울어가는(大廈將傾) 듯한 기분을 깊이 느끼고 있었다. 그러나 그는 끝내 봉사를 올리지 못하였다. 조신이 6월 9일 중화궁에서 죽었기 때문이다. 고조되어가는 궁중 희극의 1막이 시작되었다. 조돈은 눈물을 흘리지 않았고 비통해 하지도 않았으며, 중화궁으로 가려 하지도 않아서 상례를 거행할 사람이 없었다. 이에 좌상 유정은 동지추밀원사同知樞密院事 조여우와 의논하여서, 태부太傅 오거吳琚를 통해 수성태후壽聖太后에게 수렴청정을 청하고 잠시 상례를 주관하도록 하자고 결정하였다. 태후가 수긍하지 않기에 유정은 할 수 없이 협박을 하였다. "지금 마땅히 백료百僚를 이끌고 청해야 합니다. 만약 황제께서 나오시지 않으면 백관이 서로 궁문에서 통곡을 할 텐데, 인정人情이 소동을 일으켜서 사직에 근심이 될까 두렵습니다. 태후께서 전지를 내리시되 황제께 질환이 있으니 잠시 궁중에 나아와 성복하게 하소서. 그러나 상례에 상주가 없어서는 안 됩니다. 축문에는 효자 사황제嗣皇帝라고 칭하니 재신이 감히 대행할 수 없습니다. 태후께서는 수황壽皇의 모후이시니 제례를 섭행하소서."(『송사』 권392 「조여우전趙汝愚傳」) 수성태후는 어쩔 수 없이 응답하였다.

그러나 이때 조정의 안팎에서는 커다란 재앙이 임박하리라는 두려움이 가득하였다. 근습近習과 권귀權貴, 부가富家와 거실巨室은 다투어 수레에 금은과 귀중품을 싣고 시골로 내려갔고, 조신들 가운데는 고향으로 이주를 하거나 도망가 숨어서 보이지 않는 사람도 있었으며, 시종 대신들은 심지어 함께 도성을 떠나 달아날 준비를 하였다.

경구京口(강소성 진강鎭江)의 여러 군軍에서는 인심이 들떴다. 양양襄陽의 관병 진응상陳應詳은 남몰래 북방 등주鄧州의 같은 패거리와 결탁하여서 수신守臣 장진張枃을 죽이고 북쪽 금나라에 투항할 준비를 하였다. 안팎이 흉흉하여 조정의 운명은 앞날을 점치기 어려울 정도로 위태하였다. 주희는 형세를 일변하게 할 수 없는 무력감에 비애를 느꼈다. 그가 보기에, 위에 삼강오상을 유지하는 맑고 깨끗한 조정이 없다면 아무리 그와 같은 번신藩臣이 아래에서 어떤 개혁적인 새로운 정치를 펼치더라도 아무런 의의가 없었다.

6월 중순에 주희는 「걸방귀전리장乞放歸田里狀」을 올려서 전리로 돌아갈 수 있도록 해임을 요구하였다. 장문에서 다음과 같이 말하였다.

> 천하 국가가 장구하게 안녕을 누릴 수 있는 근원은 오로지 조정이 위에서 삼강오상을 교육하고 세워서 닦아 밝힌 다음에 변방을 지키는 술직述職의 신하들이 아래에서 뜻을 받들어 선포하는 데 달려 있습니다. 그리하여 안팎이 서로 연결되고 상하가 질서를 따르면, 비록 교활하고 악한 사람들이 있다 하더라도 그 뜻을 함부로 드러내서 난동을 부릴 수 없습니다. 그렇지 않고 일개 백면서생을 수천 리 밖에 있는 군민軍民 위에 둔다면 그들이 무엇을 믿고 의지하여서 무리를 복종시킬 수 있겠습니까!
>
> ──『문집』 권23

그는 조정에 대해 깊은 비관과 실망을 품고 있었는데, 조신이 죽자 마침내 의지하던 산이 무너져 의지할 곳이 없는 공허감을 느꼈다.

그는 자기와 조신의 사이가 이상적인 군주와 신하의 만남이 아님을 알고 있었다. 조신은 그를 의심하고 꺼리면서 쓰지 않았고, 주희도 면전에서 '한마음이 바르지 않다(一心不正)'고 꾸짖었다. 그러나 조신은 필경 중흥의 뜻을 품은 황제였고 주희에 대해서도 여러 차례 두터운 은혜로 특별히 돌보아주었다. 주희는 비록 조신을 꾸짖었지만, 그 꾸짖음은 사랑에서 우러나왔으며 또한 그와 다투지 못한 것이 한이었다. 그래서 조신이 죽었다는 부고가 전해지자 주희는 만감이 교차하여, '평생을 묵묵히 생각하니 / 은혜로운 대우를 저버렸으며 / 갚을 길이 없어 / 느꺼워 흐르는 눈물을 / 그칠 수 없다(黙念平生, 仰

孤思遇, 無路補報, 感激涕泗, 不能自己'고 읊었다.

그는 조신에 대해 줄곧 한恨과 사랑이 교직된 복잡한 심정을 느끼고 나중에 도성에서 만가挽歌 한 수를 지으려고 생각했으나 네 구만 쓰고 더 이상 써 내려가지 못하였다. 그러다가 경원 4년(1198) 당금 중에 비로소 만가를 이어 써서 완성하였다.

효종 황제 만가사		**孝宗皇帝挽歌辭**
유정유일의 전수한 심법은 오묘하고		精一傳心妙
문덕이 빛나고 시운에 순응하여 창대하였네		文明撫運昌
세상을 홀로 다스리시고		乾坤歸獨御
해와 달이 다시 광채가 나려 하였네		日月要重光
오랑캐 망하는 날 이르지 않으면		不值亡胡歲
중국의 강역을 어찌 회복할까?		何有復漢疆
갑자기 궁궐의 의장을 옮겨		遽移丹極杖
곧바로 선계에 오르셨도다		便上白雲鄕
궁궐에는 슬픔이 애절하고		九有哀同切
외로운 신하는 다만 눈물을 흩뿌리네		孤臣淚特滂
어찌 순임금 세월을 만나		詎因逢舜日
일찍이 관리의 반열에 끼일 수 없었던가!		曾得厠周行
다만 궁궐에 갔던 일 생각하니		但憶形墀引
자주 임금 곁에 나아갔네		頻趨黼坐旁
분에 넘치는 대우와 포상을 받았으나		衰華叨假寵
소복은 공통된 상례임을 안다		縞素識通喪

소금과 매실처럼 맺어지렸더니	似有鹽梅契
안타깝게도 참소가 이를 망쳤네	還嗟貝錦傷
답답하고 억울함을 살펴봐주시고	戴盆驚委照
벼슬을 올리고 향을 바치게 했네	增秩待行香
몸소 소를 올려 충정을 펼치고	手疏攄丹悃
정사를 도우려고 의견을 올렸네	衡程發皂囊
임금 마음 바뀌어서	心神應斗轉
조령은 바람처럼 빨리 일어났네	巽令巫風揚
선비를 우대한 뜻 보답을 못했는데	未答隆儒厚
문득 선위하신 소식을 들었네	俄聞脫蹝忙
이승의 삶 영영 끝나더라도	此生知永已
죽어서도 부질없이 한은 길이 남으리	沒世恨空長

—『문집』권9

'유정유일惟精惟一의 전수한 심법은 오묘하고'라는 구절을 불교와 도교를 좋아한 황제에게 올린다는 것은 가소로운 일이지만, '해와 달이 다시 광채가 나려 하였네'라는 구절은, 밖으로는 중원을 회복하고 안으로는 개혁과 자강自强의 중흥 업적을 이루려는 조신의 의지를 긍정적으로 표현한 말이다. '소금과 매실처럼 맺어지렸더니 안타깝게도 참소가 이를 망쳤네'라고 한 구절은 그와 조신 사이가 맺어져 있는 듯하면서도 떨어져 있고, 합한 듯하면서도 나뉘어 있는 관계를 함축적으로 드러낸다. 그가 지은 만가는 조신 일생의 공과를 총결한 글이며, 또한 자기와 조신의 관계를 총결한 글이다.

주희는 조정의 대신들과 마찬가지로 양궁의 불화에서 조신을 동정하였고, 다만 오로지 조돈을 몰아세워서 중화궁으로 가게 하는 것만 능사로 알았으나, 사실 그들은 모두 조신과 조돈 두 사람의 진정한 마음의 병과 모순이 맺혀 있는 곳을 분명히 알지는 못하였다. 그들은 한결같이 양궁의 불화가 황후 이씨의 사나운 투기 및 근습과 소인들의 이간질 때문에 부자 사이에 영문을 알 수 없는 의심이 생겼다고 알고 있으나, 실제로 부자 사이의 진정한 갈등의 비밀은 누구를 선택하여 태자의 지위를 승계하게 하는가의 문제에 있었다. 『사조문견록四朝聞見錄』은 두 가지 항목에서 이 사건의 진상을 분명히 드러냈다. 「헌성옹립憲聖擁立」 항목에서는 다음과 같이 말한다.

> 앞서 오거吳琚가 상주하여서 동조東朝(동궁)의 일을 다음과 같이 말하였다. "…… 오늘날 일의 체모를 가만히 살펴보니 커다란 계책(*생각건대, 새 황제를 세우는 일을 가리킨다)을 빨리 결단하여서 인심을 안정시키는 것 만한 일이 없습니다. ……" 헌성憲聖(송 고종 비 헌성황후)이 말하였다. "이는 내 마음이다." 다음 날 가왕嘉王(조확)과 오흥吳興(조병)을 함께 불러들였다. 헌성은 크게 비통해 하며 말을 잇지 못하였다. 그러다 먼저 오흥에게 유시하였다. "바깥의 의견이 모두 너를 세우라고 하지만 내가 생각하기로는 모든 일은 마땅히 어른을 따라야 한다. 가왕이 어른이니 또한 그가 하도록 해야 한다. 그가 하고 네가 물러나는 것이 본래 조종祖宗의 예이다." 오흥은 안색이 변한 채로 절을 하고 나갔다. 가왕이 명을 듣고는 놀라고 두려워서 달아나려고 하였다. …… 먼저 황태자가 궐 안에서 즉위하면 저자의 사람들이 옛 저택에 몰려가서 다투어 남은 물건을 집어 내갔는데, 이를 소합掃閤(건물을 청소한다는 뜻)이라고 하였다. 그러므로 반드시 미리 대비를 해야 했다. 이때 오흥은 방비를 해 두었고, 가왕은 이미 복주福州 판관의 직임을 맡고 있어서 방비를 할 수가 없었다. 그러므로 저자의 사람들이 (가왕의 저택 물건을) 싹쓸이 해 가버렸다.
> ──『사조문견록』 갑집

'오홍'은 오홍왕吳興王 조병趙柄을 가리킨다. 조신(효종)이 죽은 뒤 헌성태후가 수렴청정하고서 제위를 계승할 새 황제를 확립하기 전날 저녁에 조병이 제위를 이어 황제가 되리라는 것은 세상 사람이 모두 알고 있던 일로서, 그는 거의 자리를 예약해 둔 거나 마찬가지였다. 반면 조확(나중에 영종으로 등극)은 복주의 판관으로 나가기로 정해져 있었다.

조병을 후계 인물로 결정한 사람이 바로 조신이었다. 「영황등위寧皇登位」 항목에서는 다음과 같이 말한다.

> 광황光皇(광종 조돈)이 처음 정치를 맡았을 때 설공규薛公圭가 북궁北宮(황후, 여기서는 헌성태후)의 여정麗正에게 글을 올렸는데 내용이 자못 절실하였다. 효종(조신)의 의도는 애초에 기저沂邸(•조병을 가리킨다. 그는 죽은 뒤 기왕沂王에 봉해졌다)를 주목하고 있었으나, 광황은 (조확에게) 마음을 두고 있었다. 글의 내용은 대략 이러하다. "서출(조병)이 적출(조확)을 어지럽히는 것은 궁궐에서부터 비롯합니다. 서출이 적출을 어지럽히면 차츰 지엽이 근본을 어지럽히게 됩니다. 지엽이 근본을 어지럽히면 점차 이성異姓이 동성同姓을 어지럽히게 됩니다. 이성이 동성을 어지럽히면 또한 점차 이적夷狄이 중국中國을 어지럽히게 됩니다.(夷狄亂中國 : 원서에는 이 다섯 글자가 □로 처리되어 있다. ─ 역자 주)" 또 말하였다. "폐하께서 즉위하신 지 지금 이미 5년이 되었고, 황자께서는 적장자이시며 이미 약관을 지나셨건만 옥책玉册(제왕이나 후비의 존호를 올릴 때 송덕문을 새긴 간책)의 명을 선포하지 않아서 청궁靑宮(동궁)의 자리가 아직 비어 있습니다." …… 또 말하였다. "할아비와 아비가 서로 의심을 하면 하늘과 땅이 거의 변하며, 아들과 손자가 시기하고 방해하면 위와 아래가 해체되며, 지차와 적자가 서로 시기하면 신하와 백성이 다른 마음을 품습니다. 신은 처음 들었을 때는 감히 곧바로 믿지 못하였으나 지금은 이미

오랜 시일이 지났으니 의혹하지 않을 수 없습니다. 길에서 전해지는 말은 밑도 끝도 없이 떠들썩하고 중앙과 외부의 인심은 갖가지로 우려와 의심을 합니다. 연궁燕宮(금의 수도 연경)에서 듣는다면 어찌 의심을 하지 않을 수 있겠습니까? 승여乘輿(황제)가 듣는다면 혹 낯빛을 바꾸지 않겠습니까? 그리고 먼저藩邸(번왕)가 듣는다면 우려함을 면할 수 없을 것입니다. 이는 어떤 일이기에 세상에 드러나게 하며, 또한 어떤 의론이기에 이 시대에 들리게 한단 말입니까? ……

—『사조문견록』갑집

설공규가 올린 글은 양궁의 불화라는 천고의 수수께끼를 해명하기에 충분하다. 조병은 조신의 둘째 아들 조개趙愷의 소생인데, 어려서부터 총명하고 슬기로워서 조신과 헌성태후가 손바닥 안의 구슬처럼 아끼고, 나아가 후계자로 세울 뜻을 품었다.[14] 당초 장문태자莊文太子가 죽은 뒤 차례에 따라 응당 둘째 아들인 조개가 태자로 올라야 했지만, 조신은 셋째 아들 조돈이 '자기처럼 영명하고 용감하다(英武類己)'고 하면서 차례를 뛰어넘어 조돈을 태자의 자리

---

14 『건염이래조야잡기建炎以來朝野雜記』 갑집 권1 「오흥군왕병吳興郡王柄」: "오흥군왕 조병은 순희 4년(1177)에 명주明州에서 태어났다. …… 효종이 재위하면서 여러 왕자들에게 처음 대장군을 제수하였는데, 조병은 거듭 옮겨서 국공國公에 봉하고 예로써 우대하였다. …… 조병은 일찍부터 슬기로웠다. 효종이 자식을 아껴서 …… 경원慶元 초에 황제가 다음과 같이 칙명을 내렸다. '효종 황제께서는 일찍부터 슬기로웠던 군왕을 사랑하셔서 지극히 총애하셨고 태상太上(태후)께서는 특별히 사랑을 내리셨으므로 천자의 총애를 받았다'라고 하였다." 또 을집 권2 「기정혜왕祈靖惠王」: "오흥군왕 조병이 개희開禧 2년(1206) 5월에 훙薨하였다. 상이 빈소에 임하여 제물을 올리고 이틀간 조회를 정지하였다. 태보太保에 증직하고 기왕祈王에 추봉追封하였으며 시호를 정혜靖惠라고 하였다. 군왕의 성품은 일찍부터 슬기로웠으나 체질이 야위고 병이 많았다. 황제의 우애가 매우 지극하였다. 병이 들자 시의侍醫가 매번 약을 조제하였는데 반드시 먼저 처방을 올려서 허락을 받은 뒤 왕에게 약을 드렸다. 이처럼 황제는 군왕을 아끼고 사랑하였다." 이 밖에 『송사』 권 246 「종실宗室」 3을 참조하라.

에 세웠다. 그런데 이제 또다시 차례를 뛰어넘이 조확을 세우시 않고 조병을 세우려는 뜻으로 태자 세우는 일을 질질 끌면서 허락하지 않았다. 조돈은 원망은 해도 감히 분노하지는 못하였다. 황후 이씨의 사나운 성질, 소인의 이간질, 조돈의 의심이 모두 이런 상황에서 일어난 일이었다.

주희는 조정 대신들과 마찬가지로 조돈의 이런 마음고생을 간파하지 못하였다. 머릿속에 온통 정통의 관념만 꽉 들어찬 이 유신儒臣들은 덮어놓고 조돈의 불효만 꾸짖을 줄 알았지 적자를 폐하고 서자를 세우려는 조신을 일부러 감히 비평하지 못했으니, 산더미 같은 상서와 울부짖는 간언이 조돈을 조금도 감동시키지 못한 것은 이상하지 않다.

마침 궁정의 위기도 최종적으로 가왕 조확이 제위를 계승하여 황제가 되는 것이 기정사실로 되면서 전기를 맞이하였다. 궁정의 소극笑劇은 내선內禪의 희극으로 바뀌었다.[15]

먼저 침묵을 깨뜨리고 조확을 황제로 세우자고 건의한 이는 섭적이었다. 그는 소희 5년(1194) 6월 18일에 유정을 찾아가서 말하였다. "상(조돈, 광종)이 편찮으셔서 집상執喪을 하지 못하니 무슨 말로 천하에 사죄하겠습니까! 지금 가왕이 장성하였으니 조정의 정책 결정에 참여한다면 의심과 비방이 풀릴 것입니다."[16]

---

15 소희紹熙의 내선에 관한 일은 나중에 경원慶元의 당금黨禁과 관계된다. 그러나 『송사』 「효종본기孝宗本紀」, 『기사본말紀事本末』, 『속자치통감續治通鑑』에는 모두 매우 상명詳明하지 않고, 오직 『사조문견록』, 『제동야어』, 『학림옥로鶴林玉露』, 『건염이래조야잡기』 등의 사건 서술이 비교적 상세하지만, 기록이 저마다 차이가 있고 혹 잘못 전해진 것도 있다. 이 장에서 서술한 내용은 위에서 열거한 자료를 종합하고, 『송사』의 섭적, 유정, 조여우, 한탁주, 관례關禮 등의 전기와 『수심문집』의 채필승蔡必勝, 서의徐誼, 첩체인 등의 묘지명을 참고하여서 쓴 것이다. 사실의 잘못을 변별하고 고증하여 확정한 사실은 여기에 다 기록하지 않는다.

16 『송사』 「섭적전葉適傳」에 보인다. 『수심문집』 「채필승묘지명蔡必勝墓誌銘」에 '어떤 사람이 재상

그러나 유정은 우려하며 말하였다. "다른 날에 어떤 재야의 사람이 편지를 보냈는데 저부儲副(황태자)의 일을 말하였습니다. 내가 (편지를) 소매에 감추고 황상의 뜻을 물었더니, 황상께서 낯빛이 변하여 말씀하시기를 '저부는 미리 세울 것이 없다. 세우는 것은 대신하는 것이다. 짐은 경이 망령됨을 알기를 바란다.'고 하였습니다." 한결같이 원만하고 매끄러우며 명석한 유정도 끝내 자기가 소희 원년(1190)에 조확을 태자로 세우라고 상주했다가 벽에 부딪힌 까닭을 알아내지 못하였다. 그때만 하더라도 조병을 태자로 세우려고 한 조신이 살아 있었으므로 조돈은 두려워서 감히 말하지 못하였기 때문에 할 수 없이 유정을 한 차례 훈계했던 것이었다. 그러나 이제 조신이 죽었으니 조확을 태자로 세우는 일을 다시 꺼낸 것은 참으로 매우 시기적절하였다.

다만 조돈은 조병에게 푹 빠져 있는 자복궁慈福宮의 헌성태후를 고려해서 처음에는 명확한 태도를 보이지 않았다. 그러나 엿새가 지난 뒤 그는 '매우 좋다(甚平)'는 비답을 내렸고, 6월 26일에 재집들이 태자를 세우는 사안에 대한 입안의 지휘를 아뢰자 친필로 '의부학사원강조依付學士院降詔(학사원에 조칙을 내리도록 맡긴다)'라는 일곱 글자로 비답을 내렸다. 저녁이 되자 그는 다시 유정에게 어찰을 내려서 '역사세구歷事歲久, 염욕퇴한念欲退閑(오랜 세월 많은 일을 겪었으니, 물러나 한가하게 지내고 싶다)'이라는 여덟 글자로 비답을 주었다. 조돈의 이와 같은 급격한 태도 변화에 비춰 본다면, 조신이 죽은 뒤 조확이 황태자로 결정됨으로써 제위 승계의 문제로 인해 얻은 그의 심통이 갑자기 사라지고 홀가분하게 된 심정을 알 수 있다.

을 꾸짖었다'고 하였는데, 여기서 '어떤 사람'이란 섭적이 스스로를 이른 말이다. 『사조문견록』 병집丙集 「영황등위寧皇登位」에 "나암懶菴 조도중趙道中이 영묘寧廟(영종)를 세운 일을 기록하였는데, 실은 수심(섭적) 선생의 건의에서 나온 일이다."라고 하였는데, 그 말이 당연히 믿을 만하다.

용렬하고 나약하며 지모가 부족한 유정은 완전히 상반된 방향으로 나아가다가 뜻밖에도 여덟 글자 비답을 받고 깜짝 놀랐다. 그는 원래 일찍이 관상쟁이에게 팔자를 물은 적이 있는데, 관상쟁이는 그에게 '토끼는 풀밭에 엎드려 있고, 닭은 스스로 불사르는(兎伏草, 鷄自焚)' 형상이라고 하였다. 이때에 이르러 그는 다른 사람에게 다음과 같이 말하였다. "황상은 묘생卯生이고 나는 유생酉生이니, 전의 점괘가 맞아떨어졌다!" 줄곧 두려움에 떨던 그의 신경이 마침내 더 이상 견딜 수 없게 되자 7월 2일 조정에 나아갔을 때 일부러 대전의 뜰에 넘어진 뒤 도성의 문을 나서면서 노령으로 퇴직하게 해달라고 청하였다. 저녁 다섯 시(五鼓)에 이 당당한 재상은 남몰래 가마를 타고 서촌徐村으로 도망가버렸다.

조정의 일은 지추밀원사 겸 참지정사 조여우의 머리에 떨어졌다. 공교롭게도 이때 그는 마음대로 조병을 옹립해서 권력을 지니고 자립하려 한다는 의심과 비방을 받고 있던 터라, 외부의 흉흉한 쑥덕거림이 그를 향해 닥쳐와서 속수무책의 처지에 있었다. 이러한 상황에서 임안부臨安府 지부知府 서의徐誼가 그에게 대처할 계책을 제시하였다. "이 큰일은 헌성태후의 명이 아니면 이루어지지 않습니다. 지 합문사知閤門事 한탁주韓侂胄는 한기韓琦의 5세손이며, 헌성의 여동생의 아들입니다. 같은 마을의 채필승蔡必勝과 한탁주는 함께 합문에 있으니 채필승을 통해 그를 부르면 됩니다."(『송사기사본말宋史紀事本末』 권22)라고 하였다. 공부 상서工部尙書 조언유趙彦逾도 적절한 때에 즉시 결단을 내리라고 권고하였다. 조여우는 절망스럽게 말하였다. "지금 무슨 계책이 있겠는가? 위급한 때 칼을 들고 조천문朝天門으로 가서 몇 마디 외치고 스스로 베어 죽을 뿐이다!"

조언유는 조여우에게 '황제의 비답(御批)' 여덟 글자에 따라 조확을 황제로 세우라고 권유하였다. "유 승상은 발을 헛디뎌서 물러나려고 하고, 하늘이 이

사업을 지원知院(추밀사 조여우)에게 맡겼으니 어찌 의심할 수 있겠습니까?" 이에 그날로 그들은 두 사람과 연계하였다. 한 사람은 전수殿帥(전전 지휘사殿前指揮使)를 쟁취한 곽고郭杲이고, 다른 한 사람은 헌성태후에게 알릴 만한 적합한 인물로 선별한 자였다.

관건은 헌성태후의 동의를 얻는 문제였다. 먼저 헌성의 조카 오거吳琚가 들어가 말했는데, 태후는 아무런 반응이 없었다. 섭적이 합문 채필승을 찾아가서 선찬사인宣贊舍人 부창조傅昌朝, 지 내시성知內侍省 관례關禮, 지 합문사 한탁주와 오가며 상의하라고 하였다.

한탁주의 모친은 헌성태후의 여동생이고 그의 아내는 또 헌성태후의 질녀여서 관계가 아주 가까웠다. 이 미래의 대야심가는 어려운 일에 강개하여 나서는 모양으로 말하였다. "나는 대대로 나라의 은혜를 입었고 아주 중대한 일을 맡았으니, 원컨대 효력을 내리라."

7월 2일에 그는 자복궁으로 가서 제거提擧 장종윤張宗尹에게 말하였다. "일의 형세가 이와 같으니 우리는 언제 죽을지 모르겠다!" 장종윤은 들어가서 아뢰겠다고 응답했으나 7월 4일이 되도록 회답이 없었다. 한탁주가 몸소 자복궁으로 갔으나 헌성태후는 만나려고 하지 않았다. 그도 어쩔 수 없이 전각의 행랑에서 눈물을 흘렸다. 마침 중화궁 제거 관례가 지나가다가 그를 대신하여 들어가 헌성태후를 뵙고 울면서 몇 마디 하소연을 하여 단숨에 태후를 감동시켰다. "승상은 이미 떠났고 의뢰하던 집정執政 두세 사람도 아침저녁으로 또한 떠났으니, 안팎에서 장차 누구를 의뢰할까?"(이상 인용문 『제동야어』 권3)

천하는 순식간에 크게 어지러워져서 이때에 이르러 헌성태후도 부득이 조병에게 푹 빠졌던 사심을 거둬들이고 다음 날 재궁梓宮 앞에 발을 드리우고 후계자를 정하기로 동의하였다. 조여우는 그날 밤 당장 전수 곽고와 보수步帥 염중閻仲에게 명하여, 병사를 나누어서 남북을 호위하고 서둘러 황포黃袍를 만들게 하였다.

7월 5일은 담제禫祭 날이었는데, 숭복궁崇福宮에서 울음과 웃음의 비희극 한 막이 연출되었다. 가왕 조확과 가국공嘉國公 조병이 함께 궁에 불려갔다. 한편으로는 헌성태후가 조병을 발 안으로 불러들여서 울음 섞인 말로 간신히 약속을 하였다. "그(•조확)를 즉위하게 하고, 그가 한 다음에 네가 하도록 하겠다." 조병은 절을 하고 울면서 나왔다. 한편으로 관례와 장종윤이 조확을 부축하여서 발 안으로 들어갔고, 한탁주가 그에게 황포를 입히려고 하였는데 조확이 연거푸 말하였다. "대마마, 신은 할 수 없습니다. 할 수 없습니다!" 헌성태후는 슬픈지 기쁜지 알 수 없이 말하였다. "나는 황상의 할아버지도 보았고 큰아버지도 보았고 아버지도 보았소. 지금 또 황상을 보오. ……"(이상 인용문『사조견문록』갑집「헌성옹립」)

한탁주, 채필승이 억지로 조확을 부축하여 어탑御榻에 앉혔다. 조여우는 거기에 이미 백관을 영솔하여서 바닥에 엎드려 있었다. 헌성태후가 발을 드리우고 주도한 황제 즉위(黃袍加身)라는 내선內禪의 연극이 성공을 고하였다.

호남에 있던 주희는 궁정에서 벌어진 내선의 희극이 끝내 그를 위해 일생 최대의 개인적 비극을 준비하리라고는 결코 생각지도 못하였다. 놀란 가슴을 간신히 진정시킨 재보 대신들은 이제는 천자 옹립에 따른 은혜를 베풀고 논공행상을 하고 관작을 더하는 조정의 열광 속에 푹 빠져버렸다. 그들은 또 도학의 우두머리를 조정으로 불러들여서 돋보이게 하려 하였고, 새 군주 조확(영종寧宗)도 주희가 오기를 절절히 바랐다. 누약樓鑰의 말을 빌리자면 주희를 조정으로 불러들이는 일은 '천하 사람들의 바람을 취하여서 인심을 거둬들이는 일'이었다(『공괴집』권26「논주희보외論朱熹補外」).

유정은 사사로이 도망을 한 탓에 이미 인심을 잃었고, 조여우는 천자 옹립의 공이 있어서 중망이 그에게 돌아갔기에 도학자들은 모두 조여우의 깃발 아래 모여들었다. 조여우가 가장 관심을 가진 문제는 자연 명사를 널리 거둬들여서 자기 상당相黨의 세력을 북돋는 일이었다. 7월 11일, 주희를 도성에 불러들이라는 상주가 있었는데, 이는 조여우가 맨 먼저 추천하여 이루어진 일이었지만 또한 조정의 도학 신하들의 일치된 부르짖음이기도 하였다. 조확이 가저嘉邸에 있을 때 그를 충직하게 섬겼던 두 옛 신하인 기거 사인起居舍人 팽구년과 예부 상서 황상黃裳은 일찍이 주희를 천하제일의 대유大儒로 여기고서 조확에게 즉위한 뒤 등용하라고 천거하였다.

조확은 다음과 같은 황상의 말을 굳게 마음에 새겼다. "만약 덕에 나아가고 업을 닦아 옛 철인제왕(古先哲王)의 자취를 좇으시려거든 천하제일인天下第一人(•주희)을 찾아야 합니다."(홍본洪本 『연보』) 팽구년은 늘 조확의 귓가에 대고 주희 학문의 정밀하고 심오함을 언급하였다. 한번은 그가 노 장공魯莊公이 어머니를 억제하지 못한 일을 강의하면서 말하기를, "어머니를 억제하지 못하면 마땅히 모시는 노복을 억제해야 합니다."(『송사기사본말』 권21)라고 하였다. 이는 태후 이씨가 궁중에서 저지르는 불미스러운 일을 은밀히 비판하는 말이었다. 조확은 누가 이런 말을 했는가를 물었다. 그는 '주희의 말'이라고 대답하였다(홍본 『연보』). 이로부터 매번 강독을 할 때마다 조확은 주희에 대해 물었다.

즉위한 뒤 조확이 한번은 친히 증원한 경연의 강관講官 열 사람의 명단을 꺼내서 팽구년에게 보여주었다. 황상·진부량·팽구년·황유黃由·심유개沈有開·주희·이헌李巘·경당京鏜·황애黃艾·등일鄧馹이었다. 팽구년은 이 틈을 타서 또 말하였다. "폐하께서 주희의 무리와 같은 일세의 영걸을 불러서 위로하신다면 바야흐로 인망에 경사이겠습니다. 오로지 잠저潛邸의 학관처럼 여겨서는 안 됩니다."(『공괴집』 권96 「팽구년신도비彭龜年神道碑」)

새 군주의 등극은 또한 한 시대의 두뇌에 열광을 불러일으켰다. 주희가 그에게 군주를 바로잡고 나라를 구하는 영단靈丹의 묘약을 가져다주리라는 점은 상상할 수 있는 일이었다. 8월 5일, 조학은 주희를 환장각 내세煥章閣待制에 제수하면서, 막 즉위한 새 군주로서 마음속의 진실한 생각을 이리저리 돌려 남김없이 털어놓았다.

짐이 처음 대통大統을 이어받아 다른 생각을 할 겨를도 없이 먼저 경위經幃(경서를 강론하는 자리, 경연)를 열고 학사를 모두 불러들였다. 바깥에 있는 유종儒宗을 돌아보아 불러들이는 절차를 통해 취지를 반포하였으며, 곧바로 반열에 올려서 우리 도(吾道)를 중히 하였다. 관직에 배치하는 주희는 육경六經의 핵심을 발휘하고, 백씨百氏(수많은 학자들)의 근원을 궁구하였다. 두 조정에서 등용하지 못한 까닭에 오늘에 이르러 온 세상(四海)이 오히려 매우 기이하다고 평가한다. 차대次對(곧, 정사의 고문을 맡은 대제待制, 상참관常參官으로서 정사에 자문하는 순대巡對의 관직)의 반열에 발탁하고 가까운 자리에 두었으니, 원우元祐(철종) 때의 정이程頤, 소흥紹興(고종) 때의 윤돈尹焞과 같다. 덕을 높이고 의를 즐기는 내 근실함을 도와서 마음을 바로잡고 뜻을 성실하게 하는 (正心誠意) 말씀을 궁구하라. 어찌 오직 사론士論을 위로하고 채울 뿐이겠는가! 다만 짐의 몸에 보탬이 있을 터이다. 정치의 교화가 바야흐로 행해지고, 수원帥垣(한 지역을 진무함)에 힘입는 바가 있음을 모르지 않는다. 소망지蕭望之를 풍익馮翊에 보내 시험하는 일은 조정(本朝)에 두는 것만 못하다. 장사長沙에서 가부賈傅(가의賈誼)를 불러왔으니 마땅히 앞자리에 대우해야 하리라. 이에 갈망하노니 너는 속히 달려오기를 바란다.

—『공괴집』 권41 「주희환장각대제시강朱熹煥章閣待制侍講」

담주에 있는 아주 짧은 한 달 동안 주희의 마음속에도 '상기喪紀'에서 '경패慶霈(경하慶賀)'에 이르기까지 길고 긴 근심과 기쁨의 역정을 거쳐 왔다.

조확이 조돈을 대체하였고 조여우는 유정을 대체하였으므로 마치 삼강오상이 유지하는 새로운 조정이 강생한 듯하였다. 진정한 '서백西伯'이 그를 소환하고 있었다. 조정에 들어가는 일은 주희에게는 대단히 풍부한 매력이 있다고 할 수 있었다. 그러나 주희는 필경 두뇌가 조확과 조여우에게 견주어 한층 맑게 깨어 있으므로 자기가 조정에 들어간다 해도 결코 군주의 마음을 바로잡고 조정의 기강을 거듭 떨치는, 국면을 만회하는 힘이 있다고 인정할 수 없었다. 그래서 한편으로는 '천자가 번신藩臣을 명하여 부르면 마땅히 수레를 맬 겨를도 없이 달려가야 한다'고 여기면서도, 또 한편으로는 '나는 내 정성을 다하고 내 힘을 다할 뿐이다. 이 밖의 일은 내가 미리 헤아릴 수 있는 바가 아니라.'고 여겼다(『경제문형속집經濟文衡續集』 권6).

입조하여 상주하라는 소명이 내려온 뒤 주희는 우선 사면장을 한 차례 올렸다. 8월 6일에[17] 그는 인끈을 풀어 놓고 성을 나와서 담주를 떠나 동쪽으로 돌아갔다. 비록 이때 조여우가 추밀원사에 제수되었지만 내시 임억년林億年·진원陳源·양순경楊舜卿이 탄핵을 받아 파직되었고, 나점羅點은 첨서추밀원사簽書樞密院事였는데, 이런 일들이 모두 주희로 하여금 도성에 들어오도록 재촉하는 흥분제가 되었다. 그러나 그는 조정의 국면에 대해 여전히 다시 관망하면서 시기를 기다리려고 생각하였다.

---

17 주희가 담주를 떠난 때에 관해서는 여러 판본의 『연보』가 명확하지 않다. 다만 "선생이 상주하라는 명을 사양하고, 20일 동안 보고하지 않고서 마침내 동쪽으로 돌아갔다."고 하였다. 지금 생각건대, 『고궁역대서법전집故宮歷代書法全集』 10 「송책宋冊」 4에는 주희가 왕회지汪會之(왕의화)에게 쓴 편지의 진적眞迹이 있는데, 8월 7일에 쓴 것이다. 그 가운데 '어제 인끈을 풀어 놓고 성을 나왔다'고 하였으니, 주희가 담주를 떠난 때는 8월 6일임을 알 수 있다. 20일 동안 보고하지 않았다는 기록으로 헤아리면, 주희가 사면주사장辭免奏事狀을 올린 일은 대략 7월 18일 앞뒤에 있었다.

朱子評傳

제21장
경연에 입시한 46일

'제왕의 스승' 도성에 들어오다
새 군주가 싫증을 낸 경연의 노유老儒
도성 문에서 쫓겨난 '천하의 대로大老'

❘ '제왕의 스승' 도성에 들어오다 ❘

산중에 있던 '제왕의 스승(帝王師)'이 마침내 노경이 드리워진 때에 '도를 지닌(有道)' 새 군주의 부름을 받아 도성에 들어왔다. 이때 주희는 생애 처음이 자 유일하게 한 차례 입조하여서 직책을 맡았다. 그는 담주를 떠난 뒤 동쪽 으로 돌아갈까, 아니면 도성으로 들어갈까 하는 선택의 갈림길에서 마음속으 로 갈등을 하고 있었다. 그의 발걸음이 아직 상중湘中을 벗어나지 않았을 때 장사長沙로부터 끊임없이 전해오는 소식은 그가 호상에서 펼쳤던 100일간의 개혁 행정이 실패로 돌아감을 예고하는 것이나 마찬가지였다.

소희 5년(1194) 8월 7일 주희는 대계역大桂驛에서 무강武岡의 수령인 외사촌 아우(表弟) 왕의화汪義和에게 편지 한 통을 써서 호남 지역에서 그가 떠난 뒤 구태로 되돌아간 정세를 그려냈다.

장사 한 군郡은 마땅히 경영해야 할 일이 매우 많은데, 모두 의지는 있으 나 아직 추구하지 못하고 있는 것들이다. 보내온 편지의 내용이 비록 이미 시행한 것들에 관한 것이지만 지금 이미 떠난 뒤에 누가 다시 계승하겠는 가? 채관寨官들이 그곳에 있다면 마땅히 성省에 상황을 보고하여서 빼뜨릴 수 없는 요해처의 병사를 보충해야 장구한 계책이 될 것이다. 현임이나 앞 으로 부임해 올 사람이 이 책임을 감당할 수 있을지 알 수 없다. 학관學官 의 일은 놀라운데, 일찍이 듣지 못한 일이라 안타깝다. 마땅히 살펴보아야

할 일이다. 다만 이李 수령 같은 사람은 공적이 없으니 미워할 만하다. 유
법劉法은 건녕建寧 사람인데 전부터 그를 알고 있었다. 수령의 직분을 잘 지
켰으니 또한 가상하다. 이필달李必達은 그렇지 않음을 알고 있던 터라 지난
날 명령을 받들어서 멀리 보내 곤경을 겪게 하였다. 추가 심문은 받지 않
게 되어 매우 기뻐하였으므로, 다시 침주郴州로 보내서 헛소리를 하여 대뜸
소요를 일으키지 못하도록 하였다. 주군州郡에서 만약 이런 뜻을 안다면 그
를 억류해 둘 것이니, 이 또한 한 가지 일이다. 처음 그 말을 들었을 때 본
래 근거가 없다고 여겼으나, 부부의 안색을 살펴보니 또한 슬퍼하는 뜻이
없었다. 소송의 내용을 자세히 살펴본 뒤 근거가 없음을 확실히 알았다.

— 『고궁역대서법전집故宮歷代書法全集』 10 「송책宋冊」 4 〈여왕회지서與汪會之書〉

8월 12일 전후로 의춘宜春에 도착했을 때 또 진주辰州의 요족이 서로 호응
하여 봉기했다는 소식이 전해졌다. 주희는 왕의화의 편지를 받고 호남의 후
임 수사 왕린王藺이 이 때문에 그가 벌였던 초무招撫의 시책을 뒤집으리라고
걱정하였다. 그는 임강에 이른 뒤 먼저 왕의화에게 다시 편지를 썼다.

진주의 요족이 다시 봉기했는데 이는 응당 소인이 원한으로 죽인 일 때
문이니, 이제 다시 어떻게 해야 할지 모르겠다. 전에 포래시蒲來矢 무리를
다시 소환하여서 관사에 붙들어 둠을 면하지 못한 까닭은 바로 온갖 다
툼의 원인이 되기에 예방하지 않을 수 없었기 때문이다. 신임 수사(•생각건
대, 후임 호남 수사 왕린을 가리킨다)는 평소 이 일을 좋지 않게 생각하였으니 어
떻게 반응(來後)할지 모를 뿐이다. 평정한 마음으로 대하여서 뒤죽박죽으로
만들지 않는다면 또한 다행한 일이다.

— 『석거보급속편石渠寶笈續編』 제57 영수궁장寧壽宮藏 「송현유한宋賢遺翰」

아마도 이는 호남 일로一路가 여전히 들끓고 안정되지 못하여서 주희가 도성에 들어가 상주할 결심을 한층 더 재촉하게 하는 일이었으리라. 사실 여전히 의춘에 있는 그는 마음속으로 이미 동쪽의 고정考亭으로 돌아가지 않고 도성에 들어가 조확趙擴(영종)의 '개혁(更化)' 정치에 일조할 결심을 하고 있었다. 문인 유불劉黻이 뵈러 왔을 때 다음과 같이 물었다. "선생님께서 이번에 가시면 상께서 마음을 비우고 대우하실 터인데, 감히 여쭙겠습니다만 무슨 일을 먼저 하시겠습니까?" 주희는 '대개혁(大更政)'의 주장을 제시하였는데, 뜻밖에도 우리 군주(吾君)와 이 백성(斯民)을 위해 강개하여서 도를 행하겠다는, 상당히 격앙된 어조로 대답하였다.

> 오늘의 일은 대개혁이 아니고는 충분히 하늘의 뜻을 기쁘게 할 수 없고 사람의 마음을 복종시킬 수 없다. 반드시 보잘것없는 옷을 입고 거친 음식을 먹고 나지막한 집에서 거처하겠다는 뜻을 품어야지, 감히 천자의 지위를 즐거움으로 삼아서는 안 된다. 그런 뒤에야 직분을 성실하게 다하고 효도를 다하며, 묵묵히 사리에 통하고 남몰래 원칙에 맞아서 하늘과 사람이 동화하게 되어 비로소 훌륭한 일을 할 수 있다. 그 일이 크고 체모가 중하니, 도와서 공을 이루는 문제로 말하자면 내가 책임질 바 아니고, 마음을 열어서 군주를 깨우치는(啓沃) 도리로 말하자면 내가 감당할 수 있는 일이 아니다. 그러나 천하에 큰일을 할 수 없는 때란 없으며, 선으로 나아가게 할 수 없는 군주란 없다. 천자가 번신藩臣을 명하여서 부르면 수레를 매기를 기다리지 않고 가야 한다. 나는 내 정성을 다하고 내 힘을 다할 뿐, 이 밖의 일은 내가 미리 헤아릴 수 있는 바가 아니다.   ─『연보』

이때 주희의 머릿속에서 불타오른, 도를 행하려는 열정은 이 시기에 새 군주 조확의 머릿속에서 불타오른 '개혁'의 열정과 마찬가지로 공중누각과 같은 허황한 바람에 지나지 않았다. 그러나 바로 이러한 '대개혁'의 열정이 또한 주희의 두 눈을 가려서 그는 궁정의 희극이 막을 내리고 이미 도학을 위한 비극의 막이 열리고 있음을 알아차리지 못하였다.

대략 8월 14일에 주희는 임강에 이른 뒤 조정의 명령을 편안히 앉아서 기다리며 조정의 국면을 관망하고 있었다. 그때 그는 이미 도성에 들어갈 결심을 했기 때문에 심경이 갑자기 가벼워졌다. 그런 심경의 변화가 명산대천을 좋아하는 그에게 이미 잦아들었던 유흥과 시정을 격발하였다. 마침 중추가절을 맞이하여 그는 산에 오르고 시내에 나아간 때를 이용해 그를 가득 채우고 있던 관료 사회의 분위기와 학자풍의 도학적 영혼을 깨끗이 씻어냈다.

임강의 합조산閤皂山과 옥사산玉笥山은 온 세상에 소문이 난 산인데, 건도 3년(1167)에 주희는 처음으로 호상湖湘의 장식張栻을 방문했을 때 도가적 선령仙靈의 기운이 충만한 이 두 복지동천福地洞天을 유람하였다. 27년 뒤 그가 다시 이 지역을 유람했을 때는 이미 경물도 바뀌고 사람도 달라져서, 미처 평정하지 못한 그의 단가丹家(도교)의 영혼이 자극을 받아 마구 뛰놀았다.

모양은 쪽문(閤)과 같고 색깔은 검은 합조산에 올랐을 때 고갯마루는 누런 구름에 덮여 있고 누대 아래에는 상쾌한 물줄기가 감돌아 흐르고 첩첩이 쌓인 크고 작은 봉우리 가운데에는 깊고 으슥한 집이 감춰 있어서 쓸쓸하고 휑한 기운이 흘렀다. 당년의 그 도사들(道徒)은 지금의 그와 마찬가지로 이미 백발 늙은이였다. 주희는 우화충천羽化沖天하여 떠난 조사祖師를 회상하였다.

합조산에 오르다   登閤皂山

첩첩이 쌓인 봉우리 사이에 깊이 숨은 집   疊疊層巒鎖閤宮

옛날 신령한 자취를 찾아왔네   我來舊地訪靈踪

갈선이 떠난 뒤 단조도 사라지고   葛仙去後無丹竈

제자는 이미 백발 늙은이가 되었네   弟子今成白髮翁

누대 아래는 한줄기 물이 흐르고   一派泠泠臺下水

반공중 고갯마루엔 구름이 흩어진다   半空漠漠嶺頭雲

조사는 도를 이뤄 하늘로 떠나고   祖師成道衝天去

비기秘記를 전수한 사람만 아득히 남았네   只有無窮受籙人

─『별집』 권7

　　천 길 비탈길 위에 자리 잡은 숭진관崇眞觀은 주희로 하여금 돌아갈 줄 모
르고 노닐게 하였다. 이 관은 수 대隋代 이전에는 영선관靈仙館이라고 부르다
가 당 대唐代에 합조관闔皂觀으로 고쳐 불렀다. 가을바람이 산 위에 불어와서
온 숲이 우수수 떨고, 도관道觀은 가을의 그늘 속에 쓸쓸히 서 있었다. 주희는
'진리를 찾는(尋眞)' 늙은이처럼 비틀거리며 도관에 올랐다. 중추의 둥근달이
천천히 떠올라 차가운 산에 걸렸다. 그는 도인들과 함께 술을 마시며 율시를
읊었다.

숭진관에 제하다   題崇眞觀

천 길 비탈길에 바람 불어 숲에 가득하고   磴道千尋風滿林

동구 문은 가을의 그늘에 잠겨 있지 않다   洞門無鎖下秋陰

자줏빛 누대에 봉은 멀리 천관으로 떠나고   紫臺鳳去天關遠

붉은 샘에 용이 돌아와 지축 깊이 숨었다   丹井龍歸地軸深

늙은이는 진리를 찾는 큰 뜻을 지녔는데   野老尋眞渾有意

도인은 또 무슨 마음으로 방문객을 만나지 않는가   道人謝客亦何心

중추가절 술을 따르다 동이는 바닥나고   一樽底處酬佳節

산림을 둘러보며 고금을 느꺼워 한다   俯仰山林慨古今

— 『합조산지闔皂山志』 권하卷下, 『융경임강부지隆慶臨江府志』 권13 「사관寺觀」[1]

옥사산은 협강현峽江縣 동쪽 10리에 있는데 일명 군옥산群玉山이라고도 한다. 도가에서 말하는 제17 동천洞天 제8 복지福地이다. 주희는 일찍이 남강南康에 부임하였을 때 옥사산과 남북으로 마주하여 바라보기만 하고 한번 오르지 못함을 안타까워하였다. 그는 옥사의 이 도사李道士라는 이가 산으로 돌아갈 때 다음과 같은 시를 지어주었다. "날 위해 중간에 걸상을 마련한다면, 다른 해 벽라로 옷을 지어 입으리(爲我中間留一榻, 他年去著薜蘿衣)"(『별집』 권7 「옥사로 돌아가는 이 도사를 보내다(送李道士歸玉笥)」) 지금 '청도淸都'에 가서 벽라로 지은 옷을 입는 꿈을 이루지 못한다면, 오히려 경도京都에 들어가 군주를 모시는 청귀淸貴(지위는 높으나 실권이 없는 직위)가 되려고 하였다. 그런데 다시 신선과 진인의 우화등선의 남은 자취를 찾을 기회가 있었다.

옥사산 북쪽 봉우리에는 구선대九仙臺가 있다. 전설에 따르면 공구명孔丘明·낙법도駱法道·오천인吳天印·장법추張法樞·사지공謝志空·주선용周仙用·추무군鄒武君·사유암謝幽巖·양원중楊元中·하자소何紫霄라는 고사高士 열 사람이 진秦을 피

---

1 유책庾策의 『합조산지闔皂山志』 권하 「제영題詠」에서 말하였다. "숭진궁崇眞宮에 있는 창옥헌蒼玉軒이라는 죽헌竹軒은 순희 때 우사羽士(도사) 진항례陳亢禮가 지은 헌軒이다. 여기에 부시賦詩를 지은 자가 300여 인이다. 예컨대 평원平園 주필대周必大, 간재艮齋 사악謝諤, 성재誠齋 양만리楊萬里, 야처野處 홍매洪邁, 회암 주희, 추밀樞密 나점羅點, 대제待制 서의徐誼, 월호月湖 하이何異가 모두 한때의 명사, 고관들이다. 지금 그 시들은 남아 있지 않고, 죽헌의 자취를 아는 자도 드물다."

해 여기서 수련하며 도를 이루었는데, 이홉 사람은 신선이 뇌어서 승천하고 자소 진인紫霄眞人만 홀로 하군동何君洞에 숨었다고 한다.

주희는 하자소가 도를 얻고도 진세塵世를 벗어나지 않은 비선飛仙이 된 점을 매우 기뻐하면서 대臺에 올라 그를 위해 한 수 읊었다.

하군 비선   何君飛仙

대지는 어찌하여 사람들에게 작은 공간을 뚫어주었나	大地何人鑿小空
홀연히 걸상에 누운 듯하네	脩然一榻臥相容
거대한 신령이 삼천 길을 깎아내어	巨靈擘破三千丈
서쪽 하늘로 날아가 둘째 봉우리 되었네	西竺飛來第二峰
동구를 나오니 바람 불어 범이 있는 듯하고	出洞風來疑有虎
한밤중에 배를 타니 용을 탄 듯하네	藏舟夜半忽乘龍
나로 하여금 시를 읊게 하니	怪來索我題詩句
하군의 여섯 바위를 머리 조아려 받드네	稽首何君六石供

— 『융경임강부지』 권3 「강역疆域」

이렇듯 신선을 읊은 시 가운데 공동 도사空同道士 '추희鄒訢(주희)'의 영혼을 위해 짓도록 자극한 한 편은 나중에 주희가 도가의 단경丹經인 『주역참동계周易參同契』로 통하는 길로 향할 것임을 예시하였다.

산을 유람하고 시를 읊조리는 가운데 조정에서 8월 5일에 내린, 주희를 환장각 대제 겸 시강煥章閣待制兼侍講에 제수한다는 명령이 임강에 도착하였다. 그는 조화이 '직접 낙점한(欽點)' 경연관 열 명 가운데 한 사람이었다. 이 때문에 8월 8일 조정에서는 특별히 강관을 늘리라는 지휘를 반포하였다.

조확은 주희를 향해 '성학聖學'에 유의하는 태도를 보였고, 친히 경연을 정돈하였다. 먼저 강관에게 책 목록 두 장을 제시하였는데, 하나는 조돈趙惇(광종)의 강연서목講筵書目이고, 하나는 자기의 잠저潛邸 시절 목록인 강당서목講堂書目이었다. 경연에서 강하는 책이 너무 적다고 여겼기 때문이었다. 며칠 뒤 그는 또 목록 두 장을 제시하였는데, 하나는 경연의 강서講書 열 종을 확정한 것이다. 『춘추』·『예기』·『시』·『서』·『맹자』·『통감』·『당서唐書』·『삼조보훈三朝寶訓』·『주의奏議』·『장편절본長編節本』이다. 또 하나는 강독관講讀官 열 명을 확정한 것이다. 그리고 선포한 당일로 개강을 하였다. 이틀에 한 번꼴로 경연을 열며 강관은 하루씩 번갈아 강연에 나오고, 조강은 대전에서, 만강晩講(석강)은 강당講堂에서 열었다. 그는 이처럼 '성학'을 중시하였는데, 이는 '중흥中興의 왕' 조신趙眘(효종)마저 하지 못했던 일이다.

조신이 금고禁錮했던 경연의 성지聖地가 첫 번째로 주희를 향해 열렸다. 이 당대의 유종儒宗은 과분한 총애에 놀라움을 금치 못하고 잘 해보려고 들떴다. 그는 채원정蔡元定에게 다음과 같이 편지를 썼다.

임강에 이르러 홀연히 고쳐 제수하는 명을 받았는데 너무도 과분하여서 감당할 수 없습니다. 처음에는 오히려 고향으로 돌아갈까도 생각했으나 부르는 말씀을 기다려서 결단을 하였습니다. 지금 일이 이미 이와 같고, 또 조정 선비의 편지를 받으니 모두 부르는 전지가 상이 친히 비답한 데서 나온 것이라 하며, 또 자주 묻기까지 하셨으니 오지 않을 수 없었다고 합니다. 또 말하기를, 주상께서 마음을 비우고 학문을 좋아하며, 강원講員을 늘리고 과정을 확대하여서 세웠으며, 다스림을 원하는 뜻이 매우 깊다고 합니다. 과연 이와 같다면 참으로 국가의 한없는 아름다움이니, 의리상 한번 가지 않을 수 없습니다. 마침내 임천에서 수레를 돌려 신주信州로

가면서 사면辭免의 답을 기다립니다. ……

—『문집』 권44 「답채계통答蔡季通」 서7

가장 열광하고 환상을 품은 이들은 역시 주희의 문하 제자들이었다. 휴녕休寧의 제자 왕신汪莘(＊숙경叔耕)은 스승이 경연에 나아가려고 도성에 들어가는 것을 알고 주희에게 편지를 써서 확연히 다음과 같이 말씀을 올렸다. "재물은 선생님이 아니어도 풍부해질 것이며, 병력(兵)은 선생님이 아니어도 강해질 것이지만, 오직 주상의 부자 사이는 제공諸公이 회복시킬 수 없고 선생님이라야 회복시킬 수 있습니다. 깊은 사랑의 근본이 되는 부자 관계를 꺼려 하고, 체모와 신하의 일(臣工)과 같은 말단만 이롭게 여겨서, 이로써 다스림을 삼는다면 오래갈 수 없습니다. 오늘의 일은 선생님께서 밝은 (정치의 원리를) 세움에는 조금 늦었으나 말을 하는 자가 아마도 이미 뒤를 엿보고 있을까 두렵습니다. 이번 일은 천하에 도를 배우는 자를 위한 바탕이 될 수 없는 것은 아니지만, 또한 아마도 후세의 도를 배우는 자를 위한 바탕이 되지는 못할까 두렵습니다."(『신안학계록新安學系錄』 권7 「왕숙경전汪叔耕傳」)

주희는 당연히 자기가 도성에 들어가 군주를 바로잡고 도를 퍼뜨리는 '제왕의 스승'의 신분임을 잊을 수 없었으며, 이미 나름의 속셈을 가지고 있었다. 그의 여릉廬陵의 제자이며 양만리楊萬里의 아들인 양장유楊長孺는 아버지의 명을 받들어, 길수吉水에서 산을 넘고 물을 건너 임강으로 와서 주희를 뵙고 자공이 공자에게 물었던 방법을 본받아 글을 올려서 주희의 평생의 큰 뜻을 탐문하였다. "저는 어리석어서 도를 알지 못합니다. 선생님께서 만약 '혹시라도 너를 알아준다면 무엇을 하겠는가?' 하고 물으신다면 저는 대답할 말이 없습니다. 저는 도리를 모르니 장차 선생님께 이런 말씀을 여쭙고자 합니다. '한마디 말로서 평생 동안 실천할 수 있는 말이 있습니까? ……"

주희는 웃음을 금치 못하고서 곧 "위대하다! 성인의 도여!(大哉聖人之道)"라는『중용』의 구절에 근거하여 양장유에게 대답하였다.

> 덕성을 높이고(尊德性), 묻고 배우는 길을 따른다(道問學). 광대함을 다하며(致廣大), 자세하고 은미함을 다한다(盡精微). 고명한 것을 끝까지 추구하되(極高明) 중용의 길을 따른다(道中庸). 옛것을 익히고(溫故) 새것을 알며(知新), 후덕한 품성을 두텁게 하고(敦厚) 예를 높인다(崇禮). 다만 이런 것들에서부터 힘써서 이해해야 한다.
>
> —『어류』권118

이 몇 구절은 그의 이학理學 문화 체계의 전체 정수를 개괄하며, 그의 '제왕학帝王學'을 포함한다. 그가 이러한 '제왕의 스승'으로서 조정에 들어가 군주의 마음을 바로잡고 '대개혁'을 한다는 목표를 확고부동하게 확정하였을 때는 그와 조확 사이의 사상적 간격이 얼마나 넓은지 생각지도 못하였다. 그래서 다만 상례에 따라 사면장辭免狀을 올리고 8월 20일에 임강을 떠나 동쪽으로 가서 8월 말에 신주에 이르러 다시 조정의 명령을 기다렸다.

신주에서 명령을 기다리던 대엿새간 주희는 비교적 많은 시간을 들여서 강서의 선비들과 광범위하게 교제하였다. 그는 신주 교수信州教授 임덕구林德久(임지林至)의 요청을 받아들여, 복구된 주학州學 대성전大成殿의 기문記文을 지었다. 신주의 옥산현玉山縣에는 금에 저항하여 절개를 지키다 죽은 장숙야張叔夜와 정양鄭驤의 사적을 읊은「정충민절묘비旌忠愍節廟碑」를 세웠다. 또 얼른 소상塑像을 세우고 사당을 건립하도록 옥산현의 수령 사마방司馬边을 격려하였다.

신기질辛棄疾이 소희 5년(1194) 7월 29일에 우정언右正言 황애黃艾의 탄핵을 받고 파직되어서 상요上饒로 돌아갔는데, 주희는 그와도 한 차례 만나서 강론을 하였다. 강서의 선비들은 모두 주희가 이번에 '제왕의 스승'으로서 조정에 들어가는 일에 대해 대단히 큰 기대를 걸고 있었다. 시인 간천澗泉 한표韓淲는 자리에서 「경연에 나아가시는 담주 안무사 주회옹 선생을 보내드리다(送潭帥朱晦翁先生赴經筵)」 한 수를 지어서 강서 선비들의 이와 같은 보편적인 정서를 묘사하였다.

강을 건넌 때가 어느 때던가?	渡江今幾時
아마도 원우 초일 테지	恐同元祐初
중간에 되돌아오니	中間一報復
하락은 이미 빈 언덕이 되었네	河洛已丘墟
선생이 금화에서 강을 하심에	先生講金華
이 뜻은 장차 어떠한가?	此意將何如
군자와 소인은	君子與小人
서로를 죄다 멸하기 어려워라	似難動誅鋤
저마다 합당한 자리를 차지한다면	要使各當位
정론이 늘 여유가 있으리	正論常有餘
다행히 변방의 위기는 조용해지고	幸哉邊陲靜
뭇 오랑캐도 편안히 지내고 있다	群蠻亦安居
백성의 힘은 궁핍해지고	大是民力窮
고을의 군비도 곤란해졌다	郡邑困軍儲
사기는 약해지고	又且士氣弱
헛소리는 현실과 너무나 동떨어진다	虛言多闊疏
선생은 세도를 부지하려고	先生其扶持
행실이 평소에 읽은 책을 따른다	行顧平日書
서풍이 불 제 부르는 명령이 내려왔는데	西風動召節

수곤의 움직임은 더디고 더디다	帥閫來徐徐
행차에 옛 누대에 올라	絲行得古臺
편안히 뜻을 편다	逸攬志愈攄
어린아이는 달동네를 지키는데	孺子守窮巷
감히 스승의 가르침을 저버리랴?	敢負師訓歟
은근히 자리에서 절을 하고	慇懃拜席間
이별의 말은 펼 겨를이 없네	別語不暇舒
홀연히 아름답게 문장이 갖춰지니	斐然忽在章
선생은 여기에 마음을 두시라!	先生其念諸

— 『간천집澗泉集』 권4

그러나 조정의 나쁜 소식이 신주에 있는 주희의 귀에 잇달아 들려왔다. 내선 뒤 잠복해 있던 더 큰 위기가 곧 폭발하려고 하였던 것이다. 태안궁泰安宮의 조례朝禮(천자를 배알하는 예)를 정하지도 않았건만 내시와 근습近習은 이미 새 군주의 총애를 얻었다. 스스로 후계자를 정하는 데 공을 세웠다고 여긴 한탁주韓侂冑는 절월節鉞(정벌군 총사령관)을 바랐으나 의주宜州의 관찰사로 옮겨졌을 뿐이라 크게 실망하고 조여우趙汝愚에게 잔뜩 원한을 품었다. 그는 스스로 헌성태후의 지친임을 믿고서 궁금宮禁을 출입하고 조서詔書의 요지를 전달하면서 재빨리 조확의 특별한 환심을 사고 중하게 의지하는 사람이 되었다.

조확의 어리석고 용렬하며 독단적인 면모도 드러나기 시작하였다. 가마를 타고 달아났던 유정留正은 조여우의 주청으로 소환되어서 재상에 복귀했지만, 조확은 이미 그에게 싫증을 냈다. 한탁주는 공공연하고 대담하게 정사에 간여하면서 여러 차례 도당都堂에 불쑥 쳐들어왔다. 유정은 성리省吏를 보내서 "여기는 지각知閣(지각문사知閣門事)이 오갈 수 있는 곳이 아닙니다."라고 하였다. 한탁주는 부끄럽고 분한 나머지 성이 나서 조확의 면전에서 유정을 헐뜯으며 도발하였다.

한번은 경연의 석강에서 조확이 한탁주를 같은 자리에 앉도록 은사를 베풀자 유정이 당장 옳지 않다고 주청을 하였는데, 이 일로 조확은 크게 기분이 상했다. 유정이 '왕을 따른 사람들(隨龍人)'에게 추가로 은혜를 베풀라고 청했을 때 조확은 버럭 화를 내며 말하였다. "짐은 부모를 보지 못했는데 아랫사람에게 은혜를 베풀 수 있겠는가!" 8월 28일에 조확은 내비內批(규정에 따라 중서성 등의 의정議定을 거치지 않고 황제가 궁중 안에서 직접 내리는 조령)를 내려서 유정을 건강부建康府 판관으로 내보냈다.

작은 어린 군주가 일인지하 만인지상의 늙은 좌상을 내몰아서 도성 밖으로 축출하자, 온 조정의 크고 작은 관료가 모두 번갈아 새 군주의 '영명함(英明)'을 칭송하였다. 주희는 신주에서 이 소식을 듣고 탄식하였다. "사람의 마음은 이토록 쉽사리 교만해진다. 나는 이제야 비로소 이 일이 두려워할 만한 일임을 알았다!" 제자 황의강黃義剛이 괴이하게 여겨서 물었다. "유정은 제 마음대로 자행하였으니 마땅히 쫓아내야 할 텐데, 무슨 두려워할 것이 있겠습니까?" 주희가 대답하였다. "대신의 진퇴는 그 체모를 보존해야 하거늘 어찌 의당 이와 같이 하는가!" 황의강이 말하였다. "아마도 묘당廟堂의 여러 대신들이 제거하기가 어려워서 이처럼 상에게 권하여 내쫓은 것인가 합니다." 주희가 대답하였다. "그래도 이렇게 해서는 안 된다. 어째서 무리를 시켜서, 승상이 오래도록 정무(機務)에 수고하면 아름답지 않으니 혹 골고루 편안히 하는 것이 좋지 않겠는가, 하고 여론으로 깨우치지 않는가? 그리하여 그가 떠나겠다고 청하기를 기다려서 허락했더라면 좋았을 것이다. 어린 군주가 새로 섰는데 어찌 가볍게 대신을 축출하도록 이끌 수 있단 말인가? 또 진원陳源과 같은 무리는 그 죄악을 논하자면 모름지기 참하는 것이 좋다. 그러나 인주人主

가 새로 선 지금 다시 사람을 죽이도록 가르치는 일은 나 또한 감히 하지는 못한다."(『어류』 권127)

어린 군주는 막 등극하였으나 근습을 총애하여서 믿고 내비로 독단을 내리는 것이 이미 할아버지와 아버지를 능가하였다. 이는 바로 주희가 가장 우려한 일이었다. 그래서 주희는 9월 5일쯤에 두 번째 사면장을 올렸는데, 조확의 용인用人이 부당함을 비평하면서 한탁주의 득세와 농권弄權을 에둘러 지적하였다.

> 가만히 생각건대, 폐하께서 황위를 계승하신 초기에 바야흐로 모든 정치(庶政)를 일신하려면 마땅히 아껴야 할 바 명기名器(등급이나 신분을 표시하는 의장, 관리 임용)를 경솔하게 남에게 빌려줘서는 안 됩니다. 만약 요행을 바라는 문을 한번 열면 그 폐단을 어찌 다시 막을 수 있겠습니까? 정무를 살피는 사이에 한가한 때(萬機之暇)에는 널리 유신儒臣을 불러들이고, 이른 아침부터 밤늦게까지 부지런히 공부하며, 오로지 강학에 뜻을 두어야 합니다. (백성이 폐하를) 깊이 친밀하게 느끼고 기뻐하게 되는 방도를 강구하는 것이 정치의 표준을 세우고(建極) 백성을 인도하는 근본이 됩니다. 조정의 기강을 크게 떨치는 방도를 생각하는 것이 미연에 방지하고 원대하게 앞날을 생각하는 도모입니다. 고문顧問의 신하는 실로 군주를 보좌하고 기르는 바탕이니, 용인에 혹 어긋남이 있으면 관련된 바가 가볍지 않습니다.
>
> — 『문집』 권23 「사면환장각대제시강주장辭免煥章閣待制侍講奏狀」 2

주희는 사면장을 올린 뒤 구주衢州에 이르러서 계속 명을 기다렸다. 9월 14일에 조정에서 사면을 윤허하지 않는다는 지휘를 내렸으므로 주희는 할 수 없이 세 번째로 사면장을 올려서 원래의 관직을 띤 채 궁궐로 가서 아뢸 수 있게 해달라고 요구하고, 새로 제수된 관직에 대해서는 도성에 들어간 뒤 면전에서 사면을 아뢰려고 준비하였다.

이때 조정에서 일어난 조신의 산릉山陵에 관한 논쟁이 주희에게 대단히 큰 관심을 불러일으켰다. 조신을 위해 선택한 능의 장소에 대한 다툼은 본래 아무런 의의도 없는 일이었지만, 이는 도리어 곡절이 복잡한 조정의 당쟁을 반영하였다. 내선의 위기 때 일시 후퇴하여 무대에서 사라졌던 도학과 반도 학의 투쟁은 산릉에 대한 의견 대립이 격발하면서 다시 무대로 올라왔고, 조 정의 도학당 내부에서도 산릉에 대한 의견 대립이 격발하여 심각한 분열이 일어났다. 처음으로 조언유趙彦逾가 소흥에 정한 조신의 산릉을 시찰하였더니 토층土層이 얕고 아래에는 물과 돌이 있다고 하였다. 대행찬궁 총호사大行攢宮 摠護使를 맡은 유정이 의견 조정의 책임을 맡았는데, 유정은 소흥을 힘써 주장 한 반면 조여우는 다른 땅에 장지를 정하자고 주장하였다.

유정을 따르는 반도학의 명사 대리사직大理司直 유덕수劉德秀(＊중홍仲洪)는 섭 적葉適과 동년同年으로서 일찍이 장식 및 주희의 제자인 증준曾撙(＊절부節夫)을 가 짜 도학이라고 비웃었다. 그는 '위도僞徒'니 '위학僞學'이니 하는 이름을 발명 한 자였다. 유정의 부제府第(관아, 관청)에서 산릉의 일을 의논할 때 태상소경 첨 체인詹體仁이 국자사업 섭적과 함께 홍겹게 담소를 나누다가 유덕수가 들어 오는 것을 보자마자 그에게 싸늘하게 대하였다. 섭적은 그래도 몇 마디 말을 붙였으나 첨체인은 딱 잘라서 길게 읍만 하고 말았다.

유정이 들어오자 첨체인과 섭적은 곧 앞으로 나아가 큰 소리로 말하였다. "의당 소흥이 적합한 땅이 아님을 주장해야 합니다!" 유정이 물었다. "누가 이를 결정할 수 있겠소?" 두 사람이 대답하였다. "채원정이라는 자가 있는데 곽씨의 학(郭氏之學, 곽박郭璞의 풍수학)에 조예가 깊고 식견과 의론이 정밀한 경지 에까지 이르지 않음이 없으니 결정할 수 있습니다." 유정이 유덕수에게 묻자 유덕수가 대답하였다. "산수의 빼어남이 월지越地 같은 곳이 없으니 천하에서 가장 뛰어난 곳입니다. 재궁梓宮을 모시기에 매우 합당합니다." 유정은 마침 내 그의 의견을 채택하였다.

유덕수는 크게 개탄하며 말하였다. "낯빛을 바꾸고 자리를 옮기면서 저들 은 스스로 도학이라고 하며 나를 냄새와 맛도 모른다고 한다. 비록 동년同年 (첨체인과 유덕수는 1163년에 같이 진사가 되었다)이지만 모르는 사람인 듯 여긴다. (유 정이) 추부樞府(추밀사)에 이르렀으며 연장年丈(아버지, 백숙부와 같은 해에 과거에 급제한 사람이나 자기와 같은 해에 급제한 사람의 아버지)으로 불리는 것을 모를 리 없을 텐데, 자기를 뽐내고 남을 업신여기는 것을 저들은 스스로 학문으로 자부한다. 그 러나 사사로이 옛 벗을 끌어들이는 일이라면 설령 재궁梓宮을 옮기게 되더라 도 안타깝게 여기지 않는다. 산릉의 일을 빌려서 사사로운 뜻을 펴려고 하니, 어찌 차마 할 수 있는가! 중(중준)이라, 첨(첨체인)이라, 섭(섭적)이라 하는 사람들 이 하나같이 도학으로 이름이 났지만 일을 하는 본새가 이와 같으니 모두 거 짓의 무리(僞徒)이다!"(『사조문견록』 정집丁集 「경원당고이慶元黨考異」) 유덕수는 여기에서 이미 맨 처음으로 뒷날 경원당금의 반위학反僞學 기조를 외쳤던 셈이다.

채원정은 소희 4년(1193)에 일찍이 명산대천을 유람하고 서쪽으로 천촉川 蜀(사천성)에 이르렀고, 또 동쪽으로 임안에 들어와서 널리 조정의 선비를 사귀 었다. 조정의 신하들이 떠들썩하게 그를 천거하였다. 첨체인과 섭적이 조신 의 능지陵地를 결정할 사람으로 채원정을 천거한 것은 실제로는 역시 주희의 뜻이었다. 아직 장사에 있을 때 주희는 그 지역의 술사術士와 풍수지리를 논 하였다(『옥수진경玉髓眞經』 부附 「악록문답岳麓問答」). 채원정은 풍수지리와 술수에 정통 하였으며, 일찍이 『장서葬書』를 편정하였고, 풍수지리설을 집대성한 술가術家 의 보배로운 서책인 『옥수진경』에 주를 달았다. 그래서 주희는 구주衢州에서 채원정에게 편지를 보내, 함께 북으로 도성에 들어가서 같이 살피고 따져 산릉의 장지를 택정하자고 청하였다.[2] 그러나 홀로 오연하게 남과 어울리지 않는 고사高士 채원정은 줄곧 혼탁한 세상의 어지러운 소용돌이에 몸을 던지려고 하지 않았고, 산을 나올 마음이 없었으며 도리어 주희에게 '일쩍 돌아가라'고 권하였다.

주희는 곧 스스로 술사를 찾아갔다. 어떤 술사가 그에게 엄주嚴州는 '고종(남송 초대 황제)이 명을 받은 땅(高宗受命之邦)'이며, 부양富陽은 '손씨(손권)가 일어난 곳(孫氏所起之處)'이고, 임안은 '전씨(오대 오월吳越의 왕 전류錢鏐)의 고향(錢氏故鄉)'으로서, 모두 산천경개가 뛰어난 풍수의 길지라고 하였다. 그래서 그는 삼구三衢를 떠난 뒤 연도의 명산을 널리 찾았다. 엄주에서 그는 한편으로 엄자릉嚴子陵의 조대釣臺를 참배하고, 또 한편으로 조신을 안장할 만한 명산승지를 찾았다. 9월 하순에 부양에 이르러 특별히 배를 버리고 기슭으로 올라가 육로로 묘산廟山, 담산曇山, 용산龍山을 거쳐 임안에 이르러서 술가의 지적을 근거로 조신의 혼백이 길이 잠들 수 있는 풍수의 길지를 찾으려고 생각하였다.

부양에서 전당錢塘에 이르기까지는 풍수의 길지를 찾지 못하였으나, 전당성 50리 밖 석룡산石龍山의 지맥이 동남쪽으로 뻗은 곳에서 찾아냈다. 신령스러운 기운이 담산曇山의 바위 봉우리를 낳아 놓았는데, 모습이 기묘하고 빼어나고 영롱하였으며, 바위 굴이 사방으로 나 있고, 기암괴석이 기기묘묘하여서 어떤 것은 정자나 누대와 같았고, 어떤 것은 신령스럽고 기이한 짐승 같았다. 주름진 바위 결은 날카롭고 삐쭉삐쭉하며 그윽하고 가팔랐다. 호상湖上의 여러 산 가운데 비래봉飛來峰이나 이에 견줄 수 있을 뿐이었다. 도성의 맑

---

2 『사조문견록』 정집 「경원당慶元黨」 : "문공文公이 장사長沙에서 구주衢州에 이르러 편지를 써서 문인 빙군聘君 채원정을 불렀다. 채원정은 오지 않고 답장만 보냈는데, 다른 말은 없고 다만 일쩍 돌아가라고 권하였다." 주희 『문집』 권44 「답채계통」 서7 : "어느 때 삼구三衢에 오겠다는 약속을 지키겠습니까? 수레를 타고 동쪽으로 내려오면 여러 날이 걸릴 것입니다."

고 고상하고 학식이 있는 유명한 귀족들은 인민을 샅샅이 착취한 뒤 모두 다투어 이곳에 별장과 정자와 정원을 지었다.

주희는 이곳의 기묘한 절경에 깊이 끌려서 상산象山의 정도鄭濤(*차산次山의 원정圍亭)를 예방하였다. 정씨의 원정은 산골짜기에 세워졌는데 바위 봉우리가 에워싸고 천연으로 이루어져 있어서 귀신이 도끼로 조화를 부려 놓은(鬼斧神工) 것 같았다. 주희는 기평석棋枰石에 시 한 수를 제하였다.

물끄러미 이 산을 보니	頹然見此山
하나하나 모두 하늘의 솜씨로다	一一皆天作
손에 맡겨 바위에 새기니	信手銘巖墻
원컨대 그대는 파내지 마시라	所願君勿鑿[3]

9월 말에 주희는 임안의 성문 밖에 도착하여 성 밖 20리에 있는 육화탑六和塔 아래 머물면서 명을 기다렸다.

육화탑은 월륜봉月輪峰 곁, 늙은 나무가 푸른 절벽에 서려 있는 꼭대기에

---

3 주희의 이 시는 담산臺山의 기평석에 새겨져 있고 『문집』에는 실려 있지 않다. 『정향소지定鄕小識』 권8 「주문공제담산朱文公題臺山」에서 말하였다. "시는 담산 기평석 곁, 깎아지른 절벽 매우 낮은 곳에 있다. 글자의 자취는 오히려 읽을 수 있을 듯하다. 문공이 처음 담산을 유람할 때 지었다. 그러므로 물끄러미 홀연히 본다는 뜻이 들어 있다." 또 「기평석」에서 말하였다. "담산에 있는데, 주 문공이 제시를 쓴 곳이다. 평평한 바닥은 장기나 바둑을 둘 만하며, 좌우의 섬돌은 오목하여서 두 사람이 마주 앉을 수 있다. 아마도 정차산鄭次山(정도)의 원정圍亭 유적인 듯하다." 이 시는 주희가 정차산의 원정에서 처음 노닐었을 때 제한 것인데, 줄곧 어느 때 지은 것인지 알지 못하였다. 섭씨葉氏의 『전당현지錢塘縣志』는 『주자기사朱子紀事』를 인용하여 이 시를 소희 5년(1194)에 지었다고 하면서 도리어 두 번째로 노닐었을 때 지었다고 잘못 여겼다. 정도는 자가 차산이며 상산 사람이다. 『황면재선생문집黃勉齋先生文集』 권5 「정차산이각기鄭次山怡閣記」, 권2 「여정성숙서與鄭成叔書」에 보인다.

우뚝 서 있었다. 앞으로 월산越山을 마주하고 서도胥濤를 굽어보고 있어서 탑 꼭대기에 올라가면 오吳·월越의 승경이 모두 눈에 들어왔다. 송 대에는 지방 관에 임명되어서 도성을 떠나거나 조정에 들어와 직책을 맡게 될 때 모두 흔히 육화탑 아래에서 명을 기다렸다. 주희는 양절兩浙(절동과 절서)에서 가장 큰 탑 아래에 머물면서 수문修門(임안의 성문)으로 불러들이는 지휘가 내려오기를 기다리며 무심하게 산수를 유람하고, 그곳에서 조정의 선비들과 조정의 일을 긴밀히 의논하였다.

조정에 있는 영가永嘉의 명사 중서사인中書舍人 진부량陳傳良, 국자 좨주國子 祭酒 섭적, 권 호부 시랑權戶部侍郎 설숙사薛叔似, 이부 상서 허급지許及之, 교서랑 校書郎 채유학蔡幼學, 호부 낭중 진겸陳謙 등이 다 같이 모여서 조정에 대해 저마다 좋은 계책을 떠들썩하게 진술하였고 고담을 늘어놓았으나, 근습의 용사用事와 조확의 내비에 대해서는 시행할 만한 계책을 내지 못하였다. 그들은 도학의 우두머리가 국면을 돌릴 만한 무슨 묘방妙方을 내놓을 수 있으리라 기대하였으나, 주희는 오히려 그들보다 더욱 속수무책이라는 듯이 말하였다. "저들은 도마이고, 우리는 고기인데 어느 겨를에 이 일을 언급하겠는가!"(『양조강목비요兩朝綱目備要』권3) 조여우의 상당相黨과 도학 조사朝士들은 은연중에 좋지 않은 거대한 조짐이 바싹 다가들고 있음을 예감하였다.

주희를 예방한 다른 한 무리 조사들인 항안세項安世·노덕장路德章·오두남吳斗南(오인걸吳仁傑)의 기분도 마찬가지로 가라앉았다. 그들은 주희의 이번 입조에 대해 걱정을 하였다. 항안세는 마중하는 시 두 수에서 다음과 같이 읊었다.

주 시강을 맞이하며　　　　　　　　　　　　　　　　　　迓朱侍講

옛 현인에게 나아가려 하나, 떠나고 아니 계시며　　　　欲就前賢去不如

몇 년의 노력 끝에 서너 분만 남았네	幾年功力在三餘
끝내 내 금광이 많음을 깨닫고	終然覺我多金礦
다행히 어르신을 만나 궁궐에서 모시네	幸甚逢翁侍玉除
어르신께서는 중간에 친히 비결을 보시고	函丈中間親覓訣
남은 글귀에서 자세히 글을 보셨네	殘編裏許細觀書
스스로 가련하게 여기나니, 낡은 습관 먼지처럼	自憐舊習如塵汚
머리카락에 달라붙어 빗질도 쉽지 않네	入髮成膠未易梳

노덕장, 오두남(오인걸)의 운을 따서 주 시강을 맞이하는 시

次韻路德章吳斗南同迓朱侍講

두 해 서울 길은 필생의 오점	兩年京路筆生埃
홀연 맑은 시를 보니 안목이 열리네	忽見淸詩眼爲開
깨끗이 가을 풍광을 그려내고	瀟灑幷將秋色寫
씩씩하게 밤 밀물 밀려오는 것을 읊었네	雄豪更帶夜潮來
뱃속에 든 오 천 권을 의지하여	可憐拄腹五千卷
뉘와 더불어 근심 어린 삼 백 잔을 기울일까	誰與澆愁三百杯
회옹에게 세상사를 듣지 말게 하라	莫遣晦翁聞世事
흥이 다하여 돌아갈 생각을 하리니	怕敎興盡却思回

— 『평안회고平安悔稿』 권10

군주를 바로잡고 세상을 구제하는 데 집착한 '제왕의 스승'은 아직 '흥이 다한(興盡)' 때에 이르지는 않았다.

새 군주가 싫증을 낸 경연의 노유老儒

소희 5년(1194) 10월 2일에 주희는 도성으로 들어와 상서성에 원래의 관직을 띠고서 주사奏事를 올렸다. 4일, 그는 행궁의 편전에서 주사를 올릴 때 다행히 독단적인 이 어린 군주의 풍채를 목도할 수 있었다. 조정에는 이미 먹구름이 성을 뒤덮고 한 줄기 비가 막 쏟아지려는 듯한 무거운 공기가 감싸고 있었기에, 그가 이때 경연에 입시한 것은 도리어 조야朝野가 주목하고 있는 주사를 특히 창백하고 무력하게 보이게끔 하였다.

첫째 차자는 조확(영종)에게 마음을 바로잡고 뜻을 성실하게 하여서(正心誠意) '마음을 일으키고 성품을 단련하기(動心忍性)'를 바라며, 특히 새 군주로서 정성을 다하고 효도를 다할 것을 강조하였다. 이는 조돈(광종)의 불효가 조성한 조정의 위기에서 '재앙과 어지러움의 뿌리는 이미 어둡고 어두운 가운데 엎드려 있다'는 교훈을 취한 것이었다. 또한 이는 근습의 소인들이 더욱 국정에 간여하여 권력을 농단하는 일에 대해서 보내는 무기력한 경고이기도 하였다.

둘째 차자는 조확에게 경전을 읽어서 이치를 탐구하라고 요구하였다. "학문을 하는 길은 이치를 탐구하는 것보다 먼저 할 것이 없고, 이치를 탐구하는 요령은 반드시 글을 읽는 데 있으며, 글을 읽는 법은 차례에 따라 정확하게 이해하는 것보다 귀한 것이 없습니다. 그리고 정확하게 이해하는 근본은 또한 경건을 유지하고(居敬) 뜻을 굳게 지니는(持志) 데 있습니다." 그러나 이런 공허한 도학의 설교는 어떤 실질적인 문제도 건드리지 못하였다.

셋째, 넷째, 다섯째 차자에서는 담주潭州의 뒤처리를 잘하는 방법을 논하고, 조정의 첨예한 모순은 피해갔다.

주희는 임안에 들어가자마자 온순하고 선량하고 공손하고 검소하고 양보하는 조정의 도학 중신과 마찬가지로 대단히 큰 착오를 저질렀다. 그들은 모두 새 군주 조확을 조돈과 달리 인후하고 도를 지닌 군주로 여겨서 모든 희망을 걸었다. 그리하여 줄곧 그를 향해 쉴 새 없이 훈계하고 권유하고 충고하여서 '황제의 마음(帝心)'을 감동시키려고 하는 일 외에 어떤 조금이나마 유력한 정치적 행동을 취하려고 하지 않았다. 일단 조확이 공개적으로 한탁주의 편에 서는 것과 동시에 그들에 대해서는 반대하자, 그들은 속수무책으로 죽음을 기다릴 수밖에 없었다.

조여우의 상당도 주필대周必大의 상당과 마찬가지로 연약하고 무력한 조정의 도학당이었으며, 주필대의 상당과 마찬가지로 단명으로 끝날 운명이 결정되어 있었다. 주희는 주사를 올린 뒤 이들 도학의 조신들과 마찬가지로 정력을 모두 예에 관한 끊임없는 무의미한 논쟁에 쏟았다. 도학자들은 자기들이 먼저 공격을 시작함으로써 도리어 궁정의 소인과 반도학파들이 서로 결탁하고 공모하여서 조정을 장악할 좋은 기회를 제공하였다.

10월 10일, 주희는 정식으로 배명拜命하고 조정에서 직책을 맡게 되었다. 조확은 그에게 다음과 같이 선포하였다. "짐이 정치의 요체를 밝히도록 힘씀에 먼저 경연(經帷)을 연다. 옛 학문이 귀결됨을 가상하게 여기며 원로 학자(耆儒)가 함께 모임을 기뻐한다. 충직한 말을 아뢰어서 널리 인재를 구하는 뜻에 부응하리라 생각한다."(『공괴집』 권46 「시강진부량주희선부경연공직곡사선답사(侍講陳傅良朱熹宣赴經筵供職曲謝宣答詞」)

주희가 조정에서 직책을 맡아 첫 번째로 한 일은 바로 배명한 그날로 「효종산릉의장孝宗山陵議狀」을 올린 일이다. 그가 의장을 올리기 전에 조정 관료들은 이미 산릉의 일로 공격전을 전개하고 있었다. 일관日官 형대성荊大聲이 사릉思陵 곁에 장지를 잡았는데 안행사按行使 조언유趙彦逾가 흙살이 얕아서 안 된다고 하였다. 조여우가 중군채中軍寨에 다시 잡으려고 생각하였지만 유정의 반대에 부딪혔다. 유덕수劉德秀와 복안사覆按使 사심보謝深甫가 모두 유정의 반대에 동조하여 형대성에게 새 혈자리의 동쪽에 다시 잡으라고 하였다. 10월 9일, 복안사 손봉길孫逢吉이 아뢰어 별도로 '길조吉兆'를 구하라고 주장하였다. 삼성三省과 추밀원樞密院에서 시종과 대간에게 영을 내려 사흘 동안 의견을 모으게 하였으나, 또다시 형대성 등의 반대에 부딪혀서 중지되었다.

주희는 바로 이런 상황에서 이 혼란한 싸움에 가담하여 소를 올렸는데, 널리 술사를 구하고, 명산을 널리 탐방하고, 형대성을 배척하고, 특별히 '최고 길지(最高之處)'를 택하라고 힘써 주장하였다. 주희가 올린 글은 채원정에게 삼구에서 만나자고 청하는 편지를 보낸 것과 같은 때 올린 것인데, 의장議狀 가운데 '다만 땅의 이치를 훤히 아는 사람을 취하여서 함께 의견을 교환하고 따지라'고 한 말에는 은근히 채원정을 천거하는 뜻이 들어 있었다. 이때 그는 예상하지 못했지만, 바로 이 의장은 뒷날 채원정이 경원당금 중에 '요사한 사람(妖人)'으로 지목을 받고 도주道州로 추방당하여서 억류되는 재앙의 씨앗이었다.

조정에서는 주희가 올린 글에 대해 아무런 반응을 하지 않았다. 주희는 불교와 도가를 통렬하게 물리쳤으나 도리어 음양풍수와 용맥신혈龍脈神穴의 설에 빠져 있었다. 그리하여 조신에 대해 다른 조정 신료들보다 더욱더 지우知遇의 은혜에 감동하는 충성스러운 마음을 품고, 조신의 유해가 오랫동안 황천의 더러운 물속에 잠겨 있는 형편을 생각함에 황송하여서 하루도 견딜 수 없었다.

10월 12일에 경령궁景靈宮에 승려와 도사를 청하여서 법회를 열었다. 시종과 대간들은 다 같이 경령궁으로 가서 향을 피웠다. 주희도 같은 반열의 시종들과 산릉의 일을 꺼냈는데, 모두 함께 모여 이부 상서 정교鄭僑의 거처로 가서 의논하였다. 주희에게 글을 짓게 하고 다시 연명으로 주장奏狀을 올리기로 의견을 모았다. 이에 관해 주희는 다음과 같이 말한다. "만약 글을 짓는다면 무슨 말을 하겠습니까? 다만 내가 지난날 이미 글을 올렸는데 이제 또 글을 짓는다면 이 생각에서 그칠 것입니다. 여러분들이 다시 짓는다면 거의 내용이 더욱 투철할 것입니다."(『어류』 권107)

마지막으로 주희는 기거랑起居郞 유광조劉光祖가 집필하도록 천거하고 연명의 주장을 썼지만, 끝내 올리지는 못하였다. 나중에 또 조정 신료들이 산릉의 장지를 적산赤山으로 정하자, 하궁下宮으로 정하자는 등 여러 설을 어지러이 아뢰었으나 모두 부결되었다. 주희가 경연에서 네 가지 일을 진술했을 때 조확의 면전에서 거듭 장지를 바꿔 다시 정하자고 아뢰었으나, 여전히 채택되지 않았다. 11월 29일에 이르러 마침내 조신을 회계會稽 영부릉永阜陵에 장사 지냈다. 주희가 입조한 뒤 당대 유종으로서 자기의 면목을 드러내는 첫 번째 노력이 실패하였다.

그러나 '제왕의 스승'은 새로 부임하여서 요란하고 떠들썩하게 자기 재능을 드러내 보이고자 자질구레한 예禮 관련 일에서 누구보다도 승벽을 발휘하였다. 그는 조묘祧廟에 관한 논쟁의 혼전에 뛰어들어 윤10월 7일에 「조묘의장祧廟議狀」을 올렸다.

효종의 부묘祔廟는 조정 신료들 사이에서, 종묘에서 신주를 차례로 훼철하는 순서에 관한 분쟁을 일으켰다. 앞서 윤10월 3일에 이부 상서 정교 등이 희조僖祖(송 태조 조광윤趙匡胤의 고조부, 조조趙朓)를 조천祧遷할 것을 주청하였고, 이어 이부 시랑 손봉길, 예부 시랑 허급지, 태상소경太常少卿 증삼복曾三復 등이 잇달아 상주하여서 희조와 선조宣祖(송 태조 조광윤의 아버지, 조홍은趙弘殷)를 조천하고 태조를 받들어 제1실에 모시자고 청하였다. 6일에 조확은 조령을 내려서 시종, 양성兩省, 대간, 예관禮官들에게 의견을 모으라고 했는데, 이 일파의 설은 재상 조여우의 지지를 받아 절대 우세를 점하였고, 팽구년彭龜年·누약樓鑰·진부량陳傅良마저 곁붙어 찬동하였다. 주희만 희조의 조천을 반대하였다. 그는 의견 결집 과정에 단신으로 참가하여 입씨름하는 것이 부질없음을 느끼고서 질병을 구실로 사양하고 나아가지 않았으나, 7일에는 「조묘의장」을 올려서 희조를 시조로 삼자는 깃발을 내걸었다. 이로써 두 파가 대치하여 분쟁하는 국면이 형성되었다.

다수파인 조여우 파의 관점이 조정에서 상승의 기세를 차지하였다. 조확은 특히 이 일로 주희를 궁으로 불러들여 입대하게 하였다. 음식을 내린 뒤 조확은 탑榻 뒤에서 주희의 「조묘의장」을 가져와서 말하였다. "이는 경이 아뢴 묘의廟議이다. 설명을 자세히 진술하라." 주희는 곧 사전에 준비한 차자와 도본圖本을 꺼내서 상세히 진술하여 아뢰었다. 조확은 한두 번 고개를 끄덕이며 좋다고 하였다. 마지막으로 말하기를, "희조는 국가의 시조이니 자연 조천할 수 없다. …… 탑전에서 몇 마디 글을 지어 올리면 즉시 비답을 하여서 시행할 터이다."(『문집』 권69 「별정묘의도기別定廟議圖記」, 권15 「의조묘차자議祧廟箚子」, 『문헌통고文獻通考』 권9. 원서에는 뒤섞여 있으나 『문집』에는 「별정묘의도기」에 '희조는 자연 조천할 수 없다'하였고, 「의조묘차자」에서는 '희조는 국가의 시조이다'라고 하였다. '탑전에서' 이하는 『문헌통고』, 『송사전문宋史全文』 등에 나온다. 『문집』에 근거하여 바로잡는다. —역자 주)라고 하였다.

주희가 가장 통한으로 여긴 점은 바로 이와 같은 조확의 내비內批에 의한 독단적인 일 처리 방식이었다. 그는 간절히 아뢰었다. "이 일은 의리가 매우 분명하나 성의聖意 또한 이미 이와 같으심을 알았으니, 옮겨서는 안 됨은 의심할 나위가 없습니다. 지난날 의견을 모아서 이미 시행하고 있으나, 신이 거듭 의장議狀을 살펴보니 아직 성상께서는 열람하지 않으셔서 결정을 내리시지 않았습니다. 이제 차자를 올려서 결정을 내리시기를 청하니, 다시 신료들에게 의견을 정하여서 반드시 정론이 있게 하소서."(『문집』 권69 「별정묘의도기」) 조확도 고개를 끄덕이며 면전에서 윤허하였다.

그러나 부름을 받고 만나 뵌 뒤 주희가 올린 차자는 아무런 반응을 일으키지 못하였다(杳如黃鶴). 어사중승 사심보가 다시 글을 올려서 예관이 처음 아뢴 건의에 따라 선조를 조천하라고 하였으나, 또 누약으로부터 반박을 받았다. 조여우는 마침내 스스로 희묘僖廟를 훼철하고 따로 별묘別廟를 세워 희조·순조順祖·익조翼祖·선조 네 위를 제사하도록 결정하였다. 이 조묘 논쟁은 희조를 시조로 삼는가, 태조를 시조로 삼는가, 하는 쓸데없는 논쟁에 지나지 않았지만 남쪽으로 건너온 이래 동령분董令棻·조정趙鼎·왕진王晉·조환趙渙·조수중趙粹中·우무尤袤·구숭됴嵩 등이 모두 앞뒤로 힘써서 태조를 동향의 자리로 바로잡으라고 청하였다. 조수중은 또 여러 견해를 모아서 편집하고 정하여 책을 만들었는데, 이는 누약과 진부량의 견해를 근본으로 삼은 것이었다.

주희는 희조를 시조로 삼자고 힘써 주장하였다. 그는 자기가 제시한 제례법은 한 대 유학자의 학설을 채용한 것이 아니라 멀리 육경六經과 주공周公, 공자와 맹자가 남긴 법도에 소급한 것임을 표명하고 훼묘毁廟를 반대하였다. 나중에 왕부지王夫之는 이 점을 지적하였다. "효종을 부묘祔廟하고서 조 승상이 희조와 선조 두 위를 조천하고 사당을 헐자는 의견을 내놓았는데, 주자가 그르다고 힘써 다퉜다. 이로써 보건대 제례법에 대한 주자의 견해는 한 대 유학자의 학설을 채용하지 않고 주周의 제도를 꾸며서 후세 왕들이 손익損益하지 못하도록 한 점이 많다. …… 육경의 내용에는 훼묘를 말하지 않았고, 주공이 남긴 법전과 공맹이 뒤에 서술한 것도 다르지 않다. 훼묘를 말한 것은 한 대 유학자가 시초이며, 정현鄭玄과 왕숙王肅이 서로 논쟁을 하되 혹은

(묘가) 일곱이다, 혹은 아홉이다 하고, 혹은 (신주를) 조묘祖廟에 모셔야 한다, 혹은 층계 사이에 묻어야 한다고 하였다. ……"(『송론宋論』권13)

그러나 주희의 주장은 실상 왕안석王安石의 설로부터 직접 계발을 받은 것이었다. 그는 바로 윤10월 7일, 정이程頤의 「체설禘說」에서 희조를 시조로 추대하자는 왕안석의 설을 읽은 뒤 그날로 「조묘의장」을 올렸고, 또 「서정자체설후書程子禘說後」를 지어서 왕안석의 설을 널리 퍼뜨렸다. 남쪽으로 건너온 이래 왕학王學은 이미 쇠퇴하였으며, 도학 대신들의 눈에 왕안석은 저주받을 괴물이 되어 있었다. 조여우는 『명신주의名臣奏議』를 편찬할 때 형공荊公(왕안석)의 논설을 취하지 않았다. 그들은 왕안석의 설을 근본으로 삼은 주희의 조묘祧廟 의견에 대해 자연 떼 지어 일어나서 배척하려고 하였다.

음으로 양으로 주희를 가장 힘써 반대한 사람은 공교롭게도 도학 상당의 우두머리 조여우였다. 주희는 나중에 그에게 편지를 써서 겉으로는 찬성하면서 속으로는 반대하는 그의 태도를 폭로하였다.

> 이전에 조묘에 관한 논의는 상이 이미 받아들이셨는데, 승상께서 (문건을) 지닌 채 내려보내지 않아서 장차 태묘太廟를 훼철하게 되었습니다. …… 승상은 또 내려보내지 않고 곧 그들의 청을 따랐습니다. 이로써 보건대, 그 죄는 누樓(누약), 진陳(진부량)에게 있지 않으니, 승상이 실로 책임져야 할 것입니다. …… 돌아와서 (승상이) 편찬한 『주의奏議』(『송조명신주의』)를 보고서야 비로소 평소 형공荊公(왕안석)의 의론을 주로 삼지 않았음을 알았습니다. …… 전에는 승상이 저를 잘 알아주는 뜻이 있다고 잘못 알았으나, 이제 앞으로는 승상이 아주 잘 알아주지 않을 뿐만 아니라 평소 서로 사귀려고 한 뜻도 애초에 성실하지 않았음을 알겠습니다.
>
> —『문집』권29 「여조승상서與趙丞相書」

바로 조묘라는 쓸데없는 논쟁을 하는 가운데 조정의 도학당은 심각한 분열이 일어나 서로 공격하고 헐뜯으며 내부 투쟁을 초래하는 형편에까지 처하였던 것이다. 주희도 분을 품고는 조여우를 '까닭 없이 경솔하게 비루한 사람의 근거 없는 의견을 받아들여서 조종祖宗의 사당을 훼철하고 스스로 만족을 느꼈다'고 지탄을 하였다(동상). 조정 도학당의 이러한 내부 분쟁과 불화는 한탁주와 같이 권력을 농단하는 소인들에 의해 이용되었다. 이런 상황을 두고 황간은 "경생經生과 학사學士로서 예를 아는 자는 모두 선생이 옳다 하였다. 한때 다른 의견을 주장하던 무리는 자기네들과 알력을 일으키는 것을 꺼렸고, 권간權奸들은 마침내 그들을 따라 편승하였다."(「행장」)고 하였다.

주희 스스로는 심지어 이 조묘 분쟁이 나중에 그가 조정에서 축출당하게 된 최초의 화근이 되었다고 여기기까지 하였다. 그는 제자에게 다음과 같이 말하였다.

전에 조정에 있을 때 희조의 조천 문제로 여러 대신들과 논쟁을 하여서 거의 분노를 하기에까지 이르렀고, 나중에는 이 때문에 조정을 떠났다. 그렇지 않았다면 또한 반드시 남들의 논박을 받아서 쫓겨났으리라. 당시에는 전혀 상의가 이루어지지 않았고, 다만 유지부劉智夫(*유숭지劉崈之. 당시 태상경太常卿이었다)가 와서 말하기를 '희조를 조천하고자 한다'고 하였다. 내(朱)가 묻기를 '희조를 어디에 조천하려고 하는가?' 하자, 유지부가 말하기를 '바로 마땅한 곳이 없다'고 하였다. 이 때문에 바야흐로 조칙이 내려와서 의논을 모으게 되었는데, 내 견해는 끝내 받아들여지지 않았다. …… 당시 내 견해는 바로 개보介甫(왕안석)의 의견을 채용한 것이었다. …… 조 승상은 한결같이 따르지 않았다. 당시 누대방樓大防(누약)·진군거陳君擧(진부량)·사심보가 그 설을 힘써 주장하였고, 팽자수彭子壽(팽구년)·손종지孫從之(손봉길)의 무리가 또 따라서 부화하였다. 어떤 사람이 말하기를 '태조가 천하를 차지하였는데 어째서 희조와 같이 섬기는가?'라고 하므로, 내가 응답하기를 '여러분이 몸소 부귀를 얻어서 현달한 지위에 이르렀다면, 어째서 아비와 할아비를 봉증封贈하지 않겠는가?'라고 하였다. 또 허급지許及之가 상소하기를 '태조 황제께서 기업을 여셨는데 동향의 바른 자리를 얻지 못하심은 비록 삼척동자라도 공평하지 않게 여긴다'라고 하였다. 그 비루하기가 이와 같았다! 나중에 의견을 모았는데, 나는 내 의견이 반드시 받아들여지지 않으리라 여겨 마침내 의견 조정에 참여하지 않고 상소를 올려서 그 일을 논하였으나, 조 승상이 지니고는 내리지 않았다. 내가 여러 차례 물었는데도 반응이 없었다. 나중에 집으로 돌아온 뒤 또 여러 차례 편지를 써서 묻기를, 무슨 까닭으로 답을 내리지 않는가 하였으나 역시 반응이 없었다. 나중에 (내가) 남쪽으로 온 뒤에 일이 결정되었다.　　　　　　　—『어류』 권90

여기서 조여우의 도학 상당이 얼마나 흩어진 모래 같고 식견이 얕고 짧은지를 알 수 있다. 주희는 다만 경연의 강독에서 '제왕의 스승'으로서 그의 모든 재능을 펼쳤고, 그 같은 평범한 도학자 조정 신료들을 멀리 뛰어넘는 사상적 거인의 자태를 드러냈다.

천하의 선비들은 조확이 즉위하고서 처음 연 경연을 '새로운 정치의 첫째가는(新政第一) 시정'으로 간주하였는데, 사실 경연은 새 군주의 '개혁(更化)'을 표방하는 무해한 장식품에 지나지 않았다. 그러나 주희에게는 정심성의正心誠意의 학문으로 군주의 마음을 크게 바로잡고, 조정에 간여하고, 기밀機密을 면전에서 아뢰고, 군주의 권위를 빌려 근습의 소인들과 투쟁할 수 있는 가장 좋은 '진지陣地'를 제공하였다.

애초에 조확이 날을 잡아서 경연을 열려고 결정하였을 때 쌍계雙溪 왕염

王炎이 주희에게 편지를 보내 이의를 제기하였다. "제가 근래 저보邸報에서 8월 8일의 전지를 엎드려 보았는데, 강독관을 늘려서 설치한다고 지휘를 하셨습니다. 또 중순에 날을 잡아서 개강을 하신다고 하였습니다. 대체로 시초를 맑고 깨끗하게 하고 유학을 숭상하여서 성덕聖德을 돕는 것은 본래 제왕의 성대한 아름다움입니다. 그러나 날을 잡아서 개강을 한다는 점에 저는 적잖게 의혹을 느낍니다. …… 대행大行의 지존이신 수황壽皇의 재궁梓宮이 빈소에 있고 복토復土의 시기도 아직 정하지 못했는데, 조용하고 한가한 때로 여겨서 개강을 한다니 저는 이 때문에 의혹을 품은 것입니다."(『신안학계록新安學系錄』 권5 「여회암선생논양암중개강서與晦庵先生論諒闇中開講書」)

근습의 소인도 경연 개강이 도학자 조정 신료들에게 조화과 접촉할 기회를 더욱 많이 줄까봐 두려워하면서 조화에게 양암諒闇(임금의 거상) 중에는 강을 파하라고 시끄럽게 권하였다. 그러나 평소 예를 중시하고 구차하지 않았던 주희는 이때 도리어 왕염의 썩은 견해에 반대하고 양암 중에도 개강할 수 있다고 주장하였다.

10월 14일, 주희는 처음으로 부름을 받아 경연에 나아가 『대학』을 진강하였다. 군주와 신하는 조화롭고 화목한 온정이 넘쳐흐르는 휘장 속에 싸여서 강론을 주고받았다. 주희는 반복하여 『대학』의 '8조목八條目'을 강조하였는데, '대학의 도는 책에 있지 않고 나에게 있다'고 여겨서 조화에게 '수신위본修身爲本' 한 구절을 '늘 마음에 보존하고, 잊거나 잃어버리지 말라'고 당부하였다.

주희는 심지어 어린 학생이나 아이를 훈계하는 말투로 미주알고주알 일러주면서 조화을 이끌었다. "매번 한마디 말을 한다면 반드시 돌이켜 생각하기를 '이는 수신에 아무런 해가 없는가?' 하고, 한 가지 일을 하면 반드시 돌이켜서 생각하기를 '이는 수신에 아무런 해가 없는가?' 하며, 작게는 찡그리고 웃고 생각하는 사이에, 크게는 불러서 명령하고 강등하고 승진시키는 사이에 하나라도 돌이켜 생각하지 않음이 없어야 합니다. 그리하여 반드시 해롭지 않은 뒤에 따르고, 해가 있으면 감히 하지 않아야 합니다. 그리고 또 아침에 일찍 일어나 생각하기를 '내가 부모에게 두텁지 못한 점은 없는가?' 하고, 밤에 늦게 잠자리에 들면서 생각하기를 '내가 부모에게 두텁지 못한 점은 없었는가?' 하며, 드나들고 일어나고 쉬고 다급한 순간이나 밥을 먹고 숨을 쉬는 데까지도 돌이켜 생각하지 않는 때가 없어야 합니다."(『문집』권15 「경연강의經筵講義」)

이는 곧 독단적이고 전제적인 제왕에 대한 주희의 군주를 바로잡는 학문(正君之學)이었으며, 조확의 내비內批를 하는 악습을 직접 겨냥한 말이었다. 그는 '법(憲)'을 세워서 군주를 제한하는 것은 이해하지 못하였고, 도리어 '경經'을 높여서 군주를 제한하는 것만 알았다. '경'이 곧 '법'이라고 생각했기에, 군주의 덕을 바로잡음으로써 군권의 남용을 제한할 수 있다는 환상을 품었던 것이다. 조확도 얼마간 새로 화려하게 즉위한 군주로서 볼만한 일을 해야겠다는 천진함을 띠고 있었기에, 이와 같은 까다로운 도학의 신조에 대해 허심탄회하게 가납하는 태도를 나타냈다. 그리고 필경에는 순순히 주희와 궁중의 비사秘事를 이야기하고 태상황 조돈의 근황을 알려주었다.

관례에 따르면 경연은 매 홀수 날 아침과 저녁에 진강하고, 매서운 추위와 무더위에는 진강을 파하며, 당일이 쉬는 날이면 정지하였다. 주희는 조확의 면전에서 초하루(朔)와 보름(望), 순휴旬休(관리가 열흘에 하루씩 업무를 쉬는 제도)와 과궁過宮(상황 광종의 궁에 문안을 드리는 일)의 날을 제외하고 다른 때는 날마다 아침저녁으로 진강을 하게 하도록 아뢰었고, 조확도 혼쾌히 동의하였다. 이 첫 번째 강연은 주희로 하여금 조확에 대해 한층 더 환상을 품게 하였다. 조확은 진강이 끝난 뒤 짐짓 「초강필안전치사강전곡사初講畢案前致詞降殿曲謝」 한 편을 내려서 스스로 이 유명한 '제왕의 스승'을 포장褒獎하고 기렸다. "드높은 경지를 오래전부터 듣고서 아름다운 계책에 기대노라. 와서 모심에 뛰어난 인재와 노니는 기쁨이 있고, 대학大學의 도를 강론하여서 밝히니 거의 다스려 질 것이며, 내 마음을 깊이 위로하도다."(『공괴집』권46)

첫 강연 뒤 주희는 또 10월 18일 석강과 23일 조강, 윤10월 1일 석강, 3일 조강, 4일 석강, 19일 석강으로 모두 일곱 차례 진강하였다. 바로 이와 같이 경연에서 군신 간에 경전을 강하고 도를 논하는 달콤한 분위기의 이면에서 조확과 한탁주가 암암리에 그를 향해 도살자의 칼을 쳐들고 있었다는 사실을 주희가 어찌 알았겠는가? 10월 18일 진강 뒤 조확의 소행은 이미 자기의 모든 위선을 폭로하였으나, 물 흐르듯이 선을 따르고 도를 행하는 데 뜻을 둔 것처럼 꾸민 그의 연기는 경연에서 더욱더 주희를 감동시키고 있었다.

윤10월 1일 네 번째 진강에서 주희는 반명盤銘의 "만일 한 날 새로워졌거든 나날이 새로워지고 또 날로 새로워지라.(苟日新, 日日新, 又日新)"(『대학』)는 말을 빌려서 정심성의의 설을 펼쳤다. 그리하여 조확이 '존양성찰存養省察의 노력을 조금도 중단하지 않아서 해와 달처럼 늘 밝고 다시는 이욕利欲에 어두워지지 않기'를 바랐다. 예컨대 '옛 현자(古賢)'처럼 '음악과 여자를 가까이 하지 않고, 재화의 이익을 늘리지 않으며(不邇聲色, 不殖貨利)', '의로써 일을 다스리고, 예로써 마음을 다스리며(以義制事, 以禮制心)', '충고를 듣고 어기지 않으며, 잘못을 고치는 데 인색하지 않고(從諫弗咈, 改過不吝)', '남을 대할 때는 모든 것을 갖추기를 바라지 말고, 자기를 검속할 때는 미치지 못하는 듯이(與人不求備, 檢身若不及)' 하는 경지에 이르기를 바랐던 것이다. 그러나 이 모든 것은 또한 다만 '경敬'이라는 한 글자에 달려 있었다.

주희의 이 같은 말은 모두 조확을 겨냥한 것이었고 실제로 지적하는 바가 있었다. 조확도 진정한 도학의 위도僞徒로서 배역을 훌륭히 연기해냈다. 먼저 주희는 다음 날 이때 강의한 내용을 편집(編次)하여서 바쳤다. 4일에는 석강

때 조환에게 다음과 같이 물었다. "신이 진강한 『대학』의 구의□義를 읽어보셨는지 모르겠습니다." 조환이 대답하였다. "궁중에 일이 없으므로 늘 보고 있다." 주희가 또 물었다. "폐하께서는 신이 함부로 드린 말씀에 의심하는 바가 있으십니까?" 조환이 대답하였다. "매우 잘 말하여서 의심할 것이 없다." 주희가 즉시 아뢰었다. "나라의 오만 가지 업무(萬機)는 일이 번잡하고, 강의의 권축卷軸은 커서 보시기 어려울 듯하기에 책자로 만들어서 올립니다. 반복해서 살펴보시기에 편하게 하고자 합니다." 조환이 기쁜 낯빛을 드러내며 말하였다. "마침 경에게 책자로 만들어 오라고 말하려던 참이다. 속히 들이라."

18일에 입대하였을 때 조환이 또 문득 주희에게 물었다. "지난날 경에게 강의 책자를 써서 들이라고 하였는데, 왜 오래도록 들이지 않는가?" 주희가 대답하였다. "들여야 할지 말아야 할지 명을 받들지 못하여서 감히 대뜸 올리지 못하였습니다." 조환이 곧 말하였다. "한번 구두를 찍어서 가져오라." 주희는 서둘러 『대학』 책자에 구두를 찍어서 바쳤고, 13일에 입대할 때 조환에게 따져 물었다. "신이 올린 강의 책자는 반드시 보셨을 터입니다. 성상의 뜻은 어떠하신지 모르겠습니다." 조환은 거침없이 대답하였다. "내가 보니 요점은 다만 구방심求放心(놓친 마음을 찾음)에 있을 뿐이다."

주희는 즉시 감동하여서 머리를 조아리고 사례하였다. "성학聖學이 고명하시고 말씀하신 바가 극히 옳습니다. 노사老師, 숙유宿儒가 하루 종일, 한 달 내내 탐구해도 이 뜻을 깨닫지 못하고 이런 말을 하지 못합니다. 그런데 폐하께서는 하늘로부터 타고난 지성(生知)을 지니신지라 이 구방심이라는 말씀을 집어내셨는데, 이는 참으로 성학의 요령입니다. 원컨대 이를 실제 행위에 적용하신다면, 요순과 같은 임금이 되지 못하리라는 걱정은 하실 바가 아닙니다."(『양조강목비요』 권3) 주희는 진강을 하고 돌아가서 기뻐 어쩔 줄을 몰라 문인 제자에게 말하였다. "성상께서는 더불어 착한 일을 하실 만하다. 원컨대 늘 현자의 보도輔導를 받는다면 천하가 잘 다스려질 가망이 있다!"(『연보』)

주희는 곧 또 「걸진덕차자乞進德箚子」를 올려서, 조확이 참으로 '일상생활의 어묵동정語默動靜에 반드시 구방심을 근본으로 삼고', '경전과 역사서를 탐구하고 보아서 유학을 친근하게 여기며', '정사政事의 득실, 민정民情의 기쁨과 걱정을 탐구하고, 또 이를 바탕으로 인재의 정사正邪와 장단長短을 살피기를' 바랐다. 보아 하니, 조확은 경원당금 중 도학자들을 모조리 '위도僞徒'로 몰기 이전에 자기가 도리어 바로 '위도'의 표준이었던 셈이다.

주희는 바로 조확의 이러한 '위도'의 면모에 줄곧 미혹되었기 때문에, 밤낮 귓가에 도학을 지껄이고 갖가지 가혹한 방법으로 군권을 제한하는 그에 대해 조확이 이미 도저히 참을 수 없을 정도로 싫증을 내고 있다는 사실을 알아채지 못하였다. 주희가 여전히 조확을 보필하여 '성학'을 세우고 '성학'을 완성하려는 달콤한 꿈에 젖어 있을 때, 조확은 이미 어떻게 하면 이 썩어 빠지고 비현실적인 노유를 도성 밖으로 축출할 수 있을까 계산하고 있었다.

모든 어리석은 군주와 마찬가지로 조확도 외척과 근습에 의지하여 도학 청의淸議의 세력을 잘라내버렸다. 조정의 정권이 붕괴의 절박한 지경에 처한 내선의 위기 가운데서 조여우는 다만 한탁주와 몇몇 근습의 힘에 의지하여 위기 국면을 만회하려고 하였다. 그러나 한번 불려 나온 악령은 다시는 솔로몬의 병 속에 거둬들일 수 없었다. 권행權幸(군주의 신임이 두텁고 총애를 받는 신하, 여기서는 조여우와 그를 따르는 무리를 가리킴)은 도학의 조정 신료들이 손수 조정의 제일선에 올려놓은 사람들인지라 그들이 정권에 간여하고 농단하는 짓을 저지하는 일이란 도저히 불가능했다. 주희가 9월에 도성에 들어온 뒤 조정의 정국은 조확(*군권의 대표)·조여우(*상당의 대표)·한탁주(*근습 세력)·주희(*도학 세력)라는 사각 관계의 굴대를 중심으로 돌아가며 음으로 양으로 미묘한 투쟁이 전개되면서, 도학 세력과 근습 세력의 투쟁이 확대되어 도학당과 반도학당의 투쟁으로 변하였다. 그리하여 마침내 당금黨禁이라는 일대 재앙을 빚어냈다.

한탁주는 외척이면서 근습이기도 한 야심가였다. 그는 위왕魏王 한기韓琦의 증손이며, 신종神宗의 딸 제국 장공주齊國長公主의 손자이다. 아버지 한성韓誠은 고종 헌성황후憲聖皇后의 여동생에게 장가들었고, 한탁주의 아내도 헌성황후의 질녀이다. 한탁주는 아비 덕에 관직에 올랐으며, 또 헌성태후의 인척이라는 점을 이용해서 아주 빨리 합문지후閤門祗侯·선찬사인宣贊舍人·대어기계帶御器械를 거쳐 순희 말에 여주 방어사汝州防禦使, 지합문사知閤門事가 되었다. 그런데 사람들이 그의 벼락 같은 출세와 군주를 끼고 권력을 전횡하는 점을 멸시하자 그는 한층 더 인척 관계에 의지하였다. 영종 조확이 한씨를 황후로 세웠는데, 한탁주는 바로 황후 한씨의 아비 한동경韓同卿의 숙부였다.[4]

나중에 사가史家들은 모두 한탁주와 도학파의 모순을, 내선 뒤 천자 옹립의 공을 심사할 때 절도사(節鉞)가 되려는 한탁주의 욕망에 조여우가 불만을 품었기 때문에 일어난 결과라고 간주한다. 그러나 실제로는 일찌감치 내선 이전부터 한탁주는 이미 인척 관계를 네 겹이나 두르고 있었으므로 비범하게 현귀顯貴하고 권세 또한 대단하였다. 그래서 그는 벌써 도학의 청의에서 주목하고 배격하는 외척의 근귀近貴가 되어 있었다.

소희 원년(1190)에 그는 파격적으로 다섯 관위를 뛰어넘어 먼 지방의 자사刺史로 전직되었으나, 급사중 사심보가 내강內降(정상적으로 중서성이나 상서성의 의정을 거치지 않고 궁중에서 직접 내린 조령)을 봉하여서 되돌렸다. 소희 3년(1192), 한탁주가 또다시 무공대부武功大夫, 화주 방어사和州防禦使로 네 계급을 뛰어넘어 제수되자, 급사중 우무尤袤는 세 차례나 상주를 반환한 뒤 조돈이 친필로 쓴 내

---

4 상세한 내용은 『건염이래조야잡기』 갑집 권1 「공숙한황후恭淑韓皇后」, 『송사』 권243, 『송사기사본말宋史紀事本末』 권82 「한탁주전정韓侂胄專政」에 보인다.

비內批의 조서에 순복하지 않고 다음과 같이 말하였다. "한탁주는 4년 동안에 27년간 전직轉職해야만 오를 수 있는 관직으로 전직되었으며, 지금 또 (그에게) 네 계급을 뛰어넘어서 제수한다면 다시 20년간 전직해야만 맡을 수 있는 관작에 전직하는 것입니다. 이는 조정의 관작이 오로지 한탁주의 요구에 따르는 것일 뿐, 실적을 살피고 격려하는 수단이 아닙니다."[5](『송사』 권389 「우무전尤袤傳」) 우무의 말 가운데서 승진 일로를 걷는 한탁주의 혁혁한 출세의 이력을 명료하게 볼 수 있다.

소희 4년(1193) 정월, 한탁주는 또 특별히 계관階官(작위만 있고 실제 업무는 보지 않는 관직. 관원의 품계로만 일컫는다)에 낙점되었는데, 급사중 황상黃裳에 의해 논박을 받았다.[6] 이로써 한탁주와 도학파의 갈등은 그 유래가 이미 오래되었

---

5 생각건대, 우무는 소희 5년(1194) 봄과 여름 사이에 졸하였으니 한탁주의 전직에 대한 상주를 반환한 일은 당연히 소희 5년 이전에 있었다. 그의 열전에 근거하면 "부름을 받아 급사중에 제수되었다. 부임한 뒤 곧 당당하게 말하였다. …… 불과 며칠 뒤 총애를 받는 내관(中貴) 네 사람이 은상恩賞을 바라고 스스로 정사正使가 되어서 제 마음대로 하려고 하였는데, 우무가 세 차례나 주장奏狀을 반환하여서 끝내 임명을 저지하였다."고 하였다. 여기서 말하는, 총애를 받는 내관 네 사람 가운데는 한탁주도 포함된다. 『송사기사본말』 권81 「양조내선兩朝內禪」에 근거하면, 우무가 처음 급사중에 제수된 때는 소희 3년이다. 소희 4년 초에는 이미 예부 상서禮部尚書에 제수되었다. 『지재집止齋集』 권12에 보인다.

6 『송사』 권393 「황상전黃裳傳」: "얼마 뒤 급사중에 제수되었다. 조여우가 동지추밀원에 제수되었는데 …… 황상이 궁궐에 있은 지 겨우 한 달 사이에 봉박封駁(잘못된 조칙을 봉하여서 되돌리고 신하의 주장奏狀을 논박하여서 바로잡음)한 주장奏狀이 무려 10여 건이었다. 한탁주가 계관에 낙점되고 정여해鄭汝諧가 이부 시랑吏部侍郎에 제수되었는데, 황상이 그 조명詔命을 모두 반환하였다." 또 『공괴집』 권99 「황상묘지명黃裳墓誌銘」: "이어서 급사중, 동지공거同知貢擧에 제수되었다. 얼마 뒤 시강에 제수되었다. 공은 궁궐에 있은 지 겨우 한 달 사이에 봉박한 문서가 무려 10여 건 이상이었다. 귀척貴戚과 환시宦侍를 한결같이 법으로 제한하고, 마지막에는 시신侍臣이 추천하여서 임용하는 일을 부당하다고 지적했는데, 반대하는 논리가 매우 절실하였다." 황상은 소희 4년(1193)에 동지공거가 되었다.(*이해는 대비大比(3년에 한 번씩 국가의 인구·재무 조사를 하고 관리를 시험하는 일)의 해이다) 그가 급사중에 제수된 때는 소희 4년 정월 11일이다. 『지재집』 권12

음을 알 수 있다. 조여우는 내선 도중에 어쩔 수 없이 내시와 근습을 이용했지만, 그 뒤에는 즉시 그들을 엄격하게 통제하였다. 먼저 시어사侍御使 장영章穎을 통해 임억년林億年·진원陳源·양순경楊舜卿 삼대 내시를 탄핵하여서 제거하였다. 그러나 조확이 가장 총애하는 인척인 한탁주는 감당하지 못하였다.

조여우는 원래 일이 잘 성사되고 난 다음에는 한탁주를 절도사에 제수하고 조언유를 집정에 제수하겠다고 허락하였는데, 내선이 일단락되자 그들은 한시도 지체할 수 없다는 듯 손을 뻗어서 관직을 요구하였다. 그런데 조여우는 조언유에게 다음과 같이 말하였다. "동성同姓의 경卿이 불행히도 군신君臣의 변고에 처했는데 감히 공을 말하는가?"(『제동야어』 권3 「소희내선紹熙內禪」) 또 한탁주에게는 다음과 같이 말하였다. "나는 종신宗臣이고 그대는 외척인데 어찌 공을 말할 수 있는가? 오직 하위의 무신이라야 포상을 할 수 있다."(『송사』 권474 「한탁주전韓侂冑傳」) 결과적으로 곽고郭杲만 무강군 절도사武康軍節度使에 제수하였다. 한탁주는 조여우를 찾아가서 만나려 했지만, 조여우는 거절하고 나와 보지도 않았다. 9월에 조언유를 건강 지주建康知州에 제수하고 한탁주는 특히 두 관직을 옮겨서 승선사承宣使로 삼았는데, 이는 한탁주와 조언유를 크게 실

에 보인다. 그러므로 한탁주를 계관에 낙점한 일에 대해 황상이 작주繳奏(제칙制勅을 논박하여 바로잡고, 잘못된 주장奏狀을 봉하여서 반려함)한 일은 소희 4년 정월에 있었음을 확실히 알 수 있다. 『송사』 권37 「영종본기寧宗本紀」 소희 5년 7월 23일의 장영章穎이 임억년林億年·진원陳源·양순경楊舜卿을 탄핵했다는 기록 아래 "한탁주가 계관에 낙점되어서 여주汝州 방어사가 되었다."는 내용이 이어져 있다. 매우 잘못이다. 『송회요집고宋會要輯稿』 제102책 「직관職官」, 73책 「출강黜降」에 장영이 임억년·진원·양순경을 탄핵한 일이 기록되어 있는데, 그 아래에는 해당 두 구절이 없으니 이 두 구절은 연문衍文임을 알 수 있다. 소희 5년(1194) 7월, 내선 뒤 한탁주는 공을 내세워서 상을 기대했지만 다만 의주宜州 관찰사에 제수되었다. 여주 방어사가 된 것은 순희 말의 일이다. 그의 열전에 보인다. 소희 5년에 한탁주가 의주 관찰사가 된 일에 관해 상세한 내용은 『도명록』, 『제동야어』 권2 「소희내선」 등에 보인다. 『송사기사본말』, 『속자치통감續資治通鑑』 등은 모두 「영종본기」의 잘못을 답습하였다.

망시켜서 그들의 원한이 하늘을 찌를 듯하였다.

국자사업國子司業 섭적이 힘껏 조여우에게 권유하였다. "한탁주가 바라는 바는 절도사에 지나지 않으니, 마땅히 주어야 합니다." 조여우는 고집을 부리며 듣지 않았다. 섭적은 길게 탄식을 하며 말하였다. "재앙이 이로부터 시작되는구나!" 경조윤京兆尹 서의徐誼도 한탁주에게 절도사 자리를 주라고 조여우에게 애써 권하였다. 결국 그제야 후회하는 마음이 든 조여우는 즉시 사람을 보내 한탁주에게 알렸으나, 오만무례한 한탁주는 일부러 글을 올려서 사직하고 대수롭지 않은 관직을 받아 승선사에서 의주宜州 관찰사로 강등되었다(『도명록』 권7).

이 소식을 들었을 때 주희는 아직 도성 문에 들어오지 않았다. 주희는 여러 차례 제자를 통해 조여우에게 손수 쓴 편지를 전해주면서, 그로 하여금 한탁주에게 절도사 자리를 내주고 북관北關 밖에 관저를 마련해주어서 내선 때 두 황제 사이를 주선한 공로에 대해 사례하고, 차츰 예를 갖춰 한탁주를 멀리하라고 하였다. 주희의 의도는 '마땅히 한탁주의 공로에 두터운 상을 내려줌으로써 조정에 간여하지 못하게끔 하라'는 것이었다. 그는 손수 쓴 편지에서 조여우에게 '한계를 나누고, 기강을 세우고, 기미를 막고 점차 자라는 것을 막는 일은 신중하게 해야지 소홀히 해서는 안 된다'고 경고하였다(『사조문견록』 정집 「경원당慶元黨」, 『경원당금』). 그러나 조여우는 도리어 한탁주의 무리는 소인이 '제도를 바꾸려는 것(易制)'이지 '관직을 추구하는 것은 아니라(不愛官)'고 여겨서 주희의 방법을 채용하지 않았다. 10월 초에 이르러 주희가 도성 문으로 들어갔을 때 한탁주는 이미 남몰래 밤낮으로 조여우를 쫓아낼 궁리를 하고 있었다.

주희가 경연 자리에서 한탁주에 대해 다만 연약하고 별 효과가 없는 반격을 가했다고 한다면, 한탁주는 군권의 비호 아래 대간의 언로에서부터 손을 써서 조여우를 우두머리로 하는 조정의 도학당에게 효과적인 타격을 입혔다. 한 차례 배척과 억압을 당한 반도학의 무리가 또다시 어지러이 한탁주의 문하에 모여들었다. 조여우의 상당은 대간의 언로를 통제할 수 없어서 예전 주필대의 상당과 마찬가지로 치명적인 착오를 범하였다.

8월 이후 유정이 탄핵을 받아 파직되고, 나점羅點이 병으로 죽고, 경당京鎧이 첨서추밀원사簽書樞密院事가 되고, 진규陳騤가 지추밀원사 겸 참지정사知樞密院事兼參知政事가 됨으로써 조여우는 재보들 가운데서 이미 고립되어 있었다. 진규는 일찍이 여조겸呂祖謙과 불화하였기에 도학을 원수 보듯 하였고, 경당도 일찍이 한탁주의 문에 드나들면서 조여우에게 본래부터 사감私憾을 지니고 있었다. 그가 조여우의 후임으로 촉수蜀帥(사천 안무사)가 되었을 때 조여우는 사람들에게 "경당은 명망이 가볍고 자질이 얕으니 어찌 이 방면方面을 담당할 수 있겠는가?"라고 하였는데, 이 때문에 경당은 줄곧 가슴에 한을 품고 있었다. 자연히 이때 그는 한탁주와 단숨에 죽이 맞았다.

내선 도중에 중용되지 못하여서 조여우에게 원한을 품고 있던 지합문사 유필劉弼이 한탁주에게 계책을 올렸다. "조 승상은 큰 공적을 마음대로 하려 하는데 그대는 절도사의 자리조차 얻지 못하니 장차 변방(嶺海)으로 쫓겨 감을 면치 못할 것입니다!" 한탁주는 그에게 무슨 좋은 계책이 있느냐고 물었다. 유필이 대답하였다. "오직 대간을 이용하는 방법뿐입니다." 한탁주가 또 물었다. "어떻게 하면 좋겠습니까?" 유필이 말하였다. "어필로 비답을 내리는 것입니다." 한탁주가 이 묘책을 채용하여 재빨리 한 패거리 도당을 대간의 언로에 안전하게 집어넣었다. 조여우의 조정 내 도학당은 대간의 언로에서 세 차례 대결을 거치면서 곧 참패하고 말았다.

첫 번째 대결은 다음과 같이 전개되었다. 조여우가 유광조를 시어사에 제수하려고 막 건의하려던 참에 줄곧 곁에서 싸늘한 눈초리로 지켜보던 진규가 갑자기 들어와서 아뢰었다. "유광조와 신은 혐의가 있는데 지금 광조가 입대하게 되면 원컨대 신은 먼저 피위避位하겠습니다."(『양조강목비요』) 조여우는 깜짝 놀라서 취소할 수밖에 없었다. 한탁주는 이 기회를 틈타 8월 27일에 내비를 이용하여 같은 도당인 사심보를 어사중승에 제수하였다.

두 번째 대결은 우정언右正言 황도黃度를 둘러싸고 전개되었다. 황도는 도학파이며, 주희의 제자 주남周南이 그의 사위였다. 9월에 황도는 주소奏疏를 작성하고 입대하여서 한탁주가 권력을 농단하고 자기 당을 심으려는 간계를 들추어낼 준비를 하고 있었다. 이를 알아챈 한탁주가 재빨리 사전에 주청을 하여서 내비를 이용해 황도를 평강平江의 지부知府에 제수함으로써 조정을 떠나게 하였다. 조여우가 소매에 황도의 사장辭狀을 간직하고 들어가서 조확과 힘써 다투었으나 효과가 없었다. 황도는 마침내 봉사奉祠가 되어서 떠나갔다.

세 번째 대결은 어사御史 천거를 둘러싼 투쟁이었다. 9월에 조확이 근신을 소집하여서 어사 두 명을 추천하게 하였는데, 시종 대신들이 대부분 오렵吳獵과 유중홍游仲鴻을 추천하였다. 이들은 모두 조여우의 일파였다. 반면 한탁주는 대리시부大理寺簿 유덕수劉德秀를 눈여겨보았다. 유덕수는 한탁주와 깊이 교제한 사이인데, 중경부重慶府의 임지에서 교대하여 돌아와 거듭 유정에게 애걸하다시피 벼슬을 구하였다. 유정이 할 수 없이 시부寺簿라는 작은 관직을 그에게 주었기 때문에 그는 뱃속에 불만을 하나 가득 품고 있었다. 한탁주는 먼저 신임 어사중승 사심보에게 유덕수를 어사에 천거하라고 넌지시 일깨운 뒤 다시 9월 11일에 당당하게 '어필'로 유덕수를 감찰어사에 제수하고, 동시에 같은 당의 양대법楊大法을 전중 시어사殿中侍御史로 발탁하였다. 이와 같이 한탁주의 당은 완전히 대원臺院과 전원殿院, 찰원察院을 장악하였다. 대간에 조여우의 당으로 남은 이는 단지 신임 감찰어사 오렵뿐이었다.

도학파 조정 신료들은 수시로 죄를 받고 탄핵을 당할 가능성이 있었다.

이는 주희가 막 도성에 왔을 때 '저쪽이 도마라면 우리 쪽은 고기'라고 했던 말과 같았다. 나중에 한탁주는 오렵마저도 쫓아내고 자기의 사당死黨(어떤 사람 이나 집단을 위해 사력을 다해서 싸우는 도당)인 유삼걸劉三傑을 감찰어사에 제수하였 다.[7]

주희가 도성에 들어왔을 때는 이미 조정 안팎의 도학파에 대해 대간에 있 는 한탁주 도당의 대규모 논핵이 시작되고 있었다. 9월 27일에 사심보가 마 대동馬大同과 신기질辛棄疾에 대해 '현임 재상과 교제를 맺어서 감히 탐욕하 고 잔혹한 짓을 저지른다'며 탄핵하였다. 이에 마대동은 사록에서 파직당하 고, 신기질은 봉사가 되었다. 9월 28일에 사심보는 또 구숭丘崈을 '독사·살무 사와 같은 독과 범·이리와 같은 포악함으로써 멋대로 잔학하게 탐욕을 부리 고, 세력을 믿고 거짓을 자행한다'고 탄핵하여서 파직시켜 추방하였다. 10월 2일에 우간의대부 장숙춘張叔椿이 '사사로운 마음이 우세하여 공도公道가 서지 않는다'고 유정을 탄핵하여, 유정도 직책에서 파면되었다. 10월 23일에 장숙 춘은 또 '요사하고 부정하며 아첨하고 모함하여서 권력자와 요직에 있는 자 에게 아부한다'고 심유개沈有開를 탄핵하여, 마침내 궁관宮觀의 직책을 주어서 내보냈다. 윤10월 27일에 대신臺臣이 '사납고 완고하여서 제멋대로 하고, 탐 욕스럽고 잔학하여서 거침이 없다'며 원추를 탄핵하였고, 원추도 결국 파직 되고 봉사가 되어서 돌아갔다. 이런 모든 일들은 그저 나중에 전국을 석권한 문화적 대당금大黨禁의 소소한 전주곡이었을 뿐이다.

한탁주는 한 손으로는 조확의 '내비'와 '어필'로 군주의 명령을 빌려 도학

---

7 이상 한탁주가 먼저 대간 언로를 장악한 상황에 관해 『경원당금』, 『도명록』, 『제동야어』, 『송 사』, 『송사기사본말』, 『속자치통감』 등에서는 각 사건이 발생한 날짜의 기록이 불명확하거나 앞뒤가 뒤죽박죽 섞이고 착란이 있다. 이에 주로 『송회요집고』, 『양조강목비요』에 근거하고, 이상의 여러 문헌을 참조하여서 일일이 시간을 고증한 뒤 서술하였다.

을 공격하고, 다른 한 손으로는 대간의 심복과 하수인에 의지하여 자기와 다른 무리를 몰아냈는데, 모든 일들이 마음먹은 대로 순조롭게 이루어졌다. 도학 측의 나점과 황상은 잇달아 병으로 죽고, 황도는 쫓겨났으며, 팽구년은 금金의 조제접반사弔祭接伴使로 충원되어서 도성을 떠났기 때문에, 거의 아무도 감히 나서서 항거하지 못하였다.

도학의 우두머리 주희만 몸소 반항을 했을 뿐이었다. 10월 23일에 아직 경연에 머물러 있을 때 주희는 작심을 하고 조확의 면전에서 네 가지 일을 아뢰었다. 면전에서 네 가지 일을 진술하는 중에 주희는 도성에 들어온 이래 시강侍講 대신으로서 온유하고 돈후한 자세로 완곡하게 넌지시 권유하던 태도와는 반대로 어리석고 나약하며 편견을 고집하고 제멋대로 하는 조확을 엄격하게 비평하였다.

첫째 일은 '이어移御'를 논한 것이다. 조확은 본래 위태로운 때에 선위를 받았으나 즉위하자마자 '대뜸 만승萬乘의 존귀한 자리를 마음껏 누리려고' 하였다. 몸은 궤연几筵 앞에 있으면서 마음은 급히 남내南內(남송 황제의 거주 지역)로 이어할 생각을 하고 있었고, 좌우 근습의 용인 아래 명령을 내려서 동궁을 수리하고 토목공사를 크게 일으켜서 궁실 300여 칸을 조성하게 하였다.

주희는 조확을 향해 통절하게 지적하며 아뢰었다. "기전畿甸(도성 주위)의 백성이 굶주림으로 떠돌아 사망의 위험에 처한 때, 갑자기 조정에서 바로 이런 때를 이용하여 토목공사를 크게 일으키고 궁실을 수리하거나 조성하는 것을 보면, (백성은 그들에 대해) 다만 자기 몸을 편안히 떠받들기 위한 일만 하고 백성을 측은히 여기거나 불쌍히 여기는 마음이 없다고 여겨서 혹 원망하고 분노하여 다른 변고를 일으킬지도 모르겠습니다. …… 사방 사람들이 다만 폐하께서 자주 궁실을 크게 짓고 속히 완공을 보신 뒤 하루아침에 선뜻 버려두고 떠나서 편안함만 취하시는 것을 보면, 육군六軍과 만민의 마음에 장차 팔을

걷어붙이고 불평하는 일이 있게 될 것입니다. 전날의 귀감이 멀지 않으니 심히 두렵습니다."(『문집』 권14 「경연유신면진사사차자經筵留身面陳四事箚子」, 이하 같은 곳)

주희는 내선 때의 위기의 전철을 다시 답습할까봐 두려웠다. 특히 조확이 일단 이어를 하여 "한번 웃어른의 곁을 떠나 경솔하게 여막을 떠나면 깊은 궁궐과 이어진 건물, 크고 작은 동산과 연못, 누대, 눈과 귀를 즐겁게 하는 오락이 잡다하게 나아올 테니, 신은 또 폐하의 마음이 이러한 어지럽고 화려한 유혹에 흔들려서 쉽게 감당하지 못할까 두렵습니다. 비록 날마다 유사儒士를 가까이하여 경전과 주석을 강론하고 탐구하여서 일을 바로잡고 덕으로 나아가고 업을 닦고자 하여도 장차 그럴 겨를이 없을 것입니다." 이는 새 군주가 마음속으로 감추고 싶은 감정과 비밀을 낱낱이 들추어낸 말이었다. 주희는 조확에게 동궁을 대대적으로 짓는 역사를 정지시키고 다만 "침전寢殿 10~20칸을 대충 지어서 대략 거처할 만하게 하고, 또 궁문 밖에는 받들어 모시는 숙위군의 막사 수십 칸을 대충 꾸며서 그들이 좁은 데서 거처하고 노천에서 생활하는 고통을 겪지 않도록 하소서." 하고 요구하였다.

둘째 일은 '수강궁에 혼정신성昏定晨省하는 예'를 논한 것이다. 내선 이후 조돈은 태상황으로서 수강궁에 거처하였고, 조확은 중화궁에서 집상執喪을 하면서 닷새에 한 번 수강궁의 조돈을 찾아뵈었다. 그러나 조돈은 '심질心疾(*억증癔症)'을 얻은 탓에 늘 정신과 의식이 맑지 않았고, 심지어 내선을 하고서는 자기가 태상황이라는 사실도 알지 못하였다. 조확은 수강궁에 찾아뵐 때 안색이 싸늘했으며 조돈은 때로 문안을 거절하고 만나려 하지 않았는데 이는 마음속에 아직도 공포가 남아 있는 대신들을 대단히 조바심 나게 하였다. 주희는 조확에게 '조서를 내려서 자책하고', '태상황제를 바라보면 즉시 눈물을 흘리고 땅에 엎드려 무릎을 안고 젖을 빨듯이 하면서 죄를 뒤집어쓰고, 죄를 스스로 짊어지고 허물하는 정성을 펴시라'고 하였다.

넷째 일은 '찬궁攢宮(천자의 빈궁殯宮)'을 논한 것으로, 「산릉의장」에서 펼친 주장을 다시 반복한 것이다. 관건은 셋째의 일로서, '조정의 기강'을 논하여 조확이 내비하는 악습 및 한탁주의 정치 간여와 권력 농단을 날카롭게 규탄하는 것이었다. 이는 주희가 이때 면전에서 진술한 핵심 내용이다.

주희는 조확이 즉위한 이래 세상을 속이고 명분을 훔친 '새 정치(新政)'를 뼈저리게 비평하였다.

> 지금 폐하께서 즉위하신 지 만 한 달도 되지 않았는데 재집宰執을 나아오게 했다가 물러가게 하고, 대간을 옮기고 바꾸되 심지어 막 나아오게 했다가는 갑자기 물리치기도 하셨습니다. 이 모든 일이 폐하의 독단에서 나왔고, 대신은 논의에 참여하지 않았으며, 급사給舍는 의논을 하지 못하였습니다. 가령 실로 폐하의 독단에서 나왔으나 일이 모두 사리에 합당하다 해도 통치의 체모(爲治之體)가 아니어서 장래의 폐단을 열어 놓을 터인데, 하물며 안팎에서 들려오는 소문이 의혹스럽지 않은 것이 없으므로 모두 말하기를 '주위에서 누군가 권세를 훔친다' 하며, 행하는 바가 또한 모두 공의公議에 합당한 것은 아니니 말입니다!
>
> ─『문집』 권14 「경연유신면진사사차자」

주희가 보기에 제왕 한 사람의 '독단'은 결코 '통치의 체모'가 아니었다. 조확이 재집을 나아오게 했다가 물러가게 하고 대간을 옮기고 바꾼 것은, 표면상으로는 그의 내비와 어필에서 나온 일이지만 배후에는 모두 한탁주의 조종과 획책으로부터 나온 일이었다.

주희는 속으로 조확의 군덕君德과 정치적 재능이 조신의 한참 아래라 생각하고서 조확에게 조금도 서슴없이 따져 물었다. "폐하께서 스스로 보시기에 총명과 강단이 수황壽皇(조신)과 비교하여 누가 낫다고 여기십니까? 고치고 익히는 것과 통달하는 것이 수황과 비교하여 누가 낫다고 여기십니까?' 진정한 '통치의 체모'를 실현하기 위해 그는 조확에게 구체적으로 군주의 독단 및 근습의 국정 간여와 권력 농단을 방지하는 방법을 제시하였다.

> 조칙을 내려서 주위의 측근이 조정에 간여하지 못하게 하고 …… 실제로 공훈이 있으나 얻은 포상이 중론에 맞지 않은 자도 있으니, 대신에게 조칙을 내려서 그 일을 공개로 논의하고 법전을 따져서 고찰하여 그 공로를 두터이 보상하소서. 그리고 모든 호령이 느슨해지고 팽팽해지는 것과 인재를 나아오게 하고 물러나게 하는 것은 한결같이 두세 대신에게 맡긴 뒤 반복하여서 따져보고 헤아리되 자기 견해를 따르지 말고 공론을 참작하여서 취하고, 아뢴 뒤에 시행하게 하며, 비지批旨가 선포되면 다시 아뢸 것이 없으나 다만 상서성에 시행하라고 명하기 전에 먼저 후성後省(내시성內侍省)에 보내서 다시 살펴보게 한 다음 부당한 것이 있으면 당일로 바로 논박하고 반려하게 하소서. 만일 그래도 의심나는 것이 있으면, 대신과 논박하여서 반려한 관원을 그날 저녁에 입조하도록 조칙을 내리고, 바로 면전에서 의논하고 서로 변론하여서 좋은 것을 택한 뒤, 폐하께서 임하신 가운데 결정하게 하소서. 이렇게 하면 근습이 조정의 권력에 간여하지 못할 뿐만 아니라 대신도 오로지 자기의 사사로운 견해를 따를 수 없을 것입니다. 폐하께서도 더욱 천하의 일에 밝고 익숙해지며 득실을 헤아리는 데 의심이 없을 것입니다.
> ─동상

여기서 주희는 조확의 내비와 한탁주의 농권弄權을 규탄했다기보다는 차라리 제왕의 독단을 방지하는 일종의 '통치 체계(治體)'를 제시했다고 하겠다.

주희는 송 대에서 군권 제한 의식이 가장 강렬한 사상가였다. 그가 제시한 이상적인 '통치 체계'는 근습이 조정의 권력에 간여할 수 없고, 대신이 오로지 자기의 사사로운 견해를 따를 수 없으며, 황제가 전단專斷과 독재를 할 수 없게 하는 세 가지 방면의 규정을 포함한다. 그의 군권 제한 사상은 이미 군주에 대해 도덕규범의 약속을 시행하게 하는 소극적인 제한을 뛰어넘어서 다소 직접적으로 군주의 전제제도 자체의 개혁을 언급했다고 할 수 있다. 그러나 조확은 끝내 이를 용인하지 못했고, 한탁주도 이 내용을 들은 뒤 발을 구르며 노발대발하였다.

조확의 면전에서 네 가지 일을 아뢴(面奏四事) 사건은 주희가 도성에 들어온 일의 전환점이 되었다. 면전에서 네 가지 일을 아뢰기 이전에는 조확이 주희를 권력은 없지만 쓸모 있는 '제왕의 스승'으로서 우상시하여 경연에서 받들고 천하에 내세웠다고 한다면, 네 가지 일을 아뢴 뒤에는 주희를 꼴도 보기 싫은 도학의 위도로 간주하여서 도성 밖으로 축출하려고 하였다. 이전에는 한탁주가 상당의 우두머리(首魁)를 주된 공격 대상으로 여겨서 권력투쟁을 진행했다고 한다면, 이후에는 도학의 우두머리(魁) 주희를 주된 공격 대상으로 삼아 먼저 그를 조정에서 내쫓음으로써 황제 주위의 도학 청의를 깨끗이 제거하였다. 한탁주는 같은 도당을 불러서 다음과 같이 획책하였다. "먼저 그 우두머리 된 자(爲首者)를 제거하면 나머지는 제거하기 쉽다." 이 '우두머리 된 자'란 바로 주희를 가리킨다.

도성 문에서 쫓겨난 '천하의 대로大老'

조확과 한탁주는 모두 너무도 연기를 잘하였다. 그들이 마음속에서 주희를 증오하고 싫어하면 싫어할수록 겉으로는 그에게 공경하고 겸양을 보였으며, 예로써 겸손하게 대하고 칭송과 은총을 더하였다. 소희 5년(1194) 10월 17일, 주희에게 조청랑朝請郎을 제수하고 자금어대紫金魚袋를 하사하였다. 조확은 포고문에서 이 '제왕의 스승'을 다음과 같이 칭송하였다. "선성先聖의 도를 배워서 당세의 임무를 밝히 알았다. 세 번 벼슬하고 세 번 그만두었으되 의리가 구차히 부합하려고 하지 않았으므로 천하가 그를 높인다. 여러 조정에서 감탄하고 칭찬하면서 잊지 않았다. 장사長沙의 안무사로 있을 때는 힘써 시대의 기풍을 일으켰다. 내가 처음 정사를 펼침에 빨리 돌아와서 차대에 응하여 강론을 하였다. 짐이 마음을 비우고 들었다."(『지재집』 권15 「조산랑환장각대제겸시강주희등극은전조청랑朝散郎煥章閣待制兼侍講朱熹登極恩轉朝請郎」) 이어서 주희의 부모에게 명당明堂(묘 앞에 설치하는 제대祭臺)을 은사로 증여하였다. 윤10월 8일에는 또 주희를 무원현婺源縣 개국남開國男, 식읍 300호에 봉하였다. 11월에는 사원史院에 선발하여서 실록원 동수찬實錄院同修撰에 임명하였다.

이런 은총은 모두 도학을 증오하고 주희를 싫어하는 조확의 진실한 면모를 가리는 일이었으며, 심지어 주희로 하여금 조정에서 학술상으로 큰일을 한번 해보겠다는 생각을 하도록 만들었다.

주희는 임안臨安의 거의 모든 명사, 시인, 사학자, 경학자, 학자들과 교유하고 사귀었는데, 서호西湖와 저명한 시인 장자張鎡가 있는 남호南湖는 주희가 그들과 모임을 갖고 창화唱和하는 지역이 되었다. 대체로 남호에서 주희는 저 명한 시인 백석白石 강기姜夔와 사귀었는데, "그의 문장을 사랑하고, 더욱 그가 예악에 깊은 점을 아꼈다."(『제동야어』 권12 「강요장자서姜堯章自敍」)8 주희 스스로 장 사에서 『예서』를 편찬하려다가 완성하지 못했고, 조정에서 또 사우士友와 학 도學徒를 불러들여 『예서』의 편찬을 완성하려고 생각하고 있었기 때문에, 예 악과 음률에 정통한 강기는 자연 주희의 주의를 끌었다.

주희는 사원史院에 들어간 뒤 곧 「걸수삼례차자乞修三禮箚子」를 기초하여서 삼례三禮를 수정修訂하려는 자기 계획을 진술하였다.

신이 일찍이 산림에 있을 때 한두 학자와 함께 그 이론을 고증하고 바로 잡아서 『의례』를 경으로 삼고, 『예기』 및 여러 경전과 역사서, 잡서에 실려 있는 예에 관한 내용을 뽑아서 모두 본래의 경문 아래에 붙이고, 주소注疏 에 들어 있는 여러 유학자의 해설을 나열하여 갖추어서 대략 단서가 있게 했습니다. 그러나 사가私家에는 검열할 책이 없고, 베껴 쓸 사람도 없는 까 닭에 오래도록 완성하지 못하였습니다. 마침 관직에 제수되고 학도가 흩 어지는 바람에 일을 계속할 수 없게 되었습니다. 그러나 종률鍾律의 제도에

---

8 생각건대, 강기는 장자 형제와 매우 친밀하게 교제하였으며, 늘 남호에서 모여 서로 창화하였 다. 주희 또한 도성에서 자주 남호로 가서 성대한 모임을 가졌다. 『문집』 권83에 있는 「발노 직서천조편跋魯直書踐祚篇」에서 "소희 갑인(1194) 윤10월 10일, 범문숙文叔(범중보范仲輔)을 장공 보張功父(功甫, 장자)의 남호에서 전별하였다."고 하였다. 또 『별집』 권1 「유덕수劉德修」 서5에서 "북관北關의 모임은, 바람이 불고 구름이 흩어져서 매우 감탄스러웠습니다."라고 하였다. 남호 는 항주杭州 북성北城에 있으며 백양지白洋池라고도 한다. 장자의 「사택서원문舍宅誓願文」에 "거 처는 아름다운 남호에 정하고, 유택幽宅은 마땅히 북곽北郭의 이웃에 정하리라."라고 하였으므 로 이른바 '북관의 모임'이란 남호의 회합을 가리킨다.

대해서는 사우들 사이에서 또한 그 나머지 의미를 터득한 자들이 있기에, 가만히 참조하고 고증해서 따로 한 책을 만들어 육례六禮의 빠진 내용을 보충하려고 했습니다. …… 바라건대 성명聖明께서는 특별히 유사有司에게 조칙을 내려서 신에게 비서성秘書省, 태상시太常寺에 나아가 예와 악에 관한 여러 서적을 빌릴 수 있도록 하고, 예전의 학도 10여 인을 불러 모아서 비어 있는 관사 몇 칸을 찾아 함께 거처하면서 편집할 수 있도록 허락해주소서. 비록 관직에 있는 사람이라 하더라도 관직이나 봉급에 얽매이지 않고 다만 다달이 돈과 쌀의 지출을 헤아려 지급받게 해주어서 음식, 종이, 기름, 초 등의 비용으로 쓰게 하소서. 베껴 쓸 사람은 임안부에서 첩사貼司 20여 명을 선발하고, 일이 끝나는 날을 기다려서 실적을 헤아려 물건으로 포상을 하되 ……

—『문집』 권14

이른바 '종률의 제도에 대해 사우들 사이에서 또한 그 나머지 의미를 터득한 자'란 주로 채원정과 강기를 가리킨다. 그러나 주희는 「걸수삼례차자」를 올리지도 못하고 쫓겨나서 도성을 나갔다. 다만 강기는 이듬해 5월 17일에 글을 올려서 아악雅樂을 논하고, 『대악의大樂議』와 『금슬고고도琴瑟考古圖』 각 한 권을 바쳤는데, (이 일은) 아마도 주희의 격려에 자극을 받았을 터이다.

실록원에서 주희는 사원史院에 쌓인 폐단을 개혁함으로써 관에서 편수한 역사서의 잘못을 바로잡으려고 생각하였다. 당시 실록원의 가장 큰 폐단은 바로 사관이 저마다 책을 쓰고 난 뒤 서로 함께 토론하지 않았기에, 편수한 역사서의 앞뒤가 일치하지 않아 '실록實錄'이 한갓 헛된 이름만 지니고 있다는 점이었다. 주희는 업무를 나누고 협조하되 사원의 육방六房과 조정의 육부六部를 대응하게 하자고 주장하였다. 그런데 뜻밖에도 실록 검토實錄檢討 섭적의 반대에 부딪혔다. 그는 나중에 제자들에게 이 사건을 언급하였다.

선생이 일찍이 여러 사람들과 의논하여서 사목事目으로 분류하려고 하였다. 육부에 비유하자면 이부吏部는 오로지 관리의 성적을 매기고 제수하는 일(差除)을 편집하며, 예부禮部는 오로지 전례典禮를 편집하며, 형부刑部는 오로지 형법을 편집하는 식이다. 모름지기 차례에 따라 배열하고 저마다 처음과 끝을 갖춘 뒤 종류별로 모아서 책으로 만들어야 조리가 있을 것이기 때문이다. 또, 한 가지 일이 다르게 기재된 것은 문서에서 베껴내 여러 사람들과 회의를 거친 뒤 취하거나 버리면 거의 전체가 다 갖춰질 것이었다. 그런데 오직 섭정칙兼正則(섭적)이 따르지 않았다.　　　　　—『어류』 권107

주희는 이와 같은 사원의 개혁 방안을 나중에 더욱 상세히 구상하였다.

지금 마땅히 사원에 육방의 관리를 두어서 저마다 자기 방의 일을 관장하게 한다. 예컨대 『주례』의 관속官屬에 이른바 '사史 몇 사람'이라고 한 것이 이런 부류이다. 예컨대 이방吏房은 어떤 성적을 매기는 일을 담당하고, 형방刑房은 아무 형벌과 옥사를 담당하고, 호방戶房은 어떤 재정과 조세를 담당하는 등, 모두 저마다 자기 책에 달과 날에 따라 기록한다. 이방의 일 가운데 형벌과 옥사에 관련된 일이 있으면 형방을 거치고, 형방의 일 가운데 재정과 조세에 관한 일이 있으면 호방을 거치며, 다달이 잇달아서 책으로 만들고 사관이 한번 열람한 뒤 조목이 낱낱이 갖추어지면, 이에 의거한다. 또 전기에 넣을 만한 인물은 성명을 전운사轉運司에 열거한 뒤 여러 주州에 명을 내려서 그 사람의 행장行狀, 사실事實, 묘지墓誌 등 관련된 글을 찾아서 오로지 한 관리에게 관장하게 하고 다달이 사원에 보낸다. 이와 같이 한 뒤 서술에 착수할 수 있다. 뒷날 역사서가 완성된 다음에 다섯 방(五房)의 서적도 저마다 보존하여서 누락에 대비한다.　　　　—『어류』 권107

이와 같은 사원 개혁의 구상에 따라 주희는 또 사관들을 위해 세밀힌 「사관수사례史館修史例」 조항을 제정하여서 역사서의 자료 수집과 편찬에 대한 구체적인 방법을 제시하였다.

먼저, 달력 내의 연월일 아래 전기에 부합하는 인물의 성명을 가려내서 총목을 배정한다.

다음, 제목의 이름 안에 사람마다 임명과 파직(拜罷)의 연월을 가려내서 본 항목 아래 주를 단다.

다음, 사람마다 비지碑志·행장行狀·주의奏議·문집文集 따위를 취하여서 본 항목 아래 덧붙인다.

다음, 총목 안에 저술이 있는 사람(文字人)의 성명을 찾아서 가려낸 뒤 대략 관향貫鄕과 이력을 갖추어 판에 새긴 다음, 그것을 여러 주에 보내서 보여준 뒤 찾아다니고 방문하여서 정보를 모으고, 전운사에 맡겨서 재촉하고 감독하는 일을 전담하게 하며, 매달 상순에 사람을 정해 본원本院(사원)에 자료를 보내게 한다. 덧붙여서 전하지 못하면 손실이 있을 수도 있기 때문이다. 만일 그달 안으로 문서 자료를 수집한 것이 없으면 한도에 따라 사람을 정해서 보고한다.

제로諸路에 문자격안부文字格眼簿를 두고 한 지역에 한 쪽(扇), 한 달에 한 눈(眼) 단위로 하여서 올려 보낸 자료가 있으면 당일에 거둬서 삭제 표시를 하고, 총목의 본 성명 아래에다 전례에 따라 주를 단다.

—『문집』 권74

이는 주희의 엄격하고 신중하며 구차하지 않은, 일관된 역사서 편찬의 태도를 구현한 것이다. 그는 사원에서 바로 이와 같은 방식으로 진부량陳傅良과 함께 협력하면서 일을 하였는데, 누인량婁寅亮·악비岳飛·장도張燾·조정趙鼎 등 태자를 세우자고(建儲, 건념 4년(1130)에 후사가 없는 고종에게 황태자를 세우라고 건의하여서 효종이 등극한 계기를 마련한 일) 건의한 사람들의 관련된 문서 자료를 수집하고, 「상정부차자上政府箚子」를 기초하여 그때 당시 처음 태자를 세우자고 건의한 공신들을 표창하여서 기록하자고 주청을 하고, 아울러 조정에서 평강부와 건창군建昌軍 두 곳에 지휘하여 범여규范如圭·장계張戒 등의 주의奏議·문집·잡기雜記를 찾아 모으라고 요구하였다. 그러나 그는 끝내 「상정부차자」를 올리지도 못하였고, 사원의 개혁과 정돈도 물거품이 되고 말았다.

주희가 학술 활동에서 거듭 절벽에 부딪혀 실패하고 있을 때, 한탁주는 반대로 이미 정치상에서 반도학의 역량을 결집하였다. 처음에 한탁주가 도학의 수괴를 내쫓을 주모적인 인물을 물색하지 못하여서 고민하고 있는데, 어떤 도당이 그에게 계책을 바쳤다. "공이 경당京鐺을 머무르게 하면 조여우를 도모할 수 있습니다." 한탁주는 곧 조확의 면전에서 경당을 머물게 하여 쓰라고 힘껏 청하였다. 경당은 곧 첨서추밀원사 겸 참지정사의 보좌에 올라 한탁주의 군사軍師가 되었다. 엽관獵官을 하다가 한 차례 조여우에게 버림받던 호굉胡紘은 경당이 이끌어준 덕에 보잘것없는 진주원進奏院의 관리에서 급속히 입신출세하였다.

또 다른 반도학의 영수 하담何澹은 소희 4년(1193) 11월에 상복을 벗고 관직에 복귀하였는데, 조여우가 그를 다만 명주明州의 지주知州에 제수하였으므로 뱃속 가득 원한을 품고서 역시 한탁주의 문하에 몸을 던졌다. 한탁주는 또 몰래 궁정의 배우인 왕희王熙를 사주하여 주희의 인형을 조각하게 한 다음 높은 관과 넓은 소매로 주희처럼 분장시키고 조확의 면전에서 연희를 하게 하였다.

한탁주와 암암리에 결탁한 조언유는 사천四川의 제치사制置使에 제수되어서 사은하고 떠날 때 조확에게 당적黨籍 명단 한 장을 내보이고 '조여우의 낭'이라고 지적하면서 "늙은 종(老奴)이 이미 떠나감에 폐하를 위해 말을 아끼지 않겠나이다."(『경원당금』) 하고 말하였다. 이 명단은 나중에 경원당적慶元黨籍의 남본藍本이 되었다. 나약하고 의심이 많은 조확은 이미 주희를 완전히 불신임하였다.

주희는 아직 자기가 얼마나 위태로운 처지에 놓여 있는지 전혀 의식하지 못하고서 여전히 조확이 번연히 뉘우치고 깨달으리라는 희망을 걸고 있었다. 윤10월 5일, 임안의 도성에 갑자기 검은 연무(黑煙)가 자욱하고 싸늘한 기운이 사람을 침습하였다. 주희는 이 기회를 틈타 「논재이차자論災異箚子」를 올려서, 이는 '음이 성하고 양이 미약하며', '음이 모여서 양을 에워싼' 형세를 상징하는 현상으로, 외척과 근습 세력이 치성하고 황제 측근의 소인이 권력을 농단하는 상황을 암시하니, '자기를 극복하여서 스스로 새로워지고, 밤낮으로 생각하고 반성(克己自新, 蚤夜思省)'하라고 조확에게 촉구하였다(『문집』 권14).

조확은 이런 견책과 위협에도 조금도 흔들리지 않았다. 윤10월 11일, 팽구년이 금 사신의 접반사로 나갔다가 조정에 돌아왔는데, 주희는 곧 그와 함께 경연에서 조확에게 한탁주의 간사한 권력 농단을 폭로하기로 약속하였다. 그러나 금의 사신이 조정에 있었기 때문에 경연은 연일 진강을 파하였고, 두 사람은 줄곧 면전에서 아뢸 기회를 얻지 못하였다. 팽구년은 또 북쪽으로 돌아가는 금의 사신을 보내느라 그들과 동반하여 서둘러 도성을 나갔다. 주희는 다시 한번 저마다 아뢰어서 한탁주를 논하자고 그와 약속하였다.

윤10월 19일에 석강이 있었는데, 주희는 이 기회를 잡으려고 온 신경을 써서 준비하였다. 그는 『대학』의 격물치지格物致知, 정심성의正心誠意의 설을 크게 발전시켜서, (이를 근거로) 조확이 공허한 말을 숭상하고 실행에 힘쓰지 않는 까닭에 표리가 일치하지 않는다고 직접 비평하였다. 그리하여 조확에게 한편으로는 실제로 '지경持敬' 공부를 함으로써 '공허한 말을 숭상해서는 안 될 뿐만 아니라 고사故事에 따라야 한다'고 촉구하고, 또 한편으로는 실제로 '성의'의 공부를 하라고 하면서 다음과 같이 말하였다. "임금은 한 몸을 만백성(兆民) 위에 의탁하고 있으니, 생각하는 사이에 하나라도 진실하지 않음이 있으면 천하 사람들이 모두 뒷일을 논의할 뿐만 아니라 재앙과 혼란이 틈을 타게 될 터이므로 또한 장차 막을 수 없게 됩니다."(『문집』 권15 「경연강의經筵講義」) 이와 같이 얼굴을 마주하고서 무례하게 비평한 말은 모두 실제로 가리키는 바가 있었기에 조확은 이미 좌불안석이었다.

이어서 경연을 마치고 혼자 남았을 때 주희는 일부러 바짝 고삐를 죄고 팽구년과 사전에 약속한 바에 따라 재차 앞에서 언급한 네 가지 일을 아뢰었는데, 몹시 엄한 말소리와 얼굴빛으로 면전에서 새 군주를 책망하였다. 이 일로 조확은 더 이상 참지 못하고 40일 동안이나 꾹 참고 드러내지 않았던 분노를 제방이 터진 물과 같이 한꺼번에 터뜨렸다.

주희가 경연에서 한 발을 막 떼어 놓았을 때, 그를 내쫓는다는 조확의 '내비'가 이미 내렸다.

> 짐은 경이 연로한 몸으로 바야흐로 추운 한겨울에 진강하기 어려우리라
> 근심하여서 궁관宮觀에 제수하니, 잘 알지어다.
>
> —『문집』 권23 「사어필여궁관주장謝御筆與宮觀奏狀」

이는 도학자들에게는 청천벽력 같은 소리였을 뿐만 아니라 온 조정이 깜짝 놀랄 소식이었다.

조여우는 황망히 '어비御批'를 소매 속에 감추고 들어가 조확을 보고 한편으로는 힘써 간하고 한편으로는 무릎을 꿇고 조아렸으나, 조확의 마음은 조

금도 움직이지 않았다. 조여우가 파정罷政(재상의 직무를 면제함)을 요구하였으나 조확은 응하지 않았다. 21일, 한탁주는 마침내 '내비'를 봉해서 내시 왕덕겸王德謙을 파견하여 직접 주희의 우사寓舍에 보냈다. 주희는 그날로 사례하고 조정을 떠나 성 남쪽 영지사靈芝寺에 머물면서 대죄하였다.

바로 이때까지도 봉박封駁과 작주繳奏를 맡은 중서 급사관中書給舍官들은 주희가 축출되어 도성 문을 나갔다는 사실을 까맣게 모르고 있었다. 조확이 중서성의 봉박을 거치지 않은 채 독단으로 내비를 내린 것은 전광석화와 같이 빨랐다고 하겠다. 조확이 평소 교묘하게 은폐하고 위장하였기 때문에 한탁주를 제외하고 온 조정에서는 하룻밤 사이에 그가 이처럼 낯빛을 바꾸어 일대 '제왕의 스승'을 내쫓아서 도성을 나가게 한 조치에 대해 불가사의하고 풀리지 않는 의혹을 느끼지 않는 사람이 없었다.

나중에 공부 시랑 황애黃艾가 입대하여서 아뢸 때 왜 주희를 이처럼 빨리 내쫓았는가 하고 따져 묻자, 조확은 다음과 같이 대답하였다. "비로소 주희를 경연에 제수하였을 뿐인데, 지금은 도리어 그가 일마다 들으려 한다(事事欲與聞)."(『속송편년자치통감續宋編年資治通鑑』 권11) 이부 시랑 손봉길이 경연에서 『시경』을 인용하여 반복하면서 조확을 타이르고 충고하였다. 조확은 또 다음과 같이 한마디 했다. "주희의 말은 대부분 쓸 만하지 않다."(『경원당금』) 이 같은 조확의 몇 마디 말은 독단적인 군주의 의식 상태를 적나라하게 드러냈다. 그는 주희를 미워하고 싫어했는데, 이는 주희가 신변에서 그의 군권에 대해 갖가지 제약을 가했기 때문이다. 한탁주는 일찌감치 조확의 면전에서 도발하였다. "폐하께서는 처리해야 할 국사가 천만 가지(千乘萬騎)인데 주희는 하루에 한 번씩 뵈려고 하니 어찌 우활迂闊하지 않겠습니까?"(『양조강목비요』)

확실히 주희가 조정에 겨우 46일간 있는 동안 진강이 일곱 차례, 내전에 머물면서 아뢴 일이 두 차례, 면대한 일이 한 차례, 음식을 하사받은 일이 한 차례 있었으며, 충심으로 산릉을 의논하고 조묘를 의논하는 일에 참여한 것 외에도 쉬지 않고 「걸차관간상봉사차자乞差官看詳封事箚子」·「걸토론상복차자乞討論喪服箚子」·「걸서경절불수하차자乞瑞慶節不受賀箚子」·「논재이차자」 등을 올렸다. 강연과 차자의 기본 정신은 모두 조화이 놓친 마음을 거둬들이고(收放心), 군주의 덕을 바로잡고(正君德), 충언을 받아들이고(納忠言), 근습을 멀리하고(遠近習), 정치의 도리를 행하기를(行治道) 바라는 내용이었다.

이 때문에 주희는 실제로 군주를 바로잡고 군주를 제한하는 청의淸議 세력의 상징이 되었으며, 조화과 그의 모순은 바로 군권 전제와 군권 제한의 투쟁이라는 의의를 갖는다. '일마다 들으려 한다'는 말은 군주의 독단에 대한 간섭을 의미하는 것에 지나지 않지만, 군주의 전제가 낳은 기형아인 근습 세력의 손을 빌려서 청의 세력을 쫓아내려고 한 조화의 시도는 필연적인 추세였다.

도학자들은 즉시 대단한 기세로 도학의 우두머리를 구원하려는 행동에 나섰다. 윤10월 22일에 급사중 누약이 녹황綠黃을 봉환封還하였다. 그는 「논주희보외論朱熹補外」에서 조화의 전단專斷과 허위를 비평하였다.

> 폐하께서 …… 처음 경연을 여시고 온 마음을 기울여 배움에 쏟으시니 (典學) 천하가 바람에 쏠리듯 감동하여서 새 정치의 첫째가는 일이라 여기고 있습니다. 또 신충宸衷(천자의 뜻)으로 주희를 불러올리셔서 강석講席에 두시고 애타게 한번 보려 하시되 미치지 못할 것처럼 하셨습니다. 차대에서 총애하시고 중도中途에서 발탁하셨습니다. 오늘날 인망을 받는 유종儒宗으로서 주희를 뛰어넘는 사람이 없습니다. …… 그러므로 천하의 사대부가 진퇴를 보아서 중시하는가, 경시하는가를 따집니다. 그가 앞에 옴에 폐하께서 갖은 예로써 대하고, 『예기』를 한 차례 보신 뒤 또 먼저 「대학」 편을

진강하게 하셨습니다. 학사들이 순순히 풍모를 우러러보며 장차 성덕聖德에 크게 보탬이 있으리라 여겼습니다. 그런데 홀연히 내보내기를 마치 마른 잎 떨어내듯 하시니 온 조정이 실색을 하고 말을 하려니 기운이 빠집니다. 이는 사소한 문제가 아닙니다! 폐하께서 유정을 내보내서 이미 급작스럽게 처리한 실수를 하셨는데 도리어 재상을 내보낸 것뿐이라 하고, 또 황도를 내보내서 그 때문에 떠들썩한데도 간관을 내보냈을 뿐이라고 하셨습니다. 두 일이 이미 물의를 일으키기는 하였으나 주희에 관한 거조보다 심하지는 않습니다. …… 폐하께서 무엇 때문에 그렇게 하셨는지 알지 못하겠습니다. 주희는 직책상의 업무가 없고 오직 논의를 할 뿐이니, 필시 논의 가운데 성심聖心에 거스르는 내용이 있었을 터입니다. 지난날 그를 임명한 까닭은 임금을 대신해서 말을 하게 하기 위함도 아니요, 육부의 장관을 보조하기 위함도 아니라 차대에서 모시고 진강을 하게 하기 위한 것이니, 이는 오로지 그의 말을 듣기 위함이었음을 알 수 있습니다. 말 때문에 그를 불러왔고 말 때문에 그를 버린다면 더욱 천하에 모범이 되지 않습니다. 아니면 또 크게 옳지 않은 일이 있었을 터입니다. 주희의 거취는 본래 이미 관계가 매우 중대합니다. 처음 이 일을 들었을 때 신은 후성後省(문하성. 중서성 외성의 별칭)에 재직하고 있었으니 작주繳奏를 함으로써 성총聖聰을 도울 수 있었는데, 명이 아직 반포되지도 않았을 때 주희는 이미 문을 나섰으니 아마도 이는 어비御批가 지름길로 내려왔기에 그가 황공해 하며 나갔음을 알 수 있습니다. 이는 더욱 이렇게 해서는 안 됩니다. 명령이 중서성을 경유하지 않고 봉박의 과정을 거치지 않았습니다. 이는 그 이로움과 해로움이 또한 사람의 바람이 실망하는 것보다 더 심함이 있습니다!

—『공괴집』 권26

이어서 기거사인 등일鄧馹이 또 면전에서 아뢰어 힘껏 다투었으므로 조확이 짐짓 주희를 재경在京 궁관으로 고쳐 제수한다고 하였으나, 실상 제수하는 명령은 내려오지 않았다. 기거랑 유광조는 곧 23일에 상주하여서 다음과 같이 말하였다. "한 무제가 급암汲黯에 대해, 당 태종이 위징魏徵에 대해, 인종이 당개唐介에 대해 모두 잠시 노했으나 곧 뉘우쳤습니다. 주희는 선성先聖의 도에 밝은 오늘날의 숙유宿儒이며, 또 이들 세 신하에 견줄 바가 아닙니다. 폐하께서 처음 대보大寶를 맡으심에 기유耆儒(원로 대유학자)를 불러들이셨는데, 이는 정사에서 가장 훌륭한 일입니다. 그런데 지금 하루아침에 까닭 없이 내보내시면 되겠습니까?"(『진서산문집眞西山文集』권43 「유광조묘지명劉光祖墓誌銘」)

24일에는 중서사인 진부량이 녹황을 봉환하고서 주장을 올렸다.

주희는 세 조정의 고로故老(원로)로서 나아오기는 어렵게 하고 물러가기는 쉽게 합니다. 20여 년간 사록祠祿에 여러 번 임명되었습니다. 지금 성명聖明을 흔쾌히 사모하여서 선뜻 한번 나옴으로 인해 천하가 서로 기뻐하는 것은 제대로 된 사람을 얻었기 때문입니다. 그러니 나아오고 물러남이 어찌 쉽겠습니까? 그런데 어찌된 까닭인지 모르겠으나 마침내 퇴직한다는 말이 들리고, 제수하는 명목이 반포되자 온 조정이 실색하고서 한편으로는 밀지密旨가 나오기 전에 되돌리지 못했다고 재집에게 허물을 돌리고, 한편으로는 내려진 명령이 이미 시행된 뒤에 이를 돌리지 못했다고 급사給舍를 비판합니다. 그리하여 어지러운 말들이 그치지 않고 들려옵니다. …… 바라건대, 성상께서는 위 건의 지휘를 뒤쫓아 중단하시기 바랍니다. ……

—『지재집』권27 「작주주희궁관장繳奏朱熹宮觀狀」

조확은 이와 같이 압박을 받고서 25일에 주희를 보문각 대제에 고쳐 제수하고 주군州郡에 차견하였다. 유광조·누야·오렵·유숭지劉崇之 등이 또 잇달아 상소하여 조확에게 마음을 돌이키고 뜻을 돌려서 주희를 조정에 머무르게 하도록 권하려고 하였다. 손봉길은 경연에서 강독할 때 다음과 같이 진언하였다. "조묘祧廟에 관한 주희의 견해는 홀로 중론과 합치하지 않습니다. 그가 말한바는 모두 올바른 이치이며 시행할 수 없는 점을 볼 수 없습니다. 원컨대 머물러 두게 하여 경악經幄(경연)을 중히 하소서."(『공괴집』 권96 「손봉길신도비孫逢吉神道碑」)

가장 날카롭게 조확을 비판한 사람은 감찰어사 오렵이었다. 그는 다음과 같이 상소하였다.

> 폐하께서 임어하신 지 몇 달이 지나지 않아 오늘 종이 한 장으로 재상한 사람을 내보내고 내일 종이 한 장으로 간신諫臣을 내보내시며, 그 밖의 명령이 궁중에서 나오는 것이 그 얼마인지 모르겠습니다. 어제 또 듣건대, 시강侍講 주희에게 갑자기 어찰로 사록을 주었기에 안팎이 서로 돌아보며 놀라 말하기를, 일이 중서성을 거쳐 나오지 않는 것은 정사를 어지럽히는 일(亂政)이라고 합니다. 주희는 당대의 노유로서, 착한 무리가 귀의하는 바이며 청의가 나오는 바입니다. 폐하께서는 천하를 한 사람의 사유물로 여겨서 쓰고 버리는 사이에 이렇게 쉽고 경쾌하게 할 수 있다고 생각하지 마소서. ……
> — 『학산대전집鶴山大全集』 권89 「오렵행장吳獵行狀」

도학의 청의는 이미 다만 주희를 구원하려는 데 그치지 않고 더욱 조확의 전제적·독단적인 '난정亂政'을 비평하고 있었다. 가장 크게 기세를 올린 일은 교서랑 항안세項安世가 관직館職의 신하를 거느리고 연명으로 글을 올려서 조확을 통렬하게 꾸짖은 일이었다.

어필로 주희를 관사官祠에 제수하되 재집을 거치지 않고 급사를 경유하지도 않은 채 지름길로 신속하게 시행하여서 직접 주희의 집에 보내셨습니다. …… 군주는 현자를 알아보지 못함을 근심해야 하나 그가 현자임을 분명히 알면서도 드러내 놓고 떠나보내는 것은, 천하에 다시는 현자를 쓰지 않겠다는 뜻을 보이는 일입니다. 군주는 공의公議를 듣지 않음을 근심해야 하나, 공의가 옳게 여긴 사실을 분명히 알면서도 드러내 놓고 범하는 것은, 천하에 다시 공의를 돌아보지 않겠다는 뜻을 보이는 일입니다. 또한 주희는 본래 보통 관원으로서 2,000리 밖에 있었는데 폐하께서 즉위하신 지 며칠이 안 되어 호령하여 부르셔서 시종관侍從官으로 삼으시고 경악(경연)에서 모시게 하여, 천하가 모두 처음 정사의 아름다운 일로 여기고 있었습니다. 직책에 복무한 지 겨우 40일 만에 내비로 쫓으시니 온 조정이 깜짝 놀라서 어쩔 줄을 몰라 합니다. 신은 원컨대, 폐하께서 삼가 기강을 지켜서 공의를 소홀히 여기지 마시고 다시 주희를 붙들어 두소서.

— 『송사』 권397 「항안세전項安世傳」

이렇듯 분노의 눈을 부라리는 이들 도학 조정 신료들은 뜻밖에도 모두 조심조심하면서 권행權倖 한탁주에 대해서는 직접적인 폭로를 피하였으나, 등문고원登聞鼓院 유중홍游仲鴻만은 상주하여서 한탁주를 규탄하였다.

주희는 해내海內의 명유名儒로서 처음 부르심을 받자 사방에서 소문이 나기를 천하의 대로大老가 돌아왔다고 여겼습니다. 겨우 40여 일 만에 다시 궁사宮祠에 임명하시니, 원근에서 서로 조문을 하며 천하의 대로가 떠나갔다고 여깁니다. 그러니 사람으로서 누가 떠나고자 하지 않겠습니까?

— 『경원당금』

자고로 재상과 간관諫官, 강관講官을 버리고서 스스로 귀와 눈이 밝아지는 자는 없었습니다. 원컨대 빨리 주희를 소환하여서 소인이 뜻을 얻어 화란禍亂을 양성하지 못하게 하소서. ──『송사』 권400 「유중홍전游仲鴻傳」

그러나 어리석고 완고하며 자기만 옳다고 여기는 조확은 냉담한 마음으로 '천하대로天下大老' 주희를 내쫓으려 하였고, 조정 신료들이 아무리 노파심에서 거듭 충고를 하고 간언을 해도 사태를 구제할 수 없었다. 27일에 주희를 지 강릉부知江陵府, 형호북로 안무사荊湖北路安撫使에 제수함으로써 주희를 구원하려는 도학자들의 노력은 실패를 고하였다. 송반북사送伴北使 팽구년은 자기가 도성을 떠난 뒤 조정에 이미 풍운이 돌변하였다는 사실을 알지 못한 채 윤10월 28일에 초주楚州로 돌아와서 원래 주희와 맺은 약속에 근거하여 차자를 올리며 조확에게 간언을 하였다. 그는 주희가 이미 하루 전에 조정에서 쫓겨났다는 사실을 알지 못하였다.

주희는 황량하고 초라한 영지사靈芝寺에 머물면서 냉정한 눈으로 조정의 어지럽고 어수선한 희극을 관망하였다. 새 군주의 등극 이래 군신의 만남이라는 몽상은 철저히 환멸로 변하였다. 추방된 백발의 신하는 도학자의 초연하고 원대한 태도를 지니고서 조정의 고쳐 제수하는 각종 명령에 대해 모조리 사면辭免하였다. 그의 마음속은 분개와 처량한 감정으로 가득 찼다. 그의 사원史院 동료들인 이벽李壁, 섭적 등은 모두 절로(蕭寺)와서 그를 위해 잔치를 베풀며 전별하였다. 그는 끝내 우울하고 풀이 죽어서 고시古詩 한 수를 읊조리기 시작하였다.(『문집』에는 송별연 좌중에 있던 누군가가 읊었다고 하였다. ── 역자 주)

| 젊은 시절에는 | 平生少年日 |
| 헤어져도 쉬이 만날 기약했건만 | 分手易前期 |

지금 이렇게 같이 늙어가니	及此同衰暮
다시는 이별할 때가 아니네	非復別離時
말하지 마오, 한 동이 술을	勿言一樽酒
내일 다시 들기 어렵다고	明日難重持
꿈속에선 길을 모르니	夢中不識路
서로 그리워하는 마음을 어찌 위로할까?	何以慰相思

──『문집』권29「여이계장서與李季章書」

이는 주희가 실현할 수 없는 자기의 '이상'과 결별하는 것이었으며, 기복이 거듭되고 쇠퇴한 세상에서 불우하고 자기의 도를 행하지 못한 일생에 대한 슬픈 읊조림이었다. 그래서 이벽(*계장季章)이 그에게 이 시를 글로 써서 달라고 하였을 때, 그는 의미심장하게 대답하였다. "나라면 이 시의 맛을 알지만 계장은 아직 모를 텐데 어째서 역시 이 시를 좋아하는가?"(동상) 그래도 나중에 그는 이 시를 써서 이벽에게 주었다.

그러나 주희는 재빨리 심리적인 평형을 회복하였고, 군신 간의 불우함에 대한 실망감은 또한 진리 탐구와 창도倡道라는 자아 초월에 의해 새로이 대체되었다. 영지사에서 그는 다시 의연하고 고집스럽게 독서와 강학을 시작함으로써 스스로 영혼의 정화와 초월을 추구하였다. 그리고 마침내 이번의 입조와 조화를 통해 가장 잔혹한 사실을 몸에 뼈저리게 깨달았다. 세상 사람들의 가장 큰 고질은 바로 공허한 소리를 내세우고 실천을 하려고 하지 않는다는 사실이었다. 위로 황제와 재집으로부터 아래로 환관(闐堅)과 소인에 이르기까지 그러하지 않은 이가 없었다.

이 때문에 이기李杞·서고舒高·임용중林用中·여대유余大猷·오남吳南·왕한王漢 등의 제자들 한 무리가 절로 몰려와서 함께 배울 때, 주희는 특히 그들을 위해 실리實理를 궁구하고 사물에 나아가서(卽事卽物) 실천하는 이학理學의 길을 제시하였다.

> 또한 더욱 이치를 탐구하되 사물에 나아가서 봐야 한다(就事物上看). 이 한 대상의 도리를 끝까지 탐구하면 또 다른 (대상의) 도리를 탐구한다. 이와 같이 해서 오래 탐구를 쌓아가면 더욱 많은 이치를 탐구하게 되므로 저절로 관통한다. 이치 탐구는 모름지기 끝까지 탐구해야만 비로소 옳다. …… 모든 사물은 저마다 하나씩 도리를 지니고 있다. 만약 도리를 탐구할 수 있으면 사물에 적용하였을 때 저마다 그 자리에서 합당하지 않음이 없다. 예컨대 '임금이 되어서 인仁에 머물고, 신하가 되어서 경敬에 머무는' 따위는 저마다 하나씩 지극한 도리를 지니고 있는 것이다. ─『어류』권119[9]

이는 또한 주희가 오직 단 한 차례 잠시 조정에 들어가 직책에 종사한 일에 대한 반성과 총결이었으며, 경연에서 도를 펼쳐 군주를 설득하고도 여전히 남아 있는 여운의 반향이었다.

그가 호연하게 남쪽으로 돌아가는 길은 내내 또 새로운 고통스러운 생각을 남겨 놓았다. 영지사에서 스스로를 성찰한 일은 이 반성의 길에 기점이 되었다. 대략 윤10월 26일에 그는 제자들을 데리고 민閩(복건)으로 돌아갔다.

---

9 생각건대, 이기李杞의 기록에 "소흥紹興 갑인년 양월良月(10월)에 선생이 경연(관)에서 봉사로 되어 노지露芝에서 명을 기다렸다."고 하였는데, 이 '소흥'은 소희紹熙의 잘못이고, '노지'는 '영지靈芝'의 잘못이다.(•'영靈'의 번체자가 '노露'와 비슷하다) 이기의 기록은 소희 5년(1194)의 일인데, 『사조문견록』정집「경원당慶元黨」에 "문공이 조정을 떠나 서호西湖 영지사에 머물렀는데, (주희를) 전송하러 오는 사람이 점점 적어졌다. 오직 평강平江 목천木川의 이기 군이 홀로 조용히 청을 드러서 궁리窮理의 학을 들었는데, 『자양전수紫陽傳授』가 세상에 떠돈다."고 하였다.

주희는 결국 자기의 정해진 운명이 다만 산중의 민간에서 학술의 소왕素王이 되는 것일 뿐 묘당에서 관직에 종사하는 '제왕의 스승'이 될 수는 없음을 의식하였다. 그래서 엄자릉嚴子陵의 조대釣臺를 배로 지날 때 산사의 노승이 손으로 베껴서 그에게 준, 무명씨가 조대의 절벽에 크게 써 놓은 「수조가두水調歌頭」를 읊기 시작했다.

엄부자는 보이지 않고	不見嚴夫子
부춘산은 적막하여라	寂寞富春山
천 길 우뚝한 돌만 남아	空留千丈危石
저녁 구름 끝에 솟구쳤네	高出暮雲端
양털 갖옷을 풀어 헤치고	想象羊裘披了
한바탕 웃으며 몸과 세상을 모두 잊은 채	一笑兩忘身世
낚싯대를 드리웠지	來揷釣魚竿
숲 사이를 날갯짓하며	肯似林間翮
날다 지쳐 비로소 돌아올 줄 알듯이	飛倦始知還
중흥의 군주가	中興主
공업을 이루니	功業就
수염이 희끗희끗	鬢毛斑
일세의 인물을 몰아다가	驅馳一世人物
시국을 구제하기 어렵구나	相與濟時艱
홀로 미치광이의 마음에 맡겨	獨委狂奴心事
어리석은 아이가 나라 다스리는 일 부러워 않고	未羡痴兒鼎足
마음대로 자유롭게 사네	放去任疏頑

시원한 기운이 북두성을 움직여   爽氣動星斗

영원히 숲 봉우리를 비추네   終古照林巒

——『문집』 권84 「서조대벽간하인소제후書釣臺壁間何人所題後」

　이 노랫말은 주희의 진심을 노래한 것으로서 어쩌면 그가 일부러 조대의 절벽에 무명씨가 쓴 것이라고 갖다 붙였을 터이지만, 실은 그의 내심의 반성이나 마찬가지였다.

　옥산玉山에 이르러 추방된 신하의 식어버린 그의 영혼은 줄곧 이와 같이 스스로 돌이켜보며 성찰을 하는 가운데 분발하여서 떨쳐 일어났다. 그는 느긋하게 자유를 즐기듯 회옥산懷玉山에 올라 산수를 유람하면서 시 한 수를 읊어 「수조가두」와 같은 심경을 토로하였다.

동암의 놀이를 들었는데   我聞洞巖遊

벗을 맺어 내려다보았다 하네   結友事臨眺

근거 없는 말이 승경을 보지 못하도록 막아서   浮言妨勝踐

슬피 바라보며 부질없이 휘파람 부네   悵望空永嘯

돌아오니 기이한 말에 아찔하여   歸來眩奇語

다시 깊고 그윽한 곳 들어가고 싶네   更欲窮窈窱

오히려 두 늙은이의 뜻을 찾아서   却尋兩翁意

한가로이 앉아 관조를 하네   宴坐得觀照

퐁퐁 솟는 샘을 보니 옥 소리 쩔렁이고   鳴泉俯淙琤

큰 바위 우러르니 검푸르고 가파르네   穹石仰蒼峭

이전 사람 세운 것과 함께 오래되었고   共與前創古

남긴 먹 자취 절묘하여 탄식하네   三歎遺墨妙

정신은 막힘없이 황홀하게 노닐고　　　　　　神遊恍不隔

인이 깃든 집 흔쾌히 요령을 얻었다네　　　　仁宅忻有要

고개 돌려 녹문산을 바라보니　　　　　　　　回首鹿門期

차가운 구름 산봉우리에서 생겨나네　　　　　寒雲生遠嶠

―『문집』권10 「엎드려 우미헌의 시권을 읽고 삼가 한 편을 지어서 백시,

계로 두 형에게 부쳐서 올리다(伏讀尤美軒詩卷謹賦一篇寄呈伯時季路二兄)」

　숲을 나와서 날던 새는 피곤함을 알면 고개를 돌려 녹문산鹿門山을 바라보며 기약을 하지만, 주희가 한가롭게 앉아서 관조한 것은 오히려 속세를 벗어난 은사가 되려는 데 있지 않았다. 그는 옥산현 수령 사마방司馬迈의 요청에 응하여 현립 학교(縣庠) 학생들에게 한 차례 강학을 하였다. 이 「옥산강의玉山講義」는 그가 줄곧 반성을 하면서 도달한 최신의 인식을 기록한 것으로, 조정에서 쫓겨난 뒤 의기소침한 가운데 거듭 스스로 강하게 떨쳐 일어난 정신의 전환을 나타낸 표지이며, 나아가 일생에서 자기의 이학 체계에 대한 한 차례 가장 정교하고 명석한 이론적 개괄이라 할 수 있다.

　강의에서 그는 "옛날 학자는 자기를 위했는데(爲己) 오늘날 학자는 남을 위한다(爲人). …… 모름지기 격물, 치지, 성의, 정심으로 몸을 닦고, 이를 미루어서 제가, 치국에 이르고 천하를 평화롭게 다스릴 수 있어야 비로소 정당한 학문이 된다."(『문집』권74)고 하였다. 이 때문에 그는 "일상생활에서 실제로 공부를 해야 한다."고 반복하여 강론함으로써 실천하고 힘써 행하며(實做力行), 실제로 공부를 해야 한다(實下功夫)는 내용을 강조하였다. 이는 그가 바로 영지사에서 진행한, 통렬한 자기반성의 기조였다.

　주희는 사람들이 독실하게 믿고 힘써 실천하기를 바라는 자기의 이학 사상 체계를 여섯 가지로 귀결하였다.

(1) 본성은 곧 이치(性卽理)이다. "하늘이 만물을 냄에 저마다 본성(性) 하나를 부여하였다. 본성은 물건이 아니라 다만 나에게 있는 도리일 뿐이다."

(2) 인은 네 가지 본성을 포함한다(仁包四性). 본성은 인仁·의義·예禮·지智·신信으로 나뉘지만 인仁이 그 밖의 네 가지 본성을 포함하며, 인·의·예·지는 인과 의義 두 가지 본성으로 귀결되고, 인과 의는 또 인으로 귀결된다. 따라서 본성이 곧 인이다.

(3) 인은 본체이고 의는 작용이다(仁體義用). 인仁은 마음에 있고 의義는 밖으로 드러나며, 미발未發은 인체仁體가 되고 이발已發은 의용義用이 된다. 따라서 "일상생활에서 익히고 살피면 공부하지 않을 곳이 없다."

(4) 본성은 하나이지만 기는 나뉜다(性一氣殊). 본성은 선하지 않음이 없으나 기품氣稟은 차이가 있기 때문에 천지지성天地之性과 기질지성氣質之性이 있다.

(5) 이치를 보존하고 욕망을 없앤다(存理滅欲). 옛날이나 지금이나, 성인이나 어리석은 사람이나 모두 본성은 같지만, 착한 본성은 물욕에 가려지므로 반드시 천리를 보존하고 인욕을 없애야 비로소 본성의 본래 모습을 회복할 수 있으니, "용맹하게 힘을 쓰고 아주 절실하게 노력을 더한 뒤에야 그 처음(착한 본성이 주어진 맨 처음 본연의 상태)으로 돌아갈 수 있다."

(6) 덕성을 높이고, 묻고 배우는 길을 간다(尊德性, 道問學). 덕성을 높이고, 묻고 배우는 길을 가는 것은 비록 (두 가지를) 저마다 노력할 일이지만 본래 '판연히 다른 두 가지 일'이 아니다. 이것이 요구하는 바는 덕성을 높임(尊德性)과 묻고 배우는 길을 감(道問學)의 통일, 광대함에 이름(致廣大)과 자세함을 다함(盡精微)의 통일, 높고 밝음을 끝까지 추구함(極高明)과 중용의 길을 감(道中庸)의 통일, 옛것을 익힘(溫故)과 새것을 앎(知新)의 통일, 후덕함을 두텁게 함(敦厚)과 예를 높임(崇禮)의 통일이다. 왜냐하면 도는 지극히 커서 바깥이 없고 지극히 작

아서 안이 없기 때문에 모름지기 '덕성을 높여서 큰 것을 온전하게 하고, 묻고 배우는 길을 감으로써 작은 것을 다해야 한다.' 두 가지는 '서로 북돋아서 늘어나게 하고 서로 펼쳐서 밝힌다.(交相滋益, 互相發明)'

이 여섯 가지는 주희의 도덕 인본주의 사상 체계의 여섯 연결 고리(環節)를 구성하며, 그의 주자학적 이학 문화의 '정수精髓'를 개괄하는 것으로서 『사서집주』 가운데서도 그의 사상을 이처럼 간결하고 명백하게 총결하여서 표현한 것이 없다. 주희는 이 강의를 세심하게 보완하고 고쳤다. 그의 「옥산강의」는 추상적인 이기理氣, 성명性命의 현리玄理 탐구를 '용맹하게 힘을 쓰는(勇猛著力)' 실행과 실천의 절박한 현실 문제로 완전히 바꾸었으니, 바로 그가 만년에 일종의 박학에서 요약으로(由博返約), 인식에서 실천으로(由知到行) 바뀐 사상의 동태動態를 반영한다. 그의 제자들이 이 강의를 '만년의 친절한 가르침'으로 떠받드는 것도 이상하지 않다.

그러나 남송의 집권자들이 세상을 건지고 인민을 구원하려는 주희의 도학적 고민에 대해 이해하지 못하는 것은 두말할 것도 없고, 세상 사람들조차 이러한 그의 집착과도 같은 도학의 부르짖음에 냉담하게 반응하였다. 이 때문에 늘 세상을 걱정하고 도를 구제하려는 도학자들은 낙담하지 않을 수 없었다.

주희는 상요上饒에 이르러 새로 낙성된 주학州學의 대성전을 흥미진진하게 관람하고, 윤돈尹焞의 문인인 왕시민王時敏의 무덤에서 추모하고 학문 강론을 주고받았다. 이때 오랜 시우詩友 서창西窗 서안국徐安國이 현실의 일을 매개로 옛일을 추억하면서 도학이 당할 액운이 장차 임하리라는 사실을 다소 예감이라도 한 듯, 잔치 자리에서 사詞를 지어 온 세상이 '회암(주희)의 마음(晦庵心)'을 몰라주는 슬픔을 개탄하였다.

만강홍

— 회암의 자리에서 짓다

滿江紅

晦庵席上作

다투어 주고받음에	爭獻交酬
받아서 취하는 것은	消受取
바로 산과 물이라	眞山眞水
끝없이 올리네	供不盡
푸른 물 어리는 고동 잔을	杯螺浮碧
상투에는 물총새 깃털을 꽂고	鬢鬌擁翠
한가로이 나라를 떠난 것이 아니라	莫便等閒嗟去國
본래 특별히 신선의 마을을 지나는 것	固應特地經仙里
받들어 주선함은	奉周旋
오직 노선생님이시라	惟有老先生
문에 기대어	門堪倚

가버린 수레를 쫓고	追往駕
밤안개 속에	烟宵里
옛 학문을 마치니	終舊學
지금은 계획이 없다	今無計
희끗한 머리에서	嘆白頭猶記
장년의 기억이 새롭다	壯年標致
일락당에는 문장이 더욱 드러나고	一樂堂深文益著
풍우정에는 사가 이어지기 어렵다	風雩亭在詞難繼
묻노니 그 누가 있으랴	問有誰

회암(주희)의 마음과	熟識晦庵心
남헌(장식)의 뜻을 알 이	南軒意

——『영락대전永樂大典』권20,353에 인용한『서창집西窗集』

'노선생(*주희)'의 문에는 비록 기댈 수 있지만 '옛 학문(*도학)'은 이미 배울 길이 없다는 표현은 어쩌면 바로 당시 도학 선비들의 보편적인 심리 상태를 말한 것일지도 모른다. 그러나 도학의 우두머리 주희는 도리어 아직 소극적으로, 비관하여 물러나 숨어서 세상을 피하고, 산과 물의 참된 즐거움을 누리면서 고동의 잔과 비치는 옥을 즐기고, 상투에 물총새 깃털을 꽂는 지경에까지 이르지는 않았다.

주희가 무이武夷에 도착했을 때 그의 제자 옥봉일로玉峰逸老 장종열張宗說(*자 암부巖夫)이 한 무리 동료를 데리고 무이정사에 와서 서로 만났다. 장종열이 잔치 자리에서 통음하고 취해서 노래를 부르는 가운데 비분강개하며 격렬하게 시사를 논하였기에 주희는 감동하여 말하였다. "암부는 참으로 함께 말할 만하다!"(『송원학안』권69)

무이 군산群山에 큰 눈이 날려 옥가루로 아로새겨 쫀 듯한 세계를 마주하고서 주희는 홀연히 영감이 일어나 붓을 휘둘러 악부樂府 한 수를 크게 써서 장종열에게 주고 문인들에게 노래하게 하였다.

좋은 일이 가까웠네	好事近
봄이 오려할 때	春色欲來時
먼저 온 하늘에 눈보라를 뿌린다	先散滿天風雪
칠민(복건)의 대나무와 소나무로	坐使七閩松竹

구슬 같은 가지와 옥 같은 마디 변하게 하네	變珠幢玉節

중원의 아름다운 기운 빽빽하고	中原佳氣鬱葱葱
산하에 궁궐 장엄하네	河山壯宮闕
승상의 공 이루어져 천년을	丞相功成千載
황하의 물결 맑게 비추네	映黃流淸澈

—『문집』권10

　이 백발의 추방된 신하는 아직 어느 정도 낙관과 자신감을 지니고 온 하늘에 가득한 눈보라가 지나간 뒤 도학의 봄이 마침내 도래할 것이라 믿고 있었다. 이 시각 그가 북방을 멀리 바라보면서 생각하고 있는 것은 쫓겨난 자기의 영욕과 안위가 아니라, 궁궐이 우뚝 솟아 있고 아름다운 기운이 자욱한 중원 산하의 수복이었다. '승상의 공 이루어져(丞相功成)'라는 구절은 한실漢室의 위기를 극복하려 한 제갈 승상(제갈공명)의 곧은 충성을 빌려, 현재에도 누군가 나와서 중원을 수복하고 변방의 소요(邊塵)를 일소하여 전쟁의 불길을 말끔히 없애기를 간절히 바란 말이다.

　조정을 떠난 뒤 그는 이 막연한 희망을 다만 조정에 있는 재상 조여우의 몸에 기탁하였다. 그러나 쇠퇴한 세상에는 끝내 누런 물결을 맑게 할 영웅호걸이 없었으며, 있는 것이라고는 취생몽사하는 어리석은 악당들이었다. 그들은 이미 남몰래 단단히 벼르며 내부 투쟁의 잔혹한 살육을 준비하고 있었다. 11월 20일에 주희가 고정考亭으로 돌아온 뒤 당금黨禁의 먹구름은 이미 이 '천하대로天下大老'의 머리에 드리우고 있었다.

朱子評傳

제22장

경원당금 : 문화전제의 연옥 가운데서

창주정사滄洲精舍 : 내 도를 창주에 맡긴다

도학道學 — 위도僞徒 — 역당逆黨

위적僞籍에 든 역당의 우두머리

창주정사滄洲精舍
: 내 도를 창주에 맡긴다

　　도학의 우두머리 주희가 쫓겨나서 도성 문을 나가자 조정에서는 도학당에 대한 숙청(淸黨)이 파죽지세로 시작되었다. 소희 5년(1194) 12월 9일, 어사중승 사심보謝深甫가 중서사인 진부량陳傅良을 탄핵하였는데, 죄명은 '신기질辛棄疾을 비호하고 주희에게 의탁했다'는 것이었다. 팽구년彭龜年은 11월에 조정에 돌아온 뒤 주희가 쫓겨난 것을 알고 급히 「논주희이간이어이거걸동파척소論朱熹以諫移御而去乞同罷斥疏(주희가 이어를 간하다가 떠나갔으니, 함께 파척해달라고 논하는 소)」를 올려서, "주희는 독실히 배우고 힘써 실천하여 세상의 유종이 되었습니다. 수황壽皇(효종), 태상(광종) 두 조정에서 여러 번 부름을 받았으나 주희는 강직하고 굽히지 않아, 나오더라도 곧 물러났으므로 천하가 그를 높였으며, 모두 주희의 출처를 가지고 치도의 성쇠를 점쳤습니다."(『지당집止堂集』 권5) 하면서 주희와 함께 자기도 파직시키라고 요구하였다.

　　이때에 이르기까지도 도학자들 가운데 아직 한 사람도 감히 직접 한탁주韓侂冑를 거명하여서 공격하지 못했는데, 강직하고 열렬한 팽구년이 결심하고 항거하였다. 그는 비밀히 유광조劉光祖를 찾아가 말하였다. "화근을 뿌리 뽑지 않으면 나라를 다스릴 수 없습니다." 유광조는 오히려 다음과 같이 말하였다. "투쟁에서 이기지 못하면 반드시 떠나게 될 것입니다. 주 공(주희)이 이미 떠났고 공이 또 떠나면 나라는 텅 비어서 아무도 없을 터이니, 이 또한 나라를 다스리는 방법이 아닙니다." 그러나 팽구년은 다음과 같이 대답하였다.

"나는 이미 뜻을 결정했습니다!"

12월 9일, 팽구년은 「논한탁주간예정사소論韓侂胄干預政事疏(한탁주가 정사에 간여함을 논하는 소)」를 올려서 한탁주가 '성세를 빌려 몰래 위복威福(권세)을 농단한다'고 폭로하고, '한탁주를 내쳐서 천하의 의심을 풀기'를 요구하면서 '자기와 한탁주는 같이 설 수 없다'고 밝혔다. 차자를 읽은 뒤 그는 또 나아가 아뢰기를, "신이 이 사람을 논하고자 한 지는 오래되었는데 지금에 이르러 말씀을 드리는 까닭은 바로 폐하께서 근일에 주희를 너무 심하게 내쫓으셨기 때문입니다." 조확은 짐짓 진심인 체하며 재보들에게 다음과 같이 말하였다. "한탁주는 짐의 친척이고, 팽구년은 짐의 옛 스승이니 참으로 난처하다."(『지당집』 권5 「논한탁주간예정사소」) 그러나 며칠 뒤 팽구년은 외임에 제수되어서 조정을 떠났다.

12월 15일, 유덕수劉德秀가 또 유광조를 탄핵하여서 파직하게 만들었고, 감찰어사 오렵吳獵도 축출되어서 도성을 나갔다. 일단 강직하고 직언을 서슴지 않는 이 도학당 네 사람이 파직된 뒤, 온순하고 선량하고 공손하고 검소하고 사양하는(溫良恭儉讓) 도학당은 사실상 이미 저항할 힘을 털끝만큼도 갖고 있지 못하였다. 이로써 그들은, 반도학 권신이 칼자루를 쥔 도마 위의 고기가 되었다. 한탁주는 방향을 바꾸어서 목표를 조여우趙汝愚에게로 향하였다.

주희는 장차 무너지려고 하는 큰 건물을 기둥 하나로 받칠 수 없듯이 조여우의 당이 필연적으로 실패할 운명임을 예감하였다. 그의 태도는 돌연 비관으로 변하기 시작하였다. 잠시 고정으로 돌아와 12월에 봉사를 배명하고, 환장각 대제를 사임하였다. 제자들이 그에게 강릉江陵 지부에 제수하는 명을 왜 굳이 사양하느냐고 묻자 그는 다음과 같이 대답하였다. "이번에는 죽어도 나가지 않는다! 나가기만 하면 바로 죽는다!"(『어류』 권107)

그는 심지어 조여우에게 오직 급류에서 용기 있게 물러남으로써 죽음의 재앙을 면하라고 권유하였고, 이벽李璧에게는 다음과 같이 편지를 썼다. "동부東府(*생각건대, 조여우를 가리킨다)의 상황이 어떠합니까? …… 지난번 국가의 대체를 방치한 것이 이미 많아서 지금은 또한 좌시할 수 없는데도 수습하고 구제할 계획을 하지 않고 있습니다. 이 밖에 달리 할 말은 없으니 오직 떠나는 길만 남았을 따름입니다. 떠나고자 한다면 빨리 떠나지 않으면 안 됩니다. 그러나 떠나기 전에는 또한 하루라도 더 바로잡아 다스리지 않으면 안 됩니다."(『문집』권29「답이계장서答李季章書」)

주희의 눈에는 조여우도 지모가 부족하고 술수가 모자라는 평범한 재상이었다. 조여우는 결정적인 순간에 판단을 미루어서 화근을 제거하지 못하였기 때문에 조정의 국면을 수습할 수 없도록 만들었고, 끝내 당금이라는 커다란 재난을 조성하였다. 주희는 경원 원년(1195) 봄에 황동黃東에게 보낸 편지에서 조여우를 비평하며 다음과 같이 말하였다.

조 공(*조여우)과 만나서 무슨 말을 했습니까? 당시 큰일을 할 때는 이 무리(*생각건대, 한탁주를 가리킨다)를 쓰지 않을 수 없었지만, 일이 정해진 뒤에는 반드시 한계를 나누고 기강을 세웠어야 합니다. 만일 제어하지 못하고 떠나더라도 조정의 체제는 온전히 해 놓았어야지 자기 손에서 허물어버려서는 안 됩니다. 작년 겨울에도 이렇게 말했지만 옳다 여기지 않았고, 한탁주는 좋은 사람이며 관직을 탐내지 않는다고 했는데 오늘날 조정을 농단하여서 체제가 위축되었으며, 자기도 서 있지 못하게 되었으니 필경 무슨 이익이란 말입니까? …… 애석하게도 조 공은 나라를 걱정하는 마음만 있을 뿐, 적합한 술수가 없어서 이런 상황에 이르렀습니다!

— 『문집』권29「답황인경서答黃仁卿書」

팽구년, 유광조가 잇달아 쫓겨나 조정을 떠나자, 주희는 대세가 이미 글 렀다고 예감하고서 팽구년과 유광조에게 같은 시기에 보낸 편지에서 매우 놀라워하며 말하였다.

문득, 조정을 떠났다는 소식을 들으니 깊이 실의에 빠집니다. 아마도 유 식한 선비라면 이러한 탄식이 나올 수밖에 없겠지만, 어제 원기중袁機仲(•원 추)이 찾아와서 서로 덕을 우러르는 중에 더욱더 잊을 수 없었습니다. 오늘 날의 추세는 바로 뭇 현인이 모두 힘써 서로 도와도 오히려 구제하지 못할 까 두려운데, 도리어 이렇게 속히 떠나시다니요!

—『별집』권1「유덕수劉德修」서6

문득, 문하門下(팽구년)께서 또한 이 일을 논하다가 조정을 떠났다는 소식 을 들었는데, 덕수德修(•유광조)와 덕부德夫(•오렵)도 잇따라 떠났기에 깜짝 놀 랐습니다! 그 사이에 반드시 곡절이 있겠지만 듣지 못한 것이 한입니다.

—『별집』권1「팽자수彭子壽」

쫓겨나 고정으로 돌아간 주희는 참소를 받고 남쪽 나라로 내쫓긴 굴자 屈子(굴원)의 처량하고 괴롭고 근심스러운 심경을 품고서 흉험한 벼슬길에 대 한 두려움이 가득했을 뿐만 아니라, 더욱 '내 도의 궁함吾道窮矣'에 대한 외로 운 울분을 안고 있었다. 그는 돌아와 낚싯대를 잡은 엄자릉嚴子陵으로부터 배 를 타고 오호五湖를 돌던 치이자鴟夷子(범려范蠡)까지 떠올리고는 늘그막에 오직 '도가 행해지지 않으니 뗏목을 타고 바다로 떠가려는道不行, 乘桴浮于海' 생각뿐 이었다. 주희가 고정에 돌아와 지은 「수조가두水調歌頭」는 그의 만년 6년 동안 당금으로 집안에 있던 이러한 심경을 개괄하고 있다.

부귀하면 넉넉한 즐거움이 있고	富貴有餘樂
빈천하면 근심을 견디지 못한다	貧賤不堪憂
누가 하늘의 도가 어둡고 험함을 알겠는가?	誰知天路幽險
화와 복은 서로 기대어 엎드려 있다네	倚伏互相酬
동쪽 성문의 누런 개를 보고	請看東門黃犬
또 화정의 맑은 울음 들어보게나	更聽華亭淸唳
천고의 한 수습하기 어렵네	千古恨難收
어찌 치이자처럼	何似鴟夷子
머리 흩뜨리고 조각배 타고 놀겠는가?	散髮弄扁舟

치이자는	鴟夷子
패업을 이룸에	成霸業
지모가 넉넉하였다네	有餘謀
천승의 재상된 몸을 거두어	收身千乘卿相
돌아가 낚싯대로 고기 낚았다네	歸把釣魚鉤
봄날 낮에 오호에는 안개와 물결이 일고	春晝五湖烟浪
가을밤엔 온 하늘에 구름과 달	秋夜一天雲月
이 밖에 모두 유유하니	此外儘悠悠
인간사 영영 버리고	永棄人間事
내 도를 창주에 맡기네	吾道付滄洲

—『문집』 권10

그러나 '창주에 내 도를 맡기는' 이는 결코 공을 이루고 이름을 내는 은일隱逸의 고사高士가 아니라 민간에 도를 전하려는 학술의 소왕素王이었다. 그는 조정에 몸을 두고 공을 세워서 세상을 구제하지는 못했지만, 도리어 산림으로 물러나와 도를 제창하여서 인심을 건져낼 수는 있었다. 그는 또한 스스로 학문을 강론하여서 제자에게 전수하고, 독서하며 저술하는 생활에 푹 빠져서 고정에 돌아온 지 얼마 되지 않은 12월 12일에 죽림정사竹林精舍를 세웠다.

죽림정사는 용설주龍舌洲에 있었는데[1] 주희가 손수 대나무를 심었다. 대체로 죽림칠현竹林七賢을 모방하여 학도와 함께 아침저녁으로 대나무 숲 아래 모여서 도를 논하려고 했던 것이다. 그러나 어쩌면 불전佛典에 수록된, 여래가 설법하던 죽림정사와 이름이 같았기 때문에 죽림정사를 창주정사로 바꾸고, 용설주를 창주로 고치고, 자기가 지은 「수조가두」를 정사 대문의 비석에 새겨놓았을 터이다.

그곳은 그의 만년에 '내 도'를 맡긴 '창주'가 되었고, 이로부터 스스로 창주병수滄洲病叟(창주의 병든 늙은이)라고 자호하였다. 그는 자기 거실(燕居室)에 대련 하나를 내걸었다.

| 무두질한 가죽에 관한 아버님의 가르침을 따르고 | 佩韋遵考訓 |
| 눈뜨지 않은 나무에 관한 스승의 전함을 부지런히 익힌다 | 晦木謹師傳 |

—『영련총화楹聯叢話』 권1[2]

---

1 주세택朱世澤의 『고정지考亭志』 권1 「창주형승滄洲形勝·정사연혁精舍沿革」 : "학도가 더욱 늘어나 또 집을 짓고 편액을 '죽림정사'라 하고 학생을 길렀다. 용설주龍舌洲를 창주滄洲로 고치고 나서 다시 편액을 '창주정사'라고 하였으니, 바로 문공이 서거하신(賓天) 곳이다." 같은 권 「고정 도설考亭圖說」 : "길 옆 강가에 모래톱(洲)이 있는데, 모래톱의 물이 물결을 치며 돌아 나가되 여울이 없다. 옛 이름은 용설龍舌이니 대체로 모양에서 딴 명칭이다. 문공이 이름을 바꿔서 창주라 하고 「수조가두」로 기념을 하였다. 다리 또한 이를 따서 이름 붙였다."

2 주세택의 『고정지』 권1에도 보인다.

이는 창주의 병든 늙은이의 처세 교훈이었다. 주희는 한편으로는 위재 선생韋齋先生(주송)의 행위를 본받아 무두질한 가죽을 치듯이 하라는 아버지의 교훈을 늘 몸에 새기고서 조급하게 나아가려는 병통을 스스로 단속하고, 또 한편으로는 병산 선생屛山先生(유자휘)을 부지런히 따라서 눈뜨지 않은 나무에 관한 스승의 가르침으로 빛을 숨기며, 어둠 속에서 배양하고 몸과 마음을 거둬들여서 진정한 '회옹晦翁', 평화롭고 담담하고 한적한 창주의 병든 늙은이가 되고자 하였다.

그는 온 몸과 마음을 창주정사에서 제자에게 학문을 강론하여 전수하는 데 바쳤다. 제자들은 판에 박힌 듯이 근엄하고 질서 있는 그의 정사 생활을 다음과 같이 묘사하였다.

> 선생은 매일 일찍 일어나셨다. 제자(子弟)들은 서원에 있었는데 모두 먼저 저고리를 걸치고 영당影堂 앞에 이르러서 판板을 친 뒤에 선생이 나오시기를 기다렸다. 문을 열고 선생이 당堂에 오르셔서 모든 제자들을 거느리고 차례를 지어 절을 하고, 향을 피우고 또 절하고 물러났다. 제자 하나가 토지신의 사당에 가서 향을 피우고 절을 하였다. 이어서 모시고 각閣에 오르면 선성先聖의 소상塑像에 절을 하고 난 다음 서원에 앉아서 아침 문안(揖)을 받고 끓인 물을 마시고 조금 앉아 계셨다. 혹 질문을 하시고 나가셨다. 매달 초하루에는 영당에 술과 과일을 올리고, 보름에는 차를 올렸다. 제철 음식이 있으면 천신薦新하고 난 뒤 잡수셨다. ──『어류』권107

선생은 매번 걸어 나가서 인사하고 맞아들였는데, 걸음이 빠르고 생각이 오롯하여서 좌우를 돌아보지 않았다. 일없이 제생諸生을 데리고 노닐 때는 왔다 갔다 하며 돌아보고 쳐다보면서 느린 걸음으로 나지막이 읊조렸다. 선생이 편찮으실 때 학생이 살피고 문안을 드리면 반드시 갓을 바로 쓰고 앉아서 읍을 하였으며, 학생들이 저마다 진솔하게 말을 할 때에도 조금도 접대에 게으른 뜻이 없었다. 학생들 가운데 장년이 되지 않은 자에게도 역시 자상하게 대하셨다. 선생은 병이 조금 나으면 침실에서 나왔고 손님이 오면 반드시 만나 보았는데, 볼 때는 반드시 계단을 내려가 엄숙하게 맞았으며 손님이 갈 때는 반드시 계단 아래까지 전송하였다. 학생이 밤에 강의를 듣고 물러날 때는 전송하지 않았다. 좌중에 외부 손님이 있으면 계단 아래로 내려가서 전송하였다. 선생은 손님이 물러가면 반드시 서서 수레를 타는 것을 보고 손님이 다시 돌아보지 않은 뒤에야 물러나 옷을 벗고 다른 일을 접하셨다. 혹 손님이 막 수레에 올라서 아직 서로 바라보고 있는데 누가 다른 일을 아뢰면 상대하지 않았다. 혹 앞 손님이 막 수레에 오를 때 아직 남아 있는 손님이 갑자기 의견을 묻는 일이 있어도 조금 기다리게 했다. ……

— 동상

이 창주의 병든 늙은이는 발병으로 다리를 조금 저는 것 외에도 경원 원년(1195)에 큰 병을 앓아서 왼쪽 눈이 멀었기에 구중지맹溝中之盲(구렁텅이 속의 장님)이라고 자호하여, 자기를 구렁텅이에서 뒹굴다 죽을 어둡고 썩은 선비라고 여겼다. 그러나 그 호칭은, 실은 뭇사람은 모두 어둡고 나만 홀로 깨어 있다는 반어법이었다.

주희는 나무꾼이나 촌 노인네와 어울리는 것을 좋아하고 학도 및 생원들과 함께 지냈지만, 속으로는 때때로 갑자기 굴자(굴원)의 비애와 울분(哀憤), 공명孔明(제갈량)의 외로운 충성(孤忠), 도연명의 담박함(淡泊), 두소릉杜少陵(두보)의 세상 근심(憂世)이 들끓어 올랐다. 도덕으로 스스로를 다스리고 놓친 마음을 거둬들이는 데 가장 뛰어난 유종儒宗은 오히려 곤드레만드레 취함으로써 정신의 위로를 찾았다. 그는 당고黨錮로 집에 있으면서 마음을 비우고 만물을 대하는(心空萬物) 선가禪家의 진리(眞諦)를 깊이 깨달았고, 또 '마음 바깥에 법이 없다(心外無法)', '인간이 아니다(不是人間)'라는 소국선사韶國禪師의 게송偈頌에 귀의하였다.

제자 오수창吳壽昌은 주희가 언젠가 술에 흠뻑 취한 뒤 흥이 일어서 취묵醉墨을 뚝뚝 흘리며 붓을 휘두른 일을 기술하였다.

> 내가, 선생께서 술에 흠뻑 취하여 흥이 인 틈을 타 마침내 취묵을 청하였다. 선생께서는 큰 글자로 「소국사송韶國師頌」 한 수를 쓰시고, 또 작은 글자로 두목지杜牧之(두목)의 「구일시九日詩」 한 수를 쓰셨다. 또 큰 글자로 연명淵明(도연명)의 「귀전원거歸田園居」(원래 제목은 '귀원전거歸園田居'이다 — 역자 주) 한 수를 쓰셨다. 어떤 거자擧子가 기회를 틈타 청하였더니 선생께서 말씀하시기를, "공은 이미 거업擧業(과거 공부)을 익히고 있는데 어찌 이런 것을 일삼으시오?" 하였다. 청하여 마지않자 또 연명의 「규림에서 바람에 길이 막히다(阻風於規林)」(원래 제목은 「경자년 5월에, 서울로부터 돌아오다가 규림에서 바람에 길이 막히다(庚子歲五月中從都還阻風於規林)」이다 — 역자 주) 둘째 수를 쓰셨다. 그러면서 말씀하시기를, "이 시 하나를 깊이 깨닫는다면 공은 오늘 이른바 거업이나 다른 날 이른바 부귀공명이라는 것을 모두 반드시 마음에 두지 않는 것이 좋겠소."라고 하셨다.
>
> ─ 동상

소국사의 선게禪偈는 주희가 만년에 신념으로 삼은 지주가 되었다. 그러나 회옹晦翁은 필경 회晦(어두움)하기는 어려웠다. 그의 도학적 성격과 순유醇儒의 기질은 세상을 초탈하고 은둔한 회사晦士가 되는 것에 만족하지 않도록 추동하였고, 따라서 영원히 선사와 일사逸士의 물아양망物我兩忘의 경계境界에는 이를 수 없었다.

제자 장천章泉 조번趙蕃이 편지를 써서 창주정사를 칭송하기를, '가르침은 군자의 낙을 보존하고, 벗은 먼 곳에서부터 온다(教存君子樂, 朋自遠方來)'고 하였을 때, 주희는 이를 곧 수정하여서 다음과 같이 대련 하나를 만들고 창주정사의 도부桃符(연말연시에 붙이는 부적이나 춘련春聯. 또는 부적을 내거는 판자 혹은 기둥)에 내걸었다.

| 도는 이전 성인의 줄기에서 헤매고 | 道迷前聖統 |
| 벗은 잘못하여 먼 곳에서 온다 | 朋誤遠方來 |

또 거실에는 다음과 같은 대련 하나를 내걸었다.

| 군주를 사랑하여 도가 태평하기를 바라고 | 愛君希道泰 |
| 나라를 걱정하여 농사가 풍년 들기를 바란다 | 憂國願年豐 |

— 『어류』 권107

이 두 대련이야말로 참으로 창주의 병든 늙은이의 영혼을 드러낸다. '창주'는 결코 그가 건조한 세외도원世外桃源(무릉도원)이 아니었다. 거기서 그는 공문孔門의 '도통'을 계승하고 크게 빛내서 군주를 사랑하고 나라를 걱정하며 백성을 위해 도를 행하기를 바랐다. 그는 마지막 노력을 기울여 창주정사에서 도통 교육에 희망을 걸었다.

창주정사가 완성되고 이틀 뒤 거행한 성대하고 장중한 석채釋菜 의식에서 주희는 학문을 하는 요령을 크게 연설하였다. 섭하손葉賀孫(섭미도葉味道)이 이 한 막幕을 다음과 같이 기록하였다.

새로 서원이 낙성을 알리고 다음 날 선성先聖, 선사先師를 제사 지내고자
하였다. 예로부터 석채 예식이 있는데, 간략하여서 거행할 만하였다. 드디
어 『오례신의五禮新儀』를 검토한 뒤 중요한 예식을 갖추어서 올리게 하였
다. 선생께서 종일 일을 감독하시고 밤에 돌아가 학생들과 예의禮儀를 토
론하셨다. 닭이 울 때 일어나 해 뜰 무렵 서원으로 가는데, 청사廳事(대청)가
갖춰지지 않았으므로 강당으로 가서 예식을 거행하였다. 선성宣聖(공자)의
상을 가운데 모시고, 연국공兗國公 안씨顏氏(안자), 성후郕侯 증씨曾氏(증자), 기
수후沂水侯 공씨孔氏(자사), 추국공鄒國公 맹씨孟氏(맹자)를 서향으로 하여 북쪽
에 배열하였다. 모두 종이 위패로 모셨다. 염계濂溪 주 선생(주돈이) 동쪽 1, 명도明
道 정 선생(정호) 서쪽 1, 이천伊川 정 선생(정이) 동쪽 2, 강절康節 소 선생(소옹) 서
쪽 2, 사마司馬 온국溫國 문정공(사마광) 동쪽 3, 횡거橫渠 장 선생(장재) 서쪽 3, 연
평延平 이 선생(이통) 동쪽 4으로 종사하였는데, 역시 종이 위패로 모셨다. 함께 바
닥에 배설排設하였다. 제사 의식을 별도로 기록했고, 축문도 별도로 기록하
였다. 선생이 헌관獻官을 하시고 나(섭하손)에게 명하여서 돕게 하였으며, 직
경直卿(황간)과 거보居甫(서우徐寓)가 나눠서 제물을 올리고, 숙몽叔蒙이 돕고 경
지敬之가 의식을 관장하였다. 당이 좁고 땅이 눅눅해서 의식에 자못 실수가
있었다. 그러나 헌관은 성의를 다하였으며, 음복을 할 때는 이웃 마을의
어른과 아이가 함께 와서 자리를 같이했다. 예식을 마치고 선생이 손님들
에게 읍을 한 뒤 앉았다. 손님들이 다시 일어나 선생께 중간에 나아가 강
연을 하시라고 청하였다. 선생이, 좌중에 연로한 사람이 많으니 감히 중간
자리에 앉을 수 없다고 거듭 사양하며 나아가지 않았다. 제생이 다시 청하
자 마침내 자리에 나아가 학문을 하는 요령을 말씀하셨다. 점심을 먹은 뒤
다들 모여서 손님들과 함께 술을 마시고 저녁에 흩어졌다.

— 『어류』 권90

창주정사의 교육은 「백록동서원학규白鹿洞書院學規」의 정신을 똑같이 관철하였다. 주희가 석채 의식에서 학자들에게 깨우친 '학문을 하는 요령'은 실제로 그가 세운 창주정사의 기본 교육 사상을 제시한 것이다. 그는 '도를 배움(學道)'을 교육의 최고 목적으로 삼고서 독서와 학습은 '도의道義'를 위한 것이지 '이록利祿'을 위한 것이 아니며, '도를 배우기' 위한 것이지 '글을 배우기'(學文) 위한 것이 아니며, '좋은 사람 되기'(作好人) 위한 것이지 '귀한 사람 되기'(作貴人) 위한 것이 아니라고 여겼다.

'도를 배우기'에 이르는 세 가지 근본 연결 고리는 입지立志(뜻을 세우기)·숙독熟讀(꼼꼼히 읽기)·정사精思(정밀하게 생각하기)인데, 입지를 으뜸으로 삼았다. 그래서 그는 학도에게 다음과 같이 훈계하였다. "글을 기억하지 못할 때는 꼼꼼히 읽으면 기억할 수 있다. 의리가 정밀하지 않을 때는 자세히 생각하면 정밀해진다. 오직 뜻이 서지 않으면 힘을 쓸 곳이 없다."(『어류』 권74 「창주정사유학자滄洲精舍論學者」 및 「우유학자又論學者」)

만년에 당고黨錮로 집에 있던 주희는 자기가 낭패를 당한 현실의 장벽에 부딪혀서 세상 사람들의 허위와 가식, 빈말로 남을 속이는 일들을 분명히 느꼈기 때문에, 영지사靈芝寺에서 반성의 사색을 하는 동안 그의 교육은 더욱 앎(知)에서 행함(行)으로 이르는 것을 강조하였고, 또 일종의 실천(實做), 실행의 정신을 체현하였다.

창주정사 학자들에 대한 그의 근본 요구는 '더욱 돌이켜서 자기에게서 구하고, 진실로 보아내고, 진실로 행하며', '자기 몸과 마음에서 보존하고 기르며, 깊이 음미하고 사색하여서 착실하게 밟아 나가'라는 것이었다. 그가 '입지'를 으뜸이라고 말한 것은 바로 이와 같은 실행·실천의 도덕 수양 공부를 가리킨다. 그러므로 그는 다음과 같이 말한다. "성현이 말씀한 바가 천만 마디이지만 실제를 말씀하지 않은 것은 한 글자도 없다는 사실을 알아야 비로소 이 뜻을 세울 수 있다. 나아가 이를 점점 쌓아가는 공부를 하여서 꾸준히 위로 나아가면 크게 할 일이 있다."(동상) 이는 그가 만년에 창주정사의 학자들에게 강학을 할 때 기조가 되었다.

경원 3년(1197)에 영도寧都의 학생 증조도曾祖道가 와서 배움을 물었을 때 주희는 더욱 명확하게 다음과 같이 대답하였다. "배움의 넓음은 앎의 요약만 같지 못하고, 앎의 요약은 행함의 참됨(實)만 같지 못하다."(『어류』 권13) 또 한 학생 오진吳振이 와서 학문을 하는 공부를 묻자, 그는 다음과 같이 대답하였다. "『서』에 이르기를 '앎이 어려운 것이 아니라 행함이 오직 어렵다(知之非艱, 行之惟艱)' 하였다. 공부는 완전히 행함에 있다."(동상) 이는 모두 그의 실천(踐履), 실행의 교육 정신을 정확하게 개괄한 말이다.

그는 또한 '이일분수理一分殊(이치는 하나이나 모든 존재에 나뉘어 있다)', '일도관만수一道貫萬殊(한 도가 모든 사물에 관통하여 있다)'의 철학적 인식의 경지에서 이와 같은 실천, 실행의 교육 사상을 총결하였는데, 이는 그의 만년 교육 사상에서 새로운 비약이라 할 수 있다. 그가 보기에 '이치는 다만 사물 가운데 있다', 그러므로 '이일理一', '일도一道'를 알려면 반드시 '분수分殊', '만수萬殊'에서 실제로 알아보아야 한다. 실제로 알아보지 않으면 알 수 없고, 만수萬殊가 없으면 이일理一이 없다. 마치 한 꿰미 돈에, 돈을 꿰는 끈만 있어서는 돈이 없는 것과 같다. 이 때문에 그의 교육은 '관통(貫)'을 '하나(一)'보다 더 중시했고, '만수'를 '이일'보다 중시했으며, '행함'을 '앎'보다 중시하여 '관통'에서 '하나'로 이르는 인식 노선을 주장하고, '하나'에서 '관통'으로 이르는 인식 노선을 반대하였다.

경원 5년(1199)에 진순陳淳이 창주정사에 와서 수학할 때 주희는 오로지 그에게 마음으로 전수한 '성학聖學'의 이 비의秘義를 전해주었으며, 심지어 이런 사상의 관점을 주문朱門의 '정법안장正法眼藏'이라고 하면서 현재 학자들이 학문을 하는 데 가장 커다란 병폐가 되는 문제를 다음과 같이 거듭 비평하였다. "다만 '하나'를 생각하려 하고 '관통'을 이해하려고 하지 않으니, 비유하여 말하자면 엽전을 꿰는 노끈은 여기 있는데 꿸 엽전이 없는 것과 같다. …… 다만 먼저 '하나'를 이해하려 하고 '관통'은 이해하지 않기 때문에 꼬리를 머리로 삼고 머리를 꼬리로 삼으니 이해하는 것이 없다. 증자曾子의 평소 공부도 다만 먼저 '관통'을 바탕으로 삼아 일마다 실천해 나가서 극처에 이르렀는데, 부자夫子가 그에게 환기하여서 말하기를, 내 도는 다만 '하나'를 가지고서 '관통'하였다고 한 것이다."(『어류』 권117)

'하나'만 있고 '관통'이 없으면 바로 선가의 공허한 말이며, 도가(老氏)의 '하나에 통하면 만사가 다 이루어진다(通於一, 萬事畢)'(『장자』 「천지天地」)는 것으로서, '하나'에서 '관통'에 이르는 것은 인식론상 꼬리를 머리로 삼고 머리를 꼬리로 삼는 전도이다. 이 때문에 주희는 특별히 진순에게 '다만 〈하나〉에서 〈관통〉하려 하고 〈관통〉에서부터 〈하나〉에 이르려고는 하지 않는데'(『어류』 권117), 이래서는 안 된다고 강조하였다.

모든 일은 극처에까지 해 나가야 알 수 있다는 것은, 주희가 창주정사의 학자를 실천 역행하도록 배양하는 교육의 기본 준칙이 되었다. 교육 방법에서도 이에 상응하여 차례에 따라 점차 나아가도록 요구하였다. 나중에 진순은 스스로 창주의 군재郡齋와 창주정사에서 받은 교육의 다른 점을 비교하여 다음과 같이 말하였다.

내가 신해년辛亥年(1191) 여름에 선생을 침정沈井에서 송별한 뒤, 식량도 마련하지 못하여서 여러 해를 아이들을 가르치는 데 붙들리는 바람에 건양建陽에 한번 가서 다시 스승님(函丈)을 뵐 수가 없었는데, 선생께서 거듭 편지를 써서 부르셨다. 기미년己未年(1199) 겨울에 이르러 비로소 장인(妻父)

과 함께 고정으로 갈 수 있었다. 11월 중순에 선생의 거소에 이르러 서루書樓 아래에 있는 각閣 안에서 뵙고 절을 드렸는데, 체모體貌가 대단히 축나셨다. 지난날 다리에 힘이 없는 탓에 이미 걸음에 방해를 받았으나 정신과 음성은 여전하셨다. 저녁에 죽림정사로 가서 묵었는데, 의춘宜春의 호숙기胡叔器(호안지胡安之), 임천臨川의 황의연黃毅然(황의강黃義剛) 두 벗과 만났다. 선생께서는 날마다 병석에 누워 계시는데 극심했다가 낫기를 되풀이하셨으며, 늘 침실에 누워서 공부하는 것을 듣고 간곡하게 지적하고 채찍질하셨는데 병통의 소재를 곧바로 지적하지 않음이 없었다. 부족한 것은 하학下學이니 오직 마땅히 하학의 공부에 전념해야 한다고 하셨다. 그래서 하학 가운데 이른바 치지致知라면 반드시 하나하나 평범한 실제에서 차례에 따라 나아가 한 사물의 이치에도 이르지 않음이 없으며, 이른바 역행力行이라면 또한 반드시 하나하나 평범한 실제에서 차례에 따라 나아가 한 사물이라도 두루 미치지 않음이 없어야 한다고 하셨다. 그리하여 예를 들어 안자顏子의 박약博約에 이르고자 하면 대뜸 안자의 우뚝한 경지를 추구해서는 안 되며, 예를 들어 증자의 '관통'하는 방법을 알고자 하면 대뜸 증자의 '하나'로 하는 방법을 추구해서는 안 된다고 하셨다. 사람들을 위한 매우 절실하고 명쾌한 뜻이 지난날 군재에서 조용하고 화락한 가르침에 견주면 또 달랐다.

— 『북계선생전집北溪先生全集』 제4문門 권4 「죽림정사록후서竹林精舍錄後序」

바로 '관통'에서 '하나'로 이르는 인식 노선을 기초로 삼아 주희는 자기의 이학적 교육 사상 체계를 세우기 시작하였다.

경원 원년(1195), 주희는 「학교공거사의學校貢擧私議」라는 저명한 글을 지었다. 이 글은 현존 학교공거 및 그 교육 체제에 대한 그의 비판적 사고이자, 자기 일생의 교육 활동과 교육 사상에 대한 총결이며, 또한 그가 창주정사에서 관철한 교육의 '선언서'였다. 이 사의私議는 일련의 관학官學 교육 체제를 부정하는 글로서, 사실 서원과 정사에서 벌인 그의 교육 활동의 총결로부터 나온 것이다. 「백록동서원학규」가 일종의 이학화理學化 교육 사상을 제시한 것이라 한다면 「학교공거사의」는 일종의 이학화 교육 체제를 제시한 것으로서, 양자는 서로 보완과 보충의 관계로 실에 꿰인 구슬이 되었다.

주희가 「학교공거사의」를 쓰게 된 직접적인 동기는 당시 조정에서 혼보법混補法(학적에 관계없이 응시하여 본경本經[유학의 오경] 한 마당을 통과한 자를 태학에 입학시키는 제도)과 삼사법三舍法(태학을 외사·내사·상사로 나누고 인원을 할당하여 입학시키는 제도)의 시행을 둘러싼 분쟁이었다. 영가학의 진부량과 섭적葉適이 혼보법 시행을 주장하고, 조여우가 삼사법 시행을 주장하였는데, 주희는 임안에 있을 때 이 논쟁에 뛰어들었다. 그는 나중에 이 논쟁을 다음과 같이 언급하였다.

전에 조정에 있을 때 조 승상(조여우)이 삼사법을 시행하고자 하였다. 진 군거陳君擧(진부량)가 혼보법을 시행하고자 하니, 조 승상은 기꺼워하지 않으면서 다음과 같이 말하였다. "지금 날씨는 춥고 곡식은 귀하니, 혼보법을 복구한다면 1만여 인을 더 보태야 하고 쌀값은 더욱 뛰어오를 것입니다!" 내가 말하였다. "혼보법을 시행하자고 하는 자는 본래 크게 잘못되었으나, 삼사법을 시행하자고 하는 자도 옳지 않습니다. 다른 문제는 아직 논하지 못하겠지만, 주군州郡에서도 허다한 돈과 곡식을 얻어야 그들을 기를 수 있습니다. 대체로 입학한 자에게는 사법舍法의 이점도 있고 또 과거의 이점도 있으나, 입학하지 않은 자에게는 그저 과거라는 한길밖에 없으니, 이것이 바로 고르지 않은 점입니다. 사람이라면 이익이 있는 곳으로 누가 달려가지 않겠습니까? ……" ──『어류』권109

혼보법과 삼사법은 모두 아무 쓸모없는 자질구레한 보완이나 수정일 뿐이므로 주희는 도리어 체제의 전면적인 개혁을 진행하라고 주장하였다. 왜냐하면 그는 '오늘날 과거의 폐단이 극도에 이르렀고', 학교와 과거의 '가르침은 덕행의 실상에 근본을 둔 것이 아니며, 이른바 기예(藝)는 또 쓸모없는 헛소리'이기 때문에, 이를 통해 배양해내는 사람은 이익만 탐하고 부끄러움을 모르는 무리이거나 그렇지 않으면 세상사에 통달하지 못한 쓸모없는 사람들뿐인지라 진실성 없는 거짓 애상조로 시부詩賦와 사장詞章이나 케케묵은 팔고八股 형식의 과문科文이나 지을 줄 안다고 여겼기 때문이었다.

「학교공거사의」에서 주희는 학교와 과거의 전면적인 개혁 방안을 제시하였다.

반드시 시대에 맞게 제도를 개혁하자면 …… 여러 주의 해액解額(지역에 천거를 할 수 있도록 할당된 선비의 정원)을 균등하게 해서 그들의 뜻을 안정시키고, 덕행과德行科를 만들어서 그 근본을 두텁게 하고, 사부詞賦를 폐지하고, 여러 경서·제자서·역사서·시무時務 등을, 해(年)를 나누어 고르게 각 과목을 익히게 하는 것만 한 일이 없다. 또 경을 익히는 자는 반드시 가법家法(자기가 속하는 학파의 이론)을 지키게 하고, 출제(命題)하는 자는 반드시 장구章句에 의지하며, 경문의 뜻에 답하는 자(答義者)는 반드시 경문을 관통하게 하고, 여러 학설을 조목별로 거론해서 자기 뜻으로 판단하게 한다. 학교는 참으로 도덕을 갖춘 사람을 가려 뽑아서 오로지 가르치고 이끌게 하여 실학實學(참된 학문, 인문적 학문)을 추구하는 선비를 오게 해야 한다. 해액과 삼사三舍에서 함부로 선발하는 은사를 삭감하여 이익으로 유혹하는 길을 막아야 한다. 제과制科·사과詞科·무거武擧 따위는 또한 모두 그 이해관계를 살펴서 자못 그 제도를 고친다. 이렇게 하면 뜻이 안정되므로 분경奔競하는 풍조가 사라지고, 실제로 시행함이 있고 빈말만 하는 폐단이 없어지며, 참된 학문을 하게 되고 쓸모없는 인재가 없어질 것이다.

— 『문집』 권69, 이하 같은 곳

덕행과 실학은 주희의 교육제도와 과거제도 개혁의 준거가 된 기치旗幟의 양면과 같았다. 수·당 이래 오로지 문사文詞로 선비를 취하고 덕행은 물러나 숨었기에 시부詩賦는 엽관獵官의 수단이 되었으며, 태학은 명예와 이익을 추구하는 마당이 되었다. 이 때문에 주희는 학교와 과거 개혁의 가장 중요한 일을 바로 시부의 쓸모없는 공허한 말을 없애고, 덕행과를 설립하며, 덕행을 지니고 실학을 하는 유용한 인재를 배양하는 것이라고 여겼다.

제과·사과·무거에 대한 그의 비판도 모두 이런 덕행과 실학을 겸하는 정신으로 관철되어 있다. 낡은 것을 파괴하고 새것을 만들어내듯이 그는 여러 과거제도에 대한 폐단을 다음과 같이 분석하였다.

제거制擧는 명목으로는 현량賢良하고 방정方正한 사람을 뽑는다고 하지만, 실제로는 다만 글을 외서 읊조리고 문장을 꾸미는 선비를 얻을 뿐이다. 그들이 뛰어드는 문장 공부(詞業)도 모두 쓸모없는 빈말을 익히는 것이고, 과거(程試)에서 논하는 책문도 그저 아이들의 수수께끼 상자(覆射) 놀이와 같아서 치도治道에는 애초에 도움이 되지 않으며, 다만 벼슬살이의 지름길이 될 뿐이다.

사과詞科는 또 아첨하고 과장하는 표현을 익히고, 병려騈儷로 문장을 다듬는 기교를 다툴 뿐이라 더욱 가르침의 수단이 되지 않는다. 무거武擧에 이르면 그 폐단이 또한 비루해진 유학과 다르지 않다. 그 폐해를 혁파하려면 제과制科는 마땅히 조서를 내려서 응시자들 가운데 문장을 외고 읊조리는 사람은 뽑지 않고 행실과 의리, 기국器局과 식견을 갖춘 사람을 뽑으며, 문장 공부와 육론六論(과거 시험에 쓰이는 여섯 가지 논문)을 없애고 곧바로 과정科庭에서 면접하여 중요한 시무時務를 물으며, 숨겨져 있고 치우쳐서 알기 어려운 문제를 추구하지 않게 한다.

사과는 다소나마 문장의 체제를 바꿔서 깊고 두터우며 간결하고 엄밀함을 주로 삼으며, 이로움과 해로움을 변별하여서 분석하고 법도를 부연하여서 개진하는 것을 기교로 삼는다. 무거는 또한 학관學官으로 하여금 경經의 의미를 묻고 논문과 책문을 시험하는 제도를 모방하며, 정해진 의론을 참작하게 하고, 『무경총요武經總要』 등의 서적을 반포하고, 다시 토론을 거친 뒤에 빠진 내용을 보충하여서 외고 익히게 함으로써 과거의 체계를 확립한다.

주희는 학교와 과거의 부패를 비판하면서 이런 부패에 둘러싸여 배양된 봉건 사대부의 고칠 수 없는 두 가지 나쁜 증상, 곧 이익을 탐하고 녹을 구하는 것과 공허한 말만 하고 쓸모가 없는 점을 언급하였다. 그가 드러내서 내건 덕행과 실학은 바로 대중요법이었다.

남송에서는 아직 주희와 같이 이렇게 학교와 과거에 대해 날카로운 비판과 전면적인 개혁을 주장한 사람이 없었다. 주희에 대해 말하더라도 더욱 의의가 있는 점은 교육과 과거에 관한 전면적인 개혁을 주장하는 가운데 그의 경학상의 기본 사상도 선명하게 체현되었다는 사실이다. 이러한 경학 사상은 주로 세 가지 방면으로 개괄할 수 있다.

(1) 경經·사史·자子를 통일하여서 겸한다. 북송 이래 과거에서 경전의 의미를 시험할 때 사전史傳의 인용을 금함으로써 경전과 역사의 분리를 조성하였기 때문에 둘 다 능통할 수 없게 되었다. 주희가 '경서, 제자서, 역사서, 시

무를 해를 나누어서 익히게 하자'고 제시한 내용은 바로 경서, 제자서, 역사서의 어느 한쪽도 폐할 수 없음을 강조한 말이다. 곧 모든 경서는 도를 싣고 이치를 밝히는 것이며, 모든 제자서는 '똑같이 성인에게서 나온 것으로서 저마다 장점이 있으나 단점이 없지는 않은 것'이며, 모든 역사서는 '고금의 흥망, 치란, 득실의 변화를 포괄하는 것'이기 때문에 선비(士子)가 응당 전부 겸하여 익혀서 '통달하지 않은 경이 없고 익히지 않은 역사서가 없으면 모두 당세에 쓰일 수 있는' 경지에 도달할 수 있다고 여겼다. 그가 정한 제자서의 네 과목 가운데는 심지어 '순경荀卿·양웅揚雄·왕통王通·한유韓愈·노자·장자와 같은 종류'도 포함되었다.

(2) 여러 학설을 널리 채택하고 문호의 사사로운 견해를 고수하지 않으며, 자기의 억설을 펼치지 않는다. 그가 '경전을 익히는 자는 반드시 가법을 지키게 한다'고 주장한 것은 결코 가법·사법師法을 묵수하거나 잔결된 문장을 끌어안고 지키는 한유漢儒와 경사經師의 행태를 회복하자는 것이 아니라, 선비가 경문을 읽지 않고 전주傳注를 익히지 않은 채 다만 과거에 적합한 문장만 외고 모방하여서 갖다 붙이는 나쁜 기풍을 반대하려는 것이다. 이 때문에 그는 '가법을 지키게 한다'는 말 뒤에 바로 여러 학파의 경전 연구 노선에 대해 두루 통달할 것을 드러냈다.

「학교공거사의」에서 그는 구체적으로 한·당의 주소註疏를 주로 하고 여러 학파의 경학 '가법'을 겸하여서 취할 것을 제시하였다. 그가 겸하여서 취하려고 한 여러 학파는 다음을 포괄한다.

예컨대, 『역』은 호원胡瑗·석개石介·구양수歐陽脩·왕안석王安石·소옹邵雍·정이程頤·장재張載·여대림呂大臨·양시楊時의 학설을 겸해서 취한다. 『서』는 유창劉敞·왕안석·소식蘇軾·정이·양시·조열지晁說之·섭몽득葉夢得·오역吳棫·설계선薛季宣·여조겸呂祖謙의 학설을 겸해서 취한다. 『시』는 구양수·소식·정이·장재·왕안석·여대림·양시·여조겸의 학설을 겸해서 취한다. 『주례』는 유창·왕안석·양시, 『의례』는 유창, 『이대례기二戴禮記』는 유창·정이·장재·여대림, 『춘추』는 담조啖助·조정趙正(조광趙匡)·육순陸淳(육질陸質)·손명복孫明復(손복孫復)·유창·정이·호안국胡安國의 학설을 겸해서 취한다. 『대학』·『논어』·『중용』·『맹자』는 또 모두 『집해』와 같은 책들이 있고, 소식·왕방王雱·오역·호인胡寅 등의 학설도 채택할 만하다. 이상 여러 학자들은 다시 고증을 해서 더하거나 뺀다. 예컨대, 유이劉彝 등의 학설도 아마 취할 만하리라.

이는 실제로 그의 만년의 경학사 전체에 대한 인식을 포함하며, 그가 집대성한 경학 체계의 사상 연원을 드러낸다. 그에게서 한학과 송학의 울타리, 한·당 고전 경학과 양송兩宋 신흥 이학의 울타리가 완전히 파괴되었을 뿐만 아니라, 송학 내부의 수천 수만으로 얽히고설켜서 대립하는 학파의 성채도 그에 의해 파괴되었다. 그는 왕학王學(왕안석의 학문)·소학蘇學(소식의 학문)·낙학洛學(정호와 정이 형제의 학문)·관학關學(장재의 학문)을 모두 겸하여서 축적하였는데, 송대에는 이와 같이 온 시대를 망라하고 온갖 학파를 통관하는 드넓은 기백을 드러낸 사람이 다시 없었다.

(3) 의미는 장구에 의존하고 경문을 관통하며, 여러 학설을 조리 있게 진술하여서 자기 뜻으로 판단한다. 이는 사실 그가 자기의 경학방법론을 고도로 개괄한 것이다. 그는 '오늘날 경학의 어려움은 경전 연구에 있지 않다. 의미를 파악하는 것이 어렵다'고 인식하였다. 송학은 한학의 장구와 훈고의 학을 떨쳐버렸지만 도리어 경전의 문구를 벗어나 의미를 설명하는 방식에 빠져서 천착하고 부회하기를 좋아하였고, 과거에서 표현하는 법도 바로 이와 같이 단락을 나누고 파제破題(한두 구절로 제목을 내거는 팔고문八股文의 문장 구성 방식)

하고 대우對偶를 맞추고 부연하는 방식의 '팔고문'이 풍미하였다. 주희는 이런 팔고체를 통렬히 배척하였다. "대체로 제목의 크기나 길이는 문제로 삼지 않고, 반드시 두 단락으로 나누어 두 구절로 하여서 대우와 파제를 꾸미고, 또 모름지기 다른 말을 빌려 써서 제목의 글자를 암암리에 갖다 붙이는데, 반드시 교묘한 솜씨를 극도로 발휘한 뒤에야 그만둔다. 그 뒤의 많게는 2, 3천 마디가 특별히 다른 뜻이 없고 그저 파제 두 구절의 내용을 반복해서 부연할 뿐이다. …… 배우는 사람이 여러 해 노력을 허비하여 그 사이에 종사하니 매우 애석한 일이다!"

후세에는 하나같이 팔고문에 대한 비판을 정주 이학程朱理學의 비판과 연계시킨다. 그러나 사실상 팔고문에 대한 비판의 시초는 주희의 이 「학교공거사의」로 거슬러 올라갈 수 있다. 주희는 경학의 기본 사상과 방법론의 원칙을 「학교공거사의」에서 한 차례 구체적으로 운용하고 개괄하였는데, 이 때문에 이 글은 그가 자기의 교육 사상을 한 차례 총결한 것이라고 하기보다는 차라리 자기의 경학 사상을 한 차례 총결한 것이라고 하겠다.

주희는 조정을 떠나 고정으로 돌아와서 거주한 뒤 경원 원년(1195)에 지은 「학교공거사의」를 만년 창주정사 시기의 교육 활동과 경학 저술의 새로운 기점으로 삼았다고 할 수 있다. 그러나 이 글은 끝내 한 장짜리의 사사로운 의견으로 냉대를 받았고, 조정과 관변에서 채택되지 않았다. 돌연 천지를 뒤덮는 기세로 몰아친 당금도 이 사의私議를 한쪽으로 던져버렸고, 주희도 '도를 창주에 맡기려던' 꿈을 이루지 못하였다.

도학道學 – 위도僞徒 – 역당逆黨

주희가 창주에 숨어서 그림자를 숨기고 재앙을 피하고 있을 때 조정에서 한탁주는 순조롭게 상당의 우두머리 조여우를 축출하였다. 먼저 경당京鐘이 한탁주에게 다음과 같이 계책을 올렸다. "그는 종성宗姓이니 사직을 위태롭게 한다고 무함을 하면 일망타진할 수 있습니다." 한탁주는 경원 원년(1195) 정월 25일에 즉시 같은 도당인 장작감將作監 이목李沐을 발탁하여 우정언으로 삼고 넌지시 조여우를 공격하라고 시켰다.

이목은 일찍이 조여우가 '꿈에 효종이 끓는 솥을 주어서 등에 지고 흰 용을 타고 승천하였다'고 한 말을 꼬투리 잡아서 불궤不軌를 도모하여 자립한 뒤 황제가 되려는 야심을 가지고 있다고 무함하고, '동성同姓이 재상의 자리에 있는 것은 조종祖宗의 전고典故가 아니라'고 탄핵하였다. 이어서 사심보·하담何澹·양대법楊大法·유덕수·유삼걸劉三傑의 잇따른 탄핵을 받고 조여우는 재상의 자리에서 파출되어 관문전 대학사 제거로서 임안臨安 동소궁洞霄宮의 봉사가 되었다.

도학파 조사朝士(중앙 관직) 정식鄭湜·장영章穎·서의徐誼·이상李祥·양간楊簡은 모두 조여우를 구원하는 소를 올렸다 하여 연달아 파직되었다. 4월에 이르러 조정의 도학 대신들은 이미 태반이 쫓겨났다. 경원당금慶元黨禁이 아직 정식으로 시작되기도 전에 조정에 있는 조여우의 도학당은 이미 뿔뿔이 흩어져서 참패하고 말았다고 할 수도 있을 것이다.

이 뒤로 조정에 겨우 남은 몇몇 도학당이 조여우를 구원하려고 비분강개하여서 항쟁을 하였으나 헛수고였다. 경원 원년(1195) 4월 2일에 태부시 승太府寺丞 여조검呂祖儉이 글을 올려서 조여우와 주희에 대한 무함을 변론한 것은 도학당이 진정한 도학의 강골을 드러낸 일이라 하겠다. 그는 스스로 도피하기 어려운 커다란 재앙이 일어날 것을 예감하고서 먼저 짐을 다 꾸려 놓은 뒤 대죄하였다. 그는 상주문에서 비분강개하여 진술하였다.

폐하께서 처음 정사를 하실 때는 맑고 밝았으나 얼마 시간이 지나지 않아 주희가 노유로서 논열하는 바가 있자 즉시 그를 제거하였고, 팽구년이 구학舊學(즉위하기 전의 스승)으로서 논열하는 바가 있자 또 즉시 제거하였습니다. 이상李祥은 노성하고 독실한 사람으로서 한쪽을 편들지 않는 까닭에 뭇사람이 함께 믿는 자인데 지금 또 기어이 쫓겨났습니다. 신은, 이로부터 천하에 마땅히 말할 일이 있어도 서로 바라보기만 하고 경계하면서 입을 다물고 말하지 않는 풍조가 이루어져서 쉽게 돌이킬 수 없을까봐 두렵습니다. 이 어찌 국가의 이익이겠습니까? …… 어필이 내리면 묘당에서는 감히 다시 어기지 못하고, 대간에서는 감히 깊이 논하지 못하며, 급사給事와 사인舍人은 감히 자기 견해를 견지하지 못하니, 이는 대체로 일이 총애를 받는 귀족(貴倖)에 관련되었기 때문에 기회를 틈타 격발했다가 거듭 죄를 얻을까 깊이 염려한 탓입니다. 그러므로, 군주를 권유하여 인도하는 일은 조정에서 나오는 것인데 대체로 군주의 위세를 빌려 점차 권위와 권력을 훔치게 됩니다. 근래 사람들에게 들으니 좌우에 있는 설어暬御(가까이 모시는 총신)가 인사이동을 할 때나 관직을 설치 또는 폐지할 때 끼어들기 때문에 그 사이에 이 소식을 들은 자들의 수레와 말이 폭주하여서 그들의 문 앞이 저자를 이루고, 심지어 권력과 은총을 믿고서 조정의 바깥뜰을 흔들어 놓고 있다고 합니다. 신은, 앞으로 임의 형세가 점점 혼란해져서 정사가 총신들의 문으로 돌아가고 공실公室에 있지 않게 됨에 따라, 천거를 받는 자는 모두 그들이 편애하는 이들이고, 해를 당하는 자는 모두 그들이 미워하는 이들이 될 것 같이 염려합니다.　　　　—『송사』「여조검전呂祖儉傳」

여조검은 '군주를 무시한(無君)' 죄로 영외嶺外의 풍토병(瘴癘)이 도는 지역으로 쫓겨났다가 뒤에 길주吉州로 옮겨지고, 다시 고안高安으로 양이量移(변방으로 좌천되었다가 특별사면으로 중앙에 가까운 곳으로 복귀함)되었다.

주희는 고정에서 그에게 편지를 보내, 자기가 남만 못함을 한탄하였다. "나는 관직이 자약子約(여조검)보다 높고 황상의 예우와 은총도 자약보다 깊은데도 뭇 소인들의 행태를 앉아서 보기만 하고, 나라의 은혜에 보답하는 말은 한마디도 하지 못하였는데, 오히려 자약으로 하여금 분노를 터뜨리게 하여 뭇 소인을 저촉함으로써 재앙의 기틀을 밝게 하였으니, 깊이 부끄러워 탄식합니다!" 여조검이 답서를 보냈다. "조정에서 시사時事를 듣고 있을 때는 마치 물속이나 불속에 있는 듯하여 하루도 편안히 지낼 수 없었습니다. 그런데 시골에 있게 되어서 다스려지건 어지러워지건 알지 못하는데, 또 말을 많이 하여 무엇하겠습니까?"(동상)

조정의 신하들은 여조검이 벼슬을 빼앗기고 귀양을 가게 된 상황에서도 누구 한 사람 감히 나서서 상주하여 구원하지 못했으나, 다만 여조겸의 제자 독선獨善 왕대도汪大度가 개연히 천 리를 걸어서 여조검의 귀양지에 갔다. 주희는 7월 16일 왕대도에게 편지를 써서 칭찬하였다.

들건대, 아랫도리를 찢어서 발을 싸매고 멀리 떠나는 나그네를 전송하기 위해 수천 리를 갔다 하니, 의기가 늠름하여서 탄복을 금할 수 없습니

다. …… 자약(여조검)의 이번 길은 신하의 의리에 부끄러움이 없으며, 학자
가 이로써 조금이나마 염치를 알게 되었습니다. 나와 같은 무리는 그보다
더욱 부끄럽습니다.
—『경향록敬鄕錄』 권7,『오예부집吳禮部集』 권17

멀리 산림에 있는 주희는 조정의 도학당이 이미 완전히 실패했음을 의식
하였다. 여조검이 떠난 뒤 조정은 반도학 일당의 천하가 되었으며, 다만 몇몇
혈기가 한창 강한 태학생이 반대하는 논설을 제기하였다.

4월 6일, 태학생 양굉중楊宏中·임중린林仲麟·서범徐範·장도張衢·장부蔣傅·주
단조周端朝 여섯 사람이 대궐에 엎드려 글을 올리며, '이목李沐을 내쫓아서 천
하에 사죄하고, 이상李祥과 양간楊簡을 돌아오게 하여서 선비의 마음을 수습하
라'고 청하였다. 상주하는 글에서 다음과 같이 이목을 통렬하게 배척하였다.

…… 조여우가 떠나기를 요구하여서 안팎이 탄식하고 분개하고 있으나,
말을 올리는 자들은 부로父老가 그의 떠남을 환호한다고 함으로써 임금의
귀를 가리고 있습니다. 그들은 이런 지경에까지 이르렀습니다. 장영章穎이
극력 그들의 잘못을 따지다가 맨 먼저 배척을 받고 쫓겨났는데, 이 소문을
들은 자들이 놀랐습니다. 이윽고 좨주祭酒 이상과 박사 양간이 잇따라 반대
하는 의견을 말하고 의연히 떠나겠다고 요구한 데다, 한 달 가까이 휴가를
청하여서 선량한 사람들이 불안해하고 있습니다. 일단 외직에 보임한다는
명이 내리자 말을 올리는 자들은 그들이 정론正論을 세운다면서 싫어하고
극력 저지하며 배척하였습니다. 같은 날 파면되자 여섯 관館의 선비들이
그들을 대신하여 분개하고 애석해하며 눈물을 흘렸습니다. 지금 이목은,
스스로 정사正邪가 양립할 수 없으며 여론이 자기를 바르지 않게 여긴다는
사실을 알고는, 올바른 사람을 다 내보내고 자기에게 편하게 하고자 붕당

에 빗대어서 폐하의 귀를 속였습니다. 신은 생각건대, 두 사람이 떠난 일은 안타까울 것이 없겠으나 군자와 소인이 소장消長하는 계기가 여기서 판연해질 터인데, 정강靖康의 귀감을 어찌 오늘에 차마 다시 볼 수 있겠습니까!

──『송사』 「양굉중전楊宏中傳」

결국 여섯 사람은 '국시國是를 선동한다'는 죄명으로 체포되어서 500리 밖에 편관編管(좌천된 관리가 해당 지역 관리로 편입되어서 그곳 관리의 통제를 받음)되었다. 이 여섯 태학생이 나중에 '여섯 군자(六君子)'로 일컬어진 사람들이다. 이 뒤로 도학자들은 태도를 바꾸어 명철보신하였다. 어떤 이는 입을 굳게 다물고, 어떤 이는 목숨을 구하여서 떠나가고, 어떤 이는 권력을 장악한 신임 고관(新貴)에게 투신하는 등, 다시는 어떤 도학 선비라도 감히 글을 올려서 다투지 못하였다.

주희는 굴복하거나 타협하려 하지 않고 4월 초에 원추袁樞를 산사로 불러서 만나 보고 이틀 동안 조정의 국면을 담론하였다. 돌아온 뒤 근심과 울분이 사무쳐서 큰 병에 걸려 거의 죽을 지경이 된 그는 편지를 써서 천촉川蜀의 유광조劉光祖에게 마지막 결별을 하였다. '여섯 군자'가 글을 올렸다가 쫓겨났다는 소식이 전해진 뒤 그는 장영에게 불편한 마음으로 편지를 보냈다. "세상의 도(世道)가 반복되면서 이미 충분히 눈물 흘리게 하는데, 일을 장악한 사람들의 분노는 아직 가라앉지 않았기에 끝내 어떤 지경에까지 이를 줄 알지 못하겠습니다. 그러나 종사宗社에 혼령이 있고 공론이 아직 없어지지 않았으니 다른 날 반드시 이 책임을 맡을 사람이 있을 터인데, 공이 아니라면 내가 누구를 바라겠습니까?"(『송사』 「장영전章穎傳」)

주희는 이와 같이 극도로 근심과 울분이 쌓인 심정으로 5월에 다시 사직한다는 명목의 글을 올려서 치사致仕를 청하였다. 6월에 이르러서야 그의 병이 호전을 보였다. 그러나 그가 큰 병에 걸린 바로 이 기간에 권력을 잡은 반도학당의 신임 고관들은 도학에 대해 더욱더 맹렬한 공격을 펼쳤다. 시어사 양대법楊大法과 우정언 유덕수劉德秀가 '국시·존군尊君·중도中道'로써 조정 신하를 훈계하고 신칙하여서 '전헌을 거듭 마련한다(重申典憲)'는 조서를 내리도록 주청하였는데, 실제로 이는 도학당을 말끔히 씻어내겠다는 구실에 지나지 않았다.

6월 17일 이후 유덕수가 국자 박사國子博士 손원경孫元卿, 태학 박사 원섭袁燮, 국자정國子正 진무陳武, 사업司業 왕규汪逵를 잇따라 탄핵함으로써 조정의 도학당 사람은 이미 손으로 꼽을 만큼 몇 남지 않았다. 주희는 장영에게 보내는 편지에서 놀라움을 금치 못하였다. "국론이 크게 변하여서 하루하루가 더 심하니, 근심스럽고 두려운 나머지 몸을 둘 곳이 없음을 깨닫게 합니다. 지극히 어진 하늘이 무슨 까닭에 이런 사람들을 생겨나게 하여서 속임수로 남을 미혹하고, 남의 국가를 패망하게 하는지 모르겠습니다! 지난날 경연에서 현명한 군주를 위해 미리 이런 설을 진술하지 못하였으니 우리들도 죄가 없지는 않습니다. 이제 와서 무슨 말을 하겠습니까? 무슨 말을 하겠습니까? …… 여러 현자들이 모두 떠나가서 나라가 거의 텅 비었습니다!"(『속집』 권5 「여장시랑 무헌與章侍郎茂獻」 서1)

6월 24일, 유덕수는 소장을 올려 '진위眞僞를 심사하고 정사正邪를 변별하라'고 청하면서, 사특하고 거짓된(邪僞) 도학당 사람 40여 명을 열거하였다. 이는 반도학의 신임 고관들이 도학을 반대하는 데서 더 나아가 위학僞學에 반대하고, 당적을 꾸며서 반대파에 대해 당고黨錮의 박해를 진행하겠다는 신호였다. 주희는 분노하여 마침내 책상을 치고 일어났다. 6월 말에 그는 극도로 비분한 가운데, '간사하여서 군주를 가리는 재앙을 진술하고, 이로써 조여우의 억울함을 밝히는' 몇 만 자에 이르는 봉사封事의 초고를 작성하여서 올릴 준비를 하였다.

이 일은 일시에 그의 자제, 학생들과 친척, 벗들을 깜짝 놀라게 하였다. 그들은 어지러이 문에 들어와서 간절히 만류하였으나, 주희는 들으려고 하지 않았다. 마지막으로 채원정蔡元定이 들어가서 『역』의 '시초(蓍)로 결정하라'고 충고했고, 그에 따라 '돈遯' 괘와 지괘之卦로 '가인家人' 괘를 얻었는데, 이는 점학대사占學大師를 침묵하게 만들고 아무 말도 하지 못하게 하였다. '돈' 괘의 초6은 "돈의 꼬리라 위태로우니 갈 바를 둠을 쓰지 말라.(遯尾厲, 勿用有攸往)"이다. 이 효爻에 대한 설명은 "은둔하여서 뒤에 있는 것이 꼬리의 형상이니 위험한 길이다. 점을 치는 사람은 갈 바를 두어서는 안 된다. 다만 숨어 있으면서 조용히 기다려 재앙을 면할 뿐이다."(『주역본의周易本義』)라고 하였다. 주희는 곧 주장奏章의 원고를 불살라버리고, 이로부터 '돈옹遯翁'이라고 자호하였다.[3]

그는 장영과 유광조에게 보낸 편지에서 이 일을 언급하였다.

> 방금 들으니 연루된 40여 인의 이름을 소疏에 올려 상에게 아뢴 자가 있었다고 합니다. …… 그러나 며칠 전에 『주역』으로 점을 쳤더니 우연히 '돈미遯尾'의 점괘를 얻었습니다. 시구蓍龜에 보인 것이 이와 같으니, 또한 저들이 어찌할 수 있는 바가 아닙니다.
>
> ─『속집』 권5 「여장시랑무헌與章侍郎茂獻」 서1

병이 낫다가도 미칠 듯한 증세가 발작하기에 끓어오르는 속을 풀려고

---

3 주희가 '돈미遯尾'의 점을 친 일은 『경원당금』 등의 책에서는 모두 경원 원년(1195) 11월이라고 하였는데, 실은 잘못이다. 주희의 『별집』 권1 「유덕수」 서8, 『속집』 권5 「여장시랑무헌」 서1, 『성재집』 권68 「답주회암서」 등에 근거하면 이 일은 경원 원년 6월에 있었다.

하늘을 우러러 하소연합니다. 다시 스스로 의심스러워 『역』으로 점을 쳤더니 '돈' 괘와 지괘로 '가인家人' 괘를 얻어서 '돈미'와 '호돈好遯(좋아하면서 은둔한다)'의 점괘가 되었습니다. 마침내 얼른 원고를 불사르고 혀를 깨물었습니다. 그러나 가슴속은 오히려 화가 치밀어서 견딜 수 없었습니다.

─ 『별집』 권1 「유덕수」 서8

비록 봉사封事는 끝내 감히 올리지 못했지만, 한편으로 주희는 오필대吳必大에게 편지를 써서 남의 조소를 면하려고 변명을 하듯 "일을 논하여 전하려다가(●생각건대, 봉사를 가리킨다) 감히 실행하지 못했으나, 역시 신자臣子의 직분에 마땅히 해야 할 일이었습니다. 의리를 봄이 분명하지 않고 일에 임하여서 용기가 없었음을 스스로 부끄러워할 뿐입니다."(『문집』 권52 「답오백풍答吳伯豐」)라고 하였다.

그리고 또 한편으로는 참지정사 정교鄭僑에게 편지를 보내, 자기는 여전히 죽음을 무릅쓰고 글을 올려서 반론을 제기할 준비를 하고 있다는 심경을 다음과 같이 표명하였다. "시론時論이 크게 변하여서 군주의 권위(威福)가 아래로 옮겨가고, 충성스럽고 현명한 신하들이 흩어지니 나라 안이 놀라 진동합니다. 병중에 이를 듣고 분노와 번민이 가슴속에 꽉 막혀서 죽으려고 해도 길을 찾지 못하고, 빨리 소장을 초하여 나 스스로라도 올려서 혹시나 군주를 깨우칠 수 있을까 하였습니다. 자제와 제생이 번갈아 찾아와 충고를 하여 …… 내 평소의 마음이 아직 남아 있어서 본래 평온하지 못하기 때문에 일단 일을 만나면 감정이 일어나는 탓에 스스로 그만두지 못합니다. 더욱이 죽음을 앞둔 나이에 쫓겨나는 재앙을 나 자신에게 끼쳤으니 ……"(『문집』 권29 「여정참정차자與鄭參政箚子」)

이 '돈옹'은 목구멍에 가시가 박힌 듯 속 시원히 토해내지 않고서는 마음이 편안하지 않았으며, 또한 '숨어 있는 곳에서 조용히 기나릴(晦處靜俟)' 수도 없었다. 조정에서 조금이나마 성망이 있는 도학 대신들은 모두 쫓겨났기 때문에 신임 우상 여단례余端禮만 남몰래 도학을 비호하여서 구원할 수 있었다. 그러나 그는 다만 평범하고 담이 작은 재보宰輔였을 뿐이었다. 주희는 곧 멀리 강호에 있는 중신이며 대시인인 양만리楊萬里에게 희망을 걸고, 그에게 한번 나와서 조정에 들어가 조확을 설득하고 조정에서 권력을 장악한 신임 고관들에 대항하는 대들보가 되라고 적극 재촉하였다.

소희紹熙(1190~1194) 이래 양만리는 주희와 줄곧 긴밀한 관계를 유지하였다. 양만리는 경원 3년(1197)에 정교鄭僑에게 보낸 「최걸치사서催乞致仕書」에서 다음과 같이 말하였다. "내가 예전에 고향의 곤익공袞益公(주필대)과 향시에 같이 응시하여 함께 길을 나섰고, 춘관春官(예부禮部)의 시험도 같이 보았습니다. 만년에는 주원회朱元晦(주희)와 좋은 관계를 유지했는데, 늘 두 분과 서신 왕래를 하면서 마음속의 일들을 털어놓았습니다."(『성재집』 권67 「여정혜숙지원최걸사서與鄭惠叔知院催乞仕書」)

주희가 쫓겨나 민閩으로 돌아간 뒤, 양만리는 경원 원년(1195) 2월에 그에게 편지를 써서 다음과 같이 말하였다. "상 어른(向丈, *상오向澳)께서 문득 손수 편지를 써서 보내셨는데, 편지를 받고서 놀라고 기뻤습니다. (조정에) 들어갈 때는 오래 있지 못할 것을 알았습니다. 옛 도를 고집하여서 오늘날 힘써 실천하며, 자기의 바른 것을 지녀서 시대의 둥근 것에 넣으려고 하니, 오래 지속될 수 있겠습니까? 오래지 않아 무슨 병을 얻었는데, 얼마 뒤 회로晦老(주희)를 보게 되어서 매우 감탄하고 매우 축하할 일입니다."(『성재집』 권66 「답주시강答朱侍講」)

양만리는 강직하고 말을 과감하게 하였으며, 원로 중신이면서 대시인이라는 이중의 성망聲望을 지니고 있었다. 또 태상황 조돈趙惇(광종)이 잠저潛邸에 있을 때의 옛사람이며, 조여우의 당에 속하지 않았다. 게다가 마침 경원 원년에 조확이 다시 그를 조정에 불러들였기 때문에,[4] 주희는 오직 그만이 조확을 설득하여 깨우치기에 가장 적합한 사람이라고 여겼다. 그랬기에 그에게 손수 편지를 써서 입조를 권했을 뿐만 아니라 강서 임강臨江의 상오向浯와 장영 등을 고무하여 (그들로 하여금) 직접 나서서 그를 권하여 부름에 나아가게 하도록 하였다.

주희는 상오에게 보내는 편지에서 다음과 같이 말하였다.

> 시론時論이 일변하여서 다시 생각이 미칠 바가 아니며, 충성스럽고 현명한 사람들이 달아나거나 떠도는 상황인지라 거의 나라가 텅 비어서 군자가 없는 듯합니다. …… 양 어른(楊丈, •양만리)의 편지를 이미 받았는데, 부름을 받고 달려갔는지 모르겠습니다. 오늘날의 일은 일찍이 조자직趙子直(•조여우)으로부터 한번이라도 뜨거운 물을 얻어 마신 사람이 하나같이 입을 열지 못하고 있습니다. 다만 이 노인(此老, 양만리)이 오히려 극언을 하여서 군주가 한번 깨닫기를 바랐습니다. 나갈 의사가 있는지는 모르겠습니다만, 이미 편지를 써서 힘써 권하였습니다. 만일 기꺼이 나간다면 도중에 한마디 더하여 주십시오. 이는 나라(宗社)와 백성(生靈)을 위한 계책이니 작은 일이 아니라고 말입니다.
>
> ──『별집』 권1 「상백원向伯元」 서4

---

4 『성재집』 권133에 부록한 「시문절공고의諡文節公告議」에서 양장유楊長孺의 주장奏狀을 인용하여 말하였다. "황제 폐하께서 등극하시면서(飛龍御天) 선신先臣 양만리를 광종 황제 잠저의 옛사람이라 하여, 한가히 물러나 있는 사람을 생각하시어 거듭 불러올리셨습니다. 선신 양만리는 병이 많아 조정에 나아갈 수 없었지만, 거듭 성은을 입어 집에서 직학사에 제수되었습니다." 생각건대, 권68 「답주회암서」를 고찰하면 양만리도 당화黨禍 때문에 나가기를 기꺼워하지 않았지, 병이 많기 때문만은 아니었다.

또 장영에게 보내는 편지에서 다음과 같이 말하였다.

> 성재誠齋(양만리)에게서는 오랫동안 편지를 받지 못했는데, 그가 이미 결
> 행을 했는지 모르겠습니다. 아홉 층 불탑을 쌓으면서 여덟 층은 이미 쌓았
> 으나 단지 이 한 층만 쌓지 못한 듯합니다. 참으로 천하를 위해 애석한 일
> 입니다.
> ——『속집』 권5 「여장시랑무헌」 서1

그러나 양만리는 일찍이 사직할(掛冠) 뜻을 이미 굳혔다. 그는 원풍元豐
(1078~1085), 원우元祐(1086~1094) 연간에 일어난 당쟁을 더욱 새로이 떠올리며
이를 전철 삼아서, 경원 원년(1195) 6월과 8월에 잇따라 주희로부터 권유의 편
지를 받았음에도 도무지 출사하려고 하지 않았다. 10월에 그는 주희에게 보
내는 긴 편지에다 자기가 세상 밖에서 소요하는 심경을 다음과 같이 피력하
였다.

> 계장契丈(동년배, 주희를 가리킴)이 6월 21일에 쓴 편지를 영친令親 정규程糾
> (*정순程洵)가 소매에서 꺼내 주었습니다. 읽어보니 빨리 힘써 출사하지 않는
> 다고 독촉하는 내용이라 꿈속의 일을 깨달았습니다.(*생각건대, 꿈에 두 신선이
> 바둑 두는 것을 본 것과 동파東坡[소식]와 산곡山谷[황정견]의 대화를 가리킨다) 정규가 또
> 계장이 그(정순)에게 보낸 편지도 꺼내 보여주었는데, "노승에게 강좌에 올
> 라가 널리 설법을 하여서 듣는 사람으로 하여금 온몸에 땀을 흘리게 하면
> 유쾌하고 유쾌할 것이다."라는 말이 있었습니다. 우연히 역사서 하나를 본
> 것이 기억났는데, 아마도 순열荀悅의 『한기漢紀』와 비슷하지만 그것은 아니
> 었습니다. 거기에 자방子房(장량張良)의 일이 다음과 같이 실려 있었습니다.
> 여러 여씨呂氏를 왕으로 삼으려 할 때 자방이 오히려 그 일을 두고 보았는

데, 왕릉王陵, 진평陳平, 주발周勃이 사사로이 자방에게 말하기를, "그대는 세 치 혀로 황제의 스승이 되었는데 지금 어찌하려오?" 하였습니다. 자방이 대답하지 않고 물러가서 다시 상산商山의 네 사람을 불렀습니다. 심부름꾼이 가자 그들은 모두 숨어버렸습니다. 저(某)는 일찍이 자방이 걸핏하면 한가한 사람에게 미루는 것을 보고 웃었습니다. 계장도 이 책을 본 적이 있습니까? 하하! 계장은 시초蓍草로 점을 쳐서 알고 계신가요, 아니면 거북(龜句) 점을 친 뒤에 알게 된 것입니까? 시초는 계장에게 「돈遯」(☶)의 초6(은둔함의 꼬리를 밟은지라 위태로우니 갈 바를 두지 말라遯尾厲, 勿用有攸往)을 알려주었으나, 거북은 저에게 상9(여유 있는 은둔이니 이롭지 않음이 없다肥遯無不利)를 알려주었는데, 책(『이천역전伊川易傳』)을 펴서 점의 내용을 보니 "바깥에 있으면 이미 멀고, 감응이 없으면 얽매임이 없다.(在外則已遠, 無應則無累)"고 하였습니다. 회암이 친 시초의 점이 저의 거북점만 못하다 하겠습니까? 하하! ……

— 『성재집』권68 「답주회암서」

주희의 희망은 물거품이 되었다. 그는 7월과 11월에 두 차례 직함을 사직하고 스스로 탄핵하는 글을 올렸다. 도학은 뿔뿔이 흩어지고, 격류를 지탱할 사람은 없었다. 그는 참으로 일종의 고독을 느끼고 시 한 수로 탄식을 자아냈다. "어릴 때는 나름대로 포부가 있어서 / 홀로 명산을 찾아다녔다 / 어찌 알았으랴! 세월 가는 것을 / 흰 머리로 속세에 끼어 있구나(弱植有孤念, 獨住窮名山. 那知歲月逝, 白首塵埃間)"(『문집』권9 「을묘년 8월 그믐에 부취정에서 숙통의 운을 따서 짓다(乙卯八月晦日浮翠亭次叔通韻)」)

이즈음 권력을 장악한 반도학의 신임 고관들은 반위학反僞學의 기치를 내걸고 어지러이 무대에 올라서 연기를 하였다. 집정을 맡으려고 안달이 난 하담은 7월 13일에 상소하여, '전문專門의 학이 흘러서 거짓이 되었는데, 공허하고 졸렬하며 거짓으로 꾸며서 명예를 탐낸다'고 크게 떠벌리고 다녔다(『경원당금』). 이 일은 오래지 않아 그를 위해 영예롭게도 참지정사의 보좌에 오르는 길을 열어주었다. 이어서 이부 낭관 미사단糜師旦이 17일에 글을 올려서 '참과 거짓을 따져야 한다'고 주청하였는데, 그 역시 즉시 발탁되어 좌사 원외랑左司員外郎에 제수되었다. 또 한 사람, 교묘하게 기회를 틈타 권세에 빌붙어 출세하려는 명사 장귀모張貴謨도 글을 올려서 전적으로 「태극도」에 대한 견해가 잘못되었다고 논하였다.

그들이 겨눈 창끝은 모두 조여우와 주희를 향하였다. 도학은 거짓 학문으로 변했고, 도학의 무리는 위당僞黨으로 변하였으며, 당금의 박해도 의사議事 일정에 올랐다. 이때 하담이 또 상소하여서 첫 번째 당고黨錮의 아우성을 내질렀다. "조정에 있는 신하는 이미 거짓과 올바름의 자취를 익히 알고 있습니다. 그러나 감히 아뢰지 못하는 까닭은 보복의 화를 불러들일까 우려하기 때문입니다. 바라건대, 대신에게 조서를 내려서 제거해야 할 자를 제거하도록 하소서."(『경원당금』)

주희는 당화黨禍가 임할 것을 예감하고서 채원정에게 알렸다. "어제 저보邸報를 보니, 주대奏對를 하면서 태극의 죄를 극언한 자가 있었는데 수백 마디 말이 대부분 모두 내 견해(鄙說)를 공격하는 내용이었습니다. 그 설이 매우 터무니없어서 가소로운데 누가 꺼낸 말인지도 모르겠습니다. 가만히 생각건대, 여러 글을 널리 퍼뜨리면 또한 매우 편치 않을 듯합니다."(『속집』 권2 「답채계통」) 그리고 전자진田子眞에게 보내는 편지에서 다음과 같이 예측하였다. "시론이 날로 새롭게 변하고 있으므로 간월干越(•조여우)・장章(•장영)・팽彭(•팽구년)・서徐(•서의)・설薛(•설숙사) 등 여러 사람이 반드시 잇따라 처치될 터인데, 경중과 원근은 어떻게 될지 모르겠습니다. …… 나(某)는 능陵을 논의한 일로 스스로 탄핵하였지만, 아마도 이 일이 역시 여러 신임 고관의 분노를 건드린 듯합니다."(『속

과연 11월에 감찰어사 호굉_{胡紘}이 상주하여, '조여우가 거짓의 무리(僞徒)를 이끌고서 불궤_{不軌}를 도모하였는데, 용을 타고 솥(鼎)을 전해주는 꿈을 징조로 삼았다'고 하면서 조여우의 '열 가지 불손한(十不遜)' 죄를 조목조목 열거하였다(진경陳桱, 『통감속편通鑑續編』). 조여우는 영주_{永州}로 귀양을 가서 안치_{安置}되었고, 서의도 조여우의 당이라 하여 남안군_{南安軍}으로 귀양 가서 안치되었다. 조사소_{趙師召}라는 자는 심지어 글을 올려서 조여우를 참하라고 청하기까지 하였다. '위당'에 대한 당고의 박해가 정식으로 시작되었다.

12월에 주희는 여전히 비각 수찬의 자리에 있었고, 남경 홍경궁의 제거였다. 그의 제자 부백수_{傅伯壽}는 반도학의 신임 고관들에게 몸을 팔고 투신하여서 중서사인에 발탁된 '위도_{僞徒}'였는데, 고사_{告詞}에서 주희에 대해 '크게 겸손한 것은 거만한 듯하고, 작게 겸손한 것은 거짓 같으며', '이름이 높이 나기만 힘쓴다'고 비방을 하면서 배척하였다.

봉사_{奉祠}로 있던 주희는 이때 비분하여 거의 절망적인 심정이었다. 그는 「구자복(구옹丘廱) 아우의 시운으로 지어서 저행지 현령과 백옥탁 어른 그리고 좌중의 여러 벗들에게 바친다(用丘子服弟韻呈儲行之明府伯玉卓丈及坐上諸友)」라는 시에서 일부러 활달하게 슬픈 노래를 읊었다.

나는 시내와 산의 옛 주인   我是溪山舊主人

돌아오니 새와 물고기와 바로 친하다   歸來魚鳥便相親

한잔 들게! 그대들과 생사를 함께 하리니   一盃與爾同生死

만사는 만사대로 옛것 새것 바꿔지만   萬事從渠更故新

                                 ─『문집』권9

이는 어쩔 수 없이 실의에 빠져서 방종한 나머지 내보인 호방한 모습 가운데 하나이지만, 바로 이때까지도 주희는 어리석은 군주 조확에 대해 여전히 한 가닥 환상을 품고 있었다. 일단 뉘우치고 깨닫기만 한다면 조여우를 다시 불러들일 수 있으리라고 희망을 가졌던 것이다.

경원 원년(1195)에 눈이 많이 내린 엄동은 당고의 차디찬 기운을 따라 함께 찾아왔다. 주희는 눈 속에서 처음 꽃망울을 터뜨린 한매寒梅를 보고 일깨움을 받은 뒤 슬픔과 울분으로 애절한 「매화부梅花賦」 한 편을 지었다. 그는 서문에서 부의 깊은 뜻을 분명히 밝혔다.

> 초나라 양왕(楚襄王)이 운몽雲夢의 들에서 놀다가 매화가 처음 꽃을 피우는 것을 보고는 이를 아껴서 배회하며 그곳을 떠나지 못하였다. 참승驂乘 송옥宋玉이 진언하였다. "아름답기는 아름답습니다만, 신은 적막한 물가에서 나서 이렇게 추운 때에 꽃을 피우는 것이 한스럽습니다. 대왕께서 실로 좋아하시는 뜻이 있다면 어찌 저궁渚宮의 동산에 옮겨 심어서 마침내 열매 맺는 것을 보지 않으십니까?" 송옥의 뜻은 대체로 굴원의 추방을 들어서 왕을 은미하게 깨우친 것이나, 왕은 알아듣지 못하였다. 이에 물러나 부를 지어서 ……
> ──『신안문헌지新安文獻志』 권48

조여우가 영주로 귀양 간 일은 초나라 시대 굴자屈子(굴원)가 동정洞庭에 유배된 일과 너무도 흡사하였다. '굴원의 추방을 들어서 왕을 은미하게 깨우친' 것은 바로 조여우의 추방을 들어서 조확을 은미하게 깨우치고자 한 것이다. 조여우는 송의 종실이니 바로 '왕손王孫'이라 일컬을 수 있다. 그래서 어지러운 말로 부르짖었다. "왕손이여! 돌아오셔서 강남을 슬프게 하지 마소서!(王孫兮歸來, 無使哀江南兮)" 이 부는 매화를 사람에 비유한 것으로서, 그 대지가 제왕에게 유배된 신하 조여우를 기용하라고 은미하게 간하는 데 있었음은 의심할 바 없다.

경원 2년(1196) 정월 20일, 조여우는 영릉零陵으로 유배되어 형양衡陽을 지나가다가 병이 든 와중에 한탁주의 앞잡이인 수신守臣(지주知州) 전무錢鍪의 모욕을 당하고서 분을 품고 죽었다. 도학자들 마음속의 '굴자'가 끝내 죽었다. 태학생 오도손敖陶孫은 한탁주의 박해를 두려워하지 않고 궐문에서 붓을 휘둘러 크게 곡시哭詩 한 수를 썼다. "왼손으로는 하늘을 오른손으로는 땅을 돌렸는데 / 간사한 무리가 바른 사람을 시기하여서 마침내 유언비어를 만났다 / 오도 가도 못하는 희단(주공周公)은 돌아갈 곳이 없고 / 물고기 배 속에서 생을 마친 굴원을 통곡한다 / 그대는 한번 죽음 면하지 못함을 알진대 / 외로운 충성은 역사에 길이 남으리 / 구원(무덤, 저승)에서 한충헌(한기韓琦, 북송의 명신이며 한탁주의 증조부)을 만나거든 / 그 집안에 후손이 없다고 말하지 마오!(左手旋乾右轉坤, 群邪嫉正竟流言, 狼胡無地歸姬旦, 魚腹終天痛屈原, 一死固知公不免, 孤忠賴有史長存, 九原若遇韓忠獻, 休說渠家末世孫)"(『시인옥설詩人玉屑』 권19 「오기지敖器之」)

설에 따르면, 조여우의 영구靈柩가 형양을 거쳐서 돌아올 때 "영구를 실은 수레가 지나는 곳마다 부로父老들이 향을 피우고 길 왼쪽에서 맞이하며 절을 하였다. 혹 흐느껴 우는 사람도 있었다. 평향萍鄕에서는 온 고을이 대나무 가지에 저전楮錢을 달아 문밖에 내걸고 영구를 바라보며 절을 하면서 태웠는데 연기와 불꽃이 하늘을 덮었다."(『송재보편년록宋宰輔編年錄』 권20 「영종소흥5년寧宗紹興五年」)고 한다.

주희는 우선 한천寒泉으로 가서 곡을 하고 조문을 하였으며, 또 조여우의 사위집에 가서 추모를 하고 글을 지어서 통곡하였다.

…… 어찌 그리도 불행하게 번거로운 말로 곤란을 당하셨나이까? 이때

마침 벼슬에서 물러나 한가히 지내는데 문득 멀리 귀양 가 있다(遠役)는 소
문을 들었나이다. 바람을 맞고 눈을 무릅쓰며 천 리 길을 떠나셨는데, 행
차가 아직 쉬기도 전에 갑자기 발병하여서 끝내 일어나지 못하셨다 하더
이다. 수레가 이르는 곳마다 하나같이 통분痛憤하였으며, 노인(白叟)과 어린
아이(黃童)까지도 원망하며 눈물을 흘렸나이다. 하물며 나는 쇠약하고 비루
하지만 평소 알아주시고 가련하게 여겨주셨음에랴! 밀고 당기며 미봉彌縫
하여 나라의 안정을 기약하셨더이다. (세상사가) 반복反覆됨을 깨닫고서 뒤를
이어 (나도) 벼슬에서 물러났나이다. 내 죄는 아직 따지지도 않았건만 공이
먼저 가셨구려! ……　　　　　　　　 ——『문집』 권87 「제조승상문祭趙丞相文」

　　주희는 아직, 상당의 우두머리 조여우가 '먼저 간(先邁)' 뒤 반도학의 신임
고관(新貴)이 다음 차례로 집중 타격하고 박해할 대상이 도학의 우두머리(道學
之魁)인 그 자신임을 알아차리지 못하였다.

　　반도학 신임 고관들은 조여우를 내쫓으려고 은밀히 모의할 때 다음과 같
이 말하였다. "고기를 먹는 사람은 반드시 뼈다귀를 내다 버려야 한다. 지금
뼈다귀를 남겨 둠으로써 파리가 모여들게 하는 것과 뼈다귀를 멀리 내던져
서 파리가 꾀는 것을 끊어버리기를 바라는 것 중 어느 것이 나은가?"(『송재보편
년록宋宰輔編年錄』 권20 「영종소흥5년寧宗紹興五年」)

　　주희는 더욱이 도학이라는 파리를 꾀어들게 하는 '뼈다귀(骨頭)'였다. 그러
나 그들의 타격과 박해의 창날이 상당의 우두머리 조여우에서 도학의 우두
머리 주희에게로 향했을 때, 도학과 반도학의 대립도 정치투쟁에서 문화투쟁
으로, 정치 당금政治黨禁에서 문화전제文化專制로 변하여 전국 규모의 정치투쟁
형식으로 진행되는 봉건의 문화 '대혁명大革命'을 조성하였다. 그들은 필경 어
리석고 완고하게도 잔혹한 정치 당금을 통해 이학 문화의 명을 바꾸고자(革命)

했던 것이다.

남쪽으로 건너온 이래 본래 도학(*이학)에 반대한 어중이떠중이인 어리석은 군주, 용렬한 재상, 반역하는 신하, 뇌물을 챙기는 장수(贓帥), 근습과 권행權幸, 주화파가 모두 반도학의 정치적 핵심을 이루었다. 이 밖에도 전통적인 경전 해설을 묵수하는 옭아빠진 속유俗儒(*이들은 이학의 경전 해설을 그르다고 여겼다), 군주의 과오를 좋게 꾸미고 공적을 노래하며 덕을 기리는 일을 능사로 여기는 제왕의 가신(*이들은 군주의 과오를 자주 말하는 것에 반대하였다), 공리功利를 좇아 기회를 잡고 권세에 빌붙는 정객(*이들은 사공事功을 표방하고 유학을 현실에 뒤떨어져서 따르기 어렵다고 여겼다), 기생을 끼고 노는 데 인이 박인 탐관貪官과 명사名士(*이들은 호화롭게 방종하는 것을 즐기고 명예와 검속을 천시하였다), 도가와 불교에 탐닉하여 도사(黄冠)·승려(緇流)와 응수하며 왕래하는 관료 사회의 선비들(雅士, *이들은 도가와 불가의 학문을 높이 여겼다) 등이 모두 도학에 반대하였다.

경원당금 중에 벌어진 도학과 반도학의 모순은 본래 소희 내선紹熙內禪이라는 정권의 위기에서 직접 촉발된 정치투쟁이었는데, 이는 사실 군주·권행·외척과 부패한 관료라는 4위일체의 군권君權 세력과 청렴한 사대부를 대표로 하는 청의淸議 세력 사이의 정치적 경쟁이었다. 투쟁은, 군주의 전단專斷과 독재를 허용할 것인가, 아니면 군주를 바로잡고 권한을 제한할 것인가, 그리고 외척과 근습의 정치 간여와 권력 농단을 허용할 것인가, 아니면 외척과 근습을 제한할 것인가 하는 두 가지 초점을 따라 전개되었다. 전자는 군권 팽창과 근습의 권력 전재, 전체 봉건적 3성 6부三省六部 통치 기제機制의 붕괴로 이끌었고, 후자는 도리어 군주와 신하가 함께 다스리고(君臣共治), 백성을 사랑하고 도를 실천함(愛民行道)을 이상 사회의 준칙으로 삼았다.

그러나 정치투쟁을 전개한 쌍방은 서로 다른 두 가지 문화적 배경을 체현하였다. 전자는 부패한 보수적 전통 유학 문화를 대표하였으며, 후자는 진취적이고 혁신적인 새로운 이학 문화를 대표하였다. 따라서 정치적 당금과 문화적 전제는 곧 일란성쌍둥이였으니 실권을 잡은 반도학 신임 고관의 타격과 박해가 조여우에서 주희로 나아간 것은 바로 정치적 당금에서 문화적 전제로 나아갔음을 의미한다.

경원 2년(1196) 2월에 경당이 우상을, 사심보가 참지정사를, 하담이 동지추밀원사를 맡은 뒤 한바탕 전면적인 문화적 전제가 바로 시작되었다. 3월 11일, 지공거 섭저葉翥, 동지공거 예사倪思와 유덕수劉德秀가 이해 춘시春試의 대비大比를 기회로 위학僞學을 금절하는 주소奏疏를 올렸다.

> 지난 20년 동안 선비(士子)가 위학僞學에 익숙해져서 양심을 잃어버리고, 육경·제자서·역사서는 볼 것이 없으며, 형명刑名·도수度數는 살필 것이 없다 여기고, 오로지 어록語錄의 허무맹랑한 설을 익혀서 공허하고 엉성하고 배우지 않은 비루함을 덮어버리고는 선禪의 말을 뒤섞어서 마침내 남들을 속입니다. 3년에 한 번씩 대비大比를 실시하고 상상上庠(태학)에서 자질을 시험하는데, 그 무리들이 오로지 괴상한 말과 암호를 사용하여 서로 사사로이 알아보도록 함으로써 번번이 높은 점수를 주고 결국에는 참으로 재능이 있는 자는 도리어 내쳐서 취하지 않았습니다. 신들은 그 폐단을 익히 알아서 …… 바라건대, 오늘의 폐단으로 인하여 특별히 유사有司에게 조칙을 내려서, 선비를 타일러 오로지 공맹을 스승으로 삼고, 육경과 제자서, 역사서를 익히게 하며, 다시는 어록을 전수하여 이름을 훔치고 세상을 속이는 거짓이 자라지 않게 하소서. 또 바라건대, 안으로 태학과 밖으로 주州와 군軍의 학교에서 저마다 매달 시험을 보아 앞에서부터 세 사람의 정문程文을 뽑은 뒤 어사대御史臺에서 다시 시험 보게 하소서. 태학에서는 달마다, 제로諸路에서는 계절의 마지막 달에 시험을 치른 뒤 태학의 정

문은 학관學官이 곧바로 발표하고, 제로의 정문은 제학사提學司에서 분류하
여 발표하게 하소서. 여전히 고치지 않는다면 학관과 제학사에 죄를 씌우
소서. 이와 같이 하면 문풍文風이 변하지 않고 사습士習이 바뀌지 않는다고
걱정할 필요가 없습니다!

— 『송회요집고』 제109책 「선거」 5 〈공거잡록貢擧雜錄〉

엄격하게 말해서 도학자들은 사실 결코 조당朝黨 형태의 정치 역량을 형
성하지 못했으며 군권의 면전에서 시종 열세에 처해 있었으므로, 조여우가
쫓겨나서 죽은 뒤 반도학 신임 고관은 이미 정치상 결정적인 승리를 거두었
다. 남은 일은 강제로 도학자의 정신을 금고禁錮하고 문화를 억눌러서 그들이
이미 획득한 이익을 공고히 하는 것에 지나지 않았다.

이 상소 한 장이 기도하는 바는 바로 먼저 학교공거學校貢擧에서 도학을
근절하고, 모든 사학私學을 금절하여 사상을 하나로 정함으로써 반쪽짜리 소
조정의 문화적인 '대일통大一統'을 세우고, 사람들의 사상이 털끝만큼이라도
다섯 종 경서의 밖을 벗어나지 못하도록 하는 데 있었다. 따라서 그들의 창
끝은 먼저 주희를 향하지 않을 수 없었다. 유덕수는 동시에 올린 주소에서
간단명료하게 말하였다. "위학의 우두머리는 필부로서 군주의 권한을 훔쳐
천하를 격동시켰습니다. 그러므로 문풍이 크게 변할 수 없었습니다. 청컨대,
어록 따위는 아울러 제거하고 폐기하소서."(『문헌통고』 권32 「선거고選擧考」 5 〈거사擧
士〉)

그들은 진시황을 본받아 새로운 '분서갱유焚書坑儒'를 불러일으켰다. 이해
의 과거에서는 조금이라도 '위학'을 언급한 답안지는 모두 낙방을 시키고 취
하지 않았다. 주희와 그 밖의 다른 이학가의 저작은 폐기되고 금지되었으며,
심지어 섭적의 『진권進卷』, 진부량의 『대우집待遇集』도 홍수나 맹수처럼 취급

되었다. 6월에 조정에서 명령 하나를 반포하여, 천하의 선비는 "오로지 『논어』와 『맹자』를 스승으로 삼고, 육경과 제자서, 역사서를 익히며, 다시는 어록을 전수하여서 이름을 훔치고 세상을 속이는 거짓이 자라지 못하게 하라. 『진권』, 『대우집』 같은 것도 모두 근래 어록을 함부로 전하는 종류이니, 아울러 판각을 폐기하라. 나머지 위서僞書는 국자감에서 명목을 샅샅이 찾아내 숫자를 갖추어서 보고하라."(『송회요집고』 제166책 「형법」 2)고 하였다.

온 나라가 소식을 듣고 일어나서 이학 저작을 찾아 금지하고, 위도僞徒를 고발하고, 시장의 서점(書肆)을 조사하는 운동을 전개하였다. 15일에는 국자감國子監에서 먼저 조정에 결과를 보고하였다. "지금 일곱 선생의 『칠선생오론七先生奧論』, 『발추發樞』, 『백련진은百煉眞隱』과 이원강李元綱의 글, 유자휘劉子翬의 『십론十論』, 반호연자潘浩然子의 『성리서性理書』, 강민표江民表의 『심성설心性說』은 모두 폐기처분하기에 합당합니다. 본감本監(국자감)에서 여러 주와 제학사提學司에 행문行文(공문)을 내려보내 위 건 안에 들어 있는 서판書板을 해당 관청으로 하여금 폐기하도록 허락하소서."(동상)

'위도'의 패거리 섭적·진부량·유정留正·황보黃黼·팽구년·장영·임대중林大中·진공량陳公亮·채유학蔡幼學·장도張燾 들 가운데 어떤 이는 파직되고 어떤 이는 강등되고 어떤 이는 귀양을 갔다. 반위학의 곡조는 부를수록 소리가 높아졌다. 탁지 낭중度支郎中 장부張釜가 글을 올려 황제 폐하의 영명하심을 칭송하였다. "온 세상이 마음을 씻고 생각을 고쳐서(洗心滌慮) 다시는 감히 지난날의 습성을 반복하지 않습니다."(『경원당금』)

황간黃榦은 전국을 휩쓴 이러한 '마음을 씻고 생각을 고치는' 문화적 전제를 다음과 같이 묘사하였다.

    …… 과거로 선비를 뽑을 때 답안이 조금이라도 경서의 내용과 관련이

있는 것은 모조리 배척을 받았고, 문장과 논의가 의리에 근거한 것도 아울러 배제되었다. 육경六經과 『논어』, 『맹자』는 모두 당시에 크게 금지되었다. 교활한 아전과 천한 노예, 완악하고 어리석으며 부끄러움을 모르는 무리가 왕왕 등용되고 경상卿相의 자리에까지 올랐다. 행동거지가 법도에 맞고 조금이라도 유자로 이름난 사람은 몸을 둘 곳이 없었다. 선생을 따라 공부를 하던 선비로서 신념이 높아 세상에 미련을 두지 않은 사람은 산골짜기에 숨어 엎드렸고, 아첨하고 나약한 사람은 이름을 바꾸고 다른 사람을 스승으로 삼아 문 앞을 지나가면서도 들어오지 않았으며, 심지어 의관을 바꾸고 저자에서 함부로 노닐면서 선생의 당이 아니라고 자기를 분별하였다. 선생은 날마다 학생들과 죽림정사에서 강학을 하였는데, 어떤 사람이 사절하고 학생들을 내보내라고 권하였으나 웃기만 했을 뿐 답하지 않았다.

—『면재집』 권36 「행장」

주희는, 타락하고 변절해서 신임 고관에게 아첨하는 가짜 도학자를 매우 경멸하였다. 그는 황간에게 보내는 편지에서 태연히 담소하듯이 말하였다. "이전에는 배우러 오는 학도의 진위眞僞를 변별하기 어렵다고 근심하였으나, 지금은 도리어 조정에서 이와 같이 크게 풀무를 열어 한번 단련을 해주니 함께 뒤섞여 있는 무리는 굳이 대단히 따지고 감별하지 않아도 저절로 그 실정을 숨길 곳이 없을 터이다."(『속집』 권1 「답황직경」 서42)

그는 창주정사의 문을 닫으려고 하지도 않았고 재앙을 피해 달아나려고 하지도 않았다. 그는 하늘과 땅이 아무리 커도 재앙을 피할 곳이 한 군데도 없음을 느꼈다. 그는 또 황간에게 다음과 같이 말하였다. "여러 사람이 모두 바깥의 근거 없는 논의로 공격을 받기 때문에 감히 안주하지 못하고 떠났다. (그들이) 실제로 해를 입히려는 사람이라면 어찌 반드시 그의 실제 행적이 자기들과 어긋나야만 하겠는가? 붓을 들어서 (탄핵하는) 글을 수십 줄만 쓰면 곧 (파직시켜서) 고개(오령五嶺. 광동·광서·호남·강서·복건의 경계를 이루는 산맥 지대. 장강과 주강 珠江 유역의 분수령이다. 이 고개를 넘는다는 말은 추방된다는 뜻이다)를 지나가게 할 수 있다. 그러면 또한 어느 곳으로 피할 수 있겠는가?"(동상, 서25)

커다란 그물이 에워싸자 주희는 재겁災劫을 벗어나기 어렵다는 사실을 느꼈다. 위아래가 모두 그를 '기이한 물건(奇貨)'으로 여겼다. 조정의 신임 고관이 그를 '부귀에 이르는 수단'으로 삼았을 뿐만 아니라 시골(鄕曲)의 이익을 추구하는 무리까지도 그를 통해 관직에 오르고 재물을 모으려고 하였으므로 일시에 그에 대한 비방과 무고가 사방에서 어지러이 일어났다. 제자 양줍楊楫이 주희에게 위험을 알렸을 때 그는 다음과 같이 회답하였다. "생사화복은 이미 오래전에 치지도외하였습니다. 지나치게 염려하지 않은 지 오래되었습니다."(『경원당금』)[5]

12월 3일에 이르러 반도학의 수완가인 진가陳賈가 병부 시랑에 발탁된 뒤 권력을 장악한 신임 고관들은 마침내 용기백배하여서 직접 도학의 우두머리 주희를 향해 압박하여 들어갔다.

감찰어사 호굉胡紘은 일찌감치 주희를 논핵하는 글(劾章)을 기초해 놓았으나 줄곧 감히 상주하지는 못하고 있었다. 8월에 그는 반위학에 공이 있다 하여 잇달아 태상소경과 기거사인으로 승진했는데, 그 뒤 조작하여서 지어낸 탄핵하는 글을 신임 감찰어사 심계조沈繼祖에게 주었다.

끝없이 탐욕을 부렸던 이 신임 고관은 벼락출세의 기회가 왔다고 여기고 12월에 단숨에 대담하게 주희의 6대 죄상을 탄핵하는 기이한 글을 올렸다.

---

5 여러 학자의 연보에도 주희의 이 답서가 수록되어 있는데, 다만 양도부楊道夫에게 보내는 것으로 되어 있다.

탄핵하는 글에서 다음과 같이 말하였다.

주희는 자질이 본래 요망하고 사특한 데다 남을 시기하고 잔인합니다. …… 장재와 정이의 이론에서 나머지를 표절하였으며, 채식을 하고 마귀를 섬기는 요사한 술법을 덧붙여서 후진後進을 현혹하였습니다. …… 패거리(黨伍)를 늘리고는 함께 거칠고 담박한 음식을 먹으면서 헐렁한 옷을 입고 널찍한 띠를 두르고서 혹 광신廣信의 아호사鵝湖寺에 무리를 모으기도 하고, 장사長沙의 경간당敬簡堂에 모습을 드러내기도 하며, 모습을 감추고 그림자를 숨기기를 귀신이나 도깨비처럼 하였습니다. …… 신이 가만히 보건대, 주희에게는 큰 죄가 여섯 가지 있는데, 그 밖의 다른 악은 여기에 넣지 않겠습니다.

사람의 자식은 부모에 대해 마땅히 좋은 음식으로 봉양하기를 극진히 해야 합니다. 주희는 아비(夫)가 없고 오직 어미만 살아 있습니다. 건녕建寧의 흰쌀은 민중閩中에서 최고이건만, 주희는 이 쌀로 어미를 공양하지 않고 날마다 관창官倉의 쌀을 사서 어미에게 먹임으로써 어미가 차마 먹지 못하고 매번 남들에게 불평을 하였습니다. 일찍이 이웃집에 초대를 받아 갔다가 돌아와서 주희에게 다음과 같이 말하였습니다. '저 집도 보통 사람의 집인데 이렇게 좋은 밥이 있더라.' 이 말을 전해 들은 사람들이 가련하게 여겼습니다. 옛날에 모용茅容은 닭을 잡아서 어미에게 먹이고 자기는 손님과 나물 반찬으로 밥을 먹었는데, 지금 주희는 거친 음식을 먹음으로써 이름을 낚으려고 하며 그 어미가 견디지 못하는데도 아랑곳하지 않으니 너무도 흉악하지 않습니까? 주희가 부모에게 불효한 것이 첫째 큰 죄입니다.

효종 때 주희는 여러 번 소명召命을 받았으나 건방지게도 나아가지 않다가 감사나 군수가 부르면 수레를 달려서 갔습니다. 평하는 사람들이 이르기를, 주희가 소명에 나아가지 않은 일은 작은 것을 사양하여서 큰 것을 바람이고, 수레를 내어 달려간 일은 아침에 가서 저녁에 대접받기 위함이라고 하였습니다. 그 고을에 그와 같은 성을 가진 선비가 있었는데, 주희에게 편지를 보내 통렬히 꾸짖었습니다. 주희는 아무런 대답을 하지 않았습니다. 나중에 낭관에 제수되자 또 부서에 들어가 직책을 맡아보려 하지 않고 발병(足疾)을 구실로 군주를 협박했다가 시랑 임률林栗로부터 탄핵을 받았습니다. 주희가 군주를 공경하지 않은 것이 둘째 큰 죄입니다.

효종 대행大行의 장례에 관한 온 나라의 여론이 회계會稽에 장사 지내기로 이미 합의되었음에도 주희는 사사로운 의도로 다른 의견을 주장하였으며, 맨 먼저 주차를 올려서 강서와 복건의 재야 인사(草澤)를 불러 모아다가 다른 곳에 장지를 새로 정하자고(改卜) 청하였습니다. 그 의도는 대체로 이 기회를 빌려 평소 그에게 잘 대해주던 요사한 사람(妖人) 채원정蔡元定에게 관직을 주려고 한 것이면서, 다른 곳에 장지를 새로 정하자고 한 조여우의 의견에 갖다 붙이려는 것이었습니다. 조종祖宗의 전례典禮를 고려하지 않고 국가의 이해를 걱정하지 않은 것입니다. 지난번에 폐하께서 밝게 살피지 않고 조정의 논의가 확정되지 않았더라면 거의 큰일을 그르칠 뻔하였습니다. 주희가 나라에 충성하지 않은 것이 셋째 큰 죄입니다.

전에 조여우가 정권을 장악하고 불궤를 도모하면서 주희의 헛된 명성을 이용하여 간당奸黨을 불러 모으기 위해 심복과 우익羽翼에 의지하여서 그를 갑자기 경연에 들여보내고 차대에 나아가게 하였습니다. 주희는 이미 법에 따른 은례恩例를 받아 그 부모가 추증되어 봉해졌는데, 또 상주하여 자제를 천거함으로써 관원(章服)이 되게 하였습니다. 그런데 갑자기 글을 올리고 거짓으로 사면을 청하였습니다. 어찌 직명을 지니고 은수恩數를 받았으면서 도리어 직명을 사양할 수 있겠습니까? 조정을 모욕함에 이보다 심한 것이 없습니다. 이런 일을 참을 수 있다면 무엇인들 참지 못하겠습니까? 주희의 넷째 큰 죄입니다.

조여우가 죽자 조야朝野가 서로 축하하는데 주희는 무리 100여 인을 거느리고 들에 나가 곡을 하였습니다. 주희는 비록 그로부터 도와주고 비호해준 사사로운 은혜를 입었다고 하지만 어찌 조정의 대의는 고려하지 않는 것입니까? 그리고 오히려 사당死黨을 위해 남들의 말을 두려워하지 않고, 심지어 저용儲用의 시에 화답하여서 '여기 말고 별천지 어디 있으랴除是人間別有天'는 구절을 지었습니다. 주희의 다섯째 큰 죄입니다.

주희는 이미 건양建陽 현학縣學의 풍수風水에 후왕侯王의 땅이 있다고 하는 요사한 사람 채원정의 사설邪說을 믿고서 그것을 얻고자 하였습니다. 저용이 그 뜻에 맞추어서, 현학은 개인의 소유로 할 수 없으므로 호국사護國寺를 현학으로 삼고 그 땅을 주희가 다른 날 얻을 수 있도록 하였습니다. 마침내 농사짓는 달에 산을 깎고 돌을 뚫었는데, 병졸을 잡아끌어내어서 신속하게 길을 닦으니 지나가는 곳마다 소동이 일어났으며, 전무田畝를 파괴하여 현에까지 이르게 하였습니다. 또한 부자夫子(공자)를 석가의 대웅전에 옮겼는데, 기계를 설치하여 큰 나무와 굵은 밧줄로 성상聖像을 동여맨 뒤 이를 사방으로 통하는 거리와 떠들썩한 저자 안에 끌고 다님으로써 성상의 손발이 부서졌습니다. 이를 보는 사람이 놀라 탄식하였습니다. 고을 사람들이 부자를 만세 인의예악의 종주로 여기고 있는데 (부자로 하여금) 갑자기 옮기는 벌을 받고 또 이에 더하여 팔이 꺾이고 무릎이 부서지는 근심을 겪게 했으니 풍교風教에 해가 됨이 큽니다. 주희의 여섯째 큰 죄입니다.

— 『도명록道命錄』 및 『사조문견록』 권4 정집丁集 「경원당」

이는 전형적 봉건시대의 언관이 '풍문風聞'으로 신료를 탄핵한 걸작이며,

경원당금의 문화적 전제의 시기에 아무런 근거도 없이 몰래 교묘한 수난을 부려서 사실을 왜곡하고 날조하는 수법으로 죄를 더하고 사람을 죽인, 전형적인 무고를 대표하는 글이다.

매 끼니마다 '좋은 음식과 술(隻鷄樽酒)'을 먹고 마시는 부잣집의 응석받이 망나니로 자란 호굉이나 심계조는 건녕의 쌀이 천하에 으뜸인 점만 알고, 건녕이 늘 가뭄과 홍수에 시달려서 끝 간 데 없이 황폐하여 낱알 한 톨 거둘 수 없고 굶주린 백성이 들판에 널려 있다는 사실은 몰랐다. 도리어 어려서부터 시골에서 자라 직접 농사를 지었던 주희야말로 백성의 어려움을 눈으로 보고 사창법社倉法을 생각해내 흉년을 구제하고, 또 그 스스로 때로는 생계가 군색하여 양식이 떨어지고 돈을 빌려야 할 처지에 놓이기도 했으니 어찌 차마 건녕의 쌀을 먹을 수 없을 뿐이겠는가?

둘째, 셋째, 넷째 큰 죄라고 지적한 것은 모두 죄가 될 수 없는 종류이다. 다섯째 큰 죄는 주희가 순희 11년(1184)에 지은 「무이도가武夷棹歌」의 구절을 저용의 시 구절에 화답한 것으로 삼은 것인데, 이는 순전한 '문자옥文字獄'이었다. 여섯째 큰 죄는, 건양 현학의 이전을 두고 주희가 채원정의 말을 믿고서 건양 현학의 풍수 길지를 장지로 멋대로 점유하려 했다고 무고한 데서 나온 죄이다. 그러나 실제로 현학을 이전한 원인은 바로 학사學舍가 무너진 바람에 일찌감치 이전할 계획을 세우고, 호국사를 개조하여 현학의 터로 삼은 뒤 유학으로 불학에 대항하려는 것이었다. 그런데 결과적으로 저용儲用의 원수가 원한을 품고 고발하였던 것이다.[6]

---

6 저용儲用은 『복건통지福建通志』 「열전」 권13에 전기가 있다. 주희의 『별집』 권2 「답축여옥答祝汝玉」, 「답채계통答蔡季通」 서2, 「답유지부答劉智夫」 서28, 『속집』 권6 「답저행지答儲行之」 서3, 「여정경실與鄭景實」 등에 그와 관련된 일이 보인다.

주희는 정률鄭栗에게 보낸 편지에서 이 사건의 경위를 다음과 같이 밝혔다. "저 재儲후(저용)가 떠난 일은 원한을 품은 사람의 무고를 받았기 때문인데, 또한 그로 인해 공에게 앞뒷일을 의탁하는 것입니다. 대평臺評(어사대의 탄핵)에서 지적한 바, 학교를 이전한 일은 바로 나의 자취(賤跡)와 서로 연관이 있습니다. 선비 가운데 애초에 이 계획에 참여하지 않은 사람도 유배를 당하였으니, 그 일이 매우 가소롭습니다. 혹 유배에만 그치지 않는다는 말도 전하니, 이 또한 애통할 만합니다. 옛날 학교 터는 좋지 않았던 까닭에 여러 사람들이 옮기고자 한 지 오래되었습니다. 저 재가 하루는 읍의 선비들과 의논을 정하였는데 나도 또한 참여하였습니다. 그 사람(*채원정을 가리킨다)은 처음에는 알지 못하였으며, 게다가 그 지역은 장례를 지낼 수도 없는 곳입니다."(『속집』권6 「여정경실률與鄭景實栗」)

나중에 현학이 다시 강제로 이전되고 사원이 복원되었을 때 주희는 저용에게 편지를 보냈다. "새 학교는 하루아침에 손을 써서 용렬한 중(庸髡)에게 맡겼는데, 며칠 전에는 또 상설象設(불상)을 옮겨 놓아 사람으로 하여금 분노케 함으로써 탄식해 마지않게 합니다."(『속집』권6 「답저행지答儲行之」) 심지어 유숭지劉崇之에게 보낸 편지에서는 "관리와 학생들 가운데 감히 저 망령된 것을 바로잡으려는 이가 한 사람도 없었으니 탄식하고 탄식할 만합니다!"(『별집』권2 「유지부劉智夫」)라고까지 하였다. 주희가 반시거潘時擧에게 보낸 편지에서 현학을 이전한 일에 대한 심계조의 탄핵을 그와 같은 어조로 반격했다는 사실은 자못 풍자의 의미가 있다. "근래 새 학교를 옮긴 뒤에 다시 승방僧坊을 만들고 성현의 소상塑像을 부수어서 허리를 끊어버려 가슴을 아프게 합니다. 저 성현도 더욱이 이런 재앙의 때를 만남을 면하지 못하는데, 하물며 우리 같은 사람이야 말할 나위가 있겠습니까?"(『문집』권60 「답반자선答潘子善」 서5)

가장 재미있는 일은 심계조가 주희의 6대 죄상을 탄핵한 뒤에 또 한 무더기 죄상을 나열했다는 점이다.

조여우에게 이끌어준 은혜를 갚으려고 (주희는) 그의 아들 조숭헌趙崇憲을
유공劉珙의 딸에게 중매하고, 유공이 죽은 뒤 수만 금이 되는 재물을 독차
지하였으며, 또 비구니 두 사람을 유인하여서 총첩寵妾으로 삼고 관청에 나
갈 때마다 데리고 다녔으니 수신修身을 했다고 할 수 있겠습니까? 총부冢
婦(맏며느리)는 서방이 없이 임신을 하였고 여러 자식은 소를 훔쳐서 도살을
하였으니 제가齊家를 했다고 할 수 있겠습니까? 남강군의 지군知軍으로 있
을 때는 함부로 몇 사람을 예속했다가 다시 원래대로 돌려놓았고, 장사의
안무사로 있을 때는 사면장赦免狀을 감추고서 도형徒刑으로 판결을 내린 사
례가 매우 많았으며, 장주의 태수로 있을 때는 옛 문서를 거둬들이고 함부
로 경계를 정하여서 1,000리가 소동을 벌여 피해를 보지 않은 사람이 없었
고, 절동의 제거가 된 뒤에는 조정에서 많이 발급한 진휼 전량錢糧을 자기
무리와 다 쓰고서 백성에게는 주지 않았으니 치민治民을 했다고 할 수 있
겠습니까? 또 예컨대 범염范染이 조상으로부터 물려받은 산을 자기 거처로
넓히고는 도리어 그에게 죄를 덧씌웠고, 숭안 궁수弓手 부모의 묘를 발굴하
고는 자기 어머니를 매장하였으면서 그들의 시신이 드러나는 것을 불쌍히
여기지 않았으니, 자기 처지를 살펴서 남에게 미쳤다고(恕以及人) 할 수 있겠
습니까? 아들딸의 혼인에는 반드시 부자를 택해서 많은 혼수로 이익을 추
구하였으며, 문호를 열어 학생을 가르칠 때는 반드시 부유한 집안의 자제
를 끌어들여서 많은 수업료(束脩)를 요구하였으며, 사방에서 바친 뇌물이 바
리바리 줄을 이었는데 한 해 사이에 온갖 계책을 동원하였으니, 청렴함으
로써 자기를 다스렸다고(廉以律己) 할 수 있겠습니까?

— 『사조문견록』 권4 「경원당」

기이한 점은 이와 같은 추악한 죄상이 모두 앞에서 언급한 6대 죄상보다 가볍지 않다는 사실이다. 심계조는 뜻밖에도 이것들을 전면에 함께 '대죄大罪'로 나란히 열거하지 않았는데, 이는 이 죄상들이 더욱 근거 없이 모함한 '풍문'이었음을 설명한다.

유공의 딸의 혼사는 본래 유공이 죽기 전에 주희에게 부탁한 일로, '그의 사후 수만 금이 되는 재물을 독차지한' 일은 없다. 비구니를 유인하여서 첩으로 삼았다는 일은 대체로 주희가 장주에서 풍교를 정돈하고 비구니를 환속하도록 명령한 일에서 나온 기이한 생각일 터이다. 주희의 사위 황간은 집안이 가난하여 책을 살 수조차 없어서 할 수 없이 고정에서 책을 빌려 읽었고, 부유한 집안의 숙관塾館에 초빙을 받아 글 읽는 아이들을 가르쳤으니, 주희가 '아들딸의 혼인에는 반드시 부자를 택했다'고 할 수 없다. 주희의 정사에 와서 글을 읽은 학자들도 청한한 선비가 대부분이었다. 주희가 남강에서 처벌한 사람들은 부유한 집안의 자제나 무뢰한 또는 망나니들이었으며, 장사에서 도형에 처한 사람들은 지방의 악질적인 토호였고, 사면장을 감춘 일은 있지 않았다. 장주에서 경계를 정하려고 추진한 일은 토지를 겸병하려는 호족들의 세력에 타격을 가하려는 일이었고, 또한 바로 이 때문에 그들의 저지를 받아 시행하지 못했으니 근본적으로 '1,000리가 소동을 벌여 피해를 보지 않은 사람이 없었던' 일은 일어나지 않았다. 이런 탄핵은 반도학 신임 고관들이 도리어 정반대로 대관료 지주의 이익을 대표하고 수호한다는 점을 폭로한다.

심계조의 주론奏論에 따르면 이 탄핵은 주희에게서 '직책을 빼앗아 사록관에서 파면(褫職罷祠)'하고, 저용은 '관직을 강등(鐫官)'시키며, 채원정은 '별주別州에 편관編管하여 쫓아 보내기' 위한 것이었다. 12월 16일에 주희는 직책을 잃고 사록관에서 파면되었다. 이 조명朝命은 강동 조사曹司(전운사)에게 남강의 『사서집주』 서판書板(목판의 저본)을 파괴하라는 행문行文과 함께 내려왔다. 주희는 그 어떤 변호의 권리도 빼앗겨서 할 수 없이 냉소적인 태도로 장난스러운 붓을 놀려 사직표문(謝表)을 쓰고 심계조가 상주문에서 논한 죄상을 모조리 떠 안았다.

…… 머리털을 뽑아서 세어도 부족할 만큼 죄가 많으므로 분수로 보아 양관의 베임(兩觀之誅, 궁문의 좌우 문루. 공자가 노나라의 정치를 어지럽힌 소정 묘少正卯 를 죽인 장소)을 달게 받아야 하겠는데, 넓은 도량으로 거친 사람을 포용하여 서 우선 몇 마디 말로 견책을 보이셨습니다. 다시 백간白簡(관원을 탄핵하는 상 주문)을 찾아보고 비로소 단서丹書(죄인의 죄상을 기록한 문서)에 걸렸음을 알았 습니다. 비각 수찬의 이름을 깎아내고 향화香火를 받드는 사록관의 직책을 그만두게 했습니다. 이는 가벼운 법을 적용한 것이니 참으로 넓은 은혜(恩 私)에 힘입었습니다. 받들어 모시는 일을 어찌 감당하겠으며 감사한 마음 을 어찌 표현하겠습니까? …… 과연 대간의 탄핵이 빗발치면서 남몰래 사 사로이 한 일을 다 드러냈기에 위로는 폐하의 위엄을 모독하였으며 아래 로는 소문을 듣고 놀라게 하였습니다. 대체로 크게 견책한 죄목들은 모두 불충하고 불효한 죄과입니다. 여러 가지 악이 신에게 한꺼번에 돌아온 것 은 또한 많은 사람들이 함께 신을 버린 탓입니다. ……

—『문집』권85 「낙직파궁사사표落職罷宮祠謝表」

그러나 주희는 아직도 하고 싶은 말이 있어도 끝내 한마디도 할 수 없는 자기에 대해 극도의 고통과 분노를 느끼고 황간에게 보내는 편지에서 한 푼 의 가치도 없는 사직표문을 다시 꺼냈다. "「사직표문」은 여러 사람들이 고치 고 훼손하였다. 저들은 오히려 할 말이 있는 모양이니, 이는 다만 사람으로 하여금 분노를 드러내지 못하게 하는 짓이다! 이 무리들은 대체 자기들이 어떤 무리인지 스스로 생각하지 못하기에 감히 이와 같이 하니 매우 민망하고 가소롭다."(『속집』권1 「답황직경」서30) "「사직표문」을 되는 대로 기록하여서 보내니 남에게는 보이지 말라. 처음에는 말 몇 마디가 더 있었지만 나중에 원선元善(첨체인)이 삭제하였다. 그러나 또한 무슨 긴요한 것은 없으나 만약 화를 입는다고 한다면 이 또한 발단을 일으킬 수 있을 터이다."(동상, 서25) 그는 이미 모든 것을 빼앗긴 뒤에는 더욱 커다란 박해가 기다리고 있음을 의식하고 있었다.

반도학 권귀權貴의 눈에 주희는 홍수나 맹수보다도 더 무서운 문화 상징이었고, 그가 직책을 잃고 사록관에서 파직된 일은 바로 봉건의 '문화대혁명'이 얻은 '초보적인 승리'의 표지였다. 그들의 당금이라는 그물 아래에서는 정치가 문화이고 문화가 정치였다. 주희가 직책을 잃고 사록관에서 파면되기 전에는 그들이 반도학에서 반위학으로 나아갔다고 한다면, 주희가 직책을 잃고 사록관에서 파면된 뒤에는 반위당反僞黨에서 반역당反逆黨으로 나아갔던 것이다.

위적偽籍에 든 역당의 우두머리

    권력을 장악한 반도학 신임 고관들은 이미 도학을 반역의 당으로 지목하고 타격을 가하였다. 경원 3년(1197) 정월에 주희를 파직하여 사록관에서 파면하고, 채원정을 도주道州에 편관한다는 지휘가 동시에 내려왔는데, 그들은 겉으로는 매우 태연하게 침착한 태도를 취하고 있었다.

    제자 보광輔廣이 척전擲錢으로 점을 쳐서 「소과小過」괘의 "공이 저 굴에 있는 것을 쏘아 잡는다.(6·5효 公弋取彼在穴)"는 효사爻辭를 얻자 곧 스승 주희에게 말하였다. "선생님께서는 걱정이 없으나 채 선생님은 반드시 상할 일을 만날 것입니다." 현의 관리가 채원정을 매우 긴급하게 체포하였다. 채원정은 천천히 가도록 권하는 사람에게 "하늘에 죄를 얻으면 어디로 피할 수 있겠는가?(獲罪於天, 焉可逃乎)" 하고 두 마디를 말하고는 집안사람들에게 고별도 하지 못하고 호송되어서 길을 떠났다. 주희는 배를 타고 가서 작별 인사를 하려고 했으나, 만나지 못하였다.

    다음 날 그는 제자 100여 인을 데리고 다시 영주瀛州 교동橋東에 있는 정안사淨安寺로 서둘러 가서 채원정을 전별하였다. 두 사람은 평소와 마찬가지로 담소하며 시원스레 『참동계參同契』를 토론하였다. 노장老莊의 자아 초월 정신은 이미 두 사람의 영혼을 정화하고 해탈하게 한 것이나 마찬가지였다. 주희는 마음과 정신이 서로 잘 통하는 듯 채원정을 주시하면서 다음과 같이 말하였다. "벗이 서로 사랑하는 정과 계통季通(채원정)의 꺾이지 않는 의지, 두 가지를 다 얻었다고 할 수 있겠습니다."

채원정은 태연히 시를 읊으며 작별을 하였다. "손을 잡고 웃으며 서로 이별할 제 / 아녀자처럼 슬퍼하지 말지니 / 맑은 술에 행색은 씩씩하며 / 떠나는 옷자락은 바람에 나부낀다 / 단연코 배운 바를 저버리지 않으면 / 이 마음 하늘이 알아주리라(執手笑相別, 無爲兒女悲. 輕醇壯行色, 扶搖動征衣. 斷不負所學, 此心天所知)"(『여봉채씨족보盧峰蔡氏族譜』) 좌중에 있던 선비 구자복丘子服은 이미 소리를 내어서 울기 시작하였다.

주희는 도리어 술에 취해서 억지로 명사의 활달하고 소탈한 태도를 보였다. 섭하손葉賀孫(섭미도)은 그가 목격한 한 막을 다음과 같이 묘사하였다.

> 선생은 정안사로 가서 채 선생을 기다렸다. 채 선생은 부府에서 배를 타고 발령받은 곳으로 갔는데 정안을 지나갔다. 선생은 절 문 밖을 나가 맞이하였다. 주지 스님의 처소에 앉아 인사를 나눌 뿐 다른 위로의 말은 없었다. 여러 날 『참동계』를 읽고 의심나는 점을 채 선생에게 물었다. 채 선생은 시원스럽게 대답하였다. 조금 지난 뒤 여러 사람이 술을 추렴하여 가지고 와서 마시고 모두 취하였다. 선생은 중간에 잠시 걸었으며, 여럿이 절 앞 다리 위에 앉아서 술을 마시다가 절로 돌아와서 다시 마셨다. 선생은 취해서 잠이 들었다. 다리 위에 앉아서 술을 마실 때 첨원선(첨체인)이 물러갔다. 선생이 말하였다. "이 사람은 부귀할 상이다!" ―『어류』권107

이는 대체로 '술 취하면 하늘과 땅이 커지고, 별천지가 열린다(醉裏乾坤大, 壺中自有天)'는 격으로, 기왕 온 세상이 다 혼미하니 주희 스스로도 창주의 어부가 되어 '술지게미를 먹으면서 멀건 술을 들이키려(餔其糟而歠其醨)' 했던 것이다.

사실 제자들은 모두 스승이 취한 듯하지만 홀로 깨어 있음을 알았다. 주희의 고족高足 증극曾極(•경건景建)이 지은 「귀양 가는 채계통을 보내다(送蔡季通赴貶)」라는 시는 주희의 마음속을 다음과 같이 표현하였다.

사해의 주 선생님	四海朱夫子
형벌을 당한 그대를 불렀네	微君獨典刑
백이는 은거하여 이름이 전해지고	青雲伯夷傳
양웅은 백발에 『태현경』을 지었네	白首太玄經
외로운 울분을 가련하게 여기는 손님이 있으나	有客憐孤憤
홀로 깨어 있음을 묻는 사람은 없네	無人問獨醒
요금은 갑 속에 쓸쓸히 들어 있고	瑤琴空鎖匣
줄은 끊어져서 들을 수 없네	弦絕不堪聽

— 『시인옥설』 권19 「중흥제현中興諸賢」

채원정은 막내아들 채침蔡沈의 부축을 받으며 3천 리를 걸어서 두 다리에 피가 흐르는 채로 유배지에 도착한 뒤 이듬해 울화병으로 죽었다.

권력을 장악한 반도학 신임 고관들의 위도僞徒에 대한 타격과 박해는 줄곧 매정하고 냉혹하게 진행되었으나, 위도의 수괴首魁 주희에 대해서는 기껏 직책을 빼앗고 사록관에서 파직했을 뿐이고 또 뚜렷이 사정을 봐주었다. 심계조가 탄핵 상소를 올린 뒤 또 한 사람 선인選人 여철余嚞이 글을 올려서 주희를 참하라고 하였는데, 사심보가 뜻밖에도 짐짓 그럴듯하게 상소를 내던지며 말하였다. "주원회(주희)와 채계통(채원정)은 자기들끼리 학문을 강론하고 밝힌 것일 뿐인데, 과연 무슨 죄가 있겠습니까? 여철은 서캐나 이와 같은 신하일 뿐인데 감히 이처럼 함부로 구니, 마땅히 함께 상주하여 내쳐서 다른 사람들을 경계해야 합니다."(『송사』 권394 「사심보전謝深甫傳」)

나중에 섭소옹葉紹翁이 한 가지 일을 끄집어내 다음과 같이 해명하였다.

이에 앞서 고정考亭(주희) 선생이 충정忠定(조여우)에게 권하기를, 이미 한탁
주韓侂冑를 이용했으니 마땅히 후한 예로 사례를 표시해야(陳謝) 한다고 하
였다. 선생은 충정더러 그를 절도사에 임명하여서 도성 밖에 거주하게 하
려는 의도로 그렇게 하였으나, 충정이 머뭇거리고 결단을 하지 못하였기에
재앙이 일어났다. 선생이 문인에게 말하였다. "한탁주는 우리 고향의 유
모와 같으니, 마땅히 일찌감치 사례를 표시해야 한다." 복건의 풍속에 따
르면 유모를 고용하여 아이에게 젖을 먹일 때 처음에는 계약을 하지 않고,
아이가 젖을 떼면 머리꾸미개(首飾)와 새끼 양(羔幣)을 후하게 주어서 보낸
다. 그러므로 이를 '사례를 표시한다'고 하였다. 한탁주가 나중에 이 말을
듣고 복건 풍속에 대해 웃으면서 마음으로 수긍하였으므로 공(주희)에게 재
앙을 끼친 것이 조금 가벼웠다.　　　　——『사조문견록』권2 을집「조충정趙忠定」

또 다른 설명도 있다. 한탁주와 인척인 적전령籍田令 진경사陳景思가 중간
에서 주희를 두둔하였는데, 주희는 진경사에게 보내는 편지에서 얼버무리며
말하였다. "그러합니다, 그러합니다! 한 어른(韓丈, 한탁주)이 본래 나에게 원한
이 없었고, 나 또한 한 어른에게 아무런 증오를 갖고 있지 않습니다!"(『수심문
집』권18「진사성묘지명陳思誠墓誌銘」)

사실 반도학 신임 고관은 주희를 사지로 내몰 생각을 하지 않은 적이 없
었지만, 그가 사해의 숭앙을 받는 일대 유종(一代儒宗)이라는 명성을 고려하여
서 감히 무턱대고 그를 죽이려 하거나 추방하지는 못하였다. 그러나 그들은
바로 이 목표를 향하여 매진하고 있었다.

주희가 파직당하고 사록관에서 물러난 뒤 반도학은 더욱 빠르게 확산되

었다. 경원 3년(1197) 2월에 대리사직大理司直 소포연邵襃然이 주청을 하였다. "지금 권신權臣의 당과 위학의 무리는 제수되지 않고서도 임명되고 있습니다." 6월에는 또 신임 관료 하나가 과격한 말을 하여서 놀라게 하였다. "30년 동안 위학이 성행하는 바람에 과장科場의 권한이 모두 그의 당으로 돌아가, 이른바 장원·성원省元과 두 종류의 과거에서 우등하여 합격한 자는 그의 사당私黨이 아니면 친척이나 친구입니다. 바라건대, 대신에게 조서를 내려서 그 배운 바를 자세히 살핀 뒤 제수하게 하소서."(『경원당금』)

윤6월 6일에 이르러 마침내 반도학 수완가 유삼걸이 조확의 면전에서 아뢰었다.

위학의 당이 역당逆黨으로 변했으니 막지 않을 수 없습니다!

—『경원당금』

'역당'이라는 그물이 일시에 전국을 향해 펼쳐졌다. 유정을 소주邸州에 유배하고 거주하게 한 일을 지표로 삼아 반역 도당을 말끔히 제거하고 금고禁錮한다는 깃발 아래 문화전제가 정상을 향해 치달렸다. 조확은 앞으로 감사監司, 수사帥司(안무사), 군수로 천거되어서 승진하면 모두 반드시 먼저 스스로 '위학의 사람이 아님(非僞學之人)'을 밝혀야 하고, 금년 추시秋試에 참가하는 선비는 반드시 가장家狀(과거 답안지에 채워 넣게 되어 있는 신상명세서)에 '위불시위학委不是僞學(틀림없이 위학이 아님)'이라는 다섯 글자를 써넣어야만 시험장에 들어갈 수 있게 허락한다는 조서를 내렸다.

역당에 끼는 것을 두려워한 도학도들은 혹은 깊은 산으로 숨어들어 이름을 감추고, 혹은 옷과 두건을 바꿔 입은 뒤 기녀를 끼고 산수와 도시를 방랑하였다. 제자들이 정사를 해산하고 재앙을 피하라고 떠들썩하게 권유하였으나 주희는 수긍하지 않았다. 그로 말하자면 이미 늙어서 죽을 날만 남았으니 재앙을 피할 어떤 이유도 없었다. 그는 제자들에게 다음과 같이 대답하였다.

> 지금 재앙을 피하라고 말하는 사람이 있는데, 본래 (나를) 아끼는 마음에서 한 말이지만 내가 만 길 낭떠러지에 서 있는 것이 어찌 내 도道에 빛을 더하지 않겠는가!

> 선생에게 학도를 해산하고 문을 닫고 일을 살펴서 재앙을 피하라고 권하는 자가 있었다. 선생이 말하였다. "재앙이 오건 복이 오건 명命이다."

> 우리(某輩)가 모두 보존할 수 없다면 다만 되는 대로 할 뿐이다. 일이 닥치면 모두 그대로 맡길 뿐이다. 사람은 재앙을 피하고자 해도 끝내 피할 수 없다.
>
> ──『어류』 권107

그와 같이 세상이 모두 아는 도학의 우두머리가 위아래에서 호시탐탐하는 감시 아래 있으니 어찌 재앙을 피할 수 있겠으며, 어디에 가서 재앙을 피하겠는가?

후세 사람들은 주희가 경원당금의 와중에 줄곧 바깥에 있으면서 여러 곳에서 재앙을 피했다고 하는데, 모두 근거 없는 견강부회이다.[7] 그의 제자와

---

7 경원당금 와중의 주희의 모든 행적과 일의 자취는 『문집』과 『어류』에 자세히 실려 있지만, 바깥으로 도망가서 재앙을 피한 일은 기록되어 있지 않다. 복건의 각종 지방지地方志, 예컨대 『고전현지古田縣志』, 『장락현지長樂縣志』, 『하포현지霞浦縣志』, 『복정현지福鼎縣志』, 『민청현지閩清縣志』 등의 기록은 모두 근거 없는 견강부회의 말에 속하고, 더욱이 『복건통지福建通志』에서 "위학을 금하던 시기에 주 문공은 자취를 감추고 여기저기(無定所) 숨었다."고 한 말은 더욱 황

벗들은 그에게 재앙을 피하라고 권유하면서 다만 학도를 흩어 보내고 말을 하지 말며 글을 써서 학설을 세우지 말라고 하였을 뿐, 결코 달아나거나 도피하라고 권하지는 않았다. 또한 사실상 전체 경원당금 기간 동안 주희는 건녕 밖으로 단 한 차례 나갔을 뿐이다. 그가 건녕을 나간 것은 경원 3년(1197) 8월에 황간이 부모상을 당하여 순창順昌으로 가서 조문을 하려고 했던 것이지,[8] 결코 재앙을 피하기 위함이 아니었다.

주희는 대체로 이 참에 길을 나섰고, 또 나선 김에 소무邵武의 태녕泰寧에 이르러 며칠 머물렀는데 거기서 사계四季의 시 한 조를 지었다.

아침에 일어나 서재에 앉았더니	曉起坐書齋
꽃이 져서 오솔길에 가득하네	落花堆滿徑
다만 이 문장이 있어	只此是文章
휘호를 하고도 흥이 남았네	揮毫有餘興

당무계한 말에 속한다. 복건 각지에는 주희의 필적이 많이 남아 있는데, 이른바 재앙을 피하여 여기저기 숨었다는 따위의 말은 대부분 이들 필적에 근거하여 견강부회하며 지어낸 말이다. 그 지역에 주희의 필적이 있을지는 모르지만 주희가 실제로 그곳에 직접 가지는 않았다. 예컨대, 민국民國 때 나온 『고전현지』에는 주희가 '남전서원藍田書院' 넉 자를 돌에 써서 새겼는데 '경원 정사丁巳(1197) 춘3월'이라 적혀 있다고 기록되어 있다. 그래서 지금 사람들은 마침내 주희가 그때 고전으로 와서 재앙을 피했다고 여겼다. 지금 생각건대, 경원 3년 2월 뒤 주희의 행적과 일의 자취는 모두 『속집』 권3의 채원정에게 보내는 편지들에 수록되어 있는데, 고전으로 가서 재앙을 피한 일은 없었다. 주희가 손수 글을 써서 사람을 시켜 보냈을 수는 있어도 필시 직접 고전으로 가서 쓰지는 않았다.

8 『속집』 권3 「답채계통」 서9 : "직경直卿(황간)이 또 상을 당하여 돌아갔기에 전날 순창에 가서 조문을 하였습니다. 그가 말하기를, 안장을 한 뒤 이지履之(유지劉砥) 형제와 함께 『예서』를 정리할 수 있겠다고 하였습니다." 『문집』 권84 「제원기중소교참동계후題袁機仲所校參同契後」에 근거하면, "경원 정사 8월 7일에 다시 그곳(◆생각건대, 순창 운당포貫鱉鋪를 가리킨다)을 지나갔다."고 하였다. 이는 곧 순창에 조문을 하러 가는 중에 운당포를 지나간 것이다.

고목이 높이 그늘을 드리워	古木被高陰
대낮에 앉아도 덥지 않네	晝坐不知署
옛사람 마음을 얻으니	會得古人心
흉금을 열고 고요히 말이 없네	開襟靜無語
귀뚜라미 침상에서 울어	蟋蟀鳴床頭
밤에도 잠을 못 이루노라	夜眠不成寐
일어나 책상 위 글을 읽으니	起閱案前書
서풍이 뜨락의 계수나무에 분다	西風指庭桂
서설이 옥처럼 나부껴	瑞雪飛瓊瑤
고요히 매화와 의지하네	梅花靜相倚
홀로 초봄을 차지하고	獨占三春魁
깊이 태극의 이치를 품었네	深涵太極理

— 『태녕현문화관장진적泰寧縣文化館藏眞跡』[9]

---

9 이 사경시四景詩는 주희의 『문집』에는 실려 있지 않다. 참고로 광서光緒(1875~1908) 때 나온 『중찬소무부지重纂邵武府志』 권28 「고적古跡」에 "강 남쪽에 조그마하게 숨은 곳(小隱)에 소균小均이라는 산간의 평지(坳)가 있는데, 주자가 여기서 글을 읽었다. 벽에 시를 제하였는데 시판詩板이 아직도 이 마을 농가에 있다."고 하였다. 지금 남아 있는 석각비石刻碑는 네 기基이다. 이 네 편 시가 태녕泰寧의 소균小均에 전해온다는 설은 황당하며 이치에도 맞지 않다. 생각건대, 주송朱松과 범백달范伯達이 아주 친한 벗이었는데 범백달의 아들 범백숭范伯崇이 주희의 고제가 되면서 서로 왕래가 더욱 긴밀했고, 범백숭이 나중에 태녕에 이거하였으니(*주희의 『문집』 권37 「여적계호원중선생與籍溪胡原仲先生」 및 『속집』 권7 「여유평보與劉平甫」에 보인다), 아마도 이 시는 주희가 태녕에 범씨를 찾아갔을 때 지은 작품이리라.

마치, 답답하여서 평온하기 어려운 주희의 영혼은 이미 『참동계』라는 금단金丹의 신약으로 아무런 딱지를 남기지 않고 아문 듯하였다. 그의 마음은 고요하고 담박하였으나 여전히 공허한 '태극의 이치(太極理)'를 품기를 잊을 수 없었고, 결국 냉혹한 현실로 돌아오지 않을 수 없었다.

그가 태녕에서 고정으로 돌아온 뒤 역당의 금고(逆黨禁錮)라는 대재앙이 들이닥쳤다. 12월 29일, 면주綿州의 지주 왕연王沇이 글을 올려서 위학의 명부를 꾸미라고 주청하였는데, "일찍이 위학의 천거를 받아 관승關陞(경력에 따라 승진함)한 사람 및 형법의 관리로부터 자기를 대신하도록 천거를 받은 사람은 모두 성부省部(상서성과 육부)에서 성명을 기록하여 한가한 자리로 파견하소서."(『경원당금』)라고 하였다. 목적은 그들을 법률상 대역무도한 '역당'으로 확정하고, 이로부터 금고하여서 영구히 서용되지 못하게 하려는 데 있었다.

이리하여 반도학 신임 고관들은 원우당적元祐黨籍의 낡은 수법을 모방하여서 59인으로 이루어진 위역당적偽逆黨籍을 열거하였다.

재집宰執 **4인**

조여우趙汝愚	우승상
유정留正	소보少保, 관문전 대학사觀文殿大學士
왕린王藺	관문전 학사, 지 담주知潭州
주필대周必大	소부少傅, 관문전 대학사

대제待制 **이상 13인**

주희朱熹	환장각 대제 겸 시강煥章閣待制兼侍講
서의徐誼	권 공부 시랑權工部侍郎, 지 임안부知臨安府
팽구년彭龜年	이부 시랑吏部侍郎

진부량陳傅良	중서사인 겸 시강 겸 직학사원中書舍人兼侍講直學士院
설숙사薛叔似	권 호부 시랑 겸 추밀 도승지權戶部侍郎兼樞密都承旨,
	제거 태사국提擧太史局
장영章穎	권 병부 시랑 겸 시강權兵部侍郎兼侍講
정식鄭湜	권 형부 시랑權刑部侍郎
누약樓鑰	권 이부 상서權吏部尙書
임대중林大中	이부 시랑
황유黃由	권 예부 상서權禮部尙書
황보黃黼	권 병부 시랑
하이何異	권 예부 시랑
손봉길孫逢吉	권 이부 시랑

여관餘官 31인

유광조劉光祖	기거랑 겸 시독起居郎兼侍讀
여조검呂祖儉	태부시 승太府寺丞
섭적葉適	태부 소경太府少卿, 회동 재부총령淮東財賦總領
양방楊方	비서랑秘書郎
항안세項安世	비서성 교서랑秘書省校書郎
심유개沈有開	기거랑
증삼빙曾三聘	지 영주知郢州
유중홍游仲鴻	군기감 주부軍器監主簿
오렵吳獵	감찰어사監察御使
이상李祥	국자 좨주國子祭酒
양간楊簡	국자 박사

조여당趙汝讜	첨차감 좌장 서고添差監左藏西庫
조여담趙汝談	전 회서 안무사 간관前淮西安撫使幹官
진현陳峴	비서성 교서랑
범중보范仲黼	저작랑 겸 권 예부 낭관著作郎兼權禮部郎官
왕규汪逵	국자사업國子司業
손원경孫元卿	국자 박사
원섭袁燮	태학 박사太學博士
진무陳武	국자 정國子正
전담田澹	종정시 승 겸 권 공부 낭관宗正寺丞兼權工部郎官
황도黃度	우정언右正言
첨체인詹體仁	태부 경太府卿
채유학蔡幼學	복건 제거 상평다사福建提擧常平茶事
황호黃灝	절서 제거 상평다염공사浙西提擧常平茶鹽公事
주남周南	지주 주학 교수池州州學敎授
오유승吳柔勝	신가흥부新嘉興府 부학府學 교수
이식李埴	교서랑
왕후지王厚之	직 현모각直顯謨閣, 강동 제점형옥江東制點刑獄
맹호孟浩	지 호주知湖州
조공趙鞏	비각 수찬秘閣修撰, 지 양주知揚州
백염진白炎震	신성도부 통판新成都府通判

무신武臣 3인

황보빈皇甫斌	지주 도통제池州都統制
범중임范仲壬	지 금주知金州

장치원張致遠 강남 병마 검할江南兵馬鈐轄

사인士人 8인

양굉중楊宏中

주단조周端朝

장도張衟

임중린林仲麟

장부蔣傅(장전蔣傳)

서범徐範 이상 태학생

채원정蔡元定

여조태呂祖泰

— 『건염이래조야잡기』 갑집 권6

당적 구성은, 도학이 반당叛黨이라는 치욕스러운 기둥에 못이 박혔고, 위도들이 모든 봉건적 군주 전제의 죄악과 재난의 십자가를 짊어졌다는 것을 의미한다. 군권 세력이 청의 세력에 대해 완전한 승리를 획득했던 것이다.

주희는 순창, 태녕에서 돌아온 뒤 두 달 동안 병을 앓아 자기의 이름이 명단에 오른 사실에 대해 아직 그다지 확실하게 깨닫지 못하였기에 전담田澹(*자진子眞)에게 편지를 써서 물었다. "도학을 도당으로 엮은 명적名籍이 있다고 들었는데, 못난 사람(拙者)도 욕되게 그 사이에 들어 있고 그것도 앞줄에 있다고 합니다. 어떤 사람이 한 짓인지, 또 지적한 나머지 사람들은 누구를 말하는지 모르겠습니다. 모두 낱낱이 알려주시기 바랍니다."(『속집』 권5 「여전시랑자진與田侍郎子眞」)

그는 당적의 자세한 상황을 안 뒤에는 오히려 평온하고 익살스러운 말투로 요정로饒廷老(요간饒粹)에게 알렸다. "중간에 '도학道學'이라는 두 글자를 표방했으므로 적절하지 않았고, 또 관을 경유하여 심사하지 않았기 때문에 잘못 끼어들거나 마구 끼워 넣은 사례가 많았는데, 근래에는 '위학僞學'이라고 이름을 바꾸고 또 허실을 보증하라고 책임을 지웠습니다. 이에 참과 거짓이 비로소 판가름 났습니다."(『속집』권6 「여요정로與饒廷老」) 그는 다만 무미건조하고 번쇄한 『예서』의 편정에 몰두하면서 스스로를 마취시켰으며, 자기의 남은 마지막 정력을 쏟아부었다.

그러나 당적이 세상에 공포된 뒤 도학자들의 정신은 붕괴하였다. 그들 가운데 백기를 들거나 침묵하고 보신을 꾀하는 사람들을 제외하고 많은 사람들이 정신적인 억압과 곤욕스러운 곤경 속에서 울울하게 죽어갔다. 경원 4년(1198)에는 잇달아 장진張栻·정식鄭湜·황애黃艾·등일鄧馹·여조검·채원정·오필대와 같은 도학의 명사들이 병으로 죽었다. 이에 주희는 감상에 젖어 이벽李璧에게 보낸 편지에서, 도학의 금고로 집안에서 스산하고 쓸쓸하게 지내는 참경을 털어놓았다.

> …… 친척과 벗들마저 죽었습니다. 채계통蔡季通(채원정)과 여자약呂子約(여조검)이 모두 폄소貶所(배소, 유배지)에서 죽어서 사람의 마음을 아프게 합니다. 이제는 더욱 살아갈 뜻이 없어 결코 다시는 오래 버틸 재간이 없습니다. 남은 날들을 아끼는 까닭은 바로 편집한 『예전禮傳』이 이미 대략 실마리를 보았으나 아직 완성을 보지 못했기 때문입니다. 만약 다시 몇 년 동안이라도 살아서 매듭지을 수 있다면 또한 눈을 감을 수 있을 것입니다. …… 올해 민閩 땅에서는 정鄭(정식)·황黃(황애)·등鄧(등일)이 모두 죽어서 분위기가 극히 쓸쓸합니다. 양자직楊子直(*양방)은 사록관이 되었다가 또 논박을 당했고, 항평보項平父(*항안세)도 듣자 하니 두문불출한 채 감히 사람을 만나지 않고

있다고 합니다. 그 밖의 우리 사람들은 곳곳에서 머리를 감추고 고개를 움
츠리며 감히 숨도 쉬지 못하고 있으니 매우 우스운 일입니다.

—『문집』권38「답이계장答李季章」서4

경원 4년(1198) 8월 9일에 채원정이 도주에서 임종하기 전 편지를 써서 주
희에게 고별하였다. "저는 선생께서 버리시지 않은 덕에 40여 년 만나면서
좌우에 있지 않은 적이 없었으나 운수가 다하고 팔자가 박하여서 가르침을
끝까지 듣지 못하겠습니다. …… 오직 선생을 뵙지 못하는 것이 한스럽습니
다. 천하에 인재가 없음은 근심하지 않으나, 다만 스승의 도가 서지 않음이
염려스럽습니다."(『여봉채씨족보廬峯蔡氏族譜』권3 및 『경원당금』)

주희는 채원정이 유배지에서 죽자 비통한 나머지 거의 말을 할 수도 없었
다. 채원정의 영구가 건양으로 돌아와 매장될 때 큰 병중이던 주희는 제문을
지어서 아들에게 들려 보내 곡을 하고 제사를 지내게 하였다. 채원정을 다음
과 같이 애도하였다. "정예精詣로운 식견, 탁월한 재능, 굽히지 않는 의지, 막
히지 않는 언변을 다시는 볼 수 없네! 하늘이 이 사람을 낳으심은 과연 무엇
을 위함인가?"(『문집』권87「우제채계통문又祭蔡季通文」)

당시 서산西山(채원정)을 위해 곡하고 애도한 수많은 시 가운데 주희의 제자
이며 명시인인 장천章泉 조번趙蕃이 지은 한 수가 가장 침통하다.

두견이 우는 숲에서 시를 바쳤는데	鵑叫春林辱贈詩
기러기 상강 포구에서 슬픈 소식 전하네	鴈回湘浦忽傳悲
난초는 말라 죽어 온 초나라가 어지럽고	蘭枯蕙死迷三楚
비와 연기는 구의산을 뒤덮었네	雨暗烟昏礙九嶷
일찍이 힘차게 격문을 띄우더니	蚤日力辭公府檄

늘 2막에 이름이 당적에 들었네	暮年名入黨人碑
아! 계찰季札은 연릉에 묻혔으니	嗚呼季子延陵墓
돌에 새기지 않아도 행적을 알리라	不待鑱詞行可知

―『후촌시화後村詩話』 전집 권2

주희는 곡을 하고 싶어도 오히려 눈물이 나오지 않았다. 그는 오직 부자夫子(공자)가 연릉 계자延陵季子(계찰)의 묘에 글을 쓴 것을 본떠서 '아! 송의 채계통 어른의 묘(嗚呼有宋蔡季通父之墓)'라는 묘갈墓碣을 크게 쓰고, 아울러 두 사람이 서로 주고받으며 강론한 서찰을 편집한 『옹계록翁季錄』으로 기념을 삼았다.

그러나 반도학 신임 고관은 줄곧 역당에 대해 사정을 봐주지 않았다. 당적을 꾸민 뒤 그들은 또 앞뒤로 황유黃由·양방楊方·황호黃灝·진겸陳謙 등을 탄핵하여서 내쫓고 파직하였다. 경원 4년 4월에 우간의대부 요유姚愈가 조확에게 건의하였다. "근세에 위험한 일을 하면서 요행을 바라는 무리가 도학이라는 이름을 창도하고, 권신이 그 설을 힘써 주도하여 사당死黨을 결성하였습니다. 폐하께서는 조서를 밝히 내리셔서 천하에 널리 포고하소서." 조확은 과연 살기등등한 조서를 내려서 위도僞徒가 "끝내 잘못을 고치지 않으면 나라에는 정당한 형벌이 있으니 반드시 벌을 주고 용서하지 않으리라!"(이상 『경원당금』) 하고 선포하였다.

7월에 또 도대천진다마都大川秦茶馬(사천·섬서 지역의 차와 말을 관장하는 관리) 정봉丁逢이 당년의 소철蘇轍과 임백우任伯雨의 말을 인용하여서 '건중 조정建中調停(송 휘종이 신법당과 구법당을 조정하여서 병용한 일을 일컬음)'의 해害를 통렬하게 논박한 뒤 당시 어떤 사람이 설숙사·섭적의 절충론을 쓰려는 것에 반대하였다. 정봉은 본래 가짜 도학자였다. 주희는 요정로에게 보내는 편지에서 기회를 엿보아 출세를 꾀하는 정봉을 다음과 같이 풍자하였다. "정생丁生(정봉)이 지난해

군거君擧(*진부량)를 대신하여 계양桂陽에서 스스로 그의 시집詩集을 새기고, 군거에게 부탁하여서 서문을 쓰게 하였습니다. 이때는 대체로 모임에 들어갈 것을 구하였으나 이루지 못하였고, 오늘에 이르러 이런 말을 하니 본래 소인의 보통 행태입니다."(『속집』권6 「여요정로」)

무뢰한 관료, 곡학아세하는 문인, 명사인 체하는 정객들이 다투어서 시대의 풍조에 영합하는 주서奏書를 어지러이 올렸다. 주희는 황간에게 보내는 편지에서 분노와 탄식을 금할 수 없었다.

> 나아가기를 구하는 자는 (도학을 금하라는) 충언을 그만두지 않는데, 다시 소철·임백우의 주장奏章이 있으니 (정확한 내용을) 이미 보았으리라 생각된다. (소철·임백우처럼 주장할 수 있는 사람은) 대체로 서徐(*서의)와 섭葉(*섭적)일 뿐이다. 그러나 이같이 시끄러운 일이 어느 때 끝나려나? 이틀간 일이 없어서 한가하게 『장편長篇』(『속자치통감장편續資治通鑑長編』)을 읽었는데 숭녕崇寧(송 휘종 1102~1106)과 대관大觀(송 휘종 1107~1110) 이후는 대개 이와 같으니, 매우 두렵다.
> ─『속집』권1 「답황직경」서48

봉건시대의 청의 세력은 줄곧 봉건 체제 정권 내부에서 일종의 군권을 제한하는 조절의 역량을 발휘하였으나, 법률적 역량이 아니라 문화적·도덕적 역량으로 군권을 제한하였다. 일단 이 청의의 역량이 해체되면 군권은 마치 제방이 터진 물처럼 폭군의 독재로 향하거나, 아니면 곧 근습이나 환관 혹은 외척이 권력을 독점하는 국면을 조성하였다.

과연 경원 4년(1198)에 꾸며낸 당적을 근거로 도학자들을 봉건 정권에서 말끔히 몰아낸 뒤 한탁주는 조정을 장악하고 대권을 독점한 사실상의 황제가 되었다. 이해에 한탁주는 태부太傅가 되고, 이듬해에 평원군왕平原君王에 봉

해졌다. 사방에서 떠들썩하게 그를 기리는 글을 올려 일컫기를 '우리 왕(我王)'
이라 하고, 공이 '이(伊)(이윤伊尹)·곽霍(곽광霍光)·단旦(주공 단周公旦)·석奭(소공 석召公奭)'
의 위에 있다고 하였다. 글을 올려 주희를 참하라고 했던 여철은 한탁주에게
'구석九錫'을 더하라고 청하였다. 주희가 가장 두려워했던바, 근습이 국병國柄
(국가권력)을 전횡하는 일이 현실로 되었던 것이다.

한탁주는 총애하고 신뢰하는 두 '똘마니(厮役)'인 소사단蘇師旦과 주균周筠을
각각 자기의 왼팔과 오른팔로 삼았다. 두 사람은 장수와 결탁하고 매관매직
을 일삼았으므로 그 문 앞이 저자와도 같았다. 이들은 삼아三衙(송 대 금군을 관
장하던 기구. 전전사殿前司, 시위친군마군사侍衛親軍馬軍司, 시위친군보군사侍衛親軍步軍司)에서부터
여러 수사帥司에 이르기까지 저마다 관직의 값을 정하고 한 자리에 작게는 10
만 민緡에서 많게는 100만 민에 가까운 돈을 받고 팔았다. 나중에 두 사람이
몰락하고 법의 처벌을 받았을 때 소사단의 집 안에서 찾아낸 재물만 금박金箔
의 금 29,250편片, 금전 60변緶(꿰미), 마제금馬蹄金 15,720냥, 과자금瓜子金 5두
斗, 생금生金으로 만든 나한羅漢 500존尊(*각각 길이 2척 5촌), 금제 주기酒器 6,730
냥, 채천釵釧(비녀와 팔찌. 장신구)의 금 143편, 금제 허리띠 12조條였다.

한탁주는 더욱 사치와 탐욕이 극에 달하였다. 경원 3년(1197)에 자복태후
慈福太后가 무림산武林山 동쪽 기슭의 남원南園을 한탁주에게 하사하였다. 이 원
림園林에는 향산香山의 십상금十祥錦이라는 명승이 있고 기이한 바위가 첩첩한
동천洞天이 열 군데 있었는데, 동천에는 정자가 있어서 그 꼭대기는 무늬를
넣은 비단으로 단장을 하였고 가산假山과 빼어난 돌로 꾸몄으며, 높은 전망대
와 웅장한 누각까지 갖추고 있어서 신선의 동부洞府보다 나았다. 원림에 들어
가면 사흘이라야 한 바퀴 두루 유람할 수 있어서 육유陸游마저도 다음과 같이
경탄하였다. "소흥 이래 왕공장상王公將相의 원림이 서로 다투었지만 남원을
방불하게 하는 것은 없었다."(『남원기南園記』)

한탁주는 태실太室의 삼모산三茅山 곁에 돌로 단을 쌓고 단약을 구웠는데, 여 도사余道士라는 이에게 불의 조절을 맡기고 '사람들이 볼 수 없게 하여서 마치 신선이 되었나 하고 의심하게'끔 하였다. 또 보련산寶蓮山 아래에는 산을 깎아 원림을 만들었으며, 열고당閱古堂을 세우고 열고천閱古泉을 끌어들인 뒤 마노석을 쌓아서 연못을 만들었다. 그곳에는 우뚝한 봉우리와 기이한 돌, 얕게 굽이진 늪, 깊고 그윽하게 고인 물이 있어서 사람들은 '복지동천福地洞天으로 여기고, 원정園亭으로 여기지 않았다.' 그에게는 애첩(嬖妾)으로 장담張譚과 왕진王陳 등 '네 부인(四夫人)'이 있고, 그 아래로는 웃음을 팔고 총애를 다투는 '열 비첩(十婢)'이 있었는데도 만족할 줄 몰랐다.

아첨을 떨어서 잇달아 승진을 한 간의대부 정송程松이라는 사람이 있었다. 그는 미인 한 사람을 사서는 '송수松壽'라고 이름을 지은 뒤 한탁주에게 바쳤다. 한탁주가 이상하게 여겨서 이런 이름을 지은 까닭을 묻자 그가 대답하였다. "천한 제 이름이 늘 귀하신 분의 귀에 들리게 하고자 한 것일 뿐입니다." 이렇게 한탁주를 한껏 추어올린 정송은 단숨에 동지추밀원사의 보좌에 올랐다.

일찌감치 주희는 일단 군주의 마음이 바르지 않고 근습이 권력을 농단하면 반드시 인욕人欲이 횡행하고 삼강오상이 무너져서 국가가 크게 어지러워진다고 예언하였다. 바로 한탁주가 권력을 장악한 경원 문화전제의 시기에 봉건사회의 천년간 쌓인, 썩어 문드러지고 더러운 냄새가 나는 모든 부생腐生 생물이 시대의 꽃으로 떠올라서 중국의 특산물인 투기꾼, 정상배, 밀고자, 아첨꾼, 학식이 없고 무능한 명사, 웃음만 짓는 청관淸官이 어지러이 황제의 신변에 발탁되고 모여들어서 한바탕 이학 문화의 목숨을 바꾸려는(革命) 광란의 저속한 희극이 진행되었다.

가장 아첨을 잘하는 임안의 안무사 조사택趙師擇은 어떤 사람이 견줄 데

없이 화려하고 귀한 북주관北珠冠 넷을 사서 '네 부인'에게 바쳤다는 말을 듣고 즉시 관전 10만 민을 들여 북주관 열 개를 사서 '열 비첩'에게 바쳤다. 한탁주의 생일날 백관이 다투어 진기한 보물을 그에게 바쳤는데, 마지막으로 조사택은 볼품없는 작은 갑 하나를 바쳤다. 열어 보았더니 뜻밖에도 속금포도粟金蒲桃 작은 틀이 하나 있고 그 위에는 야광주 100여 알이 박혀 있었다. 조사택은 아주 신속히 공부 시랑으로 승진하였다.

한번은 한탁주가 문객들과 함께 남원에서 술잔치를 벌였는데 대나무 울타리를 두른 초가집(茅舍)을 가리키며 말하였다. "참으로 시골집 분위기가 나지만 개가 짖고 닭 우는 소리가 빠졌구나." 말이 끝나자마자 풀숲에서 개 짖는 소리가 들려왔다. 여러 사람이 보았더니 바로 조사택이 그곳에 엎드려 있었다. 태학생이 시를 지어서 다음과 같이 풍자하였다. "비웃음을 견뎌내고 조정의 관원이 되더니 / 기꺼이 촌장에서 개와 닭이 되었다 / 어느 날 빙산이 힘을 잃으니 / 탕에 넣고 솥에서 삶아 칼로 자른다(堪笑明庭駕鷲, 甘作村莊犬鷄. 一日冰山失勢, 湯燖鑊煮刀刲)"(『송패류초宋稗類鈔』 권2)

일찍이 한때 도학의 맑은 이름을 지닌 적이 있던 허급지許及之는 한탁주의 문에 의탁하여서 이부 상서로 승진했는데도 만족하지 못하고, 한탁주의 면전에 달려가 무릎을 꿇고 엎드려 눈물을 흘리며 통곡을 하여서 관직을 구하였다. 한탁주가 그를 동지추밀원사에 제수하였다. 한번은 한탁주의 생일에 문무백관이 모두 조정에 가서 축수를 하는데 허급지가 한발 늦는 바람에 문지기(閽人)가 벌써 궁문을 닫아걸어버렸다. 그는 곧 곁에 나 있는 작은 수문을 통해 몸을 굽혀서 기어들어갔다. 사람들이 모두 그를 보고 웃으며 '수챗구멍 상서, 무릎 꿇은 집정(由竇尙書, 屈膝執政)'이라고 하였다.

주희 문하의 도학 반역자 부백수傅伯壽는 역겨울 정도로 한탁주를 치켜세우며 축하의 말을 하였다. "맑고 깨끗하면 바야흐로 범방范滂(후한의 청렴한 관리.

당고의 화로 옥사하였다)을 본받고, 멋대로 날뛰면 대뜸 양기梁冀(후한의 외척, 권신. 전
횡을 일삼다가 일가족이 모두 몰살하였다)를 만나게 됩니다. 사람들은 부끄러움도 모
르고 모두 우상右相을 산처럼 의지하려고 하지만, 저는 남들과 달라서 홀로
한 공韓公을 북두성(斗)처럼 우러러봅니다. 향하시는 바를 먼저 알아서 (한탁주
의) 가마(熔陶)에서 나오기를 원합니다."(『제동야어』 권13) 곧 그는 절서浙西의 헌관
에서 곧바로 첨서추밀원사簽書樞密院事가 되었다.

일찍이 한탁주가 어렸을 때 가르쳤던 스승으로서 꽁생원인 시골 서당의
훈장 진자강陳自强이 있었다. 한탁주가 묘당에서 시종관들에게 "진 선생님은
노유老儒이신데 빛을 보지 못하시니 걱정스럽다."며 그에 대해 한마디 하였
다. 다음 날 시종관들이 분주히 진자강의 추천장을 올리니, 진자강은 3년 동
안에 수직 상승하여서 태학록太學錄, 태학 박사, 국자 박사, 비서랑, 우정언, 간
의대부, 어사중승을 거쳐 첨서추밀원사가 되었다. 참으로 아침에 포의布衣의
선비였다가 저녁에 재보宰輔의 자리에 오른 격이었다.

이와 같이 추악한 패거리가 난무하는 신임 고관의 조정에 대해 주희는
「개구리 소리를 듣다(聞蛙)」라는 시를 지어서 경멸하며 풍자하였다.

성난 개구리 두 마리 봄 연못에서 싸우고	兩樞盛怒鬪春池
개 떼는 한소리로 짖어 새벽 날 장막 안에까지 들리네	群吠同聲徹曉帷
한바탕 떠들썩하게 일을 벌인 것 같기는 하나	等是一場狼藉事
공인지 사인지 묻는 사람 없네	更無人與問官私

—『문집』 권9

'개구리 두 마리(兩樞, 兩蛙)'란 동서 두 부府를 암시하며, 개구리가 시끄럽게
울고(蛙噪) 개가 짖는 소리(犬吠)는 반도학 신임 고관의 도리에 어긋난 갖가지

행위를 가리킨다.(저자는 群吠를 개 짖는 소리로 보았으나, 시의 맥락상 개구리 떼가 우는 소리로 보아야 한다. — 역자 주)

주희는 이와 같은 시끄럽고 소란스러움을 멀리 피하려고 경원 4년(1198) 가을에 번화한 시장 가까이 있는 고정에서부터 숭안崇安 오부리五夫里로 숨어들었다. 창주정사는 황량하고 냉랭해졌다. 그는 정가학鄭可學에게 보낸 편지에서 다음과 같이 말하였다. "이곳은 여름에는 다만 정사精舍에 벗이 몇 사람 있었지만 내가 시끄러운 곳을 피해 산으로 들어간 뒤 결국에는 모두 흩어져 가버렸습니다. 지금은 그 방들이 빈 지 오래되었습니다. 아마도 상황(火色)이 이와 같으니 저들 스스로 감히 이곳으로 오지는 못할 것이고, 나 스스로도 그들이 오기를 감히 바라지 못합니다."(『문집』권56 「답정자상答鄭子上」서16) 아주 빠르게 '정사도 풀이 무성하게 뒤덮이게' 되었던 것이다.

그러나 주희는 궁벽하고 깊은 산중에서 읽을 만한 책이 없어 고민을 하였는데, 양만리가 그런 그에게 편지를 써서 우스갯말을 하였다. "계장契丈이 다시 오부로 돌아간 뒤 드디어 찾아오는 수레와 말의 시끄러운 소리가 들리지 않게 되었으니(遂無車馬喧), 이는 제가 축하할 일입니다. 그러나 편지에서 말씀하신 대로 거처가 궁벽하고 책을 빌릴 곳이 없고 물을 만한 사람이 없어서 의심나는 뜻을 풀이할 방법이 없기에 고민이라고 하셨습니다. 참으로 허명을 피하고 고요함을 참기 어려움이 이와 같단 말입니까!"(『성재집』권105 「답주시강答朱侍講」)

조정의 신임 고관도 자연 도학의 우두머리가 허명을 피하여 고요한 곳에서 거처하도록 두지 않았다. 12월에 주희가 글을 올려서 나이 일흔이니 치사致仕하겠다고 청하였을 때 그들은 모두 눈썹을 치켜뜨고 눈을 부라리며 인준을 하지 않았고, 건녕 지방에서도 '여리閭里에서 멋대로 논의하고, 관리들은 지나치게 의심하면서 모두 말하기를, 죄지은 사람은 벼슬에서 물러날 일이 없는데 부당하게 어리석음을 무릅쓰고 스스로 편안함을 추구한다고 하기에, 시간을 끌면서 머뭇거리다가 조목에 따라 아뢰지 못하였다.'(『문집』권23 「여재집차자」) 권력을 장악한 신임 고관은 도학에 대해 또다시 새로운 박해의 음모를 조성하기 시작하였다.

조여우가 내선을 통해 천자를 옹립하려고 했을 때 직성관直省官 채련蔡璉이라는 사람이 몰래 엿듣고서 기밀을 누설하려고 하였다. 조확이 즉위한 뒤 채련은 가벼운 유배형에 처해졌다. 그러나 경원 4년 겨울에 그는 유배에서 풀려나 임안으로 돌아온 뒤 곧바로 권력을 장악한 신임 고관이 도학을 타격하는 데 아주 쓸모 있는 수단이 되었다. 채련은 곧 조여우가 천자를 옹립할 때 다른 계획을 꾸미고 야심을 품었다며 무고하여서 70여 장이나 되는 자술서를 써냈다. 이로써 마침내 위당僞黨은 역당逆黨이라고 하는 확고부동한 증거가 확보되었다.

경당과 유덕수는 팽구년·증삼빙·서의·심유개·섭적·항안세 등 '위도'들을 체포하여 대리시大理寺에 보내기로 결정하였다. 중서사인 범중예范仲藝가 소매 속에 녹황綠黃을 감추고 한탁주를 보면서 경고하였다. "장돈章惇과 채확蔡確의 권세가 성하지 않았던 것은 아닌데 지금에 이르러 청의淸議에 죄를 얻은 까닭은 문자옥文字獄과 같이 되었기 때문입니다." 한탁주는 두려움을 이기지 못하며 말하였다. "나도 애초에는 이럴 생각이 없었지만 제공諸公(*경당, 유덕수 등을 가리킨다)에게 압박을 받아서 어쩔 수 없었습니다." 그는 마침내 감히 대규모의 체포를 진행하지 못하였다.

사실 이렇게 된 주요한 까닭은 좌상 여단례余端禮가 도학을 두둔하고, 반도학파 조언유趙彦逾가 직접 나서서 채련의 무고가 사실이 아님을 실증함으로써, 권력을 장악한 신임 고관이 대대적인 옥사를 일으켜 역당을 체포한다는 음모가 뜻대로 되지 않았기 때문이다. 양만리는 「여단례묘지명余端禮墓誌銘」에서 이 사건의 진상을 폭로하였다.

> 허황한 말을 꾸며서 글을 올린 자가 있었는데 무함하는 말이 점점 스며
> 들어서 거의 차마 들을 수가 없었다. …… 공(*여단례)과 촉蜀의 안무사 조언
> 유 공에게 즉위의 본말을 기록하여서 올리라고 조칙을 내렸다. 대체로 조
> 공과 승상(*조여우)은 일찍이 혐의가 있었다. 공은 승상과 번갈아 재상이 되
> 었는데, 서로 마음이 맞지 않았다. 그 사이에서 함부로 승상을 헐뜯는 사
> 람이 나타나 마침내 큰 옥사가 일어나고 한 시대의 명사를 일망타진하였
> 다. 공은 밥을 먹어도 삼킬 수가 없고 잠자리에 들어도 잘 수가 없기에 어
> 서 빨리 사자使者가 되어서 성도成都로 달아나 정도를 지켜서 함께 사퇴하
> 려고 하였다. 그러나 뜻을 이루지 못하였는데, 조 공이 본말에 관해 지은
> 글이 이르렀다. 공이 복사본을 취해서 보고 말하였다. "전체 내용은 타당
> 하다." 공이 지은, 갑인년(1194) 등극(龍飛)의 사실은 모두 승상 조 공의 공적
> 만 밝히고 자기가 협찬한 힘에 대해서는 진술하지 않았다. 그 표현은 은미
> 하나 의미는 뚜렷하며 논의는 평이하고 사실에 맞는 내용인지라 비록 당
> 시 여론이 불쾌하게 여기는 바가 많았으나 간사한 꾀가 마침내 그쳤다.
>
> ─『성재집』 권124

주희는 여단례가 쓴 즉위의 본말에 관한 상주문을 읽은 뒤 다시 한 번 찬
탄하며 다음과 같이 말하였다. "여 승상의 이 글은 진실을 잃어버리지 않았
다!"(동상) 그리고 제자들에게 이 글을 사방에 퍼뜨리라고 하였다.

그러나 역당의 큰 옥사가 성사되지 않았음에도 불구하고 장부張釜·진자강
陳自强·유삼걸劉三傑·장암張巖·정송程松이 잇달아 끊임없이 상소를 올려서 경원
5년(1199) 정월에 팽구년에게는 세 관직을 회수하여 정지시키고, 증삼빙에게

는 두 관직을 회수하였으며, 채련에게는 진의 교위進義校尉에 발탁하는 포상을 내렸다. 문자옥은 여전히 그치지 않고 면면히 이어졌던 것이다.

경원 5년 2월, 주희는 또 유광조劉光祖가 방주房州로 귀양 갔다는 소식을 들었다. 유광조는 「부주학기涪州學記」에서 "학자는 성인의 도를 밝혀서 자기를 수양하는 사람이건만 지금 세상은 바야흐로 도를 거짓이라 하고 학문을 버려야 할 물건으로 여긴다. 좋은 것과 나쁜 것은 한때 나올 뿐이지만 시비는 만세에 정해진다."(『자치통감후편資治通鑑後篇』 권131)는 말을 해서 고발을 당하였다. 장부가 곧 상주하여 유광조를 '좌역불신佐逆不臣(역적을 돕는, 신하답지 못한 신하)'의 5대 죄목으로 탄핵함으로써 유광조는 직책을 잃고 방주房州에 거주하였다. 주희는 매우 두렵고 놀라서 유광조에게 보내는 편지에서 절망스럽게 탄식하였다. "문득 조보朝報에서 방릉房陵으로 가신다는 내용을 보고, 슬퍼서 침식을 모두 폐하고 여러 날 마음을 놓을 수 없었습니다. …… 우리 도道의 궁함이 한결같이 이 지경에 이르렀군요!"(『문집』 권38 「여유덕수광조與劉德修光祖」)

그러나 허약한 문화전제를 지어낸 자들은 시간이 흐를수록 도리어 전국에 심각하게 분노와 반항의 정서가 잠복해 있음을 느꼈다. 특히 채련이 무고에 실패한 일은 그들로 하여금 거리낌을 느끼고 마음에 두려움을 품게 하였으며, 감히 경솔하게 도학의 우두머리를 향해 칼을 빼들 수 없게끔 하였다. 그래서 유광조가 좌천된 뒤 조정에는 뜻밖에도 한동안 표면적으로 평정한 상태가 되어서 주희는 진자진陳子眞에게 보낸 편지에 이상하다고 여기기까지 하였다. "근래 논의가 조금 가라앉은 듯한데 끝내 어떻게 될지 모르겠습니다."(『별집』 권1 「진자진陳子眞」)

이때의 잠시 평정한 틈은 주희에게 좋은 기회를 제공하였다. 경원 원년 (1195) 이래 줄곧 지연되고 저지되었던, 늙음을 고하고(告老) 벼슬에서 물러나려던(致仕) 그의 소원이 실현되어 4월에 조정에서는 주희를 조봉대부朝奉大夫로 치사致仕하도록 비준하였던 것이다. 이는 그가 정식으로 정치 무대에서 은퇴함을 드러내는 일이었다. 이로써 그의 정치생명은 결말을 선고하였다. 그의 마음은 천만 갈래로 뒤얽혀서 기쁜지 슬픈지도 몰랐고, 밑도 끝도 없이 노래와 울음이 섞여 나왔다.

그는 자기의 치사를 영탄하는 시 두 수를 연달아 지었는데, 그 가운데 한 수에서 다음과 같이 읊었다.

마침내 벼슬에서 물러나 은퇴를 하라고 허락받음에 진소원 어른이 시로써 축하하므로, 화답하고 나서 다시 한 수를 읊다

蒙恩許遂休致陳昭遠丈以詩見賀, 已和答之, 復賦一首

오랫동안 빈 접시에 비쭉비쭉 거여목 나물만 담겨	闌干首蓿久空槃
파리하고 마른 몸 허리띠 느슨해진 걸 몰랐네	未覺淸羸帶眼寬
늘그막에 간악한 무리 빛을 봐	老去光華姦黨籍
줄곧 시신들이 수모를 받았네	向來羞辱侍臣冠
이 도가 끝내 막히지 않음을 아노니	極知此道無終否
한가로운 이 몸 잠시 편안함을 즐기네	且喜閒身得暫安
중천에 이른 한의 운명 어찌 집작하랴?	漢祚中天那可料
내년은 또 원숭이 해라네	明年太歲又涒灘

—『문집』권9

주희는 자기가 늘그막에 당적에 들어가 추방된 신하로 물러나서 오로지 배를 타고 여울에서 낚시나 하며 나머지 삶을 보낼 수밖에 없다는 느낌이 들었다. 그러나 넓고 넓은 우주의 한 기운은 커다란 녹로처럼 사물을 만들어내며, 도는 끝내 막힘이 없어서 그의 군건한 신념을 만들어냈다. — 이는 또한 그가 경원 문화당금과 한탁주의 전제에 대해 내린 흉험한 예언이었다.

그는 백발의 추방된 신하로서 남송 산하의 파괴와 국운의 쇠퇴라는 점에 대한 모든 근심과 울분, 군주를 속이고 충량한 신하를 모함하여 해치는 신임 고관에 대한 모든 원한, 도학이 밝지 않고 당고가 횡행하는 현실에 대한 모든 슬픔과 원한을 이 시의 마지막 두 구절에 응축하였다. 그는 눈물을 흘리면서 시 뒤에 또 몇 구절을 덧붙였다. "건륭建隆 경신년(960)은 지금 기미년(1199)으로부터 240년 전이다! 내가 기억하기에, 일찍이 나이 열 살 때 선친께서 개연히 나를 돌아보시며 말씀하시기를 '태조께서 천명을 받으신 지(受命) 지금 180년째이다' 하시고서 오랫동안 탄식하셨다. 선친의 교훈을 마음에 깊이 새겼는데 올해 육십갑자가 또 시작되었다. 몸은 쇠하고 병들어서 영락해지며 끝내 신하의 책임을 조금이라도 지지 못한다. 이에 이 시로 화답하고, 아울러 그 말을 기록해서 자식들에게 보이며, 그로 인해 마음이 아프고 감개하여 눈물 흘린다."(동상)

60년 전은 진회秦檜가 권력을 전횡했고 60년 뒤는 한탁주가 권력을 전횡하였으니, 이른바 '중천에 이른 한漢의 운명'과 '240년'이란 표현은 한 대 재이가災異家의 '삼칠三七(*210년)' 설과 양웅揚雄의 『법언法言』에 나오는 '한이 일어난 지 210년째에 중천에 이른다'는 예언을 차용한 것이다. 한漢 재이가의 '삼칠' 설이란 한 고조가 개국하고 삼칠, 곧 210년 뒤 재액을 당하여서 한의 운수가 중간에 쇠퇴하고 '삼칠'의 시점에 조대朝代가 바뀐다는 예언으로서, 왕망王莽이 바로 이 재이가의 '삼칠' 설을 이용하여 한의 국권을 찬탈하고 신新을 세웠다.[10]

---

10 한 대 재이가의 '삼칠' 설에 관해서는 졸저 「『法言』'漢興二百一十載而中天'發微」에 상세하다.

경원 연간에 송의 운수는 240년이 되었으니, 바로 '삼칠'의 시점이다. 그러므로 주희가 '중천에 이른 한의 운명 어찌 짐작하랴?' 하고 읊은 것은 분명히 한탁주를 왕망에 견주어서 송의 운명이 장차 끝남을 슬피 애도한 표현이다. 그러나 '신하의 책임을 조금이라도 지지 못한다'고 말한 것은 바로 그가 전담田澹에게 보낸 편지에서 다음과 같이 슬피 탄식한 내용을 가리킨다. "음침하고 사악함이 안팎으로 하늘을 속이고 사람을 속이니, 바야흐로 이러한 때에 머리를 들어 한번 울어서 깨우치기를 기약하지 못하고, 다만 스스로를 보전하는 계책에만 위축되어서 신하의 책임을 영영 저버리고 있으니 어찌해야 합니까, 어찌해야 합니까!"(『속집』 권5 「여전시랑與田侍郞」 서4)

주희는 자기가 충성을 다하는 충신이 되지 못했음을 탄식하고 있지만, 또한 끝내 양웅과 같은 '망대부莽大夫'가 되지는 않았다는 사실을 다행으로 여겼다. 이는 어쩌면 그에게 더욱 좋은 일생의 귀결이었으리라. 제자 유약劉爚이, 그가 늙음을 고하고 치사한 일에 대해 '50년의 공안公案을 매듭지은 일'이라고 축하했을 때, 그는 씁쓸히 웃으면서 대답하였다. "그러나 저보邸報를 보니 오히려 연루되었다는 말이 있음을 면치 못하였습니다. 다만 여러 현인들이 다시 자세히 살펴보고서 현명한 손길(哲手)로 기꺼이 놓아주려 하지 않을까 두렵습니다."(『속집』 권4 「답유회백答劉晦伯」)

치사한 뒤 주희는 건양의 고정으로 돌아와 야복野服을 입고 손님을 맞이하기 시작했다. 여러 해 암울하고 처참한 당고를 겪으면서 그는 처음으로 숨을 내쉴 수 있다고 느꼈다. 그가 경원 4년(1198)에 어떤 사람을 위해 쓴 제발題跋 세 편과 경원 5년에 놀랍게도 단숨에 쓴 제발 스물다섯 편을 보기만 해도 늙음을 고하고 물러난 뒤의 정신적 홀가분함과 위안이 드러나 있다. 그가 마지막 얼마 남지 않은 생애에서 여전히 유일하게 부지런히 쉬지 않고 추구한 일은 바로 목숨처럼 좋아했던 저서와 학설을 명산에 간직하고 후세에 전

하기를 바란 일이었다. 다시는 세간의 정치적 당금과 문화혁명의 세찬 바람
이 늙음을 고하고 물러난 이 도학 수괴의 냉정하면서도 집착하는 영혼의 깊
은 바닥에까지는 불어오지 않았다.

朱子評傳

제23장

나의 태현을 지킨다 : 평생 학문의 제3차 총결

한유의 문장과 굴원의 부賦 사이에서 마음을 노닐다

공동 도사空同道士와 『주역참동계周易參同契』

경학 대사와 경학의 제자들

한유의 문장과 굴원의 부賦 사이에서 마음을 노닐다

주희는 양웅揚雄과 같은 '망대부莽大夫'가 될 수는 없었다. 그러나 그는 양웅이 이루지 못했던 '나의 태현을 지키(守吾太玄)'려고 하였다. 그는 문화적 금고禁錮 가운데서도 굽히지 않고 고집스럽게 버텼다. 이학理學이 금지 구역이 되자 그는 박학樸學(고증학)을 연구하였으며, 도학道學이 금단의 열매가 되자 문학을 연구하고, 사서학四書學이 금지 권역이 되자 오경학五經學을 연구했으며, 주정학周程學이 금단의 고기(禁臠)가 되자 이단학異端學을 연구하였다. 바로 이런 변신은 그의 만년에 마지막으로 더욱 번뜩이는 학문 저술의 최고봉에 이르도록 촉진하였고, 또한 그가 한 시대의 유종(一代儒宗)일 뿐만 아니라 한 시대의 문종文宗이라는 문화적 지위를 성취하게끔 하였다.

그가 경원 3년(1197)에 당금이 고조되는 가운데 완성한 『한문고이韓文考異』는 그의 박학 정신을 가장 강렬하게 드러냈으며, 그를 송 대의 가장 걸출한 교감가校勘家의 지위에 자리매김하였다. 일찍이 순희 16년(1189)에 포전莆田의 방숭경方崧卿이 『한집거정韓集舉正』을 출판하였는데, 이것이 주희의 주의를 끌었다. 소희 3년(1192) 정월에 주희는 「발방계신소교한문跋方季申所校韓文」을 써서 『한집거정』의 장단점을 평론하고, 한유韓愈의 문집 교정에 대한 자기 생각을 제시하였다.

나는 어려서부터 한유의 문장을 즐겨 읽었는데 세상에 좋은 판본이 없음을 늘 흠으로 여겼다. 그리하여 매번 정밀한 교정본을 널리 유포하고자 하였으나 그럴 겨를이 없었다. 지금 살펴본 방계신方季申(방숭경方崧卿)의 이 판본은 교정이 정밀하고 변증이 상세하니 그 노력이 근실함을 알 수 있다. 다만 『한집거정』 편에서 세운 네 가지 조례는 자못 서로 모순된 것이 있고, 또 여러 판본의 같음과 다름을 다 드러내지 못하였으므로 지극히 좋은 것은 아니었다. 대체로 이 책들은 앞사람이 이미 완성해 둔 조례가 있다. 본문을 위쪽에 크게 쓰고 안감顔監(안사고)이 『한서漢書』를 저술한 방법에 따라 그 아래쪽에 여러 판본의 같음과 다름을 모두 주로 달아서 그 시비를 상고한 뒤 지금 판본을 확정하여서 따르는 뜻을 보인다면, 독자들이 분명하게 여러 판본의 장단점을 알게 되고 더욱 우리 책에서 취사선택한 내용에 잘못이 없음을 믿게 될 터이다. 만에 하나 고증이 혹 미진한 것이 있고 취사선택에 작은 오류가 없지는 않다 하더라도, 또한 아직 남아 있는 다른 판본의 다른 글자가 마침내 없어지지 않게 되어서 뒷날의 군자를 기다릴 수 있으니 더욱 장구한 계책이 될 것이다.　　　　　—『문집』 권83

주희의 비평은 교감가로서 그의 비범한 실사구시의 안목을 드러내며, 또한 그의 『한문고이』가 적어도 이 시기에 이미 배양되기 시작했음을 분명히 드러낸다. 그가 방숭경에게 편지를 써서 『한집거정』에 많은 오류가 있다고 지적한 까닭은 방숭경의 긍정을 구하기 위함이 아니었다. 이는 한 걸음 더 나아가 이 책을 토대로 삼아 한유의 문집을 새로이 정리하고 고정考訂하도록 그의 결심을 촉진하였다.

그러나 『한문고이』는 나중에 그와 제자 방사요方士繇의 합작품으로 나왔다. 경원 원년(1195)에 그는 『한문고이』의 체제와 방법론에 대해 방사요에게 다음과 같이 알렸다. "『한문고이』의 큰 글자는 국자감 판본을 위주로 하되 같고 다른 점은 주로 달고, 옳고 그름을 변론히면서 취하고 버림을 결단해야 합니다. 변론하기에 족하지 않은 것은 약주略注를 달면 되고, 굳이 변론하여 결단할 필요는 없습니다. …… 『한문고이』는 모름지기 이와 같이 해야 비로소 조리가 있을 것입니다. 더욱 자세히 살피면 다행이겠습니다."(『문집』권44 「여방백모與方伯謨」 서15)[1] 이는 실제로는 방사요에게 『한문고이』를 나누어서 편찬하자고 맡긴 것이다.

경원 2년(1196) 초에 이르러 대체로 책의 초고가 완성되었다. 주희는 봄에 방사요에게 편지를 써서 물었다. "『한문고이』는 이미 잘 베껴 썼습니까? 베껴쓸 사람이 없다면 원선元善(*첨체인)에게 부탁하여서 글 쓰는 서리(筆吏) 한둘을 빌릴 수 있을 터이니 빨리 써서 보내주십시오."(동상, 서16) 그 뒤 또 두 사람은 원고를 서로 바꿔가면서 열람하고 수정하였다. 방사요는 숭안 적계籍溪로부터 고정考亭에 이르러서 함께 의논하겠다고 전하였는데, 주희는 편지에서 그를 초대하였다. "『한문고이』를 교정한 것은 모두 매우 좋습니다. 근래에 따로

---

1 주희의 『문집』 가운데 『한문고이』를 언급하면서 방백모方伯謨(방사요)에게 답한 여러 편지는 시간의 선후가 서로 맞물려 있다. 서18에서 "쇄달瑣闥(급사중)이 진원陳源을 논박하였기 때문에 외직에 보임되었다고 합니다. 첨 경詹卿(첨체인)을 만나거든 귀찮더라도 일러주기 바랍니다."라고 하였다. 첨체인이 태부 경에 재임한 때는 소희 5년(1194)이고, 10월에 복주福州의 지주로 나갔으며, 경원 원년(1195) 7월에는 파직되었기에(『송회요집고』 102책 「직관」 73) 이미 조정의 일을 들을 수 없었다. 여기서 이른바 '쇄달이 진원을 논박한' 일은 경원 2년 왕의단汪義端이 진원을 논박한 결과 (진원이) 외직에 보임된 일을 가리킨다. 『송사』 「진원전」에 보인다. 그러므로 이 편지는 의당 그해에 썼다. 서17에서 언급한, '듣기에 장인과 사위(氷玉)가 모두 위당僞黨에 들었다'고 한 것도 같은 해 유덕수劉德秀, 하담何澹, 호굉胡紘 등이 위당을 논한 일을 가리킨다. 서16에서 '공이 발(簾) 앞에서 시험 친 말을 들어볼 수 있겠는가?' 한 말은 이해 예부에서 주관한 대비(春闈大比)를 가리킨다. 서20·21에 모두 '자단子端'을 언급하였고, '파직하고 사록관을 그만두게 하라(鐫職罷祠)'(고 명하)는 말이 있는데, 연보를 보면 경원 2년 12월의 일이다. 서22·23·24는 당연히 경원 3년에 썼다. 서15는 서16 이전에 썼으며, 방사요의 말과 『한문고이』로 유추하면 틀림없이 경원 원년에 썼다.

한 가지 사례를 더 다듬었는데 조금 더 분명합니다. 오부五夫의 사람이 도착하는 날 이곳을 지나가게 되거든 하루 이틀 묵게 되면 좋겠습니다."(동상, 서19)

주희는 『한문고이』를 한 차례 전면적으로 수정하였지만, 그래도 불만스러워서 이해 겨울에 방사요에게 보낸 편지에서 또 구체적으로 이후 다시 새로 수정할 계획이라고 말하였다.

> 『한문고이』는 이미 처음부터 한 차례 정돈을 했습니다. 지금 또 열 권을 붙여 보내니 귀찮더라도 보아주고, 의심나거나 잘못된 곳에는 찌를 붙여서 따로 표시해주고, 다음 권들과 바꿔 보내주십시오. 다만 내 생각은 다시 마땅히 따를 만한 정자正字를 심사하여서 결정되기를 기다린 다음 수정해 나가되, 지금 결정한 판본을 주로 해서 여러 판본의 득실을 아래에 주注로 단다면 방숭경의 판본(方本)은 저절로 그 가운데 있게 될 터이니, 또한 변론하는 데 지장이 없고, 체제의 면모도 정당해지므로 뚜렷하게 배척한다는 흔적을 볼 수 없을 것입니다.　　　　　　　　　　—동상, 서20

경원 3년에 이르러 주희는 또 더욱 커다란 계획을 세워서 『한문외집韓文外集』과 『순종실록順宗實錄』의 고이考異를 한꺼번에 하기로 결정하였다. 베껴 쓴 뒤 그는 다시 방사요에게 교열과 수정을 맡겼다. 편지에서 다음과 같이 말하였다. "『한문외집고이韓文外集考異』를 가지고 돌아갔습니까? 인편을 통해 빨리 보내준다면 다행이고 다행이겠습니다. 정집正集은 이미 베껴 썼으니, 다시 이것을 구해서 보충하게 되면 모름지기 다시 보내서 자세히 교정하도록 하겠습니다."(동상, 서23) 이해에 『한문고이』가 모두 완성되어 먼저 그의 제자 정문진鄭文振이 조주潮州에서 인쇄하였고, 경원 6년(1200) 정월에 또 위중거魏仲擧가 건안에서 두 번째 인쇄하였다.

분명『한문고이』도『사서집주』와 마찬가지로 주희가 심혈을 기울인 저작이다. 그러나『한문고이』는 박학樸學의 연구 방법론 아래 일종의 실사구시의 학문 정신을 더욱 체현했다는 점이『사서집주』와 다르다. 그가 생각하기에 방숭경 교정본의 최대 결점은 곧 버리고 취함에 모두 상부祥符(大中祥符) 연간(1008~1016)의 항본杭本 및 가우嘉佑 연간(1056~1063)의 촉본蜀本과 관각본館刻本을 준거로 삼고, 특히 관각본을 존신하는 반면에 민간의 소본小本 등 가치 있는 판본을 천시하였으며, 교감에서 견강부회하여 사실을 잃어버린 점이 많았다. 그래서 그는 "읽는 사람은 바로 마땅히 그 문리文理와 의의意義에서 좋은 점을 선택하여 따라야 하며, 다만 지위나 명망의 형세를 중시해서는 안 된다."(『문집』권76「한문고이서韓文考異序」)고 여겼다.

　그가『한문고이』를 쓰기 위해 확립한 교감 원칙은 다음과 같다.

　　여러 판본의 동이同異를 모두 상고하되 한편으로 문세文勢와 의리 및 증험할 수 있는 다른 책으로써 결정한다. 만일 옳은 것이라면 비록 민간에서 근래 나온 소본小本이라도 감히 버리지 않으며, 온당하지 못한 점이 있으면 비록 관본官本·고본古本·석본石本이라도 감히 믿지 않는다.

　　　　　　　　　　　　　　　　　　　　──동상,「서한문고이전書韓文考異前」

　주희는 이 원칙을 성공적으로 관철하여 각본閣本(관각본館閣本)·항본杭本·촉본蜀本 외에 홍본洪本·사본謝本·석본石本·구본歐本·형공본荊公本(왕안석본)·산곡본山谷本(황산곡본)·번본樊本·증본曾本·조본潮本(조주본)·조본趙本·조본晁本·장본張本·채본蔡本·여본呂本 등 10여 종의 본을 취하여 고찰하고 변별하여서, 널리 고증하고 채택하였다. 인용한 서적에는 각종 대량의 문집과 시집 외에『집운集韻』·『광운廣韻』·『당운唐韻』과 같은 운서韻書,『설문說文』(『설문해자說文解字』)·『이아

爾雅』·『방언方言』·『간록자서干祿字書』와 같은 자서字書,『사기』·『전한서』·『후한서』·『춘추좌씨전』·『춘추공양전』·『춘추곡량전』·『통감通鑑』(『자치통감資治通鑑』)과 같은 사서史書,『수경주水經注』·『원화군국지元和郡國志』와 같은 지리서地理書,『열자列子』·『회남자淮南子』·『여씨춘추呂氏春秋』·『포박자抱朴子』와 같은 제자서諸子書,『집고록集古錄』과 같은 금석서金石書,『당회요唐會要』·『육선공주의陸宣公奏議』와 같은 정치서(政書),『목천자전穆天子傳』과 같은 소설小說 등이 있다. 게다가 그의 탁월한 사변이 그로 하여금 독창적인 발견을 많이 이끌었으므로 방숭경의 수많은 오류를 바로잡게 하였다.

그러나 주희가 당고黨錮 도중에 한유의 문집을 선택하여 고이考異를 지은 의도는 다만 책 하나를 고정考訂하기 위한 목적에만 있지 않았고, 한유라는 이 대문호의 위망威望을 빌려 교묘하게 '도학'을 선양하려는 깊은 속내가 있었다. 『한문고이』를 관통하는 한유에 대한 비판의 일면에는 그의 도학적 '위기僞氣(위학의 기풍)'가 스며들어 있다. 그는 요덕명廖德明에게 보내는 편지에서 염려스럽게 말하였다. "『한문고이』는 원자질袁子質과 정문진이 베껴 쓴 뒤 그곳에 가서 판각하려고 하는데(*생각건대, 조주潮州에서 판각한 사실을 가리킨다. 원자질과 정문진은 모두 조주 사람이다), 거기에는 자못 위학僞學의 기풍이 있으므로 일을 만들까 걱정되기도 하지만 응당 한 편으로 베껴서 부칩니다. 다만 개판開版하는 일은 모름지기 다시 사정을 헤아릴 뿐입니다."(『문집』 권45 「답요자회」 서16)

나중에 주희는 할 수 없이 익명으로 이 책을 간행하였다. 그는 유약劉爚에게 다음과 같이 말하였다. "깨우쳐주신 바, (*방숭경이) 남안南安에서 간행한 『한문韓文』은 오래전에 얻었는데, 어긋나고 잘못된 내용이 매우 심하였습니다. ······ 어제 『고이』 한 책을 지었는데, 오로지 이 책을 위한 것입니다. 근래 조주에 가지고 가서 그 이름을 숨기고 판에 새겼습니다."(『속집』 권4·상上 「답유회백」 서25)

주희는 한유를 한 시대의 문종으로는 인정하였으나 한 시대의 유종으로 인정하지는 않았다. 그래서 한유에 대해 성인 도통의 반열에 오를 자격이 없다고 평가하였다. 왜냐하면 그가 보기에 한유의 '첫째 목표(第一義)'는 먼저 '문장(文)'을 배우려는 것이고 '둘째 목표(第二義)'가 비로소 '이치(理)'를 궁구하는 것이었기 때문이다. 따라서 탁월한 고문가로서 한유는 팔대八代(동한東漢·위魏·진晉·송宋·제齊·양梁·진陳·수隋)에 걸쳐 쇠퇴한 넋을 일으키고 육조六朝의 화려한 문풍의 어둠을 소탕하는 문장은 지녔지만, 표준적 도학가로서, 빠져 들어가는 천하를 구제하는 공적을 이루는 도는 지니지 못하였기에, 여전히 이단의 길로 떨어짐을 끝내 면하지 못하였다.

인본주의 관점에서 출발하여 주희는 한유가 '도'를 알지 못했다는 점을 다섯 가지로 귀결해낸다. (1) 대도大道가 일상생활에서 유행함은 말하였으나, 대도의 본연의 체(本然之體)는 말하지 않았다. (2) 향외적 표현과 실천은 말하였으나, 향내적 한마음(一心)의 수양은 말하지 않았다. (3) 언어 문자의 공부는 말하였으나, 함양성찰涵養省察의 공부는 말하지 않았다. (4) 치국·평천하는 말하였으나, 격물치지는 말하지 않았다. (5) 성선性善(본성은 보편적으로 착하다)은 말하였으나, 기품氣稟(기질의 품수에 따라 모든 사람들의 성향이 다르다)은 말하지 않았다.

이런 점은 결국 한유로 하여금 격렬한 배불排佛에서 호불好佛로, 엄연히 도를 창도한 성인의 도통으로 자처하던 데서 문자와 사장詞章의 작은 기술에 대한 심취로, 도를 실천하여 세상을 구제하기에 급급하던 데서 벼슬과 녹을 절절히 탐하는 데로 달려가게 하였다. 『한문고이』에서 주희는 한유에 대한 이런 비판을 통해 자기의 도학을 선양했던 것이다.

그에 앞서 정호와 정이가 한유를 높이 추숭하여서 "맹자 이래로 이것(•도道)을 안 사람은 오직 한유뿐이다."라고 하였으나, 왕안석王安石은 도리어 시를 지어 한유를 비평하면서 "번잡하게 백 년의 몸을 다 바꿔버리니 / 온 세상 어느 누가 도의 참됨을 알랴? / 진부한 말 힘써 없앴으나 말속을 뽐냈으니 / 가련하다, 보탬 없이 정신만 다 써버렸네(紛紛易塵百年身, 擧世何人識道眞, 力去陳言誇末俗, 可憐無補費精神)"(『왕형공시주王荊公詩注』 권48 「한자韓子」)라고 하였다.

주희는 정자程子와 왕안석의 설을 절충하여서 한유의 사상을 총평하였다.

> 가만히 생각건대, 정자의 의도는 본래 큰 단서를 파악한 것이고, 왕씨의 말도 그 자체 타당함이 없지는 않다. 대체로 한 공은 도에 대해 만사에 두루 쓰임은 알았으나 그 본체가 내 한마음에 갖춰 있음은 알지 못했으며, 천하에 실천할 수 있음은 알았으나 마땅히 먼저 내 한 몸에 근본을 두어야 함은 알지 못하였다. 그래서 그의 말은 늘 바깥은 상세하나 안은 간략했으며, 그 뜻은 늘 원대함을 끝까지 추구하였으나 그 행동은 반드시 미세한 데 신중할 수는 없었다. 비록 문장과 도에 바깥과 안, 얕음과 깊음의 다름이 있다는 것은 알았으나 끝내 완급과 경중의 순서를 살펴서 취사를 결정하지 못했으며, 급급히 도를 실천하여서 시대를 구제하고 삿된 것을 억누르며 바른 것과 함께함을 일삼을 줄은 알았으나 혹 지위를 탐하고 녹을 바라는 사사로움이 섞여 있음은 면하지 못했다. ──『한문고이』 권10

사실 이는 직접 한유를 비평했다기보다는 차라리 당금 아래에 처한 주희 스스로에 대해 격분한 말이라 할 것이다. 이는 그가 스스로를 격려하고 채찍질한 말이며, 자기들 도학 진영에서 변절하여 위도가 된 사람들에 대한 꾸짖음이며, 더욱이 공맹의 기치를 처들고 권력 쟁탈을 벌이는 반도학 신임 고관들에 대한 통렬한 욕이었다. 정신의 금고와 영혼의 시달림인 경원의 문화전제 아래 주희는 슬프게도 다만 인본주의의 허황한 도덕 역량을 퍼뜨림으로써 돈키호테 식의 반항을 진행하였던 것이다.

주희가 볼 때 당 대唐代의 한유도 거의 '위도僞徒'의 모습으로 변하였기에, 「여맹상서與孟尙書」를 고정할 때 그는 의도적으로 한유에 대해 대단한 장편의 비판을 발표하였다.

「원도原道」에 보이는 한 공의 학문은 비록 큰 작용(大用)의 유행은 알았지 만 본연의 전체小體에 대해서는 보지 못한 바가 있는 듯하다. 또 일상생활 에서 역시 존양성찰存養省察하여 몸에서 체득한 점은 보이지 않는다. 이 때 문에, 자기 임무로 삼은 바가 중하지 않은 것은 아니나 평생 깊이 힘쓴 곳 은 끝내 언어 문자를 다듬는 데서 벗어나지 못하였다. 사사로이 좋아하고 즐기는 것에 이르러서는 또한 유속流俗에서 스스로 벗어나지 못했으며, 교 류하는 사람들도 한때의 문사文士에 지나지 않았다. 승도僧道라 해도 기껏 모천毛千, 창관暢觀, 영혜靈惠와 같은 사람들을 얻었을 뿐이다. 그가 몸과 마 음, 안과 밖에서 세우고 바탕으로 삼은 것이 이런 점을 벗어나지 않으니 또 무엇을 근거로 삼아 거짓을 그치게 하고, 치우친 것을 막는 근본을 삼 으며 자임하는 마음을 채우겠는가? 이 때문에 일단 쫓겨나자 초췌하고 무 료한 가운데 다시 평소처럼 먹고 마시며 바둑을 두고 교제를 하는 낙을 즐 기지 못하고, 바야흐로 억울하고 답답한 마음을 달래지 못하였다. 그리하 여 마침내 눅눅한 바닷가 이단의 학문(●생각건대, 대전大顚의 불교 학설을 가리킨다) 에 스스로 의리를 감당하고 사물에 어지럽힘을 받지 않는 사람(●생각건대, 대 전을 가리킨다)이 있음을 보고서 그와 더불어 대화를 하였다. 그러니 비록 다 풀어내지는 못했다 하더라도 또한 어찌 충분히 얽매인 감정을 깨끗이 씻 어 없애고 잠시라도 꽉 막힌 마음을 비우지 못했겠는가? …… 비록 그러하 나, 가령 공이 여기에서 그 사람의 피와 돌피(稗稗)가 익은 것을 본 뒤 나의 기장과 찰기장(黍穄)이 아직 덜 익은 것을 깨닫고, 하루아침에 번뜩 자기에게 돌이켜서 추구하여 성현의 핵심 가르침을 다 밝힐 수 있었다면 이른바 이치로써 스스로를 극복하고(以理自勝), 바깥 사물에 어지럽힘을 당하지 않는 사람이, 그것(*불교 학설)을 선망하지 않음으로써 자기가 자임한 바가 더욱 여지를 넓혀갈 수 있었을 터이니, 어찌 위대하지 않았겠는가!

— 『한문고이』 권5

당 대 한유가 유배되어 쫓겨났을 때 좌천되고 금지를 당한 상황이 지금의 도학파들과 어쩌면 그리도 빼닮았는지, 주희는 바로 한유의 말투를 빌려 도학자들이 당금黨禁의 역경 속에서도 참으로 유가의 인본주의 도덕 역량을 정신적 지주로 삼아 '이치로써 스스로를 극복하고, 바깥 사물에 어지럽힘을 당하지 않게' 되기를 바랐던 것이다.

한유의 「여대전사서與大顚師書」 석각은 원래 조양潮陽 영산선원靈山禪院 안에 있었는데 그 진위에 대해서는 처음부터 여러 설이 분분했다. 주희는 이 문제에 관해 「고한문공여대전서考韓文公與大顚書」를 써서 『고이』에 끼워 넣고, 한유가 대전에게 보낸 편지 세 통이 가짜가 아님을 단적으로 긍정하였다. 이는 사실 당금의 현실에서 자극을 받고 느낌이 있어 지은 글인데, 그의 고정考訂은 한유가 '불교(佛)'를 좋아했다는 점을 증명하려는 것이 아니라 차라리 '도道'를 좋아하지 않았다는 사실을 증명하려는 것이라 하겠다.

주희는 요덕명에게 보낸 편지에서 전적으로 이 문제에 관한 자기 인식상의 변화를 이야기하였다.

보내오신 편지에 또 『고이』에서 (내가) 한 공이 도의 작용(用)은 보았지만 그 본체(體)를 터득하지 못했다고 말한 것으로 의혹하셨는데 …… 전날 내가 말한 뜻은 바로 한 공이 다만 나라를 다스리고 천하를 평화롭게 하는

데는 힘을 썼지만, 그 심신心身에 나아가 강구하고 간직하여서 지킨 적은 없었다는 것일 뿐입니다. …… 이는 학문의 공부를 철두철미(徹上徹下) 꿰뚫은 세밀하고 긴요한 곳인데 …… 대전과 문답한 내용이 처음에는 단지 그의 문도가 위작한 것이 아닌가 의심했으나, 나중에 자세히 생각해보니 역시 조금은 비슷한 점이 있었습니다. 그의 사람됨을 헤아려보니 그는 산야의 소박하고 순수한 사람이라 비록 말은 잘하지 못하지만 수행의 경지에서는 착실하게 공부했기 때문에 말에는 힘이 있고 사람을 감동시킬 수 있었습니다. 또 한 공이 일찍이 들어보지 못했던 것이어서 그의 병통에 딱 들어맞았습니다. 그래서 공이 그의 말을 듣고는 자기도 모르는 사이에 마침내 기뻐하게 되었던 것입니다. 그러나 또한 다만 여기서 한 공에게는 본체 공부에 결함이 있다는 점을 알 수 있습니다. 만약 그렇지 않다면 어찌하여 스스로 주재主宰하지 못하고 겨우 조정에서 한 차례 좌천을 당하였다 해서 이교異教의 한마디 말에 곧 이와 같이 평상시의 법도를 잃는단 말입니까?

—『문집』권45「답요자회」서18

주희는 한유가 '본체 공부에 결함이 있다'는 데 착안하여서 비판하였다. 도학의 제자들은 '조정에서 한 차례 좌천당하였다 해서 이교의 한마디 말'에 평상시의 법도와 지조를 잃어서는 안 된다고 경고했던 것이다. 전체 경원당금 기간에 주희가 온전히 제자들과 한유에 관해 토론을 반복하는 데 몰두했던 일은 결코 우연이 아니었다. 그는 인성人性을 구제하고 세상(世道)을 구원하는 인본주의 도덕의 자율성이 지닌 역량을 지나치게 믿었다. 이는 그로 하여금, 인성 자체의 약점으로 말미암아 이러한 도덕적 자율성은 영원히 악을 대적할 수 없는 역사적 역량으로서 세속의 유혹을 받고 있는 것이라는 사실을 죽을 때까지 전혀 의식하지 못하게 하였다.

다만 『한문고이』는 필경 교감과 고정을 거친 저작이었다. 정치적 당금의 기간 동안 그의 이런 인본주의 사상의 정서와 정신의 추구가 더욱 깊이 스며든 것은 역시 『초사楚辭』를 연구한 저작들의 묶음, 곧 『초사집주楚辭集注』·『초사변증楚辭辨證』·『초사후어楚辭後語』와 『초사음고楚辭音考』였다. 주희가 『초사』에 주를 단 시기에 대해 조희변趙希弁은 "공이 이 책에 관심을 둔 것은 초楚(호남성·호북성 지역. 여기서는 담주潭州)에서 지방관으로 임직된 뒤의 일이다. 어떤 사람은 '조 충정공趙忠定公(조여우)의 변고에 느낌이 있어서 그러하였다'고 한다."(『군재독서지郡齋讀書志』 권5·하)고 하였다. 나중에 사람들은 주희가 『초사집주』를 저술하기 시작한 시기를 장사에 부임한 때로 여기는데, 이는 완전히 조희변의 견해를 오해한 것이다.[2] 주희가 '초에 지방관으로 임직된' 기간은 겨우 석 달 남짓이고, 그 뒤 입조하고 나서 또 겨우 46일 뒤에 돌아갔으니 도무지 『초사』에 주를 달 시간을 가질 수 없었다. 이성전李性傳의 「요주간주자어속록후서饒州刊朱子語續錄後序」 및 각종 연보에서 경원 원년(1195)에 『초사집주』를 썼다고 한 것도 양즙楊楫(*통로通老)의 견해를 오해한 것이다.

양즙은 「초사집주발楚辭集注跋」에서 다음과 같이 말한다.

경원 을묘년(1195)에 내가 고정정사考亭精舍에서 선생님을 모셨다. 이때 조정에서 한창 당인黨人을 급하게 다스린 결과로 승상 조 공(조여우)이 영주

---

2 예컨대, 정진탁鄭振鐸의 「초사집주발楚辭集注跋」에 "주희가 초에 지방관으로 임직한 때는 1193년의 일이다."라고 하였고, 상해고적출판사上海古籍出版社판 『초사집주』의 앞에 붙은 「출판설명」에 "『초사집주』는 주희가 1193년에 '초에 지방관으로 임직된 뒤'에 시작하였다."고 하였다. 생각건대, 주희가 담주 지주로 임직한 때는 소희 5년이니 바로 1194년이다. 조희변이 분명히 '초에 지방관으로 임직된 뒤'라고 하였는데, 이는 초에 지방관으로 임직된 때를 말한 것이 아니다.

永州로 좌천되어서 죽었다. 선생이 시대를 우려하는 뜻을 여러 차례 안색에 드러내 보이셨다. 어느 날 문득 『초사』를 풀이한 책 하나를 내보이셨다. 내가 물러나서 생각을 해보니 선생께서는 평소 배우는 사람들에게 먼저 『대학』·『논어』·『맹자』·『중용』 사서四書를 가르치시고, 다음에 육경, 또 그 다음에 역사서(史傳)를 가르치셨다. 진秦·한漢 이후의 사장詞章은 특별히 여유 있을 때 언급하셨을 뿐이다. 그런데 『초사』에 대해서만은 그 의미를 해석한 까닭이 무엇인가? 그러나 선생께서는 끝내 말씀하지 않으셨고, 우리도 감히 여쭤볼 생각을 하지 못하였다.

여기에 기록된 내용은 조금도 모호하거나 모순되지 않는다. 이른바 '경원 을묘년'(*원년)은 양즙이 처음 고정정사에 온 시기를 말하며, '어느 날 문득'은 경원 2년(1196) 조여우趙汝愚가 좌천되고서 죽은 뒤의 일이다.

이미 경원 2년에 주희는 정식으로 『초사』의 주석을 완성하였는데, 이는 경원 2년에 비로소 그가 붓을 들어서 『초사집주』를 쓰기 시작했음을 분명히 나타낸다. 경원 3년에 주희는 방사요에게 보낸 편지에서 여전히 다음과 같이 말한다. "근래 또 『초사楚詞』를 보고 몇 권을 베꼈습니다. 대체로 세상의 글들이 착오가 없지 않으니 안타깝습니다!"(『문집』 권44 「답방백모」 서23) 심지어 경원 4년 가을에 그는 정가학鄭可學에게 여전히 다음과 같이 말한다. "병중에 감히 마음을 써서 경서를 보지 못하겠기에 한가히 『초사』를 들여다보았더니 또한 정리해야 할 곳이 매우 많았습니다. 다만 (조정에서) 꺼리는 일을 건드릴까 두려워서 감히 종이에 글로 쓰지 못했을 뿐입니다."(『문집』 권56 「답정자상」 서17)³

---

3 생각건대, 이 답서17과 답서16은 시간상 서로 앞뒤가 맞물려 있다. 서16에서 '여름에는 정사에 몇몇 벗들이 있었지만, 내가 시끄러운 곳을 피하여 산으로 들어간 뒤 결국에는 모두 흩어

그러나 경원 5년(1199) 3월에 이르러 주희는 「초사변증후서楚辭辯證後序」를 써서 "내가 이미 왕王(왕일王逸)과 홍洪(홍흥조洪興祖)의 『소주騷注』를 모아서 그 훈고와 글 뜻의 주위를 살펴보니 그래도 알지 않아서는 안 되는 내용이 있었다. 그러나 문자가 너무 번다하여 보는 사람이 혹 거기에 빠져서 요점을 잃을 수도 있겠기에 별도로 뒤에 기록하여서 참고 삼아 갖추어 둔다."고 하였다. 『초사집주』의 원고는 경원 4년 겨울에 완성을 보았고, 『초사변증』은 경원 5년 봄에 이루어졌는데 이는 『초사집주』를 지을 때 고정하고 남은 여러 글자를 편집해서 작업했기 때문에 그다지 많은 시간을 들이지 않았음을 알 수 있다.[4] 이 뒤에 지은 『초사후어』는 죽을 때까지 완성을 보지 못하였다. 채침蔡沈은 「몽전기夢奠記」에서 주희가 임종하기 사흘 전에도 '또 『초사』의 한 단락을 수정하였다'고 기록하였다.

의심할 나위 없이 주희가 『초사』를 주해한 일은 그의 5년간 경원당금 동

져 가버려서 이제는 방이 빈 지 오래되었다'고 하였고, 서17에서 '병중에 문을 나서지 못한 지 이미 여러 달이고 정사도 풀이 무성하게 자랐다'고 하였다. 여기서 이른바 시끄러운 곳을 피해 산으로 들어갔다는 말은 다시 오부리五夫里의 피신처로 돌아간 것을 가리킨다. 곧 『성재집』권105 「답주시강」에서 이른바 "계장契丈이 다시 오부로 돌아간 뒤 드디어 찾아오는 수레와 말의 시끄러운 소리가 들리지 않게 되었습니다."라고 한 것이다. 양만리의 이 편지는 경원 4년(1198) 가을에 쓴 것이다.

4 생각건대, 왕무횡王懋竑의 『주자연보』는 『초사집주』와 『초사변증』의 성립을 모두 경원 5년 3월로 비정하고 있는데, 잘못이다. 『연보고이年譜考異』에서 고증한 내용도 오류가 많다. 예컨대, 주장중周莊仲을 심장중沈莊仲이라고 오인하여 마침내 심장중을 경원 4년에 수록하고 방백모(방사요)에게 답한 편지를 역시 그해에다 비정하였다. 또 예컨대, 양즙 통로楊楫通老의 경우에는 그 사람에 관해 "문집』과 어록에 보이지 않으니 그의 말은 요컨대 근거할 수 없다."고 하였는데, 주희의 『문집』과 어록에서 양즙 통로를 언급한 내용을 찾아보기만 하면 얼마든지 있으니, 경원 중에 그가 고정에 확실히 있었음을 증명할 수 있다. 백전白田(왕무횡)이 어째서 이와 같이 말을 했는지 모르겠다. 또 예컨대, 주희의 「초사집주서」 뒤에는 원래 연월이 씌어 있었으나 "뒷사람들이 연보와 합치하지 않는다고 삭제했다."고 하였는데, 실제로는 억단臆斷이다.

안의 삶 전체에 걸쳐 이루어졌다. 주희는 여기에서 당금 동안 시대를 염려하고 세상을 걱정하는 답답하고 억울하고 분노한 정서를 덧붙였다. 나중에 사람들은 대부분 주희가 조여우를 위해 『초사』를 주해했다고 여겼다. 남당南塘 조여담趙汝談은 「만조충정공挽趙忠定公」에서 "부질없이 고정 노인에게 「이소離騷」에 주를 달게 했다."(『곤학기문困學紀聞』 권18)고 하였다. 초창草窗 주밀周密도 "조여우가 영주로 안치되었는데 형주衡州에 이르러서 죽었다. 주희가 그를 위해 「이소」에 주를 달아 자기 뜻을 거기에 담았다."(『제동야어』 권3 「소희내선紹熙內禪」)고 하였다.

당시 많은 사람들이 조여우를 굴원屈原에 견주었으며, 주희도 「매화부梅花賦」를 지어서 굴자屈子(굴원)에 빗대 조여우의 억울하고 분한 심경을 호소하였다. 그러나 주희가 『초사』의 주를 단 것은 조여우의 좌천과 죽음에 직접적인 자극을 받아서 한 일이라 할 수는 있겠지만, 조여우를 위해 『초사』에 주를 달았다고 할 수는 없다. 왜냐하면 조여우가 좌천되고서 죽은 일뿐만 아니라 여조검呂祖儉이 소주韶州에, 채원정蔡元定이 용릉舂陵에, 유광조劉光祖가 방주房州에 유배된 일로부터 주희 자신도 도성 문에서 쫓겨나 돌아가게 된 일과 모든 도학자들이 당고를 만나 들어앉게 된 일에 이르기까지, 이 모든 일이 초나라 때 굴자가 재액을 만나 강가에서 방황하다 물에 빠져 죽은 일을 연상케 하였기 때문이다. 따라서 주희가 조여우 한 사람을 위해 「이소」에 주를 달았다고 하기보다는 차라리 전체 도학을 위해 『초사』에 주를 달았다고 하는 편이 맞겠다. 굴자의 정신은 그의 눈에서 도학 정신의 화신이 되었던 것이다.

경원 5년(1199) 겨울에 양만리楊萬里는 주희에게 편지를 보내서 『초사집주』에 관해 물었는데, 주희는 「양정수(양만리)가 이소의 구절을 물어보기에 장난삼아 대답하다, 두 수(戲答楊庭秀問訊離騷之句二首)」에서 실제로 『초사』의 주를 단 참뜻을 토로하였다.

「이소」를 읊조리며 뱃전을 두드리던 밤 　　　　　　　昔誦離騷夜扣舷

강과 호수 가득 찬 물 위로 하늘 떠 있더니 　　　　　江湖滿地水浮天

지금은 코를 막고 차디찬 창 아래 움츠리고 있는데 　只今擁鼻寒窗底

모래밭에 버려진 배를 달빛이 비추네 　　　　　　　爛却沙頭月一船

봄 되자 찬 물가에 온갖 풀 돋아나 　　　　　　　　春到寒汀百草生

말굽에도 향기 진동하니 강에는 초나라 노랫소리 나네 　馬蹄香動楚江聲

구태여 삼봉(화음산華陰山)의 풍습을 따서 　　　　　不甘強借三峰面

영균(굴원)을 두형이라 하고 싶지는 않네 　　　　　且爲靈均作杜蘅

　　　　　　　　　　　　　　　　　　　　　　—『문집』권9

　　주희는 영균靈均을 두형杜蘅(족두리풀의 일종. 뜻이 같고 도가 합한 친구를 뜻함)으로
삼아 굴자의 몸에서 체현된 고결하고 굳은 정신과 품격을 찬양하려 하였고,
양만리는 그의 이러한 깊은 뜻을 깨닫고서 『초사집주』를 위해 발문으로 쓴
시(跋詩)에서 다음과 같이 읊었다.

『역』과 『시』와 『논어』를 주석하여 풀이하고 　　　　　注易箋詩解魯論

단숨에 기수에서 목욕하는 경지에 이르렀네 　　　　一帆往度浴沂天

까닭 없이 굴원의 죽음이 불러내니 　　　　　　　　無端又被湘纍喚

서쪽 강의 배 경주를 보러 가네 　　　　　　　　　去看西川競渡船

서리 내려 명아주 잎은 말라 국을 끓일 수 없고 　　霜後藜枯無可羹

주린 배로 시를 길게 읊조리노라니 풀벌레 운다 　飢吟長作候蟲聲

장신이 우러러 호소하니 하늘도 감응하여 울고 　藏神上訴天應泣

강리와 두형을 주었다네 　　　　　　　　　　　　支賜江蘺與杜蘅

—『성재집』권38 「주원회의 『초사해』에 발문 삼아 짓다(戲跋朱元晦楚辭解)」

　　주희는 당금黨禁의 세상에 '강리江蘺와 두형'을 줌으로써 굴원의 몸에다 자기의 도학적 이상을 기탁하려고 하였다. 그의 『초사』 주해도 이학의 '문화적 거푸집'을 가지고 거듭 새롭게 굴원의 역사적 형상을 주조해내는 것을 의미하였다. 이는 바로 그가 '다만 (조정에서) 꺼리는 일을 건드릴까 두려워서 감히 종이에 글로 쓰지 못했을 뿐인' 까닭이었다.

　　새롭게 주조해낸 이러한 문화학적 의의는 굴원의 '충군忠君'의 인격에 대한 강조에서 두드러지게 표현되었다. 반고班固와 안지추顏之推 이래 많은 사람들이 '재능을 드러내고 자기를 들어 올리며(露才揚己)', '군주의 과오를 드러내고(顯暴君過)', '군주를 원망했다(怨君)'고 굴원을 질책하였으나, 주희는 도리어 옛 설에 반대하면서 단연코 '충군'을 굴자 인격의 근본 정신으로 삼았다. 그는 제자들에게 다음과 같이 말하였다. "『초사』는 군주를 원망하는 것이 아닌데도 지금 여러 학자들이 모두 군주를 원망하는 것으로 이해하였으니 말도 되지 않는다! 「구가九歌」는 군주를 신에게 빗대, 사람들이 사이에 끼어들어서 신에게 이를 수 없는 것이 마치 자기가 군주에게 가까이 다가갈 수 없는 것과 같다는 뜻을 말하였다. 이로써 보면 그는 결코 군주를 원망하지 않았다."(『어류』권139)

　　「초사집주서楚辭集注序」에서 주희는 더욱 직접적으로 굴원의 가장 숭고한 품격이 바로 '충군애국忠君愛國'이라고 선포한다.

　　　　가만히 논하자면 굴원의 사람됨은 그의 의지와 행동(志行)이 비록 혹 중용에서 지나쳐서 법도로 삼을 수는 없으나, 모두 군주에게 충성하고 나라를 사랑하는 진실한 마음에서 우러나온 것이다. 굴원이 지은 책은 그 말의 뜻이 비록 혹 방탕하고 기이하고 신기하고 원망하고 격한 감정으로 흘러서 교훈을 삼을 수는 없으나, 정성스럽고 슬퍼하는 마음에 스스로 그만둘 수 없는 지극한 뜻에서 나왔다. 비록 북방에서 배워서 주공周公과 공자의 도를 구할 줄을 알지 못하고 홀로 변풍變風과 변아變雅의 말속에 치달아갔기 때문에 순유醇儒와 장사莊士(행동거지가 엄정한 사람)들이 간혹 부끄럽게 여기기도 하였다. 그러나 세상의 추방된 신하(放臣), 소외된 자식(屛子), 원망하는 아내(怨妻), 버림받은 부인(去婦)들로 하여금 아래에서 눈물을 닦고 노래하고 읊도록 하였으니, 하늘이 다행히 듣는다면 피차의 사이에 하늘의 성품과 백성의 떳떳한 선이 어찌 충분히 서로 발현하여 삼강三綱과 오전五典(오상, 오륜)의 귀중한 것을 더하지 않겠는가? 이것이 내가 매양 그 말에 흥미를 갖고서 감히 바로 '사인의 부(詞人之賦)'로 보지 않은 까닭이다.

—『문집』권 76

『초사후어楚辭後語』에서 주희는 심지어 군주에 대한 굴원의 충성 논조를 극단적으로 드러내어 "굴원의 충성은 충성스러우나 지나친 것이다. 굴원의 허물은 충성에 지나쳤다는 점이다. 그러므로 굴원을 논하는 자가 그의 큰 절개를 논한다면 그 밖의 것은 버려두고 묻지 않아도 된다. …… 대체로 굴원의 행위가 비록 지나친 점이 있으나 그 충성은 끝내 세상에서 구차하게 살아남고 요행히 죽음을 면하려는 자가 미칠 바가 아니다."(『초사집주』권2)라고 하였다.

비분강개하여서 잘못된 점을 바로잡으려다 너무 지나쳐버린(矯枉過正) 이러한 말은, 사실은 현실을 겨냥하여 한 말이었다. 당시 반도학의 신임 고관은 바로 도학자들을 대역부도大逆不道, 반군불충叛君不忠의 '역당逆黨'으로 무함하여서 귀양을 보내고 금고하였는데, 자연 주희는 추방당한 신하의 충군애국을 더욱 퍼뜨림으로써 도학당이 세상 사람들의 이해를 받지 못하는 마음속의 고충을 토해냈다.

확실히 그는 당고黨錮의 재앙에 빠진 몸으로서 여전히 군왕에 대한 괴로운 연정을 품고 있었다. 다만 그가 말하는 '충군'은 일종의 감히 직간을 하고 정도正道를 곧바로 행하는, 군주를 바로잡는 충성이지 너절하고 간사한, 군주에게 아첨하는 충성이 아니었다. 이러한 '충'이 근본적으로 내포하고 있는 내용은 제왕도 반드시 정심성의正心誠意, 존리거욕存理去欲을 통해 인성으로 복귀하도록 요구하는 것으로서, 거기에는 그의 인본주의 이학 문화 정신이 깊이 스며들어 있었다. 따라서 이는 '충'에서도 그를 인본주의 도학 쟁신諍臣으로서 저러한 어리석은 충성을 바치고 군주에게 아첨하는 봉건 노예 및 졸개들과 구별하게 하였다. 이리하여 『초사집주』 가운데서 충을 나타내는 한편에는 곧 간신·영신侫臣에 대한 비판이 있었고, 망대부莽大夫 양웅은 충신 굴원과 인격적으로 대립하는 측면을 이루었다. 그는 양웅을 '굴자屈子(굴원)의 죄인'이라고 곧바로 지적함으로써 '양웅은 구차하게 목숨을 구하여 위기를 면하려는 계책만 일삼았으니 굴원과 취향이 다르다'(『초사변증』)고 인식하였다.

『초사후어』에서 주희는 양웅과 그의 「반이소反離騷」에 대해 격렬하게 비판하였다.

…… 그러나 왕망王莽이 안한공安漢公이던 시절에 양웅은 『법언法言』을 지어서 그의 장점을 칭찬하며 이윤伊尹과 주공周公에 견주었다. 왕망이 한漢을 찬탈하고 황제의 칭호를 훔치자 양웅은 마침내 그의 신하가 되었다. 기로耆老에서 오래 있다가 차례가 되어서 대부가 되었다. 또 사마상여司馬相如의 「봉선문封禪文」을 모방하여 「극진미신劇秦美新」을 올려서 왕망의 의도에 아

첨하고 교서 천록각教書天祿閣이 되었다. 유심劉棻 등이 부명符命을 만들었다가 왕망에게 주살을 당하는 일이 일어났는데, 그 내용이 양웅에게도 연루되었으므로 사자가 와서 잡아가려고 하였다. 양웅은 두려워서 천록각天祿閣에서 스스로 뛰어내려 거의 죽게 되었다. 이전에 양웅이 「해조解嘲」를 지었는데 "맑고도 고요하게 신의 조정에서 노닐고, 적적하고 막막하게 덕의 집을 지킨다.(爰淸爰靜, 遊神之廷, 惟寂惟寞, 守德之宅)"는 말이 있었다. 이에 이르러 도성에서는 그에 대해 말하기를, "맑고도 고요하게 부명을 짓고, 적막하여 각에서 스스로 몸을 던진다.(爰淸靜, 作符命, 唯寂寞, 自投閣)" 하였다. 양웅은 병을 구실로 모면하였다. 이윽고 다시 불려 나와서 대부가 되었다가 결국 왕망의 조정에서 죽었다. …… 그런즉 양웅은 참으로 굴원의 죄인이며, 이 글은 「이소」를 헐뜯는 적이다. ……

—『초사후어』

주희가 서술한 양웅의 평생 행적에는 사실과 부합하지 않은 내용이 조금 있는데, 그가 이처럼 강개하여서 격렬하게 역사상의 왕망과 양웅을 비평한 까닭은 분명히 현실의 한탁주韓侂冑와 반도학 신임 고관을 비판하려는 것이었다.

『초사집주』 전체는 모두 충신을 찬송하고 간신을 반대하는 정신을 두드러지게 관철하고 있다. 이런 정신에 따라 그는 왕일본王逸本에 의거하여서 그 가운데 「칠간七諫」·「구회九懷」·「구탄九歎」·「구사九思」를 삭제하고, 가의賈誼의 「조굴원부弔屈原賦」·「복부服賦」를 넣어서 굴원의 25편을 '이소' 류로 구획하고, 송옥宋玉 등이 창작한 16편을 '속이소續離騷' 류로 구획하였다. 『초사후어』에서도 이러한 정신으로 주해를 하였으나, 마지막에 가서는 이학의 취지로 귀결하였다. 그는 조보지晁補之가 편집한 『속초사續楚辭』(*60편)와 『속이소續離騷』(*96편)를 증보 산삭하고, 별도로 장재張載의 「국가鞠歌」와 여대림呂大臨의 「의초

「擬招」를 맨 뒤에 편집하였다. 이로써 이학을 요지로 삼는 그의 초사학楚辭學의 특징이 두드러지게 드러났다. 그는 「의초」의 해제에서 화룡점정으로 다음과 같이 설명하였다.

> 여대림은 정자程子와 장자張子의 문하에서 수학했는데, 그가 이 사詞를 쓴 까닭은 대체로 놓친 마음을 찾고(求放心) 한결같은 본성을 회복하는(復常性) 은미한 뜻을 붙이려 함이었지, 다만 사부詞賦 따위를 지으려 함이 아니었다. 그러므로 장자의 말을 덧붙인 뒤 이 책의 마지막 장으로 삼아 예에서 노니는(遊藝) 자들로 하여금 귀결할 곳을 알게 하려고 한다.

이는 바로 주희가 『초사』를 연구한 진정한 비밀이다. 이와 같이 놓친 마음을 찾고 한결같은 본성을 회복하는 인본주의의 귀결은 「천문天問」의 주 가운데에서 태극 이본론太極理本論으로 해설한 것과 멀리서도 서로 통한다. 그리고 비로소 그의 『초사』 주해가 단순히 한탁주의 권력 전횡을 비판하고 조여우를 위해 불평하려는 좁은 현실적 목적을 뛰어넘어서 『초사』의 주석을 통해 이학의 인본주의를 선양하는 심층적인 의의를 갖추게 하였다.

그러나 『초사』 주해의 획기적 명저 『초사집주』는 또한 간단히 이학 저작과 동등하게 볼 수는 없다. 이는 우선 역시 초사학 연구의 명저이다. 주희가 『초사』를 주석하려고 한 까닭은 그가 보기에 '본조에 들어와 소학騷學(초사학)이 거의 끊어졌기' 때문이었다. "『초사楚詞』는 평이하다. 그런데 후세 사람으로서 배우는 자가 도리어 매우 어려워한다."(『어류』 권139) 그 이전에 동한 왕일王逸의 『초사장구楚辭章句』로부터 남송 홍흥조洪興祖의 『초사보주楚辭補注』에 이르기까지 모두 장구와 명물名物의 훈고에 편중된 데다, 한유漢儒의 경 해설 기풍에서 벗어나지 않았기에 초사 작품의 취지와 의리를 밝히고 이해하는 것

을 소홀히 하였다. 주희의『초사집주』는 바로 이전 사람의『초사』주해의 병
통을 힘써 고치려 한 것으로서, 그는 이를 통해 새로운 초사학의 해설 체계
를 세웠던 것이다.

그의 초사학 체계의 독특성은 두 가지 방면에서 표현되었다. 하나는 시
학詩學으로 초사학을 해설하였는데, 이는『시』와「이소」를 소통하게 한다. 양
웅이 '시인의 부賦는 법칙에 따르기 때문에 아름답고, 사인辭人의 부는 감정이
넘치기(淫) 때문에 아름답다'고 제시한 이래 사람들은 모두 굴원의 작품을 '시
인의 부'로 귀결시키고, 사부辭賦 가운데서 '시인의 부'의 예술적 경지를 추구
하였다. 양웅의 논조는 실제로 이미『시』로써「이소」를 설명하는 해석 방법
의 서막을 열었다. 그러나 사부 가운데 무엇이 '시인의 부'인지에 대해서는
줄곧 이론적으로 해결을 보지 못하였다. 주희는「초사집주서楚辭集注序」에서
굴원의 작품에 대해 "감히 곧바로 '사인의 부'로 보지는 않는다."고 선포하였
는데, 이는 분명히 '시인의 부'를『초사』인식의 출발점으로 여긴 것이다. 따
라서『시』의 육의六義, 곧 풍風·아雅·송頌의 시체詩體와 흥興·비比·부賦의 작법作
法은 곧 그의 초사학 체계의 논리적 구조와 내재적 정신을 이루며,『시』로써
「이소」를 해설한 것은 시학과 초사학이 전면적인 대응 관계를 형성한 것으로
서『초사』가『시』로 된 것, 혹자의 말에 따르면 곧 경학화한 것이다.

「이소」주의 첫머리에서 주희는 자기의 이러한 시학화한 초사학의 체계
를 밝혔다.

> 풍風은 여항과 풍토의 남녀가 정을 나누고 그리워하는 노래(詞)이며, 아
> 雅는 조회와 잔치(燕享), 공경대인을 읊은 작품이며, 송頌은 귀신과 종묘 제
> 사의 춤과 노래의 음악이다. …… 부賦는 소재(事)를 곧바로 진술한 것이며,
> 비比는 사물을 취해서 견준 것이고, 흥興은 사물에 의탁하여서 노래로 부른

(興) 것이다. ……

『시』를 읊조리는 자가 먼저 이것을 변별하면 300편(『시경』)이 그물에 벼리가 있는 것과 같이 조리가 있게 되므로 어지럽지 않다. 다만 『시』뿐만 아니라 초나라 사람의 사詞 또한 이런 점으로 추구한다면 풀과 나무에 감정을 담고 남녀의 정(意)에 의탁하여서 적절하게 노닐고 구경하는 일을 지극히 표현한 것이니 이는 변풍變風의 갈래(流)이다. 사건을 서술하고 감정을 표현하며 오늘날을 감지하고 옛것을 그리워하여 군신의 의를 잊지 않는 것은 변아變雅의 갈래이다. 명혼冥婚(영혼 결혼)을 말하고 예를 넘어서는 것과 원한과 분노를 표현하고 중도를 잃어버린 것에 이르러서는 또한 풍과 아가 거듭 변한 것이다. 신에게 제사하고 노래와 춤을 성대하게 표현한 것은 거의 송頌에 가까운데 그 변함은 더욱 심하다.

부賦의 작법은 예컨대 「이소」 첫 장을 말한다. 비比는 향기로운 풀과 더러운 물건을 견준 것과 같은 유형이다. 흥興은 물건에 의탁하여서 노래를 부른 것이니, 애초에 의미를 취하는 것은 아니다. 예컨대 「구가九歌」에서 원지沅芷·풍란灃蘭으로 공자公子에 대한 생각을 일으키나 감히 말은 하지 못하는 종류이다. 그런즉 『시』는 흥이 많고 비와 부가 적으며, 「소」는 흥이 적고 비와 부가 많으니, 요컨대 반드시 이를 변별한 뒤에야 사의 뜻을 살펴볼 수 있다. ……　　　　　　　　　　　　　—『초사집주』권1 「이소경제일離騷經第一」

이는 그야말로 주희의 시학화한 초사학 사상 체계의 선언서로 간주할 수 있으니, 『초사집주』는 완전히 『시집전詩集傳』의 체제와 골격을 따라 씌었다. 『시』의 육의는 그가 건설한 자기의 초사학 체계의 틀과 모델을 이루었다.

두 번째는 훈고訓詁·성운聲韻·의리義理의 결합(兼重)이다. 주희는 한 이래 『초사』의 주해에서 장구와 훈고에 편중된 경사經師의 습성을 극복하고, 자字·

음音·의義 삼자 통일의 『초사』 해설 체계를 세웠다. 그는 글자의 뜻과 문장(章)
의 의미에 대한 해석을 앞세웠는데, 『초사변증』에서 이전 사람들과 확연히
다른 자기의 새로운 해설 방법을 논술하였다.

> 시를 해설하는 자는 본래 마땅히 구절을 해석해야 하는데, 다만 구절 가
> 운데 글자의 뜻만 훈고하고 말 뿐이다. 한 문장 안에서도 위와 아래가 서
> 로 이어지고 머리와 꼬리가 서로 대응하는 대지大旨에 대해 마땅히 전체
> 문장을 통틀어서 논해야 그 의미를 이해할 수 있다. 지금 왕일의 「이소」
> 해석은 상반구上半句 아래 훈고를 편입하고 하반구 아래에 또 상반구 문장
> 의 뜻을 통하게 한 뒤 다시 해석을 하였으니 매우 중복되고 번쇄하다. 『초
> 사보주楚辭補注』는 이미 바로잡을 수도 없고 또 그 오류 때문에 지금 함께
> 산삭하며, 『시전詩傳』의 예를 모방하여 한결같이 전체 장(全章)을 가지고 판
> 단하되 먼저 글자의 뜻을 해석한 뒤 장 안의 의미를 통틀어서 풀이한다.
>
> ─『초사변증楚辭辨證』 상 「이소경離騷經」

이와 같이 글자의 뜻과 문장의 의미를 융회관통하는 해설을 함으로써 주
희는 『초사』에 대해 독보적인 새로운 발견을 많이 하였다. 대체로 그는 훈고
에서는 한학의 고증법考證法을 채택하였고, 음운에서는 송 이래의 협운설協韻
說을 채택하였으며, 의리상에서는 『시』의 육의설六義說을 채택하였는데, 이 세
가지가 그의 초사학 체계의 삼대 주춧돌이 되었다.

주희는 한 대 사람의 박학적樸學的 고증의 방법을 계승하였으나, 또한 자
기의 송학 정신을 섞어 넣었다. 그의 『초사』 훈고 고증의 특징 가운데 하나
는, 아雅에서 추구할 뿐만 아니라 속俗에서도 추구하여서 속으로 아를 설명
하며, 아를 속으로 만드는 것이었다. 그는 제자들에게 자기가 심괄沈括로부터

깊이 계발받았음을 언급하였다. "『초사』의 '사些'에 대해 심존중沈存中(심괄)은 '사'가 주문의 말(呪語)로서 마치 지금 불교도가 '사바하裟婆訶' 세 마디를 염송하고, 무당이 빌 때 또 이런 소리를 하는 것과 같다고 하였다. 이 말이 매우 괜찮다. 지금 사람들은 아에서만 추구하고 속에서는 추구할 줄 모르기 때문에 아래의 절반을 도무지 깨닫지 못한다."(『어류』권139)

또 하나의 특징은 훈고 고증에 의리를 참조하는 방법이다. 주희는 일찍이 주필대周必大의 『초사』 주해를 비판하여, "고두남高斗南은 『초사』 해설에 「서응도瑞應圖」를 인용하였다. 주자충周子充(주필대)은 관각館閣에 이 책이 있다고 하면서 잘 인용하였다. 그(고두남)는 다시 의리의 시비는 묻지 않았지만 출처에 대해서는 잘 말하였다."(동상)

경원 5년(1199)에 주희는 『초사변증楚辭辯證』을 완성한 뒤 양만리, 주필대와 함께 『초사』의 훈고 고증에 관해 토론하였다. 주희는 주필대와 토론하는 가운데 두 조항에서 의리를 참조하여 자기 스스로 고증을 내렸는데, 이는 매우 전형적인 예에 속한다. 그는 제자에게 다음과 같이 말하였다.

> 또 예컨대 「천문天問」에 '계극빈상啓棘賓商'이라 하였는데, 『산해경山海經』에서는 계啓가 하늘에 세 미녀(三嬪)를 바치고 …… 라 하였다. 나는, '극棘' 자를 '몽夢' 자로, '상商' 자를 옛글의 전서체 '천天' 자로 본다. …… 대체로 계가 하늘에 빈객이 되는 꿈을 꾼 것이니, 예컨대 조간자趙簡子가 상제上帝를 꿈꾼 일과 같다. …… 도연명 시에 '몸은 일찍 죽어서 오래 살지는 못하였으나(形夭無千歲)'라는 구절을 증씨曾氏(증평曾紘)는 『산해경』을 고증하면서 '형천이 간척의 춤을 추었다(形天舞干戚)'로 해야 한다고 했는데, 보아 하니 이와 같다. 주자충(주필대)은 그렇지 않다고 하였다.　　　　　—『어류』권139

훈고 고증은 의리의 판단을 벗어날 수 없다. 갑골문甲骨文과 금문金文으로 고찰하자면 '상商' 자는 응당 '제帝'의 잘못이고, 천天은 곧 제帝이니, 주희가 의리상에서 '상商'을 '천天'으로 추단한 것도 역시 정확하다. 이와 같이 고증과 의리를 결합한 연구 방법은 그로 하여금 일종의 예지를 지닌 철인의 안목으로 이전 사람의 그릇된 설을 바로잡을 수 있도록 하였다.

주희는 초성楚聲에 정통하였으나 주로 다만 『시』의 협운설을 『초사』에 확대 적용하여서 초사도 마치 『시』와 마찬가지로 모든 운을 협운으로 하였다고 보았다. 그 때문에 황장예黃長睿의 '운을 따르기도 하고 따르지 않기도 한 것이 초성楚聲'이라고 한 논조를 부정하였다. 따라서 『초사집주』에서 오역吳棫의 『모시협운보음毛詩叶韻補音』, 『모시협운보운毛詩協韻補韻』 및 고전古田 장전보蔣全甫의 『보음補音』에서 거둔 협운의 성과를 섭취하고 더욱 발전시켰다.

그는 순희 말년에 황수黃銖와 함께 지은 『초사협운楚辭協韻』의 내용을 『초사집주』 여기저기에 편집하여 넣고, 『초사변증』을 완성한 뒤 또 『초사음고楚辭音考』를 썼다. 경원 6년(1200) 정월에 그는 시인 공풍鞏豐에게 보낸 편지에서 이 책을 언급하였다.

> 이곳에서 『음고音考』 한 권을 편집한 적이 있습니다. '음音'이란 고금의 정음正音과 협운協韻을 모아서 하나로 꿰뚫은 것을 말하고, '고考'는 여러 판본의 같은 점과 다른 점을 고찰하여 거기에 덧붙인 것을 말합니다. 다만 따로 한 권으로 만들려고 하였으나 책 뒤에 부록한 까닭은 정문의 바로 아래 끼워 넣음으로써 보는 사람의 눈을 가로막고 음풍吟諷을 방해할 필요가 없기 때문입니다.　　　　　　　　　—『문집』 권64 「답공중지答鞏仲至」 서18

이 『초사음고』는 주희가 『초사집주』에 붙여 넣지 않았으나, 공풍이 경원

6년 복주福州에서 간행한 『초사』 속에는 들어가 있다. 따라서 또한 그가 일생 동안 기울인 초성 연구의 총결이 되었다.

　『한문고이』로부터 『초사집주』에 이르기까지는 주희가 만년의 당금 가운데 경학 저술에서 문학 탐구로 들어간 변화와 그 깊이를 반영하지만, 이러한 개척과 발전의 심화는 한편으로 그로 하여금 예술(藝)에 노니는 학문인 문학을 끌어당겨서 이학의 궤도와 틀 속에 돌아오게끔 하였고, 다른 한편으로는 초사의 도가 신선설을 따라 도교의 수련과 양생의 도를 향해 미끄러지게 만들었다. 그는 진정 '공동 도사空同道士'의 면모를 드러냈던 것이다.

공동 도사空同道士와 『주역참동계周易參同契』

주희가 걸쳐 입은 순수하고 고아한 유가의 '심의深衣' 속에는 도리어 공동 도사의 영혼이 박동하고 있었다. 특히 당고의 참담한 재앙 속에 떨어져 있던 늘그막의 나이에 인생에 대한 우환 의식과 생명 의식, 그리고 삼교三敎 가운데 '도로써 몸을 수양하는(以道養身)' 방법은 그에게 특별한 유혹을 불러일으켰다. 채원정과 합작하여서 완성한 『주역참동계고이周易參同契考異』는 주희의 이러한 인생의 몽환을 기탁한 것이었고, 이는 어쩌면 그의 유가 영혼이 당고의 금망禁網 아래서 단가丹家라는 천국으로 달아나 피한 일종의 왜곡이었을 수도 있지만, 또한 그로 하여금 도가 문화의 탐구에서 찬란한 꽃을 피우게 하였다.

주희가 소년 시절에 도교와 불교에 드나들면서 신선술(仙)을 배우고 연단煉丹을 하려던 지향은 줄곧 사라지지 않았다. 소흥 22년(1152)에 대면했던 운당篔簹의 벽에 새겨진, '요원함에 도의 마음이 생긴다(超搖生道心)'는 몽상이 그의 마음속에 깊이 묻혀 있었는데, 허곡虛谷과 함께 환단還丹의 요지를 자세히 토론한 일이 더욱 '단경의 조상(丹經之祖)'인 『참동계』에 탐닉하도록 그를 자극하였다. 그러나 이러한 도가의 초세간超世間의 추구는 줄곧 그의 강력한 유가의 실용적 이성의 억압을 받아서 그로 하여금 엄연히 순수한 유학자(醇儒)의 면모를 드러내게 하였다. 그러다가 경원당금 가운데 죽음의 어두운 그림자가 점차 세상에 버림받은 이 병든 노유에게 바싹 다가들고 있을 때 삶에 대한 갈망은 그로 하여금 거듭 운당의 벽에 새겨진 글귀에 대해 '금단의 세월

이 저물어가는데 소식은 없다(金丹歲晩無消息)'는 비탄을 토하게 하였다(『문집』권 84 「제원기중소교참동계후題袁機仲所校參同契後」). 이는 바로 그가 『참동계』를 정밀하게 연구하도록 직접 독려한 정신적 동인이었다.

그는 대체로 자기도 어떻든 간에 끝내는 순수한 유학자가 될 수 없다고 느꼈다. 이 때문에 『주역참동계고이』와 『음부경고이陰符經考異』에 모두 '공동 도사 추희鄒訢'라고 서명했는데, 이는 바로 그의 내심에 또 다른 정신적 추구와 인생의 이상을 기탁한 이름이었다. 나중에 사람들은 모두 '추희'라는 두 글자의 함의를 어지러이 추측했으나,[5] '공동 도사'라고 슬며시 갖다 붙인 이름의 깊은 뜻은 유독 소홀히 하였다.

원래 이른바 '공동 도사'란 바로 주희가 스스로를 공동산空同山의 광성자廣成子라는 노장과 도교의 마음속 이상적인 지인至人·진인眞人에 비긴 이름이다. 『장자莊子』 「재유在宥」에 다음과 같은 내용이 서술되어 있다. 황제黃帝가 처음 공동에 올라가서 광성자를 향해 '오곡이 자라도록 돕고, 인민을 기르고, 뭇 백성이 자기 삶을 잘 살도록' 하는 '지극한 도(道)'를 묻자, 광성자가 '어찌 지극한 도를 말할 만하겠는가!' 하고 그를 비판하였다. 황제가 천하를 버리고 두 번째로 공동에 올라가서 다시 그에게 '어떻게 몸을 다스리면 장수할 수 있는가?' 하고 물었다. 공동 도사는 즉시 흔쾌히 기뻐하며 벌떡 일어나서

---

5 추희는 곧 주희이다. 추鄒는 본래 주邾나라이므로 '추'라는 성으로 '주'라는 성을 대신 가리켰다. '희訢'와 '희熹' 두 글자는 음과 뜻이 모두 같다. 유덕린兪德鄰의 『패위재집문佩韋齋輯聞』을 참조하여 보라. 『사고전서총목제요四庫全書總目提要』에도 "대체로 추鄒는 본래 주邾나라였는데, 나중에 글자에서 읍邑 변을 떼어내고 주朱가 되었다. 그리하여 성을 삼았다. 『예기』 정현鄭玄의 주에는 희訢를 희熹라고 하였다. 또 『집운集韻』에 희熹를 '허虛와 기其'의 번절이라 하면서 희訢도 '허虛와 기其'의 번절이라 하였다. 그러므로 이름을 삼았다. 아마도 심단결心丹訣을 탐구하는 것이 유학자의 본래 임무가 아니라고 여겼으므로 은어로 갖다 붙인 것일까?"라고 하였다.

몸을 수양하고 장생하는 이론을 알려주었다.

광성자가 벌떡 일어나서 말하였다. "참 좋은 질문을 하였습니다! 자, 내
가 그대를 위해 지극한 도를 말씀드리겠습니다. 지극한 도의 정수는 아주
깊고 아주 어두우며, 지극한 도의 극치는 아주 어둡고 아주 고요합니다.
보지도 말고 듣지도 말고 고요히 정신(神)을 간직하면 몸(形)이 저절로 바르
게 됩니다. 반드시 마음을 고요하고 맑게 하여서 그대 몸을 지치지 않게
하고 그대 정신을 흔들리지 않게 하면 오래 살 수 있습니다. 눈에는 보이
는 게 없고 귀에는 들리는 게 없고 의식(心)에는 지각하는(知) 게 없으면 그
대의 정신은 몸을 지키게 되므로 오래 살 수 있습니다. 그대의 안에 있는
것을 소중히 지키고 밖에서 들어오는 것을 막으십시오. 앎이 많아지면 일
을 망칩니다. 내 그대를 위해 막대한 밝음(大明, 태양)의 위에 이르러 저 순수
한 양기(至陽)의 근원에까지 이르며, 그대를 위해 깊고 어두운 문에 들어가
저 순수한 음기(至陰)의 근원에까지 이르겠습니다. 하늘과 땅에는 머물 집
이 있고 음과 양에는 깃들 곳이 있습니다. 그대 몸을 소중히 지키면 만물
이 저절로 잘 자랍니다. 나는 하나(一, 도)를 지켜서 조화에 처합니다. 그러
므로 나는 몸을 1200년 동안이나 닦아왔지만 내 몸은 아직 쇠약하지 않았
습니다."

황제가 두 번 절하고 머리를 조아리며 말하였다. "광성자를 하늘(天)이라
하겠습니다!"

이는 그야말로 공동 도사 주회의 내심의 독백이라고 할 수 있다. 황제가
천하를 다스리는 지극한 도를 묻자 광성자는 대답하지 않는다. 황제가 몸을
닦고 오래 살기 위한 지극한 도를 묻자 광성자는 즉시 도도하게 말을 늘어놓

는데, 여기에서 주희는 이미 『참동계』를 정밀하게 연구하려는 진실한 의향을 드러냈다.

　　재미있는 점은 그가 '공동 도사 추희'라고 서명한 「서주역참동계고이후書周易參同契考異後」를 쓰기 얼마 전에 광성자의 화상을 위해 이태백李太白의 시 한 수를 제題하였다는 사실이다.

세상인심은 날로 무너지고	世道日交喪
경박한 풍속에 순수한 마음은 변하였다	澆風變淳原
계수나무 가지는 꺾지 않고	不求桂樹枝
나쁜 나무뿌리에 깃든다	反棲惡木根
그래서 복숭아나무 오얏나무는	所以桃李樹
꽃을 피우고서도 말을 하지 않는다	吐華竟不言
큰 운수는 일어났다 사라지고	大運有興沒
뭇 움직임은 다투어 치달린다	羣動若飛奔
광성자는 돌아와	歸來廣成子
무궁의 문으로 들어가네	去入無窮門

　　　　　　　　　　　　　　　　　　　　　　── 『문집』 권 84 「제이태백시題李太白詩」

　　그는 또 발문을 썼다. "우연히 이태백의 이 시가 생각나 써서 보여주었다. 요즘 사람들은 목숨 걸고 시를 짓되 입만 열면 문득 이백李白과 두보杜甫를 말한다. 그러나 이 시로 미루어본다면, 그들이 어찌 꿈속에선들 그 발바닥(脚板)을 보았다고 하겠는가?"(『문집』 권84 「제이태백시후題李太白詩後」) 이는 세상 사람들이 꿈에서라도 주희의 '발바닥'을 보기 힘듦을 비웃은 말이 틀림없다. 가을 서리처럼 싸늘한(肅殺) 당금 속에서 그는 자기를 광성자에 견주는 시를 읊었다.

"오직 광성자만 온갖 자극에도 감정이 일지 않으리(唯應廣成子, 萬感不關情)"(『문집』 권9 「현(걸어 놓고 치는 악기)에 빗대어 벌레 우는 가을의 느낌을 보태는 시(擬縣補以蟲鳴秋詩)」)

이와 동시에 지은 「공동부空同賦」는 주희가 만년의 이 시기에 정신상으로 이리저리 탐색하는 고뇌의 역정을 착실하게 전개한 것으로서, 그가 지은 『주역참동계고이』에 대한 가장 좋은 주석이 되었다.

초가을 밤 어찌 그리도 어두운지	何孟秋之玄夜兮
마음은 슬픔이 맺혀 기쁘지 않네	心慘戾而弗怡
내 몸 누운 곳은 편안하나	偃予軀之旣寧兮
정신 아득하여라, 쓸쓸한 방에	神杳杳兮寒闈
운옥을 닫았으나 빗장 걸지 않았고	雲屋掩而弗扄兮
시렁에 불 밝혀 밤이 밝은데	壁帶耿而夜光
내 혼백 방탕하여 볼 수 없어	宕予魄而不得視兮
처량하게 우두커니 서서 슬퍼하네	悵竚立其怔營
님이 나를 보고 한번 웃으시고	靈脩顧予而一笑兮
함께 앉아 느긋하게 즐기니 기쁘네	懽竝坐之從容
잠이 막 깨려 하나 차마 깰 수 없으니	寐將分而不忍兮
아침에는 가려 하나 어디로 가나	旦欲往而焉從
허무하고 쓸쓸한 내 마음 돌아보니	眷予衷之廓落兮
문득 근심이 맺혀 더욱 걱정되네	奄愁結而增忡
초연히 내가 저 곤륜산으로 오르니	超吾升彼崑崙兮
아득히 먼 길 끝은 어딘가	路脩遠而焉窮
문득 우뚝한 곳에 올라 내려다보니	忽憑危以臨睨兮
달과 낭풍에 가려 있네	蔵廣寒與閬風

진실로 우주의 본체가 밝고 명료하니	信眞際之明融兮
또 하필이면 이 꿈을 꾸는가	又何必懷此夢也
내 말 글로 써서 스스로 마음을 쏟아내네	矢予詞以自寫兮
어찌 장차 공동산으로 발길을 돌리지 않으랴	盍將反予袛乎空同

—『문집』권1「공동부」

님(靈脩, *임금)이 중정中情을 살피지 않고 도로써 천하를 다스린다는 것은 이미 공상이지만, 그의 생명이 귀착하는 곳은 '곤륜'에도 있지 않고, '달(廣寒)' 과 '낭풍'에도 있지 않고, '공동'에 있었다.

이 부는 실제로는 「이소離騷」와 「원유遠遊」를 합쳐서 하나로 만든 작품이다. 그는 광성자의 공동空同의 종지宗旨에 귀의하려고 하였으니, 이는 바로 『초사집주』에서 명확하게 밝힌, 「원유」의 진인 왕자교王子喬가 전한 신선의 요결要訣이었다.

도란 받아들일 수는 있으나	道可受兮
전할 수는 없는 것	不可傳
작기로는 안이 없고	其小無內兮
크기로는 가장자리가 없다	其大無垠
넋을 어지럽히지 않으면	無滑而魂兮
저절로 드러난다	彼將自然
한 기는 매우 신비하니	壹氣孔神兮
한밤중에야 나에게 저절로 있다	於中夜存
비움으로써 대하라	虛以待之兮
무슨 일을 하기 전에	無爲之先

온갖 사물이 이로써 이루어지나니 　　　　　　庶類以成兮

이는 덕의 문이로다 　　　　　　　　　　　此德之門

　　　　　　　　　　　　　　　　　　—『초사』「원유」

주희가 특별히 강조하여 말한 내용은 이것이 바로 공동 광성자의 한 맥이

전해진 진정한 전승이라는 것이었다.

　　이는 도가 이처럼 오묘하다는 말이다. 사람이 자기의 넋을 어지럽히지

않는다면 몸과 마음이 저절로 그러하며, 기의 매우 신묘한 것이 한밤중 고

요하고 텅 빈 시간에 저절로 자기에게 존재하여서 서로 벗어나지 않는다.

이와 같으면 세상의 일에 반응할 때 모두 무슨 일을 하기 전에 비움으로

써 대처하여 온갖 만물이 저절로 이루어지고 온갖 변화가 저절로 이루어

진다. 광성자가 황제黃帝에게 알려준 말은 이런 것에 지나지 않으니 참으로

신선의 요결이다.

　　굴원이 추방당하고서 비탄한 나머지 우주를 아득히 관찰하고 …… 몸과

넋을 가다듬어 단련하고, 공중에 높이 올라가 기운을 다스리고, 팔극八極에

떠돌다가 세상이 끝난 뒤에 마치고, 반복 무궁한 세상의 변화를 다 따르고

자 하였다. 비록 빗댄 말(寓言)이기는 하나 왕자王子(＊왕자교)의 말이라고 가설

한 내용을 채워 나갈 수 있다면, 이는 실로 오랫동안 늙지 않고 장수할 수

있는 요결이다. 　　　　　　　　　　　　　—『초사집주』권5 「원유」

　여기서 주희는 자기가 왜 '공동 도사'라고 자호自號하고 『참동계』를 좋아

하는지 그 비밀을 남김없이 다 말하였다. 그도 공동 광성자의 신선 요결을

독실하게 믿고 스스로 「조식잠調息箴」한 수를 지어서 몸소 실천하였다.

코끝에 빛나는 곳이 있으니	鼻端有白
나는 그것을 살핀다	我其觀之
어느 때 어느 곳에서나	隨時隨處
지순하게 받아들이네	容與猗移
고요함이 극한에 이르면 내쉬니	靜極而噓
마치 봄 연못의 물고기 같고	如春沼魚
움직임이 극한에 이르면 들이쉬니	動極而翕
마치 온갖 벌레 웅크린 것 같네	如百蟲蟄
하늘과 땅에 가득 찬 기운이 열리고 닫히니	氤氳開闢
그 오묘함은 끝이 없네	其妙無窮
누가 그것을 주재하는가?	孰其尸之
주재하지 않는 조화로다	不宰之功
구름에 누워 하늘을 나는 것은	雲臥天行
내가 논할 바 아니라	非予敢議
하나를 지켜 조화에 처하면	守一處和
천이백 년을 살리라	千二百歲

— 『문집』 권85 「조식잠」

　　마지막 두 구절 '하나를 지켜 조화에 처하면, 천이백 년을 살리라'는 말은 광성자의 '나는 하나를 지켜서 조화에 처하므로 몸을 1200년 동안이나 닦아 왔다'는 말에서 변한 것이다. 이는 '공동 도사', 곧 광성자라는 주희의 자아를 가장 잘 표현한 말이다.

주희가 만년에 신선 수련설을 사모하고 좋아하여서 지은 『주역참동계고이』는 이전에 잠심하여 연구한 『초사』, 『장자』와 함께 일정한 관계가 있다. 그러나 가장 주된 점은 이 역시 그가 진단陳摶의 내단파內丹派와 남종南宗 도교를 장기간 탐구한 결과물이라는 사실이다. 그는 화산華山의 진단 노조陳摶老祖를 깊이 연구하였다. 경원 2년(1196)에 방백모方伯謨(방사요)에게 보낸 편지에서 그는 "기억하기로는 적계 선생籍溪先生(호헌)이 예전에 「진희이묘표陳希夷墓表」를 베껴 쓴 적이 있다는데, 여동빈呂洞賓이 지은 것이라고도 합니다만, 보았습니까? 나는 찾아보았으나 찾지 못하였습니다. 번거롭더라도 자단子端에게 물어보면 아마도 판본이 있을 터이니 빌려서 한 부 베껴 보내주십시오."(『문집』 권44 「답방백모答方伯謨」 서20)라고 하였다.

주희는 심지어 채원정과 함께 진단의 저명한 내단 수련인 '수공睡功'의 연구에 전념하였는데, 주밀周密은 『제동야어』에서 이 사실을 다음과 같이 언급하였다. "꽃과 대나무 사이 그윽한 창에 길게 낮잠에 빠져 / 이 속에서 세상을 잠시 잊어버리네 / 화산 처사가 받아준다면 / 신선술을 찾지 않고 수방을 찾으리(花竹幽窗午夢長, 此中與世暫相忘. 華山處士如容見, 不覓仙方覓睡方)'라 하였다. 그렇다면 잠(睡) 또한 방술인가? 희이希夷(진희이)의 설은, 온 세상이 이를 넋이 사라지고 정신이 떠나서 움직이지 않는 것이라 여기는 데 지나지 않는다. …… 근세 서산 채계통(채원정)의 수결睡訣에 '잠들면 몸을 구부리고 깨어나면 펴는데 아침저녁으로 때에 맞게 한다. 먼저 마음이 잠들고 나중에 눈이 감긴다.' 하였다. 회암晦庵(주희)은 이것을 고금에 밝혀내지 못한 이치(妙)라 여겼다. ……"(『제동야어』 권16 「수睡」)

도교 내단학에 대한 애호는 역학 연구, 특히 도서상수圖書象數에 대한 탐구를 크게 추동하여서 주희로 하여금 점차 주돈이周敦頤의 「태극도」 및 무극·태극 사상, 소옹邵雍의 「선천도」 및 선천학이 모두 도교에서 직접 연원하였으며,

또한 진단 노조로부터 곧바로 거슬러 올라가 『참동계』에까지 이를 수 있다는 점을 의식하게 하였다. 따라서 주희는 한편으로는 "장 충정張忠定(*괴애乖崖)이 일찍이 진희이를 따라 배웠는데, 그가 공사公事(조정의 일)에 음양이 있음을 논한 내용은 자못 도설圖說(*「태극도설」)의 뜻과 합치하였다. 가만히 생각하기를, 이 설이 전해진 데는 본래 실마리가 있으니 선생(*주돈이)에게 이른 뒤 마음에 터득하였다. …… 이에 비로소 이 그림을 그려서 신비한 이치를 드러냈을 뿐이다."(『문집』 권76 「재정태극통서후서再定太極通書後序」)라고 하고, 다른 한편으로는 또 "「선천도」는 희이(진희이)로부터 전승되었는데, 희이도 전수한 바가 있었으니 대체로 방사方士의 기술을 이용하여 수련하는 것으로서, 『참동계』에서 말한바가 그것이다."(『어류』 권100)라고 인식하였다.

경원 연간에 주희가 원추袁樞와 다시 벌인 역학 논전은 다른 갈래로 갈라지면서 『참동계』에 대한 논전으로 발전하였다. 그는 『참동계』의 납갑법納甲法을 긍정하며 원추에게 보낸 편지에서 다음과 같은 견해를 견지하였다. "『참동계』라는 책은 본래 『역』을 밝히기 위한 것이 아니라 바로 잠시 이 납갑법을 빌려서 행하고 지속하고 나아가고 물러나는(行持進退) 때를 덧붙였습니다. …… 이는 비록 『역』을 밝히기 위해 설정한 것은 아니지만 『역』 가운데에 갖춰지지 않음이 없습니다. 진실로 그 말이 저절로 한 학설이 되어서 미루어 통할 수 있다면 또한 『역』에 해로움이 없을 터이니, 경솔하게 함부로 비난하고 배척할 필요는 없을 듯합니다."(『문집』 권38 「답원기중答袁機仲」 서11)

이를 위해 그는 『주역참동계고이』에서 팽본彭本에 원래 있던 「수화광곽도水火匡廓圖」·「삼오지정도三五至精圖」·「두건자오도斗建子午圖」·「장지천강도將指天罡圖」·「혼현도昏見圖」·「신현도晨見圖」·「구궁팔괘도九宮八卦圖」·「함원파정삼오귀일도含元播精三五歸一圖」를 모두 삭제해버리고 「납갑」 한 그림만 남겨 두었다. 이는 바로 그가 주돈이의 「태극도」를 도교와 연관이 있는 그림으로 믿었기 때

문이다. 그래서 소희 4년(1193)에 채원정이 천하의 명산대천을 유람할 때 형衡
(형산衡山)·상湘(상수湘水)으로 내려와 양襄(양수襄水)·한漢(한수漢水)을 지나갈 때 주희
는 특별히 그에게 형荊(호북)으로부터 촉蜀(사천)으로 들어가 도사와 고인高人이
출몰하는 청성산青城山에 가서 저명한 「태극」(*음양합포陰陽合抱) 등의 그림 석 종
을 사다달라고 부탁하였다.[6]

원각袁桷은 나중에 이에 관해 흔적이 사라져서 알 수 없게 된 사실을 「사
중직역삼도서謝仲直易三圖序」에서 언급하였다.

> 처음에 조이도晁以道가 『역』의 통서統緖를 전승하여 분명하게 계통을 세
> 워서 후세에 거짓이 없게끔 하였다. 형주荊州(호북)의 원개 도결袁溉道潔에 이
> 르러 비로소 설옹薛翁으로부터 전수받아 『역』이 다시 전승되었다. 원개는
> 이를 영가의 설계선 사룡薛季宣士龍에게 전수해주었다. 처음 설계선이 원개
> 로부터 전수받을 때 하도와 낙서(河洛)에 관한 학문이 촉군蜀郡과 한중漢中
> 사이에 많이 남아 있었다고 하였다. 그러므로 사대부들 가운데 이 말을 들
> 은 자들이 앞다퉈서 몰래 구매하였다. 나중에 두 장씨가 있었는데 장행성
> 張行成은 상수象數에 정통하였고 장연張縯은 현玄에 통달하였다. 마지막으로

---

6 생각건대, 모기령毛奇齡과 호위胡渭 등은 「태극도」를 경원당금 중 채원정이 도주道州에 편관編管
되었을 때 주희가 그에게 형荊에서 협峽으로 들어가 사다달라고 부탁한 그림으로 여긴다. 그
러나 채원정은 도주에 편관되고 위적僞籍에 이름이 올라서 감시가 매우 엄했으며 이듬해 죽었
기 때문에, 협으로 들어가는 일은 단연코 일어날 수 없었다. 지금 생각건대, 주희의 『문집』 권
44 「답채계통」 서8에 "하구夏口와 무창武昌 일대의 형세에 대해서는 이미 가르침을 들었습니
다. 중호重湖(동정호洞庭湖)를 건너 형산衡山과 상수湘水를 구경하고, 양수襄水와 한수漢水를 지나
오회吳會(소흥紹興)까지 내려가서 여기저기 다니다가 돌아오면 얻는 것이 당연히 더욱 많을 것
입니다. ……"라고 하였다. 이 편지는 소희 4년(1193) 3월 21일에 쓴 것으로서, 이해는 채원정
이 형荊·상湘으로 여행을 하였으니, 형으로부터 촉으로 들어가 「태극도」를 사다 준 시기는 응
당 이때이다.

주 문공이 친구 채계통에게 부탁하여 형주로 가서 다시 협峡(사천성과 호북성 경계의 장강 유역 일대, 삼협)으로 가도록 한 뒤에야 비로소 세 그림을 얻을 수 있었다.

　　　　　　　　　　　　　　　　　　—『역도명변易圖明辨』권3「선천태극先天太極」

　사실 주희는 음과 양이 서로 포함하는 도교의「태극도」에 대해 일찌감치 알고 있었다. 잠계潛溪 송렴宋濂은 일찍이 신안新安 나원羅願이 그린 일종의 음양상포도陰陽相抱圖를 언급하였다.

　　신안 나단량羅端良(나원)은 음과 양이 서로 포함하는 형상을 그리고, 그 가운데를 여덟으로 나누어서 팔괘를 배치한 뒤「하도」라고 하였다. 그리고 정문井文으로 경계를 나누어서 구궁九宮을 배치한 뒤「낙서」라고 하였다. 청성산의 은자에게서 나왔다고 하였으나 도상(象)을 그리지는 않았다.

　　　　　　　　　　　　　　　　　　—『역도명변』권3「선천태극」에서 인용

　나중에 조중전趙仲全은 이러한 음양합포도陰陽合抱圖를『도학정종道學正宗』에 집어넣고「고태극도古太極圖」라 이름 붙여서 주돈이가 해설한「태극도」와 구별하기 시작하였다.
　송렴도 다음과 같이 논평하였다.

　　지금 조씨(조중전)의 이 그림을 보면 바로 이른바 음과 양이 서로를 포함한 그림으로서 가운데를 여덟으로 나누어 팔괘로 삼은 것인데, 청성파 은자가 전수해준 것도 당연히 이와 같다. 그러나 음과 양의 분수를 드러내지 않았으니 옛 그림을 보면 엉성하다. 이를「하도」라 하지 않고「고태극도」라고 한 까닭은 무엇인가? 대체로 그때는 이미『역학계몽』에서 55수를

「하도」로 삼았고, 염계濂溪(주돈이)도 스스로 「태극도」라고 한 바가 있으므로 「하도」라 하지 않고 「태극도」라 하고서 옛것을 더하여 구별하였던 것이다.

— 『역도명변』 권3 「선천태극」

주희가 청성산의 은자로부터 구입한 그림은 바로 이러한 「고태극도」였다. 나원, 주송과 주희는 모두 신안 사람으로서 관계가 아주 밀접하였다. 일찍이 순희 2년(1175)에 나원이 『신안지新安志』를 지을 때 바로 주송과 주희를 모두 '향선달鄕先達'에 수록하였으며, '가난해도 편안히 여기고 도를 즐겼으며, 청렴하고 물러나서 아름답다 할 만하여(安貧樂道, 廉退可嘉)', '사방의 학자들이 그를 높였다'고 주희를 칭찬하였다(『신안지』 권7 「서선달敍先達」).

순희 12년(1185)에 나원이 죽자 주희는 유청지劉淸之와 상의하여서 나원의 『악주집鄂州集』을 간행하였다. 이보다 앞서 주희는 나원을 통해 음양합포도를 알게 된 뒤 그 그림의 본원을 추적하고 탐구할 생각을 하다가, 소희 4년(1193)에야 비로소 채원정에게 부탁하여서 촉으로 들어갈 때 원래 그림을 구입하게 한 것이다.(*859쪽 「고태극도古太極圖」 그림을 보라) 청성파의 그림 세 종을 찾은 것은 주희가 유가 『역경』의 역학易學 탐구로부터 나아가 도가 『참동계』의 단학丹學으로 탐구의 방향을 전환하는 지표가 되었다.

호위胡渭는 『역도명변』에서 다음과 같이 말한다.

종방種放 뒤로 …… 오직 촉의 은자가 그 원본을 얻어서 …… 그러므로 비록 주자가 널리 통달하였지만 볼 수 없었다. 그리하여 채계통(채원정)에게 부탁하여 협으로 들어가서 반드시 구하게 하였으니 대체로 지독하게 『참동계』를 아낀 뜻이다. 곧 "앉아서 용의 고기를 이야기하는 것은 돼지고기를 먹고 배부른 것만 못하다."는 격이다. 끝내 「하도」라 하여 경經(『주역』)의

맨 앞에 배열하지 않은 까닭은 대체로 그림이 희이希夷(진희이)에게서 나왔
으며, 백양伯陽(위백양)에게서 연원하였기 때문인데, 이는 『주역대전』이 55수
에 근거를 두어서 바름을 얻은 것과는 같지 않다. 채계통이 이를 신비스럽
게 여겨서 말을 하지 않았던 것은 아니다.　　　　　—『역도명변』권3 「선천태극」

　　주희가 청성에서 그림 세 종을 구매한 까닭은 '『참동계』를 지독하게 아
낀' 때문이라는 말은 옳다. 그가 끝내 「고태극도」를 『역』의 맨 앞에 배열하지
않았던 까닭은, 그가 보기에 『참동계』는 다만 『주역』의 효爻와 상象을 빌려서
연단煉丹을 논한 책이며, 본래 『역』을 해설한 책은 아니었기 때문이다. 『참동
계』는 다만 '『역』의 심오한 뜻蘊을 담은' 책이지 '『역』의 정수精'는 아니다.
「고태극도」는 바로 인체의 원기元氣(*단丹)를 수련하고 운행하는 것을 묘사하여
서술한 도상으로서, 자연 『역』의 맨 앞에 붙일 수는 없다.

　　이 밖에도 또 다른 까닭이 있다. 도에 관한 이 그림은 주돈이가 해설한
「태극도」와 이름이 같은데, 이는 또한 사람들로 하여금 주돈이가 도교의 무
극·태극의 설을 표절했다는 의심을 품게 하기에 아주 용이하므로 반도학자
들이 공격할 때 가장 좋은 구실을 제공하였다. 결국 이 때문에 그는 당금 동
안 이 그림을 끝내 자기의 『주역참동계고이』에 집어넣지 못하였다.

　　「무극도」의 역행적인 내단 수련內丹修煉과 「태극도」의 순행적인 우주화생
宇宙化生은 본래 그림 하나에 두 가지 작용이 천연적으로 소통하는 것으로서
음과 양이 서로 포함하는 「고태극도」인데, 실제로는 「무극도」를 고도로 간단
하게 나타낸 것에 지나지 않는다. 이 때문에 주희가 「태극도」에서 「무극도」
로, 주돈이에서 진단으로, 『역』에서 『참동계』로, 역학에서 단학으로 전향한
것은 유학에서 도가로 향한 그의 사상의 필연적인 확산이었다.

　　호위는 이 청성의 「고태극도」에 대해 "『참동계』의 수천, 수만 마디 현묘

「고태극도古太極圖」

한 말을 들어서 그림 하나에 담았으니, 은미하고도 뚜렷하며 간략하고도 다 포괄하므로 단가丹家에서 신비한 보물로 여겨 자기만 간직하고 가벼이 남에게 내보이려 하지 않았는데, 어찌 그렇지 않겠는가?"라며 극찬하였다. 바로 「고태극도」를 구입한 뒤 주희는 『주역참동계고이』를 쓰기 시작했던 것이다.

경원 2년(1196) 고정으로 와서 도를 강론하고 단을 논한 합조산閣皀山 도사 감숙회甘叔懷(감몽숙甘夢叔)가 산으로 돌아갈 때 주희는 특별히 사 한 수를 지어서 그를 송별하였다.

숙회가 일찍이 신선이 되어 나는 꿈을 꾸었는데, 이를 읊어서 돌아가는 날 무헌(장영) 시랑에게 드리니 마땅히 한바탕 웃으리라

叔懷嘗夢飛仙爲之賦此歸日以呈茂獻侍郞當發一笑

유건 벗어던지고 날개옷 입고서	脫却儒冠著羽衣
푸른 산 푸른 물 호연히 돌아오네	靑山綠水浩然歸

솥 속 용과 범을 다 보니	看成鼎內眞龍虎
인간 세상 한가하건 무슨 상관인가	管甚人間閑是非
깃 날개 돋아나	生羽翼
안개와 놀 위로 올라	上烟霏
고개 돌려보니 무덤만 첩첩	回頭秖見冢纍纍
봉황 타고 피리 부는 짝 찾지 못하여	未尋跨鳳吹簫侶
외로운 구름 벗 삼아 학 한 마리 날아간다	且伴孤雲獨鶴飛

—『문집』권10

'용과 범(龍虎)'은 이리離와 감坎을 가리키며, 단가에서 이른바 '약물藥物'이란 단약을 정련하는 일을 가리킨다. 주희가 지은 『주역참동계고이』는 단술丹術에 대한 경건한 신앙, 장생長生에 대한 갈망의 심정이 종이 위에 뚜렷이 펼쳐진 것이니, 소싯적 도교에 대한 미신이 40여 년 뒤 또다시 강렬하게 그를 사로잡았던 것이다. 그는 심지어 감숙회에게 「하도」·「낙서」·「선천」세 그림을 합조종閤皂宗이 발원한 도교의 성지 합조산 마애摩崖에 새기라고까지 하였는데, 특히 「선천도」는 그가 청성산에서 구입한 세 그림 가운데 하나이다.

나중에 사람들은 하나같이 『주역참동계고이』가 경원 3년(1197)에 완성되었다 하면서 심지어 이 책을 채원정이 지었다고도 말하지만, 분명히 이는 일종의 오해이다. 『주역참동계고이』는 실제로 애초에 두 사람이 공동으로 초고를 완성하였고 마지막으로 주희의 손에서 완성되었으니, 앞뒤로 모두 원고세 종을 두 차례 판각하였던 것이다.

주희가 맨 먼저 『주역참동계고이』를 쓴 때는 경원 2년이었는데,[7] 이는

---

7 대선戴銑의 『주자실기朱子實記』에서 『주역참동계고이』를 경원 3년에 완성되었다고 확정했기

채원정의 건의로 진행한 일이었다. 주희는 편지에서 스스로 겸손하게 회답을 하였다. "『참동계』두 책과 종유鍾乳 한두 개를 보냈습니다. 『참동계고이』는 제가 어찌 그것의 옳고 그름을 결정할 수 있겠습니까? 다만 글의 뜻과 음두音讀에 상의해봐야 할 곳이 있을 듯합니다."(『문집』권44 「답채계통」서5)

그는 맨 처음에는 다만 글자의 뜻과 음두에 대해 고이考異를 할 생각이었기 때문에 채원정에게 또 편지를 보내서 공동으로 쓰자고 청하였다. "『참동계』는 오히려 오자가 많으니 일찌감치 고이를 쓸 만합니다"(『속집』권2 「답채계통」서16)[8]

이해에 『주역참동계고이』의 초고가 이미 완성되었다. 그는 채원정에게 보낸 편지에서 "『참동계』는 한 부를 베끼면서 점점 분명해지고 있으니 모두 끝나기를 기다려 보내드리겠습니다. 다시 번거롭더라도 한번 보신 뒤 곧 간행할 수 있을 것입니다."(『속집』권2 「답채계통」서62)라고 하였다.[9]

때문에 오늘날 사람이 이를 따르고 있는데, 주희의 『문집』을 고찰하면 부합하지 않다. 주희의 「참동계설參同契說」 뒤에 보면 '우연히 옛 원고를 보니 눈물이 흘렀다' 하였는데, 어쩌면 이를 가지고 『주역참동계고이』를 경원 3년에 지은 증거로 삼은 듯하다. 그러나 주희가 말한 '옛 원고'는 바로 「참동계설」의 옛 원고를 가리키며(•경원 4년 8월 채원정이 죽기 전에 썼다), 『주역참동계고이』를 가리키지 않는다는 점은 본래 매우 분명하다.

8 위에서 인용한 두 편지(「답채계통」 서5와 서16)는 응당 동시에 썼을 것이다. 채계통(채원정)에게 답하는 열여섯째 편지에서 '경식罄式'을 언급하였는데, 주희의 『문집』을 보면 채계통과 경식을 논하고 석경石磬을 만드는 일에 관한 편지를 쓴 것이 더욱 많으니, 이 일은 모두 경원 2년(1196)에 있었다. 『속집』권2 「답채계통」 서62·서60 및 서61·서17·서18·서25·서26 등에 보인다.

9 생각건대, 이 편지에 '어제 저녁 문득 꿈에 여간餘千을 보았는데, 어쩌면 오늘 그가 반드시 올 것(必到)이라' 하였다. 조여우는 여간 사람이고, 주희는 당금 도중에 조여우를 '여간'으로 은밀히 가리킨 적이 많았다. 여기서 이른바 '반드시 오리라' 한 것은 바로 조여우의 시신이 담긴 널(柩)이 형양衡陽으로부터 여간으로 돌아오는 일을 가리키며, 이 일은 경원 2년(1196)에 있었다. 또 이 편지에서 '경식이 이미 결정되었다'고 하였는데, 서60을 보면 '평강平江에 사람을 보

그러나 경원 2년에 완성한 이 초고본은 결국 간행되지 못했는데, 이는 한편으로는 채원정이 교정한 뒤 주희가 이에 대해 여전히 만족하지 못하였기 때문이다. 주희는 채원정에게 다음과 같이 말하였다. "『단경丹經』(*생각건대, 곧 『참동계參同契』이다)은 매우 번거롭게 바로잡으셨으나 또한 아직도 의심스러운 곳이 한두 곳 있으니 직접 뵙고 청하겠습니다."(동상 권2 「답채계통」 서18) 또 다른 한편으로는 이해 겨울에 주희가 직책을 잃고 사록관에서 파직되었으며, 채계통도 폄적貶謫되어서 천 리 도주道州로 갔기 때문이다.

주희는 어쩔 수 없이 혼자 힘으로 『주역참동계고이』의 수정 작업을 담당하였다. 그는 정안사淨安寺에서 채원정과 전별할 때 '연일 『참동계』를 읽고 의심나는 부분은 가르침을 구하였는데, 채계통의 응답이 명쾌하였다.' 다음 날 한천寒泉에서 같은 침상에 함께 자면서 두 사람은 또 '서로 『참동계』를 정정訂正하였는데, 저녁이 다 가도록 잠을 자지 못하였다.' 채원정은 방술과 단도丹道에 가장 정통하였다. 이 마지막 상견과 면담이 주희에게는 이후에 혼자서 『주역참동계고이』를 수정하여 완성하는 작업에 기초를 놓았다. 그는 『참동계』에 대한 관점의 매우 많은 부분을 채원정으로부터 얻었다. 채원정은 일찍이 납갑설納甲說·화후설火候說·괘기설卦氣說에 관해 전문적인 글을 써서 주희에게 제공하였으나, 주희는 또 많은 부분에서 자기의 독창적인 발견을 하였다.

경원 3년(1197)에 채원정은 자기가 정리하고 고정考訂한 괘기소식卦氣消息의 책을 주희에게 주고 참고하게 했는데, 주희는 이로 말미암아 유추하고 연역하여서 새로운 학설을 제출하였다. 채원정에게 편지를 써서 다음과 같이 말

내려 하니 경식을 ……'이라 하였고, 아울러 감숙회에게 세 그림을 새기게 하고 방백모(방사요)에게 전서篆書를 쓰게 한 일을 언급하였다. 『문집』 권44 「답방백모答方伯謨」 서26에 근거하면 이 일 또한 경원 2년에 있었다.

하였다.

> 참동의 설을 자세히 미루어 뜻을 찾아보면, 숨 한번 쉬는 동안에도 그믐과 초하루, 상현과 하현이 있음을 볼 수 있습니다. 상현은 숨을 막 쉬려고 할 때로서 위로부터 내려오는 것이고, 하현은 숨이 바야흐로 사라지는 때로서 아래로부터 위로 올라가는 것입니다. 보름은 숨이 가득한 것으로서, 해는 아래로 지고 달이 위에서 둥근 것입니다. 그믐과 초하루 사이에 해와 달이 위에서 합하니, 이른바 '물을 들어서 불을 없앤다(擧水以滅火)', '금이 돌아와 본성의 처음으로 돌아간다(金來歸性初)'는 것 등이 그런 종류입니다. 눈에는 이처럼 명료하게 보이지만, 다만 손댈 곳이 없을 따름입니다.
>
> ─『문집』권44 「답채계통」 서13

채원정은 사상의 재료를 제공하였고 주희는 이에 더하여 토론하고 고증하고 변석하고 바로잡았는데, 이것이 바로 그들 두 사람이 합작하여서『주역참동계고이』를 쓴 기본 방법이 되었다.

경원 3년(1197) 7월에 이르러 주희는 이미 대대적으로『주역참동계고이』를 수정하여서 완성했는데, 바로 이때 원추도 별도로『참동계』를 교정하여서 완성하였다. 주희는 곧 채원정의 맏아들 채연蔡淵에게 원추의 판본을 참조하고 교정하게 한 뒤『주역참동계고이』를 건양建陽에서 판각하였다. 그는 채연에게 보낸 편지에서 이때 간행한 일을 언급하였다. "『참동계고이』는 바야흐로 다 베꼈으나, 다시 살펴볼 겨를도 없이 지금 수붕壽朋에게 부쳐 보냅니다. 아울러 여기서 베낀 사본 한 책, 원본裏本 한 책, 제본濟本 두 책을 보내니 번거롭더라도 하나하나 대조해 보고 고쳐야 할 곳이 있으면 찌를 붙여서 자세히 주를 달아 보내주십시오. 혹 다시 수정한 곳을 본 뒤에 백지에 베껴서 간

행할 수 있겠습니다."(『속집』권3 「답채백정答蔡伯靜」서5)

이는 바로 『주역참동계고이』의 두 번째 원고이다. 주희는 책의 판각이 완성되었다는 소식을 도주에 있는 채원정에게 알렸다. "『참동계』는 맏아드님(一晁, *생각건대, 채연을 가리킨다)이 이미 착수해서 판각하였습니다. 보면 볼수록 잘 이해하지 못하겠습니다."(『속집』권3 「답채계통」서14) "『위서魏書』(*생각건대, 곧 위백양이 지은 『참동계』이다)는 맏아드님이 이미 판각해서 전날 보내왔으니 반드시 보내드리겠습니다. 교감한 것이 매우 정밀하고 글자의 뜻과 음운音韻이 모두 자못 근거가 있으니, 세속에 전하는 책보다 매우 뛰어납니다. 다만 교외별전敎外別傳 할 만한 한 구절이 부족할 뿐입니다."(동상, 서11)

주희는 8월에 또 책수법策數法을 시험해본 뒤 스스로 중대한 발견으로 여겨, 즉시 「참동계설」을 써서 채원정에게 보내고 토론할 준비를 하였다. 그러나 채원정이 8월 9일에 도주에서 병으로 죽을 줄은 아무도 몰랐다. 주희는 『주역참동계고이』두 번째 원고의 판각본에 여전히 만족하지 못하였고, 11월에 다시 새로 『주역참동계고이』를 보완하여 결정할 때 또 이 「참동계설」의 옛 원고를 거듭 읽은 다음 발문을 써서 덧붙이지 않을 수 없었다. "이 설은 채계통(채원정)과 함께 강론하려고 베껴서 부치기 전에 체계통이 죽었다. 우연히 옛 원고를 보니 눈물이 흘렀다."(『문집』권68 「참동계설」)

그는 옛 원고에서 발견한 내용을 『주역참동계고이』에 보완하여 넣었다. 경원 5년(1199) 봄에 이르러 시인 증극曾極(*경건景建)이 그에게 가치 있는 『참동계』의 옛 판본을 제공하였는데, 그는 이에 하나하나 대조한 뒤 『주역참동계고이』에 붙여 넣었고, 채연에게 다시 건양에서 간행하라고 하였다. 이것이 바로 세 번째 새 원고이며 그의 생전 마지막 정본이다. 그는 증극에게 보낸 편지에서 이때 간행한 일을 언급하였다. "『참동계』의 옛 본을 써서 보내주신 일에 깊이 감사드립니다. 이미 채백정蔡伯靜(채연)에게 교감해서 새 본 뒤에 덧붙이게 하였습니다"(『문집』 권61 「답증경건答曾景建」 서7)[10] 이전 사람들이 『주역참동계고이』를 채원정이 지었다고 여긴 것은 착오임을 분명히 알 수 있다.

주희가 만년에 이와 같이 반복하여 부지런히 『주역참동계고이』를 수정한 일은 도가의 수련과 장생설에 대해 마음으로 십분 동경하였음을 드러낸다. 그가 미련을 가진 것은 유가의 역학이 아니라 도교의 단학이었다. 비록 그가 「서주역참동계고이후書周易參同契考異後」와 「제원기중소교참동계후題袁機仲所校參同契後」에서 이 진실한 생각을 모두 극력 숨겼지만, 채원정과 주고받은 통신에서 역시 자기의 '공동 도사'의 진면목을 내보이고 말았다. 경원 3년(1197)에 그는 도주로 멀리 귀양 간 채원정에게 다음과 같이 말하였다. "저는 연일 『참동계』를 읽고 있는데 자못 흥취가 있어서 이리 둘러보고 저리 훑어보아도 헛소리(虛言)가 아님을 알겠습니다. 다만 이전에 직접 가르침을 듣지 못한 것이 한일 따름입니다."(『문집』 권44 「답채계통」 서10) 도가의 연단은 그가 보기에는 결코 '헛소리'가 아니었음을 알 수 있다.

그 뒤 그는 또 음장생陰長生(후한 화제和帝의 황후 음씨의 증조부로 전해지는 도사)의 『단결丹訣』을 탐독하고 자못 깨우친 바가 있어서 채원정에게 다음과 같이 말

---

10 이 편지에서 '봄볕이 따뜻하다' 하였으니, 주희가 『주역참동계고이』를 간행한 이때는 봄이었음을 알 수 있다. 『속집』 권6 「답유덕수答劉德修」 서3에 "『참동계』는 전혀 좋은 판본이 없어서, 최근에 한 차례 교정하여 사람을 시켜서 간행하게 하였으니 곧 완성될 터인데, 아직 잘못된 곳이 있습니다. 지금 한 책을 보내드립니다."라고 하였다. 이 서3과 서2는 동시에 썼다. 서2에서 유광조劉光祖가 부주학기涪州學記를 쓴 일로 방릉房陵에 폄적된 일을 언급하였는데, 『경원당금』에 따르면 이 일은 경원 5년(1199)에 있었다. 또 서2에 주희가 사직(納祿)의 청을 허락받은 일을 언급하였는데, 이 일도 경원 5년 4월에 있었다. 이로 말미암아 『주역참동계고이』의 두 차례 간행은 응당 이해에 있었음을 알 수 있다. 또 『문집』 권45 「답양자직答楊子直」 서5에서도 "이곳에서 새로 『참동계』를 교정하여 보내드렸는데, 받았습니까? 아직 받지 못했다면 말씀하십시오, 마땅히 다시 보내드리겠습니다."라고 하였다. 이 편지는 경원 6년 경신 윤2월 27일에 썼으니, 이는 응당 경원 5년에 판각한 『주역참동계고이』의 정본을 가리킨다.

하였다. "『음군단결陰君丹訣』에 대해 염계(주돈이)가 시를 지어서 언급한 것을 보았는데, 응당 이 책일 것입니다. 그가 이를 실행하여서 장수한 까닭은 바로 돼지고기를 먹고 배부른 셈입니다. 우리가 아는 것은 대체로 이에 이르지 못했으니 바로 쇠약하고 병듦을 면치 못하는 것입니다. 어쩌면 앉아서 용의 고기를 말하기만 하고 실제로 맛본 적이 없는 것에 견주겠습니까?"(『속집』 권3 「답채계통」 서11)

이 음진군陰眞君은 자칭 '선군仙君의 신단神丹에 관한 요결을 전수받았다고 하는데 '도를 성취하고서 세상을 떠났다.' 『운급칠첨雲笈七籤』에 있는 「음진군전陰眞君傳」에서는 다음과 같이 말한다. "음장생은 신야新野 사람이다. 마명생馬明生을 사사하여 태청금액신단太淸金液神丹을 전수받고 대낮에 승천하였다. 떠나기에 앞서 아홉 편을 지었다." 주희는 그의 신단에 관한 요결을 굳게 믿고 의심하지 않았으며, 다만 세상 사람이 앉아서 용의 고기에 대해 말만 하고 진짜로 실행하지 못하는 것을 이상하게 여겼다.

『참동계』는 효爻와 상象으로 단을 만드는 의미를 논하고, 『역』을 근거로 장생술을 논한 책으로서, 본래 가장 오래된 도가의 연단 경전이다. 이는 연단가의 화로와 솥(爐鼎)을 인체의 상징으로 삼고, 건괘와 곤괘를 화로와 부뚜막으로 삼으며, 감괘와 이괘를 약물로 삼고, 그 나머지 60괘를 불의 세기(火候)로 삼아서 한 몸의 음과 양이 서로 나아가고 물러남(進退), 소멸하고 자라남(消長), 오르고 내림(昇降) 등을 논한다.

주희가 특히 납갑納甲을 중시한 까닭은 바로 『참동계』가 연단의 주천화후周天火候를 나타낼 때 한 대 『역』의 납갑법을 채택하고 있기 때문이며, 또한 달의 그믐과 초하루, 반달과 보름달(晦朔弦望), 그리고 일찍 나타나고 늦게 나타나는 방위로서 연단의 주천화후를 상징하고 있기 때문이다. 진震은 초사흘의 단丹의 모양을 표시하며, 태兌는 초여드레 상현달, 건乾은 열닷새 보름달, 손巽

은 열엿새의 달 모양, 간艮은 스무사흘의 하현달, 곤坤은 30일 그믐달을 표시
한다. 역의 괘도 인체의 내단이 소멸하고 자라남과 그 방위의 변화를 상징하
는 의의를 지니고 있다.

주희가 청성 도사의 「고태극도」에 푹 빠져서 좋아하고 가지고 논 까닭은
역시 이 기묘하기 견줄 데 없는 도의 그림이 단가丹家의, 수천 수만 마디 말로
도 표현할 수 없는 수련 장생의 법을 가장 간단한 도상으로 묘사해내고, '만
고 단경丹經의 왕'인 『참동계』의 월체납갑月體納甲·이용二用·삼오三五·구궁九宮·
팔괘八卦·정기鼎器·약물藥物·화후火候의 전체 연단 체계를 포괄했기 때문이다.

이 그림은 흑과 백이 번갈아 돌면서 서로를 안고 있다. 백은 양, 흑은 음
이며, 음 가운데 양을 머금고 양 가운데 음을 머금어서 서로 맞닥뜨려 있으
며, 떨어지지 않고 대립하면서 서로를 보조하고 있다. 흑 가운데 백 한 점은
이離이며 백 가운데 흑 한 점은 감坎으로서 둘은 원형으로 서로 순환하면서
안고 있는데, 단가에서 감괘와 이괘의 부호를 표징으로 삼는 인체의 '약물'의
순환 운행과 상하 왕래를 형상적으로 그려내고 있다.

동시에 이 그림이 나타내는 팔괘의 방위와 소옹의 선천설은 서로 결합하
지만, 이는 또한 단가의 나아가고 물러나며, 행하고 지속하는 화후를 설명하
고 있다. 곧 음이 북쪽에서 극도로 성하면 진震의 양이 비로소 생겨나 진에
서 태兌에 이르고 다시 건乾에 이르러 양이 극도로 성해진다. 양이 남쪽에서
극도로 성하면 손巽의 음이 비로소 생겨나 손에서 간艮에 이르고 다시 곤坤에
이르러 음이 극도로 성해진다. 이는 단가에서 말하는 '진양화후進陽火候'와 '퇴
음부후退陰符候'의 수련 과정을 포함하고 있다.

주희는 이러한 내단 수련설을 믿었을 뿐만 아니라, 또한 더욱 『역』을 끌
어들여서 단을 설명하고 역가易家의 책수策數로 단가의 화후법을 발전시킨 뒤
이를 자기의 독자적인 새로운 발견으로 보았다. 그가 보기에 세간에서 유행

하는 단가의 화후법은 384효를 한번 주천周天하는 수로 삼고 효 하나를 하루에 배당함으로써 효는 많고 날짜는 적기에 서로 부합하지 못하기 때문에 '하늘에서 나와 저절로 잘 맞물리는 도수度數가 아니었다.'

이리하여 그는 독립적으로 자기의 책수법을 추출하였다. "대체로 한 달을 열두 괘로 나누면 한 괘는 이틀 반씩을 얻게 되어서 저마다 본괘의 효로써 본효의 책수를 행한다. 8월 관괘觀卦 이후로부터 정월 태괘泰卦에 이르기까지 양陽은 소양少陽 28책을 쓰고, 음陰은 노음老陰 24책을 쓴다. 4월 대장괘大壯卦 이후로부터 7월 비괘否卦에 이르기까지 양陽은 노양老陽 26책을 쓰고, 음陰은 소음少陰 32책을 쓴다. 양陽은 뜻을 쏟아서 운행하는 것이고, 음陰은 정신을 놓아서 고요해지는 것이니, 한 효가 충족되면 한번 눈을 뜨고 기운을 펴서 숨을 쉬는 것이다. 열두 괘가 돌면 한 달의 작용이 되고, 열두 달이 돌면 한 해의 운세運勢가 된다."(『문집』 권67 「참동계설」)

이와 같이 화후법과 책수법은 완전히 저절로 맞물렸다. 이는 바로 주희가 채원정에게 미처 알리지 못했던 새로운 발견이었다. 그러나 이와 같이 『역』을 단에 끌어들이고 『참동계』를 역으로 바꾸었을 때, 그는 동시에 자기의 상수역학象數易學을 술수術數로 만들었던 것이다.

송 대의 역학은 한편으로는 이학의 사변적 충격을 받아서 의리를 즐겨 천명하였고, 다른 한편으로는 도의 그림과 단의 설명이라는 격랑에 부딪혀서 즐겨 상수를 말하고, 도서圖書를 말하고, 술수를 말하였다. 남쪽으로 옮겨온 이래 불교로 『역』을 논증하고 도교를 『역』에 끌어들인 기풍은 두 이단이 역학으로 스며드는 강대한 사조를 이루었다. 불교로 『역』을 논증하는 것이 의리역학에 대한 강력한 충격이라고 한다면, 도교를 『역』에 끌어들인 것은 상수역학에 대한 강력한 충격이었다.

『역』의 이치를 담론하면서 불교(佛氏)를 마루로 삼은 심작철沈作喆이 지은 『우간寓簡』, 힘써 상수를 물리치고 오로지 마음으로 깨달음(心悟)으로써 『역』을 천명한 왕종전王宗傳이 지은 『동계역전童溪易傳』으로부터, 마음으로 『역』을 해설한 양간楊簡이 지은 『기역己易』에 이르기까지는 육구연이 대표하는, 선을 끌어들여서 『역』을 해설한 역학의 한 갈래 노선을 뚜렷이 보여주고 있다.

그러나 상수파는 멀리로는 한 대 역학과 위학緯學을 이어받고 가까이로는 화산 도사 진단의 무극, 태극 학을 접하였는데, 도를 끌어들여서 『역』을 설명하는 이 갈래의 역학 노선은 거꾸로 주희를 대표로 삼는다고 하겠다. 그러나 역가易家의 상수와 방사方士의 술수는 본래 혈연적으로 서로 통한다. 역가는 물론 도서상수를 말함으로써 방사의 술수로 통한다고 할 수 있거니와 방사도 역가의 도서상수를 빌려 술수를 소리 높여 말하였다.

주희가 좋아한 선천은 바로 납갑에서 나왔고, 납갑은 납음納音에서, 납음은 또 위서緯書에서 나왔으니 역가와 방사의 도교도가 본래는 서로 베끼고 서로 흡수한 것이며, 상수에 대한 탐닉은 필연적으로 술수를 향하게 되어 있었다. 주일신朱一新은 『무아당문답無雅堂問答』에서 다음과 같이 말하였다. "대체로 『역』을 연구하는 자들이 상수를 말하지 않으면 그만이지만, 상수를 말하면 역은 술수로 흐른다. 서한西漢 때에는 괘변설卦變說이 아직 일어나지 않았는데 『역』을 말하면서 음양과 재변災變을 주로 하였다. 그러므로 괘기卦氣의 학은 유래가 가장 멀다. 그때 이후로 옛 『역』이면서 술수에 가까운 것으로 세 학파(三家)가 있다. 괘기는 해를 주로 하고, 납갑은 달을 주로 하고, 효신爻辰은 별을 주로 하는데, 모두 천문 현상(天象)으로 인사人事를 밝힌 것이다. …… 그러나 그 근원은 모두 위서緯書에서 나왔다. ……"(『무아당문답』 권5)

송 대에는 술수로 『역』을 해설하는 역학가가 한 무리 나왔는데, 그들의 특징은 오로지 위서와 도교서를 잡다하게 취하고, 방계로 나온 '교외별전'의 역학 계통을 형성했다는 점이다. 주희가 『주역참동계고이』를 지은 것은 바로 이와 같이 들끓는 학술의 기풍이 그에게 미친 영향을 반영한다. 그는 상수와 술수, 역학과 단학을 통일하였다. 이 때문에 『주역참동계고이』는 그의 『역전』·『주역본의周易本義』·『역학계몽易學啓蒙』과 함께 의리와 상수와 술수를 집대성한 역학 체계의 우뚝한 보루를 이루어서 송 대 경학의 성전聖殿 위에 고색창연하게 드높이 우뚝 섰다.

『주역참동계고이』를 보충하고 서로 참조하면서 완성을 이룬 책은 뜻밖에도 그가 '공동 도사 추희'의 명의로 쓴 『음부경고이陰符經考異』이다. 이 책은 경원 5년(1199)에 썼는데,[11] 의심할 나위 없이 『주역참동계고이』의 자매편이라 일컬을 만하다. 이전李筌은 말하기를 "『음부경』은 수많은 말로 도를 말하고, 법法을 말하고, 술術을 말하였다. 도란 신선포일神仙抱一이며, 법이란 부국안민富國安民이며, 술이란 강병전승强兵戰勝이다."라고 하였다. 그러나 주희가 가장 흥취를 느꼈던 것은 신선포일을 논한, '수많은 말로 도를 말한 것(百言演道)'이

---

11 주희가 『음부경고이』를 지은 해는 줄곧 서문에 '을미 장지長至(하지)'라는 기록에 근거하여서 순희 2년 을미(1175)로 여겨졌는데, 믿을 수 없다. 순희 2년 전후로 주희의 행적과 저술의 상황은 모두 주희와 여조겸 두 사람이 주고받은 편지에 보이는데, 『음부경고이』를 지은 일은 언급되지 않았다. 『어류』에 "『음부경』은 아마도 당의 이전李筌이 지은 것이리라. …… 내가 전에 백공伯恭(여조겸)에게 이런 말을 하였는데, 백공도 그렇다고 여겼다."(『어류』, 권125) 만약 그때 이미 『음부경고이』를 지었다고 한다면, 어째서 주희는 여조겸에게 보낸 편지에서 한마디도 언급하지 않았겠는가? 또 소희 원년(1190)에 여구차맹閭丘次孟이 주희를 보러 와서 자기가 지은 『음부경해陰符經解』를 올렸고, 주희는 특별히 그를 위해 발문을 썼으며, 또 그와 『음부경』을 속속들이 토론하였는데(상세한 것은 『어류』, 권125에 보인다), 주희 스스로 『음부경고이』를 썼다는 말은 한마디도 언급하지 않았으니 더욱 불가사의하다. 이는 적어도 소희 원년 이전에는 주희가 아직 『음부경고이』를 쓰지 않았음을 충분히 입증한다. 그러므로 '을미'는 응당 '기미己未'의 잘못으로 단정할 수 있으며, 바로 경원 5년 기미(1199)에 쓴 것이다. 대체로 옛 서적에서는 乙(을)과 己(기)를 잘못 베끼고 잘못 판각하는 바람에 서로 혼동하는 경우가 많다. 경원 5년에 주희는 『참동계고이』를 완성한 뒤 '공동 도사 추희'라고 서명하였으며, 『음부경고이』도 그와 같이 하였으니 또한 이때 쓴 것임을 입증할 수 있다. 만약 순희 2년이라면, 주희는 바야흐로 힘써 불교를 물리치고 도가를 배척하며 육학을 비판하였으니, 단연코 '공동 도사'로 자호할 리가 없었다.

었고, 이는 『참동계』의 요지와 같다. 여조겸呂祖謙이 아직 살아 있을 때 주희는 일찍이 그와 함께 『음부경』을 토론한 적이 있는데, 여조겸은 정작 이전의 위작僞作으로 여긴 까닭에 높이 평가하지 않았다.

소희 원년(1190)에 주희가 장주漳州에 부임하였을 때 괄창括蒼의 선비 여구차맹閭丘次孟이 천 리 먼 길을 와서 자기가 지은 『음부경해陰符經解』를 바쳤는데, 주희는 특별히 그를 위해 발문을 지어서 다음과 같이 말하였다.

> 그의 뜻을 부친 것을 보면 고상하고 원대하며, 문장의 뜻도 정밀하였다. 이단의 학설에 드나들었으나 올바른 의리로 절충할 수 있었다. 당시 세상의 도술을 하는 자를 논함에 이르러서는 옳고 그르게 여김, 취하고 버림이 또한 모두 합당함을 잃지 않았다. 대체로 오늘날 학자 가운데 이렇게 할 수 있는 자는 적다. 그러나 나는 그 지식이 지나치게 고상하고 기운이 너무 예리하되 중용中庸을 따르는 실상이 없으므로, 혹 장차 도리어 마음으로 삼을 근거를 잃어버리고서도 스스로 알지 못할까 염려하였다.
>
> —『문집』 권82 「발여구생음부경설跋閭丘生陰符經說」

이는 바로 주희가 도가와 불가 이단에 대해 밝힌 일종의 문화적 원칙이며, 또한 그가 지은 『음부경고이』의 주된 사상을 이룬다. 곧 그는 이단에 드나드는 것에 반대하지는 않았으나 다만 유학 문화의 의리를 정통으로 삼고, 이로써 이단의 도의 옳고 그름, 장점과 단점을 선택하고 판단하며, 불교와 도교의 설에 대해 절대적으로 전반적인 배척을 하지도 않고 절대적으로 맹목적인 존신을 하지도 않았으며, '중용의 실학中庸之實'으로써 절충할 것을 주장하였다.

이 때문에 그는 한편으로는 순유醇儒의 면모를 문화의 무대 위에 드러내어 불교를 물리치고 도교를 배척하라고 외침으로써 세상 사람들의 눈에 한 시대의 유종儒宗이며 도학의 우두머리로 보였다. 다른 한편으로는 금망禁網에서 도망하여 산림에 은퇴했을 때 잠심하여서 도가의 내단 수련의 방법을 즐기고, 이로써 스스로 위안하면서 신선포일의 공부로 몸을 닦고 성품을 기르며 장수를 기구하였다. 「음부경고이서陰符經考異序」에서 그는 『음부경』의 대요 大要를 다음과 같이 지적하였다. "절대무(至無)를 마루(宗)로 삼고 천지의 문리文理를 수數로 삼은 것은 천하의 원인(故)이 모두 무無에서 유有가 생겨난다는 것을 말한다. 사람이 유에서 무로 돌아갈 수 있다면 우주는 손바닥 안에 있게 된다."(『음부경고이』)

이는 실제로 무에서 유가 생성되는 순행적 조화의 「태극도」와 유에서 무로 돌아가는 역행적 연단 완성의 「무극도」가 묘사한 도교의 신비한 진리를 말한 것이다. 그가 지은 『음부경고이』는 바로 '내가 사람들이 지엽만 보고 그 하나(一)를 보지 못하며, 어둠만 보고 밝음을 보지 못할까' 염려하여서 이 신비한 진리를 밝혀내려고 한 것이다.

다른 점은, 주희가 철학 사상에서 더욱 『음부경』의 우주관을 긍정하여 『음부경』에서 말한바, "자연의 도가 고요하므로(靜) 천지 만물이 생겨난다. 천지의 도가 점점 펼쳐지므로(浸) 음양이 서로 우세해진다. 음과 양이 서로 밀어서 변화가 순조롭게 된다."(『음부경』 하편)고 한 말에 대해, 심지어 '비록 육경의 말이라도 더할 나위가 없는' 것이라 여겼다는 점이다(『어류』 권125).

그는 거듭 이러한 사상을 찬탄하였다.

네 구절은 극히 잘 말하였다. 고요함은 움직임을 낳을 수 있으니 바로 점점 그렇게 줄어들고, 또 점점 그렇게 자라난다. 천지의 도는 바로 늘 그렇게 사람들에게 보인다.

침瀸이라는 글자는 아주 잘 쓴 것이다. 천지 사이에 별안간에 갑자기 그렇게 음양이 서로 우세해지지는 않는다.

......

만약 극도로 고요하지 않으면 천지 만물이 생겨나지 않는다. 침瀸이란 점漸이다. 천지의 도는 점점 줄어들고 자라나므로 굳은 것과 부드러운 것이 서로 우세해지는데, 이는 바로 길하고 흉하고 곧고 우세해지는 (자연의) 이치이다. 『음부경』은 이런 말을 한 곳이 특히 좋다.　　　　―『음부경고이』

바로 이러한 이성 철학의 두뇌가 이 '공동 도사'로 하여금 단가丹家의 수련과 장생의 환상을 추구하던 데서 초월하게 하였고, 자연과학의 왕국에 대한 탐색으로 통하게 하였다.

『주역참동계고이』와 『음부경고이』가 역사에 남긴 문화적 사유의 의의는, 이것들이 연단, 신선술의 탐구에서 주희가 어떤 경지에 도달했는가를 밝히 드러내는 데 있지 않고, 주희로 하여금 자연과학을 깊이 탐구하도록 추동하며, 자기 평생 철학 사상의 또 한 차례 승화를 실현하게끔 이끌어냈다는 점에 있다. 『참동계』와 『음부경』은 주희를 의학·생리학·지질학·수학과 특히 천문학 연구로 이끌었다. 『참동계』를 탐구하여 밝히기 위해 그는 『성경星經』을 자세히 연구하고, 채원정을 시켜서 이 책을 교정校訂하였다.

그는 스스로도 직접 세상에 은자 단원자丹元子가 지었다고 전해지는 「보천가步天歌」를 교정하였는데, 고아한 선비가 보기에는 비루한 속설로 비치는 저작을 매우 높이 평가하였다. 채원정에게 보낸 편지에서 그는 다음과 같이 말하였다. "『성경』은 셋째 아드님(三郞·채침)에게 맡겨서 그 일을 마칠 수 있겠습니까? 빨리 보여주시기 바랍니다. 근래 「보천가」를 교정하였는데 적잖이 좋습니다. 그 설이 비록 천박하고 말이 대단히 속되지만, 또한 처음 배우는 단

계입니다. 다만 안타깝게도 말할 만한 사람을 얻기 어려워서 ……"(『문집』 권44 「답채계통」 서5)

그는 또 소송蘇頌의 『신의상법요新儀象法要』를 자세하게 연구하였으며, 소송을 모방하여 집에 혼천의渾天儀를 세웠다. 특히 『주역참동계고이』의 교정과 간행을 책임진 채연에게 다음과 같이 말하였다. "혼상渾象에 대한 설은 옛사람들도 이미 생각이 여기에 이르렀으나 다만 어떻게 운행하는지를 말하지 않았을 뿐입니다. 지금 작은 기계를 하나 만들려고 하는데, 대략 그 제도를 그려볼 수는 있겠으나 거장車匠을 얻기가 어려울 뿐입니다."(『속집』 권3 「답채백정」 서4) 소송은 기계와 바퀴 장치를 물로 돌리는 혼의渾儀를 만들었고, 주희는 북송 때 제작된, 수력水力으로 움직이는 종鐘을 다시 세우려고 시도하였다.

그는 심지어 천문 현상을 관측할 수 있는 일종의 구의球儀를 만들려는 기발한 생각을 하고서 역대 천문가의 오류를 바로잡으려 하였다. 그는 채연에게 다음과 같이 말하였다.

『천경天經』에 대한 설은 오늘 논한 것이 바로 그 문제점에 적중하였으나 또한 미진합니다. …… 대체로 그림은 비록 옛날에 제작된 것이나 끝내 천체와 같지는 않습니다. 커다란 원구(圓象)에 구멍을 뚫어서 별을 삼고, 속의 둥근 부분을 비워서 단지의 입구(甕口)로 삼으며, 짧은 축을 북극 밖에 설치한 뒤 연결하여서 (단지가) 회전하게 합니다. 또 짧은 기둥을 남극의 북쪽에 설치하여 단지를 떠받치게 한 뒤, 마침내 단지의 입구에 기둥 넷을 설치하여 (작은 사다리를 떠받치고), 작은 사다리로 그 안에 들어가게 합니다. 사다리 한끝을 북쪽으로 벌려서 지평地平(전망대)을 삼고 위로 올려다보도록 하되 혼천渾天의 형체(渾體)를 잃지 않게 할 수 있습니다. 어떻습니까? 옛사람들은 이런 방법이 없이 멋대로 지어냈으니(杜撰) 가소롭습니다. ──동상, 서2

주희가 밤에 별 모양을 관찰했던 취성대聚星臺와 석실石室의 유적이 고전 古田의 삼양杉洋 지하에서 발굴되었는데,[12] 이로써 그가 실제 천문 관측을 매우 중시했음을 알 수 있다. 그는 이 시설을 이용하여 빛나는 천문 사상을 수 없이 제출할 수 있었다. 예컨대, 하늘은 바깥에서 움직이고 땅은 하늘을 따라 돈다, 땅은 하늘 가운데 있고 하늘 아래에 있지 않다, 땅의 모양은 만두饅頭와 같아서 평면이 아니다, 하늘은 음양의 기운이고 별은 하늘에 붙어 있지 않다, 달은 햇빛을 받아서 밝고 별은 스스로 빛을 낸다, '산과 강과 대지가 처음 생겼을 때는 아직 말랑말랑하였다' 등등이 모두 그의 비범하고 깊은 과학적 안목을 드러내고 있다.

이로 말미암아 그는 자기의 우주생화설宇宙生化說을 제시하였다.

천지는 처음에는 음양의 기운일 뿐이었다. 이 한 기氣가 운행하면서 마찰을 하듯이 돌고 돌아 더욱 급하게 돌면서 수많은 찌꺼기가 쏟아졌다. 속에서는 나올 곳이 없으므로 맺혀서 중앙에 땅이 생겼다. 기 가운데 맑은 것이 하늘이 되고, 해와 달이 되고, 별이 되어 바깥쪽에서 늘 주위를 돌면서 운동을 한다. 땅은 중앙에 있으면서 움직이지 않으며, 아래에 있지 않다.

하늘은 쉼 없이 운행을 하니 밤낮 돌아간다. 그러므로 땅은 중간에 있다. 만약 하늘이 잠시라도 멈춘다면 땅은 반드시 떨어진다. 오직 하늘의

---

12 『민국고전현지民國古田縣志』 권14 「학교」: "남전서원藍田書院은 삼양 북문 밖에 있다. 주회옹朱晦翁(주회)이 쓴 '藍田書院(남전서원)'이라는 넉 자가 돌에 새겨져 있다. …… 서원 왼편 몇 걸음(武) 떨어진 곳에 취성대가 있는데, 송 때 한탁주가 위학僞學을 추적할 때 회옹이 늘 여기에 숨어 지냈다고 오래전부터 전해지고 있다. 오른쪽 몇 걸음 떨어진 곳에는 못이 하나 있는데 인월지引月池라고 하며, 회옹이 '引月인월'이라는 두 글자를 썼다."

운행이 급하기 때문에 수많은 찌꺼기가 중간에서 엉겨 굳어진다. 땅은 기의 찌꺼기이다. 그러므로 "가볍고 맑은 것은 하늘이 되고, 무겁고 탁한 것은 땅이 된다."고 한다.

— 『어류』 권1

이는 바로 서방을 앞선 동방의 고전적 성운설星雲說인데, 주희의 격물궁리 정신은 이미 서방의 근대 실증과학 정신과 일종의 역사적 소통을 이루었던 것이다.

그러나 주희의 이러한 과학적 인식은 또한, 자연의 도는 고요하다, 하늘과 땅의 도는 점점 줄어들고 자라난다, 음과 양은 서로 우세해진다, 굳은 것과 부드러운 것은 서로 밀어낸다는 『음부경』 사상의 철학적 계시를 받은 것이다. 그는 만년에 마침내 몽롱한 상태로 이理와 기氣는 선후를 나눌 수 없다는 점을 직각적으로 깨달았는데, 이렇게 끝내 요절한 유물론적 '철학적 각성'은 그가 만년에 자연과학을 깊이 연구한 사실과 떼려야 뗄 수 없다.

음과 양이 서로 번갈아 돌며 포함하는 「고태극도」 또한 결코 그가 '공동도사'로서 신선·연단·장생을 추구하였다가 실패한 기록이 아니라, 도리어 과학적 두뇌를 가진 이학가의 변증법적 사변이성의 상징이 되었다. 이 「고태극도」는, 주희가 구름과 안개가 아득하게 감도는 청성의 선계(仙㝵)에서 진세塵世로 떨어졌기 때문에, 또한 「선천도」와 함께 높은 산과 광대한 사막을 넘었기 때문에 동방 문화의 왕관 위에 빛나는 찬란한 구슬이 되었다. 그리하여 라이프니츠Leibniz로부터 보어Bohr에 이르기까지 서방의 철학자와 과학의 대가들은 모두 이 그림을 도취한 듯이 좋아하였고, 이 그림에 푹 빠져들었다. 이 그림은 일종의 대립적이고 상보적인 과학이성의 위대한 상징이 되어서 현대 물리학 대가들에게 창조와 발명의 영감을 자극하였다. 보어는 자기의 양자이론의 상보성 개념이 동방 고전 문화의 태극, 음양 사상과 놀랄 만큼 일치

한다고 공공연하게 선포하였다. 방패형 문장의 주요 문양을 선택하여 자기의
물리학 원리를 상징해야만 했을 때, 그는 조금도 주저하지 않고 태극과 음양
이 서로 번갈아가면서 포함하는 중국의 도형을 선택하였다. 그리고 위쪽에
명문銘文 한 줄을 새겼다. "대립적인 것은 상보적인 것이다."(*아래 그림에 보인다)

조셉 니덤Joseph Needham이 시의詩意의 열정으로 "아마도 이 같은 가장 현
대적인 유럽의 자연과학의 이론적 기초는 장주莊周와 주돈이, 주희 같은 인
물의 은혜를 입었을 것이다. 현재 세계에서 이를 인식하고 있는 사람은 훨씬
많을 것이다."(『Science And Civilisation in China(중국의 과학과 문명)』)라고 감탄한 것도
이상하지 않다. '공동 도사'는 '가장 오래된 도가 연금술 저작의 제일 중요한
주석 가운데 하나'(동상)를 지은 저자의 이름이 되었고, 자연과학과 연계되었
던 것이다.

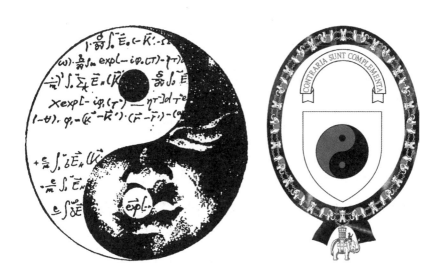

왼쪽 : 보어가 자신의 물리학 원리를 상징할 때 이용한 그림
오른쪽 : 닐스 보어 가문의 문장紋章 'CONTRARIA SUNT COMPLEMENTA'(대립적인 것은 상보적인 것
이다)라는 문구가 보인다.

┃ 경학 대사와 경학의 제자들 ┃

　그러나 주희는 결국은 한 시대의 유종儒宗이었으니, 진세를 초탈하여 우화등선하려는 공동 도사의 영혼은 또한 쇠퇴한 봉건사회의 현실로 떨어져서 아직까지는 불완전하고 결함이 있는 경학 체계라는 큰 건물을 마지막으로 다시 세우지 않을 수 없었다. 그가 평생 제2차 학문 저술의 총결을 통해 사서학을 세웠다고 한다면, 만년의 제3차 학문 저술의 총결을 통해서는 오경학을 세웠다. 그는 경학 저술의 중심을 예학禮學과 상서학尙書學으로 옮겼다.

　번쇄하고 말라비틀어진 『의례』는, 왕안석이 폐기한 이래 선비들은 거의 아무도 이것이 어떤 책인지 알지 못하였다. 그러나 당화黨禍에서 도피한 주희가 바로 이 경학의 '사각지대'를 파고들었다. 『의례』를 경으로, 『예기』를 전으로, 『주례』를 벼리(綱)로 삼은 그의 예학은 전인미답의 광대한 체계를 이루어서 『예』라는 경학의 '무덤'에 새로운 인본주의 이학 정신의 활력과 생명을 불어넣었다.

　주희 이전에 『의례』는 정현鄭玄의 주注와 가공언賈公彦의 소疏 외에 선유의 주석과 해설은 세상에 많이 전하지 않았다. 육덕명陸德明의 『경전석문經典釋文』은 또 너무 소략하였다. 건도乾道 연간(1165~1173)에 이르러서야 영가永嘉의 장순張淳이 교정한 『의례』가 나와서 오류가 정정되었다. 이학가 여대림呂大臨은 『의례』를 기둥으로 삼고 여러 학자의 설을 수집하여서 『의례』를 보완한 뒤 주희가 예학 체계를 세우도록 직접 계발하였다.

그러나 경원당금 전에 주희가 관방의 도움으로 예서禮書를 정리하고 편정하려고 기도한 갖가지 노력은 모두 실패로 돌아갔다. 경원 2년(1196)에 스스로 인력을 조직하여서 예서를 편정하려고 결정하기 전에 그는 이 임무를 반우공潘友恭과 여조검呂祖儉 두 사람에게 나누어 맡겼으나, 모두 완성하지 못하였다. 소희 3년(1192), 그는 여조검에게 보낸 편지에서 여조검이 예서를 나누어 편정하게 된 정황을 언급하였다. "『예서』는 이미 받았습니다. 다만 「상례」는 「제례」 앞에 합쳐 있어야 옳습니다. 그러나 혹시 이 책의 권질卷帙을 고치고자 하지 않는다면 잠시 이와 같이 해도 무방할 듯합니다. 단, 「사서인士庶人」, 「제례」는 전혀 한 글자도 없는데, 어째서 빠진 것인지요? 만약 본래 없었다면 너무 대충한 것입니다."(『문집』 권48 「답여자약答呂子約」 서6)

이해에 예학에 정통한 절浙(절강)의 선비 여정보余正甫가 건양에 와서 배움을 묻고 주희로부터 인정(賞識)을 받았다. 경원 원년(1195)에 주희는 여정보에게 예서를 편정하도록 부탁하고, 특히 그를 위해 체제를 정해주었다. "지금 정한 용례는, 경에 붙인 전傳과 기記는 한 글자를 낮추고, 다른 글은 두 글자를 낮추었으며, 『예기』는 편명으로 구별했습니다. 경에 붙일 수 있는 기는 경에 붙였고, 붙일 수 없는 것은 이전처럼 경문의 결점을 보완하도록 했습니다. 또한 이미 경에 붙여 놓았음에도 옛 글을 이동시키고 싶지 않은 것들은 둘다 보였습니다."(『문집』 권63 「답여정보答余正甫」 서2)

그러나 여정보는 주희의 의견을 받아들이지 않고 혼자 힘으로 편정하려고 하였기에 남이 손대는 것을 용납하지 않았다. 주희는 부득불 그와 갈라진 뒤 경원 2년에 별도로 제자들을 조직하여서 예서를 새로 편정하였다. 그는 여정보에게 편지를 보내 다음과 같이 건의하였다. "노형이 계속 수정하고 있는 것은 어느 정도 규모입니까? 다른 때 보여주시면 참조하고 합쳐서 대조하고 교정하여 정본을 일찍 완성하면 좋겠습니다. 만약 서로가 이미 많이 작업한 결과 어느 한쪽을 없앨 수 없다면 저마다 책 하나를 만들어서 서로 보완하여 간행하더라도 무방할 것입니다."(동상, 서4) 두 사람은 끝내 의견이 맞지 않아 갈라져서 각각 책을 완성하였다. 주희는 이에 대해 다음과 같이 인식하였다. "『예서』는 중간에 생각해보니 합치하지 않는 곳이 많았습니다. 근래 비로소 그가 엮은 것을 보니, 예전 것과 견주어 그다지 고친 내용이 없었습니다. 이른바 홀로 지극하여서 남의 도움이 필요 없는 사람이라 하는데, 참으로 그러합니다. 그러니 그(여정보) 또한 어찌 다른 사람의 도움을 받아들이겠습니까?"(『속집』 권8 「답마기지答馬奇之」)

여정보와 주희 두 사람이 예학에서 근본적으로 엇갈린 점은 『주례』에 있었다. 주희는 『주례』를 주공周公이 남긴 전적으로서 주의 체제와 법도이며 광대하고 정밀한 성인의 일대 대법으로 보았다. 이 때문에 그는 『주례』를 벼리로 삼고 표준으로 삼아서 예제禮制와 예설禮說을 취하자고 주장하였다. 그러나 여정보는 뜻밖에도 『주례』를 취하지 않고 심지어 폄하하면서 『국어國語』를 중시하였으며, 하휴何休와 위서緯書의 설을 잡다하게 이용하였다. 게다가 『예경禮經』에 빠진 부분이 많다고 여겼는데, 후세 사람이 『예경』에 보태고 덜고 써넣고 삭제했을 수 있다고 주장하였다.

주희는 여정보에게 보낸 편지에서 『주례』를 몰아내려는 그의 이러한 관점을 비평하였다.

편지에서 말씀하신 『예』의 편집과 …… 아마도 취한 것들이 너무 잡다한 듯합니다. 그 가운데는 『공총자孔叢子』와 같은 부류의 위서僞書가 섞여 있습니다. 또 『국어』·『가어家語』(『공자가어』)와 같은 것들은 비록 위서는 아니지만 그 표현이 번잡하고 평범하므로 아마도 도리어 정본(正書)에 해가 될 듯합니다. 또 수전授田, 지정地政 등과 같이 『주례』에 붙일 수 없는 항목은

만약 『주례』를 취하지 않고 하휴의 설과 같은 잡다한 학설을 취한다면 아
마도 강령이 없게 될 터입니다. 이는 바로 명분상으로는 『주례』를 높인다
고 하면서 실제로는 깎아내리는 짓입니다. ……

— 『문집』 권63 「답여정보」 서5

『주례』는 고문古文경학파의 성경이어서 금문今文경학파에서는 유흠劉歆이
위조한 것이라고 배척하였으며, 하휴는 더욱 여섯 나라(六國)에서 음모하여 펴
낸 책이라고 헐뜯었다. 그러나 주희와 여정보의 대립은 결코 고문경학과 금
문경학의 학술적 대립의 성질을 갖는 것이 아니었다. 주희는 『주례』의 주석
에 자기의 사회, 정치적 이상을 담아 설명한 데 지나지 않는다.

유가의 안목으로 볼 때 『주례』는 본래 일종의 이상적 사회, 정치제도의
상징으로서, 정치가가 제도의 개혁을 추진하고 복고를 빌려 새로운 정치를
펼칠 때 가장 좋은 기치로 내걸렸다. 『주례』는 왕망王莽의 신新(8~23)에서 처음
이용되었고, 후주後周(951~960)에서 두 번째로, 송 희령熙寧(1068~1077) 때 세 번
째로 이용되면서 『주례』 숭상의 정치 사조가 형성되었다. 그러나 이와 동시
에 북송의 구양수歐陽脩·소식蘇軾·소철蘇轍로부터 남송의 호굉胡紘에 이르기까
지 학술상 반反『주례』의 의고疑古 사조가 출현하였는데, 포회包恢의 『육관의변
六官疑辨』에 이르러 절정에 올랐다.

주희는 기왕에 『주례』를 제례작악制禮作樂의 주공이 남긴 전적이자 주 체
제의 대법이며, 또한 요임금·순임금·우임금·탕왕·문왕·무왕·주공의 도가 담
겨 있고, 성인의 '도통道統'이 들어 있는 책이라고 보았다. 그래서 주희의 예
학은 한편으로는 학술상 『의례』를 경으로 삼아 삼례三禮가 융합된 통일 체계
를 세우고, 다른 한편으로는 정치상 『주례』를 벼리로 삼아 사회, 정치제도의
이상 체계를 세우려 했기 때문에 예학 역시 그의 이학 체계 가운데 편입되었

다. 그는 제자들에게 다음과 같이 말하였다. "여정보余正父는『국어』를 이용하고『주례』는 이용하지 않으려 한다. 그러나『주례』를 어찌 넣지 않을 수 있겠는가!『국어』는 내용은 많으나 이치는 적으니 바로 쇠퇴한 시대의 책이며, 지엽으로 벗어나고 내용이 만연한 까닭에『좌전』에 크게 미치지 못한다. 이때의 문장을 보건대 이와 같았으니, 어찌 국가를 일으켜 세울 수 있었겠는가!"(『어류』 권84) 이는 그가『주례』를 숭상한, (이면의) 진실한 정치적 의도를 말한 것이다.

주희의 눈에『주례』의 제도와 법도는 거의 완전무결하였다. 본래『주례』는「동관冬官」한 편이 빠져 있었지만, 한의 유학자들이「고공기考工記」를 가지고 보충하였다. 그러나 유정춘俞庭椿 부자가『주관복고편周官復古編』을 지을 때,[13]「동관」이 망실된 것이 아니라 오관五官 내에 여기저기 흩어져 있다고 여기고서 이를 따 모아 별도로 한 권으로 만들어내서『주례』의 옛 모습을 회복하였다. 주희는 이들에 대해 "「동관」은 망실되지 않았으며, 고증하고 탐색해 보면 매우 온당하다. 정현과 가공언賈公彦 이래 모두 마땅히 옷깃을 여미고 3사舍(90리. 1사는 30리)를 물러나야 할 것이다."(구규丘葵,「주례보망자서周禮補亡自序」) 하면서 크게 감탄하고 칭찬하였다.

『주례』는 완전하게 구비된 주 왕실의 대법이었다. 그래서 주희는「우독만기偶讀漫記」에서 다음과 같이 예언하였다.

『예서』, 이 책은 다른 시대에 반드시 두 가지 판본이 있을 것이다.『주

13『주관복고편』은 이전에는 모두 유정춘이 지었다고 여겨졌으나 주희의『속집』권7「답유수옹答兪壽翁」에 "선친(先丈)이 지으신『주례복고편周禮復古編』을 보았는데 …… 접때 선친께서 일찍이 보여주신 적이 있습니다." 하였으니, 이 책은 실은 유정춘의 아버지가 지은 것이며, 아마도 유정춘이 보충하고 정정하였을 것이다.

례』에 근거해서 경經과 전傳을 나누고, 『국어』와 잡다한 책들에서 현실성 없고 치우치고 곁가지만 무성한 주장을 택하지 않은 것은 내 책이다. 『주례』를 물리쳐서 내용에 계통과 기강이 없게 하고, 경과 전을 합쳐서 글에 구별이 없게 만들고, 대부분 『국어』와 잡다하게 기록된 말을 택하여, 전하는 이는 의심하게 하고 익히는 이는 어둡게 만드는 것은, 내 책이 아니다. …… 다른 때에 이 책의 다른 판본이 …… 그 또한 충분히 내가 써넣고 삭제하는 데 보탬이 될 것이다.　　　　　　　　　—『문집』 권71 「우독만기」

이 말은 그와 여정보의 대립을 가리킬 뿐만 아니라, 또한 더욱이 예학상에서 『주례』 숭상파와 『주례』 배척파의 대립을 가리킨다.

그러나 어떻든지 간에 『국어』 등 잡서와 위서僞書에 대한 주희의 설도 결코 간단히 물리칠 수는 없다. 이들을 '외서外書'로 편집하여서 구별하고 비교하자는 주희의 주장은, 바로 그가 『정씨유서程氏遺書』 외에 별도로 『정씨외서程氏外書』를 편집한 것과 맥락이 같다. 그는 일찍이 여정보에게 다음과 같이 건의한 적이 있다. "가만히 생각건대, 번잡하고 평범하며 자잘한 것들이나, 예를 들어, 『국어』 등 및 『가자賈子』(『가의신서賈誼新書』) 편의 종류 가탁假託하여서 진실이 아닌 것들은 예를 들어, 『공총자孔叢子』의 종류 지금 모두 베껴서 한 부류로 넣은 뒤 앞으로 별도로 외서外書로 수록하면, 아마도 조금 구별이 될 터이므로 혼란스럽지 않을 것입니다. 혹 지금 정본을 베낄 때 이러한 의심스러운 것들은 별편別編으로 두고 정편正篇의 순서와 차례에 따라 배열하여서 서로 충분히 대조할 수 있게 한다면, 또한 저절로 수고를 덜 수 있을 것입니다."(『문집』 권63 「답여정보」 서5)

여기서 말하는 '외서'란 바로 『외전外傳』이다. 그는 이벽李壁에게 보낸 편지에서 자기가 편집한 예서의 규모를 언급하였다.

편집한 『예전禮傳』은 이미 대략 실마리를 보았는데 …… 그 책의 대요
는 『의례儀禮』를 근본으로 삼아 장章을 나누고 소疏를 붙였으며, 『소대小戴』
(『소대례기』)의 여러 뜻을 그 뒤에 각각 엮은 것입니다. 다른 편이나 혹 다른
책에 보이는 것으로 서로 밝히 드러낼 수 있는 것은 경經에 붙이기도 하고
의義에 붙이기도 하였습니다. 또 그 밖에 「제자직弟子職」과 「보부전保傅傳」
같은 부류는 또 구별해서 편을 만들어 같은 종류에 붙였습니다. 그 항목
에는 『가례』·『향례』·『학례學禮』·『방국례邦國禮』·『왕조례王朝禮』·『상례』·『제
례』·『대전大傳』·『외전外傳』이 있습니다. 지금 이미 그 대체가 갖추어진 것
이 대체로 열에 일고여덟입니다.　　　　　　　— 『문집』 권38 「답이계장答李季章」

　『외전』이란 바로 『대대례기大戴禮記』·『춘추내전春秋內傳』·『춘추외전春秋外
傳』·『신서新序』·『열녀전列女傳』·『신서新書』·『공총자孔叢子』 등의 예설을 잡다하
게 모아서 한 편으로 꾸민 것이다. 따라서 주희의 예서는 이왕의 봉건 예학
을 집대성해온 역사를 총결한 것이라 할 수 있다.
　이러한 방대한 예학 체계를 세우기 위해 주희는 각지의 우수한 예학가를
동원하였다. 앞뒤로 예서 편수編修에 참가한 학자들은 여조검·노덕장路德章·
반우공·여정보·황간黃榦·채원정·오필대吳必大·이여규李呂圭·유지劉砥·유려劉
礪·조사하趙師夏·조사공趙師恭·응서應恕·첨체인詹體仁·섭하손葉賀孫(섭미도)·양즙楊
楫·요덕명廖德明·양방楊方·양간·유광조·유건옹劉建翁·손길보孫吉甫·양복楊復 등
이다. 이들은 세 조로 작업반을 이루었다. 민중閩中에서는 건양을 중심으로
하여 황간과 유지·유려 형제가 책임을 맡았다. 강서江西에서는 여릉廬陵을 중
심으로 오필대·이여규가 책임을 맡았다. 절중浙中은 또 네 갈래 편찬의 중심
을 나누어서 금화金華에서는 여조검, 사명四明에서는 손길보, 영가에서는 섭하
손, 황암黃巖에서는 조사하가 각각 책임을 맡았다.

주희의 총통솔 아래 그들은 서로 협조하면서 작업을 하고, 나누어서 편찬한 뒤, 합쳐서 교정을 보았다. 대체로 민중의 학자들이 『빙례聘禮』 이전 부분을 완성하고 나면 사명의 학자들이 소의疏義를 덧붙여 넣고 『근례覲禮』 이후 부분을 완성한 뒤 또 여릉의 학자들이 소의를 덧붙여 넣었다. 『가례』·『향례』·『방국례』는 사명의 학자들이 편찬을 완성한 뒤 여릉의 학자들에게 건네주고, 이를 참조하여서 교정하게 하였다. 『상례』와 『제례』는 황간·오필대·이여규가 나누어서 편찬하였고, 『왕조례』와 『관례冠禮』는 여조검이 나누어서 편찬하였다. 주희는 전면 수정 책임을 맡은 일 외에 또 주로 『근례』와 『관례』, 『제례』의 일부분을 썼다. 예서를 합작으로 집성하는 일을 앞에 두고 학파의 경계가 타파되었던 것이다.

그러나 나중에 『의례경전통해儀禮經傳通解』로 이름이 정해진 이 예서는 주희 생전에는 완성되지 못하였다. 그의 막내아들 주재朱在는 「발의례경전통해목록跋儀禮經傳通解目錄」에서 이 책이 완성된 정황을 상세히 언급하였다.

선친(先君)께서 지으신 『가례家禮』는 다섯 권, 『향례鄕禮』는 세 권, 『학례學禮』는 열한 권, 『방국례邦國禮』는 네 권, 『왕조례王朝禮』는 열네 권이다. …… 『경전통해』라고 한 것은 모두 스물세 권인데 모두 선친께서 만년에 친히 정하신 절필絶筆의 책이다. …… 오직 「서수書數」 한 편은 결함이 있지만 보완하지 못하였다. 「대사례大射禮」·「빙례」·「공후대부례公侯大夫禮」·「제후상조례諸侯相朝禮」 여덟 편(●네 편이 모두 저마다 의의가 있으므로 여덟 편이라고 했다)은 탈고하지 못하였다. 집전集傳, 집주集注라 한 것은 이 책의 옛 이름인데, 모두 열네 권으로서 『왕조례』이다. 그 아래 「복서편卜筮篇」도 빠졌다. 나머지는 선친이 처음 정한 것이나 깎아내고 수정할 겨를이 없었던 것이다. 『상례』와 『제례』는 규모와 차례를 문인 황간에게 맡겨서 분류하고 차례를 매기게 하였다.

사실 주희가 세우려고 한 예학의 체계는 주재가 「발의례경전통해목록」에서 언급한 것보다 훨씬 굉대하였다. 주희는 본래 『통전通典』 및 각종 사지史志(역사서와 지방지), 회요會要와 개원례開元禮(당), 개보례開寶禮(송), 정화례政和禮(송)의 모든 예 관련 기록을 가지고 짐작하고 덜고 보태어서 옛것을 참작하여 오늘날에 견주며, 꾸밈을 덜어내고 바탕을 추구하는 일대 예제禮制를 세워서 '모든 왕들이 바꿀 수 없는 대법(百王不易之大法)'으로 만들려고 준비하였다.

선비들조차 『의례』가 번잡하고 자질구레하며 이해하기 어려워서 고민했기 때문에, 그는 제자 학자들과 함께 『의례』를 위해 전부 고정하고 예에 관한 그림을 그려 그림과 글을 서로 배치함으로써 예학을 통속하고 이해하기 쉽도록 만들었다. 그리하여 예제를 진정으로 인민의 일상생활에서 받들어 시행할 수 있도록 준비하였다.

예서 외에 그는 또 동시에 『악서樂書』를 편정하고 두 책을 병용하여서 늘 마음에 품고 있던 바, 예악으로 교화하는 유가의 태평성세를 실현할 준비를 하였다. 그러나 경원당금은 그로 하여금 쇠퇴한 봉건사회를 위해 새로운 예를 제정하고 음악을 제작하려는 구세救世의 새로운 꿈을 끝내 물거품으로 돌아가게 하였다. 『악서』는 아직 편정되지 않았고, 그는 다만 「금률설琴律說」만 써냈다. 이는 그가 악률樂律 방면에서 새로운 탐색을 하고 있었음을 드러낸다. 그러나 예서도 다만 황간이 『상례』를, 양복이 『제례』를 보충하여 편정했을 뿐이다.

『의례경전통해』가 전부 완성되지는 못했다 하더라도 그대로 예서대전禮書大全이라고 일컫기에 충분하므로 후세에 이르러 '천고의 성전盛典'이니 '천고에 간행되지 못한 전적'이니 하면서 떠받들렀다. 주희는 고례古禮의 껍데기에 도덕 인본주의의 이학 문화 정신을 주입하여 인간의 향내적 자율적 도덕을 향외적 예에 대한 규범적 준행과 등급에 대한 예제의 복종으로 변하게 하고, 인본주의의 정신을 이용하여 예로써 자기를 수양하고 예로써 나라를 다스리는 공자의 사상을 강화하였다.

나중에 이준민李俊民은 오징吳澄의 『의례일경儀禮逸經』에 서문을 쓰면서 주희의 『의례경전통해』를 송유宋儒 예학의 대표로 삼고, 한유漢儒의 예학, 당유唐儒의 예학과 함께 솥발처럼 세우고 함께 논하였다.

> 『예경』으로 논하자면, 진秦의 불꽃이 꺼지고 난 뒤 나머지를 주워 모으고 거둬들여 쌓아서 후세에 전할 수 있었던 것은 한의 유학자의 힘이다. 희귀한 논저論著에 의지하여서 옛것을 전해준 것은 당의 현자들의 학문이다. 경經과 전傳을 회통하여 문호를 활짝 열어서 천년의 의혹을 떨어낸 것은 주자의 특별한 견해이다. ──『경의고經義考』 권133

'경과 전의 회통會通經傳'은 실제로는 주희 예학의 두 가지 특징을 개괄해 낸 것이다. 첫 번째 특징은 『의례』를 삼례三禮 가운데 경의 지위로 거듭 새롭게 확립한 점이다. 그가 『의례경전통해』를 쓰기 이전에 유생과 사대부들은 다만 『예기』만 알고 『의례』는 알지 못하였으며, 당 개원開元(713~741) 이후의 금례今禮만 알고 『의례』 중의 고례는 알지 못하였으며, 『예』의 전이 있는 것만 알고 『예』의 경이 있는 것은 알지 못하였다. 주희가 『의례』를 경으로 삼고 장구章句를 나누어 전의 기록을 덧붙인 것은, 예학과 예제상에서 경을 버려두고 전에 맡기며, 근본을 버리고 말단을 높이며, 옛것을 버리고 새것으로 나아가는 편향을 극복하려는 의도였다. 따라서 『의례』를 경의 지위로 확립한 것은 고례의 지위를 회복한다는 것을 의미하는데, 그 목적은 자기가 고례를 근본으로 삼고, 또한 더욱 혁신하고 손익損益하여서 때에 맞게 변통한 예제와 예법의 체계를 세우려는 데 있었다.

두 번째 특징은 경經·전傳·강綱의 논리 구조로 삼례를 회통하여서 하나로 만든 점이다. 그 이전에 삼례는 비록 모두 일찍부터 '십삼경十三經'에 들어 있었으나 다만 셋을 통일하지는 못하였는데, 고문경학과 금문경학, 『주례』 존중파와 『주례』 배척파가 저마다 취하고 버리는 것이 있어서 삼례에 대해서도 억누르고 높이는 것이 서로 달랐다. 주희에 이르러 비로소 셋이 하나로 귀결하여 삼례의 어느 하나를 버리지 않고 융통하여서 변고통금變古通今의 예학체계를 이루었다.

따라서 주희 이후에 그의 제자들이 앞장서서 경학상에서 『의례』를 높이고 삼례를 회통하는 열기가 일어났다. 황간이 『속의례경전통해續儀禮經傳通解』를 짓고, 양복이 『의례경전통해속儀禮經傳通解續』을 지은 것은 그야말로 주희가 남긴 염원을 완성하기 위한 일이었다. 그리고 제자 황사의黃士毅가 『유주의례類注儀禮』를, 섭미도葉味道가 『의례해儀禮解』를, 유약劉爚이 『의례운장경해儀禮雲莊經解』를 지은 것들도 모두 다투어 스승을 본받은 결과로서 나중에 물밀 듯이 일어난, 『의례』를 탐구하고 토론하고 고찰하고 연구하는 경학 물결의 선구가 되었다.

'본의本義' 탐구는 종래 주희가 추구한 경학의 최고 목표였다. 그가 예학에서 고례 회복의 기치를 올린 일은, 역학에서 세 성인의 역을 탐구한다는 기치를 올린 것과 시학에서 「모서毛序」를 몰아내자는 기치를 올린 것과 함께 모두 이러한 '본의'를 직접 탐구하는 진실 추구의 정신을 체현하고 있다. 그는 이런 정신을 상서학에서도 마찬가지로 관철하였다. 가짜 '공전孔傳', '공서孔序'의 축출은 그의 상서학의 출발점이 된다. 그리고 이는 바로 '모서'의 축출이 그의 시학의 출발점이 되는 것과 같다.

경원당금 이전에 그의 상서학의 기본 사상은 상서학의 명가 정대창程大昌 등과 논변을 하는 과정에서 이미 형성되었고, 또 상서를 고증하는 단문도 써 냈다. 그러나 그가 정식으로 『상서』의 주해를 지은 때는 경원당금 중이었다. 『고문상서古文尙書』, '공전'과 '공서'를 가짜로 단정하는, 전통적인 경 해석 체계를 벗어난 상서학 사상의 확립은 그의 『상서』 경전 해설 방법을 전체적으로 변화시켰다. 기왕 대대로 성경으로 믿어왔던 『고문상서』가 가짜이며, 권위 있는 해설로 여겨온 '공전'과 '공서'도 믿을 수 없는 것이 되었고, 『금문상서今文尙書』도 읽기 어렵고 빽빽하며 난삽하여서 이해하기 어려운 것이었다. 그러므로 만년에 이르러 그는 『상서』에 대해 글자 풀이와 구절 주석의 전체적인 해석이 불가능한 것으로 여겼다. 그는 제자에게 다음과 같이 말하였다.

> 금문은 복생伏生이 입으로 전한 것이고 고문은 벽에서 나온 책이다.
> …… 어찌 벽 속에 수백 년 있었던 물건이 글자 하나 잘못되지 않고 손상
> 되지 않을 수 있겠는가? 게다가 복생이 기억한 것은 읽기 어려우니, 이는
> 더욱 의심스럽다. 지금 사람은 온전한 책으로 삼아 풀이하지만 반드시 옳
> 지는 않다.　　　　　　　　　　　　　　　　　　　　—『어류』 권78

이 때문에 주희는 일반과 다른 두 가지 조항의 『상서』 경전 해석 방법을 확립하였다. 일찍이 소희 2년(1191)에 그는 포전莆田의 제자 정가학鄭可學에게 자기의 『상서』 해석법을 밝혀서 진술하였다.

> 당우唐虞, 삼대三代의 일은 너무나 크고 아득히 먼 옛일인데 어디에서부
> 터 헤아릴 수 있을까? 성인의 마음을 추구하는 것만 못하다. …… 대체로
> 『상서』에는 굳이 풀이할 필요가 없는 것이 있고, 모름지기 주의하여서 풀

이해야 할 것이 있으며, 간략하게 풀이해야 할 것이 있다. 풀이할 필요가 없는 것으로는, 예컨대 「중훼지고仲虺之誥」, 「태갑太甲」과 같은 여러 편이 있는데, 다만 익히 읽기만 해도 의리가 저절로 분명해지니 무엇 때문에 풀이하기를 기다리겠는가? 「홍범洪範」과 같은 편은 주의해서 풀이해야 한다. '전典(「요전堯典」과 「순전舜典」)'과 '모謨(「대우모大禹謨」, 「고요모皐陶謨」, 「익직益稷」)'의 여러 편은 내용이 조금 전아하고 심오하니 간략하게 풀이해야 한다. 「반경盤庚」과 같은 여러 편은 풀이하기 어렵고, 「강고康誥」와 같은 것은 풀이할 수 없다. —동상

　이는 바로 주희가 『상서』를 주해할 때 지닌 신중한 태도이며, 질질 끌면서 기꺼이 붓을 들려고 하지 않았던 까닭이다. 여기에는 이미 그가 나중에 채침蔡沈에게 전수한 경전 해설의 두 가지 기본 방법을 포함하고 있다. 하나는 『상서』의 해설에서 한 글자 한 구절의 장구章句 훈고에 얽매이지 않고 문장의 의미를 관통하고 의리를 밝히는 데 치중하는 방법이다. 이와 같이 의리를 관통하고 밝히는 방법은 반드시 이제삼왕二帝三王 성인의 '마음(心)'을 탐구하여서 밝히는 데로 귀결된다. 그래서 그는 채침에게 『서경집전書經集傳』을 짓도록 지시할 때, 특별히 다음과 같이 강조하였다. "이 책(『예서』)의 설명을 나누어서 부탁할 곳이 없었기 때문입니다. 이로 인하여 지난날 『상서』의 글의 뜻을 관통하는 것은 오히려 둘째 신조(第二義)이고, 곧장 모름지기 이제삼왕의 마음을 보아서 통할 만한 곳은 통하게 하고 통하기 어려운 곳은 억지로 통하게 하지 말아야 한다고 깨우쳐주신 내용을 생각하였습니다."(『속집』 권3 「답채중묵答蔡仲默」 서3)

　또 하나는 『상서』의 훈고에서 억지로 풀이하거나 전체적으로 풀이를 하지 않으며, 의심나는 것이 많더라도 그대로 둠으로써 한 글자 한 구절에 천

착하고 견강부회하면서 자기 억설을 스스로 드러내는 것을 면하는 방법이다. 이는 바로 그가 채침에게 『서경집전』을 짓도록 지시할 때 특별히 다음과 같이 강조한 점이다. "『상서』는 반드시 풀이할 필요가 없는 것, 모름지기 신경써서 풀이할 것, 간략하게 풀이할 것, 풀이할 수 없는 것이 있습니다.", "이해할 수 없으면, 의심스러운 것은 다만 마땅히 빼 두어야 합니다."(동상)

곧바로 성인의 '마음'을 탐구하는 것을 상서학의 첫째 신조(第一義)로 삼는 방법론은 그의 인본주의 사상을 『상서』의 주석에 관철하려는 것이다. 의심나는 것이 많더라도 그대로 두고, 억지로 견강부회하여서 전체적으로 풀이하지 않는다는 점은 또한 그의 '본의'를 탐구하는 실질 추구의 정신을 준수하려는 것이다. 그의 상서학은 이 두 가지 정신에 의지하여서 이전 사람들과 동시대 사람들을 아주 멀리 초월하였고, 결정적으로 채침의 『서경집전』을 송 대 상서학의 획기적인 명저가 되도록 하였다.

그러나 주희의 수많은 제자들은 이러한 경전 해석의 정신과 방법을 결코 단번에 이해하거나 파악하지는 못하였다. 그가 마지막으로 채침을 선택하여 자기의 상서학을 완성하도록 부탁을 남긴 것은 다음과 같은 과정을 거쳤다. 주희가 제일 처음으로 제자에게 지시하여서 『상서』의 주석을 쓰게 하려고 마음먹은 때는 경원 3년(1197)이다. 임해臨海의 제자 반시거潘時擧(*자선子善)가 바로 그가 처음으로 부탁하려고 뜻을 둔 학자였다. 이해에 두 사람은 『상서』를 두고 깊은 토론을 진행하였는데, 주희는 끝내 그가 너무 엉성하고 천박하다는 사실을 느끼고서 경원 4년에 친히 『상서』의 주석에 손을 대기 시작하였다. 동시에, 자기의 일관된 저작 방법에 따라 그는 『상서』에 뛰어난 제자들에게 나누어 명하여, 각자 주석과 해설을 달아서 바치게 하고 이를 종합한 뒤 채택하였는데, 반시거 외에도 이방자李方子(*공회公晦)·이상조李相祖(*시가時可)·진식陳埴(*기지器之)·임기손林夔孫(*자무子武)·사성지謝誠之·황간이 있었다.

주희는 그들에게 구체적으로 지도를 하여서 저마다 책을 완성하게 하고, 그 뒤 각 사람의 장점을 참조하고 모아서 자기의 주석을 완성하는 데 편하게 하였다. 이는 나중에 그가 전적으로 채침에게 관점과 재료를 제공하고 자기의 의도에 따라 『서경집전』을 쓰게 한 것과는 다르다. 『민서閩書』에서는 이상조가 "주 문공을 따라 배웠는데, 일찍이 문공의 명으로 『서설書說』 30권을 편찬하였다." 하였고, 『복주부지福州府志』에서는 임기손에게 『서본의書本義』가 있다 하였는데, 바로 모두 이때 이루어진 일이다.[14]

이방자·진식·사성지의 『상서』 풀이는 모두 주희가 지은 『상서』의 주석과 채침이 지은 『서경집전』의 중요한 참고서가 되었다. 과재果齋 이방자가 전문적으로 편정한 『우공집해禹貢集解』는 주희에게 이용되었다. 경원 4년(1198) 겨울에 그는 황간에게 보낸 편지에서 다음과 같이 말하였다. "이공회李公晦(이방자)의 『우공집해』는 매우 상세하게 편찬되어 있기에 지금 덧붙여 보내니 시험 삼아 한번 보라. 만약 쓸 만하다면 사람을 시켜서 한 부 베끼게 하여 별도로 발간한 뒤 이 책은 돌려주면 좋겠다."(『속집』 권1 「답황직경答黃直卿」 서56)

이방자는 특히 소무邵武에서 고정으로 왔는데 주희가 친히 지시함으로써 『상서』의 풀이를 지었다. 주희는 사성지에게 편지를 써서 이를 알렸다.

소무의 한 벗이 현재 『상서』를 편집하고 있는데 갖춰지지는 못하였습니다. 근래 또 상을 당하였기 때문에 조금 안정되기를 기다렸다가 불러서 함

---

14 이상조가 『서설』을 지은 사실은 주희의 『문집』 권55 「답이시가答李時可」의 여러 편지에 보인다. 진순陳淳의 문집에 「답곽자종答郭子從」이 있는데, 채중묵蔡仲默(채침)과 임자무林子武(임기손)에게 『상서』의 풀이가 있다고 하였다. 『어류』에 경원 3년 정사丁巳(1197) 이후 임기손이 어록語錄을 기록하였다고 했으니, 경원 4년 전후로 임기손이 고정에 와서 수학하였음을 알 수 있다. 채침의 「몽전기夢奠記」에서도 주희가 임기손을 앉혀 놓고 가르침을 준 사실을 기록하였다.

께 토론하고 연구하며 『시전詩傳』을 본떠 책을 한 권 만들어야겠습니다. 편찬한 책(*생각건대, 사성지가 편찬한 『서설書說』을 가리킨다)에서 내가 본 뒤의 다음 편을 이어서 보내주시면 더욱 다행이겠습니다. 아마도 응당 도움이 될 것입니다.(*생각건대, 주희 스스로 짓는 『상서』의 주석에 도움이 되리라는 점을 가리킨다)

—『문집』 권58 「답사성지答謝誠之」

이방자는 소무 사람이니, 여기서 말한 '소무의 한 벗'은 마땅히 이방자를 가리킨다.[15] 이는 경원 4년에 주희가 자기의 『시집전詩集傳』을 본떠 『서집전書集傳』을 짓는 일에 착수했을 때 그가 의지한 주요 제자가 이방자이지 채침이 아니었음을 분명히 나타낸다.

주의할 점은, 여기에서 말하는 다음과 같은 한 가지 사실이다. 곧 주희가 최초로 『서집전』을 지으면서 전반부를 이방자에게 위임하고 후반부를 사성지에게 위임하였는데, 이는 주희가 제자들에게 명하여서 『서전書傳』을 수집하게 한 일이 구체적으로는 나누어 작업하게 한 일임을 증명한다. 그리고 이들 제자는 주로 여러 학자의 설을 모아서 자료 성격의 집해集解(*이방자의 『우공집해』와 같은 것이다)를 엮은 뒤 주희에게 제공하고 『상서』의 주해에 사용하게 하였

---

15 생각건대, 지금 혹 채침을 가리키는 것으로 보기도 하는데, 매우 잘못이다. 채침은 건양建陽 사람이지 소무 사람이 아니다. 이는 대체로 주희가 일찍이 제자 여러 사람들에게 위임하여서 『상서』의 해설을 쓰게 한 결과임을 알지 못했기 때문이다. 지금 『어류』에는 무신戊申(1188) 이후에 이방자가 기록한 어록이 있으니, 경원 연간에 그가 고정으로 왔음을 입증한다. 또 주희 연보의 여러 판본은 모두 경원 4년(1198) 아래에 '『서전書傳』을 모았다'고 한 조항을 비정하고서 "「이전二典」·「우모禹謨」·「금등金縢」·「소고召誥」·「낙고洛誥」·「무성武成」 여러 편의 해설 및 친필 원고 100여 단락이 모두 갖추어져 있고, 그 밖에 모두 채침에게 구술로 전하여서 충분히 완성할 수 있도록 하였다."라고 하였다. 이는 모두 이방자가 지은 『자양연보紫陽年譜』에 근거를 둔 말인데, 그가 경원 4년에 친히 고정으로 왔고, 『서전』을 모으는 데 직접 참여하였으므로 이런 말이 있게 된 것이니, 결코 헛말이 아니다.

다. 이는 특히 그가 이상조를 지도하여 『서설』을 쓰게 한 사실에서 간파할 수 있다.

주희는 이상조에게 여러 학자들의 설을 제공하면서 다음과 같이 말하였다. "여러 학자들(諸家)의 학설은 현재 한창 찾아서 검토하고 있는 중인데, 원우元祐 연간(1086~1094)에 이루어진 「열명說命」·「무일無逸」 편의 강의 및 조이도晁以道·갈자평葛子平·정태지程泰之·오인걸吳仁傑 등의 글을 먼저 보내니, 참조해 가면서 정정할 수 있을 듯합니다. 차례는 마땅히 주소注疏를 앞으로 두고, 그 요점을 간추린 것은 이후에 시세時世에 따라 선후를 삼으면 될 것입니다. 서산西山(채원정)이 경의 취지를 밝혀낸 곳이 있으니 마땅히 본문 아래에 부록하고, 그 통론은 편의 끝에 부록해야 할 것입니다. ……"(『문집』권55 「답이시가答李時可」 서5)

주희가 이상조를 위해 재차 편정한 『서설』의 체제로 볼 때(동상, 서7) 분명히 그 의도가 여러 학자의 설을 수집하여서 기록하는 데 있었으며, 채침에게 준 작업의 방법과는 같지 않았다. 그래서 경원 5년(1199)에 이르러 주희는 이들 제자가 편집한 집해를 전부 채침에게 건네준 뒤 그를 통해 간략한 집전集傳을 하나 써냈다. 그는 채침에게 보낸 편지에서 분명하게 말하였다. "사성지의 『서설』 여섯 권과 진기지陳器之(진식)의 『서설』 두 권은 지금 대충 부쳐드립니다. 볼 겨를이 없을 것으로 생각되나, 번거롭더라도 거둬 두었다가 향후에 자세히 헤아려보십시오."(『속집』권3 「답채중묵」)

『시집전』을 모방하여 『서집전』을 쓰려고 했다는 주희의 말은 그의 『서』에 관한 설의 다음과 같은 특징을 명확하게 표시하는 것과 같다. 첫째는 공안국孔安國의 '서序'를 잘라내 책 뒤에 배치하고 상세히 변증하였다. 이는 『시집전』에서 모장毛萇의 '서序'를 잘라내 책 뒤에 배치하고 「시서변설詩序辨說」을 지은 것과 똑같다. 둘째는 경과 전을 분리하고 가짜 공안국의 '전傳'을 폐기하였다.

셋째는 의리를 중시함을 밝혔다. 넷째는 장구의 훈고를 간략하게 하는 데 힘썼다.

그의 미완성 『서설』의 남은 원고 「요전堯典」·「순전舜典」·「대우모大禹謨」·「금등金縢」·「소고召誥」·「낙고洛誥」·「무성武成」 등은 모두 경원 4년에서 경원 5년 겨울 사이에 지은 것인데,[16] 이것들에는 그의 이러한 상서학 정신이 선명하게 체현되어 있다. 곧 『상서』의 서문에 대한 그의 고찰과 변증은 한·당의 경학과 봉건 관방이 신성한 것으로 여겨온 공안국의 '전'과 공안국의 '서'의 『상서』 해설 체계를 뒤집어엎었다.

주희가 유독 「요전」·「순전」·「대우모」 세 편을 심혈을 기울여서 주해한 까닭은 그가 볼 때 '전 두 편(二典), 모 세 편(三謨)' 등은 의리가 명백하며 구절구절 실제 이치(實理)'이기에 '성인의 마음'(『어류』 권78)을 가장 잘 볼 수 있는 글이기 때문이었다. 그리고 또한 심혈을 기울여서 착간이 매우 심한 「무성」의 차례를 고정한 것은 실질을 추구하는 그의 박학樸學 정신을 드러내 보인 것이다.

이 때문에, 이들 『상서』 몇 편의 주석은 잔결되고 온전하지는 않지만 이

---

16 이 몇 편에 관한 주석의 원고를 지은 해는 지금까지 고증되지 않았으며, 혹 그 가운데 주희 초년에 지은 것이 있다고 여기기도 하지만, 옳지 않다. 『어류』 권117의 진순陳淳의 기록에, "떠나기에 앞서 절을 하고 헤어졌는데 …… 이 어른(李丈)이 여쭙기를 『서해書解』는 느슨하게 하고, 원컨대 『예서禮書』를 일찍 완성하는 것 ……'"이라고 하였다. 진순의 기록은 경원 5년 기미己未(1199)의 일이고, 여기서 이른바 『서해』는 이 여러 편의 주석을 쓴 것이다. 또 권79의 심한沈僩의 기록에 "'「무성」 한 편은 편집된 문장(編簡)의 뒤섞임이 심합니까?' '정程 선생·왕개보王介甫(왕안석)·유공보劉貢父·이숙역李叔易 등의 여러 판본을 토대로 한 새로운 정본이 있는데 매우 상세하게 규명하였다'" 하였는데, 심한의 기록은 경원 4년(1198) 이후의 일이다. 또 『문집』 권55 「답이시가」 서6에 "보내준 「요전堯典」은 눈으로 보기가 매우 힘들고, 또 다른 일이 바빠서 검토해볼 겨를이 없습니다. 이미 여러 벗에게 부쳐주고 보도록 하였으니, 그들이 다 보고 나면 서로 토론해보겠습니다."라고 하였는데, 이 편지는 경원 4년에 쓴 것이니 그때 「요전」 등의 주석은 아직 쓰지 않았음을 알 수 있다. 그러므로 『연보』를 참조하여 이 여러 편의 주석이 경원 4년에서 경원 5년 사이에 쓴 것임을 알 수 있다.

미 주희의 상서학 체계의 정수를 포함하고 있으며, 채침이 『서경집전』을 쓰도록 하기 위해 준비한 가장 좋은 남본藍本이 되었다. 경원 5년에 제자 이당자李唐咨가 '『서해書解』는 느슨하게 하고, 원컨대 『예서』를 완성하는 일이 만세에 다행이라'면서 청하자, 그가 뜻밖에도 매우 자신 있게 "『서해』는 매우 쉽습니다. 다만 채 삼가蔡三哥(●채침)가 오기를 기다리면 될 것입니다. 『예서』는 결단코 그렇지 않습니다."(『어류』 권117) 하고 대답한 것도 이상하지 않다.

경원 5년(1199) 겨울, 주희는 마침내 채침을 선정하여서 『서집전』을 완성하는 작업을 하도록 시켰다. 이는 한편으로는 채침이 경원 4년 8월에 폄소貶所(유배지)에서 (채원정을) 운구하여 건양으로 돌아온 뒤 주희의 면전에서 자기가 지닌 상서학상의 특출한 재능을 드러냈기 때문이고, 다른 한편으로는 주희가 큰 병을 앓은 뒤 늘그막에 기력이 쇠하여서 얼마 살지 못하리라는 예감과 이미 『예서』 이외의 저작을 다시 정리할 정력이 없다는 것을 심각하게 느꼈기 때문이다. 채침은 채원정의 가학을 계승하였는데, 「홍범洪範」의 수數에 더욱 정통했던 까닭에 아버지 채원정조차 경탄하면서 '내 책을 완성할 사람은 침沈이라'고 하였다.

경원 3년(1197)에 채원정이 용릉舂陵으로 귀양 갈 때 세 아들 채연蔡淵・채항蔡沆・채침에게 저마다 가학을 이어받아서 전하라고 정해주었다. "연아, 너는 마땅히 내 역학을 이어받아라. 침아, 너는 마땅히 내 황극수皇極數를 발전시켜라. 그러나 『춘추』는 자방子方(●곧, 채항)에게 맡긴다."(진덕수眞德秀, 「노지방춘추연의서盧知方春秋衍義序」) 채항은 「춘추오론서春秋五論序」에서 이 일을 언급하였다. "경원 정사丁巳(1197) 봄에 선친(先君)이 용릉으로 귀양을 가셨는데, 『역』은 형 연에게 전수하시고, 황극은 아우 침에게 명하시고, 항에게는 『춘추』를 이으라고 하셨다."

채씨 삼 형제는 모두 주희의 제자이며, 채원정이 자식들에게 가학을 나누어 전수하려고 고려한 것은 주희와 상의를 거친 일이다. 채침은 과연 아주 빨리 경원 5년에, 진덕수眞德秀가 '세 성인의 『역』과 공功이 같다'고 감탄한 『홍범황극洪範皇極』의 초고를 완성하였고, 주희는 이 책을 받은 뒤 채침에게 편지를 써서 다음과 같이 말하였다. "「홍범전洪範傳」(*생각건대, 곧 『홍범황극』의 초고이다)은 이미 받아서 다시 자세히 보기를 기다리고 있습니다. 그러나 감히 경솔하게 고칠 수 없습니다."(『속집』 권3 「답채중묵」 서2) 주희는 한눈에 채침이 무리에서 두드러진, 『상서』에 정통한 제자임을 간파하고 흔연히 의발衣鉢의 진전眞傳을 전수하였다.

채침이 『서경집전』을 짓는 데 쓴 판본은 주희가 장주에서 확정한 판본으로, 공안국의 '서'를 떼어내서 책 뒤에 둔 것이다. 그래서 채침의 『서경집전』도 끝에 「소서小序」 한 권을 붙여서 주희가 모장의 '서'를 공격한 것을 모방하였으며, 공안국의 '서'에 대해서도 조목조목 비판하고 반박하였다. 그는 주희가 전수하고 지적한 내용을 『서경집전』에서 모두 설명하였다.

> 나는 책을 받아서 읽은 이래 깊이 그 뜻에 마음을 쓰고 여러 학설을 참
> 고하여 …… 「전典」 두 편과 「모謨」 세 편은 선생께서 일찍이 바로잡은 것
> 이다. …… 선생이 고친 판본은 이미 『문집』에 수록되어 있으며, 그 사이에
> 또 선생이 입으로 전수하고 손가락으로 가리킨 내용 가운데 아직 다 고치
> 지 못한 것은 지금 모두 다시 확정하여서 본편에 보였다. 『서경집전』은 본
> 래 선생이 명하신 것이다. 그러므로 선생의 설을 인용한 부분은 다시 식별
> 하지 않았다.
> ─『서경집전』

이른바 '여러 학설을 참고한' 것은, 사실은 주희가 여러 제자들에게 명하여 편찬한 집해의 책을 포괄하고 있다. '입으로 전수하고 손가락으로 가리켰

다'는 말은 주희가 채침에게 『서경집전』을 짓도록 위임할 때를 전후하여 직접 지도하고 전수하면서 죽기 직전까지 그치지 않았던 사실을 가리킨다. 채침은 「몽전기」에서 다음과 같이 서술하였다.

> 경원 경신庚申(1200) 3월 초이틀 정사丁巳에 선생께서 섭미도葉味道에게 편지를 보내 나(채침)더러 고정으로 오라고 하였다. …… 이날 밤 선생께서 나의 『서집전』을 보시고 수십 조항과 당시의 일을 매우 자세히 말씀하셨다. 정사精舍의 제생이 모두 있었는데 4경이 되어서야 바야흐로 물러났다. …… 초사흘 무오戊午에 선생께서 누각 아래에서 『서전』의 두 문장을 개정하셨다. …… 이날 밤, 『서』 수십 조항을 말씀하셨다.

실제로 경원 5년(1199) 말에 채침은 『서경집전』을 이미 「우공」까지 썼으니, 『연보』에서 '그 밖의 모든 것을 채침에게 입으로 전수하였다'고 한 말은 믿을 만하다. 따라서 사상으로부터 재료에 이르기까지 채침이 『서경집전』을 쓰도록 주희가 준비해준 것은 모두 충분하였다.

채침은 주희를 대신하여 완정한 상서학 체계를 세웠다. 그는 「서경집전서書經集傳序」에서 주희 상서학의 근본 사상을 정밀하게 개괄하였다.

> 그러나 두 임금(二帝, 요·순), 세 왕(三王, 우왕·탕왕·무왕)의 정치는 도에 뿌리를 두었고, 두 임금 세 왕의 도는 마음에 뿌리를 두었으니, 마음을 얻으면 도와 다스림은 참으로 말할 수 있을 것이다. 왜 그런가? 정밀하고 한결같이 하여서 중심을 잡음(精一執中)은 요堯·순舜·우禹가 서로 전수한 핵심의 법(心法)이며, 중심을 세우고 표준을 세움(建中建極)은 상의 탕왕, 주의 무왕이 서로 전수한 핵심의 법이다. 덕德이라 하고, 인仁이라 하고, 경敬이라 하고,

성誠이라 하여서 말은 비록 다르나 이치는 하나이니, 이 마음의 오묘함을 밝힌 바가 아님이 없다. 하늘을 말함에 이르러서는 마음이 나온 유래를 엄밀하게 하였고, 인민을 말함에 이르러서는 마음이 펼쳐지는 연유를 삼가해 표현하였다. 예악과 교화는 마음이 발현한 것이고, 전장典章(법제)과 문물文物은 마음이 드러난 것이고, (대부의 영지인) 집안(家)이 가지런해지고 (제후의 영지인) 나라가 다스려지고 천하가 태평한 것은 마음이 확장된 것이니, 마음의 덕이 얼마나 성대한가! 두 임금, 세 왕은 이 마음을 보존한 자이며, 하夏의 걸桀과 상商의 수受(주紂)는 이 마음을 잃은 자이고, 태갑太甲과 성왕成王은 힘써 이 마음을 보존한 자이다. 보존하면 다스려지고 잃으면 혼란하니, 다스려짐과 혼란함의 나뉨이 다만 마음을 보존하고 보존하지 못하는 데 있을 따름이다. 후세의 군주가 두 임금, 세 왕의 다스림에 뜻을 둔다면 그 도를 추구하지 않으면 안 되며, 두 임금, 세 왕의 도에 뜻을 둔다면 그 마음을 추구하지 않으면 안 된다. 마음을 추구하는 요체는 이 책을 제외하고 무엇이 있겠는가?　　　　　　　　　　　　　　　　　—「서경집전서」

이는 '성인(聖)'을 대신하여 입언立言한 것이며, 스승을 대신하여 입언한 것이다. 이는 '성인의 마음'을 직접 탐구한 주희 상서학의 대지를 대신하여 '경전의 성질'을 갖는 천석闡釋을 한 것이고, 주희 상서학 사상의 정수가 있는 곳이다. 주희는 만년에 여러 번 반복하여 제자들에게 이 사상을 선양하였는데, 여기서 그 이론의 총결을 이루었다.

사람의 '마음'은 천하의 근본이며, 마음을 얻으면 도와 다스림을 얻을 수 있다. 주희는 『서』에서 마음을 추구하고, 마음에서 도를 추구하고, 도에서 다스림을 추구하는 상서학의 길을 열었다. 그가 『상서』를 읽고 '성인의 마음'을 탐구하여서 도달한 귀결점은 역시 인본주의의 명제였다. 이는 바로 그가 이와 같이 참과 거짓이 혼합되어 섞인 『상서』라는 상고의 책인 역사적 집합체를 도덕 인본주의의 문화적 기초에 놓아두고서, 사람들이 『상서』를 읽음으로써 이 '마음'을 장악하여 안으로 추구하는 도덕 수양의 공부로 몸을 돌이키도록 한 것이다. 이것이 바로 그의 상서학의 진정한 비밀이다.

주희의 상서학의 이러한 인본주의 정신은 채침의 『서경집전』이 경학사에서 특수한 지위를 차지하게 하였다. 그러므로 황진黃震은 다음과 같이 말하였다. "채구봉蔡九峰(채침)은 여러 유학자의 중요한 설을 참조하고 합하였는데 일찍이 주 공朱公(주희)의 정정訂正을 거쳤다. 글의 뜻을 풀이할 때는 한·당 학자의 설을 정확한 것으로 보았으며, 지취指趣를 발휘하되 또한 여러 학자를 표적으로 삼았다. 『서경』은 지극히 옳고 크게 밝아서 마치 해와 달이 드러난 것과 같다."(『황씨일초黃氏日鈔』 권5 「독상서讀尙書」)

주희가 채침에게 위탁하여 『서경집전』을 완성했을 때 그가 일생 탐색해 온 방대한 경학 체계가 전부 건립되었다고 할 수 있다. 비록 오경 가운데 『춘추』에 대해서만은 줄곧 붓을 들어 주석을 함으로써 자기의 춘추학을 건립하려고 하지는 않았다 하더라도, 그것이 그의 경학 체계의 완정성을 훼손하지는 않는다. 만년의 주희는 『춘추』에 대해 자기의 독특한 관점과 인식을 형성하여 『춘추』를 '경經'에서 '사史'의 지위로 끌어내렸다.

성인이 한 글자로 포폄한 미언대의微言大義의 경전임을 부정하는 관점에서 출발하여 그는 『춘추』가 실제 사건을 기록한 역사서라고 단정하였다.

『춘추』는 당시 실제 사건을 공자가 책자에 기록한 것이다.

—『어류』 권83

『춘추』는 …… 설령 그것이 노나라 역사를 기록한 옛 문장으로서 성인이 필삭했다 하더라도, 또 나와 무슨 상관이 있겠습니까?

—『속집』 권2 「답채계통」

생각건대, 공자는 당시 다만 2, 3백 년의 중요한 일을 갖추어 두려고 하였으므로 역사를 기록한 글(史文)을 취하여서 여기에 써넣었다.

—『어류』 권83

『춘추』는 역사서이며 경전이 아니니, 이는 또한 주희가 세속을 깜짝 놀라게 한, 전통적인 경 해석 체계를 벗어난 설이지만 도리어 천년 동안 엄폐되었던 역사의 진상을 한마디로 말해낸 것이다.

그는 곧바로 제자들에게 『춘추』를 역사서로 보도록 요구하였다. 반시거가 그에게 "『춘추』는 어떻게 보아야 합니까?" 하고 물었을 때, "다만 역사서를 보듯이 보라."고 대답하였다(『어류』 권83). 그가 보기에 경과 사의 구별은, 다만 경은 '성인의 마음'을 탐색할 수 있으나 사는 실제 사건을 기록한 것이라는 점에 있었다.

『춘추』라는 책에서는 오히려 '성인의 마음'을 탐색할 방법이 없다.

나는 평생 감히 『춘추』를 말하지 않았다. …… 필경 성인으로부터 천백 년 뒤에서 성인의 마음을 알 수 있겠는가?

지금 다만 눈앞에서 조보(朝報)의 관직 임명(差除)을 읽어도 오히려 조정의 의사가 어떤지 알 수 없는데, 하물며 천백 년 뒤에 살면서 천백 년 이전 성인의 마음을 유추하려고 한다.

—『어류』 권83

『춘추』에 대한 이런 관점은 그의 전체 경학에 대한 근본 사상과 대립한다. 『역』·『서』·『시』·『예』 네 경서는 그가 보기에 모두 분명히 '성인의 마음'을 싣고 있으므로 주석을 하여 직접 '성인의 마음'을 탐구할 수 있으나, 유독 『춘추』는 역사적 사건을 기록하고 성인의 마음을 싣고 있지는 않으므로 역사서이지 경서가 아니었다. 따라서 그는 죽을 때까지 감히 『춘추』를 주해하지 않았던 것이다.

주희는 이러한 인식을 근거로 『좌씨전左氏傳』과 『공양전公羊傳』·『곡량전穀梁傳』을 비교하여서 『좌씨전』은 역사학, 『공양전』과 『곡량전』은 경학이라고 보고, 사람들로 하여금 『좌씨전』에 근거하여 『춘추』를 읽되 다만 역사적 사실을 알려고 할 뿐이라고 하였다. 이 때문에 그가 『춘추』에 대한 주석을 주장하지 않은 것은 말할 것도 없고, 심지어 『춘추』를 읽느라고 마음을 쓰고 힘을 다하는 것에 반대하였다. 그는 황간에게 다음과 같이 권하였다. "『춘추』는 보기가 어려우니 병을 앓은 뒤에 마땅히 읽어야 할 것은 더욱 아니다. 또한 다른 경서나 『논어』, 『맹자』 같은 것을 읽어야 한다. 예컨대, 말의 간을 먹지 않는다고 해서 또한 맛을 모르지 않는 것은 아니다."(『속집』 권1 「답황직경」 서27)

기왕 『춘추』를 역사서로 보고 경서로 보지 않으며, 『춘추』를 읽고 『춘추』를 주해할 것을 주장하지 않은 까닭은 『춘추』가 '성인의 마음'을 싣고 있지 않은 점에 불만을 품었기 때문이다. 이 때문에 이러한 사상은 필연적으로 끝내 그를 『춘추』의 주해서를 내는 방향으로 이끌어가지 않고, 진정으로 '성인의 마음'을 실은 역사서를 쓰는 방향으로 이끌어갔다. 그 결과가 바로 그의 『자치통감강목資治通鑑綱目』이다. 당금 중에 그가 『춘추』에 관심을 두지 않고 도리어 『자치통감강목』의 옛 원고를 수정하고 정리하는 데 잠심한 것은 바로 이러한 사상이 작용을 일으킨 것이다.

주희가 눌재訥齋 조사연趙師淵에게 보낸 편지 여덟 통을 보면, 경원 5년

(1199)에 『자치통감강목』을 수정하는 대부분의 임무를 조사연에게 맡겼는데, 그로 말미암아 구체적인 지도와 부분적인 편찬이 이루어졌다. 이 마지막 수정에 대해 주희는 '강綱은 신중하고 엄밀하되 탈락이 없게 하고, 목目은 상세히 갖추되 번쇄하고 쓸데없이 길지 않도록' 요구하였다. 그리고 참작하여 정할 때 주로 참고한 서적은 『계고록稽古錄』·『대사기大事記』·『황극경세』 등인데, 특히 사마광司馬光의 『계고록』을 더욱 많이 참조하였다. 그는 조사연에게 보낸 편지에서 거듭 언급하였다.

> 아직 병이 들지 않았을 때 『계고록』 서너 권(의 부족한 점)을 보완하였는데, 지금 아직 잇달아 정리를 하지 못하고 있습니다. 더욱이 『대사기』의 희령熙寧(1068~1077) 이후의 사건을 이어서 정리하고 싶으나, 또한 손을 대기 어려움을 느낍니다.

> ······ 아마도 모름지기 더욱 이 책의 목록과 『계고록』·『황극경세』·『편년통재編年通載』 등의 책으로 그 강綱을 참작하여서 정하되 ······ 예컨대, 『계고록』 가운데 혼란과 패망의 일을 기록한 부분은 때로 혹 사건을 일으킨 사람의 성명을 드러내지 않아서 징계를 보일 방법이 없습니다. 이 또한 크게 착안하여서 그 사람은 물론이고 그와 더불어 패거리를 지어(交黨) 더욱 힘을 쓴 자를 분명히 드러내어 더러운 냄새가 끝없이 전해지게 함으로써 만세를 위한 밝은 거울(明鑒)로 삼지 않으면 안 됩니다.
>
> ─사고전서본 『자치통감강목』 앞에 첨부

분명, 주희는 진정 '성인의 마음'을 실은 역사서를 써서 치란을 고찰하고, 선악을 밝히고, 득실을 파악하는 '만세의 밝은 거울'로 삼고자 하였다. 이 때문에 그에 대해 말하자면, 『춘추』가 다만 역사의 지위를 갖고 있다고 한다면, 그의 『자치통감강목』은 오히려 경서의 의의를 갖고 있으며, 심지어 그의 오경학 체계에서 『춘추』를 대체하여 춘추학의 특수한 작용을 일으키고 있다.

그러나 이 저작은 그가 죽을 때까지 확정된 원고가 정리되지 못하였다. 채침은 「몽전기夢奠記」에서 다음과 같이 말하였다.

> 경원 경신庚申(1200) 3월 초사흘 무오에 선생이 아래층에서 『서전』의 두
> 문장을 개정하고, 또 『계고록』 한 단락을 수정하였다.　　　　　—「몽전기」

'『계고록』 수정'은 바로 『자치통감강목』을 수정한 사실을 가리킨다. 그러나 아무튼 공자의 『춘추』가 고전 경학의 '인경麟經'('춘추』)인 것과 마찬가지로 주희의 『자치통감강목』은 신흥 이학의 '인경'이라는 지위를 확립하였다.

아마도 주희의 방대한 경학 체계는 수많은 경학의 제자들과 함께 공동으로 세운 것이라 해야 하겠다. 특히 만년에 이와 같이 스승과 제자가 합작하여서 저술하는 방식이야말로 제자들에게는 주희가 죽기 전에 스승의 사상적 유산을 소화하고 깨닫고 받아들이는 가장 좋은 훈련 기회가 되었다. 스승이 자기 평생의 학문 저술을 총결할 때 제자들도 저마다 책을 저술하고 학설을 세운 것은 모두 그의 이학 문화에 대한 '외곽(外圍)'의 저작이 되었다. 주희가 죽은 뒤 주학朱學이 충분히 후계자를 얻었으며 세력이 쇠퇴하지 않았던 것도 이상하지 않다. 따라서 주희의 평생 제3차 학문 저술의 총결은, 그의 수많은 저작이 생전에 원고가 모두 완성되지는 못하였다는 점으로 말하자면 미완성된 총결이었다. 그러나 그가 자기의 완정한 이학과 경학의 체계를 건립한 것으로 말하자면 또한 완성된 총결이었다.

경원 5년(1199), 두 가지 사건이 그가 평생 학문 저술의 총결을 완성한 표

지가 되었다. 하나는 그가 마지막으로 수정하여 완성한 『사서집주』를 건양에서 인쇄하였다는 사실이다. 또 하나는 제자 왕진보王晉輔가 광남廣南에서 그의 문집을 인쇄하였다는 사실이다.[17] 당고 속에서도 의연히 부지런하게 강학하고 저술하면서 일생을 마친 경학대사에 대해 말하자면, 그는 죽어도 유감이 없었으리라.

17 『문집』 권53 「답유계장答劉季章」 서8·17, 권63 「답호백량答胡伯量」 서1 등을 참조하여 보라. 살피건대, 주희의 『문집』은 세 차례 간행되었는데, 첫째는 순희 15년(1188), 둘째는 소희 3년(1192), 셋째는 광남에서 경원 5년(1199)에 간행되었다. 『천록림랑서목天祿琳琅書目』에 「회암선생문집晦庵先生文集」이 기록되어 있는데, 곧 생전의 둘째 판각본이다. 지금 이 송각본宋刻本은 타이완에 소장되어 있다. 광남에서 편집하여 간행한 판본은 당금 중에 판각을 숨겼기(秘刻) 때문에 후세에 전해지지 못하였다.

朱子評傳

제24장

남 앞에 변명하지 말지니, 세상의 참 거짓을 그 누가 알랴

마지막 정신적 표류

도학당 우두머리의 죽음

| 마지막 정신적 표류 |

당금 가운데 처해 있는 주희는 마침내 죽음이 바싹 다가왔음을 예감하였다. 경원 5년(1199) 여름, 그의 방외方外의 도우道友 원오선사圓悟禪師가 원적圓寂하였다. 주희는 그를 위해 처연히 애도시 두 수를 지었다.

황벽 장로 오공 고인의 무덤에 향기로운 차를 공양하고 아울러 짧은 시로 뜻을 보이다, 두 수   香茶供養黃蘗長老悟公故人之塔并以小詩見意二首

손 흔들며 떠날 때 한마디 전갈을 부쳤더니	擺手臨行一寄聲
만나면 응당 이별하겠지만 정은 잊을 수 없네	故應離合未忘情
향 사르고 차 끓이나 어느 곳인지 알랴?	炷香淪茗知何處
열두 봉우리 앞 바다 위에 뜬 달은 밝기만 하네	十二峰前海月明
한번 인간 세상 이별하면 만사가 공허하니	一別人間萬事空
다음엔 어느 곳에서 만나랴?	他年何處却相逢
더 이상 전생의 인연은 말할 필요 없으니	不須更話三生石
하늘 찌르는 붉은 비취빛 열두 봉우리	紫翠參天十二峰

—『문집』권9

그도 사람이 죽으면 만사가 공허해지는 비애를 느꼈으나, 다만 이는 덧없는 인생과 짧은 생명에 대한 미련이 아니라 당고가 횡행하고 세상이 쇠퇴하고 '도'가 미약해지는 인간 세상에 대한 절망이었다.

그가 이 애도시 두 수를 지었을 때 감도진주원監都進奏院 등우룡鄧友龍이 도학에 반대하는 글을 올려, "대신에게 밝히 조칙을 내려서 사람을 쓰고 버리며 따르고 어김(用捨從達)에 신중하게 선택하소서."(『경원당금』) 하고 청하였다. 한탁주韓侂胄가 나와서 9월에 소사少師가 더해지고 평원군왕平原郡王에 봉해졌다. 주희가 제자들에게 "나는 지금 머리가 늘 목 위에 붙어 있는 것 같다."(『어류』 권107)고 하였다.

그러나 그는 또 결코 자기가 집착하여 추구하는 목표를 포기하려고 하지 않았다. 호의로 시속時俗을 따르라고 권유하는 사우士友들에게는 해학이 묻어난 풍으로 "그러나 풀로 만든 약과 같이 아무리 단련해도 약성이 없어서 병을 구할 수 없을 뿐이다!"(동상)라고 하였다. 그가 죽을 때까지 인민의 '병'을 (지적하여) 읊고, 쇠퇴한 세상의 '병'을 치료하는 큰 임무를 잊지 않고, 늘그막의 나이에도 조금도 쉬지 않고 목적 실현을 위해 동분서주하며 마음속의 자아를 추구한 것은, 청소년 시절에 탐색한 옛날의 그 길로 되돌아오는 것을 방불케 하였다. 때로 그는 유가 명교名敎의 낙원에 깊이 잠겨서 암담하게 이성의 깊은 사색을 하기도 하였으며, 때로는 높이 나는 외로운 학처럼 아득하고 변화무상하고 헤아릴 수 없이 신묘한 선경仙境으로 날아오르는 장생의 수련에 미련을 두기도 하였다. 또 때로는 불국佛國의 열반에 도피하여 당고의 그물에서 벗어나 잠깐 동안의 해탈을 추구하기도 하였다. 그러나 우주는 아득하여서 그는 혈혈단신임을 느꼈고, 하늘과 땅 사이 어느 곳에 자기의 영혼이 돌아가 쉴지 알 수 없었다. 그는 제목이 없는 시 한 수에서 괴로워 어찌할 줄 모르는 심정을 읊었다.

외로운 학은 무리와 떨어져 높이 날고   獨鶴高飛不逐群

혜강의 고와 술, 포조의 글이 있네   嵇康琴酒鮑照文

이 몸은 돌아가 깃들일 곳을 모르니   此身不知棲歸處

하늘 아래 인간 세상의 한 조각 구름   天下人間一片雲

──타이완 판 『주희전기자료朱熹傳記資料』 제9책

그는 하늘 아래 인간 세상에서 정처 없이 떠도는 한 조각 구름으로서 목적도 없이 그윽이 떴다 가라앉으며 깃들일 곳도 없는 신세에 지나지 않았다. 아마도 죽어야 비로소 정신상 의탁과 도움을 받을 곳 없는 떠돌이 인생이 끝날 것이었다.

그는 여전히 겉으로는 엄연한 노유로서 도학의 기상과 절조를 지키고 있었다. 경원 3년(1197), 양만리楊萬里가 멀리서 우미리牛尾狸·황작黃雀·동묘순冬猫筍을 보내주고 시를 지어서 그가 도학의 지조를 지키고 있음을 찬송하였다.

주원회에게 긴 시구를 보내며 우미리·황작·동묘순을 글과 함께 딸려 보내다   寄朱元晦長句以牛尾狸黃雀冬猫筍伴書

큰 발과 꼬리를 가진 계리   大武尾裔名季狸

눈은 옻칠한 듯하고 살갗은 윤이 난다   目如占漆膚凝脂

강하에 둘도 없는 자우   江夏無雙字子羽

구월에 옷을 주어 먼저 솜을 둔다   九月授衣先著絮

어찌하여 묘국의 고죽군은   何如苗國孤竹君

서리와 눈을 물리치고 높이 구름을 헤치는가   排霜傲雪高拂雲

총각머리 자손은 근원으로 돌아가고   子孫總角遁歸根

아름다운 얼굴 뛰어난 자질로 지란처럼 향기롭다 金相玉質芝蘭芬

세 선비의 아름다운 용모, 풍모와 절개는 三士脂韋與風節

남을 위한 책략과 충고와 함께 절묘하다 借箸酒池俱勝絶

선생의 가슴에는 일찍이 옳고 그름이 있으니 先生胸次有皂白

한번 취하여 남들과 말하지 말라 一醉不須向人說

—『성재집誠齋集』권36

사실 양만리는 주희와 마찬가지로 마음속 깊은 곳에 부처의 극락에 대한 동경을 남겨 놓고 있던지라 삶의 역경 가운데 언제라도 그 갈망이 팽창할 수 있었다.

경원 5년(1199)에 그들 두 사람과 여릉廬陵의 주필대周必大, 유학과 불학을 좋아하는 합조산 도사 감숙회甘叔懷 네 사람은 시문을 주고받는 가운데 마침내 선사의 양태를 배워서 게를 짓고 선담禪談을 하였다. 주필대는 10월 6일에 지은 「도석道釋」에서 다음과 같이 말하였다.

양 대제楊待制(•양만리)와 주 대제朱待制(•주희)는 감숙회 도사가 남겨 놓은 '같은가 다른가, 두 연못과 두 달(是同是別, 兩池兩月)'을 두고 서로 문답을 하였고 나도 게를 읊었다.(楊待制朱待制因甘叔懷道士戲以是同是別兩池兩月相爲問答某亦說偈)

민의 고개와 강 마을의 쓸모없는 세 사람 閩嶺江鄕三散人

게다가 합조의 미명 하나 更添閤皂一彌明

어찌해야 모름지기 화합하여 하나가 될 수 있으랴 何須和會方爲一

달이 못에 들면 나눌 수 없는 것을 月入乎池體不分

—『평원속고平園續稿』권40

'달이 못에 든다' 함은 불교(釋氏)에서 말하는 월인만천月印萬川의 전고를 사용한 표현으로, 화엄종에서는 이를 이용하여 하나(一)와 다수(多)의 관계를 논술하였고, 이학자들은 이를 이용하여 이일분수理一分殊를 논술하였다. 주필대는 여기에서 이를 이용하여 유·불·도 삼교의 도체道體가 나뉘지 않고 화합하여서 하나가 됨을 설명하였다.

주희와 양만리, 감숙회가 게를 설하며 문답한 내용은 이미 없어졌다. 그러나 주희는 경원 5년 4월에 지은 「발주익공양성재송감숙회시문권후跋周益公楊誠齋送甘叔懷詩文卷後」를 남겼는데, 전체를 선가의 말로 썼다.

> 퇴부退傅(주필대)는 작은 일에도 자세하고 근실하여서 틈이 없는(無間) 곳에 들어가지 않았다. 노감老監(양만리)은 오묘한 작용을 종횡으로 구사하여서 여러 상相은 곧 상相이 아니었다. 또 두 분이 운용하는 곳을 말하면, 같은가 다른가? 숙회叔懷는 이 책 속에서 곧장 이해하여 터득했으니 기특하다고 할 것이다. 만약 혹 그렇지 않다면 네가 서강西江의 물을 한입에 다 마시기를 기다려서 너에게 말해주리라.　　　　　—『문집』권84

'네가 서강의 물을 한입에 다 마시기를 기다려서 너에게 말해주겠다'고 한 말은 바로 마조 도일馬祖道一의 유명한 기봉機鋒이다.

『오등회원五燈會元』에는 당 시대에 진제眞諦를 추구하려고 뜻을 둔 양주襄州의 거사 방온龐蘊의 이야기가 다음과 같이 실려 있다. 당 정원貞元(785~804) 초에 (방온이) 석두石頭를 찾아뵈었다. "만법萬法과 짝하지 않는 사람은 어떤 사람입니까?" 하고 물었다. 석두가 손으로 입을 막았다. 활연히 깨달음이 있었다. 나중에 단하丹霞와 벗이 되었다. 하루는 석두가 물었다. "그대는 노승을 만난 이래 일상생활을 어떻게 살아가는가?" 거사가 말하였다. "일상생활을 물으신다면 말씀드릴 것이 없습니다." 이에 게를 지어서 올렸다. "일상생활은 특별할 게 없고 / 오직 스스로를 짝하여 함께한다 / 어느 것이나 취하고 버릴 게 없고 / 어느 곳이나 옳고 그른 것이 없다 / 붉은빛 보랏빛 누가 이름 붙였는가? / 언덕과 산에는 티끌 하나 없네 / 신통하고 오묘한 일은 / 물 긷고 나무하는 일이로다(日用事無別, 唯吾自偶諧. 頭頭非取捨, 處處沒張乖. 朱紫誰爲號, 丘山絶點埃. 神通併妙用, 運水及搬柴)" 석두가 옳다고 하였다. "그대는 검은 옷을 입으려는가, 흰옷을 입으려는가?" 거사가 말하였다. "원컨대 사모하는 바를 좇겠습니다." 마침내 삭발하지 않고 승복도 입지(剃染) 않았다. 나중에 마조를 찾아뵙고 물었다. "만법萬法과 짝하지 않는 사람은 어떤 사람입니까?" 마조가 말하였다. "네가 서강의 물을 한입에 다 마시기를 기다려서 너에게 말해주겠다." 거사가 말끝에 문득 현묘한 취지를 깨달았다(『오등회원』 권3 「마조선사법사馬祖禪師法嗣」).

보아 하니 주희와 주필대, 감숙회는 모두 스스로를 '만법과 짝하지 않는 사람'으로 여겼고, 나아가 주희는 스스로를 마조 도일에 빗대는 뜻을 두었다. 그러나 불가에서 말하는, 물 긷고 나무하는 것이 곧 도라는 말은, 이학가에서 말하는, 도가 일상생활에 있다는 것과 함께 사태와 사물에 나아가 이치를 궁구하고 도를 추구하려는 것으로서, '화합(和會)'할 필요 없이 이미 '하나'이니 도는 본래 근원이 하나이다. 주희는 선을 빌려와서 유학을 설명하였는데, 이는 물론 그가 당금 아래서는 도학을 입에 담을 수 없기 때문에 할 수 없이 공안公案과 선기禪機로 세속에 분노를 퍼붓고 마음대로 풍자하는 말을 한 것이지만, 또한 그의 영혼 깊은 곳에 숨어 있는, 초년의 불교와 도가에 대한 미련이 만년의 곤경 속에서 흘러넘치고 있음을 드러낸다.

주희가 그들 세 사람과 함께 게를 짓고 선을 말한 것은, 그가 원오를 애도하는 시를 짓고 「서선이부여정오서후書先吏部與淨悟書後」를 지어 정오淨悟를 '보통 스님이 아니라'고 칭찬한 것과 동시에 이루어진 일이다. 후세 사람들은 이 발문을 전체적으로 선의 말을 지은 것으로 여겨서 문집에 잘못 끼어든 위작이라고 단정하였으나, 이는 완전히 만년의 주희의 복잡한 영혼을 전혀 간파하지 못했기 때문이다. 주희가 자주 교제를 맺은 불교도는 언제나 유가와 도가를 겸하여서 통달한 선사들이었다. 천태 덕운天台德雲 선사는 일찍이 주희와 천목 멸옹天目滅翁 선사와 함께 '심법心法'을 논한 사실을 언급하였다.

> 건순乾淳(송 효종 건도·순희[1165~1189] 연간)의 여러 유학자들이 도학을 크게 밝혔는데, 주회암(주희)은 이정二程(정호와 정이)을 내세우고, 양자호楊慈湖(양간楊簡)는 상산象山(육구연)을 내세웠다. 이들은 모두 어려서 부처(浮屠氏)에게 나아갔다. 선사께서 그들과 교유하셨다. 다만 심법을 제시하였지만, 세상의 평판이 기뻐하며 따르지 않았다. 회암이 '경건하지 않음이 없다(毋不敬)'를 물었더니 선사께서 두 손을 엇갈리게 하여 내보이셨다. 자호가 '속이지 않는 힘(不欺之力)'을 물었더니 선사께서 게로 답을 하셨다. "이 힘은 분명 속이지 않음에 있으니 / 속이지 않음을 몇 사람이 알까? / 코끼리(사자)가 토끼를 잡을 때 온 힘을 다한다는 구절의 뜻을 밝히려면 / 층계를 올라가 홀을 바로잡는 것을 보아낼 때라네(此力分明在不欺, 不欺能有幾人知. 要明象兎全提句, 看取昇階正笏時)" ── 『천동사지天童寺志』 권7 「천목선사행장天目禪師行狀」

천목선사의 '심법'은 유교와 불교를 관통하였고 주희의 '지경持敬'도 선가의 '심법'에서 인증을 받았으니, 유교에 통달한 멸옹滅翁과 불교에 통달한 회옹晦翁에게는 공동의 언어가 존재했던 셈이다.

원오가 주희 만년의 절친한 방외의 선우禪友라고 한다면, 도사 감숙회는 절친한 방외의 도우道友였다. 경원당금 가운데 감숙회는 여러 차례 바람과 먼지를 뒤집어쓰고 분주하게 합조闔皂와 고정考亭 사이를 오갔다. 경원 2년(1196)

에 그는 처음으로 고정에 와서 주희에게 『참동계』의 내단 수련에 대한 미련을 일깨웠다. 경원 3년에 그는 두 번째로 고정에 왔다가 「하도」·「낙서」·「선천」의 여러 그림을 합조산에 새겼다. 경원 4년에 세 번째로 고정에 와서는 주희와 함께 서로 주고받아가면서 게를 짓고 선을 담론하였다.

주희가 감숙회에게 증정한 「숙회가 일찍이 신선이 되어 나는 꿈을 꾸었는데 …… 」에서 '외로운 구름 벗 삼아 학 한 마리 날아간다(且伴孤雲獨鶴飛)'라고 읊은 것은, 제목이 없는 시에서 '외로운 학은 무리와 떨어져 높이 날고(獨鶴高飛不逐群)'라며 읊은 구의 진실된 함의를 정확하게 말한 것이다. 감숙회는 주희 평생에 가장 서로를 알아주는 도사였다. 경원 5년(1199)에 그가 합조산으로 돌아갈 때 주희는 뜻밖에도 파격적으로 시 세 수를 지어서 송별하였다.

그러나 이 하늘 아래 인간 세상의 '한 조각 구름(一片雲)'은 끝내 극락과 선경에서 편안히 깃들지 못하였다. 주희는 정신적인 고통스러운 탐색의 결과 마지막에 가서는 "유학자는 이치로써 불생불멸不生不滅하며, 불교도(釋氏)는 정신과 의식(神識)으로써 불생불멸하니, 참으로 얼음과 숯의 관계이다!"(『어류』 권126)라는 사실을 굳게 믿게 되었다.

그는 제자들에게 유교의 낙원이 불교의 극락과 근본적으로 다른 점을 선포하였다.

나는 마음과 이치를 하나로 삼지만, 저들은 마음과 이치를 둘로 삼는다.
…… 저들은 마음이 공허하고 이치가 없다고 보지만, 우리는 마음이 비록 공허하나 온갖 이치가 모두 구비되어 있다고 본다. 비록 마음과 이치가 하나라 하더라도 기품氣稟과 사사로운 물욕物欲에서 살피지 않으면 진실을 보지 못하므로 이런 병이 생긴다. 『대학』에서 격물格物을 귀하게 여기는 까닭이다.
—동상

주희가 만년에 처한 당금 가운데서 마음속으로 추구한 것은 비록 마지막에 가서는 불교와 선의 극락으로 통하지 않았지만 결국에는 문학의 천국으로 통하였다. 이는 그에게 소년 시절에 품었던 문학의 꿈을 또다시 불러일으켰다. 중단되었던 그의 시가 창작은 경원당금 와중에 다시 회복하였다. 하늘 아래 인간 세상을 아득히 흘러 다니는 이 '한 조각 구름'은 '혜강嵆康의 고(琴)와 술, 포조鮑照의 글이 있는' 위魏·진晉 문학의 천지에서 정신적 휴식의 한 모퉁이 공간을 찾아냈고, 문학 창작과 문학 사상에 대해 전개한 새로운 탐구와 토론은 그의 만년에 정신적인 고통스러운 탐색에서 가장 빛나는 한 측면을 이루었다.

주희의 문학상의 탐색은 그와 동시대 시인이나 사인詞人과 함께 광범위하게 교유하고 강론한 것과 연계되었는데, 이 같은 점은 그에게 문학상의 특수한 사상의 기치가 되어서 사방의 문사와 시인을 끌어들였다. 주희와 가장 관계가 친밀한 대시인으로는 신기질辛棄疾과 양만리 외에도 방옹放翁 육유陸游가 있다. 나중에 홍량길洪亮吉은 다음과 같이 말하였다. "남송의 문장은 주중회朱仲晦(주희)가 대가이다. 남송의 시는 육무관陸務觀(육유)이 대가이다."(『북강시화北江詩話』권3) 여기에 남송 사단詞壇의 패주覇主 신기질을 더하면 문학의 세 별이 하늘과 땅 사이에서 함께 빛난다고 일컬을 만하다. 그들은 창작상으로는 서로 마음을 기울이고 사상상으로는 서로 영향을 주었다. 경원 4년(1198)에 신기질이 다시 집영전 수찬集英殿修撰이 되고 무이武夷의 충우관沖佑觀을 주관하게 되자, 주희는 편지를 보내 '극기복례克己復禮'로써 서로 격려하였다.

주희와 육유의 관계는 경원당금 가운데 한층 더 긴밀해졌다. 경원 3년 2월, 육유는 여희철呂希哲의 「세시잡기歲時雜記」를 위해 발문을 지었고, 주희도 발문을 지어서 육방옹(육유)이 중원의 함락에 대해 탄식한 것과 사대부가 강좌江左(강남)에서 구차하게 안일을 추구하는 상황에 대해 '가만히 또한 깊은 감회를 느낀다'고 표현하였다.

건양의 선비 엄거후嚴居厚(*사돈士敎)가 섬중剡中의 관리가 되어서 부임할 때, 주희는 시를 지어 송별하면서 그에게 육유를 찾아뵈라고 하였다. "평소 생활은 작은 배에 두고 / 지금은 그림으로 고개를 돌리네 / 그 속의 무궁한 일 품평함은 / 삼산의 방옹을 보려고(平日生涯一短篷, 只今回首畵圖中. 平章箇裏無窮事, 要見三山老放翁)"(『문집』 권9 「엄거후의 계장도에 제하다(題嚴居厚溪莊圖)」)

육유는 화답하는 시 한 수를 지었다. "봉급으로 궁핍을 해결할 수 없음을 원래 알았거니 / 일엽편주로 어지러운 구름 속을 들어가네 / 시냇가 장원 아래는 천 이랑의 달 / 한가한 몸으로 낚시하는 노인과 짝하네(鶴俸元知不療窮, 葉舟還入亂雲中. 溪莊直下秋千頃, 贏取閑身伴釣翁)"(『검남시고劍南詩稿』 권36 「주원회의 운을 따서 엄거후의 계장도에 제하다(次朱元晦韻題嚴居厚溪莊圖)」) 주희와 육유 두 사람은 퇴락한 거처에서 곤궁하게 사는 동병상련의 심정으로 시와 편지를 끊임없이 주고받았다.

이해 겨울에 주희는 특별히 육유에게 종이 이불(紙被)을 보내주어서 추위를 나게 하였다. 육유는 사례하는 답시 두 수를 지었다.

종이 이불을 보내준 주원회가 고마워서	謝朱元晦寄紙被
나무 베개 베고 명아주 침상에 누워서 경전을 보니	木枕藜牀席見經
펄펄 날리는 눈이 창턱에 들어온다	臥看飄雪入窗櫺
베 이불과 종이 이불은 원래 비슷한 것이라	布衾紙被元相似
다만 아쉬운 건 고상한 사람이 지은 명이 없는 것	只欠高人爲作銘
종이 이불로 몸을 감싸고 눈 오는 날을 지내니	紙被圍身度雪天
여우 겨드랑이보다 희고 무명보다 부드럽다	白於狐腋軟於綿

방옹이 어디에 쓸지 그대는 알려나?　　　　　放翁用處君知否

밤중에 깔고 앉아 좌선을 하기에 가장 좋다네　　絶勝蒲團夜坐禪

—『검남시고』 권36 「종이 이불을 보내준 주원회가 고마워서(謝朱元晦寄紙被)」

'다만 아쉬운 건 고상한 사람이 지은 명이 없는 것'이라는 구절은 육유가 주회에게 자기의 노학재老學齋를 위해 명을 지어달라는 청을 암시한다. 주회는 나중에 써주겠다고 허락하지만 당금이 삼엄한 탓에 끝내 쓰지 못하였다. 경원 5년(1199) 3월에 그는 공풍鞏豐에게 보낸 편지에서 해명을 하였다. "저번에 방옹(육유)의 부탁을 받고 「노학재명老學齋銘」을 쓰겠다고 했지만, 나중에 다시 감히 말을 짓지 못하였습니다. 제가 자질구레하게 변명하지 않더라도 고명께서는 응당 이미 속으로 다 알고 계실 터입니다."(『문집』 권64 「답공중지答鞏仲至」 서4)

육유는 반도학 당권자의 배제를 받아 장기간 내버려진 채로 집에 있었다. 주회는 그의 원대한 의지가 실현되지 못하는 불행을 만난 상황에 대해 동정을 품었으나, 그렇다고 반도학 권귀의 요청을 받고 그가 다시 세상에 나오는 것도 바라지는 않았다. 경원 5년(1199) 3월에 주회는 공풍에게 편지를 보내서 자기 마음속의 이러한 모순을 말하였다. "방옹의 시서詩書를 적어 보내주시니 매우 다행입니다. 여기서도 근래에 편지를 받아 보니 필력筆力이 더욱 건실해졌습니다. 지난날 일찍이 그의 행적은 현실에 너무 가깝고 재능은 너무 고상하여 혹시라도 권세가에게 휘둘린 나머지 만년의 절개를 온전히 지키지 못하게 될까 걱정하였는데, 이제 헤아려보니 결단코 면하게 되었습니다. 이 또한 작은 일이 아닙니다. 선유仙游를 정치판으로 기꺼이 끄집어내려는 사람은 없는데, 이는 이치나 형세로 볼 때 당연한 일이며 조금도 이상할 것이 없습니다. 하물며 그에게는 가법家法이 있으니 스스로 이 점을 헤아리지 않았겠

습니까!"(동상)

이해 봄에 조정에서는 육유를 불러들여 사관에 임명할 준비를 하였으나, 반도학 당권자의 기피와 참소, 저지를 만나 결국 육유는 5월에 글을 올려서 치사致仕를 청하였다. 주희는 그의 편지를 받은 뒤 공풍에게 편지를 보내 분노를 담아 말하였다.

> 방옹은, 근래 소식에 따르면 벼슬을 그만두었다고 하는데 아마 그러지 않을 수 없었을 것입니다. 요즈음 어떤 사람이 임금 곁에 있다가 와서 말하기를, "금년 봄에 의논하는 자가 홍경로洪景盧(홍매洪邁)와 이 노인(육유)에게 사필史筆을 맡기고 호산湖山에 사국史局을 두어서 한가하고 느긋하게 지내도록 하려 했지만, 얼마 안 가 당국當局에 시기하는 무리가 있어서 그 일이 마침내 중지되었기에 오늘날 이렇게 좋은 일을 할 수 없게 되었습니다." 라고 하였습니다. 그러나 이 노인에게는 도리어 우선 한 차례 끌려 나가는 일을 면하게 되었으니 역시 작은 일이 아닙니다. 전번 편지에서 이미 이 문제를 염려하였던바, 사람의 견해가 대략 같음을 알겠습니다. 어떤 사람은 실제로는 장백자張伯子가 이 설을 제창했다고 하는데, 이 또한 매우 쉽지 않습니다. ─동상, 서5

육유도 주희의 이학을 마음속에 굳게 다졌을 뿐 아니라 그의 제자들과 밀접하게 왕래하였다. 경원당금 동안 육유는 금에 대항하여 나라를 회복하려는 우분을 잊지 않았으며, 또한 한층 더 인민을 염려하고 도를 걱정하는 비애를 느꼈다. 경원 4년(1198) 낙막한 추운 겨울 세밑에 그는 「저녁에 집 북쪽을 거닐다(舍北晚步)」라는 시를 읊었다.

이 마을 저 마을 밥 짓는 연기 모락모락 피어오르고	漠漠炊煙村遠近
나례 북소리 이쪽저쪽 보에서 둥둥 울린다	鼕鼕儺鼓埭西東
세 갈래 옛길은 황폐하게 버려졌고	三叉古路殘蕪裏
맑은 강 한 구비 열은 구름 속을 흐른다	一曲淸江淡靄中
바깥 물건은 이미 헌 짚신처럼 버렸거니	外物已忘如敝屣
이 몸은 멀리 나는 기러기처럼 짝이 없네	此身無伴等羈鴻
추운 날 적막한 사립문에 해는 저물어	天寒寂寞籬門晚
떠도는 인생 또 한 해가 다 간다	又見浮生一歲窮

—『검남시고』 권38

주희가 정녕 긍정한 것은 시 가운데서 세상의 상처를 붓의 파란(筆底波瀾)으로 치유하려는, 도를 근심하는 치열한 의식이었다. 그렇기에 경원 5년(1199) 7월에 진희진陳希眞이 이 시를 가지고 민閩에 들어와서 주희를 뵈었을 때, 주희는 이 시를 위해 특별히 발문을 지었다. "계찰季札은 「소아小雅」를 노래하는 것을 듣고서 생각함에 다른 마음이 없고, 노하면서도 상심하지 않음(思而不貳, 怒而不傷)을 알았다. 근세에 동파 공東坡公(소식)이 유자후柳子厚(유종원柳宗元)의 「남간중제南澗中題」를 읽고서 근심 속에 즐거움이 있고, 즐거움 속에 근심이 있음(憂中有樂, 樂中有憂)을 안 뒤 깊이 슬퍼하였다. 방옹(육유)의 시도 이러하니 뒷날 군자들이 반드시 반응할 것이다."(『속집』 권7 「발육무관시跋陸務觀詩」)

자연스레 이러한 정치상의 '도道'를 근심하는 의지는 문학상의 '기氣'를 기르는 설과 소통하였고, 이는 곧 두 사람이 창작에서 서로 마음과 마음을 통하게 하였다. 경원 5년 5월에 주희의 학설을 가장 잘 터득한(得意) 고족高足 방사요方士繇가 병으로 죽자 육유가 그를 위해 묘지명을 지었는데, 추정하건대 주희의 간청에 의한 것이었다.

아무튼 이 시기에 당금이 맹렬하고 쓰디썼으나 육유는 묘지명에다 공공연히 주희의 도학 사상에 대해 긍정적인 평가를 하였다.

> …… 시강 주 공朱公 원회元晦(주희)가 건안에서 도학을 창도했다는 말을 듣고, 가서 그를 좇았다. 주 공의 문도는 수백에서 천여 명에 이르렀는데, 그중 백모伯謨(방사요)는 나이가 아직 어렸으나 배움이 매우 민첩하여서 몇 년 되지 않아 고제高弟로 일컬어졌다. 집을 이사하여 숭안 오부의 적계에서 그를 좇았다. 그러고는 기질을 훈도하고 덕업德業을 함양하여 갈고닦아서 깊이 젖어들었는데, 넓고 크고 고명한 경지에까지 이른 것은 대체로 주 공이 신묘하게 성취해준 것이고 백모가 받아들인 것이다. 백모는 주 공을 뵌 뒤 곧 과거 공부에 염증을 냈으며 오래되어서 마침내 스스로 과거 공부를 버렸기 때문에, 진사가 되지 않고 오로지 도를 전승하여서 후학의 스승이 되었다. ……
> ──『위남문집渭南文集』권36「방백모묘지명方伯謨墓誌銘」

방사요의 경우, 유사儒士가 된 것은 주희의 이학 문화가 잉태하여 낳은 전형적인 결과이며, 또한 시인이 된 것은 육유의 시가 창작의 훈도에 푹 젖어들어서 깊이 받아들인 결과이다.

그의 아버지 방덕형方德亨은 여본중呂本中의 제자이며, 육유의 시가는 바로 여본중에게서 직접 연원한다. 증기曾幾가 일찍이 육유를 향해 다음과 같이 말하였다. "그대의 시는 거의 여자미呂紫微(여본중)에게 연원을 두었다."(『위남문집』권14「여거인집서呂居仁集序」) 이른바 '연원'이란, 시가 사상의 측면에서 말하자면 육유가 여본중과 마찬가지로 문장은 모두 '기'를 주로 한다고 주장했다는 점을 가리킨다. 여본중은 시를 짓되 '파란波瀾이 활달하게 하고자 한다면 모름지기 규모를 광대하게 넓혀서 내 기를 함양한 뒤에야 가능하다'고 보아, 기가 충실하면 시문의 규모도 저절로 커지고 파란도 저절로 활달해진다고 여겼다.

마음을 다스리고 기를 기르는 것은 바로 이학가가 시를 논하는 특색이다. 주희는 사람이 바른 기운을 채우고 길러야 문장이 비로소 튼튼한 뼈대를 갖게 된다고 보았는데, 이는 그의 문도상즉文道相卽 사상이 창작에서 구체적으로 운용된 것이다. 따라서 그는 시를 논하면서 '기골氣骨'·'기력氣力'·'기격氣格'·'기상氣象'을 강조하였다. 그가 보기에 남쪽으로 건너온 이래 기운이 쇠퇴한 이 시대는 위축되고 쇠약한 문풍文風과 기괴하고 화려하고 교묘한 시풍詩風을 조성하였다. 그는 당시의 문풍을 다음과 같이 비웃었다. "요즘 사람이 짓는 글은 연지와 분을 발라 단장한 듯이 하기 때문에 저절로 호방하지도 않고 골기骨氣도 없다. 마치 아고訝鼓를 공연하는 것처럼 남자도 있고 부녀자도 있고, 승려도 도사도 수재도 있으나 모두 가짜인 것과 같다."(『어류』 권139)

주희는 근대에 다만 육유만이 홀로 시인의 풍치를 구비하였는데 그것은 바로 그가 기를 채우고 기를 수 있었기 때문이라고 보았다. 육유도 스스로 '누구라도 기를 길러서 하늘과 땅을 채울 수 있다면 토해내는 것이 충분히 저절로 무지개(虹蜺)가 되리라' 하였다. 강건함은 기에서 얻는 것이며 기가 충실하면 뼈대가 강건해지므로, 주희는 반복적으로 '강건함(健)'이라는 글자를 써서 육유 시풍의 기본적인 심미적 특징을 개괄하였다.

경원 5년(1199)에 원오圓悟가 세상을 떠났을 때 육유도 주희와 마찬가지로 추도문을 지었다. 주희는 공풍에게 보낸 편지에서 당 때 남양 혜충南陽慧忠 선사의 고사에 담긴 정취를 빌려 다음과 같이 말하였다. "방옹(육유)은 필력이 더욱 강건해졌으나 다만 한스러운 점은 까닭 없이 천진교天津橋 위에서 원숭이의 난동을 만나 도리어 대이 삼장大耳三藏에게 희롱을 당한 꼴이 된 것입니다."(『문집』 권64 「답공중지」 서6)

12월에 조정에서 다시 육유를 불러들여 사관에 충당하려고 했을 때, 주희는 공풍에게 보낸 편지에서 다음과 같이 말하였다. "방옹은 늙을수록 붓이 더욱 강건해지니 오늘날 마땅히 제일류로 내세워야 합니다."(동상, 서17) 이른바 '더욱 강건하다' 함은 육유 시의 기운이 충실하고 뼈대가 강건함을 가리키는데, 이는 두 사람이 문학 창작과 사상에서 서로 통함을 분명히 드러낸다.

주희는 이 점을 문학 창작에 대한 인식에서 육유와 근본적으로 일치하는 점으로 간주하였기 때문에 방사요가 죽은 뒤 육유에게 방덕형의 시집을 위해 서문 한 편을 지어서 이 사상을 밝히도록 청하려고 하였다. 경원 5년 12월에 주희는 공풍에게 보낸 편지에서 다음과 같이 말하였다. "방옹은 늙을수록 붓이 더욱 강건하니 …… 막 가서 글(文字)을 하나 구하려 했는데, 혹 이 때문에 내 행동이 누가 될까 의심스러워서 아직 기꺼이 그렇게 할 수 없습니다."(동상)

경원 6년(1200) 정월에 공풍에게 보낸 편지에서 또 다음과 같이 말하였다. "방옹으로부터 오랫동안 편지를 받지 못했는데 가서 글을 하나라도 얻고 싶지만, 걸린 일이 자못 중대하고 또한 내 행동이 그의 앞날에 누가 될까 염려하여서 감히 입을 열지 못합니다."(동상, 서18) 걸린 일이 자못 중대하다는 것은 바로 방덕형 시집을 위한 서문을 짓는 일을 가리킨다. 주희는 이에 대해 매우 신중한 태도를 보였다. 3월에 이르러 육유는 조정에서 치사하도록 허락을 받았다. 주희는 공풍에게 보낸 편지에서 또 다음과 같이 말하였다. "방옹의 좋은 결말은 작은 일이 아님에도 아직까지 편지로 축하하지 못했습니다."(동상, 서20) 이때 마침 공풍은 복건의 막부를 떠나 건양의 고정을 경유하였는데, 주희는 그에게 부탁하여, 편지를 지니고 산음山陰으로 가서 육유에게 서문을 써달라고 청하게 하였다.

4월에 육유가 「방덕형시집서方德亨詩集序」를 썼는데 주희는 이미 세상을 떠났고, 이 서문은 두 사람의 평생 우의의 가장 좋은 기념이 되었다. 육유는 서문에서 과연 양기養氣에 집중하여 논술하였다.

> 시를 어찌 쉽게 말할 수 있겠는가? 재능은 타고나는 것이지만, 기는 내
> 가 스스로 기르는 것이다. 재능이 있으나 기가 그것을 충분히 제어하지 못
> 하면 부귀에 의해 넘치게 되고, 빈천에 의해 바뀌게 되며, 얻어도 잃음을
> 보상하지 못하며, 영화로워도 부끄러움을 가릴 수 없다. 시는 여기서 나오
> 는 것이다. 그러나 옛사람의 출중한 재능을 좇아가고자 하나 어찌 그럴 수
> 있겠는가! 나는 어려서부터 포양莆陽에 방덕형方德亨이라는 선비가 있다는
> 말을 들었다. 그는 이름이 풍지豐之이며 재능이 매우 높고 기를 길러서 굽
> 히지 않았다. …… (*덕형이) 죽은 뒤 몇 년이 지났을 때 대제待制 주 공 원회
> (주희)가 편지를 통해 덕형의 시를 산음에 있는 나에게 보여주면서 말하기
> 를, "그대가 나를 위해 덕형 문집의 서문을 써주시오." 하였다. ……
>
> ─ 『위남문집』 권14 「방덕형시집서方德亨詩集序」

이 서문은 바로 시가에 관한 육유와 주희의 선언서로 볼 수 있으며, 또한
육유가 문학상에서 줄곧 여본중으로부터 주희에 이르는 이학가의 영향을 받
았음을 분명히 드러낸다. 그뿐 아니라 주희가 만년에 문학 창작에서 탐색한
최후의 발자취를 남긴 것이었다.

주희와 육유가 진행한 이러한 문학적 탐색은 비록 중단되었기 때문에 깊
이 들어가지는 못했지만, 같은 시기에 그가 시인 공풍과 벌인 토론 가운데서
다시 전개되었다. 주희가 만년에 밀접하게 교유한 시인은 대다수가 강서시파
江西詩派에 깊숙이 출입한 사람들이었는데, 저명한 사람으로는 한표韓淲·조번趙
蕃·공풍鞏豐·서문경徐文卿·황암로黃嚴老가 있으며, 유회劉淮·유개游開·구복丘服·
항안세項安世·양방楊方·왕재신王才臣 등은 후진 문사였다. 이 때문에 고금 체제

의 변화에 통달하고 이로써 막다른 길을 향해 나아가는 강서시파의 '근래의 국면(近局)'을 비판한 것은 그의 시가 사상에서 현실적 출발점을 이루었다.

경원 4년(1198), 장천(章泉)의 조번은 50여 세의 고령임에도 고정에 와서 주희에게 제자의 예를 갖추었고, 공풍도 이해에 민으로 들어와 섭저(葉翥)의 막하에 들어갔는데 고정을 지나면서 주희와 상견하고 토론하였다. 공풍은 여조겸(呂祖謙)의 제자이지만 시가 창작에서는 육유를 뒤따랐다. 다만 그는 강서시파 시풍의 속박을 완전히 벗어나지는 못하였다.

주희가 그와 시가 창작에서 벌인 논변은 매요신(梅堯臣)의 시에 대한 관점에서 존재하는 차이 때문에 일어났다. 논변은 경원 5년 초에 시작되었다.[1] 공풍은 무이를 읊은 시의 서문에서 강서시파를 통렬하게 비판하였고 매요신도 함께 부정하였는데, 주희가 보기에 이는 그야말로 '세속을 깜짝 놀라게 하는 (駭俗聽)' 이론이었다.

주희는 시를 지음에 위·진의 풍치를 표준으로 삼았다. 도연명(陶淵明)을 대

---

1 생각건대, 주희의 『문집』 권64 「답공중지」의 편지 스무 통은 주희의 만년 사상과 교유의 연구를 위한 귀중한 자료이지만, 우북산(于北山)의 『육유연보』에서 말한 것처럼 '그 해와 달은 고증할 수 없다.' 실은 이 스무 통은 경원 5년(1199) 정월에서 경원 6년 3월 사이에 썼는데, 각 편지를 쓴 시간은 모두 명백히 고증할 수 있다. 서1·2를 예로 들어보면, 서2는 봄에 썼는데 편지에서 '늙음을 아뢰는 글(告老之章)'이라고 한 내용은 아직 치사하지 못하였음을 말한다. 연보를 살피건대 이 일은 경원 5년 2월 사이에 있었다. 또 이 편지에서 여자약(呂子約)(여조겸)의 널 (柩)이 큰 화재를 당한 일을 언급하였는데, 여자약은 경원 4년 7월에 죽었으니 이 편지는 또한 당연히 경원 5년 2월에 썼다. 또 서2에서 '추수(樞帥)가 경유하였는데, 한 번 보지 못하였다' 하고 서5에서도 '추수가 경유하였는데, 삼가 배알하지 못하였다' 하였다. 여기서 '추수'란 동지추밀원사 섭저를 가리킨다. 섭저는 경원 4년 12월에 복주로 와서 민수(閩帥)(복건 안무사)를 맡았다.(『삼산지(三山志)』와 『남송제무연표(南宋制撫年表)』에 보인다) 그러므로 서1은 경원 5년 정월에 썼음을 확실히 알 수 있다. 나머지 열여덟 통의 쓴 해와 달은 다음과 같다. 서3·4는 경원 5년 3월, 서5는 5월, 서6은 6월, 서7에서 서12까지는 7~8월 사이, 서13에서 서15까지는 10월, 서16은 11월, 서17은 12월에 썼다. 서18에서 서20까지는 경원 6년 1월에서 3월 사이에 썼다.

표로 하는 위·진의 시는 한가하고 얽매이지 않으며, 온화히고 담담하며, 높고도 원대하여서 『시경』, 『초사』의 고상하고 고풍스러운 풍모를 잃지 않았다. 주희는 당 대의 위응물韋應物·유종원柳宗元과 송 대의 매요신·장거산張巨山의 시가 모두 멀리는 위·진의 고상한 풍치의 여운을 이어받았기에 당금 강서시파의 고질적인 큰 병을 고치기에 딱 알맞은 것으로 여겼다. 그는 공풍에게 보낸 편지에서 다음과 같이 인식하였다. "(*매요신의) 「적요寂寥」라는 짧은 글은 한가하고 소산蕭散하나 오히려 위·진 이전 시대의 고상한 품격의 여운이 있는데, 당세當世의 궤도에 극히 힘을 기울인 자가 아니면 아마도 평론할 때 다 살피지는 못할 것입니다."(『문집』 권64 「답공중지」 서2)

주희는 강서시파의 오류를 정확하게 비판한 뒤 이를 초월하려면 먼저 반드시 고금 체제의 변화에 통달해야 한다고 여겼다. "아마도 또한 모름지기 고금의 체제의 아정雅正함과 저속함의 향배를 먼저 알고서 다시 창자와 위 속에 들어 있는, 이전의 비리고 기름 낀 찌꺼기를 말끔히 씻어낸 뒤 …… 근세의 시인들은 바로 일찍이 이 관문을 뚫지 못하고 근래의 국면에 얽매였기 때문에, 그들이 이룬 것은 모두 사람의 뜻에 차지 않습니다."(동상) '고금의 체제'에 대한 그의 인식은 '삼변三變' 설 가운데 포함되어 있다.

간간이 시의 본말(原委)을 고찰함으로써 고금의 시가 모두 세 차례 변하였음을 알았습니다. 『서전書傳』에 기록된 우虞·하夏 이래 위魏·진晉 때까지가 그 자체 한 단계이고, 진晉·송宋(남조 송) 사이의 안연지顏延之·사령운謝靈運으로부터 당 초기까지가 그 자체 한 단계이며, 심전기沈佺期·송지문宋之問 이후로부터 율시律詩가 정착되고 오늘에 이르기까지가 또 한 단계입니다. 그러나 당 초기 이전에는 시를 짓는 것이 본래 수준의 높낮이는 있었으나 법은 오히려 변하지 않았습니다. 율시가 나온 뒤 시와 법이 비로소 모두

크게 변하였고, 오늘에 이르러서는 더욱 교묘하고 치밀해져서 옛사람의 풍
격은 다시 찾아볼 수 없습니다.

그래서 망령되게 여러 경전과 역사서에 실려 있는 운어韻語와 『문선文選』
에 실려 있는 한·위 시대의 고사古詞, 그리고 곽경순郭景純(곽박郭璞)과 도연
명陶淵明의 작품까지 다 발췌하여서 따로 한 편을 만들고, 『시경』 300편과
『초사楚辭』의 뒤에 붙여서 시의 근본과 준칙으로 삼고자 하였습니다. 또 세
차례 변화 가운데 뒤의 두 단계 중에서 고시古詩에 가까운 것을 택하여 각
각 한 편씩 만든 뒤 우익羽翼과 여위與衛(호위)로 삼았습니다. …… (시의詩義에)
부합하지 않는 것은 모두 제거함으로써 우리의 이목에 띠어서 우리 마음
에 들어오지 못하게 하였습니다. 요컨대 마음속에 한 글자도 세속의 말과
생각이 없게 하면, 시는 고원高遠하기를 기약하지 아니해도 절로 고원하게
될 것입니다.
　　　　　　　　　　　　　　　　　　　　　　— 『문집』 권64 「답공중지」 서4

이는 전체 문학사에 대한 주희의 인식을 포함하는 것으로서, 그가 강서시
파를 비판하는 현실적 처지에 서서 전체 시가의 발전 역정에 대해 조감하고
반성한 것이라는 점은 의심할 바 없다.

그가 고체古體를 중시하고 율시律詩를 가볍게 여긴 까닭은, 고체는 고상
하고 고풍스러운 반면, 율시는 교묘하고 치밀하기 때문이었다. 곧 그가 위·
진의 시를 높이고 『시경』·『초사』와 나란히 시의 근본 준칙으로 삼은 까닭은
위·진의 시가 자연스럽고 평이하며 담담한(自然平淡) 정취를 깊이 터득하였기
때문인데, 이는 바로 강서시파의 기이하고 교묘하게 글귀를 꾸미는 점에 대
해 반대하려는 것이었다. 그는 고금 체제의 변화에 통달한 가운데 자기의 자
연스럽고 평이하며 담담한 심미 의식을 녹여냈다. 이리하여 주희와 공풍의
분기점은 바로 '평이하고 담담함(平淡)'의 인식에 집중되었다. 공풍은 매요신

의 시를 평이하고 담담하여서 취하기에 부족하다고 여겼기에, 곧바로 '평담平
淡이라는 두 글자는 모든 천하의 시인을 그르친다'고 지적하였다.

주희는 다음과 같이 반박하였다.

> 저 옛사람의 시가 본래 어찌 평이하고 담담한 데에 뜻을 두었겠습니까?
> 다만 요즈음의 시가 지나치게 괴이하고 다듬어져서 도깨비 머리와 귀신의
> 얼굴처럼(神頭鬼面) 한 것에 견주면 그 평이함을 볼 수 있고, 요즈음 시의 느
> 끼하고 비린 것과 시고 짜고 쓰고 껄끄러운 것에 견주면 그 담담함을 볼
> 수 있을 뿐입니다. 시가 처음 생긴 이래 위·진에 이르기까지 작자가 한 사
> 람뿐이 아니지만, 그 수준이 높은 것은 여기서 나오지 않은 것이 없습니
> 다.   ─동상, 서5

자연스럽고 평이하고 담담하다는 것은 강서시파가 조탁雕琢에 온 신경을
쓰고 고심하면서 경영하고, 인공으로 안배하는 것에 대한 비판을 포함한다.
주희는 '자연스러움(自然)'을 '다만 가슴속에서 흘러나와 더욱 아무런 막힘이
없는 것'이며, '곧바로 그렇게 말하고 애초에 아무런 안배(布置)가 없는 것'이
지만 도리어 법도가 필요하지 않은 것과는 다른 차원으로 보았다. 그는 이태
백의 시에 대해 '자재自在'하고 '자연스럽게 좋다(自然之好)'고 극찬하면서 "이태
백의 시는 법도가 없는 것이 아니라 저절로 법도에 들어맞은 것이니 대체로
시의 성인이다."(『청수각논시淸邃閣論詩』)라고 하였다. 따라서 그가 주장한 '평이하
고 담담함'의 근본적인 함의는 글을 짓고 시를 짓는 것이 저절로 법도에 들
어맞아야 하며, 법도에 속박되는 것이 아니라 법에서 무법을 추구하고 불변
에서 변화를 추구하는 것이다.

주희는 공풍과 시를 논하면서 동시에 지은 「발병옹선생시跋病翁先生詩」에서

한 걸음 더 나아가 이 사상을 발휘하였다. 그는 '정변正變' 설을 제출하여, 천하만사가 모두 일정한 법이 있어서 시를 짓는 것은 법도를 지키고 그 바름을 잃지 않아야 하며, 또한 변화를 추구하여서 종횡으로 오묘한 작용을 다 발휘해야 한다고 보았다. 바름을 지키는 것은 옛 법도를 지키는 데 있으며, 변화를 끝까지 추구하면 저절로 규모가 나오는데, 후자가 전자보다 더 중요한 것은 공력의 높낮이와 깊이에 차이가 있기 때문이다. 따라서 바름을 지키는 것과 옛것을 변화시키는 것 가운데 옛것을 변화시키는 것이 바름을 지키는 것보다 더 고귀하며, 정체正體와 변체變體에서는 변체가 정체보다 고귀하고, 글의 변화(文變)와 마음의 변화(心變) 가운데서는 마음의 변화가 글의 변화보다 고귀하며, 정격定格(＊상격常格)과 신격新格 가운데에서는 신격이 정격보다 고귀하고, 유법과 무법 가운데서는 무법이 유법보다 고귀하다. 따라서 법에서 벗어나기를 추구하지 않으나, 또한 법의 속박을 받지도 않는 것이 그의 문학 창작의 기본 관점을 이루었다.

주희가 공풍과 시를 논하면서 도달한 이런 인식의 경지는 이미 그의 문도설文道說이라는 이학의 추상적 틀을 뛰어넘었다. 그는 『한문고이韓文考異』를 완성한 뒤 또 『창려문수昌黎文粹』를 편집하였으며, 주필대와 함께 『육일거사문집六一居士文集』의 고정考訂을 완성한 뒤에는 또 『구증문수歐曾文粹』를 편집하였다. 이는 모두 그의 이러한 문학 사상을 관철한 일로서 시문 짓기를 좋아하는 이학의 제자들에게 직접적인 영향을 미쳤다. 공풍이 나중에 지은 시문은 곧 '난삽함과 기괴함과 화려함과 교묘함(險怪華巧)이 없고 이치로써 남을 수긍하게 하였으며, 사 한 조각, 편지글 반쪽(片詞半牘)이라도 모두 맑고 명랑하며 말 밖의 정취를 얻은' 것이 특징이라서 육유는 그의 "문자가 고상하고 고풍스러우므로 설령 요·순·우·탕이 보더라도 반드시 아름답다고 칭찬할 것이다."(『후이목지后圯目志』)라고 하였다.

주희의 이러한 영향은 곧바로 강호시파에게까지 확대되었다. 주희 스스로도 이러한 문학적 이상을 만년의 창작 가운데 관철하고자 힘써 노력하였다. 그러나 그는 끝내 자기의 문학적 명운이 도학의 명운과 마찬가지로 비참하다고 느꼈다. 경원 5년(1199)에 그가 지은 「강문경(강사江嗣)과 유숙통(유회劉淮)에게 부치다(寄江文卿劉叔通)」 세 수는 자기 일생의 문학과 도학의 명운에 대해 이중의 총결을 내린 것이나 마찬가지다.

문경의 구와 격률은 군대의 기율 같고	文卿句律如師律
숙통의 시정은 세속을 넘어섰네	通叔詩情絶世情
정치는 늘그막까지 곤궁이 뼈에 사무치게 하여	政使暮年窮到骨
애끊는 소리도 내지 못하게 하네	不敎吟出斷腸聲
시인은 예로부터 곤궁하기 마련인 것	詩人從古例多窮
지금 숲 속에 두 늙은이와 같네	林下如今又兩翁
호남의 늙은 친구를 비웃어야 하리니	應笑湖南老賓友
근래 저자의 티끌 속에 떨어졌기에	兩年吹落市塵中

이 시는 자몽(유개游開)이 아마도 궁핍한 상황에 떨어져서 불편함을 희롱한 것 같은데, 한바탕 웃을 만하다.(此戲子蒙恐落窮籍不便, 可發一笑也)

나는 궁하고 애초에 시를 잘 못하여	我窮初不爲能詩
어리석게 숫자만 채우는 이라 비웃음을 받았네	笑殺吹竽濫得癡
남 앞에 변명하지 말지니	莫向人前浪分雪
세상의 참 거짓을 그 누가 알랴?	世間眞僞有誰知

나는 시를 잘하지 못하는데도 왕년에 담암 호 공(호전胡銓)에 의해 시를 잘한다고 천거되었다. 평생의 요행이 대부분 이와 비슷하였다.(僕不能詩, 往歲 爲澹菴胡公以此論薦, 平生僥倖, 多類此云)

'세상의 참 거짓을 그 누가 알랴'는 구절은 무의식 속에 세상 사람들 앞에 서 자기는 '위도僞徒'가 아님을 변증하여 씻어낸 말이다. 이 '하늘 아래 인간 세상의 한 조각 구름(天下人間一片雲)'은 인간을 향해 결별을 하는 말이다.

│ 도학당 우두머리의 죽음 │

　주희는 자기 일생에 대해 부끄러움과 여한이 없었으며, 참회할 것이 없었기 때문에 당금 가운데서도 '내 도는 외롭지 않다(吾道不孤)'는 신념을 품고서 웃음을 머금고 세상을 떠났다.

　도학가는 모두 '순도자殉道者'이다. 도道, 이것은 그들이 필생 분투하면서 추구해온 지극한 정신적 경계이다. 그들의 고요하고 그윽하고 장엄한 도학의 심리 상태 속 세계에서 도는 마치 지고무상至高無上한 태양처럼 온 세상에 골고루 빛을 비춘다(普照). 도에 대한 숭고한 추구는 일종의 비극성을 띤 윤리적 도학의 인격으로 승화하였다. 이러한 특수한 도학의 인격을 장재張載가 바로 다음과 같이 정의하였다. "하늘과 땅을 위하여 마음을 세우고, 생민을 위하여 도를 세우고, 과거 성인을 위하여 끊어진 학문을 잇고, 만세를 위하여 태평을 연다.(爲天地立心, 爲生民立道, 爲去聖繼絶學, 爲萬世開太平)" 이로써 도학의 인격은 도를 체득하고(體道), 도를 확대하는(弘道) 숭고한 인격으로서, 그 핵심은 '지극히 공변됨(至公)'에 있음을 알 수 있다.

　도학가가 도학을 위해 죽는 것은 비극성을 띤 일이지만, 이 때문에 또한 도학은 전통 유가의 비극성을 띤 인격의 승화였고, 도학당의 우두머리(道學黨魁) 주희의 신상에서 특별히 도학의 선비들이 보편적으로 구비한, 그러한 비극성을 띤 인격의 윤리미倫理美의 빛을 내쏘았다.

　도를 걱정함(憂道). 도학 선비들은 모두 일종의 강렬한 우환 의식을 지니고 있으나, 그 우환 의식은 도가의 생명에 대한 우환 의식(*우생憂生)이나 심지어 국가와 사회, 민생에 대한 전통적 공맹 유가의 우환 의식(*우국우민憂國憂民)이 아니라, 주로 대도大道가 행해지지 않고 인성人性이 타락한 것에 대한 우환 의식(*우도우인憂道憂人)이었다. 따라서 '도'에 대한 실망감과 '인성'에 대한 실망감 및 양자에 대한 복귀를 급급하게 추구하는 것은 도학적 우환 의식의 주요 내포를 구성하였다. 그들은 보편적으로 모두 도를 위해 고통을 겪고 도를 위해 헌신하는, 일종의 비현실적인 비극적 열정을 지니고 있었다.

마음을 바로잡음(正心). 도를 추구하는 것은 나에게 달려 있으며 마음은 천하의 큰 근본이다(天下大本). 도학 선비들은 정심正心·성의誠意를 자기 인생에서 첫째로 추구해야 할 목표로 삼고, 그것을 완전하게 아름다운 인격의 실현과 천하를 크게 다스리는 근본 경로라고 믿었다. 전체 인간 세상의 침륜沈淪은 다만 자기 한마음의 타락에서 기인하며, 사회의 죄악을 소멸하는 일은 자아를 세척하는 데서 시작해야 하므로, 그들은 향내向內로 수렴하고 전전긍긍하면서 간난신고를 겪으며 영혼과 자아를 탁월하게 정화하였다. 마음을 바로잡음은 최고 도덕적 준칙일 뿐만 아니라 최고 치국治國의 준칙이 되었다.

본질적 궁핍(固窮). 도학 선비들은 도를 걱정할 뿐 가난을 걱정하지는 않았다(憂道不憂貧). 그들은 도를 행하려면 반드시 빈천을 편안히 여겨야 한다면서, 도에 대한 정신적 추구는 물질생활의 궁핍을 잊게 하고, 궁핍한 가운데서도 스스로 즐거움을 누릴 수 있다고 생각하였다. 도학의 한사寒士는 스스로 정신적으로는 어떤 사람과 견주어도 부유하다고 여겼다. 그래서 그들은 차라리 본질적 궁핍 가운데 도를 지키고 달동네에서 보잘것없는 먹을거리와 마실 것으로 살며(陋巷簞瓢), 해진 옷과 거친 음식을 참고, 심지어 밭 갈고 농사짓는 일을 낮잡아 보고 상업을 경영하는 일을 비천하게 여기고 재물을 늘리는 일을 저속하게 여기면서 부귀를 탐하지 않았다. 그들은 '형이상形而上'의 도에 헌신하지만 '형이하形而下'의 물거에 굴복하기를 기꺼워하지 않았다.

절조를 지킴(守節). 도학 선비들은 기절氣節을 가장 중시하였다. '문장·도덕·기절'은 그들이 인생에서 추구한 삼대 목표였다. '넓고 크며 정확하고 자세하되 중용의 길을 따르고, 따뜻하고 선량하고 통달하되 공평하고 올바름을 본받는다(廣大精微道以中庸, 溫良通達法其平正)'는 것은 그들이 받들어 행한 인생의 최고 신조였다. 그들은 명예와 절개(名節)를 중시하였으며 도를 위해 순정殉情하고 자기를 희생하여서 인仁을 성취하는 서생書生의 의기意氣를 지녔다. 부귀해도 넘치지 않고 빈천해도 지조를 옮기지 않으며, 위세와 무력에도 굽히지 않는 늠름한 정기正氣, 굳세고 바르며 아부하지 않는 깨끗한 관료(淸官), 고상한 풍격과 깨끗한 절개를 지닌(高風亮節) 현명한 관료(賢官), 인민을 자식처럼 아끼는 청렴한 관료(廉官), 군주의 안색을 범하여서 직간하고 간쟁하는 관료(諍官)가 바로 이상적인 도학의 모델(楷模)이었다. 그들은 민족의 기절을 중시하고 이민족과 중국의 엄격한 경계(大防)를 중시하였으며, 비록 군사를 동원하여 전투를 벌이는 경륜經綸이나 적을 이기고 승리를 거두는 도략韜略은 없었으나 도리어 죽음으로써 나라에 보답하는 기절과 뛰어난 외교적 수완으로 적을 제압하며 (折沖樽俎) 명분을 가지고 항쟁하는 대의大義가 있었다. ……

이것이 바로 반도학 당권자들이 말하는 도학의 '위기僞氣'였다. '위학의 수괴僞學首魁'라는 나쁜 평가를 받고서 세상을 떠나는 것은 고통스러운 일이었으나 주희는 스스로 참과 거짓을 변별하려는 마음을 먹지 않았다. 그로 하여금 마음을 고통스럽게 하고 머리를 아프게 한 일은 오히려 도학의 변절이었다. 자기 진영의 사람이 배신하고 적에 투항하여서 진정한 '위도僞徒'가 되었다. "가짜 학문을 금지하고 막는 일이 한창 삼엄해지자 평소 좋아 배운 이들 가운데 서신을 통해 (학문을) 묻지 않는 자도 있고, 그 학문을 배웠다고 말하기를 꺼려 하고 이름을 바꿔서 다른 이를 스승으로 삼는 자도 있고, 변절하여 행실을 바꾸며, 미친 듯이 노래하고 마구 술을 퍼마시고 저잣거리에서 날 뛰며 스스로를 더럽히는 자도 있고, 일찍이 친하고 돈독하게 지냈지만 자기를 천거하지 않음을 한스럽게 여기다가 반대로 해코지하는 자도 있었다. 깊이 서로를 아끼는 자들에 이르러서는 또한 힘써 생도를 흩어 보냄으로써 해를 멀리하는 계책으로 삼았고, 제생은 비록 좋아서 배웠으나 또한 동요하고 핑계를 대며 돌아가려고 하는 자도 있었다."(『면재집勉齋集』권38 「동현위묘지명董縣尉墓誌銘」)

이러한 무거운 정신적 고통은 본래 병이 많았던 주희의 늙은 몸을 더욱 빨리 꺾어서 무너지게 하였다. 그러나 그의 도학의 진정한 넋은 조금도 무너지지 않았다. 경원 6년(1200) 2월 춘분날, 그는 「발원주평향현사창기跋袁州萍鄉縣社倉記」에다 제제題를 하는 김에 비분하여서 생각을 밝혔다. "천하의 일은 시비 득실이 본래 정해져 있고 그 흥망성쇠 또한 시세에 연계되었기에 한결같을 수 없다."(『문집』권84 「발원주평향현사창기」) 역사의 흥망성쇠는 비상한 시세時勢가 있어서 사람의 힘으로 만회할 수 없으나 역사의 시비是非는 도리어 정해져 있으며, 또한 '세간의 참 거짓은 그 누구도 알 수 없는' 것이 아니었다.

죽기 전에 당고에 빠진 몸이었던 주희는 비애와 적막 가운데서 또한 낙관으로 충만하였다. 경원 5년(1199)에 그는 황간黃榦에게 보낸 편지에서 다소 의기소침하여 말하기를, 『예서』를 다 베낀 뒤 "10여 부를 또 베껴서 벗들에게 나누어 주고 명산에 소장하게 하거라. 그러면 이 몸은 바로 일없는 사람으로서 문을 닫고 고요히 앉아 죽이나 먹고 밥이나 먹는 스님(粥飯僧) 같이 되어서 남은 생을 보내도 무방할 것이다."(『속집』권1 「답황직경」서25)라고 하였다. 그러나 그는 결코 진짜 '죽이나 먹고 밥이나 먹는 스님'이 되지는 않았다.

죽음에 임하기 전 온 세상이 몰락하는 가운데 그는 스스로 정신의 해탈을 추구하면서 도학의 천국을 향해 초월하였다. 그는 더욱 고통스럽게 자기의 영혼을 세척하였으며, '거짓'을 버리고 '참'을 보존하였으며, 도학의 지조(操守)를 바꾸지 않았다. 그는 죽음에 임하기 전에 스스로 정신적 열반의 '성경聖經'을 찾았으니, 그것은 바로 정이程頤의 시청언동視聽言動에 관한 잠언 네 편이었다. 그는 잠언 네 편을 베껴서 좌우명으로 삼고 밤낮으로 자기의 보고, 듣고, 말하고, 행동하는 일 하나하나가 모두 도학의 준칙에 부합하도록 경책警策하면서, 한편으로는 자아의 도덕적 완선完善을 향해 나아가고, 또 한편으로는 이로써 질병을 치료하고자 하였다.

주희는 제자 양방楊方에게 보낸 편지에서 다음과 같이 말하였다. "옛날에 이 잠箴을 볼 때는 다만 평범하고 일상의 말 같았는데 요사이 비로소 그 지의旨意가 정밀하다는 사실을 깨달았습니다. 참으로 이른바 '몽둥이로 한 번 때리면 한 줄기 흔적이 생기고, 손바닥으로 한 번 때리면 손바닥 자국이 생긴다'는 것입니다. 그래서 이것을 자리 모서리(座隅)에 걸어 두고 실추되지 않도록 하려 할 따름입니다. 시절이 온당하지 않고 글씨 공부(字學)도 그만두었으므로 좋은 글발을 얻어, 때로 이를 보면서 병든 생각을 없애려고 합니다."(『문집』 권45 「답양자직答楊子直」 서4)

추방을 당한 이 '천하의 대로大老'는 정이의 잠언 네 편이 비추는 빛을 받으며 자기 생명의 마지막 역정을 완주하였다. 주희는 또한 특수한 방식으로 자기를 위해 도학의 기념비를 세웠다. 경원 5년(1199) 연말, 고정의 어떤 진씨陳氏가 낡은 취성정聚星亭을 수리하여서 세웠는데 바로 주희의 주택과 문을 마주하였다. 정자의 이름 '취성聚星'은 동한東漢 말 진식陳寔 부자가 순숙荀淑 부자를 예방한 일에 근거한다. 한때 덕의 별(德星)이 동쪽으로 모였다(東聚)고 여겨졌기에, 당시 태사太史가 조정에 상주하여서 '오백 리 안에 있는 현인들이 모여들었다(五百里賢人聚)'고 일컬었다. 주희는 진씨가 정자를 조성하는 일을 도와서 온 마음을 기울여 화병畵屛을 설계하였고, 유명 화가에게 청하여서 진

태구陳太丘(진식)가 순랑릉荀朗陵(순숙)을 찾아뵌 이야기를 그리게 하였으며, 자기도 친히 장편 찬贊 한 수를 제題하여서 취성정 가운데에 세웠다. 이 화병은 담겨 있는 의도가 원대하고 깊었는데, 사실은 그가 당고의 금망禁網 가운데서 억압된 도학의 영혼이 쏟아내는 소리를 토한 것이었다.

경원의 당금과 동한의 당고는 모두 봉건 청의淸議의 사대부들이 겪은 역사적 대비극 두 막이었다. 연출된 희극과 비극이 교직하는 장면과 등장한 배우는 어쩌면 그리도 흡사하던가! 진식과 순숙은 모두 깨끗한 명성과 곧은 절개, 높은 행실과 박학한 명사名士였다. 당화黨禍의 사태가 일어나자 당인들은 어지러이 도피하여 모면하기를 구하였는데, 진식만은 비분강개하여서 "내가 감옥에 갇히지 않으면 대중이 믿을 바가 없을 것이다." 하고 스스로 구속되기를 청하였다. 순숙은 더욱이 명사들의 영수領袖인 이고李固와 이응李膺의 추앙을 받았는데, 대책對策 가운데서 감히 총애를 받는 고관을 기롱하고 풍자하였으며, 관직을 버리고 뜻을 기르면서 스스로를 갈고닦았다. 진식과 순숙의 수많은 자손들 가운데는, 당고를 당했지만 왕윤王允과 비밀히 모의하여 대간신 동탁董卓을 토벌해서 죽인 순상荀爽과 같은 사람도 있고, 조조曹操에게 투신함으로써 기꺼이 모신謀臣에 충당된 순욱荀彧과 같은 사람도 있었다.

경원의 당금은 흡사 동한 말의 당고가 재연된 것과 같았기에 주희는 화병의 찬에서 한편으로는 진식, 순숙의 '도는 넓고 마음은 평탄하며(道廣心平)', '덕과 의 아님이 없음(罔非德義)'을 칭송하였고, 다른 한편으로는 순욱과 같은 무리를 비평하여, '순욱은 조조에게 붙었고, 그 무리 또한 한漢을 잊었으니 계승하고 유지하는 어려움은 고금이 함께 탄식을 할 것'이라 하면서 사람들에게 '충성을 부과하고 효도를 책임 지워서', '나라를 위해 죽고 집안을 계승하여 길이 밝은 훈계를 받들기를' 바랐다. 주희는 옛일을 빌려 오늘날을 풍자하면서, 은근히 한탁주를 동탁과 조조에 비기고 자기는 진식과 순숙에게 자기의 도학적 이상을 쏟아부었다. 그리고 '순욱'과 같은 도학의 변절자들을 통렬히 꾸짖고 은연중에 스스로를 뭇별이 모여드는 도학의 북두성에 견주었다.

취성정의 화병은 경원 6년(1200) 윤2월 주희가 죽음에 임하기 전에야 비로소 완성되었는데, 이 화병은 그를 위한 것일 뿐만 아니라 전체 도학을 위해 건조한, 길이 후세에 남을 거대한 기념비(豊碑)였다. 이로써 그는 웃음을 머금고 죽음의 신을 대면할 수 있었다.

경원 5년 이래 주희는 이미 각종 질병으로 곤란을 겪고 있었으며 죽음이 바싹 다가들고 있다는 불길한 예감에 더욱 저술에 바짝 매달렸다. 경원 6년 온화한 새봄이 설한雪寒을 뚫고 찾아왔는데, 이 창주의 병든 늙은이(滄州病叟)는 끊임없이 낳고 낳으며 생기生機가 앙연盎然한 세계에 대해 한 차례 미련이 가득함을 느끼고 입춘 하루 전날 지팡이를 짚고 나들이를 나가서 평상시와는 다르게 비감한 감정으로 읊었다. "눈꽃 차가운 섣달 보내고 나니 / 매화 꽃받침은 따뜻한 봄을 낳네 / 세밑의 강마을 길 / 구름에 도취되니 경치 더욱 새롭네(雪花寒送蠟, 梅萼暖生春. 歲晚江村路, 雲迷景更新)"(『문집』 권9 「경신년 입춘 하루 전(庚申立春前一日)」)

그러나 봄이 온 뒤로 그의 족질足疾이 크게 악화하였기 때문에 약을 먹어도 효과가 없었고 장부臟腑까지 건드려서 병세가 더욱 심각해졌다. 그는 이전에 건창建昌 남성南城의 오신吳伸·오륜吳倫 형제가 세운 사창社倉을 위해 기문을 지었는데, 이때 그들은 사창의 서루書樓 독서당讀書堂에 주희의 초상화를 걸어두었다.[2] 2월 8일에 그는 이 화상에 제시題詩 한 수를 썼다. 늙고 병들어 장차 죽음에 임한 시점에서 무한히 실의에 빠져 스스로를 애도하는 심정을 토로한 시였다.

---

2 『위남문집』 권21 「오씨서루기吳氏書樓記」를 참조하라.

벌써 십 년 전부터 희끗희끗한 얼굴 　　　　　　蒼顔已是十年前

거울을 들고 돌아보니 슬프기만 하네 　　　　　把鏡回看一悵然

조심조심 살아온 날 얼마 남지 않았지만 　　　　履薄臨深諒無幾

남은 날일랑은 자투리 글귀에 부치려네 　　　　且將餘日付殘編

—『문집』 권9 「남성 오씨가 사창의 서루에 나를 위해 이렇게 초상화를 그렸다. 이에
그 위에 제한다. 경원 경신년 이월 팔일에 창주의 병든 늙은이 주희 중회 어른
(南城吳氏社倉書樓爲余寫眞如此因題其上慶元二月八日滄州病叟朱熹仲晦父)」

갖가지 질병이 괴롭히는 가운데 윤2월에 그는 용렬한 의원의 단방丹方을
잘못 복용한 바람에 결국 약으로 구제할 수 없는 지경에 이르고 말았다.

그가 얻은 노년의 기이한 증상은, 상체는 극열極熱하여서 쉼 없이 부채질
을 하려 하고, 반면에 하체는 극랭極冷하여서 설사가 그치지 않는 것이었다.
채침蔡沈은 「몽전기夢奠記」에서 주희의 복약 경과를 다음과 같이 서술하였다.

　　선생은 여러 해 각기脚氣를 앓으셨는데 봄에 이르러 더욱 심해지셨다.
　　발에 힘이 없고 기운이 빠져서 걸음걸이가 어려웠으며 찌르는 듯한 통증
　　이 번갈아 일어나 약을 드셔도 효과가 없었다. …… 윤2월, 수령(倅) 유몽
　　달兪夢達(유문중兪閏中)이 소식을 듣고 소무邵武에서 연평延平으로 갈 때 고정을
　　지나가다가 의사 장수지張修之를 추천하였다. 장수지가 와서 말하기를, "모
　　름지기 대략 공격하는 치료법을 써서 옹체壅滯를 제거해야 비로소 기맥氣脈
　　이 흘러 통할 것입니다." 하였다. 선생이 처음에는 의문스럽게 여겨서 유
　　택지劉擇之에게 물었다. 유택지는 대체로 평소 공격하는 치료가 불가하다고
　　주장하였는데, 약을 쓰는 법을 물어본 뒤 말하기를, "엉성한 사람이 병을
　　다스리는 것일 뿐이니 어찌 마땅한 법이겠습니까?" 하였다. 장수지가 매우
　　힘써 주장하였으나 유택지는 견해를 굽히지 않았다. 선생도 이 병에 아마

도 앞뒤로 의사들이 양생만 하게 했다는 것을 의식하고서 마침내 약을 복용하고 말았다. 처음에는 황기黃耆·앵속각罌粟殼 등을 복용한 뒤 조금 효험이 있었다. 계속하여 파두巴豆·삼릉三棱·아목莪木 등의 약을 복용하였더니 기운이 쾌하고 발이 가벼워진 느낌이 들면서, 접때 식사하면 곧잘 내려가지 않고 막혀 있던 병이 모두 없어졌다. 이윽고 육부六腑가 비결秘結하는 통에 선생이 다시 온백환溫白丸 몇 알을 복용하니 장부臟腑가 통하였으나 설사가 그치지 않았다. 황아세단黃芽歲丹을 대량으로 조제하여 투약하였지만 모두 효험이 없어서 마침내 대고大故에 이르렀다. ──「몽전기」

이전에 주희는 오히려 더욱 왕성한 정력으로 한층 긴급하게 잔편殘編을 정리하느라 죽음의 시간이 이미 이르렀다는 것조차 잊어버렸다. 그의 유일한 원망願望은 바로 자기 평생의 모든 저작을 전부 완성된 원고로 만들어서 '도'를 전함으로써 도통道通의 후계자를 얻는 일이었다. 이러한 신념이 그를 붙들었기에 결국 그가 병상에서 안간힘을 쓰며 지탱한 마지막 한 달 동안의 생명은 피로와 권태에도 아랑곳하지 않고 저술하는 일 가운데 기이한 광채를 쏘아냈다.

경원 6년(1200) 윤2월 27일, 죽기 겨우 열이틀 전에 그는 양방楊方에게 보낸 편지에서 자기가 병의 위기 속에서 독서하고 저술한 일을 언급하였다.

최근에 편지를 보내 익공益公(•주필대)에게 선인先人의 묘비를 지어줄 것을 간청하였는데, 그분이 기꺼이 써주실지 모르겠습니다. …… 「하소정夏小正」의 글은 이미 『예서』에 편집하여 넣었습니다. 다만 내가 본 몇몇 판본은 대체로 착오가 있었고, 보여주신 것들은 참고할 겨를이 없었습니다. 얼마간 작업을 하여서 자세히 교정을 마치면 곧바로 돌려보내드리겠습니다.

「사민월령四民月令」 또한 당시의 풍속과 집안 다스림이 정제된 것을 보여주니, 곧 엄격하게 함으로써 태평에 이른다는 뜻을 찾아볼 수 있습니다. 역시 베낀 뒤 돌려보내드리겠습니다. …… 저도 또한 옛날 책을 읽고 있습니다. 다만 단련하기를 더욱 순수하고 익숙하게 하면 또한 자못 실용성이 있으니 오로지 빈말은 아닙니다. 여기서는 『참동계參同契』를 새로 고정考定하였는데, 보내드렸던가요? 아직 없다면 말씀해주시면 이어서 보내드리겠습니다.
……

— 『문집』 권45 「답양자직」 서5

그는 죽기 마지막 며칠 전에도 그대로 부지런히 분발하여서 쉬지 않고 저술을 하였다. 채침은 「몽전기」에서 상세히 서술하였다.

3월 초이틀, 나(채침)의 『서집전』을 보시고 수십 조항과 시사時事를 남김없이 다 설명하셨는데, 정사의 제생이 모두 있었다.

초사흘, 아래층에서 『서전書傳』의 두 문장을 고치시고, 또 『계고록』에 수정을 가하셨다. 이날 밤에 『서』 수십 조항을 설명하셨다.

초나흘, 이날 밤에 『서』에서 「태극도」까지 설명하셨다.

초닷새, 이날 밤에 「서명」을 설명하셨다. 또 학문을 하는 요령을 말씀하셨다.

초엿새, 『대학』「성의 장誠意章」을 고치시고 첨순예詹淳譽에게 베껴 쓰게 한 뒤 또 몇 글자를 고치셨다. 또 『초사』의 한 단락을 고치셨다.

초여드레, 범백숭 염덕范伯崇念德에게 편지를 써서 『예서』의 필사를 부탁하셨다. 또 황직경 간에게 편지를 써서 『예서』의 저본底本을 수합하게 하셨다. 또 경지 재敬之在(주재)에게 편지를 써서 일찌감치 쓰신 글을 수습하라고 하셨다. ……

— 「몽전기」

3월 8일에 그가 황간에게 마지막으로 쏟아내서 보낸 편지 한 통은 전체 도학을 위해 남긴 전도傳道의 유촉遺囑을 방불케 하였는데, 여기서 이 도학당의 우두머리가 죽음에 임하는 일각까지도 여전히 염념불망 '도'를 위해 책을 쓰고 사람들에게 '도'를 부탁한 사실을 볼 수 있다.

모든 일에 더욱 힘쓰기를 바라네. 나의 도를 자네에게 맡기니 이제 여한이 없네. 쇠약한 병이 약간 나은 듯한 기색이 있었는데, 유몽달兪夢達(유문중兪聞中)이 추천한 의사 장씨(張醫)가 와서 요사喁砂와 파두巴豆 등으로 치료하는 바람에 결국 병이 더 크게 악화하였네. 이 이틀간은 병이 더욱 심해서 아마도 장차 더 이상 버티지 못할 것 같네. 태아兌兒(큰아들 야墅)는 또 멀리 천 리 밖에 있으니 모든 일을 분부할 곳이 없어서 극히 심란하네. 그러나 모든 일은 이미 정해져 있으니 다만 편안하게 여길 따름이네. 다른 때 여러 아들과 손자들이 직경直卿(황간)에게 간절하게 가르침을 바라거든 하나하나 정성껏 가르침을 내려 주어서 그들이 문호의 큰 수치가 되지 않도록 해주기를 지극히 빌고 비네. …… 『예서』는 지금 용지用之(유려劉礪)와 이지履之(유지劉砥)가 오지 않아서 일을 마무리 짓지 못하고 있으며, 서로 상의할 사람도 없네. 그들에게 알릴 수 있다면 직경이 있는 곳으로 가게 해서 서로 절충하게 할 수 있을 걸세. 예컨대, 종래의 『상례喪禮』는 상세하고 간략함이 이미 모두 적중하였네. 『신례臣禮』 한 편은 구본과 함께 지금 먼저 문건에 붙여 보내니, 한편으로 정리하고 그 밖의 나머지는 조례를 참고하여 차례로 닦아서 완성하기 바라네. 여러 곳에서 빌려온 것들은 교정도 하고 두 가지 판본을 만들어서 행간이 큰 것과 작은 것을 아울러 함께 부쳐서 보내며, 종이도 각각 1,000매를 보내니 받아 두게.

—『문집』 권29 「여황직경서」

황간은 바깥에서 글을 가르치며 생계를 도모하고 있었기 때문에 주희가 죽기 전에는 달려올 수 없었다. 그러나 주희는 도리어 그를 '도' 전수의 첫째가는 전인傳人으로 선택하였다.

주희는 끝내 공자가 그러했던 것처럼 '내 도가 궁해졌다'거나 '도가 행해지지 않으니 뗏목이라도 타고 바다를 건너고 싶다'는 회한을 품고 세상을 떠나지는 않았다. 그는 당금이 조만간에 풀려서 정도正道가 천하에 크게 행해지고, 그의 저작과 사상이 언젠가는 관방 통치자와 전체 사회의 승인을 받을 날이 있을 것임을 굳게 믿었다.

임종 하루 전, 그는 자리를 지키고 있던 아홉 제자 채침蔡沈·임기손林夔孫·진식陳埴·섭하손葉賀孫(섭미도)·서우徐寓·방백기方伯起·유성도劉成道·조유부趙惟夫·범원유范元裕에게 말하였다. "도리는 다만 그러한 것이다. 단 여러분은 솔선하여서 어렵고 힘들게 공부를 하되, 모름지기 꿋꿋하게 발을 내딛어야 비로소 진보하는 곳이 있을 것이다." 이는 그가 제자들에게 남긴 임종의 유훈이 되고 말았다.

그 스스로는 의구히 도학의 오골傲骨을 보지하였기 때문에, 당시 재상의 세력을 믿고 흉흉한 기염을 무섭게 토하던 건양 현령 장규張揆가 예물을 보내왔을 때 조금도 주저하지 않고 "지현知縣이 한 푼 너그러우면 백성이 한 푼 혜택을 받습니다." 하면서 한마디로 거절하였다.

경원 6년(1200) 3월 초아흐레 오시午時, 도학당의 우두머리 주희는 마침내 당금의 음침하고 차가운 가운데 세상을 떠났다. 그는 죽음에 이르러서도 고금古今을 변통하는 순유醇儒의 신분을 조금도 잊지 않았다. 채침은 그가 병으로 죽기까지의 한 막을 다음과 같이 묘사하였다.

초아흐레 갑자 오경五更에 나(채침)를 누워 계신 실내에 들어오게 하셨다.

선생은 상狀에 앉아 계셨으며 내가 모시고 섰다. 선생이 손으로 내 옷을 당기시고 자리에 앉게 하셨는데, 마치 하고자 하시는 말씀이 있는 듯했으나 한참 동안 말이 없으셨다. 이윽고 의사 제갈덕유諸葛德裕가 와서 말씀을 삼가게 하고, 치명治命을 위해 중당中堂으로 침소를 옮겼다. 평명平明(새벽녘)에 정사의 제생이 다시 와서 문병하였다. 미도味道(섭하손)가 말하기를, "선생님께서 만일 불휘不諱(죽음)하신다면 예수禮數(예법의 등급이나 절차)는 『서의書儀』를 쓰는 것이 어떻겠습니까?" 하니, 선생이 고개를 저으셨다. 익지益之(범원유)가 말하기를, "『의례』를 쓰는 것이 어떻겠습니까?" 하니, 선생이 다시 고개를 저으셨다. 내가 말하기를, "『서의』와 『의례』를 참조하여서 쓰는 것이 어떻겠습니까?" 하니, 선생께서 머리를 끄덕이셨으나 말씀은 하시기가 힘들어 붓으로 써서 보이고자 하는 뜻을 나타내셨다. 좌우에서 수판手版에 종이를 올려 드리니, 선생이 평시와 같이 붓을 잡으셨으나 움직일 힘은 없으셨다. 조금 뒤 붓을 놓고 침상에 기대려 하다가 잘못해서 손이 두건에 닿았다. 나에게 눈짓을 하여서 바로잡게 하셨다. 제생이 물러난 뒤 내가 머리맡에 앉고 익지가 발치에 앉았다. 선생은 위아래를 보셨는데 눈동자가 오히려 형형하였다. 서서히 눈을 떴다 감았다 하시다가 숨결(氣息)이 점차 희미해지면서 떠나가셨다. ……

—「몽전기」

바로 이 무렵 경당京鐺이 좌상에, 사심보謝深甫가 우상에, 하담何澹이 지추밀원사 겸 참지정사에 발탁되었다. 임안의 성안에서는 반도학 당권자들이 대대적으로 벼슬에 제배除拜되어서 기쁨에 휩싸인 가운데, 또 한 차례 '악을 키우고 고치지 않으며 자기 세력에 의지하여서 복종하지 않는 자는 반드시 법에 따라 중하게 처벌한 뒤 먼 황야에 내던지리라' 하고 선포하였다.

사방의 도학 신도들은 11월에 신상信上(광신廣信)에 모여서 주희의 대규모

장례식을 거행하기로 결정했는데, 이는 또 반도학 당권자들을 깜짝 놀라게 하였다. 11월 10일에 정언 시강년施康年이 주소奏疏를 올려, 조정에서 더욱 삼엄하게 방범防範을 가하도록 건의하였다. 그는 잇달아 글을 올리고 허장성세로 위협하며 말하였다.

사방에 있는 위도僞徒가 어느 날 신상에 모여서 위사僞師 주희의 장사를 지내기로 기약하였습니다. 신이 듣기에, 위사가 절동에 가 있으면 절동의 무리가 성하고 호남에 있으면 호남의 무리가 성하였다고 합니다. 매일 밤 삼고三鼓에 한방에 모이면 위사가 높은 자리에 앉아서 입을 열어 이상한 말(異言)을 하며, 혹 서로 문답을 하고, 혹 번갈아가며 묻고 토론을 합니다. 혹 경서를 읊조리는데 마치 도가의 보허步虛의 소리와 같고, 혹 조용히 침묵하며 단정히 앉았는데 마치 불교도(釋氏)가 선정에 든 것과 같은 모습이며, 밤에 들어가서 새벽이 되어야 흩어지는데 또한 마치 간사한 사람이 마귀를 섬기는 가르침과 같습니다. 그 글을 보면 대우對偶가 메말라서 마치 도가의 과의科儀와 같고, 말이 험하고 괴이하여서 또한 마치 석가모니의 어록과 같습니다. 요사한 서적(魔書)의 은밀한 내용을 뒤섞고 요사한 가르침(魔法)의 조화를 내세웁니다. 지금 주희의 몸은 이미 죽었으나 그 무리는 잊지 않고, 살아 있을 때는 그림을 그려서 섬기고 죽어서는 자리를 배설하여서 제사 지내니, 어찌 이런 일이 있습니까? 그러나 모이는 사이에 반드시 좋은 의도가 없으니 세상 사람의 장단점을 함부로 담론하거나, 그렇지 않으면 곧 시정時政의 득실을 잘못 논의합니다. 바라건대 수신守臣을 시켜 단속하소서.
　　　　　　　　　　　　　　　　　　　　　　　　　　　 —『경원당금』

도학 신도들은 이전대로 가까이서는 부음을 듣고 달려가고 멀리서는 신위를 모셔 놓고 곡을 하며 제사하였다.

11월 20일, 채침이 상역喪役을 주관하고 황간이 상례喪禮를 주재하여서 주희를 건양현建陽縣 당석리唐石里 후당後塘 구봉산九峰山 아래 대림곡大林谷에 장사 지냈다. 장례에 참석한 사람은 천여 명에 가까웠다. 섭적은 "문인이 마른 양식을 싸서 상여 줄을 잡고 운구하여, 엿새째에 비로소 이르렀다."(「음양정의 서陰陽精義序」) 하였다.

글을 짓고 곡을 하며 제사를 올림에 가장 진지하고 침통해 한 사람은 도학의 사람들이 아니라 뜻밖에도 대사인大詞人 신기질과 대시인 육유였다.

신기질은 다음과 같이 곡하였다.

썩지 않는 것은 만세에 이름을 드리우나니, 누가 공이 죽었다 하는가?
늠름하여 살아 있는 듯하도다!

所不朽者, 垂萬世名. 孰謂公死, 凜凜猶生!

— 『송사』 권401 「신기질전辛棄疾傳」

육유는 다음과 같이 곡하였다.

아무개는 백 번의 몸을 바쳐 구원九原(저승 세계)의 마음을 일으키고 기나긴 황하를 기울여서 동해에 눈물을 댄다. 인생길은 멀고 나이는 늙어서 정신은 갔으나 형체는 남았도다. 공은 죽었으나 없어지지 않으니 오히려 와서 흠향하시라!

某有捐百身起九原之心, 有傾長河注東海之淚. 路修齒耄, 神往形留. 公歿不亡, 尙其來享!

— 『위남문집』 권41 「제주원회시강문祭朱元晦侍講文」

주회에 대해 말하자면, 이는 충분히 그의 외로운 넋을 구천九泉에서 웃음 짓게 하리라.

朱子評傳

다차원 문화의 시야로 돌아와서

⎮ 다차원 문화의 시야로 돌아와서 ⎮

주희의 일생은 쇠퇴한 봉건사회를 위해 인본주의의 만가(輓歌)를 부른 삶이었다.

주희는 죽었지만 그가 대표하는 이학 문화는 결코 죽지 않았으며, 또한 그가 세운 체계의 큰 건물은 절대로 쥐 죽은 듯이 적막한 낡은 보루(古堡)가 아니었다.

주희가 죽은 뒤에 반도학의 당권자들로부터 장구를 따지는 수구적인 답답한 유생(陋儒), 방랑과 풍류를 일삼는 명사들에 이르기까지 이전 그대로 한껏 도학을 추하게 만들어서 도학가에게 면모가 누추한 역사의 초상을 덧칠하였다. 곧 (그들이 그려낸 도학가는) 헐렁한 옷에 느슨한 띠, 복건(幅巾)에 큰 소맷자락, 온윤한 기운이 얼굴과 등에 흘러넘치는 자태(睟面盎背)를 길러서 마음은 평온하고 기운은 온화하며, 입을 열면 성인의 도통을 말하고 입을 다물면 공맹(孔孟)의 위대한 법도로 말을 맺는다. 혹은 옷깃을 반듯하게 여미고 꿇어앉으며 본성을 말하고 천명을 담론하며, 혹은 머리를 쳐들고 너른 걸음으로 걸으면서 예가 아니면 보지 않고, 혹은 눈썹을 드리우고 눈을 감으며, 마음을 바르게 하고 뜻을 성실하게 하여서 영원히 말과 웃음에 얽매이지 않는다. 등급이 낮은 이들은 썩은 두뇌와 쑥대머리에 꾀죄죄한 얼굴을 하고 생계를 돌보지 않으며 달동네 찌그러진 집에서 멀건 국에 보리밥으로 날을 보내고, 어떤 사람은 몇몇 마을의 아이들을 가르쳐서 입에 풀칠하고 종일 머리를 흔들며 스스로 만족하고, 어떤 사람은 집을 버리고 궁벽한 산의 쓸쓸한 절에서 경전을 읽으면서 제값에 팔리기를 기다리고, 어떤 사람은 현달한 관료와 공경대부의 문하에 청객淸客이 되어서 아양을 떨며 밥을 빌어먹는다. …… '도학'은 허위虛僞·공담空談·우부迂腐(비현실적이고 부패함)·고판古板(완고하고 고루함, 진부하고 융통성이 없음)·교식矯飾(외모를 인위적으로 꾸밈)·명완冥頑(현실에 어둡고 완고함)·고집固執·괴려乖戾(성격·언어·행동이 도리에 맞지 않고 비뚤어짐)의 대명사가 되었던 것이다.

그러나 사리 분별에 어두운 당권 통치자들도 당쟁의 살육이 전개되는 동안 재빨리 정신을 차려서 주희의 저작과 학설 가운데 그들이 몽매에도 추구하던 초역사적인 특수한 가치가 있음을 발견하였다. 주희가 죽고 나서 거의 얼마 되지 않아 한탁주韓侂冑가 지위를 잃고 명예가 땅에 떨어지면서 당금도 느슨해짐에 따라 그들은 주희 우상화의 신격화 운동을 일으켰다. 그리하여 대대로 통치자들은 자기의 처지와 수요에 맞춰 끊임없이 주희에게 '성인'의 형상을 빚어내고 덧칠하였는데, 갈수록 격상된 이 신격화 운동은 일곱 세기에 걸쳐서 면면히 이어졌다.

- 가정嘉定 2년(1209) 주희에게 '문文'이라는 시호를 하사하였는데, 이로부터 '주 문공朱文公'으로 높임을 받았다.
- 가정 5년(1212) 주희의 『사서집주』가 국학國學에 배열되었다.
- 보경寶慶 3년(1227) 주희가 태사太師에 증직되고 신국공信國公에 추봉追封되었으며, 소정紹定 3년(1230)에 휘국공徽國公으로 개봉改封되었다.
- 순우淳祐 원년(1241) 이종理宗이 학궁學宮에 조서를 내려서 주희를 묘당廟堂에 종사함으로써 주희는 주돈이周敦頤·장재張載·정호程顥·정이程頤와 함께 나란히 배열된 다섯 도통 성인의 지위를 획득하였다.
- 함순咸淳 5년(1269) 도종度宗이 조서를 내려서 무원婺源 주씨 고거故居를 '문

공궐리文公闕里'로 명명함으로써 공자의 궐리와 함께 나란히 둘이 되었다.

● **지원**至元 **원년(1335)** 혜종惠宗이 조서를 내려서 주희의 문묘文廟를 세우게 하고, 이듬해 제국공齊國公으로 개봉하였다. 이로부터 주희도 공자와 마찬 가지로 통치자의 제사와 경배를 받았다.

● **영락**永樂 **13년(1415)** 명 성조明成祖가 '어서御序'를 쓴 『사서오경대전四書五經 大全』이 천하에 반포되고, 명조 200년 동안 선비를 선발하는 표준으로 높 임을 받았다.

● **경태**景泰 **6년(1455)** 건안에 있는 주희의 후예에게 한림원 오경박사를 세 습하도록 조서를 내렸고, 가정嘉靖 2년(1523)에 또다시 무원에 있는 주희의 후예에게 한림원 오경박사를 세습하도록 조서를 내렸다. 두 지역의 세습 은 청 말까지 줄곧 이어졌다. 동시에 주희를 제사하는 제도를 시행하여서 공자를 제사하는 것과 똑같이 해마다 봄가을로 두 차례 제사하였다.

● **강희**康熙 **51년(1712)** '50년 글을 읽었지만 다만 주자가 일생 한 일이 무슨 일이었는지만 알 뿐'이라고 한 강희康熙 황제가 조서를 내려서 주희를 공묘 孔廟 '십철十哲'의 반열에 배사配祀하도록 승격하고, 주희의 위패를 공묘 동 랑東廊에서 대성전大成殿 안으로 들였다. 이어서 강희는 이광지李光地 등에게 명하여 『주자전서朱子全書』, 『성리정의性理精義』를 편집한 뒤 전국에 반포하 게 하였다. 강희는 친히 서문을 써서 "집대성하여 천백 년 동안 전승이 끊 어졌던 학문을 잇고, 어리석고 몽매한 사람을 열어주어서 억만세 일정한 규범을 세웠다.(集大成而緒千百年絕傳之學, 開遇蒙而立億萬世一定之規)"라며 주희를 칭송하였다. ……

봉건 제왕의 창도 아래 주희는 만세의 성인이 되었다. 그리고 권력의 지 렛대에 힘입은 장엄하고 휘황찬란한 주희의 신격화 운동이 완성되었다. 주정매朱廷梅라는 이는 「중수문공묘기건위재사기重修文公廟暨建韋齋祠記」에서 다음과 같은 사실을 말하였다. "백세百世 아래에 살면서 백세 이상의 대도大道로 하여 금 해와 달처럼 빛나고 장강과 황하처럼 도도하게 흐르게 한 이로 주자가 아니면 누구에게 귀결될까! 그러므로 주자라는 이는 공자와 맹자 뒤로 한 사람이라 하는 것이다. 주자의 도는 이미 위로 공자와 맹자를 접하고, 아래로 주자周子와 정자程子를 뛰어넘었으니, 주자는 천하의 주자이며 만세의 주자이다."(「무원현지婺源縣志」) 이러한 신격화 운동의 여파는 계속 끓어오르면서 근대, 현대로 이어졌다. ……

다차원 문화의 시야에서 주희는 이렇게 사라졌고 만세 성인이라는 조리개 가운데에 갇혔다. 그들이 내세운 것은 결코 역사상 생생하게 살아 있는 진실한 주희가 아니라, 그들이 스스로 만들어낸 주희의 우상에 지나지 않았다. 그 결과 지난 천년 동안 사람들은 더욱 이 성인이라는 우상으로 주희를 인식하는 데 익숙해졌으며, 심지어 민주와 과학을 표방하는 근대 신문화가 맹렬한 공격을 한 것도 대부분 이 성인이라는 우상이었지, 주희라는 인물 그 자체는 아니었다. 따라서 그들이 주희에 대해 큰소리로 호되게 비판한 이래 근대 역사 발전 가운데 죽어버린 주희는 결국 구세주가 되었으며, 이러저러한 사람들이 기대하고 불러내고 열망하는 대상이 되었으나, 갖가지 새로운 양태의 비판적 무기로 가해진 비판은 필연적으로 주희를 '성인'으로 만들어서는 군사를 일으켜 죄를 묻는 범위에서 벗어날 수 없도록 결정하였다.

나선형으로 발전한 인류 인식의 곡선 상에 있는 자잘한 통치자들은 결국은 어리석고 완고하게도 이 '곡선'의 어떤 파편(斷片), 부스러기, 작은 단락, 심지어 한 점(端點)을 완정하고 독립적인 '직선'으로 바꾸었다. 그들에게서 주희의 합리적 사상은 황당무계한 극단으로 발휘되거나, 그렇지 않으면 그들의 실용적인 목적에 의해 반대 방향으로 끌려갔다.

진정으로 주희를 '성인'에서 '인간'으로 환원하고, '직선'에서 '곡선'으로 회복시켜야 한다. 말하자면 그를 다차원 문화의 시야로 거듭 돌아오게 해야 한다.

우리는 주희의 영혼에 대해 한 차례 다차원 문화의 시야에서 느긋하게 거닐었다. 비록 이렇게 느긋하게 걷는 방식이 여전히 칠보七寶의 누대를 해체하여서 파편을 만들지 못하는 결점이 있다고 하더라도 이미 다차원의 입체적 교차 연구 가운데의 주희와 단선적 연구 가운데의 성인 사이의 거대한 차이가 충분히 드러났다. 그뿐만 아니라 전통문화의 비판적 계승자들에 의해 줄곧 '반동 성인'으로 배척받은 주희, 당대 전통문화 연구의 시야에서 소실된 주희가 원래는 도리어 바로 전통문화의 최대 대표임이 드러났다. 근원이 멀고 흐름이 길고 긴 중국 문화라는 도도한 강의 큰 물결 가운데 무이와 주희는 바로 태산과 공자와 같으며, (주희와 공자는) 용솟음치며 휘돌아 솟은 커다란 두 봉우리이다. 주희가 역사에서 쌓은 공적은 한 차례 문화적 초월을 완성하고 전체 민족으로 하여금 한 차례 이성의 문화적 초월을 완성한 것에 지나지 않으나, 몇 세기 동안 이어진 기나긴 발전 가운데 그의 문화 사상의 기층은 민족의 심층심리의 구조가 되었고, 민족의 사유 모형, 심리적 관습, 성격적 기질, 생활방식에 부지불식간에 스며들어서 영향을 미쳤다.

그러나 동시에 주희는 또한 전통문화의 전체 내재적 모순을 이어받았고, 그가 세운 새로운 이학 문화 체계에는 마찬가지로 역사의 내재적 위기가 잠복해 있었다. 공자가 세운 인학仁學은 선천적으로 두 가지 심각한 내재적 모순을 포함하고 있다. 곧 사람의 공동체의 가치를 강조하면서 사람의 개성의 가치는 소홀히 여겼는데, 이는 결정적으로 유가 문화가 '민주' 정신을 잉태하지 못하게 하였다. 또 사람의 윤리적 가치를 강조하면서 사람의 인지認知의 가치는 소홀히 여겼는데, 이는 또한 결정적으로 유가 문화에 선천적으로 '과학' 정신이 결핍되게 만들었다. 주희는 공자의 이러한 인학을 발전시켜서 인본주의 문화 체계를 세웠고 동시에 이 두 가지 선천적 결함을 이어받았으니, 그는 범도덕주의적 인본주의 체계를 곧 다음과 같은 다섯 가지 박약한 문화의 모래밭 위에 세우지 않을 수 없었다.

수양修養을 본위로 하며 인지를 본위로 삼지 않는다. 주희에게 도덕은 지상至上의 것일 뿐만 아니라 모든 것이 결부되었다. 따라서 그에게는 덕德으로 지知를 대체하는 거대한 위험이 잠복하고 있으므로, 비록 그가 경지쌍수敬知雙修를 말하고 격물궁리格物窮理를 강조하였으나 마지막에 가서는 역시 도덕으로써 인식을 대체하고, 수양 과정으로써 인지 과정을, 윤리적 가치판단으로써 인식적 가치판단을, 선善으로써 진리(眞)를 대체하는 쪽으로 인도하였다. 도덕의 절대화는 주희와 함께 인성 복귀라는 선량한 원망의 반면反面으로 향하였던 것이다.

사회를 본위로 하며 개인을 본위로 삼지 않는다. 주희의 문화 체계는 사람을 근본으로 삼고 사람의 문제 해결을 전체 사회문제 해결의 중심으로 삼는다. 그러나 이것은 사람에 대해 기본적으로 사회에 대한 개인의 절대복종과 공동체를 위한 개성의 희생을 요구한다. 개인은 사회에 대해 다만 의무만 가질 뿐이며 사회는 개인에 대해 권리를 부여하지 않는다. 주희도 비록 개인이 사회에서 억압을 받고, 비틀리고, 소외되는 것을 보았지만 그가 요구하는 인성의 복귀는 순수 도덕명제이며 결코 사회적 실천의 의의와 개성의 자유와 민주 평등을 요구하는 내용을 지니고 있지는 않다.

정치를 본위로 하며 경제를 본위로 삼지 않는다. 주희의 경제 중시는 필경 정치의 중시에 미치지 못하였다. 그의 눈에 도덕은 곧 정치였으며 도덕적 지조와 정치적 기절氣節은 동일한 것이었다. 허약한 국가와 빈궁한 인민을 구제하는 근본 경로는 물질과 경제 생산의 발전이 아니라 제왕의 한마음을 바

로잡는 것이며, 정치의 핵심 문제는 바로 군주를 바로잡는 것이었다. 주희의
이러한 정치관은 비록 제왕을 비판하는 의의를 지니고 있지만, 정치를 전체
사회생활의 축심軸心으로 삼는다는 점에서 권세욕과 권력의지, 엽관獵官의 심
리가 충만하고 대대적으로 정치투쟁을 크게 일으키는 데 열중하고 경제 생
산의 발전에 무관심한 통치자들과 길은 달라도 귀결은 같았다.

　가치를 본위로 하며 진리를 본위로 삼지 않는다. 진리와 가치는 본체(體)
와 작용(用)의 관계이다. 중국 봉건사회의 전통적 문화가치관은 줄곧 가치를
진리보다 높이 여겨왔는데, 그들은 더욱 진리의 가치, 진리의 공용功用을 중
시하였고, 심지어 '진리'라는 물건은 참으로 진리가 아니라면 추구할 필요가
없는 것으로 여겼다. 그것은 천연적으로 검증할 필요가 없는 공리를 방불케
하였다. 유가의 '경經'이 위대한 것은 가치를 지니고 있다는 점에 있으며, 그
것이 진리이기 때문은 아니었다. 따라서 '경'은 진리를 대체하였고 '경'이 곧
진리였다. 주희는 이러한 실용을 중시하는 가치본위관을 극도로 발전시켰다.
그는 비록 진리에 대하여 중도에 포기하지 않고 끝까지 추구하는 간고한 탐
색 정신을 결여하지는 않았지만 끝내 자기의 가치판단으로 진리를 대체하였
다. 사서오경에 대하여 그는 일생 부지런히 탐구하여 전통적인 경 해석 체계
를 벗어난 새로운 학설을 제시함으로써 스스로 진리에 복종하는 진실 추구
의 정신을 드러냈다. 그러나 그가 이와 같이 한 것은 또한 공교롭게도 사서
오경을 '경'으로 삼기 위하여 가치와 공용을 지고무상하고 더할 나위 없는 정
도로 높이는 것이었다.

　천인天人 관계를 본위로 하며 주객主客 관계를 본위로 삼지 않는다. 천인
관계는 중국 전통문화의 관심과 탐구의 제일가는 문제이다. 이는 천인감응
天人感應, 천인합일天人合一, 아도합일我道合一 등 중대한 철학 명제의 탐구 토론
으로 변화 발전하였고, 주객 관계의 문제는 부차적인 지위로 물러났다. 주

객 관계를 본위로 하는 것은 객체를 일종의 변증법적 대립으로 파악하는 것으로서 논리적 사유와 실증적 이성을 특징으로 하며, 과학으로부터 철학으로 상승하는 것이다. 천인 관계를 본위로 하는 것은 천도天道를 일종의 유기적 전체로 파악하는 것으로서 직각체오直覺體悟와 이미지를 중심으로 한 사유를 특징으로 하며, 철학으로부터 과학을 이끌어내는 것이므로 과학은 처음부터 끝까지 철학에서 벗어나 독립할 수 없다. 주희의 이학 문화 체계는 바로 천인 관계를 본위로 하여 건조된 것으로서, 그 최고 범주인 '이理'·'도道'는 바로 '하늘(天)'(*천리, 천도)이며 '사람(人)'은 '하늘(天)'에 굴종하는 것이 그의 인본주의의 마지막 귀착점이었다. 이러한 천인 관계를 본위로 하는 이학 문화는 나중에 주객 관계를 본위로 하는 근대 문화로 직접 전화轉化하지 못하는 역사적 운명을 결정하였다.

그러나 주희가 구축한 방대한 인본주의 인간학(人學) 체계는 도리어 동방적 문화 정신과 전통을 심층적으로 대표한다. 근대에서 현대로 지나오면서 수많은 비바람을 거친 뒤 이 인본주의의 '낡은 보루'는 비록 이미 기울어졌지만 아주 쓰러지지는 않았다. 역사는 아직 주희가 대표하는 문화 전통에 마침표를 찍는 시간에는 이르지 않았던 것이다. ……

거대한 낡은 보루가 동방 문화의 대막大漠 위에 우뚝 솟아 있다. 그것은 여러 세기 동안 제왕들이 채색을 입히고 금을 아로새겨 넣었으며 옻칠을 하고 도금을 하여서 휘황찬란하게 구름 끝에 치솟게 하였다. 그리하여 서방 문화의 태풍 같은 충격과 현대 정치의 폭풍 같은 타격을 겪으면서 탄흔이 벌집처럼 남아 흔들흔들하며 금방이라도 쓰러질 듯하면서도 동방 문화의 대막 위에 우뚝 솟아 있다.

거대한 낡은 보루가 민족 심리 의식의 심층에 잠재하여서 우뚝 솟아 있다. 그것은 일종의 불가항력적인 정신의 응집력으로써 염황炎黃(신농씨와 황제)

의 자손이며 용龍의 계승자들을 몰아가서 자각적으로 문화적 동일시를 진행하게끔 하였다. 지금까지 그것은 나라의 영혼을 은밀하게 단련하고 인민의 마음을 물들여서 사람들의 현실적 자아로 하여금 전통 가운데 발버둥 치며 버티게 하고 또한 전통 가운데 현실적 자아를 실현하게 하였다.

거대한 낡은 보루 ─ 이는 바로 주희 이학의 낡은 보루이며, 인본주의 인간학의 낡은 보루이다. 이것은 천년 동안 잘라내지 못하고 벗어나지 못한 문화 전통을 대표하며, 공자의 '인仁'의 성전聖殿에서 발원하여 길이 이어져왔다. 또한 줄곧 뻗어 내려서 우리 현대인의 의식에 들어와 민족의 심리적 구조와 사유 모식 가운데 융화하였다.

주희의 인본주의 이학이 체현한 가장 근본적인 문화 정신은 바로 윤리이성이며, 그의 이학은 바로 유가 윤리이성의 정신이 침투한 인간학이다. 이학 문화는 윤리이성을 본위로 하며, 과학이성을 본위로 하는 정태적靜態的 문화의 계통이 아니다. 그것은 결국 윤리이성이 지닌 역량의 도움을 빌려서 자기의 초온정적超穩定的 관성적 문화가치의 구조를 조성하였다. 윤리이성은 도덕적 민족, 예의 바른 나라를 이루어냈고, 견인불발堅忍不拔의 정신적 응집력을 이루어서 중화 민족의 수천 년 생존과 발전을 유지하였고, 찬란한 중화 문명이 수천 년 끊임없이 이어지도록 유지하였다.

그러나 비판적 이성도 반드시 자아의 비판을 진행해야만 비로소 끊임없이 초월하고 영원히 고갈하지 않는 생명을 지닐 수 있다. 유가 윤리이성도 용기 있게 이성적 비판과 개조를 진행해야만 전통문화가 비로소 새로운 삶을 얻을 수 있는 것이다. 주희는 유가 윤리이성의 역사적 상징이었다. 그는 다행히 전통문화 및 그 윤리이성의 전체 우수한 정화를 한 몸에 집중할 수 있었지만, 불행하게도 또한 전통문화 및 그 윤리이성의 전체 내재적 모순이 그의 한 몸에 집중되었다. 이 때문에 후세 사람으로서, 그가 남긴 거대한 문화유산을 계승하는 가운데 응당 기대할 수 있는 것은 유가 문화에 대한 역사의 초월이지 유가 문화에 대한 미래의 부흥이 아니다.

주희의 현대적 의의는 바로 전통문화의 역사적 거울로서 동과 서의 문화가 부딪치고 교류하는 거대한 조류 앞에 놓인 현대인들로 하여금 세계화의 다원적 이성과 다차원 문화의 시야에 몸을 두고서 심각한 문화적 반성을 진행함으로써 전체 인류와 인류 문명의 진보를 추동하게끔 하는 것이다.

朱子評傳

부록 1

후기 後記

   이 전기체 문화 연구 저작은 미완성의 중국 근대 역사가 남긴 유언을 현대적으로 완성한 것이다. 그러나 그것은 요원한 시대의 메아리가 아니라 전통문화의 현대화에 대한 이성적 반성이다. 과학이, 해박하고 세밀한 이학 사상으로 전체 봉건사회 후기를 지배하고 뒤덮었던 주희라는 봉건 문화의 '성인'을 총괄하고 깨끗이 정리하였다. 이는 본래 근대 중국의 자산계급 사상가들이 으레 어깨에 짊어진 문화 비판의 임무였다. 그러나 바로 그들의 빈곤한 정치혁명과 마찬가지로 그들은 제때에 맞게 문화 비판의 임무를 완성하지도 못한 채 황급히 역사 무대에서 물러났다. '이성의 왕국'을 불러오기 위해 『예수전』을 써낸 서방 자산계급 사상가 선후배들에 견주어서 느릿느릿 나타난 동방 자산계급 사상가들의 문화 비판은 특히 창백하고 무력한 모습을 드러냈으며, 대부분 공허한 외침과 급진적인 함성을 내질렀을 뿐 그럴듯한 『공자전孔子傳』이나 『주자전朱子傳』 한 권 써내지 못하였다.

   이로부터 중국 역사의 비장하고 평탄하지 않은 진행 과정은 거의 선혈이 뚝뚝 듣는 투쟁의 현실에서 벗어난 문화 비판을 무대 뒤로 내던져버렸다. 지나치게 비현실적이고 공허한 사색을 하는 철인哲人과 서재書齋의 혁명가들이 담당하는 이런 일은 일찌감치 지난 세기에 이미 해결이 된 것처럼 보인다. 바람이 불고 구름이 일듯 변화막측한 현대를 지나가면서 20세기 말로 달려가는 오늘날에 이르러서야, 우리는 원래 결코 주희가 대표하는 문화 전통의 울타리에서 벗어난 적이 없었음을 발견한 뒤 전통문화를 새롭게 인식해야 한다는 사실을 의식하고서 주희에 대한 연구의 걸음을 떼기 시작하였다.

주희 연구는, 우리 시대에서 말하자면, 결코 바싹 말라비틀어지고 이를 시리게 하는, 이미 완전히 생명력을 잃어버린 문화라는 '떫은 열매(澀果)'를 깨무는 것이 아니다. 그러나 근대가 남겨 놓은 '유언'을 내가 완성한다는 일이 참으로 자기의 역량을 정확하게 헤아리지 못한 것임을 스스로 알고 있다. 주희의 정신적 역정에 대한 탐색은 결코 정신의 왕국을 가볍게 한 차례 유람하는 일이 아니다.

7년 전에 나는 푸단대학復旦大學에서 대학원생으로서 연구를 하고 있었다. 내 지도교수 장톈수蔣天樞 선생은 저명한 문학·역사학자로서 왕궈웨이王國維와 천인커陳寅恪의 고제였다. 나는 그분에게서 고문자古文字를 배우고, 갑골문과 금문金文을 연구하였으며, 『설문해자說文解字』와 사사四史(『사기』·『한서』·『후한서』·『삼국지』)를 고생스럽게 읽었다. 그는 내게 박학樸學의 학문 정신과 방법을 가르쳐주셨다. 그는 늘 말씀하시기를, 학문을 하려면 좌정관천坐井觀天, 수주대토守株待兎 해서는 안 되며, 한평생 조그마한 밭에서 밭을 갈듯이 마땅히 끊임없이 파헤쳐서 문사철文史哲을 관통해야 한다고 하셨다.

졸업하던 날 선생은 나에게 선진先秦에서 근대에 이르기까지 진귀한 고적古籍 열 종을 선물로 주셨다. 선생의 깊은 뜻은 내가 장래에 늘 선진과 양한兩漢의 작은 울타리 안에 머문 채로 학문을 하지 말고 근대까지 관통하기를 바라신 것이다. 여기서 나는 나중에 고전문학 연구에서 이학 문화 탐구로 전향하게 된 맨 처음 동인을 깊이 간직하게 되었다.

그 뒤 1987년까지 나는 주희 연구에 매달렸다. 매일 오전과 오후 네 시간을 집에서 학교 도서관까지 걸어서 오가며 자료를 열람하고 산더미같이 쌓인 먼지투성이 선장본線裝本 서적을 뒤적여 보느라 손가락이 까맣게 물들었다. 그때 내 딸이 태어난 지 얼마 되지 않았고 온 식구는 한 칸짜리 10평방미터의 허물어지고 낡은 집에 쑤셔 박혀 살았는데, 잡동사니 물건과 낡은 서적이 포위하고 있는 상태라 사람을 질식하게 할 만큼 답답하였다. 나는 딸아이에게 작은 놀이터 공간이나마 확보해주려고 부득불 늘 서서 글을 썼다.(•나는, 삶을 간요하게 서술하고자 서서 소설을 쓴 헤밍웨이를 자못 선망하였다) 이 책은 바로 이와 같은 '십방입서헌+方立書軒'에서 대부분 써냈다. 내가 60만 자로 써낸 또 다른 책 『주희일문집고朱熹佚文輯考』도 이런 상황에서 1985년에 써낸 것이다. 이는 내가 『주자대전朱子大傳』(이하 『주자평전』)을 쓰기 위한 준비 가운데 하나였다.

사실 내가 주희를 연구하게 된 맨 처음 동기는 중국 문화의 위인을 위해 어엿한 전기 한 권을 써야겠다고 생각한 데 지나지 않는다. 대학 시절에 톨스토이·발자크·나폴레옹·헤겔의 전기를 읽고서 괴이하다는 생각이 들었다. 중국에는 세계의 앞줄에 당당히 나설 수 있는, 별처럼 빛나는 수많은 문화적 위인이 있건만, 왜 끝내 여러 권으로 된 전기를 써내지 못하는가? 이미 고인이 된 경학가 저우위퉁周予同은 1962년에 감탄하기를, "공자의 전기는 당장 시급하게 필요한 전문 저서인데도 없다. …… 유럽 자본주의사회는 『예수전』 몇 종을 써내서 반봉건의 유력한 무기로 삼았는데 우리 사회주의사회는 공자의 전기를 써서 이 장기간 이어진 봉건사회를 청산해야 하지 않겠는가?"[1] 하였다. 미국 컬럼비아대학의 찬윙칫陳榮捷(Wing-tsit Chan) 선생은 1976년에 절절히 호소하였다. "우리는 일찌감치, 주희의 일생에 대해 기타 방면에서 유사한 연구를 진행함으로써 머지않아 종합적인 주희의 전기가 출판되기를 기대하고 있다."[2]

---

1 周予同,「有關討論孔子的幾點意見」,『學術月刊』, 1962年 7期.

2 陳榮捷,「西方對朱熹的研究」, 美國『亞洲研究雜誌』, 1976年 8號.

역사는, 이미 중국에서 선천적으로 부족한 자산계급이 어엿한 『공자전』과 『주희전』을 써낼 수는 없다고 줄곧 미리 단정하였으니, 주희의 전기를 쓰는 일이 어찌 쉽다고 하겠는가! 봉건 역사가와 자산계급 문화 비평가가 남겨 놓은 것은 산적해 있는 공허한 찬송과 비판의 문자였고, 문화적 전기를 쓰기 위해 후세 사람에게 제공된 재료는 뜻밖에도 가련할 만큼 적었다. 곧, 주희의 『문집』은 오늘에 이르도록 아직 신뢰할 만한 교감校勘으로 정리된 것이 나오지 않았고, 산일된 그의 대량의 시문詩文은 지금까지도 전면적인 수집과 고정考定이 이루어지지 않았으며, 경사자집經史子集, 지방지(方志)와 금석金石, 도서圖書와 법첩法帖, 제각題刻과 비명碑銘, 불경과 도장道藏에 흩어져 있는 주희와 관련된 대량의 재료는 여전히 체계적인 수집과 편집이 진행되지 않았다. 그의 대량의 시문, 제발題跋, 서찰, 저술의 저작 연대 및 관련 사실史實은 여태껏 막연한 채 밝혀지지 않았으며, 그의 평생 교유 및 도학의 성격과 문화적 심리 상태를 가장 생동감 있게 반영하는 시와 사 10권 1,000여 수는 지금까지도 거의 개간하지 않은 황무지로 남아 있다.

사람들은 주희에 대해 기세등등하게 추상적 이론을 세우는 데 만족하고, 주희의 평생 사적事迹, 교유, 출사出仕, 사상의 변화 발전과 학술 활동에 관해서는 듬성듬성 커다란 공백을 남겨 놓았으며, 다만 청 대 사람 백전白田 왕무횡王懋竑의 간략한 『주자연보朱子年譜』에 거의 의존할 뿐이다. 그러므로 내가 주희의 전기를 쓰는 일에 착수하려고 했을 때 그 재료를 준비하는 노력이 대전大傳을 실제 쓰는 일 그 자체보다 훨씬 더 많이 들었다. 나는 부득이 우선 몇 년의 시간을 들여서 집일輯佚과 편년編年이라는 두 가지 대단히 힘들고 어려운 공정을 완성하였는데, 주희의 문집 가운데 시문과 서찰, 수집한 일문 전부를 일일이 연도를 비정하면서 연관된 사실史實을 탐구하고 밝혀내어 『주희연보장편朱熹年譜長篇』을 써냈다. 그런 뒤 비로소 붓을 들어서 전기를 썼다.

비록 이와 같은 과정을 거쳐서 전기를 썼다 하더라도 여태까지 주희 연구에는 온갖 설이 분분했던 까닭에 하나로 절충할 수 없었다. 그 때문에 나는 정식으로 글을 쓰는 가운데 대량의 주문注文을 붙여서 고증과 변증을 진행하고, 잘못된 설을 바로잡으면서 이에 대한 근거를 제시해야 했다. 기이한 내용을 내세우지도 않고 낡은 설을 답습하지도 않았다. 일체 이론상의 돌파는 모두 반드시 사실을 명료하게 하는 것을 출발점으로 하였다. 내 책에서 주문과 고증, 변증을 통해 새롭게 발견한 내용을 볼 수 있을 터인데, 그것들은 전체 본문의 거시적 서술을 위한 기초가 되었다.

위인은 모두 세계에 속한다. 토머스 칼라일Thomas Carlyle은 "세계 역사는 위인의 전기에 지나지 않는다."[3]는 명언을 남겼다. 그러나 그는 말을 뒤바꿔서 위인은 다만 세계 역사의 전기에 지나지 않는다고 해야 할 터이다. 위인의 일생은 세계사의 거울이다. 위인도 일정한 문화 전통에서 살아갔다. 융 Jung, Carl Gustav은 『심리학과 문학』에서 깜짝 놀랄 만한 말을 하였다. "괴테가 『파우스트』를 창작한 것이 아니라 『파우스트』가 괴테를 창작하였다." 괴테는 독일 국민의 영혼에 이미 존재하고 있던 것을 발굴하여서 표현해낸 데 지나지 않는다. 나 또한 이렇게 말할 수 있겠다. 주희가 도학을 창조한 것이 아니라 도학이 주희를 창조했다고.

유가 문화의 전통은 주희의 특수한 도학문화의 인격과 심리 구조를 주조하였고, 따라서 주희의 전기는 전통문화의 심리 상태에 대한 역사이다. 주희는 전통문화의 역사적 거울에 지나지 않는다. 그러나 그 거울은 천년 동안 마술사의 손안에 있는 환영 렌즈로 변해 있었기에, 사람들은 그 렌즈 속에서 서로 다른 주희를 비추어 보았다. 제왕이 본 것은 광배가 드리운 성인이었고,

---

3 『영웅숭배론(*On Heroes and Hero-Worship and the Heroic in History*)』

재자광생才子狂生이 본 것은 가짜 군자(僞君子)였으며, 외국 문물을 숭배하는 선비가 본 것은 금욕주의 교주였고, 급진 혁명가가 본 것은 공가점孔家店의 부사장이었으며, 좌파 철인이 본 것은 유심주의의 파편을 흩뿌리는 도학 사기꾼이었다. ── 사실 그들이 거울로 비추어 본 것은 (그들) 자아의 그림자일 뿐이었다.

나는 이 책에서 진실하고 피와 살이 있는 주희를 힘껏 그려냈고, 이 역사의 거울을 통해 전통문화를 인식하였다. 세계를 향해 개방된 시대에 우리도 당장 '세계적 안목'으로 인류 문화를 보아야 하며, 우리 민족의 전통문화를 세계의 다원 문화라는 참조 프레임에 두고 더욱 자세히 살펴보면서 전통문화를 비판하고 계승하며, 세계 문화를 비판하고 흡수함으로써 우리의 현대 신문화를 발전시켜야 한다. 내가 쓴 이 책은 찬윙칫 선생이 말한 '종합적인 주희의 전기'이며, 또한 어느 정도는 '백과전서' 식의 한 시대 문화사와 같다. 만일 그것이 세계를 향한 중국 전통문화를 이해하는 데 역사적 '창구'가 될 수 있다고 한다면 나는 목적을 달성한 셈이다.

요컨대, 우리 중국 사람들이 걸핏하면 스스로 우리의 문화적 위인과 문화 전통을 꾸짖는 시대가 빨리 끝나야 한다는 것이다. 사람들은 평소 경박하게도 주희를 서방의 헤겔에 즐겨 견주지만, 뒤라서 마르크스가 헤겔을 대한 것과 마찬가지로 주희를 대할 수 있겠으며, 또한 레닌이 말한 것처럼 '헤겔(•독일 고전철학)'을 마르크스주의의 3대 사상적 연원 가운데 하나로 선포할 수 있겠는가? 현실의 사람에 대해 말하자면 '전통'은 거대하고 개방된 역사적 '텍스트'이며, 가다머Gadamer, Hans-Georg의 『진리와 방법』의 논조에 따르면 역사적 존재의 본질은 "우리는 전통 가운데 몸을 두고 있으며, 전통을 이해하는 가운데 자기를 발견한다."는 것이다. 우리는 '주희'라는 이 이학 문화의 '텍스트'로부터 한 걸음 더 나아가 우리의 전통을 이해하고 자아를 발견할 수 있는가?

장다이녠張岱年 선생과 찬윙칫 선생은 아주 바쁜 와중에도 이 책을 위해 서문을 써주었으며 열정적으로 긍정하고 격려하였다. 사실 나는 찬윙칫 선생의 뜨겁고 절절한 호소에 자극을 받아 비로소 용기를 내서 이 책을 쓰게 되었다. 한국 신안주씨종친회新安朱氏宗親會 회장 주창균朱昌均 선생께서는 책을 낼 수 있도록 물질적 도움을 주셨다. 감사드린다. 무이산武夷山 주희연구센터朱熹硏究中心 책임자이며 『민학연구총서閩學硏究叢書』 주편主編인 양칭楊靑 선생은 이 책의 수정에서 출판에 이르기까지 수많은 심혈을 쏟으셨다. 양칭 선생은 이학과 민학閩學, 주자학을 자세히 연구하였고, 1990년 주자 탄신 860주년 기념 국제학술회의에서 이 책의 원고를 읽고 충분히 긍정해주었다. 그 뒤로도 여러 차례 만나 토론하면서 책의 구조와 관점에서부터 사실史實에 관한 문제에 이르기까지 구체적인 수정 의견을 제시하였고, 또 아주 빨리 출판사와 연결되도록 도와주었다.

이 책의 저술에는 문화 교육계와 출판계의 열성 있는 사람의 도움을 받았다. 푸단대학復旦大學 중문학과 천상쥔陳尙君 선생, 난카이대학南開大學 고적정리연구소古籍整理硏究所 자오융지趙永紀 선생, 난징南京 도서관 고적부 천정陳政 선생, 쑤저우대학蘇州大學 도서관 직원, 타이닝 현泰寧縣 도서관 직원, 그리고 알지도 못하고 이름도 모르는 수많은 벗들, 그들의 열정적 관심과 도움을 나는 영원히 새겨서 잊지 않을 것이다. 특히 푸젠福建 교육출판사 천젠차이陳建才 사장과 췌궈치우闕國虬 부편집장(副總編)은 이 책의 출판을 위해 많은 일을 했는데, 정확하고 더욱 정확하게 하여서 이 책이 높은 품질로 출판되도록 보증하였다.

나는 늘 전통문화를 크게 떨치는 일은 엄숙하고 어렵고 힘든 일인지라 헌신적인 정신을 가져야만 한다고 생각한다. 현재 주자학 연구는 이미 국제적인 현상으로서 동서 문화 연구의 뜨거운 문제가 되었으며, 수많은 일이 우리로 하여금 현지답사를 하도록 요구하고 있다. 옛사람이 말하기를, 시인은 곤궁에 처해야 더욱 훌륭한 작품이 나온다고 했는데(詩窮而後工), 오늘날 사람은 말하기를, 책을 쓰려면 적막함을 견뎌야 한다고 한다. 오늘날 돈이 단숨에 사람들에게 중시되고 도덕은 도리어 암담하게 모습을 잃어버린 개방의 시대에, 아마도 차디찬 걸상에 앉아 글을 쓴다는 것은 결코 돈 많은 한가한 사람이 기꺼이 할 수 있는 일은 아닐 터이다. 이 때문에 오늘날 어떤 사람이 만일 학문 연구를 통해 전통문화를 크게 떨치는 글을 써보려고 생각한다면 적막함을 견뎌야만 해낼 수 있다. 곤궁을 견뎌내는 것은 어려운 일이다. 무릇 사람이란 반드시 먼저 밥을 배불리 먹어야만 비로소 글을 쓸 생각이 나기 때문이다. 시인은 곤궁에 처해야 더욱 훌륭한 작품이 나온다고 한 옛사람의 말은 아마도 오늘날 글을 쓰는 사람의 신조가 되기에는 매우 어려울 터이다.

나는 줄곧 도학가들에 대해 글을 썼기 때문에 대체로 도학의 진부하고 비현실적인 먹물 근성(酸氣)에 물들었을 터이지만, 지금 창차오빈倉橋濱의 일찌감치 없어진 '십방입서헌'(*그곳에는 곤고한 생활 가운데 나의 환락과 고통이 함께 묻혀 있다. 『녜하이화孽海花』에서 묘사한 고귀하고 위대한 인물도 그 마을에서 살았다)을 그리워하면서 이학과 문화를 연구하는 책을 써내려가려고 생각한다. 성공하든 실패하든, 나는 모두 똑같이 기대하고 있다.

수징난束景南

1987. 11. 구쑤姑蘇 십방입서헌에서 쓰다

1991. 6. 쑤저우대학蘇州大學 동구東區에서 수정하다

1992. 9. 푸저우福州 다멍산大夢山에서 개정하다

후발後跋

주희(1130~1200)는 중국 문화사에서 공자와 함께 앞뒤로 서로 이어지며 남쪽과 북쪽에서 눈부시게 빛나는 문화의 거장이다. 천백 년 동안 국내외에서 주희와 주자학 연구에 전심하는 유명한 학자들이 배출되어 대대로 이어졌고, 장편 거작의 수많은 성과물이 장서실을 채울 만큼 산적하였으나, 지금에 이르도록 아직 전면적이고 체계적으로 완정되게 주희의 생애와 학술 문화적 활동을 반영한 전기는 없으니 유감이라 하지 않을 수 없다.

1990년 10월, 주자 탄신 860주년을 기념하는 국제학술회의 기간에 무이산武夷山 주희연구센터 학술위원회의 상무위원常務委員, 『민학연구총서閩學硏究叢書』 외부 편집인(特約編輯), 쑤저우대학 중문과 부교수 수징난束景南 선생이 불원천리하고 그의 장편 거작 『주자대전朱子大傳 : 다차원 문화의 시야에서 본 주희』(이 책 『주자평전』을 가리킴. 이하 『주자평전』)를 가지고 무이산으로 왔다. 이 수십만 글자의 방대한 주희 전기는 주제도 참신하거니와 독자적인 체계를 세워서 주자학 연구의 새로운 중요 성과로 여겨졌으며, 학술회의 석상에서 국내외 학자들로부터 관심을 끌었다. 장다이녠張岱年 선생과 찬윙칫陳榮捷 선생은 모두 이 책을 위해 서문을 썼다. 한국 신안주씨중앙종친회新安朱氏中央宗親會 회장 주창균朱昌均 선생은 이 일을 알고는 부분적인 물질적 원조를 제공해주기로 하였다. 이어서 빠르게 푸젠 교육출판사 천젠차이陳建才 사장의 열정적인 지지를 얻어서 이 책은 1992년 출판 계획의 중점 과제로 선정되었다.

이 『주자평전』은 주로 다음 세 가지의 선명한 특징을 지니고 있다.

1. 새로운 연구 방법 창조 저자는 감히 낡은 연구 모형을 타파하고 문화 연구의 너른 각도로부터 대담하고 독창적인 방법을 견지하였다. 첫째는 문화환원법이다. 수징난 선생은 한 시대의 철학적 의식, 인생의 신념과 정치적 추구를 당대의 생생한 문화적 개성, 문화적 심리 상태로, 곧 추상으로부터 구체적 역사로 환원하였다. 이는 사람들이 과거에 철학사·사상사 연구에 종사하던 방법과는 아주 다르다.

둘째는 심리 상태 연구를 중시하는 방법이다. 수징난 선생은 심리 구조를 어떠한 유형의 문화에서라도 가장 심층의 핵심이라고 여기는데, 이 때문에 그는 주희에 대한 연구에서도 심층심리 구조로부터 '영혼의 탐험'을 진행하는 데 힘을 쏟았다.

셋째는 다차원 문화 시야의 연구 방법이다. 수징난 선생은 이 책에서 주희에 대해 다만 단순한 철학적 연구를 진행하는, 일차원적이고 단면적인 관습적 연구 방법을 배제하고 주희와 그 문화 사상 체계에 대해 다차원적·다면적·다층적인 주시와 탐구로 대체하였다. 곧 주희를 광활한 대문화의 배경에 놓고 고찰한 것이다. 이러한 주시와 고찰은 자연히 더욱 과학적·합리적 연구 방법이 되었다.

2. 학술 관점에서 새로운 돌파 천백 년 동안 주희는 빈번하게 법정에 섰던 인물인데, 수징난 선생은 대량의 역사 자료에 근거하여서 주희와 그 이학 사상 체계의 역사적 지위, 성질, 내포와 작용의 영향 등등에 대해 대담하게 자기의 새로운 관점과 견해를 제시함으로써 역사적·변증적 평가를 내리고, 당시 이학 문화의 역사적 진보성을 긍정하고, 또한 그 봉건적 본질과 역사적 국한성을 지적하였다. 아울러 해방(국민당 정권에서 공산당 정권으로 바뀌는 1949년)

이래 갖가지 유행하는 잘못된 학설에 대해 검토하고 변석辨析하였다. 그 기본 논점은 다음과 같다.

(1) 주희는 중국 전통문화의 한 시대 위인이며 또한 중국 전통문화의 역사적 거울로서, 중국 전통문화의 생명력과 내재적 모순이 거의 주희와 그 이학 사상 체계 가운데 집중된 것으로 본다. 따라서 중국 전통문화를 정확하게 이해하고 평가하려면 반드시 주희를 아주 잘 연구해야 한다.

(2) 주희가 창건한 이학(•곧, 도학)은 중국 전통문화 발전의 특징적인 역사적 형태를 이루었으며, 당시 역사적 조건에서 일정한 진보적 성격을 갖는 문화 사조이고 결코 반동적 위학僞學이 아니라고 본다. 주희의 '정심성의正心誠意'의 학문은 '군권을 비판하고', '제왕의 독단을 비판하는' 의의를 갖고 있다. 주희는 일생 '처음부터 끝까지 견결한 주전파'였으며 절대로 '투항파' 따위가 아니었다. 주희의 인격은 '고상했으며', 따라서 이른바 '여승을 유혹하여 첩으로 삼고', '모친을 학대했다'는 등의 말은 순전히 황당무계한 말에 속한다.

(3) 주희의 이학 문화는 '윤리이성을 본위로 하며, 과학이성을 본위로 하는 정태적靜態的 문화의 계통이 아니라'고 본다. '주희의 이학 체계는 바로 윤리이성을 지렛대로 삼아 정태적 문화의 계통에 대해 한 차례 탄력 있는 대응을 함으로써 위기가 발생한 유가 전통문화에 새로운 생명을 주입하였다.'

(4) 중국 전통문화의 핵심이 되는 '윤리이성'은 "동방의 도덕적 민족, 예의의 나라를 이루어냈고, 견인불발堅忍不拔의 정신적 응집력을 이루어서 중화민족 수천 년의 생존과 발전을 유지하였고, 수천 년 찬란한 문명이 끊임없이 이어지도록 유지하였다. …… 다만 유가 윤리이성은 세계가 근대에 진입한 이래 심각한 내재적 모순을 드러냈으며, 민주와 과학의 '외왕外王'은 결코 직접 실현하지 못하였다. 유가 윤리이성에 대한 비판과 개조는 또한 바로 중화민족 전통문화의 가치관과 문화심리 구조 가운데의 합리적 성분의 갱신과

창조이며, 전통문화가 현대화를 지향하는 역사적 사명이다."라고 여긴다.

(5) 주희의 이학은 '인본주의 인간학'이며, '이학의 핵심은 바로 인간학'이고, '이학은 곧 인간학'이라고 본다. "주희 이학 문화 체계에서 진정한 중심은 사실 '사람(人)'이지 '이(理)'가 아니다. 사람의 문제, 인성人性의 문제는 그에 의해 유례없이 두드러진 지위에 놓였다. …… 그는 낡은 천인합일의 문화 모형을 빌려서 '인본人本'과 '이본理本'(•천본天本)을 통일하였으며, 그의 체계에서 인본人本·심본心本·이본理本은 같은 의의를 지니고 있다. 주희는 고전 인본주의 문화 사상 체계의 진정한 완성자이다.""주희의 인본주의는 사람을 윤리의 주체로 삼아 본체론의 높이에까지 끌어올렸다. 사람은 우주의 마음이며 천지의 근본이다. 따라서 전체 세계 문제의 해결은 모두 사람의 문제를 해결하는 것으로 귀납된다. 그리고 전체 사람의 문제에 대한 해결은 또한 마지막으로 인성 문제의 해결로 귀결된다."

위에서 서술한 논단論斷의 내포는 풍부하며 사변성이 강한 덕분에 학술계의 진일보한 사고와 탐구에 대하여 많은 계발을 하였다.

3. 자료상 새로운 발견 수징난 선생은 학문 방법론이 엄밀하고 근면하며, 착실한 중년 학자로서 그가 쓴 『주자평전』은 재료를 중시하고 주관적인 억설을 드러내지 않았으며, 고증을 중시하므로 일체 사실에 의지하여서 말을 하였으며, 모든 이설異說과 잘못된 설을 골고루 상세하게 고찰하고 변증했기 때문에 서술에 근거가 있다. 전체 책은 진실한 역사적 전기이지 문학적 전기가 아니다. 수많은 중대한 문제는 모두 대량의 아주 확실한 자료에 근거하여서 상세한 고찰과 변증의 기초 위에서 해결하였다. 이 책이 발굴한 대량의 새로운 재료, 그리고 주희의 생애와 학술 사상에 대한 연구에서 얻은 수많은 새로운 발견은 잘못된 기록(誤案), 착각한 기록(錯案), 해결되지 않아 과제로 남은 기록(懸案)을 적잖이 바로잡고 해결하였다. 이에 명확한 요점을 예로 들면 다

음과 같다.

(1) 주희가 초년에 불교의 선禪에 출입한 사실과 그의 불학佛學 사상의 연원에 관한 문제이다. 과거에 줄곧 비교적 유행한 논조는 주희의 선학禪學 사상이 무이武夷 세 선생 가운데 한 사람인 유자휘柳子翬에게서 유래한다고 보았다. 이 설은 청 대 동능령童能靈이 제기한 뒤 계속 그대로 답습되었다. 수징난 선생은 이 책을 쓰는 과정에서 여조겸呂祖謙의 「입민록入閩錄」과 석효영釋曉瑩의 『나호야록羅湖野錄』 등 승려 도겸道謙에 관한 자료를 발견하고, 아울러 주희의 『문집』 권6에 들어 있는 장시長詩 「주한정에서 노닐며 '무·림·수·죽·청·류·격·단'의 글자로 운을 나누어서 시를 지었는데 '죽' 자를 얻다(游畫寒以茂林脩竹清流激湍分韻賦詩得竹字)」에 대해 진지한 고증을 진행한 뒤 다음 사실을 확인하였다. 주희 초년에 가르침을 받은 선종의 스승은 겸개선謙開善인데, 그는 곧 숭안崇安 오부리五夫里 선주산仙洲山 개선사開善寺의 도겸 화상(*일대의 선종 대사 종고宗杲의 고제)이며, 위에서 언급한, 밀암密庵에서 노닐며 쓴 시 또한 주희가 초년에 도겸을 사사한 사실을 묘사한 것이다. 그리하여 주희가 도겸을 사사한 천년의 수수께끼를 전면적으로 풀어냈고, 나아가 주희 불학 사상의 연원이 위로 종고와 도겸을 잇는 '간화선看話禪'이며, 유자휘의 '묵조선黙照禪'이 아니라고 단정하였다. 따라서 이 문제를 두고 국내외에 오랫동안 떠돌던 잘못된 설이 말끔하게 해결되었다.

(2) 주돈이周敦頤가 해설한 「태극도太極圖」 및 첫 구절 '무극이면서 태극(無極而太極)'의 함의는 이학 역사에서 천고의 수수께끼인데, 송·원 이래 현재에 이르기까지 여러 설이 어지러우나 모두 자기주장을 주도면밀하게 드러내지 못하였다. 그러나 수징난 선생은 새로 발견한 확실한 자료를 가지고 도교의 순행조화順行造化의 태극도와 역시성단逆施成丹의 무극도無極圖로부터 이 비밀을 풀어냈다. 태극도설太極圖說과 진단陳摶, 장백단張伯端의 관계, 홍매洪邁의 위작,

주돈이의 역학과 도교 단학丹學 사이의 관계 등을 논증하여서 사람들에게 유익한 내용을 열어 보여주었다.

(3) 주희 중화中和 사상의 발전과 변화는 청 대 왕무횡王懋竑 이래 여러 설이 분분하며 오늘날 홍콩·타이완·일본·미국에서 더욱 의견이 많다. 수 선생은 '중화구설中和舊說'을 논한 네 통의 편지 연대와 주희가 담주潭州에서 노닌 전 과정을 새롭게 고증한 뒤 '중화구설'의 형성에 대하여 새로운 견해를 제출함으로써 주희의 주오主悟 – 주정主靜 – 주경主敬의, 선에서 달아나 유가로 돌아온 사상의 변화 과정을 전면적으로 드러냈다.

(4) 주희와 진량陳亮의 논전에 관하여 후세 사람들은 대부분 진량의 사상을 '의리쌍행義利雙行, 왕패병용王覇竝用'이라고 한다. 수 선생은 이를 천고의 대착각이라고 본다. 그는 주희와 진량이 벌인 논전의 전 과정을 고찰한 뒤 진량이 '의리쌍행, 왕패병용'에 반대했다는 점을 발견하였다. 이를 위해 그는 주희와 진량이 벌인 논전의 성질과 초점에 대해 새로운 탐구를 하였다. 이밖에 수 선생은 새로 발견한 확실한 자료에 근거하여서 주희와 진량이 앞뒤로 세 차례 면담했음을 고증하였다. 이들은 결코 후세에 사람들이 생각하듯 다만 한 차례 면담한 것이 아니었다.

(5) 주희와 육구연陸九淵의 태극 논변에 대해서는 줄곧 많은 견강부회가 있었다. 수 선생은 주희와 육구연의 논전의 전 과정을 전면적으로 고찰함으로써 일찍이 순희 6년(1179)에 주희가 남강군南康軍에 부임했을 때 이미 육학의 제자 유순수劉淳叟(유요부劉堯夫)와 '무극이면서 태극'에 관한 논전을 진행했음을 발견하였고, 국내외 학술계에 많이 알려지지 않은 악가岳珂의 「보진재법서찬寶眞齋法書贊」에 들어 있는 육구연의 서찰에 근거하여서 주희와 육구연의 태극 논변이 시작된 정확한 시기를 고찰해냈다. 주희와 육구연 논전의 초점, 발전과 변화에 대하여 수 선생은 역시 새로운 설을 제시하였다. 이 밖에도 주

희가 「황극변皇極辨」을 쓴 시기를 고증하고 확정함으로써 육구연과 벌인 태극 논전이 나중에 황극 논전으로 발전했음을 증명하였다.

(6) 주희의 일생은 논전의 일생으로서, 평생 전개한 크고 작은 학술 논전은 그가 집대성한 이학 사상 체계의 형성에 중대한 의의를 지닌다. 다만 그 가운데 수많은 중요한 사실과 연결 고리는 의외로 오랫동안 파묻혀 있던 까닭에 알려지지 않았다. 수 선생은 고증을 통해 많이 알려지지 않은 사실을 찾아서 밝혔다. 예컨대 주희가 종고宗杲 - 무구無垢의 불학 논전을 청산한 것, 주희가 선에서 달아나 완전히 유가로 돌아온 뒤 호상학파湖湘學派의 논전을 중평重評한 것, 주희가 자기의 경학 체계를 건립하기 위해 당시 저명한 역학의 대가 정형程迥·곽옹郭雍·원추袁樞 등과 역학 논전을 벌이고 절동浙東의 공리학功利學·사공학事功學과 논전을 벌인 것 등이다.

(7) 주희의 일생 저작은 굉장히 풍부하다. 다만 어떤 책들은 진짜와 가짜가 섞여 있어서(魚目混珠) 참 거짓을 변별할 수 없기에 주희의 사상 연구를 방해한다. 수 선생은 이에 대해서도 고증과 변별을 하였다. 예컨대 『모시집해毛詩集解』·『시집전詩集傳』·『역전易傳』·『주역본의周易本義』·『소학小學』·『역학계몽易學啓蒙』·『통감강목通鑑綱目』·『참동계고이參同契考異』의 성립 연대 및 경과에 대해 모두 탐구하여서 잘못 전해진 것을 바로잡았다. 또 예컨대 『가례家禮』는 이전에 수많은 사람들이 위작으로 단정하였는데, 수 선생이 확실히 고증함으로써 의심할 바 없는 주희의 저작임을 증명하였다.

이상 새로 발견한 사실史實과 자료는 본서의 내용을 아주 풍부하게 했을 뿐만 아니라, 이후 학술계에 주희와 주자학 연구에 관한 중요한 참고를 제공하였다.

이 『주자평전』의 출판은 우리나라 전통문화와 주자학 연구에 오랫동안 남아 있던 공백을 메우는 일로서, 그 의의가 지극히 심원하며 필시 국내외 광범위한 독자의 환영을 받을 것이다. 이 거작이 세상에 나온 것은 수징난 선생이 오랜 시간 심혈을 기울이며 뼛골에 사무치게 밭을 갈고 김을 매어 길러낸 커다란 결실이다.

수징난 선생은 난징대학 역사학과를 졸업하고 푸단대학에 들어가 대학원생으로서 고대문학을 전공했는데, 매우 조예가 깊었다. 그는 역사와 중문학을 전공하는 일 외에도 뼈를 깎는 노력으로 철학과 미학, 문화학을 배우고, 갑골과 금문金文을 연구하고, 문예 창작을 하였으며, 아울러 회화, 서법과 음악을 애호하고, 장자·맹자·양웅揚雄·사마상여司馬相如·석도石濤 및 불학, 도교에 관해 연구한 글을 발표하였다. 근 10년 동안 그는 온 힘을 기울여서 주자학, 이학, 불교와 도교를 전공하였다.

그는 『주자평전』을 쓰는 데 종사하여서 자료 수집과 정리에서부터 원고를 완성하기까지 장장 10년여의 시간을 썼는데, 이는 충분히 사람을 감동시킬 만한, 힘들고 고통스러운 창작 과정이면서 완강하게 전력투구한 과정이었다. 그 가운데 관련 자료를 전면적으로 수집하고 정리하여서 저술에 들어가기 전, 1970년대 후기에 준비 작업을 시작한 이래 4년여 시간을 보냈고, 고적古籍 3,000여 종을 조사하고 열람하여서 200만여 자를 메모하였다. 주자의 일시佚詩, 일문佚文 수십만 자를 수집하였으며, 아울러 『주자문집』에 수록된 모든 서신과 시문의 연대를 고증하여서 확정하고, 사실史實을 탐구하고 따져서 주희의 생애 및 사상 발전의 역정을 말끔히 밝혔다. 그리고 이 기초 위에서 스스로 『주희연보장편朱熹年譜長編』을 완성하였다. 일집佚輯 – 계년系年 – 연보年譜의 방대한 삼대 작업을 완성한 뒤 수징난 선생은 그제야 정식으로 『주자평전』의 저술 단계에 들어갔다.

수 선생의 이 『주자평전』은 반 이상을 '십방입서헌十方立書軒'에서 써냈다.

그의 집은 학교에서 매우 멀리 떨어져 있기에 매일 서너 시간을 걸어서 학교와 도서관 사이를 오갔는데, 수년이 하루 같았다. 온전히 자기 손으로 직접 자료를 베끼고 스스로 원고를 인쇄하고, 먹고 입는 것을 절약하고 줄여가면서 이 책을 썼으며, 국가에 한 푼도 요구하지 않았다. 7년의 노력을 기울인 끝에 마침내 1987년에 초고를 완성하였다. 그리고 1988년에 원고를 정서하고 금년(1992) 초에 압축하여서 수정한 뒤 상재上梓하였다. 여기서 우리는 중국 지식분자의 사업에 대한 집착과 추구, 조국의 전통문화 연구에 대한 각고의 노력과 헌신의 정신을 볼 수 있다. 주자의 영령英靈이 지각을 갖고 있다면 구천九泉에서도 웃음을 지으리라.

『주자평전』이 세상에 나올 때를 맞이하여서 우리는 수 선생의 이 10년간 밭을 갈고 김을 매면서 천신만고 끝에 얻은 풍성한 큰 결실에 대해 열렬히 축하와 충심에서 우러난 존경을 표한다. 아울러 그의 앞길에 빛나는 중화 전통문화 연구의 봄날에서 더욱 커다란 성취를 축원한다.

— 무이산 주희연구센터, **양칭**楊靑
임신壬申(1992) 늦봄 무이산 기슭에서

주요 참고도서

家禮 宋 朱熹
嘉靖九江府志 明 楊一淸
嘉靖建寧府志 明 范嵩
嘉靖建陽縣志 明 馮繼科
嘉靖安溪縣志 明 林有年
嘉靖延平府志 明 鄭慶雲
嘉靖尤溪縣志 明 田頊
嘉靖惠安縣志 明 尙莫簡
嘉泰會稽志 宋 施宿
稼軒詞集 宋 辛棄疾
稼軒集抄存 淸 辛啓泰
脚氣集 元 車若水
閣皂山志 明 兪策
澗泉日記 宋 韓淲
澗泉集 宋 韓淲
江墅朱氏家譜 淸 朱廷梅
康熙建安縣志
康熙白鹿書院志
芥隱筆記 宋 龔敦頤
開化縣志 淸 范玉衡, 乾隆60年刻本
乾隆松陽縣志
乾隆重修紫陽朱氏宗譜
建炎以來繫年要錄 宋 李心傳
建炎以來朝野雜記 宋 李心傳

建中靖國續燈錄 宋 惟白
劍南詩槀 宋 陸游
擊壤集 宋 邵雍
堅瓠集 淸 褚人穫
景德傳燈錄 宋 釋道原
徑山志 明 宋奎光
慶元黨禁
慶元會要
經義考 淸 朱彝尊
庚子銷夏記 淸 孫承澤
經典釋文 唐 陸德明
景定嚴州續志 宋 鄭瑤
敬鄕錄 元 吳師道
稽古錄 宋 司馬光
雞肋編 宋 莊綽
癸巳論語解 宋 張栻
癸巳孟子說 宋 張栻
繫辭說 宋 張栻
繫辭精義 宋 呂祖謙
癸辛雜識 宋 周密
古宮歷代法書全集
古今圖書集成
古今詞話 淸 沈雄
古梅吟稿 宋 吳龍翰

古文易經 宋 呂祖謙 定

高峰文集 宋 廖剛

古史 宋 蘇轍

鼓山志 清 釋元賢

古田縣志 余鐘英, 40年排印本

考訂朱子世家 清 江永

考亭志 明 朱世澤

困學紀聞 宋 王應麟

困學齋雜錄 元 鮮于樞

攻媿集 宋 樓鑰

過雲樓書畫記 清 顧文彬

郭氏家傳易說 宋 郭雍

觀心論 唐 神秀

括蒼金石志 清 李遇孫

括蒼滙紀 明 何鏜

廣東通志 清 阮元, 同治3年刻本

光緒金華縣志

光緒善化縣志

光緒邵武府志

光緒永嘉縣志

光緒龍溪縣志

光緒漳州府志

光緒青田縣志

廣信府志 清 蔣繼洙, 同治12年刻本

光化府志 明 周瑛

乖崖集 宋 張詠

九江府志 清 達春布, 同治13年刻本

鉤命訣

龜山先生文集 宋 楊時

龜山先生語錄 宋 楊時

歐陽文忠公近體樂府 明刻本

甌海佚聞 清 孫衣言

臞翁詩集 宋 敖陶孫

衢州府志 清 楊廷望, 光緒8年刻本

臞軒集 宋 王邁

郡齋讀書志 宋 晁公武

圈點龍川水心二先生文粹

歸元直指集

貴耳集 宋 張端義

近思錄 宋 朱熹, 呂祖謙

近思錄集注 清 江永

金溪縣志 清 程芳, 同治9年刻本

金陵瑣志八種

金石續 清 陸耀遹

金石萃編 清 王昶

金陀粹編 宋 岳珂

金華唐氏遺書 宋 唐仲友

金華先民傳 明 應廷芳

金華雜錄

金華徵獻略 清 王崇炳

金華黃先生文集 元 黃溍

鮚埼亭集 清 全祖望

羅湖野錄 宋 釋曉瑩

蘭溪人物考 吳演綸

蘭溪縣志 清 秦簧, 光緒13年刻本

樂城集 宋 蘇轍

南澗甲乙稿 宋 韓元吉

南溪書院志 明 葉廷祥

南山祠志 清 楊桂森, 同治11年刻本

南宋群賢小集 宋 陳起輯

南宋文錄 清 董兆熊

南宋文範 清 莊仲芳

南宋制撫年表 清 吳廷燮

南嶽志 清 李元度

南嶽唱酬集 宋 朱熹·張栻·林用中

南昌府志 清 陳蘭森, 乾隆45年刻本

南村輟耕錄 元 陶宗儀
南軒先生文集 宋 張栻
南湖集 宋 張鎡
浪語集 宋 薛季宣
努埃爾人 英 埃文斯―普里查德(The Nuer,
　　Evans-Prichard)
魯齋集 宋 王柏
蘆川歸來集 宋 張元幹
老學庵筆記 宋 陸游
論孟精義 宋 朱熹
論語解 宋 尹焞
壇經 唐 慧能
潭溪黃氏宗譜
澹軒集 宋 李呂
大戴禮記
大易粹言 宋 方聞一 編
大清一統志
大慧宗杲年譜 宋 祖詠
大慧宗杲語錄 宋 宗杲
道光重篡福建通志
道南原委 明 朱衡
道命錄 宋 李心傳
陶淵明集 晉 陶潛
道園學古錄 元 虞集
道藏精華錄 清 丁福保
道學正宗 趙仲全
讀碑雜錄
讀書記疑 清 王懋竑
讀書雜識 清 勞格
獨醒雜志 宋 曾敏行
頓悟入道要門論
桐江集 元 方回
東京夢華錄 宋 孟元老

東都事略 宋 王偁
東萊先生詩集 宋 呂本中
東萊呂太史別集 宋 呂祖謙
童蒙須知 宋 朱熹
同安縣志 清 林學增
同治江山縣志
同治南城縣志
同治上饒縣志 清 王恩溥
同治廬陵府志
同治續修南海九江朱氏家譜
同治續修日擔山紫陽朱氏家譜
同治玉山縣志 清 黃壽祺
同治平江縣志
東越文苑 明 陳汝翔
東坡易傳 宋 蘇軾
杜詩詳注 清 仇兆鰲
麻衣道者正易心法
漫塘文集 宋 劉宰
萬曆新昌縣志 明 田琯
萬姓統譜 清 凌迪知
萬松老人評唱天童和尚頌古從容庵錄 元
　　行秀
網山集 宋 林亦之
梅溪王先生文集 宋 王十朋
脈訣 宋 崔嘉彥
孟子集注考證 元 金履祥
勉齋集 宋 黃榦
名臣碑傳琬琰集 宋 杜大珪
名臣言行錄 宋 朱熹
明州阿育王山寺志
毛傳補音 宋 吳棫
毛朱詩說 清 閻若璩
牧堂公集 宋 蔡發

牧潛集 元 釋圓至

夢粱錄 宋 吳自牧

蒙齋集 宋 袁甫

夢奠記 宋 蔡沈

無雅堂問答 清 朱一新

武林金石記 清 丁敬

武林梵志 明 吳子鯨

鄞峰眞隱漫錄 宋 史浩

婺書

婺源茶院朱氏世譜序 宋 朱熹

婺源縣志 清 黃應昀, 道光6年刻本

武夷櫂歌 宋 陳普

武夷山志 清 董天工

無懷小集 宋 葛天民

默齋遺稿 宋 游九言

文公朱先生感興詩 宋 蔡模

文史(雜誌)

文選注 梁 蕭統 編, 唐 李善 注

文定集 宋 汪應辰

文獻通考 元 馬端臨

文忠集 宋 歐陽修

物理學之道 美 卡普拉(The Tao of Physics, F. Capra)

民國建甌縣志

民國建陽縣志

閩都記 明 王應山

閩書 明 何喬遠

閩小記 清 周亮工

閩中金石略 清 陳棨仁

閩中金石志 清 馮登府

閩中書畫錄 清 黃錫蕃

密齋筆記 宋 謝采伯

盤洲集 宋 洪适

芳蘭軒集 宋 徐照

方輿勝覽 宋 祝穆

白鹿洞書院新志 明 嘉靖刊本

白田草堂存稿 清 王懋竑

范成大佚著輯存 孔凡禮

法言 漢 揚雄

法華經

皕宋樓藏書志 清 陸心源

癖齋小集 宋 杜旟

屏山集 宋 劉子翬

寶鏡三昧歌 唐 釋良價

寶慶續會稽志 宋 張淏

寶眞齋法書贊 宋 岳珂

步天歌

福建通志 沈瑜慶, 1938年刻本

福州府志 乾隆19年刻本

鳳麓小志 清 陳作霖

浮溪集 宋 汪藻

浮梁縣志 清 程廷濟

北礀文稿 宋 居簡

北礀居簡禪師語錄 宋 居簡

北溪先生全集 宋 陳淳

北江詩話 清 洪亮吉

佛祖歷代統載 元 釋念常

佛祖統記 宋 釋志磐

佛學大辭典 清 丁福保

斐然集 宋 胡寅

賓退錄 宋 趙與時

瀕湖脈學 明 李時珍

四庫全書總目提要

四庫輯本別集拾遺 欒貴明

史記 漢 司馬遷

四明文獻集 宋 王應麟

四明朱氏支譜

事文類聚 宋 祝穆

四書集注 宋 朱熹

四書或問 宋 朱熹

四朝聞見錄 宋 葉紹翁

詞話叢編 唐圭璋 編

社會體系 美 帕森斯(The Social System, T. Parsons)

山堂考索 宋 章如愚

山房集 宋 周南

三朝北盟會編 宋 徐夢莘

三慧經

湘潭縣志 清 陳嘉榆, 光緒15年刻本

上方大洞眞元妙經圖

常山縣志 清 孔毓璣

常語 宋 李覯

上虞縣志 清 唐煦春, 光緒17年刻本

湘陰縣志 清 唐懋淳, 康熙8年刻本

上蔡先生語錄 宋 謝良佐

書經集傳 宋 蔡沈

西銘 宋 張載

西銘解 宋 朱熹

舒文靖類稿 宋 舒璘

徐文惠存稿 宋 徐經孫

西方對朱熹的研究 美 陳榮捷

西山眞文忠公文集 宋 眞德秀

書說 宋 呂祖謙

西巖集 元 張之翰

書儀 宋 司馬光

書傳輯錄纂注 元 董鼎

西窗集 宋 徐安國

西清詩話 宋 蔡絛

西陂類稿 清 宋犖

西河合集 清 毛奇齡

西湖遊覽志餘 明 田汝成

石渠寶笈

石洞貽芳集

釋門正統

釋氏稽古略 元 釋覺岸

仙都志 元 性定

宣城張氏信譜傳

仙游縣志 清 胡啓植

禪宗永嘉集 唐 玄覺

先天集 宋 許月卿

說文解字 漢 許愼

雪山集 宋 王質

薛叔似壙志

剡源戴先生文集 元 戴表元

涉齋集 宋 許及之

葉適墓碑記

葉適集 宋 葉適

城南書院志 道光戊子刻本

性理大全 明 胡廣

性理精義 清 李光地

性善堂稿 宋 度正

省齋集 宋 廖行之

誠齋易傳 宋 楊萬里

誠齋集 宋 楊萬里

聖傳論 宋 劉子翬

世說新語 劉宋 劉義慶

蘇軾文集 宋 蘇軾

蘇軾詩集 宋 蘇軾

蘇州府志 清 李銘皖

蘇平仲集 明 蘇伯衡

小學 宋 朱熹

蘇學士集 宋 蘇舜欽

紹興城南朱氏譜

紹興十八年同年題名錄

紹興縣志資料 紹興縣修志委員會編

續宋編年資治通鑑 宋 劉時舉

涑水記聞 宋 司馬光

續資治通鑑 清 畢沅

孫尙書文集 宋 孫覿

遜志齋集 明 方孝孺

宋代蜀文輯存 傅增湘 編輯, 孫鴻猷 校訂

宋論 清 王夫之

宋明理學史 侯外廬 主編

宋文鑑 宋 呂祖謙

宋百家詩存 清 曹廷棟

宋史 元 脫脫

宋史紀事本末 明 陳邦瞻

宋史翼 淸 陸心源

宋史全文

宋詩紀事 淸 厲鶚

宋詩紀事補遺 清 陸心源

宋詩抄 清 吳之振

宋元舊本書經眼錄 清 莫友芝

宋元學案 清 黃宗羲, 全祖望

宋元學案補遺 清 王梓材, 馮雲濠

宋宰輔編年錄 宋 徐自明

宋稗類鈔 清 潘永固

宋學士集 明 宋濂

宋會要輯稿 清 徐松

洙泗言仁錄 宋 張栻

修習止觀坐禪法要 唐 智顗

修華嚴奧旨妄盡還源觀 唐 法藏

荻園贅談

淳熙稿 宋 趙蕃

淳熙三山志 宋 梁克家

述朱質疑 夏炘之

崇安縣志 清 魏大名, 嘉慶13年刻本

崧庵集 宋 李處全

習學記言 宋 葉適

詩家鼎脔

詩考 宋 王應麟

蓍卦考誤 宋 朱熹

詩林萬選

詩序辨說 宋 朱熹

詩淵

詩人玉屑 宋 魏慶之

詩傳辨妄 宋 鄭樵

詩傳遺說 宋 朱鑑 編

詩集傳 宋 朱熹

式古堂書畵彙稿 清 卞永譽

辛稼軒詞編年箋注 鄧廣銘

辛稼軒詩文抄存 鄧廣銘

辛稼軒年譜 鄧廣銘

新修嶽麓書院志 咸豊辛酉重刊

新安名族志 明 程尙寬

新安文獻志 明 程敏政

新安月潭朱氏族譜 民國19年刊

新安志 宋 羅願

新安學系錄 明 程曈

十駕齋養新錄 清 錢大昕

十三經注疏

十五家年譜叢書 淸 楊希閔

樂府雅詞 宋 曾慥

鄂州小集 宋 羅願

安海志

安徽通志 淸 吳坤, 光緒4年刻本

愛日齋叢鈔

艾軒集 宋 林光朝

梁溪遺稿 宋 尤袤
陽明全書 明 王守仁
養蒙書九種 清 賀瑞麟 輯
兩宋名賢小集
楊氏易傳 宋 楊簡
楊園先生文集 清 張履祥
兩浙金石誌 清 阮元
兩朝綱目備要
兩朝中興聖政 宋 史浩
陽春白雪 宋 趙聞禮
餘干縣志 清 馮蘭森, 同治11年刻本
呂東萊文集 宋 呂祖謙
呂東萊年譜
廬山記 明 陳舜兪
廬山紀事 明 桑喬
廬山志 清 毛德琦
廬山志 民國 吳宗慈
廬山出修行方便禪經統序 晉 慧遠
呂氏家塾讀詩紀 宋 呂祖謙
歷代名臣奏議 明 黃維, 楊士奇
歷代詞話 清 王奕清
歷代詩話 清 何文煥
易圖明辨 清 胡渭
歷世眞仙體道通鑒 元 趙道一
易數鈎隱圖 宋 劉牧
易原 宋 程大昌
易學啟蒙 宋 朱熹
硯北雜志 元 陸友仁
鉛山縣志 清 張廷珩, 同治12年刻本
延平四先生年譜 清 毛念恃
濂溪志
濂洛關閩書 清 張伯行
瀛奎律髓 元 方回

永樂大全
楹聯叢話 清 梁章鉅
永春府志 清 鄭一崧, 乾隆52年刻本
寧化縣志 清 祝文郁, 同治刻本
豫章先生文集 宋 羅從彥
醴陵縣志 陳鯤, 48年排印本
吳郡圖經續記 宋 朱長文
吳郡志 宋 范成大
吳都文粹 宋 鄭虎臣
五燈會元 宋 釋普濟
吳文正公集 元 吳澄
五百家播芳大全文粹
五峰集 宋 胡宏
五夫里志稿
吳禮部集 元 吳師道
悟眞篇 宋 張伯端
悟眞篇注 宋 薛道光
吳興金石記 清 陸心源
玉瀾集 宋 朱槔
玉髓眞經 明 嘉靖刊本
玉海 宋 王應麟
雍正江西通志 清 高其倬
宛陵集 宋 梅堯臣
堯山堂外記 明 蔣一葵
饒州府志 清 錫德, 同治11年刻本
涌幢小品 明 朱國禎
容齋隨筆 宋 洪邁
容齋詩話 宋 洪邁
龍川詞校箋 夏承燾
于湖居士集 宋 張孝祥
雲溪稿 宋 呂皓
雲笈七籤 宋 張君房
雲霄縣志 清 秦炯, 同治13年刻本

雲莊集 宋 劉爚
熊勿軒先生文集 宋 熊禾
援神契
袁樞年譜 鄭鶴聲
元豐類稿 宋 曾鞏
韋居聽輿 宋 陳直
渭南文集 宋 陸游
韋齋集 宋 朱松
柳待制文集 元 柳貫
維摩詰經
劉氏宗譜
陸九淵年譜
陸九淵集 宋 陸九淵
六藝之一錄 清 倪濤
陸游年譜 于北山
陸子學譜 清 李紱
律呂新書 宋 蔡元定
隆慶岳州府志 明 李元芳
隆慶臨安府志 明 劉松
鄞江人物論 張懋建
隱居通議 元 劉壎
陰符經考異 宋 朱熹
陰符經注 唐 李筌
應齋雜著 宋 趙善括
儀顧堂集 清 陸心源
儀禮經傳通解 宋 朱熹
義豐集 宋 王阮
夷堅志 宋 洪邁
伊洛淵源錄 宋 朱熹
二林居集 清 彭紹升
二薇亭詩集 宋 徐璣
二徐祠墓錄 清 楊晨
二程經說 宋 程顥, 程頤

二程粹言 宋 楊時 編
二程外書 宋 程顥, 程頤
二程遺書 宋 程顥, 程頤
李延平集 宋 李侗
仁山集 宋 金履祥
麟原文集 元 王禮
臨汀志 永樂大全本
臨川集 宋 王安石
林下偶談 宋 吳子良
入閩錄 宋 呂祖謙
字溪集 宋 陽枋
慈溪縣志 楊正筍, 乾隆3年刻本
紫陽書院
資治通鑑綱目 宋 朱熹
資治通鑑綱目後序 宋 李方子
慈湖遺書 宋 楊簡
潛研堂金石文字跋尾 清 錢大昕
潛研堂集 清 錢大昕
潛虛 宋 司馬光
雜學辨 宋 朱熹
莊簡集 宋 李光
長溪瑣語 明 謝肇淛
張南軒先生文集 宋 張栻
壯陶閣書畫錄 裴景福
張宣公年譜 胡宗楙
藏園群書題跋 傅增湘
莊子
張載集 宋 張載
長汀縣志 清 延棟, 光緒5年刻本
張孝祥年譜 宛敏灝
赤城志 宋 陳耆卿
全唐文
全唐詩

錢塘遺事 元 劉一清
錢塘縣志 明 聶心湯
全上古三代秦漢三國六朝文 清 嚴可均
全宋詞 唐圭璋 輯
浙江通志 清 嵇曾筠, 嘉慶17年刻本
正德南康府志
程洺水集 宋 程珌
正法眼藏 宋 宗杲
桯史 宋 岳珂
程氏家塾讀書分年日程 元 程端禮
程氏文集 宋 程顥, 程頤
程氏易傳 宋 程頤
定齋集 宋 蔡戡
定川遺書 宋 沈煥
鄭忠肅公奏議遺集 宋 鄭興裔
正統道藏
政和縣志 錢鴻文, 1919年鉛印本
諸暨縣志 清 陳遹聲
齊東野語 宋 周密
釣臺集
詔安縣志 陳蔭祖, 42年鉛印本
潮州志 饒宗頤, 49年鉛印本
尊德性齋集 宋 程洵
尊孟辨 宋 余允文
存復齋文集 元 朱德潤
拙齋集 宋 林之奇
左氏諫草 宋 呂午
周禮復古編 宋 俞庭椿
朱文公文集 宋 朱熹
朱文公易說 宋 朱鑑 編
朱文公年譜事實 清 朱玉
周髀
周易經傳集解 宋 林栗

周易古占法 宋 程迥
周易大傳今譯 高亨
周易本義 宋 朱熹
周易玩辭 宋 項安世
周易章句外編 宋 程迥
周易傳義 宋 董楷
周易注 晉 王弼
周易參同契 漢 魏伯陽
周易參同契考異 宋 朱熹
周易參同契注 五代 彭曉
周易會通 元 董眞卿
注維摩詰所說經 晉 僧肇
周益國文忠公文集 宋 周必大
朱子文集大全類編 清 朱玉
朱子大全補遺 清 朱啓昆
朱子聖學考略 清 朱澤沄
朱子新學案 臺灣 錢穆
朱子實記 明 戴銑
朱子語類 清 黎靖德 編
朱子年譜 清 王懋竑
朱子年譜 明 李默
朱子年譜 明 洪去蕪
朱子年譜綱目 清 李元祿
朱子年譜訂訛 清 鄒琢其
周子同經學史論著選集 周予同
朱子爲學次第考 清 童能靈
朱子著述考 吳其昌
朱子全書 清 李光地
周子全書 宋 周敦頤
朱子哲學思想的發展與完成 香港 劉述先
朱子學歸 清 鄭端
周必大年譜 宋 周綸
朱熹著述分類考略 牛繼昌

朱熹傳記資料 臺灣 編
竹洲集 宋 吳儆
中國科學技術史(Science and Civilization
   in China, Joseph Needham)
中國哲學史研究(雜誌)
中說 隋 王通
重修泉州府志 清 黃任
重修徽州府志 清 丁廷楗
中庸義 宋 楊時
中庸輯略 宋 朱熹
中庸集解 宋 石敦+山
中庸解 宋 呂大臨
中和集 元 李道純
中興館閣錄
中興禦侮錄
中興小紀 宋 熊克
中興以來絕妙詞選 宋 黃昇
增訂大同集 宋 陳利用 編, 明 林希元 增訂
止堂集 宋 彭龜年
池北偶談 清 王士禛
知言 宋 胡宏
知言疑義 宋 朱熹
止齋集 宋 陳傅良
直齋書錄解題 宋 陳振孫
晉江縣志 清 方鼎, 乾隆30年刻本
陳克齋集 宋 陳文蔚
陳亮龍川詞箋注 姜書閣
陳亮集 宋 陳亮
陳文節公年譜 孫鏘鳴
縉雲縣志 清 令狐亦岱
鎮海縣志 清 俞樾, 光緒5年刻本
參同契 唐 釋希遷
昌谷集 宋 曹彥約

昌黎先生文集 唐 韓愈
蔡氏九儒書
蔡忠惠集 宋 蔡襄
天童寺志 清 閒性道
天祿琳琅書目
泉州文史資料
泉州宗教石刻 吳文良
天台山方外志 明 釋傳燈
天台志
天台集 宋 林表民 等
鐵琴銅劍樓藏書目錄 清 瞿紹鏞
鐵網珊瑚 明 朱存理
哲學研究 雜誌
清容居士集 元 袁桷
清尊錄 宋 廉布
清泉縣志 清 江恂, 乾隆28年刻本
苕溪漁隱叢話 宋 胡仔
楚辭集注 宋 朱熹
燭湖集 宋 孫應時
春秋五論序 宋 蔡沆
春秋緯
春秋傳 宋 胡安國
忠穆集 宋 呂頤皓
吹劍錄 宋 俞文豹
則堂集 宋 家鉉翁
七錄齋集 明 張溥
七修類稿 明 郎瑛
太極圖說辨 清 黃宗炎
太極圖說解 宋 朱熹
太極真人靈寶齋戒威儀諸經要訣
台州府志 清 喩長霖, 36年鉛印本
台州外書 清 戚學標
太平府志 清 黃桂, 光緒29年活字本

台學源流
通鑑紀事本末 宋 袁樞
通鑑續編 明 陳桱
通書注 宋 朱熹
退庵隨筆 清 梁章鉅
八瓊室金石補正 清 陸增祥
八閩通志 明 黃仲昭
佩文韻府
佩文齋書畫譜 清 孫岳頒
佩韋齋輯聞 宋 俞德鄰
平安悔稿 宋 項安世
莆陽金石初編
匏翁家藏集 明 吳寬
莆田縣志 清 宮兆麟, 乾隆刻本
曝書亭集 清 朱彝尊
豐城縣志 清 王家傑, 同治12年刻本
筆記小說大觀
廈門志 清 周凱, 道光刻本
學蔀通辨 明 陳建
鶴林玉露 宋 羅大經
鶴山先生大全集 宋 魏了翁
韓文考異 宋 朱熹
漢濱集 宋 王之望
寒山寺志 清 葉昌熾
漢上易集傳 宋 朱震
漢書 漢 班固
韓集舉正 宋 方崧卿
咸淳臨安志
咸豐朱氏通譜
杭州上竺講寺志 明 石廣賓
行都紀事 宋 楊和甫
香溪集 宋 范浚
軒渠後錄

玄妙觀志 清 顧沅
絜齋集 宋 袁燮
惠安縣志, 續志 清 吳裕仁 等, 民國排印本
滹南遺老集 金 王若虛
湖南全省掌故備考 清 王先謙
湖南通志 清 李瀚章
湖山集 宋 吳芾
浩然齋雅談 宋 周密
湖州府志 乾隆刻本, 李堂 增刊
胡仲子集 明 胡翰
胡忠簡公文集 宋 胡銓
洪文敏公年譜 清 錢大昕
弘治長樂縣志 明 王渙
弘治徽州府志 明 汪舜民
華嚴探玄記 唐 法藏
和靖集 宋 尹焞
花草粹編 明 陳耀文
寰宇訪碑錄 清 孫星衍
皇極經世論 清 黃宗羲
皇極經世書 宋 邵雍
皇墩集 明 程敏政
黃勉齋先生文集 宋 黃榦
黃巢起義考 方積六
黃氏日抄 宋 黃震
黃巖集
皇王大紀 宋 胡宏
晦庵先生文集 宋 槧
橫渠易說 宋 張載
橫浦詩抄 宋 張九成
橫浦心傳 宋 張九成
孝經刊誤 宋 朱熹
後樂集 宋 衛涇
後耳目志 宋 鞏豐

後村先生大全集 宋 劉克莊

後村詩話 宋 劉克莊

後漢書 劉宋 范曄

訓蒙絶句 宋 朱熹

揮麈錄 宋 王明淸

徽州府志 淸 丁廷楗, 康熙38年刻本

携仙錄

歙縣金石志

歙縣志 石國柱, 37年鉛印本

역자 후기

1

조선은 주자학(성리학)의 공리공담으로 망했다. 중·고등학교 역사 시간에 지금도 이렇게 가르치는지는 모르지만 적어도 40~50대에게는 이 말이 통념으로 굳어 있다. 조선이 망했으니 그 원인을 알아야 하고 밝혀내야 하겠지만, 마치 주자학의 공리공담이 없었으면 조선이 망하지 않기라도 한 양 멸망의 모든 책임을 주자학에 뒤집어씌워버린다. 그런데 도대체 주자학이 어떤 학문이기에 공리공담이 되고, 왜 조선의 학자들은 나라가 망하는 줄도 모르고 공리공담을 일삼았는가? 주자학은 주희의 학문을 말하니 주희야말로 조선을 망하게 한 장본인이다!

1970~80년대 중·고등학교 국어교과서에는 양주동의 수필이 많이 실려 있었다. 제목은 기억나지 않지만 대충 이런 내용의 글이 있었다. "배우고 때로 익히면 즐겁지 아니한가!" 하는 『논어』의 첫 구절을 읽고서 무슨 말인지 잘 몰랐는데, 주희의 주석을 읽으니 잘 이해가 되더라. 그런데 나이가 들고 머리가 트인 뒤에 다시 보니, 주희의 해석은 너무 현학적이고 공자의 원래 말은 참 단순하고 친절한 진리더라.

우리가 한문을 배울 때는 으레 주희의 사서집주를 교재로 삼는다. 그런데 어느 정도 한문깨나 읽은 다음 『논어』나 『맹자』에 관한 글을 쓰면 누구나 주희의 집주를 배제하는 것을 자랑으로 내세운다.

　주희나 주자학이라 하면 문득 떠오르는 이런저런 생각을 잡아내보았다.

　조선은 언필칭 주자학의 나라였다. 주자학을 익힌 사대부들이 주축이 되어서 고려를 대체하여 조선을 세웠다. 주자학을 국가의 공식 학문으로 삼았으며, 향촌 사회를 주자학의 이념으로 지배하였다. 공부를 하는 사람은 누구나 주희의 주석을 통해 유교의 경서를 익혔으며, 학문을 닦는 사람은 주희의 학문 방법론을 따라 학문을 하고, 주희의 글을 바탕으로 유학의 학설을 해석하고, 주희의 세계관을 토대로 학문 이론을 세웠다. 학술 논쟁은 주희의 형이상학을 어떻게 논리적 정합성을 가지고 설명하고 해석하는가 하는 문제에 집중되었다. 주희가 남긴 방대한 문집을 요약하고 핵심을 따서 정리하고 주제별로 재편집한 뒤에 연구하고, 그것을 다시 후학에게 전수하였다. 주희의 학문을 더 정확하게 이해하기 위해 주희의 어록에 나오는 수많은 용어를 뽑아서 용어와 용례 사전을 만들고, 주희 사상의 발전 궤적을 더듬으면서 전후로 달라지는 사상의 변화를 추적하였다.

　그런데 주자학이 망가지면서 조선이 망했는지, 조선이 망하면서 주자학이 사라졌는지, 정말로 조선이 망하고 일제의 강점을 거쳐서 해방이 되고 대한민국으로 민주와 공화를 동시에 표방하는 현대 국가가 성립되면서 주자학은 말끔히 우리의 의식에서 사라져버렸다. 1년에 한두 번 개방되는 서울의 종묘나 종족의 사당처럼 왕년에 그것이 우리를 지배한 왕이나 족장 또는 문장門長이었다는 기억을 떠올리게 하는 의례로서, 혹은 거대한 궁궐의 주인 없는 왕좌처럼 먼지를 뒤집어쓰고 허위虛位로만 남아 있다. 만상은 성주괴공成住壞空의 영원한 윤회의 바퀴에 얹혀 있으니 어느 사상인들 영원불변하랴만, 아무튼 주자학은 정말 말끔히 우리 의식에서 사라져버렸다. 그 사라짐을 의식도 못한 채. 아쉬워할 겨를도 없이.

물고기가 강호에서 서로 잊어버리고 살듯이, 조선시대야 주자학 안에서 살았으니 주자를 주희로서 이해할 필요가 없기에 그랬을지도 모르지만, 기존의 권위를 따르지 않고 과학적, 비판적 학문 방법론을 바탕으로 삼는 현대에도 주희를 연구의 대상으로 삼는 사람은 많지 않다. 그래서 우리는 주희를 정말 모르고 있다. 지금까지 주희라는 인간에 관해서 우리가 볼 수 있는 책은 거의 없었다. 한 20년 전쯤에 나온, 미우라 구니오三浦國雄라는 일본 학자가 쓴 『인간 주자』가 주희의 전기로는 거의 유일한 듯싶다. 그 책은 주희의 인간적 면모를 잘 그려냈으며, 짤막하지만 주희의 생애를 충실하게 서술하였다고 알려져 있다. 그러나 이런 미덕에도 불구하고 동아시아를 8세기나 지배해온 학문의 주인공인 주희의 인간적 삶을 들여다보기에는 너무 소략하였다. 그 밖에 전기나 평전, 주희의 일생을 개괄하거나 학문 사상을 전반적으로 서술하거나 삶의 궤적을 추적한 책이 우리에게는 별로 없다.

이 책 『주자평전』은 중국에서 나온 주희의 전기이다. 주희의 파란만장한 일생에 관한 전기는 물론이고 한 인간의 전기로서 이만 한 분량의 책은 흔하지 않다. 이 책의 저자는 주희를 문화 환원적 관점에서 연구하여 그의 전기를 서술하였다. 저자의 방법론, 이 책의 장점과 미덕은 여러 사람의 서문과 발문을 읽어보면 잘 드러나 있을 터이니 나는 번역자로서 이 책을 번역하면서 느낀 소회만 몇 마디 풀어 놓고자 한다.

우선 중국 학자들의 학문 태도와 열의에 깊이 감복하였다. 이 책의 저자도 주희를 인간으로서 연구하기 위해 주희가 생산한 모든 자료를 섭렵하여서 낱낱이 분석하였고, 주희와 직간접으로 관계를 맺었던 사람들의 자료, 역사 기록, 민담이나 설화까지 가능한 한 다 모아서 10년 동안 연구한 끝에 주희의 삶을 입체적으로 재구성하였다. 한 연구 주제를 10년 이상 이끌어갈 수 있다는 학문의 풍토가 부러웠다. 호구지책으로 이른바 '놀박'(노는 박사학위 소지

자)을 먹여 살리기 위해 관변에서 베풀어주는 단기간의 지적 공공 근로에 목을 매는 우리나라 학문 풍토에서는 언감생심이다.

또한 학문을 위한 기본 자료가 잘 갖춰져 있다는 점이 중국 학문의 저력을 실감나게 하였다. 중국에는 역사 인물에 관한 평전과 연보가 엄청나게 발달해 있다. 역사 인물이라면 거의 모두 평전과 연보를 지니고 있다. 역사상의 한 인물을 연구하기 위해서는 그 사람에 관한 충실한 연보, 평전이 기본이다. 그런데 우리는 그들만이 읽는 연구논문을 써야 평가를 해주지 평전이나 연보를 저술하거나 구성하였다고 해서 그것을 업적으로 여기지는 않는다. 아니, 여기지 않는 듯하다. 학문이든 문화든 그 저력은 겉으로 드러난 꽃의 화려함에 있는 것이 아니다. 꽃은 열흘을 가지 않는다. 저력은 땅속 깊숙이 이리저리 넓게 뻗은 뿌리와 굵고 튼실한 줄기에 있다. 학문이 발전하려면 학문에 종사하는 사람도 많아야 하고, 학문을 위한 기본 자료가 잘 갖춰져야 한다. 2, 3차 자료를 재구성한 논문을 아무리 많이 써본들 그것이 학문의 수준을 높이지도, 학문의 성과를 사회에 구현하지도 못한다.

나는 스스로 C급 학자로 자처하거니와 학술적 깊이가 있는 연구를 수행할 깜냥도 안 되고 여건도 안 되고 두뇌도 부족하다. 그리하여 그저 A급 학자가 각고의 노력으로 연구한 성과물을 번역이나 하고(?) 앉아 있다. 그런데 이 책의 번역은 나 스스로에게도 번역이 어떤 일인지 새삼 느끼게 만들었다. 번역은 저술에 못지않은 창작이라고.

2

"왜 이 책을 썼느냐(번역했느냐)?" 하고 물어오면, 참 곤혹스럽다. 딱히 무슨 거창한 명분이나 이념이 있어서 그런 것도 아니고, 역사적 사명을 띠고서 글을 쓴 것도 아니다. 때로는 재미있거나 의미가 있어서, 때로는 나름대로 유익할 듯하여서, 때로는 먹고살기 위해 출판사의 의뢰를 받아서 글을 쓰고 번역하기도 하기 때문이다.

이 책 『주자평전』의 번역도 처음에는 그저 출판사의 의뢰를 받고 시작하였다. 2000년 후반기 어느 무렵, 어쩌다 이 책이 조금 주목을 받아서 몇몇 출판사에 이름이 알려졌는데, 아무개 출판사 편집장이 아주 거창한 기획과 꿈을 갖고서 정말 겁도 없이 이 책을 만들어보자고 하였다. 그래서 덜컥 일을 맡았는데, 그 무렵에 마침 국사편찬위원회에서 역사 자료를 번역하는 일에 참여하고 있던지라 계약만 해놓고 차일피일하다가 몇 달, 몇 년이 지나고 말았다. 그 사이에 계약을 했던 출판사와 기획을 주도한 편집장에게 사정이 생기는 바람에 일이 유야무야되고 말았다.

저자에게 미안한 마음에 한국에 초빙하여서 3박 4일 여행을 시켜드리고 번역이 순조롭게 진행되지 않은 까닭을 해명하였다. 그 사이에 국사편찬위원회와 맺은 계약이 만료되어가고, 또한 하기로 했던 일을 중도에 포기하는 것도 자존심 상하는지라 새로 일을 시작하기로 마음먹고 출판사를 알아보던 중에 역사비평사가 나섰다. 중국으로 가서 저자를 만나 일을 새로 시작하겠노라고 말씀드렸더니, 반신반의하면서도 다시 한 번 맡겨보겠다고 하였다. 그리하여 2010년 4월에 재계약을 성사하였다. 그러고도 반년가량은 역사 자료의 번역을 마무리하고 정리하느라 보내고, 2011년 봄 무렵부터 본격적으로 번역을 시작하였다. 초벌 번역, 재번역, 편집과 조판, 교정과 교열, 수정까지 4년이 더 걸려서 이제 끝을 맺는다.

어떤 일이든지 결실을 볼 때면 생산과정에 관여한 모든 힘에 고마움을 느낀다. 이 책에도 여러 사람들이 음으로 양으로 도움을 주었다. 저자야 말할 것이 없겠다. 저자가 없었다면 이 번역서도 없었을 테니까. 초벌 번역을 마친 뒤 몇 차례 직접 찾아뵙고 문의하거나 편지로 여러 차례 질정을 구할 때마다 친절하게 가르쳐주셨다. 찾아뵐 때마다 부인께서도 나를 자식처럼 대해주셨으며, 저자의 제자와 몇몇 동료 교수, 지인들도 나를 환대해주고 항저우 杭州 안내를 해주었으며 동무를 해주었다.

이 책을 처음 기획했던 김장환 선생, 이 책의 출간을 맡아주기로 한 역사비평사의 조원식 선생, 이 책을 편집한 조수정 선생에게 먼저 고마운 마음을 드린다. 특히 조수정 선생은 나보다 더 꼼꼼하게 이 책을 샅샅이 훑어보고 바로잡아서 틀린 글자는 물론 잘못된 번역이나 어색한 번역을 여지없이 잡아내서 나를 부끄럽게 만들었다. 오랜 번역 기간 동안에 앞뒤가 달라진 용어, 맥락과 뉘앙스의 차이까지 통일시켰고, 연보나 인명, 고적 등 부록의 정보도 일일이 본문과 대조하여서 맞춰 놓았다. 우리말로 2000쪽이 넘는 책을 머리부터 발끝까지 일관성 있게 구성했다는 것은 기적에 가깝다. 이런 편집자를 만난다는 것은 고달프고도 행복한 일이다.

저자를 초빙했을 때 학술회의를 개최하여서 저자를 예우해주신 은사 곽신환 교수, 당시 한중철학회 회장이었으며 현재 사단법인 시습학사의 이사장이신 이충구 선생, 당시 통역을 맡아주셨던 윤원현 박사, 저자 내외분을 모시고 여행을 하는 동안 내내 운전을 해주었던 고향 친구 김종철에게 고마운 인사를 올린다.

이 책을 초벌 번역할 때 7장부터 12장까지 번역을 해주시고 그 뒤로도 늘 정신적인 버팀목이 되어주신 선배 신하령 박사, 또한 주희는 물론 부친 주송, 그리고 그들과 교유를 맺은 여러 학자 문인들의 수많은 시편의 번역을 한 달 가까이 꼼꼼하게 읽어주고 감수해주신 한국학중앙연구원의 박용만 교수께 존경하는 마음으로 인사를 올린다.

시작할 때 함께 힘을 보태준 구태환 박사, 심의용 박사, 저자를 처음 찾아갔을 때 통역과 안내를 해준 김국영 박사에게 고마운 마음을 전한다.

원고의 일부를 입력해준, 광주 지혜학교 이남옥 선생, 부록의 작업을 도와준 지혜학교 이승헌, 홍태권 군이 고맙다.

까다로운 용어의 번역에 고심을 할 때 고려대학교 김풍기 교수, 전남대학교 김경호 교수와 이향준 박사, 고향 선배 이택재 최병준 형의 가르침을 받았다. 그리고 연세대학교 리기용 교수는 무이에서 찍은 주희 관련한 귀중한 사진을 무상으로 제공해주셨다. 이분들의 가르침과 도움이 소중하다.

고려대학교 이승환 교수께서는 이 책의 아직 다듬어지지 않은 초교 상태의 글을 읽고서 추천사를 써주셨다. 감사드린다.

번역을 위한 참고자료를 찾을 때 여러 차례 번거로운 심부름을 마다하지 않은 지혜학교 철학교육연구소 추교준 선생, 장민혁 선생, 전남대학교 고문헌자료실의 이름 모를 선생에게도 고마운 마음을 전하고 싶다.

이 밖에도 이 책이 나오기를 기다린 사람이 많은데, 그들은 모두 이 책이 나오면 나만큼 기뻐하리라.

무등산 자락과 전남대학교 쪽문 밖, 용산역사 안에 있는 찻집, 서울 지하철 2호선 합정역 근처에 있는 카페테리아도, 남해안 고속도로의 어느 휴게소도, 호남선 열차도 이 책의 한두 쪽과 인연을 맺고 있다.

2015년 9월

광주 지혜학교 철학교육연구소 연구실에서

김태완

朱子評傳

부록 2

연보年譜

1130년 | 경술년庚戌年
송 고종 건염建炎 4년
1세

● 9월 15일 오시午時, 아버지 주송朱松이 우거하던 남검주南劍州 우계尤溪 정안도鄭安道의 우사寓舍에서 어머니 축씨祝氏와의 사이에 태어났다. 자는 원회元晦 또는 중회仲晦, 호는 회암晦庵, 아명은 우랑沈郎, 소자小字는 계연 季延이며, 배항排行이 52번째이다. 선조는 휘주徽州 무원현婺源縣 만안향萬 安鄕 송암리松巖里에서 대대로 살았다.

● 아버지 주송은 자가 교년喬年, 호가 위재韋齋이다. 구산龜山 양시楊時의 제자인 나종언羅從彦과 소의蕭顗에게 가르침을 받았고, 송이 남쪽으로 내 려오기 전후에 시문으로 이름을 날렸다. 『위재집韋齋集』 12권과 『외집外 集』 10권이 있다. 어머니 축씨는 휘주徽州 흡현歙縣 축확祝確의 따님이다.

● 9월 17일. 삼조세아회三朝洗兒會(아기가 태어난 지 사흘 째 되는 날 아기를 목욕시키는 모임)를 하였다. 주송과 정안도가 축하하는 시를 지었다.

1131년 | 신해년辛亥年
송 고종 소흥紹興 원년
2세

● 2월. 범여위范汝爲, 여승余勝, 장의張毅 등이 봉기하자, 주송이 식구를 데 리고 고전古田의 용파龍爬로 피난했다가 6월에 장계長溪의 구령사龜靈寺로 옮겨가서 거주하였다.

1132년 | 임자년壬子年
송 고종 소흥紹興 2년
3세

● 정월 초. 범여위가 다시 반란을 일으켜서 복주福州를 공격하려 함에 따 라 주송이 식구를 데리고 장계로부터 복주로 가서 계서양鷄嶼洋을 건너

동강桐江에 숨어 살았다.

● **정월 9일.** 복건·강서·형호 선무부사福建江西荊湖宣撫副使 한세충韓世忠이
건주建州를 수복하고 범여위를 토벌하여 평정하였다. 주송이 식구를 데
리고 동강에서 우계로 돌아오다가 복건로 무유사福建路撫諭使 호세장湖世
將을 배알하고, 그의 천거로 천주泉州의 석정진 감세石井鎭監稅가 되었다.

● 장돈이張敦頤가 주송을 위해 무원의 선업전先業田 100무畝의 값을 대신
치러주었다.

● 장식張栻(자 경부敬夫, 호 남헌南軒)이 태어났다.

● 주송이 식구를 데리고 우계尤溪로 돌아갔다.

● 주희가 처음으로 소학小學에 들어갔다.

● 어릴 때부터 총명하고 슬기로웠다. 『효경』을 처음 읽고 나서 책 위에
'만약 이같이 하지 않으면 쓸모 있는 사람이 될 수 없다(若不如此, 便不成人)'
고 썼다.

● 해와 하늘에 관해 의문을 제기하니, 주송이 기이하게 여겼다.

● 일찍이 아이들과 놀다가 혼자 정씨鄭氏 집 앞에 있는 모래톱에 손으로
팔괘八卦를 그렸다.

● 처음으로 사서四書를 읽었다.

● **3월.** 주송이 관직官職으로 부름을 받아 대책對策을 제출하고, 12일에 비
서성 정자秘書省正字에 제수되었다.

● 주송이 식구를 데리고 정화政和의 성계星溪에 우거하면서 여묘살이를
하였다. 주희가 정화에서 글을 읽었는데, 늘 성계서원星溪書院과 운근서
원雲根書院 및 담로산湛盧山에 가서 열심히 공부하였다.

- 대략 이해에 연평延平 이통李侗을 처음 만나 뵌 듯하다.
  ☞ 고려, '묘청의 난'

1136년 | 병진년丙辰年
송 고종 소흥 6년
7세

- 주희의 두 형이 대략 이때 요절한 듯하다.
- 12월 26일. 진공보陳公輔가 정이程頤의 학문을 금하라고 건의하였다.

1137년 | 정사년丁巳年
송 고종 소흥 7년
8세

- 6월. 주송이 좌상 장준張浚의 천거로 부름을 받아 수도로 들어가서 비서성 교서랑秘書省校書郎에 제수되었다. 주희 모자는 건주 포성浦城에 우거하였다.
- 여조겸呂祖謙(자 백공伯恭, 호는 동래東萊), 진부량陳傅良(자 군거君擧, 호 지재止齋), 누약樓鑰(자 대방大防, 호는 공괴攻媿)이 대이났다.

1138년 | 무오년戊午年
송 고종 소흥 8년
9세

- 2월. 임안臨安에서 주송의 초빙으로 양유의楊由義를 스승으로 삼고, 사마광司馬光의 『잡의雜儀』 등을 배웠다.
- 4월. 아버지를 모시고 윤돈尹焞을 만나 뵌 뒤 그의 『논어해論語解』를 베껴서 부지런히 읽었다.
- 11월. 처음으로 유면지劉勉之를 만났다.

1139년 | 기미년己未年
송 고종 소흥 9년
10세

- 고종이 임안에 수도를 정한 뒤 정월 초하룻날 천하에 조서를 반포하고 금金과 화의를 맺었다. 주희는 임안에서 열심히 사서를 읽었으며 개연히 성인聖人이 될 뜻을 품었다.
- 육구연陸九淵(자 자정子靜, 호 상산象山)이 태어났다.

- **4월.** 주송이 주희를 데리고 임안을 떠나 건양建陽 등고산登高山에 있는 구희丘義의 집에 우거하였다.
- **5월.** 금이 화의의 맹약을 어기고 올출兀朮이 대거 남침하였다. 6월에 유기劉錡가 순창順昌에서 금의 군사를 대파하였다. 주송이 주희를 위해 「광무본기光武本紀」를 읊어주면서 광무제의 곤양昆陽 전투를 설명하고, 아울러 소식蘇軾의 「곤양부昆陽賦」를 큰 글씨로 써주었다.
- **7월.** 주송이 숭안崇安으로 가서 유자휘劉子翬를 방문했는데, 대략 이때 주희가 유자휘를 처음 본 듯하다.
- 처음으로 시문을 짓기 시작하였다.
- 가을이 지나 환계정사環溪精舍가 완공되어서 주송의 온 식구가 건안성建安省 남쪽의 자지상방紫芝上枋에 정착하였다.
- 조여우趙汝愚(자 자직子直, 시호 충정忠定)와 신기질辛棄疾(자 유안幼安, 호 가헌稼軒)이 태어났다.

1140년 | 경신년庚申年
송 고종 소흥 10년
11세

- 건안의 환계정사에서 가르침을 받았다. '10년 동안 고요히 경전을 공부하는' 생활을 시작하였다. 성현의 학문에 힘썼다.
- **11월.** 송과 금의 화의가 이루어졌다.
- **12월.** 악비岳飛가 대리시大理寺에서 죽었다.

1141년 | 신유년辛酉年
송 고종 소흥 11년
12세

- **9월.** 주송이 복주를 유람하고, 복건로 안무사福建路按撫使 정매程邁와 친구 장원간張元幹·부자득傅自得 등을 방문하였다. 대략 이때 주희가 부자득을 처음 알게 된 듯하다.

1142년 | 임술년壬戌年
송 고종 소흥 12년
13세

- **3월 24일.** 주송이 건안 환계環溪의 집에서 세상을 떠났다. 병이 위독할 때 직접 편지를 써서 집안일을 유자우劉子羽에게 부탁하고, 주희에게 무

1143년 | 계해년癸亥年
송 고종 소흥 13년
14세

이武夷의 세 선생인 적계籍溪 호헌胡憲, 백수白水 유면지劉勉之, 병산屛山 유자휘劉子翬에게 가서 배우라고 명하였다.

● 유자우가 주희 모자를 위해 숭안崇安 오부리五夫里 병산屛山 아래 담계潭溪에 집을 지어주고, 호헌·유면지와 함께 그의 집안일을 돌봐주었다.

● 유씨劉氏의 가숙家塾에 들어가서 세 선생에게 배웠다. 또, 유면지의 소둔蕭屯의 초당草堂, 호헌의 적계籍溪의 산거山居, 유중劉中의 서장서원瑞樟書院, 무이산武夷山의 수렴동水簾洞으로 가서 도를 묻고 배웠다. 유자휘가 병산에서 무이산 수렴동으로 가는 중도에 헐마장歇馬莊을 짓고, 전답 200무를 내어 강학의 비용으로 제공하였다.

● 처음으로 정호程顥와 정이程頤, 장재張載의 책을 읽고 위기지학爲己之學에 힘을 쏟았다. 유면지와 유자휘가 장재의 「서명西銘」을 가르쳤다.

● 장돈이가 무원의 선업전 100무를 주희 모자에게 돌려주었다.

● 진량陳亮(자 동보同甫, 호 용천龍川), 첨체인詹體仁(자 원선元善), 조번趙蕃(자 창보昌甫, 호 장천章泉)이 태어났다.

1144년 | 갑자년甲子年
송 고종 소흥 14년
15세

● 주송을 숭안현 오부리 서탑산西塔山에 장사 지냈다.

● 담계潭溪에서 청빈하게 생활하며 부지런히 공부하였다. 셋째 숙부 주고朱槔에게 유씨劉氏 집에 의탁하여 사는 타향살이의 괴로움을 하소연하였다.

● 사서를 부지런히 연구하고, 여대림呂大臨의 『중용해中庸解』와 『맹자』의 '자포자기장自暴自棄章'을 읽은 뒤 경계하고 분발하며 「부자기문不自棄文」을 지었다.

● 유자휘의 처소에서 밀암密庵의 주승主僧이며 종고宗杲의 제자인 도겸선사道謙禪師를 처음으로 만나 불법을 배웠다. 이로부터 10년 동안 불교와 노장老莊에 출입하였다.

● 처음으로 『주례周禮』를 읽고서, 이 책이 성인의 넓고 큰마음에서 나온 것이라 여겼다.

● 유자휘가 주희에게 '원회元晦'라는 자를 지어주었다.

● 정이의 학문을 금하는 가운데 정호와 정이의 이학理學을 더욱 깊이 연구하였다.

● 과거 시험을 위한 공부를 좋아하지 않고, 유·불·도를 모두 배워서 터득한 내용을 필기하여 두 책으로 남겼다.

☞ 고려, 김부식, 인종의 명으로 『삼국사기』 50권을 편찬.

1145년 | 을축년乙丑年
송 고종 소흥 15년
16세

● 가을에 밀암의 도겸이 건주建州 개선사開善寺로 왔기에, 그에게 자주 찾아가 선禪을 묻고 불법을 배웠다.

● 자주 죽원암竹原庵에 가서 종원宗元에게 선을 묻고 불법을 배웠다.

1146년 | 병인년丙寅年
송 고종 소흥 16년
17세

● 봄에 도겸이 비방을 받고 개선사를 떠나 형양衡陽으로 가서 종고宗杲를 따랐는데, 대략 이때 주희가 종고에게 편지를 보내 선을 물은 듯하다. 종고의 답서答書가 있다.

● 여러 학자의 제례祭禮를 연구하고 수정하여 『제가제례고편諸家祭禮考編』을 편찬하였다.

● 8월. 건주의 향공鄕貢으로 천거되었다.

● 11월. 추시秋試를 보고 돌아가니, 유자휘가 시를 지어서 격려하였다.

● 12월 6일. 유자휘가 세상을 떠났다. 임종하기 전에 주희에게 평생 학문의 차례를 모두 말하고, 불원복不遠復(머잖아 돌아옴) 사상을 전수하였다.

☞ 유럽, 제2차 십자군 원정(~1149)

1147년 | 정묘년丁卯年
송 고종 소흥 17년
18세

● 춘정월. 유면지의 장녀 유청사劉淸四를 아내로 맞이하였다.

● 2월. 성시省試에 참가하여 도겸의 선설禪說을 응용한 답안을 제출하고 급제하였다.

1148년 | 무진년戊辰年
송 고종 소흥 18년
19세

- 4월. 전시殿試에서 제5갑第五甲 제90인第九十人으로 급제하여 동진사 출신同進士出身을 하사받았다.
- 처음으로 『증남풍집曾南豊集』을 읽고 증공曾鞏의 글을 배웠다.

1149년 | 기사년己巳年
송 고종 소흥 19년
20세

- 2월 10일. 유면지가 죽었다.
- 상채上蔡 사량좌謝良佐의 『논어해論語解』를 얻어서 읽고 깊이 연구하였다.
- 육경六經과 『논어』·『맹자』를 전면적으로 읽은 뒤 대의를 깨달았다. 학문과 사상의 전환이 일어났다.
- 12월. 무원으로 가서 성묘하고 선조의 분묘에 봉지封識를 지었다. 종족과 인척 및 고을 어른들에게 인사하고, 주씨의 가묘를 배알하였으며, 선업전 100무의 조세로 성묘와 제사의 비용에 충당하게 하였다.

1150년 | 경오년庚午年
송 고종 소흥 20년
21세

- 정월 2일. 무원을 떠나 흡현歙縣으로 가서 외가와 외조부 축확祝確을 찾아뵙고, 황돈篁墩으로 가서 주씨 선대의 세거지를 찾아보았다.
- 도겸이 밀암으로 돌아왔기에, 여러 차례 산속으로 가서 아침저녁으로 도를 물었고, 서로 편지를 주고받으면서 선학禪學을 배웠다.
- 이때 처음으로 역사서를 읽기 시작하였다.
- 섭적葉適(자 정칙正則, 호 수심水心)이 태어났다.

1151년 | 신미년辛未年
송 고종 소흥 21년
22세

- 3월. 임안의 전시銓試에 나아가 중등中等으로 뽑혀서 좌적공랑左迪功郎, 천주泉州 동안현 주부同安縣主簿에 제수되어 대차待次하였다.
- 서재를 지어서 목재牧齋라 이름 붙이고, 날마다 육경과 주석서를 읽었다.

- **정월.** 무이산 충우관沖佑觀에 가서 도사를 방문하여 마음을 재계하고 향을 사르고 도를 닦았다.
- **4월.** 밀암을 방문했다가 돌아온 뒤 더욱 불경을 탐독하고 마음속에 도겸을 그리워하며 선의 법열을 추구하였다. 가을에는 도교의 경전을 탐독하면서 장생長生과 비선飛仙의 방술을 배웠다.
- 겨울에 집에서 도를 닦았다. 분수실焚修室을 짓고, 「보허사步虛辭」를 본떠 도사가 경을 읽고 향을 피워 도를 닦는 것을 모방하였다.
- 처음으로 주돈이周敦頤의 「태극도설太極圖說」과 『통서通書』를 읽었다.
- 이해에 증공曾鞏의 연보를 써서 완성하였는데, 진회秦檜를 비판하는 내용이 들어 있다.
- 이해에 황간黃榦(자 직경直卿, 호 면재勉齋, 주희의 사위)이 태어났다.
☞ 신성로마제국, 프리드리히 1세 즉위

- 봄에 「목재기牧齋記」를 지어서 3년 동안 유학 경전을 읽고 불교와 도교에 드나든 일을 총결하였다.
- **5월.** 천주 동안현 주부主簿로 부임하였는데, 무이산을 지나면서 충우관의 도사를 방문하였다.
- 남검주南劍州를 지나다가 연평 이통을 뵙고서 불교를 배워 터득한 점이 있음을 말하였는데, 이통은 긍정하지 않았다.
- 복주를 지나다가 시경학의 대가 우재迂齋 이저李樗, 상서학의 대가 졸재拙齋 임지기林之奇, 예학의 대가 유조劉藻와 임문천任文薦을 방문하였다.
- **7월.** 동안에 이르러 현의 주부를 맡고, 아울러 현학縣學을 주관하였다.
- **7월 10일.** 맏아들 주숙朱塾(자 수지受之)이 태어났다.
- 판적과 전세田稅을 샅샅이 조사하여서 경계經界(토지 측량, 토지 경계 정비)를 시행하고자 하였다. 추수한 뒤에 천주泉州로 가서 북산北山의 마니교摩尼敎 호록 법사呼祿法師을 참배하고 제전祭奠을 드렸다. 혜안惠安에 이르러 현승縣丞인 정소숙鄭昭叔을 통해 경계 측량법을 상세히 이해한 뒤

널리 시행하기를 청하려고 하다가 성사시키지 못하였다.
● **11월.** 부세簿稅을 정돈하여서 아전의 농간을 징치하였다. 12월에 격문檄文을 받들고 안계安溪·영춘永春 일대로 가서 일을 조사하였다. 영춘현령永春縣令 황우黃瑀를 방문하여 아전들 농간을 그치게 하고 백성의 고통을 구제하는 방법을 배웠다.

1154년 | 갑술년甲戌年
송 고종 소흥 24년
25세

● 현학을 정돈하고, 「유학자論學者」·「유제생論諸生」·「유제직사論諸職事」 등을 반포하였다. 5월에 강론하고 문답하는 법을 증보한 뒤 수정하여서 새로 강좌를 만들고, 「강좌명講座銘」을 지었다. 동안 현학同安縣學의 기숙사 네 채를 건립하였다.
● 현학의 제자원弟子員(현학 학생)을 시험하여서 결원을 보충하고, 책시策試의 법을 정하여서 「보시방유補詩榜諭」·「책시방유策試榜諭」를 반포하였다. 친히 현학의 제생에게 『논어』 20편을 강의하였다.
● **7월.** 둘째 아들 주야朱埜(자 문지文之)가 태어났다.

1155년 | 을해년乙亥年
송 고종 소흥 25년
26세

● 격문을 받들고 복주의 수부帥府로 가서 안무사安撫使 방자方滋을 만나 현학을 위해 관서官書 985권을 베껴 오고, 현학의 오래된 궤짝을 정리하여 장서 227권을 얻었다. 경사각經史閣을 지어서 수장하였다.
● 여대기呂大器가 복건 제형 사간관福建提刑司幹官에 임명됨에 따라 여조겸呂祖謙이 아버지를 따라 복주로 왔다. 주희가 복주에서 여대기·여조겸 부자를 처음으로 만났다.
● 봄에 매양梅陽으로 가서 대혜 선사大慧禪師 종고宗杲을 만났다.
● 여름에 현에서 도적이 일어나자 성의 서북쪽을 나누어 지키고, 활터를 만들어서 활쏘기를 익혔다.
● 예제禮制을 정돈하여 「민신예의民臣禮議」를 짓고, 『정화오례政和五禮』에 오류가 많음을 발견한 뒤 별도로 『소흥찬차정화민신예략紹興纂次政和民臣

禮略』의 편찬을 건의하고, 예서禮書를 고정考正하였다.

● 9월. 도겸이 세상을 떠나자 제문을 짓고, 가서 제사 지냈다.

● 10월 1일. 장진張震이 천하 학교에 정호와 정이의 학문을 금할 것을 신칙하라고 청하였다.

● 10월 22일. 진회秦檜가 죽고 정호와 정이의 학문이 해금되었다. 이에 현학의 책문에 진회를 비판하는 문제를 자주 내고, 정호와 정이의 학문을 주창하였다.

● 『목재정고牧齋淨稿』를 편찬, 개정하였다.

● 2월 1일. 권 호부 시랑權戶部侍郎 종세명鍾世明에게 편지를 보내서 명목 없는 가혹한 세금인 경총제전經總制錢을 없애자고 청하였다.

● 격문을 받들고 외읍外邑으로 가서 공사公事를 자세히 살폈다. 덕화德化에 이르러 극두포劇頭鋪에서 묵었는데, 추운 밤에 『논어』를 열심히 읽다가 '자하의 문인 소자 장(子夏之門人小子章)'에서 문득 깨달음이 있었다.

● 7월. 동한현 주부의 임기가 만료되었다. 주부의 관사가 무너진 탓에 고사헌高士軒에서 거처할 수 없게 되었기에 범천사梵天寺의 겸산각兼山閣에 잠시 묵었다.

● 9월. 천주의 객사에서 『맹자』를 정독하여 맹자 사상의 맥락을 깨우쳤다. 이때 『맹자집해孟子集解』를 짓기 시작하였다.

● 사량좌謝良佐의 『상채어록上蔡語錄』을 얻어서 잠심하여 읽었다.

1156년 | 병자년丙子年
송 고종 소흥 26년
27세

● 봄에 동안同安으로 돌아와서 후임을 기다렸다.

● 관사官舍가 무너졌기 때문에 진량걸陳良傑의 집에서 우거하였다. 그 집을 '외루암畏壘庵'이라 이름 붙이고, 날마다 친구·제자와 더불어 독서하고 강학하였다.

● 처음으로 연평 이통에게 편지를 보내서 학문을 물었다. 6월 26일에 이

1157년 | 정축년丁丑年
송 고종 소흥 27년
28세

통이 답장을 보내서 함양하는 곳에 힘을 다하라고 격려하였다. 이때부터 연평 이통에게 배웠다.

● 10월. 후임이 이르지 않고 4년 임기가 만료되어서 돌아갔다.

1158년 | 무인년戊寅年
송 고종 소흥 28년
29세

● 정월. 걸어서 연평으로 찾아가 이통을 뵙고, '충서일관忠恕一貫'의 뜻을 묻고는 3월에 돌아왔다.

● 『논어』를 깊이 연구하여 호헌胡憲·범여규范如圭와 편지로 '충서일관'의 뜻을 왕복 토론하였다. 이통의 '이일분수理一分殊' 사상과 서로 합치되므로 「충서설忠恕說」을 지었다.

● 7월. 『춘추』·『논어』를 읽고, 이통과 학문을 논하여 문답하는 편지를 주고받았다.

● 11월. 『논어』·『춘추』·『맹자』를 읽고 이통과 학문을 논하여 문답하는 편지를 주고받았는데, '충서일관'의 뜻과 '쇄연융석灑然融釋(상쾌하게 말끔이 이해되는 것)'의 설을 다시 논하였다.

● 거처하는 집을 '곤학困學'이라 이름 붙였다.

● 이달에 어머니 봉양을 구실로 봉사직을 청하여서 12월에 담주潭州 남악묘南嶽廟 감독에 차임되었다.

1159년 | 기묘년己卯年
송 고종 소흥 29년
30세

● 춘정월. 『시집해詩集解』를 짓기 시작하였다.

● 3월. 『상채선생어록上蔡先生語錄』을 교정하여서 완성하였다. 호헌胡憲이 발문을 지었다.

● 6월. 경서를 자세히 읽었다. 이통과 학문을 묻고 답하는 편지를 주고받았다.

● 8월 13일. 참지정사參知政事 진강백陳康伯의 천거로 행재소로 오라는 부름을 받았으나, 좌사간左司諫 하부何溥의 저지로 인해 나아가지 않았다.

● 이해에 『논어집해論語集解』의 초고를 완성하였다.

• 5월. 『논어』·『맹자』와 「태극도설太極圖說」·『통서通書』를 자세히 연구하고, 주돈이의 유문遺文을 수집하여서 이통에게 보냈다. 이통과 '주정존양主靜存養', '쇄연융석灑然融釋'의 설을 토론하였다.

• 7월. 이통과 『논어』·『맹자』의 주해注解를 토론하였다.

• 10월. 연평에서 이통을 뵙고 가르침을 받았다.

• 12월. 『맹자집해孟子集解』의 초고를 완성하였다.

1160년 | 경진년庚辰年
송 고종 소흥 30년
31세

• 2월. 이통과 주돈이의 「태극도설」 등을 토론하였다.

• 5월. 이통과 『논어』 등을 토론하였다. 이통이 주희에게 점점 쇄연융석해진다고 칭찬하였다.

• 9월. 금의 완안량完顔亮이 대거 남침하였다. 10월에 유기劉錡가 조각림皂角林 전투에서 금을 크게 물리쳤다. 11월에 완안량이 양주揚州 구산사龜山寺에서 피살되고, 12월에 금의 병사가 북으로 퇴각하였다. 동지 추밀원사同知樞密院事 황조순黃祖舜에게 편지를 보내서 완안량이 남침한 사건으로부터 교훈을 총결하고, 조정에서 화친을 주장하며 구차한 안정을 추구하는 것에 대해 비판하였다.

1161년 | 신사년辛巳年
송 고종 소흥 31년
32세

• 춘정월. 건안에서 이통을 배알한 뒤 함께 연평으로 돌아갔다. 서림원西林園에 묵으면서 가르침을 받다가 3월이 되어 돌아갔다.

• 4월 12일. 호헌이 죽었다. 그를 위해 제문을 지었다.

• 6월 11일. 고종高宗이 선양하여서 효종孝宗이 즉위하였다. 다시 남악묘南嶽廟 감독에 차임되었다.

• 이통과 함께 인仁과 이일분수리一分殊를 토론하였다.

• 6월 19일. 효종이 직언을 구하는 조서를 내렸기에 봉사封事를 올리기로 결심하고, 7월에 초고를 작성한 뒤 이통에게 보내서 수정을 받았다.

• 8월 7일. 봉사를 올려서 제왕의 학문을 강론하고, 내치內治를 정비하며

1162년 | 임오년壬午年
송 고종 소흥 32년
33세

외적을 막을 계책을 정하고, 본원을 공고히 할 것을 힘써 진술하였다.

1163년 | 계미년癸未年
송 효종 융흥隆興 원년
34세

● 4월. 조신漕臣 진계약陳季若(진미작陳彌作)에게 편지를 보내서 민중閩中의 염법鹽法을 논하였는데, 백성에게 해를 끼치는 해창海倉을 혁파하고 백성과 이익을 다투지 말라고 주장하였다.

● 나종언羅從彦이 기록한 『구산어록龜山語錄』을 왕응신汪應辰에게 보내서 양시楊時의 학문과 시사를 토론하고, 불교와 도교에 관한 양시의 설을 비판하고, 근습近習 용대연龍大淵과 증적曾覿을 통렬히 꾸짖었다.

● 5월. 『논어요의論語要義』·『논어훈몽구의論語訓蒙口義』를 완성하였다.

● 『모시집해毛詩集解』의 초고를 완성하였다.

● 8월. 『연평답문延平答問』을 편찬하고 개정하였다.

● 10월 15일. 이통이 복주에서 세상을 떠났다.

● 10월 19일. 도성에서 여조겸에게 편지를 보냈다. 이때부터 두 사람이 학술로 왕래하였다.

● 11월 6일. 등대登對하고 수공전垂拱殿에서 시사를 아뢰었다. 첫째 차자箚子는 정심성의正心誠意, 격물치지格物致知의 학문을 논하고, 도교와 불교 같은 이단의 학문을 배척하였다. 둘째 차자는 밖으로 이적夷狄을 물리쳐서 원수를 갚는 대의大義를 논하고, 화의和議를 반대하였다. 셋째 차자는 안으로 정사政事를 닦는 도를 논하고, 아첨하는 신하를 총애하고 신임하는 효종의 태도에 대해 직간하였다.

● 11월 12일. 무학박사武學博士에 제수되어서 대차하였다.

● 도성에서 장식을 만나 서로 알게 되었고, 주전과 용병에 관해 토론하였다.

● 12월 12일. 임안을 떠나 돌아가다가 무주婺州를 지나면서 여조겸을 만나 학문을 강론하였다.

● 『훈몽절구訓蒙絶句』를 완성하였다.

● 춘정월. 연평으로 가서 이통에게 곡하고 제사 지냈다. 행장을 짓고 「서림西林」 시에 차운하여서 두 수를 지었다.

● 4월. 다시 연평으로 가서 이통의 장사를 치르고 제사를 지냈다. 그 뒤 복주로 가서 왕응신을 만나 보고 유교와 불교의 학문, 강화와 전쟁에 관한 시사를 토론하였다.

● 8월 28일. 장준張浚이 여간餘干에서 죽었다.

●『잡학변雜學辨』을 완성하였다.

● 9월. 예장豫章으로 가서 장준을 제사 지내고, 장식과 만나 호상학湖湘學의 중화설中和說을 토론하였다. 호굉胡宏의『지언知言』을 얻었으며, 호굉의 제자 오익吳翌과 사귀었다.

● 10월. 금의 군사가 회수淮水를 건너 남침하여서 다시 전쟁이 일어났다.

● 12월. 융흥화의隆興和議가 성립하였다. 이에 대해 여러 차례 통렬히 꾸짖었다.

● 이해에『곤학공문편困學恐聞編』을 완성하였다.

● 4월. 행재소에 이르렀다. 전단례錢端禮와 홍괄洪适이 바야흐로 화의를 주장하기에 '화의和議'·'독단獨斷'·'국시國是'의 설을 통렬히 꾸짖고, 다시 봉사직을 청하였다. 5월에 다시 남악묘南嶽廟 감독으로 차임되었다.

● 6월 21일. 위염지魏掞之의『무오당의戊午黨議』를 위해 서문을 지어서 고종과 효종의 화의가 나라를 망치고 백성을 해친 것을 총결하였다.

● 3월. 임용중林用中이 와서 배웠다. 그를 위해 「자서字序」를 지어주고, 가숙家塾에 거처하면서 주숙과 주야 두 아들을 가르치게 하였다.

● 주돈이의『통서』를 편찬하고 개정한 뒤 장사長沙에서 간행하였다. 임률林栗에게 편지를 보내서 주돈이의 태극학을 논변하였다.

● 6월. 채원정蔡元定이 처음으로 찾아와 배움을 물었다. 경의經義를 강론

하였다.

- 장식과 이발미발己發未發을 토론하고 중화구설中和舊說을 세웠다.
- 7월. 『맹자집해』를 수정하고, 『이정어록二程語錄』을 편찬·개정하였다.
- 9월. 하호何鎬가 찾아와서 중화설을 토론하였다.
- 처음으로 '주경主敬' 사상을 깨닫고, '원두활수源頭活水(원천에서 흘러드는 물. 곧 '경敬'을 가리킴)'의 「방당시方塘詩」로 자기 사상의 비약을 읊었다.
- 『논어요의』를 소무邵武의 부학府學에서 판각하였고, 『장재집張載集』을 편찬 개정하였다.
- 10월. 유공劉珙이 장사에서 『이정선생문집二程先生文集』을 판각하고 장식이 교정하였다. 장식·유공과 토론하면서 대조 검토한 뒤에 마침내 스스로 『이정문집二程文集』을 교정하였다.

1167년 │ 정해년丁亥年
송 효종 건도 3년
38세

- 9월 8일. 담주潭州로 가서 장식을 방문하고 악록嶽麓에서 두 달 동안 강학하였다.
- 11월 23일. 장식과 이별하고 동쪽으로 돌아갔다.
- 12월. 병산屛山 유자휘劉子翬의 묘표를 지었다. 진준경陳俊卿과 유공의 천거로 추밀원 편수관樞密院編修官에 제수되어서 대차하였다.

1168년 │ 무자년戊子年
송 효종 건도 4년
39세

- 4월 10일. 『사상채어록謝上蔡語錄』을 재수정하였다.
- 4월 20일. 『정씨유서程氏遺書』를 편찬·수정하여 완성하고, 천주泉州에서 교정한 뒤 판각하였다.
- 이달에 숭안崇安에 큰 기근이 들었는데, 현의 진휼 책임을 맡은 50여 일 동안 부府에 곡식을 청하여서 구휼하였다.
- 8월. 장식, 오익, 채원정, 임용중 등과 관과지인觀過知仁(잘못된 점을 보면 인仁을 알 수 있다)의 설을 토론하고, 「관과설觀過說」을 지었다.

● **정월 초하루.** 막내아들 주재朱在(자 경지敬之)가 태어났다.

● 이해 봄, 채원정과 강학하다가 '중화신설中和新說'을 문득 깨닫고는 평생 학문의 대지大旨를 확립하였다. 「이발미발설已發未發說」을 지어서 장식에게 보냈다.

● **5월.** 성차省箚가 내려와 추밀원 편수관에 취임하라고 재촉하였으나, 사양하였다. 재차 취임을 재촉하여서 남악묘南嶽廟에 차견해달라고 글을 올려 청하였다.

● **6월 23일.** 주돈이의 「태극도설太極圖說」과 『통서通書』를 다시 교정하여 건안에서 판각하였다.

● **9월 5일.** 모친 유인孺人 축씨祝氏의 상을 당하였다.

● **10월.** 『정씨역전程氏易傳』을 대조·교정하여서 완성하고, 여조겸을 통해 무주에서 간행하였다.

● **12월.** 건양建陽으로 돌아가서 풍수風水에 정통한 채원정에게 모친의 장지葬地을 간택해달라고 청하였다.

● 『제의祭儀』의 원고를 수정하여서 완성하였다.

1169년 │ 기축년己丑年
송 효종 건도 5년
40세

● **정월.** 모친 축씨를 건양 숭태리崇泰里 뒷산 천호天湖의 북쪽 한천오寒泉塢에 장사 지낸 뒤 모친의 묘소에 여막을 짓고 시묘하였다. 그 옆에 한천정사寒泉精舍를 세워서 강학하고 저술하였다.

● 봄에 『태극도설해太極圖說解』의 초고가 완성되어서 장식과 여조겸에게 부쳐준 뒤 토론하고, 윤5월에 「태극도설해」를 수정하여서 완성하였다.

● **4월.** 운곡雲谷에 회암晦庵을 세워서 은거하며 숨어 살려는 뜻을 두었다.

● **5월.** 여조겸과 『중용』 첫 장의 취지를 강론하고, 「중용수장설中庸首章說」을 지었다.

● 가을에 『서명해西銘解』의 초고를 완성하였다. 장식·채원정·여조겸에게 부쳐주고서 토론하였다.

● 『정씨유서程氏遺書』·『정씨문집程氏文集』·『정씨경설程氏經說』을 대조 교정

1170년 │ 경인년庚寅年
송 효종 건도 6년
41세

하고, 정백웅鄭伯熊을 통해 건녕建寧에서 판각하였다.

☞ 고려, 무신정권 수립

1171년 | 신묘년辛卯年
송 효종 건도 7년
42세

- 5월. 오부리五夫里에 사창社倉을 세웠다.
- 9월. 『자치통감강목資治通鑑綱目』의 범례를 정하였다.
- 12월. 『지언의의知言疑義』를 완성하였다.

1172년 | 임진년壬辰年
송 효종 건도 8년
43세

- 정월. 『어맹정의語孟精義』가 완성되어 건양建陽에서 판각하였다.
- 4월 26일. 『자치통감강목』의 초고가 완성되었다.
- 5월. 호상학자 표거정彪居正이 찾아와서 성설性說·인설仁說 등을 토론하였으나, 견해가 합치하지 않았다.
- 8월 1일. 「중화구설」을 편찬하여 수정하였다.
- 9월. 『팔조명신언행록八朝名臣言行錄』을 완성하여 건양에서 판각하였다.
- 10월 1일. 『서명해西銘解』를 수정하여 완성하였으며, 「서명후기西銘後記」를 짓고 서문을 확정하였다.
- 장식과 『수사언인록洙泗言仁錄』을 토론하고 인학仁學에 관한 논변을 전개하였으며, 「인설」과 「교언영색설巧言令色說」을 지었다.
- 12월. 『대학장구大學章句』와 『중용장구中庸章句』의 초고가 완성되어서 장식과 여조겸에게 부쳐주고 토론하였다.

1173년 | 계사년癸巳年
송 효종 건도 9년
44세

- 4월 16일. 『태극도설해』의 서문을 확정하였다.
- 6월. 『정씨외서程氏外書』를 편집하여 완성하였다.
- 맏아들 주숙을 여조겸에게 보내서 가르침을 받게 하였다.
- 7월 19일. 유평劉玶을 도와 『병산선생문집屛山先生文集』을 편집하여 완성하고 문집의 후발後跋을 지었다.

- 9월 21일. 석돈石整을 도와서 『중용집해中庸集解』를 편집·교정하고, 그 서문을 지었다.
- 10월 1일. 우계현尤溪縣의 사당과 학교를 수리하여 완성하고, 석돈을 위해 현학의 기문 및 현학에 있는 다섯 채 학사의 명문을 지었다.
- 11월. 「육선생화상찬六先生畫像贊」을 지었다.
- 『이락연원록伊洛淵源錄』의 초고를 완성하였다.
- 12월. 『정씨역전』을 다시 교정한 뒤 여조겸을 통해 무주婺州에서 판각하였다.
- 『제의祭儀』를 수정하였다.

- 4월. 『대학』과 『중용』의 새 판본을 편집·교정하여서 경經과 전傳을 나누고, 다시 장의 차례를 정한 뒤에 건양에서 인쇄하였다.
- 5월 1일. 숭안현 오부리의 사창기社倉記를 지었다.
- 5월 13일. 『고금가제례古今家祭禮』를 편차하여 완성하였다.
- 이해 가을, 건녕에 큰 가뭄이 들었다. 건녕부建寧府에 가서 부자득傅自得을 만나, 양사兩司(전운사와 상평사) 및 건녕부와 함께 백성을 진휼하고 구제하는 데 마땅히 해야 할 일을 토론하였다.
- 장식·오익·여조겸呂祖儉 등과 심설心說에 관한 논변을 전개하고, 「관심설觀心說」을 지었다.

1174년 │ 갑오년甲午年
송 효종 순희淳熙 원년
45세

- 4월 13일. 「향약鄕約」과 「향의鄕儀」의 작자를 고찰하여 교정하였는데, 여대충呂大忠에서 여대균呂大鈞으로 바로잡고 발문을 지었다.
- 여조겸과 함께 개요향開耀鄕 사창社倉에서 진휼하는 일을 참관하였다.
- 4월 24일. 여조겸과 한천정사에 가서 함께 『근사록近思錄』을 편집·교정하였다. 그리고 여조겸과 상의하여 『정씨유서』를 간략하게 정리하고, 『정자격언程子格言』(『정자미언程子微言』)을 만들었다.

1175년 │ 을미년乙未年
송 효종 순희 2년
46세

● 5월 16일. 여조겸과 함께 연산鉛山 아호鵝湖로 갔다. 28일에 아호에 도착하여 복재復齋 육구령陸九齡과 상산象山 육구연陸九淵을 만나서 논쟁하였다.

● 7월. 운곡雲谷의 거처를 완성하였다.

● 『제의祭儀』를 수정하여 완성하고, 「증손여씨향약增損呂氏鄕約」을 지었다.

● 8월. 『근사록』을 수정하자 여조겸이 「제근사록題近思錄」을 짓고, 이를 무주에서 판각하였다.

● 12월. 『가례家禮』를 짓기 시작하였다.

1176년 | 병신년丙申年
송 효종 순희 3년
47세

● 정월. 황간이 처음으로 문하에 들어와서 배웠다.

● 3월 중순. 무원으로 조상의 묘에 성묘하러 갔는데 채원정이 동행하였다. 28일에 개화開化에서 여조겸을 만나 아흐레 동안 학문을 강론하였다.

● 4월 12일. 무원에 도착하여 조상의 묘에 성묘하고 먼 조상의 묘를 복원하였다.

● 6월. 무원에서 휘중徽中(안휘성)의 선비들과 교유하였는데, 많은 학생들이 찾아와 예를 갖춰 배움을 물었다.

● 6월 21일. 공무량龔茂良과 한원길韓元吉의 천거로 비서성 비서랑秘書省秘書郞에 제수되었다. 7월 8일에 사양하였으나 윤허를 받지 못하였다. 8월에 다시 봉사직을 청하여 9월에 무이산 충우관을 관리하는 봉사직에 차임되었다.

● 7월. 「정성설定性說」을 지었다.

● 11월 13일. 부인 영인令人 유씨劉氏가 졸하였다.

1177년 | 정유년丁酉年
송 효종 순희 4년
48세

● 2월에 유씨劉氏의 장지를 정하여 4월에 건양현建陽縣 당석唐石 대림곡大林谷에 장사 지냈다.

● 6월 24일. 『논어집주論語集注』・『논어혹문論語或問』, 『맹자집주孟子集注』・

『맹자혹문孟子或問』, 『대학장구大學章句』·『대학혹문大學或問』, 『중용장구中庸章句』·『중용혹문中庸或問』·『중용집략中庸輯略』이 완성되자, 서문을 확정하였다.

● 10월 22일. 『시집해詩集解』를 수정하고 서문을 확정하였다.

● 이해에 『역전易傳』을 완성하고 서문을 확정하였다.

● **춘정월.** 시어사 사확연謝廓然이 글을 올려서 정학程學을 금하라고 청하였다. 여조겸에게 깊은 우려를 드러낸 편지를 보냈다.

● 여름에 청단淸湍의 밀암에서 『시집전詩集傳』을 저술하기 시작하였다.

● 육구령과 육구연이 편지를 보내왔는데, 아호의 회합에서 편벽된 학설을 편 것에 대해 스스로 자책하였다.

● **8월.** 사호史浩의 천거로 지 남강군知南康軍에 차임되었으나, 17일에 사양하였다.

1178년 | 무술년戊戌年
송 효종 순희 5년
49세

● **3월 30일.** 남강南康에 도착하여서 고을의 사무를 인수받았다.

● **4월.** 우선 방문榜文을 반포하여 백성의 힘을 기르고, 풍속을 도탑게 하고, 선비의 기풍을 진작하는 세 조항의 가르침을 내렸다.

● 군학軍學을 정비하고, 학궁에 염계주선생사濂溪周先生祠를 세워서 정호·정이 두 선생을 배향하였다. 또 오현사五賢祠를 세웠다.

● 구강九江 고가에 전하는 「태극도설」과 『통서』의 판본을 얻어서 연평 판본 『태극통서』를 교정하고 후발을 지었다.

● **5월 1일.** 양방楊方이 구강의 고가에 전하는 판본을 얻어왔는데, 이에 근거하여 『태극통서』를 다시 확정하고 남강군 군학에서 판각하였다.

● **6월 22일.** 차자를 올려서 성자현星子縣의 세금을 감면해달라고 간곡히 아뢰었다. 또, 조사漕司(전운사)에 아뢰어서 여러 해 미납한 세곡을 감면해주고, 상공上供(중앙정부에 내는 세금)과 추묘秋苗(가을 곡식에 부과하는 세

1179년 | 기해년己亥年
송 효종 순희 6년
50세

금)의 남은 미곡米穀을 남강군에 방출하여 군량軍糧으로 충당하며, 상공으로 바칠 미곡은 건강建康에 납부하도록 청하였다.

● **10월.** 하원일下元日(10월 15일)에 저수지를 순시하다가 백록동白鹿洞의 옛터를 발견하고서 마침내 백록동서원의 중건을 의논하고, 「백록동첩白鹿洞牒」을 널리 반포하였다. 백록동서원의 복원을 청하는 장계를 올렸다.

● 이달에 건창현建昌縣에 가을 가뭄이 들었는데 검방檢放(재해의 피해를 조사하여 진휼함)의 시기를 놓쳐버린 탓에 백성이 유랑하여 떠나갔다. 스스로 탄핵하는 글을 올렸다.

☞ 고려, 경대승慶大升이 정중부鄭仲夫를 살해하고 도방都房 설치.

1180년 | 경자년庚子年
송 효종 순희 7년
51세

● **정월.** 세력이 강한 사람을 제압하고, 간악한 관리와 흉악한 무리를 엄히 징계하였는데, 그것이 오히려 사우師友의 질책을 초래하였다. 채원정과 양방이 남강에 와서 그 정사政事를 비판하였다. 추밀사 왕회王淮에게 파면을 청하는 차자를 보냈다.

● **2월 2일.** 장식이 졸하였다. 연회를 파하고 곡하였다. 사람을 보내서 치제致祭하였다.

● 다시 성자현星子縣의 세금을 감면해달라고 청하였다.

● 「권농문勸農文」·「권유축경안勸諭築埂岸」·「신유경상방申諭耕桑榜」을 반포하고, 성자현의 지현知縣 왕문림王文林의 뽕나무 심는 법을 확대해 나갔다.

● **3월 18일.** 백록동서원이 완공되어서 석채釋菜를 행하고 강의를 시작하였으며, 스스로 동주洞主(서원장)를 맡았다. 백록동서원의 학규學規를 정하였다.

● 이달에 처음으로 사수沙隨 정형程迥과 역학易學을 토론하였다.

● **4월.** 속현의 목탄전木炭錢을 감면해주기를 청하였다.

● **4월 16일.** 『위재집韋齋集』을 정리하여 융흥隆興에서 판각하였다. 부자 득傅自得이 서문을 썼다.

- **4월 21일.** 조서에 응하여 봉사를 올렸다.
- **5월.** 처음으로 협주峽州의 곽옹郭雍과 역학을 토론하였다.
- **7월.** 남강南康에 큰 가뭄이 들어서 황정荒政을 크게 다스렸다.
- 조세를 감면하고, 전운사轉運司·상평사常平司로 하여금 돈과 미곡을 방출하여 군량에 충당하거나 백성을 구휼하는 데 쓰게 해달라고 청하였다. 미납한 순희 6년분 세곡과 합하여 납부할 순희 7년분 세곡을 절류截留(수송할 물자를 보류함)하여서 군량미에 충당하거나 백성을 구휼하는 데 쓰게 해달라고 청하였다.
- **8월.** 상평제거사사常平提擧使司에 차자를 보내서 미곡을 방출하여 진휼하고 구제해달라고 아뢰었다.
- **9월.** 납부할 묘미苗米(조운으로 서울에 올려 바치는 쌀)를 검방하여 군량으로 충당하게 해달라고 청하는 장계, 두 해의 묘세苗稅를 억류(하여 군량미로 조달)하게 해달라고 청하는 차자, 알적遏糴(미곡 구입 금지)을 막도록 지휘를 거듭 밝히기를 청하는 차자, 인호에 진제賑濟를 권유한 사실을 아뢰는 장계를 올렸다.
- **10월.** 제거사에 아뢰어 상평미常平米를 팔라고 청하였다. 또한 제사諸司에서는 강서江西에서 알적을 허락하지 말라고 청하였다. 쌀을 사들이도록 상공上供 관전官錢을 가불해달라고 아뢰고, 하세夏稅의 돈과 비단의 납부를 임시로 연기해달라고 청하였다.
- **11월 1일.** 『어맹정의語孟精義』를 보완하고 확정한 뒤 『어맹요의語孟要義』로 이름을 고치고 융흥에서 판각하였다.
- **11월 29일.** 상서성尙書省의 창부倉部와 전운사에 성자星子·도창都昌·건창建昌 세 현의 묘미를 검방할 것을 아뢰어서 닷 말 이하의 묘미를 납부하는 인호는 모두 견감해주었다. 강동 제거江東提擧 우무尤袤가 그 방법을 강동江東의 모든 고을에 시행하였다.
- 신기질辛棄疾이 강서 안무사江西安撫使에 제수되었다. 함께 황정을 다스리는 방법을 강구하면서 편지를 주고받았다.

1181년 | 신축년辛丑年
송 효종 순희 8년
52세

- **정월 1일.** 구제 곡식을 파는 시장을 열었다.

- 구황救荒하는 조치가 사람들에게 전해져서 본보기가 되었다. 장강 남 북의 황정 가운데 1등으로 평가되어서 널리 칭송을 받았다.

- 경제전經制錢·총제전總制錢·월장전月椿錢의 감면을 청하였다.

- 글을 올려서 금군禁軍 징집 중지, 군수품 구매 중지, 도창현의 성채城寨 신축 중지, 남강군 군치軍治(군청 소재지) 이전의 중지를 청하였다.

- **2월.** 육구연이 찾아와서, 10일에 백록동서원에서 '군자소인유의리장君 子小人喻義利章'(『논어』 「이인里仁」)을 강론하였다.

- **3월 25일.** 제거 강남서로 상평다염공사提擧江南西路常平茶鹽公事에 제수 되어서 대차하였다. 성자현 세금 견감, 권유를 받고 진제미賑濟米를 납부 한 집에 대한 포상 추천, 하세夏稅 견감과 납세 기한 연기(倚閣), 재해를 입 은 군현에 적체된 포흠을 독촉하지 말 것을 청하는 장계를 올렸다. 또, 백록동서원 칙액勅額과 고종高宗의 친필 석경石經 판본, 국자감國子監의 구 경주소九經注疏 및 『논어』·『맹자』 등의 책을 하사해달라고 청하였다.

- **윤 3월 27일.** 임기를 마치고 동쪽으로 돌아갔다. 28일에 백록동서원에 서 「서명西銘」의 뜻을 풀이하여 강의하였다.

- **7월 29일.** 여조겸이 졸하였다. 위패를 만들어 놓고 곡하였다. 그의 집 에 제물을 보냈다.

- **9월 22일.** 우상 왕회王淮의 천거로 제거 양절동로 상평다염공사提擧兩 浙東路常平茶鹽公事에 제수되어서 배명하였다. 행재소로 가서 시사를 아뢰 게 해달라고 청하였다.

- **10월 28일.** 행재소로 가서 시사를 아뢰는 일이 윤허되었다. 남강군에 곡식을 바친 사람에게 포상을 내린다는 당첩堂牒(재상이 결재한 공문서)이 내려오자 마침내 직명을 받았다.

- **11월 26일.** 연화전延和殿에서 시사를 아뢰었는데, 차자를 모두 일곱 편 을 올렸다.

- **12월 1일.** 관청에서 백성의 진휼을 위해 남고南庫의 전錢 30만 민緡을 꺼내서 주희에게 주었다.

- 12월 22일. 주희의 사창법을 각 로路의 주군에 하달하여서 24일에 시행하였다.
- 주필대周必大에게 알적을 금지하고 구제미를 바친 자를 포상하는 등의 여러 일에 대해 편지를 보냈다.

1182년 | 임인년壬寅年
송 효종 순희 9년
53세

- 정월 4일. 소흥부紹興府의 속현 및 무주婺州·구주衢州를 순력하였는데, 7일에 승현嵊縣에 이르러 소흥부 지사紹興府指使 밀극근密克勤이 구제미를 착복한 사실을 적발하여서 탄핵하였다.
- 정월 14일. 금화현金華縣에 이르러 부자 주희적朱熙積이 진조賑糶(곡식을 방출하여 진휼함)에 복종하지 않은 사실을 적발하여서 탄핵하였다.
- 정월 17일. 무의현武義縣에 이르러 명초산明招山에 가서 여조겸의 묘에 곡하고 제를 올렸다. 여조겸이 병중에 지은 『일기日記』와 그가 교정한 『형공목록荊公目錄』에 발문을 지었다.
- 정월 하순. 구주에 이르러 수령 이역李嶧이 황정을 다스리지 않은 사실을 적발하여서 상주하여 탄핵하였다.
- 구주 감주고衢州監酒庫 장대성張大聲과 용유현龍游縣의 현승 손자孫孜가 검방을 부실하게 한 사실을 적발하여서 상주하여 탄핵하였다.
- 2월. 소흥으로 돌아와서 탄핵한 관리들을 좌천시키거나 관직을 삭탈하라고 청하였다.
- 5월. 재해를 입은 주현에서 여러 해 묵은 포흠의 독촉을 중지하고, 진휼을 도운 사람을 포상하라고 청하는 장계를 올렸다. 구주의 신임 수령 심숭일沈崇一이 상평사의 의창미義倉米를 멋대로 지급한 사실을 적발하여서 상주하여 탄핵하였다.
- 6월. 『대학장구』·『중용장구』·『논어집주』·『맹자집주』를 모아서 한 질로 만들고, 무주에서 판각하였다. 이것이 『사서집주四書集注』인데, 경학사상 '사서'라는 명칭이 여기에서 비롯되었다.
- 7월 12일. 조정에서 남고의 전 30만 민을 꺼내서 주희에게 주고 진휼

하게 하였다. 다시 진황의 알맞은 방책을 조목조목 아뢰었다.

● 7월 23일. 태주성台州城에 들어갔다. 태주의 정견丁絹(장정의 병역, 부역에 대납하는 비단) 납부를 면제해줄 것을 아뢰었다.

● 태주의 전임 지주知州 당중우唐仲友의 탐욕스러움과 직책을 더럽힌 불법을 적발하고는 여섯 차례 상주하여서 탄핵하였다.

● 8월. 명주明州에 관회官會(지폐)를 지급해주고, 본사本司(절동 제거사)에는 관회와 도첩度牒을 다시 지급해달라고 아뢰었다. 작년에 과잉 납세한 하세夏稅의 수목數目에 견주어서 금년의 수를 결정하여 견감해주고, 소흥부의 화매和買를 모두 견감해달라고 아뢰었다.

● 수리 사업을 일으켜서, 황암현黃巖縣과 정해현定海縣의 수갑水閘을 수리하였다.

● 8월 14일. 조정에서 지휘를 내려 절서 제형浙西提刑을 파견하고 당중우탄핵안을 조사하여 처리하게 했는데, 장계를 올려 파직을 청하였다.

● 9월 4일. 순력하여 수창현遂昌縣에 이르렀을 때, 직휘유각直徽猷閣에 제수되었으나 사양하였다. 아울러 여섯 번째 당중우를 탄핵하는 장계를 올렸다.

● 12월. 이부 상서 정병鄭丙이 왕회王淮의 사주를 받아 도학道學에 반대한다는 소를 올렸는데, 주희를 겨냥한 것인 듯하다.

● 이해에 차녀(주태朱兌)를 황간에게 시집보냈다.

<table>
<tr><td>1183년 | 계묘년癸卯年
송 효종 순희 10년
54세</td><td>● 정월. 태주 숭도관崇道觀을 주관하는 봉사직에 차임되었다.
● 무이산 다섯째 굽이 대은병大隱屛 아래에 무이정사武夷精舍를 짓기 시작하였다.
● 3월. 『자치통감강목』을 수정하였다.
● 4월 16일. 무이정사가 낙성되자 사방에서 사우들이 몰려왔다
● 6월 5일. 감찰어사監察御史 진가陳賈가 위학僞學을 금하라고 청하였는데, 오로지 주희를 지목하였다.</td></tr>
</table>

- 7월. 『소학』을 편집하기 시작하였다.
- 11월. 조여우가 편찬하고 있는 『국조명신주의國朝明臣奏議』의 편집을 도왔다.

- 2월. 사우 및 학생들과 무이구곡을 유람하고 「무이도가武夷櫂歌」 열 수를 지었다.
- 육구연에게 편지를 보내서 정사를 물었다. 아울러 「조립지묘표曺立之墓表」를 부쳤다.
- 3월. 「독여씨시기상중편讀呂氏詩記桑中篇」을 지어서 『시경』의 「모서毛序」를 배척하는 시학 사상을 계통적으로 논술하였다. 여조겸과 여조검이 주장하는 「모서」를 주로 하는 시의 설을 비평하였다.
- 진량陳亮이 옥사獄事에 연루되어 옥에 갇혔다가 7, 80일 뒤에야 석방되었다. 이에 왕회가 도학을 징치懲治하는 데 주력하였는데, 주희를 겨냥하였다. 진량에게 편지를 보내서 의리義利, 왕패王覇(의와 이익, 왕도와 패도)의 변별을 논쟁하였다.
- 7월. 민閩 땅에 큰 가뭄이 들어서 안무사 조여우와 황정을 논의하였다.
- 9월 15일. 진량에게 편지를 보내서 다시 의리, 왕패의 변별을 논쟁하였다.
- 12월 6일. 『장남헌문집張南軒文集』을 편집·교정하여 완성한 뒤 서문을 짓고, 건양에서 판각하였다.
- 장식과 여조겸의 화상찬을 지었다.

1184년 | 갑진년甲辰年
송 효종 순희 11년
55세

- 이해 봄에 진량과 편지를 주고받으면서 의리, 왕패의 변별을 논쟁하였다.
- 사산梭山 육구소陸九韶가 거사居士로서 조정의 부름에 응하여 서울로 가면서 무이를 지나다가 주희를 만나 무극無極·태극太極에 대해 논쟁하였

1185년 | 을사년乙巳年
송 효종 순희 12년
56세

다. 주희와 육구소의 태극 논변이 여기에서 시작되었다.

● **7월.** 육구소가 편지를 보내와서 무극·태극,「서명」의 설을 논쟁하였다.

● **9월.** 진량이 편지를 보내와서 다시 의리, 왕패의 변별을 논쟁하였다.

● **12월.**「왕씨속경설王氏續經說」을 지었는데, 이는 진량이 지은「유차문중자인類次文中子引」을 겨냥한 것이었다. 주희와 진량의 의리, 왕패의 변별에 관한 논쟁이 여기서 끝났다.

1186년 | 병오년丙午年
송 효종 순희 13년
57세

● **3월 16일.**『역학계몽易學啓蒙』을 완성하고 서문을 확정하였다.

● 곽옹郭雍·정형程逈·정대창程大昌·조선예趙善譽·원추袁樞·임률林栗 등과 역학 논변을 진행하고,『시괘고오蓍卦考誤』를 지었다.

● 조여우가 사천 제치사四川制置使로 부임하면서 무이를 지나다가 주희와 만나 민중閩中에서 초법鈔法(지폐 제도)과 염법鹽法을 시행하는 일을 논의하였다.

● **5월.**『사서집주』를 수정하여 광서 안무사 첨의지詹儀之를 통해 계림桂林에서 간행하고, 사천 제치사 조여우를 통해 성도成都에서도 간행하였다.

● 이해 가을에 민중閩中에 큰 가뭄이 들어서 복건 운판福建運判 왕사유王師愈에게 편지를 보내 황정과 구재를 논의하였다.

● **8월 12일.**『효경간오孝經刊誤』를 완성하였다.

● **10월.**『시집전』을 완성하고「시서변설詩序辨說」을 지어서 뒤에 붙인 뒤 건안에서 판각하였다.

● **12월.** 육구소에게 편지를 보내, 무극·태극과「서명」의 이일분수理一分殊의 설을 다시 논쟁하였다.

1187년 | 정미년丁未年
송 효종 순희 14년
58세

● **정월 초하루.** 채원정蔡元定의『율려신서律呂新書』가 완성되어서 서문을 지어주었다.

● **3월 1일.**『소학』을 완성하였다.

- 5월. 육구소에게 편지를 보내, 태극 논변을 끝냈다. 또 육구연에게 편지를 보내서 육씨陸氏의 심학心學을 비판하였다.
- 9월 6일. 『통서해通書解』를 완성하였다.
- 반우공潘友恭과 함께 예서禮書를 지었는데, 『의례경전통해儀禮經傳通解』는 대체로 이로부터 비롯되었다.
- 10월 8일. 고종이 붕어하였다. 「군신복의君臣服議」를 지어서 상복 제도를 정정하는 문제를 토론하였다.

- 정월 초. 입조하여 시사를 아뢰라는 전지가 내려왔다.
- 육구연이 「형국왕문공사당기荊國王文公祠堂記」를 지었는데, 주희와 육구연의 모순이 격화하였다. 유맹용劉孟容에게 편지를 보내서 「형국왕문공사당기」의 잘못을 지적하였다. 이에 앞서 지난해 육구연이 편지를 보내왔는데, 먼저 주희가 육구소에게 보낸 편지에 "말만 허비하고 이치는 분명하지 못하다."고 한 말을 지적하였다. 이에 정월 14일에 답서를 보내서 육구연과 무극·태극 논변을 개시하였다.
- 2월 3일. 비로소 『태극도설해』와 『서명해』를 공개하여 학자들에게 전수하고 후발을 지었다.
- 5월 4일. 왕회가 재상에서 파직되자 드디어 도성에 들어가 시사를 아뢰기로 결심하고, 5월 중순에 옥산玉山을 떠나 북상하였다.
- 난계蘭溪를 지날 때 금화金華의 학자 여조검이 와서 만났다.
- 6월 1일. 병부 시랑 임률林栗이 찾아와서 『주역』과 「서명」에 대해 토론하였으나, 견해가 맞지 않았다.
- 6월 7일. 연화전延和殿에서 시사를 아뢰었다. 8일에 병부 낭관兵部郎官에 제수되었으나, 다릿병 치료를 위한 휴가를 상서성에 청하고 잠시 직책에 나아가지 않았다. 9일, 임률이 상소하여 주희가 황제를 기만하고 부서에 나아가 직책을 돌보지 않는다고 탄핵하였다. 그날로 곧 차자를 올려서 봉사직을 청하였다.

1188년 | 무신년戊申年
송 효종 순희 15년
59세

- **7월 11일.** 조서를 내려서 이전의 강서 제점형옥江西提點刑獄에 제수하고, 곧바로 방행放行(외직 관리에게 주는 통행권)을 주었다. 12일에 임안臨安을 떠나 돌아갔다.
- 옥산에 이르러 홍매洪邁를 만났다. 그가 주관하여 편찬한 『사조국사四朝國史』에서 「태극도설」의 첫 구를 고친 것을 발견하고는 「기염계전記濂溪傳」을 지어서 지적하였다.
- **7월 상순.** 임안에서 돌아오는 길에 다시 강서 제형의 임무를 면해달라는 소장을 올리고, 아울러 봉사직을 청하였다.
- **7월 중순.** 『주역본의周易本義』를 완성하였다.
- **11월 8일.** 다시 육구연에게 편지를 보내서 무극·태극을 논쟁하였다.

1189년 | 기유년己酉年
송 효종 순희 16년
60세

- **2월.** 육구연에게 편지를 보내서 무극·태극을 논쟁하였다. 주희와 육구연의 태극 논변이 이에 이르러 끝났다.
- **2월 2일.** 효종(조신趙昚)이 내선內禪함에 따라 광종光宗(조돈趙惇)이 즉위하였다. 봉사를 올려 새 정치에 도움을 주려고 주소奏疏를 초하였으나, 올리지는 않았다.
- **2월 4일.** 『대학장구』의 서문을 정식으로 확정하였다.
- **3월 18일.** 『중용장구』의 서문을 정식으로 확정하였다.
- **6월.** 「황극변皇極辨」을 지어서 다시 무극·태극을 논하였다.
- **7월.** 재상 유정留正이 근습 강특립姜特立을 탄핵하여 파직시키고, 지금까지의 태도를 바꾸어 도학의 선비를 등용하였다.
- **8월 9일.** 유정의 천거로 강동로 전운부사江東路轉運副使에 제수되었는데, 선영先塋·종족宗族·토지가 본로의 무원婺源에 있다는 구실로 사직하였다.
- **9월.** 조산랑朝散郎으로 옮기고, 비의緋衣(붉은색 관복)와 은어銀魚(물고기 모양의 상아홀)를 하사받았다.
- **11월.** 지 장주知漳州로 고쳐 제수되었다. 다시 사직하였으나, 윤허받지

못하였다. 12월에 비로소 배명하였다.

☞ 유럽, 제3차 십자군 원정(~1192) 시작

● **정월.** 거울을 보고 자화상을 그리고, 스스로 경계하는 글을 제하였다.

● **2월.** 『초사협운楚辭協韻』을 완성하여 장주漳州에서 간행하였다.

● **2월 중순.** 장주로 부임하러 떠났다.

● **3월 상순.** 남검을 지나는데 사현沙縣의 수령 황동黃東이 찾아왔기에, 그와 함께 장주의 폐정弊政을 개혁하는 문제를 토론하였다. 복주福州에 이르러, 복건 안무사福建安撫使 마대동馬大同을 만나 민중閩中의 정사를 논의하였다.

● **4월 24일.** 장주에 도착하였다. 주현에 관첩官牒을 반포하여 주현의 수령들로 하여금 관청에 모여서 안건을 의논하여 판결하게 함으로써 관리가 뇌물을 주고받는 간사한 짓을 막았다.

● **5월.** 「장주효유사송방漳州曉諭詞訟榜」을 반포하고 송사를 정돈하여 다스렸다.

● 장주의 경제전과 총제전을 견감하고, 절다전折茶錢을 면제하고, 건녕부 풍국감 주부족연본전建寧府豊國監鑄不足鉛本錢을 포함한 용안여지건전龍眼荔枝乾錢 등 명목 없는 가혹한 세금의 부과를 혁파하라고 장계를 올려서 청하였다.

● **6월.** 제사諸司에 경계經界를 시행하자고 청하는 글을 올렸는데, 경계의 이해관계를 조목조목 갖추어서 경계 시행법을 상세히 진술하였다.

● 「효유거상지복준례율사曉諭居喪持服遵禮律事」를 반포하여 예교禮敎를 정돈하였다.

● **7월.** 다시 제사에 경계의 시행을 청하는 글을 올렸다.

● **8월.** 천주泉州와 장주의 형편을 살펴서 먼저 경계를 시행하라는 조서가 내렸다. 마침내 「조주경계장條奏經界狀」을 올리고, 「효시경계차갑두방曉示經界差甲頭榜」을 반포하였다.

- 「권여도환속방勸女道還俗牓」·「게시고령선생권유문揭示高覽先生勸論文」·
「권유방勸論榜」을 반포하여서 풍속을 정돈하였다.

- **10월 11일.** 임장군臨漳郡에서 사경四經(『주역』·『시경』·『서경』·『춘추』)을
간행하였다.

- 소금 판매를 폐지하고, 자두전子斗錢(폐지된 사찰에서 거두던 토지세)과 절
두전折豆錢을 없앴다.

- 석전釋奠에 관한 예의禮儀를 열거하여 올렸다.

- **11월 18일.** 북계北溪 진순陳淳이 찾아와서 배웠다.

- 정홍예鄭興裔에게 편지를 보내, 조정에서 경계를 시행하도록 촉구하라
고 청하였다.

- **11월 26일.** 장주에서 먼저 경계를 조치하여 시행하라는 조서가 내려
왔다.

- 조여우가 지 복주知福州로 오자, 편지를 보내서 거자창擧子倉(가난한 과
거 응시생을 돕기 위한 창고)과 염법鹽法 등 여러 일을 논의하였다.

- **12월 10일.** 임장군에서 사서四書를 간행하였다.

- 『예기해禮記解』를 편집하여 임장군에서 간행하였다.

- 『대학장구』·『근사록』·『소학』·『가의家儀』·『향의鄕儀』·『헌수의獻壽儀』 등
을 임장의 학궁學宮에서 간행하였다.

☞ 고려, 지눌知訥, 「정혜결사문定慧結社文」 발표.

1191년 | 신해년辛亥年
송 광종 소희 2년
62세

- **정월 중순.** 경계는 겨울을 기다려 시행하자고 전운사轉運司에 청하였
다.

- 전운 판관轉運判官 진공량陳公亮에게 차자를 보내서 외주外州의 관원 유
약劉爚 등에게 격문을 보내 장주로 와서 경계를 시행하게 해달라고 청하
였다.

- 장태현 주부長泰縣主簿 방임方壬에게 용암龍巖과 장포漳浦의 옥사를 위임
하여서 처리하게 하였다. 그리고 용암현에 권유방勸論榜을 반포하여 지

방행정(吏治)과 풍속을 정돈하였다.

● **정월 24일.** 맏아들 주숙이 무주에서 졸하였다.

● **2월.** 아들의 상喪을 이유로 봉사직을 청하였다.

● 권농문勸農文을 반포하여서 경계 시행과 벌금 부과를 금하는 일에 관해 널리 알렸다.

● **3월 23일.** 조여우에게 편지를 보내, 바다를 항해하는 배가 본주의 경내에서 고기잡이하는 일에 관해 논하였다.

● 장계를 올려, 주현에서 함부로 부과하는 경제전·총제전을 줄이고, 경총제의 허위 액수를 없애달라고 청하였다.

● 영가永嘉 진부량陳傅良의 제자 조숙원趙叔遠이 찾아와서 배움을 물었다. 진부량에게 편지를 보내서 학문을 논하였다.

● 섭적葉適이 형주荊州에서 불서佛書를 탐독하고 있었는데, 편지를 보내서 불교를 좋아하는 점을 비판하였다.

● 이달에 다시 비각 수찬秘閣修撰에 제수되고, 남경南京 홍경궁鴻慶宮을 주관하게 되었다.

● **4월 27일.** 고등高燈의 집안에 소장하고 있는 여러 서첩에 발문을 지었다. 이날 비각 수찬의 직명을 사직하고, 29일에 군郡을 떠나 돌아갔다.

● **7월 4일.** 다시 비각 수찬의 직명을 사직하였으나 윤허를 받지 못하였다. 8월 23일에야 배명하였다.

● **7월 10일.** 승상 유정에게 편지를 보내서 지난 3월에 지척한 붕당론을 다시 배척하였다.

● **9월.** 형호남로 전운부사荊湖南路轉運副使에 제수되었다. 10월 9일에 사직하였으나, 윤허되지 않았다.

● **10월.** 장주漳州의 진사 오우규吳禹圭가 글을 올려서 경계가 인심을 동요시킨다고 하자, 세 주(천주泉州·장주·정주汀州)의 경계를 파하라는 조서가 내렸다. 이에 유정에게 여러 차례 편지를 보내서 통렬히 꾸짖었다.

● **12월.** 다시 사직하면서, 경계가 시행되지 못했다는 이유로 스스로를 탄핵하였다.

1192년 | 임자년壬子年
송 광종 소회 3년
63세

● **정월 13일.** 육구연이 형문荊門에서 관리와 백성을 모아『시경』「홍범洪範」의 다섯째 황극(五皇極) 장을 강론하였는데, 대체로 주희의 「황극변皇極辨」을 겨냥한 것이었다. 이에 여러 차례 학자들에게 편지를 보내서 그 일을 비판하였다.

● **4월.** 이부 상서 조여우에게 여러 차례 편지를 보내서 인재 등용, 거자 전擧子田, 학교사법學校舍法 등의 일을 토론하였는데, '군자의 몸과 마음을 거둬들임'을 오늘날의 첫째가는 일이라고 여겼다.

● **5월.**『사서집주四書集注』를 수정하고, 증집曾集을 통해 남강에서 판각하였다.

● **6월.** 고정考亭에 새로운 거처가 낙성되어서 거주하였다.

● 신기질이 건양으로 찾아와서 만나 보고 경계와 초법鈔法·염법鹽法의 일을 토론하였다.

● **11월 15일.** 맏아들 주숙을 건양의 대동산大同山 북쪽 기슭에 장사 지냈다.

● **12월.** 진량이 고정으로 찾아와서 학문을 강론하고 정사를 논하였다. 진량이 주희의 화상찬을 지었다.

● **12월 14일.** 육구연이 졸하였다. 부음을 듣고, 문인을 거느리고 절에 가서 위패를 모시고 곡하였다.

● 이해에『맹자요략孟子要略』을 완성하였다.

● 대략 이 무렵에「독여은지존맹변讀余隱之尊孟辨」을 지었다.

☞ 일본, 미나모토 요리토모의 쇼군 취임 → 가마쿠라 막부 창건

1193년 | 계축년癸丑年
송 광종 소회 4년
64세

● **정월.** 신기질이 행재소에 부름을 받고 건양 고정을 지나는 도중에 주희, 진량과 만나서 정사를 논하였다.

● **9월.** 복건福建의 조사漕司에 차자를 보내서 염법을 논하고, 신기질에게 소금 판매를 폐지하라고 권하였다.

● **10월 27일.** 소주邵州의 수령 반도潘燾가 염계선생사濂溪先生祠를 세웠는

데, 이를 위해 기문을 지었다.

● **11월.** 유정과 조여우의 천거로 지 담주知潭州, 형호남로 안무사荊湖南路 安撫使에 제수되었다. 12월 10일에 이를 사직하였다.

☞ 고려, 이규보李奎報, 「동명왕편東明王篇」을 지음.

● **정월 초하루.** 직임에 나아가라는 전지가 내렸는데, 다시 사직하였다.

● **2월.** 직임에 나아가라고 독촉하는 전지가 내려서 드디어 배명하였다.

● **4월.** 중순에 담주潭州로 부임길에 올랐다.

● **4월 18일.** 포성浦城의 지현知縣 포공숙鮑恭叔이 영리창永利倉을 세워서 완공하였기에, 기문을 지었다. 이때 신기질도 주희의 사창社倉의 방법을 본받아서 복주에 비안고備安庫를 세웠다.

● **5월 4일.** 담주에 도착하고, 5일에 직무를 인수하였다.

● 사자使者를 보내서, 봉기한 요족徭族의 우두머리 포래시蒲來矢의 투항을 권유하였다.

● 이때 효종의 병이 중하였건만 광종이 중화궁重華宮에 문병을 가지 않았다. 26일에 봉사의 초안을 완성하였는데, '부자 관계는 천성'임을 극론하였다. 마침 효종이 붕어하는 바람에 올리지 않았다.

● **6월.** 악록서원嶽麓書院을 중수하고, 직접 가서 학문을 강론하였다.

● **7월 5일.** 광종 조돈이 내선하여서 영종寧宗 조확趙擴이 즉위하였다.

● **7월 11일.** 조여우가 주희를 맨 먼저 천거하여서, 행재소에 나아와 시사를 아뢰라는 소명이 내렸다.

● 석전의 예의를 상고하고 바로잡은 뒤 제주諸州에 내려서 시행하게 하고, 「소희주현석전의도紹熙州縣釋奠儀圖」를 지었다.

● 담주성을 수축하였다.

● 약속방約束榜을 반포하여서 교화를 밝히고, 송사를 정돈하고, 사특한 관리를 내치고, 부호를 억제하였다.

● **8월 5일.** 환장각 대제 겸 시강煥章閣待制兼侍講에 제수되었다.

1194년 | 갑인년甲寅年
송 광종 소희 5년
65세

● **8월 6일.** 소명召命을 사양하는 장계를 올리고 봉사직을 청하였다. 이날 관직을 그만두고 성을 나와 담주를 떠나서 동쪽으로 돌아갔다.

● 임강臨江에 있을 때 환장각 대제 겸 시강에 제수한다는 명이 내려왔는데, 사면장辭免狀을 올렸다.

● **10월 2일.** 도성으로 들어와 상서성에 원래의 관직을 띠고서 시사를 아뢸 수 있도록 청하였다.

● **10월 4일.** 행궁의 편전便殿에서 차자 다섯 편을 올려 시사를 아뢰었다. 면대하여 대제 겸 시강을 사직하였으나, 윤허되지 않았다.

● **10월 5일.** 상서성에 대제의 직명을 사직하고, 설서說書로 고쳐 차견差遣해달라고 청하였다.

● **10월 10일.** 윤허하지 않는다는 어필御筆을 받고, 이에 배명하고 비로소 직책을 받아들였다.

● 이날, 「효종산릉의장孝宗山陵議狀」을 올렸으나 비답이 내리지 않았다.

● **10월 17일.** 조청랑에 제수되고 자금어대紫金魚袋(자의紫衣와 금어대金魚袋)를 하사받았다.

● **10월 23일.** 경연에서 진강한 뒤 그 자리에 남아 네 가지 일을 면전에서 아뢰었다.

● **윤10월 3일.** 아침에 진강을 하고, 4일 밤에 진강을 하였다. 「걸진덕차자乞進德箚子」를 올렸다.

● **윤10월 6일.** 「논재이차자論災異箚子」를 올렸다.

● 「걸토론상복차자乞討論喪服箚子」를 올려서 적손嫡孫이 승중承重하는 경우의 상복에 대해 토론하였다.

● **윤10월 7일.** 「조묘의장祖廟議狀」을 올렸다. 이날 말미를 얻어서, 정이程頤의 「체설禘說」에 발문을 지었다.

● **윤10월 8일.** 무원현 개국남婺源縣開國男, 식읍 300호에 봉해졌다. 셋째 아들 주재朱在가 승무랑承務郞에 보임되었다.

● **윤10월 11일.** 사원史院에 들어갔다. 「사관수사례史館修史例」를 지었다.

● **윤10월 19일.** 밤에 진강을 하고 그 자리에 남아서 앞서 아뢰었던 네

가지 일의 시행을 하도록 청하였다. 조확(영종)이 내비內批로 궁관宮觀에
제수하였다.

● **윤10월 25일.** 보문각 대제寶文閣待制에 제수되고, 주군州郡에 차견되었
다. 26일에 사직하고 마침내 길을 떠났다. 사원史院의 이벽李璧·섭적葉適
등 여러 동료가 영지사靈芝寺에서 전송하였다.

● **윤10월 29일.** 지 강릉부知江陵府, 형호북로 안무사荊浩北路安撫使에 제수
되었으나 사직하였다. 아울러 대제待制의 직명도 추급해서 거두라고 청
하였다.

● **11월 20일.** 고정으로 돌아왔다.

● **12월 12일.** 창주정사滄洲精舍(죽림정사竹林精舍)가 완공되었다. 13일에 제
생諸生을 데리고 석채례釋菜禮를 행하였다.

● **정월.** 진량陳亮이 졸하였다. 그의 아들과 사위가 와서 묘명墓銘을 청하
기에 묘비를 써주었다.

● **3월 3일.** 다시 환장각 대제의 직명을 사양하고, 아울러 조묘祧廟를 의
논한 일로 스스로 탄핵하였다.

● **4월 2일.** 태부시 승太府寺丞 여조검呂祖儉이 글을 올려서 한탁주韓侂胄를
공격하고 주희와 조여우를 위해 무고당한 일을 변호하다가 소주韶州에
안치되었다. 그에게 편지를 써서 찬양하였다.

● **4월 6일.** 태학생 양굉중楊宏中과 주단조周端朝 등이 복궐 상소하여서
500리 밖으로 편관編管되었다.

● **5월.** 직명을 다시 사직하고, 아울러 치사致仕를 청하였다.

● **6월.** 간사한 자가 군주를 가리는 재앙을 극력 진술하고, 조여우의 억울
함을 밝히는, 수만 글자로 된 봉사를 초하였다. 채원정이 찾아와 충고하
면서 점을 쳐 결정하자고 하기에 점괘를 냈더니 돈지가인遯之家人(본괘는
돈괘, 지괘는 가인괘)을 얻었다. 마침내 원고를 불태우고 스스로 돈옹遯翁
이라고 호하였다.

1195년 | 을묘년乙卯年
송 영종 경원慶元 원년
66세

● 「학교공거사의學校貢擧私議」를 지었다.

● **7월 6일.** 여릉 녹사참군廬陵錄事參軍 정순程洵에게 편지를 보내서 여조 검이 여조겸의 문집을 편집하는 일을 돕게 하였다.

1196년 | 병진년丙辰年
송 영종 경원 2년
67세

● **정월 20일.** 조여우가 형양衡陽에서 졸하였다. 한천寒泉으로 가서 곡하 고 조문하였다. 또 조여우의 사위집에 이르러 제사를 지냈다.

● 유덕수劉德秀가 '유정留正이 위학僞學의 무리를 이끌고서 사직을 위태롭 게 한다'고 상주하여 논핵하였다.

● **2월.** 지공거知貢擧 섭저葉翥, 예사倪思, 유덕수劉德秀 등이 위학의 우두머 리를 상주하여 논핵하면서 어록語錄을 없애라고 청하였다.

● **3월 11일.** 섭저 등이 다시 상주하여 위학을 공격하면서 태학太學과 주 학州學을 조사하라고 청하였다.

● 이해 봄에 방사요方士繇와 함께 공동으로 『한문고이韓文考異』를 짓고, 「수한문거정례修韓文擧正例」를 썼다.

● 채원정과 함께 『주역참동계고이周易參同契考異』의 초고를 완성하였다.

● **6월 15일.** 국자감國子監에서 상주하여 이학理學의 서적을 없애라고 청 하였는데, 주희의 『사서집주』와 『어록』이 금하고 없애야 할 서적에 포함 되었다.

● **8월 9일.** 태상 소경太常少卿 호굉胡紘이 위학의 무리가 '창궐'하여 불궤 不軌를 도모한다고 상주하여 논핵하면서, 임시로 위당僞黨을 진출시키는 일을 정지하라고 청하였다.

● **9월.** 정순이 '위학의 무리'로 탄핵을 받아 무원으로 돌아갔다. 8일에 정순이 졸하였다. 제문을 지었다.

● 「독소씨기년讀蘇氏紀年」을 지었다.

● **12월.** 감찰어사 심계조沈繼祖가 주희를 상주하여 탄핵하였다. 26일에 직위를 잃고 봉사직에서 파직되었다.

☞ 고려, 최충헌崔忠獻이 권력 장악.

● **정월 15일.** 합조산閤皂山 도사 감숙회甘叔懷가 돌아가서 「하도河圖」·「낙서洛書」·「선천도先天圖」를 합조산 석벽에 새겼다. 세 그림을 위해 발문을 짓고, 사詞를 지어서 보냈다.

● **정월 27일.** 직위를 깎고 봉사직에서 파직한다는 성차省箚가 이르자 「낙직파궁사사표落職罷宮祠謝表」를 올렸다.

● 채원정이 도주道州로 편관되어, 정안사淨安寺에서 전별하였다.

● **2월 13일.** 대리사직大理司直 소포연邵襃然이 앞으로는 위학의 당을 내직內職에 차견差遣하지 말라고 상주하여 청하였다.

● **3월 1일.** 예서禮書의 초고가 완성되어서 『의례집전집주儀禮集傳集注』라고 이름을 정하였다. 이것이 곧 나중의 『의례경전통해儀禮經傳通解』이다.

● **6월 1일.** 종정시 주부宗正寺主簿 양인楊寅이 정시廷試(전시殿試), 성시省試(상서성의 시험, 예부시禮部試, 회시會試), 양우석갈兩優釋褐(사시舍試에서 성적과 행실이 뛰어난 자)에 장원한 사람은 모두 위학의 무리이므로 경솔하게 불러서는 안 된다고 상주하여 논핵하였다.

● **윤6월 6일.** 조산대부朝散大夫 유삼걸劉三傑이 논핵하기를 위당僞黨이 역당逆黨으로 변한다고 하면서, 주희를 역당의 우두머리로 지목하였다.

● **7월.** 『주역참동계고이』를 수정 완성하여서 채연蔡淵을 통해 건양에서 간행하였다. 「공동부空同賦」와 「조식잠調息箴」을 지었다.

● **9월 27일.** 조정의 신하들이 '위학僞學'의 재앙을 다시 아뢰어서 '조정調停'의 의논을 파기하였다.

● 『한문고이』를 수정하여 완성한 뒤 조주潮州에서 간행하였다.

● **10월.** 극재克齋 진문위陳文蔚를 고정으로 초빙하여 손자들을 가르치게 하였다.

● **12월 29일.** 지 면주知綿州 왕연王沇이 위학의 당적黨籍을 만들라고 청하였다.

● 『상서』 「무성武成」의 차례를 고찰하여 바로잡았는데, 『서전書傳』을 모으는 일의 시초가 이로부터 비롯되었다.

1198년 | 무오년戊午年
송 영종 경원 4년
69세

● **정월 초하루.** 유면지의 묘표를 지었다.

● 병이 위독해지자 황간에게 편지를 보내서 영결을 고하고, 심의深衣와 평생의 저서를 그에게 전수하였다.

● **4월 22일.** 우간의대부 요유姚愈가 '위학의 무리'가 세상을 속이고 이름을 훔친다'고 논핵하면서 '국시國是'를 정하자고 청하였다.

● **7월.** 여조검이 고안高安에서 졸하여, 깊이 슬퍼하며 애도하였다. 고안현 현령 서응룡徐應龍에게 편지를 보내서 여조검의 장사에 많은 도움을 주었다고 크게 칭찬하였다.

● **8월 9일.** 채원정이 도주에서 졸하여 제문을 지었다. 그 이전에 『참동계』의 책수策數 방법을 고찰하여 터득하고, 「참동계설參同契說」을 지었다.

● 이해 겨울에 이방자李方子·이상조李相祖·사승지謝承之·황간黃榦·임기손林夔孫·진식陳埴 등 제생에게 분담시켜서 『상서집주尙書集注』를 수찬하게 하였다. 『서전』을 모으는 일이 여기서 전면적으로 시작되었다. 이전二典(「요전堯典」·「순전舜典」)과 삼모三謨(「대우모大禹謨」·「고요모皐陶謨」·「익직益稷」) 등 여러 편의 집전集傳을 지었다.

● 『초사집주楚辭集注』가 완성되었다.

☞ 고려, 만적의 난

1199년 | 기미년己未年
송 영종 경원 5년
70세

● **정월.** 황간이 신하新河에서 서숙을 열자, 손자 주거朱鉅와 주균朱鈞을 보내서 배우게 하였다.

● **2월 6일.** 『초사변증楚辭辨證』을 완성하고, 『초사후어목록楚辭後語目錄』을 편집하였다.

● **4월 23일.** 조봉대부朝奉大夫로 치사하라는 전지가 있어서 배명하고 사표謝表를 올렸다.

● 『주역참동계고이』를 재차 수정하여 완성한 뒤 건양에서 간행하였다. 이것이 정본이다.

● **6월 1일.** 가묘家廟에 치사를 고하였다. 손자 주감朱鑑에게 집안일을 이

어서 맡도록 하고, 아들 주야와 주재에게 그 일을 돕게 하였다.

● **11월.** 비로소 채침蔡沈에게 맡겨서 『서집전書集傳』을 짓게 하였다.

● 동지冬至에 『음부경고이陰符經考異』가 완성되었다.

● 개선사의 원오 선사圓悟禪師가 졸하여, 시로 애도하였다.

● 이해에 조사연趙師淵에게 맡겨서 『자치통감강목』을 수정·보완하였다.

● 신기질에게 편지를 보내서 '극기복례'로 권면하였다.

● **정월.** 고정의 진씨陳氏가 취성정聚星亭을 수축하였는데, 그를 위해 취성
정의 화병畫屛을 설계하였다. 「취성정화병찬聚星亭畫屛贊」을 지었다.

● 이달에 『초사음고楚辭音考』가 완성되어 고전古田에서 간행하였다.

● **윤2월 27일.** 양방楊方에게 편지를 보내서 예서 편집을 논하였다.

● 이달에 『대학장구』를 수정하여 완성하고, 요덕명廖德明에게 편지를 보
냈다.

● 3월에 병이 위독해졌다.

● **3월 8일.** 황간에게 손수 글을 써서 영결을 고하고, 자기의 도를 부탁하
고, 예서에 관한 글을 모으게 하였다.

● **3월 9일.** 세상을 떠났다.

● **11월 20일.** 건양현建陽縣 당석리唐石里 대림곡大林谷에 매장되었다.

☞ 고려, 지눌, 송광사松廣寺로 옮겨 『간화결의론看話決疑論』, 「목우자수심결牧牛子修
心訣」 지음.

주희의 저술 목록

1. 경부經部

(1) 역류易類 : 6종
- 『역전易傳』 12권. 없어짐.
- 『역학계몽易學啓蒙』 4권. 『주자유서朱子遺書』본.
- 『주역본의周易本義』 12권. 판본이 매우 많음.
- 『시괘고오蓍卦考誤』 1권. 『문집』에 수록.
- 『손익상설損益像說』 1권. 없어짐.
- 『주문공역설朱文公易說』 23권. 『통지당경해通志堂經解』본.

(2) 서류書類 : 3종
- 『서전집설書傳輯說』 7권. 문인 황자의黃子毅가 주희의 설을 모아서 편집. 없어짐.
- 『문공서설文公書說』. 탕중湯中이 편집. 없어짐.
- 『서경문답書經問答』 1권. 채침蔡沈이 편집. 없어짐.

(3) 시류詩類 : 5종
- 『모시집해毛詩集解』 『모시서毛詩序』를 위주로 한 주희 초년의 설. 없어짐.
- 『시집전詩集傳』 8권. 판본이 매우 많음.
- 『시서변설時序辨說』 1권. 『주자유서』본. 『모시서』의 설을 비판한 책.
- 『문공시전유설文公詩傳遺說』 6권. 주희의 손자 주감朱鑑이 주희의 시를 논한 설을 모아

서 편집.『통지당경해通志堂經解』본.

- ●『회옹시보晦翁詩譜』. 문인 환연瓛淵이 편집. 없어짐.

(4) 예류禮類 : 8종

- ●『의례경전통해儀禮經傳通解』 37권. 판본이 매우 많음.
- ●『의례경전도해儀禮經傳圖解』. 장이기張爾岐의『호암한화蒿庵閑話』 권2에 보임. 없어짐.
- ●『예기해禮記解』 1권. 여대림呂大臨의『운각예기해芸閣禮記解』에 근거하여 개편했다고 하나 없어짐.
- ●『의례석궁儀禮釋宮』 1권.『문집』에 수록. 이여규李如圭에게 맡겨서 기초함.
- ●『제의祭儀』.『주자어류朱子語類』 등에 이름이 보임. 없어짐.
- ●『가례家禮』 8권.
- ●『이십가고금가제례二十家古今家祭禮』 20권.「발고금가제례跋古今家祭禮」에 보임. 없어짐.
- ●『사가례범四家禮範』 5권.『직재서록해제直齋書錄解題』 등에 보임. 없어짐.

(5) 효경류孝經類 : 2종

- ●『효경간오孝經刊誤』 1권.『주자유서』본.『문집』에 수록.
- ●『효경존이孝經存異』.『효경간오』의 주에 보임. 없어짐.

(6) 사서류四書類 : 15종

- ●『신정대학新定大學』. 경經 1장과 전傳 10장으로 나뉘며, 순희淳熙 원년(1174)에 간행. 없어짐.
- ●『신정중용新定中庸』. 경 1장과 전 32장으로 나뉘며, 순희 원년에 간행. 없어짐.
- ●『사서장구집주四書章句集注』 19권. 판본이 매우 많음.
- ●『사서혹문四書或問』 39권.『주자유서』본.
- ●『논맹정의論孟精義』 34권.『주자유서』본.
- ●『대학집해大學集解』.『대학집전大學集傳』이나『대학상설大學詳說』로도 불림. 주희의 여러 편지에 보임. 없어짐.
- ●『논어집해論語集解』. 소흥紹興 30년(1160) 이전에 완성. 없어짐.

- 『논어훈몽구의論語訓蒙口義』 8권. 『논어상설論語詳說』로도 불림. 융흥隆興 원년(1163)에 『논어집해』를 『논어요의論語要義』와 『논어훈몽구의』로 나눔. 없어짐.
- 『맹자집해孟子集解』. 주희의 여러 편지에 보임. 없어짐.
- 『맹자요략孟子要略』. 『맹자요지孟子要旨』로도 불림. 없어짐.
- 『중용상설中庸詳說』. 『중용집해中庸集解』로도 불림. 없어짐.
- 『중용집략中庸集略』 2권. 『주자유서』본. 석돈石𡼖의 『중용집해』를 편집·정리하여서 만듦.
- 『중용집해기변中庸集解記辨』. 석돈의 『중용집해』를 편집·정리할 때 지은 차기箚記. 없어짐.
- 『사서음훈四書音訓』. 「서임장소간사자후書臨漳所刊四子後」에 이름이 보임. 없어짐.
- 『사서집의四書集義』. 후세 사람이 『문집』과 『어록』에서 따와서 편집한 책으로, 순우淳祐 11년(1251)에 간행. 없어짐.

(7) 오경총의류五經總義類 : 3종

- 『신정역서시춘추고경新定易書詩春秋古經』. 우무尤袤의 『수초당서목遂初堂書目』에 이름이 보임. 없어짐.
- 『경설經說』 30권. 소무邵武의 황대창黃大昌, 파양鄱陽의 왕우王迂가 편차함. 『군재독서지부지郡齋讀書志附志』와 『경의고經義考』 등에 보임. 없어짐.
- 『오서문답五書問答』. 편집한 사람이 알려져 있지 않음. 위료옹魏了翁의 『학산선생대전집鶴山先生大全集』 권55에 보임. 없어짐.

(8) 소학류小學類 : 2종

- 『교정급취편校定急就篇』 1권. 왕응린王應麟의 『급취편보주急就篇補注』 등에 보임. 없어짐.
- 『교정설문해자交定說文解字』. 『문집 권33』, 『여동래문집呂東萊文集』 권3에 보임. 없어짐.

2. 사부史部

(1) 편년류編年類 : 2종
● 『자치통감강목資治通鑑綱目』 59권. 통행본. 문인과 공동 편찬. 미완성.
● 『자치통감강목제요資治通鑑綱目提要』 59권. 『직재서록해제』 등에 보임. 없어짐.

(2) 전기류傳記類 : 4종
● 『이락연원록伊洛淵源錄』 14권. 『주자유서』본. 미완성.
● 『팔조명신언행록八朝名臣言行錄』 전집 10권, 후집 14권. 판본이 매우 많음.
● 『증남풍연보曾南豊年譜』 1권. 증공曾鞏의 연보 초년 작. 『어류』 등에 보임. 없어짐.
● 『무원다원주씨세보婺源茶院朱氏世譜』 1권. 순희 10년(1183)에 작성. 「무원다원주씨세보서婺源茶院朱氏世譜序」에 보임. 없어짐. 현재 『신안월담주씨족보新安月潭朱氏族譜』 권1이 남아 있음.

(3) 정서류政書類 : 2종
● 『소희주현석전의도紹熙州縣釋奠儀圖』 1권. 소희紹熙 5년(1194) 정본. 『지해指海』본.
● 『전설주田說注』. 주희의 여러 편지에 보임. 없어짐.

(4) 금석류金石類 : 1종
● 『가장석각집家藏石刻集』. 「가장석각서家藏石刻序」에 보임. 없어짐.

(5) 지지류地志類 : 1종
● 『태우록台寓錄』 3권. 『강운루서목絳雲樓書目』 권1 등에 보임. 순희 9년(1182) 주희가 절동 제거로 있을 때 태주에서 한 일과 지은 글을 편집. 편집자를 알 수 없음. 없어짐.

3. 자부子部

(1) 유가류儒家類 : 15종

- 『연평답문延平答問』 1권, 부록 1권. 『주자유서』본.
- 『훈몽절구訓蒙絶句』. 서경손徐經孫의 『서문혜존고徐文惠存稿』 권3 등에 보임. 절구 98수 와 서문으로 구성. 없어짐.
- 『서명해西銘解』 1권. 『주자성서朱子成書』본.
- 『태극도설해太極圖說解』 1권. 『주자성서』본.
- 『통서해通書解』 1권. 『주자성서』본.
- 『잡학변雜學辨』 1권, 부록 『기의記疑』 1권. 『문집』에 수록. 『주자유서』본.
- 『근사록近思錄』 14권. 『주자유서』본.
- 『속근사록續近思錄』 14권. 채모蔡模(채침의 아들)가 『근사록』을 모방하여서 주희의 언론 을 편집. 없어짐.
- 『곤학공문편困學恐聞編』. 「곤학공문편서困學恐聞編序」에 보임. 없어짐.
- 『중화구설中和舊說』. 「중화구설서中和舊說序」에 보임. 건도乾道 5년(1169) 이전의 중화구 설을 논한 글을 편집. 없어짐.
- 『논성답고論性答稿』. 「기논성답고후記論性答稿後」에 보임. 건도 5년 이후의 중화신설을 논한 글을 편집. 없어짐.
- 『정자미언程子微言』 원래 이름은 『정자격언程子格言』. 여조겸呂祖謙과 함께 한천寒泉에서 공동으로 『정씨유서程氏遺書』를 간추려서 편집. 주희의 「답여백공答呂伯恭」의 여러 편 지에 보임. 없어짐.
- 『소학小學』 6권. 판본이 매우 많음.
- 『경제문형經濟文衡』 전집 25권, 후집 25권, 속집 22권. 『사고전서四庫全書』본. 황구黃 龜의 서문에 근거하면 순우 11년(1251)에 마계기馬季機가 편집.
- 『주자독서법朱子讀書法』 문인 보광輔廣이 편집. 없어짐.

(2) 어록류語錄類 : 35종

- 『주자어류朱子語類』 140권. 조선고사휘주본朝鮮古寫徽州本. 황사의黃士毅·이성전李性傳·

왕필王弼이 편집.

● 『주자어류朱子語類』 140권. 여정덕黎靖德이 97명의 기록으로 편집. 판본이 매우 많음.

● 『옹계록翁季錄』. 채원정蔡元定과 강론한 내용을 편집. 없어짐.

● 『주자별록朱子別錄』 10권. 이도전李道傳이 편집. 없어짐.

● 『주자어수朱子語粹』 10권. 정영기程永奇가 편집. 없어짐.

● 『주자어략朱子語略』 20권. 양여립楊與立이 편집. 도광금릉감복道光金陵甘福 간행본.

● 『어록류편語錄類編』. 환연夏淵이 편집. 없어짐.

● 『사서류편四書類編』. 환연이 편집. 없어짐.

● 『역문답어요易問答語要』. 환연이 편집. 없어짐.

● 『문공진학선언文公進學善言』. 환연이 편집. 없어짐.

● 『주자어록류요朱子語錄類要』 18권. 원 대元代 간행본. 섭사룡葉士龍이 편집.

● 『어록휘편語錄彙編』 10권. 호상胡常이 편집. 없어짐.

● 주한周僩이 기록한 『어록語錄』. 없어짐.

● 여덕명呂德明이 기록한 『어록』. 없어짐.

● 황유개黃有開가 기록한 『어록』. 없어짐.

● 채념성蔡念成이 기록한 『어록』. 없어짐.

● 『정사기문精舍記聞』. 『시전유설詩傳遺說』과 『주문공역설朱文公易說』에 보임. 없어짐.

● 여휘呂煇가 기록한 『어록』. 없어짐.

● 황현자黃顯子가 기록한 『어록』. 없어짐.

● 주표周標가 기록한 『어록』. 없어짐.

● 범원유范元裕가 기록한 『어록』. 없어짐.

● 채취蔡聚가 기록한 『어록』. 없어짐.

● 왕우王遇가 기록한 『어록』. 없어짐.

● 시자원時子源이 기록한 『어록』. 없어짐.

● 양전梁璪이 기록한 『어록』. 없어짐.

● 『의의문답疑義問答』. 엄세문嚴世文이 기록함. 없어짐.

● 『사우문답師友問答』. 유강중劉剛中이 기록. 없어짐.

● 『과정소문過庭所聞』. 주재朱在가 기록. 없어짐.

- 『사우문답師友文答』. 조언약曹彦約이 기록. 없어짐.
- 『문답問答』 10권. 이굉조李閎祖가 기록. 없어짐.
- 『사설師說』 10권. 정가학鄭可學이 기록. 없어짐.
- 『회암어류晦庵語類』 27권. 반지潘墀가 편집. 없어짐.
- 『사회師誨』 3권, 부록 1권. 오필대吳必大가 기록. 없어짐.
- 『문설文說』 1권. 포양包揚이 기록. 없어짐.
- 『문공어록文公語錄』. 주사周耜가 기록. 없어짐.

(3) 술수류術數類 : 1종

- 『잠허고이潛虚考異』. 주희가 사마광司馬光·사마계사司馬季思·장돈실張敦實 등의 『잠허潛虚』를 상호 대조하고 교정한 책. 없어짐.

(4) 도서류道書類 : 2종

- 『음부경고이陰符經考異』 1권. 『주자유서』본.
- 『주역참동계고이周易參同契考異』 1권. 『주자유서』본.

(5) 잡가류雜家類 : 1종

- 『교정비정서校正裨正書』 3권. 「비정서서裨正書序」에 보임. 없어짐.

4. 집부集部

(1) 초사류楚辭類 : 3종

- 『초사협운楚辭協韻』 1권. 황수黃銖와 함께 지은 책. 없어짐.
- 『초사집주楚辭集註』 8권, 『변증辨證』 2권, 『후어後語』 6권. 판본이 매우 많음.
- 『초사음고楚辭音考』 1권. 「답공중지答鞏仲至」에 보임. 없어짐.

(2) 별집류別集類 : 13종

- 『회암선생문집晦庵先生文集』 전집 11권, 후집 18권. 소희 연간에 간행. 현재 타이완 고궁박물원古宮博物院에 소장.
- 『문공문집文公文集』 88권. 주재가 편집. 민본閩本. 없어짐.
- 『주문공문집류편朱文公文集類編』 150권. 황사의黃士毅가 편집. 없어짐.
- 『회암문집晦庵文集』 100권. 왕야王埜가 편집. 절본浙本.
- 『문공문집속집文公文集續集』 10권. 왕수王遂가 편집. 없어짐.
- 『주문공문집朱文公文集』 정집正集 100권, 속집續集 11권, 별집別集 10권. 명明 가정嘉靖 임진년(1532) 간행본.
- 『주자전집朱子前集』 40권, 『후집後集』 91권, 『속집續集』 10권, 『별집別集』 24권. 『송사宋史』 「예문지藝文志」에 보임. 편집한 사람이 알려지지 않음. 없어짐.
- 『목재정고牧齋淨稿』. 주희 초년에 스스로 정한 시집. 미간행본. 『문집』에 수록.
- 『주자대동집朱子大同集』 13권. 원元 지정至正 연간(1341~1367)의 간행본. 문인 진이용陳利用이 주희가 동안同安에서 지은 시문을 모아 편집. 명의 임희원林希元이 증보.
- 『동귀란고東歸亂稿』. 건도 3년(1167)에 악록嶽麓에서 노닐고 돌아가 지은 시. 미간행본. 『문집』에 수록.
- 『주씨십서朱氏十書』. 우무尤袤의 『수초당서목』에 보임. 『사서집주』 등의 주석만 모은 책으로 여겨짐. 없어짐.
- 『한문고이韓文考異』 10권. 이광지李光地의 중간본重刊本.
- 『창려문수昌黎文粹』. 한유韓愈의 문장 34편의 선집. 『노재집魯齋集』 권11에 보임. 없어짐.

(3) 총집류總集類 : 2종

- 『남악창수집南嶽唱酬集』 1권, 부록 1권. 주희, 장식張栻, 임용중林用中이 건도 3년(1167)에 남악에서 노닐며 주고받은 시를 편집. 주희의 시는 문집에 수록. 빠진 것이 많음. 『사고전서』본.
- 『구증문수歐曾文粹』 6권. 구양수歐陽脩와 증공曾鞏의 문장 42편의 선집. 없어짐.

(4) 시문평류詩文評類 : 2종

- 『회암시화晦庵詩話』 1권. 문인 진문위陳文蔚가 편집. 『담예주총談藝珠叢』본.
- 『유예지론遊藝至論』 2권. 명明의 여우余佑가 편집.

(5) 편교류編校類 : 11종

- 『이정유서二程遺書』 25권, 부록 1권. 『이정전서二程全書』본.
- 『이정외서二程外書』 12권. 『이정전서』본.
- 『이정문집교二程文集校』 12권. 주희·장식·여조겸의 여러 편지와 『군재독서지부지郡齋讀書志附志』 등의 책에 보임. 없어짐.
- 『정씨경설교程氏經說校』 7권. 주희·주필대周必大·설계선薛季宣·장식의 편지에 보임. 없어짐.
- 『교정정씨역전校正程氏易傳』 4권. 여조겸의 「여주원회與朱元晦」, 주희의 「답여백공答呂伯恭」 등의 편지에 보임.
- 『횡거집교보橫渠集校補』. 주희·여조겸·왕응신汪應辰의 편지에 보임. 없어짐.
- 『상채어록上蔡語錄』 3권. 『주자유서』본.
- 『보천가교步天歌校』 1권. 주희의 편지에 보임. 없어짐.
- 『장남헌문집張南軒文集』 44권. 「장남헌문집서張南軒文集序」에 보임.
- 『위재집韋齋集』 12권. 부친 주송朱松의 시문집. 순희 7년(1180)에 간행. 『외집』 10권은 미간행.
- 『옥란집玉瀾集』 1권. 숙부 주고朱槹의 시문집. 순희 7년에 간행.

(6) 집일류輯佚類 : 5종

- 『자양유문紫陽遺文』. 명明의 장규張達가 편집. 없어짐.
- 『문공대전집보유文公大全集補遺』 8권. 명의 주배朱培가 편집.
- 『주자대전집보유朱子大全集補遺』 2권. 청淸의 주계곤朱啓昆이 편집.
- 『주자문집대전류편보유朱子文集大全類編補遺』. 청의 주옥朱玉이 편집.
- 『주자문집보유朱子文集補遺』. 청의 진경장陳敬章이 편집.

주희와 관련 있는 사람들

가한柯翰(?~1177)

자 국재國材. 주희가 동안현同安縣의 주부主簿로 있을 때, 수학하였다. 1154년에 주희가 현학의 학풍을 정돈할 때 쉰 살의 그를 직학直學으로 충원하였다.

갈필葛邲(1135~1200)

자 초보楚輔, 시호 문정文定. 강음江陰 청양青陽 사람이다. 어려서부터 가학의 훈도를 받았으며, 박학다식하고 기민하며 재간이 있었다. 젊을 때 조부의 음덕으로 건강建康 상원현 승上元縣丞이 되었다. 1163년에 진사가 되었고, 이후 국자 박사를 역임하였다. 주관州官의 뇌물과 매관매직의 폐단을 논술한 대책對策으로 효종孝宗의 인정을 받아서 저작랑著作郎에 제수되었다. 얼마 뒤 간관이 되어서 10여 년간 재임하였다. 효종의 중용을 받았으며 시어사侍御史, 중서사인中書舍人, 급사중給事中을 거쳐 1186년에는 형부 상서가 되었다. 1190년에 광종光宗이 선양을 받은 뒤 참지정사參知政事에 제수되었다. 광종에게 '풍속을 바르게 하고, 재용을 절약하고, 중도를 지키고, 인민의 역량을 불쌍히 여기고, 장수를 선발하고, 인재를 거둬서 쓰고, 감사를 가려서 파견하고, 법령을 밝히라'고 건의하였다. 또 '조종의 법도를 지키고 인물을 천거하여 진출시켜서' 국력을 진흥하고 중원을 회복하기를 도모하라고 건의하였다. 그해 12월에 광록대부光祿大夫에 오르고, 지 추밀원사知樞密院事가 되었다. 1193년에 우승상이 되었다가 곧 좌승상이 되었으나, 광종이 점차 그의 직언에 염증을 느껴서 1년이 못 되어 관문전 대학사觀文殿大學士가 되었고 건강부 지부로 나갔다. 1195년에 영종寧宗이 즉위하고 소흥부 지부를 겸임하였는데, 정령 시행, 세금과 곡식, 형법과 사법에 관한 모든 일을 일일이 직접 처리하였다. 복건 지역도 겸직하게 하였으나, 병으로 무임하지 못하고 물러나 치료하다가 죽었다. 광종의 묘정에 배향되었다. 일생 저술이 매우 많은데, 『문정문집文定文集』 600권과 『사업詞業』 50권이 있다. 주희의 경계經界(토지 경계 정비) 사업에 관해 표면적으로 찬성하였으며, 반도학파로 분류되나 강경하지는 않았던 듯하다.

감절甘節

자 길보吉甫. 강서성江西省 임천臨川 사람이다. 주희의 문인이다. 주희가 '의견'에 관해 육구연과 논변한 내용을 그에게 언급한 바 있다.

강묵江黙

자 덕공德功. 복건성福建省 숭안崇安 사람이다. 무이武夷로 가서 주희에게 수학하였다. 1169년에 진사가 되었으며, 지 건녕현知建寧縣 등을 지냈다. 접물설接物說을 주장하였으며, 1176년에 주희와 함께 유가·불교의 변별에 관한 편지를 주고받았다. 저술에는 『역훈해易訓解』·『사서고훈四書詁訓』·『국조강집國朝鋼集』 등이 있다.

강영江泳

자 원적元適. 절강성浙江省 강산江山 사람이다. 서존徐存을 사사하였다. 주희와 유가·불교에 대한 논변을 진행하였다. 주희와 여조겸呂祖謙이 쓴 『근사록近思錄』에 대해 '『논어』·『맹자』·『대학』·『중용』에 버금가는 책'이라고 극찬하였다.

경당京鐺(1138~1200)

자 중원仲遠, 호 송파 거사松坡居士, 시호 문충文忠, 개정된 시호 장정莊定. 남송의 정치가이며 사인詞人이다. 강서 예장豫章 사람이다. 1157년에 진사가 되었고, 효종이 불러서 감찰어사監察御史가 되었으며, 곧 우사 낭관右司郎官이 되었다. 첨서 추밀원사簽書樞密院使, 참지정사參知政事를 거쳐 1196년에 우승상, 1200년에 좌승상이 되었으며, 익국공翼國公에 봉해졌다. 시집 일곱 권과 사집詞集 『송파거사악부松坡居士樂府』 두 권이 있다. 영종이 즉위한 뒤 주희와 함께 경연관으로 뽑혔다. 조여우趙汝愚에게 사감을 품고 있었기에 정치적으로는 왕회王淮의 당이 되었고 한탁주韓侂冑와 관계를 맺었으며, 경원당금慶元黨禁 동안에는 반도학反道學을 주도한 인물 가운데 하나이다.

고등高登(?~1148)

자 언선彦先, 호 동계東溪. 복건성 장포漳浦 사람이다. 휘종徽宗 때 태학생 신분으로, 금과 화의를 주장한 채경蔡京 등 육적六賊을 참수하라고 상소했으며, 진사가 되어 벼슬길에 있을 때에도 시폐에 대해 극언하였다. 뒤에 진회秦檜에게 미움을 받아 용주容州로 귀양 가서 죽었다. 주희의 아버지 주송朱松과는 시를 주고받은 선우禪友였다. 주희는 어릴 적에 고등으로부터 시 짓는 법을 배웠다.

고문호古文虎

자 병여炳如·병유炳儒. 절강성 은현鄞縣 사람이다. 1160년에 진사가 되었고, 국자 좨주國子祭酒와 중서사인中書舍人을 역임하였다. 1186년에 완성된 관찬 『사조국사四朝國史』의 편수에 참여하였다. 경원당금 중에 반도학의 한탁주 편에 서서 호굉胡紘과 함께 주희의 학문을 위학僞學이라고 비방하였다.

고종高宗(1107~1187, 재위 1127~1162)

남송南宋의 초대 황제. 휘종의 아홉째 아들이며, 이름은 구構이다. 1127년(정강 2년) 4월에 휘종이 금에 포로로 잡혀가자(정강의 변), 남경南京 응천부應天府에서 즉위하여 여러 곳을 전전하다가 1138년(소흥 8) 임안臨安에 도읍을 정하였다. 진회秦檜 등 화의론자和議論者의 의견을 따라 1141년(소흥 11) 금에 스스로 신하로 일컫고 공물을 보내겠다는 화의和議에 서명하였다. 그 뒤 20년간 평화를 유지하였다. 1162년(소흥 32)에 효종에게 양위하였다.

고항高閌(1094~1150)

자 억숭抑崇, 호 식재息齋, 시호 헌민憲敏. 절강성 은현鄞縣 사람이다. 어릴 때는 정이程頤의 학문을 섬기고, 태학에 있을 때는 양시楊時에게서 수학하였다. 1131년에 진사가 되었으며, 비서성 정자秘書省正字와 국자사업國子司業 등을 지냈다. 하약何若이 주장주章奏에서 그의 이름을 거명하며 배척한 바가 있다. 저술에는 『춘추집주春秋集注』가 있다.

고화高禾

자 영숙穎叔. 복건성 진강晉江 사람이다. 1181년에 진사가 되었고, 병부 낭중兵部郎中 등을 지냈다. 주희의 문인이다. 주희가 천주泉州에서 경학을 전수학고 학문을 강론한 영향으로 그를 포함하여 여러 제자들이 '청원의 별파(清源別派)'를 형성하였다.

공무량龔茂良(1121~1178)

자 실지實之, 시호 장민莊敏. 강소성江蘇省 홍화興化 사람이다. 1138년에 진사가 되었고, 감찰어사監察御史·참지정사參知政事 등을 지냈다. 주희를 조정에 천거하였다. 금과의 화의를 주장하였다.

공풍鞏豊(1148~1217)

자 중지仲至, 호 율재栗齋. 선대는 산동성山東省 수성須城에 거주하였으나, 절강성 무의武義로 옮겨가 살았다. 여조겸呂祖謙에게서 수학하였다. 1184년에 태학생으로서 진사가 되었고, 지 임안현知臨安縣을 지냈다. 주희와 시론에 관한 편지를 주고받았다. 저술에는 『동평집東平集』이 있다.

곽식郭植

자 정석廷碩. 이름을 정식廷植이라고도 한다. 강서성 여릉廬陵 사람이다. 주희의 문인이다. 주희가 남강에 있을 때, 배웠다.

곽암은郭嚴隱

1127년에 명경과를 거쳐 효렴孝廉으로 천거되었으며, 광동 절도사廣東節度使에 이르렀다. 주희가 동안현同安縣의 주부로 있을 때 그를 찾아가 본 적이 있고, 그가 죽은 뒤 그의 묘에 '안락와安樂窩'라고 제하였다.

곽옹郭雍(1091~1187)

자 자화子和, 호 백운 선생白雲先生, 사호賜號 충회 처사沖晦處士. 하남성河南城 낙양洛陽 사람이다. 겸산兼山 곽충효郭忠孝의 아들이며, 가학을 계승하였다. 평생 협주峽州에 은거하면서 조정의 부름에 나아가지 않았다. 주희의 상수역학象數易學에 영향을 미쳤으며, 주희와 역학을 토론하는 편지를 주고받았다. 저술에는 『곽씨전가역설郭氏傳家易說』이 있다.

곽흠지郭欽止

자 덕의德誼. 절강성 동양東陽 사람이다. 여조겸呂祖謙과 절친했던 곽량신郭良臣의 사촌 아우(從弟)이다. 장구성張九成에게서 배웠다. 석동서원石洞書院을 건립하여 후학을 가르침으로써 주희의 상찬을 받았다. 주희가 그의 묘지명을 지었다.

광종光宗(1147~1200, 재위 1189~1194)

효종孝宗의 셋째 아들이다. 이름은 돈惇이다. 효종이 병 때문에 선위禪位하여서, 1189년 2월에 송의 제12대(남송 제3대) 황제에 즉위하였다. 1150년에 조돈趙惇이라는 이름을 하사받았으며, 우감문위솔부 부솔右監門衛率府副率에 제수되고 영주 자사榮州刺史로 영전하였다. 효종 즉위 뒤에 진조군 절도사鎭洮軍節度使, 개부 의동삼사開府儀同三司에 제수되었고, 공왕恭王에 봉해졌다. 1171년에 황태자가 되었으며, 1189년에 효종의 선위로 제위에 올랐다. 즉위한 이듬해에 연호를 소희紹熙로 고쳤다. 1194년에 둘째 아들 조확趙擴에게 선양하고 태상황이 되었다. 이 사건을 역사에서는 '소희 내선紹熙內禪' 또는 '광종 내선光宗內禪'이라고 한다. 1200년에 수강궁壽康宮에서 병으로 붕하였다.

구양광조歐陽光祖

자 경사慶似. 복건성 숭안崇安 사람이다. 1172년에 진사가 되었고, 강서 운간江西運幹(강서 전운사의 보좌관)을 지냈다. 유자우劉子翔의 가숙에서 주희와 동문수학하였으며, 나중에는 주희에게 배웠다.

구양수歐陽脩(1007~1072)

자 영숙永叔, 호 취옹醉翁, 육일 거사六一居士, 시호 문충文忠. 강서성 여릉廬陵 사람이다. 한림학사翰林學士, 병부 상서兵部尙書 등을 역임하였다. 왕안석王安石의 신법新法에 반대하였다. 열 살 때 당唐 한유韓愈의 전집을 읽은 것이 문학의 길로 들어선 계기가 되었다. 당송팔대가唐宋八大家(한유韓愈·유종원柳宗元·구양수·소순蘇洵·소식蘇軾·소철蘇轍·증공曾鞏·왕안석王安石)의 한 사람이며, 고문古文을 부흥시켰다. 저술에는 『육일시화六一詩話』·『귀전록歸田錄』·『낙양모란기洛陽牡丹記』·『집고록集古錄』 등이 있다. 사학史學에도 뛰어나서 『신당서新唐書』·『오대사기五代史記』를 편찬하였다.

구희丘義

자 자야子野. 주희의 둘째 고모부 구소丘藃의 아들이다. 주송朱松의 둘째 누이는 구숙에게 시집가서 아들 구희를 낳았다. 주희와 동갑이다. 구숙이 일찍 죽었기 때문에 구희는 주송의 돌봄을 받으며 자랐다. 주희가 쓴 「주송행장」에 "(주송이) 고아인 생질을 돌보아주며 학문을 가르치고 그 집안일을 처리하였는데, 구석구석 조리가 있어서 남들이 틈을 벌리는 말을 하지 않았다." 하였다.

굴원屈原(BC 340~BC 278)

이름 평平. 원原은 자이다. 전국시대 초나라 사람이다. 대표작 「이소離騷」에서는 스스로 "(아버지께서는) 내 이름을 정칙正則이라 하고, 자를 영균靈均이라 하셨다."고 하였다. 중국 최초의 낭만주의 시인이며, 가장 위대한 애국 시인이다. 그의 시 작품은 『초사楚辭』의 중추를 이룬다.

기관祁寬

자 거지居之. 호북성湖北省 균주均州 사람이다. 윤돈尹焞에게 배웠으며, 은거하여서 벼슬하지 않았다. 윤돈이 『논어해論語解』를 저술할 때, 곁에서 도왔다. 왕서王庶와 절친하였다. 주돈이의 『통서通書』를, 여러 판본을 참조하여 용릉春陵에서 간행하였다. 저술에는 스승의 어록을 기록한 『기씨사설祁氏師說』이 있다.

나박문羅博文(1116~1168)

자 종약宗約·종례宗禮. 복건성 사현沙縣 사람이다. 이통李侗에게서 낙학洛學의 요체를 전수하였다. 지 서금현知瑞金縣, 승의랑承義郎 등을 지냈다. 이통의 문하에 있을 때 주희와 절친하게 지냈다. 주희가 선에 출입한 일, 불교에서 유학으로 전향한 일에 대해 이통이 나박문에게 쓴 편지가 있다.

나원羅願(1136~1184)

자 단량端良, 호 존재存齋. 안휘성安徽省 흡현歙縣 사람이다. 진회秦檜의 당우였던 나여즙羅汝楫의 아들이다. 주송朱松에게 나아가서 배웠다. 감주 통판贛州通判, 지 남검주知南劍州, 지 악주知鄂州 등을 역임하였다. 조여우趙汝愚가 복주에서 서호西湖를 준설한 일을 기리는 시를 보낸 바 있다. 주희와 양만리楊萬里 등에게서 추중받았다. 저술에는 『이아익爾雅翼』·『신안지新安志』·『악주소집鄂州小集』이 있다.

나종언羅從彦(1072~1135)

자 중소仲素, 호 예장豫章, 시호 문질文質. 복건성 검주劍州 사람이다. 어려서 오의吳儀에게 배웠고, 나중에 정이程頤와 그의 문인 양시楊時를 사사하였다. 양시, 이통과 함께 '남검의 세 선생(南劍三先生)'으로 불렀다. 1130년에 특과特科에 급제하였고, 박라현주부博羅縣主簿가 되었으며, 임기를 마친 뒤 나부산羅浮山에 들어가서 학문을 연구하였다. 양시의 학문을 이통에게 전하였기에 정이 – 양시 – 나종언 – 이통 – 주희로 이어지는 정주학맥의 중요한 위치를 차지한다. 마음 다스림(治心)의 중요성을 강조하여서 마음을 수양하는 근본 방법으로 정좌靜坐를 주장하였고, 도덕 수양에서는 무욕無欲을 가장 중요하게 여겼다. 저술에는 『준요록遵堯錄』·『춘추지귀春秋指歸』·『중용설中庸說』·『춘추해春秋解』·『논어해論語解』·『맹자해孟子解』·『논어요어論語要語』·『태형록台衡錄』 등이 있다.

누약樓鑰(1137~1213)

자 계백啟伯·대방大防, 호 공괴攻媿, 시호 선헌宣獻. 절강성 은현 사람이다. 1163년에 진사가 되었고, 벼슬이 이부 상서吏部尚書, 참지정사參知政事 등에 이르렀다. 소흥에서 주희에게 나아가 배움을 물었고, 주희는 그에게 박문약례博文約禮에 대해 가르침을 주었다. 어느 한 학자나 학파의 실을 추종하지 않고 독자적인 성향을 보였으며, 여러 학자의 설을 논박하거나 바로잡았다. 학문을 함에는 공언空言을 반대하고 실용을 강조하였다.

누인량婁寅亮

자 척명陟明. 절강성 영가永嘉 사람이다. 1112년에 진사가 되었고, 상우 승上虞丞을 지냈다. 고종에게 태자를 세울 것을 건의하였다.

능경하凌景夏(?~1175)

자 계문季文. 절강성 여항餘杭 사람이다. 장구성張九成에게서 수학하였다. 1132년에 진사가 되었고, 비서성 정자秘書省正字, 저작 좌랑著作佐郞 등을 거쳐 이부 상서吏部尙書에 이르렀다. 관직館職에 있을 때 주송朱松과 함께 여섯 사람의 연명으로 화친에 반대하는 소를 올렸다. 금과의 화친을 반대하다가 결국 진회秦檜의 미움을 받고서 외직으로 좌천되었다.

당중우唐仲友(1135~1187)

자 여정與政, 호 열재說齋. 절강성 금화金華 사람이다. 1151년에 진사가 되었고, 건강부 통판健康府通判을 거쳐서 저작랑著作郞이 되었다. 그 뒤 강서 제형江西提刑에 발탁되었으나 주희로부터 탄핵을 받고서, 저술 활동과 후학 양성에 전념하였다. 경세치용학經世致用學을 강조하여서 불교와 노장을 배척하였고, 당시 공리공담으로 흐르던 심학心學에도 반대하였다. 예경禮經에 근본을 두고 경국經國의 제도를 갖추는 학문을 주장함으로써 진부량陳傅良·여조겸呂祖謙 등과 이름을 나란히 하였다.

대사유戴師愈(?~1179)

자 공문孔文·소한紹韓, 호 옥계자玉溪子. 강서성 성자현星子縣 사람이다. 1163년에 진사가 되었고, 상음현 주부湘陰縣主簿에 제수되었다. 주희가 『마의역麻衣易』의 저자로 단정하였다.

도간陶侃(259~334)

자 사행士行, 시호 환桓. 본래 강서성 파양鄱陽 사람이나 나중에 심양潯陽으로 이주하였다. 동진東晉의 무장이며, 도연명陶淵明의 증조부이다. 어려서 부친을 잃고 가난하게 자랐다. 영가永嘉의 난 때 무창武昌을 진압하였고, 왕돈王敦의 반란과 소준蘇峻의 변을 평정하는 등 많은 공을 세웠다. 벼슬이 시중 태위侍中太尉에 이르렀고, 장사군 공長沙郡公에 봉해졌다.

도연명陶淵明(352/365~427)

자 원량元亮, 일명 잠潛. 비공인 시호私諡가 정절靖節이라 세상에서는 정절 선생으로 불린다. 심양潯陽 시상柴桑 사람이다. 동진東晉 말에서 남조 송宋 초의 위대한 시인이며 사부가辭賦家이다. 생계를 위해 벼슬길에 나아가 팽택현 령彭澤縣令이 되었으나 80여 일 만에 직을 버리고 전원으로 돌아가 은거하였다. 중국 역사상 가장 위대한 전원시인이며, 은일 시인隱逸詩人의 대표이다. 그의 「귀거래사歸去來辭」는 전원 귀의의 상징적인 작품이며, 「도화원기桃花源記」는 동양적 유토피아니즘을 대표하는 글이다. 저서에는 『도연명집陶淵明集』이 있다.

도정度正(1166~1235)

자 주경周卿, 호 성선性善. 광동성廣東省 합주合州 사람이다. 1190년에 진사가 되었고, 국자감 승國子監丞, 예부 시랑禮部侍郎 등을 지냈다. 주희의 문인이다. 환연擐淵과 함께 사천 지역에서 주희의 학문을 퍼뜨렸다. 저술에는 『성선당문집性善堂文集』이 있다.

동공수董拱壽

자 인숙仁叔. 강서성 요주饒州 사람이다. 주희가 장사에 있을 때, 제자가 되었다. 주희에게 『시경』을 배웠다.

동기董琦

자 순지順之. 초명은 집유執柔이다. 강서성 덕흥德興 사람이다. 정정程鼎에게서 『춘추春秋』를 배웠다. 주희가 무원婺源을 방문했을 때 교유하였다. 주희가 「이소離騷」를 읊은 일화를 증언한 바 있다. 주희가 그의 묘지명을 지었다.

동백우董伯羽(1144~?)

자 비경董卿·비경飛卿, 호 경의敬義. 복건성 구녕甌寧 사람이다. 도道로써 자임하여 향리를 교화하는 데 힘썼다. 주희의 문인이다. 주희가 장주漳州에 있을 때, 찾아가서 배웠다. 불교와 유학이 본질에서는 같다고 말하고, 정좌靜坐와 사려思慮의 끊음을 주장했는데, 이 때문에 주희로부터 지적을 받았다. 저술에는 『효경연의孝經衍義』·『오경훈해五經訓解』·『사서훈해四書訓解』·『사서집성四書集成』·『성리발휘性理發揮』가 있다.

동수董銖(1151~1214)

자 숙중叔重, 호 반간槃澗. 강서성 덕흥德興 사람이다. 동기董琦의 아들이다. 처음에는 정순程洵을 종유하다가, 뒤에 주희가 두 번째로 무원을 방문했을 때, 나아가서 배웠다. 경원慶元 연간(1195~1200)에 주희가 강학하면서 제생과 학문을 논할 때, 동수가 그 일을 주관하였다. 가정嘉定 연간(1208~1224)에 진사가 되었고, 적공랑迪功郎, 무주婺州의 금화 위金華尉 등을 지냈다. 저술에는 『성리주해性理注解』·『역서주易書注』 등이 있다.

동영董潁

자 중달仲達. 강서성 덕흥 사람이다. 소흥紹興(1131~1162) 초에 서부徐俯의 문하에서 배웠다. 위魏·진晉의 풍모를 지닌 시를 지은 유명한 시인이다. 주희와 선풍禪風을 지닌 시를 주고받았다. 그가 교정한 『상걸집霜傑集』에 주희가 제시題詩를 썼다.

두보杜甫(712~770)

자 자미子美, 자호 소릉야로少陵野老. 선조는 양양襄陽에 적을 두고 있으나, 그는 하남성 공현鞏縣 사람이다. 당 대唐代의 위대한 현실주의 시인이다. 이백李白과 나란히 '이두李杜'로 불리며, 당시唐詩를 대표한다. '소두小杜'라 일컫는 두목杜牧과 대비해서 '노두老杜'라고 불린다. 그의 시는 날카로운 현실 인식과 시대의 양심을 담고 있어서 중국 고전 시가에 심대한 영향을 끼쳤으므로 '시사詩史'라고 평가받으며, '시성詩

聖'으로 추앙받고 있다. 두습유杜拾遺, 두공부杜工部, 두소릉杜少陵, 두초당杜草堂 등 다양한 별칭으로 불린다. 조선시대에 두보의 시를 한글로 번역한 『두시언해杜詩諺解』는 한시의 교과서임은 물론, 한글과 한국어 발달사에서 중요한 위치를 차지하고 있다.

두유杜斿

자 숙고叔高. 절강성 금화 사람이다. 신기질辛棄疾 등과 교유하였다. 단평端平 연간(1234~1236)에 포의로 부름을 받고 비각秘閣에 들어가서 서책을 교열하였다. 주희의 문인이다. 주희가 무신봉사戊申封事를 올리고 임안臨安을 떠나서 돌아갈 때 주희에게 나아가 배웠다.

두종주竇從周

자 문경文卿. 강소성江蘇省 단양丹陽 사람이다. 두징竇澄의 형이며, 쉰이 넘은 나이에 동생과 함께 무이정사武夷精舍로 주희를 찾아가서 수학하였다. 그의 제자에 위병衛炳이 있다.

두지인杜知仁

자 인중仁仲, 호 방산方山. 절강성 황암黃巖 사람이다. 두욱杜煜의 아우이며, 석돈의 소개로 형과 함께 주희에게서 수학하였다. 『예기』·『주역』·『시경』을 교정하여서 그에 대해 논술한 바가 많았지만, 완성하지는 못하였다.

등경鄧絅

자 위로衛老. 복건성 장락將樂 사람이다. 생애에 관해서는 알려져 있지 않다. 주희가 남강에 부임하였을 때 나아가 배웠다.

등공滕珙

자 덕장德章, 호 몽재蒙齋. 강서성 무원婺源 사람이다. 주희가 무원을 방문했을 때, 형 등린滕璘과 함께 나아가 수학하였다. 1187년에 진사가 되었고, 하비 령合肥令을 지냈다. 주희가 무원에 갔을 때 거둔 신안新安의 열두 고제자 가운데 한 사람이다.

등린滕璘(1150~1229)

자 덕수德粹, 호 계재溪齋. 강서성 무원 사람이다. 아우 등공과 함께 수희에게 나아가서 수학하였다. 1181년에 진사가 되었고, 사천 제치사 간관四川制置司幹官 등을 지냈다. 재상 한탁주韓侂冑로부터 정치에 참여하라는 권유를 받았지만, 거절하였다. 저술에는 『계재유고溪齋類稿』가 있다. 주희가 무원에 갔을 때 거둔 신안의 열두 고제자 가운데 한 사람이다.

마대동馬大同

자 회숙會叔. 건덕建德 사람이다. 1154년에 진사가 되었다. 호부 시랑을 지냈다. 낮은 관직에 있을 때부터 강직하고 개결하여서 이름이 났다. 국자감 부國子監簿로 있을 때, 편전에서 야대를 하였는데 다음 날 황제가 재상에게 마대동이 주대를 할 때의 기절氣節을 칭찬하였다. 효종이 그를 크게 쓸 마음을 품고 있었는데, 그는 늘 주대를 할 때마다 중원 회복의 대계를 진술하였다. 안팎의 주요 관직을 역임하였으며, 늘 설원雪寃을 위한 인재를 가리는 일을 자기의 임무로 삼았다. 주희가 1190년에 장주漳州에 부임했을 때 복건 안무사福建按撫使로 있던 그에게 편지를 써서 풍년이 든 때에 쌀을 사들여서 양식을 비축하는 일에 대해 비준해주기를 청한 일이 있다.

만인걸萬人傑

자 정순正淳·정순正純, 호 지재止齋. 호북성 대야大冶 사람이다. 처음에는 육구령陸九齡에게 배웠고 뒤에는 괴당槐堂에서 육구연陸九淵에게 수학하였다. 1180년에 남강南康에서 주희의 문인이 되었다. 예학에 정통하였다.

미불米芾(1051~1107)

자 원장元章, 호 녹문 거사鹿門居士, 해악외사海岳外史. 산서성山西省 태원太原 사람이다. 나중에 양양襄陽으로 이주했는데, 그로부터 '미양양米襄陽'이라 일컬어진다. 서화학 박사書畫學博士, 예부 원외랑禮部員外郎, 회양군 지사淮陽軍知事 등을 역임하였다. 시문에 능하였으며, 서화로 일가를 이루어서 북송의 네 대가(北宋四大家, 소식·황정견·채양·미불) 가운데 한 사람으로 꼽힌다. 미법산수米法山水의 미점법米點法을 창안하였다.

저술에는 『보진영광집寶晉英光集』·『서사書史』·『화사畵史』·『보장대방록寶章待訪錄』 등이
있다.

반경유潘景愈

자 숙창叔昌. 절강성 금화 사람이다. 반경헌潘景憲의 아우이며, 여조겸呂祖謙에게서 수
학하였다. 여조겸이 죽은 뒤 영강의 공리학을 좇은 까닭에 주희의 비판을 받았다.
태학의 시험에서 수석을 차지하여 진사가 되었다. 안경 교수安慶敎授를 지냈다.

반경헌潘景憲(1134~1190)

자 숙도叔度. 절강성 금화 사람이다. 아홉 살 때 향천鄕薦으로 도성에 들어갔고, 나중
에 태학에 입학하였다. 태학의 학관 왕응신汪應辰·예욱芮煜·왕십붕王十朋이 그를 추
중하였다. 1163년에 진사가 되었으며, 태평 교수太平敎授 등을 지냈다. 여조겸에게
나아가서 수학하였다. 여조겸과 동년同年이었는데, 그의 학설에 감복하여 문인이 되
었다. 정이程頤의 『역전易傳』을 깊이 연구하였다. 주희의 아들 주숙朱塾의 장인이다.

반리손潘履孫(1177~?)

자 탄옹坦翁. 절강성 금화 사람이다. 반우공潘友恭의 아들이다. 주희가 장사長沙에 있
을 때, 나아가서 배웠다. 지 강릉부知江陵府를 지냈다.

반병潘柄

자 겸지謙之, 호 과산瓜山. 복건성 회안懷安 사람이다. 형 반식潘植과 함께 무이로 가
서 주희에게 배웠다. 주희의 「재계하며 거함에 느낌이 일다(齋居感興)」 연작시에 주석
을 달았다. 저술에는 『역해易解』·『상서해尙書解』가 있다.

반시거潘時擧

자 자선子善. 절강성 임해臨海 사람이다. 1222년에 상사생上舍生으로서 과거에 합격
하여 무위군 교수無爲軍敎授, 국자정록國子正錄 등을 역임하였다. 육경六經의 의의疑義
와 학문의 중요한 단서(大端)를 변석辨析하여서 주희의 칭찬을 받았다. 주희의 상서학

尙書學에 정통하였다.

반우공潘友恭

자 공숙恭叔. 절강성 금화 사람이다. 반우단潘友端의 아우이며, 형과 함께 주희의 문하에서 수학하였다. 강회 선무사 사간江淮宣撫使司幹을 역임하였다. 부친 반치潘時가 월림서원月林書院을 창건하고 주희를 맞이하여서 성명지학性命之學을 강론하였는데, 그 때 주희에게 배웠다. 주희가 스스로 절동 제거浙東提擧를 그만둘 때 그를 천거하여서 대신하게 하였다.

반우단潘友端

자 단숙端叔. 절강성 금화 사람이다. 반치의 아들이다. 장식張栻을 종유하였는데, 장식으로부터 실질에 힘쓰고 근본에 가까이한다고 칭찬받았다. 주희와 함께 강학을 열심히 하였다. 그의 학설은 모두 이학理學의 취지에 맞았다. 누약樓鑰, 손응시孫應時와 교류하였다. 1184년에 진사가 되었고, 태학 박사太學博士를 지냈다. 저서에 『사서변의四書辨義』·『주자문답朱子問答』 등이 있다.

반우문潘友文

자 문숙文叔, 호 역암檡庵. 절강성 금화 사람이다. 반치의 조카이다. 개희開禧(1205~1207) 초에 지 곤산현知昆山縣을 지냈다. 여조겸呂祖謙·육구연陸九淵에게도 배웠다. 주희와 의리, 왕패 논변을 벌이면서 비평을 받았다. 주희가 『시』에 대해 논한 편지를 그에게 보낸 바 있다. 지방행정을 잘 펼쳐서 신기질辛棄疾로부터 칭찬을 받았다.

반치潘時(1126~1189)

자 덕부德郞·덕경德卿. 절강성 금화 사람이다. 반량귀潘良貴의 조카로서 그에게서 배웠다. 지 흥화군知興化軍, 호남 안무湖南安撫를 거쳐 직현모각直顯謨閣 등을 지냈다. 월림서원月林書院을 지어서 자제를 교육하였다. 만년에는 장식張栻·서문붕徐文鵬과 교유하였다. 『석교록石橋錄』을 지어서 불교의 설을 배척하였다.

방대장方大壯

자 이지履之, 호 이재履齋. 복건성 포전莆田 사람이다. 젊어서 학문에 뜻을 두어 과거에 매달리지 않았다. 주희가 장주에 있을 때 나아가서 배웠다.

방뢰方耒

자 경도耕道, 호 곤재困齋. 복건성 포전 사람이다. 방원채方元寀의 증손이다. 1166년에 진사가 되었고, 선화 위尉化尉, 연강 령連江令을 지냈다. 주희와 함께 유자우의 가숙에서 동문수학하였고, 호헌胡憲에게도 배웠다. 장식과 절친했으며, 주희와 함께 강학하였다.

방사요方士繇(1148~1199)

자 백모伯謨·백휴伯休, 호 원암遠庵. 복건성 포전 사람이다. 방풍지方豊之의 아들이다. 유자우劉子羽의 가숙에서 주희와 함께 수학하였으며, 숭안崇安으로 옮겨서 살 때 주희에게 배웠다. 주희는 그의 시가 호장豪壯하다고 칭찬하였다. 육유陸游와 교유하였다. 여러 번 과거에 응시하였으나 급제하지 못하자, 과거에 대한 뜻을 버리고 강학을 업으로 삼았다. 주희와 함께 여러 학자들과 심설心說에 대해 논쟁을 하였다. 『주역』에 정밀하였다. 저술에는 『원암집遠庵集』이 있다.

방임方壬(1147~1196)

자 약수若水. 복건성 포전 사람이다. 1187년에 진사가 되었고, 장주漳州의 장태 주부長泰主簿를 지냈다. 방원채方元寀의 증손이며 방뢰方耒의 아우이다. 주희가 지 장주知漳州로 있을 때, 초빙되어서 부학府學을 주관하였다. 유극장劉克莊이 쓴 묘지명에 그 전말이 기록되어 있다.

방저方耆

자 차운次雲. 복건성 포전 사람이다. 방원채의 손자이고, 양시楊時의 재전 제자再傳弟子이다. 1138년에 진사가 되었고, 비서성 정자秘書省正字 등을 지냈다. 처음에는 시정 선施庭先에게서 배웠으며, 뒤에는 왕빈王蘋을 사사하였다. 육구연陸九淵·임광조林光朝

와 함께 학문을 강론하였다. 주희가 포전을 지날 때 그를 방문하여서 예우하였다.

방회方回(1227~1305)

자 만리萬里, 별호 허곡虛谷. 안휘성 흡현歙縣 사람이다. 원 대元代의 시인이며, 시론가詩論家이다. 강서시파江西詩派를 주로 하였다. 절조는 보잘것없으나 시론에 탁월하였다. 남송 이종理宗 때 과거에 급제하였고, 권신 가사도賈似道에게 아첨하였으나 가사도가 몰락하자 참해야 할 열 가지 죄상을 고발하는 소를 올려서 지 엄주知嚴州가 되었다. 원이 남쪽으로 쳐들어오자 강역을 사수하라는 의론을 외치다가, 원이 이르자 결국 항복하여서 건덕로 총관建德路總管이 되었으나 머지않아 파직되었다. 항주杭州, 흡현 일대를 떠돌다 말년에는 글을 팔아 생계를 꾸렸다. 파직된 뒤 시에 몰두하여서 당·송의 근체시를 선별하고 평론을 하여서 『영규률수瀛奎律髓』 49권을 엮었다. 저서에 『동강시집桐江詩集』과 속집이 있다. 방회는 주희의 시문이 『문선文選』의 체제를 띠었다고 평하였다.

범념덕范念德

자 백숭伯崇. 복건성 건안建安 사람이다. 지 천주知泉州를 지낸 범여규范如圭의 아들이며, 유면지劉勉之의 딸에게 장가들어서 주희와 동서同壻 사이가 되었다. 『논어』의 인설仁說, 중화설中和說을 놓고 주희와 토론하였으며, 주희의 학문 사상 발전에 많은 부분을 함께하였다. 주희가 장사長沙로 장식을 방문했을 때 모시기도 하였다. 길주 녹참吉州錄參, 강동 수기江東帥機 등을 지냈다.

범순인范純仁(1027~1101)

자 요부堯夫, 시호 충선忠宣. 강소성 오현吳縣 사람이다. 범중엄范仲淹의 둘째 아들이며, 부친과 교유했던 호원胡瑗·손복孫復·석개石介·이구李覯 등에게서 배웠다. 1049년에 진사가 되었고, 이부 상서吏部尚書, 관문전 대학사觀文殿大學士 등을 지냈다. 왕안석王安石의 변법變法에 대한 부당성을 격렬하게 비판하다가 쫓겨나기도 하였다. 그의 학문은 충서忠恕를 학문의 요체로 삼고, 육경六經을 학문의 핵심으로 삼았으며, 육경의 내용을 실천하는 것을 중시하였다. 저술에는 『충선문집忠宣文集』이 있다.

범여규范如圭(1102~1160)

자 백달伯達. 복건성 건양建陽 사람이다. 1128년에 진사가 되었고, 무안 절도 추관武安節度推官, 비서성 정자秘書省正字 등을 지냈다. 1132년에 관직에 있을 때 주송朱松·능경하凌景夏·장광張廣·상명常明·호정胡珵과 함께 여섯 사람의 연명으로 글을 올려서 화친설을 배척하였다. 외숙인 호안국胡安國에게서 춘추학春秋學을 배웠다.

범원유范元裕

자 익지益之. 범념덕의 아들이다. 주희에게서 『주역』을 배웠다. 주희의 『어록』을 기록하였으나, 전하지 않는다.

범준范浚(1102~1151)

자 무명茂明, 호 향계香溪. 절강성 난계蘭溪 사람이다. 1131년에 현량賢良·방정方正으로 천거되었으나, 당시에는 진회秦檜가 국권을 쥐고 있어서 나아가지 않았다. 양시楊時의 문인 반량귀潘良貴와 교유하였다. 그의 학문 성향은 심학心學이 중심이었다. 저술에는 『향계집香溪集』이 있다. 주희가 「범준소전范浚小傳」을 지은 바 있다. 『맹자집주』에서 그의 「심명心銘」을 채택하였다.

범중보范仲黼

자 문숙文叔, 호 월주月舟. 사천성四川省 화양華陽 사람이다. 1178년에 진사가 되었고, 국자 박사國子博士, 지 팽주知彭州 등을 지냈다. 범조우范祖禹의 후손이며, 장식에게서 수학하였다. 만년에 이강二江(사천성 경내의 비강郫江과 유강流江, 성도成都 일대) 지역에서 강학하면서 스승의 학문을 널리 전했다. 당시 이강 지역의 범손范蓀·범자장范子長·범자해范子該·설불薛紱·등간종鄧諫從·정우손程遇孫·우강간虞剛簡·송덕지宋德之와 함께 '아홉 선생(九先生)'으로 불렸다. 경원당적慶元黨籍에 이름이 올랐다.

범중엄范仲淹(989~1052)

자 희문希文, 시호 문정文正. 강소성 소주蘇州 사람이다. 재상 여이간呂夷簡 일파의 정치를 비판하다가 여러 차례 좌천되었다. 섬서 경략안무초토부사陝西經略安撫招討副使

에 제수되어서 서하西夏의 침입을 막은 공으로 추밀 부사樞密副使에 올랐다. 개혁 정책을 제시하였으며, 정치 업적이 탁월하였다. 시문詩文과 사詞를 잘 지어서 문학에도 뛰어난 성취를 보였다. 인인지사仁人志士의 절조를 창도하여서 후세에 많은 영향을 미쳤다. 시호가 문정文正이기에 흔히 범문정공으로 알려져 있다. 저술에는 『범문정공집范文正公集』이 있다.

보광輔廣

자 한경漢卿, 호 잠암潛庵. 절강성 숭덕崇德 사람이다. 선대는 하북성河北省 경원慶源 사람인데, 부친이 숭덕으로 옮겨와서 살았다. 처음에는 여조겸에게 배웠고, 나중에는 주희를 사사한 뒤 정이와 주희가 주장한 '지경持敬'을 덕에 나아가는 바탕으로 여겨서 강조하였다. 영종寧宗 경원慶元 초에 정주학程朱學을 위학偽學으로 몰아서 엄금할 때 학자들이 화禍를 피해 달아났으나, 그는 전혀 동요하지 않았다. 가정嘉定(1208~1224) 초에 조정에 글을 올려서 시비성패是非成敗에 관해 반복해서 아뢰었다. 나중에 전이서원傳貽書院을 세워서 강학하였기에 '전이 선생傳貽先生'이라 불렸다. 동문인 위료옹魏了翁과 절친하였다. 저술에는 『어맹학용답문語孟學庸答問』·『사서찬소四書纂疏』·『육경집해六經集解』·『시동자문詩童子問』·『통감집의通鑑集義』·『잠암일신록潛庵日新錄』·『사훈편師訓編』 등이 있다. 『주자독서법朱子讀書法』을 편집하였으나, 전하지 않는다. 경원당금 때 주희와 채원정蔡元定에 대한 처분이 내려오자 척전법擲錢法으로 두 사람의 운명을 점친 일화가 전한다.

부득일傳得一(1115~1188)

자 영도寧道·제현齊賢. 청강清江 신금新淦 사람이다. 도사이다. 장준張浚이 건강建康의 유수留守로 있을 때 불러서 대화를 나누고 특별히 우대하였다. 승상 사호史浩가 그에게 시를 증여하였고, 그가 죽은 뒤에는 묘지명을 썼다. 당시 수많은 대신·귀족들과 교제했으며, 효종도 그를 궁중에 불러들여서 도를 물었다. 주희도 1173년에 그를 위해 '운암雲庵'이라는 편액 두 글자를 써 주었고, 1174년에 그가 사호를 찾아갔을 때 만나 보고 절구 한 수를 지어 주었다.

부몽천傅夢泉

자 자연子淵, 호 약수若水·중담曾潭. 강서성 남성南城 사람이다. 육구연·주희·장식의
문하에서 두루 배웠는데, 나중에 육구연의 고제高弟가 되었다. 등약례鄧約禮·부자운
傅子雲 등과 함께 '괴당제유槐堂諸儒'로 일컬어진다. 육구연이 초기에 강학했던 강서
성 금계金溪 괴당서당의 학맥을 대표하는 문도로서, 곧 절강성 은현鄞縣에서 성행한
용상의 네 선생(甬上四先生, 양간楊簡·원섭袁燮·심환沈煥·서린舒璘) 등의 학맥과 구별되는
육학陸學의 한 파를 대표한다. 장식과 학문 교류를 하였다. 1175년에 진사가 되었고,
형양 교수衡陽敎授, 청강 판淸江判 등을 지냈다. 형양 교수로 있을 때 진부량陳傅良과
함께 강학하였는데, 따르는 이들이 많았다. 육구연의 설을 굳게 지키며 육구연 학파
의 문호를 크게 세웠다. 주희가 그의 학문에 선기禪氣가 있다고 비평하였다. 저술에
는 『석고문石鼓文』이 있다.

부백성傅伯成(1143~1226)

자 경초景初, 호 죽은竹隱, 시호 충간忠簡. 복건성 진강晋江 사람이다. 1163년에 진사
가 되었고, 지 장주知漳州, 보모각 학사寶謨閣學士, 용도각 학사龍圖閣學士 등을 지냈다.
주희가 동안同安에 부임해 있을 때, 천주泉州 지역에서 형성된 제자의 무리에 속한
다. 저술에는 『죽은거사집竹隱居士集』·『주의奏議』·『모지耄志』가 있다.

부백수傅伯壽

자 경인景仁. 복건성 진강 사람이다. 부자득傅自得의 장남이며, 주희의 문하에서 수학
하였다. 주희가 무이산을 유람할 때 동행하기도 했으며, 도교와 불교를 좋아해서 주
희로부터 비평을 받았다. 1163년에 진사가 되었고, 저작랑 겸 권사봉랑관著作郞兼權
司封郞官을 지냈다. 나중에 한탁주에게 아첨하여서 현달했기 때문에 주희 문하의 '반
도叛徒'로 지목되었다.

사량좌謝良佐(1050~1103)

자 현도顯道, 시호 문숙文肅. 하남성 상채上蔡 사람이다. 정호程顥가 지 부구사知扶溝事
로 있을 때 수학하였다. 정호와 정이의 문하에서 배웠으며, 유작游酢·여대림呂大臨·

양시楊時와 함께 '정문의 네 선생(程門四先生)'으로 일컬어진다. 상채학파上蔡學派의 비조이며, 상채 선생上蔡先生으로 불린다. 1085년에 진사가 되었고, 응성현 령應城縣令 등을 지냈다. 그의 학문은 이학파理學派가 심학파心學派로 변해가는 경향을 나타내며, 육구연 심학心學의 선구 역할을 하였다. 그의 사상은 다분히 선불교의 내용을 포함하고 있는지라 주희로부터 비판을 받기도 하였다. 주희는 「기사상채논어의의記謝上蔡論語疑義」를 써서 그의 논어설을 거의 전부 부정하였다. 저술에는 『상채어록上蔡語錄』·『논어해論語解』가 있다.

사마광司馬光(1019~1086)

자 군실君實, 호 우수迂叟, 시호 문정文正. 산서성 하현夏縣 사람이다. 속수涑水에서 살았기에 속수 선생涑水先生으로 불렸다. 1038년에 진사가 되었고, 용도각 직학사龍圖閣直學士, 한림원 학사翰林院學士 등을 거쳐서 재상에 올랐다. 신종神宗 때 왕안석王安石이 신법新法을 단행하자, 그 이해利害에 관해 소를 올린 뒤 지 허주知許州로 나갔다. 철종哲宗 때 유지劉摯·범순인范純仁·범조우范祖禹·여대방呂大防 등을 기용하여서 신법을 없애고 옛 제도를 회복하고자 하였다. 그러나 왕안석이 집권하자 물러나 있으면서 사서史書 편수에만 힘쓰고, 시사時事에 대해서는 일체 논하지 않았다. 함순咸淳 연간(1265~1274)에 문묘에 종사되어서 '선유사마자先儒司馬子'로 일컬어졌다. 편년체 역사서 『자치통감資治通鑑』, 우주와 삼라만상의 변화 원리를 서술한 『잠허潛虛』, 『계고록稽古錄』, 『속수기문涑水記聞』 외에 유교 경학, 도가 서적 등 다양한 분야에 관한 저술이 있다. 태사太師로 추증되고 온국공溫國公에 봉해졌다.

사악謝諤(1121~1194)

자 창국昌國, 호 간재艮齋·계산桂山. 강서성 신유新喩 사람이다. 감찰어사監察御史로 발탁되었을 때 '의역법義役法'을 만들어서 전 고을에 시행하도록 하였다. 어사 중승御史中丞, 권 공부 상서權工部尙書 등을 역임하였다. 일찍이 곽옹郭雍에게서 수학하였으며, 정자程子의 학문을 전수하였다. 광종이 즉위한 뒤 주희를 조정에 천거하였다. 저술에는 『성학연원聖學淵源』·『간재집艮齋集』 등이 있다.

사호史浩(1106~1194)

자 직옹直翁, 시호 충정忠定. 절강성 은현鄞縣 사람이다. 소흥 연간에 진사가 되었고, 국자 박사國子博士, 소흥현 령紹興縣令 등을 역임했으며, 우승상右丞相에 이르렀다. 고종에게 태자를 세우라고 건의한 일로 조정에서 중시되었으며, 효종이 즉위하고서 참지정사가 되었다. 주화파의 거두로서 융흥화의隆興和議를 주도하였으며, 주전파 장준張浚과 대립하였다. 저술에는 『상서강의尙書講義』 등이 있다.

서고舒高

생애에 관해서는 알려져 있지 않다. 주희가 장사에 있을 때 제자가 되었으며, 『주역』과 『시경』을 배웠다.

서기舒琪

자 원영元英. 절강성 봉화奉化 사람이다. 형 서린舒璘과 함께 육구연陸九淵의 문하에서 수업하였다.

서린舒璘(1136~1199)

자 원질元質·원빈元賓, 호 광평廣平, 시호 문정文靖. 절강성 봉화 사람이다. 1172년에 진사가 되었고, 휘주 교수徽州敎授, 평양 령平陽令 등을 지냈다. 태학에서 공부할 때 장식에게 배움을 청하였으며, 주희가 무주婺州에서 여조겸과 강학할 때 무주로 가서 배웠다. 나중에는 육구연의 문하에서 수업한 뒤 육구연 학파의 주요 인물이 되었으며, 양간楊簡·원섭袁燮·심환沈煥과 함께 '용상의 네 선생(甬上四先生)'으로 일컬어졌다. 육구연을 사사하여서 자기를 수양하는 데 평실하고 돈독하였다. 주희의 설도 배척하지 않고 절충하였다. 경학에서는 『시경』과 예학에 뛰어났다. 저술에는 『시학발미詩學發微』·『시례강해詩禮講解』·『광평유고廣平類稿』·『문정집文靖集』이 있다.

서문경徐文卿

자 사원斯遠. 강서성 옥산玉山 사람이다. 강서시파의 시인이며, 주희와 시로 교유하였다.

서소연徐昭然

자 자융子融. 강서성 연산鉛山 사람이다. 주희의 문인이라고는 하나, 자세한 사적은 남아 있지 않다. 예장豫章에서 형성된 주희 학파의 인물이다. 주희가 '노성하며 자기를 지킴에 사범師範이 될 만한 사람'으로 평가하였다. 저술에는 『소학』이 있다고 하는데, 자세하지 않다.

서용徐容

자 인보仁父. 절강성 영가永嘉 사람이다. 주희가 장주에 있을 때, 찾아가서 배웠다. 주희에게서 『주역』과 『시경』을 배웠다.

서우徐寓

자 거보居父, 호 반주盤洲. 절강성 영가 사람이다. 1190년에 임장臨漳으로 주희를 찾아가서 사사하였다. 주희가 학문에 힘쓰고 의지가 확고한 사람이라고 칭찬하였다. 주희가 임종하기 하루 전에 자리를 지키고서 유훈을 들었다.

서의徐誼(1144~1208)

자 자의子宜·굉보宏父, 시호 충문忠文. 절강성 평양平陽 사람이다. 1172년에 진사가 되었고, 형부 시랑刑部侍郎, 보모각 대제寶謨閣待制 등을 지냈다. 도학의 선비로서 섭적葉適의 천거를 받았다. 효종의 독단에 대해 비평하는 글을 올렸으며, 조여우趙汝愚의 당으로 지목되어서 한탁주韓侂冑에게 미움을 샀고 끝내 좌천되었다. 경원당적에 이름이 올랐다.

서정균徐庭筠

자 계절季節. 절강성 임해臨海 사람이다. 서중행徐中行의 막내아들이다. 일찍이 과거를 보러 갔는데, 당시 재상인 진회秦檜가 '중흥가송中興歌頌'이라는 시제試題를 출제하자, '지금은 가송歌頌할 때가 아니다'라고 하면서 비통해 하다가 과장科場에서 쫓겨났다. 성성誠·경敬을 위주로 공부하면서, 나태하거나 헛소리를 하지 않았다. 고을 사람이 그와 부친을 더불어 '두 서 선생(二徐先生)'이라 불렀다. 주희가 절동 제거浙東制擧로 있으면서 관내를 순시할 때 그의 묘표를 세우고 치제하였다.

서존徐存

자 성수誠叟, 호 일평옹逸平翁. 절강성 강산江山 사람이다. 양시楊時의 문하에서 수학하였다. 은거하여서 강학과 저술에 몰두하였다. 주희가 과거에 급제하고 귀향할 때 그를 찾아뵙고 방심放心에 대해 질문하였다. 그는 주희에게 극기귀인克己歸仁, 지언양기知言養氣의 설을 알려주고「심명心銘」한 수를 지어서 증여하였다. 그의 심설心說은 주희의 사상이 변화 발전하는 데 중요한 계발을 하였다. 저술에는『몽재집蒙齋集』이 있다.

서중행徐中行

자 덕신德臣. 절강성 임해 사람이다. 서정균의 아버지이다. 사람들이 '팔행 선생八行先生'이라 불렀다. 젊은 시절에 호원胡瑗의 제자인 유이劉彝에게서 호씨학을 배웠고, 사마광으로부터 기이하다고 일컬어졌다. 나적羅適·이악李諤 등이 천거하였으나, 나아가지 않았다. 나중에 우산羽山에서 은거하였다. 아들 서정균과 함께 '두 서 선생'으로 불렀다.

석돈石𡒟(1128~1182)

자 자중子重, 호 극재克齋. 절강성 태주台州 임해 사람이다. 이학理學을 깊이 궁구하였으며, 주희와 중화설中和說에 대해 토론하였고, 편지로 학문 토론을 하였다. 주희를 위해「위재기명발韋齋記銘跋」을 썼고, 주희는 그를 위해「극재기克齋記」를 써주었다. 장작감將作監, 태상시 주부太常寺主簿 등을 역임하였다. 저술에는『주역집해周易集解』·『대학집해大學集解』·『중용집해中庸集解』등이 있다.

석두문石斗文

자 천민天民. 절강성 신창新昌 사람이다. 동생 석종소石宗昭와 함께 주희·여조겸·육구연에게서 배웠다. 1163년에 진사가 되었고, 임안 부학교수臨安府學教授, 추밀원 편수樞密院編修 등을 지냈다. 환관 감변甘昪이 땅을 탈취하여서 서호西湖에 별장을 지은 일에 대해 비판하였다.

석종소石宗昭

자 응지應之. 절강성 신창 사람이다. 형 석두문과 함께 처음에는 여조겸·육구연의 학문을 절충하였고, 나중에는 주희에게 전향하였다.

석홍경石洪慶(?~1196)

자 자여子餘. 하북성 임장臨漳 사람이다. 상주 부학相州府學의 학정學正을 지냈다. 1192년 주희가 지 장주知漳州로 있을 때 그를 초빙하였다. 주희가 그에게 경敬 공부를 전수하였다.

설契

성 자子. 상商(은殷)의 시조이다. 요순堯舜 시대에 우禹와 함께 치수治水를 맡았으며, 사도司徒에 임명된 뒤 백성을 교화하는 데 힘쓴 공로로 상商 땅에 봉해졌다.

설계선薛季宣(1134~1173)

자 사룡士龍·사릉士隆, 호 간재艮齋, 시호 문헌文憲. 절강성 영가永嘉 사람이다. 남송 때의 경학가이다. 대리시 주부大理寺主簿, 지 호주知湖州 등을 역임하였다. 젊은 시절 정자程子의 문인 원개袁溉에게서 수학하였다. 도학자들이 의리義理·성명性命에 관해 공리공담하는 것을 반대하였으며, 실제의 효용을 중요하게 생각하였다. 그의 학문은 진부량陳傅良에게 전수되었는데, 섭적葉適에 이르러 집대성되어서 경세치용을 중시하는 영가학파永嘉學派가 형성되었다. 저술에는 『서고문훈의書古文訓義』·『시성정설詩性情說』·『춘추경해지요春秋經解指要』·『대학설大學說』·『논어소학약설論語小學約說』 등이 있다.

설숙사薛叔似(?~1221)

자 상선象先, 시호 공익恭翼·문절文節. 절강성 영가永嘉 사람이다. 태학에서 공부하였으며, 설계선의 조카로서 가학을 계승하였다. 사호史浩의 천거를 받았다. 태학 박사

太學博士, 병부 상서兵部尙書 등을 역임하였다. 주희를 존경하고 사모하였다. 도덕道德·성명性命의 이치를 탐구하였으며, 천문·지리·음률音律·상수象數 등에 관해서도 담론하였다.

섭미도葉味道

자 지도知道, 호 서산西山, 시호 문수文修. 초명은 하손賀孫이다. 절강성 온주溫州 사람이다. 과거 시험에 장원하였으나, 당시는 주자학을 금하고 있던 터라 호광胡紘의 배척을 받아서 낙방하였다. 학금學禁이 풀린 뒤 1220년에 진사시에 합격하여서 악주 교수鄂州敎授가 되었고, 나중에 태학 박사太學博士, 저작 좌랑著作佐郞 등을 지냈다. 『의례해儀禮解』를 지었으며, 주희의 예학 체계를 형성하는 데 일익을 맡았다. 저술에는 『사서설四書說』·『대학강의大學講義』·『제법종묘묘향교사외전祭法宗廟廟享郊社外傳』·『경연구주慶筵口奏』·『고사강의故事講義』 등이 있으며, 『주자어록』을 편집하였다.

섭적葉適(1150~1223)

자 정칙正則, 호 수심水心, 시호 충정忠定·문정文定. 절강성 영가永嘉 사람이다. 정백웅鄭伯熊·설계선薛季宣·진부량陳傅良 등을 종유하였다. 1178년에 진사가 되었고, 태학 정太學正, 보문각 대제寶文閣待制 등을 역임하였다. 만년에 절강성 영가의 수심촌水心村에서 강학하였기에 '수심 선생水心先生'이라 불렸다. 그로부터 수심학파水心學派가 유래하였다. 영가학파永嘉學派의 공리설功利說을 계승, 발전시켜서 주희의 이학理學·육구연의 심학心學과 함께 정립鼎立하였다.

성수盛瑈

자 온여溫如. 강서성 풍성豐城 사람이다. 어릴 적부터 큰 뜻을 품고서 정자의 학문을 으뜸으로 삼았다. 주희가 남강에 있을 때 종유하고 문에 들어가서 배웠다. 도적이 창궐했을 때, 의병을 일으켜서 우두머리 수십 명을 사로잡았다. 그 공으로 봉절랑奉節郞에 제수되었으나, 사양하였다. 저술에는 『이락통종伊洛統宗』·『태극도해太極圖解』 등이 있다.

소송蘇頌(1020~1101)

사 사용子容, 시호 정간正簡. 복선성 동안同安 사람이다. 북송의 걸출한 천문학자, 천문기계 제작자, 약물학자이다. 배움을 좋아하여 온갖 학파의 여러 학설을 다양하게 배웠으며, 산법算法·지지地志·산경山經·본초本草·훈고·율려 등에 이르기까지 통달하지 않은 것이 없었다. 주로 과학기술 분야에 많은 공헌을 하였으며, 특히 천문학과 의약학에서 두드러진 공헌을 하였다. 선조는 당唐 말에 왕조王潮를 따라 복건으로 들어왔으며 대대로 복건의 명문 거레였다. 1042년에 진사에 급제하였고, 형부 상서, 이부 상서를 역임했으며, 철종 때 재상이 되어서는 백관으로 하여금 법을 지키고 직분을 따르도록 하였으며, 능력에 따라 임무를 맡겼다. 1097년에 태자 소사太子少師로 치사하였다. 휘종이 제위에 오르고서 태자 태보太子太保로 승진하였고, 조군공趙郡公에 봉해졌다. 졸한 뒤에 사공司空에 추증되었으며 위국공魏國公에 추봉되었다. 이종 때 정간이라는 시호가 추서되었다. 주희가 1155년에 동안에 부임했을 때 현학縣學에 소송의 사당을 세워서 후학을 고무하고 격려하였다.

그가 주도하여 만든 천문종天文鐘인 '수운의상대水運儀象臺'는 근대 시계의 톱니바퀴 장치의 선구가 되었다. 저술에는 『도경본초圖經本草』·『신의상법요新儀象法要』·『소위공문집蘇魏公文集』 등이 있다.

소식蘇軾(1037~1101)

자 자첨子瞻·화중和仲, 호 동파 거사東坡居士. 사천성 미산眉山 사람이다. 세상에서 소선蘇仙으로 불린다. 북송의 문학가이자 정치가, 학자이다. 송 대의 가장 저명한 문학가이며 송 대 문학이 성취한 경지를 대표한다. 가우嘉祐 연간(1056~1063)에 진사가 되었다. 그의 시는 제재題材가 광활하고 청신하며 호방하다. 과장과 비유를 즐겨 쓰고 독특한 풍격을 갖추고 있다. 황정견과 함께 '소황蘇黃'이라고 불리며, 호방파豪放派를 열었다. 신기질辛棄疾과 함께 호방파를 대표하며, 나란히 '소신蘇辛'이라고도 불린다. 경학은 물론 서화에도 뛰어났다. 그가 지은 전후 「적벽부赤壁賦」와 「적벽회고赤壁懷古」는 중국 시가 문학을 대표하는 작품 가운데 속한다. 아버지 소순蘇洵, 아우 소철蘇轍과 함께 당송팔대가에 들어 있다. 저술에는 『동파칠집東坡七集』·『동파역전東坡易傳』·『동파악부東坡樂府』 등 다수가 있다.

소연邵因

자 만종萬宗, 호 금시今是. 절강성 난계蘭溪 사람이다. 1181년에 진사가 되었고, 빈주彬州와 담주潭州의 교수를 지냈다. 주희가 지 담주知潭州로 있을 때 그의 학행을 아뢰어서 천거하였다. 장사 군학長沙郡學의 박사로 있을 때 장식張栻의 『삼가례범三家禮範』을 간행하였으며, 주희를 도와서 책 출간에 크게 기여하였다. 절동으로 돌아간 뒤에는 주희의 학문을 널리 보급하였다. 저술에는 『예기해禮記解』·『독역관견讀易管見』·『금시당유고今是堂遺稿』 등이 있다.

소옹邵雍(1011~1077)

자 요부堯夫, 호 백원百源·안락와安樂窩, 시호 강절康節. 하북성 범양范陽 사람이다. 이지재李之才에게서 하도河圖·낙서洛書의 선천상수학先天象數學을 전수하였다. 부필富弼·사마광司馬光·여공저呂公著 등과 친밀하게 지냈으며, 정호程顥·정이程頤·장재張載 등과 학문을 토론하였다. 문묘에 종사되었으며, 신안백新安伯에 추봉되었다. 『주역』에 정통하였는데, 역전易傳에 의거하여 팔괘八卦를 해석하였고, 도가 사상을 참조하여서 상수학象數學을 열었다. 주요 저술에는 역리易理를 응용하여 수리數理로써 천지 만물의 생성 변화를 밝혀낸 『황극경세서皇極經世書』, 그리고 『이천격양집伊川擊壤集』·『관물편觀物篇』·『어초문답漁樵問答』 등이 있다. 소자邵子로 일컬어지며, '북송의 다섯 선생(北宋五子, 주돈이·소옹·장재·정호·정이)' 가운데 한 사람이다.

소의蕭顗

자 자장子莊. 복건성 포성浦城 사람이다. 천성이 소박했으며, 효성으로 이름이 났다. 이욱李郁·진언陳彦·나종언羅從彦과 함께 양시楊時의 문하에서 수학하였다. 주송朱松이 스승으로 섬겼다.

소좌蕭佐

자 정부定夫. 호남성 상향湘鄉 사람이다. 호굉胡宏의 제자 여재옹黎才翁의 사위이며, 장식張栻의 동문인 아버지의 권유로 장식에게 나아가서 수학하였다. 주희가 장사長沙를 다스릴 때, 나아가서 문하에 들어갔다. 위료옹魏了翁이 그를 위해 「사우당명師友

堂銘」을 지었다.

소철蘇轍(1039~1112)

자 자유子由·동숙同叔, 호 영빈유로潁濱遺老. 시호 문정文定. 사천성 미산眉山 사람이
다. 북송의 문학가, 시인, 정치가이다. 아버지 소순蘇洵, 형 소식蘇軾과 함께 당송팔대
가 가운데 한 사람이다. 1057년에 진사가 되었다. 신종神宗 때 왕안석王安石의 변법
變法에 반대하다가 좌천되었으나 철종哲宗 때 내직으로 들어갔다. 1094년에 철종이
이청신李淸臣을 중서사인에 기용하자, 이를 반대하다가 지 여주知汝州로 좌천되었다.
그 뒤 채경蔡京이 집권하면서 다시 조청대부朝請大夫로 강등되었다가 태중대부太中大
夫로 치사하였다. 소순, 소식과 함께 '삼소三蘇'라고 불린다. 평생 학문에 아버지와
형의 영향을 받았다. 산문으로 이름이 알려졌으며, 정론政論과 사론史論에도 뛰어났
다. 시도 형 소식을 따라서 풍격이 순박하며 화려하지 않고, 문채가 겸손하였다. 글
씨도 잘 썼는데, 서법이 시원스럽고 깨끗하며 자연스러웠다(瀟灑自如). 저술에는 『시
전詩傳』·『춘추전春秋傳』·『난성집欒城集』 등이 있다.

손봉길孫逢吉(1135~1199)

자 종지從之, 호 정열靜悅. 강서성 용천龍泉 사람이다. 1163년에 진사가 되었고, 우정
언右正言·비서감秘書監 등을 역임하였다. 희조僖祖(송 태조 조광윤趙匡胤의 고조부, 조조趙
朓)의 조천祧遷 문제를 논의할 때 참여하였다. 주희와 팽구년彭龜年을 위해 변호하다
가 한탁주韓侂冑로부터 미움을 받기도 하였다. 경원당적에 이름이 올랐다.

손응시孫應時(1154~1206)

자 계화季和, 호 촉호燭湖. 절강성 여요餘姚 사람이다. 1172년에 육구연에게서 배웠
고, 그 뒤 부몽천傅夢泉과 주희에게서도 수학하였다. 1175년에 진사가 되어서 황암
위黃巖尉, 수안 령遂安令 등을 지냈다. 육구연의 학문과 사공학事功學의 이중적 면모를
지녔으며, 주희와 육구연의 학문을 절충하기도 하였으나 주로 육구연의 심학을 계
승하였다. 저술에는 『촉호집燭湖集』이 있다.

손자수孫自修

자 경보敬甫. 안휘성 선성宣城 사람이다. 주희가 장사에 있을 때 사촌 아우(從弟) 손자신孫子新·손자임孫子任과 함께 주희에게서 수학하였다. 나중에 안휘 일대에 주자학을 보급하였다.

순숙苟淑(83~149)

자 계화季和. 영천潁川 영음潁陰 사람이다. 후한後漢 순제順帝, 환제桓帝 때 살았다. 고결한 품행으로 이름이 났으며, 아들이 여덟 있었는데 모두 뛰어나서 여덟 룡(八龍)이라고 불렸다. 손자 순욱苟彧은 조조曹操의 유명한 참모이다.

습개경襲蓋卿

자 몽석夢錫. 호남성 상녕常寧 사람이다. 1187년에 진사가 되었고, 우정언右正言을 지냈다. 주희가 장사에 있을 때 제자가 되었다. 의리학義理學에 밝았다. 저술에는 『주자지주어록朱子池州語錄』이 있다.

시원지施元之

자 덕초德初. 절강성 장흥長興 사람이다. 1154년에 진사시에 급제하였고, 좌사간左司諫·내권농사內勸農事 등을 역임하였다. 추밀원 편수관樞密院編修官으로 있을 때 그의 후임으로 주희가 제수되었다. 소식蘇軾의 시에 주력하여서 육유陸游로부터 극찬을 받았다.

시윤수施允壽(1138~1189)

자 백화伯和. 하북성 임장臨漳 사람이다. 상주 부학相州府學의 학정學正을 지냈다. 1192년 주희가 지 장주知漳州로 있을 때 그를 학교에 초빙하였다.

신기질辛棄疾(1140~1207)

자 유안幼安·탄부坦夫, 호 가헌 거사稼軒居士, 시호 충민忠敏. 산동성 역성歷城 사람이다. 어릴 적 금金 지배하에서 자라다가 송에 귀의하여 용도각 대제龍圖閣待制, 추밀

부승지樞密副承旨 등을 지냈다. 금에 대한 강경책을 주장하였고, 주희·육유陸游 등과
진교가 있었다. 사詞의 대가이다. 주희가 죽자 당금이 심엄한 가운데도 홀로 조문하
였다. 저술에는 『가헌집稼軒集』·『가헌장단구稼軒長短句』 등이 있다.

심한沈僴

자 중장仲莊. 절강성 영가永嘉 사람이다. 지리地理에 정밀하였다. 주희의 문인이다.

악비岳飛(1103~1141)

자 붕거鵬擧, 시호 무목武穆·충무忠武. 하남성 탕음湯陰 사람이다. 1122년에 종군한
뒤 전공을 세워서 청원군 절도사淸遠軍節度使, 태보太保 등을 역임하였다. 1130년 장
준張浚의 부하로 있을 때 북으로 철수하는 금 올출兀朮의 부대를 크게 무찔렀으며,
건강建康 지역을 회복하였다. 나중에 강서·호남 지방에서 금군과 연합한 이성李成의
군대를 토벌하고 강서의 농민 반란을 진압하자, 고종이 '정충악비精忠岳飛'라는 금기
錦旗를 하사하였다. 1134년 위제僞齊의 군대를 대파하고 양양襄陽 등 여섯 군을 수복
하였다. 진회秦檜 등의 무고로 처형되었다. 효종 때 그의 충성심을 기려서 시호가 내
려졌다.

안사로顔師魯(1119~1193)

자 기성幾聖, 시호 정숙定肅. 복건성 용계龍溪 사람이다. 감찰어사監察御史, 이부 상서吏
部尙書 등을 역임하였다. 이학理學을 깊이 연구한 도학의 인물로서 주희와 교유했으
나, 주희가 주도한 경계經界에는 반대하였다.

안진경顔眞卿(709~785)

자 청신淸臣. 섬서성陝西省 장안長安 사람이다. 당 대唐代의 서예가로 유명하며, 형부
상서刑部尙書, 이부 상서吏部尙書 등을 역임하였다. 안록산安祿山의 난 때 평원 태수平
原太守로서 의병을 일으켜 싸웠다. 그 뒤 노군 개국공魯郡開國公에 봉해졌다. 우세남虞
世南·구양순歐陽詢·저수량褚遂良 등과 함께 '당의 네 대가(唐四大家)'로 일컬어진다. 저
술에는 『안로공문집顔魯公文集』이 있다.

양간楊簡(1141~1226)

자 경중敬仲, 호 자호慈湖, 시호 문원文元. 절강성 영파寧波 사람이다. 1169년에 진사가 되었고, 부양 주부富陽主簿, 보모각 학사寶謨閣學士 등을 지냈다. 부양 주부로 있을 때 육구연陸九淵을 스승으로 섬겨서 육씨 심학파陸氏心學派의 대표 인물이 되었다. 원섭袁燮·서린舒璘·심환沈煥 등과 함께 '용상의 네 선생(甬上四先生)', '사명의 네 선생(四明四先生)'으로 일컬어졌다. 육구연의 심학을 우주의 만물萬物·만상萬象·만변萬變이 모두 자기에게 속해 있다는 유아론唯我論으로 발전시켰다. 저술에는 『자호시전慈湖詩傳』· 『양씨역전楊氏易傳』·『계폐啓蔽』 등이 있다.

양극가梁克家(1128~1187)

자 숙자叔子, 시호 문정文靖. 복건성 진강晉江 사람이다. 급사중給事中·우승상右丞相 등을 역임하였다. 권신權臣과 총신寵臣에게 굴복하지 않고 직언을 서슴지 않았다. 도학을 좋아하여 주희와 자주 편지를 주고받으면서 정치를 논하였다. 저술에는 『순희삼산지淳熙三山志』가 있다.

양도부楊道夫

자 중사仲思. 복건성 포성浦城 사람이다. 양여립楊與立의 사촌 아우(從弟)이다. 장주에서 주희에게 가르침을 받았는데, 『주역』·『시경』 및 예학을 배웠다. 주희가 만년에 도교와 불교에 관한 서적을 읽고 연구할 때 같이 참여하였다.

양리정楊履正

자 자순子順. 복건성 진강 사람이다. 장주에서 주희에게 나아가 수학하였는데, 학문이 정밀하다는 칭찬을 받았다. 그의 문하에 생도가 수백 명이나 되었다.

양만리楊萬里(1127~1206)

자 정수廷秀, 호 성재誠齋. 강서성 길수吉水 사람이다. 금에 대한 항전을 주장하였고, 강직한 성격 때문에 지방관을 전전하였다. 시를 잘 지어서 관직을 옮길 때마다 시집을 한 권씩 엮었는데, 『강호집江湖集』에서 『퇴휴집退休集』까지 모두 아홉 부를 지었

다. 시에 속어를 섞어 썼으며, 경쾌한 필치와 기발한 발상이 특징으로 꼽힌다. 육유
陸游·범성대范成大·우무尤袤와 함께 '남송의 네 내가(南宋四大家)'로 일컬어진다. 주희와
많은 시를 주고받았으며, 정치적으로도 서로 의지하였다. 저술에는 『성재역전誠齋易
傳』·『성재집誠齋集』 등이 있다.

양방楊方

자 자직子直, 호 담헌淡軒. 복건성 정주汀州 사람이다. 숭안崇安으로 가서 주희에게 수
학하였다. 1163년에 진사가 되었고, 비서랑秘書郎, 광서 제형廣西提刑 등을 지냈다. 주
희의 예학 연구와 예서 편찬에 참여하였다. 경원당적에 이름이 올랐다. 저술에는
『한천어록寒泉語錄』이 있다.

양백기楊伯起

생애에 관해서는 알려져 있지 않다. 서존徐存의 문인이다. 서존이 양백기에게 증여
한 시에 주희가 발문을 쓴 바 있다.

양복楊復

자 지인志仁, 호 신재信齋. 복건성 복안福安 사람이다. 황간黃榦과 절친하였다. 진덕수
眞德秀가 민閩(복건)의 수령으로 있을 때 귀덕당貴德堂을 지어서 그를 초빙하였다. 주
희의 문인이며, 주희의 예서 편찬에 참여하였다. 저술에는 『제례祭禮』·『의례도해儀禮
圖解』·『가례잡설부주家禮雜說附註』 등이 있다.

양사훈楊仕訓(1162~1219)

자 윤숙尹叔, 호 반암盤庵. 이름을 사훈士訓·사훈嗣訓이라고도 한다. 복건성 장포漳浦
사람이다. 주희가 장주에 있을 때 문하에 들어와서 제자가 되었다. 1196년에 진사
가 되었고, 고전 위古田尉, 영복현 령永福縣令 등을 지냈다.

양시楊時(1053~1135)

자 중립中立, 호 구산龜山, 시호 문정文靖. 복건성 장락長樂 사람이다. 1076년에 진사

가 되었고, 저작랑著作郎, 공부 시랑工部侍郎 등을 지냈다. 정호와 정이에게서 배웠으며, 사량좌謝良佐·유작游酢·여대림呂大臨과 함께 '정문의 네 선생(程門四先生)'이라 불렀다. 그의 학문은 나종언羅從彦·이통李侗을 거쳐 주희에게 이어짐으로써 이학의 형성과 발전 과정에 중요한 영향을 끼쳤다. 저술에는 왕안석의 신학新學을 반박한 『삼경의변三經義辨』과 『이정수언二程粹言』·『구산어록龜山語錄』이 있다.

양유의楊由義

자 의지宜之. 하남성 개봉開封 사람이다. 태부 경 겸 형부 시랑太府卿兼刑部侍郎을 지냈다. 주희가 그에게서 배웠다.

양장유楊長孺(1157~1236)

자 백대伯大, 호 동산東山, 시호 문혜文惠. 강서성 길수吉水 사람이다. 양만리의 아들이며, 가학을 계승하였다. 주희가 장사에 있을 때 문하에 들어왔다. 주희가 환장각 대제煥章閣待制로서 경연에 참여하게 되었을 때, 아버지 양만리의 뜻을 받들어 임강으로 주희를 찾아가서 평생의 큰 뜻을 물었다. 문음門蔭으로 수 호주守湖州가 되었고, 복건 안무사福建安撫使, 부문각 직학사敷文閣直學士를 역임하였다.

양전楊篆

자 덕중德仲, 호 송재訟齋. 절강성 영파寧波 사람이다. 양간楊簡의 형이다. 주희가 절동 제거로 있으면서 황정荒政을 펼칠 때 도왔다.

양즙楊楫(?~1213)

자 통로通老, 호 열당悅堂. 복건성 장계長溪 사람이다. 양방楊方·양간楊簡과 함께 '세양(三楊)'이라고 일컬어졌으며, 주희를 사사하였다. 주희의 『초사집주楚辭集注』에 발문을 썼다. 1178년에 진사가 되었고, 국자 박사國子博士, 강서 운판江西運判 등을 지냈다. 저술에는 『주의奏議』·『열당문집悅堂文集』이 있다.

양지楊至

자 지지至之. 복건성 진강晉江 사람이다. 주희가 장주에 있을 때 문하로 들어갔다. 천주에서 주희의 학문을 보급하였다. 이당자李唐咨와 함께 두각을 드러냈다.『송원학안宋元學案』에는 채원정蔡元定의 손녀사위(孫壻)로 되어 있으나, 사위가 맞을 듯하다. 저술에는『문공어록文公語錄』이 있다.

여공저呂公著(1018~1089)

자 회숙晦叔, 시호 정헌正獻. 수주壽州 사람이다. 여이간呂夷簡의 아들이며, 여공필呂公弼의 동생이다. 어사중승御史中丞, 중서 시랑中書侍郞 등을 역임했다. 사마광과 친한 친구 사이로서 함께 국정을 보좌하였고, 왕안석의 신법에 반대하였다.

여광문呂廣問(1103~1175)

자 인부仁夫·인보仁甫. 하남성 개봉開封 사람이다. 윤돈尹焞에게서 배웠다. 1125년에 진사가 되었고, 권 예부 시랑權禮部侍郞, 집현전 수찬集賢殿修撰 등을 지냈다.

여귀신黎貴臣

자 소문昭文. 호남성 예릉醴陵 사람이다. 주희의 문인이다. 주희가 담주潭州에 있을 때 그를 초빙하여서 악록서원岳麓書院의 일을 맡겼다.

여대기呂大器

자 치선治先. 하남성 하남河南 사람이다. 상서 창부랑尙書倉部郞을 지냈다. 여본중呂本中의 조카이며, 여조겸呂祖謙의 아버지이다. 표은당約隱堂을 지어서 아우 여대륜呂大倫·여대유呂大猷·여대동呂大同과 함께 강학하였다. 증기曾幾의 사위가 되었고, 그에게서 수학하였다.

여대아余大雅(1138~1189)

자 정숙正叔. 복건성 순창順昌 사람이다. 유경游儆과 함께 무이정사로 주희를 찾아가서 배웠다. 주희가 그와 함께『자치통감강목資治通鑑綱目』·『주역본의周易本義』등을 토론하였다. 『주자어록』을 편찬하였다.

여대유余大猷

자 방숙方叔. 강서성 상요上饒 사람이다. 여대아余大雅의 동생이다. 주희가 경연에서
축출되고 영지사靈芝寺에 머물 때, 다른 제자들과 함께 찾아가서 배웠다.

여본중呂本中(1084~1145)

자 거인居仁, 호 동래東萊, 시호 문청文淸. 초명은 대중大中이다. 안휘성 봉대鳳臺 사람
이다. 추밀원 편수관樞密院編修官, 중서사인中書舍人 등을 지냈다. 양시楊時·유작游酢·
윤돈尹焞을 사사하였으며, 유안세劉安世·진관陳瓘에게서도 배웠다. 쇄소응대灑掃應對
(물 뿌리고 쓸고 대답하고 상대하는 것)의 일이 훈고보다 우선한다고 여겨서 하학상달
下學上達의 학문을 강조하였다. 또한 유학과 불교의 사상 요지가 크게는 같다고 보아
서 두 학문의 조화를 주장하였다. 저술에는 『춘추집해春秋集解』·『동몽훈童蒙訓』 등이
있다.

여우余隅

자 점지占之, 호 극재克齋. 이름을 '여우余偶'라고도 한다. 복건성 고전古田 사람이다.
임용중林用中과 이름을 나란히 하였다. 1181년에 주희를 따라 여산廬山 북쪽을 유람
하였다. 여조겸呂祖謙·황간黃榦과 함께 교유하면서 학문을 논하였다. 저술에는 『극재
문집克齋文集』이 있다.

여조검呂祖儉(?~1198)

자 자약子約, 호 대우大愚, 시호 충忠. 절강성 금화金華 사람이다. 여조겸의 아우이며,
형에게 수학하였다. 태부 승太府丞 등을 역임하였다. 양간·심환·원섭과 함께 '명주의
네 선생(明州四先生)'으로 불렸다. 학문상으로는 정자程子를 계승하면서 주희와 육구연
의 설을 절충하려고 하였다. 저술에는 『대우집大愚集』이 있다.

여조겸呂祖謙(1137~1181)

자 백공伯恭, 호 동래東萊, 시호 성成·충량忠亮. 절강성 금화 사람이다. 1163년에 진사시 및 박학굉사과博學宏詞科에 급제하였고, 태학 박사를 거쳐 비서랑秘書郎·저작랑著作郎 등을 역임하였다. 임지기林之奇·왕응신汪應辰·호헌胡憲 등에게서 배웠다. 『휘종실록徽宗實錄』을 수정하는 데 참여하였고, 『황조문감皇朝文鑑』을 편찬하였다. 아우 여조검과 함께 명초산明招山에 이택서원麗澤書院을 창건하고 강학하였다. 주희·장식과 절친하였으며, 이들 세 사람은 '동남삼현東南三賢'이라 불렸다. 1175년 아호鵝湖의 회합을 열어서 주희와 육구연의 학술을 조화시키려고 하였으며, 영가학파의 경세치용經世致用 사상을 받아들여서 스스로 일가를 이룸으로써 '여학呂學'·'무학婺學'·'금화학파金華學派'로 일컬어졌다. 주희와 함께 북송의 다섯 선생(北宋五子, 주돈이·소옹·장재·정호·정이)의 언설을 모아서 『근사록近思錄』을 편집하였다. 저술에는 『동래춘추좌씨전설東萊春秋左氏傳說』·『춘추좌씨속설春秋左氏續說』·『동래좌씨박의東萊左氏博議』·『좌씨류편左氏類編』·『고정고주역考定古周易』·『주역계사정의周易繫辭精義』·『동래역설東萊易說』·『서설書說』·『소의외전少儀外傳』·『여씨가숙독시기呂氏家塾讀詩記』·『역대제도상설歷代制度詳說』·『대사기大事記』·『독시기讀詩記』·『변지록辨志錄』·『구양공본말歐陽公本末』·『동래집東萊集』 등이 있다.

여희철呂希哲(1039~1116)

자 원명原明. 호 형양滎陽. 하남성 변경抃京 사람이다. 여공저呂公著의 아들이다. 범조우范祖禹의 추천을 받아 숭정전 설서崇政殿說書를 지냈고, 우사간右司諫, 비서 소감秘書少監 등을 역임하였다. 태학에 있을 때 정이程頤와 함께 호원胡瑗을 사사하였다. 두 사람의 나이가 서로 비슷하였지만, 정이의 학문을 깊이 존경했으므로 나중에는 스승으로 섬겼다. 처음에는 초천지焦千之에게 배워서 구양수歐陽脩의 재전 문인이 되었고, 다시 손복孫復·호원·석개石介에게서 배웠다. 또한 소옹·왕안석에게도 배운 적이 있다. 정호程顥·장재張載·손각孫覺·이상李常 등 당대의 학자들과 폭넓게 교유하였다. 주희는 「여씨대학해呂氏大學解」에서 『대학大學』에 관련된 그의 설이 불교에 근원을 두고 있다며 비판하였다. 저술에는 『여씨잡지呂氏雜志』·『형양공설滎陽公說』이 있다.

영종寧宗(1168~1224, 재위 1194~1224)

광종의 둘째 아들. 송 제13대(남송 제4대) 황제. 이름은 확擴이다. 1168년에 공왕부恭
王府에서 태어났으며, 1178년에 명주 관찰사明州觀察使에 제수되고 영국공英國公에 봉
해졌다. 1185년에 평양군왕平陽郡王, 1189년에 가왕嘉王에 봉해졌다. 1194년에 태자
가 되었고, 얼마 뒤 광종이 퇴위함에 따라 한탁주韓侂胄, 조여우趙汝愚 등의 추대를
받아서 제위에 올랐다. 이듬해 연호를 경원慶元으로 고쳤다. 영종은 조여우를 파직
하고 한탁주에게 전권을 맡겨서 이학理學을 위학僞學으로 금하고, 조여우·주희 등을
탄압하는 경원당금을 일으켰다.

예사倪思(1147~1220)

자 정보正甫, 호 제재齋齋, 시호 문절文節. 절강성 귀안歸安 사람이다. 1166년에 진사
가 되었고, 화문각 학사華文閣學士, 예부 상서 등을 지냈다. 장구성張九成의 재전 제자
이며, 장구성의 이학을 전파하고 발전시켰다. 평생 불교를 독실하게 믿었지만, 행동
은 유가 사상을 근본으로 삼았다. 1196년에 동지공거同知貢擧로 있으면서 도학을 금
지하라는 주소奏疏를 올렸다. 직간으로 이름을 날렸다. 한탁주를 배척하다가 관직을
잃었으나, 다시 기용되었다. 저술에는 『제산갑을고齊山甲乙稿』·『겸산집兼山集』·『경서
당잡지經鋤堂雜志』가 있다.

오남吳南

자 의지宜之. 생애에 관해서는 알려져 있지 않다. 주희가 경연에서 축출되고 영지사
靈芝寺에 머물 때, 찾아가서 배웠다.

오렵吳獵(1143~1213)

자 덕부德夫, 호 외재畏齋, 시호 문정文定. 호남성湖南省 예릉醴陵 사람이다. 선화善化에
옮겨가서 살았다. 주희의 문인이다. 순희淳熙 연간(1174~1189)에 진사가 되었고, 보
모각 대제寶謨閣待制, 사천 안무제치사四川安撫制置使 등을 지냈다. 국사와 관련하여 여
러 차례 상소를 올렸다. 스승으로부터 전수한 구인지학求仁之學을 실천하는 데 힘썼
다. 저술에는 『외재문집畏齋文集』이 있었으나 대부분 없어지고, 『송사宋史』에 일부가

전한다. 경원당적에 이름이 올랐다.

오불吳芾(1104~1183)

자 명가明可, 호 호산 거사湖山居士, 시호 강숙康肅. 절강성 선거仙居 사람이다. 비서성 정자秘書省正字로 있을 때 진회秦檜와 뜻이 맞지 않은 탓에 쫓겨났다. 이부 시랑吏部侍郞, 용도각 직학사龍圖閣直學士 등을 역임했으며, 성품이 강직하였다. 주희가 절동 제거로 있으면서 관내를 순력巡歷할 때 선거현仙居縣 호산湖山에 은거한 오불을 찾아간 적이 있다. 주희가 그의 신도비를 썼다. 저술에는 『호산집湖山集』이 있다.

오수창吳壽昌

자 대년大年. 복건성 소무邵武 사람이다. 처음에는 불교의 설을 좋아하였으나, 나중에 주희의 문하에서 수학하였다. 주희의 시흥을 증언한 내용이 『어류』에 전한다. 저술에는 『문답략問答略』이 있다.

오익吳翌(1129~1177)

자 회숙晦叔. 복건성 건양建陽 사람이다. 호굉胡宏의 제자이며, 장식과 교유하였다. 형산衡山 아래에 징재澄齋를 짓고서 은거하였다. 주희가 일찍이 장식, 그와 함께 『논어』를 토론하였다.

오인걸吳仁傑

자 두남斗南·남영南英, 호 두은蠹隱·두호蠹豪. 낙양에서 살다가 나중에 강서성 곤산崑山으로 옮겨 살았다. 순희 연간에 진사가 되었고, 나전 령羅田令, 국자 학록國子學錄을 지냈다. 저술에는 『고주역古周易』·『역도설易圖說』·『홍범변도洪範辨圖』·『이소초목소離騷草木蔬』·『한서간오보유漢書刊誤補遺』가 있다. 주희의 문인이며, 주희가 『이락연원록伊洛淵源錄』에 관해 편지로 담론한 바 있다. 『초사』를 해설하였다.

오종吳琮

자 중방仲方. 강서성 임천臨川 사람이다. 오빈吳玭의 아우이다. 주희가 장사에 있을 때, 나아가서 배웠다.

오즙吳楫

자 공제公濟. 복건성 숭안崇安 사람이다. 소흥紹興(1131~1162) 말에 향시에 낙방하자 물러나서 강학에 힘썼다. 오욱吳郁·주희와 교유하였으며, 주희가 아들을 보내서 스승으로 섬기게 하였다. 만년에 임계 주부臨桂主簿로 발탁되었다.

오진吳振

자 자기子奇. 절강성 은현鄞縣 사람이다. 주희에게 배움을 묻자, 주희가 행함의 공부를 전수하였다. 주희에게서 『시경』과 『예기』를 배웠다. 1187년에 진사가 되었다.

오창吳昶(?~1219)

자 숙하叔夏, 호 우당友堂. 안휘성 휴녕休寧 사람이다. 1176년에 주희가 무원婺源으로 돌아갔을 때 나아가서 배웠다. 뒤에 주자학이 위학僞學으로 금지되자 제자들이 모두 떠났지만, 그는 한천정사寒泉精舍로 찾아가서 계속 배웠다. 저술에는 『역론易論』·『서설書說』이 있다.

오필대吳必大(?~1198)

자 백풍伯豊. 호북성 흥국興國 사람이다. 처음에는 장식·여조겸에게 배웠고, 나중에는 주희에게서 배웠다. 주희의 예서 편찬을 도왔다. 문음門蔭으로 길수 승吉水丞을 지냈다. 1196년에 한탁주가 주희와 그의 학파를 위학僞學으로 지목하자 벼슬을 그만두었다. 저술에는 『사해집師海集』이 있다.

왕과王過

자 유관幼觀, 호 졸재拙齋. 강서성 덕흥德興 사람이다. 주희가 장사에 있을 때, 찾아가서 제자가 되었다. 동수董銖·정공程珙과 함께 '덕흥학궁의 세 선생(德興學宮三先生)'으로 일컬어졌다.

왕광조王光祖

자 문계文季. 절강성 송양松陽 사람이다. 주희에게서 수학하였으며, 이학理學에 조예가 깊었다. 주희와 여조겸呂祖謙이 학문 토론을 할 때 참여하였다. 대리평사大理評事를 지냈다.

왕규汪逵

자 계로季路. 강서성 옥산玉山 사람이다. 왕응신汪應辰의 아들이며, 이부 상서, 단명전 학사端明殿學士 등을 역임했고 국자사업國子司業에 이르렀다. 이학理學을 '위학僞學'이라고 배척하다가 명사들로부터 비난을 받았다. 그 뒤 유덕수劉德秀가 진위와 사정邪正을 가리라고 청하여서 많은 명사를 축출하자, 차자를 올려서 변론하다가 탄핵을 받았다. 경원당적에 이름이 올랐다.

왕덕겸王德謙

효종·광조 대 내시內侍이다. 처음에는 가저 도감嘉邸都監을 지냈으며, 나중에 소경군승선사昭慶軍承宣使, 내시성 압반內侍省押班을 역임하였다. 광종의 총애를 믿고 멋대로 범법을 저지르다가 결국 대간臺諫의 탄핵을 받고서 쫓겨났다.

왕력행王力行

자 근사近思. 복건성 동안同安 사람이다. 주희의 문인이다. 주희가 장주에 있을 때, 나아가서 배웠다. 저술에는 『주씨전수지파도朱氏傳授支派圖』가 있다.

왕린王藺(?~1214)

자 겸중謙仲, 호 헌산軒山. 1169년에 진사가 되었다. 신주信州 상요 부上饒簿, 악주 교수鄂州教授, 사천 선무사 간판공사四川宣撫司幹辦公事, 추밀원 편수樞密院編修, 감찰어사, 이부·예부 상서 등을 역임하고 참지정사에 올랐다. 도학파 관료이며, 직언을 서슴지 않았다. 경원당적에 이름이 올랐다. 저술에는 『주의奏議』가 있다.

왕변王抃(?~1184)

생애에 관해서는 알려져 있지 않다. 지합문사知閤門事·관찰사를 역임하였다. 효종孝宗의 총애를 믿고 방자한 짓을 일삼다가 조여우趙汝愚의 탄핵을 받고서 외직으로 좌천되었다.

왕빈王蘋

자 신백信伯, 호 진택震澤. 복건성 복청福淸 사람이다. 정이程頤와 양시楊時를 사사하였으며, 비서성 정자秘書省正字, 저작랑 통판著作郎通判 등을 역임하였다. 정이의 이학을 계승하였으나, 심학心學의 관점에서 해석하였다. 불교의 선기禪氣를 많이 띠었다. 저술에는 『논어집해論語集解』·『신백집信伯集』이 있다.

왕사유王師愈(1122~1190)

자 여정與正·제현齊賢. 절강성 금화 사람이다. 반량귀潘良貴·양시의 문하에서 수학하였으며, 여조겸呂祖謙·장식張栻 등과 교유하였다. 주희가 장사로 갔을 때 장식 등과 함께 학문을 강론하였다. 1148년에 진사가 되었고, 숭정전 설서崇政殿說書, 지 요주知饒州 등을 지냈다.

왕시민王時敏

자 덕수德修. 강서성 상요上饒 사람이다. 윤돈尹焞에게서 배웠다. 편지로 주희와 학문을 논하였다. 1175년 주희와 육구연의 아호鵝湖의 회합 뒤 주희, 육구연 형제, 여조겸과 함께 상요에 은거한 왕시민을 방문한 적이 있다. 그가 세상을 떠나자 주희는 만시挽詩를 지어서 애도하였다. 저술에는 스승의 어록을 기록한 『왕씨사설王氏師說』이 있다.

왕십붕王十朋(1112~1171)

자 귀령龜齡, 호 매계梅溪. 절강성 낙청樂淸 사람이다. 1157년에 정시廷試에 급제하였으며, 용도각 학사龍圖閣學士 등을 지냈다. 섭적葉適과 교유가 있었다. 저술에는 『춘추해春秋解』·『상서해尙書解』·『논어해論語解』 등이 있다.

왕안석王安石(1021~1086)

자 개보介甫, 호 반산半山, 시호 문文. 강서성 임천臨川 사람이다. 구양수歐陽脩에게서 배웠다. 1042년에 진사가 되었고, 한림 학사, 관문전 대학사觀文殿大學士 등을 지냈다. 1080년에 형국공荊國公에 봉해졌다. 신종神宗 때 재상이 되어서 청묘법靑苗法·면역법免役法·시역법市易法·보갑법保甲法 등을 내용으로 하는 현실 개혁의 신법新法을 시행하였다. 이 때문에 구법을 지지하는 관료들로부터 비난을 받았다. 『춘추』의 세전(三傳)은 믿을 수 없다고 하면서 모두 수용하지 않았다. 『주례周禮』·『상서尚書』·『시경詩經』을 주석하였는데, 이전 학자들의 주석을 채용하지 않았기 때문에 『삼경신의三經新義』라고 불렀다. 당시 관학으로 정해져서 학자들의 표준이 되었으며, 변법變法의 이론적 근거가 되었다. 시문에서 큰 성취를 이뤄 당송팔대가의 한 사람으로 꼽힌다. 저술에는 『왕임천집王臨川集』, 『임천집습유臨川集拾遺』 등이 있으며, 유교 경전과 도가 경전에 관한 다양한 주석서와 문집이 있다.

왕염王炎(1137~1218)

자 회숙晦叔, 호 쌍계雙溪. 강서성 무원婺源 사람이다. 1169년에 진사가 되었고, 담주교수潭州教授, 군기시 소감軍器少監 등을 지냈다. 경사經史에 두루 통하고 시문에 뛰어났다. '국상 기간에 경연을 열 수 있는가' 하는 문제를 가지고 주희와 편지로 논쟁을 하였다. 저술에는 『독역필기讀易筆記』·『쌍계집雙溪集』 등이 있다.

왕완王阮(?~1208)

자 남경南卿. 강서성 덕안德安 사람이다. 1164년에 진사가 되었고, 지 호주知濠州, 지무주知撫州 등을 지냈다. 나중에 한탁주韓侂冑가 천거하였으나, 여산廬山으로 물러나서 은거하였다. 주희의 문인이며, 주희가 남강에 있을 때, 문하에 나아가서 배웠다. 주희가 임기를 마치고 떠날 때 「회옹을 보내며(送晦翁)」라는 송별시 열 수를 지었다. 저술에는 『의풍집義豐集』이 있다.

왕우王遇(1142~1211)

자 자정子正·자합子合, 호 동호東湖. 복건성 용계龍溪 사람이다. 주희·장식·여조겸의 문하에서 수학하였으며, 황간黃榦·진순陳淳 등과 절친하였다. 아호의 회합 이후 주희가 그에게 편지를 보낸 바 있다. 태학 박사太學博士, 대종정 승大宗正丞 등을 지냈다. 저술에는 『논맹강의論孟講義』·『양한박의兩漢博議』 등이 있다.

왕응신汪應辰(1118~1176)

자 성석聖錫, 호 옥산玉山, 시호 문정文定. 강서성 옥산玉山 사람이다. 본래 농사꾼의 아들이었으나 유저喩樗가 옥산 위玉山尉로 있을 때 기특하게 여겨서 사위로 삼고 낙학洛學을 전수하였다. 유저의 영향으로 조정趙鼎·호안국胡安國·여본중呂本中·장구성張九成 등을 종유하게 되었다. 1135년에 진사가 되었고, 비서성 정자, 이부 상서 등을 지냈다. 금과 강화하더라도 경계를 늦추지 말아야 한다는 소를 올렸다가 진회秦檜의 미움을 받고 건주 통판建州通判으로 좌천되었다. 장준張浚과 함께 진회의 전횡을 규탄한 일로 인해 옥고를 치르기도 하였다. 불교에 빠지지 않고 유교만을 순수하게 지켜서 순유醇儒로 남았다. 저술에는 『문정집文定集』이 있다.

왕자중王自中(1140~1199)

자 도보道甫·도부道夫, 호 후헌厚軒. 절강성 평양平陽 사람이다. 진량陳亮과 절친하였다. 1178년에 진사가 되었고, 엄주嚴州의 분수 령分水令, 지 흥화군知興化軍 등을 지냈다. 부국강병과 변방을 안정시키는 대책을 올려서 효종의 인정을 받았지만, 우정언右正言 장계주蔣繼周의 무고로 파직되었다. 저술에는 『왕정기원王政紀原』·『열대년기列代年紀』·『손자신략주孫子新略注』·『후헌집厚軒集』등이 있다.

왕좌王佐(1126~1191)

자 선자宣子, 호 경재敬齋. 복건성 산음山陰 사람이다. 1148년, 주희가 참가한 전시에서 장원을 하였다. 진회의 아들 진희秦熺에게 아부하지 않아서 외방을 전전하다가 진회가 죽은 뒤 내직으로 옮겼고, 장준張浚의 천거로 중서 문하성中書門下省에 들어갔다. 금이 남침하자 탕사퇴湯思退를 따라 종군하였다. 건강建康의 지부知府로 있을 때 주단명朱端明이 모의를 하였는데, 미리 음모를 알아채고 우두머리를 체포하여서 참살하였다. 비서성 교서랑秘書省校書郞을 역임하였다. 지 담주知潭州로 있을 때 진동陳

州의 반란을 진압한 공으로 현모각 대제顯謨閣待制가 되었다. 공부·호부 상서를 역임하고, 아들과 보친의 죽음으로 귀향하여 복상한 뒤 만수궁萬壽宮·상청궁上淸宮 세서提擧를 역임하고 죽었다.

왕중걸王仲傑

자 지재之才. 절강성 진운緝雲 사람이다. 성자현星子縣 현령으로 있을 때 주희의 위임을 받아서 1180년에 백록동서원白鹿洞書院을 수복하였다. 주희가 남강에 있을 때 문인이 되었다.

왕지망王之望(1102~1170)

자 첨숙瞻叔. 시호 민숙敏肅. 호북성 양양襄陽 곡성谷城 사람이다. 나중에 태주台州(절강성 임해현臨海縣)에 우거하였다. 1138년에 진사가 되었다. 고종, 효종조의 저명한 시인이다. 효종의 총애를 받았으며, 주화파로서 1163년 금에 통문사通問使로 다녀오고 1164년의 융흥화의隆興和議를 주도하였다. 저술에는 『한빈집漢濱集』·『주의奏議』·『경해經解』 등이 있다.

왕한王瀚(?~1211)

자 백해伯海, 호 정암定庵. 절강성 금화金華 사람이다. 왕사유王師愈의 아들이다. 주희가 남강에 있을 때, 나아가서 배웠다. 『자치통감』 가운데 천하의 전투와 수성守城에 관한 큰 계책 아홉 가지를 정리하여서 '석획碩畫'이라 이름하였다. 조봉랑朝奉郞으로서 건창군 선도관建昌軍僊都觀을 주관하였다.

왕회王淮(1126~1189)

자 계해季海, 시호 문정文定. 절강성 금화 사람이다. 1145년에 진사가 되었고, 참지정사·우승상을 역임하였다. 당중우唐仲友와 절친하였으며, 주희로부터 탄핵을 받았다. 도학道學을 공격하여서 경원 연간(1195~1200)의 위학僞學에 대한 금지를 처음으로 시행하였다.

왕희려王希呂

자 중행仲行·중형仲衡. 안휘성 숙주宿州 사람이다. 주희·여조겸呂祖謙·장식張栻·신기질辛棄疾 등과 함께 재상 사호史浩의 천거를 받았다. 우정언으로 있을 때 총신 장열張說을 탄핵한 일로 멀리까지 명성을 날렸다. 이부 상서, 단명전 학사端明殿學士 등을 역임하였다. 성품이 강직하고 청렴결백하였으며, 관직에서 물러난 뒤에는 사찰에서 거주하였다.

요간饒幹

자 정로廷老. 복건성 소무邵武 사람이다. 1175년에 진사가 되었고, 지 장사현知長沙縣, 지 회안군知懷安軍을 지냈다. 지 장사현으로 있을 때 마침 주희가 장사 태수長沙太守로 부임하자, 나아가서 배웠다. 주희가 그에게 부탁하여 상서정사湘西精舍의 옛터를 찾아서 복원을 시도하였다. 주희가 신기질과 함께 경계經界에 대해 토론한 내용을 그에게 편지로 언급한 바 있다. 경원당적이 구성되었을 때 주희가 그에 관해 술회한 편지를 보낸 적이 있다.

요겸廖謙

자 익중益仲·덕지德之. 호남성 형양衡陽 사람이다. 주희가 장사에 있을 때 나아가서 배웠다. 주희가 장사를 떠난 뒤에는 형양으로 돌아가서 주희의 역학易學을 잠심하여 연구하고서 주희의 학문을 전파하였다. 주희가 악록서원岳麓書院에서 강론한 일화를 상세히 증언한 바 있다. 길수현 위吉水縣尉를 지냈다.

요덕명廖德明

자 자회子晦, 호 사계槎溪. 복건성 남검南劍 사람이다. 젊어서는 불교에 깊은 관심을 가졌으나, 양시楊時의 저술을 읽은 뒤 깨달은 바가 있어서 주희에게 나아가 수학하였다. 당시 주자학을 위학僞學으로 엄격히 금하였으나, 선생의 설을 굳게 지켜서 시론時論에 동화하지 않았다. 1178년에 주희가 무이산을 유람할 때 동행하였다. 1169년에 진사가 되었고, 포전 헌령莆田憲令, 이부 좌선 낭관吏部左選郎官 등을 지냈다. 저술에는 『문공어록文公語錄』·『춘추회요春秋會要』·『사계집槎溪集』이 있다.

우무尤袤(1127~1194)

자 연지延之, 호 수초 거사遂初居士, 시호 문간文簡. 강소성 무석無錫 사람이다. 육유陸游·범성대范成大·양만리楊萬里와 함께 '남송 네 대가(南宋四大家)'로 일컬어진다. 주희와 동년同年의 우의가 있으며, 주희가 남강에 있을 때 시로써 교제를 맺었다. 주희와 정치적 견해와 사상이 일치하고 시의 취향이 같았기에 서로 아주 가깝게 지내면서 영향을 주고받았다. 급사중給事中, 예부 상서 등을 역임하였다. 저술에는『수초소고遂初小稿』·『내외제內外制』·『양계유고梁溪遺稿』가 있다.

우혁于革

자 거비去非, 호 죽국竹國. 강서성 풍성豐城 사람이다. 1181년에 진사가 되었고, 무릉위武陵尉, 지 방주知房州 등을 역임하였다. 주희가 남강에 있을 때 문에 들어가서 배웠다.

웅각熊恪

자 자경子敬, 호 근절謹節. 강서성 풍성 사람이다. 주희가 장사에 있을 때 제자가 되었다.

웅인섬熊仁贍

당 대唐代의 인물이다. 강서성 홍주洪州 사람이다. 의춘현 승宜春縣丞을 지냈다. 효자로 이름났다. 주희가 남강에 있을 때 그의 묘에 치제하였다.

원추袁樞(1131~1205)

자 기중機仲. 복건성 건안建安 사람이다. 1163년에 진사가 되었고, 여러 내외 관직을 역임하였다.『자치통감』을 좋아해서 열심히 연구하였고, 기전체와 편년체의 장점을 따서 기사본말체의 역사 기술 체제를 확립하였다. 그 성과로『통감기사본말通鑑紀事本末』을 저술하였다. 주희의「무이정사잡영武夷精舍雜詠」에 호응하여 역시 무이정사를 읊은 연작시를 지었다. 주희와 정사를 논하고 역학을 비롯하여 학문을 토론하였다. 저술에는『통감기사본말』외에『역전해의易傳解義』·『역전변이易傳辨異』등이 있다.

위각魏恪

자 원작元作·사작思作. 주희의 사위이다. 여산廬山을 함께 유람하였다.

위백양魏伯陽

호 운아자雲牙子. 백양伯陽은 자이고, 이름은 고翱이다. 후한 시대의 저명한 연단煉丹 이론가이다. 절강성 회계會稽 상우上虞 사람이다. 대대로 높은 벼슬을 한 명망 있는 가문에서 태어났으나, 도를 좋아하고 벼슬길에 나아가기를 기꺼워하지 않았다. 한가하게 살면서 본성을 길렀는데, 당시에는 그를 알아주는 사람이 없었다. 그가 지은 『주역참동계周易參同契』는 현존하는 가장 최초의 체계적인 연단 이론의 저작이다. 이 책은 『주역』의 납갑설納甲說, 십이소식설十二消息說과 괘기설卦氣說에 연원을 두고서 옛 연단술과 연단에 관한 고서를 참고하고 효상爻象을 빌려서 단을 만드는 의미를 논술하였다. 황홀한 표현과 유비, 고아하고 현묘한 표현 때문에 쉽게 접근할 수 없다. 도교 단정학설丹鼎學說의 이론적 기초가 되었기 때문에 후세에 '만고 단경의 왕(萬古丹經王)'으로 떠받들린다.

위염지魏掞之(1116~1173)

자 원리元履·자실子實, 호 간재艮齋. 복건성 건녕建寧 사람이다. 호헌胡憲에게서 배웠고, 주희와 교유하였다. 어려서 주희, 방사요方士繇와 함께 유자우劉子羽에게 의탁하였다. 소흥 초의 송의 대금 정책을 논평하는 「무오당의戊午黨議」를 써서 주희에게 영향을 미쳤다. 주희가 그의 장탄창長灘倉을 모방하여 숭안에서 사창을 설치하고 기근 구제에 활용하였다. 건도乾道 연간에 진준경陳俊卿의 천거로 조정에 나아가서 문묘에 배향된 왕안석王安石 부자의 위폐를 폐출하고, 정호·정이를 추작進爵하여 배향하자고 청하였다. 태주 교수台州敎授를 지냈다. 향촌의 사창 제도를 다시 시행하게 하는 데 큰 역할을 하였다.

위응물韋應物(737~792)

섬서성 서안 사람이다. 당 대唐代의 저명한 시인이다. 소주 자사蘇州刺史를 지낸 바 있기에 위 소주韋蘇州로도 불린다. 시풍은 염담恬淡하고 고원高遠하며, 사경寫境과 은 일 생활의 묘사에 뛰어났다. 주희는 특히 도연명陶淵明과 그의 청담하고 자연스러운 시풍을 좋아하였다. 저술에는 『위소주집韋蘇州集』 등 판본 세 종이 전한다.

유개游開

자 자몽子蒙. 복건성 건안建安 사람이다. 강서시파江西詩派의 문인으로서 주희가 만년에 그와 교유하였다.

유결기俞潔己

자 계청季淸. 생애에 관해서는 알려져 있지 않다. 주희가 남강에 있을 때, 나아가서 배웠다.

유경劉鏡

자 숙광叔光. 복건성 혜안惠安 사람이다. 주희가 동안同安에 있을 때 천주泉州 지역의 제자이다.

유공劉珙(1122~1178)

자 공보共父, 시호 충숙忠肅. 복건성 숭안崇安 사람이다. 유자휘劉子翬의 조카이며, 그에게서 수학하였다. 1142년에 진사가 되었고, 예부 시랑禮部侍郎, 관문전 학사觀文殿學士 등을 역임하였다. 1159년에 조정에 있으면서 주희를 천거하였다. 담주潭州의 수사로 있을 때에는 주희가 편집한 주돈이周敦頤의 『통서通書』를 간행하였으며, 장식張栻과 함께 『이정문집二程文集』을 간행하였다. 악록서원嶽麓書院을 중수하였다.

유광조劉光祖(1142~1222)

자 덕수德修, 호 후계後溪, 시호 문절文節. 사천성泗川省 양안陽安 사람이다. 건도 연간에 진사가 되었고, 보모각 직학사寶謨閣直學士, 현모각 직학사顯謨閣直學士 등을 지냈다. 「부주학기涪州學記」를 지어서 한탁주韓侂冑가 주희를 배척한 경원당금慶元黨禁 동안에 도학을 위학僞學이라고 보았던 관점을 비판했으며, 「논도학소論道學疏」를 지어서 도학의 근원이 『대학』임을 밝혔다. 조여우趙汝愚가 사천의 안무사로 부임할 때,

그가 참모로서 도왔다. 도학의 중심인물 가운데 한 사람이며, 경원당적에 이름이 올랐다. 저술에는 『후계집後溪集』이 있다.

유구언游九言(1142~1206)

자 성지誠之, 호 묵재黙齋, 시호 문정文靖. 초명은 구사九思이다. 복건성 건양建陽 사람이다. 장식에게 배웠으나 나중에 주희에게 전향하였다. 1173~1174년에 주희가 장식, 여조검呂祖儉 등과 함께 심설 논쟁을 할 때 참여하였다. 건양의 일곱 현자 가운데 한 사람이다. 지 광화군知光化軍, 형악 선무참모관荊鄂宣撫參謀官 등을 지냈다. 저술에는 『묵재문집黙齋文集』이 있다.

유극장劉克莊(1187~1269)

자 잠부潛夫, 호 후촌 거사後村居士, 시호 문정文定. 본명은 작灼이다. 복건성 포전莆田 사람이다. 진덕수眞德秀에게서 수학하였다. 주희에 관한 여러 정보를 제공하는 글을 남겼다. 중서사인中書舍人, 공부 상서工部尙書 등을 지냈다. 저술에는 『후촌문집後村文集』·『후촌선생대전집後村先生大全集』이 있다.

유덕수劉德秀(?~1208)

자 중홍仲洪, 호 퇴헌退軒. 강서성 풍성豊城 사람이다. 1163년에 진사가 되었고, 지 반주知潘州, 첨서 추밀원사簽書樞密院使를 지냈다. 한탁주에게 붙어서 경원당금 중에 유정留正을 탄핵하였으며, 도학을 핍박하였다.

유려劉礪

자 용지用之, 호 재헌在軒. 복건성 장락長樂 사람이다. 유지劉砥의 아우이며, 형과 함께 서장서원瑞樟書院에서 주희에게 수학하였다. 1166년에 형과 함께 동자과童子科에 합격하였다. 황간黃榦과 절친하였다. 주희의 예서 편찬을 도왔다.

유맹용劉孟容

자 공도公度. 강서성 융흥隆興 사람이다. 유청지劉淸之의 겨레붙이이다. 처음에는 유청지·육구연에게서 배웠고, 주희가 남강에 있을 때 주희에게서 수학하였다. 주희에게 편지를 보내서 논쟁하지 말라고 권하였다. 주희가 『맹자』를 주석할 때 도움을 주었다.

유면지劉勉之(1091~1149)

자 치중致中, 호 백수白水·초당草堂. 복건성 숭안崇安 사람이다. 향천鄕薦으로 태학에 들어갔다. 초정譙定에게서 『주역』을 배웠으며, 과거를 포기한 뒤에는 유안세劉安世·양시에게서 배웠다. 소흥 연간(1131~1162)에 조정의 부름을 받았으나, 진회秦檜와 뜻이 맞지 않아 병을 구실로 사양하였다. 주송朱松과 절친하였으며, 주송이 죽자 그의 장례를 주관하여서 치렀다. 주희의 스승이자 장인이다.

유무劉懋

자 자면子勉, 호 항헌恒軒. 복건성 건양建陽 사람이다. 유자우劉子羽의 가숙에서 유공劉珙, 주희, 위염지魏掞之, 방사요方士繇 등과 동문수학하였다. 유면지와 호헌胡憲에게서 배웠다. 유약劉爚의 아버지이다.

유병劉炳

자 도중韜仲, 호 목당睦堂·유연옹悠然翁. 복건성 건양 사람이다. 형 유약劉爚과 함께 주희·여조겸呂祖謙의 문하에서 배웠다. 주희가 시사를 논하는 편지를 보낸 바 있다. 1178년에 진사가 되었고, 병부 시랑兵部侍郎 등을 지냈다. 저술에는 『사서문목四書問目』이 있다.

유보劉甫

자 악경岳卿. 복건성 숭안崇安 사람이다. 유자휘劉子翬의 학우이며, 수렴동水簾洞 은사이다. 남송 영종 가태嘉泰 연간(1202~1204)에 유자휘가 모셔져 있던 '병산선생사屛山先生祠'에 주희와 함께 배향되었다. 이로부터 유자휘의 사당은 '삼현사三賢祠'로 이름이 바뀌었다.

유불劉黻

자 계문季文·정춘靜春. 강서성 여릉廬陵 사람이다. 진덕수眞德秀가 그의 인물됨을 높이 평가하였다. 만년에는 주희의 『중용장구中庸章句』의 설에 불만을 품으면서 진덕수와 뜻이 맞지 않게 되었다. 인성人性이 물성物性보다 귀하다고 여겼기 때문에 '천명지위성天命之謂性'을 인성과 물성을 겸하지 않고 인성만을 위주로 하여서 해석하였다. 이와 같은 자기의 주장을 정리한 뒤 『취정록就正錄』이라 하였다. 영종이 즉위한 뒤 주희가 경연에 참여하게 되었을 때 그와 함께 개혁에 관해 담론한 바 있다.

유안세劉安世(1048~1125)

자 기지器之, 호 원성元城, 시호 충정忠定. 하북성 대명大名 사람이다. 1073년에 진사가 되었으나 벼슬에 나아가지 않고 사마광司馬光에게서 수학하였다. 사마광과 여공저呂公著의 추천을 받아서 비서성 정자, 우정언右正言이 되었으며, 좌간의 대부, 추밀도승지樞密都承旨 등을 역임하였다. 시사를 강직하게 논하였는데, 장돈章惇·채확蔡確·형서邢恕 등을 원풍元豐(1078~1085) 말의 사당死黨이라고 탄핵하였다. 『주역』을 연구할 때에는 상수학象數學과 의리학義理學을 겸해야 한다고 주장하였다. 정이가 정밀한 학문을 추구한 데 견주어 그는 독실히 믿고 행하는 데 역점을 두었다. 주희의 스승 유면지劉勉之가 그에게 배웠다. 저술에는 『진언집盡言集』 등이 있다.

유약劉爚(1144~1216)

자 회백晦伯, 호 운장雲莊, 시호 문간文簡. 복건성 건양建陽 사람이다. 아우 유병劉炳과 함께 여조겸의 문하에서 수학하였고, 주희에게 전향하였다. 1172년에 진사가 되었고, 연성 령連城令, 공부 상서工部尙書 등을 지냈다. 국자사업國子司業으로 있을 때 주희의 주가 달린 『대학』·『중용』·『논어』·『맹자』를 간행할 것과 「백록동학규白鹿洞學規」를 태학에 게시하자고 청하였다. 주희의 의례학儀禮學을 발전시켜서 『의례운장경해儀禮雲莊經解』를 지었다. 이 밖에 저술에는 『주의奏議』·『예기해禮記解』·『동궁시해東宮詩解』·『경연고사經筵故事』·『강당고사講堂故事』·『사고史稿』·『운장외고雲莊外稿』 등이 있다. 건양의 일곱 현인 가운데 한 사람이다.

유예劉芮

자 사구子駒, 호 순녕順寧. 산동성 동평東平 사람이다. 손위孫偉에게 배웠고, 나중에는 윤돈尹焞과 호안국胡安國에게 배웠다. 법첩과 고각古刻을 많이 수집하여서 소장하였다. 주희가 정호와 정이의 문집을 편집하고 교정할 때 장식과 함께 그를 찾아가서 『경설經說』을 빌려 편집하고 간행하였다. 영주 옥연永州獄掾, 형부 원외랑刑部員外郎을 지냈다. 저술에는 『순녕집順寧集』이 있다.

유예劉豫(1073~1143/6)

자 언유彦游. 하북성 영정군永靜軍 부성阜城 사람이다. 금이 세운 괴뢰정권인 위제僞齊의 황제이다.

유요부劉堯夫

자 순수淳叟. 강서성 금계金溪 사람이다. 젊을 때 육구연陸九淵 형제를 스승으로 섬겼다. 주희에게 나아가 배움을 묻고, 두 사람의 중재를 시도하였다. 태학 박사太學博士, 융흥부 통판隆興府通判 등을 역임하였다. 선에 심취하여서 스승인 육구연의 학설을 배척하려다가 주희의 질책을 받았다. 나중에는 출가하여서 승려가 되었다. 저술에는 『정총재집正叢齋集』이 있다.

유윤적劉允迪

자 덕화德華. 강서성 옥산玉山 사람이다. 1163년에 진사가 되었고, 지 덕안현知德安縣, 조봉랑朝奉郎 등을 지냈다. 의학義學을 세워서 향리의 자제를 가르쳤다.

유자례劉子禮

복건성 건주建州 사람이다. 생애에 관해서는 알려져 있지 않다. 간편한 측량법을 고안하여서 주희의 경계經界 시행에 도움을 주었다.

유자우劉子羽(1097~1144)

자 언수彦修, 시호 충목忠穆. 복건성 숭안崇安 사람이다. 부친 유겹劉韐을 수행하여서 방랍方臘의 봉기를 진압하였으며, 진정眞定의 막부에서 부친을 도와 항금 투쟁에 활약하여 이름을 날렸다. 비서각 수찬秘書閣修撰, 휘유각 대제徽獻閣待制 등을 지냈다. 동생 유자휘劉子翬와 함께 주희를 가르쳤다.

유자환劉子寰

자 기보圻父, 호 황률옹篁篥翁. 복건성 건양建陽 사람이다. 진사가 되었고, 관문전 학사觀文瀙學士를 지냈다. 시문에 능하여서 고을 사람 유청부劉淸夫와 이름을 나란히 하였다. 건양의 서장서원瑞樟書院에서 주희에게 수학하였다. 저술에는 『황률집篁篥集』이 있다.

유자휘劉子翬(1101~1147)

자 언충彦沖, 호 병산屛山, 시호 문정文靖. 복건성 숭안崇安 사람이다. 부친 유겹이 승무랑承務郞에 보임되자 진정眞定의 막부에 부름을 받았다. 문음으로 흥화군 통판興化軍通判을 지냈다. 임기가 만료된 뒤 유임을 명 받았으나 병으로 벼슬을 사직하고, 병산에 집을 짓고 강학에 전념하였다. 유면지劉勉之·호헌胡憲과 도의로 교유하였다. 『주역』에 밝았다. 주희가 그에게서 배웠다. 문집인 『병산집屛山集』이 전한다.

유작游酢(1053~1123)

자 정부定夫·자통子通, 호 치산廌山·광평廣平, 시호 문숙文肅. 복건성 건양建陽 사람이다. 북송 때의 경학가이다. 1083년에 진사가 되었고, 태학 박사太學博士, 감찰어사監察御史 등을 지냈다. 정호와 정이에게 배웠으며, 사량좌謝良佐·양시楊時·여대림呂大臨과 함께 '정문의 네 선생(程門四先生)'으로 일컬어졌다. 만년에 선학禪學에 몰두하여서 유가가 불가를 배척할 것이 아니라 서로 보완하는 관계가 되어야 함을 주장하였다. 이 때문에 후대 학자 호굉胡宏으로부터 '정자程子 문하의 죄인'이라는 혹평을 받기도 하였다. 저술에는 『유치산집游廌山集』이 있다.

유정留正(1129~1206)

자 중지仲至, 시호 충선忠宣. 복건성 영춘永春 사람이다. 1143년에 진사가 되었고, 효종, 광종, 영종을 섬겼다. 여러 차례 첨서 추밀원사簽書樞密院事, 우승상, 좌승상, 관문선 대학사觀文殿大學士 등을 역임하였고, 앞뒤로 신국공申國公·위국공衛國公·위국공魏國公에 봉해졌다. 조여우趙汝愚 등을 발탁하여 함께 정사를 논하였으나, 한탁주韓侂冑의 미움을 받아서 좌천되었다. 40여 년간 벼슬하면서 청렴·정직하고 직언을 하였으며, 법도를 엄격하게 적용하고 관리 임용을 신중하게 하고 현명한 인재를 등용하여서 효종으로부터 '진정한 재상'이라는 칭찬을 받았다. 졸한 뒤 태사에 증직되었다. 남송 전기의 대표적인 현상賢相이다.

유종원柳宗元(773~819)

자 자후子厚. 산서성 하동河東 사람이다. 당 대唐代의 문학가, 철학가, 문장가이다. 당송팔대가 가운데 한 사람이다. 세상에서 '유 하동柳河東'으로 불린다. 유주 자사柳州刺史를 지냈기 때문에 '유 유주柳柳州'라고도 불린다. 한유와 함께 '한류韓柳'라고 불리며, 유우석劉禹錫과 함께 '유류劉柳'라고도 불린다. 또한 왕유王維·맹호연孟浩然·위응물韋應物과 함께 '왕맹위류王孟韋柳'로 불리기도 한다. 일생 시문을 600여 편 남겼는데, 시보다 문장에서 크게 성취하였다. 100편에 가까운 변문騈文은 논설성이 강하며 날카롭고 신랄한 풍자로 알려져 있다. 저술에는 『유하동선생집柳河東先生集』이 있으며, 시 「강설江雪」은 아주 유명하다. 주희의 시풍에 영향을 미쳤다. 주희가 시의 입문으로 도연명과 함께 중시하였다.

유지劉砥

자 이지履之, 호 존암存庵. 복건성 장락長樂 사람이다. 아우 유려劉礪와 함께 서장서원瑞樟書院에서 주희에게 수학하였다. 1166년에 아우와 함께 동자과童子科에 합격하였다. 채원정蔡元定·황간黃榦과 절친하였다. 주희의 예서 편찬을 도왔다. 저술에는 『왕조례王朝禮』·『논어해論語解』·『맹자해孟子解』가 있다.

유청지劉淸之(1134~1190)

자 자징子澄, 호 정춘靜春. 강서성 임강臨江 사람이다. 어려서 형 유정지劉靖之에게 배웠고, 육구연에게서도 배웠으며, 주희가 남강에 있을 때 문하에 들어가서 배웠다.

의리지학義理之學에 뜻을 두었다. 1157년에 진사가 되었고, 1159년에 담계潭溪로 주희를 찾아가서 문하에 들어갔다. 건덕현 주부建德縣主簿, 악주 통판鄂州通判 등을 지냈다. 나중에 귀향하여서 괴음정사槐陰精舍를 짓고 후학을 가르쳤다. 황간을 주희에게 천거하였으며, 주희의 서적 편찬을 돕고, 백록동서원白鹿洞書院을 중수하는 일도 도왔다. 저술에는 『증자내외잡저편曾子內外雜著篇』·『제의祭儀』·『계자통록戒子通錄』·『묵장총록墨莊總錄』 등이 있다.

유평劉玶(1138~1185)

자 평보平甫, 자호 칠자옹七者翁·칠성옹七省翁. 복건성 숭안崇安 사람이다. 유자우劉子羽의 막내아들인데 나중에 유자휘劉子翬의 양자로 들어갔다. 주희와 유씨 가숙에서 동문수학하였다. 종사랑從事郞을 지냈다. 주희 등 명현과 주고받은 시집이 있다.

유환劉渙(1000~1080)

자 응지凝之, 호 서간 거사西澗居士. 강서성 균주筠州 사람이다. 1030년에 영상 령潁上令이 되었으나, 강직한 성품으로 인해 상관을 잘 섬기지 못하였다. 벼슬을 버리고 여산廬山 남쪽 서간에 은거하였다. 구양수歐陽脩가 「여산고廬山高」를 지어서 그의 정절을 찬미하였다. 주희가 남강에 있을 때 그의 묘를 복구하고 그 곁에 장절정壯節亭을 세웠으며, 서현栖賢의 서간에 있는 옛 은거지에 '청정퇴암淸淨退庵'을 지었다.

유회劉淮

자 숙통叔通, 호 천계泉溪. 복건성 건양建陽 사람이다. 강서시파의 문인이며, 주희가 만년에 시를 주고받으면서 교유하였다.

육구령陸九齡(1132~1180)

자 자수子壽, 호 복재復齋, 시호 문달文達. 강서성 금계金溪 사람이다. 정호와 정이의 학문에 심취하였으며, 육구소陸九韶·육구연陸九淵과 함께 '세 육 선생(三陸子)'으로 일컬어졌다. 심학心學을 제창하였으며, 1175년에 육구연과 함께 주희와 아호鵝湖에서 논변을 하였다. 저술에는 『복재문집復齋文集』이 있다.

육구소陸九韶(1128~1205)

사 사미子美, 호 사산梭山. 강서성 금계 사람이다. 유일遺逸로 천거되었으나 출사하
지 않았다. 동생 육구령·육구연과 함께 '세 육 선생'으로 일컬어졌다. 「태극도설太極
圖說」은 주돈이周敦頤가 지은 것이 아니라고 여겨서 주희와 태극 논변을 전개하였다.
저술에는 『사산일기梭山日記』·『사산문집梭山文集』이 있다.

육구연陸九淵(1139~1192)

자 자정子靜, 호 존재存齋·상산象山, 시호 문안文安. 강서성 금계 사람이다. 1172년에
진사가 되었고, 국자정國子正, 지 형문군知荊門軍 등을 지냈다. 형 육구소·육구령과 함
께 '세 육 선생'으로 일컬어졌으며, 송 대 이학理學에서는 육왕학파陸王學派의 개창자
이다. 주희가 격물치지格物致知의 방법론을 중시한 데 반하여 육구연은 내적 체득과
실천을 중시하였기 때문에, 주희의 성즉리설性卽理說에 대해 심즉리설心卽理說을 제창
하였다. 주희는 육구연의 학문을 선적 경향이 있는 것으로 비판하였고, 육구연은 주
희의 학문을 본질에서 벗어난 것으로 비판하였다. 주돈이의 「태극도설」에 관해서도
태극 앞에 무극無極을 인정한 주희와 달리, 태극과 별도의 무극을 인정하지 않았다.
주희와 육구연은 1175년에 여조겸呂祖謙의 권유로 아호사鵝湖寺에서 처음 만나 열띤
토론을 벌였으나, 의견의 일치를 보지 못하고 헤어졌다. 저술에는 『상산선생전집象
山先生全集』이 있다.

육유陸游(1125~1210)

자 무관務觀, 호 방옹放翁. 절강성 산음山陰 사람이다. 1154년 예부시禮部試에 응하여
상위권에 올랐지만, 국위를 회복하자는 논의를 전개하다가 진회秦檜에 의해 퇴출되
었다. 추밀원 편수관樞密院編修官, 예부 낭중禮部郞中 등을 지냈다. 범성대范成大·양만
리楊萬里·우무尤袤와 함께 '남송의 네 대가(南宋四大家)'로 일컬어진다. 금에 대한 항쟁
을 시로 읊어서 '애국 시인'으로 알려져 있으며, 평생 9,217수의 시를 남겨서 중국
시 역사상 최다작의 시인으로 꼽힌다. 모친의 강요로 헤어진 첫 부인 당완唐婉에 대
해 애절한 사랑을 노래한 「채두봉釵頭鳳」이라는 사詞가 유명하다. 주희의 정치, 학문,
시가의 일생에서 많이 교류하였다. 저술에는 『검남시고劍南詩稿』·『위남문집渭南文集』

등이 있다.

윤돈尹焞(1070~1142)

자 언명彦明·덕충德充, 호 화정和靖·삼외재三畏齋. 하북성 낙양洛陽 사람이다. 1089년에 천거되어서 예부 시랑禮部侍郎, 휘유각 대제徽猷閣待制 등을 역임하였다. 금이 낙양을 함락시키자 금과 화친하는 데 반대하였다. 정이에게서 수학하였다. 내성함양內省涵養을 중시하고 박람博覽을 추구하지 않았다. 정이의 문인 가운데 타고난 자질은 노둔하였으나 뜻을 세움에는 가장 오롯하였다고 평가받는다. 주희도 그가 오로지 경敬의 공부로 성취했다고 평가하였다. 주희가 어릴 때 만나 뵙고 감화를 받았으며, 그의 『논어해論語解』를 구해와서 베끼기도 하였다. 저술에는 『논어해論語解』·『맹자해孟子解』·『화정집和靖集』이 있다.

윤색尹穡

자 소직少稷. 1162년에 육유陸游와 함께 추밀원 편수관이 되었으며, 1163년에 감찰어사, 우정언에 제수되었다. 1164년에 전중 시어사殿中侍御史에 제수되었고, 이후 간의대부諫議大夫로 옮겼으나 곧 파직되었다. 주화파로서 융흥화의를 주도했던 탓에 '네 간신(四奸, 탕사퇴·왕지망·윤색·홍괄)'으로 지목되었다.

이강李綱(1083~1140)

자 백기伯紀, 호 양계梁溪, 시호 충정忠定. 복건성 소무邵武에서 살다가 강소성 무석無錫으로 옮겨가 살았다. 1112년에 진사가 되었고, 태상소경太常少卿, 병부 시랑兵部侍郎 등을 지냈다. 흠종欽宗 때 충신으로 이름이 높았으며, 금에 끝까지 항전하자고 주장하였다. 그가 변경汴京(개봉)의 수비를 지휘하다가 권간의 모함을 받고 폄적된 뒤 변경은 곧 함락되었다. 주희가 소무에서 강학할 때 그의 사당을 세우고 비문을 썼다. 저술에는 『역전내외편易傳內外篇』·『논어상설論語詳說』·『양계집梁溪集』이 있다.

이계찰李季札

자 계자季子. 강서성 무원婺源 사람이다. 이증李繒의 아들이다. 주희가 무원을 방문하였을 때 거경함양居敬涵養과 독서궁리讀書窮理의 가르침을 전수하였다. 저술에는 『근사속록近思續錄』・『자훈속편字訓續編』 등이 있다.

이굉조李閎祖

자 수약守約, 호 강재鋼齋. 복건성 광택光澤 사람이다. 이려李呂의 아들이며, 가학을 전승하였다. 아우 이상조李相祖・이장조李壯祖와 함께 주희에게 수학하였다. 주희가 서숙西塾에 머물게 하고서 『중용장구혹문집략中庸章句或問輯略』을 편집하게 하였다. 1211년에 진사가 되었고, 정강부 임계부靜江府臨桂簿, 고전 령古田令 등을 지냈다. 황간黃榦・이번李燔・장흡張洽・진순陳淳 등의 존경을 받았다. 황간이 그의 제문을 지었다. 주희와 임률林栗의 무극・태극 논변을 증언한 바 있다. 주희의 어록을 편집한 『문답』 10권이 있었으나, 전하지 않는다. 저술에는 『사우문답師友問答』이 있다.

이기李杞

자 양중良仲, 호 목천木川. 호남성 평강平江 사람이다. 1195년에 한탁주韓侂冑가 주자학을 위학僞學으로 배척하여서 주희가 조정을 떠나 서호西湖 영지사靈芝寺에 머물 때 서고舒高, 임용중林用中 등과 함께 나아가서 배웠다. 주희는 이들에게 실리를 궁구하고 사물에 나아가 실천하는 이학을 전수하였다. 강연康淵에게서도 배웠다. 주희의 실기實紀 가운데 「성씨록姓氏錄」과 「갑인문답甲寅問答」을 지었다. 저술에는 『자양정전교紫陽正傳校』가 있다.

이남李楠(1111~1147)

자 화백和伯. 복건성 후관侯官 사람이다. 아우 이저李樗와 함께 여본중呂本中에게서 수학하였으며, 육우陸祐에게서도 배웠다. 『춘추』에 정통하였다. 여러 학설을 모아서 결론을 내리되 여러 설이 온당하지 않은 뒤에야 자기 생각으로 판단하였다. 책을 완성하지 못하고 죽었다.

이당자李唐咨

자 요경堯卿. 복건성 용계龍溪 사람이다. 주희가 지 장주知漳州로 있을 때 그를 초빙

하여서 제생의 모범으로 삼았다. 석홍경石洪慶·임이간林易簡·시윤수施允壽와 함께 존
중받았다.

이덕지李德之

자 병문秉文. 주희가 남강에 있을 때, 나아가서 배웠다.

이려李呂(1122~1198)

자 빈로濱老·동로東老, 호 담헌澹軒. 복건성 소무邵武 사람이다. 재종숙 이욱李郁에게
서 배웠다. 주희가 남강에 있을 때 시를 주고받으며 교유하였다. 저술에는 『주역의
설周易義說』·『담헌집澹軒集』이 있다.

이미손李彌遜(1089~1153)

자 사지似之, 호 균계筠溪. 강소성 오현吳縣 사람이다. 1109년에 진사시에 급제하였
고, 단주 사호單州司戶, 지 익주知冀州 등을 지냈다. 금과 화친하는 데 반대하였다. 저
술에는 『균계집筠溪集』이 있다.

이방자李方子

자 공회公晦, 호 과재果齋. 복건성 소무邵武 사람이다. 성품이 단정하고 삼가고 순수
하고 돈독하여서 주희가 과단성을 가지라는 뜻으로 호를 '과재果齋'로 지어주었다.
1214년에 과거에 합격하였고, 천주 관찰추관泉州觀察推官으로 나아가서 당시 수령으
로 있던 진덕수眞德秀와 도의道義로 교유하였다. 저술에는 『전도정어傳道精語』·『우공
해禹公解』·『주자연보朱子年譜』 등이 있다.

이백李白(701~762)

자 태백太白, 호 청련 거사靑蓮居士, 별호 적선인謫仙人. 당 대唐代의 가장 위대한 낭만
주의 시인이다. 자유분방하고 낭만적인 시풍이 도가적 인상을 풍기고 있기에 '시선
詩仙'이라고 기림을 받는다. 시와 일생이 어우러져서 중국 시가 문학의 최고봉이라
일컬어진다. 『이태백집李太白集』이 세상에 전한다.

이번李燔

자 경사敬子, 호 굉재宏齋, 시호 문정文定. 강서성 건창建昌 사람이다. 1190년에 진사가 되었고, 악주 교수岳州敎授에 제수되었으나 나아가지 않았다. 건양으로 가서 주희에게 배웠다. 주자학을 위학僞學이라 하여 엄격히 금하는 가운데에도 스승이 별세하였을 때 조금도 두려워하지 않고 장례를 마쳤다. 백록동서원의 산장을 지냈다. 황간黃榦과 함께 '황이黃李'로 일컬어졌다. 그의 문인에는 방섬方灊·요로饒魯·조규趙葵 등이 있다.

이상조李相祖

자 시가時可. 복건성 광택光澤 사람이다. 이굉조李閎祖의 아우이자 이장조李壯祖의 형이다. 형제들이 함께 주희에게 배웠다. 주희의 명으로 『서설書說』을 편찬하였다.

이신보李信甫

복건성 남검南劍 사람이다. 이통李侗의 둘째 아들이며, 가학을 전수받았다. 1157년에 진사가 되었고, 감찰어사監察御史, 지 구주知衢州 등을 지냈다. 주희의 제자 첨체인詹體仁과 친하게 지냈다.

이심전李心傳(1167~1244)

자 미지微之·백미伯微, 호 수암秀巖. 사천성 정연井研 사람이다. 만년에 사관 교감史館校勘으로 천거되어서 『중흥사조제기中興四朝帝紀』·『십삼조회요十三朝會要』의 편찬에 참여하였고, 공부 시랑에 제수되었다. 『건염이래조야잡기建炎以來朝野雜記』·『도명록道命錄』 등을 저술하여서 정사에 기록되지 않은 남송의 사회상과 문물, 제도, 정치적 사건의 내막 등을 상세히 정리하였다.

이여규李如圭

자 보지寶之. 강서성 여릉廬陵 사람이다. 주희의 문인이며, 함께 『의례儀禮』를 교정하였다. 1193년에 진사가 되었고, 복건 안무사 간판공사福建安撫司幹辦公事를 지냈다. 위료옹魏了翁이 이여규의 치밀함을 칭찬하였다. 저술에는 『의례강목儀禮綱目』·『의례집석의례집석石儀禮集釋』·『의례석궁儀禮釋宮』등이 있다.

이욱李郁(1086~1150)

자 광조光祖, 호 서산西山. 복건성 소무邵武 사람이다. 원우당인元祐黨人 이심李深의 아들이다. 양시楊時의 사위이며, 그에게서 배웠다. 소흥 초에 칙령소 산정관敕令所刪定官에 제수되었다. 진회秦檜가 집정하자 서산西山에 은둔하였다. 저술에는 『역전易傳』·『참동계參同契』·『논맹유고論孟遺稿』 등이 있다.

이웅李雄

자 자성子誠. 호남성 평강平江 사람이다. 주희가 장사에 있을 때, 나아가서 수학하였다. 강연康淵에게서도 배웠다.

이유용李儒用

자 중병仲秉, 호 연계練溪. 호남성 악양岳陽 사람이다. 주희가 장사에 있을 때 문하에 나아가서 배웠다. 『춘추』에 조예가 깊었다. 1202년에 진사가 되었고, 악양군 절도岳陽軍節度를 지냈다. 저술에는 『이치집理致集』이 있다.

이저李樗

자 우중迂仲, 호 우재迂齋. 복건성 후관侯官 사람이다. 이남李楠의 아우이다. 여본중呂本中에게 수학하였으며, 육우陸游에게서도 배웠다. 시경학의 대가이며, 주희의 시경학에 영향을 미쳤다. 저술에는 『모시해毛詩解』가 있는데, 여러 학자의 설을 널리 인용하여서 해석하였다.

이종사李宗思

자 백간伯諫. 복건성 건안建安 사람이다. 1163년에 진사가 되었고, 기주 교수蘄州敎授를 지냈다. 불교에 심취했다가 주희에게 귀의한 뒤 다시 스승을 배반하고, 불교의 설을 추종하는 이주한李周翰을 따라 정호와 정이의 낙학洛學을 공격하였다. 저술에는 『예범禮范』·『존유의훈尊幼儀訓』이 있다.

이증李繒(1117~1193)

자 잠숭參仲. 강서성 무원婺源 사람이다. 이계찰李季札의 아버지이다. 과거에 뜻을 버리고 종산鍾山에 은거하였기 때문에 사람들이 '종산 선생鍾山先生'이라고 불렀다. 주희가 무원으로 돌아갔을 때 이증 부자와 시와 학문을 담론하였다. 주희가 그의 글을 칭찬한 바 있다. 저술에는 『서명해의西銘解義』가 있다.

이춘李椿(1111~1183)

자 수옹壽翁. 하북성 영년永年 사람이다. 부친의 공적으로 관직에 나아가서 담주 안무사潭州安撫使, 이부 시랑吏部侍郎 등을 지냈다. 형산 위衡山尉로 있을 때 호안국胡安國에게서 역학易學을 배웠으며, 주희가 역에 관해 그와 토론하였다. 저술에는 『주역관화周易觀畵』가 있다.

이통李侗(1093~1163)

자 원중愿中, 호 연평延平, 시호 문정文靖. 복건성 남검南劍 사람이다. 나종언羅從彦에게 정자程子의 이학을 배워서 정호와 정이의 삼전 제자三傳弟子가 되었다. 평생 과거를 단념하고 은거하면서 제자를 양성하였으며, 양시楊時·나종언과 함께 '남검의 세 선생(南劍三先生)'으로 불렸다. 그의 문하에서 주희·나박문羅博文·유가劉嘉 등이 배출됨으로써 정호와 정이의 학문이 주희에게 이어지는 교량의 역할을 하였다. 저술에는 주희가 편찬한 『이연평집李延平集』이 있다.

이항종李亢宗

자 자능子能. 이름을 극종克宗이라고도 한다. 복건성 남안南安 사람이다. 장사 승長沙丞을 지냈다. 주희가 동안에 있을 때 주희의 제자가 되었다. 주희가 『근사록』의 대지를 언급한 편지를 보낸 바 있다.

이휘李輝

자 회숙晦叔. 강서성 건창建昌 사람이다. 주희가 남강에 있을 때 문에 들어가서 배웠다. 주희에게 『주역』·『시경』 및 예학을 배웠다.

임각林恪

자 숙공叔恭. 절강성 천태天台 사람이다. 주희의 문인이다. 도리를 치우치게 공부한다고 주희의 비평을 받은 바 있다.

임광조林光朝(1114~1178)

자 겸지謙之, 호 애헌艾軒, 시호 문절文節. 복건성 포전莆田 사람이다. 1163년에 진사가 되었고, 국자 좨주國子祭酒, 중서사인中書舍人 등을 지냈다. 임정林霆에게서 배웠고, 나중에는 윤돈尹焞·왕빈王蘋의 문인 육경단陸景端에게 배워서 정이의 삼전 제자가 되었다. 정자程子의 학풍이 동남 지역에서 번창하게 되는 데 공이 컸다. 육경六經에 능통하여서 '남쪽의 공자(南方夫子)'라 일컬어지기도 하였다. 저술에는 『애헌집艾軒集』이 있다. 주희가 시경학에서 「모서毛序」를 벗어나게 된 계기가 된 것을 비롯하여 주희의 경학 발전에 얼마간 영향을 미쳤다.

임기손林夔孫

자 자무子武, 호 몽곡夢谷. 복건성 고전古田 사람이다. 1214년에 천거를 받아서 현위縣尉가 되었다. 주희가 남강에 있을 때 나아가서 배웠다. 주희의 상서 주석 작업 때 임무를 맡았다. 저술에는 『중용장구中庸章句』·『서본의書本義』·『몽곡집蒙谷集』이 있다.

임내林鼐(1144~1192)

자 백화伯和·원수元秀. 절강성 황암黃巖 사람이다. 1172년에 진사가 되었고, 봉화현 부奉化縣簿, 정해현 승定海縣丞 등을 지냈다. 아우 임자林鼒와 함께 섭적葉適과 육구연陸九淵에게 나아갔다가 주희에게 귀의하였다. 주희가 절동 제거浙東提擧로 있을 때 그의 도움을 받아 황암현黃巖縣에 갑문을 설치하였다. 섭적의 천거를 받은 바 있다.

임률林栗

자 황중黃中. 복건성 복청福淸 사람이다. 1142년에 진사가 되었고, 이부 원외랑, 병부 시랑 등을 지냈다. 『주역』에 조예가 깊었으며 『주역경전집해周易經傳集解』 서른여섯 권을 저술하여서 조정에 바쳤다. 주희와 『주역』에 대해 토론하였고, 무극·태극 논변을 하였다. 주희를 탄핵한 바 있다.

임만林蠻

복건성 천주泉州 사람이다. 주희가 동안에 있을 때 그에게 사장詞章에 치중하지 말라고 가르침을 주었다.

임백우任伯雨(1047~1119)

자 덕옹德翁. 사천성 미산眉山 사람이다. 1082년에 진사가 되었고, 청강 주부淸江主簿, 지 웅구현知雍丘縣을 지냈다. 1100년에 대종정 승大宗正丞으로 부름을 받았고, 좌정언左正言에 발탁되었다. 휘종 초에 소를 올려서 장돈章惇, 채변蔡卞을 탄핵하여 폄관시켰다. 간관으로 있는 반년 동안 대신이 그의 말을 두려워했던 까닭에 지 괵주知虢州로 쫓겨나갔다. 1102년에 원우元祐 당쟁의 여파로 통주通州에 편관되었다가 창화군昌化軍, 도주道州로 옮겼다. 저술에는 『당초橖草』·『승부집乘桴集』 등이 있었는데, 전하지 않는다.

임사로林師魯

호 운곡芸谷. 이름은 노산魯山이고, 사로師魯는 자라는 설도 있다. 복건성 고전古田 사람이다. 그의 부친은 주희의 부친 주송과 절친하게 지냈는데, 이 인연으로 주희의 문하에서 수학하였다. 임용중林用中이 그를 스승으로 섬겼다.

임식林湜(1132~1202)

자 정보正甫, 호 반은盤隱. 복건성 장계長溪 사람이다. 1160년에 진사가 되었고, 감찰어사監察御史·사농경司農卿 등을 지냈다. 주희의 문인이다. 섭적葉適, 첨체인詹體仁과 절친하였다. 한탁주韓侂胄 등이 주자학을 위학僞學으로 배척할 때에도 제자의 예로써 스승을 섬겼다. 저술에는 『반은유고盤隱類稿』가 있다.

임역지林亦之(1136~1185)

자 학가學可, 호 월어月漁·망산網山. 복건성 복청福淸 사람이다. 임광조林光朝의 고제高

弟이다. 조여우趙汝愚가 천거하였으나, 명이 내려오기 전에 죽었다. 주희가 포전蒲田
에서 그와 학문을 강론하였다. 저술에는 『논어해論語解』・『고공기해考工記解』・『모시해
毛詩解』・『장자해莊子解』・『망산집綱山集』 등이 있다.

임용중林用中

자 택지擇之・경중敬仲, 호 동병東屛・초당草堂. 복건성 고전古田 사람이다. 처음에는 임
광조林光朝의 문하에 들어갔다가 다시 임사로林師魯를 사사했으나, 오래지 않아 과거
공부를 포기하고 담계潭溪로 가서 주희에게 도를 물었다. 주씨 집안의 관사館舍에서
주희의 두 아들 주숙朱塾과 주야朱埜를 가르쳤다. 주희가 중화설中和說을 토론할 때
참여하였다. 주희가 그를 외우畏友로 삼았으며, 채원정蔡元定과 이름을 나란히 하였
다. 저술에는 『초당집草堂集』이 있다.

임이간林易簡

자 일지一之. 복건성 장주漳州 사람이다. 공사貢士가 되었다. 주희가 지 장주知漳州로
있을 때 이당자李唐咨와 함께 학교에 초빙되었다.

임자林虀

자 숙화叔和, 호 초려草廬. 절강성 황암黃巖 사람이다. 임내林鼐의 아우이다. 섭적과
육구연을 좇다가 주희에게 귀의하였다.

임자몽林子蒙

호남성湖南省 사람이다. 주희가 장사에 있을 때 나아가서 배웠다. 주희의 문하에서
『시경』과 『예기』를 배웠다.

임지기林之奇(1112~1176)

자 소영少穎, 호 졸재拙齋・삼산三山, 시호 문소文昭. 복건성 후관侯官 사람이다. 1151년
에 진사가 되었고, 상서랑尙書郞, 종정 승宗正丞을 지냈다. 여본중呂本中을 사사하였으
며, 육유陸游에게서도 배웠다. 왕안석의 『삼경신의三經新義』를 사악한 설이라 하면서

배척하였다. 경학 연구에 진력하여서 『상서』와 『주례』를 해설하였는데, 새로운 견해가 많았다. 당시 사람들로부터 삼산 선생三山先生이라고 일컬어졌다. 주희가 상서에 관해 그에게 깨우침을 받았다. 이름난 제자로는 여조겸呂祖謙 등이 있다. 그의 학문은 여조겸이 창립한 무학婺學에 큰 영향을 주었다. 저술에는 『상서집해尙書集解』·『주례강의周禮講義』·『논어강의論語講義』·『맹자강의孟子講義』·『양자강의楊子講義』·『졸재집拙齋集』 등이 있다.

임학몽林學蒙

자 정경正卿. 이름을 우羽라고도 한다. 복건성 영복永福 사람이다. 주희가 장사에 있을 때, 나아가서 배웠다. 용문암龍門庵을 짓고서 도덕道德·성명性命의 학문을 강론하자 고을 사람들이 그를 스승으로 섬겼다.

임희이任希夷(1156~?)

자 백기伯起, 호 사암斯庵, 시호 선헌宣獻. 복건성 소무邵武 사람이다. 주희의 문인이며, 주희가 '세상을 구제할 선비'라고 칭찬하였다. 주희의 『통감강목』 편찬 작업에 참여하였다. 1175년에 진사가 되었고, 예부 상서, 권 참지정사權參知政事 등을 지냈다. 예부 상서로 있을 때 주돈이·정호·정이에게 시호를 내려달라고 청하여서, 마침내 이들에게 시호가 내려지게 되었다.

장구성張九成(1092~1159)

자 자소子韶, 호 횡포 거사橫浦居士, 무구 거사無垢居士, 시호 문충文忠. 절강성 전당錢塘 사람이다. 1132년에 진사가 되었고, 태상 박사太常博士, 예부 시랑禮部侍郎 등을 지냈다. 정이의 문인 양시楊時에게서 사사하였다. 재이를 논하다가 당시 재상인 진회秦檜를 거슬러서 소주邵州의 수령으로 좌천되었다. 하주何鑄가 조정趙鼎에게 빌붙었다고 탄핵하여서 직책을 잃었다. 또 승려 종고宗杲와 함께 조정을 헐뜯었다고 논핵을 당하여 남안군南安軍으로 폄적되었다. 진회가 죽은 뒤 온주溫州의 지주로 기용되었다. 14년간 귀양살이를 하면서 경전의 뜻을 해석하다가 눈병이 났다. 불교의 사상을 유학에 끌어들여서 유학의 심학화 경향을 보였다. 저술에는 『횡포심전橫浦心傳』·『횡포

일신橫浦日新』·『무구록無垢錄』·『횡포집橫浦集』과 『상서설尙書說』·『대학설大學說』·『중용설中庸說』·『논어설論語說』·『맹자설孟子說』 등 유교 경서의 해설서가 있다. 주희가 이들 경서의 해설에 대해 각각 변박하는 글을 썼다.

장대경張大經(1114~1198)

자 언문彦文, 시호 간숙簡肅. 강서성 남성南城 사람이다. 1145년에 진사가 되었고, 감찰어사監察御史, 휘유각 학사徽猷閣學士를 역임하였다. 주희가 당중우唐仲友를 탄핵하여 올린 주장奏章의 내용 가운데에는 그와 연관된 일이 거론되어 있다.

장손張巽

자 자문子文·심도深道, 호 금계錦溪. 복건성 천주泉州 사람이다. 부친 장우張㝢가 지 임강군知臨江軍으로 있을 때 장식에게서 배웠다. 무이로 주희를 찾아가서 배움을 묻고 돌아갈 때 주희에게 시를 헌정하였다. 주희도 광대함과 정미함을 다하는 공부를 전수하였다.

장식張栻(1133~1180)

자 경부敬夫·흠부欽夫·낙재樂齋, 호 남헌南軒, 시호 선宣. 사천성 면죽綿竹 사람이다. 나중에 호남성 형양衡陽으로 옮겨가서 살았다. 명신 장준張浚의 아들이며, 문음門蔭으로 승무랑承務郎에 제수되었다. 유공劉珙의 천거로 지 무주知撫州, 지 엄주知嚴州 등을 지냈으며, 조정에 들어가서 이부 원외랑吏部員外郎, 우문전 수찬右文殿修撰 등을 역임하였다. 가학을 계승하였다. 호굉胡宏에게서 정호와 정이의 학문을 전수받았는데, 정호의 학문에 더 가깝다는 평을 받았다. 주희·여조겸과 함께 '동남삼현東南三賢'으로 불렸다. 주희의 중화설 형성에 결정적인 영향을 미쳤다. 송 이종理宗 때 공묘孔廟에 종사되었다.

장언선張彦先

자 치원致遠·지원志遠. 안휘성 임회臨淮 사람이다. 주희가 남강에 있을 때, 나아가서 배웠다. 1181년에 주희와 함께 여산廬山을 유람하였다.

장얼張嶪(1096~1148)

사 서산巨山. 호북성 양양襄陽 사람이다. 실록원 동수찬實錄院同修撰, 부문각 대제敷文
閣待制 등을 역임하였다. 정사를 엄정하게 처리하였고, 시를 잘 지었다. 강서시파江
西詩派에 속하며, 유자휘劉子翬와 시를 주고받으며 교유하였다. 저술에는 『자미집紫微
集』이 있다.

장재張載(1020~1077)

자 자후子厚, 호 횡거横渠, 시호 명明. 섬서성 미현郿縣 사람이다. 1058년에 진사가 되
었고, 숭문원 교서崇文院校書, 저작 좌랑著作佐郞 등을 지냈다. 송 대 이학理學을 창시
한 '북송의 다섯 선생(北宋五子, 주돈이·소옹·장재·정호·정이)' 가운데 한 사람이다. 관
중關中에서 강학하였으므로 그의 학문을 '관학關學'이라 부른다. 젊은 시절에는 병법
에 관심이 많았으나, 범중엄范仲淹을 만나서 경서 공부에 정진하게 되었다. 정호·정
이 형제와 함께 『주역』을 강론하였으며, 왕안석의 신법에 반대하여 옥고를 치르기도
하였다. 그의 학문은 『주역』을 종주로 하고, 『중용』을 목표로 하였으며, 『예기』를 본
체로 하고 공자·맹자를 표준으로 삼았다. 그의 기일원론氣一元論은 청 대淸代 왕정상
王廷相·왕부지王夫之·대진戴震 등에게 계승 발전되었으며, 천지지성天地之性, 기질지성
氣質之性의 인성론人性論은 주희에게 일정한 영향을 주었다.

장종열張宗說(1145~1227)

자 암부巖夫, 호 옥봉일로玉峯逸老. 복건성 숭안崇安 사람이다. 진덕수眞德秀의 문인인
강훈江塤의 장인이다. 경원 연간에 귀주 추관歸州推官을 지냈다. 주희가 경연관에서
파직되고 돌아왔을 때, 무이정사에 찾아와서 시사를 논하며 위로하였다.

장준張浚(1094~1164)

자 덕원德遠, 호 자암紫巖, 시호 충헌忠獻. 사천성 면죽綿竹 사람이다. 1118년에 진사
가 되었고, 고종 때 지 추밀원사知樞密院事, 우상右相 등을 지내면서 남송을 중흥시키
는 데 큰 공을 세웠다. 장식의 아버지이며, 초정譙定의 문인이다. 저술에는 『자암역
전紫巖易傳』·『주역해周易解』·『상서해尙書解』·『시경해詩經解』·『예기해禮記解』·『춘추해春

秋解』·『중용해中庸解』·『중흥비람中興備覽』 등과 문집이 있다.

장진張构

자 정수定叟. 사천성 면죽 사람이다. 장준의 둘째 아들이다. 지 건강부至建康府, 단명전 학사端明殿學士 등을 역임하였다. 정치와 학문의 길에서 주희와 함께하였다.

장효상張孝祥(1132~1170)

자 안국安國, 호 우호 거사于湖居士. 안휘성 오강烏江 사람이다. 송이 남쪽으로 옮겨온 이래 저명한 호방파豪放派 애국 사인詞人이다. 문장과 글씨에 정통하였다. 장준을 통해 발탁되었기 때문에 평생 호상학湖湘學을 추앙하고 존중하였으며, 장사에 부임해서는 장식張栻과 늘 시를 짓고 학문을 논하였다. 주희가 장사로 유람할 때 미리 편지를 보내서 존경하는 마음을 표하였고, 장사에서 주희와 장식이 학문을 담론하고 시를 논할 때 함께하였다. 1154년에 진사가 되었다. 악비岳飛를 신원하라고 상소하여서 진회의 미움을 샀다. 광서 경략안무사廣西經略安撫使, 형호북로 안무사荊湖北路安撫使 등을 역임하였다. 저술에는 『우호집于湖集』·『우호사于湖詞』가 있다.

장흡張洽(1161~1237)

자 원덕元德, 호 주일主一, 시호 문헌文憲. 강서성 청강清江 사람이다. 주희에게 배워서 정주학程朱學을 종주로 삼았으며, 백록서원白鹿書院의 주강主講을 지냈다. 1208년에 진사가 되었고, 비서랑秘書郎, 저작 좌랑著作佐郎 등을 지냈다. 젊어서부터 경敬에 주력하여서 '주일主一'을 재재齋의 이름으로 삼았다. 1191년에 주희가 장주에 있을 때 『대학』을 간행하여서 그에게 보내주었다. 저술에는 『춘추집전春秋集傳』·『춘추집주春秋集注』·『독통감장편사략讀通鑑長編事略』·『좌씨몽구左氏蒙求』·『역대지리연혁표歷代地理沿革表』 등이 있다.

저용儲用

자 행지行之. 복건성 진강晉江 사람이다. 1184년에 진사가 되었고, 화문각 직학사華文閣直學士, 지 광주知廣州를 지냈다. 심계조沈繼祖는 주희가 읊은 「무이도가」의 '여기 말고 별천지 어디 있으랴[除是人間別有天]'는 구절을 저용의 시에 화답하여 읊은 시라고 얽어서 탄핵하는 구실로 삼았다.

전단례錢端禮(1109~1177)

자 처화處和, 호 송창 도인松窗道人. 절강성 임안臨安 사람이다. 오월왕吳越王 전숙錢俶의 6세손이며, 영국공榮國公 전침錢忱의 아들이다. 문음으로 출사하여 1133년에 태주 통판이 되었고, 지 임안부로 옮겼다. 1161년에 권 호부 시랑 겸 추밀도승지權戶部侍郎兼樞密都承旨가 되었고, 2월에 역사상 전례가 없던 지폐 발행 기구인 '행재회자무行在會子務'를 설립하여서 1관貫, 2관 3관짜리 회자 세 종을 발행하였다. 딸이 효종의 맏아들인 등왕鄧王(조기趙愭)의 부인이었는데, 등왕이 태자가 되자 1165년에 인혐하여서 자정전 태학사資政殿大學士, 제거 동소궁提舉洞霄宮에 제수되었다. 주화파의 재상으로서 융흥화의를 주도하였다.

전담田澹

남검南劍 사람이다. 종정시 승 겸 권 공부 낭관宗正寺丞兼權工部郎官을 지냈다. 경원당적에 이름이 올랐다. 경원당적이 성립된 뒤 주희가 그에게 감회를 털어놓은 편지를 보낸 바 있다.

전량신錢良臣(?~1189)

자 우위友魏, 시호 문혜文惠. 강소성 화정華亭 사람이다. 참지정사參知政事, 자정전 태학사資政殿太學士를 역임하였다. 주희가 남강에서 절동 제거의 직무를 맡으며 겪은 일을 토대로 남송의 사회 현실을 고발하는 봉사를 효종에게 올리면서 추악한 탐관오리의 부패상을 지적하였는데, 그 가운데에서 전량신의 부패상을 언급하였다. 도학에 반대하였다.

정가학鄭可學(1152~1212)

자 자상子上, 호 지재持齋. 복건성 포전莆田 사람이다. 만년에 출사하여서 형주 사호衡州司戶, 충주 문학忠州文學 등을 역임하였다. 주희의 문인이다. 주희가 지 장주知漳州로 있을 때, 초빙되어서 제자를 가르쳤다. 저술에는 『춘추박의春秋博議』·『삼조북맹거요三朝北盟擧要』·『사설師說』이 있다.

정감鄭鑒(1145~1182)

자 자명自明, 호 식재植齋. 복건성 장락長樂 사람이다. 태학에서 진부량陳傅良과 교유하였으며, 진준경陳俊卿의 사위이다. 순희淳熙 초에 태학생이 되었으며, 태자 시강太子侍講, 저작랑著作郎 등을 지냈다. 성품이 강직했기에, 국자정國子正이 되었을 때 직언을 서슴지 않았다. 근습의 농단을 지적하는 글을 올렸을 때, 주희가 그에게 근습보다는 군주의 마음이 더 본질적인 문제라는 의견을 제시한 편지를 보낸 바 있다.

정공程珙

자 중벽仲璧, 호 유호柳湖. 강서성 파양鄱陽 사람이다. 정단몽程端蒙의 종증손이다. 동수董銖·왕과王過와 함께 '덕흥학궁의 세 선생(德興學宮三先生)'으로 일컬어졌다. 주희가 두 번째로 무원에 방문하였을 때 나아가서 제자가 되었다. 저술에는 『역설易說』이 있다.

정교鄭僑(1144~1215)

자 혜숙惠叔, 호 회계回溪, 시호 충혜忠惠. 복건성 포전莆田 사람이다. 왕응신汪應辰의 사위이며, 그의 문하에서 배웠다. 1169년에 진사가 되었고, 저작랑著作郎, 지 추밀원사知樞密院事 등을 지냈다. 희조僖祖의 조천祧遷 논의에 참여하였다.

정극丁克(?~1185)

자 복지復之. 이름을 요堯라고도 한다. 복건성 숭안崇安 사람이다. 위기지학爲己之學에 뜻을 두고서 독실하게 공부하였다. 주희가 남강에 있을 때 나아가서 배웠다. 주희가 그를 위해 묘지명을 지었다.

정단몽程端蒙(1143~1191)

자 정사正思, 호 몽재蒙齋. 강서성 파양鄱陽 사람이다. 처음에는 강개江介에게서 수학하였으나, 주희가 두 번째로 무원에 돌아갔을 때 나아가 배웠고, 남강에 있을 때도 나아가서 배웠다. 1180년에 태학생으로서 낙학洛學을 금지한 일에 대해 상소하였으나, 받아들여지지 않자 고향으로 돌아갔다. 사서 및 주희가 사서四書의 장구집주章句集注 한 것에 근거하여서 명命·성性·심心 등 30개 범주의 성리학 개념을 정리한 『성리자훈性理字訓』을 저술하였다. 이 책은 진순陳淳의 『북계자의北溪字義』보다 먼저 지어졌으며, 후대에 큰 영향을 미쳤다. 그 밖의 저술에는 『학칙學則』·『육몽명훈毓蒙明訓』 등이 있다. 1191년 11월에 사망하자 주희가 그의 묘표를 지었다.

정대창程大昌(1123~1195)

자 태지泰之, 시호 문간文簡. 안휘성 휴녕休寧 사람이다. 1151년에 진사가 되었고, 이부 상서, 용도각 학사龍圖閣學士 등을 지냈다. 평생 학문에 독실하였으며, 특히 명물名物·전고典故의 고정考訂에 뛰어났다. 주희가 남강에 부임했을 때 역학에 조예가 있는 그와 함께 상수象數, 설시揲蓍에 관해 토론하였다. 저술에는 『우공도론禹貢圖論』·『시론詩論』·『역원易原』·『옹록雍錄』·『역로통언易老通言』·『고고편考古編』·『연번로演繁露』·『북변비대北邊備對』 등이 있다.

정매程邁(1068~1145)

자 진도進道. 안휘성 이현黟縣 사람이다. 1100년에 진사가 되었고, 인화현 위仁和縣尉에 제수되었다. 도적을 잡는 데 공을 세워서 서안현西安縣(절강성 구현衢縣)의 지현知縣이 되었고, 나중에 강서江西 상평常平의 제거提擧가 되었다. 예리한 판단력으로 복잡한 사건을 잘 처리하였다. 복건에 부임해 있을 때는 주송朱松을 이끌어주었다. 남송 고종 때 여러 지방관을 역임하다가 나중에 조정에 들어가서 현모각 직학사顯謨閣直學士가 되었다. 늙어서 은퇴한 뒤 고향으로 돌아갔다. 저술에는 『만랑편漫浪編』 등이 있다.

정백영鄭伯英(1130~1192)

자 경원景元, 호 귀우옹歸愚翁. 절강성 영가永嘉 사람이다. 정백웅鄭伯熊의 아우이며, 형과 함께 이름을 나란히 했기에 형은 '대정공大鄭公', 동생은 '소정공小鄭公'이라 일컬어졌다. 섭적葉適의 천거를 받았다. 1163년에 진사가 되었으나, 스스로 시대에 부응하지 못함을 깨닫고 봉사직을 그만둔 뒤 다시는 출사하지 않았다. 저술에는 『귀우옹집歸愚翁集』이 있다.

정백웅鄭伯熊(1127~1181)

자 경망景望, 시호 문숙文肅. 절강성 영가 사람이다. 영가학의 중심인물이다. 이부 낭관, 국자사업國子司業 등을 지냈다. 아우 정백영·정백해鄭伯海와 함께 정호와 정이의 학문을 진흥시켰다. 1169년에 복건 제거로 있으면서, 주희가 교정한 판본을 이용하여 정호와 정이의 문집을 간행하였다. 저술에는 『정부문서설鄭敷文書說』이 있다.

정병鄭丙(1121~1194)

자 소융少融, 시호 간숙簡肅. 복건성 장락將樂 사람이다. 이부 상서로 있을 때, 주희가 당중우唐仲友를 탄핵하자, 재상 왕회王淮에게 영합하여서 당중우를 비호하였다.

정봉丁逢

강소성 진릉晉陵 사람이다. 건도 연간에 진사가 되었다. 벼슬은 보모각 대제寶謨閣待制, 지 침주知郴州를 역임하였다. 처음에는 도학파와 어울렸으나, 경원당금 때 도학파를 공격하였다.

정선程先

자 전지傳之, 호 동은東隱. 안휘성 휴녕休寧 사람이다. 부친 정전程全이 금과 항전하다가 죽자 벼슬하지 않고 동산東山에 은거하였다. 주희에게 서신을 보내서 성현의 도를 물었는데, 주희가 그를 칭송하였다. 아들을 주희에게 보내서 배우게 하였다. 저술에는 『동은집東隱集』이 있다.

정순程洵(1135~1196)

자 윤부允夫, 호 극암克庵·취림일민翠林逸民. 강서성 무원婺源 사람이다. 정정程鼎의 아들이며, 주희의 외사촌 아우(表弟)이다. 주희에게 배웠다. 주희의 학문 일생은 그와 긴밀하게 연결되어 있다. 여릉 녹참廬陵錄參을 지냈다. 저술에는 『이소기년二蘇紀年』·『존덕성재소집尊德性齋小集』이 있다.

정양鄭驤

자 잠옹潛翁, 시호 위민威愍. 강서성 옥산玉山 사람이다. 지 율양현知溧陽縣, 지 동주知同州를 역임하였다. 금의 군대가 성을 함락하자 자결하였다. 저술에는 『척변록拓邊錄』·『하롱인물지河隴人物志』 등이 있다. 경연관으로 조정에 나아가던 주희가 옥산에 이르러 장숙야張叔夜와 정양의 충절을 기리는 「정충민절묘비旌忠愍節廟碑」를 세우고, 수령 사마방司馬边을 격려하여 그들의 소상塑像을 세우고 사당을 건립하게끔 하였다.

정영기程永奇

자 차경次卿, 호 격재格齋. 안휘성 휴녕 사람이다. 정선程先의 아들이며, 관혼상제에 모두 『주자가례朱子家禮』를 따랐다. 임종하기 전에 '경敬' 자를 크게 썼다고 한다. 주희가 무원에 돌아갔을 때 나아가 배웠다. 신안의 열두 고제자 가운데 한 사람이다. 저술에는 『육경사서의의六經四書疑義』·『격재고格齋稿』 등이 있다. 『주자어수朱子語粹』 10권을 편집하였으나, 전하지 않는다.

정이程頤(1033~1107)

자 정숙正叔, 호 이천伊川, 시호 정正. 하남성 낙양洛陽 사람이다. 명도明道 정호程顥의 아우이다. 태학에서 유학할 때 호원胡瑗이 '안연顏淵이 좋아한 학문은 어떤 학문인가(顏子所好何學論)'라는 제목으로 제생을 시험하였는데, 정이의 글이 출중해서 호원으로부터 칭찬을 받았다. 사마광司馬光과 여공저呂公著의 추천으로 서경 국자감 교수西京國子監敎授에 제수되었으나, 나아가지 않았다. 뒤에 비서성 교서랑秘書省校書郞, 숭정전 설서崇政殿說書 등을 역임하였다. 정호와 함께 주돈이周敦頤에게서 수학하였으며, 형과 함께 '이정자二程子'로 불렸다. 오랫동안 낙양에서 강학하였기에 정호와 정이의 학문을 '낙학洛學'이라 불렀다. 정치상 사마광·소옹邵雍 등과 노선을 함께했으며, 왕안석의 신법新法에 반대하였다. 학문상으로는 우주의 본체를 이리로 보고서 궁리窮理를 주장하였고, 경敬을 통한 함양涵養과 치지致知를 통한 진학進學을 학문 방법으로 내세웠다. 저술에는 주희가 편찬한 『이정유서二程遺書』가 있다. 정호·정이 형제의 전기는 주희가 지은 『이락연원록伊洛淵源錄』에 실려 있다.

정정程鼎(1107~1165)

자 복형復亨, 호 환계옹環溪翁·한계옹韓溪翁. 강서성 무원婺源 사람이다. 정순程洵의 아버지이다. 나원羅願과 주송朱松에게서 배웠다. 주희가 처음 무원에 돌아갔을 때 교유하였다. 널리 경전을 궁구하였으며, 특히 『춘추좌씨전』에 조예가 깊었다. 과거에 뜻이 없어서 평생 출사하지 않았다.

정형程迥

자 가구可久, 호 사수沙隨. 하남성 영릉寧陵 사람이다. 태흥 위泰興尉, 지 덕흥현知德興縣 등을 역임하였다. 가흥嘉興의 학자 무덕茂德, 엄릉嚴陵의 유저喩樗에게 배웠으며, 주희가 그를 스승의 예로써 섬겼다. 경서는 물론 불가·도가·음운에 이르기까지 두루 연구하였다. 주희와 역학으로 논쟁을 하였다. 주희가 그를, 경서와 역사에 해박하고 실행에 힘쓰며, 후학을 깨우쳐서 열어주고 당대의 현실적 문제에 두루 통달하여서 장구에 얽매이는 유학자가 아니라고 평가하였다. 저술에는 『주역고점법周易古占法』·『주역장구외편周易章句外編』 등이 있다.

정호程顥(1032~1085)

자 백순伯淳, 호 명도明道, 시호 순純. 하남성 낙양 사람이다. 1058년에 진사가 되었고, 상원현 주부上元縣主簿, 태자 중윤太子中允 등을 지냈다. 동생 정이와 함께 주돈이에게 배웠으며, 송 대 이학理學의 기초를 놓았다. 우주의 근본 원리를 '이理'라 칭하고, '이기일원론理氣一元論'·'성즉리설性卽理說'을 주장하였는데, 나중에 심학心學의 이론적 기초를 제공하였다. 학문 성향은 정밀한 이론의 탐구보다는 고원하고 심오한 이치를 위주로 하였으므로 후대에 사량좌謝良佐·양시楊時 등의 심학에 영향을 주었다. 정호와 정이의 학설은 주희에 의해 계승 발전하였으므로 송 대 이학을 대표하는 이 계열의 학문을 정주학程朱學이라고도 한다.

정흥예鄭興裔(1126~1199)

자 광석光錫, 시호 충숙忠肅. 초명은 흥종興宗이다. 하남성 개봉開封 사람이다. 현숙황후顯肅皇后의 외척이다. 지 여주知廬州, 보정군 승선사保靜軍承宣使 등을 역임하였다. 경계經界를 서둘러 시행해야 한다는 주희의 주장에 지지를 표하였다.

제갈천능諸葛千能

자 성지誠之. 절강성 회계會稽 사람이다. 1172년에 형과 함께 육구연陸九淵에게 나아가 배웠고, 주희에게서도 배웠다. 순희 연간에 진사가 되었다. 주희와 육구연의 문도들이 논쟁하는 것을 탐탁지 않게 여겨서 중재하려고 하였다. 주희도 그에게 편지를 보내서 육구연과 학파적 대립 의식을 드러내지 않으려고 했으며, 조립지曹立之의 묘표로 육구연과 분쟁을 일으키게 된 일에 대해 해명하는 편지를 보내기도 하였다.

조가祖可

자 정평正平, 호 나가癩可·병가病可. 속성은 소蘇이다. 강소성 단양丹陽 사람이다. 송대의 승려이다. 여산廬山에서 거처하였다. 기골이 고매하였으나 나병이 있어서 나가라고 불렀다 한다. 시에 뛰어났으며, 진사도陳師道·사일謝逸 등과 함께 강서시사江西詩社를 결성하였다. 저술에는 『동계집東溪集』·『폭천집瀑泉集』이 있다. 주희가 남강에 있을 때 그의 시를 돌에 새긴 바 있다.

조건曹建(1147~1183)

자 입지立之, 호 무망無妄. 강서성 여간餘干 사람이다. 처음에는 정형程迥과 육구연 형제에게서 배웠으며, 잠시 장식의 학문에도 관심을 가졌다. 나중에 주희가 지 남강군知南康軍으로 있을 때, 나아가서 배웠다. 주희가 조건을 초빙하여서 강학하게 하였는데, 병으로 나아가지 못하였다. 주희가 「조립지묘표曹立之墓表」에서 심학을 비판함으로써 육구연과 분쟁이 일어나게 되었다.

조번趙蕃(1143~1229)

자 창보昌父, 호 장천章泉, 시호 문절文節. 하남성 정주鄭州 사람이다. 유청지劉淸之에게서 수학하였으며, 50세 때 주희의 문하에 나아가서 배우기도 하였다. 주희의 진제賑濟를 기리는 시를 지어서 헌정하기도 하였다. 문음으로 관직에 나아가 태화 주부太和主簿 등을 지냈다. 시를 잘 지어서 양만리楊萬里의 인정을 받았다. 주희와 만년에 시를 주고받으며 교유하였다. 저술에는 『장천집章泉集』·『건도고乾道稿』·『순희고淳熙稿』·『장천고章泉稿』가 있다.

조변趙抃(1008~1084)

자 열도閱道, 호 지비자知非子, 시호 청헌清獻. 섬서성 서안西安 사람이다. 경우景祐 연간(1034~1038)에 진사가 되었고, 전중 시어사殿中侍御史, 지 항주知杭州 등을 지냈다. 왕안석의 신법에 반대하였다. 주희는 어릴 때 주송과 교유한 정오淨悟로부터 조변이 불교를 배운 일화를 전해 들었다. 저술에는 『청헌집清獻集』이 있다.

조사공趙師恭

자 공보恭父·공보共父. 절강성 천대天臺 사람이다. 1190년에 진사가 되었고, 가흥부 판관嘉興府判官을 지냈다. 주희의 예서 편찬에 참여하였다.

조사연趙師淵(약 1150~1210)

자 기도幾道, 호 눌재訥齋. 절강성 황암黃巖 사람이다. 송의 종실이다. 1172년에 진사가 되었고, 영해군 추관寧海軍推官, 사농 태상승司農太常丞 등을 지냈다. 주희에게서 배웠으며, 주희와 함께 『자치통감강목資治通鑑綱目』을 교정하였다. 승상 조여우趙汝愚와 마찰을 일으켜서 물러나 벼슬하지 않고 학업에 힘썼다. 저술에는 『눌재집訥齋集』이 있다.

조사하趙師夏

자 치도致道, 호 원암遠庵. 절강성 황암 사람이다. 종실인 연왕燕王의 후예이다. 1190년에 진사가 되었고, 대리사 직大理司直, 조봉 대부朝奉大夫 등을 지냈다. 주희에게서 수학하여 도학의 요지를 얻었다. 심心·성性·정情으로써 유가의 다름을 분별하고, 순경荀卿(순자)의 성악설性惡說·예위설禮僞說의 잘못을 논변하였다. 또한 「성기선악도誠

幾善惡圖」를 그려서 주돈이周敦頤의 뜻을 밝히고 호굉胡紘의 잘못을 증명하였는데, 모두 스승의 인정을 받았다. 사창社倉을 설립하는 등 선정을 많이 베풀었다.

조선견趙善堅

자 덕고德固. 강서성 원주袤州 사람이다. 송의 종실이다. 무주 통판袤州通判, 호부 상서 등을 역임하였다. 황정荒政을 잘 다스렸고, 청렴하다고 칭송받았다.

조숙원曹叔遠(1159~1234)

자 기원器遠, 시호 문숙文肅. 절강성 서안瑞安 사람이다. 진부량陳傳良에게서 수학하였다. 19세 때 『춘추』에 밝아 향천鄕薦에서 으뜸으로 뽑혔다. 고정考亭으로 주희를 찾아가서 배움을 묻고 영가학과 주희 학문의 차이를 토론하였다. 1190년에 진사가 되었고, 예부 시랑, 휘유각 대제徽獻閣待制 등을 역임하였다. 저술에는 『주관강의周官講義』・『영가연보永嘉年譜』・『영가지보永嘉地譜』・『영가명보永嘉名譜』・『영가인보永嘉人譜』 등이 있다.

조숭헌趙崇憲(1160~1219)

자 이상履常. 강서성 여간餘干 사람이다. 조여우趙汝愚의 맏아들이다. 조여우가 여간현 관산冠山에 세운 관사에서 주희를 사사하였다. 주희가 유공劉珙의 부탁으로 딸을 그에게 중매한 일이 있는데, 이 일이 나중에 반도학파에 의한 탄핵의 빌미가 되었다. 1182년에 진사가 되었고, 지 정강부知靜江府, 광서 경략안무廣西經略安撫 등을 지냈다.

조언숙趙彦肅

자 자흠子欽, 호 복재復齋. 절강성 건덕建德 사람이다. 1166년에 진사가 되었고, 영해군 절도추관寧海軍節度推官을 지냈다. 육구연陸九淵을 사숙한 뒤 엄릉嚴陵 지방에서 처음으로 육학陸學을 전파하였다. 상수역학象數易學의 대가이며, 주희와 역학에 관해 토론하였다. 저술에는 『역설易說』・『광학잡변廣學雜辨』・『사관도士冠圖』・『사혼도士昏圖』・『궤식도饋食圖』 등이 있는데, 주희가 그의 저술을 칭찬하였다.

조언약曹彦約(1157~1228)

자 간보簡甫, 호 창곡昌谷, 시호 문간文簡. 강서성 도창都昌 사람이다. 주희가 남강에 있을 때 백록동서원白鹿洞書院에 나아가서 배웠고, 나중에는 악록서원嶽麓書院에서 배웠다. 주희의 문하에서 황간黃榦과 함께 호걸로 일컬어졌는데, 학통을 논할 때에는 황간을, 경제대략經濟大略을 논할 때는 조언약을 각각 제일로 꼽았다. 1181년에 진사가 되었고, 건평 위建平尉, 병부 상서兵部尙書 등을 지냈다. 저술에는 『경악관견經幄管見』·『여지강목輿地綱目』·『창곡류고昌谷類稿』 등이 있다. 이 밖에 주희의 어록인 『사우문답師友文答』을 기록하였는데, 전하지 않는다.

조언유趙彦逾(1130~1207)

자 덕선德先·덕로德老. 절강성 명주明州 사람이다. 송의 종실이다. 광종이 병으로 제위를 선양할 때 당시 재상이던 조여우에게 조확趙擴(영종)을 계승자로 세우라고 건의하였다. 1160년에 진사가 되었고, 공부 상서, 자정전 태학사資政殿太學士 등을 역임하였다.

조여담趙汝談(?~1237)

자 이상履常, 호 남당南塘, 시호 문각文恪·문의文懿. 절강성 대량大梁 사람이다. 섭적의 문인인 조여당趙汝讜의 형이다. 송 태종太宗의 8세손이다. 문음으로 장사랑將仕郎이 되었고, 1184년에 진사가 되었다. 강서 안무사 간판江西按撫使幹辦, 형부 상서刑部尙書 등을 지냈으며, 일찍이 승상 조여우趙汝愚를 도와 영종寧宗을 옹립하였다. 경서에 대해 특이한 견해를 가지고 있었다. 『역경』은 점치는 사람이 지은 것이다, 『서경』의 요전堯典·순전舜典은 하나로 합쳐야 한다, 우禹임금의 공적은 하수河水·낙수洛水에서만 배풀어졌다, 「홍범洪範」은 기자箕子가 지은 것이 아니다, 『시경』의 소서小序는 믿을 것이 못 된다, 『예기』는 여러 사람의 손에서 만들어졌다고 주장하였다. 주희의 문인이다. 조여당과 함께 경원당적에 이름이 올랐다. 저술에는 『역주易注』·『서주書注』·『시주詩注』·『논어주論語注』·『맹자주孟子注』·『주례주周禮注』·『예기주禮記注』·『순자주荀子注』·『장자주莊子注』·『통감주通鑑注』·『두시주杜詩注』 등이 있다.

조여우趙汝愚(1140~1196)

자 자직子直, 시호 충정忠定. 강서성 여간餘干 사람이다. 1166년에 진사가 되었고, 예부 상서, 지 추밀원사知樞密院事 등을 지냈다. 그의 아들 조숭헌趙崇憲·조숭도趙崇度·조숭모趙崇模·조숭실趙崇實 등과 손자 조필원趙必愿, 증손 조량순趙良淳으로 가학이 이어지면서 전승되었다. 장식張栻·주희·여조검呂祖儉·왕응신汪應辰·왕십붕王十朋·호전胡銓·이도李燾·임광조林光朝 등과 교유하였다. 실용적인 학문에 힘썼으며, 사마광·범중엄范仲淹 등을 추숭하였다. 송의 종실 재상으로서 도학을 좋아한 까닭에 주희의 기대를 모았다. 주희와 정치적 견해와 행동을 함께하였으며, 주희를 많이 이끌어주었다. 경원당적에 이름이 올랐다. 저술에는 『태조실록거요太祖實錄擧要』·『송조제신주의宋朝諸臣奏議』와 문집으로 『충정집忠定集』이 있다,

조웅趙雄(1129~1193)

자 온숙溫叔, 시호 문정文定. 사천성 자주資州 사람이다, 1163년에 성시省試에서 장원하였다. 우승상右丞相, 영무군 절도사寧武軍節度使를 역임하였다. 금에 사신으로 갔을 때, 황명皇命을 욕되게 하지 않았으므로 금 사람들이 '용두龍頭'라고 불렀다. 중원의 회복을 힘껏 주장하였다. 주희를 천거하여서 이끌어주었으나 주희가 시사를 논하여 권력에 저촉하는 점에 대해서는 견제하였다.

조자명趙子明

자명子明은 자이다. 이름은 알려져 있지 않다. 하남성 개봉開封 사람이다. 주희가 남강에 있을 때 종유하면서 배웠다.

조정趙鼎(1085~1147)

자 원진元鎭, 호 득전得全, 시호 충간忠簡. 산서성 문희聞喜 사람이다. 소옹邵雍과 정이程頤의 재전再傳 제자이며, 소옹의 아들 소백온邵伯溫을 사사하였다. 1106년에 진사가 되었고, 고종 때 어사중승御史中丞·좌상左相 등을 역임하면서 남송을 중흥하는 데 큰 공을 세웠다. 주송朱松의 인품을 알아보고 발탁하였으며, 도독천섬형양제군사都督川陝荊襄諸軍事가 되어서 주송을 막료로 쓰려고 하였으나, 주송이 모친상을 당하는 바

람에 성사되지 못하였다.

조진숙曹晉叔

진숙晉叔은 자인 듯하며, 이름은 알려져 있지 않다. 복건성 건안建安 사람이다. 주희가 장식의 학문 및 『논어설論語說』에 대해 논평하는 편지를 보낸 바 있다.

조희한趙希漢

자 남기南紀. 호남성 악양岳陽 사람이다. 복건성 소무邵武에서 살았다. 주희가 남강에 있을 때 나아가 배웠고, 장사에 있을 때도 나아가서 배웠다. 1181년에 주희가 염계 사당濂溪祠堂을 참배하는 순례를 떠났을 때 동행하였다.

종세명鍾世明

장락현將樂縣 사람이다. 주송朱松과 벗을 맺었으며, 1148년에 주희가 성시省試에 참가했을 때 고관 가운데 한 사람이었다. 관직은 병부 시랑에 올랐다. 청렴하고 개결하다는 명성이 있었다. 치사致仕한 뒤 돌아가서 의학義學을 열고 향리의 자제와 겨레붙이를 가르쳤다. 창고의 곡식을 내어 가난한 사람을 진휼하였기 때문에 향당에서 그를 칭송하였다.

종진鍾震

자 춘백春伯, 호 종일宗一. 호남성 상담湘潭 사람이다. 생애에 관해서는 알려져 있지 않다. 처음에는 채원정蔡元定의 문하에서 수학하다가 나중에 주희가 장사에 있을 때 나아가서 배웠다. 주일서원主一書院을 세워서 강학하였다. 단평端平(1234~1236) 초에 시독侍讀이 되었다.

주감朱鑒

자 자명子明. 주희의 손자이며, 주숙朱塾의 아들이다. 선대의 공덕으로 적공랑迪功郞에 보임되어서 봉직 대부奉直大夫, 호광 총령湖廣總領 등을 지냈다. 1226년에 주희의 막내아들 주재朱在의 도움을 받아 주자사朱子祠를 건양 고정考亭에서 건녕부建寧府로 옮겨왔다. 1236년에 '건안군 개국후建安郡開國侯'에 봉해지고 자금어대紫金魚袋를 하사받았다. 자하주紫霞洲에 터를 골라서 개국후부를 세우고, 부 오른쪽에 주문공사朱文公祠를 지어서 주희의 제사를 받들었다.

주고朱槹

자 봉년逢年. 주희의 부친 주송朱松의 아우이다. 건주의 공원貢元이다. 스스로 세상을 초월한, 탁월한 재능의 소유자로 자부하였으며, 사람됨이 얽매이지 않고 방달放達하였다. 산림에 은거하면서 곤궁하게 살았다. 주송이 죽은 뒤 주희의 어린 시절에 커다란 영향을 미쳤다. 시문에 능한 선승과 시를 주고받으며 한적한 생활을 하였는데, 이는 정신과 정서상에서 주희에게 직접적인 영향을 미쳤다. 주희는 어려서부터 주고와 함께 생활했기 때문에 숙질간의 정이 매우 두터웠다.

주괴朱瓌

자 순신舜臣. 일명 고료古僚라고도 한다. 무원婺源 주씨朱氏의 시조이다. 당 천우天祐 연간(904~907)에 흡주 자사歙州刺史 도아陶雅의 명을 받들어서 병사를 거느리고 무원을 방위하였다. 이를 계기로 무원에 정착하게 되었다. 다원 제치사茶院制置使를 지냈으므로, 다원부군茶院府君이라고도 일컬어진다. 만안향萬安鄉 천추리千秋里에 부인 두씨杜氏와 합장되었는데, 이곳은 속명이 연동連同이다. 후손이 이곳에서 세거하였다.

주남周南(1159~1213)

자 남중南仲, 호 산방山房. 평강平江 사람이다. 오군吳郡 사람이라고도 알려져 있다. 나이 열여섯에 오하吳下에서 노닐었는데, 당시 사람들이 과거 공부를 일삼는 것을 보면서 속으로 누추하게 여겼다. 섭적葉適을 따라 강학했는데, 빨리 깨닫고 민첩하게 터득하였다. 문사가 아려雅麗하고 정교하며 절실하여서 당시의 실용에 아주 적합하였다. 1190년에 진사가 되었고, 지주 교수池州教授가 되었다. 1207년에 시관試館의 직책에 있었는데, 그가 쓴 대책對策에 당시 권력자를 헐뜯는 내용이 있는 탓에 탄핵을 받아서 파직된 뒤 집에서 죽었다. 저술에는 『산방집山房集』 20권과 후집 20권이 있다. 『직재서록해제直齋書錄解題』에 기록되어 있다. 경원당적에 이름이 올랐다.

주로숙朱魯叔

노숙魯叔은 자이며, 이름은 알려져 있지 않다. 복건성 선유仙遊 사람이다. 주희가 장주에 있을 때 나아가서 배웠다. 주희가 1192년에 고정에 새 거처를 마련하여 이사한 뒤 그에게 후회하는 내용의 편지를 쓴 바 있다.

주돈이周敦頤(1017~1073)

자 무숙茂叔, 호 염계濂溪, 시호 원元. 본명은 돈실敦實이었으나 영종英宗의 이름을 피휘하여서 돈이敦頤로 고쳤다. 호남성 영도營道 사람이다. 하주賀州 계령현 령桂嶺縣令을 지낸 주보성周輔成의 아들인데, 어려서 고아가 된 뒤 용도각 직학사龍圖閣直學士를 지낸 외숙 정향鄭向의 집에서 자랐다. 음직으로 분녕현 주부分寧縣主簿가 된 뒤 남창현 령南昌縣令, 건주 통판虔州通判 등을 지냈으며, 1241년 공자묘孔子廟에 배향되었다. 『주역』에 정통하였으며, 명리名理를 논하기 좋아하고, 무극無極과 태극太極, 이기理氣, 심心·성性·명命 등의 철학 범주를 제안하였다. 염학濂學의 창시자이며, 정호程顥·정이程頤·소옹邵雍·장재張載와 함께 '북송의 다섯 선생(北宋五子)'으로 일컬어진다. 주희는 주돈이의 서적을 간행하고 학문을 선양함으로써 주자학의 원류를 세웠다. 저술에는 「태극도설太極圖說」과 『통서通書』가 있다.

주모周謨(1141~1202)

자 순필舜弼. 강서성 건창建昌 사람이다. 주희가 남강에 있을 때 나아가서 배웠다. 그 뒤 주희가 무이武夷, 임장臨漳에 있을 때에도 찾아가 배웠으며, 스승이 별세하자 먼 길을 걸어가서 장례에 참여하였다. 만년에는 강려康廬(강서성 구강九江의 여산廬山) 지역의 학도를 모아서 강학하였다. 황간黃榦이 그의 묘지명을 지었다.

주변朱弁(1085~1144)

자 소장少章, 호 관여 거사觀如居士. 강서성 무원婺源 사람이다. 주희의 족조族祖이다. 주희의 겨레의 계통에 관해 증언한 기록을 남겼다. 통문 부사通問副使로 금에 갔다가 17년 동안 구금되었다. 저술에는 『곡유구문曲洧舊聞』·『풍월당시화風月堂詩話』·『빙유집聘游集』 등이 있다.

주삼朱森(1075~1125)

자 양재良材, 호 퇴옹退翁. 승사랑承事郎에 추증되었다. 부인은 정씨程氏이다. 주희의 조부이다. 경서만 읽고 생계를 돌보지 않은 탓에 집안이 점차 쇠락하게 되었다. 만년에는 도교와 불교의 서적에 몰두하여 마음의 위안을 찾았다.

주송朱松(1097~1143)

자 교년喬年, 호 위재韋齋, 시호 헌정獻靖. 주희의 부친이다. 나종언羅從彥에게 수학하면서 정호와 정이의 이학理學을 배웠으며, 사마광司馬光의 학문을 존중하였다. 시문에 능하였다. 낮은 지방관을 전전하면서 주희를 양육하였고, 사관으로서 역사 편찬에도 관여하였다. 주희의 역사의식에 많은 영향을 미쳤으며, 자신의 교우 관계를 통해 주희의 정신적인 성장의 배경을 간접적으로 마련해주었다. 죽을 때 유자우劉子羽와 유자휘劉子翬, 유면지劉勉之, 호헌胡憲에게 주희 모자의 삶과 주희의 교육을 유촉하였다. 저술에는 『위재집韋齋集』 등이 있다.

주수周燾

자 원옹元翁. 주돈이周敦頤의 아들이다. 사봉 낭중司封郎中을 지냈다. 명주明州의 법양法楊이 육유陸游를 통해 주희에게 주수의 수첩手帖 두루마리에 발문을 써달라고 청한 바 있다.

주숙朱塾(1153~1191)

자 수지受之. 주희의 맏아들이다. 가학을 계승하였으며, 여조겸呂祖謙·진량陳亮·반경헌潘景憲에게서 수학하였다. 부친의 공적으로 장사랑將仕郎에 보임되었으며, 중산 대부中散大夫에 추증되었다. 주희보다 먼저 죽었다.

주야朱埜(1154~1211)

자 문지文之. 주희의 둘째 아들이다. 가학을 계승하였으며, 여조겸에게서 수학하였다. 부친의 공적으로 적공랑迪功郎에 보임되었으며, 조산 대부朝散大夫에 추증되었다.

주유보朱惟甫(979~1054)

자 도진道眞·문수文秀·전미專美·전미全美. 주희의 5대조이다.

주재朱在(1169~1231)

자 경지敬之·숙경叔敬. 복건성 건양建陽 사람이다. 주희의 막내아들이다. 가학을 계승하였으며, 황간黃榦에게서 수학하였다. 부친의 공적으로 승무랑承務郞에 보임되었고, 지 신주知信州, 공부 시랑 등을 지냈다. 1211년에 천주 통판泉州通判으로 부임했을 때 석정진石井鎭의 서쪽에 규모가 아주 큰 석정서원石井書院을 건립하여 주희가 안해安海에서 학문을 강론하고 도를 전한 공적을 표창하였다.

주진朱振

자 문거文擧. 주희의 고조이다.

주진朱震(1072~1138)

자 자발子發, 호 한상漢上. 호북성 형문荊門 사람이다. 정화政和 연간(1111~1118)에 진사가 되었고, 사부 원외랑祠部員外郞, 한림학사 등을 지냈다. 역학의 대가이며, 주돈이의 「태극도설」을 정호와 정이, 후사성侯師聖(후중량侯仲良)을 거쳐서 전승하였다. 저술에는 『주역괘도周易卦圖』·『주역총설周易總說』·『한상역집전漢上易集傳』 등이 있다.

주춘周椿

자 백수伯壽. 생애에 관해서는 알려져 있지 않다. 주희가 장사에 있을 때 나아가서 배웠다.

주필대周必大(1126~1204)

자 자충子充·홍도洪道, 호 성재省齋·평원로수平園老叟, 시호 문충文忠. 강서성 여릉廬陵 사람이다. 1151년에 진사시와 박학굉사과博學宏詞科에 합격하였고, 비서성 정자에 제수되어서 국사원 편수관國史院編修官을 겸하였다. 고종이 그의 문장을 기특하게 여겼다. 효종이 즉위한 뒤 권 급사중權給事中이 되어 권신을 배척하다가 복건로 제형福建

路提刑으로 좌천되었다. 나중에 조정에 들어가서 참지정사·좌승상 등을 지냈다. 광종 때 익국공益國公에 봉해졌다. 주희와 정치적 견해와 행동을 같이하여서 주희와 도학파의 정치적 후견이 되기도 하였으며, 주희의 지방행정에 일정 정도 도움을 주었다. 조정에서 권력투쟁을 일으키기도 하였다. 경원당적에 이름이 올랐다. 저술에는 『익공집益公集』이 있다.

증개曾開

자 천유天游. 선조는 강서성 감주贛州 사람이나 하남성 하남河南으로 옮겨가서 살았다. 증기曾幾의 형이다. 1103년에 진사가 되었고, 태상 소경太常少卿, 형부 시랑 등을 지냈다. 유작游酢을 사사하였으며, 유안세劉安世와 함께 강학하였다. 주송과 교유하였으며, 금과 강화하는 데 반대하다가 파직되었다.

증공曾鞏(1019~1083)

자 자고子固. 강서성 남풍南豊 사람이다. 1057년에 진사시에 급제하였다. 지 복주知福州 등을 지낸 뒤 사관 수찬史館修撰, 중서사인中書舍人에 올랐다. 당송팔대가 가운데 한 사람이다. 주희가 증공의 문장을 높이 평가하여서 그의 고문풍의 문장을 배웠다. 저술에는 고금의 전각 탁본을 모아서 만든 『금석록金石錄』과 시문집 『원풍류고元豊類稿』가 있다.

증극曾極

자 경건景建, 호 운소雲巢. 강서성 임천臨川 사람이다. 육구령陸九齡의 고제 증방曾涝의 아들이며, 가학을 계승하였다. 주희가 그의 글을 보고 칭송하였는데, 이 일을 계기로 서신을 왕래하면서 친분을 쌓았다. 나중에 승상 사미원史彌遠의 미움을 받아 도주道州로 귀양을 가서 죽었다. 주희가 『주역참동계고이周易參同契考異』를 저술하는 데 중요한 도움이 된 『참동계』의 옛 판본을 제공하였다. 저술에는 『금릉백영金陵百詠』·『용릉소아舂陵小雅』가 있다.

증기曾幾(1084~1166)

자 길보吉甫, 호 다산 거사茶山居士, 시호 문청文淸. 하남성 하남河南 사람이다. 교서랑校書郞, 강서 제형江西提刑, 절서 제형浙西提刑 등을 역임하였다. 형 증개曾開와 함께 화의和義를 배척하다가 진회秦檜의 미움을 사서 같이 파직되었다. 강서시파의 시인이며, 유자휘劉子翬와 시를 주고받으며 교유하였다. 저술에는 『경설經說』·『다산집茶山集』이 있다.

증삼복曾三復

자 무점無玷. 강서성 신감新淦 사람이다. 1160년에 진사가 되었고, 태부 승太府丞, 감찰어사 등을 지냈다. 희조僖祖의 조천祧遷 논쟁에 참여하였다.

증삼빙曾三聘(1144~1210)

자 무일無逸, 시호 충절忠節. 산서성 신감 사람이다. 증삼복의 아우이다. 1166년에 진사가 되었고, 비서랑秘書郞, 지 영주知郢州 등을 지냈다. 광종 때 세 차례나 상소하여서 시사를 논하였다. 주희의 문인이다. 경원당적에 이름이 올랐다.

증적曾覿(1109~1180)

자 순보純甫, 호 해야로농海野老農. 하남성 개봉開封 사람이다. 문음으로 관직에 나아가서 건왕 내지객建王內知客, 절도사節度使 등을 지냈다. 효종의 총애를 믿고 권력을 농단하면서 주희와 도학파를 정치적으로 많이 탄압하였다.

증조도曾祖道

자 택지宅之·택지擇之. 강서성 여릉廬陵 사람이다. 유청지劉淸之의 문인이며, 육구연陸九淵에게서도 배웠다. 1197년에 주희에게 나아가서 수학하였다. 그가 배움을 물었을 때 주희는 행함의 참됨에 대해 전수하였다.

증집曾集

자 치허致虛. 하남성 하남河南 사람이다. 이부 상서를 지낸 증무曾栟의 손자이자 증개

曾開의 종손從孫이다. 여본중呂本中과는 내외종간內外從間이다. 종조부 증개의 학문을 계승하였으며, 장식張栻에게서 배웠다. 1192년에 남강의 수령으로 있을 때 남강본 『사서집주四書集注』를 간행하였다. 이 판본은 주희 생전에 가장 널리 유행하였다.

지남 상인志南上人

지남 선사智南禪師라고도 한다. 건덕建德 매산사梅山寺의 주지를 지냈다. 주희가 그 절을 방문하여 그와 함께 시를 주고받았다. 주희는 도연명陶淵明과 위응물韋應物의 시풍을 띤 그의 시를 좋아하였다. 주희는 또 절 근처의 바위 벽에 '보문普門'이라는 두 글자를 새겼다고 한다.

진강백陳康伯(1097~1165)

자 장경長卿, 시호 문공文恭·문정文正. 강서성 익양弋陽 사람이다. 1121년에 진사가 되었고, 참지정사 등을 역임하였다. 건저建儲 논의를 주도하였다.

진경사陳景思(1168~1210)

자 사성思誠. 강서성 익양 사람이다. 진강백의 손자이다. 조부의 공적으로 승봉랑承奉郎에 보임되었고, 조청 대부朝請大夫, 태부 경太府卿 등을 지냈다. 주희가 건안建安에 있을 때 편지를 주고받았다. 경원 연간에 주희의 학문이 위학僞學으로 지목될 때, 한탁주와 인척인 관계를 이용하여 주희와 한탁주 측을 중재하고 갈등을 해소하기 위해 노력하였다.

진공석陳孔碩

자 부중膚仲, 호 북산北山. 복건성 후관侯官 사람이다. 장식과 여조겸에게 배우다가 형 진공숙陳孔夙과 함께 주희의 문하에서 배웠다. 1175년에 진사가 되었고, 지 소무知邵武, 비각 수찬秘閣修撰 등을 지냈다. 주희가 임률林栗과 논쟁을 벌인 일에 대해 소회를 털어놓은 편지를 그에게 쓴 바 있다. 저술에는 『중용대학해中庸大學解』·『북산집北山集』이 있다.

진관陳瓘(1057~1124)

자 형중瑩中, 호 요옹了翁·요재了齋·요당了堂, 시호 충숙忠肅. 복건성 사현沙縣 사람이다. 1079년에 진사가 되었고, 명주 통판明州通判, 태학 박사 등을 지냈다. 휘종 때 좌사간으로 발탁되어서 채변蔡卞·장돈章惇·안돈安惇·형서邢恕 등의 죄를 극론하였고, 『국용수지國用須知』·『일록변日錄辨』 등을 올렸다. 『주역』의 상수학象數學에 밝았다. 주희는 어렸을 때 그의 문집을 가지고 과거 문장인 정문程文을 익혔다. 주희가 남강에 있을 때 그를 비롯한 도잠陶潛(도연명陶淵明)·유환劉渙·유서劉恕·이공택李公擇 다섯 현인의 사당을 학궁의 강당 서쪽에 세웠다. 저술에는 『요재집了齋集』·『존요집尊堯集』·『요재역설了齋易說』 등이 있다.

진규陳葵(1139~1194)

자 숙향叔向. 절강성 청전青田 사람이다. 1163년에 진사가 되었고, 지 평양현知平陽縣을 지냈다. 주희는 그에 대해 학문이 육구연과 비슷하나 온화하고 독실하며, 간결하고 솔직한 점에서는 더 낫다고 보았다. 그러나 또한 독서와 강학을 하지 않아서 두찬杜撰하는 바가 있음을 면치 못한다는 문제가 있으며, 자신감이 지나쳐서 돌이킬 수 없다고 비판하였다.

진규陳騤(1128~1203)

자 숙진叔進. 절강성 태주台州 임해臨海 사람이다. 1154년에 진사가 되었다. 1190년에 이부 시랑, 동지 공거 겸 시강同知貢舉兼侍講이 되었다. 1191년에 시정의 득실을 진술하라는 조칙에 따라 위로 용인用人, 납언納言으로부터 아래로 음연飲宴, 반상頒賞에 이르기까지 서른 조항으로 소를 올렸는데, 논한 바 시폐가 적절하고 적중하였다. 1192년에 권 예부 상서, 동지 추밀원사, 1193년에 참지정사가 되었다. 효종 때 종실 조여우趙汝愚가 우상이 되었는데, 서로 견해가 맞지 않았다. 한탁주韓侂冑가 영종 옹립에 공을 세워서 대권을 휘두르자 불만을 가져서 치사하였다. 후진을 잘 이끌어주었으며, 파격적으로 사람을 썼다. 전대의 고사에 밝고 당시 법령을 잘 알았다. 문사文詞가 고아하였다. 일찍이 여조겸과 불화했던 까닭으로 도학에 대해서는 적대시하였다.

진단陳摶(871~989)

자 도남圖南, 호 부요사扶搖子, 사호賜號 백운 선생白雲先生, 희이 선생希夷先生. 흔히 진희이陳希夷, 화산 도사華山道士로 불린다. 북송 시대의 저명한 도가 학자이자 역학가易學家, 내단가內丹家이다. 당 함통咸通 12년(871)에 박주亳州 진원眞源 혹은 보주普州 숭감崇龕에서 태어났다. 당 문덕文德 원년(888)에 소종昭宗의 부름을 받고 나아가 '청허처사淸虛處士'라는 호를 하사받았다. 후당後唐 932년에 과거에 응시하였으나 낙제하였고, 935년에 무당산武當山에 은거하여 도를 닦기로 결의하였다. 그 뒤 관상술, 쇄비술鎖鼻術(호흡법)을 익혀서 『심상학心相學』・『태식결胎息訣』・『지현편指玄篇』 등 관련된 전문적인 책을 저술하였다. 후진後晉 천복天福 4년(939)에 아미산峨眉山에서 강학했으므로 '아미 진인峨眉眞人'으로도 불렸다. 마의 도인麻衣道人을 스승으로 삼고 역을 연구하여서 『마의도자정역심법주麻衣道者正易心法注』・『역룡도서易龍圖序』・『태극음양설太極陰陽說』・『화주림火珠林』・『태극도太極圖』・『선천방원도先天方圓圖』 등을 저술하였다. 947년에 마의 도자와 함께 화산華山에 은거하여 늘 화산과 무당산 사이에서 노닐었다. 후주後周 현덕顯德 3년(956)에는 세종世宗의 부름을 받고 간의 대부에 임명되었으나, 벼슬을 거부했기에 세종이 '백운 선생'이라는 호를 하사하였다. 북송 태평흥국太平興國 2년(977), 옹희雍熙 원년(984)에 거듭 부름을 받고서 '희이 선생'이라는 호를 하사받았다. 후세에 도조道祖와 유사儒師로 기림을 받았다.

진덕수眞德秀(1178~1235)

자 경원景元・희원希元・경봉景峰・경희景希, 호 서산西山, 시호 문충文忠. 복건성 포성浦城 사람이다. 1199년에 진사가 되었고, 호부 상서戶部尙書, 참지정사 등을 역임하였다. 강직하기로 유명해 조정에서 명성이 자자하였다. 위료옹魏了翁과 동년으로서 함께 벼슬길에 나아갔으며, 이름을 나란히 하여서 '서산학산西山鶴山'이라고 불렀다. 주희의 문인 첨체인詹體仁에게서 수학하였다. 정주 이학程朱理學을 계승 발전시키는 데 힘썼으며 경원당금慶元黨禁 이후 정주 이학이 다시 성행하는 데 공헌한 바가 컸다. 그러나 불교와 노장을 적극 배척하지 않았기 때문에 주자학에 순수하지 못했다는 후세의 평이 있다. 저술에는 『삼례고三禮考』・『대학연의大學衍義』・『사서집편四書集編』・『서산선생진문충공집西山先生眞文忠公集』 등이 있다.

진량陳亮(1143~1195)

자 동보同甫, 호 용천龍川, 시호 문의文毅. 절강성 영강永康 사람이다. 1193년에 진사가 되었고, 첨서 건주부 관관청공사簽書建州府判官廳公事에 제수되었으나 나아가지 못하고서 죽었다. 성리性理에 대해 공리공담을 하는 데 반대하고 실사실공實事實功을 강조했으며, 영가학파永嘉學派에 상응하는 영강학파永康學派를 창립하였다. 왕도王道와 패도覇道, 의義와 이利를 대립하는 것으로 본 주희의 관점을 비판하였고, 실제의 효용을 중시하였다. 진량 스스로는 정주程朱의 도학에 대해 비판과 긍정의 모순된 태도를 보였다. 진량이 주희와 의리義理, 왕패王覇 논변을 전개한 까닭은 전통적 도덕 가치에 반하는 공리적 반성을 통해, 무기력하고 생기가 없는 유가 문화에 세상을 위한 실용성과 인민 구제의 실천성을 요구하기 위함이었던 것으로 보인다. 저술에는『용천문집龍川文集』등이 있다.

진량한陳良翰(1108~1172)

자 방염邦炎, 시호 헌숙獻肅. 절강성 임해臨海 사람이다. 강서 제형江西提刑, 부문각 직학사敷文閣直學士 등을 역임하였다. 융흥화의 논의 과정에서 금에 대항하여 견결하게 전쟁을 벌이자고 주장하였다.

진무陳武

자 번수蕃叟. 서안瑞安 사람이다. 진부량陳傅良의 집안 아우이다. 읽지 않은 책이 없을 정도로 다독했으나 특히『춘추』에 뛰어났다. 순희 연간에 진사가 되었다. 여러 관직을 거쳐서 국자 정國子正이 되었을 때 경원당적에 이름이 올랐다. 해금된 뒤 비서승, 국자사업, 비서감을 거쳤고 우문전 수찬右文殿修撰으로 지 온주知溫州를 지냈다. 진부량과 나란히 이름을 날렸다. 주희와 강학한 내용이『문집』과『어류』에 보인다. 저술에는『강동지리론江東地利論』이 있다.

진문위陳文蔚

자 재경才卿, 호 극재克齋. 강서성 상요上饒 사람이다. 연산鉛山에 은거하면서 강학하였다. 성誠 추구를 학문의 근본으로 삼아서 궁행실천躬行實踐을 하였다. 서원걸徐元杰

이 그의 제자이다. 1184년에 여대아余大雅와 함께 무이로 주희를 찾아가서 제자의 예를 행하였으며, 1188년에 주희가 봉사封事를 올리러 임안으로 길 때 수행하였다. 저술에는 『상서해주尙書解注』・『극재집克齋集』이 있다.

진방약陳邦鑰

절강성 진운縉雲 사람이다. 형 진방형陳邦衡과 함께 주희의 영가永嘉 지역 제자이다. 1181년 주희가 도성으로 주사를 올리러 갈 때, 그가 가행歌行을 한 수를 지어서 전송하였다.

진복陳宓(1171~1230)

자 사복師復, 호 복재復齋. 복건성 포전莆田 사람이다. 진준경陳俊卿의 넷째 아들이다. 1183년 주희가 포전에 가서 진준경의 저택 동쪽 앙지당仰止堂에 묵을 때 형 진수陳守・진정陳定과 함께 주희에게 나아가서 제자의 예를 행하고 배웠다. 주희는 그들에게 『대학장구』・『중용장구』・『맹자집해』를 선물로 주었다. 장성한 뒤에는 황간黃榦을 종유하였다. 문음으로 출사하여서 지 안계현知安溪縣, 군기감 부軍器監簿 등을 지냈다. 백록동서원白鹿洞書院에서 강학하였으며, 연평서원延平書院을 세웠다. 저술에는 『논어주의문답論語注義問答』・『춘추삼전초春秋三傳鈔』・『속통감강목續通鑑綱目』・『당훼우唐贅疣』 등이 있다.

진부량陳傅良(1137~1203)

자 군거君擧, 호 지재止齋, 시호 문절文節. 절강성 서안瑞安 사람이다. 영가학파의 창시자인 설계선薛季宣, 정백웅鄭伯熊에게서 수학하였다. 1172년에 진사가 되었고, 비서 소감秘書少監, 보모각 대제寶謨閣待制 등을 역임하였다. 섭적葉適과 함께 정백웅과 설계선 두 학자를 융합하여 취하여서 영가永嘉의 사공학파를 세웠다. 영종이 즉위한 뒤 주희와 함께 경연의 강관으로 충원되었다. 희조僖祖의 조천祧遷 논쟁에 참여하였다. 경원당적에 이름이 올랐다. 저술에는 『주례설周禮說』・『춘추후전春秋後傳』・『좌씨장지左氏章指』・『모시해고毛詩解古』・『지재론조止齋論祖』・『지재문집止齋文集』 등이 있다.

진비陳梣

자 수성秀成. 복건성 성자屋子 사람이다. 진관陳瓘의 제자인 진모陳慕의 아들이다. 주희가 남강에 있을 때 주희에게 나아가서 배웠다.

진사직陳士直

자 언충彦忠. 복건성 민청閩淸 사람이다. 주희가 남강에 있을 때, 주희에게서 배웠다. 주희가 염계서당을 순례할 때 동행하였다.

진성보陳成父

자 여옥汝玉. 진준陳駿의 아들이다. 가학을 이었다. 신기질辛棄疾이 복건의 제형이 되었을 때 그의 재주와 명성을 듣고 빈객의 자리에 초빙하였고, 딸을 아내로 주었다.

진수陳守(?~1211)

자 사중師中. 복건성 포전莆田 사람이다. 진준경陳俊卿의 아들이다. 주희가 앙지당仰止堂에서 강학할 때, 제자의 예를 행하고 배웠다. 주희가 그의 서실에 '경서敬恕'라는 이름을 주었다. 문음으로 출사하여서 태상시 승太常寺丞, 공부 원외랑工部員外郎 등을 지냈다.

진순陳淳(1159~1223)

자 안경安卿, 호 북계北溪, 시호 문안門安. 복건성 용계龍溪 사람이다. 초년에 임종신林宗臣에게서 『근사록』을 배웠다. 나중에 주희가 장주 태수漳州太守로 있을 때 나아가 수학하여서 황간과 함께 고제高弟가 되었다. 1216년에 엄릉 태수嚴陵太守 정지제鄭之悌로부터 육구연陸九淵의 심학을 전해 들었으나 배척하였으며, 진량陳亮의 공리지학功利之學도 배척하였다. 주희는 진순을 얻은 일을 남쪽으로 온 이래 가장 커다란 수확으로 보았다. 황간黃榦·채원정蔡元定·채침蔡沈과 함께 주희 문하의 4대 전인四大傳人이다. 천주泉州와 안계安溪의 주부主簿에 제수되었으나, 부임하지 못하고서 죽었다. 저술에는 『북계자의北溪字義』·『엄릉강의嚴陵講義』·『이변二辨』·『논맹학용구의論孟學庸口義』·『예시여학禮詩女學』·『북계문집北溪文集』 등이 있다. 그 밖에 문인 진기陳沂가 스승의 어록을 엮은 『균곡뢰구금산소문筠谷瀨口金山所聞』이 있다.

진식陳埴

자 기지器之, 호 잠실潛室·목종木鐘. 절강성 영가永嘉 사람이다. 가정嘉定 연간에 진사가 되었고, 통직랑通直郎을 지냈다. 젊어서는 영가학파의 대표 학자인 섭적葉適에게 배웠고, 나중에는 주희에게 나아가서 수학하였다. 주희의 『상서尙書』 주석 작업에 참여하였다. 정주학을 종주로 하였으며, 공부를 함에는 사우 간의 문답을 매우 중요시하였다. '목종木鐘'이라는 호도 이런 의미에서 '질문을 잘 하는 자는 단단한 나무를 베듯이 하고, 질문에 잘 대답하는 자는 종을 치듯이 한다'는 뜻을 취한 것이다. 저술에는 『우공변禹貢辯』·『홍범해洪範解』·『왕제장구王制章句』·『목종집木鐘集』 등이 있다.

진식陳寔(104~187)

자 중궁仲弓. 영천潁川 사람이다. 후한後漢의 관리이며, 명사이다. 태구 장太丘長에 제수되었기에 '진 태구陳太丘'로도 불린다. 아들 진기陳紀·진심陳諶과 함께 이름이 드높이 알려져서 '삼군三君'이라 불렸다. 또 같은 고을의 종호鍾晧, 순숙荀淑, 한소韓韶와 더불어 맑고 고상한 덕행으로 세상에 소문이 나서 다 함께 '영천의 네 어른(潁川四長)'이라고 일컬어졌다. 1199년 연말에 주희는 유명 화가를 청하여 진식이 순숙을 찾아뵌 이야기를 그리게 하였으며, 자기도 친히 장편 찬贊 한 수를 제하여 취성정에 세웠다.

진여의陳與義(1090~1138)

자 거비去非, 호 간재簡齋. 하남성 낙양洛陽 사람이다. 한림학사翰林學士·참지정사參知政事 등을 역임하였다. 황정견黃庭堅, 진사도陳師道와 함께 강서시파의 '삼종三宗'으로 일컬어진다. 우국 탄식하는 사詞를 많이 지었다. 소산청원蕭散淸遠한 시풍으로 주희 초년의 시작에 영향을 미쳤다. 저술에는 『간재집簡齋集』·『무주사無住詞』가 있다.

진역陳易

자 복지復之. 복건성 영춘永春 사람이다. 주희가 동안에 있을 때 제자가 되었다. 진순

陳淳에게서도 수학하였다. 1196년에 진사가 되었고, 복주福州의 회안 승懷安丞을 지냈다. 채화蔡和가 그의 문인이다. 저술에는 『논맹해論孟解』가 있다.

진용陳庸

자 시중時中. 절강성 선거仙居 사람이다. 오불吳芾의 제자이다. 주희가 절동 제거로 있을 때 그와 교유하였다. 1151년에 진사가 되었고, 병부 낭중兵部郎中, 강서 제형江西提刑 등을 역임하였다.

진정陳定(1150~1174)

자 사덕師德. 복건성 포전莆田 사람이다. 진준경陳俊卿의 셋째 아들이며 진수陳守의 아우이다. 우 승봉랑友承奉郎을 지냈다. 주희가 진준경의 앙지당仰止堂에서 강학할 때 형제들과 함께 제자의 예로써 배웠다.

진제중陳齊仲

복건성 천주泉州 사람이다. 『송원학안보유宋元學案補遺』에는 이름이 '제충齊沖'으로 되어 있다. 주희가 동안에 있을 때, 나아가서 배웠다. 1164년을 전후하여 주희가 유교와 불교의 차이를 논변할 때 참여해서 토론하였다. 주희가 1166년과 1167년에 『맹자집해』를 전면적으로 수정한 뒤 제자들과 상의하고 토론할 때도 참여하였다.

진조영陳祖永

자 경장慶長. 절강성 회계會稽 사람이다. 주희가 남강에 있을 때 나아가서 배웠다. 주희가 염계서당을 순례할 때 동행하였다.

진준陳駿

자 민중敏仲, 호 인재仁齋. 복건성 영덕寧德 사람이다. 건도乾道 연간(1165~1173)에 진사가 되었고, 대치 승大治丞을 지냈다. 주희의 문인이다. 아들 진성보陳成父가 신기질辛棄疾의 사위이다. 『근사록』에 잠심하여서 외며, 학문은 성실을 확립하는 것을 근본으로 삼았으므로 행실에 법도가 있었다. 저술에는 『모시필의毛詩筆義』·『논어필의論語

筆義』·『맹자필의孟子筆義』가 있다.

진준경陳俊卿(1113~1186)

자 응구應求, 시호 정헌正獻. 복건성 포전莆田 사람이다. 송 효종 때의 명신이며, 시인
이다. 주희가 동안同安에 주부主簿로 부임하면서 포전을 지나갈 때 교유를 맺었다.
주희를 여러 차례 조정에 천거하였다. 1138년에 진사가 되었고, 천주 관찰추관泉州
觀察推官에 제수되었다. 전중 시어사殿中侍御史, 권 병부 시랑을 역임하였고, 효종이
즉위한 뒤 중서사인中書舍人으로 옮겨졌으며, 강회 선무판관 겸 권 건강부사江淮宣撫判官
兼權建康府事에 충원되었다. 탕사퇴湯思退, 전단례錢端禮 등의 미움을 받아서 지방관으
로 좌천되기도 하였으나, 1168년에 상서 우복야尙書右僕射에 제수되었다. 나중에 우
윤문虞允文과 맞지 않아 지 복주知福州로 나가서 복건로 안무사福建路安撫使를 겸하였
다. 1182년에 소보少保·위국공魏國公으로 치사하였으며, 태보太保에 증직되었다.

진지陳址

자 염부廉夫. 복건성 포전 사람이다. 진준경의 손자이다. 승봉랑承奉郞에 제수되었으
며, 감 남안 염세監南安鹽稅를 지냈다. 주희가 앙지당仰止堂에 묵으면서 강학할 때 부
친의 형제들과 함께 배웠다.

진지유陳知柔(?~1184)

자 체인體仁, 호 휴재休齋·약옹弱翁. 복건성 영춘永春 사람이다. 1142년에 진회秦檜의
아들 진희秦熺와 동방급제同榜及第하였다. 많은 급제자들이 진희에게 빌붙어서 현달
하였지만, 그는 홀로 아부하지 않았다. 태주 판관台州判官과 순주循州·하주賀州의 지
사를 역임하였다. 주희가 동안에 있을 때 시를 주고받으면서 교유하였다. 저술에는
『역본지易本旨』·『춘추의례春秋義例』·『역대전易大傳』·『역도易圖』·『시성보詩聲譜』·『논어
후전論語後傳』 등이 있다.

진진손陳振孫(약 1183~?)

자 백옥伯玉, 호 직재直齋. 초명은 원瑗이다. 절강 안길현安吉縣 매계진梅溪鎭 사람이

다. 남송의 장서가이며 목록학자이다. 어려서부터 늘 책을 가까이했으며, 부지런히 배우고 익혔다. 대략 가정嘉定(1208~1224) 말년에 강서 남성南城의 현관縣官에 올라서 도서를 수장하기 시작하였다. 1217~1224년 사이에 흥화군 통판興化軍通判이 되었고, 그 뒤 절강에서 두 곳의 지방관을 지냈으며, 1238년에 임안에서 국자감 사업國子監司業이 되었다. 이때 이미 장서가가 되어 있었다. 도서 목록을 작성한 경험과 풍부한 지식을 바탕으로 『직재서록해제直齋書錄解題』를 편찬하였다. 서목에 해제와 판본의 자료를 기재하는 방법론의 선구가 되었으며, 고대 목록학에 중대한 공헌을 하였다.

진회秦檜(1090~1155)

자 회지會之. 강소성 강녕江寧 사람이다. 1115년에 진사가 되었고, 참지정사 등을 역임하였다. 고종의 신임을 받았으며, 금과 화의를 주장하였다. 장준張浚·조정趙鼎 등을 유배 보내고, 충신 악비岳飛를 죽인 간악한 신하로 일컬어진다.

채념성蔡念成

자 원사元思. 강서성 덕안德安 사람이다. 주희가 백록동서원에서 강학할 때 나아가서 배웠다. 연평서원延平書院의 산장을 지냈다. 은거하여서 벼슬을 구하지 않았다. 주희의 『어록』을 편집하였으나, 전하지 않는다.

채발蔡發(1089~1152)

자 신여神輿, 호 목당 노인牧堂老人. 복건성 건양建陽 사람이다. 채원정蔡元定의 부친이다. 소옹·장재·정호·정이의 학문을 계승하였다. 천문 지리에 뛰어나서 『지리발미론地理發微論』·『천문발미론天文發微論』 등을 저술하였다. 주희는 어릴 때 채발에게서 배운 뒤 풍수·망기望氣·도맥導脈에 관심을 갖게 되었다. 『지리발미론』은 주희의 자연관에 영향을 남겼다.

채양蔡襄(1012~1067)

자 군모君謨. 복건성 선유仙遊 사람이다. 1030년에 진사가 되었고, 한림학사翰林學士·삼사사三司使를 지냈다. 문학과 서예에 능했으며, 소식蘇軾·황정견黃庭堅·미불米芾과 함께 '북송의 네 대가(北宋四大家)'라 불렸다. 그의 필체는 당唐의 안진경顔眞卿의 영향을 받았으며, 특히 행서와 해서에 뛰어났다. 수희가 그의 서체를 따라 익혔다.

채연蔡淵(1156~1236)

자 백정伯靜, 호 절재節齋. 복건성 건양建陽 사람이다. 채원정蔡元定의 맏아들이다. 가학을 계승하였으며, 주희에게서도 수학하였다. 『주역』을 깊이 연구하여서 인정을 받았는데, 상수학象數學과 의리학義理學을 종합하려는 관점을 취하였다. 평생 벼슬길에 나가지 않았으며, 학문과 강학에만 힘썼다. 주희의 『주역참동계고이周易參同契考異』를 건양에서 간행하였다. 저술에는 『역상의언易象意言』·『주역훈해周易訓解』·『괘효사지卦爻辭旨』·『논맹사문論孟思問』·『시사문詩思問』·『여론餘論』 등이 있다.

채원정蔡元定(1135~1198)

자 계통季通, 호 서산西山, 시호 문절文節. 복건성 건양 사람이다. 어려서는 부친 채발蔡發에게서 정호와 정이·소옹·장재의 학문을 배웠으며, 나중에는 주희에게 나아가서 수학하였다. 주희의 이학理學 사상을 계승, 발전시킨 주요 인물이다. 악률樂律에 조예가 깊었다. 역학에서는 상수학과 의리학을 종합하려는 관점을 취하였다. 한탁주韓侂冑가 이학을 위학僞學으로 단정하고서 금하자, 벼슬하려는 뜻을 접고 학문과 강학에 몰두하였다. 아들 채침蔡沈과 함께 주희 문하의 4대 전인四大傳人이다. 경원 당적에 이름이 올랐다. 저술에는 『대연상설大衍詳說』·『율려신서律呂新書』·『연악燕樂』·『원변原辯』·『황극경세皇極經世』·『태현잠허지요太玄潛虛指要』·『홍범해洪範解』·『팔진도설八陣圖說』·『발미고發微考』 등이 있다.

채침蔡沈(1167~1230)

자 중묵仲黙, 호 구봉九峰, 시호 문정文正. 복건성 건양 사람이다. 채원정의 막내아들이다. 경원당금 때 유배 간 아버지가 죽은 뒤 구봉산九峯山에 은거하면서 학문과 저술에 전념하였다. 주희의 뜻을 받들어 『서집전書集傳』을 완성했으며, 부친 채원정을 계승하여 『서경』 「홍범洪範」의 수數에 관한 연구를 발전시켰다. 부친과 함께 주희 문하의 4대 전인이다. 「몽전기夢奠記」를 써서 주희의 임종 전말을 기록하였다. 저술에는 『홍범황극洪範皇極』·『채구봉서법蔡九峰筮法』 등이 있다.

채항蔡沆

자 복지復之, 호 복재復齋·일암一菴. 복건성 건양 사람이다. 채원정의 둘째 아들인데, 채원정의 외종 우영虞英에게 입양된 뒤 이름을 '지방知方'으로 고쳤다. 부친의 춘추학春秋學을 계승하여서 『춘추오론春秋五論』·『춘추대의春秋大義』·『춘추연의春秋衍義』 등을 저술하였다. 그 밖의 저술에는 『경의대지敬義大旨』·『복괘대요復卦大要』가 있다. 채원정이 세 아들에게 가학을 나누어 계승시킨 일화를 증언하였다.

채화蔡和

자 정걸延傑, 호 백석白石. 복건성 진강晉江 사람이다. 주희가 동안현에 있을 때 천주泉州에서 교제를 맺었다. 주희의 학문을 마음으로 사모하였는데, 늙어서 직접 나아갈 수 없는 탓에 진역陳易을 격려하여 주희에게 나아가 배우게 하고 편지로 질정을 청하였다. 백석촌에 살면서 상례와 제례에 고금의 예제를 참작하여 썼는데, 향촌이 이에 교화하였다. 진덕수眞德秀와 이방자李方子가 동호東湖에 서원을 건립할 계획을 세우고 그를 당장堂長으로 초빙하려 하였으나, 나아가지 못하였다.

첨의지詹儀之(1123~1189)

자 체인體仁. 절강성 수안遂安 사람이다. 여조겸呂祖謙·주희에게서 수학하였다. 1151년에 진사가 되었고, 광동 전운사廣東轉運使, 이부 시랑吏部侍郎 등을 역임하였다. 유언비어로 인해 원주袁州로 유배되기도 하였다. 1175년에 주희와 육구연陸九淵이 아호鵝湖에서 학술 토론을 진행할 때 참여하였다. 1184년에 광서 안무사로 있을 때 덕경德慶에서 주희의 『사서집주』를 간행하였다.

첨체인詹體仁(1143~1206)

자 원선元善. 복건성 포성浦城 사람이다. 주희의 문하에서 배웠다. 진덕수가 첨체인에게 종유하였다. 1163년에 진사가 되었고, 태상 박사太常博士, 사농 소경司農少卿 등을 역임하였다. 주희의 『자치통감강목』 편찬에 참여하였다. 1175년에 주희와 육구연의 아호 회합에 참여하였다. 경원당적에 이름이 올랐다. 저술에는 『상수총의象數總義』·『첨사농집詹司農集』이 있다.

초정譙定(1023~?)

자 천수天授, 호 달미達微, 자호 부릉 선생涪陵先生. 낙온현樂溫縣(중경시, 당시에는 부주涪州 관할) 사람이다. 어려서는 불교를 배우기를 좋아하였으나, 곽낭郭囊으로부터 역을 배우고 정이를 사사한 뒤 이천伊川(정이) 문하에서도 조예가 깊은 역학가가 되었다. 도교의 관점에서 역을 논하였다. 소성紹聖 연간(1094~1098)에 정이가 부주로 폄적되자 두 사람이 함께 북산北山에서 역을 강론함으로써 마침내 '정학程學'이 파촉巴蜀(사천 지역)으로 전파되었다. 유면지劉勉之·호헌胡憲·풍시행馮時行·장준張浚 등이 그의 학문을 전수하였고, 다시 주희에게로 이어졌다. 그런 점에서 그는 파촉학巴蜀學, 호상학湖湘學, 민학閩學에 중요한 공헌을 하였다. 정강靖康(1126~1127) 초에 흠종欽宗의 부름을 받아서 숭정전 설서에 제수되었으나, 나아가지 않았다. 고종이 통직랑通直郎으로 치사하라는 명분을 주었다. 청성산靑城山에 은거하였다가 다시 고향으로 돌아가서 장준 등에게 학문을 전수하여 저명한 이학자를 배출하였다. 그의 학문은 유·불·도 세 학문의 장점을 취하여 스스로 일가를 이룬 것으로서, 송 대 파촉 지역 이학의 4대 학파 가운데 하나인 부릉학파를 개창하였다. 이런 까닭으로 그는 정주 이학의 형성과 전파에 중요한 역할을 한 인물로 평가된다. 저술에는 『역전易傳』이 있다.

최가언崔嘉彦(1111~1191)

자 희범希範, 호 자허 진인紫虛眞人. 감숙성 성기成紀 사람이다. 신농神農의 의술과 도가의 단법丹法에 정통하였으며, 학문은 유가와 도교를 관통하였다. 젊은 시절부터 강개하고 기이한 선비로 알려졌다. 나중에 파동巴東의 삼협三峽에 은거하다가 재상 조정趙鼎을 찾아가서 '경전耕戰의 대책'을 제시하였는데, 조정이 파직당하는 바람에 쓰이지 못하였다. 그 뒤 여산의 와룡폭臥龍瀑 동쪽 서원암西原庵에 집을 짓고 은거하면서 밭을 갈고 약초를 심어 자급자족하며 은사의 삶을 살았다. 주희가 남강에 있을 때 교유하면서 토납吐納·연단練丹·의약·진맥을 배웠으며, 그가 죽은 뒤 만시를 지어서 애도하였다.

추예鄒輗

자 행지行之·효행孝行. 호남성 평강平江 사람이다. 주희가 형호남로 전운부사荊湖南路
轉運副使에 제수되어서 장사長沙에 부임했을 때, 나아가서 배움을 물었다. 주희는 그
에게 돌아가서 사서를 읽으라고 권유하였다. 안빈낙도하며 세속의 삶을 추구하지
않았다. 저술에는 『자락헌집自樂軒集』이 있다.

추호鄒浩(1060~1111)

자 지완志完, 호 도향道鄕, 시호 충忠. 강소성 진릉晉陵 사람이다. 1082년에 진사시에
합격하여서 양주 교수楊州敎授, 영창부 교수潁昌府敎授를 지냈는데, 이때 『논어해의論
語解義』·『맹자해의孟子解義』를 지었다. 철종 때 우정언右正言으로 발탁되어서 유씨劉氏
를 황후로 책봉하는 일에 대해 간언하다가 삭탈관직되었다. 휘종 때 복직되었으나
당시 집권자 채경蔡京의 미움을 받아서 다시 유배되었고, 5년 뒤 풀려나서 고향으
로 돌아갔다. 학문은 낙학洛學에 연원을 두기는 했으나 특히 선을 좋아하였으며, 왕
안석의 학문도 수용하였다. 집권자들에게 아부하지 않고 절개를 지켰으므로 후세의
추중을 받았다. 장준張浚이 그의 절개를 칭송하였으며, 주희가 그의 유적인 도향대道
鄕臺에 '道鄕(도향)'이라는 제액을 남겼다.

축교祝嶠

자 중용仲容. 안휘성 흡현歙縣 사람이다. 주송에게서 낙학洛學을 전수하였다. 주희의
외숙이다.

축목祝穆(1190~1256)

자 화보和甫·화보和父·백화伯化, 호 장은樟隱, 시호 문수文修. 초명은 병丙이다. 복건성
숭안崇安 사람이다. 부친 축강국祝康國이 주희와 내외종간內外從間이다. 아우 축계祝
癸와 함께 주희에게 나아가서 배웠다. 신안의 열두 고제자에 속한다. 벼슬을 구하지
않고 학문에 전념하여서 가학을 창성하게 하였다. 저술에는 『사문류취事文類聚』·『방
여승람方輿勝覽』이 있다.

축확祝確

주희의 외조부이다. 조부 축인질祝仁質이 상업 경영을 통해 '반주半州'로 불릴 정도의 거부를 이루었으나, 축확 대에 이르러 가산을 돌보지 않고 방랍方臘의 난을 겪으면서 몰락하였다. 그의 외동딸이 주송에게 출가하여서 주희를 낳았다.

탕사퇴湯思退(?~1164)

자 진지進之. 절강성 청전靑田 사람이다. 1145년에 박학굉사과博學宏詞科에 급제하였고, 첨서 추밀원사簽書樞密院事 등을 역임하였다. 주희가 과거에 응시했을 때 고관 가운데 한 사람이었다. 진회秦檜에게 붙어서 화의를 주장했으며, 이 때문에 주희가 격렬하게 비판하였다.

팽구년彭龜年(1142~1206)

자 자수子壽, 호 지당止堂, 시호 충숙忠肅. 강서성 청강淸江 사람이다. 주희와 장식을 종유하였다. 영종의 황자 시절 스승이었다. 1169년에 진사가 되었고, 가왕부 직강嘉王府直講, 이부 시랑 등을 역임하였다. 한탁주韓侂冑를 비판하다가 내쫓겼다. 조정에 있을 때 주희를 적극적으로 천거하였다. 경원당적에 이름이 올랐다.

팽려彭蠡(1146~1200)

자 사범師範, 호 매파梅坡. 강서성 도창都昌 사람이다. 팽심彭桼의 아우이다. 이부 상서를 지냈다. 주희가 남강에 있을 때, 나아가서 배웠다.

팽방彭方

자 계정季正·계직季直, 시호 문정文定. 강서성 도창 사람이다. 팽심의 아들이며, 팽려의 조카이다. 1193년에 진사가 되었고, 병부 시랑兵部侍郎, 용도각 학사龍圖閣學士를 지냈다. 주희가 남강에 있을 때 나아가서 배웠다.

팽흥종彭興宗

자 세창世昌. 강서성 금계金溪 사람이다. 육구연陸九淵에게서 배웠다. 1187년에 귀계

黃溪 응천산應天山에 정사를 짓고 스승 육구연을 초빙하여서 강학하도록 하였는데, 뒤에 '상산정사象山精舍'로 이름을 바꾸었다. 육구연이 이곳에서 약 5년 동안 강학하는 동안 문인이 수천 명에 이르렀다.

포약包約

자 상도詳道. 강서성 남성南城 사람이다. 육구연에게서 배웠는데, 주희가 남강에 있을 때 주희에게 나아가서 배웠다.

포양包揚

자 현도顯道, 호 극당克堂. 강서성 남성 사람이다. 육구연이 졸한 뒤에 그의 문도들을 거느리고 주희에게 나아가서 배웠다. 주희의 어록을 기록한 『문설文說』 한 권을 편집하였으나, 전하지 않는다.

포정包定

자는 정지定之. 절강성 영가永嘉 사람이다. 주희가 남강에 있을 때, 나아가서 배웠다. 『춘추』·『시경』·예학에 능하였다. 저술에는 『중용해의中庸解疑』·『맹자답문孟子答問』·『지주어록池州語錄』이 있다.

포회包恢(1182~1268)

자 굉보宏父, 호 굉재宏齋, 시호 문숙文肅. 강서성 남성 사람이다. 포양包揚의 아들이며, 가학을 계승하였다. 1220년에 진사가 되었고, 지 건녕知建寧, 형부 상서 등을 지냈다. 『주례』에 회의적인 관점을 지녔다. 저술에는 『주례육관변周禮六官辨』·『폐추고략敝帚稿略』 등이 있다.

표거정彪居正

자 덕미德美, 호 경재敬齋. 호남성 상담湘潭 사람이다. 부친 표호신彪虎臣이 호안국胡安國을 종유하였으므로 자연스럽게 그 아들인 호굉胡宏에게서 배웠다. 호굉의 임종 직전에 배움을 물었는데, 호굉은 경敬의 공부를 전수하였다. 악록서원岳麓書院의 산장을 지냈다. 1167년에 주희가 장사로 가서 장식을 방문하고 함께 형산衡山을 유람할 때 참여하려다가 포기하였다. 1172년에 한천으로 가서 주희를 만나 관과지인觀過知仁(잘못한 점을 보면 인을 알 수 있다)에 대해 토론하였다.

풍윤중馮允中

자 작숙作肅, 호 현재見齋. 복건성 소무邵武 사람이다. 경의敬義·성정性情·심술心術에 대한 설을 지어서 주희로부터 인정을 받았다. 벼슬은 도주道州 영원현 위寧遠縣尉를 지냈다.

하담何澹(1146~1219)

자 자연自然. 절강성 용천龍泉 사람이다. 1166년에 진사가 되었고, 어사중승御史中丞·추밀원사樞密院使 등을 역임하였다. 권력에 아부하여서 조여우趙汝愚를 탄핵했으며, 경원당금慶元黨禁을 주장하였다.

하호何鎬(1128~1175)

자 숙경叔京, 호 대계臺溪. 복건성 소무邵武 사람이다. 하태何兌의 아들이며, 가학을 계승하였다. 하태는 진주 통판辰州通判을 지냈고, 마신馬伸으로부터 정자 학설을 위주로 한 『중용』을 배웠으며, 역학도 깊이 연구하였다. 부친의 공적으로 상항 승上杭丞, 선화 령善化令 등을 지냈다. 주희와 교유하였고, 1175년에 주희가 무이구곡武夷九曲을 유람할 때 동행하였다. 그가 죽은 뒤 주희가 그의 묘갈명을 지었다. 저술에는 『역설易說』·『논어설論語說』 등이 있다.

한원길韓元吉(1118~1187)

자 무구無咎, 호 남간南澗. 하남성 개봉開封 사람이다. 지 건안령知建安令, 이부 상서 등을 지냈다. 윤돈尹焞에게 배웠으며, 여조겸呂祖謙의 장인이다. 주희가 그의 청담한 시풍을 좋아하였다. 저술에는 『남간갑을고南澗甲乙稿』·『하남사설河南師說』·『남간집南澗集』 등이 있다.

한유韓愈(768~824)

자 퇴지退之, 호 창려昌黎, 시호 문文. 하남성 하양河陽 사람이다. 자칭 '군망창려郡望昌黎'라고 하였으며, '한창려韓昌黎', '창려 선생昌黎先生'으로 불린다. 당 대唐代의 걸출한 문학가이자 사상가이다. 792년에 진사에 급제하여서 절도 추관節度推官, 감찰어사 등을 지냈고, 803년에 시사를 논하다가 양산陽山에 폄적되었다. 나중에 도관 원외랑都官員外郎, 사관 수찬史館修撰, 중서사인中書舍人 등을 역임하였다. 817년에 배도裴度의 행군사마行軍司馬가 되어서 '회서지란淮西之亂'을 평정하는 데 참여하였다. 819년에 헌종憲宗에게「불골표佛骨表」를 올렸다가 조주潮州로 폄적되었다. 만년에 이부 시랑을 지냈기에 '한 이부韓吏部'라고도 불린다. 또 시호가 문文이라 한 문공韓文公으로도 불린다. 고문古文 운동을 창도하였으며, 당송팔대가 가운데 한 사람이다. 유종원柳宗元과 나란히 '한류韓柳'라고 일컬어진다. 한문 산문의 대가이며, '백대문종百代文宗'으로 불린다. '글과 도의 합일(文道合一)'을 주장하였다. 저서에『한창려집韓昌黎集』과『외집外集』이 있다.

한탁주韓侂冑(1152~1207)

자 절부節夫. 하남성 안양安陽 사람이다. 한기韓琦의 증손이다. 문음으로 관직에 나아가서 지 합문사知閤門事, 평장군국사平章軍國事를 지냈다. 영종寧宗을 책립策立하는 데 공로를 세운 덕에 황제의 총애를 받았다. 재상 조여우趙汝愚를 배척하였으며, 주희·팽구년彭龜年의 무리를 핍박하여서 정치적으로 금고하고, 이학理學을 위학僞學이라고 단정하여서 금하는 경원당금慶元黨禁을 주도하였다.

허경양許景陽

자 자춘子春. 복건성 동안同安 사람이다. 주희와 유청지劉淸之에게서 배웠다. 유보劉黼와 함께 여릉廬陵 지방의 순유醇儒로 이름이 났다. 주희가 남강에 부임했을 때 남강으로 따라가서 배웠으며, 주희가 염계사당을 순례할 때에도 동행하였다.

허문위許文蔚

자 형보衡父·행보行父, 호 환산環山. 안휘성 휴녕休寧 사람이다. 여조겸·주희에게서 수학하였다. 1190년에 진사가 되었고, 국자 박사國子博士, 저작랑著作郞 등을 지냈다. 신안의 일두 고제자 가운데 한 사람이다.

허승許升

자 순지順之, 호 존재存齋. 이름을 승지升之라고도 한다. 복건성 동안同安 사람이다. 주희가 동안 주부同安主簿로 내려오자, 열세 살의 나이로 나아가서 배웠으며, 나중에는 건양建陽으로 찾아가서 수학하였다. 주희가 『잡학변雜學辨』을 쓴 뒤 불교를 좋아하는 다른 제자들과 함께 불교, 유교의 변별에 관하여 논쟁할 때 참여했으며, 중화설中和說, 경敬의 공부에 관한 토론에도 참여하였다. 또한 주희가 경서 주석 작업을 할 때도 참여하였다. 허승이 죽은 뒤 주희가 그의 제문을 지었다. 저술에는 『역해易解』, 『맹씨해孟氏解』, 『예기문해禮記文解』 등이 있으며, 『주자어류』에 그의 질문이 많이 실려 있다.

허월경許月卿(1216~1285)

자 태공太空·송사宋士, 호 천전자泉田子·산옥山屋. 강서성 무원婺源 사람이다. 호주 사호참군濠州司戶參軍 등을 지냈다. 저술에는 『선천집先天集』, 『백관잠百官箴』 등이 있다. 『선천집』에서 주희와 등린滕璘에 얽힌 일화를 소개하였다.

호굉胡宏(1106~1162)

자 인중仁仲, 호 오봉五峯. 복건성 숭안崇安 사람이다. 호안국胡安國의 둘째 아들이며, 가학을 계승하였다. 양시楊時와 후중량侯仲良에게서 배웠다. 형산衡山 지역에서 20여 년 동안 잠심하며 공부하였는데, 그때 장식張栻이 그에게서 배웠다. 형 호인胡寅과 함께 호상파湖湘派를 열었다. 소흥 연간에 문음으로 우승무랑右承務郞에 보임되었으나, 실권자 진회秦檜를 피하여서 나아가지 않았다. 이理를 우주의 본체로 본 정주학파와 심心을 우주의 본체로 본 육구연파와는 달리, 성性을 우주의 본체로 보았다. 저술에는 『지언知言』, 『황왕대기皇王大紀』, 『오봉집五峯集』, 『오봉역외전五峯易外傳』 등이 있다.

호굉胡紘(1137~1203)

자 응기應期·유도幼度. 절강성 수창遂昌 사람이다. 1163년에 진사가 되었고, 감찰어사, 태상 소경太常少卿을 역임하였다. 한탁주韓侂冑의 편에 서서 조여우趙汝愚를 탄핵하고, 주희의 학문을 위학僞學이라며 비방하였다. 심계조沈繼祖를 통해 주희의 죄상을 날조하여서 탄핵하는 글을 올렸다.

호대시胡大時

자 계수季隨, 호 반곡盤谷. 복건성 숭안 사람이다. 호굉胡宏의 막내아들이며, 호안국胡安國의 손자이다. 처음에는 호굉의 제자인 장식에게 나아가서 수학하였으며, 그의 사위가 되었다. 장식이 죽은 뒤에는 진부량陳傅良에게 나아가서 배웠고, 그 뒤에는 육구연陸九淵에게서도 배웠다. 육구연의 태극설에 찬동한 까닭에 주희의 비판을 받았다. 호상湖湘 지역에서 오렵吳獵과 함께 명성이 높았다. 장식의 주장을 계승하고 육구연의 심학과 영가학파 진부량의 경제학經制學, 그리고 주희의 학문을 아울러 수용하여서 융합을 시도하였다. 저술에는 『호남답문湖南答問』 등이 있다.

호세장胡世將(1085~1142)

자 승공承公, 시호 충헌忠獻·충렬忠烈. 강소성 진릉晉陵 사람이다. 1106년에 진사가 되었고, 사천 안무제치사四川安撫制置使, 자정전 학사資政殿學士 등을 역임하였다. 금과 벌인 전투에서 여러 차례 공을 세웠다. 1132년에 주송朱松이 청탁을 하러 찾아가서 중원을 회복할 계책을 건의한 적이 있다. 주송은 호세장의 천거로 천주泉州의 석정진 감세石井鎭監稅에 제수되었다.

호안국胡安國(1074~1138)

자 강후康侯, 호 무이武夷, 시호 문정文定. 복건성 숭안崇安 사람이다. 호굉胡宏의 아버지이다. 1097년에 진사가 되었고, 태학 박사太學博士, 보문각 직학사寶文閣直學士 등을 역임하였다. 정이의 학문을 사숙하고, 사량좌謝良佐·양시楊時와 교유하였으며, 송 대 이학의 발전에 중요한 역할을 담당하였다. 『춘추』를 정밀히 연구한 뒤에 『춘추호씨전春秋胡氏傳』을 저술하였다. 그 밖의 저술에는 『자치통감거요보유資治通鑑擧要補遺』가 있었으나, 전하지 않는다.

호안지胡安之

자 숙기叔器, 호 백재白齋. 강서성 평향萍鄕 사람이다. 죽림정사에서 주희를 종유하였
으며, 남헌서원南軒書院에서 강학하였다.

호원胡瑗(993~1059)

자 익지翼之, 호 안정安定, 시호 문소文昭. 강소성 여고如皐 사람이다. 손복孫復, 석개石
介와 함께 공부하였으며, 인의예악仁義禮樂을 제창하여 '송 초의 세 선생(宋初三先生)'
이라 불렸다. 뒤에 오중吳中 지역에서 경술經術로 학생을 가르쳤는데, 범중엄范仲淹이
조정에 천거하여 백의白衣로 천자를 알현하였다. 대리시 승大理寺丞, 태상 박사太常
博士 등을 역임하였다. 저술에는 『역의易義』·『서의書義』·『중용의中庸義』·『경우악의景
祐樂議』 등이 있다.

호인胡寅(1098~1156)

자 명중明仲·중강仲剛·중호仲虎, 호 치당致堂, 시호 문충文忠. 복건성 숭안 사람이다.
호안국의 맏아들이다. 정이의 제자 양시에게서 수학하였다. 1121년에 진사가 되었
고, 비서성 교서랑秘書省校書郎, 예부 시랑 등을 지냈다. 부친은 승상 진회秦檜와 친했
지만, 그는 싫어했기 때문에 치사致仕하고 형주衡州로 돌아갔다. 불가와 묵가의 설을
힘써 배척하고 유가의 설을 발전시키는 데 노력하였다. 아우 호굉胡宏과 함께 호상
파湖湘派를 열었다. 저술에는 『논어상설論語詳說』·『독사관견讀史管見』·『숭정변崇正辯』·
『비연집斐然集』 등이 있다.

호전胡銓(1102~1180)

자 방형邦衡, 호 담암澹庵, 시호 충간忠簡. 강서성 여릉廬陵 사람이다. 1128년에 진사
가 되었고, 추밀원 편수樞密院編修, 공부 시랑 등을 지냈다. 소초蕭楚에게서 『춘추』를
배웠으며, 호안국에게서도 수학하였다. 금과의 화친을 주장한 진회秦檜·손진孫進·왕
륜王倫을 참하라고 청하는 주장奏章을 올리면서 매우 격렬하게 반대하였다. 주희가

그의 기개에 많은 감화를 받았다. 주송朱松이 종유하였다. 저술에는 『역습유易拾遺』·『서해書解』·『춘추집선春秋集選』·『주관해周官解』·『예기해禮記解』·『경연이례강의經筵二禮講義』 등이 있다.

호정胡珵

자 덕휘德輝. 강소성 비릉毗陵 사람이다. 1121년에 진사가 되었고, 시 한림원試翰林院, 사관 교감史館校勘 등을 지냈다. 양시와 유안세劉安世를 사사하였다. 진회가 금과 화친하자고 주장하자, 불가하다고 상소하였다. 주송이 종유하였다. 1132년에 주송·능경하凌景夏·장광張廣·상명常明·범여규范如圭 등 여섯 사람이 함께 봉사封事를 올려서 화의和議가 불리함을 진술하였다. 저술에는 『창오집蒼梧集』이 있다.

호헌胡憲(1084~1162)

자 원중原仲, 호 적계籍溪, 시호 간숙簡肅. 복건성 숭안崇安 사람이다. 소흥 연간에 향공鄕貢으로 태학에 들어갔다. 건주학 교수建州學教授 등에 제수되었으나 나아가지 않고 은거하다가, 뒤에 부름을 받아서 비서성 정자를 지냈다. 호안국胡安國·초정譙定에게서 수학하였다. 처음에는 은거하여서 유면지劉勉之와 함께 정호와 정이의 학문에 전념하였고, 나중에는 유자휘劉子翬·주송朱松과 교유하였다. 주송이 죽을 때 주희의 교육을 맡긴 세 사람(나머지 두 사람은 유면지劉勉之와 유자휘劉子翬) 가운데 하나이다. 저술에는 『논어회의論語會義』가 있다.

홍괄洪适(1117~1184)

자 경백景伯, 호 반주盤洲, 시호 문혜文惠. 초명은 조造, 원래 자는 온백溫伯이었는데, 나중에 이름과 자를 모두 고쳤다. 강서성 파양鄱陽 사람이다. 1142년에 박학굉사과博學宏詞科에 합격하여서 비서성 정자로 발탁되었다. 그러나 부친이 당시 집권자인 진회의 미움을 받음으로써 그도 외직인 태주 통판台州通判으로 나가게 되었다. 진회가 죽은 뒤에 다시 내직으로 들어가 한림학사翰林學士 등을 지냈다. 주화파로서 장준張浚을 탄핵하였고, 주희와도 정치적 견해가 맞지 않았다. 융흥화의를 성사시킨 주요 인물이라 주희로부터 탕사퇴湯思退·왕지망王之望·윤색尹穡과 함께 '네 간신(四奸)'으

로 지목되었다. 1166년에 회계會稽의 지현으로 있을 때 장구성張九成의 경 해설서를
모두 간행하였기에 주희가 우려하였다.

홍매洪邁(1123~1202)

자 경로景盧, 호 용재容齋·야처野處, 시호 문민文敏. 강서성 낙평樂平 사람이다. 1145년
에 진사가 되었고, 부문각 대제敷文閣待制, 단명전 학사端明殿學士를 역임하였다. 위군
개국공魏郡開國公, 광록 대부光祿大夫에 봉해졌다. 주화主和와 반도학反道學을 주장했기
때문에 도학과 청의淸議가 기피하였다. '무극으로부터 태극이 된다(自無極而爲太極)'는
설을 펼쳐서 주희와 무극·태극 논변을 일으켰다. 저술에는 『용재수필容齋隨筆』·『이
견지夷堅志』가 있다.

황간黃榦(1152~1221)

자 직경直卿, 호 면재勉齋, 시호 문숙文肅. 복건성 민현閩縣 사람이다. 주희의 제자이자
사위이다. 지 한양군知漢陽軍, 지 안경부知安慶府 등을 지냈다. 주희와 유청지劉淸之에
게서 수학하였다. 주희의 설을 계승하여서 인심人心·도심道心에 대해, 인심의 '인人'
은 몸을 말하는 것이고 도심의 '도道'는 이理를 말하는 것이라 하였다. 그리고 사람
의 몸에서 발하는 것은 희로애락喜怒哀樂이요, 이理로부터 발하는 것은 인의예지仁義
禮智라고 주장하였다. 백록동서원에서 강학하였으며, 주희의 의발衣鉢을 전수하였다.
저술에는 『서설書說』·『육경강의六經講義』·『예기집주禮記集注』·『논어통석論語通釋』·『논
어의원論語意原』·『중용총론中庸總論』·『중용총설中庸總說』·『경해經解』·『성현도통·전수총
서설聖賢道統傳授總叙說』 등이 있다.

황겸黃謙

자 덕병德柄. 복건성 광택光澤 사람이다. 주희가 동안에 있을 때 나아가서 배웠다.

황균黃鲞

자 자경子耕, 호 복재復齋. 강서성 분녕分寧 사람이다. 대리시 부大理寺簿, 지 태주知台
州 등을 지냈다. 1188년에 주희가 『주역본의周易本義』를 완성하고 여대아余大雅·서소

연徐昭然·진문위陳文蔚 등 무이정사의 제자들과 토론할 때 참여하였다. 저술에는 『복재집復齋集』이 있다.

황동黃東

황간黃榦의 형이다. 1189년 주희가 장주漳州의 지주知州에 제수되면서 부임하기 전에 그에게 소회를 털어놓은 편지를 썼다.

황사의黃士毅

자 자홍子洪, 호 호산壺山. 복건성 포전莆田에 살다가 강소성 오현吳縣으로 옮겨가서 살았다. 경원慶元 연간(1195~1200)에 민閩으로 주희를 찾아가서 배웠다. 『의례儀禮』에 주석을 달았고, 『문공서설文公書說』과 스승의 문집을 편차했으며, 『문공어록文公語錄』에 의거하여서 『문공어류文公語類』를 집성하였다.

황상黃裳(1146~1194)

자 문숙文叔, 호 겸산兼山, 시호 충문忠文. 사천성 보성普城 사람이다. 1169년에 진사가 되었고, 태학 박사, 예부 상서 등을 지냈다. 소를 올려서 광종의 독단과 전횡을 비판하였으며, 주희를 천하제일의 대유大儒로 여겨서 광종과 영종에게 거듭 천거하였다.

황수黃銖(1131~1199)

자 자후子厚, 호 곡성穀城. 복건성 건안建安 사람이다. 유자휘劉子翬를 사사하였으며, 주희와 동문이다. 유자휘가 죽자, 주희와 함께 그의 유문을 교감하여서 전하였다. 주희와 함께 『초사협운楚辭協韻』을 지었는데 전하지 않는다. 저술에는 『곡성집穀城集』이 있다.

황의강黃義剛

자 의연毅然. 강서성 임천臨川 사람이다. 주희를 가장 오래 사사하였다. 저술에는 『선사덕언先師德言』이 있다.

황정견黃庭堅(1045~1105)

자 노직魯直, 호 부옹涪翁, 산곡 도인山谷道人, 시호 문절文節. 강서성 분녕分寧 사람이다. 1067년에 진사가 되었고, 지 태화현知太和縣, 비서승秘書丞 등을 지냈다. 소식蘇軾의 문하에서 노닐었다고 알려졌으나, 이상李常과 범조우范祖禹에게서 수학하였다. 시와 문장에 능하여서 소식의 인정을 받았으며, 장뢰張耒·조보지晁補之·진관병秦觀幷과 함께 '소문의 네 학사(蘇門四學士)'로 일컬어졌다. 두보杜甫를 추숭하여서 강서시파江西詩派를 개창하였다. 초서와 해서에 조예가 깊었다. 그가 지은 「염계시서濂溪詩序」가운데 주돈이의 인품을 일컬어서 '광풍제월光風霽月(상쾌한 바람과 환한 달)'이라고 하였다. 저술에는 『예장황선생문집豫章黃先生文集』이 있다.

황조순黃祖舜(1100~1165)

자 계도繼道, 시호 장정莊定. 복건성 복청福淸 사람이다. 1124년에 진사가 되었고, 형부 시랑刑部侍郞, 동지 추밀원사同知樞密院事 등을 역임하였다. 주희가 그에게 완안량完顏亮의 남침이 실패한 뒤 남송의 상황에 대해 개탄하는 편지를 보낸 바 있다. 저술에는 『논어강의論語講義』·『논어해의論語解義』·『역설易說』·『시설詩說』·『시국풍소아설詩國風小雅說』·『예기설禮記說』·『역대사의歷代史議』 등이 있다.

황중黃中(1096~1180)

자 통로通老, 시호 간숙簡肅. 복건성 소무邵武 사람이다. 유작游酢의 제자이다. 1135년에 진사가 되었고, 국자사업國子司業, 병부 상서 등을 역임하였다. 융흥화의 때 조건부 강화를 주장하였다. 1176년에 주희는 소무로 그를 찾아가서 강론하고, 진퇴의 절개와 조정의 상황을 탐지하였다.

황호黃灝

자 상백商伯·경이景夷, 호 서파西坡. 강서성 도창都昌 사람이다. 주희가 남강에 있을 때, 나아가서 배웠다. 태상시 부太常寺簿, 태부시 승太府寺丞 등을 지냈다. 융흥 교수隆興敎授로 있을 때인 1180년에 강서에서 주송의 『위재집韋齋集』과 주희의 『어맹요의語

孟要義』를 간행하였다. 주희가 백록동서원을 완성한 뒤 장서를 모을 때 그에게 부탁하였다. 경원당적에 이름이 올랐다. 저술에는 『서파집西坡集』이 있다.

황흠黃洽(1122~1200)

자 덕윤德潤. 복건성 후관侯官 사람이다. 우간의대부右諫議大夫·어사중승御史中丞 등을 역임하였다. 오랫동안 간직諫職에 있으면서 직언을 서슴지 않았기 때문에 도학의 청의淸議에 명망이 있었다.

효종孝宗(1127~1194, 재위 1162~1189)

이름은 신眘. 또 다른 이름은 원래 백종伯琮이었는데, 나중에 원瑗으로 바꾸었다. 고종이 이름을 위瑋, 자를 원영元永으로 하사하였다. 송 태조의 7대손으로서, 고종이 후사가 없었기 때문에 황태자로 책봉되었다. 1162년에 고종이 선위禪位하여서 송 제11대(남송 제2대) 황제로 즉위하였다. 황제로서는 남송 역사상 가장 많은 일을 하였다. 재위 기간에 악비의 원안冤案을 바로잡았고, 주전파를 기용하여 중원 수복을 도모하였다. 내정에서도 강력하게 집권하면서 지방행정(吏治)을 정돈하고, 용렬한 관리를 도태시키고, 탐오한 자들을 징치하고, 농업 생산을 중시하며, 백성의 생활을 안정시켰다. 효종의 치세를 연호를 따서 '건순지치乾淳之治'라고 한다.

후중량侯仲良

자 사성師聖, 호 형문荊門. 산서성 하동河東 사람이다. 정호와 정이의 외숙인 후가侯可의 손자이다. 정이에게서 수학하였으며, 주돈이에게서도 배웠다. 경학에 밝아서 호안국胡安國의 존중을 받았다. 주희가 주돈이의 『통서』를 교정할 때 그의 판본을 참조하였으며, 경서의 주석에도 그의 저술을 집록하였다. 저술에는 『논어설論語說』·『후자아언侯子雅言』이 있다.

주희와 관련된 고적古跡

건계建溪

복건성福建省 민강閩江 북쪽에서 발원하는 시내로, 길이 206km이다. 남포계南浦溪, 숭양계崇陽溪, 송계松溪를 거쳐 건구建甌에서 합류하며, 무이산武夷山을 지나간다. 그리고 남평南平에서 부둔계富屯溪, 사계沙溪와 합류하여 민강閩江을 이룬다. 주희의 일생 학문과 생활은 주로 지금의 남평과 무이산 건계 일대의 시이에서 이루어졌다.

건구建甌

지명. 지성芝城이라고도 한다. 후한後漢 건안建安 원년(196)에 건안현이 설치되었고, 당 무덕武德 4년(621)에 건주가 설치되었다. 남송 소흥紹興 32년(1162)에 건주는 건녕부建寧府로 승격되었다. 복건 역사상 최초로 설치된 부府이다. 1913년에 부가 폐지되고 건안과 구녕甌寧 두 현을 합병하여서 건구현이 되었다. 1992년 10월에는 현이 폐지되고 시市가 되었다. 현을 설치한 이래 1800여 년 동안 복건 북쪽의 정치·경제·문화의 중심지였다. 소흥 10년(1140)에 주희는 부모를 따라 건구에 들어왔다. 소흥 13년(1143)에 아버지 주송朱松이 건구에서 병으로 죽은 뒤 주희는 부친의 유촉遺囑에 따라 건구를 떠나서 숭안 오부리五夫里로 이주하였다. 주희는 만년에 건양建陽에서 살았지만 맏아들의 호적을 건구에 두었으므로, 맏아들의 후손은 건구에서 번창하였다. 지금도 건구에는 주희의 후예가 많다.

건양建陽

지명. 주희가 만년에 우거한 곳이다. 복건성 북쪽, 무이산 남쪽 기슭에 위치해 있다. 별칭은 '담성潭城'이다. 후한 건안 10년(205)에 건평현建平縣이 설치되었고, 서진西晉 태강太康 원년(280)에 건양현으로 명칭이 변경되었다. 남송 경정景定 원년(1260)에 가화현嘉禾縣으로 개칭되었다가 원 지원至元 26년(1289) 건양현으로 명칭을 회복하였다. 역사적으로 건양은 '칠현과화七賢過化(일곱 현자가 거쳐 가면서 인민을 교화시켰다는 뜻)'의 고을이라 일컫는다. 일곱 현자는 주희, 채원정蔡元定, 유약劉爚, 황간黃榦, 웅화熊禾, 유구언游九言, 섭미도葉味道이다. 남송 소희紹熙 2년(1191)에 주희는 건양으로 돌아와 동요교同蘇橋에 우거하였다가 이듬해 6월 고정考亭으로 옮겼다. 주희의 부친 주송은 일찍이 고정의 승경을 좋아하여 이곳에 살고 싶어 하였다. 주희가 고정으로 이주한 것은 부친의 뜻을 이어받은 것이다. 조정에서 쫓겨나 소희 5년(1194) 11월에 고정으로 돌아온 뒤 사방에서 학자들이 몰려들자 주희는 거처의 동쪽에 죽림정사竹林精舍를 지었다. 이후 정사의 이름을 창주정사滄洲精舍로 바꾸었다. 순우淳祐 4년(1244)에 송 이종理宗은 주희의 학문을 표창하기 위해 조서를 내려서 '考亭書院(고정서원)'이라는 어서御書를 하사하여 편액하였다. 고정은 '남민궐리南閩闕里'로, 건양은 '이학지향理學之鄕'으로 불린다. 주희는 건양현 황갱진黃坑鎭 후당촌後塘村 대림곡大林谷에 부인과 함께 합장되었다. 주희의 모친 축씨祝氏와 맏아들 주숙朱塾도 건양에 묻혀 있다.

계현사啓賢祠

주삼朱森(주희의 조부)의 제사를 모시는 사당이다. 복건성 정화현政和縣 철산진 봉림촌 뒤 호국사護國寺 옆에 있다. 주삼은 아들 주송을 따라 정화에 온 뒤 아들을 도와 운근서원雲根書院과 성계서원星溪書院을 세워서 문화를 전하고 인민의 풍속을 순화하였다. 사람들은 주삼이 정화에서 쌓은 유교 계현啓賢의 공을 기념하기 위해 그가 거주했던 호국사 소재지인 봉림촌을 계현고리啓賢故里라고 일컬었다. 계현향의 이름도 여기에서 유래한다. 명明 성화成化 14년(1478)에 주삼의 묘를 중수할 때 이 사당을 아울러 세우고 주삼을 제사하였다. 지금 사당은 무너지고 석비의 기단만 남아 있다.

고사헌高士軒

주희가 소흥 23년(1153)에 동안현同安縣의 주부主簿로 부임해 있는 동안 한가하게 거처했던 곳이다. 현 관서의 오른쪽에 있다. 주희는 일찍이 「고사헌기高士軒記」를 지었다. 지금은 문공사文公祠의 옛터로 남아 있다.

고정 고거考亭故居

주희가 만년에 옮겨가 살던 곳이다. 선화宣和 5년(1123)에 주희의 부친 주송이 우계 현위
尤溪縣尉로 부임하면서 건양을 지나가다가 고정의 아름다운 산수에 끌려 이곳에서 살고
자 했으나 끝내 이루지 못하였다. 소희 3년(1192)에 주희가 부친의 유지를 받들어 고정
으로 이주함으로써 이곳은 주자의 고택이 되었다. 옛집 뒤에는 오래된 우물이 있는데,
고정서원 서쪽에 위치해 있다. 우물을 두르고 있는 돌난간에는 '嘉熙(가희)'라는 두 글자
가 새겨져 있으나, 지금은 희미해져서 알아보기 어렵다. 주희는 '汲古(급고)'라고 두 글
자를 써서 우물 곁에 편액하였다. 편액은 없어졌지만, 우물은 아직 남아 있다.

고정서원考亭書院

주희가 네 번째로 세운 서원이다. 건양 삼계리三桂里 고정 옥침봉玉枕峰에 위치해 있다.
소희 3년(1192)에 주희는 부친의 뜻을 받들어 고정에 집을 짓고, 아울러 거처의 동쪽에
정사를 세운 뒤 '죽림정사'라고 편액하였다. 나중에 '창주정사'로 이름을 바꾸었다. 순
우 4년(1244)에 이종理宗이 조서를 내려서 '考亭書院(고정서원)'이라는 어서御書를 하사하

여 편액하였다. 그러고서 주희를 묘정廟庭에서 제사 지내게 했는데, 바로 그곳이 주자사朱子祠이다. 서원은 여러 차례 중수와 중건을 거듭하였다. 청淸 도광道光 연간(1821~1850)을 기준으로 할 때 서원의 규모와 격식은 다음과 같다. 명륜당明倫堂이 있고, 그 앞에는 연거묘燕居廟가 있어서 선성先聖을 받들었다. 중간에는 집성전集成殿이 자리했는데, 채원정蔡元定·황간黃榦·유약劉爚·진덕수眞德秀 네 사람을 배향하였다. 좌우로 양무兩廡는 각각 죽림정사, 창주정사이다. 집성전 앞에는 문이 두 채 있는데, 문 바깥 오른쪽은 도원당道源堂이고 왼쪽은 보덕사報德祠인데, 역대에 공적이 있는 자를 제사한다. 집성전 뒤에는 헌정공사獻靖公祠가 있다. 누각이 있는데, 여기에서 주희의 먼 조상인 다원공茶院公(주괴朱瓌)을 제사한다. 가장 높은 층은 십현루十賢樓로, 염계濂溪(주돈이)·명도明道(정호)·이천伊川(정이)·강절康節(소옹)·횡거橫渠(장재)·속수涑水(사마광)·구산龜山(양시)·치산鴟山(유작)·예장豫章(나종언)·연평延平(이통) 열 선생을 제사한다.

곽암은 안락와 묘도비郭巖隱安樂窩墓道碑

절강성浙江省 홍당진洪塘鎭 곽산촌郭山村의 동쪽 500m 지점에 위치해 있다. 묘비에 제한 글씨는 곽암은郭巖隱을 매장할 때 주희가 쓴 것이다. 곽암은은 자가 석암石庵이며, 홍당 곽산 사람이다. 북송 정강靖康 2년(1127)에 명경明經과 효렴孝廉으로 천거되었고, 전운사, 월동粤東 절도사를 역임하였다.

관도계貫道溪

강서성江西省 구강시九江市 여산廬山 오로봉五老峰 아래 석병봉石屛峰의 남쪽에 위치한 계곡이다. 주희가 중수한 백록동서원白鹿洞書院은 이 계곡의 양쪽에 걸쳐 있다. 양 기슭에는 수많은 마애 제각題刻이 있으며, 오늘날까지 잘 보존되어 있다. 그 가운데 주희가 쓴 글씨로는 '敕白鹿洞書院(칙백록동서원)', '白鹿洞(백록동)', '枕流(침류)', '釣臺(조대)' 등이 있다.

구곡계九曲溪

물이 산을 끼고 돌면서 아홉 굽이를 이룬다 하여 붙여진 이름이다. 구곡계 양 기슭에는 바위가 빽빽이 솟아 있는데, 저마다 특색을 지니고 있어 매 굽이마다 기이한 경치를 이

구곡계

룬다. 주희가 세운 무이정사武夷精舍는 다섯째 굽이 은병봉隱屏峰 아래에 있다. 주희는 여러 차례 구곡계를 거슬러 오르면서 유람하고, 민간 악부의 형식을 빌려 구곡계 전체의 경치와 풍광을 묘사한 「구곡도가九曲櫂歌」, 곧 「무이도가武夷櫂歌」를 읊었다. 이 「무이도가」는 사람의 입에 널리 오르내리면서 이를 모방한 시작詩作이 많이 나왔고, 해외에도 많이 알려졌다.

구곡계 마애 석각군九曲溪摩崖石刻群

주희가 무이산 구곡계 부근에 남겨 놓은 수많은 마애 석각을 가리킨다. 주희는 구곡 전체의 경치를 묘사한 「무이도가」 열 수 전부를 각 굽이의 암벽에 새겨 놓았는데, 지금은 첫째 굽이 수광석水光石, 둘째 굽이 늑마암勒馬巖, 넷째 굽이 제시암題詩巖, 다섯째 굽이 만대봉晩對峰, 여섯째 굽이 향성암響聲巖, 여덟째 굽이 계북암溪北巖 등 여섯 군데만 남아 있다. 또한 주희가 구곡계 경치의 이름을 새겨 놓은 것도 현재는 넷째 굽이가 시내 북쪽 금곡암의 '小九曲(소구곡)', 다섯째 굽이 다조석茶竈石 위에 새긴 '茶竈(다조)'라는 글씨만 두

구곡계 여섯째 굽이 시내 남쪽 향성암에 제각된 '서자여사逝者如斯'
逝者如斯는 『논어』 「자한子罕」에 나오는 말이다. "逝者如斯, 不舍晝夜(흘러가는 것이 이 물과 같다. 밤낮을 그치지 않는구나)"

개 남아 있다. 그 밖에 주희의 제각題刻으로는 둘째 굽이 시내 남쪽 누각암樓閣巖의 '天心明月(천심명월)', 늑마암의 '忠孝(충효)', 여섯째 굽이 시내 남쪽 향성암의 '逝者如斯(서자여사)' 등이 있다. 구곡에서 함께 노닌 사람들의 이름을 기록한 제각으로는 여섯째 굽이 향성암에 순희 2년(1175) 하숙경何叔京(하호何鎬)·채계통蔡季通(채원정蔡元定) 등의 이름이 있고, 순희 5년(1178)에 유언집劉彦集(유자상劉子翔)·요자회廖子晦(요덕명廖德明) 등과 유람한 기록이 남아 있다.

극고명정極高明亭, 도중용정道中庸亭

호남성 경내 남악 형산衡山의 한 봉우리인 악록산岳麓山 꼭대기 우왕비禹王碑 아래에 극고명정과 도중용정이 위아래로 위치해 있다. 송 대에 세워졌으며, 주희가 제액하였다. 주희와 장식張栻이 이 산 꼭대기에서 일출을 보았다. 『선화현지宣化縣志』에 따르면 두 정자의 옛터는 오랫동안 폐허로 있다가 청 강희康熙 연간(1662~1722)에 순무사 주소남周召南과 정사공丁思孔이 앞뒤로 중건하였는데 이후 또 훼손되었으며, 도광(1821~1850) 초에

다시 중수하고 주자의 제액을 정자에 세웠다고 한다. 2006년에 청풍협淸風峽으로 옮겨
세웠다.

근계구곡芹溪九曲
건양 낙전리維田里(지금의 숭락향崇維鄉)에 위치해 있다. 계곡물의 근원은 연산硯山(옛 이름
은 공산孔山 또는 부자안산夫子案山이며, 성에서 40리 떨어진 낙전리에 있다)에서 흘러나와 아홉
굽이를 돈 뒤 교계茭溪로 흘러드는데, 경관이 독특하다. 주희가 일찍이 「근계구곡도가芹
溪九曲櫂歌」를 지었다.

난간蘭澗
악록산 석뢰石瀨 아래쪽에 위치해 있다. 양쪽 기슭에는 난초가 많이 자라는데, 이 난
을 일컬어서 녹산춘란麓山春蘭이라고 한다. 난간이라는 이름은 이로부터 나왔다. 장식이
「성남잡영城南雜詠」 스무 수 가운데 난간을 읊었고, 주희가 여기에 화답하였다. 주희의
시는 다음과 같다. "부드러운 바람 산골 물을 스치니 / 난초 두형은 날로 아름답네 / 해
가 다 가도록 따는 이 없어 / 향기 품음은 자기만 알뿐(光風浮碧澗, 蘭杜日猗猗. 竟歲無人采, 含
薰祇自知)"

남검주南劍州
지명. 복건성 북부, 무이산 북단의 동남쪽에 위치해 있었다. 지금은 남평시南平市 연평구
延平區 일대에 해당한다. 전설에 따르면 '간장干將'과 '막야莫邪'라는 쌍검이 용으로 변신
하여 검주劍州와 검진劍津이라는 이름이 생겼다고 한다. 나중에 사천성의 검주와 구별하
기 위해 남검주라고 하였다. 송 대 이학가 양시楊時, 나종언羅從彦, 이통李侗이 모두 남검
주 사람이라 남송 때 이들을 가리켜 '남검의 세 선생(南劍三先生)'이라고 불렀다.

남계서원南溪書院
복건성 우계현의 현성 남쪽 공산公山 기슭에 위치해 있다. 원래는 이 고을 사람인 의재
義齋 정안도鄭安道의 관사였다. 북송 선화宣和 5년(1123)에 주희의 부친 주송이 우계 현위
尤溪縣尉로 있다가 관직을 떠난 뒤 이곳에 우거하였다. 남송 건염建炎 4년(1130)에 주희가

이곳에서 태어났다. 주희가 세상을 떠나고 37년 뒤인 가희嘉熙 원년(1237)에 정씨의 후손이 별서別墅를 기증하고 현령 이수李修가 기금을 내서 이곳에 문공사文公祠, 위재사韋齋祠, 반무방당半畝方塘과 준도당遵道堂 등을 세워 주희 부자를 제사하였다. 보우寶祐 원년(1253)에 송 이종理宗이 '南溪書院(남계서원)'이라는 어제御題로 사액하였으며, 이 편액은 서원 대문 정면 위에 걸렸다. 원 지정至正 원년(1341)에 사당을 둘로 나누었고, 명·청 대에 여러 차례 중수하였다. 나중에 화재를 당해 '남계서원' 등의 편액이 훼손되었다.

남계장은南溪樟隱

주희의 제자 축목祝穆이 저술했던 곳이다. 건양현建陽縣 영충리永忠里 마사진 강 남쪽에 있다. 축목은 남계 상류에서 거주하였는데, 냇가에 오래된 녹나무 두 그루가 있었다. 축목이 이 나무를 매우 아끼면서 옛사람을 본받아 '장은樟隱'이라고 자호하였다. 하루는 축목이 글상자에서 우연히 '南溪樟隱(남계장은)'이라는 넉 자를 얻은 뒤 매우 기뻐하며 특별히 이를 베껴서 대청의 도리에 걸었다. 또 대청 오른쪽 작은 방에는 주희가 쓴 '歲寒(세한)'이라는 두 글자로 편액하였다. 스승의 글씨로 자기 거처의 녹나무에 의미를 더한 것이다.

남민궐리南閩闕里

주희가 만년에 건양 고정에서 문도를 가르치고 학문을 강론하여 '민학閩學'이 크게 성하였으므로 고정을 공자의 탄생지인 '궐리闕里'에 빗대 '남민궐리'라고 비유하였다. 함순咸淳 9년(1273) 건양 서쪽 관문 밖 큰길에 '문공궐리'라는 패방을 세워서 주희의 학문을 기념하였다. 명 가정嘉靖 4년(1525)에 '남주궐리南州闕里'로 방의 이름을 바꾸었고, 만력萬曆 20년(1592)에 지현 오천홍吳天洪이 다시 세우면서 '남민궐리'라고 명명하였다. 청 강희康熙 19년(1680)에 지현 주지련朱之璉이 중수하였다.

단계정丹桂亭

백록동서원 안에 있는 정자이다. 정자 옆에 천년 묵은 단계丹桂(붉은 계수나무)가 있어서 이 이름이 붙었다. 전해오기로는 주희가 심은 나무라고 한다. 정자는 목조건물이며, '紫陽手植丹桂(자양수식단계)'라고 쓴 석비가 서 있다. 단계란 뛰어난 인재 또는 과거 급제

단계정

를 비유한다. 비석에 새겨진 글에는 주희가 제자를 배양하여 과거에 급제시키고 사회에 진출시킨다는 뜻이 들어 있다.

담계서원潭溪書院

'황면재선생사黃勉齋先生祠'로도 일컬어진다. 건양 숭태리에 위치해 있다. 남송 순희 16년 (1189) 면재 황간黃榦이 담계에 초당을 짓고 주희를 따라 독서하였다. 주희는 건양에서 운곡산으로 가는 도중에는 늘 이 초당에서 쉬었다. 초당을 '담계정사潭溪精舍'라고 제하였다. 명 가정 8년(1529)에 지현 설종개薛宗鎧가 정사를 서원으로 개조하였다. 천계天啓 6년(1626)에 서원을 중수하고 중당에 황간의 소상을 모셨다. 청 건륭乾隆 5년(1740)에 불에 탔다. 건륭 18년(1753)에 건륭제의 유지를 받들어 내탕금 1,000냥으로 중건하고, 문인 반병潘柄·양복楊復·하기何基·요로饒魯를 배향하였다. 나중에 훼철되었다.

담로서원湛盧書院

복건성 남평시 송계현의 현성 서남쪽에 위치해 있다. 『송계현지松溪縣志』의 기록에 근거하면 서원의 내력은 다음과 같다. 주희의 아버지 위재 공韋齋公(주송)이 정화현政和縣에서 관리로 있을 때 그의 부친 주삼이 죽자 정화현 성계星溪에 있는 호국사護國寺 근처 산에 장사 지냈다. 묘소가 담로에서 수십 리 떨어져 있기에 주희가 성묘하러 오갈 때 거처할 곳을 마련하고자 담로산에 '음실啡室'을 지었다. 남송 보경寶慶 3년(1227)에 고을 사람이 담로산 음실의 옛터에 담로서원을 세웠다. 원 지정至正 16년(1356)에 서원을 성내 문공사로 옮겼고, 원 지정 22년(1362)에 조정에서 담로서원의 이름 그대로 사액하였다. 명 정통正統 13년(1448)에 병란으로 소실되었으나, 그 뒤 여러 차례 훼손과 복원을 거듭하였다. 명 가정嘉靖 15년(1536)에 담로산 기슭 옛터로 다시 옮겼고, 청 강희 22년(1683)에 중건하였다. 건륭 15년(1750)에 성 남쪽에 있던 절을 서원으로 개조하여 역시 담로서원이라 이름하였으므로 담로산의 서원과 병존하다가, 도광道光(1821~1850) 말에 담로산의 서원은 황폐해졌다. 성내의 서원도 청 말에 철폐되었다.

대동산大同山

지금은 대금산大金山이라고 한다. 건양 숭정리崇政里(지금 거구진舁口鎭) 남쪽의 사주촌社洲村과 금산촌 경계에 위치해 있다. 거구진에서 15km 떨어져 있으며, 산세가 높고 험준하다. 해발 1027.9m. 주희의 맏아들 주숙朱塾의 묘가 있다. 주숙은 소희 2년(1191)에 죽었고, 이듬해 이곳에 묻혔다. 묘지는 2,000m²이며, 조성된 뒤 수시로 훼손되고 보수되기를 거듭했다.

대륜산大輪山

동안현同安縣 성 동북쪽에 응성산應城山과 접해 있다. 여러 봉우리가 북쪽에서부터 몇 리에 걸쳐 바퀴처럼 치달리고 있는 모양이라 이 이름이 생겼다. 산에는 주희와 관련된 유적이 많다. 범천사梵天寺와 문공서원이 모두 이 산에 있다. 대륜산 입구에는 주희가 제액한 대륜산 산문이 있다. 산문은 원래는 범천사 산문이다. 수·당 때 처음 창건되었으며, 명 홍무洪武 17년(1384)에 승 무위無爲가 대웅전을 중건하면서 같이 중수하였다. 윤봉첩취輪峰疊翠, 심해귀항潯海歸航, 녹소하향綠沼荷香, 동계탑영東溪塔影, 유암월색幽巖月色, 범사종성梵寺鐘聲, 성적천류聖迹泉溜, 첨정석도瞻亭石倒의 윤산 팔경輪山八景이 있는데, 주희가 채원정蔡元定 등과 유람하면서 각각에 제시를 남겼다고 한다. 대륜산 북쪽 용문龍門 아래 큰 바위가 있는데, 주희가 '瞻亭(첨정)'이라는 두 글자를 썼다고 한다. 전설에 따르면 가사도賈似道가 이곳을 지나갈 때 이 글자를 따라 쓰려고 했지만 그날 밤 바위가 뒤집혀버렀다고 한다. 후세 사람이 그 곁에 '墜星石(추성석)'이라고 새겼다. 명 때 고을의 수령 유청劉敞이 식정息亭을 세우고 '점정噡亭'을 모사하여 정자에 새겼다. 이 밖에 범천사 동쪽에 두 그루 소나무가 있었는데, 나무의 모양이 두 마리 용이 싸우는 형상인지라 주희가 '戰龍松(전룡송)'이라고 써서 바위에 새겼다고 한다. 지금 소나무는 없어졌고 글씨는 남아 있다. 또 주희가 절 뒤 바위에 예서로 '寒竹風松(한죽풍송)'이라고 써서 새겼다. 산꼭대기에는 '極目(극목)', 산기슭에는 '偃月石(언월석)'이라는 글자가 새겨져 있는데, 모두 주희가 썼다고 한다.

도향대道鄉臺

원래 터는 장사현 서쪽 악록사 곁에 있었다. 북송 때 추호鄒浩가 글을 올려 권귀에 반대하다가 폄적되고서 담주를 지나갈 때 그 지역 수령 온익溫益의 추격을 당하였다. 절의 승려가 이곳에 그를 묵게 하였다. 나중에 장식이 추호를 기념하여 그가 묵었던 곳에 대臺를 세웠고, 주희가 추호의 호(도향 거사道鄉居士)를 따서 '道鄉(도향)'이라는 글자를 돌에 새겨 제액하였다. 명 만력萬曆 45년(1617)에 학도學道(또는 학정) 추지륭鄒志隆이 혁희산赫曦山 아래에 집을 짓고 제사를 받들었으나 오래전에 폐허가 되었다. 청 강희 7년(1668)에 순무 주소남이 중수하였고, 가경嘉慶 24년(1819)에 악록서원岳麓書院 산장 구양후균歐陽厚均이 도향대를 중수하고 제사를 지냈으나 중일전쟁 때 파괴되었다.

독대정獨對亭

백록동서원 동쪽의 좌익산左翼山 아래에 위치해 있다. 감서대勘書臺라고도 한다. 북송 원우元祐 연간(1086~1094)에 승상 이만권李萬卷이 이곳에서 책을 교감하였다. 순희 8년(1181)에 주희가 백록동서원을 복원할 때 이곳에다 관원을 맞이하는 정자를 세웠다. 명 홍치弘治 14년(1501)에 강서 제학 부사 소보邵寶가 이 정자를 '독대정'이라고 이름 붙였는데 주희의 이학이 오로봉과 마주하여 우뚝 설 만하다는 뜻이다.

동민안관애同民安關隘

내조진內朝鎮 남안과 동안의 경계 지점인 소영령小瀛嶺의 옛 역도驛道에 위치해 있다. 돌덩이를 쌓아서 만들었다. 문에는 '同民安(동민안)'이라고 상감된 석제 편액이 있다. 주희

가 쓴 글씨이다. 이곳은 지세가 낮고 치우쳐 있는 지형에다 늘 괴이한 기운이 서려 있었는데, 주희는 그 까닭이 고개에 결함이 있기 때문이라고 여겼다. 그리하여 보비를 하려고 석방石坊을 조성한 뒤 여기에 가로로 '同民安(동민안)' 석 자를 써서 횡액을 막았다고 한다. 청 옹정雍正 12년(1734)에 무너졌으나, 건륭 33년(1768)에 원래 터의 동안同安에서 천주泉州로 가는 옛길 관애關隘에 수복하였다. 곁에는 무성한 용수榕樹(벵골보리수) 세 그루가 있는데, 전해오기로는 주희가 손수 심은 방풍수라고 한다.

동안공묘同安孔廟

동안 대동진大同鎭 동계東溪 서쪽 기슭에 위치해 있다. 오대五代 말에 수령 진홍제陳洪濟가 처음 등룡방登龍坊에 세웠으나, 나중에 여러 차례 옮겨서 세워졌다. 소흥 10년(1140)에 비로소 이 자리에 세워졌다. 공묘는 현학의 기능을 겸하였다. 소흥 23년(1153)에 주희가 동안 주부 겸 현학을 주관할 때 대성전 뒤에 경사각經史閣을 짓고 장서 900여 권을 소장하였다. 명륜당 왼쪽에는 교사당敎思堂을 세우고, 지도재志道齋·거덕재據德齋·의인재依仁齋·유예재遊藝齋를 세웠는데, 나중에 정심성의재正心誠意齋로 합쳤다. 본현의 진사 서응중徐應中과 왕빈王賓을 천거하여 학관을 담당하게 하고 강좌를 설치하였으며, 사포射圃를 열었다. 또 소송蘇頌의 사당인 소승상정간사蘇丞相正簡祠를 세웠다. 나중에 학사가 크게 훼손되었고, 1929년에 명륜당이 불에 타서 점점 폐허가 되었다. 1990년에 공묘에 남아 있던 극문戟門, 양무兩廡, 대성전, 임공사林公祠, 소공사蘇公祠, 반지泮池와 '興賢育才(흥현육재'의 방坊을 중수하고 관란정觀瀾亭을 세웠다.

동문서원同文書院

주희가 도서를 보관하려고 세운 곳이다. 건양 숭화리崇化里(지금 서방향書坊鄉)에 위치해 있다. 서원의 이름은 '서동문書同文(글은 같은 문자를 쓴다)'에서 따왔다. 건도乾道 연간(1165~1173)에 세웠으나 병화를 만났다. 원元 대덕大德 5년(1301)에 천주 총관부 추관泉州總管府推官 장광조張光祖가 중건하였으나 오랜 세월이 지나면서 허물어졌다. 명 홍무洪武 27년(1394)에 예부 시랑 장지張智가 중건하였는데 오래지 않아 또 허물어졌다. 정통正統 3년(1438)에 제학 첨사提學僉事 고초高趈가 수리하였고, 전사典史 요영廖榮이 전당前堂과 동청東廳을 세운 뒤, 『홍무정운洪武正韻』, 『권선勸善』 등 관찬 서적의 각판을 보관하였다. 만력 21년(1593)에 장악長樂 진성陳省이 중수를 시도하여 지현 조자정趙子貞과 위시응魏時應이 중수 공사를 완료하였다. 조정에서는 본향의 아세牙稅를 상부에 납부해야 할 공적 세금 외에 모두 서원의 제사 자금으로 충당하도록 허락하였다. 청 광서光緒 27년(1901)에 전국 서원을 신식 학당으로 개조하라는 조령에 따라 동문서원도 철폐되었다.

동산同山

매산梅山이라고도 한다. 동안성 동쪽에 위치해 있다. 읍의 울타리 역할을 하며 대륜산과 서로 대치해 있으므로 동산이라고 하였다. 산 북쪽에는 매산사梅山寺가 있는데 수 대隋代에 창건되었다. 절 뒤 북쪽에 35m 높이의 절벽이 있는데 주희가 주사朱砂로 '同山(동산)'이라고 두 글자를 새겼다. 글자는 지금도 또렷하다. 전설에 따르면 동산 위의 '大同(대동)'이라는 두 글자도 주희의 글씨라고 한다.

동산서원東山書院

강서 여간현餘干縣 관산冠山 원편에 위치해 있다. 순희 연간(1174~1189)에 조여우趙汝愚 등은 주희의 '도통이 정통을 얻었다'는 말을 듣고서 관산 동쪽 봉우리에 관사를 짓고 주희를 초빙하여 강학을 주관하게 하였다. 조여우의 종제 조여정趙汝靚, 아들 조숭헌趙崇憲 및 조건趙建 등이 주희를 사사하였다. 주희는 그 당을 '운풍당雲風堂'이라고 제하였다. 그 뒤 여러 차례 훼손되고 중수되다가 광서光緒 27년(1901)에 조령에 따라 철폐되었다.

동안同安

지명. 복건성 동남 연해에 위치해 있다. 민남閩南 금삼각金三角의 중심 지대이다. 주희가 처음 행정을 펼친 곳이다. 동서로 넓고 남북으로 좁은 은정銀錠 모양을 하고 있다. 그래서 '은성銀城'이라고 불린다. 남쪽 시내에 돌이 있는데 모양은 물고기, 색깔은 구릿빛이다. 그래서 '동어성銅魚城'이라고도 불린다. 세상에서 '명성이 높은 문물의 고장(聲名文物之邦)'이라고 일컬어진다. "풍속이 바르고 간결하며, 자양(주희)이 지나가면서 교화하였다. 바닷가의 추로(성인의 고향)이며, 문화와 교양이 창대하고 밝다(正簡流風, 紫陽過化. 海濱鄒魯, 文敎昌明)"고 기림을 받았다. 서진西晉 태강太康 3년(282)에 동안현東安縣을 쪼개서 동안현同安縣을 설치하였으나, 그해에 곧 폐지하였다. 당 정원貞元 19년(803)에 대동장大同場을 설치하였다. 오대 민왕閩王 용계龍啟 원년(933)에 동안현을 다시 설치하였다. 송 대부터 청대까지는 천주부泉州府에 속하였다. 주희는 소흥 18년(1148)에 진사에 합격한 뒤, 소흥 21년에 좌적공랑左迪功郎에 제수되고 동안현 주부에 보임되었다. 소흥 23년(1153) 5월에 도임하여 소흥 26년(1156) 7월 임기가 만료되고 나서 또 한 해를 더 끌어 총 5년간 동안 주부로 복무하였다. 주희는 동안에서 주로 현령을 보좌하여 부서簿書, 부세賦稅, 교육 등을 관리하였다. 관리로서 청렴했으며, 학문을 일으키고 인재를 육성하며 풍속을 변화시켜서 동안의 지식인과 인민이 그를 사랑하고 받들었다.

동안 문산同安文山

동안 연화진蓮花鎭 운양촌雲洋村에 정계진汀溪鎭과 경계가 되는 지점에 위치해 있다. 원래는 산의 모양이 봉새와 같다고 해서 복붕산福鵬山이라고 불렀으며, 삼태산三台山이라고도 하였다. 산의 봉우리 모양은 붓 끝과 같이 생겼다. 주희가 동안 주부로 있을 때 이곳을 유람했는데, 산의 풍수가 극히 좋아서 반드시 수많은 문인이 나리라 여기고 산봉우리 정상 바위에 '文山(문산)'이라는 두 글자를 새겼다. 이로부터 문산이라는 이름이 생겼다.

만대정晩對亭

무이산 은병봉 아래에 위치해 있다. 무이정사 건축군 가운데 하나이다. 유자우劉子羽의 아들 유공劉珙이 은병봉 맞은편에 있는 소은병小隱屛 산 위에 앙고당仰高堂을 지어서 독서하고 저술하였다. 순희 10년(1183)에 주희가 무이정사를 세울 때 유공을 추억하기 위

해 은병봉 아래에 정자를 지었는데, 맞은편 기슭의 정사와 마주 보게 하였으므로 만대
성이라고 이름 붙였다.

망운산望雲山

동안 동릉東陵 뒤에 위치해 있다. 물과 돌이 청량하고 기이하며, 산 위에 주희가 쓴 '望
雲(망운)'이라는 글자 때문에 이 이름이 생겼다.

면재초당勉齋草堂

주희의 문인 황간 등이 주희를 위해 상복을 입었던 곳. 건양 삼계리三桂里(담성진潭城鎭 교
남촌橋南村) 고정서원 서쪽에 위치해 있다. 경원慶元 6년(1200)에 주희가 졸하자, 문인인
면재 황간이 제생을 거느리고 이곳에 초당을 세운 뒤 복상하였다. 옛터가 지금도 남아
있다.

목애당牧愛堂

동안성 관서 내에 위치해 있었다. 오
대 후당後唐 천성天成 4년(929)에 호로
산葫蘆山 앞 왼쪽에 처음 건립되었고,
북송 대중상부大中祥符 5년(1012)에 현

령 송약수宋若水가 중건하였다. 가운데에는 우현당祐賢堂이 있다. 주희가 '청심淸心'으로
고쳤다가 나중에 '목애牧愛'로 바꾸고, '視民如傷(시민여상 : 인민을 보기를 다친 사람 보듯이
한다)'이라고 편액하였다. 또 육오당六吾堂이 있는데, 이곳 담벼락에는 장재張載의 「서명西
銘」을 써 놓았다고 한다. 지금은 현 관서의 흔적이 사라졌다. '목애당牧愛堂' 글씨도 탁본
으로만 남아 있다.

무원婺源

지명. 강서성 동북부 안휘·절강·강서성의 경계에 위치해 있다. 당 개원開元 28년(740)에
현을 설치하였다. 무주婺州를 흐르는 강의 근원(源)이라는 뜻에서 이름을 따왔다. 원 원정
元貞 원년(1295)에 주州로 승격하였으나, 명 홍무洪武 2년(1369)에 다시 현으로 격하하여

휘주徽州에 예속되었다. 1934년에 강서성에, 1947년에 안휘성에 귀속되었다가 1949년에 다시 강서성에 귀속되었다. 현 강서성 상요시上饒市이다.

무이궁武夷宮

충우관沖佑觀이라고도 한다. 복건성 무이산시 구곡계의 입구에 있다. 당 천보天寶 연간(742~756)에 처음 세웠고, 송 대에 확장하였으며, '충우만년궁沖佑萬年宮'으로 사액하였다. 역대 제왕이 무이군武夷君을 제사 지내는 곳이며, 송 대 육대명관六大名觀 가운데 하나이다. 주희는 순희 3년(1176) 8월에서 순희 5년 8월까지 주관 무이산 충우관主管武夷山沖佑觀을 지냈다. 여러 차례 병화兵火를 겪고서 지금은 용정龍井과 만년궁萬年宮, 삼청전三淸殿만 남아 있다. 1990년에 주희 탄신 860주년을 기념하여 만년궁은 '주희기념관'으로 바뀌어서 주희의 평생 사적과 문화 유적, 그리고 주희의 후예와 채원정蔡元定·진순陳淳·황간黃榦·진덕수眞德秀 등 문인 및 후학의 평생 사적을 전시하고 있다.

무이산武夷山

산 이름. 복건성에 위치해 있다. 주희가 저술하고 강학 활동을 하던 주요 무대이며, 주자 이학理學이 잉태되고 성숙하고 전파된 곳이다. 주희는 15세에 배움을 시작하고부터 죽을 때까지 무이산에서 40여 년을 지냈다. 주희는 무이산 10여 군데에 '九曲櫂歌(구곡도가)', '小九曲(소구곡)', '茶竈(다조)', '逝者如斯(서자여사)', '天心明月(천심명월)', '忠孝(충효)' 등의 마애제각摩崖題刻을 남겼다. 구곡계 여섯째 굽이의 향성암響聲巖과 수렴동水簾洞 등의 마애에도 주희가 노닐던 흔적이 남아 있다. 순희 10년(1183)에 주희는 무이산 구곡계 다섯째 굽이 대은병大隱屏 아래에 무이정사武夷精舍를 짓고서 학문을 강론하고 제자를 가르쳤는데, 사방에서 학생이 모여들었다. 채원정蔡元定·채연蔡淵·채침蔡沈·황간黃榦·보광輔廣·유병劉炳·첨체인詹體仁·반식潘植·반병潘柄·정가학鄭可學·축목祝穆·강묵江黙·진공석陳孔碩·범념덕范念德·양지楊至·여대아余大雅 등이 모두 강습을 하고 도를 전하였으며, 서원과 학당을 세워 주자학을 전파하였다. 이리하여 무이산은 이학 전파의 성지가 되었으며, 후세 사람들로부터 '도남리굴道南理窟'이라고 불렸다.

무이정사 유지武夷精舍遺址 입구에는 심의深衣를 입고 있는 모습의 주희 상이 있다.

무이정사武夷精舍

자양서원紫陽書院 또는 무이서원武夷書院이라고도 한다. 무이산 다섯째 굽이 은병봉隱屛峯 아래 자리하고 있다. 주희는 순희 10년(1183)에 몸소 계획하고 설계하여 서원을 건립하였다. 처음 세울 때 인지당仁智堂, 은구실隱求室, 석문오石門塢, 지숙료止宿寮, 관선재觀善齋, 한서관寒棲館, 만대정晚對亭, 철적정鐵笛亭을 갖추어 건축하여서 무이의 거대한 장관(武夷之 巨觀)을 이루었다. 무이정사 낙성되자 주희는 「정사잡영精舍雜詠」 열두 수와 서문을 써서 성대한 정황을 기념하였다. 주희는 이곳에 10여 년 거주하면서 책을 저술하고 학설을 세우고 제자를 모아 강학을 하였다. 채원정, 유약劉爚, 황간, 첨체인詹體仁, 진덕수, 이굉조 李閎祖, 섭미도葉味道가 모두 무이정사에 찾아와 배웠다. 원 지정 25년(1365)에 병화를 입고 허물어졌다. 명 정통 13년(1448)에 주희의 8세손 주순朱洵, 주주朱澍가 중건하여 '주문 공사朱文公祠'로 이름을 바꾼 뒤 주희를 모시고, 황간, 채원정, 유약, 진덕수를 배향하였다. 현존하는 유적은 청 강희 56년(1717)에 민절 총독閩浙總督 각라만보覺羅滿保가 중건한 것으로, 그조차 대부분 허물어지고 양쪽 낭무廊廡의 벽만 남아 있었는데 최근에 유리와 외벽을 둘러서 보호하고 있다.

묵지墨池

주희와 관련 있는 묵지로는 세 곳이 전한다. 하나는 강서성 상요시上饒市 여간현餘干縣 동산령東山嶺 남쪽 기슭에 위치해 있다. 이곳에는 동산서원東山書院의 옛터가 남아 있고 그 서쪽에 못이 하나 있다. 길이 6.5m, 넓이 5.5m, 깊이 2.5m이다. 주희가 동산서원에서 「이소離騷」를 주석할 때 늘 이 못의 물을 길어서 먹을 갈고 붓을 씻었기 때문에 물이 거무스름해졌다고 한다. 그래서 '묵지墨池'라고 하였다. 못가에는 정자가 하나 있는데, 주희가 이곳에서 쉬었기에 '묵지정墨池亭'이라는 이름이 붙었다. 또 한 곳은 강서성 무주시撫州市 남풍현南豊縣 성의 남산 북쪽 기슭에 위치해 있다. 당송팔대가 가운데 한 사람인 증공曾鞏이 어릴 때 독서하던 곳이다. 원래는 바위 굴이었는데, 이 바위 벽 위에 주희가 손수 '書巖(서암)'이라고 새겼다. 바위 굴 아래에 증공이 붓과 벼루를 씻던 작은 못이 있고, 못가 바위 벽에는 주희가 제각한 '墨池(묵지)'라는 두 글자가 있었다. 지금은 풍화하여 없어졌고, 1984년 '독서암讀書巖'을 중수할 때 주희의 글씨를 못가 석비에 개각하였다. 나머지 한 곳은 복건 무원현에 있는 못이다. 현지縣志에 근거하면 고사향高砂鄕 용거촌龍居村 가장자리에 청탁당淸濁塘으로 불리는 두 못이 나란히 있었다. 옛날부터 주희의 조부 묘의 용맥이 지나가는 곳이라 한다. 하나는 맑고 하나는 흐려서 청탁당이라고 한다. 사람들이 이 못을 '주문공묵지朱文公墨池'라고 부른다.

문공서원文公書院

대륜산 범천사 장경각藏經閣 뒤 100m 떨어진 곳에 위치해 있다. 좌향은 서북쪽에서 동남을 향해 있다. 원 혜종惠宗 지정 10년(1350), 일설에는 지정 원년(1341)에 공자의 53대손인 현령 공공준孔公俊이 현학縣學 동쪽에 창건했다고 한다. 황제가 '대동大同'이라는 이름을 하사하여 대동서원이라고 하였다. 명 가정 연간에 임희원林希元의 건의에 따라 대륜산에 중건하고 문공서원이라고 하였다. 그러므로 '윤산서원輪山書院'이라고도 한다. 서원은 여러 차례 훼손과 중건을 반복하였다. 1987년에 중수하고 이름을 '자양서원紫陽書院'이라고 하였다. 서원 뒤 입구 벽에는 명 성화成化 연간(1465~1487)에 조각된 주희의 반신 석각 화상이 상감으로 새겨져 있다.

문공제文公堤

주희가 쌓은 제방이다. 동안 성 북쪽에 응성산應聲山이 있고, 그 산 위에는 동산묘東山廟 (원래는 보자원普慈院)가 있다. 전해오기로는 보자원의 종소리가 민왕성의 종소리와 호응하였으므로 '응성산'이라고 하였다 한다. 사당 옆의 제방은 주희가 쌓은 것이다. 위에 큰 돌에 '應聲山(응성산)'이라는 세 글자가 새겨져 있고, 그 글자 옆에 "주자가 동안 주부로 있을 때 제방을 쌓아서 용맥龍脈을 보비하였다."는 글이 제하여 있다.

문산文山

산 이름. 우계현 현성 북쪽에 위치해 있다. 봉우리가 기복이 심하며 구름 위로 높이 솟아 있는 모양이라 멀리서 바라보면 완연히 '文(문)' 자 모양이다. 그래서 이 이름이 생겼다. 남계서원 뒤에는 공산公山이 있는데, 산의 정상이 곧 육수봉毓水峰이다. 산세가 수려하고 날카로우며 '公(공)' 자 모양을 뚜렷이 드러낸다. 주희의 4대 조모 정씨程氏가 이곳에 안장되어 있다. 주희는 소흥 20년(1150)에 무원으로 돌아가 성묘를 한 뒤 손수 이곳 고조모의 묘 주위에 팔괘 모양으로 삼나무 스물네 그루를 심었다. 주자의 시호가 문文이어서 사람들이 이 두 산을 합쳐 문공산이라고 불렀다.

밀암密庵

보득암報得庵이라고도 한다. 복건성 남평시 오부진五夫鎭 선주산仙洲山에 위치해 있다. 북송 때 건립되었으며, 호인胡寅이 명명하고 헌軒에는 천석암泉石庵이라고 편액하였다. 주희는 자양루에 거주하는 동안 늘 벗들과 이곳을 찾아와 수많은 시를 제하였다. 젊었을 때 일찍이 밀암에서 묵으며 죽을 먹고 당시 주지였던 도겸 선사道謙禪師를 따라 선禪을 배웠다. 동시에 밀암 개선사開善寺의 원오圓悟 화상과 긴밀하게 내왕하였다.

박사부博士府

한림원 오경박사부翰林院五經博士府이다. 건구시 성구 마방가麻房街 주자사 동쪽에 위치해 있다. 지금도 후청後廳이 남아 있다. 명 경태景泰 6년(1455)에 조정에서는 주희가 '세상의

남계서원 안의 반무방당

도'에 공이 있다고 인정하면서 특별히 전지를 내려 주희의 적장 9세손 주정朱梃에게 '세습한림원오경박사世襲翰林院五經博士'를 제수하고 주희의 제사를 받들게 하였다. 주정은 지금의 건구 마방전磨房前 주자사 동쪽에 박사부를 세우고 대대로 주 문공의 제사를 받들었다. 박사부는 목조건물 두 채로 이루어졌으며, 문 앞에는 목패방木牌坊이 세워져 있다. 지금은 뒤의 건물만 남아 있다.

반무방당半畝方塘

우계현 현성 남쪽 남계서원南溪書院 안에 있다. 주희가 어렸을 때 독서하던 곳이라고 전해진다. 명 홍치 11년(1498)에 지현 방부方溥가 주도하여 반무방당을 확대하고 깊이 준설한 뒤 못가에 정자를 세웠으며, 돌다리로 통하게 하였다. 돌난간 양쪽에는 꽃밭이 꾸며져 있고 정자의 복도와 이어져 있는데, 굽이굽이마다 정취가 있었다고 한다. 나중에는 방당이 반쯤 남았는데, 다시 중수 복원하였다.

고정서원 내에도 반무방당이 있다. 주희가 부친의 뜻을 받들어 고정에 집을 짓고 살면서 서원을 세울 때 함께 팠다. 고정서원 서쪽 문공고거 문 밖에 있다. 못가에는 '천광운영天光雲影' 정자가 있다.

반원석扳轅石

동안과 남안南安의 경계 소영령小㿿嶺 앞 길가에 있다. 주희가 동안 주부로 부임하여 일하다가 임기가 차서 떠나려고 하자, 사민士民이 이곳까지 와서 수레를 끌어당기며 이별을 몹시 아쉬워했다고 한다.

백록동서원白鹿洞書院

강서 구강九江 여산廬山 남쪽 기슭 후병산 아래, 성자현星子峴 내에 위치해 있다. 동쪽으로는 파양호鄱陽湖에 임하고, 서쪽으로는 오로봉五老峰에 의지해 있다. 당 정원 연간(785~804)에 이발李渤·이섭李涉 형제가 이곳에서 독서하였는데, 사슴을 기르면서 즐거움으로 삼았다. 당시 사람들이 '백록 선생白鹿先生'이라고 불렀다. 또 이 지역이 사방으로 동구 같이 생긴 까닭에 '백록동白鹿洞'이라고 하였다. 이발은 나중에 강주 자사江州刺史가 되었는데 젊었을 때 독서하던 이곳에 꽃과 나무를 심고 정자를 짓고, 누대와 누각을 세워서 기념하였다. 남당 때는 여산의 국자감國子監으로 쓰여서 여산국학廬山國學 또는 백록국학白鹿國學이라고 불렀다. 송 초에 서원을 설치하였는데 여러 차례 흥폐를 거듭하였다. 순희 6년(1179) 10월에 주희가 지 남강군知南康軍으로 부임하여 백록동 옛터를 찾아보고서 서원을 복원하였다. 건물 20여 칸을 세워 옛 자취를 복구했으며, 토지를 마련하여 서원의 경비로 쓰게 하고 교육 활동을 주관하였다. 또한 「백록동서원게시白鹿洞書院揭示」를 제정하였으며, 조정에 상주하여 태상황제(고종, 조구)의 어서 석경판과 구경주소九經注疏를 청하고, 강서 여러 고을에서 문서를 구해 와 소장하였다. 그리고 여조겸呂祖謙에게는 「백록동서원기白鹿洞書院記」를 지어달라고 청하였다. 육구연은 주희의 초빙에 응하여 백록동서원으로 와서 유명한 「백록동서원논어강의白鹿洞書院論語講義」를 남겼다. 한때 서원의 명성이 크게 떨쳤으나, 원 말에 이르러 여러 차례 훼손되었다. 지금 백록동서원의 건물은 대부분 청 강희 연간(1662~1722)에 복원한 것이다. 1978년에도 한 차례 중수하였다. 백록동서원의 대성전大成殿은 예성전禮聖殿이라고도 하는데, 공자와 그 문하를 제사 지내는 곳이다. 전당의 정중앙에는 공자행교 입상이 있고, 입상 아래에는 석감石龕, 돌로 만든 향로와 화병이 있다. 위에는 강희제의 어필 편액 '萬世師表(만세사표)'가 걸려

백록동서원
사진 왼쪽의 문은 영성문欞星門이라 불리며, 그 앞으로 예성전이 자리하고 있다.

있다. 뒤쪽 벽의 좌우에는 주희가 큰 글씨로 쓴 忠(충)·孝(효)·廉(염)·節(절) 네 글자가 있
다. 전당 중앙에는 사성四聖, 십이현十二賢의 상이 조각되어 있다. 전당 바깥에는 '禮聖殿
(예성전)'이라고 세로로 편액되어 있다. 순희 9년(1182)에 주희가 절동 제거浙東制擧로 부
임하였을 때 30만 전을 들여 남강의 지군知軍 전문시錢聞時에게 맡겨서 대성전과 예성문
등을 건축하였다. 이듬해 주단장朱端章이 남강의 지군으로 와서 정식으로 공사를 일으켜
준공하였다. 그 뒤 여러 차례 홍폐를 거듭하였다. 현존하는 대성전은 강희 52년(1713)에
제학 기림冀霖이 중건하였다. 예성문은 백록동서원의 정문이다. 대성문大成門이라고도
한다. 명 정통, 청 강희 연간에 보수하고 중건하였다. '正學之門(정학지문)'이라는 글자는
명 홍치弘治 16년(1503)에 제학 부사提學副使 소보증邵寶曾이 썼다.

백록동 주자사白鹿洞朱子祠

백록동서원 건축군 가운데 하나인 주자사朱子祠는 주희를 모시는 사당이다. 원래 남송
개희開禧 원년(1205)에 제생이 주돈이周敦頤, 정호程顥와 정이程頤, 주희를 강당에 합사하

고서 삼현사三賢祠라고 하였다. 명 정통 3년(1438)에 남강의 지부知府 적부복翟溥福이 대성전 왼쪽에 역시 삼현사를 세워서 주돈이, 주희, 이발을 제사하였다. 청 강희 48년(1709)에 지부 장상문張象文은 남강부 교수 웅사백雄士伯의 청을 받아들여서 주희를 모시는 사당을 건립하였다.

백록동 풍우정白鹿洞風雩亭

백록동서원 앞산 오른쪽에 위치해 있다. 높이는 100여 척(약 30m)이고, 위로는 교목이 그늘지고 아래로는 맑은 냇물을 굽어본다. '風雩(풍우)'라는 글자가 석각되어 있다. 주희가 제생과 함께 늘 그 위에 올라갔다.

백운암白雲巖

장주漳州 용해시龍海市 안조진顏厝鎭 단장촌丹莊村 백운산 허리에 위치해 있다. 소희 원년(1190)에 주희가 장주의 지주로 왔을 때 백운암을 유람하고 '與造物游(여조물유)' 넉 자를 썼다고 한다. '탁석유천卓錫流泉', '하유석何有石', '백초정百草亭', '세연지외洗硯池外', '송관조어松關鳥語', '당음누월棠蔭漏月', '만포귀범晚浦歸帆.', '의과원意果圓'을 백운암 팔경이라 한다. 주희는 장주에서 비록 1년 정도밖에 머물지 않았지만 장주의 경제와 문화 발전에 끼친 영향은 매우 컸다. 후세 사람이 주희를 기념하여 백운암 앞에 자양서원을 세우고, 서원 앞에 '백초정百草亭'을 지었다. 정자 가운데 '자양부자강경처紫陽夫子講經處'라고 쓴 석비를 세웠다. 백운암에는 주희와 관련한 역사 고적과 제각이 많을 뿐만 아니라 민간 전설도 적지 않다.

백운암 주자사白雲巖朱子祠

용해시 안조진 백운산 중간 산허리에 있다. 후세 사람이 주희를 기념하여 세웠다. 부지府志의 기록에 근거하면 주희는 장주에서 공명정대한 도덕으로 민심을 반영하여 행정을 펼쳤으며, 장주의 인민이 그 혜택에 감격하여 그를 신명처럼 공경했다고 한다. 장주 백성이 원래는 백운선사白雲禪寺의 대웅보전 안 관음보살을 모시는 장소에 주희를 함께 모시고서 제사를 지냈다. 그러나 청 강희 연간에 진사이면서 숭인부 승崇仁府丞인 당조이唐朝彝가 부처와 유교 성인을 한곳에 두는 것은 마땅치 않다고 여기고 의연금을 내서 백운암 오른쪽에 주자사를 세우고 주희를 제사 지냈다. 후세 사람이 주희의 학술상 공적을 기념하여 자양서원의 편액과 주련을 주자사에 옮겨왔다. 문 위에 '자양서원紫陽書院'이라는 편액이 걸려 있으므로 자양서원이라고도 불린다. 현재 사당 안에는 주희 외에 당조이도 함께 제사하고 있으며, 건축의 풍격은 사당과 서원의 혼합 양식이다.

백장산百丈山

건양에 위치해 있다. 현에서 70리 떨어져 있다. 돌계단을 따라 산에 올라가면 명승의 풍경을 볼 수 있다. 주희는 일찍이 이 산을 유람하고 「백장산기百丈山記」를 남겼으며, 「백장산육영百丈山六詠」도 지었다.

범천사梵天寺

동안 성 동북쪽으로 1km 떨어진 대륜산大輪山 남쪽 기슭에 위치해 있다. 좌향은 북쪽에서 남쪽을 향해 약간 동쪽으로 치우쳐 있다. 수 개황開皇 원년(581)에 창건되었다. 처음 이름은 '흥교사興教寺'였으며, 72채의 암자가 딸려 있었다. 북송 희녕熙寧 연간(1068~1077)에 하나로 합친 뒤 '범천선사梵天禪寺'라고 하였다. 남종선 임제종臨濟宗에 속

범천사의 산문

한다. 주희는 그 법당에 "정신의 빛이 어둡지 않아 / 만고에 아름다운 도가 있으니 / 이 문을 들어서면 / 앎과 이해는 아무것도 없다(神光不昧, 萬古徽猷. 入此門來, 莫存知解)"라고 제하였다. 사원은 여러 차례 폐쇄와 중흥을 거듭하였다.

변석대弁石臺

동안 동교계東橋溪 내에 위치해 있다. 천연 암석 그 자체이며, 여름에 올라가서 땀을 식히기에 알맞다. 위에는 주희가 새긴 '弁石臺(변석대)'라는 글자가 있다.

병산서원屛山書院

무이산시 오부진 부전촌府前村에 위치해 있다. 주희가 소년 시절에 독서하던 학당이다. 남송 건염 4년(1130)에 '병산 선생' 유자휘劉子翬가 처음 건립하였는데, 병산서숙屛山書塾이라고 일컬어졌다. 소흥 14년(1144)에 서숙이 확장되면서 '병산서원'으로 이름이 바뀌었다. 소흥 13년에 주송이 죽자 주희는 모친과 함께 오부리로 이주하고 병산서원에서 독서하였다. 순우淳祐 2년(1242)에 유자휘의 교육 업적을 기리기 위해 조정의 특명으로 대규모 건축이 이루어졌는데, 정문에는 주희가 쓴 '屛山書院'이라는 금자金字 편액이 걸려 있다. 서원의 규모와 격식, 건물과 공간의 배치가 엄격하고 치밀하며 완비되어 있다. 원 초에 전란으로 훼손된 뒤 여러 차례 보수하였으나, 민국(1912~1949) 초에 훼손되고 지금은 터만 남아 있다.

산재 옛터(山齋舊址)

악록산 아래 위치해 있다. 건도 원년(1165)에 안무사 유공劉珙이 처음 세웠다. '산재'란 산장의 거주지이다. 장식이 교육을 주관할 때 주희가 방문하여 이곳에서 묵었다. 주희는 「산재山齋」라는 시에서 "누각 꼭대기에는 책을 보관하고 / 누각 아래채에서는 책을 읽네 / 품었어라! 천고의 마음 / 깊은 생각 몇 칸에서도 족하리(藏書樓上頭, 讀書樓下屋. 懷哉千古心, 俯仰數椽足)"하고 읊었다. 나중에 허물어졌다. 도광 20년(1840)에 구양후균이 중건하고 '山齋舊址(산재구지)'라고 제액하였다. 원래의 편액은 없어졌으며, 현재 편액은 1984년에 중각한 것이다.

성계서원星溪書院

복건성 남평시 정화현 정배산正拜山 아래에 위치해 있다. 주송이 북송 선화 5년(1123)에 창건하였다. 주희가 일찍이 여기에서 독서하였다. 주송은 정화현에서 임직에 있는 동안 다리 남쪽 정배산 아래에 '성계서원'을 창건하고서 직무를 보는 틈틈이 독서를 하고 이 치를 논하고 고(琴)를 타며, 학문이 넉넉한 선비를 모아서 학문을 강론하고 글로 벗을 사 귀는 공간으로 삼았다. 성계서원에 제한 시가 있다. 주송의 창도와 노력으로 정화의 학 문 풍조가 불쑥 일어났다. 현지縣志의 기록에 근거하면 주송이 서원을 창건한 뒤로 정화 고을에서 독서하는 사람이 배증하고 인재가 배출되었다고 한다. 정화현 사람들은 주송 의 공적을 기념하기 위해 성계서원에 '위재사韋齋祠'를 세우고 봄가을로 제사를 지냈다.

세한헌歲寒軒

무이산 충우관沖佑觀(무이궁)에 위치해 있다. 주희는 일찍이 오공제吳公濟(오즙吳楫) 등 여 러 벗들과 무이정사에서 이곳으로 찾아와 모임을 갖고, 도사를 불러서 함께 술을 마시 며 흥겹게 보냈다.

소공사蘇公祠

주희가 동안에 부임해 있을 때 소송蘇頌을 기념하여 세운 사당이다. 소송은 북송의 박물 학자이며 자연과학자이다. 주희는 소흥 25년(1155) 현학縣學에 소송의 사당을 세워서 후 학을 격려하였다. 원래 터는 현성 유학 교사당敎思堂 뒤에 있었으나, 중건과 이건을 거듭 한 끝에 지금은 공묘孔廟 서남쪽에 있다.

소균요 주문공 독서처小均坳朱文公讀書處

복건성 삼명시三明市 태녕현泰寧縣 삼성진杉城鎭에 위치해 있다. 주희가 경원당금 때 '위 학偽學'에 가해진 재앙을 피하여 이곳에 은거하였다. 현지縣志에 근거하면 주희는 거처 에 '독서처讀書處'와 '순여恂如'라고 편액하였다고 한다. 주희가 태녕에 거주한 기간은 길 지 않지만, 은거했던 소균요는 주희로 인해 관부官府와 사인士人의 경앙을 받았다. 청 건 륭 연간(1736~1795)에 순도巡道 내겸명來謙鳴이 태녕으로 와서 소균요를 우러르며 고을의 상생庠生 정사유丁師儒에게 주희가 독서하던 옛터에 단을 쌓게 하고, '주 문공 독서처朱文

公讀書處'라는 글씨를 새겨서 비석을 세웠다. 건륭 20년(1755)에 정사유는 또 사당을 세우고 '신안현원新安賢院'이라고 하였다. 지금은 사당과 비석이 모두 훼철되었다. 주희가 이곳에서 은거하는 동안 사계시四季詩를 읊었는데, 시를 새긴 판목의 복제품과 탁본이 현 박물관과 기념관에 보관되어 있다.

소무邵武

지명. 철성鐵城이라고도 불린다. 복건성 서북쪽 무이산 남쪽 기슭에 있다. 역사에서는 '남무이南武夷'라고 한다. 1700년의 역사가 이어진 문화의 고장이다. 삼국시대 오왕 손권孫權이 소무현昭武縣을 설치했다. 진晉 때 사마소司馬昭의 이름을 휘하여 소무邵武로 고쳤다. 복건의 팔대 도시 가운데 하나이다. 1983년에 현을 폐지하고 현급 소무시로 개편하여 남평시의 관할에 속하게 하였다. 주희가 일찍이 소무에서 강학한 영향으로 그의 문인 가운데는 소무 출신이 적지 않다. 주희는 소무에서 강학하는 동안 이충정공사李忠定公祠를 세우고 비문을 썼다. 사당은 나중에 훼철되었다. 이 충정공은 북송 때 소무 출신의 학자이자 관료로서 항금주전抗金主戰의 대표 인물 이강李綱이다. 이강이 변경汴京(개봉)의 수비전을 지휘하다가 권간權奸의 모함을 받고 폄적된 뒤 북송은 곧 멸망하였다.

송휘국문공사宋徽國文公祠

주자사朱子祠이다. 건구시 마방전 자하주 안에 위치해 있다. 보경 2년(1226)에 주희의 셋째 아들 주재朱在가 조카 주감朱鑒을 도와 건양 고정에서 건녕부로 옮겨왔다. 단평端平 3년(1236)에 주감은 '건안군 개국후建安郡開國侯'에 봉해지고 자금어대紫金魚袋를 하사받았다. 이에 주감은 자하주에 터를 골라 개국후부를 세우고, 아울러 부 오른쪽에 주문공사를 지어서 주희의 제사를 받들었다. 명 천순天順 5년(1461)에 지부 유월劉鉞이 참배하러 와서 사당이 조금 허물어지고 사당 옆에 빈 땅이 있음을 보고 문공사와 이미 파괴된 주재의 개국후부 건물을 하나로 합쳐 주문공사를 건립하였다. 중앙은 대당大堂인데 다섯 구획으로 나뉘어 있고, 편액은 '도학연원지사道學淵源之祠'이다. 주희를 주벽에 모시고 채원정·유약·황간·진덕수를 배향하였다. 문공사는 청 순치順治 5년(1648)에 불에 타서 훼손되었다가 강희 4년(1665)에 중건되었다. 강희 50년(1711)에 현지의 학정學政 범광종范光宗이 의연금을 내고 주희의 16세손 주옥朱玉이 자금을 모아서 중수하였으며, 문공사 동

수렴동 삼현사
왼쪽 사진은 무이산 수렴동에 자리한 삼현사이다. 삼현사 뒤의 마애
에는 다양한 제각이 새겨져 있다. 위 사진은 삼현사 내부로, 주희가
제한 백세여견百世如見의 편액이 걸려 있다. 가운데가 유자휘, 왼쪽
이 주희, 오른쪽이 유보이다.

북쪽에 계현사啓賢祠를 세워 주희의 부친 주송을 제사하였다. 문공사와 계현사는 점차
다른 용도로 쓰이다가 지금은 없어졌다.

수렴동 삼현사水簾洞三賢祠

무이산 수렴동 오른쪽에 위치해 있다. 소흥 17년(1147)에 처음 건립되었고, 처음에는 이
학가 유자휘劉子翬의 신주를 모셨다. 유자휘는 주희의 스승이며, 생전에 병산서원에서
강학하고 저술했으므로 세상 사람이 '병산 선생'이라고 불렀다. 소흥 17년에 유자휘가
세상을 떠나자 고을 사람이 사당을 세워 기념하고 '병산선생사屛山先生祠'라고 이름 붙였
다. 주희는 몸소 '百世如見(백세여견)'이라고 제하여 편액하였다. 주희와 유보劉甫가 생전
에 모두 이곳에서 강학하고 도를 전하였는데 그들을 따라 배우는 자들이 매우 많았고,
두 사람이 함께 높이 받들어졌으므로 영종 가태嘉泰 연간(1201~1204)에 세 사람을 함께
모시고서 '삼현사'로 이름을 바꾸었다.

숭안崇安

지명. 오대 남당南唐 때 숭안장崇安場을 설치하였고, 송 대 들어와 숭안현으로 개편되었다. 지금은 복건성 무이산시가 되었다. 주희는 이곳에서 장장 40여 년에 걸쳐 생활하고 저술하고 강학하였다. 소흥 13년(1143)에 주희의 부친 주송이 병으로 죽으면서 생전의 친한 벗 유자우劉子羽에게 주희를 맡겼다. 이리하여 주희는 어머니를 모시고 숭안 오부리五夫里로 옮겨서 거주하였다. 주희는 소년 시절에 이곳에서 스승을 모시고 수학하였다. 소흥 27년(1157) 스물여덟 살 때 주희는 동안 주부의 직임을 마치고 다시 숭안으로 돌아와 거주하면서 저술과 강학 활동을 오랫동안 이어갔다.

십이룡담十二龍潭

동안 성 동북쪽 12km 떨어진 오현진五顯鎮 북신산北辰山에 위치해 있다. 산 사이에는 길이 1km 협곡이 이어지며 산에서 솟아 흐르는 물과 폭포로 인해 열두 군데 못을 이루어 놓았다. 그리하여 '십이룡담'이라는 이름이 붙었다. 못가의 '선원仙苑'이라는 글자는 주희가 제하였다.

아호사鵝湖寺

강서 상요上饒에 위치해 있다. 당 대력大曆 연간(766~779)에 창건되었다. 처음 이름은 인수원仁壽院이었지만 나중에 산 이름을 따라 바뀌었다. 아호산의 원래 이름은 하호산荷湖山이었다. 전설에 따르면 산 위에는 원래 호수가 하나 있고, 여름에 연꽃(荷花)이 만발하여 하호라는 이름이 붙었다고 한다. 동진 때 하호산에 공龔이라는 성을 지닌 사람이 살았는데 붉은 거위 한 쌍을 길렀다. 거위는 여러 해 하호에서 살면서 먹이를 찾고 노닐다가 나중에 새끼 수백 마리를 길렀다. 거위 두 마리는 새끼 거위들을 데리고 구름을 타고 날아올라서 끝내 돌아오지 않았다. 이로 인해 아호라는 이름이 생겼다고 한다. 남송 순희 2년(1175)에 주희, 여조겸, 육구연陸九淵과 육구령陸九齡 등이 아호사에서 만나 논변을 하였는데, 주희와 육구연은 저마다 자기 주장을 견지했기에 견해가 합치하지 않았다. 후세 사람이 아호사 옛터에 사현당四賢堂(사현사四賢祠)을 세우고 이들 네 사람을 제사 지냈다. 지금 남아 있는 건물은 명 대에 중건하고 청 대에 보수한 것이다.

악록산 혁희대嶽麓山赫曦臺

악록서원 정면 전방에 위치해 있다. 건도 3년(1167)에 주희가 악록서원으로 와서 장식과 강회를 열었을 때 장식이 '혁희대赫曦臺'를 쌓고 주희가 제액하였다. 나중에 허물어졌다. 명 가정 7년(1528)에 지부 손존孫存이 원래 터에 복원하였지만 또 무너졌다. 청 건륭 55년(1790)에 산장 나전羅典이 현재 터에 전대前臺를 쌓고 이름을 전정前亭이라고 하였다. 도광 원년(1821)에 산장 구양후균歐陽厚均이 전대의 이름을 혁희대로 고치고 선현을 기렸다. 현존하는 건축은 청 동치同治(1861~1874) 때의 옛터에 원래 모습을 따라 복원한 것으로, 호남 지방 연희대演戲臺의 전형적인 형태를 간직하고 있다.

악록서원嶽麓書院

중국 4대 서원 가운데 하나이다. 호남 장사長沙 악록산 동쪽 산언덕에 위치해 있다. 총 면적은 25,000㎡, 건축 면적은 7,030㎡. 북송 개보開寶 9년(976)에 담주 태수 주동朱洞이 창설하고, 함평咸平 2년(999)에 담주 태수 이윤李允이 확장하였다. 남송 건도 초에 숭안의 유공劉珙이 호남 안무사로 부임했을 때 중건하고서 장식을 초빙하여 교육을 주관하게

왼쪽은 악록서원의 입구, 오른쪽은 악록서원 강당 안에 주희의 친필을 석각 상감한 효孝, 절節 자이다.

하였다. 건도 3년(1167)에 주희는 문인 범백숭范伯崇(범념덕), 임택지林擇之(임용중)와 함께 담주로 가서 장식과 함께 학문을 토론하고 강학하였다. 소희 5년(1194)에 주희는 형호남로 안무사로 다시 담주에 온 뒤 이곳에서 강학하고 서원을 진흥시키고 규모를 확대하였으며, 학전學田 50경頃을 마련한 데 이어 이 서원에서 「백록동서원교조白鹿洞書院教條」를 반포하여 서원의 학규로 삼았다. 그 뒤 서원은 여러 차례 병화로 소실되고 파괴되었다가 수복을 거듭하였는데, 대체로 주희 때의 제도를 따라 복구하였다. 중심에는 악록강당嶽麓講堂이 자리하고 있다. 악록강당은 서원에서 교육을 행하는 중심지이며 중요한 활동을 거행하는 장소이다. 서원 창건 당시 강당은 다섯 칸이었으며 강학의 중심 공간이었다. 현존하는 건축은 청 강희, 동치 시기의 규모를 유지하고 있다. 대청 중앙에는 강희제의 친필을 새긴 '學達性天(학달성천)'이라는 목판 편액과 건륭제가 하사한 '道南正脈(도남정맥)'의 목판 편액이 걸려 있다. 강당에는 좌우 벽을 따라 주희의 친필 '忠孝廉節(충효염절)' 넉 자가 커다랗게 석각으로 상감되어 있다. 그래서 강당을 '충효염절당'이라고도 부른다. 건도 3년에 주희가 악록서원에 와서 강학할 때 쓴 글씨이다. 주희의 글씨로 남아 있는 것 가운데 가장 큰 글씨이다. 강당 왼쪽에는 숭도사崇道祠가 자리하고 있다. 숭도사는 '주장사朱張祠'라고도 한다. 주희와 장식을 제사하는 사당이다. 원 연우延祐 원년(1314)에 악록서원 강당 왼쪽에 제현사諸賢祠를 지어 주희·장식·주동朱洞·주식周式·유공 다섯 사람을 제사하였다. 명 홍치 7년(1494)에 강당 뒤에 숭도사를 세워 주희와 장식 두 사람만 제사하였는데, 나중에 훼철되었다. 청 건륭 41년(1776)에 포정사布政使 나돈복羅敦福이 이곳에 중건하였다. 강당 오른쪽에는 백천헌百泉軒이 자리하고 있다. 악록산 청풍淸風 협곡의 입구에 자리하고 있으며 시내와 샘이 모이는 곳이라 이런 이름이 붙었다. 역대 산장이 거주하던 곳이다. 건도 3년 주희가 악록서원에 왔을 때 장식과 이곳에 묵으면서 사흘 밤낮 학문을 논하였다. 청 대에 개축하면서 이름을 반학재半學齋라고 하였으나, 그대로 산장의 주거지로 사용하였다. 원래 건물은 중일전쟁 시기에 파괴되었으며, 지금 건물은 철근을 혼합한 목조로 복원한 것이다. 원 대의 이학가 오징吳澄이 「백천헌기百泉軒記」를 지었다.

여산廬山

강서성 구강시九江市 남쪽 파양호鄱陽湖와 장강 사이에 위치해 있다. 주희는 지 남강군知

南康軍으로 재임하는 동안 순희 6년(1179)에서 순희 8년 사이에 백록동서원을 중수하고, 여산을 유람하면서 강학을 하였으며, 마애 여러 곳에 이름을 제하였다. 서현棲賢, 오로봉五老峰, 낙성사落星寺, 화개석華蓋石, 심진관尋眞觀, 염계사濂溪祠, 절계원折桂院 등지에 제하였다. 이 밖에도 대종岱宗, 녹면처鹿眠處, 녹동鹿洞, 조대釣臺, 침류枕流, 곡렴천谷簾泉, 수석漱石 등 여산의 곳곳에 제하였다.

연평延平

지명. 복건성 북쪽 경제·문화·정치의 중심지. 후한 건안建安 원년(196)에 처음 설치되었고, 동진東晉 태원太元 4년(379)에 건안군 연평현으로 개편되었다. 남조 유송劉宋 태시泰始 연간(465~471)에 남평南平으로 이름을 얻었다. 그 뒤 여러 차례 변동을 겪은 뒤 지금은 남평시 연평구로 정해졌다. 주희의 스승 이통李侗이 이곳에서 태어났다. 주희는 두 차례 연평을 찾아와 이통에게 도를 물었다. 소흥 21년(1151)에 주희가 동안 주부로 부임하는 도중 이통을 예방하였는데, 이통은 그에게 정학程學 이학의 정수인 '이일분수理一分殊'를 전수하였다. 소흥 28년(1158)에 주희는 두 번째로 연평을 찾아가서 이통에게 『춘추』와 『논어』에 관해 열여덟 조목으로 질문을 하였다. 이통은 주희에게 『맹자』의 진성盡性·양기養氣의 내용을 강론하고, 존양存養·지수持守의 방법을 전수하였다. 그 뒤 주희는 여섯 차례에 걸쳐 이통에게 가르침을 구한 내용을 엮어서 『연평답문延平答問』을 편집하였다.

연화산蓮花山

금관산金冠山 또는 부인산夫人山이라고도 한다. 동안 성 서쪽 30리에 위치해 있다. 봉우리가 높이 솟아 있고 경치가 빼어나며 모양이 연꽃 같다. 예로부터 전해오기로는 이 산과 보개산寶蓋山이 서로 비치면 귀한 딸을 많이 낳는다고 한다. 산허리 바위에는 '太華巖(태화암)'이라고 석 자가 새겨져 있다. 주희의 글씨이다. 위에는 샘이 있는데 조석潮汐에 따라 샘이 차고 얕아지므로 '조석천潮汐泉'이라 한다. 주희가 '靈源(영원)'이라는 두 글자를 석각하였다.

영주교瀛洲橋

건양 삼계리 고정과 유주油洲 사이에 위치해 있다. 마사계麻沙溪 위에 놓여 있다. 송 경력慶曆 연간(1041~1048)에 고을 사람 우곤虞坤이 세웠다. 돌을 쌓아 터를 닦고 나무를 얽어 교량을 만들었으며, 교량 위에는 스물다섯 칸짜리 교옥橋屋을 올렸다. 경원 3년(1197)에 주희와 채원정 등이 위학僞學의 당인黨人으로 지목된 뒤 채원정은 호남湖南 도주道州로 귀양을 가게 되었는데, 떠나기에 앞서 배를 타고 고정으로 왔다. 주희와 벗, 학생 수백이 다리에 나와서 맞이하고, 술을 마시며 전별하였다. 주희는 채원정과 함께『참동계參同契』를 놓고 어려운 문제를 토론하였다. 명 영락永樂 14년(1416)에 무너졌다. 성화 연간(1465~1487)에 지현 해징海澄이 다리를 중건하기 위해 상의하였고, 나중에 지현 왕진汪津이 중건하였다. 청 강희 13년(1674)에 다리가 병화로 훼손되었고, 가경嘉慶 12년(1807)에 공생貢生 주상림朱上林 등이 수복하였으나, 머지않아 교옥이 또 무너지고 다리의 돈대墩臺만 남았다. 광서 22년(1896)에 지현 황정한黃鼎翰이 조천교朝天橋를 중건하면서 돈대의 돌을 사 가는 바람에 지금은 아무것도 남아 있지 않다.

예의처瘞衣處

주희의 태반을 묻은 곳이다. 복건 우계의 문공사 동쪽에 위치해 있다. 주희를 기념하는 육수정毓秀亭이 세워져 있다. 청 대에 연평 통판延平通判 양육건楊毓健이 '육수처毓秀處(육수처)'라고 제하고 석비를 세웠다. 나중에 훼철되었다.

오부리五夫里

주희의 고향이다. 지금의 복건성 무이산시 오부진五夫鎭이다. 주희가 이곳에서 소년 시절을 오랫동안 보냈기 때문에 '추로연원鄒魯淵源'으로 불린다. 병산서원의 옛터, 흥현서원, 자양루, 유씨가사劉氏家祠, 연씨절효방連氏節孝坊, 주자사창朱子社倉 등 주희와 관련된 유적이 많다.

유씨가사

오부사창五夫社倉

무이산시 오부향 흥현가興賢街의 봉황항鳳凰巷 안에 위치해 있다. 건도 7년(1171)에 이재민을 구제하려는 목적으로 창건하였다. 사창이 오부리에 소재하고 있기에 이 이름이 붙었다. 후세 사람이 주희의 인정仁政을 기념하기 위해서 '주자사창朱子社倉'이라고 일컬었다. 주희가 사창을 만든 목적은 주로 구황과 가난한 사람들을 돕기 위한 것으로, 봄에 방출하고 가을에 상환하게 하는 방법을 통해 인민의 재황災荒을 해결해주었다. 주희는 「건녕부숭안현오부사창기建寧府崇安縣五夫社倉記」를 써서 사창 운영 방법을 상세히 설명하였다. 오부의 사창은 남송 구황 정책의 선례가 되었다. 이를 따라 시행한 뒤 효과

를 거두자 사창법이 널리 전파되었으며, 남송 후기에는 전국에 널리 퍼졌다. 현존하는 건물은 광서 15년(1889)에 주희의 후예 주경희朱敬熙가 보수하여 완공한 것이다.

와룡강臥龍崗

여산 남쪽 오유봉五乳峰 아래에 있는 언덕이다. 언덕 아래에는 못이 있다. 깊은 못 가운데에 몇 길이 되는 누런 바위가 마치 누운 용이 격랑 속에서 꿈틀거리는 듯하여 이런 이름이 붙었다. 주희는 이곳의 경치를 매우 좋아해서 10만 전을 들여 와룡암臥龍庵과 건무사建武祠를 중수하고, 그 위에 제갈량의 상을 조성하였다. 관직에서 물러난 뒤 은거할 장소로 택했으나, 나중에 관직을 옮기면서 뜻을 이루지 못하였다. 주희는 못가에 건기정建起亭과 수백정修白亭을 세웠으며, 이곳에서 기우제를 지내기도 하였다. 「와룡암기臥龍庵記」, 「와룡담송수문臥龍潭送水門」을 지었다. 절벽에는 '丹陽朱熹臥龍山居(단양주희와룡산거)' 등의 석각이 여러 군데 있다.

외루암畏壘庵

암자 이름. 소희 연간(1190~1194)에 주희가 동안 주부로 있다가 임기가 만료된 뒤 후임이 오지 않자, 그 사이에 잠시 진씨陳氏의 관사를 빌려서 몇 달 머물렀다. 이 숙소를 외루암이라고 하였다. 주희가 이 암자를 위해 「외루암기畏壘庵記」를 지었다.

용문동龍門洞

적수동滴水洞이라고도 부른다. 복건 우계현 중선향中仙鄕 선린촌善鄰村에 위치해 있다. 이 촌에 옛 광동礦洞이 있는데, 바로 용문동이다. 동굴 입구는 넓이가 1.3m이며, 들어갈수 록 넓어진다. 바위틈에서 물이 비처럼 떨어지는데 어디로 흘러가는지 알 수 없다. 주희 가 경원당금으로 박해를 받는 동안 이곳에서 난을 피했다. 『민국우계현지民國尤溪縣志』에 근거하면 동굴의 벽에 주송이 제한 '別一天地(별일천지)'라는 넉 자가 크게 새겨져 있었 다고 한다.

우계尤溪

지명. 복건성 중부 대운산맥戴雲山脈 북편의 서쪽 기슭에 위치해 있다. 이곳은 '민중명주 閩中明珠(복건의 빛나는 구슬)'라고 일컬어졌다. 당 개원 29년(741)에 현을 설치한 뒤 경내 의 우계를 현의 이름으로 삼고 복주에 귀속시켰다. 오대 남당 보대保大 6년(948)에 검주 劍州에 귀속시켰다. 송 때는 남검주南劍州에, 원 때는 남검로南劍路와 연평로延平路에, 명·청 때는 연평부延平府에 각각 귀속시켰다. 지금은 삼명시三明市에 속한다.

운곡산雲谷山

주희가 책을 저술하고 강학하던 곳이다. 건양 서북쪽 70리 밖 숭태리崇泰里(지금 거구진 莒口鎭) 여봉廬峰의 꼭대기에 위치해 있다. 산세가 높고 기운이 차며, 바람이 세차고 매섭 기 때문에 맑은 날조차 운무로 인해 지척을 분간하기 어려울 정도이다. 남송 건도 6년 (1170)에 주희가 이곳에서 노닐었는데, 험하고 신비한 경치를 좋아하여 '운곡雲谷'이라 부르고, 초당을 건립해서 강학하고 저술하는 장소로 삼았다. 편액을 '회암晦庵'이라고 하 였으니, 곧 '운곡회암초당雲谷晦庵草堂'이다. 운곡회암초당은 주희가 두 번째로 지은 서원 이다. 회암초당은 원 말에 기울고 무너졌는데, 명 성화成化 17년(1481)에 복건 제형 안찰 사 첨사福建提刑按察使僉事 담준淡俊이 기금을 모아서 주희의 9세손 주격朱格으로 하여금 중건하게 하였다. 이름을 운곡서원雲谷書院이라고 고쳤다. 지금은 터만 남아 있다. 운곡 雲谷, 남간南澗, 폭포瀑布, 운관雲關, 연연蓮沿 등 주희가 지은 「운곡이십육영雲谷二十六詠」이 세상에 전한다.

운곡산 혁희대雲谷山赫曦臺

숭태리 운곡산 내 동쪽에 있다. 산은 까마득하게 높고 꼭대기는 평평하고 우묵하다. 사방은 수백 길 깎아지른 절벽이다. 내려다보면 봉우리가 수백 리 이어져 있으며 숨었다 나타나고 보일 듯 말 듯하다. 가까운 곳이나 먼 곳이 모두 다채로운 구름의 파도가 감돌고 있다. 아침저녁으로 경치가 다채롭다. 건도 연간(1165~1173)에 주희가 이곳에 와서 노닐고 '혁희대'라 이름을 붙였다. 주희의 제자 웅화熊禾는 '박모명하薄暮明霞(으스름 저녁의 노을)', '중소교월中宵皎月(하늘 한가운데 뜬 밝은 달)', '중야백운中夜白雲(한밤중의 흰 구름)', '계명일출鷄鳴日出(닭이 울고 날이 밝음)' 등 혁희대의 네 경치에 제하여 산의 경색을 찬양하였다.

운근서원雲根書院

원래 터는 복건 정화현 웅산熊山에 위치해 있었다. 주송이 처음 세웠다. 주희가 일찍이 그곳에서 독서하였다. 북송 정화政和 8년(1118)에 주송이 정화 현위에 제수되면서 온 식구를 데리고 정화에 우거하였는데, 부임해 있는 동안 운근서원과 성계서원을 세워 학업을 전수함으로써 교육의 물꼬를 터놓았다. 주희는 나중에 여러 차례 운근서원에서 강학하였다. 서원은 역대 조정에서 여섯 차례나 중건하고 확장했으며, 여러 차례 보수하였

운근서원

다. 청 말에 헐렸다. 2006년에 정화현 청룡산靑龍山으로 터를 옮겨서 중건하였다. 건축의 구조는 송 대 건축의 풍격을 모방하여 이학 문화를 체현하였다. 중심 건물은 주자각朱子閣, 선현사先賢祠, 천광운영루天光雲影樓, 비랑碑廊 등이며, 주희의 조각상이 있다.

위재구치비韋齋舊治碑

우계현에 있다. 남송 건도 7년(1171)에 주희가 우계로 찾아와서 주송이 우계 현위로 있을 때 거주했던 곳을 방문하고 몸소 '韋齋舊治(위재구치)'라는 넉 자를 크게 썼다. 당시 현령 석자중石子重이 이 글씨를 돌에 새겨 비를 세웠는데, 나중에 훼철되었다. 1925년에 마을 사람 노흥방盧興邦이 이를 베껴서 각석하였는데, 지금은 우계빈관尤溪賓館이라는 호텔 앞에 세워져 있다. 비는 높이 2m, 너비 0.7m, 글자 크기는 가로 0.36m, 세로 0.46m이다.

음마지飲馬池

악록서원 왼편에 위치해 있다. 못 가운데에는 풍우정風雩亭이 있는데, 악록서원 정문 앞 200m 떨어진 자비정自卑亭과 마주보고 있다. 건도 원년(1165)에 유공이 서원 남쪽에 풍우정을 세워서 학도가 노닐고 쉬는 곳으로 삼았는데 오래전에 없어진 탓에 고증할 수 없다. 전설에 따르면 건도 3년(1167)에 주희와 장식이 악록서원에서 강회를 열었을 때 얼마나 많은 사람이 찾아왔는지 타고 온 말이 못의 물을 다 마셔서 말라버릴 지경이었다고 한다. 원래 못의 터는 이미 알 길이 없다. 명 정덕正德 2년(1507)에 수도守道 오세충吳世忠이 청풍협에 복원하였지만 또 폐허가 되었다. 청 건륭 52년(1787)에 산장 나전羅典이 지금의 음마지 가운데 모정茅停을 세우고 서정西亭이라고 하였다. 못 주위에는 버드나무를 심고 '유당연효柳塘煙曉'라고 명명하였는데, 악록 팔경 가운데 하나이다. 청 가경 24년(1819)에 산장 구양후균이 중수하고 풍우정이라 이름을 고쳤다. 나중에 정자는 헐리고 대만 남아 있었는데, 1987년에 중건하였다.

자양紫陽

지명. 무원현 무구향武口鄉 삼도촌三都村 산기슭 아래 위치해 있다. 『무원현지婺源縣志』의 기록에 따르면 남송 순희 3년(1176)에 주희가 성묘하러 돌아왔을 때 문인 등린滕璘과 함

께 이곳을 유람하였는데, 산수가 그윽하고 고즈넉하여 정자를 세우라 하고 손수 '초당草
堂'이라는 글자를 써서 정자에 편액하였다고 한다. 아울러 「방당시方塘詩」를 썼다. 이 시
가 전해지면서 주비당朱緋塘이라는 못도 세상에 이름을 떨쳤다. '주당구우朱塘鷗雨(주비당
에 내리는 빗속을 나는 갈매기)'는 무원현 현성縣城의 팔경 가운데 하나이다.

자양루紫陽樓

자양서당紫陽書堂, 자양서실紫陽書室이라
고도 불린다. 오부리 병산 아래 담계潭溪
가에 있다. 주송의 벗 유자우가 주희의
모자를 위해 지은 건물이다. 소흥 13년
(1143)에 주송이 죽자 주희는 부친의 유
지를 받들어 어머니와 함께 유자우에게
의탁하였다. 유자우는 주희 모자를 위해
저택 곁에 자양루를 지어서 거주하게 하
였다. 주희는 열네 살부터 만년에 건양
으로 이주하기 전까지 40여 년을 이곳
에서 생활하였다. 자양루에는 집이 다섯
칸이 있고, 집 앞에는 반무방당, 집 뒤에
는 푸른 대숲이 있었으며, 나물을 심는

자양루 유지遺址

채소밭, 물고기를 잡을 수 있는 못이 있었다. 풍취가 장중하고 전아하였다. 주희는 부친
을 기념하여 침실을 '위재韋齋', 글방을 '회당晦堂'이라고 명명하고, 중당을 '자양서당'이
라고 편액하였다. 자양루는 역대로 여러 차례 중건되었으나 민국 시기에 병화를 입은
뒤 현재는 터만 남아 있다.

자양제紫陽堤

남강성만석제南康星灣石堤라고도 한다. 속칭은 '남문잔南門棧'이다. 남강 성자현星子縣 정남
쪽 파양호 가에 위치해 있으며, 호수를 사이에 두고 낙성돈落星墩을 마주 보고 있다. 제
방의 길이는 280.8m, 너비는 8.7m이다. 원우 연간(1086~1094)에 군수 오심례吳審禮가

바람과 물결이 험하고 배 댈 곳이 없어서 나무를 엮어 장벽을 설치하였다. 숭녕崇寧 연간(1102~1106)에 군수 손교년孫喬年이 상부에 청하여서 돌로 제방을 쌓았다. 순희 연간(1174~1189)에 주희가 지 남강군으로 부임해 와서 조정에 청하여 제방을 수축하였다. 관부의 돈과 양식을 풀고 인민을 모집하여 옛 제방에서 3척을 더 높이 쌓았다. 갑문閘門 안에 못의 내부를 준설한 뒤 물을 끌어들이고, 나무를 박아서 바깥을 보호하였다. 명 정통, 경태, 가정, 만력 연간에 상당한 규모로 수리하고 증축하였다.

자하주紫霞洲

건구시 성구城區 마방전磨房前 일대에 위치해 있다. 순희 2년(1175)에 주희는 자하주 물가에 있는 건안서원에 와서 강학하고 '간천정艮泉井'이라는 우물을 팠다. 아울러 「간천명艮泉銘」을 지었다. 주희는 명문銘文에서 관리가 된 자는 물처럼 청렴하고, 백성의 풍속은 물처럼 순박해지기를 바랐다. 또한 이 물이 사방을 윤택하게 하여 인민에게 복이 되기를 바랐다. 주희가 팠다고 하여 이 우물은 주자정朱子井이라고도 불리며, 우물 바닥의 커다란 돌에 팔괘를 판각해 놓았다고 하여 팔괘정八卦井이라고도 불린다. 팔괘 판각은 자칫 발을 헛디뎌 우물에 떨어진 사람이 밟고 일어서서 빠져나오라는 용도라고 한다. 주씨 후예는 이 우물물을 길어다가 술을 빚었는데, 이 술을 '주자가주朱子家酒'라고 한다. 보경寶慶 2년(1226)에 주희의 셋째 아들 주재朱在가 조카 주감朱鑒을 도와 건양 고정에서 건녕부로 옮겨왔다. 나중에 주재는 자하주에 개국후부開國侯府를 세우고 아울러 주자사朱子祠를 세웠다. 명 대에 주희의 적장예손이 전지를 받들어 박사부博士府를 세웠고, 대대로 선조 주 문공의 제사를 받들었다.

장사長沙

지명. 호남성의 성도省都이다. 호남 동북부 상강湘江 하류에 위치해 있다. 춘추전국시대에 초나라 남부의 중심지였다. 초나라 성왕成王 때 검중군黔中郡에 예속되었다. 진秦나라 왕 영정嬴政(시황제) 24년(B.C. 223)에 장사군을 설치하고 군치郡治(군 소재지)를 상현湘縣에 두었다. 대략 지금의 장사 지역이다. 한 고조漢高祖 5년(B.C. 202)에 장사국을 세우고 상현을 임상현臨湘縣으로 고쳐서 장사국의 도성으로 삼았다. 그 뒤로 역대에 걸쳐 군, 주州, 로路, 부府, 도道, 성省의 소재지가 되었다. 남송 건도 3년(1167)에 주희는 담주潭州(장사)에 와서 장식張栻을 방문하고 서원에서 『중용』의 뜻을 강의하였다. 강당에 '忠孝廉節(충효염절)'이라는 글씨를 써주었다. 소희 5년(1194)에 주희는 지 담주 겸 형호남로 안무사知潭州兼荊湖南路安撫使로 부임하여서 악록서원을 다시 확장한 뒤 학문을 강론하고 제자를 길렀다.

장주 부치 옛터(漳州府治舊址)

장주시 연안북로延安北路에 위치해 있다. 소희 원년(1190)에 주희가 지 장주로 부임하였기 때문에 이 관아는 '자양고서紫陽古署'로 일컬어진다. 관아 터는 현재 장주중산공원漳州中山公園으로 개조되어 있으며, 공원 안에는 주희를 기념하는 역사 유적이 적지 않다. 중산공원 서문 곁에는 '앙문루仰文樓'가 있다. 청 강희 52년(1713)에 지부 위러둥魏荔彤이 주희가 장주 지주로 있을 때 창성했던 문화의 기풍을 기념하여 장주 부아府衙를 누각으로 잇대어서 건립하였다. 중산공원 북단에는 주희를 기념한 칠성지七聖池가 있다.

정부인묘程夫人墓

정화현 성계향星溪鄕 부미촌富美村 동남쪽 약 1km 지점에 위치해 있다. 정부인은 이름이 정오랑程五娘이며, 주삼의 처이고 주희의 조모이다. 오장경吳長庚이 지은 『주자선인세계략고朱子先人世系略考』에 근거하면 정오랑은 휘주徽州 흡현歙縣 화당華塘 정 재상의 딸인데, 글을 알고 이치에 통달하였다 한다. 묘의 좌향은 북쪽에서 남쪽을 향해 있다.

정화政和

지명. 복건성 남평시南平市 관할 현으로, 복건성 북부에 위치해 있다. 성 북쪽에 황웅산黃熊山이 있어서 '웅성熊城'이라는 별칭이 붙었다. 북송 함평咸平 3년(1000)에 관예현關隸縣이 설치되고, 정화 5년(1115)에 비로소 정화현이 되었다. 주송이 관리로 처음 부임한 곳이다. 정화 8년에 주송은 진사에 급제하였고, 적공랑迪功郞을 제수받아 복건 정화현 현위에 임명되었다. 주송은 부모와 처자, 형제 등 온 식구를 데리고 정화로 부임하였다. 주송은 정화에서 성계서원星溪書院과 운근서원雲根書院을 세워 교육의 물꼬를 트고 문명을 전파하여 정화의 문화와 교육 선풍을 일으켰다. 주희는 유년 시절 운근서원에서 독서하고, 부친을 따라 호국사護國寺에서 노닐며 며칠 묵기도 하였다. 나중에 주희는 성년이 된 뒤 자주 정화에 가서 강학하고 이학 사상을 전수하였기에 정화는 다시 한 번 문풍文風이 진흥하여 '선현과화지향先賢過化之鄕'으로 일컬어졌다.

조대정釣臺亭

강서 구강시 관도계 북쪽 조기석釣磯石 위에 세워져 있다. '釣臺(조대)'라는 주희의 글씨가 새겨져 있다. 전설에 따르면 주희가 늘 이곳에서 낚싯대를 드리웠다고 한다. 그러나 실제로는 수심이 얕고 급류가 흘러 물고기가 많지 않다. 명 때 유세양劉世揚이 바위 위에 '意不在魚(의부재어)'라고 넉 자를 새겼다. 명 정덕 6년(1511)에 이몽양李夢陽이 지부 유장劉章과 함께 바위 위에 정자를 세웠다.

주거묘朱擧墓

주희의 종증조부 주거朱擧의 묘이다. 무원 다갱茶坑 정가주程家洲에 있다.

주문공궐리朱文公闕里

무원현 성 남쪽에 위치해 있다. 『민국무원현지民國婺源縣志』와 『무원궐리주씨가보婺源闕里朱氏家譜』의 기록에 근거하면, 원 원통元統 2년(1334)에 간문전干文傳이 성 남쪽 명도방明道坊에 주위재朱韋齋(주송)의 옛집을 기초로 하여 주문공궐리를 창건했다고 한다. 건축은 '文公闕里(문공궐리)'라는 패방문과 '凝道(응도)', '愼修(신수)' 두 패방, 그리고 조장照墻, 문공묘文公廟, 위재공사韋齋公祠가 있으며, 동서 양쪽으로 각각 동무東廡와 서무西廡가 있다. 대문 입구에는 '조전비助田碑'와 거대한 하마비가 있다. 청 옹정雍正 11년(1733)에 성 동쪽 쌍계방雙桂坊 옛 찰원察院 터로 옮긴 뒤 옛터에는 '홍정虹井'만 남아 있다.

주문공묘朱文公廟

무원 동문에 위치해 있다. 청 옹정 11년(1733)에 옛 찰원 터를 고쳐서 건립하였다. 건축 형식은 기본적으로 옛 문공묘를 따르고 다만 '응도凝道', '수신修身' 두 패방에 패루牌樓를 세웠다. 헌정공사獻靖公祠(위재사韋齋祠) 양쪽에 추원사追遠祠와 보공사報功祠를 증축하였다. 새 문공묘는 그 뒤 여러 차례 수축하였으나 1968년에 훼철되었다.

주문공조묘朱文公祖墓

강서성 무원 문공산文公山에 위치해 있다. 좌향은 서북에서 동남을 향해 있으며, 돌무더기가 첩첩하고 봉토는 호형弧形이다. 당 천우天祐 3년(906)에 무원 주씨의 시조 주괴朱瓌(주고료朱古寮)가 흡주 자사歙州刺史 도아陶雅의 명을 받아 무원을 지키게 된 인연으로 정착한 뒤, 이곳이 가족묘지가 되었다.

주삼묘朱森墓

주희의 조부 주삼의 묘이다. 복건 정화현 철산진鐵山鎭 봉림촌鳳林村 뒤 호국사 서쪽에 위치해 있다. 주삼은 북송 선화 5년(1123)에 아들 주송이 정화 현위로 부임하자 전지를 팔고 아들을 따라 복건으로 이주하였다. 주삼은 만년에 봉림촌 호국사에서 청정한 생활을 하다가 병으로 죽은 뒤 절 곁 언덕에 묻혔다. 명 성화 14년(1478)에 복건 제학 첨사 주맹중周孟中이 발의하고 읍민 왕창王廠이 기금을 출연하여 호국사 곁에다 중수하였다. 묘의 좌향은 서북에서 동남을 향해 있으며, 묘지는 난석으로 덮었다. 묘 중앙의 석제 묘비에는 '송 승사랑 주공묘宋承事郎朱公墓'라고 씌어 있다.

주송묘朱松墓

주희의 부친 주송의 묘이다. 소흥 13년(1143)에 주송이 죽고 이듬해 주희는 건녕부 숭안현 오부리 서탑산西塔山에 부친을 장사 지냈다. 건도 6년(1170)에 오부리 백수촌白水村 아자봉鵝子峰으로 이장하였다. 그런데 이곳이 습했던 까닭에, 주송의 시 "고향은 아득히 해 지는 곳 너머에 있고, 시들어 지는 국화꽃 가운데서 술을 기울이네(鄕關落日蒼茫外, 樽酒寒花寂歷中)"라는 구절에 착안하여서 경원 연간(1195~1200)에 상매리上梅里 적력산寂歷山으로 다시 이장하였다. 명 가정 33년(1554)에 주씨 12세손 주릉朱凌이 세운 묘비가 있고, 무덤 가에는 주희가 손수 심은 삼나무 숲이 남아 있다.

주위재선생사朱韋齋先生祠

복건성 건구建甌 성의 남쪽 동서 두 시내가 교차하는 지점의 남쪽 기슭에 위치해 있다. 명 정덕正德 연간(1506~1521)에 주송의 후예가 환계정사環溪精舍를 세우고 주송을 제사하면서 주희도 배향하였다. 편액을 '朱韋齋先生祠(주위재선생사)'라고 하였다.

주자묘

주자루朱子樓

복건성 선유현仙游縣 풍정진楓亭鎭 탑두산塔頭山 꼭대기에 위치해 있다. 주희가 이곳에서 강학하였으며, 몸소 '敬義堂(경의당)'이라고 제하고 편액하였다.

주자묘朱子墓

주희의 묘. 경원 6년(1200)에 졸한 주희는 복건성 건양현 당석리 후당촌 구봉산 아래 대림곡(건양시 황갱진 구봉촌 후당 대림곡)에 장사되었다. 묘지는 뒤로 구룡암九龍巖을 의지하고 있는데, 주희가 생전에 고른 곳이다. 묘 뒤에는 '송선현 주자, 부인 유씨 묘宋先賢朱子夫人劉氏墓'라고 쓰인 비가 있다. 강희 56년(1717)에 세워졌다. 봉분은 난석卵石으로 덮었으며, 크기는 약 200m²이다. 묘원墓園은 '鳳(봉)' 자 형이며 보호 면적은 약 10,000m²이다. 묘 앞에는 상석과 망주望柱, 향로가 각 하나씩 있다. 묘원에는 원·명 이래 관에서 순녕암順寧庵, 취여정翠如亭, 재목정宰木亭 등을 지어 놓아 주희의 후예가 제사를 드리거나 참배하는 사람들이 쉴 수 있도록 하였다.

주자항朱子巷

숭안현 오부진 오부가五夫街의 골목이다. 오대 남당
때 처음 조성되었다. 전체 길이는 300m였으나 지
금은 138m만 남아 있다. 주희가 오부리 자양루에
거주하던 시기에 벗을 찾고 도를 물으러 외출할 때
면 늘 이 골목을 지나다녔다. 후세 사람이 주희를
기념하여 주자항이라고 이름 붙였다.

주장도朱張渡

나루터 이름. 남송 건도 3년(1167)에 주희는 문인
범념덕范念德, 임용중林用中을 데리고 담주로 가서
장식과 함께 학술 강연회를 하였다. 강연회는 악
록서원과 성남서원城南書院을 오가면서 진행되었는데, 두 서원 사이에 상강湘江이 흐르고
있기 때문에 주희와 장식은 늘 배를 띄워 오갔다. 그래서 이 이름이 생겼다. 청 건륭 8
년(1743)에 순무巡撫 장부張溥 등이 기금을 내서 수리하였고, 가경嘉慶 연간(1796~1820)에
중건하였다. 함풍咸豊 11년(1861)에 학정 호서란胡瑞瀾이 중수하였다. 동쪽 나루터는 '문
진文津', 서쪽 나루터는 '도안道岸'이다. 모두 주희가 강학할 때 붙여진 이름이다.

주희종사朱熹宗祠

사천성四川省 성도시成都市에 위치해 있다. 청 건륭 44년(1779)에 후예 주준홍朱俊洪이 처
음 '주조문공朱祖文公'의 사당을 세우려고 시도하였다. 10년 뒤 건륭 54년에 촉으로 들어
온 주희의 후예가 기금을 내서 성도시 갑과항甲科巷에 사당을 세웠다. 그 뒤 여러 주와
현과 부에서 주희의 사당을 세웠는데, 성도의 이 사당이 총사總祠로 공인되고 있다. 성도
용천龍泉 십릉진十陵鎭에 있는 주자사朱子祠는 배사陪祠이다.

천호원天湖院

처음에는 남당南唐 시기에 선원禪院으로 세워졌다. 우계현 현성 남쪽 연화봉蓮花峯 꼭대
기 평호平湖 가에 위치해 있었으나 나중에 헐렸다. 『민국우계현지民國尤溪縣志』에 근거하

면 남송 건도 4년(1168) 중양절에 주희가 벗들괴 힘께 전호를 노닐고서 "작년 소상에서 중구절을 만났을 땐, 성안에 비바람 몰아쳐서 나그네 돌아가고픈 마음 뭉클했네(去歲瀟湘重九時, 滿城風雨客思歸)……"라고 하는 시를 읊었다고 한다.

철적정鐵笛亭

무이산 은병봉隱屛峰 나한암羅漢巖 위에 위치해 있다. 무이정사의 건축군 가운데 하나이다. 원래 이름은 '탈수정奪秀亭'이며, 남송 이학가 호인胡寅과 현지의 명사 유형劉衡이 함께 세웠다. 두 사람은 늘 이곳에서 경전을 담론하고 도를 논하며, 이학을 연구하였다. 호인과 유형이 세상을 떠난 뒤 점점 황폐해졌다. 순희 10년(1183)에 주희가 무이정사를 창건할 때 탈수정의 옛터에 중건하였다. 유형은 철적鐵笛을 잘 불었는데, 구름을 뚫고 바위를 부서뜨리는 듯한 소리가 났다고 한다. 마침 주희 일행이 옛 유적을 찾았을 때 문득 숲 바깥에서 피리 소리가 비장하게 들려왔으므로, 이를 따서 정자 이름을 붙였다.

청인석靑印石

복건 우계현 청인계靑印溪에 위치해 있다. 전해오기로는 시내 가운데 옥새와 같이 생긴 초석礁石이 있는데, 이것이 바로 청인석靑印石이라 한다. 당 때 혜일선사慧日禪師가 청인석에 정좌하고서 게를 남겼다. "탑 앞에 청인이 보이니 / 집집마다 붓과 벼루를 가까이 하네 / 물이 앞을 감싸 흐르니 / 우계에서 장원이 나리라(塔前靑印見, 家家親筆硯. 水流保安前, 尤溪出壯元)" 북송 경력慶曆 2년(1042)에 청인석이 수면으로 드러났는데 고을 사람 임적林積이 진사에 급제하였다. 남송 건염建炎 4년(1130)에 청인이 또 드러났는데, 주희가 시내 남쪽 의재義齋의 관사에서 출생하였다. 명 가정嘉靖 6년(1527)에 순안巡按 유정궤劉廷簋가 사람을 시켜 부숴버렸다.

축씨부인묘祝氏夫人墓

주희 모친의 묘이다. 건도 6년(1170) 정월에 주희의 모친 축씨가 졸하자 주희는 모친을 숭태리 천호天湖 남쪽에 장사 지냈다. 지금의 건양시 거구진 마복촌馬伏村 태평산太平山 위이다. 좌향은 북에서 남을 향하며, 묘원의 면적은 약 2,000㎡이다. 묘 뒤에는 '朱文公母祝氏之墓(주문공모축씨지묘)'라고 쓴 석비가 있다. 같은 해 축씨는 월국부인粤國夫人으

취석 석각과 그 위에 새겨진 귀거래관歸去來館 글씨

로 추봉되었다. 주희는 묘 곁에 '한천정사寒泉精舍'를 지어서 남은 효를 다하고 학문을 닦았다.

취석 석각醉石石刻

취석은 '지주석砥柱石'이라고도 한다. 강서 성자현 온천향 여산 남쪽 기슭 호조애虎爪崖 아래 위치해 있다. 전설에 따르면 도연명陶淵明이 은거할 때 술에 취해 이 바위 위에 누웠다고 한다. 바위 높이는 7~8척, 너비는 한 길 남짓인데, 불규칙한 사각형이다. 표면은 탁자처럼 평평하고 그 위에 '歸去來館(귀거래관)'이라고 예서체로 새겨져 있는데, 주희의 글씨라고 한다.

침랑장沈郎樟

주희가 어릴 때 심었다고 전하는 오래된 녹나무 두 그루이다. 우계의 별칭이 침계沈溪 이므로 주희의 유아 때 이름도 침랑이라는 설이 있다. 이에 따라 후세 사람이 이 두 그루 오래된 녹나무를 '침랑장'이라고 일컬었다. 남계서원 왼쪽에 있으며, 높이 30여m, 나무둘레 각각 10.8m, 7.8m이다. 나뭇가지는 하늘을 찌를 듯이 높이 뻗어 있고 푸른색이 특출나게 수려하다. 이 책을 쓴 수징난束景南 교수의 고증에 따르면 침계沈溪와 침랑沈郞 의 '침沈'은 '우尤'의 잘못이라고 한다.(☞『주자평전』(상)권의 본문 제1장 각주 2 참조)

침류교枕流橋

여산 소삼협구小三峽口에 위치
해 있다. 독대정獨對亭 앞 관도
계 위에 놓여 있는데, 단공單拱
의 석교이다. 다리 아래 관도
계 가운데에는 너럭바위가 있
고, 그 위에 '枕流(침류)'라고 새
겨져 있다. 전설에 따르면 여름
에 주희가 이 바위를 베고 맑은
물에 누웠다고 한다. 순희 8년

(1181)에 주희가 처음 조성하였다. 현재 다리는 청 도광 11년(1831)에 남강의 지부 양수
기楊樹基와 도창都昌 사람 진상충陳尚忠이 기금을 출연해서 중수하였다.

태녕泰寧

지명. 복건성 서북쪽에 위치해 있다. 삼명시 관할이다. 무이산맥 중부 삼령杉嶺의 지맥
동남쪽이다. 당 초에 태녕, 건녕建寧, 영화寧化를 포함한 지역에 금성장金城場을 설치하였
고, 당 건원乾元 2년(759)에 금성장을 귀화歸化(지금의 태녕)와 황련黃連 두 진으로 분리하
였다. 오대 남당 보대 4년(946)에 진을 장으로 고치고, 남당 중흥中興 원년(958)에 장을 현
으로 승격하여 귀화장은 귀화현이 되었다. 북송 원우元祐 원년(1086)에 이 지역 출신의
장원 섭조흡葉祖洽이 민사閩使 장여현張汝賢을 통해 개명을 청한 뒤 철종이 '공자 향리 궐
리부闕里府'의 별호에서 따와 태녕이라고 하였다. 이 이름이 지금까지 쓰이고 있다. 경원
당금 때 주희는 '위학僞學'에 가해진 재앙을 피해 임안을 떠나 건양으로 돌아왔다. 나중
에 소무를 지나 태녕으로 가서 고을의 남쪽 소균요小均坳에 은거하였다.

평림도平林渡

무이산 구곡계의 다섯째 굽이 기슭에 위치해 있었으며, 평림平林·은병·천유天游 등으로
가려면 반드시 지나야 하는 나루였다. 주변 환경이 맑고 그윽하며 풍경에는 특별한 아
취가 있어서 주희는 늘 이곳에서 머물며 글을 외고 시를 읊었다. 순희 9년(1182)에 주희

는 벼슬길에서 돌아와 평림도의 '금곡동金谷洞'에서 강학하였다. 순희 10년 초에 평림도 가에 무이정사를 축조하려고 계획하고부터 나루 입구의 금곡동에서 거처하다가 이듬해 4월 준공이 되고서야 나왔다.

풍천정風泉亭

숭안현 오부리에 위치해 있다. 송 때 오제吳濟가 세웠다. 주희가 편액을 하였으며, 시 두 수를 지었다.

하유석何有石

장주시 백운암 팔경 가운데 하나이다. 주희가 장주의 지주로 있을 때 백운암 위에 자양 서원을 건립하고 선비들에게 강학하였다. 한번은 마침 과거 시험을 앞두고 있을 때였 다. 사방에서 배우는 사람들이 많이 몰려든지라 주희는 백초정百草亭 앞 평평한 땅(坪埔) 에서 『대학』의 「성의誠意」장을 강의하였다. 하유何有라고 하는 장포漳浦의 거자擧子가 너 무 멀리 떨어져 있어서 강의가 잘 들리지 않아 자기도 모르게 서북쪽 터진 곳(缺口)으로 옮겼다가 마지막으로는 큰 바위 위에 올라가서 강의를 들었다. 주희의 강의가 끝난 뒤 하유는 문득 뒤를 돌아보았다가 깜짝 놀라 온몸에 식은땀을 흘렸다. 그의 뒤에는 아주 깊은 구덩이가 있었다. 주희가 이 일을 듣고는 그의 호학好學 정신에 감동하여 그가 앉 았던 바위에 '何有(하유)'라는 두 글자를 새겼다. 이로부터 이 바위는 '하유석'이라고 불 렸다.

한천정사寒泉精舍

주희가 처음 세운 서원이다. 건양 숭태리 천호 북쪽에 위치해 있다. 이곳의 옛 이름은 한천오寒泉塢이다. 건도 6년(1170)에 주희가 모친 축 부인을 천호 북쪽에 장사 지내고 그 곁에 집을 지어서 '寒泉精舍(한천정사)'라는 편액을 걸었다. 주희는 한천정사에서 강학 하는 동안 『태극도설해太極圖說解』・『서명해西銘解』・『논어정의論語正義』・『맹자정의孟子精義』 등을 저술하였고, 여조겸과 함께 순희 2년(1175)에 이학의 입문서라 할 『근사록近思錄』을 편집하였다. 주희의 문인 채원정과 유약 및 유병 등 20여 제자가 모두 한천정사에서 주 희를 좇아 강학하였다. 원 말에 허물어졌는데, 명 정통 10년(1445)에 주희의 8세손 주주

朱熹가 옛터가 낮고 습하다고 하면서 지금의 장소로 옮겼다. 중간에 사당이 있는데 축씨 부인과 위재 주송의 신주를 모시고 있다.

향산암사香山巖寺

동안 성 동쪽 30km 떨어진 향산香山에 위치해 있다. 송 대에 건축되었다. 산꼭대기에 바위가 있는데 마치 향로 모양이며, 아침저녁으로 구름과 안개가 감돈다. 옛 이름은 '황산荒山'이지만 주희가 이름을 바꾸었다. 일설에는 고을의 수령 주휘朱徽가 고쳤다고도 한다. 부근에 주희가 쓴 '眞隱處(진은처)'라는 석각이 있는데, 반은 부서졌다.

홍정虹井

무원현 자양진紫陽鎭 남문 송암리松巖里에 위치해 있다. 우물은 당 대에 판 것이며, 육각형이고 직경 1m, 깊이 약 5m이다. 전설에 따르면, 주희의 아버지 주송이 태어났을 때 흰 기운이 띠처럼 우물에서 뿜어져 나왔다고 한다. 나중에 주송이 "도가 이 사람에 깃들어 있음은 / 물이 땅에 있음과 같다 / 길을수록 깊어서 / 맛을 벗어난 맛이 있다(道寓斯人, 如水在地. 汲之益深, 有味外味)"고 제하였다. 후세 사람이 '위재정韋齋井'이라고 불렀다. 주희가 태어났을 때 우물에서 다시 보랏빛 기운이 무지

개처럼 뿜어져 나왔으므로 '홍정'이라고 하였다. 명 정통正統 연간(1436~1449)에 지현 진빈陳斌이 이곳에 정자를 세우고 '홍정정虹井亭'이라고 편액하였다.

환계정사環溪精舍

주희가 소년 시절에 부친을 따라 우거하면서 독서하던 곳이다. 건구시 자지상방紫芝上坊에 위치해 있다. 소흥 10년(1140)에 주송이 건구에 거처를 정하고 건구 성 남쪽 동서의 시내가 합류하는 기슭에 환계정사를 지었다. 이듬해 주희는 건안 환계정사에서 10년 동안 적막하게 경전을 끌어안고 유가 성현의 학문을 배우는 생활을 시작하였다. 주송이 죽을 때까지 주희는 줄곧 환계정사에서 부친을 따라 배웠다. 명 초기에 어느 승려가 정

사를 확장하여 방광사方廣寺로 개축하였다. 명 성화 2년(1466)에 주희의 10세손 주돈朱燉이 정사 양쪽 옆의 빈 땅을 회수하였고, 정덕 연간(1506~1521)에 주씨의 후예가 정사의 땅을 전부 회수한 뒤 정사를 중건하였다. 중당에 주송의 상을 모시고 주희를 배향하였다. 편액은 '朱韋齋先生祠(주위재선생사)'이다. 환계정사는 환계서원으로 개조되었다가 지금은 철폐되었다.

활수정活水亭

『민국우계현지民國尤溪縣志』에 근거하면 '활수정'은 두 군데 있다. 하나는 남계서원 반무방당 근처에 있다. 명 홍치 11년(1498) 지현 방부方溥가 이 정자를 지었다. 또 하나는 공산公山 오른편 산기슭에 있다. 청 건륭乾隆 14년(1749)에 읍령邑令 조기영趙其瑛이 이곳에 중건하였다. 공산의 활수정은 남송 때 이미 있었고, 남계서원의 활수정은 후세 사람이 주희를 기념하여 세웠다. 지금은 공산의 활수정만 있다. 이 정자는 사각형이며 석재와 목재로 지어졌고, 두공枓栱과 비첨飛檐의 조각이 정교하다. 주희가 이 정자에서 늘 부지런히 글을 읽었다고 전한다. 공산의 산세는 날카롭고 험하며, 여기서 나오는 샘물은 언제나 끊이지 않고 솟아서 공산 기슭을 돌아 흐른다. 이 물을 문공사 앞 반무방당에 끌어들였다. 이 정자 안에 '源頭活水(원두활수)'라고 새긴 비가 있다.

황양암黃楊庵

주희가 강학하고 저술하던 곳이다. 건양 홍현하리興賢下里 마원麻園 황양산(지금의 서시진徐市鎭 대전촌大田村)에 위치해 있다. 남송 순희 연간(1174~1189)에 노단월盧檀越이 기금을 내어 건립하였다. 노단월은 두 아들 노규盧逵·노달盧達을 주희에게 보내서 좇아 배우게 하였다. 그 후손 노백옥盧伯玉이 또 밭을 기부하고 향사鄕社의 자손들로 하여금 독서하는 바탕으로 삼게 하였다. 주희가 편액을 썼으며, 이곳에서 3년 동안 우거하면서 저술을 하였다. 명 가정 연간(1522~1566)에 중수하였으며, 주희의 소상을 모시고서 해마다 9월 보름에 치제한다.

회옹사晦翁祠

속칭 '주자사朱子祠'이다. 복건성 장락시長樂市 강전진江田鎭 삼계촌三溪村에 위치해 있다.

남송 순희(1174~1189) 초에 마을 사람 장일이張一漁가 건립을 시작하였다. 주희는 일찍이 이곳에 거주하면서 '溪山第一(계산제일)'이라는 넉 자를 크게 썼다. 나중에 주희가 원래 살던 곳에 '회옹사'를 세워서 기념하였다. 사당 뒤에는 주희가 이용했던 샘이 아직 남아 있다. 근처에는 특이한 묵죽墨竹이 자라는데, 전해오기로는 주희가 글씨 연습을 할 때 남은 먹물을 대나무에 뿌렸더니 마침내 먹빛으로 변했다고 한다.

회옹암晦翁巖

주자암朱子巖, 용봉암龍峰巖, 이류암二劉巖, 삼현암三賢巖, 삼보암三寶巖이라고도 한다. 복건성 장락시長樂市 담두진潭頭津 이류촌二劉村 용봉산龍峰山 위에 있다. 남송 경원 원년(1195)에 주희가 '위학僞學'을 금하는 박해를 피해서 이곳에 우거하였다. 이로 인해 회옹암이라는 이름이 생겼다. 이류二劉는 유지劉砥·유려劉礪 형제를 가리킨다. 주희와 유지 형제 세 사람이 이곳에 집을 짓고 강학하였는데, 삼현三賢은 바로 주희와 유지 형제를 가리킨다. 회옹암 가운데 있는 백록동白鹿洞은 주희가 동봉산에서 난을 피할 때 독서하던 곳이다. 전설에 따르면, 흰 사슴이 주희를 동구로 인도하여 그로 하여금 동구 안에서 안심하고 독서하도록 했으며, 스스로는 날마다 음식을 구해 와 그에게 주었다고 한다. 그래서 이 이름이 생겼다.

획괘정畵卦亭

건구성의 세 강이 합류하는 지점의 시냇가 환계정사 앞, 획괘주 위에 세워졌다. 지금의 획괘정은 1928년 고을 사람 진국화陳國華가 자금을 대어 중건한 것이다.

획괘주畵卦洲

주희가 어릴 때 괘를 그린 장소에 관해서는 종래 두 설이 있다. 하나는 건구성의 세 강이 합류하는 지점의 시냇가 환계정사 앞 모래톱(沙洲)이다. 건구성 환계정사 앞 모래톱에 괘를 그렸을 때 주희는 여덟 살이었다고 한다. 또 하나는 우계 남계서원 앞 수령水嶺 서쪽 기슭이다. 이때 주희는 여섯 살이었다고 한다. 수징난 교수의 고증에 따르면, 주희가 모래톱에 괘를 그린 곳은 우계이며, 이때 주희의 나이는 다섯 살이었다고 한다.(☞『주자평전』(상)권의 본문 제1장 및 「연보年譜」 참조)

홍현서원

휘국문공사徽國文公祠

향산서원香山書院이라고도 불린다. 복건성 하문시廈門市 상안구翔安區 향산암香山巖에 위치해 있다. 명 정통 연간(1436~1449)에 창건되었다. 당시 현령 주휘朱徽가 주희의 학문을 기려 '徽國文公祠(휘국문공사)'라고 명명하였다.

흥현서원興賢書院

복건성 무이산시 오부진 흥현興賢 고가古街에 위치해 있다. 남송 효종 연간(1163~1189)에 이학의 선현 호헌胡憲을 기념하기 위해 지었다. 주희는 오부리에 거주할 때 이곳에서 학문을 강론하고 도를 전수하였다. 원 때 병화를 입은 것을 청 광서 24년(1898)에 중건하였다. 서원 내에는 '繼往開來(계왕개래)' 등 주희가 쓴 당의 편액과 영련楹聯이 있다.

찾아보기(인명)

진지유陳知柔(체인體仁, 휴재休齋) 1144

진진손陳振孫 249, 501, 1144

진항례陳亢禮(진 강사陳講師, 진 도사陳道士) 667

진현陳峴 798

진회秦檜(회지會之) 129, 222, 228, 498, 813,
　1007, 1009, 1051, 1055, 1056, 1065, 1070,
　1078, 1086, 1091, 1098, 1104, 1109, 1114,
　1117, 1135, 1144, 1145, 1150, 1154, 1156,
　1156

진희진陳希眞 920

채감蔡戡 301

채경蔡京 547, 1051, 1076, 1149

채념성蔡念誠(원사元思) 1045, 1145

채련蔡璉 809, 811

채모蔡模(중각仲覺, 각헌覺軒) 1044

채발蔡發(신여神與, 목당 노인牧堂老人) 1145,
　1146

채양蔡襄 515, 516, 517, 1060, 1145

채연蔡淵(백정伯靜) 339, 863, 864, 874, 896,
　1037, 1146, 1177

채원정蔡元定(계통季通, 서산 선생西山先生)
　87, 91, 94, 151, 155, 196, 197, 338~341,
　347, 348, 359, 379, 380, 382, 391,
　392, 400, 466, 632, 669, 676~678, 684,
　710, 762, 768, 780~783, 785, 788~790,
　794, 799~801, 832, 845, 853, 855, 857,
　860~865, 868, 873, 884, 894, 896,
　1013~1015, 1018, 1020, 1026, 1035~1038,
　1045, 1066, 1082, 1102, 1113, 1129, 1141,
　1145~1147, 1163, 1165, 1167, 1171, 1177,
　1178, 1188, 1194, 1209

채유학蔡幼學(행지行之) 596, 680, 776, 798

채취蔡聚 1045

채침蔡沈(중묵仲黙, 구봉九峰) 790, 831, 873,
　890~894, 896~898, 900, 904, 939, 941,
　943, 946, 1039, 1040, 1044, 1141, 1146,
　1177

채함蔡咸 616, 636

채항蔡沆(복지復之) 896, 1147

첨순예詹淳譽 941

첨의지詹儀之(체인體仁) 104, 396, 479, 480,
　577, 1026, 1147

첨체인詹體仁(장체인張體仁, 원선元善) 38, 69,
　125, 133, 139, 147, 175, 194, 195, 300,
　301, 318, 422, 423, 430, 435, 573, 594,
　610, 638, 652, 676, 677, 787, 789, 798,
　820, 884, 1004, 1108, 1112, 1138, 1147,
　1177, 1178

초정譙定 1098, 1116, 1148, 1157

초희재譙熙載 166, 309, 421, 424, 427, 429,
　431, 438

최가언崔嘉彦(희범希範, 자허 진인紫虛眞人) 1148

추예鄒覨(행지行之) 611, 612, 635, 1149

축교祝嶠 1149

축목祝穆(축병祝丙, 화보和甫) 1149, 1169, 1177

축확祝確(영숙永叔) 1000, 1006, 1150

축회祝檜 276, 467, 478

탕사퇴湯思退(진지進之) 129, 223, 231, 1091,
　1105, 1144, 1150, 1157

탕중湯中 1040

팽구년彭龜年(자수子壽, 지당止堂) 416, 418, 593,

주자평전, 下

초판 3쇄 발행 2021년 3월 10일
초판 1쇄 발행 2015년 9월 30일

지은이 수징난
옮긴이 김태완
펴낸이 정순구
책임편집 조수정
기획편집 조원식 정윤경
마케팅 황주영

출력 블루엔
용지 한서지업사
인쇄 한영문화사
제본 대원바인더리

펴낸곳 (주) 역사비평사
등록 제300-2007-139호 (2007. 9. 20)
주소 10497 경기도 고양시 덕양구 화중로 100 (비전타워21), 506호
전화 02-741-6123~5
팩스 02-741-6126
홈페이지 www.yukbi.com
이메일 yukbi88@naver.com

『주자평전』 독자 북펀드에 참여해주신 분들 (가나다순)

강동구 강부숙 강부원 강석여 강영미 강주한 공문선 김경무 김기남 김기태 김병희 김성기 김수린 김수민 김수영 김인겸
김재철 김정환 김주현 김중기 김지수 김판중 김행섭 김현철 김형욱 김혜원 김희곤 나준영 남윤정 남혜승 노진석 문성환
문세은 민지홍 박경진 박기자 박나윤 박무자 박소연 박수민 박연옥 박준일 박진순 박진영 박혜미 방세영 변성호 서민정
송덕영 송정환 송주형 송화미 신경화 신동철 신민영 신정훈 신혜영 안대회 오웅석 오지선 원성운 유성환 유승안 유지영
이경희 이나나 이나라 이만길 이상헌 이상헌 이수진 이수한 이영래 이주효 이진선 이하나 이한샘 임길승 임창민 장경훈
전미혜 정대영 정솔이 정영미 정율이 정진우 정해승 조남호 조민희 조보라 조은수 조정우 최경호 최영기 최우경 최현영
최효정 탁안나 하나윤 하상우 하태준 한민용 한성구 한승훈 함기령 허민선 현동우 홍상준